2026 최신개정판
최대 30학점 학점인정 자격

경영지도사
한권으로 끝내기

송홍민 · 배수암 · 김창헌 편저

경영지도사 수험서
인기도/판매도
1위
산출기준 후면표기

1차

1권
1과목 중소기업관계법령
2과목 경영학
3과목 회계학개론

CBT 모의고사
2회 무료쿠폰 제공

시대에듀

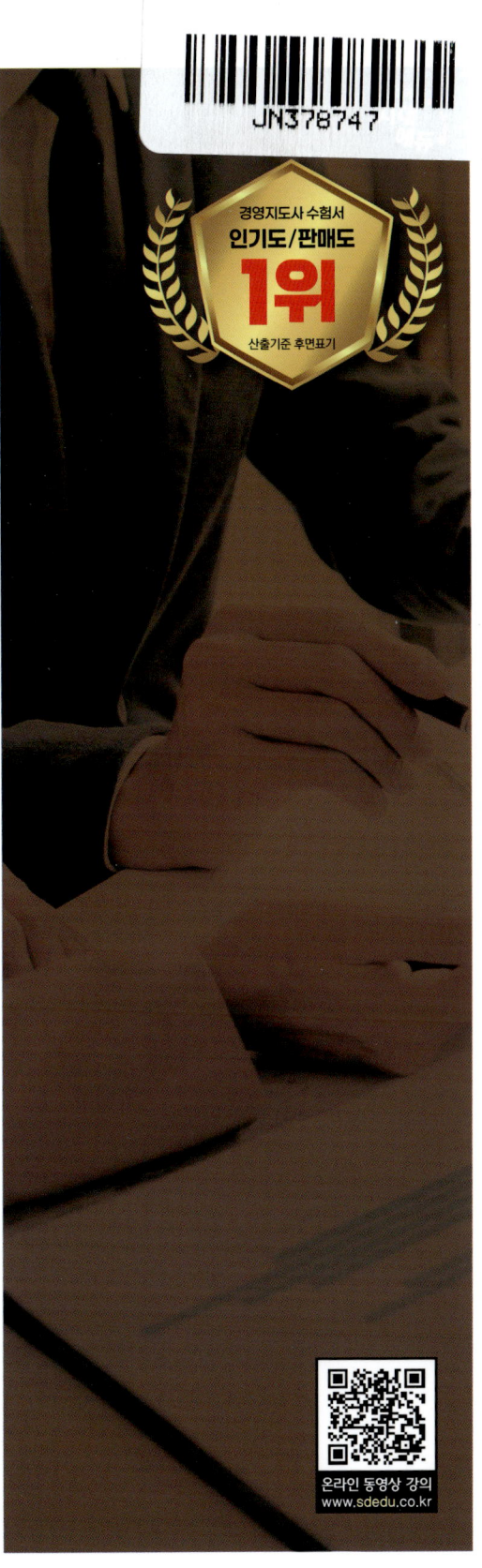

합격생 후기 언급량 1위
수험생들이 가장 많이 검색한 시대에듀

전과목 전강좌 0원

전 교수진 최신 강의 · 100% 무료

지금 바로 1위 강의 100% 무료 수강하기 GO》

*노무사 합격후기/수강후기 게시판 김희향 언급량 기준
*네이버 DataLab 검색어 트렌드 조회결과(주제어 : 업체명+법무사 / 3개 업체 비교 / 2016.05~2025.05)

PROFILE

송홍민 경영지도사

- 경영지도사(중소벤처기업부), 기술거래사(산업통상자원부)
- 숭실대학교 일반대학원 경영학 박사 수료(마케팅 전공)
- 중앙대학교 경영전문대학원 경영학 석사(마케팅 전공)
- 현) 중소벤처기업부·산업통상자원부·과학기술정보통신부 기술개발지원사업 평가위원
- 현) 창업진흥원 예비창업·초기창업·창업도약 패키지 전담멘토
- 현) 기술보증기금 기술경영컨설팅 전문위원
- 현) 소상공인시장진흥공단 희망리턴패키지 전담PM
- 현) 중소기업유통센터 마케팅지원사업 전문선정위원
- 현) 서민금융진흥원·서울신용보증재단 자영업컨설턴트
- 전) 부천대학교 비서사무행정과, 동양미래대학교 겸임교수
- 전) 미래창조과학부 대한민국 기술사업화 전문위원
- 전) 특허청 2017~2019년 국제발명전시회 심사위원
- 전) (주)한독약품 신사업추진실 실장, (주)대웅제약 마케팅팀 팀장

배수암 경영지도사

- 건국대학교 경영학과 졸업
- 한양대학교대학원 기계플랜트공학과(프로젝트관리전공) 졸업
- 13회 경영지도사 1·2차 동차 합격(재무관리)
- 기술거래사, 창업보육전문매니저, PMP, 투자자산운용사, 증권투자상담사, 파생상품투자상담사, 세무회계2급, 방수기능사
- 중소기업기술정보진흥원, 정보통신기획평가원, 한국인터넷진흥원, 경기도경제과학진흥원, 용인시산업진흥원, 경기도시장상권진흥원, 중소기업유통센터, 코레일유통, 장애인기업종합지원센터, 한국장애인개발원 등 평가위원

김창헌 경영지도사

- 경영지도사(재무관리), 창업보육전문매니저
- 서울시립대학교 경영학과 졸업
- 서울과학종합대학원 글로벌리더십 MBA 석사
- 헬싱키 경제대학 Executive MBA 석사
- 현) 트레저헌터 경영관리 팀장
- 전) 롯데정보통신 재경팀
- 전) 솔트룩스 재무팀장

국가 전문자격 취득을 위한 단기합격의 길!
경영지도사 강의도 시대에듀!

※ 본 강의는 유료로 진행되며, 자세한 정보는 **시대에듀** 홈페이지를 참고하시길 바랍니다(www.sdedu.co.kr).
※ 상품명 및 강의 구성은 변경될 수 있습니다.

동영상 강의 바로가기

끝까지 책임진다! 시대에듀!
QR코드를 통해 도서 출간 이후 발견된 오류나 개정법령, 변경된 시험 정보, 최신기출문제, 도서 업데이트 자료 등이 있는지 확인해 보세요!
시대에듀 합격 스마트 앱을 통해서도 알려 드리고 있으니 구글 플레이나 앱 스토어에서 다운받아 사용하세요.
또한, 파본 도서인 경우에는 구입하신 곳에서 교환해 드립니다.

편집진행 박종옥·강한결 | **표지디자인** 조혜령 | **본문디자인** 장성복·김기화

이 책의 구성과 특징 STRUCTURES

5. 학습

(1) 학습의 의의
학습의 사전적 의미는 연습이나 경험의 결과 일어나는 행동의 지속적인 변화를 의미하며, 경영학적 관점에서는 조직의 목표에 개인행위를 변화시키는 일종의 행위 변화전략이라 할 수 있다.

(2) 학습과정의 유형
① 행동주의적 학습

행동주의적 관점에서는 학

학습포인트
고전적 조건화와 조작적 조

㉠ 고전적 조건화(파블로프
  의해 설명하였다.

㉡ 조작적 조건화(스키너의
  록 학습되는 것을 말하며
  의 법칙을 주장하였다.

② 인지론적 학습
인지론적 학습은 수동적인
며 학습과정 중 창조성과
이상적인 상호작용을 통해

398 제2과목 경영학

PART 06 생산관리
제2과목 경영학

체크포인트
기업전략과 생산전략의 상호관계, 제조업과 서비스업의 비교형, 생산계획 전반, 수요예측기법, 재고관리모형, 생산공정의 유형, 설비배치의 유형, 직무설계와 작업측정, JIT 시스템, 설비보전(TPM), 영어약자형(CIM, ERP 등), 기타 비교개념(소품종 대량생산 시스템과 다품종 소량생산 시스템), 최근 이슈를 집중적으로 공부한다.

1 생산관리의 개관

1. 생산전략(Operations Strategy)의 의의
생산전략이란 '기업전략에 부합하는 생산부문의 전략이며 생산과업을 설정하고, 이를 달성하기 위한 생산자원을 효율적으로 배분하는 일련의 의사결정을 포함하는 것'이라고 할 수 있다. 생산전략은 기업환경이 다양화되면서 기업의 목적과 생산능력이 적합할 때 기업의 성과가 더 높아진다는 개념으로 발전해 왔다. 즉, 기업의 생산목적과 내·외부 환경의 적합도가 높을 때 더 높은 생산성과가 있다. 적절한 생산전략은 고객을 만족시키는 가장 효과적인 대안 중 하나이다. 또 기업은 생산전략의 중요성을 인식하고 추진함으로써 시장에서 경쟁우위를 확보하고 시장의 환경변화에 유연하게 대응하는 능력을 갖출 수 있다.

더 알아보기 기업목표와 생산전략

생산전략의 목표는 제품과 서비스 측면에서 경쟁우위를 달성하는 것이다. 이 목표를 달성하기 위해서는 적절한 생산공정과 생산 인프라가 있어야만 한다. 즉 생산전략을 실현할 수 있는 생산공정의 선택과 생산 인프라 구축이라는 좀 더 구체성 있는 의사결정으로 연결되어야 하는 것이다. 기업은 생산 시스템을 가장 중요한 경쟁무기로 인식하고 이를 기업전략에 맞도록 설계·운영해 나가야 한다. 무엇보다도 생산전략은 기업전략과 연결될 수 있어야 하며, 또한 모든 생산활동과 의사결정은 생산결정개념에 따라 초점있게 통합되어야 한다.

(1) 생산계획
생산해야 할 상품의 종류, 수량, 품질, 생산시기를 과학적으로 예정한다.

(2) 작업연구
작업능률을 향상시키기 위해서는 작업방법, 생산도구, 생산설비, 생산환경에 대하여 낭비나 결함을 제거하여 쾌적한 작업환경 속에서 높은 능률을 올릴 수 있도록 하여야 한다.

PART 06 ■ 생산관리 467

다양한 학습장치를 활용한 과목별 이론

기초적인 개념부터 단골 출제되는 개념까지 꼭 필요한 내용만 담아 이론을 구성하였습니다. 추가적인 해석이 필요한 내용은 '더 알아보기'를 통해 이해를 도왔으며, 다채로운 시각자료를 통해 전체 이론을 한눈에 파악하기 쉽도록 정리하였습니다.

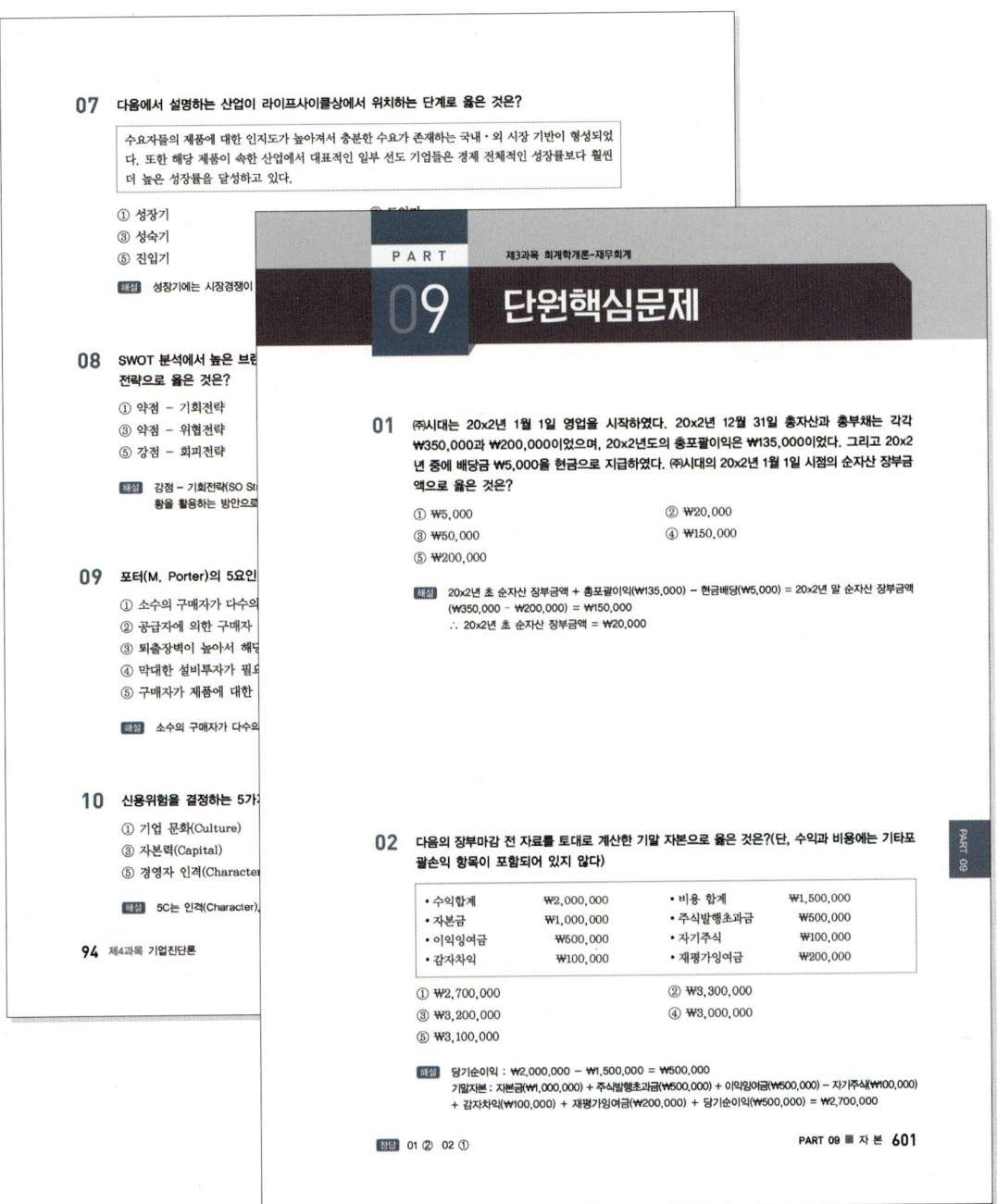

핵심만 복습하는 단원핵심문제

이론 학습 후에 학습의 정도를 검토해 볼 수 있도록 과목별, 파트별로 단원핵심문제를 수록하였습니다. 기출 동형 문제로 실제 시험의 출제경향과 난이도를 파악하면서 이론의 핵심적인 내용들을 복습할 수 있습니다.

이 책의 구성과 특징 STRUCTURES

학습을 마무리하는 최종모의고사

실제와 100% 똑같은 유형으로 출제한 최종모의고사를 수록하였습니다. 시험장에 가기 전 실전처럼 풀어보면서 학습을 최종 점검하고 부족한 부분을 보완할 수 있습니다. 현직 경영지도사 집필진의 상세한 해설로 주요 빈출 개념도 복습할 수 있습니다.

실력을 점검하는 2025년 최신기출문제

가장 최근에 실시된 2025년 기출문제와 해설을 부록으로 수록하였습니다. 학습의 가장 마지막 단계에서 풀어보면서 최근 출제경향과 신출 개념을 확인할 수 있으며, 혼자서 공부하시는 분들도 쉽게 내용을 이해하실 수 있도록 현직 경영지도사 집필진의 꼼꼼한 기출해설을 달았습니다.

출제경향분석 및 학습전략 ANALYSIS

중소기업관계법령

● 5개년 출제빈도표

구 분	2021년	2022년	2023년	2024년	2025년	평 균
중소기업기본법	3	2	1	4	2	2.4
소상공인기본법	–	2	2	2	2	2.0
소상공인 보호 및 지원에 관한 법률	1	3	3	3	3	2.6
중소기업 기술혁신 촉진법	3	3	3	2	3	2.8
중소기업 인력지원 특별법	2	3	3	2	2	2.4
중소기업 사업전환 촉진에 관한 특별법	2	1	2	2	3	2.0
중소기업진흥에 관한 법률	4	3	3	3	3	3.2
벤처기업육성에 관한 특별법	4	3	3	3	3	3.2
벤처투자 촉진에 관한 법률	–	3	3	2	2	2.5
중소기업제품 구매촉진 및 판로지원에 관한 법률	–	2	2	2	2	2.0

● 2025년 출제경향분석

2025년도 중소기업관계법령의 체감 난이도는 전년과 비슷한 수준이었습니다. 하지만 2022년에 출제범위에 추가된 소상공인기본법, 벤처투자 촉진에 관한 법률, 중소기업제품 구매촉진 및 판로지원에 관한 법률이 수험생들에게 큰 부담이었으리라고 생각합니다. 다만 작년과 마찬가지로, 새롭게 출제된 법령들 역시 기출의 패턴이 기존과 크게 다르게 출제되지는 않았습니다.

모든 과목에서 고르게 문제가 출제되는 경향이 있으므로 암기에 주의해야 합니다. 특히 매년 강조하는 바이지만, 숫자(연도, 비율 등)는 꼼꼼히 암기해야 합니다. 확실하지 않게 외운 부분에서 고민하는 시간이 길어지면 회계학개론이나 경영학 문제풀이에도 영향을 미칠 수 있기 때문입니다. 중소기업관계법령 과목은 외울 부분이 많기는 하나 제대로 암기를 해두면 공부한 만큼 맞힐 수 있도록 출제되는 과목이기 때문에 꾸준한 학습만이 답입니다.

회계학개론

5개년 출제빈도표

구 분	2021년	2022년	2023년	2024년	2025년	평 균
재무회계	20	20	20	20	20	20.0
원가회계	5	5	5	5	5	5.0

2025년 출제경향분석

2025년 경영지도사 1차 시험 회계학개론 문제는 난이도 편차가 크지 않으며 평이한 수준으로 출제되었습니다. 대부분의 문항이 복합적으로 출제되고 있으며, 난도가 높은 문항은 3~4문항 정도라고 생각됩니다. 재무회계의 계산문제는 전년대비 1문항 증가하여 12문항으로, 원가회계의 계산문제는 5문항으로 출제되었습니다.

2021년도 시험부터 과목별 문항 수가 40문항에서 25문항으로 변경되면서 재무회계 20문항, 원가회계 5문항이 전년과 같은 비중으로 출제되었으며, 앞으로도 이러한 비중은 그대로 유지되리라 판단됩니다.

세부문항분석

※ 세부문항분석은 관점에 따라 다를 수 있습니다.

구 분	항 목	문항 수
재무회계	회계 이론	3
	재무상태 및 경영성과	1
	현금 및 수취채권과 지급채무	1
	금융자산	–
	재고자산	1
	유형자산	2
	무형자산	1
	부 채	1
	자 본	2
	수익과 비용	2
	리 스	1
	재무제표	4
	재무제표 비율분석	1
	소 계	20

구 분	항 목	문항 수
원가회계	원가의 개념	–
	제조간접원가	–
	개별원가계산	–
	종합원가계산	2
	정상원가계산	–
	표준원가계산	1
	변동원가계산	–
	활동기준원가계산	–
	CVP분석	2
	투자중심점의 성과평가	–
	소 계	5

재무회계의 경우 재무제표와 관련된 복합적 문제와 유형자산, 재고자산, 무형자산, 부채, 자본항목 등 다양하고 고르게 출제되었으며, 원가회계의 경우 종합원가계산, CVP분석 등이 출제되었습니다. 회계학은 매년 가장 낮은 평균점수와 과락률을 보이는 과목입니다. 그만큼 전략적 접근이 필요한 과목이라는 점을 염두에 두시고, 자신만의 합격전략을 수립하여 꼭 합격하시길 바랍니다.

출제경향분석 및 학습전략 ANALYSIS

경영학

5개년 출제빈도표

구 분	2021년	2022년	2023년	2024년	2025년	평 균
경영학의 기초	4	3	6	3	5	4.2
경영전략	2	5	2	3	4	3.2
마케팅	5	2	5	4	4	4.0
조직행위론	3	4	6	4	4	4.2
인적자원관리	3	3	1	2	1	2.0
생산관리	2	2	3	3	3	2.6
경영정보시스템	3	3	1	4	1	2.4
(기타)재무/회계관리/시사	3	3	1	2	3	2.4

2025년 출제경향분석

2025년 경영지도사 1차 시험 경영학 문제의 전체적인 난이도는 중상 수준이라고 생각됩니다. 각 분야의 기본 이론을 명확히 이해하고 있다면 풀 수 있는 문제들이 많았지만, 최신 경영 트렌드를 반영한 문제나 심화된 응용문제들은 충분한 학습이 없었다면 어렵게 느껴졌을 수 있습니다.

전반적으로 기본적인 이론에서 핵심 개념을 묻는 문제가 꾸준히 출제되었으나, 각 분야별로 최신 경영 트렌드를 반영한 문제가 눈에 띄었습니다. 경영조직론에서는 최근 경영환경 변화에 따른 유연한 조직구조의 필요성이나 조직문화의 중요성을 강조하는 문제들이 출제되었고, 인사관리 분야에서도 최신 인사 트렌드를 반영한 문제들이 일부 포함되었습니다. 생산관리 분야에서는 최신 기술과 트렌드가 생산관리에 미치는 영향을 묻는 문제가 예년에 비해 높은 비중을 차지한 것으로 보이며, 마케팅관리 분야에서는 온라인 환경에서의 마케팅 활동 및 사회적 책임 경영과 관련된 내용의 중요성이 크게 부각되었습니다. 재무관리 분야에서는 기본적인 개념을 바탕으로 하는 계산문제가 여전히 높은 비중을 차지하여 이론 이해와 더불어 정확한 계산 능력이 요구되었습니다.

이번 시험은 단순 지식 암기형 수험생보다는 종합적인 사고 능력과 실무 적용 능력을 갖춘 예비 경영지도사를 선발하려는 출제 방향을 명확히 보여주었습니다. 앞으로도 이러한 경향은 더욱 심화될 것으로 예상되므로, 폭넓은 시야와 깊이 있는 학습을 통해 성공적인 합격을 이루시길 바랍니다.

기업진단론

▶ 5개년 출제빈도표

구분	2021년	2022년	2023년	2024년	2025년	평균
기업진단	5	2	3	4	4	3.6
경영분석	5	4	4	4	8	5.0
재무비율분석	6	7	5	6	5	5.8
비용구조분석	3	5	4	4	2	3.6
질적 경영분석	4	4	4	5	5	4.4
기업부실 예측	2	3	5	2	1	2.6

▶ 2025년 출제경향분석

2025년 경영지도사 1차 시험의 기업진단론 난이도는 예년과 비슷한 수준이었습니다. 기업진단론은 암기해야 할 재무비율과 경영학원론, 회계학, 경제학 등이 바탕이 되어 있다면 고득점 할 수 있는 과목입니다. 따라서 회계학과 경영학에 대해 충분히 이해한 후 기업진단론의 재무비율을 공부하면서 경영분석 내용을 추가하는 것이 올바른 공부 순서이자 전략적인 접근입니다. 또한 문제는 많고 시간은 충분하지 않은 경우가 대부분이므로, 어렵고 시간이 소요되는 문제는 일단 건너뛰고 다른 문제를 먼저 풀어 보는 것이 합격을 위한 하나의 요령이라 생각합니다.

출제경향분석 및 학습전략 ANALYSIS

조사방법론

● 5개년 출제빈도표

구 분	2021년	2022년	2023년	2024년	2025년	평 균
조사방법론의 시작	3	4	2	5	4	3.6
조사방법론의 순서 요약	–	1	3	–	1	1.0
조사설계	10	8	4	7	9	7.6
자료수집방법 결정	4	3	5	5	3	4.0
표본설계	4	4	5	5	4	4.4
시 행	2	1	1	1	1	1.2
분석 및 활용	2	4	5	2	3	3.2

● 2025년 출제경향분석

2025년 경영지도사 1차 시험 조사방법론 문제의 전체적인 난이도는 중 수준으로 생각되며, 기본적인 용어의 정의와 개념에 대한 정확한 이해를 바탕으로 풀어야 하는 유형이 많았습니다. 특히, 다양한 조사방법론의 실제 적용 사례를 염두에 둔다면 쉽게 해결할 수 있는 문제가 많았습니다. 또한 '신뢰도'와 '타당도' 등 다소 추상적으로 느껴질 수 있는 개념에 대한 명확한 이해가 중요했습니다.

조사방법론은 경영지도사로서 필요한 정보 수집 및 분석 역량의 기초가 되는 과목인 만큼, 조사의 종류(탐색, 기술, 인과), 측정 및 척도(명목, 서열, 등간, 비율), 표본추출방법(확률·비확률 표본추출), 자료수집방법(설문조사, 면접법, 관찰법), 그리고 신뢰도와 타당도, 가설 설정 및 검증 등 핵심 개념들이 빠짐없이 출제되었습니다. 특히, 각 개념의 특징과 장단점을 비교하고 실제 조사 상황에 적용되는 방식을 묻는 응용문제가 많았습니다. 통계적 분석 기법에 대한 직접적인 계산문제보다는 각 분석 기법의 목적과 결과 해석에 대한 이해를 묻는 문제가 출제된 것으로 보입니다.

경영지도사 1차 필승법 STRATEGY

합격의 공식 Formula of pass | 시대에듀 www.sdedu.co.kr

중소기업관계법령

중소기업관계법령은 암기의 비중이 가장 큰 과목입니다. 효율적인 암기를 위해서는 법령을 목차별로 도식화하는 것이 중요합니다.

목차(기본법, 창업지원법 등)를 외우고, 각 법령마다 어떠한 내용을 담고 있는지를 파악하여야 합니다. 그리고 법령별 중제목을 외우도록 합니다. 예를 들어 기본법의 경우라면 1-1 중소기업의 범위라 할 수 있습니다. 그리고 다음 단계로 중소기업의 범위 안에 있는 '독립성 기준'이나 '규모 기준'과 같은 소제목을 외웁니다. 소제목의 경우는 1), 2) 등과 같이 표시합니다.

법령을 처음 공부할 때의 순서

① 법령을 10개 단위로 나누어 기본법부터 읽는다.
② 기본법을 다 읽었으면, 중제목과 소제목만 노트에 쓴다.
③ 마무리로 본인이 기술한 제목을 보면서 내용을 떠올린다.
④ 서브노트를 만든다.
⑤ 다시 ③으로 돌아가서 제목만 쓴 것을 보면서 내용을 떠올린다.
⑥ 떠오르지 않는다면 ④에서 작성한 서브노트를 보면서 다시 기억을 떠올린다.
⑦ 모두 다 암기할 때까지 반복한다.

회독수가 많아지면 자연스럽게 법령의 순서 및 하위항목이 저절로 외워집니다. 하지만 효율성을 위해 시작하기에 앞서 10가지 법령의 종류는 확실하게 외우고, 그 안의 내용을 파악하도록 합시다.

회계학개론

본 교재는 재무회계의 기본 구성인 자산, 부채, 자본과 수익, 비용 그리고 원가회계에 대한 전반적인 내용으로 구성되어 있습니다. 각 단원별 핵심 문제의 경우 경영지도사뿐만 아니라 회계사, 세무사, 공무원 등의 시험문제를 일부 수록하였습니다.

회계학개론의 경우 비전공자뿐만 아니라 관련학과 전공자에게도 다소 어렵게 다가오는 과목입니다. 2026년을 대비하는 수험생은 개론과목으로 깊고 세부적인 학습보다는 폭넓고 기본적인 학습 위주로 시험을 대비하신다면 좋은 결과가 있으리라 예상됩니다. 경영지도사를 꿈꾸시는 수험생 여러분의 합격을 진심으로 기원합니다.

경영지도사 1차 필승법 STRATEGY

경영학

이 교재는 경영학의 기초, 경영전략, 마케팅, 조직행위론, 인적자원관리, 생산관리, 경영정보시스템으로 구성되어 있으며 경영지도사 기출문제를 통해 출제 포인트를 점검할 수 있습니다. 단원 핵심 문제에서는 경영지도사뿐만 아니라 공인노무사, 가맹거래사 등 다양한 타 자격사 시험문제로 출제된 경영학 문제를 일부 수록하였습니다. 경영학의 경우 매년 적정한 난도로 출제되고, 너무 세세한 개념보다는 전체적 줄기를 이해하면 60~80점 이상 나올 수 있는 전략과목입니다. 다만 2025년 시험의 경우 종합적인 사고 능력과 실무 적용 능력을 판단하기 위한 문제가 다수 출제되었고, 이러한 기조는 더욱 심화될 것으로 예상되는 만큼 깊이 있는 학습이 중요할 것으로 보입니다. 아무쪼록 2026년 여러분 모두의 합격을 기원합니다.

기업진단론

기업진단론은 회계학과 경영학에 대한 학습이 선행되어 있지 않다면 매우 어려운 과목입니다. 반대로 회계학과 경영학에 대한 선행학습이 되어 있다면 공부시간도 줄어들고 쉽게 고득점을 할 수 있는 과목입니다. 따라서 회계학과 경영학에 대해 이해한 후, 기업진단론의 재무비율을 공부하면서 경영분석 내용을 추가하는 전략적 접근이 필요합니다. 최근에는 재무회계, 원가관리회계(특히 공헌이익, 레버리지도 등) 및 경영학 관련 기본 개념을 묻는 문제가 다수 출제되고 있습니다.
1차 시험은 평균 60점을 넘으면 합격할 수 있는 시험이므로 각 과목의 기출문제를 풀어보면서 출제 경향 위주로 공부하는 것이 수험기간을 줄이는 방법입니다. 각 과목의 기본적인 개념을 이해한 후 기출문제를 풀어보고, 반복을 통해 문제 푸는 속도를 향상시키며 전략적으로 공부해야 합니다. 기업진단론은 목표 점수를 70점 이상으로 설정하고, 80점 이상의 고득점을 노려야 할 전략과목입니다. 본서로 공부하는 모든 분들에게 최종 합격의 영광이 있기를 바랍니다.

조사방법론

조사방법론의 학습을 위해서는 기본 이론의 완벽한 숙지가 무엇보다 중요합니다. 어떤 문제가 출제되더라도 흔들리지 않도록 기본적인 개념과 원리를 철저히 학습하고, 교과서에 제시된 정의, 특징, 장단점 등을 명확히 구분하고 이해하는 것이 중요합니다. 또한, 단순히 이론을 암기하는 것을 넘어 각 이론이 실제 기업에서 어떻게 적용되고 활용되는지 사례를 통해 이해하려는 노력이 필요합니다. 예를 들어, 특정 마케팅 전략이 어떤 기업에 성공적으로 적용되었는지, 어떤 조직문화가 기업 성과에 긍정적인 영향을 미쳤는지 등을 고민해 보시길 바랍니다.
최신 경영 트렌드에 대한 이해 또한 필수적입니다. 경영학은 살아있는 학문입니다. 4차 산업혁명, ESG 경영, 디지털 전환 등 현재 기업 경영의 화두가 되는 이슈들이 각 과목에 어떻게 접목될 수 있는지 관심을 가지고 학습해야 합니다. 관련 서적, 경영 잡지, 뉴스 등을 꾸준히 참고하는 것이 큰 도움이 될 것입니다.
조사방법론은 단순히 이론을 배우는 것을 넘어, 미래 경영지도사로서 컨설팅을 수행할 때 필수적으로 활용될 도구입니다. 각 조사 기법의 장단점과 적용 상황을 명확히 이해하고, 어떻게 하면 신뢰성 있고 타당한 데이터를 얻을 수 있을지 실무적인 관점에서 접근하는 것이 중요합니다. 마지막으로 다시 한번 여러분의 건승을 기원합니다.

편저자의 말 PREFACE

중소벤처기업부의 '중소기업 기본통계'에 따르면 2021년의 우리나라 중소기업은 771만개로 전체 기업의 99.9%를 차지한다고 합니다. '경영지도사'는 이러한 기업환경에서 중소기업 경영문제에 대한 종합진단(경영컨설팅)과 기업경영상 진단, 자문 등의 법적기능을 수행하는 유일한 국가 전문자격입니다.

그렇다면 경영지도사를 준비하는 여러분들의 마음을 잘 이해하고, 시험에 대해서도 잘 알고 있는 사람은 누구일까요? 그건 바로 직접 시험을 준비했던 현직 경영지도사들일 것입니다.

〈경영지도사 1차 한권으로 끝내기〉는 저자진 전원이 현직 경영지도사이며, 매해 수험생들이 짧은 시간에 효과적으로 공부할 수 있도록 개정을 거듭하였습니다.

이 책의 특징

첫째 최신 개정법령을 반영하여 매년 변동되는 법을 수험생 여러분들이 확실하게 학습하실 수 있도록 하였습니다. 법의 하위체계(시행령, 시행규칙 및 각종 고시 포함)는 학습의 단계에 맞게 이해하기 쉽도록 기술하였습니다.

둘째 방대한 이론은 자주 출제되는 내용을 위주로 구성하고, 기출표시를 통해서 한눈에 파악할 수 있도록 하였습니다. 또한 이론과 같이 배치된 기출문제분석을 통해서 실제 출제경향을 빠르게 파악할 수 있도록 도왔습니다.

셋째 과목별 단원 핵심 문제를 통해서 이론 학습이 끝나자마자 복습할 수 있도록 하였습니다. [부록] 최종모의고사 1회분과 2025년 최신기출문제를 수록하여 시험 전 확실하게 실전을 대비할 수 있도록 구성하였습니다.

'파별천리(跛鼈千里)'라는 말이 있습니다. 기우뚱거리며 가는 자라도 천 리를 간다는 뜻으로, 어리석은 사람이라도 꾸준히 하면 성공함을 비유하는 말입니다. 본서와 함께 꾸준히 학습하시면서 2026년에는 합격의 기쁨을 누리시길 기원합니다.

마지막으로 공동 집필에 힘써주신 배수암 지도사님, 김창헌 지도사님과 시대에듀 관계직원 여러분께 감사의 말씀드립니다.

대표 저자 송홍민 올림

이 책의 차례 CONTENTS

제1과목 중소기업관계법령

01 중소기업기본법 — 3
02 소상공인기본법 — 32
03 소상공인 보호 및 지원에 관한 법률 — 46
04 중소기업 기술혁신 촉진법 — 66
05 중소기업 인력지원 특별법 — 94
06 중소기업 사업전환 촉진에 관한 특별법 — 116
07 중소기업진흥에 관한 법률 — 134
08 벤처기업육성에 관한 특별법 — 178
09 벤처투자 촉진에 관한 법률 — 213
10 중소기업제품 구매촉진 및 판로지원에 관한 법률 — 254

제2과목 경영학

01 경영학의 기초 — 293
02 경영전략 — 323
03 마케팅(Marketing) — 342
04 조직행위론 — 393
05 인적자원관리 — 437
06 생산관리 — 467
07 경영정보시스템(MIS) — 497

제3과목 회계학개론

재무회계

01 회계 이론	**511**
02 재무상태 및 경영성과	**524**
03 현금 및 수취채권과 지급채무	**534**
04 금융자산	**543**
05 재고자산	**552**
06 유형자산	**566**
07 무형자산	**579**
08 부 채	**587**
09 자 본	**596**
10 수익과 비용	**606**
11 리 스	**618**
12 재무제표	**625**
13 재무제표 비율분석	**639**

원가회계

01 원가의 개념	**648**
02 제조간접원가	**658**
03 개별원가계산	**665**
04 종합원가계산	**670**
05 정상원가계산	**680**
06 표준원가계산	**684**
07 변동원가계산	**692**
08 활동기준원가계산	**698**
09 CVP분석	**704**
10 투자중심점의 성과평가	**710**

이 책의 차례 CONTENTS

제4과목 기업진단론

01 기업진단 … 3
02 경영분석 … 24
03 재무비율분석 … 38
04 비용구조분석 … 63
05 질적 경영분석 … 76
06 기업부실 예측 … 96

제5과목 조사방법론

01 조사방법론의 시작 … 115
02 조사방법론의 순서 요약 … 135
03 조사설계 … 146
04 자료수집방법 결정 … 206
05 표본설계 … 233
06 시 행 … 252
07 분석 및 활용 … 261

부록

최종모의고사
01 최종모의고사 … 291
02 정답 및 해설 … 329

최신기출문제
01 2025년 기출문제 … 347
02 정답 및 해설 … 386

제1과목 | 중소기업관계법령

PART 01　중소기업기본법
PART 02　소상공인기본법
PART 03　소상공인 보호 및 지원에 관한 법률
PART 04　중소기업 기술혁신 촉진법
PART 05　중소기업 인력지원 특별법
PART 06　중소기업 사업전환 촉진에 관한 특별법
PART 07　중소기업진흥에 관한 법률
PART 08　벤처기업육성에 관한 특별법
PART 09　벤처투자 촉진에 관한 법률
PART 10　중소기업제품 구매촉진 및 판로지원에 관한 법률

본서의 법령 반영일

구 분		법령시행일
중소기업기본법	법	시행 2024.08.28.
	시행령	시행 2024.08.28.
소상공인기본법	법	시행 2021.03.09.
	시행령	시행 2021.12.30.
소상공인 보호 및 지원에 관한 법률 (약칭 : 소상공인법)	법	시행 2025.07.22.
	시행령	시행 2025.07.22.
	시행규칙	시행 2024.07.17.
중소기업 기술혁신 촉진법 (약칭 : 중소기업기술혁신법)	법	시행 2026.02.01.
	시행령	시행 2024.07.10.
	시행규칙	시행 2020.07.30.
중소기업 인력지원 특별법 (약칭 : 중소기업인력법)	법	시행 2026.02.01.
	시행령	시행 2025.07.22.
	시행규칙	시행 2017.07.26.
중소기업 사업전환 촉진에 관한 특별법 (약칭 : 중소기업사업전환법)	법	시행 2024.08.28.
	시행령	시행 2024.08.28.
중소기업진흥에 관한 법률 (약칭 : 중소기업진흥법)	법	시행 2024.07.10.
	시행령	시행 2025.01.31.
	시행규칙	시행 2024.11.01.
벤처기업육성에 관한 특별법 (약칭 : 벤처기업법)	법	시행 2026.02.01.
	시행령	시행 2024.09.20.
	시행규칙	시행 2024.07.10.
벤처투자 촉진에 관한 법률 (약칭 : 벤처투자법)	법	시행 2025.11.28.
	시행령	시행 2025.03.04.
	시행규칙	시행 2024.07.10.
중소기업제품 구매촉진 및 판로지원에 관한 법률 (약칭 : 판로지원법)	법	시행 2024.08.21.
	시행령	시행 2024.11.01.
	시행규칙	시행 2023.08.08.

※ 자격시험의 출제범위는 시험공고일의 법령을 기준으로 출제됩니다.
※ 관련법은 지속적으로 개정되니 국가법령정보센터(www.law.go.kr)에서 개정내용을 확인하시기 바랍니다.

PART

01 중소기업기본법

제1과목 중소기업관계법령

체크포인트
중소기업기본법은 1과목 중소기업관계법령의 기초가 되는 법이다. 중소기업자의 범위나 정의 등 다른 중소기업관계법령에서도 주요한 기준이 되기 때문에 이를 먼저 이해하고 다른 법령을 학습하는 것을 추천한다.

> **학습포인트**
> 본서의 법령 표기방식은 각 PART에 해당하는 법은 '법', 시행령은 '영', 시행규칙은 '규칙'으로 작성하였다.

목적(법 제1조)
중소기업기본법은 중소기업이 나아갈 방향과 중소기업을 육성하기 위한 시책의 기본적인 사항을 규정하여 창의적이고 자주적인 중소기업의 성장을 지원하고 나아가 산업 구조를 고도화하고 국민경제를 균형 있게 발전시키는 것을 목적으로 한다.

중소기업자의 범위(법 제2조)
중소기업을 육성하기 위한 시책(이하 '중소기업시책')의 대상이 되는 중소기업자는 다음의 어느 하나에 해당하는 기업 또는 조합 등(이하 '중소기업')을 영위하는 자로 한다. 다만, 「독점규제 및 공정거래에 관한 법률」에 따른 공시대상기업집단에 속하는 회사 또는 공시대상기업집단의 소속회사로 편입·통지된 것으로 보는 회사는 제외한다.

다른 법률과의 관계(법 제4조의3)
중소기업 보호·육성에 관한 다른 법률을 제정하거나 개정할 때에는 중소기업기본법의 목적에 맞도록 하여야 한다.

용어의 정의(영 제2조) 15 18 22 기출
(1) **'창업일'**이란 다음의 구분에 따른 날을 말한다.
   ① 법인인 기업 : 법인설립등기일
   ② 사업자등록을 한 사업자인 기업(법인이 아닌 사업자) : 사업자등록을 한 날
(2) **'합병일 또는 분할일'**이란 다음의 구분에 따른 날을 말한다.
   ① 법인인 기업 : 합병 또는 분할로 설립된 법인의 설립등기일이나 합병 또는 분할 후 존속하는 법인의 변경등기일
   ② 사업자등록을 한 사업자인 기업 : 공동 사업장에 대한 사업자등록을 한 날이나 공동 사업장을 분리하여 사업자등록을 한 날
(3) **'관계기업'**이란 외부감사의 대상이 되는 기업이 다른 국내기업을 지배함으로써 지배 또는 종속의 관계에 있는 기업의 집단을 말한다.
(4) **'주식 등'**이란 주식회사의 경우에는 발행주식(의결권이 없는 주식은 제외) 총수, 주식회사 외의 기업인 경우에는 출자총액을 말한다.
(5) **'친족'**이란 배우자(사실상 혼인관계에 있는 자를 포함), 6촌 이내의 혈족 및 4촌 이내의 인척을 말한다.
(6) **'임원'**이란 다음의 구분에 따른 자를 말한다.
   ① 주식회사 또는 유한회사 : 등기된 이사(사외이사는 제외)
   ② 상기 ① 외의 기업 : 무한책임사원 또는 업무집행자

1 중소기업의 범위

「중소기업기본법」에 따른 중소기업은 다음의 요건을 모두 갖춘 기업으로 한다.

1. 중소기업의 범위 17 기출

(1) 중소기업의 요건(법 제2조) 25 기출

다음의 요건을 모두 갖추고 영리를 목적으로 사업을 하는 기업을 말한다.
① 업종별로 매출액 또는 자산총액 등이 대통령령으로 정하는 다음의 기준에 맞을 것
  ㉠ 해당 기업이 영위하는 주된 업종과 해당 기업의 평균매출액 또는 연간매출액(이하 '평균매출액 등')이 [별표 1]의 기준에 맞을 것
  ㉡ 자산총액이 5천억원 미만일 것

[별표 1] 주된 업종별 평균매출액 등의 중소기업 규모 기준

해당 기업의 주된 업종	분류기호	규모 기준
1. 의복, 의복액세서리 및 모피제품 제조업	C14	평균매출액 등 1,500억원 이하
2. 가죽, 가방 및 신발 제조업	C15	
3. 펄프, 종이 및 종이제품 제조업	C17	
4. 1차 금속 제조업	C24	
5. 전기장비 제조업	C28	
6. 가구 제조업	C32	
7. 농업, 임업 및 어업	A	평균매출액 등 1,000억원 이하
8. 광업	B	
9. 식료품 제조업	C10	
10. 담배 제조업	C12	
11. 섬유제품 제조업(의복 제조업 제외)	C13	
12. 목재 및 나무제품 제조업(가구 제조업 제외)	C16	
13. 코크스, 연탄 및 석유정제품 제조업	C19	
14. 화학물질 및 화학제품 제조업(의약품 제조업 제외)	C20	
15. 고무제품 및 플라스틱제품 제조업	C22	

16. 금속가공제품 제조업(기계 및 가구 제조업 제외)	C25	평균매출액 등 1,000억원 이하	
17. 전자부품, 컴퓨터, 영상, 음향 및 통신장비 제조업	C26		
18. 그 밖의 기계 및 장비 제조업	C29		
19. 자동차 및 트레일러 제조업	C30		
20. 그 밖의 운송장비 제조업	C31		
21. 전기, 가스, 증기 및 공기조절 공급업	D		
22. 수도업	E36		
23. 건설업	F		
24. 도매 및 소매업	G		
25. 음료 제조업	C11	평균매출액 등 800억원 이하	
26. 인쇄 및 기록매체 복제업	C18		
27. 의료용 물질 및 의약품 제조업	C21		
28. 비금속 광물제품 제조업	C23		
29. 의료, 정밀, 광학기기 및 시계 제조업	C27		
30. 그 밖의 제품 제조업	C33		
31. 수도, 하수 및 폐기물 처리, 원료재생업(수도업 제외)	E(E36 제외)		
32. 운수업 및 창고업	H		
33. 정보통신업	J		
34. 산업용 기계 및 장비 수리업	C34	평균매출액 등 600억원 이하	
35. 전문, 과학 및 기술 서비스업	M		
36. 사업시설관리, 사업지원 및 임대 서비스업(임대업 제외)	N(N76 제외)		
37. 보건업 및 사회복지 서비스업	Q		
38. 예술, 스포츠 및 여가 관련 서비스업	R		
39. 수리(修理) 및 기타 개인 서비스업	S		
40. 숙박 및 음식점업	I	평균매출액 등 400억원 이하	
41. 금융 및 보험업	K		
42. 부동산업	L		
43. 임대업	N76		
44. 교육 서비스업	P		

비 고
1. 해당 기업의 주된 업종의 분류 및 분류기호는 「통계법」 제22조에 따라 통계청장이 고시한 한국표준산업분류에 따른다.
2. 위 표 제19호 및 제20호에도 불구하고 자동차용 신품 의자 제조업(C30393), 철도 차량 부품 및 관련 장치물 제조업(C31202) 중 철도 차량용 의자 제조업, 항공기용 부품 제조업(C31322) 중 항공기용 의자 제조업의 규모 기준은 평균매출액 등 1,500억원 이하로 한다.

② 지분 소유나 출자 관계 등 소유와 경영의 실질적인 독립성이 대통령령으로 정하는 기준에 맞을 것
(소유와 경영의 실질적인 독립성이 다음에 해당하지 않을 것)
㉠ 자산총액이 5천억원 이상인 법인(외국법인을 포함하되, 비영리법인 및 벤처투자회사, 신기술사업금융업자, 신기술창업전문회사, 산학협력기술지주회사, 그 밖에 중소기업 육성을 위하여 중소벤처기업부장관이 정하여 고시하는 자 제외)이 주식등의 100분의 30 이상을 직접적 또는 간접적으로 소유한 경우로서 최다출자자인 기업. 이 경우 최다출자자는 해당 기업의 주식등을 소유한 법인 또는 개인으로서 단독으로 또는 다음의 어느 하나에 해당하는 자와 합산하여 해당 기업의 주식등을 가장 많이 소유한 자를 말하며, 주식등의 간접소유 비율에 관하여는 「국제조세조정에 관한 법률 시행령」을 준용한다.
  • 주식등을 소유한 자가 법인인 경우 : 그 법인의 임원
  • 주식등을 소유한 자가 그 법인인 경우에 해당하지 아니하는 개인인 경우 : 그 개인의 친족
㉡ 관계기업에 속하는 기업의 경우에는 평균매출액 등이 [별표 1]의 기준에 맞지 아니하는 기업

(2) 대통령령으로 정하는 「사회적기업육성법」에 따른 사회적기업(영 제3조 제2항)

'대통령령으로 정하는 사회적기업'이란 영리를 주된 목적으로 하지 않는 사회적기업으로서 다음의 요건을 모두 갖춘 기업으로 한다.
① 상기 (1)의 ①의 요건을 모두 갖출 것
② 상기 (1)의 ②에서 ㉠에 해당하지 않을 것

(3) 대통령령으로 정하는 「협동조합기본법」에 따른 협동조합 등(영 제3조 제3항)

'대통령령으로 정하는 자'란 상기 (2)의 요건을 모두 갖춘 협동조합, 협동조합연합회, 사회적협동조합, 사회적협동조합연합회 및 이종협동조합연합회(중소기업기본법에 따른 중소기업을 회원으로 하는 경우로 한정)를 말한다.

(4) 대통령령으로 정하는 「소비자생활협동조합법」에 따른 조합, 연합회, 전국연합회(영 제3조 제4항)

'대통령령으로 정하는 자'란 상기 (2)의 요건을 모두 갖춘 조합, 연합회 및 전국연합회를 말한다.

(5) 대통령령으로 정하는 「중소기업협동조합법」에 따른 협동조합 등(영 제3조 제5항)

'대통령령으로 정하는 자'란 상기 (2)의 요건을 모두 갖춘 협동조합, 사업협동조합 및 협동조합연합회를 말한다.

(6) 소기업과 중기업의 구분(영 제8조) 18 기출

① 중소기업은 대통령령으로 정하는 구분기준에 따라 소기업(小企業)과 중기업(中企業)으로 구분한다.
　㉠ 소기업(小企業)은 중소기업 중 해당 기업이 영위하는 주된 업종별 평균매출액 등이 [별표 3]의 기준에 맞는 기업으로 한다.
　㉡ 중기업(中企業)은 중소기업 중 ㉠에 따른 소기업을 제외한 기업으로 한다.

[별표 3] 주된 업종별 평균매출액 등의 소기업 규모 기준

해당 기업의 주된 업종	분류기호	규모 기준
1. 식료품 제조업	C10	평균매출액 등 120억원 이하
2. 음료 제조업	C11	
3. 의복, 의복액세서리 및 모피제품 제조업	C14	
4. 가죽, 가방 및 신발 제조업	C15	
5. 코크스, 연탄 및 석유정제품 제조업	C19	
6. 화학물질 및 화학제품 제조업(의약품 제조업 제외)	C20	
7. 의료용 물질 및 의약품 제조업	C21	
8. 비금속 광물제품 제조업	C23	
9. 1차 금속 제조업	C24	
10. 금속가공제품 제조업(기계 및 가구 제조업 제외)	C25	
11. 전자부품, 컴퓨터, 영상, 음향 및 통신장비 제조업	C26	
12. 전기장비 제조업	C28	
13. 그 밖의 기계 및 장비 제조업	C29	
14. 자동차 및 트레일러 제조업	C30	
15. 가구 제조업	C32	
16. 전기, 가스, 증기 및 공기조절 공급업	D	
17. 수도업	E36	
18. 농업, 임업 및 어업	A	평균매출액 등 80억원 이하
19. 광업	B	
20. 담배 제조업	C12	
21. 섬유제품 제조업(의복 제조업 제외)	C13	
22. 목재 및 나무제품 제조업(가구 제조업 제외)	C16	
23. 펄프, 종이 및 종이제품 제조업	C17	
24. 인쇄 및 기록매체 복제업	C18	
25. 고무제품 및 플라스틱제품 제조업	C22	
26. 의료, 정밀, 광학기기 및 시계 제조업	C27	
27. 그 밖의 운송장비 제조업	C31	
28. 그 밖의 제품 제조업	C33	
29. 건설업	F	
30. 운수 및 창고업	H	
31. 금융 및 보험업	K	

32. 도매 및 소매업	G	평균매출액 등 50억원 이하
33. 정보통신업	J	
34. 수도, 하수 및 폐기물 처리, 원료재생업(수도업 제외)	E(E36 제외)	평균매출액 등 30억원 이하
35. 부동산업	L	
36. 전문·과학 및 기술 서비스업	M	
37. 사업시설관리, 사업지원 및 임대 서비스업	N	
38. 예술, 스포츠 및 여가 관련 서비스업	R	
39. 산업용 기계 및 장비 수리업	C34	
40. 숙박 및 음식점업	I	평균매출액 등 10억원 이하
41. 교육 서비스업	P	
42. 보건업 및 사회복지 서비스업	Q	
43. 수리(修理) 및 기타 개인 서비스업	S	

비 고
1. 해당 기업의 주된 업종의 분류 및 분류기호는 「통계법」 제22조에 따라 통계청장이 고시한 한국표준산업분류에 따른다.
2. 위 표 제27호에도 불구하고 철도 차량 부품 및 관련 장치물 제조업(C31202) 중 철도 차량용 의자 제조업, 항공기용 부품 제조업(C31322) 중 항공기용 의자 제조업의 규모 기준은 평균매출액 등 120억원 이하로 한다.

② 중소기업 유예기간 [17] 기출
  ㉠ 중소기업이 그 규모의 확대 등으로 중소기업에 해당하지 아니하게 된 경우 그 사유가 발생한 연도의 다음 연도부터 5년간은 중소기업으로 본다.
  ㉡ 다만, 중소기업 외의 기업과 합병하거나 그 밖에 대통령령으로 정하는 다음의 사유로 중소기업에 해당하지 아니하게 된 경우에는 그러하지 아니하다.
    • 중소기업이 ㉠에 따라 중소기업으로 보는 기간 중에 있는 기업을 흡수합병한 경우로서 중소기업으로 보는 기간 중에 있는 기업이 당초 중소기업에 해당하지 아니하게 된 사유가 발생한 연도의 다음 연도부터 3년이 지난 경우
    • 중소기업이 상기 (1) 외의 부분 단서에 해당하게 된 경우
    • 중소기업으로 보았던 기업이 중소기업이 되었다가 그 평균매출액 등의 증가 등으로 다시 중소기업에 해당하지 아니하게 된 경우
③ 중소기업시책별 특성에 따라 특히 필요하다고 인정하면 해당 법률에서 정하는 바에 따라 법인·단체 등을 중소기업자로 할 수 있다.

2. 지배 또는 종속의 관계(영 제3조의2) [20] 기출

(1) 원 칙

관계기업에서의 지배 또는 종속의 관계란 기업이 직전 사업연도 말일 현재 다른 국내기업을 다음의 어느 하나와 같이 지배하는 경우로 지배기업과 종속기업의 관계를 말한다. 다만, 연결재무제표를 작성하여야 하는 기업과 그 연결재무제표에 포함되는 국내기업은 지배기업과 종속기업의 관계로 본다.

① 지배기업이 단독으로 또는 그 지배기업과의 관계가 다음의 어느 하나에 해당하는 자와 합산하여 종속기업의 주식등을 100분의 30 이상 소유하면서 최다출자자인 경우
  ㉠ 단독으로 또는 친족과 합산하여 지배기업의 주식등을 100분의 30 이상 소유하면서 최다출자자인 개인
  ㉡ 위 ㉠에 해당하는 개인의 친족
② 지배기업이 그 지배기업과의 관계가 ㉠ 또는 ㉡에 해당하는 종속기업(이하 '자회사')과 합산하거나 그 지배기업과의 관계가 ㉠ 또는 ㉡에 해당하는 자와 공동으로 합산하여 종속기업의 주식등을 100분의 30 이상 소유하면서 최다출자자인 경우
③ 자회사가 단독으로 또는 다른 자회사와 합산하여 종속기업의 주식등을 100분의 30 이상 소유하면서 최다출자자인 경우
④ 지배기업과의 관계가 ㉠ 또는 ㉡에 해당하는 자가 자회사와 합산하여 종속기업의 주식등을 100분의 30 이상 소유하면서 최다출자자인 경우

> **학습포인트**
> 결론적으로 30% 이상의 지분을 소유하면서 최다출자자이면 지배기업과 종속기업의 관계가 된다.

(2) 지배종속 관계가 아닌 경우

다음의 어느 하나에 해당하는 자가 다른 국내기업의 주식등을 소유하고 있는 경우는 그 기업과 그 다른 국내기업은 지배기업과 종속기업의 관계로 보지 아니한다.
① 벤처투자회사
② 신기술사업금융업자
③ 신기술창업전문회사
④ 산학협력기술지주회사
⑤ 그 밖에 상기 규정에 준하는 경우로서 중소기업 육성을 위하여 중소벤처기업부장관이 정하여 고시하는 자

(3) 예 외

위의 (1)에도 불구하고 다음의 어느 하나에 해당하는 경우에는 그 구분에 따른 날을 기준으로 (1)에 따른 지배 또는 종속의 관계를 판단할 수 있다.
① 기업이 직전 사업연도 말일이 지난 후 창업, 합병, 분할 또는 폐업한 경우 : 창업일, 합병일, 분할일 또는 「부가가치세법 시행령」에 따른 폐업일
② 관계기업에 속하는 기업이면서 평균매출액 등이 [별표 1]의 기준에 맞지 아니하는 기업에 해당하여 중소기업에서 제외된 기업이 직전 사업연도 말일이 지난 후 주식등의 소유현황이 변경된 경우 : 주식등의 소유현황 변경일

2 중소기업 여부의 적용기간

1. 중소기업 여부의 적용기간 등(영 제3조의3)

(1) 중소기업 여부의 적용기간은 직전 사업연도 말일에서 3개월이 경과한 날부터 1년간으로 한다. 다만, 관계기업에 속하는 기업이면서 산정한 평균매출액 등이 [별표 1]의 기준에 맞지 아니하는 기업에 해당하여 중소기업에서 제외된 기업이 직전 사업연도 말일이 지난 후 주식등의 소유현황이 변경되어 중소기업에 해당하게 된 경우, 중소기업 여부의 적용기간은 그 변경일부터 해당 사업연도 말일에서 3개월이 지난 날까지로 한다.

(2) 중소벤처기업부장관은 기준의 실효성을 확보하기 위하여 5년마다 그 적정성을 검토하여야 한다.

(3) 중소벤처기업부장관은 (2)에 따라 적정성을 검토하는 경우 중소기업에 관한 학식과 경험이 풍부한 외부 전문가의 의견을 들을 수 있다.

(4) (1)~(3)까지에서 규정한 사항 외에 중소기업 여부의 판단 등에 관한 세부적인 사항은 중소벤처기업부장관이 정하여 고시한다.

2. 주된 업종의 기준

(1) 하나의 기업이 둘 이상의 서로 다른 업종을 영위하는 경우에는 평균매출액 등 중 평균매출액 등의 비중이 가장 큰 업종을 주된 업종으로 본다.

(2) 지배기업과 종속기업 중 평균매출액 등이 큰 기업의 주된 업종을 지배기업과 종속기업의 주된 업종으로 본다.

3. 평균매출액 등의 산정(영 제7조)

(1) 평균매출액 등을 산정하는 경우 매출액은 일반적으로 공정·타당하다고 인정되는 회계관행(이하 '회계관행')에 따라 작성한 손익계산서상의 매출액을 말한다. 다만, 업종의 특성에 따라 매출액에 준하는 영업수익 등을 사용하는 경우에는 영업수익 등을 말하며, 다음 방법에 따라 산정한다.

① 직전 3개 사업연도의 총 사업기간이 36개월인 경우 : 직전 3개 사업연도의 총 매출액을 3으로 나눈 금액

② 직전 사업연도 말일 현재 총 사업기간이 12개월 이상이면서 36개월 미만인 경우(직전 사업연도에 창업하거나 합병 또는 분할한 경우로서 창업일, 합병일 또는 분할일부터 12개월 이상이 지난 경우는 제외) : 사업기간이 12개월인 사업연도의 총 매출액을 사업기간이 12개월인 사업연도 수로 나눈 금액

(2) 직전 사업연도 또는 해당 사업연도에 창업하거나 합병 또는 분할한 경우로서 (1)의 ②에 해당하지 아니하는 경우로 다음의 구분에 따라 연간매출액으로 환산하여 산정한 금액을 말한다.
  ① 창업일, 합병일 또는 분할일부터 12개월 이상이 지난 경우 : 중소기업 해당 여부에 대하여 판단하는 날(이하 '산정일'이)이 속하는 달의 직전 달부터 역산(逆算)하여 12개월이 되는 달까지의 기간의 월 매출액을 합한 금액
  ② 창업일, 합병일 또는 분할일부터 12개월이 되지 아니한 경우 : 창업일이나 합병일 또는 분할일이 속하는 달의 다음달부터 산정일이 속하는 달의 직전 달까지의 기간의 월 매출액을 합하여 해당 월수로 나눈 금액에 12를 곱한 금액. 다만, 다음 중 어느 하나에 해당하는 경우에는 창업일이나 합병일 또는 분할일부터 산정일까지의 기간의 매출액을 합한 금액을 해당 일수로 나눈 금액에 365를 곱한 금액으로 한다.
    ㉠ 산정일이 창업일, 합병일 또는 분할일이 속하는 달에 포함되는 경우
    ㉡ 산정일이 창업일, 합병일 또는 분할일이 속하는 달의 다음달에 포함되는 경우

4. 자산총액

(1) 자산총액은 회계관행에 따라 작성한 직전 사업연도 말일 현재 재무상태표상의 자산총계로 한다.

(2) 해당 사업연도에 창업하거나 합병 또는 분할한 기업의 자산총액은 (1)에도 불구하고 창업일이나 합병일 또는 분할일 현재의 자산총액으로 한다.

(3) 외국법인의 경우 자산총액을 원화로 환산할 경우에는 직전 5개 사업연도의 평균환율을 적용한다.

5. 중소기업 확인을 위한 자료제출(법 제27조) 20 기출

(1) 중소기업시책에 참여하려는 중소기업자는 중소기업자에 해당하는지를 확인할 수 있는 자료를 중소기업시책을 실시하는 중소기업시책실시기관에 제출하여야 한다.

(2) 중소벤처기업부장관은 중소기업자에 해당하는지를 확인하기 위하여 필요하다고 인정하는 경우에는 금융위원회, 국세청 등 관계 중앙행정기관 및 지방자치단체, 공공단체 등에 대하여 그 확인에 필요한 자료의 제출을 요청할 수 있다.

(3) 중소벤처기업부장관은 국세청장에게 과세정보의 제출을 요청할 경우에는 다음의 사항을 명시하여 문서로 하여야 한다.
  ① 상시 근로자 수
  ② 매출액
  ③ 납입자본금, 자본잉여금
  ④ 자기자본(자산총액−부채총액)
  ⑤ 자산총액
  ⑥ 주주현황 및 다른 법인에 대한 출자현황

(4) 자료의 제출을 요청 받은 자는 특별한 사유가 없으면 그 요청에 따라야 한다.

3 정부와 중소기업자의 책무 18 21 기출

1. 정부와 지방자치단체, 중소기업자 등의 책무

(1) 정부와 지방자치단체의 책무(법 제3조)
① 정부는 중소기업의 혁신역량과 경쟁력 수준 및 성장성 등을 고려하여 지원대상의 특성에 맞도록 기본적이고 종합적인 중소기업시책을 세워 실시하여야 한다.
② 지방자치단체는 중소기업시책에 따라 관할 지역의 특성을 고려하여 그 지역의 중소기업시책을 세워 실시하여야 한다.
③ 정부와 지방자치단체는 상호 간의 협력과 중소기업시책의 연계를 통하여 중소기업에 대한 지원의 효과를 높일 수 있도록 노력하여야 한다.

(2) 중소기업자 등의 책무
① 중소기업자는 기술개발과 경영혁신을 통하여 경쟁력을 확보하고 투명한 경영과 기업의 사회적 책임을 다하여 국가경제의 발전과 국민의 후생 증대에 이바지할 수 있도록 노력하여야 한다.
② 중소기업자와 그 사업에 관하여 중소기업과 관련되는 자는 정부와 지방자치단체의 중소기업시책 실시에 협력하여야 한다.

(3) 중소기업 보호 · 육성 업무의 총괄 · 조정
중소벤처기업부장관은 정부 및 지방자치단체가 행하는 중소기업 보호 및 육성에 관한 업무를 총괄 · 조정한다.

(4) 창업 촉진과 기업가정신의 확산
① 정부는 중소기업의 설립을 촉진하고 중소기업을 설립한 자가 그 기업을 성장 · 발전시킬 수 있도록 필요한 시책을 실시하여야 한다.
② 정부는 중소기업자나 창업을 준비하는 자가 건전한 기업가정신과 자긍심을 가질 수 있도록 필요한 시책을 실시하여야 한다.

(5) 경영 합리화와 기술 향상
① 정부는 중소기업 경영 관리의 합리화와 기술 및 품질의 향상을 위하여 경영 및 기술의 지도 · 연수, 기술 개발의 촉진 및 표준화 등 필요한 시책을 실시하여야 한다.
② 정부는 중소기업의 생산성을 향상시키기 위하여 생산 시설의 현대화와 정보화의 촉진 등 필요한 시책을 실시하여야 한다.

(6) 판로 확보
① 정부는 정부, 지방자치단체, 공공단체 및 정부투자기관 등이 물품 또는 용역을 조달할 때에는 중소기업자의 수주 기회를 증대시키기 위하여 필요한 시책을 실시하여야 한다.
② 정부는 중소기업 제품의 판로 확대를 위하여 유통 구조의 현대화와 유통 사업의 협동화 등 유통의 효율화에 필요한 시책을 실시하여야 한다.

(7) 중소기업 사이의 협력

정부는 중소기업의 집단화 및 협동화 등 중소기업 사이의 협력에 필요한 시책을 실시하여야 한다.

(8) 기업 구조의 전환

정부는 중소기업의 구조를 고도화하기 위하여 중소기업의 법인 전환, 사업 전환이나 중소기업 사이의 합병 등을 원활히 할 수 있도록 필요한 시책을 실시하여야 한다.

(9) 공정경쟁 및 동반성장의 촉진

정부는 중소기업이 중소기업이 아닌 기업 등 다른 기업과의 공정경쟁과 협력 및 동반성장을 촉진할 수 있도록 필요한 시책을 실시하여야 한다.

(10) 사업 영역의 보호

정부는 중소기업자의 사업 영역이 중소기업 규모로 경영하는 것이 적정한 분야에서 원활히 확보될 수 있도록 필요한 시책을 실시하여야 한다.

(11) 공제제도의 확립

정부는 중소기업자가 서로 도와 도산을 막고 공동 구매 및 판매 사업 등의 기반을 조성할 수 있도록 하기 위한 공제(共濟)제도의 확립에 필요한 시책을 실시하여야 한다.

(12) 중소기업자의 조직화

정부는 중소기업자가 서로 도와 그 사업의 성장·발전과 경제적 지위의 향상을 기할 수 있도록 중소기업협동조합 등 단체의 조직 촉진과 그 운영의 합리화에 필요한 시책을 실시하여야 한다.

(13) 국제화의 촉진

① 정부는 중소기업의 국제화를 촉진하기 위하여 중소기업의 수출입 진흥과 외국 기업과의 협력 증진 등 필요한 시책을 실시하여야 한다.
② 정부는 중소기업이 국내외 경제 환경의 변화에 능동적으로 대응할 수 있도록 중소기업에 대한 정보 제공 등 필요한 시책을 실시하여야 한다.

(14) 인력 확보의 지원

정부는 중소기업이 필요한 인력을 원활히 확보할 수 있도록 인력 양성과 공급, 근로환경 개선과 복지 수준 향상, 중소기업에 대한 인식 개선 등 필요한 시책을 실시하여야 한다.

4 중소기업 육성 및 지원, 빅데이터 플랫폼 등

1. 중소기업 육성 종합계획 등

(1) 소기업 대책(법 제16조)

정부는 소기업에 대하여 그 경영의 개선과 발전을 위하여 필요한 시책을 실시하여야 한다.

(2) 지방 소재 중소기업 등의 육성

정부는 지방에 있는 중소기업을 육성하고, 청년·여성·장애인의 중소기업 활동을 촉진하기 위하여 필요한 시책을 실시하여야 한다.

(3) 법제 및 재정 조치 및 중소기업 육성을 위한 지원과 투자

① 정부는 중소기업시책을 실시하기 위하여 필요한 법제 및 재정 조치를 하여야 한다.
② 정부는 중소기업을 육성하는 데에 필요한 재원을 지속적이고 안정적으로 확보하여야 한다.
③ 정부는 중소기업 육성을 위한 지원과 투자를 지속적으로 확대하도록 노력하여야 한다.

(4) 금융 및 세제 조치

① 정부는 중소기업자에 대한 자금 공급을 원활히 하기 위하여 재정 및 금융자금 공급의 적정화와 신용보증제도의 확립 등 필요한 시책을 실시하여야 한다.
② 정부는 중소기업시책을 효율적으로 실시하기 위하여 조세에 관한 법률에서 정하는 바에 따라 세제상의 지원을 할 수 있다.

(5) 중소기업 육성에 관한 종합계획 수립 18 19 24 기출

① 정부는 창의적이고 자주적인 중소기업의 성장을 지원하기 위하여 중소기업 육성에 관한 종합계획(이하 '종합계획')을 3년마다 수립·시행하여야 한다.
② 종합계획을 수립하거나 변경하는 경우에는 국무회의의 심의를 거쳐야 한다. 다만, 대통령령으로 정하는 경미한 사항을 변경하는 경우에는 그러하지 아니하다.
③ 종합계획에는 다음의 사항이 포함되어야 한다.
 ㉠ 중소기업 육성 정책의 기본목표와 추진방향
 ㉡ 중소기업 육성과 관련된 제도 및 법령의 개선
 ㉢ 중소기업의 경영 합리화와 기술 향상에 관한 사항
 ㉣ 중소기업의 판로 확보에 관한 사항
 ㉤ 중소기업 사이의 협력 증진에 관한 사항
 ㉥ 중소기업의 구조 고도화에 관한 사항
 ㉦ 공정경쟁 및 동반성장의 촉진에 관한 사항
 ㉧ 중소기업 인력확보의 지원에 관한 사항
 ㉨ 지방 소재 중소기업 등의 육성에 관한 사항

㊂ 중소기업의 청년인력 채용과 근속을 위한 근로환경 조성에 관한 사항
㊃ 그 밖에 중소기업 육성을 위하여 필요한 사항
④ 그 밖에 종합계획의 수립·시행에 필요한 사항은 대통령령으로 정한다.

(6) 중소기업 육성계획 수립 및 연차 보고 [19] 기출

① 정부는 종합계획에 따라 매년 정부와 지방자치단체가 중소기업을 육성하기 위하여 추진할 중소기업시책에 관한 계획(이하 '육성계획')을 수립하여 관련 예산과 함께 3월까지 국회에 제출하여야 한다.
② 중소벤처기업부장관은 전년도 육성계획의 실적과 성과를 평가하고, 그 평가결과를 반영하여 중소기업정책에 관한 연차보고서를 정기국회 개회 전까지 국회에 제출하여야 한다.
③ 육성계획을 수립하는 중앙행정기관의 장과 평가를 실시하는 중소벤처기업부장관은 필요한 경우 관계 중앙행정기관과 지방자치단체의 장에게 협조를 요청할 수 있다. 이 경우 협조를 요청받은 자는 특별한 사유가 없으면 그 요청에 적극 협조하여야 한다.
④ 육성계획의 수립과 연차보고에 필요한 사항은 대통령령으로 정한다.

2. 중소기업 지원사업

(1) 중소기업빅데이터플랫폼의 구축·운영(법 제20조의2) [20][21] 기출

① 중소벤처기업부장관은 중소기업 지원사업에 대한 중소기업의 신청·접수 현황, 지원이력 등의 자료·정보를 통합 관리하고 중소기업 지원 관련 빅데이터 활용을 활성화하기 위하여 중소기업 지원사업 빅데이터 플랫폼(이하 '중소기업빅데이터플랫폼')을 구축·운영할 수 있다.
  ㉠ 중소벤처기업부장관이 중소기업빅데이터플랫폼을 통하여 수행하는 업무는 다음과 같다.
    • 중소기업 지원사업의 신청·접수 현황 및 지원 이력의 관리
    • 중소기업 지원사업의 진행 현황의 관리
    • 중소기업 지원사업 관련 통계의 생성 및 관리
    • 중소기업 지원사업 관련 정보의 제공
    • 그 밖에 중소기업 지원사업의 효율적인 수행을 위하여 필요한 업무
  ㉡ 중소벤처기업부장관은 중소기업빅데이터플랫폼을 통하여 관리하게 되는 중소기업 지원사업의 범위를 매년 3월 31일까지 중소기업 지원사업을 수행하는 관계 중앙행정기관의 장 및 지방자치단체의 장과 협의하여 정한다.
  ㉢ 중소벤처기업부장관은 중앙행정기관의 장, 지방자치단체의 장 또는 종합신용정보집중기관 등 관련 기관 또는 단체의 장(이하 '중앙행정기관의 장등')에게 다음의 ②에 해당하는 자료 또는 정보의 제공을 요청하는 경우 중소기업빅데이터플랫폼과 자료 또는 정보의 관련 정보시스템을 연계하는 방법으로 자료 또는 정보를 제공하여 줄 것을 요청할 수 있다. 이 경우 요청을 받은 중앙행정기관의 장등은 특별한 사유가 없으면 그 요청에 따라야 한다.
  ㉣ 중소벤처기업부장관은 다음의 ②에 따라 제공받는 자료 또는 정보의 최신성과 정확성 유지를 위하여 필요한 의견을 해당 중앙행정기관의 장등에게 제출할 수 있다.

ⓜ 중소기업빅데이터플랫폼의 자료 또는 정보를 보유 또는 이용하려는 자는 그 보유 또는 이용 범위에 대하여 중소벤처기업부장관과 미리 협의하여야 한다. 이 경우 자료 또는 정보를 이용하는 자는 중소벤처기업부장관과 협의한 내용의 범위에서 자료 또는 정보를 보유하거나 이용할 수 있다.
② 중소벤처기업부장관은 중소기업빅데이터플랫폼의 구축·운영을 위하여 필요한 경우에는 중앙행정기관의 장, 지방자치단체의 장 또는 종합신용정보집중기관 등 관련 기관·단체의 장(이하 '중앙행정기관의 장등')에게 다음에 해당하는 자료·정보의 제공을 요청하고 제공받은 목적의 범위에서 그 자료·정보를 보유·이용할 수 있다.
　ⓐ 주민등록번호
　ⓑ 「신용정보의 이용 및 보호에 관한 법률」에 따른 신용정보
　ⓒ 중소기업시책에 참여하는 기업의 지원효과 분석을 위한 과세정보로서 당사자의 동의를 받은 다음의 정보 : 국세청장
　　• 기업의 소재지, 업종, 매출액, 납입자본금, 자산총액, 부채총액, 영업이익, 당기순이익
　　• 개업일·휴업일·폐업일
　　• 전자계산서 발급액
　　• 전자세금계산서 발급액 및 전자지급거래액
　　• 신성장·원천기술연구개발비 및 일반연구·인력개발비
　　• 현금영수증가맹점별 현금영수증 결제금액
　　• 신용카드 가맹점별 신용카드 결제금액
　ⓓ 중소기업시책에 참여하는 기업의 지원효과 분석을 위한 고용정보로서 다음의 정보 : 고용노동부장관
　　• 피보험자 수
　　• 중소기업시책에 참여하는 기업에 종사하는 전체 근로자 등에 대하여 산정된 월평균보수를 합산한 금액
　ⓔ 중소기업시책에 참여하는 기업의 지원효과 분석을 위한 과세정보 중 당사자의 동의를 받은 정보로서 신고한 수출 물품의 품명, 품목 번호, 총 신고가격, 목적지, 신고일 : 관세청장
　ⓕ 중소기업 지원사업에 대한 자료·정보를 통합 관리하기 위한 재정정보로서 다음의 정보
　　• 중앙관서의 세출예산 운용상황 및 기금관리주체의 기금 운용상황 : 각 중앙관서의 장 및 기금 관리주체
　　• 공시하는 세출예산 운용상황 : 각 지방자치단체의 장
　ⓖ 중소기업시책에 참여하는 기업의 지원효과 분석을 위하여 법령 등에 의한 해당 기업의 인증·확인 정보
　ⓗ 그 밖에 중소벤처기업부장관이 중소기업빅데이터플랫폼의 구축·운영을 위하여 필요하다고 인정하는 자료·정보

(2) 운영기관

중소벤처기업부장관은 중소기업빅데이터플랫폼의 구축·운영을 위하여 대통령령으로 정하는 바에 따라 전담기구를 설치·운영할 수 있다.

① 중소벤처기업부장관은 다음의 요건을 모두 갖춘 자를 중소기업빅데이터플랫폼을 운영하는 자(이하 '운영기관')로 지정할 수 있다.
  ㉠ 인력 : 다음에 해당하는 사람을 각각 1명 이상 보유할 것
    • 박사학위를 취득한 후 법인에서 상근직으로 5년 이상 중소기업 연구업무에 종사한 경력이 있는 사람
    • 정보시스템의 개발, 관리 및 운영 업무에 3년 이상 종사한 경력이 있는 사람
  ㉡ 설비 : 정보시스템의 운영, 통계 분석 및 정보보안과 관련하여 중소벤처기업부장관이 정하는 기준에 맞는 설비를 갖출 것
② 운영기관으로 지정받은 자는 다음의 업무를 수행한다.
  ㉠ 중소기업빅데이터플랫폼의 기능 개선 및 관리
  ㉡ 중소기업빅데이터플랫폼에 수집된 자료 또는 정보의 관리 및 제공
  ㉢ 중소기업 지원사업의 운영에 필요한 정보 및 통계자료의 생산 및 분석
  ㉣ 그 밖에 중소기업빅데이터플랫폼의 유지 및 관리를 위하여 필요하다고 중소벤처기업부장관이 인정하는 업무
③ 중소벤처기업부장관은 운영기관의 운영에 필요한 비용의 전부 또는 일부를 지원할 수 있다.
④ 규정한 사항 외에 운영기관의 지정 및 감독 등에 관한 세부적인 사항은 중소벤처기업부장관이 정하여 고시한다.

(3) 중소기업 지원사업의 효율화

① 중소벤처기업부장관은 중소기업빅데이터플랫폼을 통하여 관리하는 중소기업 지원사업에 대한 현황조사, 분석·평가 및 효율화(이하 '효율화')를 위하여 다음의 사항을 추진하여야 한다.
  ㉠ 중소기업 지원사업의 범위, 분류, 분석 및 평가기준의 마련
  ㉡ 중소기업 지원사업 간 역할 분담 및 연계성 강화
  ㉢ 중소기업 지원사업에 대한 현황조사 및 분석·평가
  ㉣ 효율화에 따른 제도 개선 및 예산반영 의견 제시
  ㉤ 중소기업 지원사업 간 중복성 검토 및 개선방안 마련
  ㉥ 중소기업 지원사업을 위탁받아 수행하는 기관 및 단체에 대한 성과분석
  ㉦ 중소기업 지원사업에 대한 만족도 조사
  ㉧ 그 밖에 효율화를 위하여 필요한 사항
② 중소벤처기업부장관은 효율화를 위하여 중소기업빅데이터플랫폼의 자료·정보를 최대한 활용하고, 필요한 경우 중앙행정기관의 장등에게 관련 자료·정보의 제공을 요청할 수 있다. 이 경우 중앙행정기관의 장등은 특별한 사유가 없으면 이에 협조하여야 한다.
③ 중소벤처기업부장관은 효율화 방안을 중소기업정책심의회의 심의를 거쳐 확정하며, 중앙행정기관의 장등은 그 방안을 중소기업 지원사업에 반영하여야 한다.
④ 그 밖에 효율화를 위해 필요한 사항은 대통령령으로 정한다.

5 중소기업정책심의회

1. 중소기업정책심의회(법 제20조의4) 24 기출

(1) 설치 근거

중소기업 보호·육성과 관련된 주요 정책 및 계획과 그 이행에 관한 사항을 심의·조정하기 위하여 중소벤처기업부에 중소기업정책심의회(이하 '심의회')를 둔다.

(2) 심의회의 심의·조정 사항

① 중소기업 보호·육성을 위한 주요 정책 및 계획의 수립 등 중소기업 정책 운영 전반에 관한 사항
② 둘 이상의 중앙행정기관이 관련된 주요 중소기업 보호·육성 정책에 관한 사항
③ 종합계획의 수립·시행에 관한 사항
④ 당해연도 육성계획 수립 및 전년도 육성계획의 실적 및 성과의 평가에 관한 사항
⑤ 중소기업 지원사업의 효율화에 관한 사항
⑥ 신설 및 변경사업에 대한 조정에 관한 사항
⑦ 중소기업 육성과 관련된 제도 및 법령에 관한 사항
⑧ 다른 법령에서 심의회의 심의·조정을 거치도록 한 사항 및 대통령령으로 정하는 사항
⑨ 그 밖에 위원장이 중소기업 보호·육성과 관련한 주요 정책에 관하여 심의에 부치는 사항

2. 심의회의 구성

(1) 심의회의 구성 19 기출

① 심의회는 위원장 1명을 포함하여 30명 이내의 위원으로 구성한다.
② 위원장은 중소벤처기업부장관이 되며, 위원은 관계 중앙행정기관의 차관 또는 차관급 공무원 또는 중소기업 및 경제·산업 등의 분야에 관한 경험과 전문지식이 풍부한 사람 중에서 중소벤처기업부장관이 위촉하는 사람이 된다.
③ 위원장은 심의회를 대표하며, 심의회의 업무를 총괄한다.

(2) 실무조정회의의 구성

① 심의회에 상정되는 안건의 협의를 효율적으로 지원하기 위하여 실무조정회의를 둔다.
② 실무조정회의는 소관 사항을 전문적으로 검토하기 위하여 분과별 전문위원회를 둘 수 있다.
③ 규정한 사항 외에 심의회, 실무조정회의 및 전문위원회 구성 및 운영과 그 밖에 필요한 사항은 대통령령으로 정한다.

6 실태조사

1. 중소기업 실태조사(법 제21조) 21 기출

(1) 정부는 중소기업의 활동현황, 자금, 인력 및 경영 등 실태를 파악하기 위하여 매년 정기적으로 실태조사를 실시하고 그 결과를 공표하여야 한다. 이 경우 정부는 해당 실태조사와 유사하거나 관련 있는 사안에 필요한 경우에는 다음의 실태조사를 통합하여 실시할 수 있다.
   ① 「중소기업 인력지원 특별법」에 따른 중소기업 인력실태조사
   ② 「여성기업지원에 관한 법률」에 따른 실태조사
   ③ 「장애인기업활동 촉진법」에 따른 실태조사
   ④ 「소상공인기본법」에 따른 실태조사
   ⑤ 「중소기업 사업전환 촉진에 관한 특별법」에 따른 사업전환 실태조사
   ⑥ 「중소기업 기술혁신 촉진법」에 따른 중소기업 기술통계를 작성하기 위한 조사
   ⑦ 그 밖에 중소기업의 활동현황, 자금, 인력 및 경영 등의 실태를 파악하기 위하여 중소벤처기업부장관이 실시하는 조사

(2) 정부는 실태조사를 중소기업중앙회, 중소기업 관련 단체 또는 중소기업 관련 기관에 위탁할 수 있다.

(3) 정부는 실태조사를 위하여 필요한 때에는 중소기업자 또는 관련 기관 등에 대하여 자료의 제출이나 의견의 진술 등 협조를 요청할 수 있다. 이 경우 협조요청을 받은 자 또는 기관은 특별한 사유가 없는 한 이에 따라야 한다.

> **학습포인트**
> 중소기업 실태조사의 주체는 중소벤처기업부장관이 아닌 정부라는 점을 주의해야 한다. 이것을 제외하고는 중소벤처기업부장관의 업무이기 때문에 중소벤처기업부장관의 업무가 아닌 것을 외우는 것이 편하다.

2. 실태조사의 방법 및 절차, 수립(영 제12조)

(1) 중소기업 실태조사 포함사항
   ① 중소기업의 지역별·업종별·규모별 경영일반에 관한 사항
   ② 중소기업의 공장보유 여부, 자재 구매, 설비투자, 재무구조에 관한 사항
   ③ 중소기업의 제품판매, 수탁거래·위탁거래, 고용 및 정보화에 관한 사항
   ④ 그 밖에 중소기업의 실태를 파악하기 위하여 필요한 사항

(2) 실태조사의 통합
   정부는 중소기업 실태조사를 통합하여 실시하는 때에는 중소기업자, 중소기업 관련 단체 및 기관, 관계 중앙행정기관, 통계 관련 전문가 등의 의견을 수렴하여 매년 중소기업 실태조사 통합 실시계획을 수립하여 이에 따라 실태조사를 하여야 한다.

(3) 실태조사 통합 실시계획의 수립

중소기업 실태조사 통합 실시계획을 수립할 때에는 다음의 사항을 종합적으로 고려하여야 한다.
① 조사의 목적, 성격, 내용, 방식 및 조사주기 등에 관한 사항
② 조사대상의 공동 활용, 조사항목의 단순화, 조사시기의 단일화, 조사결과의 대표성·신뢰성 확보, 조사결과의 공표 등에 관한 사항
③ 조사기획, 표본설계, 결과분석 등에 필요한 인력 및 비용에 관한 사항
④ 조사기관의 지정에 관한 사항
⑤ 그 밖에 조사대상 중소기업의 부담을 줄이기 위한 사항

7 옴부즈만

1. 중소기업 옴부즈만의 설치 및 운영 ⑭ ⑰ ⑳ ㉑ ㉒ ㉔ ㉕ 기출

(1) 중소기업 옴부즈만의 설치(법 제22조)
① 중소기업에 영향을 주는 기존 규제의 정비 및 중소기업 애로사항의 해결을 위하여 중소벤처기업부장관 소속으로 중소기업 옴부즈만을 둔다.
② 중소기업 옴부즈만은 다음 업무를 독립하여 수행한다.
  ㉠ 중소기업에 영향을 미치는 규제의 발굴 및 개선
  ㉡ 정부 및 지방자치단체, 공공기관, 중소기업정책자금 운용기관(업무기관)과 관련하여 제기되는 애로사항의 해결
  ㉢ 그 밖에 규제의 정비 및 중소기업 애로사항의 해결을 위하여 필요한 업무로서 대통령령으로 정하는 다음의 업무
    • 불합리한 규제 등에 따른 중소기업의 고충처리
    • 정부 및 지방자치단체, 공공기관 또는 중소기업 정책자금 운영기관에 대한 중소기업 관련 규제와 애로사항의 개선 건의 및 권고
    • 중소기업 관련 규제와 애로사항의 조사·분석
    • 중소기업 관련 규제의 완화와 애로사항 해결에 대한 평가 및 분석
    • 중소기업에 영향을 주는 기존 규제의 정비와 애로사항 해결 등에 관한 보고서 작성 및 보고
    • 중소기업 관련 규제와 애로사항에 관한 법규·제도 및 고충처리 사례의 조사·연구
    • 그 밖에 중소기업 관련 규제의 개선과 애로사항 해결에 필요한 사항

> **더 알아보기** 옴부즈만
>
> 1809년 스웨덴에서 시작된 부당한 행정처분을 감시·감찰하는 제도이다. 우리나라에서 운영되는 '중소기업 옴부즈만'은 중소·중견기업에 관한 애로사항을 상시적·체계적으로 정비하고 필요 시 건의나 권고의 규제를 하는 등 공적인 업무를 담당하는 개인이자 독립기관이다. 국무총리가 중소기업 전문가를 위촉하며, 원활한 활동지원을 위해 중소벤처기업부에서 옴부즈만 지원단이 설치·운영된다.

③ 중소기업 옴부즈만은 중소기업 및 규제 분야의 학식과 경험이 많은 자 중에서 중소벤처기업부장관의 추천과 규제개혁위원회의 심의를 거쳐 국무총리가 위촉한다.
④ 중소기업 옴부즈만은 업무에 관한 활동 결과보고서를 작성하여 매년 1월 말까지 규제개혁위원회와 국무회의 및 국회에 보고하여야 한다.
⑤ 중소기업 옴부즈만의 업무수행과 관련한 조사 및 의견청취, 법적지위 등에 대하여는 「행정규제기본법」을 준용한다. 이 경우 '위원회' 또는 '위원회의 위원'은 '중소기업 옴부즈만'으로 본다.
⑥ 중소기업 옴부즈만은 업무처리 결과에 따라 필요한 경우 업무기관의 장에게 관련 사항의 개선을 권고할 수 있다. 이 경우 업무기관의 장은 권고를 받은 날부터 30일 이내에 이행계획을 중소기업 옴부즈만에게 제출하여야 하며, 그 권고의 내용을 이행하지 아니할 경우에는 그 이유를 통지하여야 한다.
⑦ 중소기업 옴부즈만은 개선 권고에 대한 이행실태를 점검하고, 권고를 받은 업무기관이 정당한 사유 없이 권고를 이행하지 아니하는 경우 그 내용 등을 공표하여야 한다.
⑧ 중소기업 옴부즈만의 업무처리와 활동을 지원하기 위하여 중소벤처기업부에 사무기구를 둔다.
⑨ 중소기업 옴부즈만의 설치 및 운영 등에 필요한 사항은 대통령령으로 정한다.

(2) 옴부즈만의 임기 및 자격(영 제13조)

① 중소기업 옴부즈만의 임기는 3년으로 하되, 한 번만 연임할 수 있다.
② (1)의 ③에서 '학식과 경험이 많은 자'란 다음 어느 하나에 해당하는 사람을 말한다.
　㉠ 중소기업의 대표자나 상근 임원의 직에 5년 이상 있거나 있었던 사람
　㉡ 중소기업 또는 행정규제 관련 단체에서 10년 이상 근무한 경력이 있는 사람
　㉢ 중앙행정기관의 장, 지방자치단체의 장 또는 이에 상당하는 공무원의 직에 있거나 있었던 사람
　㉣ 학교나 공인된 연구기관에서 부교수 이상의 직 또는 이에 상당하는 직에 있거나 있었던 사람
　㉤ 판사, 검사 또는 변호사의 직에 10년 이상 있거나 있었던 사람
　㉥ 그 밖에 중소기업 및 규제분야의 학식과 경험이 많다고 중소벤처기업부장관이 인정하는 사람
③ 중소기업 옴부즈만은 다음 어느 하나에 해당하는 경우를 제외하고는 그 의사에 반하여 해촉되지 아니한다.
　㉠ 직무수행과 관련하여 금품이나 향응을 받은 사실이 확인된 경우
　㉡ 금고 이상의 형의 선고를 받은 경우
　㉢ 장기간의 심신쇠약으로 직무를 수행할 수 없게 된 경우
　㉣ 고의로 업무수행을 게을리하거나 기피하는 경우 등 직무를 수행하기 어려운 중대한 사유가 발생한 경우
④ 중소기업 옴부즈만은 국회의원 또는 지방의회의원의 직을 겸할 수 없다.

(3) 전문위원의 운영(영 제15조)

① 중소벤처기업부장관은 중소기업 옴부즈만의 업무 수행에 필요한 전문적인 조사 및 연구를 지원하기 위하여 학계, 중소기업 관련 기관 및 단체 등의 전문가를 전문위원으로 둘 수 있다.
② 전문위원은 중소벤처기업부장관이 중소기업 옴부즈만의 의견을 들어 임명하거나 위촉한다.
③ 중소벤처기업부장관은 전문위원이 업무를 적극적으로 수행하는 데 필요한 수당 및 여비, 연구조사비 등 필요한 경비를 예산의 범위에서 지원할 수 있다.

2. 의견 제출 등

(1) 중소기업자·이해관계자와 관련 단체의 장은 다음의 업무와 관련하여 중소기업 옴부즈만에게 의견을 제출할 수 있다.
    ① 중소기업에 영향을 미치는 규제의 발굴 및 개선
    ② 정부 및 지방자치단체, 공공기관, 중소기업정책자금 운용기관(이하 '업무기관')과 관련하여 제기되는 애로사항의 해결
    ③ 그 밖에 규제의 정비 및 중소기업 애로사항의 해결을 위하여 필요한 업무

(2) 의견제출과 관계된 행정기관은 규제 개선 등에 관한 의견을 제출하였다는 이유로 그 의견을 제출한 자에게 불이익을 주거나 차별을 하여서는 아니 된다.

(3) 중소기업 옴부즈만은 의견을 제출한 자가 그 의견을 제출하였다는 이유로 관계 행정기관으로부터 불이익이나 차별을 받았다는 내용의 진정 등을 제기한 경우에는 그 진정 등을 제기한 자를 대리하여 국민권익위원회에 고충민원을 신청할 수 있다.

(4) 적극적인 규제개선을 위한 직무집행으로 인하여 발생한 위법행위 등을 이유로 담당공무원 등을 징계하는 경우 중소기업 옴부즈만은 해당 징계권자에게 그 징계의 감경 또는 면제를 건의할 수 있다.

3. 행정 지원 등

(1) 중소벤처기업부장관은 중소기업 옴부즈만의 활동 지원을 위하여 필요하다고 인정하면 국가기관, 지방자치단체, 공공기관 또는 관련 법인·단체에 그 소속 공무원이나 직원의 파견을 요청할 수 있다.

(2) 중소벤처기업부장관은 (1)에 따른 중소기업 옴부즈만의 운영에 필요한 행정적·재정적 지원을 할 수 있다.

8 전문연구평가기관

1. 전문연구평가기관의 지정(법 제25조)

(1) 중소벤처기업부장관은 중소기업시책의 수립 등에 필요한 조사, 연구 및 평가를 수행하는 전문연구평가기관(이하 '전문연구평가기관')을 지정하여 운영할 수 있다.

(2) 중소벤처기업부장관은 전문연구평가기관이 조사, 연구 및 평가를 수행하는 데에 필요한 경비를 예산의 범위에서 출연하거나 보조할 수 있다.

(3) 중소벤처기업부장관은 (1)에 따라 지정한 전문연구평가기관이 다음의 어느 하나에 해당하는 경우 그 지정을 취소할 수 있다. 다만, ①에 해당하는 경우에는 그 지정을 취소하여야 한다.
   ① 거짓이나 그 밖의 부정한 방법으로 전문연구평가기관으로 지정받은 경우
   ② (6)에 따른 지정기준에 적합하지 아니하게 된 경우

(4) 중소벤처기업부장관은 전문연구평가기관의 지정을 취소하고자 하는 경우에는 청문을 하여야 한다.

(5) 지정이 취소된 전문연구평가기관은 지정이 취소된 날부터 2년 이내에는 (1)에 따른 지정을 받을 수 없다.

(6) 전문연구평가기관의 지정기준, 지정절차 및 운영과 지정취소 등에 필요한 사항은 대통령령으로 정한다.

2. 전문연구평가기관의 지정기준 및 절차(영 제16조)

(1) 전문연구평가기관의 지정기준
   ① 전문연구평가기관으로 지정받으려는 자는 다음의 요건을 모두 갖추어야 한다.
      ㉠ 법인일 것
      ㉡ 법인의 주된 설립 목적이 중소기업 관련 연구 및 평가를 하는 것으로 정관에 명시되어 있을 것
      ㉢ 중소기업 연구 전문인력(박사학위를 취득한 후 ㉡에 해당하는 법인에서 상근직으로 5년 이상 중소기업 연구업무에 종사한 경력이 있는 사람)을 15명 이상 보유할 것
      ㉣ 중소기업 지원사업 평가 업무를 수행할 수 있는 전담 조직과 인력을 보유할 것
   ② 전문연구평가기관으로 지정받으려는 자는 다음의 서류를 갖추어 중소벤처기업부장관에게 제출하여야 한다.
      ㉠ 최근 3년간의 중소기업 관련 연구 및 평가 실적(실적이 있는 경우만 해당)
      ㉡ 중소기업 연구 전문인력 보유 현황
      ㉢ 중소기업 지원사업 평가 전담 조직과 인력 보유 현황
      ㉣ 그 밖에 중소기업 정책 연구 및 평가에 필요한 사항

(2) 전문연구평가기관의 지정절차
① 중소벤처기업부장관은 신청을 받은 경우에는 (1)의 ① 요건을 모두 갖추었는지를 검토하여 지정여부를 결정해야 한다.
② 중소벤처기업부장관은 지정 여부를 결정할 때에는 최근 3년간의 중소기업 관련 연구 및 평가 실적을 고려할 수 있다.
③ 중소벤처기업부장관은 전문연구평가기관을 지정한 경우에는 그 사실을 중소벤처기업부 인터넷 홈페이지에 게시하여야 한다.
④ 전문연구평가기관의 지정 기간은 지정된 날부터 3년 이내로 한다.
⑤ 중소벤처기업부장관은 전문연구평가기관이 지정기준에 적합하지 아니하게 된 경우에는 30일 이내의 기간을 정하여 위반사항을 시정하도록 할 수 있다.
⑥ 중소벤처기업부장관은 전문연구평가기관이 ⑤에 따른 기간 내에 (1)의 ①에 따른 지정기준을 갖추지 않는 경우에는 전문연구평가기관의 지정을 취소할 수 있다.

3. 중소벤처기업연구원의 설립(법 제25조의2)

(1) 설치 근거
① 정부는 중소기업·벤처기업(「벤처기업육성에 관한 특별법」에 따른 벤처기업) 관련 시책의 수립 등에 필요한 조사, 연구, 교육 및 평가를 추진하기 위하여 중소벤처기업연구원(이하 '연구원')을 설립한다.
② 연구원은 법인으로 한다.
③ 연구원은 정관으로 정하는 바에 따라 임원과 직원을 둔다.
④ 정부는 연구원의 운영 등에 필요한 경비를 예산의 범위에서 출연하거나 보조할 수 있다.

(2) 사업 및 준용규정 등
① 연구원은 설립목적을 달성하기 위하여 다음의 사업을 수행한다.
  ㉠ 중소기업·벤처기업의 육성·발전을 위한 조사, 연구 및 정책 건의
  ㉡ 중소기업·벤처기업 지원정책의 분석, 평가 및 교육
  ㉢ 국내외 연구기관, 국제기구, 민간단체와의 교류 및 연구협력사업
  ㉣ 정부, 국내외 공공기관 등으로부터 연구용역의 수탁
  ㉤ 규제의 신설·강화가 중소기업에 미치는 영향에 대한 분석 및 연구
  ㉥ 중소기업·벤처기업 관련 정책정보 및 통계의 생산·분석
  ㉦ 조사·연구결과의 출판 및 홍보
  ㉧ 중소기업·벤처기업 경영 등에 관한 상담, 자문 및 정보 제공
  ㉨ 그 밖에 상기 사업에 따른 부대사업 및 연구원의 설립목적을 달성하는 데 필요한 사업
② 연구원에 대하여 중소기업기본법과 「공공기관의 운영에 관한 법률」에서 규정한 것 외에는 「민법」 중 재단법인에 관한 규정을 준용한다.

③ 중소기업기본법에 따른 연구원이 아닌 자는 중소벤처기업연구원 또는 이와 유사한 명칭을 사용하지 못한다.
④ 중소벤처기업부장관은 연구원의 업무를 지도·감독한다.

> **더 알아보기** 중소기업 주간(법 제26조, 영 제17조)
>
> - 중소기업자의 자긍심을 고양하고 국민경제에서의 역할과 중요성에 대한 인식을 높이기 위하여 대통령령으로 정하는 바에 따라 1년 중 1주간을 중소기업 주간으로 한다.
> - 중소기업 주간은 매년 5월의 셋째 주로 한다.
> - 중소기업 주간에는 다음의 행사를 할 수 있다.
>   - 중소기업 유공자 표창
>   - 중소기업 관련 기념 행사
>   - 그 밖에 중소기업 진흥에 관한 행사
> - 중소벤처기업부장관은 필요한 경우 예산의 범위에서 위에 따른 행사를 지원할 수 있다.

9 과태료 등

1. 과태료(법 제28조) 23 기출

(1) 중소기업자가 아닌 자가 자료를 거짓으로 제출하여 중소기업시책에 참여 한 자에게 500만원 이하의 과태료를 부과한다.

(2) 중소벤처기업연구원 또는 이와 유사한 명칭을 사용한 자에게는 100만원 이하의 과태료를 부과한다.

(3) 과태료는 대통령령으로 정하는 바에 따라 다음의 자가 부과·징수한다.
① 중소기업시책실시기관의 장 : (1)에 따른 과태료
② 중소벤처기업부장관 : (2)에 따른 과태료

PART 01 단원핵심문제

제1과목 중소기업관계법령

01 중소기업기본법상 목적이다. 빈칸에 들어갈 말로 옳은 것은?

> 이 법은 중소기업이 나아갈 방향과 중소기업을 육성하기 위한 시책의 기본적인 사항을 규정하여 창의적이고 자주적인 (　)의 성장을 지원하고 나아가 산업 구조를 고도화하고 (　)를 균형 있게 발전시키는 것을 목적으로 한다.

① 소기업, 국민경제
② 소기업, 국가경제
③ 중소기업, 국가경제
④ 중견기업, 국가경제
⑤ 중소기업, 국민경제

해설 목적(중소기업기본법 제1조)
이 법은 중소기업이 나아갈 방향과 중소기업을 육성하기 위한 시책의 기본적인 사항을 규정하여 창의적이고 자주적인 중소기업의 성장을 지원하고 나아가 산업 구조를 고도화하고 국민경제를 균형 있게 발전시키는 것을 목적으로 한다.

02 중소기업기본법령상 지배 종속의 관계에서 지배기업으로 보지 않는 자로 옳지 않은 것은?

① 벤처투자회사
② 신기술사업금융업자
③ 창업기획자
④ 산학협력기술지주회사
⑤ 신기술창업전문회사

해설 벤처투자회사, 신기술사업금융업자, 신기술창업전문회사, 산학협력기술지주회사, 그 밖에 중소벤처기업부장관이 고시하는 자가 다른 국내기업의 주식등을 소유하고 있는 경우에는 그 기업과 그 다른 국내기업은 지배기업과 종속기업의 관계로 보지 아니한다(중소기업기본법 시행령 제3조의2 제3항 참조).

정답　01 ⑤　02 ③

03 중소기업기본법상 중소기업 확인자료 제출 시 과세정보의 제출을 위해 명시하여야 할 사항으로 옳지 않은 것은?

① 상시 근로자 수
② 매입액
③ 납입자본금, 자본잉여금
④ 자기자본(자산총액-부채총액)
⑤ 법인에 대한 출자현황

해설 중소기업 확인자료 제출(중소기업기본법 제27조 제3항 참조)
중소벤처기업부장관은 중소기업자에 해당하는지를 확인하기 위하여 그 확인에 필요한 자료의 제출을 요청할 수 있다. 이에 따라 중소벤처기업부장관이 국세청장에게 과세정보의 제출을 요청할 경우에는 다음의 사항을 명시하여 문서로 하여야 한다.
• 상시 근로자 수
• 매출액
• 납입자본금, 자본잉여금
• 자기자본(자산총액-부채총액)
• 자산총액
• 주주현황 및 다른 법인에 대한 출자현황

04 중소기업기본법의 내용으로 옳지 않은 것은?

① 중소벤처기업부장관은 정부 및 지방자치단체가 행하는 중소기업 보호·육성에 관한 업무를 총괄한다.
② 중소기업 보호·육성에 관한 다른 법률을 제정하거나 개정할 때에는 「중소기업기본법」의 목적에 맞도록 하여야 한다.
③ 정부는 중소기업 제품의 판로 확대를 위하여 유통 구조의 현대화와 유통 사업의 협동화 등 유통의 효율화에 필요한 시책을 실시하여야 한다.
④ 정부는 중소기업 육성에 관한 종합계획을 매년 수립·시행하여야 한다.
⑤ 정부는 중소기업의 집단화 및 협동화 등 중소기업 사이의 협력에 필요한 시책을 실시하여야 한다.

해설 정부는 창의적이고 자주적인 중소기업의 성장을 지원하기 위하여 중소기업 육성에 관한 종합계획을 3년마다 수립·시행하여야 한다(중소기업기본법 제19조의2 제1항).

정답 03 ② 04 ④

05 중소기업기본법령상 중소기업 지원사업 빅데이터 플랫폼을 통하여 수행하는 업무로 옳지 않은 것은?

① 중소기업 지원사업의 신청·접수 현황 및 지원 이력의 관리
② 중소기업 지원사업의 진행 현황의 관리
③ 중소기업 지원사업 관련 통계의 생성 및 관리
④ 중소기업빅데이터플랫폼 전담기구의 지정 및 운영
⑤ 그 밖에 중소기업 지원사업의 효율적인 수행을 위하여 필요한 업무

> **해설** ④ 중소기업빅데이터플랫폼 전담기구의 지정 및 운영은 중소벤처기업부장관의 업무이다(중소기업기본법 시행령 제10조의4).
> ①·②·③·⑤ 중소기업빅데이터플랫폼을 통하여 수행하는 업무이다. 이외에 수행업무로는 '중소기업 지원사업 관련 정보의 제공'이 있다(동법 시행령 제10조의3 제1항 참조).

06 중소기업기본법상 중소기업 육성계획과 실태조사에 대한 설명 중 옳지 않은 것은?

① 정부는 2년마다 정부와 지방자치단체가 중소기업을 육성하기 위하여 추진할 중소기업시책에 관한 육성계획을 수립하여 관련 예산과 함께 3월까지 국회에 제출하여야 한다.
② 중소벤처기업부장관은 전년도 육성계획의 실적과 성과를 평가하고, 그 평가결과를 반영하여 중소기업정책에 관한 연차보고서를 정기국회 개회 전까지 국회에 제출하여야 한다.
③ 육성계획을 수립하는 중앙행정기관의 장과 평가를 실시하는 중소벤처기업부장관은 필요한 경우 관계 중앙행정기관과 지방자치단체의 장에게 협조를 요청할 수 있다. 이 경우 협조를 요청받은 자는 특별한 사유가 없으면 그 요청에 적극 협조하여야 한다.
④ 정부는 중소기업의 활동현황, 자금, 인력 및 경영 등 실태를 파악하기 위하여 매년 정기적으로 실태조사를 실시하고 그 결과를 공표하여야 한다.
⑤ 정부는 실태조사를 중소기업중앙회, 중소기업 관련 단체 또는 중소기업 관련 기관에 위탁할 수 있다.

> **해설** 중소기업 육성계획 수립 및 연차 보고를 위해 정부는 종합계획에 따라 매년 정부와 지방자치단체가 중소기업을 육성하기 위하여 추진할 중소기업시책에 관한 계획을 수립하여 관련 예산과 함께 3월까지 국회에 제출하여야 한다(중소기업기본법 제20조 제1항).

07 중소기업기본법령상 중소기업 실태조사 통합 실시계획을 수립할 때 고려사항으로 옳지 않은 것은?

① 조사의 목적, 성격, 내용, 방식 및 조사주기 등에 관한 사항
② 조사대상의 공동 활용 및 조사항목의 단순화
③ 조사기획, 표본설계, 결과분석 등에 필요한 인력 및 비용에 관한 사항
④ 중소기업의 공장보유 여부, 자재 구매, 설비투자, 재무구조에 관한 사항
⑤ 조사시기의 단일화, 조사결과의 대표성과 신뢰성 확보

> **해설** '중소기업의 공장보유 여부, 자재 구매, 설비투자, 재무구조에 관한 사항'은 중소기업 실태조사에 포함되어야 하는 사항이다. 중소기업 실태조사 통합 실시계획을 수립할 때는 ①·②·③·⑤ 외에도 '조사기관의 지정에 관한 사항'을 고려하여야 한다(중소기업기본법 시행령 제12조 제3항 각 호 참조).

08 중소기업기본법상 중소기업의 옴부즈만에 대한 설명으로 옳지 않은 것은?

① 중소기업 옴부즈만은 중소기업 및 규제 분야의 학식과 경험이 많은 자 중에서 중소벤처기업부장관의 추천과 규제개혁위원회의 심의를 거쳐 국무총리가 위촉한다.
② 중소기업 옴부즈만은 업무처리 결과에 따라 필요한 경우 업무기관의 장에게 관련사항의 개선을 권고할 수 있다.
③ 중소기업 옴부즈만은 업무에 관한 활동 결과보고서를 작성하여 매년 1월 말까지 규제개혁위원회와 중소벤처기업부장관에게 보고하여야 한다.
④ 중소기업에 영향을 주는 기존 규제의 정비 및 중소기업 애로사항의 해결을 위하여 중소벤처기업부장관 소속으로 중소기업 옴부즈만을 둔다.
⑤ 중소기업 옴부즈만의 업무처리와 활동을 지원하기 위하여 중소벤처기업부에 사무기구를 둔다.

> **해설** 중소기업 옴부즈만은 업무에 관한 활동 결과보고서를 작성하여 매년 1월 말까지 규제개혁위원회와 국무회의 및 국회에 보고하여야 한다(중소기업기본법 제22조 제4항).

09 중소기업기본법상 중소기업 전문연구평가기관에 대한 설명으로 옳지 않은 것은?

① 중소벤처기업부장관은 중소기업시책의 수립 등에 필요한 조사와 연구를 수행하는 전문연구평가기관을 지정하여 운영할 수 있다.
② 정부는 전문연구평가기관에 필요한 경비를 예산의 범위에서 출연하거나 보조할 수 있다.
③ 전문연구평가기관으로 지정받으려는 자는 법인의 주된 설립 목적이 중소기업에 대한 연구를 하는 것으로 정관에 명시되어 있어야 한다.
④ 전문연구평가기관으로 지정받으려는 자는 최근 3년간 중소기업 관련 연구 실적을 중소벤처기업부장관에게 제출하여야 한다.
⑤ 전문연구평가기관으로 지정받으려는 자는 중소기업 전문연구인력 보유 현황을 중소벤처기업부장관에게 제출하여야 한다.

해설 중소벤처기업부장관은 전문연구평가기관에 필요한 경비를 예산의 범위에서 출연하거나 보조할 수 있다(중소기업기본법 제25조 제2항).

10 중소기업기본법령상 중소기업 옴부즈만에 관한 설명으로 옳은 것은?

① 임기는 3년으로 하되, 한 번만 연임할 수 있다.
② 업무에 관한 활동 결과보고서를 작성하여 매년 12월 말까지 규제개혁위원회와 중소벤처기업부 및 국회에 보고하여야 한다.
③ 중소기업 및 규제 분야의 학식과 경험이 많은 자 중에서 중소벤처기업부장관이 위촉한다.
④ 판사의 직에 5년 이상 있었던 사람은 중소기업 옴부즈만이 될 자격이 있다.
⑤ 중소기업 옴부즈만에게 의견을 제출한 자가 그것을 이유로 차별을 받은 경우 중소벤처기업부장관에게 고충민원을 신청할 수 있다.

해설
② 중소기업 옴부즈만은 업무에 관한 활동 결과보고서를 작성하여 매년 1월 말까지 규제개혁위원회와 국무회의 및 국회에 보고하여야 한다(중소기업기본법 제22조 제4항).
③ 중소기업 옴부즈만은 중소기업 및 규제 분야의 학식과 경험이 많은 자 중에서 중소벤처기업부장관의 추천과 규제개혁위원회의 심의를 거쳐 국무총리가 위촉한다(동법 제22조 제3항).
④ 판사, 검사 또는 변호사의 직에 10년 이상 있거나 있었던 사람은 중소기업 옴부즈만이 될 자격이 있다(동법 시행령 제13조 제2항 제5호 참조).
⑤ 중소기업 옴부즈만은 의견을 제출한 자가 그 의견을 제출하였다는 이유로 관계 행정기관으로부터 불이익이나 차별을 받았다는 내용의 진정 등을 제기한 경우에는 그 진정 등을 제기한 자를 대리하여 국민권익위원회에 고충민원을 신청할 수 있다(동법 제23조 제3항).

11 중소기업기본법상 정부의 역할로 옳지 않은 것은?

① 정부는 중소기업 육성에 관한 종합계획을 5년마다 수립·시행하여야 한다.
② 정부는 소기업에 대하여 그 경영의 개선과 발전을 위하여 필요한 시책을 실시하여야 한다.
③ 정부는 중소기업시책을 효율적으로 실시하기 위하여 조세에 관한 법률에서 정하는 바에 따라 세제상의 지원을 할 수 있다.
④ 정부는 중소기업의 구조를 고도화하기 위하여 중소기업의 법인 전환 등을 원활히 할 수 있도록 필요한 시책을 실시하여야 한다.
⑤ 정부는 중소기업 육성을 위한 지원과 투자를 지속적으로 확대하도록 노력하여야 한다.

해설   정부는 창의적이고 자주적인 중소기업의 성장을 지원하기 위하여 중소기업 육성에 관한 종합계획을 3년마다 수립·시행하여야 한다(중소기업기본법 제19조의2 제1항).

12 중소기업기본법상 중소기업정책심의회에 관한 설명으로 옳지 않은 것은?

① 중소기업 보호·육성과 관련된 주요 정책 및 계획과 그 이행에 관한 사항을 심의·조정하기 위하여 중소벤처기업부에 중소기업정책심의회를 둔다.
② 중소기업정책심의회는 둘 이상의 중앙행정기관이 관련된 주요 중소기업 보호·육성 정책에 관한 사항을 심의·조정한다.
③ 위원장은 위원 중에서 호선한다.
④ 중소기업정책심의회는 중소기업 육성과 관련된 제도 및 법령에 관한 사항을 심의·조정한다.
⑤ 실무조정회의는 소관 사항을 전문적으로 검토하기 위하여 분과별 전문위원회를 둘 수 있다.

해설   위원장은 중소벤처기업부장관이 된다(중소기업기본법 제20조의4 제4항 참조).

정답   11 ①   12 ③

PART 02 소상공인기본법

제1과목 중소기업관계법령

체크포인트

소상공인기본법은 2022년 시험부터 출제영역에 포함되었지만, 그동안 매해 소상공인 보호 및 지원에 관한 법률이 출제되었기 때문에 그렇게 낯선 법은 아니다. 또 다른 법들에 비해 상대적으로 분량도 적다. 때문에 암기할 양이 상대적으로 많지는 않다고 느낄 수 있지만 소상공인법과 같이 연계해서 학습하는 것을 고려한다면 다른 법령들과 분량은 비슷하다고도 볼 수 있다. 다만 법과 시행령을 동시에 확인하며 외워야 할 소상공인 정의나 상시 근로자 수 등이 있기 때문에 초반에 개념을 확실하게 확인하고 넘어갈 것을 추천한다.

목적(법 제1조)
소상공인기본법은 소상공인의 지속가능한 성장과 경영안정을 촉진하고 사회적·경제적 지위 향상 및 고용안정을 도모하기 위한 시책의 기본적 사항을 정함으로써 국민경제의 균형 있는 발전에 이바지함을 목적으로 한다.

정의(법 제2조)
(1) 소상공인기본법에서 '**소상공인**'이란 「중소기업기본법」 제2조 제2항에 따른 소기업(小企業) 중 다음의 요건을 모두 갖춘 자를 말한다.
  ① 상시 근로자 수가 10명 미만일 것
  ② 업종별 상시 근로자 수 등이 대통령령으로 정하는 기준에 해당할 것

> **대통령령으로 정하는 업종별 상시 근로자 수(영 제3조)** 23 24 기출
> (1) 「소상공인기본법」(이하 '법') '대통령령으로 정하는 업종별 상시 근로자 수 기준'이란 주된 사업에 종사하는 상시 근로자 수가 업종별로 다음의 어느 하나에 해당하는 것을 말한다.
>   ① 광업·제조업·건설업 및 운수업 : 10명 미만
>   ② 상기 ① 외의 업종 : 5명 미만
> (2) 주된 사업의 기준에 관하여는 「중소기업기본법 시행령」에서 주된 업종의 기준 및 평균매출액 등의 산정에 관한 조항을 준용한다.
>   ① 주된 업종의 기준
>   ㉠ 하나의 기업이 둘 이상의 서로 다른 업종을 영위하는 경우에는 산정한 매출액 중 매출액의 비중이 가장 큰 업종을 주된 업종으로 본다.
>   ㉡ 관계기업에 속하는 기업의 경우에는 산정한 매출액이 [별표 1]의 기준에 맞지 아니하는 기업인 경우에는 지배기업과 종속기업 중 매출액이 큰 기업의 주된 업종을 지배기업과 종속기업의 주된 업종으로 본다.
>   ② 평균매출액 등의 산정
>   ㉠ 매출액을 산정하는 경우 매출액은 일반적으로 공정·타당하다고 인정되는 회계관행(이하 '회계관행')에 따라 작성한 손익계산서상의 매출액을 말한다. 다만, 업종의 특성에 따라 매출액에 준하는 영업수익 등을 사용하는 경우에는 영업수익 등을 말한다.
>   ㉡ 매출액은 다음의 구분에 따른 방법에 따라 산정한다.
>   • 직전 사업연도의 총 사업기간이 12개월인 경우 : 매출액

- 직전 사업연도 말일 현재 총 사업기간이 12개월 이상이면서 36개월 미만인 경우(직전 사업연도에 창업하거나 합병 또는 분할한 경우로서 창업일, 합병일 또는 분할일부터 12개월 이상이 지난 경우는 제외) : 사업기간이 12개월인 사업연도의 총 매출액을 사업기간이 12개월인 사업연도 수로 나눈 금액
- 직전 사업연도 또는 해당 사업연도에 창업하거나 합병 또는 분할한 경우로서 직전 사업연도의 총 사업기간이 12개월이 아닌 경우 : 다음의 구분에 따라 연간매출액으로 환산하여 산정한 금액

창업일·합병일·분할일부터 12개월 이상이 지난 경우	중소기업 해당 여부에 대하여 판단하는 날(이하 '산정일')이 속하는 달의 직전 달부터 역산하여 12개월이 되는 달까지의 기간의 월 매출액을 합한 금액

창업일·합병일·분할일부터 12개월이 되지 아니한 경우	• 창업일이나 합병일 또는 분할일이 속하는 달의 다음달부터 산정일이 속하는 달의 직전 달까지의 기간의 월 매출액을 합하여 해당 월수로 나눈 금액에 12를 곱한 금액
	• 다만, 다음 중 어느 하나에 해당하는 경우에는 창업일이나 합병일 또는 분할일부터 산정일까지의 기간의 매출액을 합한 금액을 해당 일수로 나눈 금액에 365를 곱한 금액
	  – 산정일이 창업일, 합병일 또는 분할일이 속하는 달에 포함되는 경우
	  – 산정일이 창업일, 합병일 또는 분할일이 속하는 달의 다음 달에 포함되는 경우

(3) 상시 근로자는 「근로기준법」에 따른 근로자 중 다음의 어느 하나에 해당하는 사람을 제외한 사람으로 한다.
  ① 임원 및 「소득세법 시행령」에 따른 일용근로자
  ② 3개월 이내의 기간을 정하여 근로하는 사람
  ③ 「기초연구진흥 및 기술개발지원에 관한 법률」에 따라 인정받은 기업부설연구소 및 연구개발전담부서의 연구전담요원
  ④ 「근로기준법」에 따른 단시간근로자로서 1개월 동안의 소정근로시간이 60시간 미만인 사람

(4) 상시 근로자 수는 다음의 구분에 따른 방법에 따라 산정한다. 이 경우 단시간근로자로서 1개월 동안의 소정근로시간이 60시간 이상인 근로자는 1명을 0.5명으로 보아 산정한다.
  ① 직전 사업연도의 사업기간이 12개월인 경우(직전 사업연도에 창업하거나 합병 또는 분할한 경우로서 창업일, 합병일 또는 분할일부터 12개월 이상이 지난 경우는 제외) : 직전 사업연도의 매월 말일 현재의 상시 근로자 수를 합하여 12로 나눈 인원
  ② 직전 또는 해당 사업연도에 창업하거나 합병 또는 분할한 경우로서 ①에 해당하지 않는 경우 : 다음의 구분에 따라 월평균 상시 근로자 수로 환산하여 산정한 인원
    ㉠ 산정일이 창업하거나 합병 또는 분할한 달에 속하는 경우 : 산정일 현재의 인원
    ㉡ 창업하거나 합병 또는 분할한 지 12개월 미만인 경우 : 창업일, 합병일 또는 분할일이 속하는 달부터 산정일까지의 기간의 매월 말일 현재의 상시 근로자 수를 합하여 해당 개월 수로 나눈 인원
    ㉢ 창업하거나 합병 또는 분할한 지 12개월 이상인 경우 : 산정일이 속하는 달부터 거꾸로 계산하여 12개월이 되는 달까지의 기간의 매월 말일 현재의 상시 근로자 수를 합하여 12로 나눈 인원

(2) 소상공인이 그 규모의 확대 등으로 소상공인에 해당하지 아니하게 된 경우 그 사유가 발생한 연도의 다음 연도부터 3년간은 소상공인으로 본다. 다만, 소기업 외의 기업과 합병하거나 그 밖에 대통령령으로 정하는 다음의 사유로 소상공인에 해당하지 아니하게 된 경우에는 그러하지 아니하다. 22 25 기출
  ① 소상공인이 소상공인으로 보는 기간 중에 있는 자를 흡수합병한 경우로서 흡수합병된 기업이 당초 소상공인에 해당하지 않게 된 사유가 발생한 연도의 다음 연도부터 3년이 지난 경우
  ② 소상공인이 「중소기업기본법」에 따른 중소기업에 해당하지 않게 된 경우
  ③ 소상공인으로 보았던 기업이 소상공인이 되었다가 다시 소상공인에 해당하지 않게 된 경우
  ④ 소상공인의 상시 근로자 수가 20명 이상이 된 경우
  ⑤ 소상공인이 「독점규제 및 공정거래에 관한 법률」에 따른 공시대상기업집단에 속하는 회사 또는 같은 법에 따라 공시대상기업집단의 소속회사로 편입·통지된 것으로 보는 회사에 해당하게 된 경우

1 총 칙

1. 정부와 지방자치단체·소상공인의 책무

(1) 정부와 지방자치단체의 책무(법 제3조)
① 정부는 소상공인의 보호와 자주적 육성을 위한 종합적인 소상공인 시책을 수립·시행하여야 한다.
② 지방자치단체는 소상공인 시책에 따라 관할 지역의 특성을 고려하여 그 지역의 소상공인 시책을 수립·시행하여야 한다.
③ 정부와 지방자치단체는 소상공인 보호·육성에 필요한 재원을 지속적이고 안정적으로 확보하여야 한다.
④ 정부와 지방자치단체는 상호 간의 협력과 소상공인 시책의 연계를 통하여 소상공인에 대한 지원의 효과를 높일 수 있도록 노력하여야 한다.

(2) 소상공인의 책무
① 소상공인은 자주적인 노력을 통하여 경쟁력을 확보하고 투명하고 건전한 영업활동 및 사회적 책임을 다하여 국민경제의 발전에 이바지하도록 노력하여야 한다.
② 소상공인은 정부와 지방자치단체의 시책에 협조하고 상호 간의 협력을 강화하도록 노력하여야 한다.

2. 소상공인 주간

(1) 소상공인의 날
소상공인에 대한 국민 인식의 제고, 소상공인의 사회적·경제적 지위 향상 및 지역주민과의 관계 증진 등을 위하여 매년 11월 5일을 소상공인의 날로 한다.

(2) 소상공인 주간행사(영 제5조 제2항)
① 소상공인의 날 이전 1주간을 소상공인 주간으로 한다.
② 중소벤처기업부장관은 소상공인 주간에 다음의 행사를 할 수 있다.
　㉠ 소상공인 유공자 표창
　㉡ 소상공인 관련 기념행사
　㉢ 그 밖에 소상공인 보호 및 진흥에 관한 행사

3. 다른 법률과의 관계

(1) 소상공인의 보호·육성에 관한 다른 법률을 제정하거나 개정할 때에는 소상공인기본법의 목적에 맞도록 하여야 한다.

(2) 소상공인에 관하여 다른 법률에 특별한 규정이 있는 경우를 제외하고는 소상공인기본법에서 정하는 바에 따른다.

2 소상공인 지원 기본계획 수립 및 운영 체계

1. 소상공인 지원 기본계획 수립

(1) 소상공인 지원 기본계획 수립·시행(법 제7조) 24 기출

① 정부는 소상공인의 보호·육성을 지원하기 위하여 3년마다 소상공인 지원 기본계획(이하 '기본계획')을 수립·시행하여야 한다.
② 기본계획을 수립하거나 변경하는 경우에는 국무회의의 심의를 거쳐야 한다. 다만, 대통령령으로 정하는 다음의 경미한 사항을 변경하는 경우에는 그러하지 아니하다.
　㉠ 소상공인 보호 및 지원사업의 명칭을 변경하는 경우
　㉡ 기본계획의 기간 내에서 사업별 사업기간을 변경하는 경우
　㉢ 계산 착오, 오기, 누락을 수정하는 경우
③ 기본계획에는 다음의 사항이 포함되어야 한다.
　㉠ 소상공인 지원정책의 기본방향
　㉡ 소상공인 현황 및 여건, 전망에 관한 사항
　㉢ 소상공인 보호를 위한 시책에 관한 사항
　㉣ 소상공인 창업, 혁신 및 육성을 위한 시책에 관한 사항
　㉤ 그 밖에 소상공인의 보호·육성을 지원하기 위하여 필요한 사항
④ 그 밖에 기본계획의 수립·시행에 필요한 사항은 대통령령으로 정한다.

(2) 소상공인 지원 시행계획 수립·시행 및 연차보고

① 정부는 기본계획에 따라 매년 정부와 지방자치단체가 소상공인을 보호·육성하기 위하여 추진할 소상공인 지원 시행계획(이하 '시행계획')을 수립하여 관련 예산과 함께 3월까지 국회에 제출하여야 한다.
② 특별시장·광역시장·특별자치시장·도지사 및 특별자치도지사(이하 '시·도지사')는 기본계획에 따라 매년 관할 지역의 특성을 고려한 지역별 소상공인 지원 시행계획(이하 '지역별 시행계획')을 수립·시행하여야 한다.
③ 시·도지사는 대통령령으로 정하는 바에 따라 지역별 시행계획의 추진실적을 중소벤처기업부장관에게 제출하여야 한다.
④ 중소벤처기업부장관은 전년도 시행계획의 실적과 성과를 평가하고, 그 평가결과를 반영하여 소상공인 정책에 관한 연차보고서를 정기국회 개회 전까지 국회에 제출하여야 한다.
⑤ 시행계획을 수립하는 중앙행정기관의 장과 성과평가를 실시하는 중소벤처기업부장관은 필요한 경우 관계 중앙행정기관과 지방자치단체의 장에게 협조를 요청할 수 있다. 이 경우 요청을 받은 자는 특별한 사유가 없으면 그 요청에 적극 협조하여야 한다.
⑥ 그 밖에 시행계획의 수립·시행과 연차보고에 필요한 사항은 대통령령으로 정한다.

2. 소상공인 지원 기본계획 운영 체계

(1) 실태조사 및 통계작성

① 중소벤처기업부장관은 소상공인 보호·육성에 필요한 시책을 효율적으로 수립·시행하기 위하여 매년 소상공인의 현황 및 경영실태 등에 관한 실태조사를 실시하고 그 결과를 공표하여야 한다.
② 중소벤처기업부장관은 실태조사 등을 참고하여 소상공인에 관한 통계를 작성·관리하고 공표하여야 하며, 필요한 경우 통계청장과 협의할 수 있다.
③ 중소벤처기업부장관은 실태조사 및 통계의 작성·관리를 위하여 필요한 때에는 관계 중앙행정기관의 장, 시·도지사, 「공공기관의 운영에 관한 법률」에 따른 공공기관의 장, 소상공인 또는 소상공인 관련 단체에 자료 또는 의견 제출을 요청할 수 있다. 이 경우 요청을 받은 자는 특별한 사유가 없으면 그 요청에 따라야 한다.
④ 중소벤처기업부장관은 실태조사 및 통계의 작성·관리 업무를 전문연구평가기관 또는 「소상공인 보호 및 지원에 관한 법률」에 따른 소상공인시장진흥공단에 위탁할 수 있다.
⑤ 그 밖에 실태조사와 통계 작성·관리의 방법 및 절차 등에 관하여 필요한 사항은 대통령령으로 정한다.

(2) 소상공인정책심의회 22 23 25 기출

① 소상공인의 보호·육성과 관련된 주요 정책 및 계획과 그 이행에 관한 사항을 심의·조정하기 위하여 중소벤처기업부에 소상공인정책심의회(이하 '심의회')를 둔다.
② 심의회는 다음의 사항을 심의·조정한다.
  ㉠ 소상공인의 보호·육성을 위한 주요 정책 및 계획의 수립 등 지원정책 전반에 관한 사항
  ㉡ 기본계획의 수립·시행에 관한 사항
  ㉢ 해당 연도 시행계획의 수립 및 전년도 시행계획의 실적 및 성과의 평가에 관한 사항
  ㉣ 둘 이상의 중앙행정기관이 관련된 주요 소상공인 보호·육성 정책의 조정에 관한 사항
  ㉤ 소상공인과 관련된 제도 및 법령에 관한 사항
  ㉥ 그 밖에 위원장이 소상공인 보호·육성 정책에 관하여 심의에 부치는 사항
③ 심의회는 위원장 1명을 포함하여 25명 이내의 위원으로 구성한다.
④ 위원장은 중소벤처기업부장관이 되며, 위원은 다음의 사람이 된다.
  ㉠ 대통령령으로 정하는 관계 중앙행정기관의 차관 또는 차관급 공무원
  ㉡ 소상공인, 경제·산업 등의 분야에 관한 경험과 전문지식이 풍부한 사람 중에서 중소벤처기업부장관이 위촉하는 사람
⑤ 심의회에 상정되는 안건의 협의를 효율적으로 지원하기 위하여 실무조정회의를 둘 수 있다.
⑥ 실무조정회의는 소관 사항을 전문적으로 검토하기 위하여 분과별 전문위원회를 둘 수 있다.
⑦ 상기 규정한 사항 외에 심의회, 실무조정회의 및 분과별 전문위원회의 구성·운영과 그 밖에 필요한 사항은 대통령령으로 정한다.

3 소상공인 지원 및 육성, 보호 시책

1. 소상공인 지원

(1) 창업촉진 및 성장(법 제11조)
정부는 유망 분야에 소상공인의 창업을 촉진하고 창업한 소상공인이 성장·발전할 수 있도록 필요한 시책을 실시하여야 한다.

(2) 인력 확보의 지원
정부는 소상공인이 필요한 인력을 원활히 확보할 수 있도록 인력 양성과 공급, 근로환경 개선, 소상공인에 대한 인식 개선 등 필요한 시책을 실시하여야 한다.

(3) 직무능력 향상 지원
정부는 소상공인 및 소상공인에게 근로를 제공하는 사람의 직무능력이 향상될 수 있도록 필요한 시책을 실시하여야 한다.

(4) 판로의 확보
정부는 소상공인의 매출증대를 위하여 거래방식의 현대화와 유통기업과의 협동화 등 판로의 확보에 필요한 시책을 실시하여야 한다.

(5) 디지털화 지원
정부는 소상공인의 원활한 거래 및 영업활동을 촉진하기 위하여 온라인 쇼핑몰, 전자결제 시스템, 스마트·모바일 기기의 활용 등 디지털화 활성화에 필요한 시책을 실시하여야 한다.

(6) 혁신의 촉진
정부는 소상공인의 소득을 높이기 위하여 창의성에 기초한 상품의 개발 및 판매, 지속적인 사업장 운영 등 혁신활동의 촉진에 필요한 시책을 실시하여야 한다.

(7) 사업장 환경의 개선
정부와 지방자치단체는 소상공인과 근로자의 건강을 보호하고 고객의 편의를 높이기 위하여 소상공인 사업장의 환경 개선에 필요한 시책을 실시하여야 한다.

(8) 국제화 촉진
정부는 소상공인의 국제화를 촉진하기 위하여 해당 사업의 육성, 수출 경쟁력의 제고 및 해외시장 진출 활성화 등 필요한 시책을 실시할 수 있다.

(9) 조직화 및 협업화 지원

① 정부는 소상공인이 서로 도와 그 사업의 성장·발전 및 비용의 절감을 기할 수 있도록 협업 조직의 구성과 그 운영의 합리화에 필요한 시책을 실시하여야 한다.
② 정부는 소상공인 사이의 협업사업에 필요한 시책을 실시하여야 한다.

(10) 업종별 지원

정부는 산업의 구조, 생산 및 서비스 제공의 방식 등 업종별 특수성을 종합적으로 고려하여 해당 업종에 적합한 소상공인 시책을 실시할 수 있다.

(11) 상권 등 집적지역의 지원

정부와 지방자치단체는 지역의 경쟁력을 강화하고 지원의 효율성을 제고하기 위하여 지역상권 등 소상공인 사업장이 집적된 지역에 대해 시설, 장비, 시스템, 서비스 등 공동사업에 필요한 시책을 실시할 수 있다.

(12) 구조고도화의 지원

정부는 소상공인의 구조개선 및 경영합리화 등 구조고도화가 이루어질 수 있도록 필요한 시책을 실시하여야 한다.

2. 소상공인 보호 시책

(1) 경영안정의 지원

정부는 시장상황의 급격한 경색으로 인하여 상당수의 소상공인이 경영상의 어려움을 겪고 있거나 겪을 우려가 있는 경우 소상공인의 경영정상화에 필요한 자금지원 등의 시책을 실시하여야 한다.

(2) 사회안전망 확충 및 삶의 질 증진

① 정부는 소상공인의 사회안전망 확충에 필요한 시책을 실시하여야 한다.
② 정부와 지방자치단체는 소상공인의 생산성 제고 및 삶의 질 증진을 위하여 소상공인의 복지 수준 향상에 필요한 시책을 실시하여야 한다.

(3) 폐업 및 재기에 대한 지원

정부는 폐업하였거나 폐업하려는 소상공인의 사업정리, 취업, 재창업 등을 지원하기 위하여 필요한 시책을 실시하여야 한다.

(4) 공제제도의 확립

① 정부는 소상공인이 폐업이나 사업전환, 노령화 등에 따른 생계위험으로부터 생활안정과 사업재기의 기반을 갖출 수 있도록 하기 위한 공제(共濟)제도의 확립에 필요한 시책을 실시할 수 있다.
② 소상공인 공제제도에 관하여는 「보험업법」을 적용하지 아니한다.

(5) 공정경쟁 및 상생협력의 촉진
정부와 지방자치단체는 소상공인과 소상공인이 아닌 기업 등 다른 기업과의 공정경쟁 및 상생협력이 이루어질 수 있도록 필요한 시책을 실시하여야 한다.

(6) 사업 영역의 보호
① 정부와 지방자치단체는 시장의 균형 있는 발전과 소상공인 보호를 위하여 소상공인 규모로 경영하는 것이 적정한 분야·장소·시간 등을 고려하여 소상공인이 그에 적합한 사업 영역을 확보할 수 있도록 필요한 시책을 실시하여야 한다.
② 지방자치단체는 소상공인으로 창업하려는 자가 요청하는 경우 실태조사 결과 등 대통령령으로 정하는 정보를 제공하여야 한다.

(7) 재난 피해에 대한 지원
정부와 지방자치단체는 「재난 및 안전관리 기본법」에 따른 재난의 발생으로 영업에 심대한 피해를 입었거나 피해를 입을 우려가 있는 소상공인에 대하여 예방·대비·대응·복구 및 지원 등 필요한 시책을 실시할 수 있다.

(8) 소상공인에 대한 고용보험료 등의 지원
정부는 소상공인에 대하여 「고용보험 및 산업재해보상보험의 보험료징수 등에 관한 법률」에 따른 고용보험료 및 「국민연금법」에 따른 연금보험료의 일부를 지원할 수 있다.

(9) 조세의 감면
정부나 지방자치단체는 소상공인의 경영안정과 성장을 지원하기 위하여 필요한 경우에는 소상공인에 대하여 「조세특례제한법」, 「지방세특례제한법」, 그 밖의 관계 법률에서 정하는 바에 따라 소득세, 법인세, 취득세, 재산세 및 등록면허세 등을 감면할 수 있다.

3. 소상공인 시책의 기반조성

(1) 전문연구평가기관의 설치
① 정부는 소상공인 시책의 수립 등에 필요한 소상공인 현황 파악 등 조사, 연구 및 평가를 수행하는 전문연구평가기관을 설치할 수 있다.
② 정부는 전문연구평가기관이 조사, 연구 및 평가를 수행하는 데에 필요한 경비를 예산의 범위에서 출연하거나 보조할 수 있다.

(2) 중소기업 옴부즈만에 관한 특례
「중소기업기본법」에 따른 중소기업 옴부즈만은 소상공인 시책에 영향을 주는 기존 규제의 정비 및 소상공인의 애로사항 해결에 관한 업무를 수행할 수 있다.

(3) 소상공인 단체의 결성
   ① 소상공인은 공동이익의 증진 및 사회적·경제적 지위의 향상을 위하여 단체를 설립할 수 있다.
   ② 상기 ①에 따른 단체는 소상공인에게 영향을 주는 불합리한 제도의 개선, 공정거래에 관한 사항 등에 관하여 관계 중앙행정기관의 장 및 지방자치단체의 장 또는 중소기업 옴부즈만에게 의견을 제시할 수 있다.

(4) 지원기관의 설치
   ① 정부와 지방자치단체는 소상공인의 종합적인 경쟁력 확보를 위하여 소상공인 지원기관을 설치할 수 있다.
   ② 정부와 지방자치단체는 소상공인 지원기관을 운영하는 데에 필요한 경비의 전부 또는 일부를 출연하거나 보조할 수 있다.

4 보 칙

1. 소상공인 확인자료 제출(법 제36조)

(1) 확인자료 제출
   ① 소상공인 시책에 참여하려는 자는 소상공인에 해당하는지를 확인할 수 있는 자료를 시책을 실시하는 중앙행정기관 및 지방자치단체(이하 '소상공인시책실시기관')에 제출하여야 한다.
   ② 중소벤처기업부장관은 소상공인에 해당하는지를 확인하기 위하여 필요하다고 인정하는 경우에는 국세청 등 관계 중앙행정기관 및 지방자치단체, 공공단체 등에 대하여 그 확인에 필요한 자료의 제출을 요청할 수 있다.

(2) 자료의 명시사항
   ① 중소벤처기업부장관은 국세청장에게 과세정보의 제출을 요청할 경우에는 다음의 사항을 명시하여 문서로 하여야 한다.
      ㉠ 상시 근로자 수
      ㉡ 매출액
      ㉢ 자산총액
   ② 자료의 제출을 요청받은 자는 특별한 사유가 없으면 그 요청에 따라야 한다.

2. 과태료 규정

(1) 소상공인이 아닌 자로서 소상공인 확인자료 제출에 따른 자료를 거짓으로 제출하여 소상공인 시책에 참여한 자에게는 500만원 이하의 과태료를 부과한다.

(2) 과태료는 대통령령으로 정하는 바에 따라 소상공인시책실시기관의 장이 부과·징수한다.

PART 02 단원핵심문제

제1과목 중소기업관계법령

01 소상공인기본법상 '소상공인'의 요건을 모두 고른 것은?

> ㄱ. 상시 근로자 수가 10명 미만일 것
> ㄴ. 업종별 상시 근로자 수 등이 대통령령으로 정하는 기준에 해당할 것
> ㄷ. 자산총액이 5천억원 이상일 것

① ㄱ
② ㄴ
③ ㄱ, ㄴ
④ ㄱ, ㄷ
⑤ ㄱ, ㄴ, ㄷ

해설 소상공인의 정의(소상공인기본법 제2조 제1항)
「중소기업기본법」 제2조 제2항에 따른 소기업(小企業) 중 다음의 요건을 모두 갖춘 자를 말한다.
• 상시 근로자 수가 10명 미만일 것
• 업종별 상시 근로자 수 등이 대통령령으로 정하는 기준에 해당할 것

02 소상공인기본법상 정부와 지방자치단체의 책무로 옳지 않은 것은?

① 정부는 소상공인의 보호와 자주적 육성을 위한 종합적인 소상공인시책을 수립·시행하여야 한다.
② 지방자치단체는 소상공인시책에 따라 관할 지역의 특성을 고려하여 그 지역의 소상공인시책을 수립·시행하여야 한다.
③ 정부와 지방자치단체는 소상공인 보호·육성에 필요한 재원을 지속적이고 안정적으로 확보하여야 한다.
④ 정부와 지방자치단체는 상호 간의 협력과 소상공인시책의 연계를 통하여 소상공인에 대한 지원의 효과를 높일 수 있도록 노력하여야 한다.
⑤ 정부는 자주적인 노력을 통하여 경쟁력을 확보하고 투명하고 건전한 영업활동 및 사회적 책임을 다하여 국민경제의 발전에 이바지하도록 노력하여야 한다.

해설 소상공인은 자주적인 노력을 통하여 경쟁력을 확보하고 투명하고 건전한 영업활동 및 사회적 책임을 다하여 국민경제의 발전에 이바지하도록 노력하여야 한다(소상공인기본법 제4조 제1항).

정답 01 ③ 02 ⑤

03 소상공인기본법령상 다음 밑줄 친 '대통령령으로 정하는 날'로 옳은 것은?

> 소상공인에 대한 국민 인식의 제고, 소상공인의 사회적·경제적 지위 향상 및 지역주민과의 관계 증진 등을 위하여 <u>대통령령으로 정하는 날</u>을 소상공인의 날로 하고 소상공인의 날 이전 1주간을 소상공인 주간으로 한다.

① 격년 5월 10일 ② 매년 6월 15일
③ 격년 10월 10일 ④ 매년 11월 5일
⑤ 매년 12월 5일

해설 소상공인기본법 제6조에서 '대통령령으로 정하는 날'이란 매년 11월 5일을 말한다(소상공인기본법 시행령 제5조 제1항).

04 소상공인기본법 제2조 제2항 단서에서 '대통령령으로 정하는 사유로 소상공인에 해당하지 아니하게 된 경우'를 모두 고른 것은?

> ㄱ. 소상공인이 소상공인으로 보는 기간 중에 있는 자를 흡수합병한 경우로서 흡수합병된 기업이 당초 소상공인에 해당하지 않게 된 사유가 발생한 연도의 다음 연도부터 3년이 지난 경우
> ㄴ. 소상공인이 「중소기업기본법」에 따른 중소기업에 해당하지 않게 된 경우
> ㄷ. 소상공인의 상시 근로자 수가 15명이 된 경우

① ㄱ ② ㄷ
③ ㄱ, ㄴ ④ ㄴ, ㄷ
⑤ ㄱ, ㄴ, ㄷ

해설 **소상공인 지위 유지의 제외(소상공인기본법 시행령 제4조)**
소상공인기본법 제2조 제2항 단서에서 '대통령령으로 정하는 사유로 소상공인에 해당하지 아니하게 된 경우'란 다음의 어느 하나에 해당하는 경우를 말한다.
- <u>소상공인이 소상공인으로 보는 기간 중에 있는 자를 흡수합병한 경우로서 흡수합병된 기업이 당초 소상공인에 해당하지 않게 된 사유가 발생한 연도의 다음 연도부터 3년이 지난 경우</u>
- <u>소상공인이 「중소기업기본법」에 따른 중소기업에 해당하지 않게 된 경우</u>
- 소상공인으로 보았던 기업이 소상공인이 되었다가 다시 소상공인에 해당하지 않게 된 경우
- <u>소상공인의 상시 근로자 수가 20명 이상이 된 경우</u>
- 소상공인이 「독점규제 및 공정거래에 관한 법률」에 따른 공시대상기업집단에 속하는 회사 또는 같은 법에 따라 공시대상기업집단의 소속회사로 편입·통지된 것으로 보는 회사에 해당하게 된 경우

05 소상공인기본법상 소상공인정책심의회의 심의·조정사항으로 명시되지 않은 것은?

① 소상공인 창업, 혁신 및 육성을 위한 시책에 관한 사항
② 해당 연도 시행계획의 수립 및 전년도 시행계획의 실적 및 성과의 평가에 관한 사항
③ 소상공인과 관련된 제도 및 법령에 관한 사항
④ 그 밖에 위원장이 소상공인 보호·육성 정책에 관하여 심의에 부치는 사항
⑤ 둘 이상의 중앙행정기관이 관련된 주요 소상공인 보호·육성 정책의 조정에 관한 사항

해설 소상공인 창업, 혁신 및 육성을 위한 시책에 관한 사항은 소상공인 지원 기본계획 수립·시행에 관해 포함되어야 하는 사항이다(소상공인기본법 제7조 제3항 제4호 참조).

소상공인정책심의회(소상공인기본법 제10조 제2항)
소상공인정책심의회는 다음 각 호의 사항을 심의·조정한다.
• 소상공인의 보호·육성을 위한 주요 정책 및 계획의 수립 등 지원정책 전반에 관한 사항
• 기본계획의 수립·시행에 관한 사항
• 해당 연도 시행계획의 수립 및 전년도 시행계획의 실적 및 성과의 평가에 관한 사항
• 둘 이상의 중앙행정기관이 관련된 주요 소상공인 보호·육성 정책의 조정에 관한 사항
• 소상공인과 관련된 제도 및 법령에 관한 사항
• 그 밖에 위원장이 소상공인 보호·육성 정책에 관하여 심의에 부치는 사항

06 소상공인기본법상 소상공인 지원 및 육성 시책으로 옳지 않은 것은?

① 디지털화 지원
② 조직화 및 협업화 지원
③ 경영안정의 지원
④ 국제화 촉진
⑤ 사업장 환경의 개선

해설 경영안정의 지원(소상공인기본법 제23조)은 소상공인 지원 및 육성 시책이 아니라 소상공인 보호 시책에 포함되는 사항이다.

정답 05 ① 06 ③

07 소상공인기본법상 소상공인시책의 기반조성을 위한 정책을 모두 고른 것은?

> ㄱ. 전문연구평가기관의 설치
> ㄴ. 중소기업 옴부즈만에 관한 특례
> ㄷ. 소상공인 단체의 결성
> ㄹ. 지원기관의 설치
> ㅁ. 공제제도의 확립

① ㄱ, ㄴ, ㄷ
② ㄴ, ㄷ, ㄹ
③ ㄱ, ㄴ, ㄷ, ㄹ
④ ㄱ, ㄴ, ㄷ, ㅁ
⑤ ㄱ, ㄴ, ㄷ, ㄹ, ㅁ

해설 소상공인기본법 제5장 제32조부터 제35조까지는 소상공인시책의 기반조성에 관한 내용이다.
ㅁ. 정부는 소상공인이 폐업이나 사업전환, 노령화 등에 따른 생계위협으로부터 생활안정과 사업재기의 기반을 갖출 수 있도록 하기 위한 공제(共濟)제도의 확립에 필요한 시책을 실시할 수 있다(소상공인기본법 제26조 참조). 이는 소상공인 보호 시책이지 소상공인시책의 기반조성을 위한 것이 아니다.

08 소상공인기본법령상 소상공인 지원 기본계획(이하 '기본계획'이라 함)에 관한 설명으로 옳지 않은 것은?

① 기본계획에는 소상공인 지원정책의 기본방향이 포함되어야 한다.
② 기본계획의 기간 내에서 사업별 사업기간을 변경하는 경우에는 국무회의의 심의를 거쳐야 한다.
③ 시·도지사는 기본계획에 따라 매년 관할 지역의 특성을 고려한 지역별 소상공인 지원 시행계획을 수립·시행하여야 한다.
④ 정부는 소상공인의 보호·육성을 지원하기 위하여 3년마다 기본계획을 수립·시행하여야 한다.
⑤ 중소벤처기업부장관은 전년도 시행계획의 실적과 성과를 평가하고, 그 평가결과를 반영하여 소상공인 정책에 관한 연차보고서를 정기국회 개회 전까지 국회에 제출하여야 한다.

해설 소상공인 지원 기본계획을 수립하거나 변경하는 경우에는 국무회의 심의를 거쳐야 하지만, 기본계획의 기간 내에서 사업별 사업기간을 변경하는 경우에는 국무회의 심의를 거치지 않아도 된다(소상공인기본법 제7조 제2항, 동법 시행령 제6조 제2호).

09 소상공인기본법령상 용어의 정의로 옳지 않은 것은?

① 법인인 기업의 창업일은 법인설립등기일을 말한다.
② 법인이 아닌 사업자로서 사업자등록을 한 기업의 창업일은 사업자등록을 한 날을 말한다.
③ 법인인 기업의 합병일 또는 분할일이란 공동사업장에 대한 사업자등록을 한 날이나 공동사업장을 분리하여 사업자등록을 한 날을 말한다.
④ 주식회사 또는 유한회사의 임원이란 등기된 이사 및 감사를 말한다.
⑤ 주식회사 또는 유한회사 외의 기업은 무한책임사원, 업무집행자, 무급 가족종사자 중 하나에 해당하는 사람을 말한다.

해설 합병일 또는 분할일의 정의(소상공인기본법 시행령 제2조 제2호)
- 법인인 기업 : 합병 또는 분할로 설립된 법인의 설립등기일이나 합병 또는 분할 후 존속하는 법인의 변경등기일
- 법인이 아닌 사업자로서「소득세법」제168조나「부가가치세법」제8조에 따라 사업자등록을 한 기업 : 공동사업장에 대한 사업자등록을 한 날이나 공동사업장을 분리하여 사업자등록을 한 날

10 소상공인이 아닌 자가 소상공인 확인자료자료를 거짓으로 제출하여 소상공인시책에 참여한 경우 부과하는 과태료의 금액으로 옳은 것은?

① 100만원 이하의 과태료
② 200만원 이하의 과태료
③ 300만원 이하의 과태료
④ 400만원 이하의 과태료
⑤ 500만원 이하의 과태료

해설 소상공인이 아닌 자로서 소상공인 확인자료를 거짓으로 제출하여 소상공인시책에 참여한 자에게는 500만원 이하의 과태료를 부과한다(소상공인기본법 제37조 제1항 참조).

정답 09 ③ 10 ⑤

PART 03 소상공인 보호 및 지원에 관한 법률

제1과목 중소기업관계법령

(약칭 : 소상공인법)

체크포인트

소상공인법에서 소상공인시장진흥공단, 소상공인시장진흥기금, 소상공인연합회 등은 돌아가며 매년 출제되는 키워드 중에 하나이다. 설립, 사업, 운영 등 요소가 많기 때문이다. 공부할 때 자신이 출제자라고 생각해보고 어떤 내용이 출제하기 좋은지 고민해보면 답이 나온다. 또 소상공인기본법과 연관이 되기 때문에 이를 잘 고려하여 학습하는 것이 유리하다.

목적(법 제1조)
소상공인 보호 및 지원에 관한 법률은 소상공인의 자유로운 기업 활동을 촉진하고 경영안정과 성장을 도모하여 소상공인의 사회적·경제적 지위 향상과 국민경제의 균형 있는 발전에 이바지함을 목적으로 한다.

정의(법 제2조)
(1) '**소상공인**'이란 「소상공인기본법」에 따른 소상공인을 말한다.
(2) '**백년소상공인**'이란 장기간 사업을 운영하면서 사회에 기여한 바가 크고, 축적한 경험을 바탕으로 지속적인 성장이 기대되는 소상공인으로서 요건을 갖추고, 지정된 소상공인을 말한다.
(3) '**사업승계**'란 소상공인이 대통령령으로 정하는 바에 따라 동일성을 유지하면서 양도, 합병, 상속을 통하여 그 소상공인의 영업상의 권리·의무를 다른 자에게 포괄적으로 이전하는 것을 말한다.

다른 법률과의 관계(법 제5조)
소상공인의 보호 및 지원에 관하여 다른 법률에 특별한 규정이 있는 경우를 제외하고는 소상공인 보호 및 지원에 관한 법률에서 정하는 바에 따른다.

---

1 소상공인 창업 및 경영안정 등의 지원

1. 소상공인 창업 등의 지원

(1) 소상공인 창업 지원(법 제8조)

중소벤처기업부장관은 소상공인 창업을 지원하기 위하여 다음의 사항에 관한 사업을 할 수 있다.
① 우수한 아이디어 등을 보유한 소상공인 창업 희망자의 발굴
② 소상공인 창업을 위한 절차 등에 대한 상담·자문 및 교육
③ 자금조달, 인력, 판로 및 사업장 입지 등 창업에 필요한 정보의 제공
④ 그 밖에 소상공인 창업을 지원하기 위하여 필요한 사항

(2) 소상공인의 경영안정 등 지원

중소벤처기업부장관은 소상공인의 경영안정과 성장을 지원하기 위하여 다음의 사항에 관한 사업을 할 수 있다.

① 소상공인에 대한 경영상담·자문 및 교육
② 소상공인에 대한 자금·인력·판매·수출 등의 지원
③ 소상공인에 대한 전자상거래, 스마트 기기를 이용한 결제 시스템의 도입 등 상거래 현대화 지원
④ 소상공인 온라인 공동 판매 플랫폼 구축 지원
⑤ 소상공인 전용 모바일 상품권의 발행 및 유통 활성화 지원 사업
⑥ 그 밖에 소상공인의 경영안정과 성장을 지원하기 위하여 필요한 사항

(3) **소상공인의 구조고도화 지원** 18 21 기출
정부는 소상공인의 구조개선 및 경영합리화 등의 구조고도화(이하 '구조고도화')를 지원하기 위하여 다음의 사항에 관한 사업을 할 수 있다.
① 새로운 사업의 발굴
② 사업전환의 지원
③ 사업장 이전을 위한 입지 정보의 제공
④ 소상공인 온라인 공동 판매 플랫폼 이용 활성화를 위한 관련 정보의 제공
⑤ 소상공인 해외 창업의 지원
⑥ 그 밖에 소상공인의 구조고도화를 지원하기 위하여 필요한 사항

(4) **소상공인의 조직화 및 협업화 지원 등**
① 중소벤처기업부장관은 소상공인의 조직화 및 협업화를 위하여 다음의 사항에 관한 지원사업을 할 수 있다.
  ㉠ 「협동조합기본법」에 따른 협동조합의 설립
  ㉡ 제품 생산 및 서비스 제공 등에 필요한 시설 및 장비의 공동 이용
  ㉢ 상표 및 디자인의 공동 개발
  ㉣ 제품 홍보 및 판매장 설치 등 공동 판로 확보
  ㉤ 그 밖에 소상공인의 조직화 및 협업화를 지원하기 위하여 필요한 사항
② 중소벤처기업부장관은 도매 및 소매업 중 중소벤처기업부령으로 정하는 업종을 주된 업종으로 영위하는 다음의 어느 하나에 해당하는 소상공인이 공동으로 소상공인공동물류센터를 건립하여 운영하는 경우 이에 필요한 행정적·재정적 지원을 할 수 있다.
  • 도매업자 10명 이상
  • 소매업자 50명 이상
③ 소상공인공동물류센터의 사업내용, 운영방법, 시설기준 등에 관한 사항은 대통령령으로 정한다.

(5) **소상공인공동물류센터의 건립·운영 지원대상 등(영 제4조의2)** 22 기출
① 소상공인공동물류센터는 소상공인의 물류체계 현대화를 위하여 다음의 사업을 수행한다.
  ㉠ 상품의 보관·배송·포장 등 공동물류사업
  ㉡ 상품의 기획·개발 및 공동구매
  ㉢ 상품의 전시

② 「유통산업발전법」에 따른 유통·물류정보시스템을 이용한 정보의 수집·가공·제공
  ⑩ 소상공인공동물류센터를 이용하는 소상공인의 서비스능력 향상을 위한 교육 및 연수 등
  ⑪ 그 밖에 소상공인의 물류체계 현대화를 위하여 필요한 사업
② 소상공인공동물류센터는 다음의 기준에 따라 운영하여야 한다.
  ㉠ 운영에 관한 사항을 정관 또는 규약 등으로 정할 것
  ㉡ 대표자·관리인 등을 선임할 것
  ㉢ 소상공인은 누구나 회원으로 가입하여 이용할 수 있도록 할 것
③ 소상공인공동물류센터는 다음의 시설을 갖추어야 한다.
  ㉠ 화물의 운송·보관·하역을 위한 시설
  ㉡ 화물의 운송·보관·하역과 관련된 가공·조립·분류·수리·포장·상표부착·판매·정보통신 등의 활동을 위한 시설
④ 소상공인공동물류센터의 건립, 운영 및 관리 등에 필요한 사항은 중소벤처기업부장관이 정하여 고시한다.

2. 폐업 등 경영상 손실보상

(1) 폐업 소상공인에 대한 지원 등(법 제12조)
  ① 중소벤처기업부장관은 폐업하였거나 폐업하려는 소상공인(이하 '폐업 소상공인')을 지원하기 위하여 다음의 사항에 관한 사업을 할 수 있다.
    ㉠ 재창업 지원
    ㉡ 취업훈련의 실시 및 취업 알선
    ㉢ 그 밖에 폐업 소상공인을 지원하기 위하여 필요한 사항
  ② 중소벤처기업부장관은 폐업 소상공인 지원사업을 실시하기 위하여 소상공인폐업지원센터를 설치·운영할 수 있다.
  ③ 중소벤처기업부장관은 소상공인폐업지원센터를 운영하는 데 필요한 경비의 전부 또는 일부를 출연하거나 보조할 수 있으며, 필요에 따라 지방중소벤처기업청이나 소상공인지원센터의 시설이나 장비 등을 활용할 수 있다.
  ④ 그 밖에 소상공인폐업지원센터의 설치·운영에 필요한 사항은 대통령령으로 정한다.

(2) 「감염병의 예방 및 관리에 관한 법률」에 따른 조치로 인하여 발생한 손실보상 23 기출
  ① 중소벤처기업부장관은 「감염병의 예방 및 관리에 관한 법률」에 따른 조치로서 영업장소 사용 및 운영시간 제한 등 대통령령으로 정하는 조치로 인하여 소상공인에게 경영상 심각한 손실이 발생한 경우 해당 소상공인에게 그 부담을 완화하기 위한 손실보상을 하여야 한다.
  ② 중소벤처기업부장관은 손실보상 심의위원회(이하 '심의위원회')의 심의를 거쳐 소상공인 외의 자로서 「중소기업기본법」에 따른 중소기업에 해당하는 자에게도 손실보상을 할 수 있다.
  ③ 손실보상을 받으려는 자(이하 '신청인')는 대통령령으로 정하는 바에 따라 중소벤처기업부장관에게 손실보상금의 지급을 신청하여야 한다.

④ 신청을 받은 중소벤처기업부장관은 심의위원회의 심의를 거쳐 손실보상금의 지급 여부 및 금액을 결정한 후 신청인에게 손실보상금을 지급하여야 한다. 이 경우 신청인이 「감염병의 예방 및 관리에 관한 법률」에 따른 조치를 위반한 경우에는 손실보상금을 감액하거나 지급하지 아니할 수 있다.

⑤ 중소벤처기업부장관은 신청인이 우선 지원을 받은 경우 그 지원액(이하 이 항에서 '우선 지원액')을 감안하여 손실보상금을 산정할 수 있으며, 우선 지원액과의 차액이 있는 경우 상환 또는 반납하게 하여야 한다.

⑥ 중소벤처기업부장관은 손실보상금을 지급받은 자가 「감염병의 예방 및 관리에 관한 법률」 조치를 위반하는 등 대통령령으로 정하는 경우에는 그 손실보상금의 전부 또는 일부를 환수할 수 있다.

⑦ 그 밖에 손실보상 및 환수의 대상과 절차 등에 관하여 필요한 사항은 대통령령으로 정하며, 손실보상의 기준, 금액 및 시기 등에 관한 구체적인 사항은 심의위원회의 심의를 거쳐 중소벤처기업부장관이 고시한다.

(3) 이의신청

① 중소벤처기업부장관이 결정 및 처분한 사항에 대하여 이의가 있는 신청인은 그 결정 및 처분의 통지를 받은 날부터 30일 이내에 중소벤처기업부장관에게 이의를 신청할 수 있다.

② 중소벤처기업부장관은 이의신청을 받은 경우 대통령령으로 정하는 기간 이내에 심의위원회의 심의를 거쳐 손실보상금의 지급, 증감 또는 환수 여부를 결정하고 그 결과를 이의를 신청한 자에게 통지하여야 한다.

(4) 손실보상 심의위원회

① 손실보상에 관한 사항을 심의하기 위하여 중소벤처기업부에 손실보상 심의위원회를 둔다.

② 심의위원회는 위원장 1명을 포함한 15명 이내의 위원으로 구성하며, 위원장은 중소벤처기업부차관이 된다.

③ 심의위원회의 위원은 다음의 사람 중에서 대통령령으로 정하는 바에 따라 중소벤처기업부장관이 임명하거나 위촉한다.
  ㉠ 손실보상 또는 방역 관련 분야에 대한 학식과 경험이 풍부한 사람
  ㉡ 소상공인을 대표할 수 있는 사람
  ㉢ 관계 행정기관의 공무원

④ 심의위원회는 다음의 사항을 심의한다.
  ㉠ 손실보상의 대상, 손실보상금의 지급 여부 및 금액에 관한 사항
  ㉡ 손실보상금의 산정 및 상환·반납에 관한 사항
  ㉢ 손실보상금의 감액·미지급 및 손실보상금의 환수에 관한 사항
  ㉣ 손실보상의 기준, 금액 및 시기 등에 관한 사항
  ㉤ 손실보상금의 지급, 증감 또는 환수 여부의 결정에 관한 사항
  ㉥ 그 밖에 손실보상의 업무 수행과 관련하여 위원장이나 중소벤처기업부장관이 필요하다고 인정하는 사항

⑤ 심의위원회는 상기 ④에 따른 사항을 심의하는 경우 「감염병의 예방 및 관리에 관한 법률」에 따른 조치의 수준, 기간 및 신청인의 사업상 소득, 사업 규모 등을 종합적으로 고려하여야 한다.

⑥ 심의위원회의 업무를 효율적으로 처리하기 위하여 심의위원회에 실무위원회를 둘 수 있다.
⑦ 심의위원회의 구성과 운영 등에 관하여 필요한 사항은 대통령령으로 정한다.

(5) 정보 제공 요청 등

① 중소벤처기업부장관은 손실보상의 업무를 위하여 필요한 경우 관계 중앙행정기관(그 소속 기관 및 책임운영기관을 포함)의 장, 지방자치단체(그 소속 기관을 포함)의 장, 「공공기관의 운영에 관한 법률」에 따른 공공기관(이하 '공공기관')의 장, 법인·단체의 장, 개인에 대하여 손실보상의 대상에 관한 다음의 정보 제공을 요청할 수 있으며, 요청을 받은 자는 정당한 사유가 없으면 이에 따라야 한다.
 ㉠ 대표자의 성명, 주민등록번호, 주소 및 전화번호(휴대전화번호를 포함) 등 인적사항
 ㉡ 사업자등록번호, 매출액, 개업일, 폐업일, 업종 등 필요한 과세정보로서 대통령령으로 정하는 정보
 ㉢ 그 밖에 손실보상의 업무를 위하여 필요한 정보로서 대통령령으로 정하는 정보
② 중소벤처기업부장관은 손실보상의 업무를 위하여 필요한 경우 상기 ①의 정보가 포함된 자료를 처리할 수 있다.
③ 중소벤처기업부장관은 수집한 정보를 심의위원회, 관계 중앙행정기관의 장, 지방자치단체의 장, 공공기관의 장 및 그 밖에 대통령령으로 정하는 자에게 제공할 수 있다. 이 경우 제공하는 정보의 범위는 손실보상의 처리를 위하여 해당 기관의 업무에 관련된 정보로 한정한다.
④ 정보를 제공받은 자는 소상공인법에 따른 손실보상 관련 업무 이외의 목적으로 정보를 사용할 수 없으며, 업무 종료 시 지체 없이 해당 정보를 파기하고 중소벤처기업부장관에게 통보하여야 한다.
⑤ 제공된 정보의 처리 및 보호에 관한 사항은 소상공인법에서 정한 것을 제외하고는 「개인정보보호법」에 따른다.

(6) 전담조직의 설치

① 중소벤처기업부장관은 손실보상의 업무를 위하여 필요한 경우 전담조직을 설치할 수 있다.
② 전담조직은 다음의 업무를 수행한다.
 ㉠ 손실보상을 위한 자료 수집·처리
 ㉡ 손실보상의 체계 구축 및 운영
 ㉢ 그 밖에 심의위원회의 운영 및 손실보상을 위하여 필요한 업무
③ 그 밖에 전담조직의 구성·운영 등에 필요한 사항은 대통령령으로 정한다.

3. 기타 소상공인 지원 혜택 등

(1) 소상공인에 대한 보험료의 지원(법 제12조의7)

① 정부는 「고용보험 및 산업재해보상보험의 보험료징수 등에 관한 법률」에 따라 고용보험에 가입한 소상공인에 대하여 고용보험료의 일부를 예산의 범위에서 지원할 수 있다.
② 정부는 산업재해보상보험에 가입한 소상공인에 대하여 산업재해보상보험료의 일부를 예산의 범위에서 지원할 수 있다.

③ 고용보험료 및 산업재해보상보험료의 지원 대상은 대통령령으로 정하며, 지원 수준·방법 및 절차 등에 필요한 사항은 중소벤처기업부장관 고시로 정한다.

(2) 상권정보시스템의 구축 및 운영

① 중소벤처기업부장관은 소상공인의 입지 및 업종 선정을 지원하기 위하여 상권 관련 정보를 종합적으로 제공하는 정보시스템(이하 '상권정보시스템')을 구축·운영할 수 있다.

② 중소벤처기업부장관은 상권정보시스템의 구축·운영을 위하여 필요한 경우 다음의 자료 또는 정보의 제공을 해당 구분에 따른 자에게 요청할 수 있다. 이 경우 요청을 받은 자는 특별한 사유가 없으면 그 요청에 따라야 한다.

구 분	요청받은 자

• 「국세기본법」에 따른 과세정보로서 「부가가치세법」에 따라 사업자가 관할 세무서장에게 신청 또는 신고하거나 같은 법에 따라 부여받은 다음의 정보
  – 상호, 등록번호 및 매출액
  – 사업장의 소재지 및 업종
  – 개업일·휴업일 및 폐업일
	국세청장

• 그 밖에 지역별 인가·허가 사업장에 관한 정보, 사업장의 종사자 수, 지역별 인구정보 등 중소벤처기업부장관이 상권정보시스템의 구축·운영에 필요하다고 인정하는 상권 관련 자료 또는 정보로서 대통령령으로 정하는 자료 또는 정보
  – 지역별 인가·허가 사업장에 관한 자료 또는 정보
  – 지역별 인구, 가구수 등 인구 관련 자료 또는 정보
  – 지역별 지하철 이용자 수, 차량등록대수 등 교통 관련 자료 또는 정보
  – 지역별 상가건물의 임대차 현황 등 부동산 관련 자료 또는 정보
  – 지역별 사업체 자료 또는 정보
  – 지역별 상권의 매출액에 관한 자료 또는 정보
	해당 자료 또는 정보의 관계 중앙행정기관의 장, 공공기관의 장, 관계 기관·법인·단체의 장, 그 밖에 관계 민간기업체의 장

③ 상권정보시스템의 구축·운영 업무를 담당하였거나 담당하는 공무원(공무원이었던 사람을 포함)은 제공받은 자료 또는 정보를 제공받은 목적 외의 다른 용도로 사용하거나 다른 사람 또는 기관에 제공하거나 누설하여서는 아니 된다.

④ 중소벤처기업부장관은 상권정보시스템의 구축·운영에 필요한 조사를 실시할 수 있다.

(3) 조세의 감면

국가나 지방자치단체는 소상공인의 경영안정과 성장을 지원하기 위하여 필요한 경우에는 소상공인에 대하여 「조세특례제한법」, 「지방세특례제한법」, 그 밖의 관계 법률에서 정하는 바에 따라 소득세, 법인세, 취득세, 재산세 및 등록면허세 등을 감면할 수 있다.

(4) 불공정거래 피해상담센터의 설치·운영 25 기출

① 중소벤처기업부장관과 지방자치단체의 장은 불공정거래로 인하여 피해를 입은 소상공인의 보호 및 지원을 위하여 소상공인 불공정거래 피해상담센터(이하 '상담센터')를 설치·운영할 수 있다.

② 상담센터의 업무는 다음과 같다.
  ㉠ 소상공인 불공정거래 피해상담
  ㉡ 소상공인 불공정거래에 관한 실태조사
  ㉢ 소상공인 불공정거래 피해예방 교육

ⓔ 소상공인 불공정거래 피해 관련 법령·제도 개선 건의
ⓜ 소상공인 불공정거래 피해상담에 대한 사후관리
ⓗ 그 밖에 불공정거래로 인하여 피해를 입은 소상공인의 보호 및 지원을 위하여 필요한 사항
③ 중소벤처기업부장관과 지방자치단체의 장은 상담센터의 업무 수행 및 운영에 필요한 경비를 예산의 범위에서 지원할 수 있다.

2 백년소상공인

1. 백년소상공인의 요건 및 지정·지원

(1) 백년소상공인의 요건(법 제16조)
① 백년소상공인은 다음의 구분에 따른 요건에 해당하여야 한다.
  ㉠ 제조업 : 사업을 개시한 날부터 15년 이상 주된 업종의 변동 없이 계속 사업을 유지하여 숙련된 기술을 보유한 소공인
  ㉡ ㉠ 외의 업종 : 사업을 개시한 날부터 30년 이상 주된 업종의 변동 없이 계속 사업을 유지하여 온 소상공인
  ㉢ 제품이나 서비스의 차별성
  ㉣ 지역사회에 대한 기여도
② 백년소상공인의 사업 개시, 계속 유지, 차별성, 기여도에 관한 세부사항은 대통령령으로 정한다.

(2) 백년소상공인의 지정
① 백년소상공인으로 지정되고자 하는 소상공인은 백년소상공인의 지정을 중소벤처기업부장관에게 신청하여야 한다.
② 중소벤처기업부장관은 ①의 신청을 한 소상공인이 (1)의 요건을 갖추었다고 인정하는 때에는 백년소상공인으로 지정할 수 있다. 이 경우 중소벤처기업부장관은 백년소상공인에게 중소벤처기업부령으로 정하는 바에 따라 유효기간을 정하여 백년소상공인지정서를 발급하여야 한다.
③ 지정된 백년소상공인은 중소벤처기업부령으로 정하는 바에 따라 백년소상공인 지정의 표시를 할 수 있다.
④ 지정된 백년소상공인이 아닌 자는 그 지정의 표시 또는 이와 유사한 표시를 하여서는 아니 되며, 백년소상공인 또는 이와 유사한 명칭을 사용하여서는 아니 된다.
⑤ 백년소상공인의 지정에 필요한 사항은 중소벤처기업부령으로 정한다.

(3) 백년소상공인 지정의 취소 [25] 기출

① 중소벤처기업부장관은 지정된 백년소상공인이 다음의 어느 하나에 해당하면 그 지정을 취소할 수 있다. 다만, ㉠의 경우에는 그 지정을 취소하여야 한다.
  ㉠ 거짓이나 그 밖의 부정한 방법으로 지정을 받은 경우
  ㉡ 제16조에 따른 백년소상공인의 요건을 갖추지 아니하게 된 경우
  ㉢ 부도, 폐업 또는 휴업 등으로 영업을 지속적으로 영위할 수 없다고 판단되는 경우
  ㉣ 그 밖에 사회적 물의를 일으키는 경우 등 대통령령으로 정하는 경우
② 중소벤처기업부장관은 백년소상공인의 지정을 취소하려면 청문을 실시하여야 한다.
③ 중소벤처기업부장관은 백년소상공인의 지정을 취소한 경우에는 그 사실을 지체 없이 관계 중앙행정기관의 장 및 관할 지방자치단체의 장에게 통보하여야 한다.
④ 백년소상공인 지정 취소의 구체적 기준 및 세부절차는 중소벤처기업부령으로 정한다.

(4) 백년소상공인에 대한 지원

① 중소벤처기업부장관은 백년소상공인에 대하여 다음의 사항에 관한 지원사업을 할 수 있다.
  ㉠ 제품·서비스 등의 홍보, 컨설팅 및 판로 개척, 경영개선 교육
  ㉡ 인력 확보 및 장기재직 촉진
  ㉢ 사업승계 및 후계인력 양성
  ㉣ 세무·회계 및 법률 관련 컨설팅
  ㉤ 「지식재산 기본법」에 따른 지식재산권의 취득 지원 및 보호
  ㉥ 전통기술의 보존·전수 및 상품화 지원
  ㉦ 사업장 필요비 및 시설 개선 지원
  ㉧ 백년소상공인 육성을 위한 각종 연구, 조사
  ㉨ 백년소상공인 관련 홍보, 박람회·전시회 등의 개최
  ㉩ 그 밖에 백년소상공인의 존속 및 성장을 위하여 필요한 사항으로서 중소벤처기업부령으로 정하는 사항
② 중소벤처기업부장관은 백년소상공인에 대한 지원사업을 효율적으로 추진하기 위하여 소상공인시장진흥공단에 사업을 위탁할 수 있다.
③ 중소벤처기업부장관은 ②에 따라 사업을 위탁하는 경우 예산의 범위에서 사업의 수행에 필요한 비용의 전부 또는 일부를 보조할 수 있다.
④ 백년소상공인 지원사업에 따른 지원의 방법 및 절차 등에 필요한 사항은 중소벤처기업부령으로 정한다.

(5) 백년소상공인의 지역경제 발전에 대한 기여 등

① 지정된 백년소상공인은 지역의 경제 발전에 기여하도록 노력하여야 한다.
② 중소벤처기업부장관은 지역의 경제 발전에 기여한 공이 큰 백년소상공인에 대하여 포상할 수 있다.
③ ②에 따른 포상의 기준·방법 및 절차에 필요한 사항은 대통령령으로 정한다.

3 소상공인시장진흥공단

1. 소상공인시장진흥공단의 설립(법 제17조) 19 24 기출

(1) 설치 근거 및 운영

① 소상공인의 경영안정과 성장 및 「전통시장 및 상점가 육성을 위한 특별법」에 따른 전통시장, 상점가 및 상권활성화구역(이하 '전통시장등')의 활성화를 위한 사업을 효율적으로 수행하기 위하여 소상공인시장진흥공단(이하 '공단')을 설립한다.
② 공단은 법인으로 한다.
③ 공단은 주된 사무소의 소재지에서 설립등기를 함으로써 성립한다.
④ 공단은 지역별 소상공인지원센터를 설치·운영하며, 정관으로 정하는 바에 따라 지부, 연수원 또는 부설기관을 설치할 수 있다.

(2) 사업 내용 및 규정

① 공단은 다음의 사업을 한다.
　㉠ 소상공인의 경영안정과 성장 및 전통시장등의 활성화를 위한 다음의 사업
　　• 소상공인 및 전통시장등에 대한 지원 정책에 관한 연구·조사·평가 및 홍보
　　• 소상공인 및 전통시장등에 대한 지원사업 효과에 관한 평가
　㉡ 소상공인의 경영안정과 성장 및 전통시장등의 활성화를 위한 전문인력 양성 및 파견
　㉢ 전통시장등의 경영 현대화를 위한 정보 제공 및 상담·교육
　㉣ 소상공인 지원을 위한 플랫폼, 상권정보시스템 등, 데이터베이스 구축·운영
　㉤ 소상공인 창업 및 경영 정보 제공을 위한 방송 운영
　㉥ 소상공인의 업종별 창업지침 개발·보급 및 점포 개선
　㉦ 소상공인의 기술 개발 및 업종 간의 교류 지원
　㉧ 소상공인의 공동구매 및 유통물류센터 구축 등 소상공인의 조직화 및 협업화 지원
　㉨ 소상공인의 해외시장 진출 및 해외 유통망 구축 지원
　㉩ 소상공인에 적합한 새로운 사업의 발굴 및 보급
　㉪ 전통시장등의 활성화를 지원하는 법인이나 단체에 대한 지원
　㉫ 전통시장등의 상인 자조(自助) 조직 육성
　㉬ 「전통시장 및 상점가 육성을 위한 특별법」에 따른 문화관광형시장의 육성
　㉭ 중소벤처기업부장관 또는 지방자치단체의 장이 소상공인의 경영안정과 성장 및 전통시장등의 활성화를 위하여 위탁하는 사업
　㉮ 소상공인 및 전통시장등에 대한 디지털화 지원
　㉯ 백년소상공인에 대한 지원
　㉰ 그 밖에 중소벤처기업부장관이 소상공인의 경영안정과 성장 및 전통시장등의 활성화를 위하여 필요하다고 인정하는 사업
② 공단은 지원 사업을 원활하게 수행하기 위하여 「대한무역투자진흥공사법」에 따른 대한무역투자진흥공사 등 관련 기관·단체에 협조를 요청할 수 있다. 이 경우 요청을 받은 기관·단체는 특별한 사유가 없으면 협조하여야 한다.

③ 정부는 공단의 사업 수행에 필요한 경비를 출연하거나 보조할 수 있다.
④ 공단에 관하여 소상공인법에서 규정한 것 외에는 「민법」 중 재단법인에 관한 규정을 준용한다.
⑤ 소상공인법에 따라 설립된 공단이 아닌 자는 소상공인시장진흥공단 또는 이와 유사한 명칭을 사용하여서는 아니 된다.

2. 공단의 요청 및 지도·감독

(1) 자료제공의 요청
① 공단은 국가, 지방자치단체, 「국민연금법」에 따른 국민연금공단, 「국민건강보험법」에 따른 국민건강보험공단 및 「산업재해보상보험법」에 따른 근로복지공단, 그 밖에 대통령령으로 정하는 공공단체에 소상공인의 지속 성장을 위한 직접융자 등 자금 지원에 따른 업무 수행에 필요한 자료의 제공을 요청할 수 있다.
② 공단은 납세자의 인적 사항 및 사용 목적을 적은 문서로 관할 세무관서의 장 또는 지방자치단체의 장에게 과세정보(종합소득세 및 지방세 과세자료, 이와 관련된 사업자 등록 자료의 구체적 항목에 한정)의 제공을 요청할 수 있다. 이 경우 과세정보의 제공 요청은 소상공인의 지속 성장을 위한 직접융자 등 자금 지원에 따른 업무와 그에 따른 대출자산의 회수활동을 위하여 필요한 최소한의 범위에서 하여야 하며 다른 목적을 위하여 남용해서는 아니 된다.
③ 요청을 받은 자는 특별한 사유가 없으면 요청에 따라야 한다.

(2) 대리인의 선임
공단 이사장은 임직원 중에서 공단의 업무에 관하여 재판상 또는 재판 외의 모든 행위를 할 권한이 있는 대리인을 선임할 수 있다.

(3) 공단의 업무에 대한 지도·감독
① 중소벤처기업부장관은 공단의 업무를 지도·감독하며, 필요한 경우에는 사업에 관한 지시나 명령을 할 수 있다.
② 공단에 대한 중소벤처기업부장관의 지도·감독 등에 필요한 사항은 대통령령으로 정한다.

4 소상공인시장진흥기금

1. 설치 근거 및 운영

(1) 소상공인시장진흥기금의 설치(법 제19조)
전통시장등의 상인 등 소상공인의 경영안정과 성장 및 구조고도화 등을 지원하는 데 필요한 재원을 확보하기 위하여 소상공인시장진흥기금(이하 '기금')을 설치한다.

(2) **재원의 조성** 23 24 기출
  ① 기금은 다음의 재원으로 조성한다.
    ㉠ 정부의 출연금(직전 회계연도 관세 징수액의 100분의 3을 기준)
    ㉡ 정부나 지방자치단체 외의 자가 출연하는 현금·물품 또는 그 밖의 재산
    ㉢ 다른 기금으로부터의 전입금 및 차입금
    ㉣ 「복권 및 복권기금법」에 따라 배분된 복권수익금
    ㉤ 「공공자금관리기금법」에 따른 공공자금관리기금으로부터의 예수금
    ㉥ 기금의 운용으로 생기는 수익금
    ㉦ 그 밖에 대통령령으로 정하는 수입금
  ② 정부는 회계연도마다 예산의 범위에서 출연금을 세출예산에 포함시켜야 한다.

(3) **기금의 사용 등** 17 22 기출
  ① 기금은 다음의 사업을 위하여 사용할 수 있다.

소상공인 창업 및 경영안정 등의 지원	• 소상공인의 지속 성장을 위한 직접융자 등 자금 지원 • 소상공인 과밀 업종의 사업전환 지원 • 소상공인의 구조고도화 및 정보화 지원 • 소상공인의 조직화·협업화 및 가맹사업화 지원
소상공인 교육·연구 및 홍보 등의 지원	• 소상공인공동물류센터 건립·운영 지원 • 혁신형 소상공인 지원 • 백년소상공인에 대한 지원 • 소상공인에 대한 교육 및 자문 • 소상공인 창업(해외 창업을 포함)의 지원 • 새로운 사업의 발굴·보급 및 관련 정보 제공 • 소상공인 지원을 위한 전문인력 양성 • 소상공인의 경영안정과 성장을 위한 조사 및 연구 • 소상공인의 기술 개발 및 업종 간 교류 지원 • 전통시장등에 대한 지원 • 소상공인에 대한 인식 개선 등 소상공인 활력 제고에 관한 사항 • 소상공인을 위한 방송 운영
소상공인 재정 등의 지원	• 폐업 소상공인에 대한 취업 지원 • 「대·중소기업 상생협력 촉진에 관한 법률」에 따라 중소기업 적합업종·품목으로 공표되었거나 사업조정 중인 업종의 소상공인에 대한 지원 • 소상공인에 대한 고용보험료의 지원 • 소상공인에 대한 산업재해보상보험료의 지원 • 다른 기금으로부터의 차입금에 대한 원리금 상환 • 「공공자금관리기금법」에 따른 공공자금관리기금으로부터의 예수금에 대한 원리금 상환 • 기금의 조성·관리 및 운용을 위한 경비의 지출 • 「재난 및 안전관리 기본법」에 따른 재난의 발생으로 피해를 입은 소상공인에 대한 재정 지원 • 손실보상금의 우선 지원 • 소상공인의 세무·회계 처리 지원
온라인·모바일거래 지원	• 전자상거래, 스마트 기기를 이용한 전자결제 시스템의 도입 등 상거래 현대화 지원 • 소상공인 전용 모바일 상품권의 발행 및 유통 활성화 지원 • 소상공인 온라인 공동 판매 플랫폼 구축 지원 • 소상공인 디지털화 지원
기타 지원	그 밖에 소상공인의 보호와 지원을 위하여 중소벤처기업부장관이 위탁하는 사업

② 중소벤처기업부장관은 사업을 수행하기 위하여 필요한 경우 전통시장등의 상인 등 소상공인이나 관련 단체 등에 대하여 대통령령으로 정하는 바에 따라 기금에서 보조금을 지급할 수 있다.
③ 중소벤처기업부장관은 기금을 사용하는 자가 그 기금을 지출 목적 외의 용도로 사용한 경우 등 대통령령으로 정하는 경우에는 지출된 기금을 환수할 수 있다.
④ 기금의 환수는 국세 체납처분의 예에 따른다.
⑤ 중소벤처기업부장관은 사업을 추진하는 경우 「고용보험 및 산업재해보상보험의 보험료징수 등에 관한 법률」에 따라 고용보험에 가입한 소상공인을 우대할 수 있다.

2. 기금의 관리·운용 및 상환 등의 처리

(1) 기금의 관리 및 운용 18 기출
① 기금은 중소벤처기업부장관이 관리·운용한다.
② 중소벤처기업부장관은 대통령령으로 정하는 바에 따라 기금의 관리·운용에 관한 업무의 일부를 공단 등에 위탁할 수 있다.
③ 기금의 관리·운용자는 「국가재정법」에 따른 기금운용계획에서 정하는 바에 따라 기금을 대출 등의 방법으로 운용할 수 있다.
④ 기금의 회계연도는 정부의 회계연도에 따른다.
⑤ 기금의 관리·운용자는 기금의 회계를 다른 회계와 구분하여 회계처리하여야 한다.
⑥ 상기 규정한 사항 외에 기금의 관리·운용에 필요한 사항은 대통령령으로 정한다.

(2) 상환기간 연장 및 상환 유예
① 공단은 대출을 받은 자가 대출금을 상환하기 곤란하다고 인정되면 그 상환기간의 연장, 상환 유예 또는 장기분할상환을 하게 할 수 있다.
② 공단은 상환기간 연장, 상환 유예 또는 장기분할상환을 하게 한 자의 경영상의 어려움을 해소하기 위하여 필요하다고 인정하는 경우에는 경영·기술·재무·회계 등의 개선을 위한 컨설팅을 지원할 수 있다.
③ 공단은 대출을 받은 자가 소상공인이 아닌 자가 된 경우에 아직 상환이 끝나지 아니한 대출금이 있으면 그 대출금의 남은 상환기간의 범위에서 소상공인으로서 계속하여 상환하게 할 수 있다.
④ 상환기간 연장, 상환 유예 및 장기분할상환의 기준 및 절차 등에 필요한 사항은 대통령령으로 정한다.

(3) 이익금과 손실금의 처리
① 기금의 결산에서 이익금이 생겼을 때에는 이를 전액 적립하여야 한다.
② 기금의 결산에서 손실금이 생겼을 때에는 적립금으로 보전하고, 그 적립금으로 보전하고도 부족할 때에는 정부가 이를 보전한다.

(4) 부실채권의 매각
　① 공단은 부실채권의 효율적인 회수와 관리를 위하여 필요하다고 인정하는 경우에는 중소벤처기업부령으로 정하는 바에 따라 부실채권을 상각 또는 매각할 수 있다.
　② 부실채권을 매각하는 경우 다음의 자에게 매각할 수 있다.
　　㉠ 「한국자산관리공사 설립 등에 관한 법률」에 따라 설립된 한국자산관리공사
　　㉡ 그 밖에 부실채권의 매매·관리를 전문으로 하는 자로서 대통령령으로 정하는 자

(5) 재난 시의 신속 지원
　공단은 「재난 및 안전관리 기본법」에 따른 재난의 발생으로 영업에 심대한 피해를 입은 소상공인의 피해 복구를 위하여 융자 지원 등을 하는 경우 소상공인이 신속하게 지원받을 수 있도록 노력하여야 한다.

(6) 기금운용위원회 18 기출
　① 기금의 관리·운용에 관한 주요 사항을 심의하기 위하여 중소벤처기업부에 기금운용위원회를 둔다.
　② 기금운용위원회의 조직과 운영에 필요한 사항은 대통령령으로 정한다.

5 소상공인연합회

1. 설치 근거 및 운영

(1) 소상공인연합회의 설립 및 운영(법 제24조) 16 22 24 기출
　① 다음의 요건을 모두 갖춘 법인·조합 및 단체는 소상공인연합회(이하 '연합회')를 설립할 수 있다.
　　㉠ 회원의 100분의 90 이상이 소상공인일 것
　　㉡ 대표자가 소상공인일 것
　② 연합회는 법인으로 한다.
　③ 연합회는 주된 사무소의 소재지에서 설립등기를 함으로써 성립한다.
　④ 연합회를 설립하려는 자는 중소벤처기업부령으로 정하는 바에 따라 정관과 그 밖에 필요한 서류를 중소벤처기업부장관에게 제출하여 설립허가를 받아야 한다.
　⑤ 연합회는 지역별 사업의 원활한 추진을 위하여 정관으로 정하는 바에 따라 지회(支會)를 둘 수 있다.
　⑥ 연합회에 관하여 소상공인법에서 정한 것 외에는 「민법」 중 사단법인에 관한 규정을 준용한다.
　⑦ 연합회의 설립 및 운영에 관한 사항과 그 밖에 필요한 사항은 중소벤처기업부령으로 정한다.
　⑧ 소상공인법에 따라 설립된 연합회가 아닌 자는 소상공인연합회 또는 이와 유사한 명칭을 사용하여서는 아니 된다.

(2) 소상공인연합회의 사업
① 연합회는 다음의 사업을 한다.
㉠ 소상공인 상호 간의 친목 도모를 위한 상부상조사업
㉡ 소상공인 창업, 투자 및 경영활동 등에 관한 정보 제공
㉢ 소상공인의 구매 및 판매 등에 관한 공동사업
㉣ 소상공인의 애로사항 해결을 위한 정책 건의
㉤ 소상공인을 위한 조사·연구 및 교육사업
㉥ 소상공인을 위한 정보의 수집·제공 및 정보화체계 구축·운영
㉦ 소상공인을 위한 세무·회계 및 법률 서비스 지원
㉧ 소상공인을 위한 조직화 지원사업
㉨ 그 밖에 연합회의 목적 달성을 위하여 정관으로 정하는 사업
② 정부와 지방자치단체는 연합회가 사업을 수행하는 데 필요한 비용을 지원할 수 있다.

(3) 보조금
① 중소벤처기업부장관은 소상공인을 육성하기 위하여 예산의 범위에서 연합회 운영에 필요한 경비를 보조할 수 있다.
② 지방자치단체의 장은 소상공인을 육성하고 지역 사회를 개발하기 위하여 관할 구역에 있는 연합회 지회의 운영에 필요한 경비의 일부를 연합회를 통하여 보조할 수 있다.

2. 지도·감독 및 행정명령

(1) 지도·감독 23 기출
① 중소벤처기업부장관은 필요한 경우 연합회의 사무에 관하여 지도·감독할 수 있다.
② 중소벤처기업부장관은 지도·감독을 위하여 필요한 경우에는 연합회에 서류 등의 제출을 요구할 수 있다. 이 경우 연합회는 특별한 사유가 없으면 그 요구에 따라야 한다.
③ 연합회는 정관으로 정하는 바에 따라 연합회 정회원의 업무나 회계에 관하여 지도·감독하고, 연합회 정회원으로 하여금 업무나 회계에 관한 보고를 하게 하거나 감사를 받도록 명할 수 있다.

(2) 행정명령
① 중소벤처기업부장관은 연합회의 업무나 회계가 법령이나 정관에 위반된다고 인정되는 경우에는 기한을 정하여 업무의 시정과 그 밖에 필요한 조치를 명할 수 있다.
② 중소벤처기업부장관은 연합회가 명령에 따르지 아니하면 임원의 해임 또는 연합회의 해산을 명할 수 있다.
③ 중소벤처기업부장관은 연합회의 해산을 명하려면 청문을 하여야 한다.

6 보칙 및 벌칙

1. 보 칙

(1) 권한 등의 위임·위탁(법 제28조)

① 소상공인법에 따른 중소벤처기업부장관의 권한은 그 일부를 대통령령으로 정하는 바에 따라 소속 기관의 장이나 시·도지사에게 위임할 수 있다.

② 소상공인법에 따른 중소벤처기업부장관의 업무는 그 일부를 대통령령으로 정하는 바에 따라 다음의 자에게 위탁할 수 있다.
  ㉠ 공단의 이사장
  ㉡ 「신용보증기금법」에 따라 설립된 신용보증기금의 이사장
  ㉢ 「기술보증기금법」에 따라 설립된 기술보증기금의 이사장
  ㉣ 「지역신용보증재단법」에 따라 설립된 신용보증재단의 이사장
  ㉤ 연합회의 회장
  ㉥ 그 밖에 소상공인에 대한 보호·지원 업무를 담당하는 기관의 장으로서 대통령령으로 정하는 자

(2) 벌칙 적용에서 공무원 의제

심의위원회의 위원 중 공무원이 아닌 사람은 「형법」 제127조 및 제129조부터 제132조까지의 규정을 적용할 때에는 공무원으로 본다.

2. 벌 칙

(1) 벌 칙

① 다음의 어느 하나에 해당하는 자는 2년 이하의 징역 또는 2천만원 이하의 벌금에 처한다.
  ㉠ 제공받은 정보를 이 법에 따른 손실보상 관련 업무 외의 목적으로 사용한 자
  ㉡ 제공받은 자료 또는 정보를 이 법에 따른 소상공인재난지원 관련 업무 외의 목적으로 사용한 자
② 연합회가 행정명령을 위반한 경우에는 1천만원 이하의 벌금에 처한다.

(2) 과태료

① 소상공인시장진흥공단 또는 이와 유사한 명칭을 사용한 자에게는 1천만원 이하의 과태료를 부과한다.
② 다음의 어느 하나에 해당하는 자에게는 3백만원 이하의 과태료를 부과한다.
  ㉠ 백년소상공인 지정의 표시 또는 이와 유사한 표시를 하거나 백년소상공인 또는 이와 유사한 명칭을 사용한 자
  ㉡ 소상공인연합회 또는 이와 유사한 명칭을 사용한 자
③ 과태료는 대통령령으로 정하는 바에 따라 중소벤처기업부장관이 부과·징수한다.

단원핵심문제

제1과목 중소기업관계법령

01 소상공인 보호 및 지원에 관한 법률상 소상공인의 경영안정 등 지원 사업으로 옳지 않은 것은?

① 소상공인에 대한 경영상담·자문 및 교육
② 소상공인에 대한 자금·인력·판매·수출 등의 지원
③ 소상공인 창업을 위한 절차 등에 대한 상담·자문 및 교육
④ 소상공인 온라인 공동 판매 플랫폼 구축 지원
⑤ 소상공인 전용 모바일 상품권의 발행 및 유통 활성화 지원 사업

> **해설** '소상공인 창업을 위한 절차 등에 대한 상담·자문 및 교육'은 소상공인 창업 지원에 관한 사업이다(동법 제8조 참조).
>
> **소상공인의 경영안정 등 지원 사업(소상공인 보호 및 지원에 관한 법률 제9조)**
> - 소상공인에 대한 경영상담·자문 및 교육
> - 소상공인에 대한 자금·인력·판매·수출 등의 지원
> - 소상공인에 대한 전자상거래, 스마트 기기를 이용한 결제 시스템의 도입 등 상거래 현대화 지원
> - 소상공인 온라인 공동 판매 플랫폼 구축 지원
> - 소상공인 전용 모바일 상품권의 발행 및 유통 활성화 지원 사업
> - 그 밖에 소상공인의 경영안정과 성장을 지원하기 위하여 필요한 사항

02 소상공인 보호 및 지원에 관한 법률상 소상공인의 구조고도화 지원 사업으로 옳지 않은 것은?

① 소상공인에 대한 전자상거래, 스마트 기기를 이용한 결제 시스템의 도입 등 상거래 현대화 지원
② 소상공인 온라인 공동 판매 플랫폼 이용 활성화를 위한 관련 정보의 제공
③ 사업장 이전을 위한 입지 정보의 제공
④ 새로운 사업의 발굴
⑤ 사업전환의 지원

> **해설** '소상공인에 대한 전자상거래, 스마트 기기를 이용한 결제 시스템의 도입 등 상거래 현대화 지원'은 소상공인의 경영안정 등 지원에 관한 사업이다(동법 제9조 참조).
>
> **소상공인의 구조고도화 지원 사업(소상공인 보호 및 지원에 관한 법률 제10조)**
> - 새로운 사업의 발굴
> - 사업전환의 지원
> - 사업장 이전을 위한 입지 정보의 제공
> - 소상공인 온라인 공동 판매 플랫폼 이용 활성화를 위한 관련 정보의 제공
> - 소상공인 해외 창업의 지원
> - 그 밖에 소상공인의 구조고도화를 지원하기 위하여 필요한 사항

정답 01 ③ 02 ①

03 소상공인 보호 및 지원에 관한 법률상 소상공인 창업을 지원하기 사업으로 옳지 않은 것은?

① 우수한 아이디어 등을 보유한 소상공인 창업 희망자의 발굴
② 소상공인 창업을 위한 절차 등에 대한 상담·자문
③ 소상공인 창업을 위한 절차 등에 대한 교육
④ 자금조달, 인력, 판로 및 사업장 입지 등 창업에 필요한 정보의 제공
⑤ 취업훈련의 실시 및 취업 알선

해설 '취업훈련의 실시 및 취업 알선'은 폐업 소상공인을 위한 지원 사업이다(동법 제12조 참조).

소상공인 창업 지원 사업(소상공인 보호 및 지원에 관한 법률 제8조)
- 우수한 아이디어 등을 보유한 소상공인 창업 희망자의 발굴
- 소상공인 창업을 위한 절차 등에 대한 상담·자문 및 교육
- 자금조달, 인력, 판로 및 사업장 입지(立地) 등 창업에 필요한 정보의 제공
- 그 밖에 소상공인 창업을 지원하기 위하여 필요한 사항

04 소상공인 보호 및 지원에 관한 법률상 소상공인의 조직화 및 협업화 지원을 위한 사업으로 옳지 않은 것은?

① 「협동조합기본법」에 따른 협동조합의 설립
② 제품 생산 및 서비스 제공 등에 필요한 시설 및 장비의 공동 이용
③ 제품 홍보 및 판매장 설치 등 공동 판로 확보
④ 상권정보시스템의 구축 및 운영
⑤ 상표 및 디자인의 공동 개발

해설 상권정보시스템은 소상공인의 입지 및 업종 선정을 지원하기 위하여 상권관련 정보를 종합적으로 제공하는 정보시스템으로 중소벤처기업부장관이 구축·운영한다(동법 제13조 제1항 참조).

소상공인의 조직화 및 협업화 지원 사업(소상공인 보호 및 지원에 관한 법률 제11조 제1항)
- 「협동조합기본법」에 따른 협동조합의 설립
- 제품 생산 및 서비스 제공 등에 필요한 시설 및 장비의 공동 이용
- 상표 및 디자인의 공동 개발
- 제품 홍보 및 판매장 설치 등 공동 판로 확보
- 그 밖에 소상공인의 조직화 및 협업화를 지원하기 위하여 필요한 사항

05 소상공인 보호 및 지원에 관한 법률상 소상공인시장진흥공단이 하는 사업으로 옳지 않은 것은?

① 소상공인 창업 및 경영 정보 제공을 위한 방송 운영
② 불공정거래 피해상담센터의 설치·운영
③ 소상공인의 기술 개발 및 업종 간의 교류 지원
④ 소상공인의 공동구매 및 유통물류센터 구축 등 소상공인의 조직화 및 협업화 지원
⑤ 소상공인에 적합한 새로운 사업의 발굴 및 보급

> **해설** ② '불공정거래 피해상담센터의 설치·운영'은 중소벤처기업부장관과 지방자치단체의 장이 불공정거래로 인하여 피해를 입은 소상공인의 보호 및 지원을 위하여 하는 업무이다(소상공인 보호 및 지원에 관한 법률 제15조 제1항 참조).
> ①·③·④·⑤ 소상공인시장진흥공단의 사업으로 공단은 소상공인의 경영안정과 성장 및 전통시장등의 활성화를 위한 사업을 실시한다(동법 제17조 제5항 각 호 참조).

06 소상공인 보호 및 지원에 관한 법령상 소상공인지원센터의 업무로 옳지 않은 것은?

① 소상공인 창업과 경영개선을 위한 정보 제공, 교육 및 상담
② 상품의 보관·배송·포장 등 공동물류사업
③ 소상공인 실태조사 및 관련 정보의 수집
④ 전통시장등의 시설 및 경영 현대화를 위한 정보 제공, 교육 및 상담
⑤ 지원효과 평가를 위한 관련 정보의 수집

> **해설** '상품의 보관·배송·포장 등 공동물류사업'은 소상공인공동물류센터의 사업이다(동법 시행령 제4조의2 제2항 참조).
> 소상공인지원센터의 업무(소상공인 보호 및 지원에 관한 법률 시행령 제6조 제2항)
> • 소상공인 창업과 경영개선을 위한 정보 제공, 교육 및 상담
> • 지역상권의 조사·분석
> • 소상공인 실태조사 및 관련 정보의 수집
> • 전통시장등의 시설 및 경영 현대화를 위한 정보 제공, 교육 및 상담
> • 「전통시장 및 상점가 육성을 위한 특별법」에 따른 지원효과 평가를 위한 관련 정보의 수집
> • 그 밖에 소상공인의 경영안정과 성장 및 전통시장등의 활성화에 대한 지원사업으로서 공단 이사장이 필요하다고 인정하는 사업

정답 05 ② 06 ②

07 소상공인 보호 및 지원에 관한 법률상 소상공인시장진흥기금의 재원으로 옳지 않은 것은?

① 「복권 및 복권기금법」에 따라 배분된 복권수익금
② 다른 기금으로부터의 전입금 및 차입금
③ 기금의 운용으로 생기는 수익금
④ 지방자치단체의 융자금
⑤ 「공공자금관리기금법」에 따른 공공자금관리기금으로부터의 예수금

> **해설** 소상공인시장진흥기금 재원의 조성(소상공인 보호 및 지원에 관한 법률 제20조 제1항)
> - 정부의 출연금(직전 회계연도 관세 징수액의 100분의 3을 기준으로 한다)
> - 정부나 지방자치단체 외의 자가 출연하는 현금·물품 또는 그 밖의 재산
> - <u>다른 기금으로부터의 전입금 및 차입금</u>
> - <u>「복권 및 복권기금법」에 따라 배분된 복권수익금</u>
> - <u>「공공자금관리기금법」에 따른 공공자금관리기금으로부터의 예수금</u>
> - <u>기금의 운용으로 생기는 수익금</u>
> - 그 밖에 대통령령으로 정하는 수입금

08 소상공인 보호 및 지원에 관한 법률상 기금운용위원회에 대한 설명으로 옳지 않은 것은?

① 기금의 관리·운용에 관한 주요 사항을 심의하기 위하여 중소벤처기업부에 기금운용위원회를 둔다.
② 기금운용위원회의 조직과 운영에 필요한 사항은 중소벤처기업부장관이 정한다.
③ 기금운용위원회는 위원장 1명을 포함하여 10명 이내의 위원으로 구성하며, 위원의 임기는 2년으로 한다.
④ 기금운용위원회의 위원장은 중소벤처기업부차관이 된다. 위원장은 기금운용위원회를 대표하고, 기금운용위원회의 업무를 총괄한다.
⑤ 위원장이 부득이한 사유로 직무를 수행할 수 없을 때에는 위원장이 미리 지명한 위원이 그 직무를 대행한다.

> **해설** 기금운용위원회의 조직과 운영에 필요한 사항은 <u>대통령령</u>으로 정한다(소상공인 보호 및 지원에 관한 법률 제23조 제2항).

09 소상공인 보호 및 지원에 관한 법률상 소상공인연합회에 대한 설명으로 옳지 않은 것은?

① 회원의 100분의 80 이상이 소상공인이면서 대표가 소상공인인 법인·조합 및 단체는 소상공인연합회를 설립할 수 있다.
② 연합회는 지역별 사업의 원활한 추진을 위하여 정관으로 정하는 바에 따라 지회(支會)를 둘 수 있다.
③ 연합회에 관하여 소상공인 보호 및 지원에 관한 법에서 정한 것 외에는 「민법」 중 사단법인에 관한 규정을 준용한다.
④ 연합회의 설립 및 운영에 관한 사항과 그 밖에 필요한 사항은 중소벤처기업부령으로 정한다.
⑤ 소상공인연합회의 회원은 정회원과 특별회원으로 한다.

해설 회원의 100분의 90 이상이 소상공인이면서 대표가 소상공인인 법인·조합 및 단체는 소상공인연합회를 설립할 수 있다(소상공인 보호 및 지원에 관한 법률 제24조 제1항).

10 소상공인 보호 및 지원에 관한 법률상 소상공인연합회의 사업으로 옳지 않은 것은?

① 소상공인 상호 간의 친목 도모를 위한 상부상조사업
② 소상공인 창업, 투자 및 경영활동 등에 관한 정보 제공
③ 소상공인의 지속 성장을 위한 직접융자 등 자금 지원
④ 소상공인의 구매 및 판매 등에 관한 공동사업
⑤ 소상공인의 애로사항 해결을 위한 정책 건의

해설 '소상공인의 지속 성장을 위한 직접융자 등 자금 지원'은 소상공인시장진흥기금의 사업이다(동법 제21조 제1항).
소상공인연합회의 사업(소상공인 보호 및 지원에 관한 법률 제25조 제1항)
- 소상공인 상호 간의 친목 도모를 위한 상부상조사업
- 소상공인 창업, 투자 및 경영활동 등에 관한 정보 제공
- 소상공인의 구매 및 판매 등에 관한 공동사업
- 소상공인의 애로사항 해결을 위한 정책 건의
- 소상공인을 위한 조사·연구 및 교육사업
- 소상공인을 위한 정보의 수집·제공 및 정보화체계 구축·운영
- 소상공인을 위한 세무·회계 및 법률 서비스 지원
- 소상공인을 위한 조직화 지원사업
- 그 밖에 연합회의 목적 달성을 위하여 정관으로 정하는 사업

정답 09 ① 10 ③

PART 04 중소기업 기술혁신 촉진법

제1과목 중소기업관계법령

(약칭 : 중소기업기술혁신법)

체크포인트

이 법은 중소기업자의 기술혁신과 정보화지원을 위하여 필요한 경우 세제·재정지원 및 신용보증지원 등을 할 수 있도록 하는 등 기술력이 우수한 기술혁신형 중소기업을 집중 육성하기 위한 근거법률을 위해 마련된 법이다. 따라서 기술혁신형·경영혁신형 중소기업과 중소기업기술혁신추진위원회, 중소기업기술진흥전문기관, 기술혁신촉진 지원사업, 중소기업기술연구회기술료 징수 등이 주요 키워드가 되기 때문에 해당 내용을 중심으로 살을 붙여나가면 좋을 것이다.

목적(법 제1조)
중소기업기술혁신법은 중소기업의 기술혁신을 촉진하기 위한 기반을 확충하고 관련 시책을 수립·추진함으로써 중소기업의 기술경쟁력을 강화하여 국가경제 발전에 이바지함을 목적으로 한다.

정의(법 제2조) 24 기출
중소기업기술혁신법에서 사용하는 용어의 뜻은 다음과 같다.
(1) '**중소기업**'이란 「중소기업기본법」 제2조에 따른 중소기업을 말한다.
(2) '**중소기업자**'란 중소기업을 경영하는 자를 말한다. 이 경우 중소기업자는 창업 준비 중인 자를 포함한다.
(3) '**기술혁신**'이란 새로운 기술의 개발, 활용 중인 기술의 중요한 부분의 개선 또는 외부로부터 기술의 도입을 통하여 기업경영 개선 및 생산성을 높이고, 그 성과물을 거래하거나 사업화함으로써 새로운 부가가치를 창출하여 나가는 일련의 과정을 말한다.
(4) '**기술혁신형 중소기업**'이란 기술혁신활동을 통하여 기술경쟁력의 확보가 가능하거나 미래 성장가능성이 있는 중소기업으로서 중소벤처기업부장관이 선정한 기업을 말한다.
(5) '**기술혁신 성과물**'이란 기술혁신의 과정에서 얻어지거나 결과로 도출되는 제품(시제품 및 시작품을 포함), 연구장비 및 시설 등 유형적 성과와 기술데이터, 지식재산권, 연구보고서의 판권 등 무형적 성과를 말한다.
(6) '**사업화**'란 기술을 이용하여 제품을 개발·생산 또는 판매하거나 그 과정에서 관련 기술을 향상시키는 것을 말한다.
(7) '**중소기업 기술거래**'란 중소기업이 기술수요자 또는 기술공급자로 참여하는 경우로서 기술의 양도, 실시권 허락, 기술지도, 공동연구, 합작투자 또는 인수·합병 등의 방법으로 기술이 기술보유자(해당 기술을 처분할 권한이 있는 자를 포함)로부터 그 외의 자에게 이전되는 것을 말한다.
(8) '**경영혁신**'이란 기업의 경쟁력을 높이기 위하여 업무수행 방식, 조직구조 및 영업활동 등에서 새로운 경영기법을 개발하거나 경영기법의 중요한 부분을 개선하는 것을 말한다.
(9) '**경영혁신형 중소기업**'이란 경영혁신 활동을 통하여 경쟁력의 확보가 가능하거나 미래 성장가능성이 있는 중소기업으로서 중소벤처기업부장관이 선정한 기업을 말한다.
(10) '**공공기관**'이란 「중소기업제품 구매촉진 및 판로지원에 관한 법률」에 따른 공공기관을 말한다.

정부 등의 책무(법 제3조)
(1) 정부는 중소기업의 기술혁신을 촉진하기 위하여 필요한 시책을 수립·시행하여야 한다.
(2) 지방자치단체는 관할구역의 특성을 고려하여 해당 구역 중소기업의 기술혁신을 촉진하기 위한 시책을 수립·시행할 수 있다.
(3) 공공연구기관은 중소기업의 기술혁신을 촉진하기 위하여 적극 노력하여야 한다.

다른 법률과의 관계(법 제4조)
중소기업의 기술혁신 촉진에 관하여 다른 법률에 특별한 규정이 있는 것을 제외하고는 중소기업기술혁신법을 따른다.

1 중소기업 기술혁신 촉진계획의 수립 및 추진

1. 중소기업 기술혁신 촉진계획의 수립(법 제5조) 19 20 기출

(1) 중소벤처기업부장관은 중소기업의 기술혁신을 촉진하기 위하여 과학기술기본계획에 따라 중소기업 기술혁신 촉진계획을 5년 단위로 수립하여야 한다.

(2) 촉진계획에는 다음의 사항이 포함되어야 한다.
   ① 중소기업의 기술혁신 촉진을 위한 정책목표 및 기본방향에 관한 사항
   ② 기술혁신 과제의 사업타당성 조사 등 기술혁신 촉진을 위한 제도개선에 관한 사항
   ③ 중소기업 기술혁신 성과의 보호 및 사업화 촉진에 관한 사항
   ④ 기술혁신 촉진을 위한 중소기업 간 협력, 산학협력 등에 관한 사항
   ⑤ 중소기업의 기술인력 양성·활용 및 교육에 관한 사항
   ⑥ 기술평가 및 기술금융지원에 관한 사항
   ⑦ 중소기업 기술혁신 지원계획의 수립 등에 관한 사항
   ⑧ 수도권을 제외한 지역(이하 '비수도권 지역') 중소기업의 기술혁신 활동현황 및 제도개선에 관한 사항
   ⑨ 그 밖에 중소기업의 기술혁신을 촉진하기 위하여 필요한 사항

(3) 중소벤처기업부장관이 촉진계획을 수립할 때에는 국가과학기술자문회의의 심의를 거쳐야 한다.

(4) 중소벤처기업부장관은 촉진계획을 수립하기 위하여 기술혁신 지원사업을 시행하는 중앙행정기관(이하 '관계중앙행정기관')의 장, 특별시장·광역시장·특별자치시장·도지사 또는 특별자치도지사(이하 '시·도지사') 및 중소기업 기술지원 관련 기관 또는 단체의 장에게 관련 자료의 제공을 요청할 수 있다.

(5) 촉진계획의 수립 및 추진에 필요한 사항은 대통령령으로 정한다.

> **학습포인트**
> [출제유형 1] 기술혁신 촉진계획 수립을 위한 수요조사를 하는 것에 포함되지 않는 것은?
> [출제유형 2] 중소기업 기술혁신 촉진계획에 포함되는 사항이 아닌 것은?
> 두 문제의 보기는 똑같다. 대체로 [출제유형 2]의 형태처럼 직접적으로 물어보는 경우가 많다.

2 중소기업 기술진흥전문기관

1. 중소기업 기술진흥전문기관의 지정(법 제7조) 23 기출

(1) 중소벤처기업부장관은 기술혁신 촉진 지원사업을 효율적으로 지원하기 위하여 전문인력 및 조사·연구 능력 등 대통령령으로 정하는 기준을 갖춘 기관을 중소기업 기술진흥전문기관(이하 '기술진흥전문기관')으로 지정할 수 있다.

(2) 기술진흥전문기관은 다음의 사업을 한다.
   ① 중소기업의 기술혁신을 촉진하기 위한 수요조사 및 연구·기획
   ② 기술혁신 촉진 지원사업의 평가·관리
   ③ 중소벤처기업부장관으로부터 위탁받은 기술료의 징수 등

(3) 중소벤처기업부장관은 기술진흥전문기관이 업무를 수행하는 데에 필요한 경비를 예산의 범위에서 출연할 수 있다.

(4) 중소벤처기업부장관은 기술진흥전문기관이 다음의 어느 하나에 해당하는 경우에는 그 지정을 취소하거나 6개월 이내의 기간을 정하여 업무의 전부 또는 일부의 정지를 명할 수 있다. 다만, ①에 해당하면 그 지정을 취소하여야 한다.
   ① 거짓이나 그 밖의 부정한 방법으로 지정을 받은 경우
   ② 지정기준에 적합하지 아니하게 된 경우

(5) 중소벤처기업부장관은 기술진흥전문기관의 지정을 취소하거나 업무의 정지를 명하려는 경우에는 청문을 하여야 한다.

(6) 기술진흥전문기관의 지정·운영·지정취소 및 업무정지 등에 필요한 사항은 대통령령으로 정한다.

2. 기술진흥전문기관의 지정 대상(영 제5조)

(1) 지정 대상
   '전문인력 및 조사·연구 능력 등 대통령령으로 정하는 기준을 갖춘 기관'이란 다음의 어느 하나에 해당하는 기관을 말한다.
   ① 중소기업기술정보진흥원
   ② 국·공립 연구기관
   ③ 「특정연구기관 육성법」의 적용을 받는 특정연구기관
   ④ 「과학기술분야 정부출연연구기관 등의 설립·운영 및 육성에 관한 법률」에 의하여 설립된 연구기관
   ⑤ 중소벤처기업진흥공단
   ⑥ 기술보증기금
   ⑦ 정부출연연구기관
   ⑧ 중소벤처기업연구원

⑨ 그 밖에 다음의 요건을 모두 갖춘 기관
  ㉠ 해당 기관의 사업 내용에 기술혁신 촉진 지원사업에 관한 업무가 포함되어 있을 것
  ㉡ 기술혁신 촉진 지원사업을 수행할 수 있는 전담조직과 **10명 이상**의 전담인력을 보유하고 있을 것
  ㉢ 기술혁신 촉진 지원사업 수행에 필요한 전용 업무공간과 시설을 갖추고 있을 것

(2) 지정 신청

① 기술진흥전문기관으로 지정받으려는 자는 중소벤처기업부령으로 정하는 지정신청서를 중소벤처기업부장관에게 제출해야 한다. 이 경우 상기 (1)의 ⑦에 해당하는 기관은 각 요건을 모두 갖추었음을 증명하는 서류를 첨부해야 한다.
② 기술진흥전문기관으로 지정받은 자는 당해연도의 사업계획 및 전년도의 추진실적을 **매년 1월 31일까지** 중소벤처기업부장관에게 보고하여야 한다.
③ 기술진흥전문기관은 중소벤처기업부장관으로부터 출연금을 지급받은 경우 별도의 계정을 설정하여 그 출연금을 관리해야 한다.
④ 기술진흥전문기관의 지정취소 및 업무정지의 기준은 [별표 1]과 같다.

[별표 1] 기술진흥전문기관의 지정취소 및 업무정지 기준

1. 일반기준
  가. 위반행위의 횟수에 따른 행정처분의 기준은 최근 1년간 같은 위반행위로 행정처분을 받은 경우에 적용한다. 이 경우 기간의 계산은 위반행위에 대하여 행정처분을 받은 날과 그 행정처분 후 다시 같은 위반행위를 하여 적발된 날을 기준으로 한다.
  나. 가목에 따라 가중된 부과처분을 하는 경우 가중처분의 적용 차수는 그 위반행위 전 부과처분 차수(가목에 따른 기간 내에 행정처분이 둘 이상 있었던 경우에는 높은 차수를 말한다)의 다음 차수로 한다.
  다. 처분권자는 다음의 사유에 해당하는 경우 제2호 나목에 따른 처분을 감경할 수 있다. 이 경우 그 처분이 지정취소인 경우에는 3개월 이상의 업무정지 처분으로 감경할 수 있고, 업무정지인 경우에는 그 처분기준의 2분의 1의 범위에서 감경할 수 있다.
    1) 위반행위가 고의성이 없는 사소한 부주의로 인한 것인 경우
    2) 중소기업 기술진흥에 기여한 바가 크다고 인정되는 경우
    3) 위반행위의 동기·내용·횟수 및 위반정도 등을 고려하여 감경할 필요가 있다고 인정되는 경우

2. 개별기준

위반행위	근거 법조문	처분기준		
		1회 위반	2회 위반	3회 이상 위반
가. 거짓이나 그 밖의 부정한 방법으로 지정을 받은 경우	법 제7조 제4항 제1호	지정취소	–	–
나. 지정기준에 적합하지 않게 된 경우	법 제7조 제4항 제2호	경고	업무정지 3개월	지정취소

3 중소기업 기술통계, 실태조사 등

1. 중소기업 기술통계의 작성

(1) 기술통계의 작성, 포함사항 등(법 제8조)
① 중소벤처기업부장관은 촉진계획을 효율적으로 수립·추진하기 위하여 중소기업 기술통계(이하 '기술통계')를 작성하여야 한다.
② 기술통계에는 다음의 사항이 포함되어야 한다. 14 기출
　㉠ 중소기업의 기술경쟁력 및 기술수준
　㉡ 중소기업의 애로기술 및 기술 관련 취약요인
　㉢ 국내외 기술동향 분석
　㉣ 중소기업 기술인력 실태
　㉤ 시험, 검사 장비 실태
　㉥ 그 밖에 촉진계획을 수립하기 위하여 필요한 사항
③ 기술통계 작성에 관하여는 「통계법」을 준용한다.
④ 중소벤처기업부장관은 「통계법」에서 정하는 범위에서 대통령령으로 정하는 바에 따라 기술통계 작성에 관한 권한의 일부를 중소기업중앙회와 기술진흥전문기관의 장에게 위탁할 수 있다.
⑤ 기술통계 작성 대상의 범위와 조사 대상 등에 관하여 필요한 사항은 대통령령으로 정한다.

(2) 기술통계 작성대상 범위(영 제5의2) 18 기출
중소기업기술통계의 작성 및 조사 대상은 「통계법」에 따라 통계청장이 고시하는 한국표준산업분류에 따른 업종을 영위하는 중소기업으로 한다.

2. 기술혁신형 중소기업 실태조사 및 통계조사

(1) 실태조사 및 통계조사
① 중소벤처기업부장관은 촉진계획의 수립·시행 및 기술혁신형 중소기업의 발굴·육성을 효율적으로 추진하기 위하여 기술혁신형 중소기업의 활동현황, 자금, 인력, 경영, 성장 장애요인 및 정부지원 활용 현황 등에 관한 실태조사를 매년 정기적으로 실시하고, 기술혁신형 중소기업에 관한 통계자료를 조사·작성·분석 및 관리할 수 있다. 이 경우 통계자료의 작성 및 관리에 관하여 이 법에서 정한 것을 제외하고는 「통계법」을 준용한다.
② 중소벤처기업부장관은 실태조사 및 통계조사를 위하여 필요한 때에는 중앙행정기관의 장, 지방자치단체의 장 또는 공공기관의 장에게 관련 자료를 요청할 수 있다. 이 경우 자료를 요청받은 중앙행정기관의 장 등은 특별한 사유가 없으면 그 요청에 따라야 한다.
③ 실태조사 및 통계조사의 방법 및 절차 등에 필요한 사항은 대통령령으로 정한다.

(2) 실태조사 및 통계조사의 방법 등(영 제6조의2)
① 기술혁신형 중소기업에 관한 실태조사에는 다음 사항이 포함되어야 한다.
㉠ 자금, 인력 및 경영 현황에 관한 사항
㉡ 성장 장애요인에 관한 사항
㉢ 정부지원의 활용에 관한 사항
㉣ 기술혁신 및 연구개발에 관한 사항
㉤ 그 밖에 기술혁신형 중소기업의 실태를 파악하기 위하여 중소기업청장이 필요하다고 인정하는 사항
② 중소벤처기업부장관은 기술혁신형 중소기업에 관한 실태조사 및 통계조사(이하 '실태조사 및 통계조사')를 효율적으로 실시하기 위하여 전문연구기관·전문연구단체나 관계 전문가에게 실태조사 및 통계조사를 의뢰할 수 있다.
③ 중소벤처기업부장관은 실태조사 및 통계조사를 실시한 경우 그 결과를 중소벤처기업부 인터넷 홈페이지에 게재하여야 한다.

4 중소기업 기술혁신 촉진을 위한 지원사업

1. 중소기업의 기술혁신 촉진 지원사업(법 제9조) 16 25 기출

(1) 중소벤처기업부장관은 중소기업의 기술혁신을 촉진하기 위하여 다음의 지원사업을 추진하여야 한다.
① 기술혁신에 필요한 자금지원
② 기술혁신 과제의 사업타당성 조사
③ 수요와 연계된 기술혁신의 지원
④ 기술혁신 성과의 사업화
⑤ 기술혁신을 위한 경영 및 기술 지도
⑥ 기술혁신형 중소기업 육성
⑦ 산업·안전 등에 관한 해외규격 획득 및 품질향상에 대한 지원
⑧ 중소기업 정보화 지원사업
⑨ 산·학·연 공동기술개발사업 등 산학협력 지원사업
⑩ 기술융합 촉진을 위한 지원사업
⑪ 지역특화산업의 육성 및 지역산업의 혁신에 필요한 기술개발 지원사업
⑫ 그 밖에 기술혁신을 촉진하기 위하여 필요한 사항

(2) 중소벤처기업부장관은 기술혁신 촉진 지원사업을 추진하는 데에 필요하다고 인정하는 경우에는 미리 관계중앙행정기관의 장과 협의하여야 한다.

2. 기술혁신 중소기업자에 대한 출연

중소벤처기업부장관은 중소기업의 기술혁신을 촉진하기 위하여 필요하다고 인정하는 경우 기술혁신 능력을 보유한 중소기업자가 단독으로 또는 공동으로 수행하는 기술혁신사업에 출연할 수 있다. 위에 따른 출연금의 지급, 사용, 관리 등에 필요한 사항은 대통령령으로 정한다.

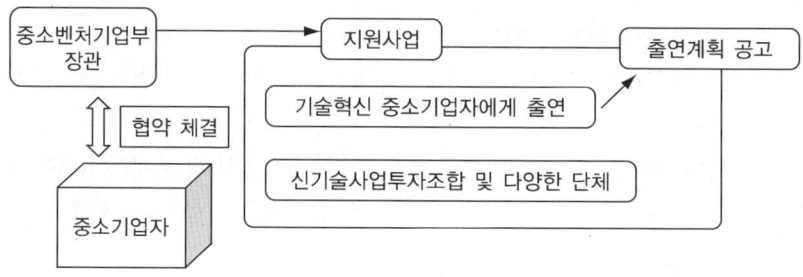

3. 협약체결 및 출연금의 관리(영 제8조) 23 기출

(1) 중소벤처기업부장관은 기술혁신사업, 산학협력 지원사업과 기술지도사업, 사업타당성조사사업 또는 해외규격 획득 지원사업에 출연하려는 때에는 해당 사업을 수행하는 자와 다음의 사항이 포함된 협약을 체결하여야 한다.
① 사업의 내용
② 출연금의 용도 및 관리계획
③ 사업성과의 활용
④ 기술료를 징수하는 경우에는 그 징수 및 납부에 관한 사항
⑤ 협약의 변경에 관한 사항
⑥ 그 밖에 사업시행에 필요하다고 중소벤처기업부장관이 인정하는 사항

(2) 중소벤처기업부장관은 출연금을 사업내용 또는 착수시기 등을 고려해 일시에 지급하거나 분할하여 지급할 수 있다.

(3) 출연금을 지급받은 자는 그 출연금에 대하여 별도의 계정을 설정하여 이를 관리하여야 하며, 출연금을 협약에 정한 용도에만 사용하여야 한다.

(4) 중소벤처기업부장관은 (1)에 따라 협약을 체결해야 하는 사업이 종료된 후 정산 결과 사용 잔액이 있거나 같은 항에 따른 협약 내용과 다르게 집행한 금액이 있는 경우에는 그 출연금의 전부 또는 일부를 회수할 수 있다.

4. 기술혁신 촉진 지원사업에 대한 평가

(1) 중소벤처기업부장관은 기술혁신 촉진 지원사업의 투자효율성 제고 및 성과의 활용 촉진을 위하여 기술혁신 촉진 지원사업에 대한 평가를 실시하여야 한다.

(2) 평가에는 기술혁신 촉진 지원사업의 성과 검증 및 실패사유 분석이 포함되어야 한다.

(3) 중소벤처기업부장관은 기술혁신 촉진 지원사업의 성과 검증 및 실패사유 분석 등을 위하여 필요한 경우에는 현장방문조사를 실시할 수 있다. 이 경우 기술혁신 촉진 지원사업을 수행하거나 참여한 기관, 단체 또는 기업의 장은 현장방문조사에 성실히 응하여야 한다.

(4) 평가의 지표, 대상 및 절차 등에 관하여 필요한 사항은 대통령령으로 정한다.

5. 산·학·연 공동기술혁신 수행기관 등에 대한 출연

(1) 중소벤처기업부장관은 중소기업의 기술혁신 등을 촉진하기 위하여 다음의 학교·기관 또는 단체가 중소기업자와 공동으로 수행하는 산학협력 지원사업과 중소기업에 대하여 실시하는 기술지도사업에 출연할 수 있다.
　① 대학·산업대학·전문대학 또는 기술대학
　② 기능대학
　③ 「특정연구기관 육성법」의 적용을 받는 특정연구기관
　④ 「과학기술분야 정부출연연구기관 등의 설립·운영 및 육성에 관한 법률」에 따른 연구기관
　⑤ 국립 및 공립 연구기관
　⑥ 중소벤처기업진흥공단
　⑦ 그 밖에 기술혁신 등을 촉진하기 위하여 필요하다고 인정하여 중소벤처기업부장관이 지정하는 법인 또는 단체

(2) 출연금의 지급·사용·관리 등에 필요한 사항은 대통령령으로 정한다.

(3) (1)에 따른 학교·기관 또는 단체는 중소기업 지원을 전담하는 조직인 중소기업산학연협력센터를 설치·운영할 수 있다. 이에 필요한 사항은 대통령령으로 정한다.

6. 중소기업 지원 선도연구기관의 지정 등

(1) 중소벤처기업부장관은 중소기업의 산·학·연 공동기술혁신을 효율적으로 지원하기 위하여 관계 중앙행정기관의 장과 협의하여 다음의 어느 하나에 해당하는 기관을 중소기업 지원 선도연구기관(이하 '선도연구기관')으로 지정할 수 있다.
　① 「과학기술분야 정부출연연구기관 등의 설립·운영 및 육성에 관한 법률」에 따라 설립된 연구기관
　② 「산업기술혁신 촉진법」에 따라 설립된 전문생산기술연구소

(2) 선도연구기관 지정의 유효기간은 지정받은 날부터 5년으로 한다.

(3) 중소벤처기업부장관은 선도연구기관이 다음의 업무를 수행하는 데 드는 비용의 전부 또는 일부를 지원할 수 있다.
   ① 중소기업과의 공동기술개발
   ② 중소기업에 대한 기술이전
   ③ ①·②의 업무에 연계한 사업화 지원
   ④ ①·②의 업무를 촉진하기 위한 상담, 자문, 교류지원 등 중소벤처기업부장관이 필요하다고 인정하는 사항

(4) 중소벤처기업부장관은 선도연구기관에 다음 어느 하나에 해당하는 사유가 있다고 인정될 때에는 그 지정을 취소할 수 있다. 다만 ①에 해당하는 경우에는 그 지정을 취소하여야 한다.
   ① 거짓이나 그 밖의 부정한 방법으로 지정을 받은 경우
   ② 지정기준에 미달하게 된 경우
   ③ 정당한 사유 없이 1년 이상 사업실적이 없는 경우

(5) 선도연구기관의 지정 기준 및 절차에 관하여 필요한 사항은 대통령령으로 정한다.

7. 중소기업의 국제기술협력 지원 25 기출

(1) 중소벤처기업부장관은 중소기업과 국제기구 또는 외국의 정부·기업·대학·연구기관 및 단체 등과의 기술협력을 촉진하기 위하여 다음의 사업을 추진할 수 있다.
   ① 중소기업의 국제기술협력을 위한 조사
   ② 기술도입 및 기술교류
   ③ 국제 전시회 또는 학술회의의 개최
   ④ 중소기업과 외국의 대학·연구기관 및 단체 등 간의 공동기술개발
   ⑤ 그 밖에 중소기업의 국제기술협력을 촉진하기 위하여 필요한 사업으로서 대통령령으로 정하는 다음의 사업
      ㉠ 중소기업의 국제기술협력을 위한 기술상담 및 연수
      ㉡ ㉠과 유사한 사업으로서 중소벤처기업부장관이 중소기업의 국제기술협력을 촉진하기 위하여 필요하다고 인정하는 사항

(2) 중소벤처기업부장관은 (1)에 따른 사업을 전문적으로 시행할 기관을 지정하고 업무수행에 필요한 비용의 일부를 출연할 수 있다.

8. 기술혁신 과제의 사업타당성 조사

(1) 중소벤처기업부장관은 중소기업의 기술혁신을 촉진하고 성공가능성을 높이기 위하여 중소기업의 기술혁신 과제에 대한 사업타당성 조사를 할 수 있다.

(2) 중소벤처기업부장관은 사업타당성 조사를 실시하는 기관 또는 단체에 그 사업에 드는 비용을 출연할 수 있다.

5 중소기업 기술혁신 지원계획

1. 중소기업 기술혁신 지원계획의 수립(법 제13조) 21 22 기출

(1) 중앙행정기관 및 공공기관으로서 직전 3개 연도 평균 연구개발예산이 300억원 이상인 기관의 장은 매년 중소기업의 기술혁신을 지원하기 위한 계획(이하 '기술혁신 지원계획')을 수립·시행하여야 한다.

(2) 시행기관의 장은 기술혁신 지원계획에 따라 기술혁신사업을 수행하는 중소기업을 선정하여 해당 기술혁신사업에 드는 비용의 전부 또는 일부에 대하여 출연, 보조 또는 계약 등의 방식으로 지원할 수 있다. 이 경우 기술혁신형 중소기업 및 벤처기업에 우선적으로 지원할 수 있다.

(3) 중소벤처기업부장관은 시행기관의 장에게 해당 기관이 추진하는 연구개발사업의 특성, 직전 3개 연도 지원실적 등을 고려하여 해당 기관 연구개발예산의 일정 비율 이상을 중소기업의 기술혁신을 위하여 지원하도록 요청할 수 있다. 이 경우 지원요청을 받은 시행기관의 장은 특별한 사유가 없으면 이에 따라야 한다.

(4) 시행기관의 장은 매년 2월 말일까지 해당 연도의 기술혁신 지원계획과 전년도의 기술혁신 지원실적을 중소벤처기업부장관에게 통보하여야 한다.

(5) 중소벤처기업부장관은 기술혁신 지원계획 및 지원실적을 종합하여 국가과학기술자문회의와 국무회의에 보고하고 이를 국회 소관 상임위원회에 제출하여야 한다.

(6) 기술혁신 지원계획의 수립·시행, 연구개발예산의 산정과 (3)에 따른 지원비율 등에 관하여 필요한 사항은 대통령령으로 정한다.

2. 기술혁신 지원계획 포함사항(영 제11조) 18 기출

중소기업 기술혁신 지원계획에는 다음 사항이 포함되어야 한다.

(1) 지원대상분야 및 지원예산규모
(2) 지원의 범위 및 한도
(3) 지원대상기업의 선정기준
(4) 그 밖에 중소기업의 기술혁신을 지원하기 위하여 필요하다고 인정하는 사항

6 중소기업 기술혁신 지원단

1. 중소기업 기술혁신 지원단(법 제13조의2) 21 기출

(1) 중소벤처기업부장관은 기술혁신 지원계획의 원활한 수립·시행을 지원하기 위하여 중소기업 기술혁신 지원단(이하 '지원단')을 설치·운영할 수 있다.

(2) 지원단의 업무는 다음과 같다.
   ① 시행기관의 기술혁신 지원계획의 사전검토에 관한 업무
   ② 기술혁신 지원계획 수립·운영의 개선에 관한 업무
   ③ 기술혁신 지원계획과 관련한 전문적인 조사·연구·평가에 관한 업무
   ④ 시행기관의 중소기업 기술개발예산 지원비율의 산정 및 지원실적의 확인에 관한 업무
   ⑤ 실태조사 및 이행점검의 지원에 관한 업무
   ⑥ 그 밖에 기술혁신 지원계획의 수립·시행을 지원하기 위하여 필요한 업무

(3) 중소벤처기업부장관은 지원단의 원활한 업무수행을 위하여 필요하면 시행기관의 장 또는 기술진흥전문기관의 장에게 소속 공무원 또는 임직원의 파견을 요청할 수 있다.

(4) 중소벤처기업부장관은 지원단의 운영에 드는 경비의 전부 또는 일부를 예산의 범위에서 지원할 수 있다.

(5) (1)~(4)까지에서 규정한 사항 외에 지원단의 구성 및 운영에 필요한 사항은 대통령령으로 정한다.

2. 중소기업 기술혁신 지원단의 구성(영 제12조)

(1) 중소기업기술혁신지원단은 단장을 포함하여 6명 이상으로 구성한다.

(2) 단장은 중소벤처기업부의 고위공무원단 소속 공무원 또는 3급 이상 공무원으로 하고, 단원은 중소벤처기업부·시행기관 또는 기술진흥전문기관의 소속 공무원 또는 임직원으로 한다.

(3) 단장 및 단원은 겸직으로 또는 파견을 받아 근무하도록 할 수 있으며, 파견근무 기간은 특별한 사유가 없으면 1년으로 한다.

(4) 규정한 사항 외에 지원단의 구성·운영에 필요한 사항은 중소벤처기업부장관이 정하여 고시한다.

3. 이행 여부의 점검 등

(1) 중소벤처기업부장관은 기술혁신 지원계획의 실효성 향상을 위하여 시행기관이 실시하는 기술혁신 지원사업에 관하여 실태조사를 하거나 기술혁신 지원계획의 이행 여부에 대한 점검을 할 수 있다. 이 경우 중소벤처기업부장관은 소속 공무원에게 시행기관의 기술혁신 지원계획과 관련한 자료를 확인하게 할 수 있다.

(2) 중소벤처기업부장관은 실태조사 또는 이행점검 결과 개선이 필요하다고 인정하는 사항에 대하여는 해당 시행기관의 장에게 개선을 권고할 수 있다.

(3) 개선 권고를 받은 시행기관의 장은 특별한 사유가 없으면 권고에 따라야 하고, 권고를 받은 날부터 1개월 이내에 그 결과를 중소벤처기업부장관에게 통보하여야 한다. 이 경우 권고를 받은 시행기관의 장은 중소벤처기업부장관의 권고를 이행할 수 없을 때에는 그 사유를 중소벤처기업부장관에게 통보하여야 한다.

7 기술혁신·경영혁신 지원사업 등

1. 기술혁신형·경영혁신형 중소기업

(1) 기술혁신 성과의 사업화 지원(법 제14조)

① 중소벤처기업부장관은 기술혁신 성과 등을 사업화하는 중소기업자에게 다음의 지원을 할 수 있다.
  ㉠ 시험제품 제작·설비투자에 드는 자금의 지원
  ㉡ 제품 성능검사를 위한 시험·분석 지원
  ㉢ 중소기업이 대학·연구기관 등으로부터 이전받는 기술의 실용화 지원
  ㉣ 그 밖에 기술혁신성과의 사업화를 촉진하기 위하여 필요한 사항
② 기술혁신성과 등의 사업화에 대한 지원을 받고자 하는 자는 기술혁신성과의 내용, 사업화계획, 지원요청내용 그 밖에 지원에 관하여 필요한 사항이 포함된 지원신청서를 중소벤처기업부장관에게 제출하여야 한다. 기술혁신성과 등의 사업화에 대한 구체적인 지원의 방법 및 절차 등에 관하여 필요한 사항은 중소벤처기업부장관이 이를 정하여 고시한다.
③ 지원·신청 절차 등에 관하여 필요한 사항은 중소벤처기업부령으로 정한다.

(2) 기술혁신형 중소기업 발굴·육성(법 제15조) 22 기출

① 중소벤처기업부장관은 기술혁신형 중소기업을 발굴·육성하기 위하여 필요한 사업(이하 '기술혁신형 중소기업 육성사업')을 추진할 수 있다. 이 경우 중소벤처기업부장관은 비수도권 지역의 기술혁신형 중소기업을 발굴·육성하기 위하여 노력하여야 한다.
② 중소벤처기업부장관은 기술혁신형 중소기업 육성사업을 지원하기 위해 필요한 경우 공공기관에 지원을 요청할 수 있다. 이 경우 지원을 요청받은 공공기관의 장은 특별한 사유가 없으면 지원을 위한 대책을 마련하여야 한다.
③ 중소벤처기업부장관은 기술혁신형 중소기업 육성사업을 추진하는 기관 또는 단체에 필요한 비용의 전부 또는 일부를 출연할 수 있다.
④ 중소벤처기업부장관은 기술혁신형 중소기업으로 선정받으려는 기업에 평가 등에 소요되는 비용을 부담하게 할 수 있다. 이 경우 비용의 산정 및 납부에 필요한 사항은 중소벤처기업부장관이 정하여 고시한다.
⑤ 기술혁신형 중소기업의 선정·지원 절차 등에 관하여 필요한 사항은 대통령령으로 정한다.

(3) 기술혁신형 중소기업 및 경영혁신형 중소기업의 선정(영 제13조)
　① 중소벤처기업부장관은 기술혁신형 중소기업 또는 경영혁신형 중소기업을 선정하려면 그 선정절차와 다음의 구분에 따른 평가기준을 정하여 공고하여야 한다.
　　㉠ 기술혁신형 중소기업 : 기술혁신성과 및 기술사업화 능력 등에 관한 사항
　　㉡ 경영혁신형 중소기업 : 경영혁신활동 및 경영혁신성과 등에 관한 사항
　② 중소벤처기업부장관은 평가기준에 따라 기업에 대한 평가를 실시하고, 그 평가결과가 우수한 기업을 각각 기술혁신형 중소기업 또는 경영혁신형 중소기업으로 선정하여야 한다.
　③ 중소벤처기업부장관은 기술혁신형 중소기업 또는 경영혁신형 중소기업으로 선정된 기업에 대해 각각 기술혁신촉진지원사업 또는 경영혁신형 중소기업 발굴·육성사업을 추진하는 경우에는 우선적으로 지원할 수 있다.

(4) 경영혁신형 중소기업 육성사업·기술혁신형 중소기업 합병절차의 특례
　주식회사인 기술혁신형 중소기업의 합병절차, 영업양수, 소규모합병, 간이합병, 간이영업양도에 관하여는 「벤처기업육성에 관한 특별법」 제15조의3, 제15조의8, 제15조의9, 제15조의10, 제15조의11을 각각 준용한다. 이 경우 '벤처기업'은 '기술혁신형 중소기업'으로 본다.

(5) 중소기업의 경영혁신 촉진 지원사업 25 기출
　① 중소벤처기업부장관은 중소기업의 경영혁신을 촉진하기 위하여 다음의 지원사업(이하 '경영혁신 촉진 지원사업')을 추진할 수 있다.
　　㉠ 경영혁신형 중소기업 발굴·육성
　　㉡ 중소기업 경영혁신 관련 금융지원
　　㉢ 중소기업 경영혁신 관련 홍보
　　㉣ 그 밖에 경영혁신을 촉진하기 위하여 필요한 사항
　② 중소벤처기업부장관은 경영혁신 촉진 지원사업을 추진하는 데에 필요하다고 인정하는 경우에는 미리 관계중앙행정기관의 장과 협의하여야 한다.

(6) 경영 및 기술 지도
　중소벤처기업부장관이 중소기업의 기술경쟁력을 강화하기 위하여 실시하는 경영 및 기술 지도에 관한 사항은 「중소기업진흥에 관한 법률」에서 정하는 바에 따른다.

2. 품질 향상 등 지원사업

(1) 중소기업의 생산환경 개선 및 생산성 향상을 위한 지원 13 17 기출
　① 중소벤처기업부장관은 중소기업의 생산환경을 개선하여 중소기업으로의 인력 유입을 촉진하고 생산성 향상을 도모하기 위하여 다음의 사업을 추진할 수 있다.
　　㉠ 생산환경 개선을 위한 실태조사
　　㉡ 생산환경 개선을 위한 설비 또는 장비의 개발

ⓒ 쾌적한 작업환경의 조성을 위한 시설투자의 지원
ⓓ 생산성 향상을 위한 생산 공정의 진단·설계·개선 및 신공정 개발
ⓔ 그 밖에 중소벤처기업부장관이 생산환경을 개선하고 생산성을 향상시키기 위하여 필요하다고 인정하는 사업
② 중소벤처기업부장관은 ①에 따른 사업을 추진하기 위하여 필요하다고 인정할 때에는 대학, 연구기관, 공공기관 및 중소기업 등에 사용되는 비용의 일부를 출연할 수 있다.

(2) 중소기업 정보화 지원사업
① 중소벤처기업부장관은 중소기업의 정보화에 필요한 중소기업 정보화의 기반조성과 정보기술의 보급·확산에 관한 지원사업을 추진할 수 있다.
② 중소벤처기업부장관은 ①에 따른 사업을 효율적으로 추진하기 위하여 필요하다고 인정할 때에는 대학·연구기관·공공기관·민간단체 및 중소기업 등에 사용되는 비용을 출연할 수 있다.
③ ①에 따른 중소기업 정보화의 기반조성과 정보기술의 보급·확산 지원사업에 관하여 필요한 사항은 대통령령으로 정한다.

(3) 중소기업 통합정보화경영체제 지원사업
① 중소벤처기업부장관은 중소기업의 통합정보화경영체제를 촉진할 수 있도록 다음의 사업을 추진할 수 있다.
  ⓐ 정보화 표준모델의 개발·보급 및 표준모델과의 부합화 지원사업
  ⓑ 중소기업 통합정보화경영체제에 필요한 상담 지원사업
  ⓒ 중소기업 통합정보화경영체제를 위한 전문인력 양성사업
② 통합정보화경영체제 지원사업을 추진하는 기관의 지정·지원 등에 필요한 사항은 대통령령으로 정한다.
③ 중소벤처기업부장관은 다음의 어느 하나의 법인 또는 단체를 통합정보화경영체제 지원사업의 전담기관으로 지정할 수 있다.
  ⓐ 「과학기술분야 정부출연연구기관 등의 설립·운영 및 육성에 관한 법률」에 의하여 설립된 연구기관
  ⓑ 중소기업기술정보진흥원
  ⓒ 중소벤처기업진흥공단
④ 중소벤처기업부장관은 통합정보화경영체제 지원사업을 추진하는 기관에 필요한 비용을 출연할 수 있다.

(4) 기술혁신 성과물의 보호
① 중소벤처기업부장관은 중소기업의 기술혁신 성과물의 보호를 위한 보안기술의 보급·확산 및 기반조성에 필요한 지원 사업을 추진할 수 있다.
② 중소벤처기업부장관은 ①에 따른 사업을 추진하기 위하여 필요하다고 인정할 때에는 대학·연구기관·공공기관·민간단체 및 중소기업 등에 비용을 출연 또는 보조할 수 있다.
③ ①에 따른 사업의 지원방법 및 지원절차 등에 필요한 사항은 대통령령으로 정한다.

(5) 해외규격 획득 및 품질향상 지원사업 [18] 기출
   ① 중소벤처기업부장관은 중소기업의 기술혁신을 촉진하기 위하여 외국의 산업·안전 등에 관한 규격의 획득을 지원하는 다음의 사업을 추진할 수 있다.
      ㉠ 해외규격 획득에 필요한 상담 지원사업
      ㉡ 해외규격의 확보·보급
      ㉢ 해외규격 획득에 필요한 전문인력 양성사업
   ② 중소벤처기업부장관은 중소기업제품의 품질향상을 위하여 다음의 사업을 추진할 수 있다.
      ㉠ 중소기업제품의 품질 불량률 관리
      ㉡ 품질향상을 위하여 필요한 전문인력 양성사업
   ③ 중소벤처기업부장관은 해외규격 획득 지원사업 및 품질향상사업을 추진하기 위하여 필요하다고 인정하는 경우에는 위탁기관 또는 단체에 필요한 출연 또는 보조 등을 할 수 있다.
   ④ 해외규격 획득 지원사업 및 품질향상사업의 수행기관 선정·지원 등에 필요한 사항은 대통령령으로 정한다.

3. 중소기업기술정보진흥원 [15] [19] [20] 기출

(1) 설치 근거
   ① 중소기업의 기술혁신 및 정보화경영을 효율적으로 촉진하기 위하여 중소기업기술정보진흥원(이하 '기술정보진흥원')을 둔다.
   ② 기술정보진흥원은 중소기업자, 개인 또는 단체가 출연하여 설립한다.
   ③ 기술정보진흥원은 법인으로 하며, 주된 사무소의 소재지에서 설립등기를 함으로써 성립한다.

(2) 기술정보진흥원의 사업 [13] [17] [25] 기출
   ① 중소기업 기술혁신 기반조성
   ② 중소기업 기술혁신을 위한 정책연구 및 중장기 기획
   ③ 중소기업 기술혁신사업의 수요 발굴 및 조사·분석
   ④ 중소기업 정보화 촉진 관련 정보기술의 보급 및 평가
   ⑤ 정보화경영 표준모델의 개발·보급·확산 및 표준모델과의 부합화 지원
   ⑥ 중소기업 정보화 기반조성 및 수준평가
   ⑦ 중소기업 기술혁신 및 정보화경영에 관한 교육 및 전문인력의 양성
   ⑧ 그 밖에 관계중앙행정기관의 장이 위탁하는 사업

(3) 지원 등 [16] 기출
   ① 정부는 기술정보진흥원의 설립·운영에 필요한 경비를 예산의 범위에서 출연할 수 있으며, 중앙행정기관의 장 및 지방단체의 장은 사업을 기술정보진흥원으로 하여금 수행하게 할 수 있고 그에 드는 비용의 전부 또는 일부를 출연 또는 보조할 수 있다.

② 공공기관, 중소기업자, 개인 또는 단체는 사업 수행에 필요한 경비를 지원할 수 있다.
③ 기술정보진흥원에 관하여 중소기업기술혁신법에서 규정한 것을 제외하고는 「민법」 중 재단법인에 관한 규정을 준용한다.
④ 기술정보진흥원이 아닌 자는 중소기업기술정보진흥원 또는 이와 비슷한 명칭을 사용하지 못한다.

8 중소기업 기술혁신 촉진 기반확충 및 우대조치

1. 중소기업 기술인력 양성 및 공급(법 제21조)

(1) 중소벤처기업부장관은 중소기업의 기술인력과 정보화인력(이하 '중소기업 기술인력') 양성 및 공급을 위하여 다음의 사업을 추진할 수 있다.
  ① 중소기업 기술인력 현황 및 실태 파악을 위한 사업
  ② 산·학 협력을 통한 중소기업 기술인력의 양성 및 활용 지원 사업
  ③ 대기업·공공기관 등의 시설·인력 및 교육프로그램 등을 활용한 중소기업 기술인력 양성·공급 사업
  ④ 지방자치단체·교육기관 등과의 협력을 통한 지역 중소기업특성에 맞는 중소기업 기술인력 양성·공급 사업
  ⑤ 여성 및 장애인 중소기업 기술인력의 양성 및 활용 지원 사업
  ⑥ 재직 중소기업 기술인력의 재교육 사업
  ⑦ 퇴직 중소기업 기술인력의 중소기업 활용 지원 사업
  ⑧ 그 밖에 중소기업 기술인력 양성·공급을 위하여 대통령령으로 정하는 사항

(2) 중소벤처기업부장관은 (1)에 따른 사업을 추진하는 지방자치단체에 필요한 비용을 지원하거나, 공공기관·대학·연구기관·기업·단체 등에 필요한 비용을 출연할 수 있다.

(3) (1)에 따른 사업을 추진하는 기관의 선정 기준·절차 등에 관하여 필요한 사항은 대통령령으로 정한다.

2. 중소기업 연구인력 지원 24 기출

(1) 연구인력지원사업

중소벤처기업부장관은 중소기업의 기술혁신을 촉진하기 위하여 다음의 연구기관이 중소기업에 소속 연구인력을 파견하는 연구인력지원사업을 할 수 있다.
  ① 「과학기술분야 정부출연연구기관 등의 설립·운영 및 육성에 관한 법률」에 따라 설립된 연구기관
  ② 「산업기술혁신 촉진법」에 따라 설립된 전문생산기술연구소
  ③ 그 밖에 중소기업의 기술혁신을 촉진하기 위하여 중소벤처기업부장관이 필요하다고 인정하는 기술 관련 전문연구기관

(2) 연구인력채용지원사업
① 중소벤처기업부장관은 중소기업의 기술혁신 촉진을 위하여 기업부설연구소 또는 연구개발전담부서를 갖춘 중소기업에서 필요한 연구인력을 채용할 수 있도록 연구인력채용지원사업을 할 수 있다.
② 중소벤처기업부장관은 연구인력지원사업 및 연구인력채용지원사업에 따른 사업에 필요한 자금을 지원할 수 있다.
③ 사업의 지원 방법·대상·절차 및 기간에 관한 사항과 사업에 필요한 자금의 지원 방법 및 기준에 관한 사항은 대통령령으로 정한다.

> **더 알아보기** 중소기업 연구인력 지원사업의 지원 대상(영 제16조의2 제2항) 23 기출
>
> 연구인력 파견지원사업 및 연구인력 채용지원사업의 지원 대상은 다음의 구분에 따른다.
> - 파견지원사업 : 다음의 어느 하나에 해당하는 중소기업일 것
>   - 기술혁신형 중소기업 발굴·육성(법 제15조)에 따른 기술혁신형 중소기업
>   - 중소기업의 경영혁신 촉진 지원사업(법 제15조의3)에 따른 경영혁신형 중소기업
>   - 「벤처기업육성에 관한 특별법」 정의(법 제2조 제1항)에 따른 벤처기업
> - 채용지원사업 : 기업부설연구소 또는 연구개발전담부서를 보유한 중소기업

3. 중소기업 기술지원 정보의 제공

(1) 중소벤처기업부장관은 중소기업 관련 기술을 소개·보급하고, 각종 중소기업 기술지원 정보를 전산화하여 중소기업이 효율적으로 이용할 수 있도록 필요한 사업을 추진할 수 있다.
(2) 중소벤처기업부장관은 정보의 전산화를 위하여 필요한 중소기업 기술지원의 종류, 규모, 신청 절차 등 관련 정보의 제공을 관계 기관의 장에게 요청할 수 있다.
(3) 관계중앙행정기관의 장 및 시·도지사는 중소기업의 기술지원을 위하여 필요한 경우 중소벤처기업부장관에게 구축된 정보의 제공을 요청할 수 있다.

4. 중소기업 기술혁신 관련 홍보

(1) 정부는 중소기업 기술혁신의 중요성에 대한 사회적 분위기를 조성하기 위하여 다음의 홍보사업을 할 수 있다.
① 중소기업의 우수한 혁신기술의 성과에 대한 전시·홍보
② 우수한 혁신기술을 보유한 중소기업 및 유공자에 대한 포상
③ 중소기업의 기술혁신 세미나, 기술혁신에 대한 사례 발표회
④ 그 밖에 중소벤처기업부장관이 필요하다고 인정하여 공고하는 사업
(2) 중소벤처기업부장관은 중소기업 기술혁신 관련 홍보사업을 효율적으로 수행하기 위하여, 매년 중소기업 기술혁신에 관한 홍보사업계획을 수립하고 이를 시행하여야 한다. 중소벤처기업부장관은 홍보사업계획을 수립·시행하기 위하여 필요한 때에는 공청회, 설명회 또는 세미나 등을 개최할 수 있다. 그 밖에 필요한 사항은 중소벤처기업부령으로 정한다.

5. 중소기업 기술연구회 지원

(1) 중소벤처기업부장관은 중소기업의 기술혁신을 촉진하기 위하여 중소기업이 대학, 연구소, 연구조합, 업종별 단체 또는 연구산업을 경영하는 중소기업자 등과 중소기업 기술연구회를 구성하여 공동연구를 수행하는 데에 필요한 지원을 할 수 있다.

(2) 기술연구회를 구성하려는 중소기업은 중소벤처기업부장관에게 등록하여야 한다.

6. 중소기업 기술혁신 소그룹 지원

중소벤처기업부장관은 중소기업의 기술혁신을 촉진하기 위하여 중소기업이 교수, 연구원 등 전문가와 공동으로 기술혁신에 관한 자발적 연구조직인 기술혁신 소그룹을 결성·운영하는 데에 필요한 지원을 할 수 있다.

7. 시험·분석 지원

(1) 중소벤처기업부장관은 중소기업의 기술혁신 및 제품인증 등을 위한 시험·분석에 필요한 지원을 할 수 있다. 중소벤처기업부장관은 중소기업에 다음의 지원을 할 수 있다.
   ① 지방중소벤처기업청이 보유한 시험·분석설비의 이용
   ② 공공기관·연구기관·대학 등이 보유한 시험·분석설비의 이용알선
   ③ ①과 ②의 규정에 의한 지원기관이 보유한 시험·분석설비에 대한 정보의 제공

(2) 중소벤처기업부장관은 시험·분석설비의 이용방법 및 절차 등에 관하여 필요한 사항을 정하여 고시할 수 있다.

8. 연구시설·장비의 공동 활용 지원

(1) 중소벤처기업부장관은 중소기업의 기술혁신을 촉진하기 위하여 대학, 연구기관, 공공기관 등이 보유한 연구시설·장비에 대한 이용알선 및 활용사업을 추진할 수 있다.

(2) 중소벤처기업부장관은 (1)에 따른 사업을 추진하기 위하여 필요하다고 인정할 때에는 대학, 연구기관, 공공기관 및 중소기업 등에 사용되는 비용의 일부를 출연할 수 있다.

9. 금융 및 세제 지원 등 19 기출

(1) 정부와 지방자치단체는 중소기업자의 기술혁신과 정보화 지원 관련 자금공급을 원활히 하기 위하여 재정 지원, 신용보증 지원 등 필요한 시책을 실시할 수 있다.

(2) 정부와 지방자치단체는 중소기업자의 기술혁신과 정보화를 지원하기 위하여 필요한 경우「조세특례제한법」,「지방세특례제한법」등 조세 관계 법률에서 정하는 바에 따라 세제 지원을 할 수 있다.

9 중소기업 기술거래 활성화 지원 등

1. 중소기업 기술거래 · 사업화 촉진 등(법 제27조의2)

(1) 중소벤처기업부장관은 중소기업 기술거래 및 사업화를 촉진하기 위하여 다음의 사업을 추진할 수 있다.
   ① 중소기업 기술거래를 위한 알선 및 중개
   ② 중소기업 기술거래정보 · 기술평가정보의 수집 · 분석 · 유통 및 제공
   ③ 중소기업 기술거래 및 사업화 촉진을 위한 정보망의 구축 · 운영 및 관리. 이 경우 「기술의 이전 및 사업화 촉진에 관한 법률」에 따라 구축 · 운영되는 정보망과의 연계를 위하여 산업통상자원부장관과 협의하여야 한다.
   ④ 중소기업 기술거래 및 사업화 촉진을 위한 기술신탁관리에 관한 사업
   ⑤ 기술의 매입 및 기술에 대한 투자
   ⑥ 중소기업 기술거래를 위한 수요발굴 및 조사 · 분석
   ⑦ 중소기업 기술거래 관련 연구개발 지원
   ⑧ 중소기업 기술거래 및 사업화 촉진과 관련하여 중앙행정기관의 장 및 지방자치단체의 장이 위탁하는 사업
   ⑨ 그 밖에 중소기업 기술거래 및 사업화 촉진을 위하여 필요한 사업으로서 중소벤처기업부장관이 정하는 사업

(2) 중소벤처기업부장관은 기술보증기금으로 하여금 (1)의 사업을 수행하게 할 수 있다.

(3) 기술보증기금은 (1)의 사업 수행과 관련하여 기술평가, 기술거래의 중개 등의 업무를 수행할 때 수수료를 받을 수 있다.

(4) 사업 추진에 필요한 사항 및 수수료에 관한 사항은 대통령령으로 정한다.

2. 계정의 설치 및 재원

(1) 중소벤처기업부장관은 중소기업의 기술혁신을 촉진하기 위하여 기술보증기금에 중소기업 기술혁신계정(이하 '계정')을 설치하고 이의 운용 및 관리를 위탁할 수 있다.

(2) 다음 어느 하나에 해당하는 자는 중소기업 기술거래 및 사업화를 촉진하기 위한 사업 추진에 필요한 비용의 전부 또는 일부를 계정에 출연하거나 지원할 수 있다.
   ① 중앙행정기관 및 지방자치단체
   ② 대통령령으로 정하는 공공기관
   ③ 그 밖에 중소기업 기술거래 및 사업화를 촉진하기 위한 사업과 관련된 기업 또는 단체 등

(3) 그 밖에 계정의 수입 · 지출 및 운용과 회계 · 결산 등에 필요한 사항은 대통령령으로 정한다.

10 보칙

1. 기술료의 징수 및 사용(법 제28조)

(1) 기술료의 징수 및 사용 13 22 기출

① 중소벤처기업부장관은 기술혁신사업이나 산학협력 지원사업이 완료된 경우에는 출연한 금액의 100분의 50 이내의 범위에서 사업자로부터 기술료를 징수할 수 있다.
② 중소벤처기업부장관은 기술료를 중소기업기술혁신법에 따라 출연하는 기술혁신 촉진 지원사업에 사용하여야 한다.
③ 규정한 사항 외에 기술료의 징수·면제 및 감면 등에 필요한 사항은 대통령령으로 정한다.

(2) 대통령령으로 정하는 기술료 면제

중소벤처기업부장관은 기술혁신사업이나 산학협력 지원사업의 성과로 나온 지식재산권이 해당 중소기업에 귀속되지 아니하는 경우 등 대통령령으로 정하는 다음의 사유에 해당하는 경우에는 기술료를 면제할 수 있다.

① 기술혁신사업의 성과로 나온 지식재산권이 해당 중소기업에 귀속되지 아니하는 경우
② 기술혁신사업이나 산학협력 지원사업으로서 연구기반 구축 또는 기술인력 양성을 목적으로 하는 경우
③ 산학협력 지원사업의 성과로 나온 지식재산권이 해당 중소기업에 귀속되지 아니하는 경우
④ 학교·기관 또는 단체가 중소기업자와 공동으로 수행하는 산학협력 지원사업으로서 주관기관(기술개발사업 과제를 주관하여 수행하는 기관·단체 또는 기업)이 해당 중소기업이 아닌 경우
⑤ 부도, 폐업, 법정관리 또는 이에 준하는 상황이 발생하여 기술료 납부가 사실상 불가능한 경우
⑥ 그 밖에 중소벤처기업부장관이 중소기업의 기술혁신을 촉진하기 위하여 기술료 면제가 필요하다고 인정하는 경우

(3) 대통령령으로 정하는 기술료 감면

중소벤처기업부장관은 기술혁신사업이나 산학협력 지원사업을 수행한 자가 기술료를 한꺼번에 내거나 조기에 상환하는 경우 등 대통령령으로 정하는 다음의 사유에 해당하는 경우에는 기술료 중 일정 금액을 감면할 수 있다.

① 기술료를 일시에 납부하거나 조기에 상환하는 경우
② 기술료를 분할하여 납부하기 위하여 지급이행보증증권을 제출하는 경우
③ 그 밖에 중소벤처기업부장관이 기술개발의 장려, 촉진 등을 위하여 기술료 감면이 필요하다고 인정하는 경우

2. 업무의 위탁

(1) 기술진흥전문기관 장의 위탁업무
중소벤처기업부장관은 다음의 업무를 기술진흥전문기관의 장에게 위탁한다.
① 기술 혁신 촉진 지원사업에 대한 평가
② 기술료의 징수
③ 기술혁신 촉진 지원사업에 대한 참여 제한
④ 출연금의 환수

(2) 해외규격 획득 지원사업 및 품질향상사업 관련 위탁업무
① 중소벤처기업부장관은 해외규격 획득 지원사업 및 품질향상사업을 다음 구분에 따른 기관 또는 단체에 위탁할 수 있다.
  ㉠ 해외규격 획득에 필요한 상담 지원사업으로, 다음 요건을 모두 갖춘 기관 또는 단체
    • 해외규격 획득 상담에 필요한 전문인력을 2명 이상 보유할 것
    • 최근 2년 이내에 총 4건 이상의 해외규격 획득 지원실적이 있을 것
  ㉡ 해외규격의 확보·보급 및 해외규격 획득에 필요한 전문인력 양성사업으로, 다음의 어느 하나에 해당하는 기관 또는 단체
    • 중소기업기술정보진흥원
    • 기술진흥전문기관의 지정에 따른 법인 또는 단체
    • 대한상공회의소
    • 한국표준협회
    • 한국산업기술시험원
  ㉢ 품질향상사업 : 품질향상을 위하여 필요한 전문인력 양성사업의 어느 하나에 해당하는 기관 또는 단체
② 중소벤처기업부장관은 업무를 위탁한 경우에는 그 위탁 내용 및 수탁자 등에 관한 사항을 관보에 고시하고, 중소벤처기업부 홈페이지에 게재하여야 한다.

3. 벌칙 적용 시의 공무원 의제

시행기관인 공공기관 및 기술진흥전문기관으로부터 지원단에 파견된 임직원, 위탁받은 업무를 수행하는 기술진흥전문기관의 장 및 그 소속 직원, 위탁받은 업무를 수행하는 기관 또는 단체의 장 및 그 소속 직원은 「형법」 규정을 적용할 때에는 각각 공무원으로 본다.

4. 기술혁신 촉진 지원사업의 참여 제한 등

(1) 참여 제한 및 통보

① 중소벤처기업부장관은 기술혁신사업 및 산학협력 지원사업에 참여한 중소기업자·학교·기관·단체 또는 그 소속 임직원이나 소속 외의 연구책임자·연구원이 다음의 어느 하나에 해당하는 경우에는 5년(동일한 참여제한 사유로 국가연구개발사업 과제에서 참여를 제한받은 자에 대하여는 10년) 이내의 범위에서 기술혁신 촉진 지원사업의 참여를 제한할 수 있으며, 관계중앙행정기관의 장에게 참여 제한 사실을 통보할 수 있다.

② 다만, ㉠에 해당하는 경우로서 연구개발을 성실하게 수행한 사실이 인정되는 경우에는 참여 제한 기간을 감면할 수 있다.
  ㉠ 연구개발의 결과가 극히 불량하여 중소벤처기업부장관이 실시하는 평가에 따라 실패한 사업 또는 중단사업으로 결정된 경우
  ㉡ 정당한 절차 없이 연구개발 내용을 누설하거나 유출한 경우
  ㉢ 정당한 사유 없이 연구개발 과제의 수행을 포기한 경우
  ㉣ 출연금을 사용용도 외의 용도에 사용하였거나 사용명세를 거짓으로 보고한 경우
  ㉤ 정당한 사유 없이 연구개발 결과물인 지식재산권을 소속 임직원 또는 소속 외의 연구책임자·연구원의 명의로 출원하거나 등록한 경우
  ㉥ 연구개발 자료나 결과를 위조 또는 변조하거나 표절하는 등의 연구부정행위를 한 경우
  ㉦ 정당한 사유 없이 기술료를 내지 아니하거나 납부를 게을리 한 경우
  ㉧ 정당한 사유 없이 사업비 환수금을 납부하지 아니한 경우
  ㉨ 거짓이나 그 밖의 부정한 방법으로 연구개발에 참여하거나 수행한 경우
  ㉩ 그 밖에 기술혁신사업 및 산학협력 지원사업에 관하여 중소벤처기업부장관이 해당 사업을 수행하는 자와 체결한 협약을 위반한 경우로서 대통령령으로 정하는 경우

(2) 제재부가금 부과·징수 24 기출

① 중소벤처기업부장관은 출연금을 연구개발비의 연구용도 외의 용도로 사용하는 행위가 있을 때에는 해당 중소기업자·학교·기관·단체 또는 그 소속 임직원이나 소속 외의 연구책임자·연구원에 대하여 그 연구용도 외의 용도로 사용한 금액의 **5배 이내**의 범위에서 제재부가금을 부과·징수할 수 있다.

> **더 알아보기** 제재부가금의 부과기준(영 [별표 3]) 22 기출
>
> 제재부가금은 출연금 중 연구개발비의 연구용도 외의 용도로 사용한 금액을 기준으로 다음 표에서 정하는 제재부가금 부과율에 따라 산정한다.
>
> | 연구용도 외의 용도로 사용한 금액 | 제재부가금 부과율 |
> | --- | --- |
> | 5천만원 이하 | 50% |
> | 5천만원 초과 1억원 이하 | 2천 5백만원 + 5천만원 초과금액의 100% |
> | 1억원 초과 3억원 이하 | 7천 5백만원 + 1억원 초과금액의 150% |
> | 3억원 초과 5억원 이하 | 3억 7천 5백만원 + 3억원 초과금액의 200% |
> | 5억원 초과 10억원 이하 | 7억 7천 5백만원 + 5억원 초과금액의 250% |
> | 10억원 초과 | 20억 2천 5백만원 + 10억원 초과금액의 300% |

② 중소벤처기업부장관은 제재부가금 부과처분을 받은 자가 제재부가금을 기한 내에 납부하지 아니하면 국세 체납처분의 예에 따라 징수한다.
③ 연구개발을 성실하게 수행한 사실의 인정 및 참여 제한기간의 감면에 관한 기준, 연구개발 결과의 평가기준, 평가절차, 참여 제한 사유별 참여 제한기간의 구체적 기준 및 제재부가금을 부과하는 위반행위의 종류·정도 등에 따른 제재부가금의 금액 등에 필요한 사항은 대통령령으로 정한다.

5. 출연금의 환수 19 기출

(1) 중소벤처기업부장관은 기술혁신사업 및 산학협력 지원사업에 참여한 중소기업자·학교·기관·단체 또는 그 소속 임직원이나 소속 외의 연구책임자·연구원이 기술혁신 촉진 지원사업에의 참여 제한 중 어느 하나에 해당하는 경우에는 이미 출연한 사업비의 전부 또는 일부를 환수할 수 있다. 다만, 연구개발을 성실하게 수행한 사실이 인정되는 경우에는 사업비 환수액을 감면할 수 있다.

(2) 중소벤처기업부장관은 사업비 환수 처분을 받은 자가 환수금을 기한 내에 납부하지 아니하면 기한을 정하여 독촉을 하고, 그 지정된 기간에도 납부하지 아니하면 국세 체납처분의 예에 따라 징수할 수 있다.

(3) 환수 기준 및 절차, 연구개발을 성실하게 수행한 사실의 인정 및 사업비 환수액의 감면에 관한 기준 등에 관하여 필요한 사항은 대통령령으로 정한다.

6. 과태료

① 중소기업기술정보진흥원 또는 이와 비슷한 명칭을 사용한 자에게는 100만원 이하의 과태료를 부과한다.
② 과태료는 대통령령으로 정하는 바에 따라 중소벤처기업부장관이 부과·징수한다.

PART 04 단원핵심문제

제1과목 중소기업관계법령

01 중소기업 기술혁신 촉진법에서 사용하는 용어의 뜻으로 옳지 않은 것은?

① '중소기업자'란 중소기업을 경영하는 자를 말한다. 이 경우 중소기업자는 창업을 준비 중인 자를 포함한다.
② '사업화'란 기술을 이용하여 제품을 개발·생산 또는 판매하거나 그 과정에서 관련 기술을 향상시키는 것을 말한다.
③ '기술혁신'이란 기업의 경쟁력을 높이기 위하여 업무수행 방식, 조직구조 및 영업활동 등에서 새로운 경영기법을 개발하거나 경영기법의 중요한 부분을 개선하는 것을 말한다.
④ '기술혁신 성과물'이란 기술혁신의 과정에서 얻어지거나 결과로 도출되는 제품(시제품 및 시작품을 포함), 연구장비 및 시설 등 유형적 성과와 기술데이터, 지식재산권, 연구보고서의 판권 등 무형적 성과를 말한다.
⑤ '경영혁신형 중소기업'이란 경영혁신 활동을 통하여 경쟁력의 확보가 가능하거나 미래 성장가능성이 있는 중소기업으로서 중소벤처기업부장관이 선정한 기업을 말한다.

해설 경영혁신에 대한 설명이다. '기술혁신'이란 새로운 기술의 개발, 활용 중인 기술의 중요한 부분의 개선 또는 외부로부터 기술의 도입을 통하여 기업경영 개선 및 생산성을 높이고, 그 성과물을 거래하거나 사업화함으로써 새로운 부가가치를 창출하여 나가는 일련의 과정을 말한다(중소기업 기술혁신 촉진법 제2조 제3호).

정답 01 ③

02 중소기업 기술혁신 촉진법상 중소기업 기술혁신 촉진계획의 수립 및 추진에 관한 설명으로 옳은 것은?

① 중소벤처기업부장관은 중소기업 기술혁신 촉진계획을 매년 수립하여야 한다.
② 중소기업 기술혁신 추진위원회는 중소기업의 기술혁신을 촉진하기 위한 수요조사 및 연구·기획 등의 사업을 행한다.
③ 시장·군수·구청장 및 중소기업 기술지원 관련 기관 또는 단체의 장은 중소기업 기술지원 관련 사업을 추진하는 때에는 촉진계획과 연계되도록 하여야 한다.
④ 중소벤처기업부장관은 중소기업 기술혁신 촉진계획의 효율적인 수립 추진을 위하여 중소기업 기술통계를 작성하여야 한다.
⑤ 중소벤처기업부장관이 촉진계획을 수립할 때에는 중소기업기술정보진흥원의 심의를 거쳐야 한다.

해설 ① 중소기업 기술혁신 촉진계획은 5년 단위로 수립한다(중소기업 기술혁신 촉진법 제5조 제1항 참조).
② 중소기업 기술진흥전문기관의 사업에 해당한다(동법 제7조 제2항 제1호 참조).
③ 관계 중앙행정기관의 장, 특별시장·광역시장·도지사 또는 특별자치도지사 및 중소기업 기술지원 관련 기관 또는 단체의 장은 중소기업 기술지원 관련 사업을 추진하는 때에는 촉진계획과 연계되도록 하여야 한다(동법 시행령 제2조 제3항).
⑤ 중소벤처기업부장관이 촉진계획을 수립할 때에는 「국가과학기술자문회의법」에 따른 국가과학기술자문회의의 심의를 거쳐야 한다(동법 제5조 제3항).

03 중소기업 기술혁신 촉진법상 중소기업 기술혁신 촉진계획에 포함되어야 할 사항으로 옳지 않은 것은?

① 중소기업의 기술혁신 촉진을 위한 정책목표 및 기본방향에 관한 사항
② 기술혁신 과제의 사업타당성 조사 등 기술혁신 촉진을 위한 제도개선에 관한 사항
③ 중소기업의 국제기술협력을 위한 조사에 관한 사항
④ 기술혁신 촉진을 위한 중소기업 간 협력, 산학협력 등에 관한 사항
⑤ 중소기업의 기술인력 양성·활용 및 교육에 관한 사항

해설 '중소기업의 국제기술협력을 위한 조사'는 중소기업 국제기술협력 지원사업이다(동법 제11조의3 제1호).
중소기업 기술혁신 촉진계획의 수립(중소기업 기술혁신 촉진법 제5조 제2항)
• 중소기업의 기술혁신 촉진을 위한 정책목표 및 기본방향에 관한 사항
• 기술혁신 과제의 사업타당성 조사 등 기술혁신 촉진을 위한 제도개선에 관한 사항
• 중소기업 기술혁신 성과의 보호 및 사업화 촉진에 관한 사항
• 기술혁신 촉진을 위한 중소기업 간 협력, 산학협력 등에 관한 사항
• 중소기업의 기술인력 양성·활용 및 교육에 관한 사항
• 기술평가 및 기술금융지원에 관한 사항
• 중소기업 기술혁신 지원계획의 수립 등에 관한 사항
• 수도권을 제외한 지역(비수도권 지역) 중소기업의 기술혁신 활동현황 및 제도개선에 관한 사항
• 그 밖에 중소기업의 기술혁신을 촉진하기 위하여 필요한 사항

04 중소기업 기술혁신 촉진법상 중소기업의 기술혁신을 촉진하기 위한 지원사업으로 옳지 않은 것은?

① 기술혁신에 필요한 자금지원
② 기술혁신 과제의 사업타당성 조사
③ 기술혁신 촉진 지원사업의 평가·관리
④ 수요와 연계된 기술혁신의 지원
⑤ 기술혁신 성과의 사업화

해설 '기술혁신 촉진 지원사업의 평가·관리'는 중소기업 기술진흥전문기관의 사업이다(동법 제7조 제2항 제2호).
중소기업의 기술혁신 촉진 지원사업(중소기업 기술혁신 촉진법 제9조 제1항)
• <u>기술혁신에 필요한 자금지원</u>
• <u>기술혁신 과제의 사업타당성 조사</u>
• <u>수요와 연계된 기술혁신의 지원</u>
• <u>기술혁신 성과의 사업화</u>
• 기술혁신을 위한 경영 및 기술 지도
• 기술혁신형 중소기업 육성
• 산업·안전 등에 관한 해외규격 획득 및 품질향상에 대한 지원
• 중소기업 정보화 지원사업
• 산·학·연 공동기술개발사업 등 산학협력 지원사업
• 기술융합 촉진을 위한 지원사업
• 지역특화산업의 육성 및 지역산업의 혁신에 필요한 기술개발 지원사업
• 그 밖에 기술혁신을 촉진하기 위하여 필요한 사항

05 중소기업 기술혁신 촉진법상 산학협력 지원사업과 기술지도사업에 출연을 할 수 있는 산·학·연 공동기술혁신 수행기관으로 옳지 않은 것은?

①「고등교육법」에 따른 대학·산업대학·전문대학 또는 기술대학
②「국민 평생 직업능력 개발법」에 따른 기능대학
③「특정연구기관 육성법」의 적용을 받는 특정연구기관
④「산업기술혁신 촉진법」제42조에 따라 설립된 전문생산기술연구소
⑤ 국립 및 공립 연구기관

해설 '「산업기술혁신 촉진법」제42조에 따라 설립된 전문생산기술연구소'는 <u>중소기업 지원 선도연구기관</u>으로 지정할 수 있다(중소기업 기술혁신 촉진법 제11조의2 제1항 제2호). 산·학·연 공동기술혁신 수행기관에는 ①, ②, ③, ⑤ 외에 「과학기술분야 정부출연연구기관 등의 설립·운영 및 육성에 관한 법률」제8조에 따른 연구기관, 「중소기업진흥에 관한 법률」제68조에 따른 중소벤처기업진흥공단, 그 밖에 기술혁신 등을 촉진하기 위하여 필요하다고 인정하여 중소벤처기업부장관이 지정하는 법인 또는 단체가 있다(동법 제11조 제1항).

정답 04 ③ 05 ④

06 중소기업 기술혁신 촉진법상 중소기업의 기술혁신 성과 등을 사업화하는 중소기업자에 대하여 중소벤처기업부장관이 지원할 수 있는 내용으로 옳지 않은 것은?

① 시험제품의 제작·설비투자에 드는 자금의 지원
② 제품의 품질불량 관리
③ 중소기업이 대학 연구기관 등으로부터 이전받는 기술의 실용화 지원
④ 제품 성능검사를 위한 시험·분석 지원
⑤ 그 밖에 기술혁신성과의 사업화를 촉진하기 위해 필요한 사항

해설 중소벤처기업부장관은 기술혁신 성과 등을 사업화하는 중소기업자에게 ①·③·④·⑤ 4가지의 지원을 할 수 있다(중소기업 기술혁신 촉진법 제14조 제1항 각 호 참조).

07 중소기업 기술혁신 촉진법상 중소기업의 경영혁신을 촉진하기 위하여 추진하는 지원사업으로 옳은 것은?

① 해외규격 획득에 필요한 상담 지원사업
② 중소기업제품의 품질 불량률 관리
③ 해외규격의 확보·보급
④ 경영혁신형 중소기업 발굴·육성
⑤ 품질향상을 위하여 필요한 전문인력 양성사업

해설 ④ 이 외에도 중소기업 경영혁신 관련 금융지원, 중소기업 경영혁신 관련 홍보, 그 밖에 경영혁신을 촉진하기 위하여 필요한 사항을 경영혁신 촉진 지원사업으로 추진할 수 있다(중소기업 기술혁신 촉진법 제15조의3 제1항 각 호 참조).
①·③ 해외규격 획득 지원사업에 속한다(동법 제17조 제1항 각 호 참조).
②·⑤ 품질향상사업에 속한다(동법 제17조 제2항 각 호 참조).

08 중소기업 기술혁신 촉진법상 제재부가금을 부과할 수 있는 경우는?

① 연구개발 결과를 위조한 경우
② 출연금의 사용명세를 거짓으로 보고한 경우
③ 정당한 사유 없이 기술료를 내지 아니한 경우
④ 정당한 절차 없이 연구개발 내용을 누설한 경우
⑤ 출연금을 연구개발비의 연구용도 외의 용도로 사용한 경우

해설 중소벤처기업부장관은 출연금을 연구개발비의 연구용도 외의 용도로 사용하는 행위가 있을 때에는 해당 중소기업자·학교·기관·단체 또는 그 소속 임직원이나 소속 외의 연구책임자·연구원에 대하여 그 연구용도 외의 용도로 사용한 금액의 5배 이내의 범위에서 제재부가금을 부과·징수할 수 있다(중소기업 기술혁신 촉진법 제31조 제2항).

09 중소기업 기술혁신 촉진법상 중소기업의 생산환경을 개선 및 생산성 향상을 위한 지원 사업으로 옳지 않은 것은?

① 생산환경개선을 위한 실태조사
② 생산환경개선을 위한 설비 또는 장비의 개발
③ 쾌적한 작업환경의 조성을 위한 시설투자의 지원
④ 생산성 향상을 위한 신제품의 개발
⑤ 생산성 향상을 위한 생산공정의 진단, 설계, 개선 및 신공정개발

해설 중소기업의 생산환경 개선 및 생산성 향상을 위한 지원사업은 ①·②·③·⑤ 외에 '그 밖에 중소벤처기업부장관이 생산환경을 개선하고 생산성을 향상시키기 위하여 필요하다고 인정하는 사업'의 총 5가지 사업이다(중소기업 기술혁신 촉진법 제17조의3 제1항 참조).

10 중소기업 기술혁신 촉진법상 중소기업 기술혁신지원단의 업무로 옳은 것은?

① 중소기업 기술혁신을 위한 정책연구 및 중장기 기획
② 중소기업 기술혁신 기반조성
③ 정보화경영 표준모델의 개발·보급·확산 및 표준모델과의 부합화 지원
④ 시행기관의 기술혁신 지원계획의 사전검토
⑤ 중소기업 기술혁신 및 정보화경영에 관한 교육 및 전문인력의 양성

해설 ④ 중소기업 기술혁신 지원단은 시행기관의 기술혁신 지원계획의 사전검토에 관한 업무를 수행한다(중소기업 기술혁신 촉진법 제13조의2 제2항 제1호).
①·②·③·⑤ 중소기업기술정보진흥원의 사업에 해당한다(동법 제20조 제4항 각 호 참조).

정답 08 ⑤ 09 ④ 10 ④

PART 05 중소기업 인력지원 특별법

제1과목 중소기업관계법령

체크포인트

중소기업 인력난 해소를 위한 종합적이고 체계적인 지원정책을 위해 마련된 법이다. 이를 각계 관계에 맞게 생각해 보면 이 법에 대한 이해가 쉽다. 예를 들어 정부는 중소기업의 인력수요에 적합한 인력양성사업 등의 산학협력사업과, 인력의 양성 및 공동활용에 관한 중소기업과 대기업 간의 협력사업 추진하고, 중소기업협동조합은 중소기업의 인력수급 원활화 및 인력구조 고도화를 위한 인력구조 고도화사업계획을 수립·시행한다. 이러한 상호관계를 바탕으로 학습하다 보면 자연스럽게 여기서 정부의 역할은 어떤 것인지, 조합은 어떤 활동을 하는지 등을 세부적으로 알 수 있게 된다.

목적(법 제1조)
중소기업인력법은 중소기업의 인력수급 원활화와 인력구조 고도화 및 인식개선사업을 지원하여 중소기업의 경쟁력을 높이고 고용을 촉진함으로써 국민경제와 사회의 균형 있는 발전에 이바지함을 목적으로 한다.

정의(법 제2조) 13 20 23 기출
중소기업인력법에서 사용하는 용어의 뜻은 다음과 같다.
(1) '**중소기업**'이란 「중소기업기본법」에 따른 중소기업을 말한다.
(2) '**협동조합등**'이란 「중소기업협동조합법」에 따른 협동조합·사업협동조합·협동조합연합회 및 중소기업중앙회를 말한다.
(3) '**인력구조 고도화사업**'이란 중소기업 관련 단체 및 협동조합등이 고급인력의 확보, 인력관리의 개선, 근로시간의 단축 등을 목적으로 사업계획을 수립하고 실시하는 사업을 말한다.
(4) '**인식개선사업**'이란 중소기업에 대한 정확한 정보제공, 대학생의 중소기업 체험학습, 교육·연수 프로그램 운영, 홍보 등 올바른 직업관 확립을 위하여 우수 중소기업을 발굴·홍보하고 중소기업으로의 인력유입을 촉진하기 위하여 실시하는 사업을 말한다.
(5) '**인재육성형 중소기업**'이란 기술능력, 연구개발역량 등 전문적 지식과 기능을 지닌 우수인력을 채용하거나 교육훈련 투자 등을 통하여 인재를 모범적으로 육성하는 중소기업을 말한다.
(6) '**중소기업 청년근로자**'란 중소기업의 대표자가 사업상 필요하여 신규채용하는 근로자로서 채용 시점의 연령이 15세 이상 34세 이하인 근로자를 말한다.
(7) '**중소기업 핵심인력**'이란 직무 기여도가 높아 해당 중소기업의 대표자가 장기재직이 필요하다고 지정하는 근로자를 말한다.

적용 범위(법 제3조) 17 18 20 21 23 24 25 기출
중소기업인력법은 중소기업의 인력지원에 관하여 적용한다. 다만, 일반유흥 주점업 등 다음 업종의 중소기업에 대하여는 적용하지 아니한다.
(1) 일반유흥 주점업
(2) 무도유흥 주점업
(3) 기타 주점업
(4) 기타 사행시설 관리 및 운영업
(5) 무도장 운영업

> **국가 등의 책무(법 제4조)**
> (1) 국가는 중소기업에 대한 인력지원을 위하여 필요한 시책을 수립하고 시행하여야 한다.
> (2) 지방자치단체는 관할지역에 있는 중소기업에 대한 인력지원을 위하여 지역산업 특성에 적합한 계획을 수립하고 시행할 수 있다.

1 중소기업 인력지원 기본계획의 수립 및 시행

1. 중소기업 인력지원 기본계획의 수립·시행(법 제5조) 14 19 20 21 23 기출

(1) 중소벤처기업부장관은 중소기업의 원활한 인력 확보를 지원하기 위하여 다음 사항이 포함된 중소기업 인력지원 기본계획을 관계 중앙행정기관의 장의 의견을 들어 5년마다 수립하여야 한다.
   ① 중소기업 인력지원의 목표 및 정책 기본방향
   ② 산업구조의 변화를 반영한 중소기업의 인력활용에 관한 사항
   ③ 중소기업의 경쟁력 강화를 위한 인력구조 고도화 및 중소기업 재직자 교육·연수에 관한 사항
   ④ 중소기업의 홍보를 위한 교육, 정보제공, 현장체험 등 인식개선에 관한 사항
   ⑤ 중소기업에 필요한 인력의 양성·공급에 관한 사항
   ⑥ 중소기업의 근무환경 개선에 관한 사항
   ⑦ 그 외 중소벤처기업부장관이 중소기업에 대한 인력지원을 원활하게 추진하기 위하여 필요하다고 인정하는 사항

(2) 중소벤처기업부장관 및 관계 중앙행정기관의 장은 기본계획에 따라 매년 연도별 시행계획을 수립·시행하여야 한다.

(3) 관계 중앙행정기관의 장은 매년 2월 15일까지 해당 연도의 시행계획과 전년도의 지원실적을 중소벤처기업부장관에게 통보하여야 한다.

(4) 중소벤처기업부장관은 기본계획을 수립하기 위하여 필요하면 관계 중앙행정기관, 지방자치단체, 관련 교육·연구 기관 및 국가연구사업에 참여하는 법인·단체에 필요한 자료의 제출을 요청할 수 있다.

2. 시행계획의 수립(영 제3조)

(1) 중소벤처기업부장관은 관계 중앙행정기관의 장이 연도별 시행계획을 수립하고 시행할 수 있도록 다음 해의 시행계획 수립지침을 정하고, 이를 매년 11월 30일까지 관계 중앙행정기관의 장에게 통보하여야 한다.

(2) 중소벤처기업부장관은 시행계획 수립지침을 정하기 위하여 필요하면 관계 중앙행정기관의 장에게 필요한 자료의 제출을 요청할 수 있다.

(3) 관계 중앙행정기관의 장은 소관 분야의 시행계획을 수립하는 때에는 (1)에 따른 시행계획 수립지침에 따라야 한다.

(4) 관계 중앙행정기관의 장은 중소벤처기업부장관에게 통보한 시행계획의 주요내용을 변경하려면 그 내용을 미리 중소벤처기업부장관에게 통보하여야 한다.

3. 중소기업 인력 및 인식개선 실태조사 14 16 기출

(1) 중소벤처기업부장관은 기본계획의 수립 등을 위해 중소기업의 인력 및 인식개선에 관한 실태조사를 매년 정기적으로 실시하고 그 결과를 공표하여야 한다.

(2) 실태조사에는 다음 사항이 포함되어야 한다.
   ① 중소기업의 지역별, 업종별, 직종별 인력의 실태 및 특성에 관한 사항
   ② 중소기업의 인력구성 및 인력수요의 변화에 관한 사항
   ③ 중소기업의 교육훈련 및 인력관리에 관한 사항
   ④ 중소기업의 인식개선을 위한 홍보에 관한 사항
   ⑤ 중소기업에 대한 정확한 정보제공에 관한 사항
   ⑥ 중소기업의 대학생 현장체험학습 강화에 관한 사항
   ⑦ 그 외 여성, 외국인, 비정규직 직원의 활용 등 중소기업의 인력 및 인식개선에 필요한 실태조사에 관한 사항

(3) 중소벤처기업부장관은 실태조사를 하기 전에 산업통상자원부장관, 고용노동부장관 등 관계 중앙행정기관의 장의 의견을 들어야 한다.

(4) 중소벤처기업부장관은 실태조사를 위하여 필요하다고 인정하는 경우에는 관계 중앙행정기관의 장 및 지방자치단체의 장에게 중소기업 관련 자료의 제출이나 조사업무 수행상의 협조를 요청할 수 있다. 이 경우 요청을 받은 관계 중앙행정기관의 장 및 지방자치단체의 장은 특별한 사유가 없으면 협조하여야 한다.

(5) 그 밖에 실태조사 및 결과 공표의 방법 등에 필요한 사항은 대통령령으로 정한다.

2 중소기업의 인력수급 원활화

1. 산학협력을 통한 중소기업 필요인력의 양성(법 제8조)

(1) 지원대상 사업의 범위

정부는 중소기업의 인력수급을 원활하게 하기 위하여 다음 산학협력사업의 추진을 지원할 수 있다.
   ① 지역별, 업종별, 직종별 중소기업의 인력수요에 적합한 인력양성사업
   ② 미취업 인력을 대상으로 시행하는 중소기업 현장연수사업

③ 중소기업 재직자의 능력개발을 위한 사업
④ 중소기업으로 구성된 단체와 규정에 따른 각급학교, 인력양성기관 등이 인력공동관리협의회를 구축하여 시행하는 공동교육 및 공동채용사업
⑤ 그 밖에 중소기업에 필요한 인력의 양성, 공급을 위한 사업

(2) 지역특성화산업 또는 지역선도산업 지원

정부는 지역특성화산업 또는 지역선도산업을 육성하는 데에 필요한 인력을 양성하기 위하여 본사, 주사무소 또는 사업장 중 어느 하나가 수도권이 아닌 지역에 있는 중소기업(이하 '지방 소재 중소기업')이 참여하는 다음의 협력사업을 지원할 수 있다.

① 대학, 산업대학, 전문대학 및 기술대학(분교 포함) 중 지방대학과 협력하여 하는 중소기업 수요에 맞는 교육과정 개설 및 취업연계사업

> **학습포인트**
> **중소벤처기업부장관과 지방자치단체의 장**은 취업연계사업을 원활히 추진하기 위하여 지방대학이 중소기업과 협약을 체결하고 해당 지역에 소재한 중소기업의 인력수요에 맞는 교육과정을 개설하는 경우 이에 필요한 지원을 할 수 있다(영 제7조).

② 지방대학 및 연구기관의 연구인력과 연구 시설·장비의 공동활용사업

> **학습포인트**
> **중소벤처기업부장관**은 공동활용사업을 효율적으로 추진하기 위하여 지역별로 연구인력, 연구시설 및 연구장비의 보유현황에 대한 정보를 제공할 수 있는 전산망을 구축·관리할 수 있다(영 제8조).

③ 지역 특성에 맞는 인력양성을 위해 중소기업 또는 협동조합등과 인력양성기관이 공동으로 제안하는 사업
④ 그 밖에 지방 소재 중소기업의 경쟁력 강화를 위하여 실시하는 마케팅, 디자인, 물류 분야 등의 전문인력 활용에 관한 협력사업

(3) 중소기업과 대기업이 함께 추진하는 협력사업 지원

① 정부는 중소기업과 대기업이 함께 추진하는 다음 협력사업을 지원할 수 있다.
  ㉠ 인력양성을 위한 시설, 인력 및 교육프로그램의 공동활용사업
  ㉡ 기술인력의 파견근무, 기술지도 활동 등을 통한 인력의 공동활용사업
  ㉢ 그 밖에 중소기업의 경쟁력을 높이기 위한 인력 관련 협력사업
② 중소벤처기업부장관은 협력사업을 활성화하기 위하여 이에 관련된 정보를 수집하여 중소기업에게 제공하고 협력사업의 추진을 촉진하기 위한 지원을 할 수 있다. 중소벤처기업부장관은 협력사업의 모범사례를 발굴·포상하는 등 중소기업 및 대기업에게 모범적인 사례를 확산하여야 한다.

(4) 퇴직·전직인력의 활용

정부는 중소기업이 퇴직 및 전직 인력을 적극 활용할 수 있도록 지원할 수 있다.

2. 인력채용 연계사업

(1) 인력채용 연계사업
중소벤처기업부장관은 미취업자를 대상으로 산업현장에서 필요한 실무교육과 현장연수를 받게 한 후 중소기업에 채용을 알선하는 사업을 할 수 있다. 이 경우 중소벤처기업부장관은 지방자치단체의 장의 요청이 있는 경우 협의를 거쳐 사업에 참여시킬 수 있다. 이에 따른 사업에 참여하는 미취업자에 대한 실무교육 및 현장연수 수당과 그 사업을 수행하는 자에 대한 필요 경비 등을 지원할 수 있다.

(2) 사업의 대상
인력채용 연계 사업의 대상자는 다음의 순위에 따라 선발한다.
① 15세 이상 34세 이하인 미취업자
② 장기복무제대군인(전역예정자 포함)
③ 고령자인 미취업자
④ 그 밖에 지원이 필요하다고 인정하여 중소벤처기업부장관이 정하는 미취업자

(3) 신청자가 제출할 서류
① 미취업자는 다음의 서류를 첨부한 신청서를 중소벤처기업부장관에게 제출하여야 한다.
　㉠ (2)의 ①~④까지 어느 하나에 해당함을 입증하는 서류
　㉡ 직업안정기관이나 직업소개사업자등에게 구직신청을 한 사실을 입증하는 서류
② 사업수행자는 다음의 서류를 첨부한 신청서를 중소벤처기업부장관에게 제출하여야 한다.
　㉠ 중소기업 채용수요 조사결과
　㉡ 집합교육 및 현장연수 계획서
③ 규정에서 정한 것 외에 미취업자의 선발과 지원에 필요한 세부사항은 중소벤처기업부장관이 정하여 고시한다.

3. 산학 연계 맞춤형 인력양성사업

(1) 산학 연계 맞춤형 인력양성사업
① 중소벤처기업부장관은 중소기업의 수요에 맞는 인력양성을 촉진하기 위하여 중소기업과 각급 학교를 연계하여 재학생을 대상으로 맞춤형 교육을 실시할 수 있다. 이 경우 중소벤처기업부장관은 지방자치단체의 장의 요청이 있는 경우 협의를 거쳐 사업에 참여시킬 수 있다.
② 중소벤처기업부장관은 사업에 참여하는 학교, 교사 및 학생에게 교육프로그램 개발비, 실습기자재 구입비 등 필요한 경비를 지원할 수 있다.

(2) 사업참여 학교의 요건(영 제9조의3)
① 산학 연계 맞춤형 인력양성사업에 참여하려는 학교는 다음 요건을 모두 갖추어야 한다.
　㉠ 중소기업의 인력난 및 청년실업의 해소에 적합한 교육과정 운영계획을 갖추고 있을 것

ⓛ 산학 연계 맞춤형 인력양성사업을 수행할 수 있는 전담인력과 설비를 갖추고 있을 것
　　　ⓒ 그 밖에 중소벤처기업부장관이 정하여 고시하는 요건을 갖추고 있을 것
　② 중소벤처기업부장관은 산학 연계 맞춤형 인력양성사업의 참여를 신청한 중소기업과 학교 중 중소벤처기업부장관이 정하여 고시하는 기준에 적합한 중소기업과 학교를 선정하여야 한다.
　③ 선정된 중소기업과 학교는 교육훈련에 관한 협약을 체결한 후 교육을 실시하여야 한다.
　④ 규정에서 정한 것 외에 산학 연계 맞춤형 인력양성사업 참여자의 선정기준, 지원절차 및 지원방법에 필요한 세부사항은 중소벤처기업부장관이 정하여 고시한다.

4. 중소기업체험사업

(1) 중소기업체험사업

　① 중소벤처기업부장관은 학교에 재학 중인 학생의 중소기업에 대한 관심을 높이고 중소기업에의 취업을 촉진하기 위하여 중소기업에서 기업활동을 체험하게 하거나 중소기업 경영자가 교육 강사로 참여하는 중소기업체험사업을 할 수 있다. 이 경우 중소벤처기업부장관은 지방자치단체의 장의 요청이 있는 경우 협의를 거쳐 사업에 참여시킬 수 있다.
　② 중소벤처기업부장관은 중소기업체험사업을 효율적으로 실시하기 위하여 사업에 참가하는 학생, 학교, 교육 강사 및 중소기업 등에 비용 보조, 취업 알선 및 정보 제공 등의 지원을 할 수 있다. 참가실적을 학점 또는 단위로 인정하는 학교에 지원을 우선적으로 할 수 있다.
　③ 학교는 학생의 현장실습 등을 장려하기 위하여 학칙으로 정하는 바에 따라 중소기업체험사업 참가실적을 학점 또는 단위로 인정할 수 있다.

5. 그 외의 다양한 지원혜택

(1) 청년실업자의 중소기업 취업지원 19 24 기출

고용노동부장관은 15세 이상 34세 이하인 미취업자의 중소기업 취업을 촉진하기 위하여 이들을 고용하는 중소기업에 고용장려금을 지급할 수 있다. 중소벤처기업부장관은 중소기업 청년근로자의 고용과 핵심인력의 장기재직을 촉진하기 위한 지원방안을 강구하여야 한다.

(2) 외국 전문인력의 안정적 활용 지원(법 제13조, 영 제14조·제15조)

중소벤처기업부장관은 중소기업이 필요한 외국 전문인력을 안정적으로 활용할 수 있도록 지원하여야 한다. 중소벤처기업부장관은 중소기업이 외국전문인력을 고용하고자 하는 경우 사증의 발급을 지원하기 위하여 추천서를 발부할 수 있다. 중소벤처기업부장관은 중소기업이 외국전문인력을 활용하는데 필요한 정보·경비 등의 지원내용과 절차에 관하여 공고하여야 한다.

(3) 전문연구요원 등의 제도에 관한 협의(법 제14조, 영 제16조)

중소벤처기업부장관은 전문연구요원 및 산업기능요원의 활용 실태를 조사하고 중소기업의 의견을 수렴하여 전문연구요원제도 및 산업기능요원제도의 개선에 관하여 병무청장에게 협의를 요청하여야 한다. 병무청장은 중소벤처기업부장관이 협의를 요청한 사항에 대하여 개선방안을 검토한 후, 그 결과를 중소벤처기업부장관에게 통보하여야 한다.

(4) 겸임 또는 겸직에 대한 특례

① 다음의 어느 하나에 해당하는 사람은 그 소속 기관의 장의 허가를 받아 중소기업의 대표자 또는 임직원을 겸임하거나 겸직할 수 있다. 다만, 공무원의 겸임 또는 겸직은 직무상 능률을 저해할 우려가 없는 경우에만 할 수 있다.
  ㉠ 대학의 교원(부설연구소의 연구원 포함)
  ㉡ 국공립 연구기관의 연구원(「한국과학기술원법」 제15조, 「광주과학기술원법」 제14조, 「대구경북과학기술원법」 제12조의3 및 「울산과학기술원법」 제8조에 따른 교원 및 연구원 포함)
  ㉢ 정부출연연구기관 등의 연구기관의 연구원
  ㉣ 과학기술분야 정부출연연구기관 등의 연구기관의 연구원
② ①에 따른 교원 및 연구원이 그 소속 기관의 장의 허가를 받은 때에는 겸임 또는 겸직 허가를 받은 것으로 본다.

(5) 겸임과 겸직에 대한 관리(영 제17조)

교원 및 연구원이 중소기업 임원 및 직원으로 겸임하거나 겸직하는 경우 소속기관의 장이 정하는 규정에 따라 복무하여야 하며, 소속기관의 장은 겸임 또는 겸직허가를 받은 교원 및 연구원에게 겸임 또는 겸직을 이유로 인사상의 불이익을 주어서는 아니된다.

(6) 교육공무원등의 휴직 허용

① 교육공무원등은 「교육공무원법」, 「국가공무원법」, 「지방공무원법」 및 「사립학교법」에도 불구하고 중소기업부설연구소 연구소장 또는 연구원으로 근무하기 위하여 휴직할 수 있다.
  ㉠ 대학(산업대학과 전문대학을 포함)의 교원(대학부설연구소의 연구원을 포함)
  ㉡ 국공립 연구기관의 연구원
  ㉢ 정부출연연구기관 등의 연구기관의 연구원
  ㉣ 과학기술분야 정부출연연구기관 등의 연구기관의 연구원
② 휴직 기간은 3년 이내로 한다. 다만, 소속 기관의 장이 필요하다고 인정하면 3년 이내에서 휴직 기간을 연장할 수 있다. 이 경우 대학교원의 휴직 기간은 「교육공무원법」에도 불구하고 임용 기간 중의 남은 기간을 초과할 수 있다.
③ 교육공무원등이 6개월 이상 휴직하는 경우에는 휴직일부터 해당 소속 기관에 그 휴직자의 수에 해당하는 교원이나 연구원의 정원이 따로 있는 것으로 본다.
④ 교육공무원등이 휴직한 후 복직하는 경우, 해당 소속기관의 장은 휴직으로 인한 신분상 및 급여상의 불이익을 주어서는 아니 된다.

(7) 기업부설연구소 설립에 대한 특례
중소기업이 대학 연구인력의 활용을 확대하기 위하여 대학에 협력연구소를 설치하는 경우에는 이를 기업부설연구소로 본다.

(8) 전역 예정자의 중소기업 현장연수
전직지원교육 대상이 되는 전역 예정자는 전직지원교육의 일환으로 중소기업 사업장에서 유급의 현장연수를 받을 수 있다.

(9) 중소기업의 구인활동 지원
중소벤처기업부장관은 중소기업의 원활한 인력 확보를 위하여 중소기업의 구인활동 및 구직자의 중소기업 취업활동에 필요한 지원을 할 수 있다.

6. 인재육성형 중소기업의 지정과 취소

(1) 인재육성형 중소기업의 지정(법 제18조의2) 13 15 기출
① 중소벤처기업부장관은 중소기업의 우수인력 채용 및 육성을 촉진하기 위하여 인재육성형 중소기업을 지정할 수 있다.
② 정부는 인재육성형 중소기업의 발굴·지정·육성을 위한 사업과 ①에 따라 지정된 인재육성형 중소기업을 활용한 중소기업 인력지원 사업을 추진할 수 있으며, 필요한 비용을 지원할 수 있다.
③ 인재육성형 중소기업 지정의 유효기간은 지정을 받은 날부터 3년으로 한다.
④ 인재육성형 중소기업의 지정 기준 및 절차 등에 필요한 사항은 대통령령으로 정한다.

(2) 인재육성형 중소기업의 지정 취소 23 기출
① 중소벤처기업부장관은 인재육성형 중소기업으로 지정을 받은 자가 다음의 어느 하나에 해당하는 경우에는 그 지정을 취소할 수 있다. 다만, ③ 및 ⓒ의 어느 하나에 해당하는 경우에는 지정을 취소하여야 한다.
   ③ 거짓이나 그 밖의 부정한 방법으로 지정을 받은 경우
   ⓒ 지정을 받은 자가 그 사업을 폐업한 경우
   ⓒ 지정기준에 적합하지 아니하게 된 경우
② 중소벤처기업부장관은 지정을 취소하고자 하는 경우에는 청문을 실시하여야 한다.
③ 중소벤처기업부장관은 지정이 취소된 자에 대하여는 그 취소일부터 3년의 범위에서 지정을 하지 아니할 수 있다.
④ 지정 취소의 세부기준·절차 등에 필요한 사항은 대통령령으로 정한다.
⑤ 중소벤처기업부장관은 인재육성형 중소기업의 지정을 취소하였을 경우에는 지체 없이 그 사유를 구체적으로 밝혀 해당 중소기업의 대표자, 관계 중앙행정기관의 장 또는 지방자치단체의 장에게 알리고, 그 사실을 중소벤처기업부 인터넷 홈페이지에 게시하여야 한다.

3 중소기업의 인력구조 고도화 및 재직자 훈련 강화

1. 인력구조 고도화사업계획

(1) 인력구조 고도화사업계획의 수립(법 제19조)

중소기업 관련 단체 및 협동조합 등은 중소기업에 필요한 인력을 확보하기 위하여 다음의 사업을 내용으로 하는 인력고도화계획을 수립·시행할 수 있다.
① 중소기업의 인력관리 실태에 대한 조사
② 중소기업의 우수인력 확보를 지원하기 위한 공동채용활동
③ 중소기업에 우수인력의 유입을 촉진하기 위한 근로시간의 단축, 근로환경의 개선 등을 위한 사업
④ 중소기업 재직자의 직업능력 향상을 위한 공동교육훈련
⑤ 그 밖에 중소기업의 인력수급 원활화 및 인력구조 고도화를 위하여 필요한 사업

(2) 인력고도화계획의 지원(영 제18조) 22 25 기출

정부는 인력고도화계획이 다음의 요건을 충족하는 경우 인력고도화계획의 시행에 드는 경비의 일부를 지원할 수 있다.
① 계획의 목표 및 내용이 중소기업의 원활한 인력확보 및 인력구조의 고도화에 기여할 수 있을 것
② 지원대상인 중소기업이 20개 이상일 것
③ 인력고도화계획의 시행을 해당 연도에 시작할 수 있을 것
④ 그 밖에 사업계획의 원활한 추진을 위하여 중소벤처기업부장관이 정하여 공고하는 요건을 갖출 것

(3) 협약체결 및 관리(영 제19조)

중소벤처기업부장관은 인력고도화계획의 시행에 소요되는 경비의 일부를 지원하려는 경우에는 지원받을 중소기업 관련 단체 및 협동조합등과 다음의 사항이 포함된 협약을 체결하여야 한다. 중소벤처기업부장관은 지원금을 사업의 내용 또는 시행시기 등을 고려해 일시지급하거나 분할지급할 수 있다.
① 사업의 내용
② 지원금의 용도 및 관리계획
③ 사업시행의 기대성과
④ 협약의 변경에 관한 사항
⑤ 지원받은 자가 협약을 위반한 경우 이에 대한 조치
⑥ 그 밖에 사업의 관리를 위하여 중소벤처기업부장관이 필요하다고 인정하는 사항

(4) 인력고도화계획의 관리 및 취소

① 정부는 경비를 지원받은 중소기업 관련 단체 및 협동조합등이 인력고도화계획을 적절하게 시행하고 있는지 관리하여야 한다.
② 정부는 지원받은 중소기업 관련 단체 및 협동조합등이 인력고도화계획에 따라 사업을 시행하지 아니하는 경우에는 지원을 취소하고 지원자금을 회수할 수 있다.

2. 공동교육훈련시설

(1) 중소기업 공동교육훈련시설(법 제20조의2, 영 제10조)
① 정부는 중소기업의 직업능력개발훈련 실시를 촉진하기 위하여 중소기업 공동교육훈련시설의 설치 및 운영에 필요한 지원을 할 수 있다.
② 중소벤처기업부장관은 중소기업 공동교육훈련을 활성화하기 위하여 대학, 중소기업 관련기관, 중소기업 등을 중소기업 공동교육훈련시설로 지정할 수 있다.
③ 중소벤처기업부장관은 중소기업의 공동교육훈련시설에 대한 수요를 업종별 및 지역별로 조사하여 중앙행정기관, 지방자치단체 및 대학 등에 제공할 수 있다.
④ 고용노동부장관은 중소벤처기업부장관과 협의하여 정하는 바에 따라 중소기업 밀집지역의 공동교육훈련시설의 설치 및 운영에 필요한 비용을 지원할 수 있다.

(2) 중소기업 공동교육훈련시설의 지정요건(영 제10조)
중소기업 공동교육훈련시설의 지정요건은 다음과 같다.
① 중소벤처기업부장관이 고용노동부장관과 협의하여 고시하는 업종별 교육훈련 교원 및 직원을 확보하고 있을 것
② 연간 교육가능인원이 2천명 이상일 것
③ 중소기업 공동교육훈련을 위한 시설을 소유하거나 임차하고 있을 것
④ 그 밖에 원활한 교육훈련을 위하여 필요한 사항으로서 중소벤처기업부장관이 고용노동부장관과 협의하여 고시하는 사항을 충족할 것

3. 그 외의 지원

(1) 중소기업의 원격훈련 지원
정부는 중소기업의 생산성 향상과 근로자의 능력 향상을 위하여 첨단 정보통신매체를 활용한 원격훈련 시행에 필요한 정보처리시스템의 도입, 원격교육과정의 개발, 교육운영비용 등을 지원할 수 있다.

(2) 고용창출사업의 지원
① 고용노동부장관은 중소기업이 다음의 어느 하나에 해당하는 조치를 하여 고용 기회의 확대를 도모하는 경우에는 고용안정, 직업능력개발 사업으로 보아 지원할 수 있다.
  ㉠ 고용환경 개선을 위한 시설·설비에 투자하여 근로자를 채용하는 경우
  ㉡ 경쟁력 향상 등을 위하여 고용노동부장관이 고시로 정하는 전문인력을 채용하는 경우
  ㉢ 새로운 업종에 진출하여 근로자를 채용하는 경우
  ㉣ 근로시간을 단축하여 근로자를 채용하는 경우
② 지원 요건, 대상, 방법 및 절차 등에 관하여 필요한 사항은 고용노동부장관이 고시로 정한다.

(3) 국제협력 증진
① 중소벤처기업부장관은 중소기업 기술인력의 기술 수준 향상을 위하여 다음의 사업을 수행할 수 있다.
㉠ 외국정부, 국제기구 또는 교육훈련기관 및 산업체 등과의 협력체계 구축
㉡ 외국 대학과의 산학협력을 통한 기술인력 협력
㉢ 중소기업의 인력 관련 국제 학술대회, 박람회 및 회의의 개최와 참가
㉣ 중소기업 인력양성 및 인력지원 관련 정보의 교류
㉤ 그 밖에 중소기업 인력지원 관련 국제협력을 위하여 필요한 사업
② 중소벤처기업부장관은 위 사업을 수행하거나 참여하는 자에게 비용의 전부 또는 일부를 지원할 수 있다.

4 중소기업으로의 인력 유입을 위한 환경조성

1. 공동복지시설 등의 지원 14 16 기출

(1) 경비 지원(법 제24조)
정부는 다음의 중소기업 공동복지시설의 설치 및 운영에 필요한 경비를 지원할 수 있다.
① 여러 중소기업이 재직자의 복리후생 증진을 위하여 중소기업 밀집지역에 설치·운영하는 공동복지시설
② 여러 중소기업이 직장과 주거의 거리가 먼 재직자를 위하여 제공하는 공동숙박시설
③ 여러 중소기업이 공동으로 설치·운영하는 「영유아보육법」에 따른 어린이집

(2) 문화생활의 지원(법 제24의2, 영 제23조의2)
정부는 중소기업에 근무하는 근로자의 문화생활 향상 및 건강 증진에 필요한 비용 등을 지원하도록 노력하여야 한다.
① 문화생활 향상 등을 위한 지원을 받을 수 있는 자는 중소기업에 5년 이상 재직한 전문기술·기능인력으로 발굴된 자로 한다.
② 중소벤처기업부장관은 중소기업 근로자의 문화생활 향상 및 건강증진에 필요한 경비의 일부를 예산의 범위에서 지원할 수 있다. 지원금의 금액, 지원금의 신청 및 지급 등에 필요한 사항은 중소벤처기업부장관이 정하여 고시한다.

(3) 중소기업 일자리평가(법 제25조, 영 제23조의3)
① 중소벤처기업부장관은 중소기업의 일자리 증감 및 고용의 질 등에 대하여 평가(이하 '중소기업 일자리평가')를 할 수 있다.
② 정부는 중소기업의 고용 촉진과 인력 유입을 위한 환경조성을 유도하기 위하여 중소기업 지원사업의 대상자를 선정할 때 중소기업 일자리평가의 결과를 반영할 수 있다.

③ 중소벤처기업부장관은 다음의 요건을 모두 갖춘 중소기업 지원사업에 참여하려는 중소기업을 대상으로 중소기업 일자리평가를 할 수 있다.
　㉠ 「중소기업기본법」의 중소기업 지원사업 빅데이터 플랫폼을 통하여 관리하는 중소기업 지원사업
　㉡ 중소벤처기업부장관이 정하여 고시하는 바에 따라 총사업비의 50% 이상을 중소기업 또는 중소기업 근로자에게 지원하는 사업
　㉢ 중소벤처기업부장관이 중소기업 지원사업의 규모, 대상자 선정방식 및 중소기업 일자리평가 결과의 반영 필요성 등을 고려하여 중소기업 지원사업을 수행하는 중앙행정기관의 장과 협의하여 선정하는 사업
④ 중소기업 일자리평가의 항목은 다음과 같다.
　㉠ 일자리의 증감
　㉡ 근로자의 임금 또는 복지수준 향상을 위한 성과공유
　㉢ 일과 가정생활의 양립 및 육아 친화적인 근로환경 조성
　㉣ 근로자의 능력향상을 위한 교육훈련, 능력 중심의 인사관리 등 인적자원의 개발·활용
⑤ 중소벤처기업부장관은 중소기업 일자리평가 업무를 효율적으로 수행하기 위하여 일자리평가시스템을 구축·운영할 수 있다.
⑥ 중소벤처기업부장관은 일자리평가시스템의 구축·운영에 필요한 자료의 제출 또는 정보의 제공을 관계 행정기관의 장에게 요청할 수 있다.
⑦ ③의 요건을 모두 갖춘 중소기업 지원사업을 수행하는 중앙행정기관의 장은 일자리평가시스템에 중소기업 지원사업명, 지원사업에 참여하려는 중소기업의 명칭 및 사업자등록번호 등의 정보를 등록해야 한다.
⑧ 중소벤처기업부장관은 등록된 중소기업을 대상으로 중소기업 일자리평가를 실시하고 그 결과를 해당 중소기업 지원사업을 수행하는 중앙행정기관의 장에게 통보해야 한다.
⑨ 중앙행정기관의 장은 중소기업 지원사업의 대상자를 선정할 때 ⑧에 따라 통보받은 중소기업 일자리평가 결과를 중소기업 지원사업 대상자 선정에 관한 총평가점수의 30% 범위에서 반영할 수 있다.
⑩ ③부터 ⑨까지에서 규정한 사항 외에 중소기업 일자리평가의 기준과 절차, 일자리평가시스템의 운영, 중소기업 일자리평가 결과 반영 비율 등에 필요한 세부사항은 중소벤처기업부장관이 고용노동부장관 등 관계 중앙행정기관의 장과 협의하여 고시한다.

2. 중소기업 인식개선사업

(1) 중소기업 인식개선사업 및 우수 중소기업 사례의 보급·확산 [16] 기출

① 중소벤처기업부장관은 우수 인력이 중소기업에 유입될 수 있도록 인식개선사업을 실시할 수 있다.
② 중소벤처기업부장관은 다음 어느 하나에 해당하는 우수 중소기업을 발굴하여 포상, 홍보하는 등 인식개선사업을 실시하여야 하며, 중소기업의 인력관리체제 개선을 촉진하기 위하여 우수 사례가 보급·확산되도록 노력하여야 한다.

㉠ 우수한 혁신기술을 보유한 중소기업
㉡ 근로환경, 직업능력개발, 복리후생, 인력의 효율적인 활용 등 인력관리체제를 모범적으로 개선한 중소기업
㉢ 산·학·연 협동을 성공적으로 수행한 중소기업
㉣ 그 밖에 중소벤처기업부장관이 중소기업 인식개선에 이바지한다고 인정하는 중소기업
③ 중소벤처기업부장관은 위 사업을 중소기업 관련 기관 및 협동조합 등과 함께 추진하는 경우 필요 경비의 일부를 지원할 수 있다.

(2) 중소기업 인식개선사업 및 우수중소기업의 발굴(영 제24조)
① 중소벤처기업부장관은 포상한 중소기업에게는 제반 중소기업 지원시책을 시행함에 있어 우선적으로 지원할 수 있다.
② 중소벤처기업부장관은 교육공무원 및 사립학교의 교원, 대학에서 취업상담을 담당하는 자 등을 대상으로 중소기업에 대한 인식을 개선하기 위한 연수기회를 제공하거나 홍보활동을 할 수 있다.
③ 중소벤처기업부장관은 우수중소기업을 발굴하기 위하여 중소기업 관련 단체 및 협동조합등으로부터 추천을 받을 수 있다.
④ 우수중소기업의 추천절차 및 선정기준에 필요한 사항은 중소벤처기업부장관이 정하여 고시한다.

3. 근로시간의 단축 지원

(1) 단축 지원
정부는 중소기업의 근로시간 단축을 촉진하기 위하여 다음 지원을 제공할 수 있다.
① 중소기업의 근로시간 단축을 지원하기 위한 경영상담, 지도활동, 교육 및 홍보
② 근로시간 단축에 따라 생산성을 높이기 위한 지원
③ 근로시간을 단축한 중소기업에 대한 경영지원 및 세제지원

(2) 근로시간 단축의 원활한 지원(영 제25조)
중소벤처기업부장관은 중소기업의 근로시간 단축을 촉진하기 위하여 다음의 사항을 우선적으로 추진할 수 있다.
① 중소기업의 근로시간 단축현황 및 영향 등에 대한 실태조사
② 중소기업 근로시간 단축을 위한 교육·홍보
③ 주 40시간 근무제도를 조기에 도입한 중소기업에 대한 지원

(3) 생산성 향상을 위한 지원(영 제26조)
  ① 중소벤처기업부장관은 생산성제고를 위한 설비를 도입하려는 중소기업에게 자동화 지원사업을 우선적으로 지원할 수 있다.
  ② 중소벤처기업부장관은 생산성제고를 위한 설비를 도입한 중소기업에게 설비도입의 성과를 높이기 위하여 전문인력의 활용에 필요한 정보를 제공하고 소요경비의 일부를 지원할 수 있다.

4. 중소기업과 근로자 간의 성과 공유 촉진(법 제27조의2, 영 제26조의3)

(1) 정부는 중소기업에 근무하는 근로자의 임금 또는 복지 수준을 향상시키기 위하여 대통령령으로 정하는 성과공유 유형 중 어느 하나에 해당하는 방법으로 근로자와 성과를 공유하고 있거나 공유하기로 약정한 중소기업을 우대하여 지원할 수 있다.
(2) 정부는 중소기업과 근로자 간의 성과공유 확산을 위하여 성과공유기업이 되려는 중소기업에 컨설팅 비용 등 필요한 경비를 지원할 수 있다.
(3) 중소벤처기업부장관은 성과공유기업 및 성과공유기업이 되려는 중소기업에 대하여 다음의 사항을 지원할 수 있다. 지원 대상 중소기업의 선정절차 및 방법 등에 관하여 필요한 사항은 중소벤처기업부장관이 정하여 고시한다.
  ① 성과공유 표준안의 보급
  ② 성과공유에 관한 교육 및 컨설팅 경비 등 관련 비용의 지원
  ③ 중소기업 지원사업에 대한 우대 지원(성과공유기업으로 한정)
  ④ 그 밖에 성과공유 활용 촉진을 위하여 중소벤처기업부장관이 필요하다고 인정하는 비용의 지원
(4) 정부는 중소기업이 (1)과 (2)에 따른 정부 지원을 거짓 또는 부정한 방법으로 받은 경우 지원을 취소하고 지원 금액의 반환을 요구할 수 있다.

5. 근로자의 창업 지원 등(법 제28조, 영 제27조) 15 20 기출

(1) 중소벤처기업부장관은 다음의 어느 하나에 해당하는 사람이 해당 직종과 관련된 분야에서 신기술에 기반한 창업을 하려는 경우에는 자금을 지원하고 관련 정보를 제공하는 등 우선적으로 지원할 수 있다.
  ① 중소기업에서 같은 분야 및 직종에 10년 이상 종사한 사람
  ② 국가기술자격을 취득하고 같은 분야의 중소기업에 5년 이상 종사한 사람
  ③ 대한민국명장으로서 선정 당시와 같은 분야의 중소기업에 3년 이상 종사한 사람
  ④ 국내기능경기대회 및 국제기능올림픽대회 입상자로서 같은 분야의 중소기업에 5년 이상 종사한 사람
(2) 중소벤처기업부장관은 위의 어느 하나에 해당하는 자가 창업을 하려는 경우에는 중소벤처기업부장관이 지원하는 창업자금의 지원대상에 우선적으로 선정하고, 용역 대금을 지원할 수 있다.

6. 우수근로자 등에 대한 교육, 연수 지원

(1) 정부는 매년 중소기업, 협동조합 등 또는 중소기업 관련 기관·단체의 추천을 받아 같은 중소기업에 5년 이상 근속한 사람으로서 업무수행 능력이 우수한 근로자를 선발하여 국내 및 국외 연수와 그에 따른 비용 등 필요한 지원을 할 수 있다. 이 경우 선발 기준 및 절차와 구체적인 지원의 내용은 대통령령으로 정한다.

(2) 중소벤처기업부장관은 중소기업에 근무하는 근로자의 사기를 북돋우고 기술 및 기능 수준의 향상을 촉진하며, 우수 기술 및 기능의 전수를 촉진하기 위하여 업종별, 분야별 전문기술인력 및 전문기능인력을 발굴하여 기술 또는 기능의 전수를 위한 교육 활동 등에 필요한 경비 등을 지원할 수 있다.

(3) 정부 및 공공기관의 장은 전문기술인력 및 전문기능인력에 대하여 공공시설 이용 시 우대하는 등의 우대조치를 할 수 있다.

7. 중소기업 근로자의 장기재직 지원

(1) **주택 지원** 22 기출

① 정부는 중소기업에 5년 이상 근무한 근로자(동일한 중소기업에 근무한 경우에는 3년 이상 근무한 근로자)를 국민주택 중 주택도시기금으로부터 자금을 지원받는 국민주택 등 대통령령으로 정하는 주택에 대통령령으로 정하는 바에 따라 우선하여 입주하게 할 수 있다. 이 경우 우선하여 분양받게 되는 주택에 대하여는 5년의 범위에서 중소벤처기업부장관이 정하여 고시하는 일정 기간 동안 이를 타인에게 매매·증여·임대하거나 그 밖에 권리의 변동을 수반하는 어떠한 행위도 할 수 없다.

> **학습포인트**
> 상속, 저당의 경우는 제외한다.

② 상기의 주택은 다음의 어느 하나에 해당하는 주택을 말한다.
  ㉠ 국민주택
  ㉡ '주거전용면적'이 85제곱미터 이하인 주택 중 다음의 것
   • 국가, 지방자치단체, 한국토지주택공사 또는 주택사업을 목적으로 설립된 지방공사가 건설하는 주택
   • 공공건설임대주택
  ㉢ 공공주택
  ㉣ 주택관련 법령에 따른 민영주택으로서 주거전용면적이 85제곱미터 이하인 주택

③ 중소기업 근로자의 국민주택에의 우선입주에 있어 분양세대수 및 입주대상자 선정기준 등은 중소벤처기업부장관이 해당 주택을 건설하는 사업주체와 협의하여 정한다.

(2) 경비 지원

정부는 중소기업 관련 단체가 대기업·중소기업 관련 단체 등과 협약을 체결하는 등의 방법으로 중소기업에 근무하는 근로자의 장기재직을 유도하기 위한 사업을 추진하는 경우 컨설팅 비용 및 홍보 비용 등 필요한 경비를 지원할 수 있다.

(3) 금융 및 세제 지원

① 정부는 중소기업 인력지원을 위한 자금을 원활히 공급하기 위하여 재정지원, 신용보증지원 등 필요한 시책을 실시할 수 있다.
② 정부는 중소기업 인력지원을 위하여 조세 관련 법률에서 정하는 바에 따라 세제지원을 할 수 있다.

(4) 중소기업창업 및 진흥기금의 사용에 관한 특례

「중소기업진흥에 관한 법률」에 따라 설치된 중소벤처기업창업 및 진흥기금을 관리하는 자는 중소기업 인력법에서 규정한 사업의 추진에 필요한 자금을 지원할 수 있다.

(5) 지방 소재 중소기업에 대한 인력지원 우대

정부는 중소기업인력법에 따른 인력지원사업을 할 때 지방 소재 중소기업을 우대한다.

(6) 소기업에 대한 우대

① 정부는 인력지원사업을 할 때 제조업을 영위하는 소기업을 우대한다.
② 정부는 직업능력개발사업을 할 때 소기업을 우대한다.
③ 정부는 근로자에게 학자금을 지원할 때 소기업근로자를 우대한다.
④ 중소벤처기업부장관은 소기업을 우대 지원하는 방안을 관계 중앙행정기관의 장과 협의하여야 한다.

5 중소기업 청년근로자 및 핵심인력 성과보상기금

1. 중소기업 청년근로자 및 핵심인력 성과보상기금의 설치

(1) 설치 근거(법 제35조의2)

중소벤처기업부장관은 중소기업 청년근로자의 고용과 핵심인력의 장기재직 촉진 및 중소기업 인력양성을 위하여 중소기업 청년근로자 및 핵심인력 성과보상기금(이하 '성과보상기금')을 설치한다.

(2) 성과보상기금의 조성

① 성과보상기금은 다음의 재원으로 조성한다. 19 22 기출
  ㉠ 중소기업이 부담하는 기여금
  ㉡ 중소기업 청년근로자 및 핵심인력이 납부하는 공제납입금
  ㉢ 성과보상기금의 관리 및 운용에 필요한 차입금

　　　　ⓔ 성과보상기금의 운용으로 발생하는 수익금
　　　　ⓜ 중소기업 또는 그 밖의 자의 출연금
　　② 정부 또는 지방자치단체는 필요한 경우 예산의 범위에서 성과보상기금에 출연할 수 있다.

(3) 성과보상기금의 관리 및 운용
① 성과보상기금은 중소벤처기업진흥공단이 관리·운용한다.
② 성과보상기금의 운용에 관한 사항을 심의하기 위하여 중소벤처기업진흥공단에 기금운용위원회를 둔다.
③ 중소벤처기업진흥공단은 대통령령으로 정하는 바에 따라 회계연도마다 기금운용계획안을 작성하고 기금운용위원회의 의결을 거쳐 회계연도 개시 20일 전까지 중소벤처기업부장관에게 보고하여야 한다. 이를 변경하려는 때에도 또한 같다.
④ 중소벤처기업부장관은 성과보상기금의 관리·운용에 필요한 비용을 지원할 수 있다.
⑤ 그 밖에 기금운용위원회의 구성 및 운영, 성과보상기금의 관리 및 운용에 필요한 사항은 대통령령으로 정한다.

(4) 성과보상기금의 용도 19 기출
성과보상기금은 다음의 사업을 위하여 사용할 수 있다.
① 중소기업 청년근로자 및 핵심인력에 대한 성과보상공제사업(이하 '공제사업')
② 중소기업 청년근로자 및 핵심인력의 직무역량 강화 및 전수를 위한 교육사업
③ 중소기업 청년근로자 및 핵심인력에 대한 복지사업
④ 성과보상기금의 관리 및 운용
⑤ ①~④의 사업과 관련된 사업

2. 공제사업의 운영

(1) 중소벤처기업진흥공단은 공제사업을 하려면 공제규정을 제정하여 중소벤처기업부장관의 승인을 받아야 한다. 공제규정을 변경하려는 경우에도 또한 같다.
(2) 공제규정에는 대통령령으로 정하는 바에 따라 공제사업의 범위, 공제계약 중도해지 시 환급금 처리, 회계기준 및 책임준비금의 적립비율 등 공제사업의 운영에 필요한 사항이 포함되어야 한다.
(3) 중소벤처기업진흥공단은 공제사업을 다른 회계와 구분하여 별도의 회계로 관리하여야 한다.
(4) 중소벤처기업부장관은 의료기관을 개설한 의료법인 및 비영리법인 중 대통령령으로 정하는 법인과 그 소속 근로자에 대하여 성과보상기금을 적용할 수 있다.

6 보 칙

1. 인력지원전담조직

(1) 인력지원전담조직의 설치(법 제36조)

중소벤처기업부장관은 중소기업에 대한 인력지원 시책을 효과적으로 수행하기 위하여 중소기업 인력지원 업무를 전담하는 조직을 설치할 수 있다.

(2) 인력지원 전담조직의 지정요건(영 제30조의13 제1항)

중소벤처기업부장관은 다음 요건을 갖춘 공공법인의 신청을 받아 인력지원전담조직(이하 '전담조직')을 설치할 수 있다.
① 중소기업 인력지원 업무의 수행에 필요한 시설을 갖추고 있을 것
② 중소기업 인력지원 업무의 수행에 필요한 전문인력을 갖추고 있을 것
③ 전담조직으로서의 업무수행에 적합한 사업계획을 마련하였을 것

(3) 인력지원 전담조직의 업무(영 제30조의13 제2항)

전담조직은 다음 업무를 수행한다.
① 중소기업에 필요한 인력의 양성·공급업무의 지원
② 중소기업 인력지원에 관한 조사·연구 및 제도개선 과제 발굴 지원
③ 중소기업 인력지원에 관한 정보의 제공
④ 그 밖에 중소벤처기업부장관이 위탁하는 사업

(4) 보고 및 검사(법 제37조, 영 제30조의13 제3항·제4항)

① 전담조직의 장은 연도별 사업계획 및 전년도 사업실적을 중소벤처기업부장관에게 보고하여야 한다.
② 전담조직의 시설, 전문인력기준 및 그 밖에 운영에 필요한 사항은 중소벤처기업부장관이 정하여 고시한다.
③ 중소벤처기업부장관은 필요하다고 인정할 때에는 인력지원사업을 수행하는 기관 또는 단체 및 인력지원전담조직의 장에 대하여 필요한 보고를 명하거나 자료를 제출하게 할 수 있다. 이 경우 관계 공무원으로 하여금 인력지원사업을 수행하는 기관 또는 단체 및 인력지원전담조직의 사무실, 사업장, 그 밖에 필요한 장소에 출입하여 장부, 서류나 그 밖의 물건을 검사하거나 관계인에게 질문하게 할 수 있다.
④ 검사를 하는 공무원은 그 권한을 나타내는 증표를 지니고 이를 관계인에게 보여 주어야 한다.

2. 권한의 위임

중소기업인력법에 따른 중소벤처기업부장관 또는 고용노동부장관의 권한 또는 업무는 그 일부를 대통령령으로 정하는 바에 따라 소속 기관의 장 또는 지방자치단체의 장에게 위임하거나 중소기업중앙회, 중소기업벤처진흥공단 또는 인력지원전담조직 등 중소기업 관련 기관, 단체에 위탁할 수 있다.

PART 05 단원핵심문제

제1과목 중소기업관계법령

01 중소기업 인력지원 특별법상 인식개선사업의 우수 중소기업 대상으로 옳은 것을 모두 고른 것은?

> ㄱ. 우수한 혁신기술을 보유한 중소기업
> ㄴ. 근로환경·직업능력개발 및 복리후생, 인력의 효율적인 활용 등 인력관리체제를 모범적으로 개선한 중소기업
> ㄷ. 산·학·연 협동을 성공적으로 수행한 중소기업

① ㄱ
② ㄴ
③ ㄱ, ㄷ
④ ㄴ, ㄷ
⑤ ㄱ, ㄴ, ㄷ

해설 우수 중소기업 대상(중소기업 인력지원 특별법 제26조 제2항)
중소벤처기업부장관은 다음의 어느 하나에 해당하는 우수 중소기업을 발굴하여 포상, 홍보하는 등 인식개선사업을 실시하여야 하며, 중소기업의 인력관리체제 개선을 촉진하기 위하여 우수 사례가 보급·확산되도록 노력하여야 한다.
- 우수한 혁신기술을 보유한 중소기업
- 근로환경·직업능력개발 및 복리후생, 인력의 효율적인 활용 등 인력관리체제를 모범적으로 개선한 중소기업
- 산·학·연 협동을 성공적으로 수행한 중소기업
- 그 밖에 중소벤처기업부장관이 중소기업 인식개선에 이바지한다고 인정하는 중소기업

02 중소기업 인력지원 특별법상 중소기업의 인력유입을 위한 환경조성사업으로 옳지 않은 것은?

① 우수근로자에 대한 지원
② 문화생활의 지원
③ 중소기업의 원격훈련 지원
④ 근로시간 단축지원
⑤ 공동복지시설의 지원

해설 중소기업의 원격훈련 지원은 중소기업의 인력구조 고도화 및 재직자 훈련 강화에 포함되는 내용이다(중소기업 인력지원 특별법 제20조의3 참조).

03 중소기업 인력지원 특별법령상 중소기업의 인력지원 규정을 적용하지 아니하는 중소기업 업종을 모두 고른 것은?

> ㄱ. 기타 주점업
> ㄴ. 무도장 운영업
> ㄷ. 일반유흥 주점업
> ㄹ. 자동차 임대업

① ㄱ, ㄴ
② ㄷ, ㄹ
③ ㄱ, ㄴ, ㄷ
④ ㄴ, ㄷ, ㄹ
⑤ ㄱ, ㄴ, ㄷ, ㄹ

해설 중소기업의 인력지원 적용 범위(중소기업 인력지원 특별법 제3조, 동법 시행령 제2조)
중소기업 인력지원 특별법은 중소기업의 인력지원에 관하여 적용한다. 다만, 일반유흥 주점업 등 다음 정하는 업종의 중소기업에 대하여는 적용하지 아니한다.
- 일반유흥 주점업
- 무도유흥 주점업
- 기타 주점업
- 기타 사행시설 관리 및 운영업
- 무도장 운영업

04 중소기업 인력지원 특별법상 고용노동부장관이 중소기업의 고용기회의 확대를 위하여 하는 고용안전·직업능력개발 사업의 지원 대상으로 옳지 않은 것은?

① 경쟁력 향상 등을 위하여 고용노동부장관이 고시로 정하는 전문인력을 채용하는 경우
② 고용환경개선을 위한 시설·설비에 투자하여 근로자를 채용하는 경우
③ 새로운 업종에 진출하여 근로자를 채용하는 경우
④ 구조조정을 전제로 하여 근로자를 채용하는 경우
⑤ 근로시간을 단축하여 근로자를 채용하는 경우

해설 고용노동부장관은 중소기업이 고용기회의 확대를 도모하는 경우에는 「고용보험법」 제19조의 규정에 따른 고용안전·직업능력개발 사업으로 보아 지원할 수 있다(중소기업 인력지원 특별법 제21조 제1항). 그러나 인위적인 구조조정을 전제로 한 근로자의 채용은 그 대상이 아니다.

정답 03 ③ 04 ④

05 중소기업 인력지원 특별법상 중소기업관련 단체 및 협동조합등은 중소기업이 필요로 하는 인력을 확보하기 위하여 인력구조 고도화사업계획을 수립·시행할 수 있다. 그 내용으로 옳지 않은 것은?

① 중소기업 재직자의 직업능력 향상을 위한 공동 교육훈련
② 대학생의 중소기업 체험학습
③ 중소기업의 우수인력 확보를 지원하기 위한 공동채용활동
④ 중소기업에 우수인력의 유입을 촉진하기 위한 근로시간의 단축, 근로환경의 개선 등을 위한 사업
⑤ 중소기업의 인력관리실태에 대한 조사

해설 대학생의 중소기업 체험학습은 중소기업 인식개선사업의 일환으로, 중소기업에 대한 정확한 정보제공, 교육·연수 프로그램 운영, 홍보 등과 함께 올바른 직업관 확립을 위하여 우수 중소기업을 발굴·홍보하고 중소기업으로의 인력유입을 촉진하기 위하여 실시하는 사업이다(중소기업 인력지원 특별법 제2조 제4호 참조). 인력구조 고도화사업계획에 포함되는 사항이 아니다.

06 중소기업 인력지원 특별법령상 중소벤처기업부장관은 미취업자를 대상으로 인력채용연계사업을 진행할 수 있다. 다음의 인력 채용 연계사업 대상자의 선발 순위를 바르게 나열한 것은?

> ㄱ. 15세 이상 34세 이하인 미취업자
> ㄴ. 장기복무제대군인
> ㄷ. 고령자인 미취업자

① ㄱ - ㄴ - ㄷ
② ㄴ - ㄱ - ㄷ
③ ㄷ - ㄱ - ㄴ
④ ㄱ - ㄷ - ㄴ
⑤ ㄴ - ㄷ - ㄱ

해설 미취업자를 대상으로 한 중소벤처기업부장관의 인력채용연계사업의 순위는 '15세 이상 34세 이하인 미취업자, 장기복무제대군인, 고령미취업자' 순이다(중소기업 인력지원 특별법 시행령 제9조의2 제1항 참조).

07 중소기업 인력지원 특별법상 성과보상기금을 조성하는 재원으로 옳지 않은 것은?

① 중소기업이 부담하는 기여금
② 성과보상기금의 운용으로 발생하는 수익금
③ 성과보상기금의 관리 및 운용에 필요한 차입금
④ 중소기업 청년근로자 및 핵심인력이 납부하는 공제납입금
⑤ 채권의 발행으로 조성되는 자금과 복권 수익금

해설 채권의 발행으로 조성되는 자금과 복권 수익금은 중소벤처기업창업 및 진흥기금의 재원이다(중소기업진흥에 관한 법률 제64조 제1항 제3호 참조).

08 중소기업 인력지원 특별법상 지방중소기업인력지원협의회가 심의하는 사항으로 옳지 않은 것은?

① 성과보상기금의 운용에 관한 사항
② 산학협력사업, 중소기업과 대기업이 함께 추진하는 협력사업의 지역별 추진에 관한 사항
③ 지방중소기업에 대한 인력지원방안에 관한 사항
④ 지역 내 중소기업 관련 시설·장비 및 인력의 활용에 관한 사항
⑤ 그 밖에 지역협의회의 위원이 심의를 요청하는 사항

해설 성과보상기금의 운용에 관한 사항은 중소벤처기업진흥공단 내의 기금운용위원회에서 심의한다(중소기업 인력 지원 특별법 제35조의4 제2항 참조).

09 중소기업 인력지원 특별법상 중소기업 인력지원 기본계획으로 옳지 않은 것은?

① 중소기업의 인력구성 및 인력수요의 변화에 관한 사항
② 산업구조의 변화를 반영한 중소기업의 인력활용에 관한 사항
③ 중소기업의 경쟁력 강화를 위한 인력구조 고도화 및 중소기업 재직자 교육·연수에 관한 사항
④ 중소기업의 홍보를 위한 교육, 정보제공, 현장체험 등 인식개선에 관한 사항
⑤ 중소기업에 필요한 인력의 양성·공급에 관한 사항 및 중소기업의 근무환경 개선에 관한 사항

해설 중소기업의 인력구성 및 인력수요의 변화에 관한 사항은 기본계획의 수립 등을 위하여 중소기업의 인력 및 인식개선에 관한 실태조사를 할 때 그 내용으로 포함되어야 하는 사항이다(중소기업 인력지원 특별법 제7조 제2항 제2호 참조).

10 중소기업 인력지원 특별법상 인력수급의 원활화를 위한 산학협력사업의 추진을 지원하는 사업의 범위로 옳지 않은 것은?

① 중소기업 재직자의 능력개발을 위한 사업
② 미취업 인력을 대상으로 시행하는 중소기업 현장연수사업
③ 지역별·업종별·직종별 중소기업의 인력수요에 적합한 인력양성사업
④ 인력양성을 위한 시설·인력 및 교육프로그램의 공동활용사업
⑤ 중소기업으로 구성된 단체와 각급 학교, 인력양성기관 등이 인력공동관리협의회를 구축하여 시행하는 공동교육 및 공동채용사업

해설 인력양성을 위한 시설·인력 및 교육프로그램의 공동활용사업은 중소기업과 대기업이 함께 추진하는 협력사업에 해당한다(중소기업 인력지원 특별법 제8조 제3항 제1호 참조).

정답 08 ① 09 ① 10 ④

PART 06 중소기업 사업전환 촉진에 관한 특별법

(약칭 : 중소기업사업전환법)

제1과목 중소기업관계법령

체크포인트

이 법률은 중소기업자가 사업전환을 하는 것을 장려하기 위해 만들어진 법률이다. 예를 들어서 '양말 공장'을 하는 사업자가 양말이 너무 안 팔려서 '와이셔츠 공장'으로 바꿀지 아니면 사업을 접을지를 고민한다고 해보자. 나라의 경제를 생각한다면 사업을 접는 것보다는 당연히 와이셔츠 공장으로 업종을 변경하는 것이 바람직하다. 따라서 정부는 중소기업의 사업전환을 장려하기 위한 하나의 방안으로 이러한 특별법을 제정하였다. 이 법령에서는 주식교환이 매우 중요하고 다른 법령에서도 중복되며, 출제비중도 높은 편이다. 이와 함께 사업전환이 무엇인지 정의를 확실히 알고 넘어가야 한다. 대충 공부하였다면, 창업지원과 사업전환이 확실하게 구분되지 않을 것이다. 정의와 범위를 꼭 공부하고 확실하게 알아두자!

목적(법 제1조)
중소기업사업전환법은 경제환경의 변화로 인하여 어려움을 겪고 있거나 어려움이 예상되는 중소기업의 사업전환을 촉진하여 중소기업의 경쟁력을 강화하고 산업구조의 고도화를 달성함으로써 국민경제의 건전한 발전에 기여함을 목적으로 한다.

사업전환 정의(법 제2조) 19 21 25 기출
'**사업전환**'이란 다음의 어느 하나에 해당하는 경우를 말한다.
(1) 중소기업자가 운영하고 있는 업종의 사업을 그만두고 새로운 업종의 사업을 운영하는 경우
(2) 중소기업자가 운영하고 있는 사업의 규모를 줄이거나 유지하면서 새로이 추가된 업종의 사업비중이 대통령령으로 정하는 비중 이상 늘어나는 경우
(3) 중소기업자가 운영하고 있는 사업을 유지하면서 신사업 분야에서 기존의 제품·서비스와 차별화되는 새로운 제품·서비스를 추가하거나 새로운 제공방식을 도입하는 경우로서 해당 사업비중이 대통령령으로 정하는 기준(해당 사업을 시작한 후 3년 이내에 해당 사업의 매출액이 총매출액의 100분의 30 이상이 되거나 해당 사업에 종사하는 상시 근로자 수가 총 근로자 수의 100분의 30 이상이 되는 경우)에 해당하는 경우

사업전환의 범위(영 제2조) 15 18 기출
(1) 새로 추가된 업종의 사업을 시작한 후 3년 이내에 추가된 업종의 매출액이 총매출액의 100분의 30 이상이 되거나 추가된 업종에 종사하는 상시 근로자 수가 총근로자 수의 100분의 30 이상이 되는 경우를 말한다.
(2) 이 영에서 사용하는 업종의 분류는 통계청장이 작성, 고시하는 한국표준산업분류에 따른다.

적용범위(법 제3조 및 영 제3조)
중소기업사업전환법은 다음에 모두 해당하는 자에 대하여 적용한다.
① 경제환경이 변하여 경쟁력을 확보하는 것이 구조적으로 어려워 사업전환이 필요하거나 미래의 유망업종이나 국가경쟁력을 강화시킬 수 있는 전략업종으로 사업전환이 필요한 중소기업자
② 상시 근로자 수가 5명 이상인 중소기업자
③ 중소벤처기업부장관이 정하여 고시하는 바에 따라 사업전환이 이루어지는 것에 해당하는 자

1 사업전환촉진계획

1. 사업전환촉진체계의 구축(법 제4조)

(1) 사업전환촉진계획의 수립·시행(법 제4조, 영 제4조) 23 기출

① 중소벤처기업부장관은 중소기업사업전환촉진계획(이하 '사업전환촉진계획')을 2년마다 수립·시행하여야 한다.
② 중소벤처기업부장관은 사업전환촉진계획을 수립하기 위하여 필요하다고 인정되는 경우 관계 중앙행정기관의 장, 특별시장·광역시장·특별자치시장·도지사·특별자치도지사 및 중소기업지원기관이나 단체의 장 등에게 자료의 제공을 요청할 수 있다.
③ 중소벤처기업부장관은 사업전환촉진계획을 수립하기 위하여 필요한 경우에는 중소기업 또는 중소기업지원기관이나 단체에 대하여 수요조사를 할 수 있다.

(2) 사업전환촉진계획 포함사항 14 16 20 21 기출

① 중소기업 사업전환정책의 추진방향에 관한 사항
② 사업전환 지원체계의 구축과 운영에 관한 사항
③ 사업전환을 지원하기 위한 방안에 관한 사항
④ 사업전환을 촉진하기 위한 제도개선에 관한 사항
⑤ 중소기업사업전환법의 적용대상이 되는 중소기업자의 업종·규모 등에 관한 사항
⑥ 그 밖에 사업전환을 촉진하기 위하여 중소벤처기업부장관이 필요하다고 인정하는 사항

2. 중소기업사업전환지원센터의 설치

(1) 의의(법 제6조, 영 제6조)

① 중소벤처기업부장관은 중소기업자의 사업전환을 효율적으로 지원하기 위하여 중소기업지원기관이나 단체를 지정하여 중소기업사업전환지원센터(이하 '지원센터')를 설치·운영할 수 있다.
② 정부는 지원센터의 설치와 운영에 드는 경비의 전부나 일부를 보조할 수 있다.
③ 중소벤처기업부장관은 지정한 지원센터가 다음의 어느 하나에 해당하는 경우 그 지정을 취소할 수 있다. 다만, ㉠에 해당하는 경우에는 그 지정을 취소하여야 한다.
 ㉠ 거짓이나 그 밖의 부정한 방법으로 지원센터로 지정받은 경우
 ㉡ 지정기준에 적합하지 아니하게 된 경우
④ 중소벤처기업부장관은 지원센터의 지정을 취소하고자 하는 경우에는 청문을 하여야 한다.
⑤ 지정이 취소된 지원센터는 지정이 취소된 날부터 2년 이내에는 ①에 따른 지정을 받을 수 없다.
⑥ 중소벤처기업부장관은 지원센터를 설치·운영하는 중소기업지원기관이나 단체(이하 '지원센터설치·운영법인')를 지정한 경우에는 이를 고시하여야 한다.
⑦ 지원센터설치·운영법인으로 지정받은 자는 지원센터의 지난해 운영 실적을 매년 1월 31일까지 중소벤처기업부장관에게 제출하여야 한다.

(2) 지원센터의 업무 16 17 기출
① 사업전환계획 및 공동사업전환계획의 수립 지원에 관한 사항
② 사업전환을 위한 정보의 제공과 컨설팅 지원에 관한 사항
③ 자금의 융자 주선과 인수, 합병의 연계 지원에 관한 사항
④ 사업전환계획에 따라 승인을 받은 중소기업자에 대한 사후관리에 관한 사항
⑤ 유휴설비 유통정보의 제공과 거래 주선에 관한 사항
⑥ 사업전환 전문가 육성에 관한 사항
⑦ 사업전환 선진기법 및 교육 프로그램 등의 보급에 관한 사항
⑧ 그 밖에 중소기업의 사업전환을 촉진하기 위하여 중소벤처기업부장관이 위탁하는 사항

(3) 중소기업지원기관·지원센터 지정기준(영 제6조) 19 기출
① 법인일 것
② 법인의 사업 내용에 사업전환에 관한 업무가 포함되어 있을 것
③ 중소기업의 사업전환을 지원할 수 있는 전담 조직을 갖추고 있을 것
④ 다음의 어느 하나에 해당하는 전문인력을 3명 이상 보유할 것
　㉠ 중소기업지원기관이나 단체에서 사업전환과 관련된 기획·분석·평가 또는 지원 업무에 3년 이상 종사한 경력이 있는 사람
　㉡ 경영지도사 또는 기술지도사로서 사업전환과 관련된 컨설팅 업무에 3년 이상 종사한 경력이 있는 사람
　㉢ 그 외 ㉠·㉡에서 정한 사람과 동등한 수준의 경력이 있다고 중소벤처기업부장관이 인정하여 고시하는 사람

3. 사업전환 실태조사(법 제7조, 영 제17조) 23 기출

(1) 중소벤처기업부장관은 사업전환촉진계획의 수립과 성과관리 등을 위하여 2년마다 중소기업자의 사업전환에 관한 실태조사를 하여야 하며, 필요하다고 인정하면 수시로 할 수 있다.

(2) 실태조사는 다음 사항을 포함하여야 한다.
① 중소기업자의 지역별, 업종별 사업전환 실태에 관한 사항
② 사업전환계획 및 공동사업전환계획의 승인을 받은 중소기업자의 경영실태 등 사업전환 성과에 관한 사항
③ 중소기업자의 지역별·업종별 매출액, 부도율 등 사업전환 관련 통계에 관한 사항
④ 그 밖에 중소기업자의 사업전환 실태를 파악하기 위하여 필요한 사항

(3) 중소벤처기업부장관은 실태조사를 위하여 필요하다고 인정하면 관계 중앙행정기관의 장, 지방자치단체의 장 및 중소기업지원기관이나 단체의 장에게 자료 제출이나 조사업무의 수행에 필요한 협조를 요청할 수 있다. 이 경우 자료 제출이나 협조의 요청을 받은 자는 특별한 사유가 없으면 그 요청에 따라야 한다.

(4) 중소벤처기업부장관은 사업전환에 관한 실태조사를 한 때에는 그 결과를 공표하여야 하고, 사업전환 촉진계획에 이를 반영하여야 한다.

2 사업전환계획

1. 사업전환계획의 승인 및 공동사업전환계획의 승인(법 제8조, 영 제8조) 22 기출

(1) 사업전환을 하려는 중소기업자는 다음 사항을 포함한 사업전환에 관한 계획을 중소벤처기업부장관에게 제출하여 승인을 받을 수 있다.
   ① 사업전환의 필요성
   ② 새로 운영하거나 추가하려는 업종, 새로 추가하는 제품·서비스 또는 새로운 제공방식에 대한 계획
   ③ 사업전환의 내용과 실시기간
   ④ 사업전환에 따른 근로자의 고용조정과 능력개발
   ⑤ 사업전환에 필요한 재원과 그 조달계획
   ⑥ 사업전환으로 달성하려는 매출액 등 목표수준
   ⑦ 그 밖에 중소벤처기업부장관이 필요하다고 인정하는 사항

(2) 중소벤처기업부장관은 사업전환계획 승인신청서를 받은 경우에는 해당 사업장에 대한 현장조사를 한 후 승인 여부를 결정한다. 다만, 해당 사업장에 대한 현장조사가 필요하지 아니하다고 판단되면 이를 생략할 수 있다.

(3) 현장조사의 범위, 방법, 절차, 그 밖에 필요한 사항은 중소벤처기업부장관이 정하여 고시한다.

(4) 사업전환계획의 승인을 받으려는 중소기업자는 중소벤처기업부장관이 정하여 고시하는 사업전환계획 승인신청서에 사업전환계획을 첨부하여 중소벤처기업부장관에게 제출하여야 한다.

2. 공동사업전환계획의 승인

(1) 공동사업전환계획의 승인기준 등(영 제8조의2)
   ① 공동사업전환계획이 사업전환의 범위에 해당할 것. 이 경우 매출액 또는 상시 근로자 수는 공동사업전환계획에 참여하는 중소기업자 전체를 합산하여 산정한다.
   ② 대표 중소기업자가 상시 근로자 수가 5명 이상인 중소기업자일 것
   ③ 사업전환하려는 업종이 제조업 및 서비스업(한국표준산업분류상 농업, 임업, 어업, 광업, 제조업, 전기·가스·증기 및 수도사업과 건설업을 제외한 업종)에 포함되고, 창업에서 제외되는 업종에 해당하지 않을 것
   ④ 공동사업전환계획의 이행방법이 구체적이고 실현 가능할 것

(2) 사업전환계획 또는 공동사업전환계획의 변경승인(영 제12조)

① 승인기업이 사업전환계획 또는 공동사업전환계획 중 다음의 어느 하나에 해당하는 내용을 변경하려는 경우에는 중소벤처기업부장관이 정하여 고시하는 사업전환계획 또는 공동사업전환계획 변경신청서에 사업전환계획 또는 공동사업전환계획의 변경과 관련된 서류를 첨부하여 중소벤처기업부장관에게 제출하여야 한다.
  ㉠ 새로 운영하거나 추가하려는 업종, 새로 추가하는 제품·서비스 또는 새로 도입하는 제공방식
  ㉡ 사업전환의 내용과 실시기간
② 중소벤처기업부장관은 사업전환계획 또는 공동사업전환계획의 변경신청을 받은 경우에는 해당 사업장에 대한 현장조사를 거쳐 그 승인 여부를 결정한다. 다만, 해당 사업장에 대한 현장조사가 필요하지 않다고 판단되면 이를 생략할 수 있다.
③ 현장조사의 범위, 방법, 절차, 그 밖에 필요한 사항은 중소벤처기업부장관이 정하여 고시한다.

(3) 사업전환계획 및 공동사업전환계획의 이행실적조사(법 제10조, 영 제11조)

① 중소벤처기업부장관은 사업전환계획 또는 공동사업전환계획의 승인을 받은 중소기업자(이하 '승인기업')의 사업전환계획 또는 공동사업전환계획의 이행 여부와 실적 등을 정기적으로 조사하여야 한다.
② 중소벤처기업부장관은 승인기업에 대하여 사업전환계획 또는 공동사업전환계획의 이행실적을 조사하려는 경우에는 미리 그 기업에 다음 자료를 요청할 수 있다.
  ㉠ 사업전환계획 또는 공동사업전환계획의 추진상황
  ㉡ 지원되는 자금의 사용 실태
  ㉢ 그 밖에 사업전환계획 또는 공동사업전환계획의 이행실적조사에 필요한 자료
③ 이행실적조사는 1년에 1회 이상하여야 한다.

(4) 사업전환계획·공동사업전환계획의 변경 및 중단 등(법 제11조) 17 18 19 25 기출

① 승인기업이 사업전환계획 또는 공동사업전환계획의 주요 내용을 변경하려면 중소벤처기업부장관의 승인을 받아야 하고, 사업전환계획 또는 공동사업전환계획을 중단하려면 중소벤처기업부장관에게 통지하여야 한다.
② 중소벤처기업부장관은 조사 결과 사업전환계획 또는 공동사업전환계획의 이행이 어렵다고 판단하면 해당 승인기업에 그 계획의 변경이나 중단을 권고할 수 있다.

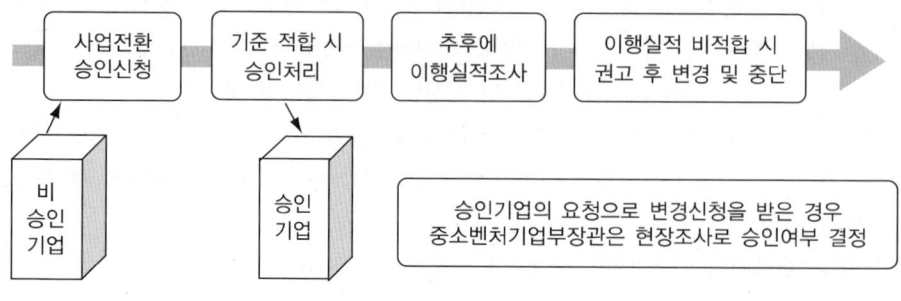

[사업전환계획의 승인]

3 사업전환절차의 원활화

1. 주식교환(법 제12조) 20 기출

(1) 주식교환

① 주식회사인 승인기업(주권상장법인은 제외)이 사업전환을 위하여 자기주식을 다른 주식회사에 또는 다른 주식회사의 주요주주의 주식과 교환할 수 있다.

> **학습포인트**
> 주요주주는 해당 법인의 의결권 있는 발행주식총수의 100분의 10 이상을 보유한 주주를 말한다.

② 주식교환을 하려는 승인기업은 「상법」에도 불구하고 주식교환에 필요한 주식에 대하여는 자기의 계산으로 자기주식을 취득할 수 있다. 이 경우 그 취득금액은 배당을 할 수 있는 이익 이내이어야 한다.
③ 주식교환을 하려는 승인기업은 그에 관한 이사회 결의가 있으면 즉시 그 결의내용을 주주에게 알리고, 주식교환계약서를 갖추어 두고 읽어 볼 수 있도록 하여야 한다.
④ 주식회사인 승인기업이 ①에 따른 주식교환을 통하여 다른 주식회사 또는 다른 주식회사의 주요주주의 주식을 취득한 경우에는 취득한 날부터 1년 이상 그 주식을 보유하여야 한다.
⑤ 자기주식의 취득기간은 주주총회 승인결의일부터 6개월 이내이어야 한다.

(2) 주식교환 계약서 포함사항 14 16 20 24 기출

주식교환을 하려는 승인기업은 다음의 사항이 포함된 주식교환계약서를 작성하여 주주총회의 승인을 받아야 한다. 이 경우 주주총회의 승인결의는 출석한 주주의 의결권의 3분의 2 이상의 수와 발행주식총수의 3분의 1 이상의 수로써 하여야 한다.
① 사업전환의 내용
② 자기주식의 취득 방법, 가격 및 시기
③ 교환할 주식의 가액의 총액, 평가, 종류 및 수량
④ 주식교환을 할 날
⑤ 다른 주식회사의 주요주주와 주식을 교환할 경우에는, 그 주요주주의 성명·주민등록번호, 교환할 주식의 종류 및 수량

2. 반대주주의 주식매수청구권

(1) 주주총회 승인결의 전에 승인기업에 서면으로 주식교환에 반대하는 의사를 통지한 주주는 주주총회 승인결의일부터 10일 이내에 자기가 보유한 주식의 매수를 서면으로 청구할 수 있다.
(2) 승인기업은 매수 청구를 받은 날부터 2개월 이내에 그 주식을 매수하여야 한다. 이 경우 그 주식은 6개월 이내에 처분하여야 한다.
(3) 주식의 매수가액의 결정에 관하여는 「상법」의 규정을 준용한다.

3. 신주발행에 따른 주식교환 등

(1) 신주발행에 따른 주식교환
주식회사인 승인기업은 사업전환을 위하여 신주(새로운 주식)를 발행하여 다른 주식회사 또는 다른 주식회사의 주요주주의 주식과 교환할 수 있다. 이 경우 다른 주식회사 또는 다른 주식회사의 주요주주는 승인기업이 주식교환을 위하여 발행하는 신주의 배정을 받으면 해당 승인기업의 주주가 된다.

(2) 주식교환계약서의 작성 및 승인
주식교환을 하려는 승인기업은 다음이 포함된 주식교환계약서를 작성하여 주주총회의 승인을 받아야 한다. 이 경우 주주총회의 승인결의에 관하여는 「상법」 규정을 준용한다.
① 사업전환의 내용
② 교환할 신주의 가액의 총액·평가·종류·수량 및 배정방식
③ 주식교환을 할 날
④ 다른 주식회사의 주요주주와 주식을 교환하는 경우에는 주요주주의 성명·주민등록번호, 교환할 주식의 종류와 수량

(3) 주식 가격의 감정
주식교환을 통하여 다른 주식회사 또는 다른 주식회사의 주요주주가 보유한 주식을 승인기업에 현물을 출자하는 경우 공인평가기관이 그 주식의 가격을 평가한 경우에는 「상법」에 따라 검사인이 조사한 것으로 보거나 공인된 감정인이 감정한 것으로 본다.

(4) 신주발행 주식교환 시 주식매수청구권
주식교환에 반대하는 주주의 주식매수청구권에 관하여는 반대주주의 주식매수청구권을 준용한다.

4. 주식교환의 특례

(1) 승인의 갈음 23 기출
① 주식회사인 승인기업이 주식교환을 하는 경우 그 교환하는 주식의 수가 발행주식총수의 100분의 50을 초과하지 아니하면 주주총회의 승인을 이사회의 승인으로 갈음할 수 있다.
② 이 경우 승인기업은 주식교환계약서에 주주총회의 승인 없이 주식교환을 할 수 있다는 뜻을 적어야 한다.
③ 주식회사인 승인기업은 주식교환계약서를 작성한 날부터 2주 이내에 주식교환계약서의 주요내용과, 주주총회의 승인 없이 주식교환을 한다는 뜻을 공고하거나 주주에게 통지하여야 한다.

(2) 승인의 갈음이 불가능한 경우
① 주식회사인 승인기업의 발행주식총수의 100분의 20 이상에 해당하는 주식을 소유한 주주가 공고나 통지가 있은 날부터 2주 이내에 서면으로 주식교환에 반대하는 의사를 승인기업에 통지하면 주식교환을 할 수 없다.

② 상기 (1)의 ①에 따른 주식교환의 경우에는 반대주주의 주식매수청구권이나 신주발행 주식교환 시 주식매수청구권을 적용하지 아니한다.

> **더 알아보기** 주식교환무효의 소(법 제17조, 「상법」 제360조의14 준용)
> - 주식교환의 무효는 각 회사의 주주·이사·감사·감사위원회의 위원 또는 청산인에 한하여 주식교환의 날부터 6개월 내의 소만으로 주장할 수 있다.
> - 주식회사인 승인기업의 본점소재지의 지방법원의 관할에 전속한다.
> - 주식교환을 무효로 하는 판결이 확정된 때에는 주식회사인 승인기업이 주식교환을 위하여 발행한 신주 또는 이전한 자기주식의 주주에 대하여 그가 소유하였던 다른 주식회사의 주식을 이전하여야 한다.

5. 합병과 영업양수 등

(1) 합병절차의 간소화 13 기출
① 주식회사인 승인기업이 다른 주식회사와 합병을 통하여 사업전환을 하려는 경우에는 채권자에 대하여 「상법」에도 불구하고 그 합병결의가 있는 날부터 1주 이내에 10일 이상의 기간을 정하여 그 기간 이내에 합병에 관한 다른 의견을 낼 것을 공고하고 알고 있는 채권자에 대하여는 공고사항을 알려야 한다.
② 주식회사인 승인기업이 합병결의를 위한 주주총회 소집을 통지하는 경우에는 「상법」에도 불구하고 그 통지일을 주주총회 개최일 7일 전으로 할 수 있다.
③ 주식회사인 승인기업이 다른 주식회사와 합병하기 위하여 합병계약서 등을 공시하는 경우에는 「상법」에도 불구하고 그 공시기간을 합병승인을 위한 주주총회 개최일 7일 전부터 합병을 한 날 이후 1개월이 경과하는 날까지로 할 수 있다.
④ 주식회사인 승인기업의 합병에 관한 이사회의 결의에 반대하는 승인기업의 주주는 「상법」에도 불구하고 주주총회 전에 승인기업에 서면으로 합병에 반대하는 의사를 통지하고 자기가 소유하고 있는 주식의 종류와 수를 적어 주식의 매수를 청구하여야 한다.
⑤ 주식회사인 승인기업이 청구를 받은 경우에는 「상법」에도 불구하고 합병에 관한 주주총회의 결의일부터 2개월 이내에 그 주식을 매수하여야 한다.
⑥ 주식의 매수가액의 결정에 관하여는 「상법」 규정을 준용한다. 이 경우 같은 법 제374조의2 제4항 중 '제1항의 청구를 받은 날'은 '합병에 관한 주주총회의 결의일'로 본다.

(2) 간이합병의 특례 19 기출
① 주식회사인 승인기업이 다른 주식회사와 합병을 할 때 「상법」에도 불구하고 합병 후 존속하는 회사가 합병으로 인하여 소멸하는 회사의 발행주식총수 중 의결권 있는 주식의 100분의 90 이상을 보유하는 경우에는 합병으로 인하여 소멸하는 회사의 주주총회의 승인을 이사회의 승인으로 갈음할 수 있다.
② 합병에 반대하는 주주의 주식매수청구권에 관하여는 「상법」을 준용한다.

(3) 분할·분할합병 절차의 간소화

① 주식회사인 승인기업이 사업전환을 위해 「상법」에 따른 분할을 한 경우에 그 분할절차에 관하여는 (1)의 간소화를 다음과 같이 적용한다.
  ㉠ 분할회사, 단순분할신설회사, 분할승계회사 또는 분할합병신설회사는 분할 또는 분할합병 전의 분할회사 채무에 관하여 연대하여 변제할 책임이 있다. 이 경우에는 ② 및 ③을 적용한다.
  ㉡ 분할회사가 해당 계약서 승인에 따른 결의로 분할에 의하여 회사를 설립하는 경우에는 단순분할 신설회사는 분할회사의 채무 중에서 분할계획서에 승계하기로 정한 채무에 대한 책임만을 부담하는 것으로 정할 수 있다. 분할회사가 분할 후에 존속하는 경우에는 단순분할 신설회사가 부담하지 아니하는 채무에 대한 책임만을 부담한다. 이 경우에는 ①~③을 적용한다.
② 주식회사인 승인기업이 사업전환을 위하여 다른 주식회사와 「상법」에 따른 분할합병을 하려는 경우의 절차에 관하여는 (1)을 준용한다.

(4) 다른 주식회사의 영업양수의 특례

① 주식회사인 승인기업이 영업의 전부 또는 일부를 다른 주식회사(「자본시장과 금융투자업에 관한 법률」에 따른 주권상장법인은 제외)에 양도하는 경우 그 양도가액이 다른 주식회사의 최종 대차대조표상에 현존하는 순자산액의 100분의 10을 초과하지 아니하면 다른 주식회사의 주주총회의 승인을 이사회의 승인으로 갈음할 수 있다.
② 이 경우에는 영업양도, 양수계약서에 다른 주식회사의 주주총회의 승인 없이 영업의 전부 또는 일부를 양수할 수 있다는 뜻을 적어야 한다.
③ 승인기업의 영업의 전부 또는 일부를 양수하려는 다른 주식회사는 영업양도, 양수계약서를 작성한 날부터 2주 이내에 영업양도·양수계약서의 주요내용 및 주주총회의 승인 없이 영업을 양수한다는 뜻을 공고하거나 주주에게 통지하여야 한다.
④ 다른 주식회사의 발행주식총수의 100분의 20 이상에 해당하는 주식을 소유한 주주가 공고나 통지가 있은 날부터 2주 이내에 서면으로 영업양수를 반대하는 의사를 통지하면 영업양수를 할 수 없다.
⑤ 영업양수의 경우에는 「상법」 반대주주의 주식매수청구권을 적용하지 아니한다.
⑥ 주식회사인 승인기업이 「상법」에 따른 영업양도·양수를 하는 경우의 절차에 관하여는 상기 (1)에 따른 합병절차의 간소화 규정을 적용한다.

4 사업전환촉진을 위한 지원사업

1. 정보제공(법 제21조)

(1) 중소벤처기업부장관은 사업전환을 추진하는 중소기업자에게 판로, 기술 및 진출업종 등 사업전환에 관한 정보를 제공할 수 있다.

(2) 중소벤처기업부장관은 정보를 제공하기 위하여 다음 사업을 할 수 있다.
  ① 중소기업지원기관과 단체 등을 활용한 정보제공체제의 구축

② 경영·기술 관련 전문가를 활용한 판로·기술 및 진출업종 등에 대한 정보 데이터베이스의 구축 및 관리

③ 그 밖에 사업전환 관련 정보제공을 활성화하기 위하여 필요한 사업

(3) 중소벤처기업부장관은 중앙행정기관의 장, 지방자치단체의 장 및 공공기관의 장에게 (1)과 (2)에 따른 정보제공을 위한 자료를 요청할 수 있다.

2. 컨설팅 지원

(1) 중소벤처기업부장관은 사업전환을 추진하는 중소기업자에게 경영·기술·재무·회계 등의 개선에 관한 컨설팅 지원을 할 수 있다.

(2) 중소벤처기업부장관은 컨설팅 지원을 위하여 다음 사업을 추진하거나 지원할 수 있다.
① 중소기업자의 규모와 업종에 적합한 컨설팅 서비스의 제공
② 컨설팅 결과의 신뢰성을 확보하기 위한 평가체계 구축
③ 컨설팅 결과와 융자, 보조 등 지원수단의 연계
④ 그 밖에 컨설팅 기반 강화에 필요한 사업

(3) 중소벤처기업부장관은 중소기업자 또는 컨설팅 실시기관 등에 대하여 (2)에 따른 사업에 드는 비용을 지원할 수 있다.

3. 인수·합병 등의 지원

정부는 인수·합병, 영업양수·양도 등(이하 '인수·합병등')을 통하여 사업전환을 추진하는 중소기업자를 지원하기 위하여 다음 사업을 할 수 있다.

(1) 인수·합병등을 위한 중개기반의 구축 지원

(2) 인수·합병등에 관한 정보제공과 법무·회계 상담 지원

(3) 인수·합병등에 필요한 자금의 융자와 투자 지원

(4) 그 밖에 인수·합병등을 원활하게 하기 위하여 필요한 사업

4. 자금 지원

(1) 정부 및 지방자치단체는 승인기업에 대하여 설비구입 및 연구개발 등 사업전환에 필요한 자금의 융자나 출연 등의 지원을 할 수 있다.

(2) 정부는 지원을 위하여 중소벤처기업창업 및 진흥기금을 활용할 수 있다.

5. 능력개발 및 고용안정지원

(1) 중소기업자는 「고용정책기본법」과 「국민 평생 직업능력 개발법」 등 관련 법령에서 정하는 바에 따라 사업전환에 따른 실업 예방과 재직 근로자의 능력개발을 위하여 노력하여야 한다.

(2) 정부는 사업전환을 추진하는 중소기업자의 고용조정, 재직 근로자의 고용안정 및 능력개발 등을 위하여 다음 사업을 포함한 지원방안을 마련할 수 있다.
　① 「국민 평생 직업능력 개발법」에 따른 직업능력개발훈련시설과 중소기업지원기관 등이 운영하는 사업전환 중소기업의 실직자에 대한 재취업교육과 새로 진출한 업종에 대한 근로자 교육
　② 「고용보험법」에 따른 고용조정의 지원 및 직업능력개발 지원

6. 유휴설비의 유통지원 17 기출

중소벤처기업부장관은 사업전환과정에서 생기는 유휴설비의 원활한 유통을 지원하기 위해 다음의 사업을 추진할 수 있다.

(1) 국내외 유휴설비 유통정보의 제공과 거래 주선
(2) 유휴설비의 매매 관련 기관 사이의 연계체제 구축
(3) 유휴설비의 집적(集積)과 판매를 위한 입지 지원
(4) 유휴설비의 신뢰성을 높이기 위한 가치평가체제의 구축
(5) 그 밖에 유휴설비 유통 활성화에 필요한 사업

7. 입지지원

(1) 정부 및 지방자치단체는 중소기업자의 사업전환에 따른 공장의 신설·이전·증설 등을 위한 입지의 공급과 절차의 간소화 등을 위하여 노력하여야 한다.

(2) 정부 및 지방자치단체는 승인기업에 대하여 다음 사업을 지원할 수 있다.
　① 농공단지에의 입주
　② 정부 및 지방자치단체가 공급하는 공장용지와 지식산업센터에의 우선 입주
　③ 정부 및 지방자치단체가 건립하는 창업보육센터에의 입주
　④ 지방자치단체가 건립하는 중소기업종합지원센터와 전시판매장과 그 지원시설에의 입주
　⑤ 중소기업상담회사 등을 통한 공장의 신설·이전·증설 등의 대행 및 입지 주선

8. 벤처투자회사 등의 투자

「벤처투자 촉진에 관한 법률」에 따른 벤처투자회사 및 벤처투자조합이 승인기업에 투자할 경우 그 투자지분은 투자의무비율에 따라 사용한 것으로 본다.

9. 세제지원

정부 및 지방자치단체는 조세 관련 법률에서 정하는 바에 따라 승인기업에 세제지원을 할 수 있다.

10. 판로확보 지원

정부는 사업전환을 추진하는 중소기업자의 국내외 판로확보를 지원하기 위하여 다음의 사업을 할 수 있다.

(1) 국내외 유통망 확보 및 홍보·판매 지원

(2) 국내외 전시·박람회 개최 또는 참가 지원

(3) 국내외 거래알선 및 상품홍보를 위한 정보망 구축 지원

(4) 그 밖에 사업전환을 추진하는 중소기업자의 판로확보를 지원하기 위하여 필요하다고 인정하는 사업

11. 사업전환 선도기업의 육성

(1) 중소벤처기업부장관은 승인기업 중 우수한 혁신역량과 성장 가능성을 보유한 중소기업을 사업전환 선도기업으로 선정할 수 있다.

(2) 중소벤처기업부장관은 사업전환 선도기업에 대하여 행정적·재정적·기술적 지원 등을 할 수 있다.

12. 성과평가 및 관리

(1) 중소벤처기업부장관은 사업전환 촉진을 위한 지원사업의 효율적인 운영을 위하여 대통령령으로 정하는 바에 따라 지원사업 및 승인기업의 성과를 평가할 수 있다.

(2) 중소벤처기업부장관은 평가결과에 따라 승인기업에 대한 지원을 달리할 수 있다.

5 보 칙

1. 승인기업이었던 기업에 대한 주식교환의 특례(법 제30조)

중소기업사업전환법에 따른 승인기업은 해당 기업이 승인기업에 해당되지 아니하게 되더라도 주식교환을 한 경우에는 승인기업으로 보아 다음 2가지를 적용한다.

(1) 주식교환을 하려는 승인기업은 그에 관한 이사회 결의가 있으면 즉시 그 결의내용을 주주에게 알리고, 주식교환계약서를 갖추어 두고 읽어 볼 수 있도록 하여야 한다.

(2) 주식회사인 승인기업이 주식교환을 통하여 다른 주식회사 또는 다른 주식회사의 주요주주의 주식을 취득한 경우에는 취득한 날부터 1년 이상 그 주식을 보유하여야 한다.

(3) 특례적용의 제외
중소기업자가 운영하고 있는 사업을 유지하면서 신사업 분야에서 기존의 제품·서비스와 차별화되는 새로운 제품·서비스를 추가하거나 새로운 제공방식을 도입하는 경우로서 해당 사업비중이 대통령령으로 정하는 기준에 해당하는 승인기업에 대해서는 사업전환절차의 원활화(제4장) 규정을 적용하지 아니한다.

2. 사업전환계획 및 공동사업전환계획 승인의 취소 16 19 20 24 기출

(1) 중소벤처기업부장관은 승인기업이 다음의 어느 하나에 해당하는 경우에는 사업전환승인을 취소할 수 있다. 다만, ①에 해당하는 경우에는 승인을 취소하여야 한다.
① 거짓이나 그 밖의 부정한 방법으로 사업전환계획 또는 공동사업전환계획의 승인을 받은 경우
② 승인 없이 사업전환계획 또는 공동사업전환계획을 변경한 경우
③ 휴업·폐업 또는 파산 등으로 6개월 동안 기업활동을 하지 아니하는 경우
④ 승인기업이 사업전환계획 또는 공동사업전환계획의 승인을 받은 날부터 6개월 이내에 정당한 이유 없이 사업전환계획 또는 공동사업전환계획을 추진하지 아니하는 경우

(2) 중소벤처기업부장관은 승인을 취소하려면 청문을 하여야 한다.

(3) 중소벤처기업부장관은 승인이 취소된 경우에는 그 사실을 관계 기관에 통보하여야 한다.

3. 보고 및 검사

(1) 중소벤처기업부장관은 다음 어느 하나에 해당하는 경우 중소기업자, 지원센터 등 관계 기관에 대하여 사업전환계획 또는 공동사업전환계획의 이행상황 등에 관한 보고를 하게 하거나 소속 공무원에게 사무소와 사업장에 출입하여 승인기업의 장부·서류(사업전환계획 또는 공동사업전환계획과 관련된 회계장부, 이행과 관련된 서류, 그 밖에 관련서류 등)를 검사하게 할 수 있다.
① 사업전환계획 또는 공동사업전환계획의 이행실적조사가 필요한 경우
② 승인기업이 사업전환계획 또는 공동사업전환계획의 변경을 요청하거나 중단을 알린 경우
③ 그 밖에 위에 준하는 사항으로 지원센터의 운영 실태에 관한 조사가 필요한 경우

(2) 검사를 하는 경우에는 검사 7일 전까지 검사의 일시·목적 및 내용 등을 포함한 검사계획을 검사대상자에게 통지하여야 한다. 다만, 긴급한 경우 또는 사전통지를 하면 증거인멸 등으로 검사목적을 달성할 수 없다고 인정하는 경우에는 그러하지 아니하다.

(3) 출입·검사하는 공무원은 그 권한을 표시하는 증표를 지니고 이를 관계인에게 내보여야 하며, 출입·검사를 하는 경우 해당 공무원의 성명, 출입시간, 출입목적 등이 적힌 문서를 관계인에게 내주어야 한다.

4. 위임 및 위탁(법 제33조, 영 제17조) 25 기출

(1) 중소벤처기업부장관은 이 법에 따른 권한의 일부를 대통령령으로 정하는 바에 따라 소속 기관의 장이나 지방자치단체의 장에게 위임할 수 있다.

(2) 중소벤처기업부장관은 다음의 업무를 지원센터설치·운영법인의 장에게 위탁한다.
① 사업전환계획 또는 공동사업전환계획의 승인
② 사업전환계획 또는 공동사업전환계획의 이행실적조사
③ 사업전환계획 또는 공동사업전환계획의 변경승인
④ 승인기업에 대한 성과평가
⑤ 사업전환계획 또는 공동사업전환계획 승인의 취소
⑥ 검사에 관한 업무(위탁받은 업무의 처리에 필요한 경우로 한정한다)

5. 벌칙 적용 시의 공무원 의제

중소벤처기업부장관이 위탁한 업무를 하는 단체나 기관의 임직원은 규정을 적용할 때에는 공무원으로 본다.

PART 06 단원핵심문제

제1과목 중소기업관계법령

01 다음은 중소기업 사업전환 촉진에 관한 특별법상 목적이다. 빈칸에 순서대로 들어갈 말로 옳은 것은?

> 이 법은 경제환경의 변화로 인하여 어려움을 겪고 있는 중소기업의 (　　)을 촉진하여 중소기업의 경쟁력을 강화하고 (　　)를 달성함으로써 국민경제의 건전한 발전에 기여함을 목적으로 한다.

① 사업전환, 산업구조의 고도화
② 기술혁신, 산업구조의 활성화
③ 인력지원, 산업전환촉진체계
④ 자가발전, 산업전환촉진체계
⑤ 전략사업, 촉진사업의 구조화

해설 목적(중소기업 사업전환 촉진에 관한 특별법 제1조)
이 법은 경제환경의 변화로 인하여 어려움을 겪고 있는 중소기업의 <u>사업전환</u>을 촉진하여 중소기업의 경쟁력을 강화하고 <u>산업구조의 고도화</u>를 달성함으로써 국민경제의 건전한 발전에 기여함을 목적으로 한다.

02 중소기업 사업전환 촉진에 관한 특별법상 사업전환계획 승인을 위하여 계획서에 포함해야 할 내용으로 옳지 않은 것은?

① 사업전환의 필요성
② 사업전환을 위한 자금유용
③ 새로 운영하거나 또는 추가하려는 업종
④ 사업전환의 내용 및 실시기간
⑤ 사업전환에 필요한 재원과 그 조달계획

해설 자금유용 사항은 계획서 포함 사항이 아니며, ①·③·④·⑤ 외에도 포함되어야 하는 내용으로는 '사업전환에 따른 근로자의 고용조정과 능력개발', '사업전환으로 달성하려는 매출액 등 목표수준' 등이 있다(중소기업 사업전환 촉진에 관한 특별법 제8조 제1항 각 호 참조).

정답　01 ①　02 ②

03 중소기업 사업전환 촉진에 관한 특별법상 사업전환촉진을 위한 지원사업과 그 내용을 연결한 것으로 옳지 않은 것은?

① 컨설팅 지원 – 중소기업자의 규모와 업종에 적합한 컨설팅 서비스의 제공
② 인수·합병등의 지원 – 인수·합병등에 관한 정보제공과 법무·회계 상담 지원
③ 능력개발 및 고용안정지원 – 설비구입 및 연구개발 등 사업전환에 필요한 자금의 융자나 출연 등의 지원
④ 유휴설비의 유통지원 – 유휴설비의 신뢰성을 높이기 위한 가치평가체제의 구축
⑤ 입지지원 – 정부 및 지방자치단체가 공급하는 공장용지와 지식산업센터에의 우선 입주

해설 '설비구입 및 연구개발 등 사업전환에 필요한 자금의 융자나 출연 등의 지원'은 정부 및 지방자치단체의 사업전환촉진을 위한 자금지원에 대한 내용이다(중소기업 사업전환 촉진에 관한 특별법 제24조 참조).

04 중소기업 사업전환 촉진에 관한 특별법령상 사업전환의 범위로 옳은 것은?

① 중소기업자가 새로 추가된 업종의 사업을 시작한 후 2년 이내에 추가된 업종의 매출액이 총매출액의 100분의 30 이상이 된 경우 사업전환 대상이 된다.
② 중소기업자가 새로 추가된 업종의 사업을 시작한 후 3년 이내에 추가된 업종에 종사하는 상시 근로자 수가 총근로자 수의 100분의 20 이상이 되는 경우 사업전환 대상이 된다.
③ 사업전환이 필요한 중소기업자로서 업종, 규모 등에 관하여 대통령령으로 정하는 기준에 해당하는 자란 상시 근로자 수가 5명 이상인 중소기업자로서 중소벤처기업부장관이 정하여 고시하는 바에 따라 업종 간 이동이 이루어지는 것을 말한다.
④ 사업전환이란 중소기업자가 운영하고 있는 업종의 사업을 그만두고 새로운 업종의 사업을 운영하는 경우를 말한다.
⑤ 사업전환의 적용대상이 되는 업종은 미래의 유망업종이나 국가경쟁력을 강화시킬 수 있는 전략업종만 해당된다.

해설 ①·② 중소기업자가 운영하고 있는 사업의 규모를 줄이거나 유지하면서 새로이 추가된 업종의 사업비중이 대통령령으로 정하는 비중 이상으로 늘어나는 경우에서 '대통령령으로 정하는 비중 이상'이란 새로 추가된 업종의 사업을 시작한 후 3년 이내에 추가된 업종의 매출액이 총매출액의 100분의 30 이상이 되거나 추가된 업종에 종사하는 상시 근로자 수가 총근로자 수의 100분의 30 이상이 되는 경우를 말한다(중소기업 사업전환 촉진에 관한 특별법 제2조 제2호 나목, 동법 시행령 제2조 제1항 참조).
③ 사업전환이 필요한 중소기업자로서 업종, 규모 등에 관하여 대통령령으로 정하는 기준에 해당하는 자란 상시 근로자 수가 5명 이상인 중소기업자로서 중소벤처기업부장관이 정하여 고시하는 바에 따라 사업전환이 이루어지는 것을 말한다(동법 제3조 후단, 동법 시행령 제3조 참조).
⑤ 이 법은 경제환경이 변하여 경쟁력을 확보하는 것이 구조적으로 어려워 사업전환이 필요하거나 미래의 유망업종이나 국가경쟁력을 강화시킬 수 있는 전략업종으로 사업전환이 필요한 중소기업자로서 업종, 규모 등에 관하여 대통령령으로 정하는 기준에 해당하는 자에 대하여 적용한다(동법 제3조). 미래의 유망업종이나 국가경쟁력을 강화시킬 수 있는 전략업종만 해당되는 것은 아니다.

정답 03 ③ 04 ④

05 중소기업 사업전환 촉진에 관한 특별법상 중소기업사업전환지원센터의 업무로 옳지 않은 것은?

① 사업전환계획 및 공동사업전환계획의 수립 지원에 관한 사항
② 사업전환을 위한 정보의 제공과 컨설팅 지원에 관한 사항
③ 자금의 융자 주선과 인수·합병의 연계 지원에 관한 사항
④ 중소기업자의 지역별·업종별 사업전환 실태에 관한 사항
⑤ 유휴설비 유통정보의 제공과 거래 주선에 관한 사항

> **해설** '중소기업자의 지역별·업종별 사업전환 실태에 관한 사항'은 사업전환 실태조사에 포함되어야 하는 사항이다(중소기업 사업전환 촉진에 관한 특별법 제7조 제2항 제1호 참조). 중소기업사업전환지원센터의 업무에는 ①·②·③·⑤ 외에도 '승인을 받은 중소기업자에 대한 사후관리에 관한 사항', '사업전환 전문가 육성에 관한 사항', '사업전환 선진기법 및 교육 프로그램 등의 보급에 관한 사항', '그 밖에 중소기업의 사업전환을 촉진하기 위하여 중소벤처기업부장관이 위탁하는 사항' 등이 있다(동법 제6조 제2항 각 호 참조).

06 중소기업 사업전환 촉진에 관한 특별법령상 사업전환계획 승인에 관한 설명으로 옳지 않은 것은? (단, 업무의 위탁은 고려하지 않음)

① 중소벤처기업부장관은 승인신청서를 받은 경우 해당 사업장에 대한 현장조사가 필요하지 않다고 판단된다면 현장조사를 생략할 수 있다.
② 승인기업은 중소벤처기업부장관의 승인 없이 사업전환계획의 주요 내용을 변경할 수 있다.
③ 승인기업이 승인을 받은 날부터 6개월 이내에 정당한 이유 없이 사업전환계획을 추진하지 아니하는 경우 중소벤처기업부장관은 승인을 취소할 수 있다.
④ 승인기업이 거짓으로 승인을 받은 경우 중소벤처기업부장관은 승인을 취소하여야 하며, 이를 위한 청문을 하여야 한다.
⑤ 중소벤처기업부장관은 승인이 취소된 경우 그 사실을 관계 기관에 통보하여야 할 의무가 있다.

> **해설** 승인기업이 사업전환계획의 주요 내용을 변경하려면 중소벤처기업부장관의 승인을 받아야 하고, 사업전환계획을 중단하려면 중소벤처기업부장관에게 통지하여야 한다(중소기업 사업전환 촉진에 관한 특별법 제11조 제1항).

07 중소기업 사업전환 촉진에 관한 특별법상 사업전환촉진을 위한 지원사업의 내용으로 옳지 않은 것은?

① 정보제공 지원사업
② 컨설팅지원사업에 소요되는 비용의 지원
③ 중소기업상담회사 등을 통한 공장의 신설 등의 대행 및 입지 주선
④ 사업전환에 따른 실직자의 취업지원사업
⑤ 승인을 받은 중소기업자의 경영실태 등 사업전환 성과에 관한 사항

> **해설** '승인을 받은 중소기업자의 경영실태 등 사업전환 성과에 관한 사항'은 사업전환 실태조사의 포함내용이다(중소기업 사업전환 촉진에 관한 특별법 제7조 제2항 제2호 참조).

08 중소기업 사업전환 촉진에 관한 특별법상 주식교환에 관한 설명으로 옳지 않은 것은?

① 자기주식의 취득기간은 주주총회 승인결의일부터 6개월 이내이어야 한다.
② 승인기업이 주식교환에 따라 다른 주식회사의 주식을 취득한 경우에는 취득일부터 1년 이상 이를 보유하여야 한다.
③ 주식교환계약서의 주주총회 승인결의는 출석주주의 의결권의 3분의 2 이상의 수와 발행주식 총수의 3분의 1 이상의 수로써 하여야 한다.
④ 승인기업이 자기주식을 취득할 수 있는 금액은 자기자본에서 이익준비금을 차감한 금액을 한도로 한다.
⑤ 주식교환이란 주식회사인 승인기업이 사업전환을 위해 자기주식을 다른 주식회사 또는 다른 주식회사의 주요주주의 주식과 교환하는 것을 말한다.

해설 주식교환을 하려는 승인기업은 「상법」 제341조에도 불구하고 주식교환에 필요한 주식에 대하여는 자기의 계산으로 자기주식을 취득할 수 있다. 이 경우 그 취득금액은 배당을 할 수 있는 이익 이내이어야 한다(중소기업 사업전환 촉진에 관한 특별법 제12조 제2항).

09 중소기업 사업전환 촉진에 관한 특별법상 승인기업에 대한 입지지원 사업으로 옳지 않은 것은?

① 정부 및 지방자치단체가 공급하는 공장용지 및 지식산업센터 우선 입주
② 정부 및 지방자치단체가 건립하는 창업보육센터의 입주
③ 벤처투자회사가 건립하는 중소기업종합지원센터 · 전시판매장과 그 지원시설의 입주
④ 중소기업상담회사 등을 통한 공장의 신설 · 이전 · 증설 등의 대행 및 입지 주선
⑤ 산업입지 및 개발에 관한 법률에 따른 농공단지의 입주

해설 '지방자치단체가 건립하는 중소기업종합지원센터 · 전시판매장과 그 지원시설의 입주'이다(중소기업 사업전환 촉진에 관한 특별법 제27조 제2항 제4호).

10 중소기업 사업전환 촉진에 관한 특별법상의 유휴설비 유통지원 사업으로 옳지 않은 것은?

① 국내외 유휴설비 유통정보의 제공과 거래 주선
② 유휴설비 매매 관련 기관 사이의 연계체제 구축
③ 국내외 전시 · 박람회 개최 또는 참가 지원
④ 유휴설비의 집적과 판매를 위한 입지 지원
⑤ 유휴설비의 신뢰성을 높이기 위한 가치평가체계의 구축

해설 '국내외 전시 · 박람회 개최 또는 참가 지원'은 판로확보 지원사업에 대한 내용이다(중소기업 사업전환 촉진에 관한 특별법 제29조의2 제2호 참조).

정답 08 ④ 09 ③ 10 ③

PART 07 중소기업진흥에 관한 법률

(약칭 : 중소기업진흥법)

체크포인트

중소기업진흥법은 분량도 가장 많고, 중요도도 높은 법이다. 중소기업을 진흥시키기 위한 방안으로 이를 크게 범주화 하자면 구조고도화, 각종 지원사업과 중소벤처기업진흥공단·진흥기금이 있으며, 그중 내용이 반복되는 것은 잘 암기하도록 한다. 예를 들어 요건, 확인(승인)과 확인(승인)의 취소 등에 대한 내용은 자주 나오는 것들이므로 주의 깊게 보도록 한다.

목적(법 제1조)
중소기업진흥법은 중소기업의 구조 고도화를 통하여 중소기업의 경쟁력을 강화하고 중소기업의 경영 기반을 확충하여 국민경제의 균형 있는 발전에 기여함을 목적으로 한다.

정의(법 제2조) 21 23 25 기출
(1) '**중소기업자**'란 다음 어느 하나에 해당하는 자를 말한다.
  ① 「중소기업기본법」에 따른 중소기업자
  ② 「중소기업협동조합법」에 따른 중소기업협동조합
  ③ 「산업기술연구조합 육성법」에 따른 산업기술연구조합 중 그 조합원의 100분의 90 이상이 「중소기업기본법」에 따른 중소기업자로 구성된 조합
  ④ 그 밖에 대통령령으로 정하는 중소기업 진흥을 위한 다음의 단체
    ㉠ 「산업발전법」에 따른 사업자단체 중 그 구성원의 3분의 2 이상이 「중소기업기본법」에 따른 중소기업자로 구성된 사업자단체
    ㉡ 「민법」에 따라 설립된 비영리법인 중 서로 다른 업종 간의 정보와 기술교류사업을 추진하는 법인
(1-1) '**소기업**'이란 「중소기업기본법」에 따른 소기업을 말한다.
(1-2) '**벤처기업**'이란 「벤처기업육성에 관한 특별법」에 따른 벤처기업을 말한다.
(2) '**중소기업의 자동화**'란 중소기업자가 생산성과 품질의 향상을 위하여 각종 자동화설비를 통하여 생산공정을 합리적으로 개선하는 것을 말한다.
(3) '**중소기업의 정보화**'란 중소기업자가 컴퓨터 또는 각종 제어장치를 이용하여 경영관리와 유통관리를 전산화하는 등 중소기업의 전산망을 구축하는 것을 말한다.
(4) '**기술개발**'이란 다음의 어느 하나에 해당하는 것을 말한다.
  ① 중소기업자가 생산·판매 또는 서비스를 제공하는 기술에 관한 연구개발을 하는 것
  ② ①에 따른 연구개발의 성과를 이용하는 것
(5) '**사업전환**'이란 「중소기업 사업전환 촉진에 관한 특별법」에 따른 사업전환을 말한다.
(6) '**협동화**'란 여러 중소기업자가 공동으로 행하는 다음의 어느 하나에 해당하는 것을 말한다.
  ① 공장 등 사업장을 집단화하는 것
  ② 생산설비, 연구개발설비, 환경오염방지시설 등을 공동으로 설치·운영하는 것
  ③ 제품 및 상표의 개발과 원자재 구입 및 판매 등 경영활동을 공동으로 수행하는 것

(7) '**물류현대화**'란 중소기업자가 생산하는 제품의 원활한 유통을 도모하고 물류비용을 절감하기 위하여 유통시설을 설치하거나 개선하는 것을 말한다.
(8) '**협업**'이란 중소기업자가 다음의 어느 하나에 해당하는 자와 제품 개발, 원자재 구매, 생산, 판매 등에서 각각의 전문적인 역할을 분담하여 상호보완적으로 제품을 개발·생산·판매하거나 서비스를 제공하는 것을 말한다.
　① 다른 중소기업자
　②「중견기업 성장촉진 및 경쟁력 강화에 관한 특별법」에 따른 중견기업
　③ 그 밖에 중소벤처기업부장관이 협업의 활성화를 위하여 필요하다고 인정하는 자
(9) '**가업승계**'란 중소기업이 동일성을 유지하면서 상속이나 증여를 통하여 그 기업의 소유권 또는 경영권을 친족에게 이전하는 것을 말한다. 이 경우 업종, 고용, 가업승계 후 기업유지기간 등 동일성 유지의 기준은 대통령령으로 정한다.
(10) '**명문장수기업**'이란 장기간 건실한 기업 운영으로 사회에 기여한 바가 크고, 세대를 이어 지속적인 성장이 기대되는 중소기업으로서 동법 제62조의4의 요건을 갖춘 기업을 말한다.
(11) '**사회적 책임경영**'이란 기업의 의사결정과 활동이 사회와 환경에 미치는 영향에 대하여 투명하고 윤리적인 경영활동을 통하여 기업이 지는 책임을 말한다.

더 알아보기 ┃ 중견기업과 중견기업 후보기업

중견기업(「중견기업법」 제2조 제1호 및 시행령 제2조 제2항 참조)
다음의 요건을 모두 갖추고 영리를 목적으로 사업을 하는 기업을 말한다.
•「중소기업기본법」에 따른 중소기업이 아닐 것
•「공공기관의 운영에 관한 법률」에 따른 공공기관, 「지방공기업법」에 따른 지방공기업 등 대통령령으로 정하는 기관이 아닐 것
• 소유와 경영의 실질적인 독립성이 다음 각 목의 어느 하나에 해당하는 기업이 아닐 것
　－「독점규제 및 공정거래에 관한 법률」에 따른 상호출자제한기업집단에 속하는 기업
　－ 상호출자제한기업집단 지정기준인 자산총액 이상인 기업 또는 법인(외국법인을 포함)이 해당 기업의 주식(「상법」에 따른 의결권 없는 주식은 제외) 또는 출자지분의 100분의 30 이상을 직접적 또는 간접적으로 소유하면서 최다출자자인 기업
•「통계법」에 따라 통계청장이 고시하는 한국표준산업분류에 따른 업종 중 금융업, 보험 및 연금업 또는 금융 및 보험 관련 서비스업을 영위하는 기업(「독점규제 및 공정거래에 관한 법률」에 따른 일반지주회사는 제외)이 아닐 것

중견기업 후보기업(동법 제2조 제2호 및 시행령 제2조 제4항 참조)
중소기업 중에서 중견기업으로의 성장가능성이 높고 혁신역량이 있는 기업으로서 다음의 어느 하나에 해당하는 기업을 말한다.
• 규모의 확대 등으로 중소기업에 해당하지 아니하게 되었으나 그 사유가 발생한 연도의 다음 연도부터 3년간 중소기업으로 보는 기업
• 해당 기업이 영위하는 주된 업종과 그 기업의 직전 사업연도의 매출액이 대통령령으로 정하는 기준에 맞는 중소기업으로서 다음의 어느 하나에 해당하는 기업
　－ 직전 3개 사업연도 동안의 매출액 연평균 증가율을 영에 따라 산정한 값이 100분의 15 이상인 기업
　－ 직전 3개 사업연도 동안의 매출액 대비 연구개발투자 금액 비율의 평균이 100분의 2 이상인 기업

1 중소기업의 구조고도화

1. 구조고도화지원계획(법 제3조)

(1) 의 의
① 정부는 경제 여건의 변화에 따라 중소기업의 경영의 어려움을 해소하고 중소기업의 경쟁력을 높이기 위하여 사업규모, 경영기법 또는 생산방법의 개선이 필요하다고 인정되면 개인사업의 법인 전환, 기업의 합병과 분할, 공동사업, 협업, 사업 전환, 사업장의 이전, 경영 합리화 등 중소기업의 구조 고도화를 지원하기 위하여 필요한 시책을 강구할 수 있다.
② 특별시장·광역시장·특별자치시장·도지사 또는 특별자치도지사(이하 '시·도지사')는 ①에 따른 지원시책을 시행하기 위하여 매년 관할구역의 중소기업의 구조 고도화 지원을 위한 계획(이하 '구조고도화지원계획')을 세워 공고하여야 한다. 이 경우 시·도지사는 중소벤처기업진흥공단 등 중소기업 지원기관의 장에게 구조고도화지원계획의 수립에 필요한 자료의 제출을 요청할 수 있으며, 그 요청을 받은 지원기관의 장은 이에 협조하여야 한다.
③ 시·도지사는 구조고도화지원계획의 원활한 추진을 위하여 관계 중앙행정기관의 장에게 필요한 지원을 요청할 수 있다.

(2) 구조고도화지원계획 포함사항
구조고도화지원계획에는 지방자치단체의 실정에 맞도록 다음의 사항이 포함되어야 한다.
① 사업별 예산 지원에 관한 사항
② 경영과 기술에 관한 상담, 진단, 지도 및 정보 제공 등에 관한 사항
③ 그 밖에 구조 고도화 지원에 필요한 사항

2. 중소기업의 자동화 지원사업 [20]기출

(1) 의 의
중소벤처기업부장관은 중소기업의 자동화를 촉진하고 자동화설비의 생산업체와 엔지니어링사업자를 육성하기 위하여 자동화지원사업을 실시하여야 한다.

(2) 자동화지원사업 포함사항
중소벤처기업부장관은 자동화지원사업으로 다음의 사항에 관한 지원사업을 추진할 수 있다.
① 중소기업의 자동화 촉진을 위한 설비 보급
② 중소기업의 자동화를 위한 시범사업과 표준화
③ 중소기업의 자동화에 관한 전문인력의 양성
④ 중소기업의 자동화를 촉진하기 위한 자금 지원
⑤ 그 밖에 중소기업의 자동화를 촉진하기 위하여 필요한 사항

3. 서로 다른 업종 간 교류 지원사업

(1) 의 의
중소벤처기업부장관은 서로 다른 업종을 영위하고 있는 중소기업자 간 정보 및 기술 교류를 촉진하기 위하여 서로 다른 업종 간 교류 지원사업을 실시하여야 한다.

(2) 서로 다른 업종 간 교류 지원사업 포함사항
중소벤처기업부장관은 서로 다른 업종 간 교류 지원사업으로 다음의 사항에 관한 지원사업을 추진할 수 있다.
① 정보 및 기술 교류의 활성화를 위한 전문가의 파견
② 정보 및 기술 교류에 필요한 자금 지원
③ 그 밖에 정보 및 기술 교류를 촉진하기 위하여 필요한 사항

2 중소기업의 경영기반 확충

1. 협동화사업 [20]기출

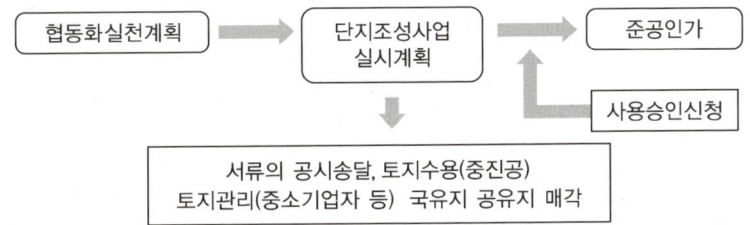

(1) 중소기업 협동화기준의 고시(법 제28조)
① 중소벤처기업부장관은 중소기업자의 집단화와 시설공동화 등을 위한 중소기업 협동화기준(이하 '협동화기준')을 정하고 고시하여야 한다. 협동화기준을 변경한 경우에도 또한 같다. 협동화기준을 정할 때 특히 필요하면 중소기업자 외의 자가 참여할 수 있는 협동화기준을 정할 수 있다.
② 중소벤처기업부장관은 협동화기준을 정할 때에는 미리 관계 중앙행정기관의 장과 협의하여야 한다.

(2) 협동화기준(영 제28조)
① 협동화실천계획의 수립에 필요한 협동화사업의 종류, 참가업체수, 참가자격, 사업계획의 타당성 및 추진주체 등에 관한 사항
② 협동화실천계획의 승인을 받은 자에 대한 지원의 범위, 조건, 절차 및 사후 관리 등에 관한 사항
③ 위와 관련하여 중소벤처기업부장관이 특히 필요하다고 인정하는 사항

1-1. 협동화실천계획

(1) 협동화실천계획 14 기출
① 협동화기준에 따라 협동화실천계획을 세워 시행하려는 자는 중소벤처기업부장관의 승인을 받아야 한다. 승인을 받은 계획 중 중소벤처기업부령으로 정하는 사항을 변경하려는 경우에도 또한 같다.
② 협동화기준에 따라 협동화실천계획을 세워 시행하려는 자는 그 협동화실천계획에 형질변경이나 기반시설공사를 수반하고 3만 제곱미터 이상인 단지조성사업이 포함되는 경우에는 ①에도 불구하고 시·도지사의 승인을 받아야 한다. 승인을 받은 계획 중 중소벤처기업부령으로 정하는 사항을 변경하려는 경우에도 또한 같다.
③ 시·도지사는 ②에 따른 승인이나 변경 승인을 하려면 미리 중소벤처기업부장관과 협의하여야 한다.
④ ①과 ②에 따른 협동화실천계획의 수립에 필요한 사항은 대통령령으로 정한다.

> **학습포인트**
> 협동화실천계획의 승인에서 3만제곱미터 이상이면 시·도지사에게, 그 이하면 중소벤처기업부장관에게 승인을 받는다.

(2) 협동화실천계획에 포함될 사항(영 제29조) 16 기출
① 협동화실천계획의 목표
② 참가업체
③ 사업내용
④ 추진주체
⑤ 재원조달계획
⑥ 실시기간
⑦ 협동화 사업을 위한 단지조성사업을 하려는 경우에는 단지조성사업의 실시계획 승인에 대한 사항
⑧ 그 밖에 협동화 사업에 필요한 사항

(3) 협동화실천계획의 승인(영 제30조)
① 협동화실천계획의 승인이나 변경승인을 받으려는 자는 승인신청서나 변경승인신청서를 중소벤처기업부장관에게 제출하여야 한다. 승인을 받은 계획 중 중소벤처기업부령으로 정하는 사항을 변경하려는 경우에도 또한 같다.
② 단지조성사업이 포함되는 협동화실천계획의 승인이나 변경승인을 받으려는 자는 승인신청서나 변경승인신청서를 특별시장·광역시장·특별자치시장·도지사 및 특별자치도지사에게 제출하여야 한다.

③ 승인신청 제출서류
  ㉠ 중소기업 협동화실천계획서(국외협동화사업실시계획 승인신청의 경우에는 국외협동화사업실시계획서)
  ㉡ 추진주체의 정관(법인인 경우만 해당)
  ㉢ 내부규약서
④ 변경승인신청 제출서류
  ㉠ 변경계획서
  ㉡ 변경내용의 신·구대비표

(4) 협동화실천계획의 변경(규칙 제10조)
협동화실천계획의 변경에 관한 승인을 받아야 할 사항은 다음과 같다.
① 협동화사업장의 위치 변경
② 참가업체의 변경
③ 추진주체의 변경
④ 협동화사업 내용의 변경
⑤ 중소벤처기업부장관이 고시하는 중소기업 협동화기준에서 정하는 사항의 변경
⑥ 협동화실천계획에 따른 단지조성사업이 포함되어 있는 경우에는 단지조성사업의 실시계획 변경사항

(5) 협동화실천계획의 승인취소
① 중소벤처기업부장관이나 시·도지사는 협동화실천계획의 승인을 받은 자가 다음의 어느 하나에 해당하면 협동화실천계획의 승인을 취소하고 지원자금의 원리금을 회수할 수 있다(원금 + 이자). 다만, 다음의 ㉠에 해당하는 경우에는 그 승인을 취소하고 지원자금의 원리금을 회수하여야 한다.
  ㉠ 거짓이나 그 밖의 부정한 방법으로 협동화실천계획의 승인을 받은 경우
  ㉡ 변경승인을 받지 아니하고 협동화실천계획을 변경하거나 중단한 경우
  ㉢ 사업목적을 달성할 수 없거나 지원자금을 다른 목적으로 사용한 경우
② 중소벤처기업부장관이나 시·도지사는 협동화실천계획의 승인을 취소하려면 청문을 하여야 한다.

(6) 규제의 재검토(법 제83조의2)
중소벤처기업부장관은 협동화실천계획의 승인취소 요건에 대하여 2015년 1월 1일을 기준으로 3년마다(매 3년이 되는 해의 1월 1일 전까지) 그 타당성을 검토하여 개선 등의 조치를 하여야 한다.

1-2. 협동화실천계획에 따른 단지조성사업

(1) 단지조성사업의 실시계획 승인 15 기출

① 협동화실천계획의 승인을 받은 자 또는 중소벤처기업진흥공단(이하 '중소기업자등')이 단지조성사업을 시행하려는 경우에는 단지조성사업의 실시계획을 작성하여 시·도지사의 승인을 받아야 한다. 승인을 받은 계획 중 중소벤처기업부령으로 정하는 사항을 변경하려는 경우에도 또한 같다.
② 중소기업자등이 위에 따라 실시계획의 승인이나 변경승인(대도시 시장의 승인이나 변경승인을 받는 경우는 제외)을 받으려면 그 실시계획을 관할 시장, 군수 또는 구청장(자치구의 구청장)을 거쳐 시·도지사에게 제출하여야 한다.
③ 시·도지사는 실시계획을 승인하려면 다음의 사항을 고려하여 결정하여야 한다.
　㉠ 협동화사업을 위한 단지조성의 적합성 및 적정규모 여부
　㉡ 국토·산업·환경 등 관련 국가계획과의 연계성
　㉢ 도로, 용수(用水), 전력, 폐기물처리시설 등의 기반시설 확보 여부에 관한 사항
　㉣ 지역경제와 환경에 미치는 영향에 관한 사항
④ 시·도지사가 실시계획의 승인이나 변경승인을 하면 국토교통부장관에게 보고하고 이를 고시하여야 한다. 단지조성사업 실시계획 승인이나 변경승인의 보고 및 고시에는 다음의 사항이 포함되어야 한다. 다만, ㉢의 사항은 토지의 수용(收用)·사용을 하는 경우로 한정한다.
　㉠ 사업의 개요(명칭, 목적, 위치, 면적 및 시행기간에 관한 사항을 포함)
　㉡ 협동화실천계획의 승인을 받은 자 또는 중소벤처기업진흥공단의 명칭 및 주소
　㉢ 수용·사용할 토지나 건물의 세목과 소유권, 그 밖의 권리명세(관계인의 성명, 주소를 포함)
⑤ 중소기업자등이 국외에 조성된 공업용지를 취득하거나 장기 임차하여 협동화사업을 실시하려는 경우에는 실시계획을 작성하여 중소벤처기업부장관의 승인을 받아야 한다. 승인을 받은 계획 중 중소벤처기업부령으로 정하는 사항을 변경하려는 경우에도 또한 같다.

(2) 단지조성사업의 실시계획 승인제출서류(규칙 제11조 제2항)

① 단지조성사업 실시계획의 승인이나 변경승인을 받으려는 중소기업자등은 신청서에 다음의 구분에 따른 서류를 첨부하여 관할 시장·군수 또는 구청장(자치구의 구청장)에게 제출하여야 한다.
　㉠ 승인신청의 경우
　　• 사업계획서(사업시행기간·사업시행방법, 자금조달계획, 위치도, 계획평면도, 실시계획도서를 포함)
　　• 수용·사용할 토지나 건물의 세부목록과 소유권 외의 권리명세서(소유자 및 관계인의 성명·주소를 포함)
　　• 사업시행구역의 토지 등의 매수보상계획과 주민의 이주대책을 적은 서류
　　• 공동시설물 및 토지 등의 무상귀속과 대체(이전·철거 및 대체시설물의 설치를 포함)에 관한 계획서
　　• 조성된 토지와 시설물의 관리처분계획서
　　• 시장·군수 또는 구청장이 발행하는 부지증명(단지조성사업에 사용되는 토지가 도시계획시설과 저촉되는 경우만 해당)

ⓒ 변경승인신청의 경우
- 변경계획서
- 변경내용의 신·구대비표

② 신청서를 받은 시장·군수 또는 구청장은 행정정보의 공동이용을 통하여 지적도를 확인하여야 한다. 신청서를 받은 시장·군수 또는 구청장은 그 신청서를 받은 날부터 10일 이내에 의견서를 첨부하여 시·도지사에게 송부하여야 한다.

(3) 단지조성사업 실시계획의 변경(규칙 제11조 제1항) 18 기출

협동화실천계획의 승인을 받은 중소기업자등이 단지조성사업 실시계획의 변경에 관한 승인을 받아야 할 사항은 다음과 같다.
① 당초 계획된 단지면적의 100분의 10 이상의 면적의 변경
② 기본배치계획의 변경
③ 사업기간의 변경

(4) 서류의 공시송달(영 제32조)

① 중소기업자등이 단지조성사업을 시행할 때 이해관계인의 주소나 거소가 불분명하거나 그 밖의 사유로 서류를 송달할 수 없을 때에는 서울특별시와 해당 지방에서 발간되는 일간신문 및 인터넷 홈페이지에 이를 공고함으로써 그 서류의 송달을 갈음할 수 있다.
② 공시송달을 하는 경우 그 서류는 공고가 있은 날에 발송한 것으로 보고, 그 공고일부터 14일이 지난 때에 상대방에게 도달한 것으로 본다. 다만, 외국에 체류 중인 자에 대하여는 그 공고일부터 60일로 한다.

(5) 단지조성사업의 준공인가

① 중소기업자등은 단지조성사업을 완료한 때에는 시·도지사의 준공인가를 받아야 한다.
② 시·도지사는 준공인가의 신청을 받으면 준공검사를 한 후 준공인가증을 그 중소기업자등에게 내주고 이를 공고하여야 한다.
③ 중소기업자등은 준공인가 전에는 단지조성사업으로 조성 또는 설치된 공장용지나 시설을 사용할 수 없다. 다만, 시·도지사의 사용승인을 받은 경우에는 그러하지 아니하다.

(6) 단지조성사업의 준공인가 제출서류(규칙 제12조 제1항)

단지조성사업을 시행하는 중소기업자등이 준공인가를 받으려면 준공인가 신청서에 다음의 서류를 첨부하여 시·도지사에게 제출하여야 한다.
① 준공조서(준공설계도서와 준공사진을 포함)
② 시장·군수 또는 구청장이 인정하는 실측평면도와 구적평면도
③ 조성지의 소유자별 면적조서
④ 공공시설 및 토지 등의 귀속조서 및 도면(용도폐지된 공공시설 및 토지 등에 대한 감정평가업자의 가액평가조서와 대체 시설된 공공시설의 공사비산출명세서 첨부)
⑤ 신·구 지적대조도

(7) 준공인가의 공고(규칙 제12조 제3항)

시·도지사는 단지조성사업에 대한 준공인가를 하면 다음의 사항을 관보에 공고하여야 한다.
① 사업시행자
② 사업명칭
③ 위치·면적
④ 준공연월일

(8) 공장용지와 시설의 준공인가 전 사용승인 신청(규칙 제13조)

단지조성사업을 시행하는 중소기업자등이 준공인가 전에 공장용지나 시설을 사용하기 위하여 사용승인을 받으려면 사용승인 신청서에 다음의 서류를 첨부하여 시·도지사에게 제출하여야 한다.
① 위치도
② 단지조성 현황에 관한 서류
③ 공장배치계획도
④ 사용하려는 단지 및 시설 현황에 관한 서류

(9) 토지 수용

① 중소벤처기업진흥공단은 단지조성사업을 시행하기 위하여 필요한 토지·건물 또는 토지에 정착한 물건이나 토지·건물 또는 토지에 정착한 물건에 관한 소유권 외의 권리, 광업권·어업권, 물의 사용에 관한 권리를 수용하거나 사용할 수 있다.
② 실시계획의 승인은 사업인정으로 본다.
③ 수용 또는 사용에 관하여 중소기업진흥법에 특별한 규정이 있는 경우 외에는 「공익사업을 위한 토지 등의 취득 및 보상에 관한 법률」을 적용한다.

(10) 토지 관리

중소기업자등은 단지조성사업을 시행하기 위하여 필요한 경우에는 다음의 행위를 할 수 있다.
① 타인의 토지에 출입
② 타인의 토지의 일시 사용
③ 타인의 토지의 입목·토석, 그 밖의 장애물에 대한 변경 또는 제거(즉, 토지의 개발)

(11) 국유지와 공유지의 매각

① 실시계획이 승인된 지역 안의 국유지 또는 공유지는 「국유재산법」, 「지방재정법」, 그 밖의 다른 법령에도 불구하고 중소기업자등에게 수의계약으로 매각할 수 있다.
② 국가와 지방자치단체는 실시계획이 승인된 지역에 대하여는 용지의 정리, 진입도로의 개설 및 시설의 설치 등 필요한 지원을 하여야 한다.

2. 협업 지원사업

> **학습포인트**
> 법 제2조에서 정의하는 협동화와 협업을 구분해야 한다.
> • 협동화 : 규모와 관련한 것이다. 예 공장이 뭉쳐있으면 생산력이 높아지는 것
> • 협업 : 시스템과 관련한 것이다. 예 자동차를 만들 때 부품공장이 여러 개가 모인 것

(1) 협업 지원사업(법 제39조) 16 19 20 25 기출

정부는 중소기업자의 원활한 협업을 수행을 위하여 다음의 사항에 관한 지원사업을 할 수 있다.
① 협업자금 지원
② 인력 양성
③ 기술개발자금 출연
④ 수출 및 판로개척 지원
⑤ 공동 법인 설립 등에 관한 자문
⑥ 그 밖에 중소기업자의 협업 지원을 위하여 중소벤처기업부장관이 필요하다고 인정하는 사항

(2) 협업기업 선정 및 선정취소

① 중소벤처기업부장관은 협업에 관한 구체적인 계획을 수립하는 등 대통령령으로 정하는 요건을 갖춘 중소기업자의 신청을 받아 해당 중소기업자를 협업지원사업의 대상자로 선정할 수 있다. 협업기업의 선정 및 선정취소의 기준·절차 등에 관한 세부사항은 대통령령으로 정한다.
② 중소벤처기업부장관은 ①에 따라 협업지원사업의 대상자로 선정된 기업(이하 '협업기업')이 다음에 해당하면 협업기업의 선정을 취소할 수 있다. 다만, ㉠에 해당하는 경우에는 그 선정을 취소하여야 한다.
　㉠ 거짓이나 그 밖의 부정한 방법으로 선정된 경우
　㉡ 휴업·폐업 또는 파산 등으로 6개월 이상 협업을 하지 아니한 경우
　㉢ 그 밖에 정상적인 협업 추진이 어렵다고 중소벤처기업부장관이 인정하는 경우

(3) 협업기업의 선정 요건(영 제33조 제1항·제2항) 19 기출

협업에 관한 구체적인 계획을 수립하는 등 대통령령으로 정하는 요건은 다음(①·②·③)을 말한다.
① 다음을 포함한 협업계획이 있을 것
　㉠ 사업계획 목표
　㉡ 협업을 하려는 중소기업자와 참여기업의 명칭, 주소 및 대표자의 성명
　㉢ 사업내용과 실시기간
　㉣ 참여기업이 제공한 설비·기술·인력·자본
　㉤ 자금조달 방법

② 협업 추진기업과 참여기업이 다음의 어느 하나에 해당하지 아니할 것
  ㉠ 일반 유흥 주점업, 무도 유흥 주점업, 기타 주점업, 기타 사행시설 관리 및 운영업, 무도장 운영업 등에 해당하는 업종을 영위하는 경우
  ㉡ 휴업 중이거나 폐업한 경우
③ 협업 추진기업과 참여기업이 다음 요건을 모두 갖추고 있을 것
  ㉠ 협업을 수행하는 데 필요한 설비·기술·인력·자본을 갖추고 있을 것
  ㉡ 협업을 위한 역할을 기능별로 분담할 것
  ㉢ 대등한 입장에서 합의에 따라 공정한 협업계약을 체결하였을 것
④ 협업지원사업의 대상자로 선정을 받으려는 중소기업자는 중소벤처기업부령으로 정하는 협업지원사업 선정신청서에 다음의 서류를 첨부하여 중소벤처기업부장관에게 제출하여야 한다.
  ㉠ 협업계획에 관한 서류
  ㉡ 협업을 수행하는 데 필요한 설비·기술·인력·자본을 갖추었음을 증명할 수 있는 서류
  ㉢ 협업 추진기업과 참여기업의 권리, 의무와 사업운영방안에 대하여 각 기업의 장이 확인한 협업계약서 또는 공증을 마친 내부규약

(4) 중소벤처기업부장관의 협업사업 시 고려사항(영 제33조 제3항·제4항·제5항) 18 기출

① 중소벤처기업부장관은 신청을 받은 경우 다음을 고려하여 협업지원사업의 대상자를 선정하여야 하며, 이 경우 전문가의 의견을 들어야 한다.
  ㉠ 협업의 추진 필요성 및 협업체 구성의 적절성
  ㉡ 협업의 안정성과 사업계획의 실현가능성
  ㉢ 사업추진능력과 그 밖에 협업의 기대효과
② 중소벤처기업부장관은 협업지원사업의 대상자로 선정된 기업에 중소벤처기업부령으로 정하는 협업기업 선정확인서를 발급하여야 한다.
③ 규정사항 외에 협업기업의 선정절차 등에 필요사항은 중소벤처기업부장관이 정하여 고시한다.

(5) 전담기관의 지정 등 22 기출

① 중소벤처기업부장관은 협업지원사업을 효율적으로 수행하기 위하여 중소기업 진흥 관련 업무를 전문적으로 수행하는 기관 또는 단체를 협업지원 전담기관 또는 단체로 지정하여 협업지원사업의 일부를 수행하게 할 수 있다.
② 중소벤처기업부장관은 예산의 범위에서 전담기관에 대하여 ①의 업무를 수행하는 데 필요한 경비의 전부 또는 일부를 지원할 수 있다.
③ 중소벤처기업부장관은 협업지원 전담기관 또는 단체를 지정하는 경우에는 다음 요건을 모두 갖춘 기관 또는 단체를 지정하여야 한다.
  ㉠ 중소기업 진흥 관련 업무를 주요 업무로 수행할 것
  ㉡ 협업지원사업을 수행할 정규직 근로자 2명 이상으로 구성된 전담조직을 확보하고 있을 것
  ㉢ 협업지원사업을 수행할 수 있는 사무공간을 갖추고 있을 것
④ 전담기관으로 지정을 받으려는 자는 중소벤처기업부령으로 정하는 전담기관 지정신청서에 ③의 요건을 갖추었음을 증명할 수 있는 서류를 첨부하여 중소벤처기업부장관에게 제출하여야 한다.

⑤ 중소벤처기업부장관은 전담기관을 지정한 경우 그 사실을 중소벤처기업부 인터넷 홈페이지에 게시하여야 한다.
⑥ 전담기관으로 지정받은 기관 또는 단체는 해당 연도의 사업계획과 전년도의 추진실적을 매년 1월 31일까지 중소벤처기업부장관에게 제출하여야 한다.
⑦ 중소벤처기업부장관은 전담기관 지정을 취소하거나 업무정지를 한 경우에는 그 사실을 중소벤처기업부 인터넷 홈페이지에 게시하여야 한다.

(6) 전담기관 지정의 취소
① 중소벤처기업부장관은 전담기관이 다음 어느 하나에 해당하는 경우에는 지정을 취소하거나 6개월의 범위에서 기간을 정하여 업무의 전부 또는 일부를 정지할 수 있다. 다만, ㉠에 해당하는 경우에는 지정을 취소하여야 한다.
  ㉠ 거짓이나 그 밖의 부정한 방법으로 지정을 받은 경우
  ㉡ 지정 기준에 적합하지 아니하게 된 경우
② 행정처분의 세부기준은 그 위반사유와 정도를 고려하여 대통령령으로 정한다.

(7) 이행실적 조사
① 중소벤처기업부장관은 협업기업의 협업 이행 여부와 실적 등에 대하여 조사할 수 있다.
② 중소벤처기업부장관은 협업기업의 협업 이행 여부와 실적 등을 조사하려면 그 협업기업에 조사일시, 조사목적 및 조사내용 등을 미리 알려야 한다.

(8) 청문(영 제79조의2)
중소벤처기업부장관은 협업기업의 선정취소 및 전담기관의 지정취소에 해당하는 처분을 하려면 청문을 하여야 한다.

3 입지 지원사업과 환경오염 저감 지원사업

1. 입지 지원사업(법 제41조)

(1) 의 의
중소벤처기업부장관은 중소기업에 대한 공장입지의 원활한 공급을 위하여 중소벤처기업진흥공단이 관련 법률에서 정하는 바에 따라 입지 지원사업을 행하게 할 수 있다.

(2) 입지 지원사업 포함사항
① 「산업입지 및 개발에 관한 법률」에 따른 산업단지개발사업
② 단지조성사업
③ 「산업집적활성화 및 공장설립에 관한 법률」에 따른 지식산업센터의 건설사업

④ 그 밖에 관련 법률에 따른 공장입지 관련 사업 중 대통령령으로 정하는 다음의 사업
  ㉠ 「지역 개발 및 지원에 관한 법률」에 따른 지역개발사업과 공장설립 지원사업
  ㉡ 중소벤처기업부장관이 다른 법률에 따라 입지 지원사업으로 정하는 사업

2. 환경오염 저감 지원사업

(1) 의 의
중소벤처기업부장관은 중소기업의 사업 활동으로 발생하는 환경오염을 줄이기 위하여 제품 생산공정을 저공해 공정으로 개선하고 환경오염 방지시설의 설치 등을 지원하는 환경오염 저감 지원사업을 실시할 수 있다.

(2) 환경오염 저감 지원사업 포함사항(영 제37조)
① 기존의 생산설비와 공정을 저공해 또는 무공해 생산시설과 공정으로 대체하는 데에 필요한 자금·기술 등의 지원
② 환경오염 저감을 위한 개발기술의 사업화에 필요한 자금·기술 등의 지원
③ 생산활동으로 인하여 발생한 폐자원을 재활용하기 위한 생산설비 및 폐기물처리시설을 설치하는 데에 필요한 자금·기술 등의 지원
④ 그 밖에 중소벤처기업부장관이 중소기업의 환경오염 저감을 위하여 필요하다고 인정하는 사업

4 지도와 연수사업

1. 지도계획의 수립(법 제43조) 13 기출

(1) 의 의
중소벤처기업부장관은 중소기업의 경영 및 기술지도에 관한 계획(이하 '지도계획')을 세우고 고시하여야 한다.

(2) 지도계획 포함사항(영 제38조)
① 지도방향과 지도의 대상·내용 및 방법 등에 관한 사항
② 지도 신청 절차와 사후 관리 등에 관한 사항
③ 경영 및 기술지도를 하는 지도실시기관 간 상호 협조에 관한 사항
④ 지도인력의 관리에 관한 사항
⑤ 지도에 따른 지원의 내용, 범위 및 절차에 관한 사항
⑥ 그 밖에 지도에 관하여 중소벤처기업부장관이 특히 필요하다고 인정하는 사항

(3) 지도기준의 작성

중소벤처기업부장관은 지도계획을 효율적으로 시행하기 위하여 경영 및 기술지도에 필요한 다음의 기준을 정하여 공고할 수 있다.
① 경영 및 기술지도의 대상
② 경영 및 기술지도를 할 자의 요건
③ 경영 및 기술지도의 절차
④ 경영 및 기술지도 결과의 측정과 평가
⑤ 불성실·불공정 지도행위에 대한 제재사항
⑥ 그 밖에 경영 및 기술지도의 건실한 수행을 촉진하기 위한 기준

2. 지도실시기관

중소벤처기업부장관은 중소기업에 대하여 경영 및 기술지도를 할 지도실시기관을 지정할 수 있으며 필요한 경우 지도에 드는 비용을 출연할 수 있다.

(1) 지도실시기관의 지정(영 제39조)

중소벤처기업부장관이 지정할 수 있는 지도실시기관은 다음의 자로 한다.
① 지방중소벤처기업청
② 중소벤처기업진흥공단
③ 한국산업기술진흥원, 한국산업기술기획평가원, 한국세라믹기술원, 한국공학한림원, 한국산업기술시험원 및 전문생산기술연구소
④ 한국디자인진흥원
⑤ 중소기업은행
⑥ 신용보증기금
⑦ 기술보증기금
⑧ 은 행
⑨ 대학·산업대학 및 전문대학
⑩ 국공립연구기관, 정부출연연구기관
⑪ 「경영지도사 및 기술지도사에 관한 법률」에 따라 사무소를 설치한 지도사
⑫ 신용보증재단 및 전국신용보증재단연합회
⑬ 그 외 중소기업의 경영 및 기술지도업무를 수행할 인력과 능력을 갖춘 전문기관으로서 중소벤처기업부장관이 지정하는 기관

(2) 지도실시기관에 대한 출연(영 제40조)

① 중소벤처기업부장관은 지도실시기관에 출연금을 지급하는 경우에는 일시에 지급하거나 나누어 지급할 수 있다.
② 출연금을 지급받은 지도실시기관은 그 출연금에 대하여 별도의 계정을 설정하여 관리하여야 한다.
③ 지도실시기관은 출연금을 중소기업의 경영 및 기술지도실시에만 사용하여야 한다.

3. 지도신청 등

(1) 의 의
① 경영 및 기술지도를 받으려는 중소기업자는 지도계획에 따라 중소벤처기업부장관이 정하는 자 또는 등록한 지도사에게 이를 신청할 수 있다.
② 경영 및 기술지도의 신청에 필요한 사항은 중소벤처기업부령으로 정한다.
③ 중소벤처기업부장관은 지도계획에 따라 지도를 실시한 결과, 지원이 필요하다고 인정되면 이에 대한 지원이 먼저 이루어질 수 있도록 필요한 조치를 할 수 있다.

(2) 지도실시 결과에 따른 추천업체의 지원(영 제49조)
① 기술개발과 기술도입의 지원
② 금융기관에 대하여 시설의 신설·증설·개선 또는 대체에 필요한 자금의 우선 대출 요청 및 신용보증기관에 대하여 시설의 신설·증설·개선 또는 대체에 필요한 자금의 대출에 필요한 신용보증 지원의 요청
③ 그 밖에 중소벤처기업부령으로 정하는 지원 및 조치

(3) 지도실시 결과에 따른 우선지원(규칙 제25조)
① 중소벤처기업부장관은 공단이 중소벤처기업창업 및 진흥기금으로 중소기업자의 시설의 도입·신설·증설·개선 및 대체에 필요한 자금을 지원하게 할 수 있다.
② 공단의 이사장은 자금지원을 하는 경우의 지원규모·조건 등에 관한 기준을 정하여 중소벤처기업부장관의 승인을 받아야 한다.

4. 연수계획

(1) 연수계획의 수립 및 연수계획 포함사항(법 제56조, 영 제50조)
① 중소벤처기업부장관은 중소기업자의 경영능력과 기술수준의 향상을 위하여 중소기업자와 그 근로자, 중소벤처기업부장관이 중소기업의 경영 또는 기술에 관한 연수가 필요하다고 인정하는 자 등에게 실시할 연수계획을 세워야 한다.
② 중소기업연수계획에는 다음의 사항이 포함되어야 한다.
   ㉠ 연수대상과 인원 등에 관한 사항
   ㉡ 연수과정과 연수기간 등에 관한 사항
   ㉢ 연수와 관련한 지원 등에 관한 사항
   ㉣ ㉠부터 ㉢까지와 관련하여 중소벤처기업부장관이 특히 필요하다고 인정하는 사항

(2) 연수실시기관의 지정(법 제57조, 영 제51조)
① 연수계획에 따른 연수의 실시기관은 중소벤처기업진흥공단 또는 중소벤처기업부장관이 지정하는 기관이나 단체로 한다.
② 연수실시기관은 중소기업의 경영 및 기술연수업무를 수행할 전문인력·시설 및 장비를 갖추어야 한다.
③ 연수실시기관의 지정 절차 등에 필요한 사항은 중소벤처기업부장관이 정하여 고시한다.

5 국제화 지원사업

1. 국제화 지원사업

(1) 의의(법 제58조)
중소벤처기업부장관은 중소기업의 국제화에 필요한 기반 조성과 외국과의 산업기술능력에 관한 지원사업을 실시하여야 한다.

(2) 국제화 지원사업 포함사항(영 제52조)
① 중소기업의 외국인투자 유치
② 중소기업의 기술 도입 및 기술 교류
③ 중소기업의 해외투자 진출과 기술이전
④ 중소기업 임직원의 해외연수·견학
⑤ ①부터 ④까지와 관련된 정보의 제공
⑥ 그 밖에 중소벤처기업부장관이 중소기업의 국제화 지원에 필요하다고 인정하는 사항

2. 생산시설의 해외이전 지원

정부는 중소기업자가 생산시설을 해외로 이전하려는 경우에는 다음의 지원을 하거나 지원에 관한 시책을 강구할 수 있다.

(1) 수출자금과 해외투자자금의 융자

(2) 대외경제협력기금에서의 출자 및 융자

(3) 해외투자보험의 지원

(4) 중소벤처기업창업 및 진흥기금에서의 융자

(5) (1)부터 (4)까지의 지원을 위하여 필요한 신용보증의 우선적 실시

(6) 생산시설의 해외이전에 따른 정보제공

6 중소기업의 경영안정 지원

1. 경영안정 지원 [17]기출

(1) 경영정상화의 지원(법 제60조) [23]기출

① 중소벤처기업부장관은 다음의 사유로 상당수의 중소기업자가 경영상의 어려움을 겪고 있거나 겪을 우려가 있으면 중소기업의 경영정상화를 지원하기 위하여 필요한 조치를 할 수 있다.
 ㉠ 판매 부진, 일시적인 자금난 및 인력난 등으로 경영에 심각한 어려움이 있는 경우
 ㉡ 원자재의 확보가 곤란한 경우
 ㉢ 관련 기업의 노사분규로 휴업·폐업 또는 조업중단 등의 사태가 발생한 경우
 ㉣ 산업구조의 변화로 사업·재무·조직 등의 구조개선이 필요한 경우
② 중소벤처기업부장관은 필요하다고 인정할 때에는 관계 행정기관의 장에게 중소기업의 경영정상화를 위한 지원조치를 요청할 수 있다.

(2) 중소기업 경영건전성 지원시스템의 운영

① 중소벤처기업부장관은 중소기업의 경영건전성을 높이고 경영위기를 예방할 수 있도록 기업의 성장·발전을 지원하는 맞춤식 문제해결체계인 중소기업 경영건전성 지원시스템(이하 '지원시스템')을 운영할 수 있다.
② 지원시스템의 운영 등에 필요한 사항은 중소벤처기업부장관이 정한다.

(3) 긴급경영안정지원계획의 수립·시행 [21]기출

① 중소벤처기업부장관은 「재난 및 안전관리 기본법」에 따른 재난의 발생, 경제여건의 급격한 변화 등의 사유로 휴업이나 폐업을 하거나 조업을 중단하는 중소기업이 증가하거나 증가할 우려가 있으면 중소기업의 경영안정을 위한 긴급경영안정지원계획을 수립하여 시행할 수 있다.
② 긴급경영안정지원계획에는 다음의 사항이 포함되어야 한다.
 ㉠ 지원 지역
 ㉡ 지원 대상
 ㉢ 지원 기간
 ㉣ 자금·입지·인력지원 및 기술지도 등 관계 중앙행정기관별 지원 내용
 ㉤ 그 밖에 중소벤처기업부장관이 긴급경영안정지원을 위하여 필요하다고 인정하는 사항
③ 중소벤처기업부장관은 긴급경영안정지원계획을 수립하려는 경우에는 관계 중앙행정기관의 장과 협의하여야 하며 관계 중앙행정기관의 장에게 지원계획 추진실적 제출을 요청할 수 있다.

2. 중소기업매출채권보험계정 [20]기출

(1) 중소기업매출채권보험계정의 설치 [17]기출

정부는 중소기업자가 상행위와 관련하여 보유하고 있는 약속어음 또는 환어음의 부도 및 매출채권에 대한 채무자의 채무불이행으로 인한 연쇄도산의 위험을 방지하기 위하여 신용보증기금 내에 중소기업매출채권보험계정을 설치할 수 있다.

(2) 중소기업매출채권보험의 범위(영 제52조의2)

중소기업매출채권보험계정의 설치 목적을 달성하기 위하여 운용·관리되는 중소기업매출채권보험은 물품 또는 용역을 제공하는 중소기업자가 그 물품 또는 용역을 제공하고 받은 어음의 부도 및 매출채권에 대한 채무자의 채무불이행으로 인하여 입은 재산상의 손해를 보상하는 보험을 말한다.

(3) 계약의 해지 등(영 제52조의10)

① 신용보증기금은 중소기업매출채권보험의 보험계약자 또는 피보험자가 보험계약을 위반한 때에는 다음의 조치를 할 수 있다.
  ㉠ 보험계약에 따른 보험금의 지급 거절
  ㉡ 지급한 보험금의 전부 또는 일부의 회수
  ㉢ 보험계약의 해지 또는 해제
② 신용보증기금이 이러한 조치를 하려는 때에는 미리 그 뜻을 보험계약자에게 통지하여야 한다.

(4) 계정의 재원·용도 및 운용

① 중소기업매출채권보험계정(이하 '계정')은 다음의 재원으로 조성한다.
  ㉠ 정부, 중소기업매출채권보험 계약자 및 그 외의 자의 출연금
  ㉡ 보험료
  ㉢ 계정의 운용 수익
  ㉣ 그 밖의 부대수입
② 계정은 다음의 용도로 운용한다.
  ㉠ 중소기업매출채권보험금의 지급
  ㉡ 계정재산의 운용·관리에 필요한 경비
③ 계정의 여유금은 다음의 방법으로 운용한다.
  ㉠ 금융기관에의 예치
  ㉡ 국채, 지방채 및 정부·지방자치단체 또는 금융기관이 지급을 보증한 채권의 매입

(5) 계정의 회계 및 결산

① 계정의 회계연도는 정부의 회계연도에 따른다.
② 신용보증기금은 계정의 회계를 다른 회계와 구분하여 회계처리하여야 한다.
③ 신용보증기금은 회계연도마다 계정의 총수입과 총지출에 관한 운용계획서를 작성하여 회계연도 개시 1개월 전까지 중소벤처기업부장관에게 제출하여야 하며, 중소벤처기업부장관은 회계연도 개시 전까지 이를 승인하여야 한다. 이를 변경하려는 경우에도 또한 같다.
④ 신용보증기금은 회계연도마다 계정의 결산보고서, 재무상태표 및 손익계산서를 작성하여 다음 연도 2월 말일까지 중소벤처기업부장관에게 제출하여야 한다.

(6) 책임준비금 등의 적립

신용보증기금은 결산기마다 책임준비금 및 비상위험준비금을 각각 계상(計上)하여야 한다. 이에 따른 책임준비금 및 비상위험준비금의 계상에 필요한 사항은 대통령령으로 정한다.

(7) 손익금의 처리

계정의 결산상 이익금이 생겼을 때에는 전액 적립하여야 한다. 결산상 손실금이 생겼을 때에는 적립금으로 보전하고, 그 적립금으로 보전하고도 부족할 때에는 정부가 예산의 범위에서 보전할 수 있다.

(8) 업무방법서

신용보증기금은 다음 사항에 관한 업무방법서를 작성하여 중소벤처기업부장관에게 승인을 얻어야 한다. 이를 변경하는 경우에도 또한 같다.
① 보험료율에 관한 사항
② 보험계약의 체결에 관한 사항
③ 보험의 운용방법에 관한 사항
④ 보험금의 지급 및 보험대위에 관한 사항
⑤ 그 밖에 보험업무를 수행하기 위하여 필요한 사항

(9) 감독 및 명령

중소벤처기업부장관은 계정의 운용·관리에 관한 사무를 감독하며, 필요한 사항에 대하여 명령을 할 수 있다.

(10) 중소기업매출채권보험 총액의 한도

계정에 따른 중소기업매출채권보험 총액의 한도는 출연금과 적립금의 합계액의 17배 이내로 한다.

(11) 민속공예산업에 대한 지원(법 제62조, 영 제53조·54조)

① 정부와 지방자치단체는 민속공예산업을 영위하는 중소기업자의 경영안정을 위하여 필요한 지원을 할 수 있다. 지원대상이 되는 자는 전통적 공예기능으로 생산되는 제품 또는 민속을 소재로 한 창의적 개발제품을 생산하는 중소기업자로 한다.
② 중소벤처기업부장관과 지방자치단체의 장은 관할 지역의 민속공예산업을 영위하는 중소기업자의 경영안정을 위하여 지원이 필요하다고 인정하면 다음의 지원을 할 수 있다.
㉠ 경영안정을 위하여 필요한 자금
㉡ 제품의 판로 확보
㉢ 제품 개발, 품질 향상 및 개발된 제품의 상품화

7 중소기업의 가업승계 지원

1. 가업승계 16 20 기출

(1) 의 의(법 제62조의2)

정부는 중소기업의 원활한 가업승계를 위하여 조세 관련 법률로 정하는 바에 따른 세제지원 등 필요한 지원을 할 수 있다.

(2) 가업승계의 동일성 유지기준(영 제2조 제6항) 18 기출

① 가업승계를 한 자는 승계 전과 같은 업종(통계청장이 작성·고시하는 한국표준산업분류상의 세분류 기준)에 종사하여야 한다. 이 경우 기존 업종에 다른 업종을 추가하여 사업을 하는 경우에는 추가된 업종의 매출액이 총매출액의 100분의 50 미만인 경우에만 같은 업종에 종사한 것으로 본다.

② 가업승계를 한 자는 해당 기업의 사업을 10년 이상 계속하여 유지하여야 한다. 단, 해당 기업유지 기간 중 가업승계자의 책임 없는 사유로 총 1년 이내의 기간 동안 휴업한 경우에는 사업을 계속한 것으로 본다.

③ 가업승계를 한 자는 5년 동안 평균 상시종업원 수를 승계 전 5년간 평균 상시종업원 수의 100분의 70 이상으로 유지하여야 한다.

2. 중소기업가업승계지원센터

(1) 중소기업가업승계지원센터의 지정

중소벤처기업부장관과 시·도지사는 중소기업의 원활한 가업승계를 효율적으로 지원하기 위하여 중소기업지원 관련 기관이나 단체를 중소기업가업승계지원센터(이하 '지원센터')로 지정할 수 있다. 정부와 지방자치단체는 지원센터의 운영에 사용되는 경비의 전부 또는 일부를 지원할 수 있다.

(2) 중소기업가업승계지원센터의 업무

지정된 지원센터의 업무는 다음과 같다.
① 가업승계 계획의 수립 지원에 관한 사항
② 가업승계에 필요한 정보 제공, 교육 및 컨설팅 지원에 관한 사항
③ 우수 승계기업 인증 및 포상에 관한 사항
④ 외국 사례 등 가업승계 원활화를 위한 선진제도 발굴에 관한 사항
⑤ 그 밖에 가업승계에 대한 인식 제고 등 중소기업 가업승계 원활화를 위하여 중소벤처기업부장관 또는 시·도지사가 위탁하는 사항

(3) 중소기업가업승계지원센터 지정 기준(영 제54조의2)

① 지원센터로 지정받으려는 기관 또는 단체는 중소벤처기업부장관에게 신청서를 제출하여야 한다.
② 지원센터의 지정을 받으려는 기관 또는 단체는 다음의 요건을 모두 갖추어야 한다.
  ㉠ 법인일 것
  ㉡ 법인의 사업 내용에 가업승계 지원에 관한 업무가 포함되어 있을 것
  ㉢ 중소기업의 가업승계를 지원할 수 있는 전담조직을 갖추고 있을 것
  ㉣ 다음 어느 하나에 해당하는 중소기업의 가업승계 지원 전문인력을 3명 이상 보유할 것
   • 경영지도사로서 그 자격과 관련된 업무에 3년 이상 종사한 경력이 있는 자
   • 공인회계사 또는 세무사로서 그 자격과 관련된 업무에 3년 이상 종사한 경력이 있는 자
   • 그 밖에 상기에서 정한 자와 동등한 경력이 있다고 인정되는 자
③ 중소벤처기업부장관은 지원센터를 지정한 경우에는 관보 또는 중소벤처기업부 인터넷 홈페이지에 공고하여야 한다.
④ 지원센터로 지정받은 자는 해당 연도의 사업계획과 전년도의 사업추진 실적을 매년 1월 31일까지 중소벤처기업부장관에게 보고하여야 한다.

(4) 중소기업가업승계지원센터 지정 신청 첨부서류(규칙 제25조의2)

① 지원센터로 지정받으려는 자는 중소기업가업승계지원센터 지정 신청서에 다음의 서류를 첨부하여 중소벤처기업부장관에게 제출하여야 한다(전자문서 포함).
  ㉠ 정관 또는 이에 준하는 사업운영규정
  ㉡ 가업승계 지원 전담조직 현황
  ㉢ 가업승계 지원 전문인력 보유 현황
  ㉣ 가업승계 지원 사업계획서
② 서류를 제출받은 중소벤처기업부장관은 행정정보의 공동이용을 통하여 법인 등기사항증명서를(법인인 경우만 해당) 확인하여야 한다.

3. 명문장수기업

(1) 명문장수기업의 요건 17 18 21 22 24 기출

명문장수기업은 건설업, 부동산업, 금융업, 보험 및 연금업, 금융 및 보험 관련 서비스업 등 대통령령으로 정하는 업종에 해당하지 아니하는 기업으로서 다음 요건을 모두 갖추어야 한다.
① 사업을 개시한 날부터 45년 이상 주된 업종의 변동 없이 계속 사업을 유지하여 온 기업. 이 경우 사업 개시와 계속 유지에 관한 세부사항은 대통령령으로 정한다.
② 기업의 경제적·사회적 기여도가 대통령령으로 정하는 기준에 해당하는 기업
③ 기업의 브랜드 가치, 보유 특허의 수준, 제품의 우수성 등이 대통령령으로 정하는 기준에 해당하는 기업
④ 해당 기업의 최근 5년간 총매출액 중 연구개발비가 차지하는 비중이 같은 업종(한국표준산업분류에 따른 중분류 기준)의 평균 이상인 기업

(2) 명문장수기업의 확인 21 기출

① 명문장수기업으로 확인받고자 하는 중소기업은 명문장수기업 확인을 중소벤처기업부장관에게 신청하여야 한다.
② 중소벤처기업부장관은 신청을 한 기업이 명문장수기업에 해당될 때에는 대통령령으로 정하는 바에 따라 유효기간을 정하여 명문장수기업확인서를 발급하여야 한다. 명문장수기업 확인의 유효기간은 10년으로 한다.
③ 확인을 받은 중소기업은 중소벤처기업부령으로 정하는 바에 따라 명문장수기업 확인의 표시를 할 수 있다.
④ 확인을 받지 아니한 자는 확인의 표시 또는 이와 유사한 표시를 하여서는 아니 되며, 명문장수기업이라는 명칭을 사용하지 못한다.
⑤ 명문장수기업의 확인에 필요한 사항은 대통령령으로 정한다.

(3) 명문장수기업 확인의 취소 19 기출

① 중소벤처기업부장관은 명문장수기업으로 확인을 받은 중소기업이 다음의 어느 하나에 해당하면 그 확인을 취소할 수 있다. 다만, 아래 ㉠의 경우에는 그 확인을 취소하여야 한다.
   ㉠ 거짓이나 그 밖의 부정한 방법으로 확인을 받은 경우
   ㉡ 명문장수기업의 요건을 갖추지 아니하게 된 경우
   ㉢ 부도, 폐업 또는 휴업 등으로 기업활동을 지속적으로 영위할 수 없다고 판단되는 경우
   ㉣ 해당 중소기업 임직원의 행위로 인하여 명문장수기업의 사회적 명성에 중대한 손상이 발생한 경우
② 중소벤처기업부장관은 명문장수기업의 확인을 취소하려면 청문을 실시하여야 한다.
③ 중소벤처기업부장관은 명문장수기업의 확인을 취소한 경우에는 그 사실을 지체 없이 관계 중앙행정기관의 장 및 관할 지방자치단체의 장에게 통보하여야 한다.
④ 확인 취소의 구체적 기준 및 세부절차는 대통령령으로 정한다.

8 　중소기업의 사회적 책임경영

1. 사회적책임경영

(1) 사회적책임경영의 지원(법 제62조의7)
① 중소기업은 회사의 종업원, 거래처, 고객 및 지역사회 등에 대한 사회적 책임을 고려한 경영활동을 하도록 노력하여야 한다.
② 국가와 지방자치단체는 중소기업의 사회적책임경영을 위하여 필요한 지원을 할 수 있다.

(2) 사회적책임경영 중소기업육성 기본계획의 수립 17 기출
① 중소벤처기업부장관은 사회적책임경영 중소기업을 육성하고 체계적으로 지원하기 위하여 5년마다 사회적책임경영 중소기업육성 기본계획(이하 '기본계획')을 수립·시행하여야 한다. 다만, 「산업발전법」에 따른 지속가능경영 종합시책을 수립할 때 기본계획을 포함하여 수립·시행할 수 있다.
② 중소벤처기업부장관은 기본계획에 따라 연차별 시행계획을 수립·시행하여야 한다.

(3) 기본계획 포함사항
① 중소기업 사회적책임경영 조성정책의 기본방향 및 목표
② 중소기업 사회적책임경영 활성화에 관한 사항
③ 사회적책임경영 중소기업 지원에 관한 사항
④ 사회적책임경영 중소기업의 실태조사에 관한 사항
⑤ 그 밖에 사회적책임경영 중소기업의 육성 및 지원을 위하여 대통령령으로 정하는 사항

2. 사회적책임경영 중소기업지원센터

(1) 사회적책임경영 중소기업지원센터의 지정
① 중소벤처기업부장관은 중소기업의 사회적책임경영을 효율적으로 지원하기 위하여 중소기업 지원 관련 기관이나 단체를 사회적책임경영 중소기업지원센터(이하 '책임경영지원센터')로 지정할 수 있다.
② 책임경영지원센터의 지정, 업무 정지 및 지정 취소의 기준·절차 및 운영에 필요한 사항은 대통령령으로 정한다.

(2) 사회적책임경영 중소기업지원센터의 업무
① 책임경영지원센터는 다음의 업무를 수행한다.
　㉠ 중소기업 사회적책임경영에 대한 지침의 제공
　㉡ 중소기업 사회적책임경영 관련 전문인력의 양성
　㉢ 사회적책임경영에 대한 인식제고를 위한 교육 및 연수

    ② 사회적책임경영에 필요한 정보 제공 및 컨설팅 지원
    ⑩ 그 밖에 사회적책임경영의 활성화를 위하여 필요한 사업으로서 중소벤처기업부령으로 정하는 사항
② 중소벤처기업부장관은 책임경영지원센터에 대하여 예산의 범위에서 업무 수행에 필요한 비용을 출연 또는 보조할 수 있다.

(3) 사회적책임경영 중소기업지원센터의 지정 취소
중소벤처기업부장관은 책임경영지원센터가 다음호의 어느 하나에 해당하면 지정을 취소하거나 6개월 이내의 기간을 정하여 그 업무의 전부 또는 일부의 정지를 명할 수 있다. 다만, ①에 해당하는 경우에는 그 지정을 취소하여야 한다.
① 거짓이나 그 밖의 부당한 방법으로 지정을 받은 경우
② 책임경영지원센터의 지정 기준에 미달하게 되는 경우
③ 정당한 사유 없이 지정받은 업무를 3개월 이상 수행하지 아니한 경우

9 소기업에 대한 지원

1. 소기업의 공장설립에 관한 특례(법 제62조의10) 24 기출

(1) 공장등록 증명서류 인정
소기업 중 공장의 건축면적 또는 이에 준하는 사업장의 면적이 500제곱미터 미만인 기업의 경우 사업자등록증은 「산업집적활성화 및 공장설립에 관한 법률」에 따른 공장등록을 하였음을 증명하는 서류 등 대통령령으로 정하는 증명서로 본다.

(2) 부담금 면제
① 소기업 중 공장의 건축면적 또는 이에 준하는 사업장의 면적이 1천제곱미터 미만인 기업이 수도권 외의 지역에서 공장을 신축·증축 또는 이전하려는 경우(신축·증축 또는 이전 후 공장의 총건축면적과 이에 준하는 사업장 총면적의 합이 1천제곱미터 미만인 경우에 한정)에는 다음의 부담금을 면제한다.
    ㉠ 「농지법」에 따른 농지보전부담금
    ㉡ 「산지관리법」에 따른 대체산림자원조성비
    ㉢ 「개발이익 환수에 관한 법률」에 따른 개발부담금
② 국가산업단지·일반산업단지·도시첨단산업단지 또는 농공단지(農工團地)를 조성하려는 자가 수도권 외의 지역에서 소기업을 100분의 50 이상 유치하는 국가산업단지·일반산업단지·도시첨단산업단지 또는 농공단지를 조성하는 경우에는 ①의 부담금을 면제한다.
③ 공장의 건축면적 또는 이에 준하는 사업장의 면적을 산정하는 방법 등은 대통령령으로 정한다.

2. 소기업에 대한 신용보증 지원시책의 수립·시행

(1) 의 의
정부는 중소기업진흥법에 따른 소기업 지원을 효율적으로 추진하기 위하여 소기업에 대한 신용보증 지원시책을 수립·시행하여야 한다.

(2) 소기업의 주식회사 설립 등에 관한 지원 23 기출
중소벤처기업부장관은 소기업이 다음의 어느 하나에 해당하는 경우 해당 소기업에 대한 자금 및 경영 등에 관한 지원을 할 수 있다.
① 주식회사를 설립하려는 경우
② 유한회사인 소기업을 주식회사로 조직 변경하려는 경우

(3) 소기업에 대한 경영안정 지원
중소벤처기업부장관은 소기업의 경영안정을 지원하기 위하여 다음의 사항에 대한 사업을 할 수 있다.
① 소기업에 대한 경영상담·자문 및 교육
② 소기업 제품의 판매 촉진
③ 소기업에 대한 입지 지원
④ 그 밖에 소기업의 경영안정을 위하여 필요한 사항

10 중소벤처기업창업 및 진흥기금

1. 중소벤처기업창업 및 진흥기금의 설치(법 제63조) 16 기출

(1) 설치 근거
정부는 중소기업의 창업 촉진, 산업의 균형 있는 발전과 산업기반의 구축, 경영 기반 확충 및 구조고도화에 필요한 재원을 확보하기 위하여 중소벤처기업창업 및 진흥기금(이하 '기금')을 설치한다.

(2) 기금의 조성 17 기출
① 기금은 다음의 재원으로 조성한다.
  ㉠ 정부나 지방자치단체의 출연금 및 융자금
  ㉡ 정부나 지방자치단체 외의 자의 출연금 및 융자금
  ㉢ 채권의 발행으로 조성되는 자금과 배분된 복권 수익금
  ㉣ 공공자금관리기금에서의 예수금

> **학습포인트**
> 예수금 : 원천세, 보험료, 국민연금 등의 보관액을 말한다.

ⓜ 기금의 운용으로 생기는 수익금
ⓑ 그 밖에 대통령령으로 정하는 수입금
② 정부는 회계연도마다 예산의 범위에서 출연금과 융자금을 세출예산에 포함시켜야 한다.

2. 중소기업진흥채권의 발행 14 기출

(1) 채권의 발행 22 기출

중소벤처기업진흥공단은 이사회의 의결을 거쳐 중소벤처기업부장관의 승인을 받아 기금의 부담으로 중소기업진흥채권(이하 '채권')을 발행할 수 있다. 중소벤처기업부장관은 채권 발행을 승인하려면 미리 기획재정부장관과 협의하여야 한다.
① 채권의 발행액은 적립된 기금의 20배를 초과할 수 없다.
② 정부는 중소벤처기업진흥공단이 발행하는 채권 원리금의 상환을 보증할 수 있다.
③ 채권의 소멸시효는 상환일부터 기산하여 원금은 5년, 이자는 2년으로 완성된다.

(2) 채권의 형식(영 제56조) 22 기출

채권은 무기명식으로 한다. 다만, 응모자나 소지인이 청구하는 경우에는 기명식으로 할 수 있다.

(3) 채권의 응모(영 제57조)

① 채권의 모집에 응하려는 자는 채권청약서 2통에 인수하려는 채권의 수, 인수가액과 청약자의 주소를 적고 기명날인하여야 한다. 다만, 채권의 최저가액을 정하여 발행하는 경우에는 응모가액을 적어야 한다.
② 채권청약서에는 다음의 사항이 포함되어야 한다.
  ㉠ 발행자의 명칭
  ㉡ 발행총액
  ㉢ 채권의 종류별 액면금액
  ㉣ 이 율
  ㉤ 상환의 방법, 기간 및 이자지급의 방법
  ㉥ 발행가액 또는 그 최저가액
  ㉦ 상환되지 아니한 채권이 있는 경우에는 그 총액
  ㉧ 채권모집을 위탁받은 회사가 있는 경우에는 그 상호(商號) 및 주소

(4) 총액인수의 방법(영 제58조)

계약에 따라 채권의 총액을 인수하는 경우에는 적용하지 아니한다. 채권모집을 위탁받은 회사가 채권의 일부를 인수하는 경우 그 인수분에 대하여도 또한 같다.

(5) 채권발행 총액(영 제59조)

중소벤처기업진흥공단은 채권을 발행할 때 실제로 응모된 총액이 채권청약서에 적힌 채권발행 총액에 미치지 못하는 경우에도 채권을 발행한다는 뜻을 채권청약서에 표시할 수 있다. 이 경우 그 응모 총액을 채권의 발행 총액으로 한다.

(6) 채권인수가액의 납입 등(영 제60조)
① 중소벤처기업진흥공단은 채권 응모가 끝나면 지체 없이 응모자가 인수한 채권금액의 전액을 납입하게 하여야 한다.
② 채권모집을 위탁받은 회사는 자기 명의로 중소벤처기업진흥공단을 위하여 ①에 따른 행위를 할 수 있다.
③ 모집의 방법으로 채권을 발행하는 경우에는 그 발행 총액에 해당하는 납입금 전액이 납입되기 전까지는 그 채권을 발행하지 못한다.

(7) 채권의 기재사항(영 제61조)

채권에는 다음의 사항을 적고 중소벤처기업진흥공단의 이사장이 기명날인하여야 한다.
① 발행자의 명칭
② 발행총액(매출의 방법으로 채권을 발행하는 경우 제외)
③ 채권의 종류별 액면금액
④ 이 율
⑤ 상환의 방법, 기간 및 이자지급의 방법
⑥ 채권의 번호
⑦ 채권의 발행연월일

(8) 채권 원부(영 제62조)
① 중소벤처기업진흥공단은 그 주된 사무소에 채권 원부를 갖추어 두고 다음의 사항을 적어야 한다.
   ㉠ 채권의 종류별 수와 번호
   ㉡ 채권의 발행연월일
   ㉢ 발행총액
   ㉣ 채권의 종류별 액면금액
   ㉤ 이 율
   ㉥ 상환의 방법, 기간 및 이자지급의 방법
   ㉦ 채권모집을 위탁받은 회사가 있는 경우에는 그 상호(商號) 및 주소
② 채권이 기명식인 경우에는 위 사항 외에 다음의 사항을 적어야 한다.
   ㉠ 채권 소유자의 성명과 주소
   ㉡ 채권의 취득연월일
③ 채권의 소유자나 소지인은 채권 원부의 열람을 요구할 수 있다. 이 경우 중소벤처기업진흥공단은 특별한 사유가 없으면 요구에 따라야 한다.

(9) 이권 흠결의 경우(영 제63조)
① 이권(利券)있는 무기명식의 채권을 상환하는 경우 이권이 흠결(欠缺)되면 그 이권에 해당하는 금액을 상환액에서 공제한다.
② 이권의 소지인은 그 이권과의 상환으로 위에 따라 공제된 금액의 지급을 청구할 수 있다.

(10) 채권 소지인 등에 대한 통지 등(영 제64조)
① 채권을 발행하기 전의 그 응모자나 권리자에 대한 통지 또는 최고(催告)는 채권청약서에 적힌 주소지로 하여야 한다. 이 경우 중소벤처기업진흥공단이 따로 주소를 통지받은 경우에는 그 주소로 하여야 한다.
② 무기명식 채권의 소지인에 대한 통지나 최고는 공고의 방법으로 한다. 다만, 그 주소를 알 수 있는 경우에는 주소지로 통지하거나 최고할 수 있다.
③ 기명식 채권의 소유자에 대한 통지나 최고는 채권 원부에 적힌 주소지로 하여야 한다. 이 경우 중소벤처기업진흥공단이 따로 주소를 통지받은 경우에는 그 주소로 하여야 한다.

3. 기금의 운용과 관리

(1) 기금은 중소벤처기업진흥공단이 운용·관리한다.
(2) 기금 관리자는 기금운용계획에 따라 기금을 대출 등의 방법으로 운용할 수 있다.
(3) 기금을 운용·관리하는 경우 환경, 사회, 지배구조 등의 요소를 고려할 수 있다.
(4) 중소벤처기업진흥공단은 기금의 재무건전성을 유지하기 위하여 노력하여야 한다.

4. 기금운용계획안의 수립과 기금의 결산

(1) 중소벤처기업진흥공단은 기금운용계획안을 수립하려는 경우 운영위원회의 심의를 거친 후 중소벤처기업부장관의 승인을 받아야 한다. 기금운용계획안이 국회에서 확정된 후 회계연도 중 이를 변경하려는 경우에도 또한 같다.
(2) 중소벤처기업진흥공단은 기금결산보고서를 작성하여 위의 운영위원회의 심의를 거쳐 매 회계연도가 지난 후 2개월 이내에 중소벤처기업부장관에게 제출하여야 한다.
(3) 중소벤처기업진흥공단은 회계연도마다 기금의 결산 결과 이익금이 생긴 경우에는 이월손실금의 보전에 충당하고, 나머지는 기금으로 적립하여야 한다.
(4) 기금의 결산에서 손실금이 생긴 때에는 적립금으로 보전하고 그 적립금이 부족한 때에는 정부가 이를 보전한다.

5. 기금의 사용 등

(1) 기금의 사용

기금은 다음의 사업을 위하여 사용할 수 있다.
① 창업보육센터사업자와 입주자에 대한 자금 지원
② 벤처투자회사에 대한 투자 또는 융자
③ 벤처투자조합에 대한 출자
④ 중소기업상담회사에 대한 자금 지원
⑤ 중소기업·벤처기업의 창업지원을 위하여 중소벤처기업부장관이 위탁하는 사업
⑥ 중소기업·벤처기업에 대한 자동화의 지원
⑦ 중소기업·벤처기업에 대한 정보화의 지원
⑧ 중소기업·벤처기업에 대한 기술개발 및 서로 다른 업종 간 교류의 지원
⑨ 중소기업·벤처기업에 대한 사업전환의 지원
⑩ 중소기업제품·벤처기업제품의 국내외 판로 지원 및 연계 생산의 지원
⑪ 중소기업·벤처기업에 대한 물류현대화의 지원
⑫ 중소기업·벤처기업에 대한 협동화사업의 지원
⑬ 중소기업·벤처기업에 대한 협업사업의 지원
⑭ 중소기업·벤처기업에 대한 입지지원과 환경오염 줄이기를 위한 지원
⑮ 중소기업·벤처기업에 대한 지도·연수사업과 전문기술인력의 양성
⑯ 중소기업·벤처기업에 대한 국제화의 지원
⑰ 중소기업·벤처기업에 대한 경영정상화의 지원
⑱ 중소기업·벤처기업의 주식 및 사채의 인수
⑲ 중소기업·벤처기업이 물품 또는 용역을 제공하고 취득한 매출채권의 상환청구권 없는 매입·관리 및 회수
⑳ 중소벤처기업진흥공단의 시설의 설치 및 운영
㉑ 중소기업·벤처기업진흥을 위하여 중소벤처기업부장관이 위탁하는 사업
㉒ 중소기업·벤처기업의 환경, 사회, 지배구조 등의 요소를 고려한 경영을 위하여 중소벤처기업부장관이 위탁하는 사업
㉓ 중소기업·벤처기업에 대한 필요한 시설의 대여 및 관련 정보의 수집, 보급, 조사 및 연구
㉔ 「지역중소기업 육성 및 혁신촉진 등에 관한 법률」에 따른 지역중소기업 육성 관련 기금의 조성지원 등 지역중소기업의 육성
㉕ 「산업발전법」에 따른 사업
㉖ ⑥부터 ㉕까지의 사업에 대한 출자 또는 출연
㉗ ①부터 ㉕까지의 사업에 딸린 사업

(2) 보조금(영 제67조)
① (1)의 사업을 수행하기 위하여 필요하면 관련 중소기업자나 단체 등에 대하여 기금에서 보조금을 지급할 수 있다.
② 기금에서 보조금을 교부받으려는 자는 보조금교부신청서에 사업계획서를 첨부하여 중소벤처기업진흥공단의 이사장에게 제출하여야 한다.
③ 중소벤처기업진흥공단의 이사장은 신청을 받으면 기금운용관리계획에 따라 그 타당성을 검토하여야 한다.
④ 중소벤처기업진흥공단의 이사장은 검토 결과 해당 신청이 타당하다고 인정되면 중소벤처기업부장관의 승인을 받아 보조금의 교부를 결정하여야 한다.
⑤ 보조금의 교부에 관하여 이 영에서 정한 것 외에는 중소벤처기업진흥공단의 이사장이 정하는 바에 따른다.

11 중소벤처기업진흥공단

1. 중소벤처기업진흥공단의 설립 및 정관 등 14 17 기출

(1) 중소벤처기업진흥공단의 설립(법 제68조)
① 중소기업의 진흥을 위한 사업을 효율적으로 추진하기 위하여 중소벤처기업진흥공단을 설립한다.
② 중소벤처기업진흥공단은 법인으로 하며, 그 주된 사무소의 소재지에서 설립등기를 함으로써 성립한다.
③ 주된 사무소의 소재지는 정관으로 정하며, 중소벤처기업진흥공단은 정관에서 정하는 바에 따라 필요한 곳에 연수원, 지부 또는 지소, 그 밖의 사무소를 둘 수 있다.
④ 중소벤처기업진흥공단은 중소기업의 자동화, 정보화 촉진을 위한 자동화지원센터와 정보화지원센터를 설치·운영할 수 있다.
⑤ 중소벤처기업진흥공단 외의 자는 중소벤처기업진흥공단 또는 이와 비슷한 명칭을 사용하지 못한다.
⑥ 정부 등은 중소벤처기업진흥공단의 설립에 필요한 자금에 충당하기 위하여 출연을 할 수 있다.
⑦ 지방자치단체는 중소벤처기업진흥공단의 설립과 운영 등을 위하여 필요한 경우에는 공유재산을 양여할 수 있다.
⑧ 중소벤처기업진흥공단에 관하여 중소기업진흥법에 규정된 것 외에는 「민법」 중 재단법인에 관한 규정을 준용한다.

(2) 정 관

중소벤처기업진흥공단의 정관에는 다음의 사항을 포함하여야 한다. 정관을 변경하려면 중소벤처기업부장관의 인가를 받아야 한다.

① 목 적
② 명 칭
③ 주된 사무소, 연수원, 지부 또는 지소와 그 밖의 사무소에 관한 사항
④ 임원과 직원에 관한 사항
⑤ 운영위원회와 이사회에 관한 사항
⑥ 업무와 그 집행에 관한 사항
⑦ 재산과 그 회계에 관한 사항
⑧ 정관 변경에 관한 사항
⑨ 공고의 방법
⑩ 규약과 규정의 제정 및 개폐에 관한 사항

(3) 중소벤처기업진흥공단의 사업(법 제74조)

① 자동화의 지원, 정보화의 지원, 기술개발의 지원 및 서로 다른 업종 간 교류의 지원, 사업전환의 지원
② 중소기업제품·벤처기업제품의 국내외 판로 지원과 연계생산의 지원
③ 물류현대화의 지원, 협업사업의 지원, 입지 지원, 중소기업·벤처기업의 창업 지원
④ 협동화사업의 추진과 협동화사업을 위한 토지·건물 및 시설 등의 취득, 단지의 조성 또는 공동시설의 설치와 그 대여 및 양도
⑤ 농공 단지에 입주한 기업의 지원, 환경오염을 줄이기 위한 지원
⑥ 경영과 기술의 진단, 지도와 그 요원의 양성, 민간이 운영하는 경영·기술전문지도기관·단체 및 업체의 육성, 기술도입과 기술보급
⑦ 중소기업자 및 그 근로자, 중소기업·벤처기업의 경영 또는 기술에 관한 지도 요원 등에 대한 연수 및 전문기술인력 양성
⑧ 중소기업 핵심인력에 대한 성과보상공제사업 및 그 밖에 중소기업 인력지원에 관한 사업
⑨ 국외투자와 그 밖에 국외 진출 및 외국과의 산업기술 협력 등 국제화의 지원
⑩ 경영정상화의 지원, 중소기업·벤처기업의 주식 또는 사채의 인수, 기금의 운용과 관리
⑪ 중소기업·벤처기업이 물품 또는 용역을 제공하고 취득한 매출채권의 상환청구권 없는 매입·관리 및 회수
⑫ 중소기업제품·벤처기업제품의 판매 지원을 위한 국내외 전시장 및 관련 시설의 설치·운영
⑬ 중소기업·벤처기업 진흥을 위하여 중소벤처기업부장관이 위탁하는 사업
⑭ 중소기업·벤처기업에 관한 정보의 수집·보급과 조사 및 연구
⑮ ①부터 ⑤까지와 ⑨ 및 ⑬의 사업에 필요한 시설의 대여 및 사업에 딸린 사업
⑯ ①부터 ⑭까지에 규정된 사업에 딸린 사업

2. 중소벤처기업진흥공단의 다양한 업무 및 혜택 등

(1) 전문기술인력 양성과정의 설치·운영(영 제77조)
  ① 중소벤처기업진흥공단은 전문기술인력을 양성하기 위하여 해당 분야별로 양성과정을 설치·운영할 수 있다.
  ② 중소벤처기업진흥공단은 중소기업·벤처기업 전문기술인력 양성과정을 설치·운영하려면 교과과정, 교육대상, 교육기간, 그 밖의 필요한 사항에 대하여 중소벤처기업부장관의 사전 승인을 받아야 한다.

(2) 지방자치단체와의 협력 등(영 제78조)
  중소벤처기업진흥공단은 다음의 사항에 관하여 지방자치단체와 협력할 수 있다.
  ① 중소벤처기업진흥공단이 실시하거나 지원하는 사업에 대하여 지방자치단체의 장이 요청하는 사항
  ② 사업 추진에 따른 용지(用地)와 손실보상업무의 위탁, 기반시설의 설치 지원, 각종 인·허가 등의 지원
  ③ 창업보육센터 건립과 운영에 드는 비용의 분담 및 지원
  ④ 그 밖에 중소벤처기업진흥공단의 사업을 원활하게 추진하기 위하여 필요하다고 인정하는 사항

(3) 연대보증채무의 감경·면제
  「채무자 회생 및 파산에 관한 법률」에도 불구하고 채권자가 중소벤처기업진흥공단인 경우에는 중소기업·벤처기업이 회생계획인가결정을 받는 시점 및 파산선고 이후 면책결정을 받는 시점에 주채무가 감경 또는 면제될 경우 연대보증채무도 동일한 비율로 감경 또는 면제한다.

(4) 자금의 조달
  ① 중소벤처기업진흥공단은 사업을 위하여 필요하면 중소벤처기업부장관의 승인을 받아 국내외로부터 자금을 차입할 수 있다.
  ② 정부는 중소벤처기업진흥공단의 사업을 수행하기 위하여 필요하다고 인정하면 중소벤처기업진흥공단에 출연할 수 있다.

(5) 비용 부담
  중소벤처기업진흥공단은 중소벤처기업진흥공단의 사업에 따른 수익자에게 그 사업에 필요한 비용을 부담하게 할 수 있다.

(6) 자료제공의 요청
  ① 중소벤처기업진흥공단은 국가, 지방자치단체, 국민연금공단, 국민건강보험공단 및 근로복지공단, 그 밖에 대통령령으로 정하는 공공단체에 중소벤처기업진흥공단의 사업에 따른 업무 수행에 필요한 자료의 제공을 요청할 수 있다.
  ② 위에 따라 자료의 제공을 요청받은 자는 특별한 사유가 없으면 이에 따라야 한다.

(7) 예산과 결산
① 중소벤처기업진흥공단은 사업연도마다 총수입과 총지출을 예산으로 편성하여 운영위원회의 심의를 거쳐 중소벤처기업부장관의 승인을 받아야 한다. 이를 변경하려는 경우에도 또한 같다.
② 중소벤처기업진흥공단이 위의 승인을 받으려면 그 편성된 예산안을 해당 연도 시작 20일 전까지 중소벤처기업부장관에게 제출하여야 한다.
③ 중소벤처기업진흥공단은 매년 회계연도가 지난 후 2개월 이내에 결산서를 작성하여 운영위원회의 심의를 거쳐 중소벤처기업부장관에게 제출하여야 한다.
④ 중소벤처기업진흥공단은 회계연도마다의 결산 결과 이익금이 생긴 경우에는 이월손실금의 보전에 충당하고, 나머지는 중소벤처기업부장관이 정하는 바에 따라 적립하여야 한다.

(8) 업무의 지도・감독
① 중소벤처기업부장관은 중소벤처기업진흥공단의 업무를 지도・감독하며, 필요하다고 인정하면 중소벤처기업진흥공단에 대하여 그 사업에 관한 지시나 명령을 할 수 있다.
② 중소벤처기업진흥공단에 대한 중소벤처기업부장관의 지도・감독에 필요한 사항은 대통령령으로 정한다.

3. 자동화・정보화지원센터

(1) 자동화지원센터의 설치・운영(영 제68조)
① 중소벤처기업진흥공단에 설치하는 자동화지원센터는 다음의 사업을 실시한다.
  ㉠ 자동화 전문인력의 양성
  ㉡ 자동화시스템의 개발 및 보급
  ㉢ 자동화기기 전시 및 교육
  ㉣ 자동화 기술정보의 수집・분석・가공 및 보급
  ㉤ 자동화기기와 부품의 표준화
  ㉥ 자동화 시범 공장의 설치와 운영
  ㉦ 그 밖에 중소기업의 자동화를 촉진하기 위하여 중소벤처기업진흥공단 이사장이 필요하다고 인정하는 사업
② 중소벤처기업진흥공단은 중소기업의 자동화를 촉진하기 위하여 필요하면 중소기업자 외의 자를 상기의 ㉡・㉢ 및 ㉤부터 ㉦까지의 사업에 참여하게 할 수 있다.

(2) 정보화지원센터의 설치・운영(영 제69조)
중소벤처기업진흥공단에 설치하는 정보화지원센터는 다음의 사업을 실시한다.
① 중소기업에 관한 정보의 보급을 위한 데이터베이스의 구축과 정보은행의 운영
② 중소기업 정보화 전문인력의 양성
③ 중소기업지원을 위한 종합전산망의 구축과 운영
④ 중소기업 정보화 관련 기기와 소프트웨어 전시장・교육장의 운영
⑤ 중소기업의 정보교류활성화 및 생산제품의 판로지원을 위한 전자상거래 지원
⑥ 그 밖에 중소기업의 정보화를 촉진하기 위하여 중소벤처기업진흥공단의 이사장이 필요하다고 인정하는 사업

4. 한국중소벤처기업유통원

(1) 중소기업제품·벤처기업제품 판매회사의 설립(법 제69조)
① 중소벤처기업진흥공단은 사업을 효율적으로 시행하기 위하여 필요하다고 인정하면 중소벤처기업부장관의 승인을 받아 중소기업제품·벤처기업제품에 대한 판로의 확보를 지원하기 위한 회사를 설립할 수 있다.
② 중소벤처기업부장관이 승인을 하려면 미리 관할 시·도지사와 협의하여야 한다.
③ 설립된 회사는「유통산업발전법」에 따른 대규모점포로 등록한 것으로 본다.

(2) 중소기업제품·벤처기업제품 판매회사의 사업·운영(영 제71조)
① 한국중소벤처기업유통원은「상법」상 주식회사로 한다. 한국중소벤처기업유통원은 다음의 사업을 할 수 있다.
  ㉠ 중소기업제품·벤처기업제품 판매시설의 설치와 운영
  ㉡ 중소기업제품·벤처기업제품의 도매·소매 및 그 지원
  ㉢ 중소기업제품·벤처기업제품의 홍보 및 전시사업
  ㉣ 중소기업제품·벤처기업제품의 통신판매 및 전자상거래사업
  ㉤ 그 밖에 중소기업·벤처기업의 판로 확대를 촉진하기 위하여 중소벤처기업부장관이 필요하다고 인정하는 사업
② 한국중소벤처기업유통원은 그 매장을 직영하거나 임대로 운영하여야 하며, 이를 분양하여서는 아니된다.

(3) 한국중소벤처기업유통원 설립승인신청서류(규칙 제26조)
중소벤처기업진흥공단은 한국중소벤처기업유통원의 설립승인을 받으려면 신청서에 설립계획서와 그 밖에 서류를 첨부하여 중소벤처기업부장관에게 제출하여야 한다.
① 한국중소벤처기업유통원 정관안
② 사업계획서(「유통산업발전법 시행규칙」의 사항을 포함)
③ 대지나 건축물의 소유권 또는 그 사용에 관한 권리를 증명하는 서류
④ 건축물의 건축이나 용도변경 등에 관한 허가서 또는 신고증명서 사본

(4) 협의 및 승인(영 제72조)
① 중소벤처기업부장관은 한국중소벤처기업유통원 설립승인신청을 받으면 다음의 사항을 검토한 후 (3)의 서류를 첨부하여 관할 시·도지사에게 협의를 요청하여야 한다.
  ㉠ 사업 실시계획의 타당성
  ㉡ 재무구조나 자금소요계획의 타당성
  ㉢ 매장운영계획의 타당성
② 관할 시·도지사는 위 협의를 요청받으면 그 타당성을 검토하여 의견을 중소벤처기업부장관에게 통보하여야 한다.
③ 중소벤처기업부장관은 관할 시·도지사와의 협의를 거치면 중소벤처기업진흥공단에 한국중소벤처기업유통원 설립승인 여부를 통보해야 한다.

5. 운영위원회 18 기출

(1) 운영위원회의 설치
① 중소벤처기업진흥공단에 운영위원회를 둔다.
② 운영위원회는 위원장 1명과 20명 이하의 위원으로 구성한다.
③ 위원장은 중소벤처기업진흥공단의 이사장이 되고, 위원은 관계 행정기관의 공무원 및 중소기업에 관하여 지식과 경험이 풍부한 자 중에서 중소벤처기업부장관이 위촉한다.
④ 위원은 비상근으로 한다.

(2) 운영위원의 구성(영 제73조)
운영위원회의 위원은 다음의 자로 하며, 위촉된 위원의 임기는 2년으로 한다.
① 기획재정부·산업통상자원부 및 중소벤처기업부에 근무하는 3급 공무원 또는 고위공무원단에 속하는 일반직공무원 중에서 해당 기관의 장이 지명한 사람 각 1명
② 중소기업중앙회 상근 부회장
③ 그 밖에 중소기업에 관하여 학식과 경험이 풍부한 사람 중에서 중소벤처기업진흥공단 이사장이 추천하여 중소벤처기업부장관이 위촉하는 자 14명 이내

(3) 운영위원회의 기능(영 제74조)
운영위원회는 중소벤처기업진흥공단에 관한 다음의 사항을 심의한다.
① 예산의 편성과 결산에 관한 사항
② 중소벤처기업진흥공단 이사회의 의결사항 중 운영위원회의 심의가 필요하다고 인정하여 위원장이 회의에 부치는 사항

(4) 운영위원회의 운영(영 제75조)
① 위원장은 운영위원회의 회의를 소집하고 그 의장이 된다. 다만, 위원장이 불가피한 사유로 직무를 수행할 수 없을 때에는 위원장이 미리 지명하는 위원의 순서대로 그 직무를 대행한다.
② 운영위원회는 재적위원 과반수의 출석과 출석위원 과반수의 찬성으로 의결한다.
③ 이 영에서 규정된 것 외에 운영위원회를 운영하는 데에 필요한 사항은 중소벤처기업진흥공단의 정관으로 정한다.

(5) 위원의 해촉 및 지명철회(영 제73조의2)
① 중소벤처기업부장관은 위원이 다음의 어느 하나에 해당하는 경우에는 해당 위원을 해촉(解囑)할 수 있다.
  ㉠ 심신장애로 인하여 직무를 수행할 수 없게 된 경우
  ㉡ 직무와 관련된 비위사실이 있는 경우
  ㉢ 직무태만, 품위손상이나 그 밖의 사유로 인하여 위원으로 적합하지 아니하다고 인정되는 경우
  ㉣ 위원 스스로 직무를 수행하는 것이 곤란하다고 의사를 밝히는 경우
② 운영위원회의 위원을 지명한 자는 해당 위원이 위의 어느 하나에 해당하는 경우에는 그 지명을 철회할 수 있다.

6. 중소벤처기업진흥공단 이사회

(1) 중소벤처기업진흥공단 이사회
① 중소벤처기업진흥공단의 중요한 사항을 의결하게 하기 위하여 중소벤처기업진흥공단에 이사회를 둔다.
② 이사회는 이사장, 부이사장 및 이사로 구성한다.
③ 이사회의 운영에 필요한 사항은 정관으로 정한다.

(2) 중소벤처기업진흥공단의 임원
중소벤처기업진흥공단에 다음의 임원을 둔다.
① 이사장 1명
② 부이사장 1명
③ 이사 5명 이하
④ 감사 1명

(3) 임원의 직무(영 제76조)
① 이사장은 중소벤처기업진흥공단을 대표하고, 중소벤처기업진흥공단의 업무를 총괄한다.
② 부이사장은 이사장을 보좌하며, 이사장이 불가피한 사유로 직무를 수행할 수 없을 때 그 직무를 대행한다.
③ 이사는 정관에서 정하는 바에 따라 중소벤처기업진흥공단의 업무를 분장하고 이사장과 부이사장이 모두 불가피한 사유로 직무를 수행할 수 없을 때에는 정관에서 정하는 순서대로 그 직무를 대행한다.
④ 감사는 중소벤처기업진흥공단의 업무와 회계를 감사한다.

(4) 이사장의 대표권 제한
중소벤처기업진흥공단의 이익과 이사장의 이익이 상반되면 이사장이 중소벤처기업진흥공단을 대표하지 못하며, 감사가 중소벤처기업진흥공단을 대표한다.

(5) 대리인의 선임
이사장은 임직원 중에서 중소벤처기업진흥공단의 업무에 관하여 재판상 또는 재판 외의 모든 행위를 할 권한이 있는 대리인을 선임할 수 있다.

(6) 비밀누설의 금지
중소벤처기업진흥공단의 임직원으로 근무하거나 근무하였던 사람은 직무상 알게 된 비밀을 누설하거나 도용하면 아니 된다.

12 보 칙

1. 보고와 검사(법 제79조)

중소벤처기업부장관은 중소기업진흥법의 시행을 위하여 필요하다고 인정하면 사업 추진과 관련 있는 자에게 그 사업에 관한 보고를 명령하거나 소속 공무원에게 해당 사무소와 사업장 등에 출입하여 장부·서류나 그 밖의 물건을 검사할 수 있다. 검사를 하는 공무원은 그 권한을 표시하는 증표를 지니고, 이를 관계인에게 내보여야 한다.

2. 중소기업 정책정보시스템 운영

(1) 중소벤처기업부장관은 중소기업자가 중소기업 지원 정책정보를 편리하게 이용하도록 하기 위하여 정책정보를 분야별로 분류·제공하는 중소기업 정책정보시스템을 운영할 수 있다.

(2) 관계 중앙행정기관, 지방자치단체, 중소기업 관련 법인·단체는 (1)과 관련된 정보를 생산하거나 변경한 때에는 그 정책정보가 중소기업 정책정보시스템에 신속히 등록·갱신될 수 있도록 필요한 조치를 하여야 한다.

(3) 중소벤처기업부장관은 관계 중앙행정기관, 지방자치단체, 중소기업 관련 법인·단체에 상기 (1)과 관련된 정보의 제공을 요청할 수 있다. 이 경우 정보의 제공을 요청받은 자는 특별한 사유가 없으면 이에 따라야 한다.

(4) 중소벤처기업부장관은 예산의 범위에서 중소기업 정책정보시스템 운영에 사용되는 비용의 전부 또는 일부를 지원할 수 있다.

3. 중소기업 현황정보시스템 운영

(1) 중소벤처기업부장관은 개별 중소기업의 업종, 지역, 종업원 수 등 일반현황 정보와 지원기관, 지원내용 등 지원 관련 정보를 수집·이용하는 중소기업 현황정보시스템을 운영할 수 있으며, 관계 중앙행정기관, 지방자치단체, 중소기업 관련 법인·단체는 이와 관련된 정보를 제공하여야 한다.

(2) (1)에 따른 정보 제공 기관, 제공 대상 정보, 정보 제공 방법, 제공 정보의 관리 및 활용 등에 필요한 사항은 중소벤처기업부장관이 정한다.

4. 세제 지원

(1) 정부는 중소기업의 창업 촉진, 경영기반 확충 및 구조 고도화 등을 위하여 조세에 관한 법률에서 정하는 바에 따라 세제상의 지원을 할 수 있다.

(2) 국가 및 지방자치단체는 지방중소기업 특별지원지역 내의 중소기업에 대하여 필요한 경우에는 「조세특례제한법」 및 「지방세특례제한법」에서 정하는 바에 따라 조세를 감면할 수 있다.

5. 다른 법률과의 관계

(1) 중소기업자등이 단지조성사업의 실시계획의 승인을 받은 경우 다음의 허가, 결정, 인가, 면허, 협의, 동의, 승인, 해제 또는 처분 등(이하 '인·허가등')을 받은 것으로 보며, 실시계획의 승인이 고시된 경우에는 다음의 관련 법률에 따른 인·허가등의 고시 또는 공고가 있는 것으로 본다.
   ① 토지의 분할과 형질변경허가, 도시계획시설사업 시행자의 지정 및 실시계획의 인가
   ②「수도법」에 따른 수도사업의 인가, 전용수도 설치의 인가
   ③「하수도법」에 따른 공공하수도공사 시행의 허가
   ④ 공유수면의 점용·사용허가 및 점용·사용 실시계획의 승인·신고
   ⑤ 항만개발사업 시행의 허가 및 항만개발사업실시계획의 승인
   ⑥ 하천공사시행의 허가 및 하천의 점용허가
   ⑦ 도로공사시행의 허가 및 도로점용의 허가
   ⑧ 농지전용의 허가·협의
   ⑨ 산지전용허가 및 산지전용신고, 산지일시사용허가·신고, 입목벌채 등의 허가·신고
   ⑩ 벌채 등의 허가 및 사방지 지정의 해제
   ⑪ 초지전용허가
   ⑫ 사도(私道)의 개설허가
   ⑬「공간정보의 구축 및 관리 등에 관한 법률」에 따른 지도등의 간행 심사
   ⑭「광업법」에 따른 불허가 처분 및 광구 감소처분 또는 광업권 취소처분
   ⑮「장사 등에 관한 법률」에 따른 연고자가 없는 분묘의 개장(改葬)허가
   ⑯ 농업생산기반시설의 사용허가

(2) 시·도지사는 실시계획을 승인하려면 미리 관계 행정기관의 장과 협의하여야 한다.

(3) 실시계획이 승인된 지역은 유치지역으로 지정된 것으로 본다.

(4) 중소기업자등이 단지조성사업의 준공인가를 받으면 실시계획의 승인으로 간주되는 허가, 인가, 면허, 협의, 동의, 승인 또는 해제에 따른 그 사업의 준공검사 또는 준공인가를 받은 것으로 본다.

(5) 연수실시기관에서 공업표준화와 품질관리에 관한 연수를 이수한 중소기업자는 적절한 교육을 이수한 것으로 본다.

6. 권한의 위임·위탁

(1) 중소기업진흥법에 따른 중소벤처기업부장관의 권한은 대통령령으로 정하는 바에 따라 그 일부를 소속 기관의 장 또는 시·도지사에게 위임하거나 다른 행정기관의 장에게 위탁할 수 있다.

(2) 중소벤처기업부장관의 업무는 중소기업중앙회 또는 중소벤처기업진흥공단에 위탁할 수 있다.

(3) 중소벤처기업부장관이 위탁한 업무에 종사하는 중소기업중앙회 또는 중소벤처기업진흥공단의 임원과 직원, 전담기관에서 협업지원업무에 종사하는 임원과 직원은 「형법」의 벌칙 적용에서는 공무원으로 본다.

7. 권한의 위탁(영 제81조) 24 기출

(1) 중소벤처기업부장관은 다음의 업무를 중소벤처기업진흥공단에 위탁한다.
   ① 협동화실천계획의 승인 및 변경승인
   ② 협동화실천계획의 승인취소 및 지원자금의 원리금 회수
   ③ 국외 협동화실시계획의 승인 및 변경승인

(2) 중소벤처기업부장관은 다음의 업무를 중소기업중앙회에 위탁한다.
   ① 명문장수기업의 확인
   ② 명문장수기업의 확인의 취소

(3) 중소기업진흥공단 및 중소기업중앙회는 (1), (2)의 업무를 처리하면 그 결과를 중소벤처기업부장관에게 보고하여야 한다.

13 벌 칙

1. 벌칙(법 제84조) 18 기출

직무상 알게 된 비밀을 누설하거나 도용한 자는 3년 이하의 징역 또는 3천만원 이하의 벌금에 처한다.

2. 양벌규정

법인의 대표자나 법인 또는 개인의 대리인, 사용인, 그 밖의 종업원이 그 법인 또는 개인의 업무에 관하여 위의 벌칙을 위반하면 그 행위자를 벌하는 외에 그 법인 또는 개인에게도 해당 조문의 벌금형을 과한다. 다만, 법인 또는 개인이 그 위반행위를 방지하기 위하여 해당 업무에 관하여 상당한 주의와 감독을 게을리하지 아니한 경우에는 그러하지 아니하다.

3. 과태료

(1) 명문장수기업 확인의 표시 또는 이와 유사한 표시를 사용한 자, 명문장수기업이라는 명칭을 사용한 자에게는 1천만원 이하의 과태료를 부과한다.

(2) 다음의 어느 하나에 해당하는 자에게는 300만원 이하의 과태료를 부과한다.
   ① 중소벤처기업진흥공단 또는 이와 비슷한 명칭을 사용한 자
   ② 보고를 하지 아니하거나 거짓된 보고를 한 자 또는 검사를 거부, 방해 또는 기피한 자

PART 07 단원핵심문제

제1과목 중소기업관계법령

01 중소기업진흥에 관한 법률상 목적으로 옳지 않은 것은?

① 중소기업의 구조 고도화
② 국민경제의 균형 있는 발전에 기여
③ 중소기업기술혁신 촉진
④ 중소기업의 경영기반 확충
⑤ 중소기업의 경쟁력 강화

해설 '중소기업기술혁신 촉진'은 「중소기업 기술혁신 촉진법」과 관련 있는 내용이다. 중소기업진흥에 관한 법률은 중소기업의 구조 고도화를 통하여 중소기업의 경쟁력을 강화하고 중소기업의 경영 기반을 확충하여 국민경제의 균형 있는 발전에 기여함을 목적으로 한다(중소기업진흥에 관한 법률 제1조).

02 중소기업진흥에 관한 법률상 구조고도화 지원계획에 포함될 사항으로 옳지 않은 것은?

① 정보 및 기술 교류에 필요한 자금 지원
② 지방자치단체의 실정에 맞는 사항
③ 사업별 예산 지원에 관한 사항
④ 경영과 기술에 관한 상담, 진단, 지도 및 정보제공에 관한 사항
⑤ 그 밖에 구조고도화 지원에 필요한 사항

해설 '정보 및 기술 교류에 필요한 자금 지원'은 서로 다른 업종 간 교류 지원사업을 위해 중소벤처기업부장관이 추진할 수 있는 지원사업이다(중소기업진흥에 관한 법률 제5조 제2항 제2호 참조). 구조고도화 지원계획은 지방자치단체의 실정에 맞도록 '사업별 예산 지원에 관한 사항', '경영과 기술에 관한 상담, 진단, 지도 및 정보제공 등에 관한 사항', '그 밖에 지원에 필요한 사항'을 포함한다(동법 제3조 3항 참조).

03 중소기업진흥에 관한 법률상 구조고도화 지원계획의 수립 및 공고의 주기로 옳은 것은?

① 매년
② 격년
③ 3년
④ 4년
⑤ 5년

해설 특별시장・광역시장・특별자치시장・도지사 또는 특별자치도지사는 매년 관할 지역의 중소기업의 구조고도화 위한 계획을 세워 공고해야 한다(중소기업진흥에 관한 법률 제3조 제2항 참조).

정답 01 ③ 02 ① 03 ①

04 중소기업진흥에 관한 법률상 협동화의 정의로 옳지 않은 것은? (정답 2개)

① 여러 중소기업자가 공동으로 공장 등 사업장을 집단화하는 것
② 생산설비, 연구개발설비, 환경오염방지시설 등을 공동으로 설치·운영하는 것
③ 제품 및 상표의 개발과 원자재 구입 및 판매 등 경영활동을 공동으로 수행하는 것
④ 중소기업자가 생산·판매 또는 서비스를 제공하는 기술에 관한 연구개발을 하는 것
⑤ 각각의 전문적인 역할을 분담하여 상호보완적으로 제품을 개발·생산·판매하거나 서비스를 제공하는 것

[해설] ④는 '기술개발', ⑤는 '협업'에 관한 정의이다(중소기업진흥에 관한 법률 제2조 참조).

05 중소기업진흥에 관한 법률상 자동화 지원사업의 범위로 옳지 않은 것은?

① 자동화 촉진을 위한 설비 보급
② 자동화를 위한 시범사업과 표준화
③ 자동화에 관한 전문인력 양성
④ 정보 및 기술 교류의 활성화를 위한 전문가의 파견
⑤ 자동화를 촉진하기 위한 자금지원

[해설] 정보 및 기술 교류의 활성화를 위한 전문가의 파견은 서로 다른 업종 간 교류 지원사업을 위해 중소벤처기업부 장관이 추진할 수 있는 지원사업이다(중소기업진흥에 관한 법률 제5조 제2항 제1호 참조).

06 중소기업진흥에 관한 법률상 협동화실천계획에 포함될 사항으로 옳지 않은 것은?

① 재원조달계획
② 참가업체
③ 사업내용
④ 사업추진능력
⑤ 실시기간

[해설] '사업추진능력'은 협업지원사업의 대상자 선정에서 고려되어야 할 사항이다(중소기업진흥에 관한 법률 시행령 제33조 제3항 제4호 참조). 협동화실천계획에는 '협동화실천계획의 목표', '참가업체', '사업내용', '추진주체', '재원조달계획', '실시기간' 등의 사항이 포함된다(동법 시행령 제29조 각 호 참조).

07 중소기업진흥에 관한 법률상 가업승계와 동일성 유지의 기준에 관한 설명으로 옳지 않은 것은?

① 가업승계란 중소기업이 동일성을 유지하면서 상속이나 증여를 통하여 그 기업의 소유권 또는 경영권을 친족에게 이전하는 것을 말한다.
② 가업승계를 한 자는 승계 전과 같은 업종(한국표준산업분류에 따른 세분류 기준)에 종사하여야 한다.
③ 가업승계를 한 자는 해당 기업의 사업을 10년 이상 계속하여 유지하여야 한다.
④ 기존 업종에 다른 업종을 추가하여 사업을 하는 경우에는 추가된 업종의 매출액이 총매출액의 100분의 60 미만인 경우에만 같은 업종에 종사한 것으로 본다.
⑤ 가업승계를 한 자는 5년 동안 평균 상시종업원 수를 승계 전 5년간 평균 상시종업원 수의 100분의 70 이상으로 유지하여야 한다.

해설 가업승계를 한 자는 승계 전과 같은 업종(한국표준산업분류에 따른 세분류를 기준)에 종사하여야 한다. 이때 기존 업종에 다른 업종을 추가하여 사업을 하는 경우에는 추가된 업종의 매출액이 총매출액의 <u>100분의 50 미만인 경우</u>에만 같은 업종에 종사한 것으로 본다(중소기업진흥에 관한 법률 시행령 제2조 제6항 제1호 참조).

08 중소기업진흥에 관한 법률상 중소기업의 경영 및 기술지도에 관한 계획에 포함될 사항으로 옳은 것은?

```
ㄱ. 경영 및 기술지도의 대상
ㄴ. 인력 양성
ㄷ. 경영 및 기술지도의 절차
ㄹ. 공동 법인 설립 등에 관한 자문
ㅁ. 불성실·불공정 지도행위에 대한 제재사항
```

① ㄱ, ㄷ, ㅁ   ② ㄱ, ㄷ, ㄹ
③ ㄴ, ㄷ, ㅁ   ④ ㄴ, ㄹ, ㅁ
⑤ ㄷ, ㄹ, ㅁ

해설 ㄴ·ㄹ 협업지원사업에 포함되는 사항이다(동법 제39조 각 호 참조).
지도기준의 작성(중소기업진흥에 관한 법률 제45조)
- <u>경영 및 기술지도의 대상</u>
- 경영 및 기술지도를 할 자의 요건
- <u>경영 및 기술지도의 절차</u>
- 경영 및 기술지도 결과의 측정과 평가
- <u>불성실·불공정 지도행위에 대한 제재사항</u>
- 그 밖에 경영 및 기술지도의 건실한 수행을 촉진하기 위한 기준

정답 07 ④ 08 ①

09 중소기업진흥에 관한 법률상 명문장수기업의 요건으로 옳지 않은 것은?

① 건설업, 부동산업, 금융업, 보험 및 연금업, 금융 및 보험 관련 서비스업 등 대통령령으로 정하는 업종에 해당하지 아니하는 기업
② 사업을 개시한 날부터 40년 이상 주된 업종의 변동 없이 계속 사업을 유지하여 온 기업
③ 기업의 경제적·사회적 기여도가 대통령령으로 정하는 기준에 해당하는 기업
④ 기업의 브랜드 가치, 보유 특허의 수준, 제품의 우수성 등이 대통령령으로 정하는 기준에 해당하는 기업
⑤ 기업의 총매출액 중 연구개발비가 차지하는 비중이 대통령령으로 정하는 기준에 해당하는 기업

[해설] 명문장수기업은 사업을 개시한 날부터 45년 이상 주된 업종의 변동 없이 계속 사업을 유지하여 온 기업으로 이 경우 사업 개시와 계속 유지에 관한 세부사항은 대통령령으로 정한다(중소기업진흥에 관한 법률 제62조의4 제1호).

10 중소기업진흥에 관한 법률상 중소벤처기업부장관이 사업의 효율적 수행을 위하여 전담기관을 지정할 수 있도록 규정된 사업은?

① 국제화 지원사업
② 지도와 연수사업
③ 입지 지원사업
④ 환경오염 저감 지원사업
⑤ 협업지원사업

[해설] 중소벤처기업부장관은 협업지원사업을 효율적으로 수행하기 위하여 중소기업 진흥 관련 업무를 전문적으로 수행하는 기관 또는 단체를 협업지원 전담기관 또는 단체(전담기관)로 지정하여 협업지원사업의 일부를 수행하게 할 수 있다(중소기업진흥에 관한 법률 제39조의3 제1항).

09 ② 10 ⑤ 정답

11 중소기업진흥에 관한 법령상 중소벤처기업부장관이 중소벤처기업진흥공단에 위탁하는 업무를 모두 고른 것은?

> ㄱ. 명문장수기업의 확인
> ㄴ. 협동화실천계획의 승인 및 변경승인
> ㄷ. 협동화실천계획의 승인취소 및 지원자금의 원리금 회수
> ㄹ. 국외 협동화실시계획의 승인 및 변경승인

① ㄱ
② ㄱ, ㄹ
③ ㄴ, ㄷ
④ ㄴ, ㄷ, ㄹ
⑤ ㄱ, ㄴ, ㄷ, ㄹ

해설 ㄱ. 명문장수기업의 확인은 중소벤처기업부장관이 중소기업중앙회에 위탁하는 업무이다(동법 시행령 제81조 제2항).

권한의 위탁(중소기업진흥에 관한 법률 시행령 제81조 제1항)
중소벤처기업부장관은 다음의 업무를 중소벤처기업진흥공단에 위탁한다.
• 협동화실천계획의 승인 및 변경승인
• 협동화실천계획의 승인취소 및 지원자금의 원리금 회수
• 국외 협동화실시계획의 승인 및 변경승인

12 중소기업진흥에 관한 법률상 협업기업의 선정을 무조건 취소해야 하는 경우를 고른 것은?

> ㄱ. 거짓이나 그 밖의 부정한 방법으로 선정된 경우
> ㄴ. 휴업·폐업 또는 파산 등으로 6개월 이상 협업을 하지 아니한 경우
> ㄷ. 그 밖에 정상적인 협업 추진이 어렵다고 중소벤처기업부장관이 인정하는 경우
> ㄹ. 협업지원사업으로 지원받은 협업자금 등을 협업 수행 용도가 아닌 타 용도로 사용한 경우

① ㄱ
② ㄹ
③ ㄱ, ㄴ
④ ㄱ, ㄴ, ㄷ
⑤ ㄱ, ㄴ, ㄷ, ㄹ

해설 **협업기업 선정취소(중소기업진흥에 관한 법률 제39조의2 제2항)**
중소벤처기업부장관은 협업지원사업의 대상자로 선정된 기업(협업기업)이 다음의 어느 하나에 해당하면 협업기업의 선정을 취소할 수 있다. 다만, 제1호에 해당하는 경우에는 그 선정을 취소하여야 한다.
1. 거짓이나 그 밖의 부정한 방법으로 선정된 경우
2. 휴업·폐업 또는 파산 등으로 6개월 이상 협업을 하지 아니한 경우
3. 그 밖에 정상적인 협업 추진이 어렵다고 중소벤처기업부장관이 인정하는 경우

정답 11 ④ 12 ①

PART 08 벤처기업육성에 관한 특별법

제1과목 중소기업관계법령

(약칭 : 벤처기업법)

체크포인트

이 법은 벤처기업 창업을 촉진하고, 벤처기업에 대한 규제를 완화함으로써 벤처기업을 효과적으로 육성하여 우리 산업의 구조조정을 원활히 하고 경쟁력을 높이기 위한 법안이다. 최근 시험에서는 중요도 표시가 되지 않는 곳에서도 많이 출제되고 있으므로 전체 내용을 파악하되 한 번 더 꼼꼼히 암기하는 습관이 필요하다.

목적(법 제1조) 13 기출
벤처기업법은 기존 기업의 벤처기업으로의 전환과 벤처기업의 창업을 촉진하여 우리 산업의 구조조정을 원활히 하고 경쟁력을 높이는 데에 기여하는 것을 목적으로 한다.

정의(법 제2조) 13 19 기출
(1) '**벤처기업**'이란 제2조의2의 요건을 갖춘 기업을 말한다.
(2) '**투자**'란 다음의 어느 하나에 해당하는 것을 말한다.
  ① 주식회사의 주식, 무담보전환사채, 무담보교환사채 또는 무담보신주인수권부사채의 인수
  ② 유한회사 또는 유한책임회사의 출자 인수
  ③ 중소기업이 개발하거나 제작하며 다른 사업과 회계의 독립성을 유지하는 방식으로 운영되는 사업의 지분 인수로서 중소벤처기업부령으로 정하는 바에 따른 지분 인수
  ④ 투자금액의 상환만기일이 없고 이자가 발생하지 아니하는 계약으로서 중소벤처기업부령으로 정하는 요건을 충족하는 조건부지분인수계약의 체결
  ⑤ 무담보전환사채의 발행을 사전에 약정하는 계약으로서 중소벤처기업부령으로 정하는 요건을 충족하는 조건부지분전환계약의 체결
  ⑥ 그 밖에 가목부터 마목까지의 방식에 준하는 것으로서 중소벤처기업부장관이 정하여 고시하는 방식
(3) '**벤처기업집적시설**'이란 벤처기업 및 다음의 지원시설을 집중적으로 입주하게 함으로써 벤처기업의 영업활동을 활성화하기 위하여 동법에 따라 지정된 건축물을 말한다.
  ① 벤처투자회사
  ② 중소기업상담회사
  ③ 창업보육센터
  ④ 은행(금융위원회의 인가를 받은 외국은행의 국내 지점·대리점 또는 사무소 포함)
  ⑤ 신기술사업금융업자
  ⑥ 신용보증기금
  ⑦ 기술보증기금
  ⑧ 기업부설연구소
  ⑨ 중소벤처기업진흥공단
  ⑩ 한국산업단지공단
  ⑪ 기업구조조정전문회사
  ⑫ 지역신용보증재단
  ⑬ 투자매매업자와 투자중개업자
  ⑭ 기술거래기관
  ⑮ 기술평가기관
  ⑯ 정보통신산업진흥원

⑰ 중소기업중앙회
⑱ 한국표준협회
⑲ 개업신고를 한 변호사·변리사·세무사, 사무소를 개설한 공인회계사, 경영지도사 또는 기술지도사
⑳ 그 밖에 벤처기업을 지원하는 자로서 중소벤처기업부장관이 지정하는 자

(4) '**실험실공장**'이란 벤처기업의 창업을 촉진하기 위하여 대학이나 연구기관이 보유하고 있는 연구시설에 도시형 공장에 해당하는 업종의 생산시설을 갖춘 사업장을 말한다.

(5) '**벤처기업육성촉진지구**'란 벤처기업의 밀집도가 다른 지역보다 높은 지역으로 집단화·협업화(協業化)를 통한 벤처기업의 영업활동을 활성화하기 위하여 제18조의4에 따라 지정된 지역을 말한다.

(6) '**전략적 제휴**'란 벤처기업이 생산성 향상과 경쟁력 강화 등을 목적으로 기술·시설·정보·인력 또는 자본 등의 분야에서 다른 기업의 주주 또는 다른 벤처기업과 협력관계를 형성하는 것을 말한다.

(7) '**신기술창업전문회사**'란 대학이나 연구기관이 보유하고 있는 기술의 사업화와 이를 통한 창업 촉진을 주된 업무로 하는 회사로서 등록된 회사를 말한다.

(8) '**신기술창업집적지역**'이란 대학이나 연구기관이 보유하고 있는 교지나 부지로서 창업기업과 벤처기업 등에 사업화 공간을 제공하기 위하여 지정된 지역을 말한다.

(9) '**소셜벤처기업**'이란 사회적 가치와 경제적 가치를 통합적으로 추구하는 기업으로서 동법 제16조의10 제1항에 따른 요건을 갖춘 기업을 말한다.

1 벤처기업의 요건과 범위

1. 벤처기업의 요건(법 제2조의2)

(1) 중소기업일 것

(2) 다음의 어느 하나에 해당할 것

① 다음의 어느 하나에 해당하는 자의 투자금액의 합계(이하 '투자금액의 합계') 및 기업의 자본금 중 투자금액의 합계가 차지하는 비율이 각각 해당 기업에 대하여 투자를 한 금액의 합계가 5천만원 이상으로서, 기업의 자본금 중 투자금액의 합계가 차지하는 비율이 100분의 10(해당 기업이 「문화산업진흥 기본법」에 따른 제작자 중 법인이면 자본금의 100분의 7) 이상이고, 지정받은 벤처기업확인기관으로부터 해당 요건을 갖춘 것으로 평가받은 기업

㉠ 벤처투자회사
㉡ 벤처투자조합
㉢ 신기술사업금융업자
㉣ 신기술사업투자조합
㉤ 한국벤처투자
㉥ 신기술창업전문회사
㉦ 개인투자조합
㉧ 창업기획자(액셀러레이터)
㉨ 한국산업은행
㉩ 중소기업은행
㉪ 은 행

ⓔ 기관전용 사모집합투자기구
ⓟ 온라인소액투자중개의 방법으로 모집하는 해당 기업의 지분증권에 투자하는 자
ⓗ 농식품투자조합
㉮ 산학연협력기술지주회사
㉯ 공공연구기관첨단기술지주회사
㉰ 기술보증기금
㉱ 신용보증기금
㉲ 중소벤처기업진흥공단
㉳ 외국투자회사
㉴ 투자실적, 경력, 자격요건 등 대통령령으로 정하는 기준을 충족하는 전문개인투자자

② 다음의 어느 하나를 보유한 기업의 연간 연구개발비와 연간 총매출액에 대한 연구개발비의 합계가 차지하는 비율이 각각 대통령령으로 정하는 기준 이상이고, 벤처기업확인기관으로부터 성장성이 우수한 것으로 평가받은 기업(다만, 연간 총매출액에 대한 연구개발비의 합계가 차지하는 비율에 관한 기준은 창업 후 3년이 지나지 아니한 기업 제외)을 말한다.
㉠ 「기업부설연구소등의 연구개발 지원에 관한 법률」에 따라 인정받은 기업부설연구소 또는 연구개발전담부서
㉡ 「문화산업진흥 기본법」에 따라 인정받은 기업부설창작연구소 또는 기업창작전담부서

대통령령으로 정하는 기준	지정받은 벤처기업확인기관
• 연간 연구개발비가 5천만원 이상일 것 • 연간 총매출액에 대한 연구개발비의 합계가 차지하는 비율이 100분의 5 이상으로서 중소벤처기업부장관이 업종별로 정하여 고시하는 비율 이상일 것	• 「민법」에 따른 비영리법인 • 벤처기업 지원을 전담하는 조직을 갖추고 최근 3년 이상 계속하여 벤처기업 지원 관련 업무를 수행하였을 것 • 상시근로자를 20명 이상 보유할 것. 이 경우 경력이 10년 이상인 전문인력을 5명 이상 포함해야 함

③ 벤처기업확인기관으로부터 기술의 혁신성과 사업의 성장성이 우수한 것으로 평가받은 기업(창업 중인 기업을 포함한다)

2. 벤처기업에 포함되지 아니하는 업종의 결정

우리 산업의 구조조정을 원활히 하고 경쟁력을 높이기 위하여 일반 유흥 주점업 등 대통령령으로 정하는 업종(일반 유흥 주점업, 무도 유흥 주점업, 기타 주점업, 블록체인 기반 암호화 자산 매매 및 중개업, 기타 사행시설 관리 및 운영업, 무도장 운영업)을 영위하는 기업은 벤처기업에 포함하지 아니한다.

2 벤처기업 육성기반의 구축

1. 벤처기업 육성을 위한 추진체계의 구축

(1) 벤처기업 육성계획의 수립 등(법 제3조의2)

① 중소벤처기업부장관은 벤처기업을 육성하기 위하여 3년마다 벤처기업 육성계획(이하 '육성계획') 을 관계 중앙행정기관의 장과 협의를 거쳐 수립·시행하여야 한다.
② 육성계획에는 다음의 사항이 포함되어야 한다.
  ㉠ 벤처기업의 육성을 위한 정책의 기본방향
  ㉡ 벤처기업의 창업지원에 관한 사항
  ㉢ 벤처기업 육성을 위한 기반조성에 관한 사항
  ㉣ 벤처기업 관련 통계 조사·관리에 관한 사항
  ㉤ 벤처기업 제품의 공공구매 확대에 관한 사항
  ㉥ 벤처기업의 해외시장 진출 지원에 관한 사항
  ㉦ 그 밖에 벤처기업의 육성을 위하여 필요한 사항
③ 중소벤처기업부장관은 육성계획의 수립과 시행을 위하여 필요한 경우에는 관계 중앙행정기관의 장 과 벤처기업 육성에 관련된 기관 또는 단체 대표자 등에 대하여 자료의 제출이나 의견의 진술을 요청할 수 있다. 이 경우 요청을 받은 관계 중앙행정기관의 장 등은 특별한 사정이 없으면 요청에 따라야 한다.

(2) 실태조사 18 기출

① 중소벤처기업부장관은 벤처기업을 체계적으로 육성하고 육성계획을 효율적으로 수립·추진하기 위하여 매년 벤처기업의 활동현황 및 실태 등에 대한 조사를 하고 그 결과를 공표하여야 한다.
② 중소벤처기업부장관은 실태조사를 하기 위하여 필요한 경우에는 관계 중앙행정기관의 장, 지방자치단체의 장, 공공기관의 장, 벤처기업 대표자 또는 관련 단체 대표자 등에 대하여 자료의 제출이나 의견의 진술 등을 요청할 수 있다. 이 경우 요청을 받은 관계 중앙행정기관의 장 등은 특별한 사정이 없으면 요청에 따라야 한다.

(3) 종합관리시스템 구축·운영

① 중소벤처기업부장관은 벤처기업 관련 정보를 종합적으로 관리하고 벤처기업 간의 협력기반을 구축 하여 벤처기업 활동에 유용한 정보를 제공하기 위하여 종합관리시스템을 구축·운영할 수 있다.
② 중소벤처기업부장관은 종합관리시스템의 구축·운영을 위하여 필요한 경우 다음의 자료 또는 정보 의 제공을 다음의 구분에 따른 자에게 요청할 수 있다. 이 경우 요청을 받은 자는 특별한 사유가 없으면 그 요청에 따라야 한다.
  ㉠ 「국세기본법」에 따른 과세정보로서 당사자의 동의를 받은 다음의 정보 : 국세청장
    • 벤처기업법 제2조의2 제1항 제2호 가목에 해당하는 기업의 경우 : 자본금
    • 벤처기업법 제2조의2 제1항 제2호 나목에 해당하는 기업의 경우 : 연간 총매출액, 해당 연도 에 발생한 「조세특례제한법」에 따른 신성장·원천기술 연구개발비 및 일반연구·인력개발비

ⓒ 「고용보험법」에 따른 피보험자 수 : 고용노동부장관
  ⓒ 그 밖에 종합관리시스템의 구축·운영을 위하여 필요한 자료 또는 정보로서 대통령령으로 정하는 자료 또는 정보 : 해당 자료 또는 정보를 보유한 관계 중앙행정기관의 장, 지방자치단체의 장, 공공기관의 장, 그 밖의 관계 기관·법인 또는 단체의 장
③ 규정한 사항 외에 종합관리시스템의 운영기관 지정 등 종합관리시스템의 구축·운영에 필요한 사항은 대통령령으로 정한다.

(4) 벤처기업 성장촉진 지원사업의 추진 등
중소벤처기업부장관은 벤처기업의 혁신과 성장을 촉진하기 위하여 다음의 사항에 관한 사업을 추진하거나 필요한 시책을 수립·시행할 수 있다.
① 벤처기업의 발굴·육성 및 그에 대한 지원
② 벤처기업의 기술혁신과 사업화 촉진 지원
③ 벤처기업의 판로개척 및 해외진출 지원
④ 국내외 인재 및 투자 유치 활성화
⑤ 벤처기업에 대한 경영상담·자문 및 교육
⑥ 벤처기업에 대한 금융지원
⑦ 그 밖에 중소벤처기업부장관이 벤처기업의 혁신과 성장을 촉진하기 위하여 필요하다고 인정하는 사업

(5) 벤처기업지원전문기관의 지정 등
① 중소벤처기업부장관은 벤처기어 성장촉진 지원사업 및 쇼셜벤처기업에 따른 지원사업을 효율적으로 지원하기 위하여 전문인력 및 전담조직 등 대통령령으로 정하는 기준을 갖춘 기관을 벤처기업지원전문기관으로 지정할 수 있다.
② 중소벤처기업부장관은 지정된 벤처기업지원전문기관이 위에 따른 업무를 수행하는 데에 필요한 경비를 예산의 범위에서 지원할 수 있다.
③ 지원을 받은 벤처기업지원전문기관은 별도의 계정을 설정하여 관리하여야 한다.
④ 중소벤처기업부장관은 벤처기업지원전문기관이 다음의 어느 하나에 해당하는 경우에는 그 지정을 취소하거나 6개월 이내의 기간을 정하여 업무의 전부 또는 일부의 정지를 명할 수 있다. 다만, ㉠에 해당하면 그 지정을 취소하여야 한다.
  ㉠ 거짓이나 그 밖의 부정한 방법으로 지정을 받은 경우
  ㉡ 지정받은 사항을 위반하여 업무를 행한 경우
  ㉢ ①에 따른 지정기준에 적합하지 아니하게 된 경우
⑤ 벤처기업지원전문기관의 지정기준·절차, 지정취소 및 운영 등에 필요한 사항은 대통령령으로 정한다.

3 자금공급의 원활화

1. 신기술창업전문회사

(1) 전문회사의 설립(법 제11조의2) 18 19 20 23 24 25 기출

① 다음 어느 하나에 해당하는 대학이나 연구기관은 신기술창업전문회사(이하 '전문회사')를 설립할 수 있다.
  ㉠ 대학(산학협력단을 포함)
  ㉡ 국공립연구기관
  ㉢ 정부출연연구기관
  ㉣ 전문생산기술연구소
  ㉤ 「민법」에 따라 설립된 비영리법인으로서 과학 또는 산업기술 분야 연구기관
② 전문회사를 설립하는 경우 대학이나 연구기관은 대통령령으로 정하는 바에 따라 중소벤처기업부장관에게 등록하여야 한다. 이를 변경하는 경우에도 또한 같다.

(2) 전문회사의 요건

중소벤처기업부장관은 등록 신청이 있을 때에는 그 신청 내용이 다음의 어느 하나에 해당하는 경우를 제외하고는 등록을 해주어야 한다.
① 「상법」에 따른 주식회사가 아닌 경우
② 임원이 다음의 어느 하나에 해당하는 사람인 경우
  ㉠ 피성년후견인 또는 피한정후견인
  ㉡ 파산선고를 받고 복권되지 아니한 사람
  ㉢ 금고 이상의 실형을 선고받고 그 집행이 끝나거나(끝난 것으로 보는 경우를 포함) 집행을 받지 아니하기로 확정된 후 5년이 지나지 아니한 사람
  ㉣ 금고 이상의 형의 집행유예를 선고받고 그 유예기간이 끝난 날부터 2년이 지나지 아니한 사람
  ㉤ 금고 이상의 형의 선고유예를 받고 그 유예기간 중에 있는 사람
  ㉥ 법원의 판결 또는 다른 법률에 따라 자격이 상실되거나 정지된 사람
③ 보유인력(1명 이상의 상근 전문인력)과 보유시설(전문회사의 업무를 수행하기 위한 독립된 전용공간)이 기준에 미치지 못하는 경우

(3) 전문회사의 업무

전문회사는 다음 업무를 영위한다.
① 대학·연구기관 또는 전문회사가 보유한 기술의 사업화
② 위 기술의 사업화를 위한 자회사의 설립. 단, 대학은 자회사를 설립할 수 없다.
③ 창업보육센터의 설립·운영
④ 벤처투자조합·신기술사업투자조합 또는 개인투자조합에 대한 출자
⑤ 전문회사가 보유한 기술의 산업체 등으로의 이전
⑥ 대학·연구기관이 보유한 기술의 산업체 등으로의 이전 알선

⑦ 대학·연구기관의 교원·연구원 등이 설립한 회사에 대한 경영·기술 지원
⑧ 개인투자조합 재산의 운용
⑨ ①에서 ⑧까지의 규정에 부수되는 사업으로 중소벤처기업부장관이 정하는 사업

(4) 전문회사의 등록(영 제4조의2)

전문회사를 등록하려는 대학 또는 연구기관은 등록신청서에 다음 서류를 첨부하여 중소벤처기업부장관에게 제출하여야 한다. 이 경우 신청을 받은 중소벤처기업부장관은 행정정보의 공동이용을 통하여 법인등기부 등본을 확인하여야 한다. 중소벤처기업부장관은 등록·변경등록을 한 자에게 등록증을 내주어야 한다.
① 정관
② 사업계획서(출자비율, 출자내용, 보유인력 및 보유시설에 관한 사항을 포함)
③ 임원의 이력서

(5) 전문회사의 변경

전문회사는 다음의 사항이 변경된 날부터 7일 이내에 중소벤처기업부령으로 정하는 변경등록신청서에 변경된 사실을 증명하는 서류를 첨부하여 중소벤처기업부장관에게 제출하여야 한다.
① 상호
② 본점의 소재지
③ 임원
④ 보유인력
⑤ 보유시설
⑥ 의결권 있는 발행주식총수의 100분의 30 이상을 소유한 주주

(6) 전문회사의 운영 19 기출

① 대학이나 연구기관은 해당 기관이 설립한 전문회사의 발행주식 총수의 100분의 10 이상을 보유하여야 한다.
② 대학이나 연구기관은 전문회사를 설립할 때나 그 전문회사가 신주를 발행할 때에 지식재산권등의 현물이나 현금을 출자할 수 있다. 단, 대학이 현금만을 출자하여 전문회사를 설립할 경우에는 전문회사에 보유기술을 이전하여야 한다.
③ 전문회사는 그 사업을 수행하기 위하여 필요하면 정부, 정부가 설치하는 기금, 국내외 금융기관, 외국정부 또는 국제기구로부터 자금을 차입할 수 있다.

(7) 전문회사 등에 대한 특례

① 대학이나 연구기관의 교원·연구원 또는 직원이 전문회사의 대표나 임직원으로 근무하기 위하여 휴직·겸직 또는 겸임하는 경우에는 교육공무원등의 휴직 허용과 겸임이나 겸직에 관한 특례를 준용한다.
② 대학이나 연구기관이 현물을 전문회사에 출자할 경우 지식재산권등에 대한 가격의 평가와 감정은 공인된 감정사가 한 것으로 본다.

③ 공익법인인 연구기관이 전문회사를 등록한 경우에는 30일 이내에 주무관청에 신고하여야 한다. 신고를 한 경우에는 주무관청의 승인을 받은 것으로 본다.
④ 대학이나 연구기관은 전문회사에 대하여 산업재산권 등의 이용을 허락할 때 전용실시권을 부여할 수 있다.
⑤ 중소벤처기업창업 및 진흥기금을 관리하는 자는 전문회사에 우선적으로 지원할 수 있다.

(8) 전문회사의 행위제한 등
① 전문회사는 다음 어느 하나에 해당하는 행위를 하여서는 아니 된다.
  ㉠ 「유사수신행위의 규제에 관한 법률」을 위반하여 출자자나 투자자를 모집하는 행위
  ㉡ 해당 전문회사가 설립한 자회사와의 채무 보증, 담보 제공. 다만, 인수·합병 등 정당한 목적이 있는 거래행위는 제외한다.
  ㉢ 그 밖에 설립목적을 해치는 것으로서 대통령령으로 정하는 행위
② 전문회사는 주주총회의 특별결의에 의하여만 대학에 자회사를 설립할 수 있다.
③ 대학이나 연구기관은 전문회사에 대한 투자나 출자로 발생한 배당금·수익금과 잉여금을 대학이나 연구기관의 고유목적사업이나 연구개발 및 산학협력 활동 등 대통령령으로 정하는 용도로 사용하여야 한다.
  ㉠ 대학이나 연구기관의 고유목적사업
  ㉡ 연구개발 및 산학협력 활동에 필요한 경비
  ㉢ 해당 신기술창업전문회사에 대한 재투자
  ㉣ 기술개발과 사업화에 이바지한 인력과 부서에 대한 보상금

(9) 전문회사 등록의 취소 [20] 기출
중소벤처기업부장관은 전문회사가 다음 어느 하나에 해당하면 그 등록을 취소할 수 있다. 단, ①에 해당하는 경우에는 그 등록을 취소하여야 한다.
① 거짓이나 그 밖의 부정한 방법으로 등록한 경우
② 행위제한 행위를 한 경우
③ 등록요건에 맞지 아니하게 된 경우(임원의 결격사유가 발생한 전문회사가 그 사유가 발생한 날부터 3개월 이내에 그 사유를 해소한 경우에는 제외)

2. 특 례 [20] 기출

(1) 우선적 신용보증의 실시(법 제5조)
기술보증기금은 벤처기업과 신기술창업전문회사에 우선적으로 신용보증을 하여야 한다.

(2) 지식재산권등의 출자 특례(법 제6조) [17] [18] [19] 기출
① 벤처기업에 대한 현물출자 대상에는 특허권·실용신안권·디자인권, 그 밖에 지식재산권등을 포함한다.
② 대통령령으로 정하는 다음의 기술평가기관이 지식재산권등의 가격을 평가한 경우 그 평가 내용은 「상법」에 따라 공인된 감정인이 감정한 것으로 본다.

㉠ 한국산업기술진흥원
㉡ 기술보증기금
㉢ 한국산업기술평가관리원
㉣ 한국환경공단(환경기술에 대한 기술평가만 해당)
㉤ 국가기술표준원
㉥ 한국과학기술연구원과 한국과학기술정보연구원
㉦ 정보통신산업진흥원
㉧ 그 밖에 지식재산권등의 가격 평가에 필요한 전문인력을 갖춘 기관 또는 단체로서 중소벤처기업부장관이 정하여 고시하는 기관 또는 단체

(3) 외국인의 주식취득 제한에 대한 특례(법 제9조)

외국인(대한민국에 6개월 이상 주소나 거소를 두지 아니한 개인) 또는 외국법인등에 의한 벤처기업의 주식 취득에 관하여는 '외국인의 유가증권 취득제한규정'을 적용하지 아니한다. 이에 따른 외국인 또는 외국법인 등에 의한 벤처기업의 주식 취득에 관하여는 그 벤처기업의 정관으로 정하는 바에 따라 제한할 수 있다.

(4) 조세에 대한 특례(법 제14조) 24 기출

① 국가나 지방자치단체는 벤처기업을 육성하기 위하여 소득세·법인세·취득세·재산세 및 등록면허세 등을 감면할 수 있다.
② 다음 경우에는 조세에 관한 법률로 정하는 바에 따라 세제지원을 할 수 있다.
  ㉠ 주식회사인 벤처기업과 다른 주식회사의 주주 또는 주식회사인 다른 벤처기업이 주식교환을 하는 경우
    • 주식교환에 대해 세제지원을 받으려는 자는 관련 자료를 첨부해 중소벤처기업부장관에게 주식교환의 확인을 요청할 수 있다.
    • 주식교환의 확인요청을 받은 중소벤처기업부장관은 위 법에 따른 주식교환에 해당하면 주식교환 확인서를 발급하여야 한다.
    • 중소벤처기업부장관은 위에 따라 세제지원대상 주식교환의 확인을 받은 자가 주식교환을 한 날부터 1년 이내에 그 주식을 타인에게 양도한 사실을 확인하면 지체없이 그 사실을 소득세 등의 원천징수의무자, 납세조합 또는 세무서장에게 알려야 한다.
    • 그 밖에 세제지원대상 주식교환의 확인방법 및 절차 등에 관하여 필요한 사항은 중소벤처기업부장관이 정하여 고시한다.
  ㉡ 주식회사인 벤처기업과 다른 주식회사가 합병을 하는 경우

4 기업활동과 인력 공급의 원활화

1. 주식교환

(1) 벤처기업의 주식교환(법 제15조) 19 기출

① 주식회사인 벤처기업(증권시장에 상장된 법인은 제외)은 전략적 제휴를 위하여 정관으로 정하는 바에 따라 자기주식을 다른 주식회사의 주요주주(해당 법인의 의결권 있는 발행주식 총수의 100분의 10 이상을 보유한 주주) 또는 주식회사인 다른 벤처기업의 주식과 교환할 수 있다.

② 주식교환을 하려는 벤처기업은 「상법」에도 불구하고 주식교환에 필요한 주식에 대하여는 자기의 계산으로 자기주식을 취득하여야 한다. 이 경우 그 취득금액은 이익배당이 가능한 한도 이내이어야 한다. 자기주식의 취득 기간은 주주총회 승인 결의일부터 6개월 이내이어야 한다.

③ 주식교환을 하려는 벤처기업은 그에 관한 이사회의 결의가 있을 때에는 즉시 결의내용을 주주에게 통보하고, 주식교환계약서를 갖추어 놓아 열람할 수 있도록 하여야 한다.

④ 벤처기업이 주식교환에 따라 다른 주식회사의 주요주주의 주식이나 다른 벤처기업의 주식을 취득한 경우에는 취득일부터 1년 이상 이를 보유하여야 한다. ①에 따른 주식교환에 따라 벤처기업의 주식을 취득한 다른 주식회사의 주요주주의 경우에도 또한 같다.

(2) 주식교환계약서 포함사항

주식교환을 하려는 벤처기업은 다음의 사항이 포함된 주식교환계약서를 작성하여 주주총회의 승인을 받아야 한다. 이 경우 주주총회의 승인 결의에 관하여는 「상법」을 준용한다.

① 전략적 제휴의 내용
② 자기주식의 취득 방법, 취득 가격 및 취득 시기에 관한 사항
③ 교환할 주식의 가액총액 · 평가 · 종류 및 수량에 관한 사항
④ 주식교환을 할 날
⑤ 다른 주식회사의 주요주주와 주식을 교환할 경우 주주의 성명, 주민등록번호, 교환할 주식의 종류 및 수량

(3) 반대주주의 주식매수청구권 20 기출

① 주주총회 승인 결의 전에 그 벤처기업에 서면으로 주식교환을 반대하는 의사를 알린 주주는 주주총회 승인 결의일부터 10일 이내에 자기가 보유한 주식의 매수를 서면으로 청구할 수 있다.

② 매수청구를 받은 벤처기업은 청구를 받은 날부터 2개월 이내에 그 주식을 매수하여야 한다. 이 경우 그 주식은 6개월 이내에 처분하여야 한다.

③ 주식의 매수가격의 결정에 관하여는 「상법」 규정을 준용한다.

(4) 합병 절차의 간소화 등

① 주식회사인 벤처기업이 다른 주식회사와 합병결의(소규모합병 및 간이합병의 경우에는 이사회의 승인결의)를 한 경우에는 채권자에게 「상법」에도 불구하고 그 합병결의를 한 날부터 1주 내에 합병에 이의가 있으면 10일 이상의 기간 내에 이를 제출할 것을 공고하고, 알고 있는 채권자에게는 공고사항을 최고하여야 한다.

② 주식회사인 벤처기업이 합병 결의를 위한 주주총회 소집을 알릴 때는 「상법」에도 불구하고 그 통지일을 주주총회일 7일 전으로 할 수 있다.

③ 주식회사인 벤처기업이 다른 주식회사와 합병하기 위하여 합병계약서 등을 공시할 때는 「상법」에도 불구하고 그 공시 기간을 합병승인을 위한 주주총회일 7일 전부터 합병한 날 이후 1개월이 지나는 날까지로 할 수 있다.

④ 주식회사인 벤처기업의 합병에 관하여 이사회가 결의한 때에 그 결의에 반대하는 벤처기업의 주주는 「상법」에도 불구하고 주주총회 전에 벤처기업에 대하여 서면으로 합병에 반대하는 의사를 알리고 자기가 소유하고 있는 주식의 종류와 수를 적어 주식의 매수를 청구하여야 한다.

⑤ 벤처기업이 주식매수청구를 받은 경우에는 「상법」에도 불구하고 합병에 관한 주주총회의 결의일부터 2개월 이내에 그 주식을 매수하여야 한다.

⑥ 주식의 매수가액의 결정에 관하여는 「상법」의 규정을 준용한다. 이 경우 '청구를 받은 날'은 '합병에 관한 주주총회의 결의일'로 본다.

(5) 주식교환의 특례

① 벤처기업이 주식교환을 하는 경우 그 교환하는 주식의 수가 발행주식 총수의 100분의 50을 초과하지 아니하면 주주총회의 승인은 정관으로 정하는 바에 따라 이사회의 승인으로 갈음할 수 있다. 주식교환의 경우 반대주주의 주식매수청구권이나 신주발행 주식매수청구권을 적용하지 아니한다.

② 상기 ①에 따른 주식교환을 하려는 벤처기업은 주식교환계약서에 주주총회의 승인을 받지 아니하고 주식교환을 할 수 있다는 뜻을 적어야 한다. 또한 이 경우 반대주주의 주식매수청구권을 받아들이지 않는다.

③ 벤처기업은 주식교환계약서를 작성한 날부터 2주 이내에 다음의 사항을 공고하거나 주주에게 알려야 한다.
  ㉠ 주식교환계약서의 주요 내용
  ㉡ 주주총회의 승인을 받지 아니하고 주식교환을 한다는 뜻

④ 벤처기업의 발행주식 총수의 100분의 20 이상에 해당하는 주식을 소유한 주주가 ③에 따른 공고나 통지가 있었던 날부터 2주 이내에 서면으로 ①에 따른 주식교환에 반대하는 의사를 알린 경우에는 주식교환을 할 수 없다.

(6) 신주발행에 의한 주식 교환 등

① 주식회사인 벤처기업은 전략적제휴를 위하여 정관으로 정하는 바에 따라 신주를 발행하여 다른 주식회사의 주요주주의 주식이나 주식회사인 다른 벤처기업의 주식과 교환할 수 있다. 이 경우 다른 주식회사의 주요주주나 주식회사인 다른 벤처기업은 벤처기업이 주식교환을 위하여 발행하는 신주를 배정받음으로써 그 벤처기업의 주주가 된다.

② 주식교환을 하려는 벤처기업은 다음의 사항이 포함된 주식교환계약서를 작성하여 주주총회의 승인을 받아야 한다. 이 경우 주주총회의 승인 결의에 관하여는 「상법」을 준용한다.
  ㉠ 전략적 제휴의 내용
  ㉡ 교환할 신주의 가액·총액·평가·종류·수량 및 배정에 관한 사항
  ㉢ 주식교환을 할 날
  ㉣ 다른 주식회사의 주요주주와 주식을 교환할 경우 주주의 성명, 주민등록번호, 교환할 주식의 종류 및 수량
③ 주식교환을 통하여 다른 주식회사의 주요주주가 보유한 주식이나 주식회사인 다른 벤처기업이 보유한 주식을 벤처기업에 현물로 출자하는 경우 다음의 공인평가기관이 그 주식의 가격을 평가한 때에는 검사인이 조사를 한 것으로 보거나 공인된 감정인이 감정한 것으로 본다.
  ㉠ 투자매매업자와 투자중개업자(증권의 인수·중개·주선·대리업무의 인가를 받은 자만 해당)
  ㉡ 신용평가업인가를 받은 신용평가회사
  ㉢ 회계법인으로서 소속 공인회계사가 100명 이상인 회계법인
  ㉣ 한국산업기술진흥원
  ㉤ 기술보증기금
  ㉥ 그 밖에 주식의 가격 평가에 필요한 전문인력을 갖춘 기관 또는 단체로서 중소벤처기업부장관이 정하여 고시하는 기관 또는 단체
④ 신주발행의 경우도 주식교환에 반대하는 주주의 주식매수청구권에 관하여는 주식교환의 규정을 준용한다.

(7) 주식교환무효의 소

① 주식교환무효의 소에 관하여는 주주, 이사, 감사, 감사위원회의 위원·청산인에 한정하여 주식교환을 한 날부터 6개월 이내의 소만 받아들인다. 즉, 6개월 넘어가면 소송을 못한다.
② 소는 벤처기업의 본점소재지의 지방법원의 관할에 전속한다.
③ 주식교환을 무효로 하는 판결이 확정된 때에는 벤처기업은 주식교환을 위하여 발행한 신주 또는 이전한 자기주식의 주주에 대하여 그가 소유하였던 주식회사인 다른 벤처기업의 주식을 이전하여야 한다.

(8) 다른 주식회사의 영업양수의 특례

① 주식회사인 벤처기업이 영업의 전부 또는 일부를 다른 주식회사(증권시장에 상장된 법인은 제외)에 양도하는 경우 그 양도가액이 다른 주식회사의 최종 대차대조표상으로 현존하는 순자산액의 100분의 10을 초과하지 아니하면 다른 주식회사의 주주총회의 승인은 정관으로 정하는 바에 따라 이사회의 승인으로 갈음할 수 있다.
② ①에 따른 경우에는 영업양도·양수계약서에 다른 주식회사에 관하여는 주주총회의 승인을 받지 아니하고 벤처기업의 영업의 전부 또는 일부를 양수할 수 있다는 뜻을 적어야 한다.
③ ①에 따라 벤처기업의 영업의 전부 또는 일부를 양수하려는 다른 주식회사는 영업양도·양수계약서를 작성한 날부터 2주 이내에 다음의 사항을 공고하거나 주주에게 알려야 한다.

㉠ 영업양도·양수계약서의 주요 내용
㉡ 주주총회의 승인을 받지 아니하고 영업을 양수한다는 뜻
④ 다른 주식회사의 발행주식 총수의 100분의 20 이상에 해당하는 주식을 소유한 주주가 ③에 따른 공고나 통지가 있었던 날부터 2주 이내에 서면으로 ①에 따른 영업양수를 반대하는 의사를 알린 경우에는 이 조에 따른 영업양수를 할 수 없다.
⑤ ①에 따른 영업양수의 경우에는 반대주주의 주식매수청구권을 받아들이지 않는다.

(9) 벤처기업 소규모합병의 특례 22 기출

① 주식회사인 벤처기업이 다른 주식회사와 합병을 하는 경우 합병 후 존속하는 회사가 합병으로 인하여 발행하는 신주의 총수가 그 주식회사의 발행주식총수의 100분의 20 이하인 때에는 그 존속하는 회사의 주주총회의 승인은 이사회의 승인으로 갈음할 수 있다. 단, 합병으로 인하여 소멸하는 회사의 주주에게 지급할 금액을 정한 경우에 그 금액이 존속하는 회사의 최종 대차대조표상으로 현존하는 순자산액의 100분의 5를 초과하는 때에는 그러하지 아니하다.
② ①에 따른 합병에 반대하는 주주의 주식매수청구권은 인정하지 아니한다.

(10) 벤처기업 간이합병의 특례

① 주식회사인 벤처기업이 다른 주식회사와 합병을 하는 경우「상법」에도 불구하고 합병 후 존속하는 회사가 소멸회사의 발행주식총수 중 의결권 있는 주식의 100분의 80 이상을 보유하는 경우에는 그 소멸하는 회사의 주주총회의 승인은 이사회의 승인으로 갈음할 수 있다.
② ①에 따른 합병에 반대하는 주주의 주식매수청구권에 관하여는「상법」제522조의3 제2항에 따른다.

(11) 간이영업양도

① 주식회사인 벤처기업이 영업의 전부 또는 일부를 다른 주식회사에 양도하는 경우「상법」에도 불구하고 영업을 양도하는 회사의 총주주의 동의가 있거나 영업을 양도하는 회사의 발행주식총수 중 의결권 있는 주식의 100분의 90 이상을 다른 주식회사가 보유하는 경우에는 영업을 양도하는 회사의 주주총회의 승인은 이사회의 승인으로 갈음할 수 있다.
② ①의 경우에는 영업양도·양수계약서에 영업을 양도하는 회사에 관하여는 주주총회의 승인을 받지 아니하고 벤처기업의 영업의 전부 또는 일부를 양도할 수 있다는 뜻을 적어야 한다.
③ ①에 따라 벤처기업의 영업의 전부 또는 일부를 양도하려는 회사는 영업양도·양수계약서를 작성한 날부터 2주 이내에 다음의 사항을 공고하거나 주주에게 알려야 한다.
㉠ 영업양도·양수계약서의 주요 내용
㉡ 주주총회의 승인을 받지 아니하고 영업을 양도한다는 뜻
④ ③의 공고 또는 통지를 한 날부터 2주 이내에 회사에 대하여 서면으로 영업양도에 반대하는 의사를 통지한 주주는 그 2주의 기간이 지난 날부터 20일 이내에 주식의 종류와 수를 기재한 서면으로 회사에 대하여 자기가 소유하고 있는 주식의 매수를 청구할 수 있다.
⑤ ④의 매수청구에 관하여는「상법」제374조의2 제2항부터 제5항까지의 규정을 준용한다.

> **학습포인트**
> 즉, 이 경우는 특례를 주지 않고 「상법」을 따른다는 것이다.

2. 중소벤처기업 인수합병 지원센터

(1) 중소벤처기업 인수합병 지원센터의 지정
① 중소벤처기업부장관은 중소벤처기업의 인수합병을 효율적으로 지원하기 위하여 중소기업지원 관련 기관 또는 단체를 중소벤처기업 인수합병 지원센터(이하 '지원센터')로 지정할 수 있다.
② 중소벤처기업부장관은 지원센터의 운영에 드는 경비의 전부 또는 일부를 지원할 수 있다.
③ 지원센터로 지정받으려는 중소기업지원 관련 기관 또는 단체는 중소벤처기업부장관이 정하여 고시하는 바에 따라 중소벤처기업부장관에게 지정신청을 하여야 한다.
④ 중소벤처기업부장관은 지원센터를 지정한 경우에는 이를 고시하여야 한다.
⑤ 지원센터로 지정받은 기관 또는 단체는 해당 연도의 사업계획과 전년도의 사업추진 실적을 매년 다음 연도 1월 31일까지 중소벤처기업부장관에게 제출하여야 한다.
⑥ 규정한 사항 외에 지원센터의 지정기준, 지정절차 및 운영 등에 필요한 사항은 대통령령으로 정한다.

(2) 지원센터의 업무 18 24 기출
① 중소벤처기업의 인수합병계획의 수립 지원에 관한 사항
② 중소벤처기업의 인수합병을 위한 기업정보의 수집·제공 및 컨설팅 지원에 관한 사항
③ 중소벤처기업의 기업가치평가모델의 개발 및 보급에 관한 사항
④ 중소벤처기업의 인수합병에 필요한 자금의 연계지원에 관한 사항
⑤ 중소벤처기업의 인수합병 전문가 양성 및 교육에 관한 사항
⑥ 그 밖에 중소벤처기업의 인수합병 촉진을 위하여 중소벤처기업부장관이 정하는 사항

(3) 중소벤처기업 인수합병 지원센터 지정기준(영 제7조)
① 법인일 것
② 업무 내용에 중소벤처기업 인수합병에 관한 업무가 포함되어 있을 것
③ 중소벤처기업의 인수합병을 지원할 수 있는 전담조직을 갖추고 있을 것
④ 다음의 어느 하나에 해당하는 전문인력을 3명 이상 보유할 것
  ㉠ 공인회계사, 변호사 또는 세무사로서 기업의 인수합병 업무에 3년 이상 종사한 경력이 있는 사람
  ㉡ 경영지도사로서 기업의 인수합병 업무에 3년 이상 종사한 경력이 있는 사람
  ㉢ 금융기관 또는 기업구조조정전문회사에서 기업의 인수합병 업무에 3년 이상 종사한 경력이 있는 사람
  ㉣ ㉠부터 ㉢까지에서 규정한 자와 동등한 자격이 있다고 중소벤처기업부장관이 인정하는 사람

(4) 지원센터의 지정취소
중소벤처기업부장관은 지원센터가 다음의 어느 하나에 해당하는 경우에는 그 지정을 취소할 수 있다. 다만, ①에 해당하는 경우에는 그 지정을 취소하여야 한다.

① 거짓이나 그 밖의 부정한 방법으로 지정을 받은 경우
② 지정기준에 미달하게 되는 경우
③ 지정받은 업무를 정당한 사유 없이 1개월 이상 수행하지 아니한 경우

(5) 교육공무원등의 휴직 허용

① 다음의 어느 하나에 해당하는 자는 타법에도 불구하고 벤처기업 또는 창업기업의 대표자나 임원으로 근무하기 위하여 휴직할 수 있다.
  ㉠ 대학(산업대학과 전문대학 포함)의 교원(대학부설연구소의 연구원 포함)
  ㉡ 국공립연구기관의 연구원
  ㉢ 연구기관의 연구원(부설연구소의 연구원 포함)
  ㉣ 전문생산기술연구소의 연구원
  ㉤ 출연기관 중 과학기술분야 연구를 주된 목적으로 수행하는 기관으로서 대통령령으로 정하는 기관의 연구원
  ㉥ 「공공기관의 운영에 관한 법률」에 따라 지정된 연구개발 목적의 공공기관 등 대통령령으로 정하는 연구기관 또는 연구소

② 다음의 어느 하나에 해당하는 자(이하 '공공기관직원등')는 그 소속 기관의 장의 허가를 받아 벤처기업 또는 창업기업의 대표자나 임원으로 근무하기 위하여 휴직할 수 있다.
  ㉠ 공공기관의 직원
  ㉡ 전문생산기술연구소의 직원(연구원 제외)
  ㉢ 과학기술분야 지방자치단체 출연기관의 직원(연구원 제외)

③ 휴직 기간은 7년(창업 준비기간 6개월 및 소속 기관의 장의 허가를 받아 연장한 휴직 기간을 모두 포함) 이내로 한다. 이 경우 대학교원의 휴직 기간은 「교육공무원법」에도 불구하고 임용기간 중의 잔여기간을 초과할 수 있다.

④ 교육공무원등이나 공공기관직원등이 6개월 이상 휴직하는 경우에는 휴직일부터 그 대학이나 연구기관·공공기관에 그 휴직자의 수에 해당하는 교육공무원등이나 공공기관직원등의 정원이 따로 있는 것으로 본다.

⑤ 교육공무원등이나 공공기관직원등이 휴직한 후 복직하는 경우 해당 소속 기관의 장은 그 휴직으로 인하여 신분 및 급여상의 불이익을 주어서는 아니 된다.

(6) 교육공무원등의 겸임이나 겸직에 관한 특례

교육공무원등 또는 다음의 정부출연연구기관(국방분야의 연구기관은 제외)의 연구원은 그 소속 기관의 장의 허가를 받아 벤처기업 또는 창업기업의 대표자나 임직원을 겸임하거나 겸직할 수 있으며, 소속 기관의 장의 허가를 받은 경우에는 겸임 및 겸직허가를 받은 것으로 본다.
① 연구기관(국방분야의 연구기관은 제외)
② 한국원자력의학원
③ 한국원자력안전기술원
④ 한국과학기술기획평가원

3. 주식매수선택권

(1) 벤처기업의 주식매수선택권 15 기출
주식회사인 벤처기업은 정관으로 정하는 바에 따라 주주총회의 결의로 해당 기업의 설립 또는 기술·경영의 혁신 등에 기여하였거나 기여할 능력을 갖춘 다음의 자에게 해당 기업의 주식을 매수할 수 있는 권리(이하 '주식매수선택권')를 부여할 수 있다.
① 벤처기업의 임직원(대통령령으로 정하는 자는 제외)
「상법 시행령」 제30조 제2항에 따른 자를 말한다.
② 벤처기업이 인수한 기업 임직원
해당 기업 발행주식 총수의 100분의 30을 초과하는 주식을 가진 벤처기업의 경우에만 해당하며, 대통령령으로 정하는 자는 제외한다.
③ 해당 기업이 필요로 하는 전문성을 보유한 자로서 대통령령으로 정하는 자
이 경우에는 회사의 발행주식 총수의 100분의 10을 초과할 수 없다.

(2) 주식매수선택권 정관 22 기출
주식매수선택권에 관한 정관의 규정에는 다음의 사항을 포함하여야 한다.
① 일정한 경우 주식매수선택권을 부여할 수 있다는 뜻
② 주식매수선택권의 행사로 내줄 주식의 종류와 수
③ 주식매수선택권을 부여받을 자의 자격 요건
④ 주식매수선택권의 행사 기간
⑤ 일정한 경우 주식매수선택권의 부여를 이사회의 결의에 의하여 취소할 수 있다는 뜻

(3) 주식매수선택권 주주총회 결의사항
① 주식매수선택권 주주총회의 특별결의에서는 다음의 사항을 정하여야 한다.
  ㉠ 주식매수선택권을 부여받을 자의 성명이나 명칭
  ㉡ 주식매수선택권의 부여 방법
  ㉢ 주식매수선택권의 행사 가격과 행사 기간
  ㉣ 주식매수선택권을 부여받을 자 각각에 대하여 주식매수선택권의 행사로 내줄 주식의 종류와 수
② (2)의 ②에 따른 주식 총수의 100분의 20 이내에 해당하는 주식을 (1)의 ③호에 해당하는 자에게 부여하는 경우에는 주주총회의 특별결의로 상기 ①의 ㉠ 및 ㉣의 사항을 그 벤처기업의 이사회에서 정하게 할 수 있다. 이 경우 주식매수선택권을 부여한 후 처음으로 소집되는 주주총회의 승인을 받아야 한다.

(4) 주식매수선택권의 부여방법(영 제11조의3)
주식매수선택권의 행사가격(주식매수선택권을 부여한 후 그 행사가격을 조정하는 경우를 포함) 설정에 필요한 주식의 시가와 주식매수선택권을 행사한 날을 기준으로 한 주식의 시가는 「상속세 및 증여세법」 제60조 및 시행령 제49조를 준용하여 평가한다. 이 경우 동법 시행령 제49조 중 '평가기준일 전후 6개월'은 각각 '평가기준일 전 6개월'로 본다.

(5) 주식매수선택권의 부여 한도

주식매수선택권을 부여할 수 있는 주식의 총한도는 벤처기업이 발행한 주식총수의 100분의 50으로 한다.

(6) 주식매수선택권의 행사

① 주식매수선택권을 부여받은 자는 대통령령으로 정하는 경우를 제외하고는 같은 항에 따른 결의가 있는 날 또는 이사회에서 정한 날부터 2년 이상 재임하거나 재직하여야 이를 행사할 수 있다. 다만, 상기 (1)의 ③에 해당하는 자에게 부여된 주식매수선택권은 그 결의가 있는 날 또는 이사회에서 정한 날부터 2년이 경과하고 대통령령으로 정한 요건을 충족한 경우에만 이를 행사할 수 있다.
② 주식매수선택권은 타인에게 양도할 수 없다. 다만, 주식매수선택권을 부여받은 자가 사망한 때에는 그 상속인이 이를 부여받은 것으로 본다.

(7) 주식매수선택권의 신고 등

① 주식매수선택권을 부여하거나 취소 또는 철회하려는 벤처기업은 상기 (3)에 따른 결의를 한 경우 대통령령으로 정하는 바에 따라 중소벤처기업부장관에게 그 내용을 신고하여야 한다.
② 주식매수선택권의 행사로 신주를 발행하는 경우에는 「상법」 제350조 제2항, 제351조, 제516조의9 제1항·제3항·제4항 및 제516조의10 전단을 준용한다.
③ 벤처기업의 주식매수선택권에 관하여는 「상법」 제340조의2부터 제340조의5까지에 우선하여 벤처기업법을 적용하되, 벤처기업법에서 규정하지 아니한 사항에 관하여는 「상법」을 적용한다.
④ 주식매수청구권에서 규정한 사항 외에 주식회사인 벤처기업의 주식매수선택권 부여·취소·행사, 그 밖에 필요한 사항은 대통령령으로 정한다.

4. 그 외의 특례

(1) 벤처기업에 대한 정보 제공

① 정부는 벤처기업의 창업 및 영업활동과 관련된 투자·자금·인력·기술·판로 및 입지 등에 관한 정보를 제공하거나 그 밖에 벤처기업의 정보화를 촉진하기 위한 지원을 할 수 있다.
② 중소벤처기업부장관은 중앙행정기관의 장, 지방자치단체의 장 또는 공공기관의 장에게 ①에 따른 정보 제공에 필요한 자료를 요청할 수 있다.
③ 중소벤처기업부장관은 벤처기업에 대한 개인이나 개인투자조합의 투자를 촉진하기 위하여 중소벤처기업부령으로 정하는 바에 따라 벤처기업의 투자가치에 관한 정보 등 필요한 정보를 개인투자조합에게 제공할 수 있다. 벤처기업에 대한 투자정보를 제공하기 위하여 필요한 사항은 중소벤처기업부장관이 정하여 고시한다.

(2) 벤처기업인 유한회사에 대한 특례

유한회사인 벤처기업은 정관에서 정하는 바에 따라 「상법」에도 불구하고 사원총회의 결의로 이익배당에 관한 기준을 따로 정할 수 있다.

(3) 산업재산권 사용에 관한 특례

① 대학, 연구기관 또는 공공기관은 휴직하거나 겸직을 승인받은 교육공무원등 또는 공공기관직원등에게 직무발명에 따른 산업재산권등의 이용을 허락할 때 전용실시권을 부여할 수 있다. 다만, 휴직·겸직 이후 완성한 직무발명에 대하여는 해당 교육공무원등 또는 공공기관직원등이 희망할 경우 정당한 대가에 대한 상호 합의를 거쳐 우선적으로 전용실시권을 부여하여야 한다.

② ①은 국가, 지방자치단체 또는 공공기관이 연구개발 경비를 지원하여 획득한 성과로 얻어지는 발명에는 적용되지 아니한다.

5. 소셜벤처기업

(1) 소셜벤처기업은 사회성, 혁신성장성 등 다음의 요건을 갖추어야 한다.
① 기업이 추구하는 사회적 가치가 구체적이고 실현가능성이 있을 것
② 기업이 보유한 기술의 혁신성과 시장 전망 등에 따른 사업의 성장성이 충분할 것
③ 그 밖에 소셜벤처기업이 갖추어야 할 기업의 사회성 또는 혁신성장성과 관련된 것으로서 중소벤처기업부장관이 정하여 고시하는 요건을 갖출 것

(2) 중소벤처기업부장관은 소셜벤처기업에 다음의 지원을 할 수 있다.
① 소셜벤처기업에 대한 기술보증 및 투자
② 소셜벤처기업 예비창업기업 또는 창업기업의 발굴·육성
③ 그 밖에 소셜벤처기업 활성화를 위하여 필요한 사항

(3) 중소벤처기업부장관은 소셜벤처기업을 체계적으로 육성하고 지원하기 위하여 실태조사를 실시할 수 있다. 이 경우 실태조사를 위한 관계 중앙행정기관의 장 등에 대한 자료의 제출이나 의견의 진술 요청 등에 관하여는 동법을 준용한다.

5 입지 공급의 원활화

1. 신기술창업집적지역

(1) 신기술창업집적지역의 지정(법 제17조의2)

① 대학이나 연구기관의 장은 해당 기관이 소유한 교지나 부지의 일정 지역에 대하여 창업기업·벤처기업 등의 생산시설 및 그 지원시설을 집단적으로 설치하는 신기술창업집적지역(이하 '집적지역')의 지정을 중소벤처기업부장관에게 요청할 수 있다.

② 대학이나 연구기관의 장은 ①에 따라 집적지역의 지정을 요청할 때 집적지역의 명칭, 집적지역 지정 면적 등 다음의 사항을 포함하는 집적지역개발계획을 제출하여야 한다.
　㉠ 신기술창업집적지역의 명칭, 위치 및 지정 면적
　㉡ 해당 기관이 보유한 학교 부지나 부지의 연면적
　㉢ 주요 시설의 배치계획
③ 중소벤처기업부장관은 집적지역의 지정을 요청받으면 지정 요건에 맞는지를 검토하고 시장·군수 또는 구청장(자치구의 구청장)과 협의하여 집적지역으로 지정할 수 있다. 이 경우 그 집적지역의 명칭, 위치 및 지정 면적 등을 관보에 고시하여야 한다.
④ 중소벤처기업부장관은 ③에 따라 집적지역을 지정할 때 그 면적이 1만 제곱미터 이상이면 집적지역이 속하는 시·도지사와 협의하여야 한다.

> **학습포인트**
> 집적지역이 인구 100만 이상 대도시의 관할 구역 안에 있는 경우에는 그 대도시의 장과 협의하여야 한다.

(2) 집적지역의 지정 요건 21 23 기출

집적지역은 다음 요건을 갖추어야 한다.
① 해당 기관이 보유한 교지나 부지의 연면적에 대한 지정 면적의 비율이 100분의 30을 초과하지 아니할 것
② 지정 면적이 3천 제곱미터 이상일 것
③ 집적지역개발계획이 실현 가능할 것

(3) 집적지역에 대한 특례 등

① 집적지역은 보전녹지지역 등 다음의 지역 외의 지역에 지정할 수 있다.
　㉠ 용도지역 중 보전관리지역, 농림지역 및 자연환경보전지역
　㉡ 용도지역 중 제1종전용주거지역, 제2종전용주거지역, 유통상업지역 및 보전녹지지역
② 집적지역에서 창업기업이나 벤처기업은 구조안전에 지장이 없는 범위에서 도시형공장과 이와 관련된 업무시설을 해당 대학이나 연구기관의 장의 승인을 받아 설치할 수 있다. 이 경우 공장설립 등의 승인이나 제조시설설치승인을 받은 것으로 본다.
③ 집적지역 중 지정 면적이 1만 제곱미터 이상이고 도시지역에 지정된 경우에는 도시첨단산업단지로 본다.
④ 중소벤처기업부장관은 ③에 따른 집적지역의 관리권자가 된다.
⑤ 대학이나 연구기관은 ③에 따른 집적지역의 관리기관이 된다.
⑥ 대학이나 연구기관의 장은 유관 법령에도 불구하고 창업기업·벤처기업 또는 지원시설을 설치·운영하려는 자가 집적지역에 건물(공장용 건축물을 포함)이나 그 밖의 영구시설물을 축조하려는 경우에는 집적지역의 일부를 임대할 수 있다. 이 경우 임대계약(갱신되는 경우를 포함) 기간이 끝나면 그 시설물의 종류·용도 등을 고려하여 해당 시설물을 대학이나 연구기관에 기부하거나 교지나 부지를 원상으로 회복하여 되돌려 주어야 한다.

⑦ 시장·군수 또는 구청장은 집적지역의 창업기업이나 벤처기업으로부터 공장등록신청을 받으면 공장의 등록을 하여야 한다.

(4) 국유재산의 임대료와 임대 기간(영 제13조)
① 국유재산의 연간 임대료는 산출한 금액에 1천분의 10 이상을 곱한 금액으로 하되, 월 단위로 나누어 낼 수 있다.
② 국유재산을 두 해 이상 임차하는 경우 산출한 연간 임대료가 전년도 임대료의 100분의 10 이상 오르는 경우 산출금액을 임대료로 한다.
③ 국유재산의 임대기간은 20년 이하로 한다.
④ 임대기간은 갱신할 수 있다. 이 경우 갱신기간은 갱신할 때마다 20년을 초과할 수 없다.

(5) 집적지역의 운영 지침
중소벤처기업부장관은 집적지역의 지정·운영에 관한 지침을 수립하여 고시하여야 한다.

(6) 집적지역의 지정취소
중소벤처기업부장관은 지정된 집적지역이 다음 어느 하나에 해당하면 그 지정을 취소할 수 있다.
① 사업 지연, 관리 부실 등의 사유로 지정목적을 달성할 수 없는 경우
② 지정 요건을 충족하지 못한 경우

2. 벤처기업집적시설

(1) 벤처기업집적시설의 지정요건
① 벤처기업집적시설을 설치하거나 기존의 건축물을 벤처기업집적시설로 사용하려는 자는 건축물의 연면적(전용면적)이 600제곱미터 이상인 경우 시·도지사로부터 그 지정을 받을 수 있다. 변경하는 경우에도 또한 같다. 단, 건축물의 일부를 지정 받으려는 경우에는 각 층 연면적의 100분의 50 이상을 지정대상에 포함하여야 한다.
② 지정을 받은 벤처기업집적시설은 지정받은 날부터 1년 이내에 다음 요건을 갖추어야 한다.
  ㉠ 벤처기업 등이 입주하게 하되, 입주한 기업 중 벤처기업이 4개 이상(수도권 외 지역은 3개 이상)일 것
  ㉡ 연면적의 100분의 70(수도권 외 지역 100분의 50) 이상을 다음의 기업이 사용하게 할 것
   • 벤처기업으로 확인받은 기업 및 계속 입주하고 있는 기업
   • 지식기반산업을 경영하는 중소기업
   • 지식산업 또는 정보통신산업을 경영하는 중소기업
   • 창업보육센터에 3년 이상 입주한 경력이 있는 중소기업
   • 인공지능, 사물인터넷(인터넷을 기반으로 모든 사물을 연결하여 사람과 사물 또는 사물과 사물 간 정보를 상호 공유·소통하는 지능형 기술) 또는 자율주행자동차 등 신기술의 개발·보급 현황을 고려하여 중소벤처기업부장관이 정하여 고시하는 업종을 영위하는 기업

ⓒ 위에 해당하지 아니하는 지정 면적은 벤처기업집적시설 등 다음의 시설이 사용하게 할 것
- 중소기업 벤처기업의 지원시설
- 공용회의실, 공동이용장비실 및 전시장 등 기업의 업무활동과 관련된 시설
- 휴게실, 구내식당 및 체력단련실 등 기업의 종업원을 위한 후생복지시설

(2) 시·도지사의 업무

시·도지사는 벤처기업집적시설 지정신청을 받은 건축물이 요건에 해당하면 벤처기업집적시설로 지정하고, 중소벤처기업부령으로 정하는 바에 따라 벤처기업집적시설 지정서를 발급하여야 한다. 시·도지사는 벤처기업을 지원하기 위하여 필요하다고 인정하면 벤처기업집적시설을 설치하거나 기존의 건축물을 벤처기업집적시설로 지정하여 벤처기업과 그 지원시설을 입주하게 할 수 있다.

(3) 벤처기업집적시설 지정신청(규칙 제5조)

벤처기업집적시설의 지정을 받으려는 자는 다음 서류를 첨부하여 시·도지사에게 제출하여야 한다.
① 벤처기업집적시설로 지정받으려는 건축물이 벤처기업집적시설의 지정요건에 해당함을 증명하는 서류. 단, 「전자정부법」에 따른 행정정보의 공동이용을 통하여 첨부서류에 대한 정보를 확인할 수 있는 경우에는 그 확인으로 첨부서류를 갈음할 수 있다.
② 벤처기업집적시설 운영계획서

(4) 벤처기업집적시설 변경신청

① 벤처기업집적시설로 지정받은 건축물의 지정면적을 변경할 때 미리 벤처기업집적시설 지정변경신청서에 그 사유를 증명하는 서류를 첨부하여 시·도지사에게 제출하여야 한다.
② 벤처기업집적시설의 지정을 받은 자가 변경된 경우 벤처기업집적시설을 이전받은 자는 그 사유가 발생한 날부터 15일 이내에 벤처기업집적시설 지정변경신청서에 그 사유를 증명하는 서류를 첨부하여 시·도지사에게 제출하여야 한다.
③ 그 밖에 벤처기업집적시설의 지정·관리 등에 관하여 필요한 사항은 중소벤처기업부장관이 정하여 고시한다.

(5) 벤처기업집적시설 지정취소

시·도지사는 벤처기업집적시설이 다음 어느 하나에 해당하면 그 지정을 취소할 수 있다. 단, ①에 해당하는 경우에는 그 지정을 취소하여야 한다. 이때 지정을 취소하려면 청문을 하여야 한다.
① 거짓이나 그 밖의 부정한 방법으로 지정받은 경우
② 지정 요건에 맞지 아니하게 된 경우

(6) 벤처기업집적시설의 지정계획의 수립·통보 등(규칙 제17조)

① 벤처기업집적시설의 지정을 하려는 시·도지사는 벤처기업집적시설의 지정계획을 수립하여 1월 31일까지 중소벤처기업부장관에게 통보하여야 한다.
② 시·도지사는 벤처기업집적시설을 지정하거나 설치한 경우에는 다음의 사항을 매 반기가 끝나는 달의 다음 달 20일까지 중소벤처기업부장관에게 통보하여야 한다.

㉠ 벤처기업집적시설의 현황(지정 및 지정취소 현황을 포함)
㉡ 벤처기업집적시설에 입주하는 기업 및 시설 현황

3. 벤처기업육성촉진지구

(1) 벤처기업육성촉진지구의 지정과 해제
① 시·도지사는 벤처기업을 육성하기 위하여 필요하면 관할 구역의 일정지역에 대하여 벤처기업육성촉진지구(이하 '촉진지구')의 지정을 중소벤처기업부장관에게 요청할 수 있다. 이 때에는 지정요청서와 촉진지구육성계획서를 중소벤처기업부장관에게 제출하여야 한다.
② 중소벤처기업부장관은 관계 중앙행정기관의 장과 협의하여 촉진지구를 지정하고, 다음의 사항을 고시하여야 한다.
㉠ 촉진지구의 명칭
㉡ 촉진지구의 위치 및 면적
㉢ 촉진지구육성계획의 개요
③ 중소벤처기업부장관은 지정된 촉진지구가 다음 어느 하나에 해당하면 그 지정을 해제할 수 있다.
㉠ 촉진지구육성계획이 실현될 가능성이 없는 경우
㉡ 사업 지연, 관리 부실 등의 사유로 지정목적을 달성할 수 없는 경우

(2) 벤처기업육성촉진지구의 지정(영 제11조의21) 21 기출
① 벤처기업육성촉진지구는 다음 요건을 모두 갖춘 지역으로 한다.
㉠ 해당 지역에 있는 벤처기업의 수가 중소기업(소상공인은 제외) 총수의 100분의 10 이상일 것
㉡ 대학이나 연구기관이 있을 것
㉢ 교통·통신·금융 등의 기반시설이 갖추어져 있을 것
② 시·도지사가 벤처기업육성촉진지구의 지정을 요청하는 경우 다음 서류를 중소벤처기업부장관에게 제출하여야 한다.
㉠ 벤처기업육성촉진지구 지정대상 지역의 위치 및 면적을 표시한 도면
㉡ 벤처기업육성촉진지구 지정대상 지역의 산업환경 및 특징(벤처기업 및 그 지원시설에 관한 사항이 포함)
㉢ 벤처기업육성촉진지구의 육성을 위한 사업별 예산

(3) 촉진지구에 대한 지원
① 중소벤처기업부장관은 촉진지구의 활성화를 위하여 지방중소기업육성관련기금의 조성을 지원할 때 촉진지구를 지정받은 지방자치단체를 우대하여 지원할 수 있다.
② 국가나 지방자치단체는 촉진지구에 있거나 촉진지구로 이전하는 벤처기업에 자금이나 그 밖에 필요한 사항을 우선하여 지원할 수 있다.
③ 국가나 지방자치단체는 촉진지구에 설치되는 벤처기업집적시설의 설치·운영자 및 창업보육센터 사업자에게 그 소요자금의 전부 또는 일부를 지원하거나 우대하여 지원할 수 있다.
④ 촉진지구의 벤처기업과 그 지원시설에 대하여는 각종 부담금의 면제 등을 준용한다.

(4) 국공유 재산의 매각

① 국가나 지방자치단체는 벤처기업집적시설의 개발 또는 설치와 그 운영을 위해 필요하다 인정하면 수의계약에 의하여 국유재산이나 공유재산을 벤처기업집적시설의 설치·운영자에게 매각하거나 임대할 수 있다.

② 국유재산의 연간 임대료는 산출한 금액에 1천분의 10 이상을 곱한 금액으로 하되, 월 단위로 나누어 낼 수 있다. 국유재산을 계속하여 두 해 이상 임차하는 경우로서 산출한 연간 임대료가 전년도 임대료의 100분의 10 이상 오르는 경우에는 오른 금액을 그 임대료로 한다. 국유재산의 임대기간은 20년 이하로 한다. 갱신은 20년을 초과할 수 없다.

③ 국유재산의 매각가격은 2인 이상의 감정평가법인등이 감정평가한 가액을 산술평균한 금액으로 한다.

④ 국가나 지방자치단체는 국유인 일반재산 또는 공유인 잡종재산인 부동산을 벤처기업에 임대하는 조건으로 신탁업자에 신탁할 수 있다. 이 경우 공유부동산의 신탁에 관하여는 「국유재산법」의 규정을 준용한다.

⑤ 국가·지방자치단체 또는 사립학교의 학교법인은 벤처기업집적시설의 설치·운영자에게 국공유 토지나 대학 교지의 일부를 임대하여 건물이나 그 밖의 영구시설물을 축조하게 할 수 있다. 이 경우 임대계약 기간이 끝나면 해당 시설물의 종류·용도 등을 고려하여 그 시설물을 국가·지방자치단체 또는 사립학교의 학교법인에 기부하거나 토지 또는 교지를 원상으로 회복하여 되돌려 주는 것을 임대조건으로 하여야 한다.

⑥ 벤처기업집적시설의 설치·운영자는 축조한 시설물을 임대목적과 동일한 용도로 사용하려는 다른 자에게 사용·수익하게 할 수 있다.

4. 실험실공장

(1) 실험실공장 설치 요건

① 다음의 어느 하나에 해당하는 자는 그 소속 기관의 장(ⓔ의 경우에는 실험실공장을 설치하게 되는 기관의 장)의 승인을 받아 실험실공장을 설치할 수 있다. 승인받은 사항을 변경하는 경우에도 또한 같다.
  ㉠ 대학의 교원 및 학생
  ㉡ 국공립연구기관이나 정부출연연구기관의 연구원
  ㉢ 과학이나 산업기술 분야의 연구기관으로서 다음 기관의 연구원
    • 전문생산기술연구소
    • 연구개발특구에 입주한 기관
  ㉣ 벤처기업의 창업자

② ①의 어느 하나에 해당하는 자의 소속 기관의 장은 승인·변경승인의 신청을 받은 날부터 7일 이내에 승인 여부를 신청인에게 통지하여야 한다.

③ 소속 기관의 장이 7일 이내에 승인 여부 또는 민원 처리 관련 법령에 따른 처리기간의 연장을 신청인에게 통지하지 아니하면 그 기간이 끝난 날의 다음 날에 승인을 한 것으로 본다.

④ 실험실공장의 승인을 받으면 공장설립등의 승인 또는 제조시설설치승인을 받은 것으로 본다.

⑤ 실험실공장은 생산시설용으로 쓰이는 바닥면적의 합계가 **3천 제곱미터를 초과**할 수 없다. 다만, 용도지역별 건축물 등의 건축 기준을 갖춘 경우에는 그러하지 아니하다.
⑥ 실험실공장의 총면적(실험실공장이 둘 이상인 경우에는 그 면적을 합한 것)은 해당 대학이나 연구기관의 **건축물 연면적의 2분의 1을 초과**할 수 없다. 다만, 용도지역별 건축물 등의 건축 기준을 갖춘 경우에는 그러하지 아니하다.
⑦ 시장·군수 또는 구청장(자치구의 구청장)은 실험실공장에 대한 공장등록신청을 받으면 공장의 등록을 하여야 한다.

(2) 특례
대학이나 연구기관의 장은 실험실공장을 설치한 자가 퇴직(졸업)하더라도 **퇴직(졸업)일부터 2년을 초과**하지 아니하는 범위에서 실험실공장을 사용하게 할 수 있다.

(3) 실험실공장 설치승인신청서(규칙 제7조의2)
① 실험실공장의 설치승인, 변경승인의 신청을 하려는 자는 다음의 서류를 첨부하여 소속 기관의 장에게 제출하여야 한다.
  ㉠ 사업계획서
  ㉡ 제조시설 배치도
  ㉢ 실험실공장이 설치될 장소를 관리할 책임이 있는 자의 설치동의서(신청인이 학생인 경우에 한정)
② 실험실공장을 설치하는 자가 그 실험실공장에 대한 공장등록신청을 할 때에는 그 소속 기관의 장이 승인한 서류를 제출하여야 한다.

5. 그 외 특례

(1) 창업보육센터에 입주한 벤처기업과 창업기업에 대한 특례
① 대학이나 연구기관 안에 설치·운영 중인 창업보육센터로서 다음 어느 하나에 해당하는 창업보육센터에 입주한 벤처기업이나 창업기업은 도시형공장을 창업보육센터 운영기관의 장의 승인을 받아 설치할 수 있다. 이 경우 공장설립등의 승인이나 제조시설설치승인을 받은 것으로 본다.
  ㉠ 중소벤처기업부장관이 지정하는 창업보육센터
  ㉡ 중앙행정기관의 장이나 지방자치단체의 장이 인정하는 창업보육센터
② 시장·군수 또는 구청장은 ①에 따른 창업보육센터에 입주한 벤처기업이나 창업기업으로부터 공장등록신청을 받으면 공장의 등록을 하여야 한다.
③ 대학이나 연구기관 안에 설치·운영 중인 창업보육센터는 「건축법」에 따른 시설군으로 본다. 중소벤처기업부장관은 도시형공장 승인에 관한 업무를 처리할 때 필요한 지침을 작성하여 고시할 수 있다.

(2) 시설비용의 지원
국가나 지방자치단체는 집적지역의 조성 및 벤처기업집적시설의 설치에 필요한 시설비의 전부 또는 일부를 지원할 수 있다.

(3) 건축금지 등에 대한 특례

① 벤처기업집적시설은 「국토의 계획 및 이용에 관한 법률」에 따른 지역에 건축할 수 있다. 전용주거지역, 제1종 일반주거지역은 된다(단, 녹지지역 등 대통령령으로 정하는 지역은 제외).
② 벤처기업집적시설에 입주한 자는 구조안전에 지장이 없는 범위에서 공장을 설치할 수 있다. 이 경우 공장은 도시형공장 중 공장건축면적이 2천 제곱미터 이하인 도시형공장을 말한다(면적은 건축물 각 층의 바닥면적과 옥외공작물의 수평투영면적을 더한 것).
③ 시장·군수 또는 구청장은 벤처기업집적시설에 입주한 자로부터 공장등록신청을 받으면 공장의 등록을 하여야 한다.

(4) 각종 부담금의 면제 15 20 기출

① 벤처기업집적시설에 대하여는 다음의 부담금을 면제한다.
  ㉠ 「개발이익환수에 관한 법률」에 따른 개발부담금
  ㉡ 「산지관리법」에 따른 대체산림자원조성비
  ㉢ 「농지법」에 따른 농지보전부담금
  ㉣ 「초지법」에 따른 대체초지조성비
  ㉤ 「도시교통정비 촉진법」에 따른 교통유발부담금
② 벤처기업집적시설을 건축하려는 자는 「문화예술진흥법」 제9조에도 불구하고 미술장식을 설치하지 아니할 수 있다.

> **더 알아보기** 건축물에 대한 미술작품의 설치 등(「문화예술진흥법」 제9조 제1항)
>
> 대통령령으로 정하는 종류 또는 규모 이상의 건축물을 건축하려는 자(이하 '건축주')는 건축 비용의 일정 비율에 해당하는 금액을 회화·조각·공예 등 미술작품의 설치에 사용하여야 한다.

6 보 칙

1. 벤처기업이었던 기업에 대한 주식발행 등의 특례(법 제24조)

(1) 벤처기업이었던 기업이 벤처기업에 해당하지 아니하게 되는 경우 벤처기업이었던 당시 이루어진 다음 행위는 계속 유효한 것으로 본다.
  ① 지식재산권등의 출자 행위
  ② 외국인 또는 외국법인등이 해당 기업의 주식을 취득한 행위
  ③ 주식교환 등의 행위
  ④ 주식매수선택권을 부여한 행위
  ⑤ 사원을 50명 이상 300명 이하로 하여 설립한 행위
  ⑥ 복수의결권주식을 발행한 행위

⑦ 성과조건부주식교부계약을 체결한 행위
⑧ 회사가 자기주식을 취득한 행위

(2) 벤처기업집적시설에 입주하였던 벤처기업이 벤처기업에 해당하지 아니하게 된 경우에도 계속하여 벤처기업집적시설에 입주할 수 있다.

2. 벤처기업의 해당 여부에 대한 확인 17 22 23 기출

(1) 벤처기업 확인 요청 25 기출

① 벤처기업으로서 벤처기업법에 따른 지원을 받으려는 기업은 벤처기업 해당 여부에 관하여 벤처기업확인기관의 장에게 확인을 요청할 수 있다.

② 벤처기업확인기관의 장은 확인 요청을 받은 날부터 중소벤처기업부령으로 정하는 기간 내에 벤처기업확인위원회의 심의를 거쳐 벤처기업 해당 여부를 확인하고 그 결과를 요청인에게 알려야 한다. 이 경우 그 기업이 벤처기업에 해당될 때에는 확인일부터 3년의 유효기간을 정하여 벤처기업확인서를 발급하여야 한다.

㉠ 벤처기업확인기관의 장은 벤처기업 해당 여부의 확인을 요청받은 경우에는 요청받은 날부터 다음의 구분에 따른 기간 이내에 확인을 요청한 자에게 그 결과를 알려야 한다.
- 벤처기업 해당 여부의 확인을 요청한 자가 벤처기업의 요건 중 투자금액의 합계 및 기업의 자본금 중 투자금액의 합계가 차지하는 비율이 각각 대통령령으로 정하는 기준 이상인 기업에 해당하는지 여부 : 30일
- 벤처기업 해당 여부의 확인을 요청한 자가 벤처기업의 요건 중 연간 연구개발비와 연간 총매출액에 대한 연구개발비의 합계가 차지하는 비율이 각각 대통령령으로 정하는 기준 이상이고, 벤처기업확인기관으로부터 성장성이 우수한 것으로 평가받은 기업 및 벤처기업확인기관으로부터 기술의 혁신성과 사업의 성장성이 우수한 것으로 평가받은 기업에 해당하는지 여부 : 45일

㉡ 다만, 부득이한 사유로 그 기간 이내에 알리기 어려운 경우에는 20일 이내의 범위에서 한 번만 그 기간을 연장할 수 있다.

③ 벤처기업확인기관의 장은 벤처기업 확인에 소요되는 비용을 벤처기업 확인을 요청하려는 자에게 부담하게 할 수 있다. 이 경우 비용의 산정 및 납부에 필요한 사항은 중소벤처기업부장관이 정하여 고시한다.

④ 확인 절차 등에 관하여 필요한 사항은 중소벤처기업부령으로 정한다.

(2) 벤처기업 정보 공개

벤처기업확인기관의 장은 벤처기업 확인의 투명성을 확보하기 위하여 대통령령으로 정하는 바에 따라 확인된 벤처기업에 관한 정보를 공개할 수 있다. 다만, 다음의 정보는 공개하여서는 아니 된다.
① 「부정경쟁방지 및 영업비밀보호에 관한 법률」에 따른 영업비밀
② 대표자의 주민등록번호 등 개인에 관한 사항

(3) 벤처기업 확인의 취소 [21] 기출

벤처기업확인기관의 장은 벤처기업이 다음 어느 하나에 해당하면 벤처기업확인위원회의 심의를 거쳐 확인을 취소할 수 있다. 다만, ①에 해당하는 경우에는 확인을 취소하여야 한다. 취소하려면 청문을 실시하여야 한다.
① 거짓이나 그 밖의 부정한 방법으로 벤처기업임을 확인받은 경우
② 벤처기업의 요건을 갖추지 아니하게 된 경우
③ 휴업·폐업 또는 파산 등으로 6개월 동안 기업활동을 하지 아니하는 경우
④ 대표자·최대주주 또는 최대출자사원 등이 기업재산을 유용하거나 은닉하는 등 기업경영과 관련하여 주주·사원 또는 이해관계인에게 피해를 입힌 경우

(4) 벤처기업 확인에 대한 이의신청 등

① 벤처기업의 해당 여부에 대한 확인 결과를 통지받은 자가 그 결과에 불복하는 경우에는 통지받은 날부터 30일 이내에 벤처기업확인기관의 장에게 문서로 이의신청을 할 수 있다.
② 벤처기업확인기관의 장은 이의신청을 받은 날부터 30일(다만, 신청인이 제2조의2 제1항 제2호 가목에 해당하는 기업인 경우에는 20일) 이내에 이의신청에 대한 심의 결과를 신청인에게 통지하여야 한다. 다만, 부득이한 사유로 정해진 기간 이내에 통지하기 어려운 경우에는 그 기간을 만료일 다음 날부터 기산하여 15일 이내의 범위에서 한 차례 연장할 수 있다.

3. 벤처기업확인기관의 지정 등

(1) 지정 신청

① 중소벤처기업부장관은 벤처기업 확인 업무의 효율적인 수행을 위하여 전문인력 및 전담조직 등 대통령령으로 정하는 요건을 갖춘 기관 또는 단체를 벤처기업확인기관으로 지정할 수 있다.
② 벤처기업확인기관으로 지정받으려는 자는 중소벤처기업부령으로 정하는 바에 따라 중소벤처기업부장관에게 신청하여야 한다.

(2) 지정 취소

① 중소벤처기업부장관은 벤처기업확인기관이 다음의 어느 하나에 해당하는 경우에는 벤처기업확인기관의 지정을 취소하거나 3개월 이내의 범위에서 기간을 정하여 시정하도록 명령할 수 있으며, 이를 이행하지 않은 경우 6개월 이내의 범위에서 기간을 정하여 업무의 전부 또는 일부를 정지할 수 있다. 다만, ㉠에 해당하는 경우에는 지정을 취소하여야 한다.
  ㉠ 거짓이나 그 밖의 부정한 방법으로 지정을 받은 경우
  ㉡ 지정요건을 갖추지 못하게 된 경우
  ㉢ 지정받은 사항을 위반하여 업무를 수행한 경우
② 지정이 취소된 벤처기업확인기관은 그 취소일부터 3년간 벤처기업확인기관 지정을 신청할 수 없다.
③ 규정한 사항 외에 벤처기업확인기관의 지정, 시정명령, 업무정지 및 지정취소의 절차·방법에 관하여 필요한 사항은 중소벤처기업부령으로 정한다.

4. 벤처기업확인위원회

(1) 벤처기업확인기관은 다음의 사항을 공정하고 객관적으로 심의하기 위하여 민간 전문가 등으로 구성된 벤처기업확인위원회를 둔다.
   ① 벤처기업의 해당 여부에 대한 확인
   ② 벤처기업 확인 취소
   ③ 그 밖에 벤처기업 확인 및 확인 취소에 필요한 사항
(2) 벤처기업확인위원회는 위원장을 포함한 200명 이내의 위원으로 구성하며, 위원 10명 이내의 범위에서 대통령령으로 정하는 수 이상의 출석으로 개의하고 출석위원의 3분의 2 이상의 찬성으로 의결한다.
(3) 위원장은 벤처기업확인위원회를 대표하고 벤처기업확인위원회의 업무를 총괄한다.
(4) 벤처기업확인위원회의 위원은 벤처기업 관련 기술·사업 등의 분야에 관한 학식과 경험이 풍부한 자 중에서 벤처기업확인기관의 장이 위촉한다.
(5) 벤처기업확인위원회의 구성 및 운영에 필요한 사항은 중소벤처기업부령으로 정한다.

5. 권한의 위임·위탁(영 제19조)

(1) 중소벤처기업부장관은 다음의 권한을 지방중소벤처기업청장에게 위임한다.
   ① 주식매수선택권의 신고에 관한 사항
   ② 벤처기업의 투자가치에 관한 정보 등의 제공
   ③ 검사에 관한 사항
(2) 중소벤처기업부장관은 실태조사 업무와 보고의 접수 및 보고내용 확인에 관한 업무를 중소벤처기업부장관의 허가를 받아 설립된 벤처기업협회에 위탁한다.

6. 보고 등

(1) 중소벤처기업부장관은 이 법을 시행하기 위하여 필요하다고 인정하면 벤처기업확인기관으로 하여금 벤처기업의 확인 및 확인의 취소 실적 등을 보고하게 하거나, 소속 공무원으로 하여금 해당 기관에 출입하여 장부나 그 밖의 서류를 검사하게 할 수 있다. 이 경우 검사를 하는 공무원은 그 권한을 표시하는 증표를 지니고 이를 관계인에게 내보여야 한다.
(2) 시·도지사는 지정된 벤처기업집적시설에 대하여 그 지정을 받은 자로 하여금 입주 현황과 운영 상황에 관한 자료를 제출하게 할 수 있다.
(3) 벤처기업확인기관의 장은 벤처기업의 확인 및 확인의 취소 등을 위하여 필요하다고 인정하면 벤처기업으로 하여금 경영실태 등에 관하여 필요한 자료를 제출하게 할 수 있다.
(4) 중소벤처기업부장관은 대학이나 연구기관 또는 공공기관에 대하여 교원이나 공공기관직원등의 휴직·겸임 및 겸직허가 실적, 실험실공장 설치승인 실적에 관한 자료를 제출하게 할 수 있다.

(5) 중소벤처기업부장관은 전문회사에 대하여 자료나 전문회사의 매 회계연도의 결산서를 제출하게 할 수 있다.

7. 청 문

중소벤처기업부장관은 다음 어느 하나에 해당하는 처분을 하려면 청문을 실시하여야 한다.

(1) 촉진지구의 지정해제
(2) 전문회사의 등록취소
(3) 집적지역의 지정취소
(4) 지원센터의 지정취소
(5) 벤처기업확인기관의 지정취소
(6) 벤처기업지원전문기관의 지정취소

8. 벌칙 적용 시의 공무원 의제

다음의 어느 하나에 해당하는 자는「형법」규정을 적용할 때에는 공무원으로 본다.

(1) 벤처기업의 확인 및 확인의 취소 업무에 종사하는 벤처기업확인기관의 임직원
(2) 벤처기업확인위원회의 위원

9. 불복 절차

벤처기업의 확인이나 확인의 취소에 대하여는「행정심판법」에 따른 행정심판을 청구할 수 있다. 이 경우 벤처기업의 확인·확인취소에 대한 감독행정기관은 중소벤처기업부장관으로 한다.

10. 규제의 재검토

중소벤처기업부장관은 집적지역의 지정취소 사유에 대하여 2015년 1월 1일을 기준으로 3년마다(매 3년이 되는 해의 기준일과 같은 날 전까지) 폐지, 완화 또는 유지 등의 타당성을 검토하여야 한다.

PART 08 단원핵심문제

제1과목 중소기업관계법령

01 다음은 벤처기업육성에 관한 특별법상 목적이다. 빈칸에 차례대로 들어갈 말로 옳은 것은?

> 이 법은 (   )와(과) (   )을(를) 촉진하여 우리 산업의 구조조정을 원활히 하고 경쟁력을 높이는 데에 기여하는 것을 목적으로 한다.

① 벤처기업의 발굴, 기존 사업의 벤처기업화
② 벤처기업의 집중양성, 벤처기업의 영업활동
③ 신규 벤처기업의 진입, 벤처기업의 등록
④ 벤처기업의 경쟁력강화, 다른 벤처기업과 협력관계
⑤ 기존 기업의 벤처기업으로의 전환, 벤처기업의 창업

해설 이 법은 기존 기업의 벤처기업으로의 전환과 벤처기업의 창업을 촉진하여 우리 산업의 구조조정을 원활히 하고 경쟁력을 높이는 데에 기여하는 것을 목적으로 한다(벤처기업육성에 관한 특별법 제1조).

02 벤처기업육성에 관한 특별법상 용어의 정의로 옳지 않은 것은?

① '벤처기업집적시설'이란 벤처기업 및 대통령령으로 정하는 지원시설을 집중적으로 입주하게 함으로써 벤처기업의 영업활동을 활성화하기 위하여 지정된 건축물을 말한다.
② '벤처기업육성촉진지구'란 벤처기업의 밀집도가 다른 지역보다 높은 지역으로 집단화·협업화를 통한 벤처기업의 영업활동을 활성화하기 위하여 지정된 지역을 말한다.
③ '전략적 제휴'란 벤처기업이 생산성 향상과 경쟁력 강화 등을 목적으로 기술·시설·정보·인력 또는 자본 등의 분야에서 다른 기업의 주주 또는 다른 벤처기업과 협력관계를 형성하는 것을 말한다.
④ '신기술창업전문회사'란 대학이나 연구기관이 보유하고 있는 기술의 사업화와 이를 통한 창업 촉진을 주된 업무로 하는 회사로서 등록된 회사를 말한다.
⑤ '소셜벤처기업'이란 벤처기업확인기관으로부터 기술의 혁신성과 사업의 성장성이 우수한 것으로 평가받은 기업을 말한다.

해설 '벤처기업확인기관으로부터 기술의 혁신성과 사업의 성장성이 우수한 것으로 평가받은 기업'은 벤처기업의 요건 중 하나이다(벤처기업육성에 관한 특별법 제2조의2 제1항 제2호 다목 참조). '소셜벤처기업'이란 사회적 가치와 경제적 가치를 통합적으로 추구하는 기업을 말한다(동법 제2조 제10항 참조).

정답 01 ⑤ 02 ⑤

03 벤처기업육성에 관한 특별법상 '벤처기업'이 될 수 없는 기업이나 기관을 고른 것은?

① 신기술사업금융업자
② 벤처투자회사
③ 벤처투자조합
④ 일반 유흥 주점업
⑤ 한국벤처투자

해설 우리 산업의 구조조정을 원활히 하고 경쟁력을 높이기 위하여 일반 유흥 주점업 등 대통령령으로 정하는 업종을 영위하는 기업은 벤처기업에 포함하지 아니한다(벤처기업육성에 관한 특별법 제3조).

04 벤처기업육성에 관한 특별법상 벤처기업 육성계획의 수립에 포함될 사항으로 옳지 않은 것은?

① 벤처기업의 육성을 위한 정책의 기본방향
② 벤처기업의 창업지원에 관한 사항
③ 벤처기업 육성을 위한 기반조성에 관한 사항
④ 벤처기업의 활동현황 및 실태 등에 대한 조사
⑤ 벤처기업의 해외시장 진출 지원에 관한 사항

해설 '벤처기업의 활동현황 및 실태 등에 대한 조사'는 중소벤처기업부장관이 벤처기업을 체계적으로 육성하고 육성계획을 효율적으로 수립·추진하기 위하여 실시하는 것이다(벤처기업육성에 관한 특별법 제3조의3 제1항 참조). 벤처기업 육성계획의 수립에 포함될 사항은 아니다.

05 벤처기업육성에 관한 특별법상 신기술창업전문회사를 설립할 수 있는 기관으로 옳지 않은 것은?

① 대 학
② 산학협력단
③ 민간연구기관
④ 국공립연구기관
⑤ 정부출연연구기관

해설 신기술창업전문회사를 설립할 수 있는 경우는 '대학(산학협력단 포함)', '국공립연구기관', '정부출연연구기관', '그 밖에 과학이나 산업기술 분야의 연구기관으로서 대통령령으로 정하는 기관'이다(벤처기업육성에 관한 특별법 제11조의2 제1항 각 호 참조).

06 벤처기업육성에 관한 특별법상 신기술창업전문회사(이하 '전문회사')에 대한 설명으로 옳지 않은 것은?

① 대학이나 연구기관은 해당 기관이 설립한 전문회사의 발행주식 총수의 100분의 10 이상을 보유하여야 한다.
② 대학이나 연구기관은 전문회사를 설립할 때나 그 전문회사가 신주를 발행할 때에 지식재산권등의 현물이나 현금을 출자할 수 있다.
③ 대학이 현금만을 출자하여 전문회사를 설립할 경우에는 전문회사에 지식재산권등을 이전하여야 한다.
④ 전문회사는 그 사업을 수행하기 위하여 필요하면 정부, 정부가 설치하는 기금, 국내외 금융기관, 외국정부 또는 국제기구로부터 자금을 차입할 수 있다.
⑤ 중소벤처기업창업 및 진흥기금을 관리하는 자는 전문회사에 우선적으로 지원할 수 있다.

> **해설** 대학이나 연구기관은 전문회사를 설립할 때나 그 전문회사가 신주를 발행할 때에 지식재산권등의 현물이나 현금을 출자할 수 있다. 다만, 대학이 현금만을 출자하여 전문회사를 설립할 경우에는 전문회사에 <u>보유기술</u>을 이전하여야 한다(벤처기업육성에 관한 특별법 제11조의3 제2항).

07 벤처기업육성에 관한 특별조치법령상 중소벤처기업 인수합병 지원센터(이하 '지원센터'라 함)에 관한 설명으로 옳지 않은 것은?

① 중소벤처기업부장관은 중소벤처기업의 인수합병을 효율적으로 지원하기 위하여 중소기업지원 관련 기관 또는 단체를 지원센터로 지정할 수 있다.
② 지원센터로 지정받으려는 기관 또는 단체는 법인이어야 한다.
③ 지원센터의 업무에는 중소벤처기업의 인수합병에 필요한 자금의 연계지원에 관한 사항은 포함되지 않는다.
④ 중소벤처기업부장관은 지원센터의 운영에 드는 경비의 전부 또는 일부를 지원할 수 있다.
⑤ 중소벤처기업부장관은 지원센터가 지정받은 업무를 정당한 사유 없이 1개월 이상 수행하지 아니한 경우 그 지정을 취소할 수 있다.

> **해설** 중소벤처기업 인수합병 지원센터의 업무(벤처기업육성에 관한 특별법 제15조의13 제2항)
> • 중소벤처기업의 인수합병계획의 수립 지원에 관한 사항
> • 중소벤처기업의 인수합병을 위한 기업정보의 수집·제공 및 컨설팅 지원에 관한 사항
> • 중소벤처기업의 기업가치평가모델의 개발 및 보급에 관한 사항
> • <u>중소벤처기업의 인수합병에 필요한 자금의 연계지원에 관한 사항</u>
> • 중소벤처기업의 인수합병 전문가 양성 및 교육에 관한 사항
> • 그 밖에 중소벤처기업의 인수합병 촉진을 위하여 중소벤처기업부장관이 정하는 사항

정답 06 ③ 07 ③

08 벤처기업육성에 관한 특별법상 중소벤처기업 인수합병 지원센터의 업무로 옳지 않은 것은?

① 대학·연구기관이 보유한 기술의 산업체 등으로의 이전 알선
② 중소벤처기업의 인수합병계획의 수립 지원에 관한 사항
③ 중소벤처기업의 인수합병에 필요한 자금의 연계지원에 관한 사항
④ 중소벤처기업의 인수합병을 위한 기업정보의 수집·제공 및 컨설팅 지원에 관한 사항
⑤ 중소벤처기업의 인수합병 전문가 양성 및 교육에 관한 사항

해설 '대학·연구기관이 보유한 기술의 산업체 등으로의 이전 알선'은 신기술창업전문회사의 업무이다(벤처기업육성에 관한 특별법 제11조의2 제4항 제6호 참조).

09 벤처기업육성에 관한 특별법상 신기술창업집적지역에 관한 정의로 옳은 것은?

① 벤처기업의 창업을 촉진하기 위하여 대학이나 연구기관이 보유하고 있는 연구시설에 도시형공장에 해당하는 업종의 생산시설을 갖춘 사업장
② 대학이나 연구기관이 보유하고 있는 교지나 부지로서 창업기업과 벤처기업 등에 사업화 공간을 제공하기 위하여 지정된 지역
③ 벤처기업 및 대통령령으로 정하는 지원시설을 집중적으로 입주하게 함으로써 벤처기업의 영업활동을 활성화하기 위하여 지정된 건축물
④ 벤처기업의 밀집도가 다른 지역보다 높은 지역으로 집단화·협업화를 통한 벤처기업의 영업활동을 활성화하기 위하여 지정된 지역
⑤ 벤처기업 등 대통령령으로 정하는 기업이 입주하게 하되, 입주한 기업 중에서 벤처기업이 4개 이상인 지역

해설 ① 실험실공장(벤처기업육성에 관한 특별법 제2조 제5항), ③ 벤처기업집적시설(동법 제2조 제4항), ④ 벤처기업육성촉진지구(동법 제2조 제6항), ⑤ 벤처기업집적시설의 지정요건(동법 제18조 제2항 제1호)에 대한 내용이다.

10 벤처기업육성에 관한 특별법상 벤처기업육성촉진지구의 지정요건으로 옳은 것은?

> ㄱ. 해당 지역에 있는 벤처기업의 수가 중소기업 총수의 100분의 10 이상일 것
> ㄴ. 대학이나 연구기관이 있을 것
> ㄷ. 교통·통신·금융 등의 기반시설이 갖추어져 있을 것

① ㄱ
② ㄴ
③ ㄱ, ㄴ
④ ㄱ, ㄷ
⑤ ㄱ, ㄴ, ㄷ

> **해설** 벤처기업육성촉진지구의 지정(벤처기업육성에 관한 특별법 시행령 제11조의21)
> 벤처기업육성촉진지구는 다음의 요건을 모두 갖춘 지역으로 한다.
> • 해당 지역에 있는 벤처기업의 수가 「중소기업기본법」에 따른 중소기업(「소상공인기본법」에 따른 소상공인은 제외) 총수의 100분의 10 이상일 것
> • 대학이나 연구기관이 있을 것
> • 교통·통신·금융 등의 기반시설이 갖추어져 있을 것

11 벤처기업육성에 관한 특별법상 벤처기업이었던 기업이 벤처기업에 해당하지 아니하게 되는 경우, 벤처기업이었던 당시 이루어진 행위로 계속 유효한 것으로 보는 행위가 아닌 것은?

① 주식교환 등의 행위
② 외국인 또는 외국법인등이 해당 기업의 주식을 취득한 행위
③ 사원을 50명 이상 300명 이하로 하여 설립한 행위
④ 반대주주의 주식매수선택권을 부여한 행위
⑤ 지식재산권등의 출자 행위

> **해설** 벤처기업이었던 기업에 대한 주식발행 등의 특례(벤처기업육성에 관한 특별법 제24조)
> 벤처기업이었던 기업이 벤처기업에 해당하지 아니하게 되는 경우 벤처기업이었던 당시 이루어진 다음의 행위는 계속 유효한 것으로 본다.
> • 지식재산권등의 출자 행위
> • 외국인 또는 외국법인등이 해당 기업의 주식을 취득한 행위
> • 주식교환 등의 행위
> • 주식매수선택권을 부여한 행위
> • 사원을 50명 이상 300명 이하로 하여 설립한 행위
> • 복수의결권주식을 발행한 행위
> • 성과조건부주식교부계약을 체결한 행위
> • 회사가 자기주식을 취득한 행위

정답 10 ⑤ 11 ④

12 벤처기업육성에 관한 특별법령상 청문을 실시하여야 하는 경우로 옳지 않은 것은?

① 촉진지구육성계획이 실현될 가능성이 없어 벤처기업육성촉진지구의 지정해제를 하려는 경우
② 중소벤처기업 인수합병 지원센터가 지정받은 업무를 정당한 사유 없이 14일 이상 수행하지 않아 지원센터의 지정취소를 하려는 경우
③ 지정 면적이 2천 제곱미터 이하로 집적지역의 지정 요건을 충족하지 못하여 집적지역의 지정취소를 하려는 경우
④ 신기술창업전문회사와 해당 신기술창업전문회사가 설립한 자회사 간의 거래로서 채무 보증을 하여 전문회사의 등록취소를 하려는 경우
⑤ 벤처기업확인기관이 지정받은 사항을 위반하여 업무를 수행하여 벤처기업확인기관의 지정취소를 하려는 경우

해설 청문(벤처기업육성에 관한 특별법 제29조)
중소벤처기업부장관은 다음의 어느 하나에 해당하는 처분을 하려면 청문을 실시하여야 한다.

구 분	근거 조항	위반 내용
벤처기업육성 촉진지구의 지정해제	법 제18조의4	• 촉진지구육성계획이 실현될 가능성이 없는 경우 • 사업 지연, 관리 부실 등의 사유로 지정목적을 달성할 수 없는 경우
신기술창업전문회사의 등록취소	법 제11조의7, 영 제4조의3	• 거짓이나 그 밖의 부정한 방법으로 등록한 경우 • 「유사수신행위의 규제에 관한 법률」을 위반하여 출자자나 투자자를 모집하는 행위 • 해당 전문회사가 설립한 자회사와의 채무 보증 등 대통령령으로 정하는 거래행위(신기술창업전문회사와 해당 신기술창업전문회사가 설립한 자회사 간의 거래로서 채무보증, 담보제공) • 그 밖에 설립목적을 해치는 것으로서 대통령령으로 정하는 행위 • 「상법」에 따른 주식회사가 아닌 경우 • 임원이 결격사유에 해당하는 경우 • 보유인력과 보유시설이 대통령령으로 정하는 기준에 미치지 못하는 경우

신기술창업 집적지역의 지정취소	법 제17조의3, 제17조의6	• 사업 지연, 관리 부실 등의 사유로 지정목적을 달성할 수 없는 경우
		• 다음의 집적지역 지정 요건을 충족하지 못한 경우
		  – 해당 기관이 보유한 교지나 부지의 연면적에 대한 지정 면적의 비율이 대통령령으로 정하는 비율을 초과하지 아니할 것
		  – 지정 면적이 3천 제곱미터 이상일 것
		  – 집적지역개발계획이 실현 가능할 것

중소벤처기업 인수합병 지원센터의 지정취소	법 제15조의14	• 거짓이나 그 밖의 부정한 방법으로 지정을 받은 경우 • 대통령령으로 정하는 지정기준에 미달하게 되는 경우 • 지정받은 업무를 정당한 사유 없이 1개월 이상 수행하지 아니한 경우
벤처기업확인기관의 지정취소	법 제25조의3 제3항	• 거짓이나 그 밖의 부정한 방법으로 지정을 받은 경우 • 벤처기업확인기관의 지정요건을 갖추지 못하게 된 경우 • 지정받은 사항을 위반하여 업무를 수행한 경우
벤처기업지원전문기관의 지정취소	법 제3조의6 제4항	• 거짓이나 그 밖의 부정한 방법으로 지정을 받은 경우 • 지정받은 사항을 위반하여 업무를 행한 경우 • 벤처기업지원전문기관 지정기준에 적합하지 아니하게 된 경우

12 ② 정답

PART 09 벤처투자 촉진에 관한 법률

제1과목 중소기업관계법령

(약칭 : 벤처투자법)

체크포인트

벤처투자법은 2020년에 새롭게 만들어진 법안이다. PART 08에서 벤처기업 '육성'을 위한 사안을 공부했다면 이번에는 그 벤처기업의 '투자'에 관한 내용을 배우게 된다. 따라서 벤처투자법에서는 전문개인투자자 등록제, 벤처투자조합, 창업기획자, 개인투자조합 및 벤처투자회사 등 벤처기업의 투자에 관한 내용이 핵심이 된다. 제목이 되는 핵심 키워드를 바탕으로 살을 붙여나가는 것을 추천하며, 예를 들어 벤처투자조합과 중소기업창업투자에서 회사등록이나 결산보고 등 자주 반복되는 내용이 나온다면 헷갈리지 않도록 서브노트를 만들어 정리하는 것이 좋다.

목적(법 제1조) 13 기출

벤처투자법은 벤처투자에 필요한 사항을 정하여 창업기업, 중소기업, 벤처기업 등에 대한 투자를 촉진하고 벤처투자 산업을 육성함으로써 중소기업 등의 건전한 성장기반 조성을 통한 국민경제의 균형 있는 발전에 기여함을 목적으로 한다.

정의(법 제2조)
(1) '**투자**'란 다음의 어느 하나에 해당하는 것을 말한다.
   ① 주식회사의 주식, 무담보전환사채, 무담보교환사채 또는 무담보신주인수권부사채의 인수
   ② 유한회사 또는 유한책임회사의 출자 인수
   ③ 중소기업이 개발하거나 제작하며 다른 사업과 회계의 독립성을 유지하는 방식으로 운영되는 사업의 지분 인수로서 중소벤처기업부령으로 정하는 바에 따른 지분 인수
   ④ 투자금액의 상환만기일이 없고 이자가 발생하지 아니하는 계약으로서 중소벤처기업부령으로 정하는 요건을 충족하는 조건부지분인수계약의 체결
   ⑤ 무담보전환사채의 발행을 사전에 약정하는 계약으로서 중소벤처기업부령으로 정하는 요건을 충족하는 조건부지분전환계약의 체결
   ⑥ 그 밖에 ①부터 ⑤까지의 방식에 준하는 것으로서 중소벤처기업부장관이 정하여 고시하는 방식
(2) '**벤처투자**'란 창업기업, 중소기업, 벤처기업 또는 그 밖에 중소벤처기업부장관이 정하여 고시하는 자에게 투자하는 것을 말한다.
(3) '**창업기업**'이란 「중소기업창업 지원법」 제2조 제3호에 따른 창업기업을 말한다.
(4) '**초기창업기업**'이란 「중소기업창업 지원법」 제2조 제10호에 따른 초기창업기업을 말한다.
(5) '**중소기업**'이란 「중소기업기본법」 제2조에 따른 중소기업을 말한다.
(6) '**벤처기업**'이란 「벤처기업육성에 관한 특별법」 제2조 제1항에 따른 벤처기업을 말한다.
(7) '**전문개인투자자**'란 벤처투자를 하는 개인으로서 제9조에 따라 등록한 자를 말한다.
(8) '**개인투자조합**'이란 개인 등이 벤처투자와 그 성과의 배분을 주된 목적으로 결성하는 조합으로서 제12조에 따라 등록한 조합을 말한다.
(9) '**창업기획자(액셀러레이터)**'란 초기창업기업에 대한 전문보육 및 투자를 주된 업무로 하는 자로서 제24조에 따라 등록한 법인 또는 비영리법인을 말한다.
(10) '**벤처투자회사**'란 벤처투자를 주된 업무로 하는 회사로서 제37조에 따라 등록한 회사를 말한다.
(11) '**벤처투자조합**'이란 벤처투자회사 등이 벤처투자와 그 성과의 배분을 주된 목적으로 결성하는 조합으로서 제50조 또는 제63조의2에 따라 등록한 조합을 말한다.

(12) '**민간재간접벤처투자조합**'이란 다른 벤처투자조합에 대한 출자를 주된 목적으로 결성하는 조합으로서 제63조의2에 따라 등록한 조합을 말한다.
(13) '**투자조건부 융자**'란 융자를 받는 법인이 융자를 실행하는 기관에 「상법」제418조 제2항에 따른 신주배정을 사전에 약정하는 것으로서 제70조의2에 따른 방식에 의한 것을 말한다.

적용 범위(법 제3조)
벤처투자법은 벤처투자에 관하여 적용한다. 다만, 사행산업 등 경제질서 및 미풍양속에 현저히 어긋나는 경우로서 대통령령으로 정하는 경우에 대해서는 적용하지 아니한다.

1 총 칙

1. 벤처투자 활성화 정책 수립·추진

(1) 지역 균형투자의 활성화(법 제4조)

중소벤처기업부장관은 벤처투자의 지역 간 불균형을 해소하고 각 지역의 벤처투자를 고르게 활성화시키기 위한 정책을 수립·시행하여야 한다.

(2) 벤처투자 촉진을 위한 지원사업의 추진 등

중소벤처기업부장관은 벤처투자법에 따라 벤처투자를 목적으로 하는 자의 원활한 사업 운영을 도모하고 벤처투자를 촉진하기 위하여 다음의 사업을 추진하거나 필요한 시책을 수립·시행할 수 있다.
① 벤처투자 산업 육성 및 벤처투자 촉진을 위한 기반 조성
② 국내외 벤처투자 동향 및 여건 분석
③ 벤처투자 성과창출 강화를 위한 지원
④ 전문개인투자자 등 벤처투자 전문인력의 양성
⑤ 외국인투자 유치 및 국제교류 확대

2. 실태조사 및 종합관리시스템 운영

(1) 실태조사

① 중소벤처기업부장관은 벤처투자 활성화를 위한 효율적인 정책 수립·추진을 위하여 벤처투자의 현황과 성과 등에 대한 실태조사를 할 수 있다.
② 중소벤처기업부장관은 실태조사를 하기 위하여 필요한 경우에는 다음의 자에게 자료의 제출이나 의견의 진술 등을 요청할 수 있다. 이 경우 요청을 받은 자는 특별한 사유가 없으면 요청에 따라야 한다.
  ㉠ 중앙행정기관의 장
  ㉡ 지방자치단체의 장
  ㉢ 「공공기관의 운영에 관한 법률」의 규정에 따라 지정·고시된 공공기관의 장

    ㉣ 한국벤처투자의 장
    ㉤ 그 밖에 대통령령으로 정하는 다음의 기관의 장
        • 한국벤처캐피탈협회
        • 한국엔젤투자협회
        • 한국액셀러레이터협회
        • 벤처기업협회

(2) 종합관리시스템 구축·운영

중소벤처기업부장관은 벤처투자 관련 정보를 종합적으로 제공하고 벤처투자의 성과를 체계적으로 측정·관리하기 위하여 종합관리시스템을 구축·운영할 수 있다.

2 개인투자 및 전문개인투자자

1. 개인의 투자 활성화 사업의 추진(법 제8조)

중소벤처기업부장관은 개인의 벤처투자 활성화를 위하여 다음의 사업을 추진할 수 있다.

(1) 우수한 투자역량을 갖춘 개인투자자의 발굴 및 육성

(2) 개인투자자 간의 정보 교류 지원

(3) 개인투자자와 중소기업, 창업기업 및 벤처기업 등의 교류 지원

(4) 그 밖에 개인의 벤처투자 활성화를 위하여 중소벤처기업부장관이 필요하다고 인정하는 사업

2. 전문개인투자자

(1) 전문개인투자자의 등록

① 벤처투자를 하는 개인으로서 벤처투자법의 적용을 받으려는 사람은 중소벤처기업부장관에게 전문개인투자자로 등록하여야 한다. 등록한 사항 중 중소벤처기업부령으로 정하는 중요한 사항을 변경하려는 경우에도 또한 같다.

② **전문개인투자자의 등록 자격** 22 24 기출

전문개인투자자로 등록을 하려는 사람은 투자실적, 경력 및 자격요건 등 대통령령으로 정하는 다음의 요건을 갖추어야 한다.

㉠ 투자실적
  • 다음의 요건을 모두 갖춘 투자금액(㉡의 어느 하나에 해당하는 사람이 개인투자조합의 업무집행조합원인 경우 투자금액 산정 시 해당 조합의 투자금액 중 다음의 요건을 모두 갖춘 투자금액에 출자비율을 곱한 값을 포함)의 합계가 **최근 3년간 1억원 이상**으로서 중소벤처기업부장관이 정하여 고시하는 금액 이상일 것

- 창업자, 벤처기업, 기술혁신형 중소기업, 경영혁신형 중소기업 중 어느 하나에 해당하는 자 [증권시장(금융위원회가 정하여 고시하는 증권시장은 제외)에 상장하지 않은 자]가 신규로 발행한 주식(증권시장에 상장하기 위하여 신규로 발행한 주식은 제외) 또는 지분의 인수나 조건부지분인수계약 또는 조건부지분전환계약을 통한 투자일 것
- 「금융회사의 지배구조에 관한 법률 시행령」에 따른 특수관계인(이하 '특수관계인')이 발행한 주식 또는 지분이 아닐 것
- 주식 또는 지분을 인수한 날부터 6개월 이상 보유했거나 조건부지분인수계약 또는 조건부지분전환계약을 체결한 후 투자금을 납입한 날부터 6개월 이상 지났을 것

ⓒ 경력 및 자격요건
- 다음의 어느 하나에 해당하는 자격을 갖춘 사람
  - 「국가기술자격법」에 따라 기술사 자격을 취득한 사람
  - 「변호사법」에 따라 등록한 변호사
  - 「공인회계사법」에 따라 등록한 공인회계사
  - 「변리사법」에 따라 등록한 변리사
  - 「경영지도사 및 기술지도사에 관한 법률」에 따라 등록한 경영지도사 또는 기술지도사
  - 박사학위(이공계열 또는 경상계열로 한정)를 소지한 사람
  - 학사학위(이공계열 또는 경상계열로 한정)를 소지한 사람으로서 국·공립연구기관, 정부출연연구기관, 기업부설연구소의 어느 하나에 해당하는 기관에서 4년 이상 종사한 사람 (학위 취득 전의 경력 포함)
- 다음의 어느 하나에 해당하는 회사에서 2년 이상 투자심사 업무를 수행했거나 3년 이상 투자 관련 업무를 수행한 경력이 있는 사람
  - 벤처투자회사
  - 유한회사 또는 유한책임회사
  - 「여신전문금융업법」에 따른 신기술사업금융업자등
  - 「벤처기업육성에 관한 특별법」에 따른 신기술창업전문회사
  - 「기술의 이전 및 사업화 촉진에 관한 법률」에 따른 기술지주회사
  - 「산업교육진흥 및 산학연협력촉진에 관한 법률」에 따른 기술지주회사
- 주권상장법인의 창업자(주권 상장 당시 이사로 등기된 사람으로 한정) 또는 상장 당시의 대표이사
- 벤처기업의 창업자이거나 창업자였던 사람으로서 재직 당시 해당 벤처기업의 연 매출액이 1천억원 이상인 적이 있었던 사람
- 그 밖에 교육과정 이수 또는 투자 관련 경력 등에 관하여 중소벤처기업부장관이 정하여 고시하는 기준을 갖춘 사람

③ 상기 규정한 사항 외에 전문개인투자자의 등록 또는 변경등록의 절차·방법 및 운영 등에 필요한 사항은 중소벤처기업부령으로 정한다.

(2) 전문개인투자자의 투자의무

① 전문개인투자자는 등록일을 기준으로 3년마다 중소벤처기업부장관이 정하여 고시하는 금액(1억 원) 이상을 다음의 자에게 투자하여야 한다.
  ㉠ 창업기업
  ㉡ 벤처기업
  ㉢ 「중소기업 기술혁신 촉진법」에 따른 기술혁신형 중소기업
  ㉣ 전문개인투자자가 투자를 할 당시 「중소기업 기술혁신 촉진법」에 따른 경영혁신형 중소기업
② 전문개인투자자의 투자금액 산정에 관한 구체적인 기준 및 방법 등에 관하여 필요한 사항은 대통령령으로 정한다.

(3) 전문개인투자자 등록의 취소 23 기출

중소벤처기업부장관은 전문개인투자자가 다음의 어느 하나에 해당하는 경우에는 그 등록을 취소할 수 있다. 다만, ①에 해당하는 경우에는 그 등록을 취소하여야 한다.
① 거짓이나 그 밖의 부정한 방법으로 전문개인투자자 등록 또는 변경등록을 한 경우
② 전문개인투자자 등록요건을 갖추지 못하게 된 경우
③ 전문개인투자자의 투자의무를 위반하여 전문개인투자자의 투자의무를 준수하지 아니한 경우
④ 투자금을 납입한 것으로 가장하는 등 거짓이나 그 밖의 부정한 방법으로 투자한 경우

3 개인투자조합

1. 개인투자조합의 결성과 등록 등

(1) 개인투자조합의 등록(법 제12조)

다음의 어느 하나에 해당하는 자가 중소벤처기업부령으로 정하는 자와 상호출자하여 결성하는 조합으로서 벤처투자법의 적용을 받으려는 조합은 중소벤처기업부장관에게 개인투자조합으로 등록하여야 한다. 등록한 사항 중 중소벤처기업부령으로 정하는 중요한 사항을 변경하려는 경우에도 또한 같다.
① 개 인
② 다음의 어느 하나에 해당하는 자로서 투자 목적과 출자 규모 등 대통령령으로 정하는 기준을 모두 갖춘 자
  ㉠ 창업기획자
  ㉡ 신기술창업전문회사
  ㉢ 그 밖에 중소기업 창업지원 또는 벤처투자를 하는 자로서 중소벤처기업부장관이 정하여 고시하는 다음의 자
    • 산학연협력기술지주회사
    • 공공연구기관첨단기술지주회사
    • 창조경제혁신센터

> **더 알아보기** 대통령령으로 정하는 개인투자조합 등록기준을 갖춘 자(영 제6조 제1항)
>
> 사업내용에 창업기업이나 벤처기업에 대한 투자 또는 이에 투자하는 조합에 대한 출자를 포함하고 있는 자를 말한다.

(2) 개인투자조합의 등록요건 23 24 25 기출

① 개인투자조합으로 등록을 하려는 조합은 출자금 총액, 조합원의 수 및 존속기간 등 대통령령으로 정하는 다음의 요건을 갖추어야 한다.
  ㉠ 출자금 총액이 1억원 이상일 것
  ㉡ 출자 1좌(座)의 금액이 100만원 이상일 것
  ㉢ 조합원의 수가 49인 이하일 것
  ㉣ 존속기간이 5년 이상일 것

② 개인투자조합은 조합의 업무집행자로서 조합의 채무에 대하여 무한책임을 지는 1인 이상의 업무집행조합원과 출자가액을 한도로 하여 유한책임을 지는 유한책임조합원으로 구성한다. 이 경우 업무집행조합원은 개인투자조합의 등록요건 중 다음의 요건을 갖추어야 한다.
  ㉠ 출자지분이 출자금 총액의 3퍼센트 이상일 것
  ㉡ 개인은 다음의 요건을 충족할 것
    • 전문개인투자자일 것
    • 개인투자조합의 업무집행조합원으로서 5년 이상의 경력이 있는 사람일 것
    • 벤처투자회사, 유한회사 또는 유한책임회사, 신기술사업금융업자등, 신기술창업전문회사, 기술지주회사나 창업기획자에서 2년 이상 투자심사 업무를 수행했거나 3년 이상 투자 관련 업무를 수행한 경력이 있는 사람
    • 개인투자조합의 업무집행조합원 양성 교육과정 등 중소벤처기업부장관이 정하여 고시하는 개인투자조합의 운영 및 관리에 관한 교육과정을 이수했을 것

③ 다음의 어느 하나에 해당하는 자는 업무집행조합원이 될 수 없다. 24 기출
  ㉠ 미성년자·피성년후견인 또는 피한정후견인
  ㉡ 파산 선고를 받고 복권되지 아니한 사람
  ㉢ 금고 이상의 실형을 선고받고 그 집행이 끝나거나(집행이 끝난 것으로 보는 경우를 포함) 집행이 면제된 날부터 5년이 지나지 아니한 사람
  ㉣ 금고 이상의 형의 집행유예를 선고받고 그 유예기간 중에 있는 사람
  ㉤ 「유사수신행위의 규제에 관한 법률」이나 그 밖에 대통령령으로 정하는 금융 관련 법령을 위반하여 벌금 이상의 형을 선고받고 그 집행이 끝나거나(집행이 끝난 것으로 보는 경우를 포함) 집행이 면제된 날부터 5년이 지나지 아니한 사람
  ㉥ 「유사수신행위의 규제에 관한 법률」이나 그 밖에 대통령령으로 정하는 금융 관련 법령을 위반하여 벌금 이상의 형의 집행유예를 선고받고 그 유예기간 중에 있는 사람
  ㉦ 개인투자조합 등록이 취소된 개인투자조합의 업무집행조합원이었던 자로서 개인투자조합 등록이 취소된 날부터 5년이 지나지 아니한 자

ⓞ 업무집행조합원의 임직원으로 면직되거나 해임된 날부터 5년이 지나지 아니한 사람으로서 개인 또는 창업기획자, 신기술창업전문회사, 그 밖에 중소기업 창업지원 또는 벤처투자를 하는 자로서 중소벤처기업부장관이 정하여 고시하는 자(임원으로 있는 경우)에 해당하는 자

ⓩ 금융거래 등 상거래에서 정당한 사유 없이 변제약정일이 3개월 이상 지난 채무가 1천만원을 초과한 사람

④ 상기 (1)에 해당하는 자가 개인투자조합을 결성하려는 경우에는 「자본시장과 금융투자업에 관한 법률」에 따른 사모의 방법으로 가입을 권유하여야 한다.

⑤ 개인투자조합의 조합원은 조합 규약에서 정하는 바에 따라 출자금액의 전액을 한꺼번에 출자하거나 나누어 출자할 수 있다.

⑥ 상기 규정한 사항 외에 개인투자조합의 등록 절차·방법과 그 운영 등에 필요한 사항은 중소벤처기업부령으로 정한다.

(3) 개인투자조합의 투자의무

① 개인투자조합은 등록 후 3년이 지난날까지 출자금액의 50퍼센트 이내에서 50퍼센트 비율 이상을 창업기업와 벤처기업에 대한 투자에 사용하여야 한다.

② 창업기획자가 업무집행조합원인 개인투자조합은 50퍼센트 투자비율 이상을 초기창업기업에 대한 투자에 사용하여야 한다.

③ 개인투자조합이 「자본시장과 금융투자업에 관한 법률」에 따른 증권시장으로서 중소벤처기업부장관이 정하여 고시하는 시장에 상장된 법인에 투자하는 경우에는 10퍼센트 투자비율을 초과하여 투자할 수 없다.

④ 상기 규정한 사항 외에 개인투자조합의 투자비율 산정의 구체적인 기준 및 방법 등에 관하여 필요한 사항은 중소벤처기업부령으로 정한다.

(4) 개인투자조합 업무의 집행 등

① 업무집행조합원은 선량한 관리자의 주의로 개인투자조합의 업무를 집행하여야 한다.

② 업무집행조합원은 개인투자조합의 업무를 집행할 때 다음의 어느 하나에 해당하는 행위를 하여서는 아니 된다. 다만, 개인투자조합의 자산 운용의 건전성을 해칠 우려가 없는 경우로서 대통령령으로 정하는 경우에는 그러하지 아니하다.

㉠ 자기나 제3자의 이익을 위하여 개인투자조합의 재산을 사용하는 행위

㉡ 자금차입, 지급보증 또는 담보를 제공하는 행위

㉢ 「독점규제 및 공정거래에 관한 법률」에 따른 상호출자제한기업집단에 속하는 회사에 투자하는 행위

㉣ 「중소기업창업 지원법」에 따른 창업보육센터 등 대통령령으로 정하는 범위의 업무용 부동산을 제외한 부동산(이하 '비업무용부동산')을 취득하거나 소유하는 행위. 다만, 담보권 실행으로 비업무용부동산을 취득하는 경우에는 그러하지 아니하다.

㉤ 그 밖에 설립목적을 해치는 것으로서 대통령령으로 정하는 행위

③ 업무집행조합원이 담보권 실행으로 비업무용부동산을 취득한 경우에는 1년의 범위에서 중소벤처기업부령으로 정하는 기간 내에 처분하여야 한다.

④ 업무집행조합원은 개인투자조합과의 계약에 따라 그 업무의 일부를 그 개인투자조합의 유한책임조합원에게 위탁할 수 있다.

(5) 개인투자조합 재산의 관리와 운용 등
① 개인투자조합의 재산이 20억원 이상인 경우 해당 개인투자조합의 업무집행조합원은 그 재산을 다음에서 정하는 바에 따라 보관·관리하여야 한다.
  ㉠ 개인투자조합 재산의 보관·관리를 「자본시장과 금융투자업에 관한 법률」에 따른 신탁업자(이하 '신탁업자')에게 위탁할 것
  ㉡ 신탁업자를 변경하는 경우에는 조합원 총회의 승인을 받을 것
② 업무집행조합원은 개인투자조합 재산의 운용과정에서 필요한 경우 신탁업자에 대하여 개인투자조합 재산의 취득·처분 등에 관하여 지시를 하여야 하며, 신탁업자는 업무집행조합원의 지시에 따라 그 재산의 취득·처분 등을 하여야 한다.

(6) 개인투자조합의 결산보고
업무집행조합원은 대통령령으로 정하는 바에 따라 매 사업연도 종료 후 3개월 이내에 결산서를 중소벤처기업부장관에게 제출하여야 한다. 다만, 전년도 투자실적의 변동이 없거나 개인투자조합의 재산이 2억원 이하인 개인투자조합(결성 후 3년이 지난 개인투자조합 제외)의 경우에는 개인투자조합의 수익 및 투자 현황등 자금 운용 현황으로 결산서를 대신할 수 있다.

2. 개인투자조합 탈퇴·해산·등록의 말소 및 취소 등

(1) 개인투자조합 업무집행조합원의 탈퇴
업무집행조합원은 다음의 어느 하나에 해당하는 경우에만 개인투자조합에서 탈퇴할 수 있다.
① 업무집행조합원이 벤처투자법 또는 다른 법률에 따른 등록 취소 등의 사유로 그 업무를 지속할 수 없게 된 경우
② 업무집행조합원이 파산한 경우
③ 조합원 전원의 동의가 있는 경우
④ 개인인 업무집행조합원이 사망한 경우
⑤ 그 밖에 중소벤처기업부장관이 정하여 고시하는 경우

(2) 개인투자조합의 해산
① 개인투자조합은 다음의 어느 하나에 해당하는 사유가 발생한 경우에는 해산한다.
  ㉠ 존속기간의 만료
  ㉡ 유한책임조합원 전원의 탈퇴
  ㉢ 업무집행조합원 전원의 탈퇴
  ㉣ 업무집행조합원 전원이 벤처투자법 또는 다른 법률에 따른 등록 취소 등의 사유로 그 업무를 지속할 수 없게 된 경우

　　　　ⓜ 그 밖에 대통령령으로 정하는 다음의 사유
　　　　　• 개인투자조합의 결성 목적이 달성되었다고 조합원 전원이 동의하는 경우
　　　　　• 조합원 간에 이해관계가 충돌하여 조합의 업무가 중단되는 등의 사유가 생겨 중소벤처기업부장관이 조합원을 보호하기 위하여 필요하다고 인정하는 경우로서 조합원 총수의 과반수 및 조합 총지분의 과반수에 해당하는 동의를 받은 경우
　　② 개인투자조합에 ①의 ⓒ 또는 ⓔ에 해당하는 사유가 발생한 경우에는 유한책임조합원 전원의 동의로 대통령령으로 정하는 바에 따라 그 사유가 발생한 날부터 3개월 이내에 유한책임조합원 중 1인을 업무집행조합원으로 선임하거나 다음의 어느 하나에 해당하는 자를 업무집행조합원으로 가입하게 하여 개인투자조합을 계속할 수 있다.
　　　ⓐ 개인
　　　ⓑ 다음의 어느 하나에 해당하는 자로서 투자 목적과 출자 규모 등 대통령령으로 정하는 기준을 갖춘 자
　　　　• 창업기획자
　　　　• 신기술창업전문회사
　　　　• 그 밖에 중소기업 창업지원 또는 벤처투자를 하는 자로서 중소벤처기업부장관이 정하여 고시하는 자
　　③ 개인투자조합이 해산하는 경우에는 그 업무집행조합원이 청산인이 된다. 다만, 조합 규약에서 정하는 바에 따라 업무집행조합원 외의 자를 청산인으로 선임할 수 있다.
　　④ 개인투자조합 해산 당시에 출자금액을 초과하는 채무가 있으면 업무집행조합원이 연대하여 그 채무를 변제하여야 한다.

(3) 개인투자조합의 청산결과 보고와 등록의 말소
　　① 청산인은 청산사무를 끝마친 경우에는 중소벤처기업부령으로 정하는 바에 따라 지체 없이 그 결과를 중소벤처기업부장관에게 보고하여야 한다.
　　② 중소벤처기업부장관은 보고를 받으면 지체 없이 그 개인투자조합의 등록을 말소하여야 한다.

(4) 개인투자조합 재산의 보호
　　개인투자조합 조합원의 채권자가 조합원에 대하여 채권을 행사할 때에는 그 조합원이 개인투자조합에 출자한 금액의 범위에서 행사할 수 있다.

(5) 개인투자조합의 수익처분
　　개인투자조합은 업무집행조합원에게 조합 규약에서 정하는 바에 따라 투자수익에 따른 성과보수를 지급할 수 있으며, 성과보수 지급을 위한 투자수익의 산정 방식 등에 관하여 필요한 사항은 대통령령으로 정한다.

(6) 개인투자조합의 공시
　　① 업무집행조합원은 해당 업무집행조합원이 운용하는 모든 개인투자조합의 출자금 총액의 합이 20억원 이상인 경우에는 다음의 사항을 공시하여야 한다.

　　　　ⓒ 각 개인투자조합의 매 회계연도 결산서
　　　　ⓒ 그 밖에 개인투자조합의 운용에 관한 서류로서 중소벤처기업부장관이 정하여 고시하는 사항
　　② 공시의 시기 및 방법 등에 필요한 사항은 중소벤처기업부장관이 정하여 고시한다.

(7) 개인투자조합 등록의 취소 등

　　① 중소벤처기업부장관은 개인투자조합 또는 그 업무집행조합원이 다음의 어느 하나에 해당하는 경우에는 개인투자조합에 대하여 등록 취소, 6개월 이내의 업무정지명령, 시정명령, 경고 또는 주의조치를 하거나 3년의 범위에서 벤처투자법에 따른 지원을 중단할 수 있다. 다만, ㉠에 해당하는 경우에는 그 등록을 취소하여야 한다.
　　　㉠ 거짓이나 그 밖의 부정한 방법으로 개인투자조합을 등록 또는 변경등록을 한 경우
　　　㉡ 개인투자조합의 등록요건을 갖추지 못하게 된 경우
　　　㉢ 업무집행조합원이 갖추어야 할 요건을 갖추지 못하게 된 경우
　　　㉣ 사모의 방법으로 가입을 권유하지 않고 이를 위반하여 조합가입을 권유한 경우
　　　㉤ 개인투자조합의 투자의무를 준수하지 아니한 경우
　　　㉥ 개인투자조합 업무의 집행을 위반하여 업무를 집행한 경우
　　　㉦ 개인투자조합의 재산을 관리·운용한 경우
　　　㉧ 개인투자조합의 결산보고를 위한 결산서를 제출하지 아니한 경우
　　　㉨ 개인투자조합 운영상황을 확인하거나 및 검사하는 행위를 거부·방해하거나 기피한 경우 또는 보고를 하지 아니하거나 거짓으로 보고한 경우
　　　㉩ 업무집행조합원 전원의 등록이 벤처투자법 또는 다른 법률에 따라 취소되거나 말소된 경우
　　　㉪ 「유사수신행위의 규제에 관한 법률」를 위반하여 조합원을 모집한 경우
　　② 중소벤처기업부장관은 개인투자조합이 ①의 어느 하나(㉠은 제외)에 해당하는 경우 그 업무집행조합원에 대하여 다음의 어느 하나에 해당하는 조치를 할 수 있다.
　　　㉠ 6개월 이내의 업무의 전부 또는 일부의 정지명령
　　　㉡ 시정명령
　　　㉢ 경 고
　　③ 중소벤처기업부장관은 개인투자조합의 업무집행조합원이 ①의 어느 하나(㉠은 제외)에 해당하여 개인투자조합의 건전한 운영을 해치거나 해칠 우려가 있다고 인정되는 경우에는 그 업무집행조합원의 임직원(해당 직무와 관련된 임직원으로 한정)에 대하여 다음의 어느 하나에 해당하는 조치를 할 것을 해당 업무집행조합원에게 요구할 수 있다.
　　　㉠ 면직 또는 해임
　　　㉡ 6개월 이내의 직무정지
　　　㉢ 경 고
　　④ 행정처분 또는 조치 요구 등의 세부기준과 절차에 관하여 필요한 사항은 중소벤처기업부장관이 정하여 고시한다.

(8) 개인투자조합에 대한 「상법」의 준용

　　개인투자조합에 관하여 벤처투자법에 규정한 것 외에는 「상법」 중 합자조합에 관한 규정을 준용한다. 다만, 같은 법 제86조의4 및 제86조의9는 준용하지 아니한다.

4 창업기획자

1. 창업기획자의 등록 및 승계·공고·말소·취소 등

(1) 창업기획자의 등록(법 제24조)

① 다음의 어느 하나에 해당하는 사업을 하는 자로서 벤처투자법의 적용을 받으려는 자는 중소벤처기업부장관에게 창업기획자로 등록하여야 한다. 등록한 사항 중 법인명과 소재지 등 중소벤처기업부령으로 정하는 중요한 사항을 변경하려는 경우에도 또한 같다.
  ㉠ 초기창업기업의 선발 및 전문보육
  ㉡ 초기창업기업에 대한 투자
  ㉢ 개인투자조합 또는 벤처투자조합의 결성과 업무의 집행
  ㉣ 상기 ㉠부터 ㉢까지의 사업에 딸린 사업으로서 중소벤처기업부장관이 정하는 사업

② 창업기획자 자격 요건 22 기출
창업기획자로 등록을 하려는 자는 다음의 요건을 모두 갖추어야 한다.
  ㉠ 다음의 구분에 따른 요건을 갖출 것
   • 「상법」에 따른 회사인 경우 : 자본금이 **1억원 이상**일 것
   • 「민법」 등에 따른 비영리법인인 경우 : 사업에 출연한 재산이 **5천만원** 이상일 것. 이 경우 비영리법인은 해당 사업의 수입과 지출이 명백하도록 「법인세법」에 따라 비영리법인 내 다른 사업과 각각 다른 회계로 구분하여 기록하여야 한다.
   • 「협동조합 기본법」에 따른 협동조합 등 및 사회적협동조합 등, 「중소기업협동조합법」에 따른 중소기업협동조합(이하 '조합등')인 경우 : 사업에 출자한 재산이 **5천만원**(지역창업전담기관인 경우에는 **1천만원**) 이상일 것. 이 경우 조합등은 해당 사업의 수입과 지출이 명백하도록 「법인세법」에 따라 조합등 내 다른 사업과 각각 다른 회계로 구분하여 기록하여야 한다.
  ㉡ 임원 또는 이에 상응하는 직무를 수행하는 자가 다음의 어느 하나에 해당하지 아니할 것
   • 미성년자·피성년후견인 또는 피한정후견인
   • 파산 선고를 받고 복권되지 아니한 사람
   • 금고 이상의 실형을 선고받고 그 집행이 끝나거나(집행이 끝난 것으로 보는 경우를 포함) 집행이 면제된 날부터 **5년**이 지나지 아니한 사람
   • 금고 이상의 형의 집행유예를 선고받고 그 유예기간 중에 있는 사람
   • 「유사수신행위의 규제에 관한 법률」이나 그 밖에 대통령령으로 정하는 금융 관련 법령을 위반하여 벌금 이상의 형을 선고받고 그 집행이 끝나거나(집행이 끝난 것으로 보는 경우를 포함) 집행이 면제된 날부터 **5년**이 지나지 아니한 사람
   • 「유사수신행위의 규제에 관한 법률」이나 그 밖에 대통령령으로 정하는 금융 관련 법령을 위반하여 벌금 이상의 형의 집행유예를 선고받고 그 유예기간 중에 있는 사람
   • 등록을 말소하기 전에 등록 취소 사유가 있었던 경우에는 말소 당시의 임원이었던 사람(같은 조에 따른 등록 취소 사유에 직접 책임이 있거나 이에 상응하는 책임이 있는 사람으로서 대통령령으로 정하는 사람만 해당)으로서 창업기획자 등록 취소 사유를 통보받은 날부터 **5년**이 지나지 아니하거나 등록말소일부터 **7년**이 지나지 아니한 사람

- 등록이 취소된 창업기획자의 임원이었던 사람(등록 취소 사유에 직접 책임이 있거나 이에 상응하는 책임이 있는 사람으로서 대통령령으로 정하는 사람만 해당)으로서 창업기획자 등록이 취소된 날부터 5년이 지나지 아니한 사람
- 면직되거나 해임된 날부터 5년이 지나지 아니한 사람
  ⓒ 사업을 수행하기 위한 사업계획 등이 중소벤처기업부령으로 정하는 기준에 맞을 것
  ㉢ 대통령령으로 정하는 기준에 따른 상근 전문인력과 시설을 보유할 것
  ㉣ 창업기획자와 투자자 간, 특정 투자자와 다른 투자자 간의 이해상충을 방지하기 위한 체계를 갖출 것
③ 벤처투자조합을 결성하려는 창업기획자에 대해서는 대통령령으로 정하는 바에 따라 자본금 및 상근 전문인력 등의 요건을 달리 정할 수 있다.
④ 규정한 사항 외에 창업기획자의 등록 또는 변경등록의 절차·방법 및 운영 등에 필요한 사항은 중소벤처기업부령으로 정한다.

(2) 영업양도 등에 따른 창업기획자 권리·의무의 승계(법 제33조)
① 창업기획자가 그 영업을 양도하거나 분할·합병한 경우 그 양수인 또는 분할·합병으로 설립되거나 분할·합병 후 존속하는 법인이 종전의 창업기획자의 지위를 승계하려는 경우에는 그 양도일 또는 분할·합병일부터 30일 이내에 중소벤처기업부령으로 정하는 바에 따라 그 사실을 중소벤처기업부장관에게 신고하여야 한다.
② 중소벤처기업부장관은 신고를 받은 경우 그 내용을 검토하여 벤처투자법에 적합하면 신고를 수리하여야 한다.
③ 신고가 수리된 경우에는 양수인 또는 분할·합병으로 설립되거나 분할·합병 후 존속하는 법인은 그 양수일 또는 분할·합병일부터 종전의 창업기획자의 지위를 승계한다.

(3) 창업기획자 등록 등의 공고
중소벤처기업부장관은 창업기획자가 다음의 어느 하나에 해당하면 지체 없이 그 내용을 관보에 공고하고 인터넷 홈페이지에 게재하여야 한다.
① 창업기획자의 등록을 한 경우
② 창업기획자의 등록을 말소한 경우
③ 창업기획자의 등록을 취소한 경우

(4) 창업기획자 등록의 말소
① 창업기획자는 (1)의 ①의 사업을 하기가 불가능하거나 어려운 경우에는 중소벤처기업부령으로 정하는 바에 따라 그 등록의 말소를 신청할 수 있다.
② 중소벤처기업부장관은 창업기획자가 등록 말소 신청을 하면 지체 없이 등록을 말소하여야 한다.

(5) 창업기획자 등록의 취소 등

① 중소벤처기업부장관은 창업기획자가 다음의 어느 하나에 해당하는 경우에는 창업기획자에 대하여 등록 취소, 6개월 이내의 업무정지명령, 시정명령 또는 경고조치를 하거나 3년의 범위에서 벤처투자법에 따른 지원을 중단할 수 있다. 다만, ㉠에 해당하는 경우에는 등록을 취소하여야 한다.
  ㉠ 거짓이나 그 밖의 부정한 방법으로 창업기획자의 등록 또는 변경등록을 한 경우
  ㉡ 창업기획자의 등록요건을 갖추지 못하게 된 경우. 다만, 임원이 결격사유에 해당하게 된 창업기획자가 그 사유가 발생한 날부터 3개월 이내에 그 사유를 해소한 경우는 제외한다.
  ㉢ 적법하지 아니한 방법으로 초기창업자에 대한 전문보육 지원대상자를 선발하거나 선발된 지원대상자에 대한 전문보육을 하지 아니한 경우
  ㉣ 창업기획자의 투자의무를 준수하지 아니한 경우
  ㉤ 창업기획자의 행위제한의무를 준수하지 아니한 경우
  ㉥ 창업기획자의 대주주가 자신의 이익을 얻을 목적으로 위반행위에 해당하는 행위를 한 경우
  ㉦ 개인투자조합 또는 벤처투자조합의 업무집행조합원으로서 개인투자조합 업무의 집행 등 또는 벤처투자조합 업무의 집행 등에 관한 조항을 위반하여 업무를 집행한 경우
  ㉧ 경영건전성 기준을 충족하기 위한 조치의 요구를 이행하지 아니한 경우
  ㉨ 창업기획자의 공시를 하지 아니하거나 거짓으로 공시한 경우
  ㉩ 운영상황의 확인 및 검사를 거부·방해하거나 기피한 경우 또는 투자실적 보고를 하지 아니하거나 거짓으로 보고한 경우

② 중소벤처기업부장관은 창업기획자가 상기 ①의 어느 하나(㉠은 제외)에 해당하여 창업기획자의 건전한 운영을 해치거나 해칠 우려가 있다고 인정하는 경우에는 창업기획자의 임직원(해당 직무와 관련된 임직원으로 한정)에 대하여 다음의 어느 하나에 해당하는 조치를 할 것을 해당 창업기획자에게 요구할 수 있다.
  ㉠ 면직 또는 해임
  ㉡ 6개월 이내의 직무정지
  ㉢ 경 고

③ 행정처분 등의 세부기준과 절차에 관하여 필요한 사항은 중소벤처기업부장관이 정하여 고시한다.

2. 창업기획자의 전문보육 및 투자의무 등

(1) 초기창업기업에 대한 전문보육(법 제25조)

창업기획자는 대통령령으로 정하는 방법에 따라 초기창업기업 중에서 지원대상자를 선발하여 다음의 지원(이하 '전문보육')을 하여야 한다.
① 사업 모델 개발
② 기술 및 제품 개발
③ 시설 및 장소의 확보
④ 그 밖에 중소벤처기업부령으로 정하는 지원

(2) 창업기획자의 투자의무
　① 창업기획자는 등록 후 3년이 지난 날까지 전체 투자금액의 50퍼센트의 이내에서 40퍼센트 이상을 초기창업기업에 대한 투자에 사용하여야 한다. 다만, 벤처투자회사, 신기술사업금융업자등 또는 「상법」에 따른 유한회사 또는 유한책임회사로서 출자금 총액, 전문인력 등 대통령령으로 정하는 요건을 모두 갖춘 회사에 해당하는 자가 창업기획자를 겸영(兼營)하는 경우에는 본문에 따른 투자의무를 적용하지 아니하며 창업기획자 등록 후 3년이 지난 날까지 제51조 제2항 단서에 따른 벤처투자조합을 결성 및 운용하여야 한다.
　　㉠ 투자비율은 다음의 기준에 따라 산정한다.
　　　• 전체 투자금액은 다음의 투자금액의 합계로 산정할 것. 다만, 창업기획자가 등록 후 3년이 지난 날까지 전체 투자금액이 영(0)인 경우에는 투자비율을 충족하지 않은 것으로 본다.
　　　　- 창업기획자의 자본금으로 직접 투자한 금액
　　　　- 창업기획자가 개인투자조합 또는 벤처투자조합을 결성한 경우에는 그 개인투자조합 또는 벤처투자조합의 투자금액에 창업기획자의 출자비율을 곱한 금액
　　　• 초기창업기업에 대한 투자금액은 투자 당시 증권시장에 상장되지 않은 초기창업기업에 대하여 중소벤처기업부령으로 정하는 방법으로 투자한 금액으로 산정할 것
　　㉡ 창업기획자는 등록 후 3년이 지난 날 이후에도 투자비율을 유지해야 한다.
　② 창업기획자는 등록 후 3년이 지난 날 이후에도 ①에 따른 투자의무를 유지하여야 하며, 중소벤처기업부장관은 창업기획자가 투자회수·경영정상화 등 중소벤처기업부장관이 인정하는 사유로 ①에 따른 투자의무를 유지하지 못하는 경우에는 1년 이내의 범위에서 투자의무 이행 유예기간을 줄 수 있다.
　③ 창업기획자의 투자비율 산정의 구체적인 기준 및 방법 등에 관하여 필요한 사항은 대통령령으로 정한다.

(3) 창업기획자의 행위제한
　① 창업기획자는 다음의 어느 하나에 해당하는 행위를 하여서는 아니 된다. 다만, 창업기획자의 자산운용의 건전성을 해칠 우려가 없는 경우로서 대통령령으로 정하는 경우에는 그러하지 아니하다.
　　㉠ 「독점규제 및 공정거래에 관한 법률」에 따른 상호출자제한기업집단에 속하는 회사에 투자하는 행위
　　㉡ 비업무용부동산을 취득하거나 소유하는 행위. 다만, 담보권 실행으로 비업무용부동산을 취득하는 경우에는 그러하지 아니하다.
　　㉢ 그 밖에 창업기획자의 설립목적을 해치는 것으로서 대통령령으로 정하는 행위
　② 창업기획자는 담보권 실행으로 비업무용부동산을 취득한 경우에는 1년의 범위에서 중소벤처기업부령으로 정하는 기간 내에 처분하여야 한다.
　③ 상기 사항에도 불구하고 벤처투자회사를 겸영하는 창업기획자의 행위제한은 벤처투자회사의 행위제한에 따른다.

(4) 창업기획자 대주주등의 행위제한
　① 창업기획자의 대주주(대통령령으로 정하는 출자자) 및 대통령령으로 정하는 그의 특수관계인(창업기획자의 대주주의 특수관계인을 말함, 이하 '대주주등')은 창업기획자의 이익에 반하여 대주주 등 자신의 이익을 얻을 목적으로 다음의 어느 하나에 해당하는 행위를 하여서는 아니 된다.

> **더 알아보기**   대통령령으로 정하는 출자자(영 제18조 제1항)
>
> '대통령령으로 정하는 출자자'란 다음의 어느 하나에 해당하는 자를 말한다.
> - 의결권 있는 발행주식 또는 출자지분 총수를 기준으로 본인 및 특수관계인이 소유하는 주식 또는 출자지분이 가장 많고 그 주식 수 또는 출자지분이 의결권 있는 발행주식 또는 출자지분 총수의 10퍼센트를 초과하는 경우의 그 본인
> - 누구의 명의로 하든지 자기의 계산으로 의결권 있는 발행주식 또는 출자지분 총수의 30퍼센트 이상에 해당하는 주식 또는 출자지분을 소유한 자
> - 임원의 임면 등의 방법으로 해당 창업기획자의 주요 경영사항에 대하여 사실상 지배력을 행사하고 있는 자

      ㉠ 창업기획자에게 부당한 영향력을 행사하기 위하여 외부에 공개되지 아니한 자료 또는 정보의 제공을 요구하는 행위. 다만, 「상법」에 따른 권리의 행사에 해당하는 경우에는 그러하지 아니하다.

      ㉡ 경제적 이익 등 반대급부의 제공을 조건으로 다른 주주와 담합하여 창업기획자의 투자활동 등 경영에 부당한 영향력을 행사하는 행위

      ㉢ 창업기획자로 하여금 위법행위를 하도록 요구하는 행위

      ㉣ 금리, 수수료 또는 담보 등에서 통상적인 거래조건과 비교하여 해당 창업기획자에게 현저하게 불리한 조건으로 대주주등 자신이나 제3자와의 거래를 요구하는 행위

      ㉤ 그 밖에 상기 행위에 준하는 행위로서 대통령령으로 정하는 행위(업무 운영상황 및 투자실적 관련 보고 자료의 작성과정에서 창업기획자에게 영향력을 행사하는 행위)

  ② 중소벤처기업부장관은 창업기획자의 대주주등이 ①을 위반한 행위를 하였다고 인정되는 경우에는 창업기획자 또는 대주주등에게 필요한 자료의 제출을 요구할 수 있다. 이 경우 자료의 제출 요구를 받은 자는 특별한 사유가 없으면 요구에 따라야 한다.

(5) 창업기획자의 경영건전성 기준

  ① 창업기획자는 대통령령으로 정하는 경영건전성 기준을 갖추어야 한다.

      ㉠ '대통령령으로 정하는 경영건전성 기준'이란 자본잠식률(자본총계가 납입자본금에 미치지 못하는 비율)이 100퍼센트 미만일 것을 말한다.

      ㉡ 다만, 벤처투자조합을 결성하려고 하거나 결성한 창업기획자의 경우에는 50퍼센트 미만일 것을 말한다.

  ② 중소벤처기업부장관은 창업기획자의 경영건전성을 확보하기 위하여 경영실태를 조사할 수 있다.

  ③ 중소벤처기업부장관은 창업기획자가 경영건전성 기준을 갖추지 못하였거나 경영실태 조사 결과 경영건전성을 유지하기가 어렵다고 인정되면 그 창업기획자에 대하여 자본금 등의 증액, 이익 배당의 제한 등 경영 개선을 위하여 필요한 조치를 요구할 수 있다.

(6) 창업기획자의 직무 관련 정보의 이용 금지

다음의 어느 하나에 해당하는 자(①부터 ⑤까지의 규정의 어느 하나에 해당하지 아니하게 된 날부터 1년이 지나지 아니한 자를 포함하며, 「자본시장과 금융투자업에 관한 법률」에 따른 금융투자업자는 제외)는 투자자의 투자판단에 중대한 영향을 미칠 수 있는 정보로서 개인투자조합의 공시, 창업기획자의 공시 및 벤처투자조합의 공시에 의하여 공개되지 아니한 정보(이하 '직무 관련 정보')를 정당한 사유 없이 자기 또는 제3자의 이익을 위하여 이용해서는 아니 된다.

① 창업기획자[「독점규제 및 공정거래에 관한 법률」에 따른 계열회사(이하 '계열회사')를 포함]의 임직원·대리인으로서 직무 관련 정보를 알게 된 자
② 대통령령으로 정하는 창업기획자의 주요주주로서 그 권리를 행사하는 과정에서 직무 관련 정보를 알게 된 자
③ 창업기획자에 대하여 법령에 따른 허가·인가·지도·감독, 그 밖의 권한을 가지는 자로서 그 권한을 행사하는 과정에서 직무 관련 정보를 알게 된 자
④ 창업기획자와 계약을 체결하고 있거나 체결을 교섭하고 있는 자로서 그 계약을 체결·교섭 또는 이행하는 과정에서 직무 관련 정보를 알게 된 자
⑤ 상기 ②부터 ④까지의 규정의 어느 하나에 해당하는 자의 대리인(법인인 경우에는 그 임직원 및 대리인을 포함)·사용인, 그 밖의 종업원(②부터 ④까지의 규정의 어느 하나에 해당하는 자가 법인인 경우에는 그 임직원)으로서 직무 관련 정보를 알게 된 자
⑥ 상기 ①부터 ⑤까지의 규정의 어느 하나에 해당하는 자(①부터 ⑤까지 규정의 어느 하나에 해당하지 아니하게 된 날부터 1년이 지나지 아니한 자를 포함)로부터 직무 관련 정보를 받은 자

(7) 창업기획자의 결산보고

① 창업기획자는 대통령령으로 정하는 바에 따라 매 사업연도 종료 후 3개월 이내에 감사인의 감사의견서를 첨부하여 중소벤처기업부장관에게 결산서를 제출하여야 한다.
② 중소벤처기업부장관은 제출된 결산서를 검토한 결과 해당 창업기획자의 투자활성화와 재무구조 건실화를 위하여 필요하다고 인정되면 회수가 불가능한 투자자산에 대하여 투·융자손실준비금과 투자손실금을 상계처리하게 하거나 대손금으로 처리하게 할 수 있다.

(8) 창업기획자의 공시

① 창업기획자는 다음의 사항을 공시하여야 한다.
  ㉠ 조직과 인력
  ㉡ 재무와 손익
  ㉢ 개인투자조합 또는 벤처투자조합의 결성 및 운영 성과
  ㉣ 경영 개선 조치를 요구받은 경우와 업무정지명령, 시정명령 또는 경고조치를 받은 경우 그 내용
  ㉤ 초기창업기업에 대한 평균 투자금액
  ㉥ 대통령령으로 정하는 초기창업기업에 대한 전문보육 현황
② 공시의 시기 및 방법 등에 관하여 필요한 사항은 중소벤처기업부장관이 정하여 고시한다.

5 벤처투자회사

1. 벤처투자회사의 등록 및 승계·공고·말소·취소 등

(1) 벤처투자회사의 등록(법 제37조)

① 다음의 어느 하나에 해당하는 사업을 하는 자로서 벤처투자법의 적용을 받으려는 자는 중소벤처기업부장관에게 벤처투자회사로 등록하여야 한다. 등록한 사항 중 회사명과 소재지 등 중소벤처기업부령으로 정하는 중요 사항을 변경하려는 경우에도 또한 같다.
   ㉠ 창업기업에 대한 투자
   ㉡ 「중소기업 기술혁신 촉진법」에 따른 기술혁신형·경영혁신형 중소기업에 대한 투자
   ㉢ 벤처기업에 대한 투자
   ㉣ 벤처투자조합의 결성과 업무의 집행
   ㉤ 해외 기업의 주식 또는 지분 인수 등 중소벤처기업부장관이 정하여 고시하는 방법에 따른 해외투자
   ㉥ 중소기업이 개발하거나 제작하며 다른 사업과 회계의 독립성을 유지하는 방식으로 운영되는 사업에 대한 투자
   ㉦ ㉠부터 ㉥까지의 규정에 준하는 것으로서 중소벤처기업부장관이 정하여 고시하는 자에 대한 투자
   ㉧ ㉠부터 ㉦까지의 사업에 딸린 사업으로서 중소벤처기업부장관이 정하는 사업

② 벤처투자회사로 등록을 하려는 자는 다음의 요건을 모두 갖추어야 한다.
   ㉠ 「상법」에 따른 주식회사·유한회사·유한책임회사 또는 한국벤처투자 설립에 따른 법인으로서 자본금의 규모와 그 자본금에서 차지하는 차입 비중이 대통령령으로 정하는 다음의 요건을 갖출 것
      • 납입자본금이 20억원 이상일 것
      • 차입금이 납입자본금의 20퍼센트 미만일 것
   ㉡ 임원이 다음의 어느 하나에 해당하지 아니할 것. 이 경우 ⓙ와 ⓚ는 대표이사, 대표집행임원 또는 업무집행자에게만 적용하며, 이때 임원이란 주식회사 및 한국벤처투자에 따라 설립된 법인은 임원, 유한회사·유한책임회사는 사원을 말한다.
      ⓐ 미성년자·피성년후견인 또는 피한정후견인
      ⓑ 파산 선고를 받고 복권되지 아니한 사람
      ⓒ 금고 이상의 실형을 선고받고 그 집행이 끝나거나(집행이 끝난 것으로 보는 경우를 포함) 집행이 면제된 날부터 5년이 지나지 아니한 사람
      ⓓ 금고 이상의 형의 집행유예를 선고받고 그 유예기간 중에 있는 사람
      ⓔ 「유사수신행위의 규제에 관한 법률」이나 그 밖에 대통령령으로 정하는 금융 관련 법령을 위반하여 벌금 이상의 형을 선고받고 그 집행이 끝나거나(집행이 끝난 것으로 보는 경우를 포함) 집행이 면제된 날부터 5년이 지나지 아니한 사람
      ⓕ 「유사수신행위의 규제에 관한 법률」이나 그 밖에 대통령령으로 정하는 금융 관련 법령을 위반하여 벌금 이상의 형의 집행유예를 선고받고 그 유예기간 중에 있는 사람

ⓖ 등록을 말소하기 전에 등록 취소 사유가 있었던 경우에는 말소 당시의 임원이었던 사람(등록 취소 사유에 직접 책임이 있거나 이에 상응하는 책임이 있는 사람으로서 대통령령으로 정하는 사람만 해당)으로서 벤처투자회사 등록 취소 사유를 통보받은 날부터 5년이 지나지 아니하거나 등록말소일부터 7년이 지나지 아니한 사람

ⓗ 등록이 취소된 벤처투자회사의 임원이었던 사람(등록 취소 사유에 직접 책임이 있거나 이에 상응하는 책임이 있는 사람으로서 대통령령으로 정하는 사람만 해당)으로서 벤처투자회사 등록이 취소된 날부터 5년이 지나지 아니한 사람

ⓘ 면직되거나 해임된 날부터 5년이 지나지 아니한 사람

ⓙ 금융거래 등 상거래에서 약정한 날짜 이내에 채무를 갚지 아니한 사람으로서 대통령령으로 정하는 사람

ⓚ 다른 벤처투자회사의 대주주(대통령령으로 정하는 출자자) 또는 임직원

ⓒ 대주주가 벤처투자법 또는 금융 관련 법령 등을 위반하여 형사처벌을 받은 사실이 없는 등 대통령령으로 정하는 사회적 신용을 갖출 것

ⓓ 대통령령으로 정하는 기준에 따른 상근 전문인력과 시설을 보유할 것

ⓔ 벤처투자회사와 투자자 간, 특정 투자자와 다른 투자자 간의 이해상충을 방지하기 위한 체계를 갖출 것

③ 대주주가 아닌 자로서 사회적 신용을 갖추지 못한 자가 새로 주식을 취득하여 대주주가 된 경우 그 취득 주식에 대하여 의결권을 행사할 수 없다.

④ 중소벤처기업부장관은 의결권을 행사할 수 없는 주식을 취득한 대주주에게 6개월 이내의 기간을 정하여 그 취득 주식의 처분을 명할 수 있다.

⑤ 상기 규정한 사항 외에 벤처투자회사의 등록 또는 변경등록의 절차 · 방법 및 운영 등에 필요한 사항은 중소벤처기업부령으로 정한다.

(2) 영업양도 등에 따른 벤처투자회사 권리 · 의무의 승계(법 제46조)

① 벤처투자회사가 그 영업을 양도하거나 분할 · 합병한 경우 그 양수인 또는 분할 · 합병으로 설립되거나 분할 · 합병 후 존속하는 법인이 종전의 벤처투자회사의 지위를 승계하려는 경우에는 그 양도일 또는 분할 · 합병일부터 30일 이내에 중소벤처기업부령으로 정하는 바에 따라 그 사실을 중소벤처기업부장관에게 신고하여야 한다.

② 중소벤처기업부장관은 신고를 받은 경우 그 내용을 검토하여 벤처투자법에 적합하면 신고를 수리하여야 한다.

③ 신고가 수리된 경우에는 양수인 또는 분할 · 합병으로 설립되거나 분할 · 합병 후 존속하는 법인은 그 양수일 또는 분할 · 합병일부터 종전의 벤처투자회사의 지위를 승계한다.

(3) 벤처투자회사 등록 등의 공고

중소벤처기업부장관은 벤처투자회사가 다음의 어느 하나에 해당하면 지체 없이 그 내용을 관보에 공고하고 인터넷 홈페이지에 게재하여야 한다.

① 벤처투자회사로 등록한 경우
② 벤처투자회사의 등록을 말소한 경우
③ 벤처투자회사의 등록을 취소한 경우

(4) 벤처투자회사 등록의 말소

① 벤처투자회사는 (1)의 ① 사업을 하기가 불가능하거나 어려운 경우에는 중소벤처기업부령으로 정하는 바에 따라 그 등록의 말소를 신청할 수 있다.
② 중소벤처기업부장관은 벤처투자회사가 등록 말소 신청을 하면 지체 없이 등록을 말소하여야 한다.

(5) 벤처투자회사 등록의 취소 등

① 중소벤처기업부장관은 벤처투자회사가 다음의 어느 하나에 해당하는 경우에는 벤처투자회사에 대하여 등록 취소, 6개월 이내의 업무정지명령, 시정명령 또는 경고조치를 하거나 3년의 범위에서 벤처투자법에 따른 지원을 중단할 수 있다. 다만, ㉠에 해당하는 경우에는 그 등록을 취소하여야 한다.

㉠ 거짓이나 그 밖의 부정한 방법으로 벤처투자회사 등록 또는 변경등록을 한 경우
㉡ 벤처투자회사의 책임 있는 사유로 (1)의 ①에 따른 사업수행이 어렵게 된 경우
㉢ 벤처투자회사의 등록요건을 갖추지 못하게 된 경우. 다만, 임원이 (1)의 ②에 ㉡ 후단(ⓙ와 ⓚ는 대표이사, 대표집행임원 또는 업무집행자만 해당)의 어느 하나에 해당하게 된 벤처투자회사가 그 사유가 발생한 날부터 3개월 또는 업무집행자 이내에 그 사유를 해소한 경우는 제외한다.
㉣ 등록 후 3년이 지나기 전까지 정당한 사유 없이 1년 이상 계속하여 벤처투자회사의 투자의무에 따라 다음의 투자를 하지 아니한 경우(운용 중인 총자산의 50퍼센트 이내에서 대통령령으로 정하는 투자의무비율 40퍼센트 이상을 투자한 경우 제외)
  • 창업기업에 대한 투자
  • 「중소기업 기술혁신 촉진법」에 따른 기술혁신형·경영혁신형 중소기업에 대한 투자
  • 벤처기업에 대한 투자
  • 벤처투자조합의 결성과 업무의 집행
  • 중소기업이 개발하거나 제작하며 다른 사업과 회계의 독립성을 유지하는 방식으로 운영되는 사업에 대한 투자
  • 법 제37조 제1항 제1호부터 제6호까지의 규정에 준하는 것으로서 중소벤처기업부장관이 정하여 고시하는 자에 대한 투자
㉤ 벤처투자회사의 투자의무를 준수하지 아니한 경우
㉥ 벤처투자회사의 행위제한의무를 준수하지 아니한 경우
㉦ 벤처투자회사의 대주주가 자신의 이익을 얻을 목적으로 벤처투자회사 대주주 등의 행위제한을 위반하는 경우

ⓞ 벤처투자조합의 업무집행조합원으로서 벤처투자조합 업무의 집행 관련 조항을 위반하여 업무를 집행한 경우
ⓩ 공모벤처투자조합의 업무집행조합원으로서 「자본시장과 금융투자업에 관한 법률」 또는 같은 법에 따른 명령이나 처분을 위반한 경우
ⓩ 「유사수신행위의 규제에 관한 법률」 제3조를 위반한 경우
ⓚ 아래 ②에 따라 요구한 조치를 이행하지 아니한 경우
ⓔ 벤처투자회사의 경영건전성 개선을 위한 조치의 요구를 이행하지 아니한 경우
ⓟ 벤처투자회사의 의무 공시사항을 공시를 하지 아니하거나 거짓으로 공시한 경우
ⓗ 업무 운영상황의 확인 및 검사를 거부·방해하거나 기피한 경우 또는 투자실적의 보고를 하지 아니하거나 거짓으로 보고한 경우

② 중소벤처기업부장관은 벤처투자회사가 ①의 어느 하나(ⓚ은 제외)에 해당하여 벤처투자회사의 건전한 운영을 해치거나 해칠 우려가 있다고 인정되는 경우에는 벤처투자회사의 임직원(해당 직무와 관련된 임직원으로 한정)에 대하여 다음의 어느 하나에 해당하는 조치를 할 것을 해당 벤처투자회사에 요구할 수 있다.
　ⓐ 면직 또는 해임
　ⓑ 6개월 이내의 직무정지
　ⓒ 경 고

③ 행정처분 등의 세부기준과 절차에 관하여 필요한 사항은 중소벤처기업부장관이 정하여 고시한다.

2. 벤처투자회사의 투자의무 및 행위제한 등

(1) 벤처투자회사의 투자의무(법 제38조)

① 벤처투자회사는 등록 후 3년이 지난 날까지 벤처투자회사가 운용 중인 총자산(자본금과 운용 중인 모든 벤처투자조합의 출자금액의 합)의 50퍼센트의 이내에서 대통령령으로 정하는 40퍼센트 비율 이상을 다음의 사업에 사용하여야 한다.
　ⓐ 창업기업에 대한 투자
　ⓑ 「중소기업 기술혁신 촉진법」에 따른 기술혁신형·경영혁신형 중소기업에 대한 투자
　ⓒ 벤처기업에 대한 투자
　ⓓ 벤처투자조합의 결성과 업무의 집행
　ⓔ 중소기업이 개발하거나 제작하며 다른 사업과 회계의 독립성을 유지하는 방식으로 운영되는 사업에 대한 투자
　ⓕ 법 제37조 제1항 제1호부터 제6호까지의 규정에 준하는 것으로서 중소벤처기업부장관이 정하여 고시하는 자에 대한 투자

② 벤처투자회사는 등록 후 3년이 지난 날 이후에도 투자의무비율을 유지하여야 하며, 중소벤처기업부장관은 벤처투자회사가 투자회수·경영정상화 등 중소벤처기업부장관이 인정하는 사유로 투자비율을 유지하지 못하는 경우에는 1년 이내의 범위에서 투자의무 이행 유예기간을 줄 수 있다.

③ 상기 규정한 사항 외에 벤처투자회사 투자비율 산정의 구체적인 기준 및 방법 등에 관하여 필요한 사항은 대통령령으로 정한다.

(2) 벤처투자회사의 행위제한

① 벤처투자회사는 다음의 어느 하나에 해당하는 행위를 하여서는 아니 된다. 다만, 벤처투자회사의 자산 운용의 건전성을 해칠 우려가 없는 경우로서 대통령령으로 정하는 경우에는 그러하지 아니하다.
  ㉠ 「독점규제 및 공정거래에 관한 법률」에 따른 상호출자제한기업집단에 속하는 회사에 투자하는 행위
  ㉡ 비업무용부동산을 취득하거나 소유하는 행위(담보권 실행으로 비업무용부동산을 취득하는 경우에는 제외)
  ㉢ 그 밖에 벤처투자회사의 설립목적을 해치는 것으로서 대통령령으로 정하는 행위
② 벤처투자회사는 담보권 실행으로 비업무용부동산을 취득한 경우에는 1년의 범위에서 중소벤처기업부령으로 정하는 기간 내에 처분하여야 한다.

(3) 벤처투자회사 대주주등의 행위제한

① 벤처투자회사의 대주주 및 대통령령으로 정하는 그의 특수관계인(벤처투자회사의 대주주의 특수관계인, 이하 '대주주등')은 벤처투자회사의 이익에 반하여 대주주등 자신의 이익을 얻을 목적으로 다음의 어느 하나에 해당하는 행위를 하여서는 아니 된다.
  ㉠ 벤처투자회사에 부당한 영향력을 행사하기 위하여 외부에 공개되지 아니한 자료 또는 정보의 제공을 요구하는 행위(「상법」에 따른 권리의 행사에 해당하는 경우에는 제외)
  ㉡ 경제적 이익 등 반대급부의 제공을 조건으로 다른 주주와 담합하여 벤처투자회사의 투자활동 등 경영에 부당한 영향력을 행사하는 행위
  ㉢ 벤처투자회사로 하여금 위법행위를 하도록 요구하는 행위
  ㉣ 금리, 수수료 또는 담보 등에서 통상적인 거래조건과 비교하여 해당 벤처투자회사에 현저하게 불리한 조건으로 대주주등 자신이나 제3자와의 거래를 요구하는 행위
  ㉤ 그 밖에 상기 행위에 준하는 행위로서 대통령령으로 정하는 행위(업무 운영상황 및 투자실적 관련 보고 자료의 작성과정에서 벤처투자회사에 영향력을 행사하는 행위)
② 중소벤처기업부장관은 벤처투자회사의 대주주등이 ①을 위반한 행위를 하였다고 인정되는 경우에는 벤처투자회사 또는 대주주등에게 필요한 자료의 제출을 요구할 수 있다. 이 경우 자료의 제출 요구를 받은 자는 특별한 사유가 없으면 요구에 따라야 한다.

(4) 벤처투자회사의 경영건전성 기준 22 기출

① 벤처투자회사는 대통령령으로 정하는 경영건전성 기준(자본잠식률이 50퍼센트 미만)을 갖추어야 한다.
② 중소벤처기업부장관은 벤처투자회사의 경영건전성을 확보하기 위하여 경영실태를 조사할 수 있다.
③ 중소벤처기업부장관은 벤처투자회사가 경영건전성 기준을 갖추지 못하였거나 경영실태 조사 결과 경영건전성을 유지하기 어렵다고 인정되면 그 벤처투자회사에 대하여 자본금의 증액, 이익 배당의 제한 등 경영 개선을 위하여 필요한 조치를 요구할 수 있다.

(5) 벤처투자회사의 직무 관련 정보의 이용 금지

다음의 어느 하나에 해당하는 자(①부터 ⑤까지의 규정의 어느 하나에 해당하지 아니하게 된 날부터 1년이 지나지 아니한 자를 포함하며, 「자본시장과 금융투자업에 관한 법률」에 따른 금융투자업자는 제외)는 투자자의 투자판단에 중대한 영향을 미칠 수 있는 정보로서 벤처투자회사의 공시 및 벤처투자조합의 공시에 의하여 공개되지 아니한 정보(이하 '직무 관련 정보')를 정당한 사유 없이 자기 또는 제3자의 이익을 위하여 이용해서는 아니 된다.

① 벤처투자회사(그 계열회사를 포함)의 임직원·대리인으로서 직무 관련 정보를 알게 된 자
② 대통령령으로 정하는 벤처투자회사의 주요주주로서 그 권리를 행사하는 과정에서 직무 관련 정보를 알게 된 자
③ 벤처투자회사에 대하여 법령에 따른 허가·인가·지도·감독, 그 밖의 권한을 가지는 자로서 그 권한을 행사하는 과정에서 직무 관련 정보를 알게 된 자
④ 벤처투자회사와 계약을 체결하고 있거나 체결을 교섭하고 있는 자로서 그 계약을 체결·교섭 또는 이행하는 과정에서 직무 관련 정보를 알게 된 자
⑤ 상기 ②부터 ④까지의 규정의 어느 하나에 해당하는 자의 대리인(법인인 경우에는 그 임직원 및 대리인을 포함)·사용인, 그 밖의 종업원(②부터 ④까지의 규정의 어느 하나에 해당하는 자가 법인인 경우에는 그 임직원)으로서 직무 관련 정보를 알게 된 자
⑥ 상기 ①부터 ⑤까지의 규정의 어느 하나에 해당하는 자(①부터 ⑤까지의 규정의 어느 하나에 해당하지 아니하게 된 날부터 1년이 지나지 아니한 자를 포함)로부터 직무 관련 정보를 받은 자

(6) 벤처투자회사의 사채 발행 22 기출

벤처투자회사는 그 사업수행에 필요한 재원을 충당하기 위하여 자본금과 적립금 총액의 20배 이내의 범위에서 「상법」에 따른 사채를 발행할 수 있다.

(7) 벤처투자회사의 결산보고 22 기출

① 벤처투자회사는 대통령령으로 정하는 바에 따라 매 사업연도 종료 후 3개월 이내에 감사인 중 「공인회계사법」에 따른 회계법인의 감사의견서를 첨부하여 중소벤처기업부장관에게 결산서를 제출하여야 한다.
② 중소벤처기업부장관은 제출된 결산서를 검토한 결과 해당 벤처투자회사의 투자 활성화와 재무구조 건실화를 위하여 필요하다고 인정되면 회수가 불가능한 투자자산에 대하여 투·융자손실준비금과 투자손실금을 상계처리하게 하거나 대손금으로 처리하게 할 수 있다.

(8) 벤처투자회사의 공시

① 벤처투자회사는 다음의 사항을 공시하여야 한다.
  ㉠ 조직과 인력
  ㉡ 재무와 손익
  ㉢ 벤처투자조합의 결성 및 운영 성과
  ㉣ 경영 개선 조치를 요구받은 경우와 업무정지명령, 시정명령 또는 경고조치를 받은 경우 그 내용
② 공시의 시기 및 방법 등에 관하여 필요한 사항은 중소벤처기업부장관이 정하여 고시한다.

6 벤처투자조합

1. 벤처투자조합의 등록·등록의 취소, 특례 및 준용 조항

(1) 벤처투자조합의 결성과 등록 등(법 제50조)

① 다음의 어느 하나에 해당하는 자가 그 외의 자와 상호출자하여 결성하는 조합으로서 벤처투자법의 적용을 받으려는 조합은 중소벤처기업부장관에게 벤처투자조합으로 등록하여야 한다. 등록한 사항 중 중소벤처기업부령으로 정하는 중요한 사항을 변경하려는 경우에도 또한 같다.
  ㉠ 창업기획자
  ㉡ 벤처투자회사
  ㉢ 한국벤처투자
  ㉣ 신기술사업금융업자 또는 신기술사업금융전문회사(이하 '신기술사업금융업자등')
  ㉤ 유한회사 또는 유한책임회사로서 출자금 총액, 전문인력 등 대통령령으로 정하는 요건을 모두 갖춘 회사
  ㉥ 벤처투자조합의 결성에 필요한 다음의 요건을 모두 갖추었다고 중소벤처기업부장관이 인정하는 외국투자회사. 다만, 외국투자회사가 ㉠부터 ㉤까지의 규정에 해당하는 자와 함께 벤처투자조합을 결성하는 경우에는 다음의 요건을 모두 갖춘 것으로 본다.
    • 국내지점과 전문인력 등 벤처투자회사에 준하는 물적·인적 요건을 갖추고 있을 것
    • 국제적 신인도가 높고 사업계획이 타당할 것
  ㉦ 그 밖에 중소벤처기업부장관이 정하여 고시하는 자

② 벤처투자조합으로 등록을 하려는 조합은 출자금 총액, 조합원의 수 및 존속기간 등 대통령령으로 정하는 요건을 갖추어야 한다.

③ 벤처투자조합은 조합의 업무집행자로서 조합의 채무에 대하여 무한책임을 지는 1인 이상의 업무집행조합원과 출자가액을 한도로 하여 유한책임을 지는 유한책임조합원으로 구성한다. 이 경우 업무집행조합원은 ①의 어느 하나에 해당하는 자로 하되, 중소벤처기업부령으로 정하는 자는 ①의 규정에 해당하는 자와 공동으로 업무집행조합원이 될 수 있다.

④ 공모벤처투자조합을 결성하는 경우 업무집행조합원은 1인으로 한다.

⑤ 벤처투자조합의 업무집행조합원은 벤처투자조합 운영 중에 ①의 다른 자로 변경할 수 없다.

⑥ 벤처투자조합의 조합원은 조합 규약에서 정하는 바에 따라 출자금액의 전액을 한꺼번에 출자하거나 나누어 출자할 수 있다.

⑦ 상기 규정한 사항 외에 벤처투자조합의 등록 절차·방법과 그 운영 등에 필요한 사항은 중소벤처기업부령으로 정한다.

(2) 벤처투자조합 등록의 취소 등(법 제62조)

① 중소벤처기업부장관은 벤처투자조합 또는 그 업무집행조합원이 다음의 어느 하나에 해당하는 경우에는 벤처투자조합에 대하여 등록 취소, 6개월 이내의 업무정지명령, 시정명령 또는 경고조치를 하거나 3년의 범위에서 벤처투자법에 따른 지원을 중단할 수 있다. 다만, ㉠에 해당하는 경우에는 그 등록을 취소하여야 한다.

㉠ 거짓이나 그 밖의 부정한 방법으로 벤처투자조합의 등록 또는 변경등록을 한 경우
㉡ 벤처투자조합의 등록요건을 갖추지 못하게 된 경우
㉢ 벤처투자조합의 투자의무를 준수하지 아니한 경우
㉣ 벤처투자모태조합의 결성 등에 따라 투자비율을 달리 정하는 벤처투자조합이 해당 투자의무를 준수하지 아니한 경우
㉤ 벤처투자조합의 투자목적회사 규정을 위반하여 투자목적회사를 설립하거나 운영한 경우
㉥ 벤처투자조합의 업무의 집행 등의 조항을 위반하여 업무를 집행한 경우
㉦ 벤처투자조합 재산의 관리와 운용 등의 조항을 위반하여 재산을 보관·관리한 경우
㉧ 결산서를 제출하지 아니한 경우
㉨ 공모벤처투자조합의 업무집행조합원이 「자본시장과 금융투자업에 관한 법률」 또는 같은 법에 따른 명령이나 처분을 위반한 경우
㉩ 업무 운영상황의 확인 및 검사를 거부·방해하거나 기피한 경우 또는 투자실적 보고를 하지 아니하거나 거짓으로 보고한 경우
㉪ 업무집행조합원 전원의 등록이 벤처투자법 또는 다른 법률에 따라 취소되거나 말소된 경우
㉫ 「유사수신행위의 규제에 관한 법률」을 위반하여 조합원을 모집한 경우
② 중소벤처기업부장관은 벤처투자조합의 업무집행조합원이 ①의 어느 하나(㉠은 제외)에 해당하는 경우 그 업무집행조합원에 대하여 다음의 어느 하나에 해당하는 조치를 할 수 있다.
  ㉠ 6개월 이내의 업무의 전부 또는 일부의 정지
  ㉡ 시정명령
  ㉢ 경 고
③ 중소벤처기업부장관은 벤처투자조합의 업무집행조합원이 ①의 어느 하나(㉠은 제외)에 해당하여 벤처투자조합의 건전한 운영을 해치거나 해칠 우려가 있다고 인정되는 경우에는 그 업무집행조합원의 임직원(해당 직무와 관련된 임직원으로 한정)에 대하여 다음의 어느 하나에 해당하는 조치를 할 것을 해당 업무집행조합원에게 요구할 수 있다.
  ㉠ 면직 또는 해임
  ㉡ 6개월 이내의 직무정지
  ㉢ 경 고
④ 중소벤처기업부장관은 벤처투자조합이 ①의 어느 하나에 해당하는 경우로서 해당 벤처투자조합의 업무집행조합원이 신기술사업금융업자등인 경우에는 금융위원회에 그 신기술사업금융업자등 또는 그 임직원(해당 직무와 관련된 임직원으로 한정)에 대한 ②의 조치 또는 ③의 조치를 요구할 수 있다.
⑤ ①부터 ④까지의 규정에 따른 행정처분 또는 조치 요구 등의 세부기준과 절차에 관하여 필요한 사항은 중소벤처기업부장관이 정하여 고시한다.

(3) 공모벤처투자조합에 대한 특례 등

① 공모벤처투자조합(「자본시장과 금융투자업에 관한 법률」에 따른 사모집합투자기구에 해당하지 아니하는 벤처투자조합)에 대해서는 「자본시장과 금융투자업에 관한 법률」 제11조부터 제16조까지, 제30조부터 제36조까지, 제38조, 제40조부터 제43조까지, 제51조부터 제53조까지, 제56조, 제58조, 제60조, 제62조, 제63조, 제65조, 제80조, 제82조부터 제84조까지, 제85조 제2호·제3호 및 제6호부터 제8호까지, 제86조부터 제95조까지, 제181조, 제182조, 제182조의2, 제183조, 제184조(제4항은 제외), 제186조, 제218조, 제219조, 제221조부터 제223조까지, 제229조부터 제241조까지, 제244조부터 제249조까지, 제249조의2부터 제249조의22까지, 제250조부터 제253조까지, 제415조부터 제425조까지 및 「금융회사의 지배구조에 관한 법률」을 적용하지 아니한다.

② 중소벤처기업부장관은 공모벤처투자조합을 등록하는 경우에는 미리 금융위원회와 협의하여야 한다. 이 경우 공모벤처투자조합은 업무집행조합원은 1인으로 하는 요건을 갖추어야 하며, 그 밖에 공모벤처투자조합이 갖추어야 하는 등록요건과 그 업무집행조합원이 갖추어야 하는 최소자본금 등의 요건은 대통령령으로 정한다.

㉠ 공모벤처투자조합으로 등록하려는 조합은 다음의 요건을 충족해야 한다.
- 출자금 총액이 200억원 이상일 것
- 출자 1좌의 금액이 100만원 이상일 것
- 업무집행조합원의 출자지분이 납입된 출자금 총액의 5퍼센트 이상일 것
- 존속기간이 5년 이상일 것

㉡ 공모벤처투자조합의 업무집행조합원이 될 수 있는 자는 다음의 요건을 모두 갖춘 벤처투자회사로 한다.
- 납입자본금이 40억원 이상일 것
- 벤처투자회사의 등록요건 중 대통령령으로 정하는 기준에 해당하는 전문인력을 5명 이상 갖출 것. 이 경우 다음의 전문인력을 각각 1명 이상 포함해야 한다.
  - 벤처투자회사 등 중소벤처기업부장관이 인정하는 기관에서 투자와 관련된 업무를 3년 이상 수행한 경력이 있는 사람
  - 「상법」에 따른 회사 등 중소벤처기업부장관이 인정하는 기관에서 경영 또는 기술개발 등의 업무를 3년 이상 수행한 경력이 있는 사람으로서 중소벤처기업부장관이 인정하는 벤처투자회사 전문인력 양성교육과정을 수료한 사람
  - 변호사, 공인회계사 또는 변리사

㉢ 전산설비 및 통신수단, 업무공간 및 사무장비, 업무 연속성을 유지할 수 있는 보완설비 등에 관하여 중소벤처기업부장관이 고시하는 기준을 충족할 것

③ 금융위원회는 공익 또는 공모벤처투자조합의 조합원을 보호하기 위하여 필요한 경우에는 공모벤처투자조합 및 그 업무집행조합원인 벤처투자회사에 대하여 업무에 관한 자료의 제출이나 보고를 명할 수 있으며, 금융감독원의 원장으로 하여금 그 업무에 관하여 검사하게 할 수 있다.

④ 금융위원회는 공모벤처투자조합 및 그 업무집행조합원인 벤처투자회사가 벤처투자법 또는 벤처투자법에 따른 명령이나 처분을 위반하거나「자본시장과 금융투자업에 관한 법률」에 따른 명령이나 처분을 위반한 경우에는 벤처투자회사 등록의 취소, 벤처투자조합 등록의 취소 등에 해당하는 조치를 할 것을 중소벤처기업부장관에게 요구할 수 있고, 중소벤처기업부장관은 특별한 사유가 없으면 요구에 따라야 한다. 이 경우 중소벤처기업부장관은 그 조치결과를 금융위원회에 통보하여야 한다.

(4) 벤처투자조합에 대한 외국인의 출자에 관한 특례
「외국인투자 촉진법」에 따른 외국인의 벤처투자조합에 대한 출자는 외국인투자로 본다.

(5) 벤처투자조합에 대한「상법」의 준용
벤처투자조합에 관하여 벤처투자법에 규정한 것 외에는「상법」중 합자조합에 관한 규정을 준용한다. 다만, 같은 법 제86조의4 및 제86조의9는 준용하지 아니한다.

2. 벤처투자조합의 투자의무 및 업무의 집행 등

(1) 벤처투자조합의 투자의무(법 제51조)
① 벤처투자조합(한국벤처투자가 업무집행조합원인 벤처투자조합은 제외)은 등록 후 3년이 지난 날까지 다음에 따른 투자비율 이상을 벤처투자회사의 사업에 사용하여야 한다.
  ㉠ 동일한 업무집행조합원이 운용하는 모든 벤처투자조합의 출자금액의 합의 50퍼센트의 이내에서 대통령령으로 정하는 40퍼센트 비율
  ㉡ 각 벤처투자조합의 출자금액의 40퍼센트의 이내에서 대통령령으로 정하는 20퍼센트 비율
② 창업기획자가 업무집행조합원인 벤처투자조합은 ①에 따른 투자비율 이상을 초기창업기업에 대한 투자에 사용하여야 한다. 다만, 제50조 제1항 제2호, 제4호 또는 제5호에 해당하는 자가 창업기획자를 겸영하는 경우 해당 업무집행조합원이 운용하는 벤처투자조합 중 하나 이상은 ①에 따른 투자비율 이상을 초기창업기업에 대한 투자에 사용하여야 한다.
③ 벤처투자회사가 업무집행조합원인 벤처투자조합의 투자비율은 운용 중인 총자산(자본금과 운용 중인 모든 벤처투자조합의 출자금액의 합)의 50퍼센트의 이내에서 대통령령으로 정하는 비율인 40퍼센트 이상을 따른다.
④ 벤처투자조합이「자본시장과 금융투자업에 관한 법률」에 따른 증권시장으로서 중소벤처기업부장관이 정하여 고시하는 시장에 상장된 법인에 투자하는 경우에는 다음에 따른 투자비율을 초과하여 투자할 수 없다. 다만, 중소벤처기업부장관은 중소기업 또는 벤처기업을 인수·합병하는 벤처투자조합에 대해서는 대통령령으로 정하는 바에 따라 투자비율을 달리 정할 수 있다.
  ㉠ 동일한 업무집행조합원이 운용하는 모든 벤처투자조합 출자금액의 합에서 대통령령으로 정하는 20퍼센트 비율
  ㉡ 각 벤처투자조합의 출자금액에서, 대통령령으로 정하는 20퍼센트 비율
⑤ 중소벤처기업부장관은 벤처투자조합이 투자회수·경영정상화 등 중소벤처기업부장관이 인정하는 사유로 투자비율을 유지하지 못하는 경우에는 1년 이내의 범위에서 투자의무 이행 유예기간을 줄 수 있다.

⑥ 중소벤처기업부장관은 중소기업 또는 벤처기업을 인수·합병하거나 다른 벤처투자조합 등이 보유하고 있는 주식 등의 자산을 매수하는 벤처투자조합 등 대통령령으로 정하는 벤처투자조합에 대해서는 투자의무를 달리 정할 수 있다.
⑦ 벤처투자조합의 투자비율 산정의 구체적인 기준 및 방법 등에 관하여 필요한 사항은 대통령령으로 정한다.

(2) 벤처투자조합의 투자목적회사

① 벤처투자조합의 업무집행조합원은 주식회사 또는 유한회사로서 다음의 요건을 모두 충족하는 투자목적회사를 설립할 수 있다.
  ㉠ 투자목적회사의 재산을 제37조 제1항 제1호부터 제3호까지, 제6호 및 제7호의 사업에 60퍼센트 비율 이상 사용하는 것을 목적으로 할 것
  ㉡ 벤처투자조합이 단독으로 100퍼센트 출자한 회사일 것
  ㉢ 상근임원을 두거나 직원을 고용하지 아니하고, 본점 외에 영업소를 설치하지 아니할 것
  ㉣ 투자목적회사를 설립한 벤처투자조합의 업무집행조합원에게 회사 재산의 운용을 위탁할 것
② 상기에도 불구하고 중소기업 또는 벤처기업에 대한 인수·합병을 목적으로 결성한 벤처투자조합이 60퍼센트 비율 이상으로 출자한 투자목적회사의 경우 다음에 해당하는 주주 또는 사원이 출자할 수 있다.
  ㉠ 투자목적회사가 투자하는 회사의 임원 또는 대주주로서 인수·합병되는 중소기업 또는 벤처기업의 임원 및 대주주
  ㉡ 그 밖에 대통령령으로 정하는 자
③ 투자목적회사에 관하여는 이 법에 특별한 규정이 없으면 주식회사 또는 유한회사에 관한 규정을 적용한다. 다만, 「상법」제317조 제2항 제2호·제3호 및 제549조 제2항 제2호는 적용하지 아니한다.
④ 투자목적회사는 차입을 할 수 있다. 이 경우 투자목적회사의 차입 한도, 투자목적회사 재산의 투자비율 산정방식과 그 밖에 투자목적회사 재산의 운용에 필요한 사항은 대통령령(해당 투자목적회사 자기자본의 400퍼센트에 해당하는 금액)으로 정한다.
⑤ 투자목적회사 업무의 집행 등에 관한 사항은 제52조부터 제54조까지(자금차입, 지급보증 또는 담보를 제공하는 행위는 제외) 및 제61조를 준용한다. 이 경우 "벤처투자조합"은 "투자목적회사"로 본다.
⑥ 「기술보증기금법」에 따른 기술보증기금 등 중소벤처기업부장관이 정하여 고시하는 기관은 투자목적회사에 대한 보증지원을 할 수 있다.

(3) 벤처투자조합 업무의 집행 등 22 23 기출

① 업무집행조합원은 선량한 관리자의 주의로 벤처투자조합의 업무를 집행하여야 한다.
② 업무집행조합원은 벤처투자조합의 업무를 집행할 때 다음의 어느 하나에 해당하는 행위를 하여서는 아니 된다. 다만, 벤처투자조합의 자산 운용의 건전성을 해칠 우려가 없는 경우로서 대통령령으로 정하는 경우에는 그러하지 아니하다.
  ㉠ 자기나 제3자의 이익을 위하여 벤처투자조합의 재산을 사용하는 행위
  ㉡ 자금차입, 지급보증 또는 담보를 제공하는 행위
  ㉢ 「독점규제 및 공정거래에 관한 법률」에 따른 상호출자제한기업집단에 속하는 회사에 투자하는 행위

㉣ 비업무용부동산을 취득하거나 소유하는 행위. 다만, 담보권 실행으로 비업무용부동산을 취득하는 경우에는 그러하지 아니하다.
㉤ 그 밖에 설립목적을 해치는 것으로서 대통령령으로 정하는 행위
③ 업무집행조합원은 담보권 실행으로 비업무용부동산을 취득한 경우에는 1년의 범위에서 중소벤처기업부령으로 정하는 기간 내에 처분하여야 한다.
④ 업무집행조합원은 벤처투자조합과의 계약에 따라 그 업무의 일부를 그 벤처투자조합의 유한책임조합원에게 위탁할 수 있다.
⑤ 벤처투자조합 업무집행조합원의 행위제한(영 제36조)
  ㉠ 다음의 어느 하나에 해당하는 업종에 투자하는 행위
    • 일반 유흥 주점업
    • 무도 유흥 주점업
    • 기타 사행시설 관리 및 운영업
    • 상기 규정에 준하는 업종으로서 중소벤처기업부장관이 정하여 고시하는 업종
  ㉡ 다음의 어느 하나에 해당하는 자의 주식등을 취득하거나 소유하는 행위
    • 금융회사등. 다만, 다음의 어느 하나에 해당하는 금융회사등은 제외한다.
      - 금융 및 보험업으로서 중소벤처기업부장관이 정하여 고시하는 정보통신기술을 활용하여 금융서비스를 제공하는 업종(한국표준산업분류에 따른 그 외 기타 여신금융업은 제외)을 주된 업종으로 하는 금융회사등
      - 벤처투자조합
    • 기업구조개선 기관전용 사모집합투자기구
    • 기관전용 사모집합투자기구
    • 일반 사모집합투자기구
  ㉢ 다음의 어느 하나에 해당하는 자에게 조합의 보유 자산을 매각하는 행위 또는 조합의 재산으로 다음의 어느 하나에 해당하는 자가 발행하거나 소유한 주식등을 매입하는 행위
    • 해당 업무집행조합원
    • 해당 업무집행조합원의 임직원과 그 배우자
    • 해당 업무집행조합원의 주요주주와 그 배우자
    • 해당 업무집행조합원의 계열회사. 다만, 다음의 어느 하나에 해당하는 계열회사는 제외한다.
      - 해당 업무집행조합원이 운용하는 벤처투자조합이 투자한 기업
      - 그 밖에 벤처투자조합과 그 조합원의 이익 및 건전한 거래질서를 해칠 우려가 없는 경우로서 중소벤처기업부장관이 정하여 고시하는 투자목적회사 등 법인 또는 단체
    • 해당 벤처투자조합의 주요출자자 및 그 계열회사
    • 해당 업무집행조합원이 업무집행조합원 또는 업무집행사원인 다음의 어느 하나에 해당하는 조합 또는 집합투자기구
      - 개인투자조합
      - 벤처투자조합
      - 기업구조개선 기관전용 사모집합투자기구
      - 기관전용 사모집합투자기구
      - 일반 사모집합투자기구
      - 신기술사업투자조합

ⓐ 상기 ⓒ의 어느 하나에 해당하는 자에 대한 신용공여 행위(담보권을 실행하기 위한 신용공여 행위는 제외)
　　ⓑ 벤처투자조합 명의로 제3자를 위하여 주식을 취득하거나 자금을 중개하는 행위
　　ⓒ 벤처투자조합이 투자한 업체로부터 차입 또는 자산 매각 등 투자행위에 수반되는 정상적인 거래관계 외의 거래를 통하여 자금을 받는 행위
　　ⓓ 투자에 관한 계약서에 적힌 사항 외에 별도의 조건을 설정하여 투자하는 행위
　　ⓔ 그 밖에 벤처투자조합의 자산 운용의 건전성 또는 건전한 거래질서를 해칠 우려가 있거나 거래상의 신용위험을 수반하는 직접적·간접적 거래로서 중소벤처기업부장관이 정하여 고시하는 행위

⑥ 벤처투자조합 업무집행조합원의 행위제한에 대한 예외(영 제37조)
　ⓐ 「독점규제 및 공정거래에 관한 법률」에 따른 상호출자제한기업집단(이하 '상호출자제한기업집단')에 속하는 회사에 투자하는 행위를 하는 경우로서 다음에 해당하는 경우
　　• 벤처투자조합이 소유하고 있는 주식등의 발행 기업이 상호출자제한기업집단에 속하게 된 경우로서 그 주식등의 발행 기업이 상호출자제한기업집단에 속하게 된 날부터 5년 이내인 경우
　　• 벤처투자조합이 소유하고 있는 주식등의 발행 기업이 상호출자제한기업집단에 속하는 회사와 주식을 교환·이전하거나 합병하는 경우로서 주식의 교환·이전이나 합병으로 인하여 상호출자제한기업집단에 속하는 회사의 주식등을 취득한 날부터 5년 이내인 경우
　ⓑ 상기 ⑤의 ⓒ 또는 ⓓ의 행위를 하는 경우로서 다음에 해당하는 경우
　　• 조합원 전원의 사전 동의를 받은 경우
　　• 벤처투자조합의 해산 또는 제3자에게 매각할 수 없는 투자지분의 회수 등 중소벤처기업부장관이 인정하는 불가피한 사유가 있는 경우
　　• 해당 업무집행조합원이 결성한 벤처투자조합의 주요출자자가 다음의 어느 하나에 해당하는 경우로서 그 주요출자자의 계열회사[다음의 해당 법령에서 자회사 또는 출자회사(주요출자자의 주요 경영사항에 대하여 사실상 지배력을 행사하고 있는 자의 계열회사인 자회사 또는 출자회사는 제외)로 규정한 자만 해당]가 그 행위의 상대방인 경우
　　　－「기술의 이전 및 사업화 촉진에 관한 법률」에 따른 기술지주회사
　　　－「산업교육진흥 및 산학연협력촉진에 관한 법률」에 따른 기술지주회사
　　　－ 신기술창업전문회사
　　• 문화산업전문회사를 통하여 문화콘텐츠 사업 등 중소벤처기업부장관이 인정하여 고시하는 사업에 투자하는 경우. 다만, 상호출자제한기업집단에 속하는 벤처투자조합의 업무집행조합원이 벤처투자조합의 재산으로 같은 상호출자제한기업집단에 속하는 문화산업전문회사의 주식이나 지분을 취득 또는 소유하는 방식으로 투자하는 경우는 제외한다.
　　• 그 밖에 중소벤처기업부장관이 정하여 고시하는 경우

(4) 벤처투자조합 재산의 관리와 운용 등
　① 업무집행조합원은 벤처투자조합의 재산을 다음에서 정하는 바에 따라 보관·관리하여야 한다.
　　ⓐ 벤처투자조합 재산의 보관·관리를 신탁업자에게 위탁할 것
　　ⓑ 신탁업자를 변경하는 경우에는 조합원 총회의 승인을 받을 것

② 업무집행조합원은 벤처투자조합 재산의 운용과정에서 필요한 경우 신탁업자에 대하여 벤처투자조합 재산의 취득·처분 등에 관하여 지시를 하여야 하며, 신탁업자는 업무집행조합원의 지시에 따라 그 재산의 취득·처분 등을 하여야 한다.

(5) 벤처투자조합의 결산보고

업무집행조합원은 대통령령으로 정하는 바에 따라 매 사업연도 종료 후 3개월 이내에 감사인의 감사의견서를 첨부하여 중소벤처기업부장관에게 결산서를 제출하여야 한다.

(6) 벤처투자조합 업무집행조합원의 탈퇴

업무집행조합원은 다음의 어느 하나에 해당하는 경우에만 벤처투자조합에서 탈퇴할 수 있다.
① 업무집행조합원이 벤처투자법 또는 다른 법률에 따른 등록 취소 등의 사유로 그 업무를 지속할 수 없게 된 경우
② 업무집행조합원이 파산한 경우
③ 조합원 전원의 동의가 있는 경우
④ 그 밖에 중소벤처기업부장관이 정하여 고시하는 경우

(7) 벤처투자조합의 해산

① 벤처투자조합은 다음의 어느 하나에 해당하는 사유가 발생한 경우에는 해산한다.
  ㉠ 존속기간의 만료
  ㉡ 유한책임조합원 전원의 탈퇴
  ㉢ 업무집행조합원 전원의 탈퇴
  ㉣ 업무집행조합원 전원이 벤처투자법 또는 다른 법률에 따른 등록 취소 등의 사유로 그 업무를 지속할 수 없게 된 경우
  ㉤ 그 밖에 대통령령으로 정하는 사유
② 벤처투자조합에 상기 ①의 ㉢ 또는 ㉣에 해당하는 사유가 발생한 경우에는 유한책임조합원 전원의 동의로 대통령령으로 정하는 바에 따라 그 사유가 발생한 날부터 3개월 이내에 다음의 어느 하나에 해당하는 자를 업무집행조합원으로 가입하게 하여 벤처투자조합을 계속할 수 있다.
  ㉠ 창업기획자
  ㉡ 벤처투자회사
  ㉢ 한국벤처투자
  ㉣ 신기술사업금융업자 또는 신기술사업금융전문회사
  ㉤ 유한회사 또는 유한책임회사로서 출자금 총액, 전문인력 등 대통령령으로 정하는 요건을 모두 갖춘 회사
  ㉥ 벤처투자조합의 결성에 필요한 다음의 요건을 모두 갖추었다고 중소벤처기업부장관이 인정하는 외국투자회사. 다만, 외국투자회사가 ㉠부터 ㉤까지의 규정에 해당하는 자와 함께 벤처투자조합을 결성하는 경우에는 다음의 요건을 모두 갖춘 것으로 본다.
    • 국내지점과 전문인력 등 벤처투자회사에 준하는 물적·인적 요건을 갖추고 있을 것
    • 국제적 신인도가 높고 사업계획이 타당할 것
  ㉦ 그 밖에 중소벤처기업부장관이 정하여 고시하는 자

③ 벤처투자조합이 해산하는 경우에는 그 업무집행조합원이 청산인이 된다. 다만, 조합 규약에서 정하는 바에 따라 업무집행조합원 외의 자를 청산인으로 선임할 수 있다.
④ 벤처투자조합 해산 당시에 출자금액을 초과하는 채무가 있으면 업무집행조합원이 연대하여 그 채무를 변제하여야 한다.

(8) 벤처투자조합의 청산결과 보고와 등록의 말소
① 청산인이 청산사무를 끝마친 경우에는 중소벤처기업부령으로 정하는 바에 따라 지체 없이 그 결과를 중소벤처기업부장관에게 보고하여야 한다.
② 중소벤처기업부장관은 보고를 받으면 지체 없이 그 벤처투자조합의 등록을 말소하여야 한다.

(9) 벤처투자조합 재산의 보호
벤처투자조합 조합원의 채권자가 조합원에 대하여 채권을 행사할 때에는 「민법」 제704조에도 불구하고 그 조합원이 벤처투자조합에 출자한 금액의 범위에서 행사할 수 있다.

(10) 벤처투자조합의 수익처분
벤처투자조합은 업무집행조합원에게 조합 규약에서 정하는 바에 따라 투자수익에 따른 성과보수를 지급할 수 있으며, 성과보수 지급을 위한 투자수익의 산정 방식 등에 관하여 필요한 사항은 대통령령으로 정한다.

(11) 벤처투자조합의 손실보전 등의 금지
① 벤처투자조합은 건전한 벤처투자의 질서를 해칠 우려가 없는 경우로서 정당한 사유가 있는 경우를 제외하고는 벤처투자조합의 투자와 관련하여 출자자에게 다음의 어느 하나에 해당하는 행위를 하여서는 아니 된다. 벤처투자조합의 업무집행조합원이 자기의 계산으로 하는 경우에도 또한 같다.
  ㉠ 출자자가 입은 손실의 전부 또는 일부를 보전해 주는 행위
  ㉡ 출자자에게 벤처투자조합의 투자손실 여부와 관계없이 일정한 이익을 보장하고 제공하는 행위
② 벤처투자조합의 출자자는 ①의 행위를 벤처투자조합 또는 벤처투자조합의 업무집행조합원에게 요청해서는 아니 된다.

(12) 벤처투자조합의 공시
① 업무집행조합원은 다음의 사항을 공시하여야 한다.
  ㉠ 매 회계연도의 결산서
  ㉡ 그 밖에 벤처투자조합의 운영에 관한 서류로서 중소벤처기업부장관이 정하여 고시하는 사항
② 공시의 시기 및 방법 등에 관하여 필요한 사항은 중소벤처기업부장관이 정하여 고시한다.

7 한국벤처투자의 설립 및 벤처투자모태조합의 결성·운용

1. 한국벤처투자의 설립

(1) 한국벤처투자의 설립 등(법 제66조)

① 창업기업, 중소기업 및 벤처기업 등의 성장·발전을 위한 투자의 촉진 등을 효율적으로 추진하기 위하여 한국벤처투자를 설립한다.
② 한국벤처투자는 법인으로 한다.
③ 한국벤처투자는 주된 사무소의 소재지에서 설립등기를 함으로써 성립한다.
④ 국가, 지방자치단체 또는 「공공기관의 운영에 관한 법률」에 따라 지정·고시된 공공기관은 한국벤처투자의 설립에 필요한 자금을 한국벤처투자에 출자할 수 있다.
⑤ 한국벤처투자의 정관에는 다음의 사항이 포함되어야 하고, 한국벤처투자가 정관을 작성하거나 변경하려면 중소벤처기업부장관의 인가를 받아야 한다.
  ㉠ 목적
  ㉡ 명칭
  ㉢ 주된 사무소 및 분사무소의 소재지
  ㉣ 업무 및 집행에 관한 사항
  ㉤ 재산 및 회계에 관한 사항
  ㉥ 임직원에 관한 사항
  ㉦ 이사회에 관한 사항
  ㉧ 정관의 변경에 관한 사항
  ㉨ 공고의 방법에 관한 사항
  ㉩ 그 밖에 한국벤처투자의 조직·운영에 필요한 사항
⑥ 한국벤처투자에 관하여 벤처투자법에 규정된 것 외에는 「상법」 중 주식회사에 관한 규정을 준용한다.

(2) 한국벤처투자의 사업 등(법 제67조) 25 기출

① 한국벤처투자는 설립 목적을 달성하기 위하여 다음의 사업을 한다.
  ㉠ 벤처투자모태조합의 결성과 업무의 집행
  ㉡ 벤처투자조합 결성과 업무의 집행
  ㉢ 벤처투자
  ㉣ 해외벤처투자자금의 유치 지원
  ㉤ 창업기업, 중소기업 및 벤처기업 등의 해외진출 지원
  ㉥ 벤처투자회사의 육성
  ㉦ 벤처투자 성과의 관리
  ㉧ 그 밖에 대통령령으로 정하는 사업
② 한국벤처투자는 ①의 사업을 위하여 필요하면 중소벤처기업부장관의 승인을 받아 국내외 금융기관 등으로부터 자금을 차입할 수 있다.
③ 국가, 지방자치단체 또는 「공공기관의 운영에 관한 법률」에 따라 지정·고시된 공공기관은 한국벤처투자가 ①에 따른 사업을 수행하기 위하여 필요한 경우 한국벤처투자에 출자할 수 있다.

(3) 한국벤처투자 임직원의 비밀누설의 금지

한국벤처투자의 임직원으로 근무하거나 근무하였던 사람은 정당한 사유 없이 직무상 알게 된 비밀을 누설하거나 도용해서는 아니 된다.

(4) 한국벤처투자 업무의 지도·감독

① 중소벤처기업부장관은 한국벤처투자의 업무를 지도·감독하며, 필요한 경우 그 사업에 관한 지시나 명령을 할 수 있다.
② 한국벤처투자에 대한 중소벤처기업부장관의 지도·감독에 필요한 사항은 대통령령으로 정한다.

2. 벤처투자모태조합의 결성

(1) 벤처투자모태조합의 결성 등

① 한국벤처투자는 대통령령으로 정하는 자와 상호출자하여 다음의 조합 등에 대하여 출자하는 벤처투자모태조합(이하 '모태조합')을 결성할 수 있다.
  ㉠ 개인투자조합
  ㉡ 벤처투자조합
  ㉢ 신기술사업투자조합
  ㉣ 기업구조개선 기관전용 사모집합투자기구
  ㉤ 기관전용 사모집합투자기구
  ㉥ 농식품투자조합
  ㉦ 그 밖에 중소벤처기업부장관이 정하여 고시하는 자

> **더 알아보기** 벤처투자모태조합의 결성 등(영 제44조 제1항)
>
> 벤처투자법 제70조 제1항[상기 (1)의 ①]에서 '대통령령으로 정하는 자'란 다음의 어느 하나에 해당하는 자를 말한다.
> • 「정부조직법」에 따른 중앙행정기관의 장
> • 「국가재정법」에 따라 설치된 기금을 관리하는 자

② 중소벤처기업창업 및 진흥기금을 관리하는 자는 모태조합에 출자할 수 있다.
③ 한국벤처투자는 벤처투자 활성화 등 정책 목적에 따라 모태조합의 자산을 관리·운용하여야 한다.
④ 모태조합의 존속기간은 대통령령으로 정하는 30년 이내의 기간으로 하며, 그 밖에 모태조합의 관리·운용 등에 필요한 사항은 대통령령으로 정한다.
⑤ 중소벤처기업부장관은 모태조합이 출자한 개인투자조합 또는 벤처투자조합에 대해서는 투자비율을 달리 정할 수 있다.

(2) 벤처투자모태조합의 운용 등(영 제44조)

① 중소벤처기업부장관은 다음의 사항을 포함한 다음 해의 모태조합 운용지침안을 매년 12월 31일까지 작성해야 한다. 이 경우 모태조합 운용지침안 작성과 관련하여 필요할 때에는 모태조합 출자자의 의견을 들을 수 있다.
　㉠ 모태조합 자산의 배분기준
　㉡ 다음의 조합 등에 대한 모태조합의 출자한도
　　• 개인투자조합
　　• 벤처투자조합
　　• 신기술사업투자조합
　　• 기업구조개선 기관전용 사모집합투자기구
　　• 기관전용 사모집합투자기구
　　• 농식품투자조합
　　• 그 밖에 중소벤처기업부장관이 정하여 고시하는 자
　㉢ 모태조합 업무집행조합원의 임직원에 대한 성과급 지급한도
　㉣ 그 밖에 모태조합의 운용계획에 포함되어야 할 주요 사항
② 한국벤처투자는 중소벤처기업부장관에게 해당 연도 모태조합 운용계획을 매년 1월 31일까지 제출하고, 전년도의 모태조합 운용실적을 매년 4월 30일까지 제출해야 한다.
③ 규정한 사항 외에 모태조합 운용에 필요한 사항은 중소벤처기업부장관이 정하여 고시한다.

8 보칙 및 벌칙

1. 보 칙

(1) 기금의 투자 등(법 제71조)

① 「국가재정법」에 따른 기금으로서 대통령령으로 정하는 기금을 관리하는 자(이하 '기금관리주체')는 대통령령으로 정하는 비율 이내의 자금(해당 기금의 운용자금 중 10퍼센트 이내의 자금)을 그 기금운용계획에 따라 벤처투자를 하거나 벤처투자조합 또는 신기술사업투자조합에 출자할 수 있다.
② 기금관리주체가 기금운용계획의 범위에서 벤처투자를 하거나 벤처투자조합 또는 신기술사업투자조합에 출자하는 경우에는 관계 법령에 따른 인가・허가・승인 등을 받은 것으로 본다.
③ 「보험업법」에 따른 보험회사는 금융위원회가 정하는 범위에서 벤처투자를 하거나 벤처투자조합 또는 신기술사업투자조합에 출자할 수 있다.
④ 지방자치단체의 장이 설치한 지방중소기업 육성 관련 기금을 관리하는 자는 지방중소기업 및 벤처기업을 육성하기 위하여 다음의 조합에 출자할 수 있다.
　㉠ 벤처투자조합
　㉡ 모태조합
　㉢ 신기술사업투자조합

(2) 보고와 검사
① 중소벤처기업부장관은 필요한 경우 대통령으로 정하는 바에 따라 다음의 자의 업무 운영상황을 확인·검사하거나 다음의 자로 하여금 투자실적을 보고하게 할 수 있다.
㉠ 전문개인투자자
㉡ 개인투자조합
㉢ 창업기획자
㉣ 벤처투자회사
㉤ 벤처투자조합
㉥ 한국벤처투자
㉦ 벤처투자조합의 업무집행조합원인 유한회사 또는 유한책임회사
② 중소벤처기업부장관은 다음의 어느 하나에 해당하는 경우에는 관계 공무원으로 하여금 상기 ①의 자(조합의 경우 업무집행조합원을 포함)의 소재지 또는 사무소에 출입하여 감사보고서 등 대통령령으로 정하는 장부·서류 등을 검사하게 할 수 있다.
㉠ 등록요건 유지 여부의 확인이 필요한 경우
㉡ 투자의무 준수여부의 확인이 필요한 경우
㉢ 업무의 집행 등의 확인이 필요한 경우
㉣ 행위제한 위반 여부의 확인이 필요한 경우
㉤ 경영건전성 기준 준수 여부의 확인이 필요한 경우
㉥ 직무 관련 정보 이용 여부의 확인이 필요한 경우
㉦ 그 밖에 ㉠부터 ㉥까지의 규정에 준하는 경우로서 대통령령으로 정하는 경우
③ 중소벤처기업부장관은 ②에 따른 검사를 실시하려는 경우 검사 7일 전까지 검사의 목적, 일시 및 내용 등에 관한 검사계획을 검사대상자에게 통지하여야 한다. 다만, 긴급히 검사할 필요가 있거나 미리 통지하면 증거인멸 등으로 검사의 목적을 달성할 수 없다고 인정하는 경우에는 그러하지 아니하다.
④ 검사를 하는 공무원은 그 권한을 표시하는 증표를 지니고 관계인에게 보여주어야 한다.

(3) 자료제출
중소벤처기업부장관은 벤처투자 활성화와 효율적인 정책 수립·추진을 위하여 분기마다 신기술사업금융업자등, 신기술사업투자조합, 한국산업은행 또는 중소기업은행에 대하여 벤처투자 실적에 관한 자료를 제출하게 할 수 있다.

(4) 업무기준의 고시
중소벤처기업부장관은 전문개인투자자, 개인투자조합, 창업기획자, 벤처투자회사 또는 벤처투자조합의 벤처투자를 효율적으로 지원할 수 있도록 벤처투자 업무에 관한 기준을 정하여 고시할 수 있다.

(5) 청 문
중소벤처기업부장관은 전문개인투자자, 개인투자조합, 창업기획자, 벤처투자회사 또는 벤처투자조합의 등록을 취소하려면 청문을 하여야 한다.

(6) 권한의 위임·위탁 등

① 벤처투자법에 따른 중소벤처기업부장관의 권한은 대통령령으로 정하는 바에 따라 그 일부를 소속 기관의 장 또는 시·도지사에게 위임할 수 있다.
② 벤처투자법에 따른 중소벤처기업부장관의 업무의 일부를 대통령령으로 정하는 바에 따라 한국벤처투자 또는 벤처투자 관련 기관·단체에 위탁할 수 있다.

(7) 유사명칭의 사용 금지

벤처투자법에 따른 전문개인투자자, 개인투자조합, 창업기획자, 벤처투자회사, 벤처투자조합, 한국벤처투자 또는 모태조합이 아닌 자는 전문개인투자자, 개인투자조합, 창업기획자, 벤처투자회사, 벤처투자조합, 한국벤처투자, 벤처투자모태조합 또는 이와 비슷한 명칭을 사용할 수 없다.

2. 벌 칙

(1) 벌 칙

5년 이하의 징역 또는 5천만원 이하의 벌금	• 창업기획자·벤처투자회사 대주주등이 자신의 이익을 얻을 목적으로 행위제한에 해당하는 행위를 한 자 • 창업기획자의 직무 관련 정보의 이용 금지, 벤처투자회사의 직무 관련 정보의 이용 금지를 위반하여 직무 관련 정보를 정당한 사유 없이 자기 또는 제3자의 이익을 위하여 이용한 자 • 개인투자조합 또는 벤처투자조합의 업무집행조합원 자신의 이익이나 제3자의 이익을 위하여 조합의 재산을 사용한 자
1년 이하의 징역 또는 1천만원 이하의 벌금	한국벤처투자 임직원이 직무상 알게 된 비밀을 정당한 사유 없이 누설하거나 도용한 자

(2) 양벌규정

법인의 대표자나 법인 또는 개인의 대리인, 사용인, 그 밖의 종업원이 그 법인 또는 개인의 업무에 관하여 (1)의 위반행위를 하면 그 행위자를 벌하는 외에 그 법인 또는 개인에게도 해당 조문의 벌금형을 과한다. 다만, 법인 또는 개인이 그 위반행위를 방지하기 위하여 해당 업무에 관하여 상당한 주의와 감독을 게을리 하지 아니한 경우에는 그러하지 아니하다.

(3) 과태료

① 다음의 어느 하나에 해당하는 자에게는 3천만원 이하의 과태료를 부과한다.
  ㉠ 변경등록을 하지 아니하거나 거짓으로 변경등록을 한 자
  ㉡ 결산서를 제출하지 아니하거나 거짓으로 결산서를 제출한 자
  ㉢ 공시를 하지 아니하거나 거짓으로 공시한 자
  ㉣ 영업의 양수 등의 신고를 하지 아니하거나 거짓으로 신고한 자
  ㉤ 기간 내 주식 처분명령을 위반하여 주식을 처분하지 아니한 자
  ㉥ 보고를 하지 아니하거나 거짓으로 보고를 한 자 또는 검사를 거부·방해 또는 기피한 자
  ㉦ 유사명칭의 사용 금지를 위반하여 전문개인투자자, 개인투자조합, 창업기획자, 벤처투자회사, 벤처투자조합, 한국벤처투자, 벤처투자모태조합 또는 이와 비슷한 명칭을 사용한 자
② 과태료는 대통령령으로 정하는 바에 따라 중소벤처기업부장관이 부과·징수한다.

PART 09 단원핵심문제

제1과목 중소기업관계법령

01 다음은 벤처투자 촉진에 관한 법률의 제1조 목적이다. 빈칸에 들어갈 말로 옳은 것은?

> 이 법은 벤처투자에 필요한 사항을 정하여 (   ), 중소기업, 벤처기업 등에 대한 투자를 촉진하고 벤처투자 산업을 육성함으로써 중소기업 등의 건전한 성장기반 조성을 통한 국민경제의 균형 있는 발전에 기여함을 목적으로 한다.

① 스타트업
② 소상공인
③ 창업기업
④ 중견기업
⑤ 대기업

해설　「벤처투자 촉진에 관한 법률」은 벤처투자에 필요한 사항을 정하여 <u>창업기업</u>, 중소기업, 벤처기업 등에 대한 투자를 촉진하고 벤처투자 산업을 육성함으로써 중소기업 등의 건전한 성장기반 조성을 통한 국민경제의 균형 있는 발전에 기여함을 목적으로 한다(벤처투자 촉진에 관한 법률 제1조).

02 벤처투자 촉진에 관한 법률에서 정의하는 '투자'의 뜻으로 옳지 않은 것은?

① 주식회사의 주식, 무담보전환사채, 무담보교환사채 또는 무담보신주인수권부사채의 인수
② 유한회사 또는 유한책임회사의 출자 인수
③ 중소기업이 개발하거나 제작하며 다른 사업과 회계의 독립성을 유지하는 방식으로 운영되는 사업의 지분 인수로서 중소벤처기업부령으로 정하는 바에 따른 지분 인수
④ 투자금액의 상환만기일이 없고 이자가 발생하지 아니하는 계약으로서 중소벤처기업부령으로 정하는 요건을 충족하는 조건부지분인수계약의 체결
⑤ 창업기업, 중소기업, 벤처기업 또는 그 밖에 중소벤처기업부장관이 정하여 고시하는 자에게 투자하는 것

해설　창업기업, 중소기업, 벤처기업 또는 그 밖에 중소벤처기업부장관이 정하여 고시하는 자에게 투자하는 것은 '<u>벤처투자</u>'를 말한다(벤처투자 촉진에 관한 법률 제2조 제2호).

정답　01 ③　02 ⑤

03 벤처투자 촉진에 관한 법률상 중소벤처기업부장관의 업무가 아닌 것은?

① 지역 균형투자의 활성화
② 벤처투자 촉진을 위한 지원사업의 추진
③ 종합관리시스템 구축·운영
④ 창업기업, 벤처기업 등에 대한 투자의무
⑤ 업무기준의 고시

해설 ④ 창업기업, 벤처기업 등에 대한 투자의무(벤처투자 촉진에 관한 법률 제10조 참조) : 전문개인투자자는 등록일을 기준으로 3년마다 1억원 이상을 창업기업, 벤처기업, 기술혁신형 중소기업, 경영혁신형 중소기업에 투자하여야 한다. 이는 전문개인투자자의 투자의무이지 중소벤처기업부장관의 업무사항이 아니다.
① 지역 균형투자의 활성화(동법 제4조) : 중소벤처기업부장관은 벤처투자의 지역 간 불균형을 해소하고 각 지역의 벤처투자를 고르게 활성화시키기 위한 정책을 수립·시행하여야 한다.
② 벤처투자 촉진을 위한 지원사업의 추진(동법 제5조) : 중소벤처기업부장관은 벤처투자를 목적으로 하는 자의 원활한 사업 운영을 도모하고 벤처투자를 촉진하기 위하여 사업을 추진하거나 필요한 시책을 수립·시행할 수 있다.
③ 종합관리시스템 구축·운영(동법 제7조) : 중소벤처기업부장관은 벤처투자 관련 정보를 종합적으로 제공하고 벤처투자의 성과를 체계적으로 측정·관리하기 위하여 종합관리시스템을 구축·운영할 수 있다.
⑤ 업무기준의 고시(동법 제74조) : 중소벤처기업부장관은 전문개인투자자, 개인투자조합, 창업기획자, 벤처투자회사 또는 벤처투자조합의 벤처투자를 효율적으로 지원할 수 있도록 벤처투자 업무에 관한 기준을 정하여 고시할 수 있다.

04 벤처투자 촉진에 관한 법령상 전문개인투자자의 등록 자격을 갖춘 사람에 해당하지 않는 것은?

① 행정사
② 공인회계사
③ 변호사
④ 변리사
⑤ 기술지도사

해설 전문개인투자자의 등록요건(벤처투자 촉진에 관한 법률 시행령 제4조 제2호 참조)
• 기술사 자격을 취득한 사람
• 변호사
• 공인회계사
• 변리사
• 경영지도사 또는 기술지도사
• 박사학위(이공계열 또는 경상계열로 한정)를 소지한 사람
• 학사학위(이공계열 또는 경상계열로 한정)를 소지한 사람으로서 다음의 어느 하나에 해당하는 기관에서 4년 이상 종사한 사람
　- 국·공립연구기관
　- 정부출연연구기관
　- 기업부설연구소

05 다음은 벤처투자 촉진에 관한 법률상 개인투자조합의 등록요건이다. 빈칸에 순서대로 들어갈 숫자로 옳은 것은?

> 개인투자조합으로 등록을 하려는 조합은 출자금 총액, 조합원의 수 및 존속기간 등에 관한 다음의 요건을 갖추어야 한다.
> - 출자금 총액이 (　)억원 이상일 것
> - 출자 1좌(座)의 금액이 (　)만원 이상일 것
> - 조합원의 수가 (　)인 이하일 것
> - 존속기간이 (　)년 이상일 것

① 1, 100, 49, 5　　　　　② 1, 100, 50, 3
③ 3, 200, 49, 3　　　　　④ 2, 150, 40, 5
⑤ 3, 200, 50, 1

해설　개인투자조합의 등록요건(벤처투자 촉진에 관한 법률 시행령 제6조 제2항 각 호 참조)
- 출자금 총액이 <u>1억원</u> 이상일 것
- 출자 1좌(座)의 금액이 <u>100만원</u> 이상일 것
- 조합원의 수가 <u>49인</u> 이하일 것
- 존속기간이 <u>5년</u> 이상일 것

06 벤처투자 촉진에 관한 법률상 창업기획자로 등록하려는 자의 요건으로 옳지 않은 것은?

① 「상법」에 따른 회사인 경우에 자본금이 1억원 이상일 것
② 임원이 대통령령으로 정하는 금융 관련 법령을 위반하여 벌금형을 선고받고 3년 이상이 지난 경우에 해당할 것
③ 사업을 수행하기 위한 사업계획 등이 중소벤처기업부령으로 정하는 기준에 맞을 것
④ 상근 전문인력과 시설을 보유할 것
⑤ 창업기획자와 투자자 간, 특정 투자자와 다른 투자자 간의 이해상충을 방지하기 위한 체계를 갖출 것

해설　「유사수신행위의 규제에 관한 법률」이나 그 밖에 대통령령으로 정하는 금융 관련 법령을 위반하여 벌금 이상의 형을 선고받고 그 집행이 끝나거나(집행이 끝난 것으로 보는 경우를 포함) 집행이 면제된 날부터 <u>5년</u>이 지나지 아니한 사람에 임원이 해당하지 아니할 것을 규정하고 있다(벤처투자 촉진에 관한 법률 제24조 제2항 제2호 마목). 벌금형을 선고받은 지 5년이 지나지 아니한 경우에 해당하므로 창업기획자로 등록할 수 없다.

정답　05 ①　06 ②

07 벤처투자 촉진에 관한 법령상 벤처투자회사에 관한 설명으로 옳지 않은 것은?

① 중소벤처기업부장관은 경영건전성 기준을 갖추지 못한 벤처투자회사에 대하여 자본금의 증액, 이익배당의 제한 등 경영 개선을 위하여 필요한 조치를 요구할 수 있다.
② 벤처투자회사는 대통령령으로 정하는 자본잠식률이 50퍼센트 미만의 경영건전성 기준을 갖추어야 한다.
③ 벤처투자회사는 대통령령으로 정하는 바에 따라 매 사업연도 종료 후 3개월 이내에 결산서를 기획재정부장관에게 제출하여야 한다.
④ 벤처투자회사는 그 사업수행에 필요한 재원을 충당하기 위하여 자본금과 적립금 총액의 20배 이내의 범위에서 「상법」에 따른 사채를 발행할 수 있다.
⑤ 벤처투자회사는 담보권 실행으로 비업무용부동산을 취득한 경우에는 1년의 범위에서 중소벤처기업부령으로 정하는 기간 내에 처분하여야 한다.

해설 벤처투자회사는 벤처투자회사의 결산보고를 위해 대통령령으로 정하는 바에 따라 매 사업연도 종료 후 3개월 이내에 결산서를 중소벤처기업부장관에게 제출하여야 한다(벤처투자 촉진에 관한 법률 제44조).

08 다음은 벤처투자 촉진에 관한 법률상 벤처투자조합의 투자의무이다. 빈칸에 순서대로 들어갈 숫자로 옳은 것은?

벤처투자조합(한국벤처투자가 업무집행조합원인 벤처투자조합은 제외)은 등록 후 ( )년이 지난 날까지 다음에 따른 투자비율 이상을 제37조 제1항 제1호부터 제3호까지, 제6호 및 제7호의 사업에 사용하여야 한다.
- 동일한 업무집행조합원이 운용하는 모든 벤처투자조합의 출자금액의 합의 ( )퍼센트의 이내에서 대통령령으로 정하는 비율
- 각 벤처투자조합의 출자금액의 ( )퍼센트의 이내에서 대통령령으로 정하는 비율

① 3, 50, 40
② 3, 50, 50
③ 3, 40, 40
④ 5, 20, 30
⑤ 5, 50, 40

해설 벤처투자조합의 투자의무(벤처투자 촉진에 관한 법률 제51조 제1항)
벤처투자조합(한국벤처투자가 업무집행조합원인 벤처투자조합은 제외)은 등록 후 3년이 지난 날까지 다음에 따른 투자비율 이상을 제37조 제1항 제1호부터 제3호까지, 제6호 및 제7호의 사업에 사용하여야 한다.
- 동일한 업무집행조합원이 운용하는 모든 벤처투자조합의 출자금액의 합의 50퍼센트의 이내에서 대통령령으로 정하는 비율
- 각 벤처투자조합의 출자금액의 40퍼센트의 이내에서 대통령령으로 정하는 비율

09 벤처투자 촉진에 관한 법률상 한국벤처투자의 사업을 모두 고른 것은?

> ㄱ. 벤처투자 산업 육성 및 벤처투자 촉진을 위한 기반 조성
> ㄴ. 벤처투자조합 결성과 업무의 집행
> ㄷ. 전문개인투자자 등 벤처투자 전문인력의 양성
> ㄹ. 벤처투자회사의 육성

① ㄱ, ㄴ ② ㄱ, ㄷ
③ ㄱ, ㄹ ④ ㄴ, ㄷ
⑤ ㄴ, ㄹ

해설 ㄱ·ㄷ 중소벤처기업부장관이 벤처투자를 촉진하기 위하여 추진하는 지원사업이다(동법 제5조 제1호 및 제4호 참조).

한국벤처투자의 사업(벤처투자 촉진에 관한 법률 제67조 제1항)
- 벤처투자모태조합의 결성과 업무의 집행
- 벤처투자조합 결성과 업무의 집행
- 벤처투자
- 해외벤처투자자금의 유치 지원
- 창업기업, 중소기업 및 벤처기업 등의 해외진출 지원
- 벤처투자회사의 육성
- 벤처투자 성과의 관리
- 그 밖에 대통령령으로 정하는 사업

10 벤처투자 촉진에 관한 법률상 3천만원 이하의 과태료를 부과하는 자로 옳지 않은 것은?

① 변경등록을 하지 아니하거나 거짓으로 변경등록을 한 자
② 결산서를 제출하지 아니하거나 거짓으로 결산서를 제출한 자
③ 공시를 하지 아니하거나 거짓으로 공시한 자
④ 영업의 양수 등의 신고를 하지 아니하거나 거짓으로 신고한 자
⑤ 직무상 알게 된 비밀을 정당한 사유 없이 누설하거나 도용한 자

해설 「벤처투자 촉진에 관한 법률」 제68조(한국벤처투자 임직원의 비밀누설의 금지)를 위반하여 직무상 알게 된 비밀을 정당한 사유 없이 누설하거나 도용한 자는 1년 이하의 징역 또는 1천만원 이하의 벌금에 처한다(동법 제78조 제2항 제2호 참조). 과태료 처분대상이 아니다.

정답 09 ⑤ 10 ⑤

PART 10 중소기업제품 구매촉진 및 판로지원에 관한 법률
(약칭 : 판로지원법)

체크포인트

판로지원법은 새롭게 2022년 시험부터 출제범위에 들어온 법으로 축적된 데이터가 많지 않다. 실제 2022년 기출문제에서도 여러 조항을 엮어 헷갈리게 출제되어서 보다 꼼꼼하게 학습할 필요가 있다. 판로지원법은 특성상 중소기업관계법령 말고도 여러 다른 법령과 연관되어 있기 때문에 어디서 출제될지 모른다는 생각으로 1회독을 거친 뒤에 세세하게 학습하는 것을 권장한다. 주요 키워드는 우선구매 대상 기술개발제품, 직접생산, 판로지원사업이며 이 외에도 공공구매지원관리자와 중소기업제품 성능인증도 중요하다.

목적(법 제1조)
판로지원법은 중소기업제품의 구매를 촉진하고 판로를 지원함으로써 중소기업의 경쟁력 향상과 경영안정에 이바지함을 목적으로 한다.

정의(법 제2조)
(1) '**중소기업자**'란 다음의 어느 하나에 해당하는 자를 말한다.
  ① 「중소기업기본법」 제2조에 따른 중소기업자
  ② 「중소기업협동조합법」 제3조에 따른 중소기업협동조합(이하 '조합')
(2) '**공공기관**'이란 다음의 어느 하나에 해당하는 기관 또는 법인을 말한다.
  ① 국가기관(「국가재정법」 제6조의 독립기관 및 중앙관서)
  ② 지방자치단체(「지방자치법」 제2조에 따른 특별시・광역시・특별자치시・도・특별자치도・시・군・구)
  ③ 특별법에 따라 설립된 법인 중 대통령령으로 정하는 자
    ㉠ 「중소기업협동조합법」에 따른 중소기업중앙회(이하 '중소기업중앙회')
    ㉡ 「농업협동조합법」에 따른 농업협동조합중앙회
    ㉢ 「수산업협동조합법」에 따른 수산업협동조합중앙회
    ㉣ 「산림조합법」에 따른 산림조합중앙회
    ㉤ 「한국은행법」에 따른 한국은행
    ㉥ 「상공회의소법」에 따른 대한상공회의소
  ④ 「공공기관의 운영에 관한 법률」 제5조에 따른 공공기관 중 대통령령으로 정하는 공기업, 준정부기관 및 기타 공공기관
  ⑤ 「지방공기업법」에 따른 지방공사 및 지방공단
  ⑥ 「지방의료원의 설립 및 운영에 관한 법률」에 따른 지방의료원
  ⑦ 특별시・광역시・특별자치시・도・특별자치도 교육청
  ⑧ 「유아교육법」, 「초・중등교육법」, 「고등교육법」 및 「장애인 등에 대한 특수교육법」에 따라 설치된 각급 국립・공립 교육기관
(3) '**물류현대화**'란 중소기업자가 생산하는 제품의 원활한 유통을 도모하고 물류비용을 절감하기 위하여 유통시설을 설치하거나 개선하는 것을 말한다.
(4) '**소모성 자재**'란 생산에 직접 소요되는 원자재를 제외한 사무용품, 다른 제품이나 서비스를 생산하기 위하여 기업 등에 의하여 구매되는 산업용재 등 모든 간접 자재를 말한다.

(5) '**대규모 자재구매대행업**'이란 「대·중소기업 상생협력 촉진에 관한 법률」 제2조 제2호에 따른 대기업(이하 '대기업') 또는 대기업 계열사(「독점규제 및 공정거래에 관한 법률」 제2조 제12호에 따른 계열회사)가 기업 등의 소모성 자재의 구입 및 관리를 대행하는 사업을 말한다.
(6) '**중소 소모성 자재 납품업**'이란 한국표준산업분류에 따른 도매 및 소매업을 하는 중소기업자가 기업 등에서 필요로 하는 소모성 자재를 국내 제조업자 등으로부터 공급받아 기업 등에 납품하는 사업을 말한다.

다른 법률과의 관계(법 제3조)
공공기관의 장은 중소기업제품의 조달계약을 체결하거나 판로를 지원하는 경우에 다른 법률에 특별한 규정이 있는 경우를 제외하고는 판로지원법에서 정하는 바에 따른다.

1 중소기업제품 구매촉진 및 중소기업자 간 경쟁제도 운영

1. 중소기업제품 구매촉진

(1) 구매 증대(법 제4조)
① 공공기관의 장은 물품·용역 및 공사(이하 '제품')에 관한 조달계약을 체결하려는 때에는 중소기업자의 수주 기회가 늘어나도록 하여야 한다.
② 공공기관의 장은 「국가를 당사자로 하는 계약에 관한 법률」에 따라 기획재정부장관이 고시한 금액 미만의 물품 및 용역(중소벤처기업부장관이 지정한 중소기업자 간 경쟁 제품은 제외)에 대하여는 대통령령으로 정하는 바에 따라 중소기업자와 우선적으로 조달계약을 체결하여야 한다.
③ 중소벤처기업부장관은 정부의 국고보조금을 대통령령으로 정하는 일정한 금액인 100억원 이상 수령한 기관 또는 법인이 보조사업과 관련하여 제품을 구매하려는 때에는 중소기업제품을 우선적으로 구매하도록 권고할 수 있다.

(2) 구매계획 및 구매실적의 작성
① 구매계획
  ㉠ 대통령령으로 정하는 공공기관의 장은 예산과 사업계획을 고려하여 중소기업제품의 구매 증대를 위한 구매계획과 전년도 구매실적을 해당 연도 1월 31일까지 중소벤처기업부장관에게 통보하여야 한다.
  ㉡ 이 경우 구매계획에 대통령령으로 정하는 중소기업제품 구매목표비율을 제시하여야 한다. 중소벤처기업부장관은 공공기관별 연간 중소기업제품의 구매목표비율을 매년 4월 30일까지 공고하여야 한다.
    • 중소기업제품 구매목표비율은 해당 기관이 해당 연도에 구매할 제품의 구매 총액 대비 50퍼센트 이상으로 하여야 한다.
    • 다만, 공공기관의 특성상 중소기업제품 구매비율을 50퍼센트 이상 달성하기 어려운 공공기관의 장은 중소벤처기업부장관과 협의하여 구매목표비율을 따로 정할 수 있다.

② 중소벤처기업부장관은 구매계획의 이행 등 중소기업제품 구매를 촉진하고 공공기관의 효율적인 구매를 지원하기 위하여 공공기관의 중소기업제품 구매계획 및 구매실적의 작성 지침을 마련하여 공공기관의 장에게 통보하여야 한다.

③ 중소벤처기업부장관은 중소기업중앙회(이하 '중앙회')의 의견을 들어 국가에 대하여는 각 중앙관서의 장, 지방자치단체에 대하여는 행정안전부장관, 그 밖의 공공기관에 대하여는 관계 중앙행정기관의 장과 협의하여 구매계획과 구매실적을 종합하여 국무회의의 심의를 거쳐 공고하고, 이를 국회에 제출하여야 한다.

④ 중소벤처기업부장관은 공공기관의 장에게 구매계획의 이행 점검 등을 위하여 중소기업제품 구매실적의 제출을 요구할 수 있으며, 이 경우 공공기관의 장은 특별한 사유가 없는 경우에는 이에 따라야 한다.

⑤ 구매계획과 구매실적의 통보 및 제출요구에 관하여 필요한 사항은 대통령령으로 정한다.

⑥ 중소벤처기업부장관이 「조달사업에 관한 법률」에 따른 통계를 활용하여 공공기관의 중소기업제품 구매실적을 확인할 수 있는 경우에는 그 확인으로 ① 및 ④에 따른 구매실적의 통보 및 제출을 갈음할 수 있다.

⑦ 중소벤처기업부장관은 조달청장에게 ⑥에 따른 구매실적의 확인을 위하여 필요한 통계의 제공을 요청할 수 있다. 이 경우 요청을 받은 조달청장은 특별한 사유가 없으면 이에 따라야 한다.

2. 중소기업자 간 경쟁제도 운영

(1) 중소기업자 간 경쟁 제품의 지정 23 기출

① 중소벤처기업부장관은 중소기업자가 직접 생산·제공하는 제품으로서 판로 확대가 필요하다고 인정되는 제품을 중소기업자 간 경쟁 제품(이하 '경쟁제품')으로 지정할 수 있다.

② 중소벤처기업부장관은 경쟁제품을 지정하고자 하는 경우에는 미리 관계 중앙행정기관의 장과 협의하여야 한다. 이 경우 중소벤처기업부장관은 관계 중앙행정기관의 장이 지정 제외를 요청한 제품에 대하여는 특별한 사유가 없으면 그 제품을 경쟁제품으로 지정하여서는 아니 된다.

③ 경쟁제품의 지정에 필요한 사항은 대통령령으로 정한다.

(2) 경쟁제품의 계약방법

① 공공기관의 장은 경쟁제품에 대하여는 대통령령으로 정하는 다음의 특별한 사유가 없으면 중소기업자만을 대상으로 하는 제한경쟁 또는 중소기업자 중에서 지명경쟁(이하 '중소기업자 간 경쟁') 입찰에 따라 조달계약을 체결하여야 한다.

　㉠ 판로지원법과 다른 법률에서 우선구매 대상으로 규정한 중소기업제품이나 수의계약에 따라 구매할 수 있도록 규정한 중소기업제품을 구매하는 경우

　㉡ 공공기관의 장이 조합이 추천한 소기업 또는 소상공인과 수의계약을 체결하는 경우

　㉢ 중소기업자 간 경쟁입찰에 참가한 중소기업자 중 적격자가 없는 등의 사유로 유찰됨에 따라 중소기업자 간 경쟁입찰 외의 경쟁입찰 방법으로 새로 입찰을 진행하려는 경우

　㉣ 특정한 기술·용역이 필요한 경우 등 공공기관의 특별한 사정으로 인하여 중소기업자 간 경쟁입찰 외의 방법으로 구매하려는 경우

② 공공기관의 장은 중소기업자 간 경쟁입찰에서 적정한 품질과 납품 가격의 안정을 위하여 중소기업자의 계약이행능력을 심사하여 계약상대자를 결정하여야 한다. 다만, 구매의 효율성을 높이거나, 중소기업제품의 구매를 늘리기 위하여 필요한 경우에는 대통령령으로 정하는 방법에 따라 계약상대자를 결정할 수 있다.

③ 공공기관의 장은 계약상대자를 결정함에 있어서 소기업과 소상공인의 공동 수주기회를 확대하기 위하여 5인 이상의 중소기업자로 구성된 공동수급체 중 대통령령으로 정하는 요건에 해당하는 다음의 요건에 모두 충족하는 공동수급체에 대하여 우대할 수 있다.
  ㉠ 소기업 또는 소상공인이 3인 이상 포함되어 있을 것
  ㉡ 공동수급체를 구성하는 모든 중소기업자가 직접생산의 확인을 받은 기업일 것

④ 중소벤처기업부장관은 관계 중앙행정기관의 장과 협의하여 계약이행능력에 대한 세부심사기준을 정하여 고시하여야 한다. 이 경우 중소기업협동조합 등 대통령령으로 정하는 자에 대하여는 계약이행능력에 대한 세부심사기준을 따로 정하여야 한다.

⑤ 중소벤처기업부장관은 세부심사기준을 정할 때 중소기업자의 계약이행실적, 기술력 및 재무상태 등을 종합적으로 고려하여야 한다.

(3) 소기업 및 소상공인에 대한 경쟁제품 조달계약에 관한 특례

① 공공기관의 장은 경쟁제품 중에서 중소벤처기업부장관이 지정한 물품 또는 용역에 대해서는 소기업 또는 소상공인만을 대상으로 하는 제한경쟁입찰에 따라 조달계약을 체결할 수 있다.

② 공공기관의 장은 셋 이상의 소기업 또는 소상공인이 조합과 함께 중소벤처기업부령으로 정하는 공동사업(이하 '공동사업')을 하여 경쟁제품에 해당하는 물품 또는 용역(이하 '물품등')을 제품화한 경우 해당 물품등에 대해서는 다음의 어느 하나에 해당하는 입찰 방법에 따라 조달계약을 체결할 수 있다.
  ㉠ 해당 공동사업에 참여한 소기업 또는 소상공인만을 대상으로 하는 제한경쟁입찰
  ㉡ 공공기관의 장의 요청에 따라 조합이 추천하는 소기업 또는 소상공인(해당 물품등을 납품할 수 있는 소기업 또는 소상공인)만을 대상으로 하는 지명경쟁입찰

(4) 경쟁입찰 참여자격

① 중소기업자의 참여자격
  ㉠ 중소기업자 간 경쟁입찰에 참여할 수 있는 중소기업자의 자격(이하 '참여자격')은 규모와 경영실적 등을 고려하여 대통령령으로 정한다.
  ㉡ 중소기업자 간 경쟁입찰에 참여하는 중소기업자(조합은 제외)는 다음의 요건을 모두 갖추어야 한다.
    • 경쟁제품을 직접 생산·제공할 수 있는 설비
    • 「국가를 당사자로 하는 계약에 관한 법률 시행령」 제12조 제1항에서 정하는 다음의 요건
      - 다른 법령의 규정에 의하여 허가·인가·면허·등록·신고등을 요하거나 자격요건을 갖추어야 할 경우에는 당해 허가·인가·면허·등록·신고등을 받았거나 당해 자격요건에 적합할 것
      - 보안측정등의 조사가 필요한 경우에는 관계기관으로부터 적합판정을 받을 것
      - 기타 기획재정부령이 정하는 요건에 적합할 것

ⓒ 조합이 중소기업자 간 경쟁입찰에 참여하려는 경우에는 다음의 요건을 모두 갖추어야 하며, 해당 조합이 생산하거나 제공하는 제품에 대해서만 중소기업자 간 경쟁입찰에 참여할 수 있다. 다만, 공정한 경쟁을 위하여 중소기업자 간 경쟁입찰에 2개 이상의 조합이 참여할 필요가 있다고 판단되는 경우에는 중소벤처기업부장관은 해당 제품을 따로 고시할 수 있다.
- 해당 조합 조합원의 2분의 1 이상이 상기 ⓒ의 요건을 모두 갖춘 중소기업자(「중소기업기본법」에 따른 중소기업자로 한정)로 구성되어 있을 것. 다만, 제조공법이나 원자재를 기준으로 구성된 조합 등 중소벤처기업부장관이 정하여 고시하는 조합으로서 경쟁제품을 생산하는 조합원이 전체 조합원의 2분의 1 미만인 경우에는 해당 경쟁제품을 생산하는 조합원의 2분의 1 이상이 상기 ⓒ의 요건을 모두 갖춘 중소기업자로 구성되어야 한다.
- 경쟁제품의 품질관리 및 사후관리 기준을 마련하여 운영하고 있을 것
- 조합이 중소기업자 간 경쟁입찰에 참여하는 것을 허용한다고 정관에 명시되어 있을 것
- 중소벤처기업부장관이 공공구매 업무와 관련된다고 인정하는 교육을 연간 10시간 이상 이수한 상근임직원을 2명 이상 두고 있을 것
- 그 밖에 입찰에 참여하는 조합이 중소기업자 간 경쟁입찰을 하는 시장에서 차지하는 시장점유율 기준 등 경쟁입찰의 실효성을 높이기 위하여 공정거래위원회와의 협의를 거쳐 중소벤처기업부령으로 정하는 사항에 적합할 것

② 조합의 참여자격

중소기업자 간 경쟁입찰에 참여하려는 조합은 중소벤처기업부장관이 정하는 절차에 따라 참여자격의 확인을 중소벤처기업부장관에게 신청하여야 하며, 중소벤처기업부장관은 이를 확인하여야 한다.

③ 경쟁입찰 참여자격 취소

중소벤처기업부장관은 중소기업자 간 경쟁입찰에 참여하는 중소기업자가 다음의 어느 하나에 해당하는 경우 참여자격을 취소하거나 1년 이내의 범위에서 정지할 수 있다. 다만, ㉠부터 ㉢까지의 어느 하나에 해당하는 경우에는 그 참여자격을 취소하여야 한다.

㉠ 거짓이나 그 밖의 부정한 방법으로 참여자격을 취득한 경우
㉡ 참여자격을 상실한 경우
㉢ 담합 등 부당한 행위를 한 경우
㉣ 그 밖에 중소기업자 간 경쟁입찰 참여가 부적당하다고 대통령령으로 정하는 다음의 경우
- 중소기업자 간 경쟁입찰의 참여자격의 요건을 모두 갖춘 조합(이하 '적격조합')이 중소기업자 간 경쟁입찰에 참여하는 소속 조합원(이하 '소속 조합원')에게 하도급 행위를 하도록 조장하거나, 소속 조합원이 하도급 행위를 하는 것을 알면서도 적절한 조치를 하지 아니한 경우
- 적격조합이 중소기업자 간 경쟁입찰에 참여할 때 중소기업자 간 경쟁입찰의 참여자격의 요건을 갖추지 못한 소속 조합원을 포함시킨 사실이 적발된 경우
- 부정당업자의 입찰참가자격 제한(「국가를 당사자로 하는 계약에 관한 법률 시행령」 제76조 제2항 각 호, 「지방자치단체를 당사자로 하는 계약에 관한 법률」 제31조 제1항 각 호)에 해당하는 행위를 하여 중앙관서의 장 또는 지방자치단체의 장으로부터 입찰참가자격 제한을 받은 경우

④ 중소벤처기업부장관은 참여자격을 취소 또는 정지하려면 청문을 하여야 한다.
⑤ 중소벤처기업부장관은 참여자격을 취소한 경우에는 취소한 날부터 1년 이내의 범위에서 참여자격 취득을 제한할 수 있다.

⑥ 참여자격 정지 기간과 참여자격 취득 제한 기간은 다음의 중소벤처기업부령 [별표 1]로 정한다.

[별표 1] 참여자격 정지 기간과 참여자격 취득 제한 기간(개별기준)

위반행위(근거 조항)		처분 기준	참여자격 정지 기간	참여자격 취득 제한 기간
거짓이나 그 밖의 부정한 방법으로 참여자격을 취득한 경우 (법 제8조 제3항 제1호)		참여자격 취소	-	1년
참여자격을 상실한 경우 (법 제8조 제3항 제2호)		참여자격 취소	-	-
담합 등 부당한 행위를 한 경우 (법 제8조 제3항 제3호)		참여자격 취소	-	6개월
하도급 행위 조장·방관 (영 제9조의2 제1항 제1호)	하도급 행위를 하도록 조장한 경우	참여자격 정지	6개월	-
	하도급 행위를 하는 것을 알면서도 적절한 조치를 하지 않은 경우	참여자격 정지	3개월	-
중소기업자의 참여자격 미달 적발 (영 제9조의2 제1항 제2호)		참여자격 정지	6개월	-
부정당업자의 입찰참가자격 제한 (영 제9조의2 제1항 제3호)		참여자격 정지	1년 이내	-

※ 위반행위가 2가지 이상인 경우로서 그에 해당하는 각각의 처분기준이 다른 경우에는 그 중 무거운 처분기준에 따른다.

(5) 중소기업자 간 경쟁입찰 참여제한 등

① 공공기관의 장은 중소기업자 간 경쟁입찰의 공정한 경쟁을 위하여 다음의 어느 하나에 해당하는 중소기업을 영위하는 자의 참여를 제한하여야 한다.
  ㉠ 다음에 해당하는 기업으로부터「상법」에 따른 분할·분할합병 및 물적분할(이하 '분할등')에 의하여 설립되는 기업과 존속하는 기업이 같은 종류의 사업을 영위하는 경우에 해당하는 중소기업
    ⓐ 대기업(분할등에 의하여 설립되는 기업과 존속하는 기업 중 어느 하나가 분할일·분할합병일 또는 물적분할일이 속하는 연도의 다음 연도부터 4년 이내에 대기업이 되는 경우도 포함)
    ⓑ 중소기업자 간 경쟁입찰 참여자격 유지 또는 공공조달시장의 점유율 확대 등을 목적으로 분할 등을 하였다고 중소벤처기업부장관이 인정한 중소기업
  ㉡ 대기업과 대통령령으로 정하는 지배 또는 종속의 관계에 있는 기업들의 집단에 포함되는 중소기업
  ㉢ 정당한 사유 없이 하기 ③에 따른 중소벤처기업부장관의 조사를 거부한 중소기업
② 중소기업자 간 경쟁입찰에 참여하려는 중소기업자(조합은 제외)는 중소벤처기업부장관이 정하여 고시하는 절차에 따라 중소벤처기업부장관에게 중소기업자 간 경쟁입찰 참여제한 대상에 해당하는지 여부의 확인을 신청하여야 하며, 중소벤처기업부장관은 이를 확인하여야 한다.
③ 중소벤처기업부장관은 확인을 신청한 중소기업자에게 해당 중소기업의 자산 현황 및 경영 상태 등 필요한 자료의 제출을 요구할 수 있다. 이 경우 자료의 제출을 요구받은 중소기업자는 특별한 사유가 없으면 이에 협조하여야 한다.

> **더 알아보기** 대통령령으로 정하는 지배 또는 종속의 관계에 있는 기업(영 제9조의3 참조)
>
> - 「중소기업기본법 시행령」 제3조의2에 따른 지배 또는 종속의 관계
> - 다음의 어느 하나에 해당하는 대기업과 중소기업의 관계
>   - 대기업의 대표·최대주주 또는 최다지분 소유자나 그 대기업의 임원이 중소기업의 임원을 겸임하고 있거나 중소기업의 임원으로 파견되어 있는 경우
>   - 대기업이 중소기업으로부터 그 중소기업의 주된 사업 및 영업활동 또는 거래의 주된 부분을 위임받아 수행하고 있는 경우
>   - 대기업이 중소기업에 그 중소기업의 발행주식총수 또는 출자총액(개인사업자의 경우에는 자산총액)을 초과하는 금액에 해당하는 자산을 대여하거나 채무를 보증하고 있는 경우
>   - 대기업 또는 대기업과의 관계가 단독으로 또는 친족과 합산하여 지배기업의 주식 등을 100분의 30 이상 소유하면서 최다출자자인 개인에 해당하는 자가 중소기업의 다른 주요주주(누구의 명의로 하든지 자기의 계산으로 의결권 있는 발행주식총수의 100분의 10 이상의 주식을 소유하거나 임원의 임면 등 해당 중소기업의 주요 경영사항에 대하여 사실상 지배력을 행사하고 있는 주주)와의 계약 또는 합의에 의해 중소기업의 대표이사를 임면하거나 임원의 100분의 50 이상을 선임하거나 선임할 수 있는 경우
>   - 대기업이 중소기업에 경쟁제품을 생산하는 사업을 시작하는 데 드는 공장설립비(임차하는 경우 임차료), 생산설비 설치비 등 총비용의 100분의 51 이상을 투자, 대여 또는 보증한 경우

④ 중소벤처기업부장관은 상기 ①의 ㉠ 및 ㉡에 따른 중소기업자 간 경쟁입찰 참여제한 대상에 해당하지 아니하는 것으로 확인을 받은 중소기업자에 대하여 거짓이나 그 밖의 부정한 방법으로 확인을 받았는지 여부를 조사할 수 있다.

⑤ 상기 ①의 ㉠에서 같은 종류의 사업은 경쟁제품을 생산하는 사업에 한정하고, 같은 종류의 사업범위 기준은 대통령령으로 정한다.

⑥ 중소벤처기업부장관이 ①의 ㉠에서 ⓑ에 따른 인정 여부를 결정할 경우 상속, 법원의 판결 등 불가피한 사유로 인한 분할등 대통령령으로 정하는 사항을 종합적으로 고려하여야 한다. 이 경우 중소벤처기업부장관은 관계 공무원 및 전문가 등의 의견을 들을 수 있다.

⑦ 상기 인정 여부의 결정에 관하여 절차·방법 등 필요한 사항은 중소벤처기업부령으로 정한다.

(6) 중견기업의 중소기업자 간 경쟁입찰 참여의 특례

① 공공기관의 장은 다음의 요건을 모두 충족하는 중견기업에 대하여 「중소기업기본법」 제2조 제3항에서 정한 기간이 종료된 연도의 다음 연도부터 3년간 중소기업자 간 경쟁입찰에 참여하는 것을 인정하여야 한다. 이 경우 중견기업의 참여는 그 규모나 횟수 등을 대통령령으로 정하는 기준(영 [별표 1])에 따라 제한할 수 있다.

> **중소기업자의 범위(중소기업기본법 제2조 제3항)**
> 중소기업이 그 규모의 확대 등으로 중소기업에 해당하지 아니하게 된 경우 그 사유가 발생한 연도의 다음 연도부터 3년간은 중소기업으로 본다. 다만, 중소기업 외의 기업과 합병하거나 그 밖에 대통령령으로 정하는 사유로 중소기업에 해당하지 아니하게 된 경우에는 그러하지 아니하다.

㉠ 「중소기업기본법」 제2조 제3항에서 정한 기간이 종료된 연도까지 연속하여 3년 이상 중소기업자 간 경쟁입찰에 참여하여 납품한 실적이 있을 것
㉡ 「중소기업기본법」 제2조 제3항에서 정한 기간이 종료된 연도의 매출액이 2천억원 미만일 것

더 알아보기 중견기업의 중소기업자 간 경쟁입찰의 참여 제한기준(영 [별표 1])

기준연도	연간 중소기업자 간 경쟁입찰에 참여할 수 있는 금액 규모
1년차	기준금액의 100분의 75
2년차	기준금액의 100분의 50
3년차	기준금액의 100분의 25

② 중소기업자 간 경쟁입찰에 참여하려는 중견기업은 상기 ①에 모두 해당한다는 사실을 입증하는 자료를 첨부하여 중소벤처기업부장관에게 참여자격의 확인을 신청하여야 한다.
③ 중소벤처기업부장관은 참여자격을 확인받은 중견기업에 대하여 거짓이나 그 밖의 부정한 방법으로 참여자격 확인을 받았는지 여부 및 참여자격을 부여받은 기간 동안 대통령령으로 정하는 기준을 위배하여 중소기업자 간 경쟁입찰에 참여하였는지 여부를 조사할 수 있다.
④ 중소벤처기업부장관은 참여자격을 확인받은 중견기업이 대통령령으로 정하는 기준을 위배하여 중소기업자 간 경쟁입찰에 참여하였거나 경쟁입찰 참여자격 취소[상기 (4)의 ③]의 어느 하나에 해당하는 경우에는 그 참여자격을 취소하여야 한다.
⑤ 중소벤처기업부장관은 확인·조사 및 확인의 취소 등에 관하여 필요한 사항을 정하여 고시한다.
⑥ 중견기업의 중소기업자 간 경쟁입찰 참여에 관하여는 제7조 제2항·제4항 및 제5항, 제8조의2 제1항·제3항·제5항부터 제7항까지, 제9조부터 제11조까지, 제23조, 제25조, 제35조 및 제36조를 준용한다.

(7) 직접생산의 확인 등

① 공공기관의 장은 중소기업자 간 경쟁의 방법으로 제품조달계약을 체결하거나, 다음의 어느 하나에 해당하는 경우로서 대통령령으로 정하는 추정가격 1천만원 금액 이상의 제품조달계약을 체결하려면 그 중소기업자의 직접생산 여부를 확인하여야 한다. 다만, 중소벤처기업부장관이 직접생산을 확인한 서류를 발급한 경우에는 그러하지 아니하다.
㉠ 「국가를 당사자로 하는 계약에 관한 법률」 또는 「지방자치단체를 당사자로 하는 계약에 관한 법률」에 따라 경쟁제품에 대하여 수의계약의 방법으로 계약을 체결하는 경우로서 대통령령으로 정하는 경우
㉡ 그 밖에 대통령령으로 정하는 자와 경쟁제품에 대하여 수의계약의 방법으로 계약을 체결하는 경우
② 중소벤처기업부장관은 생산설비 기준 등 대통령령으로 정하는 바에 따라 직접생산 여부의 확인기준을 정하여 고시하여야 한다.

③ 공공기관의 장이나 공공기관에 제품을 납품하려는 중소기업자는 필요한 경우 중소벤처기업부장관에게 해당 제품에 대한 직접생산 여부의 확인을 신청할 수 있다.
④ 중소벤처기업부장관은 신청을 받은 때에는 직접생산 여부를 확인하고 그 결과를 해당 중소기업자에게 통보하여야 하고, 직접생산을 하는 것으로 확인된 중소기업자에 대하여는 유효기간을 명시하여 이를 증명하는 서류(이하 '직접생산확인증명서')를 발급할 수 있다. 다만, 해당 중소기업자에 대하여 하기 (9)의 ②에 해당하는 각 사유로 인하여 조사가 진행 중인 경우에는 직접생산 여부 확인을 보류할 수 있다.
⑤ 직접생산확인증명서를 발급받은 중소기업자가 다음의 어느 하나에 해당하는 경우에는 중소벤처기업부령으로 정하는 바에 따라 직접생산 여부의 확인을 재신청하여야 한다.
　㉠ 개인사업자의 대표자가 변경된 경우(포괄 양도·양수 제외)
　㉡ 직접생산 여부에 관한 확인을 받은 공장을 이전한 경우
　㉢ 영위 사업의 양도, 양수, 합병의 경우(포괄 양도·양수 제외)
　㉣ 그 밖에 중소벤처기업부장관이 필요하다고 인정한 경우
⑥ 직접생산확인증명서를 발급받은 중소기업자가 다음의 어느 하나에 해당하는 경우에는 직접생산확인증명서를 재발급받아야 한다.
　㉠ 상호가 변경된 경우
　㉡ 법인의 대표자가 변경된 경우
　㉢ 영위 사업을 포괄 양도·양수한 경우
⑦ 직접생산 여부의 확인 절차와 직접생산확인증명서의 유효기간 및 발급 등에 필요한 사항은 중소벤처기업부령으로 정한다.

(8) 직접생산 확인에 대한 이의신청 특례
① 중소벤처기업부장관은 직접생산 여부 확인 통보에 대한 이의신청을 받은 날부터 10일 이내에 이의신청에 대한 심사결과를 신청인에게 통지하여야 한다.
② 이의신청의 절차, 이의신청에 대한 결정 등에 필요한 사항은 중소벤처기업부령으로 정한다.
③ 상기 사항 외에 이의신청에 관한 사항은 「행정기본법」 제36조(같은 조 제2항 단서는 제외)에 따른다.

(9) 직접생산 확인 취소 등
① 중소벤처기업부장관은 직접생산을 하는 것으로 확인을 받은 중소기업자에 대하여 직접생산 확인 기준 충족 여부와 직접생산 이행 여부에 대하여 조사할 수 있다.
② 직접생산 확인 취소 22 기출
　㉠ 중소벤처기업부장관은 조사결과 중소기업자가 다음의 어느 하나에 해당되는 때에는 그 중소기업자가 받은 직접생산 확인을 취소하여야 한다.
　㉡ 중소기업자는 직접생산 확인이 취소된 날부터 직접생산 여부의 확인을 신청하지 못하고, 그 대상과 기간은 다음의 구분에 따른다. 이 경우 직접생산확인증명서의 유효기간이 만료된 자에 대하여는 그 취소사유에 해당함을 확인한 날부터 직접생산 여부의 확인신청을 제한한다.

구분	대상	취소기간
중소기업자가 받은 모든 제품의 직접생산 확인 취소	거짓이나 그 밖의 부정한 방법으로 직접생산 확인을 받은 경우	모든 제품에 대하여 1년
	• 공공기관의 장과 납품 계약을 체결한 후 하도급생산 납품, 다른 회사 완제품 구매 납품 등 직접생산하지 아니한 제품을 납품하거나 직접생산한 완제품에 다른 회사 상표를 부착하여 납품한 경우 • 정당한 사유 없이 확인기준 충족 여부 확인 및 직접생산 이행 여부 확인을 위한 조사를 거부한 경우	모든 제품에 대하여 6개월
해당 제품만 직접생산 확인 취소	생산설비의 임대, 매각 등으로 직접생산의 확인기준을 충족하지 아니하게 된 경우	중소기업자 간 경쟁입찰에 참여하거나 중소벤처기업부령으로 정하는 기간 이내에 직접생산확인증명서를 반납하지 아니한 경우 직접생산 확인이 취소된 제품에 대하여 6개월
	• 직접생산 여부의 확인 재신청에 해당하는 경우 - 개인사업자의 대표자가 변경된 경우(포괄 양도·양수 제외) - 직접생산 여부에 관한 확인을 받은 공장을 이전한 경우 - 영위 사업의 양도, 양수, 합병의 경우(포괄 양도·양수 제외) - 그 밖에 중소벤처기업부장관이 필요하다고 인정한 경우	중소벤처기업부령으로 정하는 기간 이내(30일 이내)에 직접생산 여부의 확인을 재신청하지 아니하는 경우 직접생산 확인이 취소된 제품에 대하여 3개월 이내

③ 직접생산을 하는 것으로 확인받은 중소기업자는 직접생산 확인기준을 충족하지 아니하게 된 경우에는 중소벤처기업부령으로 정하는 바에 따라 해당 제품에 대한 직접생산확인증명서를 반납하여야 한다.

④ 공공기관의 장은 조달계약을 체결한 중소기업자의 직접생산 확인이 취소된 때에는 그 중소기업자와 체결한 계약의 전부 또는 일부를 해제하거나 해지하여야 한다. 다만, 계약 제품의 특성, 계약 이행 진도 및 구매 일정 등 특별한 사유로 계약 상대자의 변경이 불가능한 경우에는 그러하지 아니하다.

⑤ 직접생산 확인 취소에 필요한 절차 등은 중소벤처기업부령으로 정한다.

⑥ 중소벤처기업부장관은 직접생산 확인을 취소하고자 하는 경우에는 청문을 하여야 한다.

(10) 과징금

① 중소벤처기업부장관은 다음의 어느 하나에 해당하는 자에 대하여 위반행위와 관련된 **매출액의 100분의 30**을 넘지 아니하는 범위에서 과징금을 부과할 수 있다.

  ㉠ 거짓이나 그 밖의 부정한 방법으로 중소기업자 간 경쟁입찰 참여제한 대상에 해당하지 아니함을 중소벤처기업부장관으로부터 확인받은 자

  ㉡ 다음에 해당하여 직접생산 확인이 취소된 자
  • 거짓이나 그 밖의 부정한 방법으로 직접생산 확인을 받은 경우
  • 공공기관의 장과 납품 계약을 체결한 후 하도급생산 납품, 다른 회사 완제품 구매 납품 등 직접생산하지 아니한 제품을 납품하거나 직접생산한 완제품에 다른 회사 상표를 부착하여 납품한 경우

② 중소벤처기업부장관은 과징금을 내야 하는 자가 납부기한까지 이를 내지 아니하면 국세 체납처분의 예에 따라 징수한다.

③ 매출액의 산정, 과징금의 부과기준, 부과절차 및 그 밖에 필요한 사항은 대통령령으로 정한다.

더 알아보기 매출액 산정 및 과징금 부과기준(영 [별표 2])

위반행위(근거 조항)	매출액 및 과징금 금액
거짓이나 그 밖의 부정한 방법으로 중소기업자 간 경쟁입찰 참여제한 대상에 해당하지 않음을 중소벤처기업부장관으로부터 확인받은 경우(법 제11조의2 제1항 제1호)	해당 중소기업자가 해당 연도에 중소기업자 간 경쟁입찰에 참여하여 공공기관에 경쟁제품을 납품한 금액의 100분의 30
거짓이나 그 밖의 부정한 방법으로 직접생산 확인을 받은 후 직접생산 확인이 취소된 경우(법 제11조의2 제1항 제2호)	해당 중소기업자가 법 제9조 제4항 본문에 따른 직접생산확인증명서에 명시된 유효기간 동안 해당 경쟁제품을 납품한 금액의 100분의 20
공공기관의 장과 납품 계약을 체결한 후 하청생산 납품, 다른 회사 완제품 구매 납품 등 직접생산하지 않은 제품을 납품하거나 직접 생산한 완제품에 다른 회사 상표를 부착하여 납품함으로써 직접생산 확인이 취소된 경우(법 제11조의2 제1항 제2호)	해당 중소기업자가 해당 위반행위를 통해 경쟁제품을 납품한 금액의 100분의 10

(11) 공사용 자재의 직접구매 증대

① 중소벤처기업부장관은 경쟁제품으로 지정된 공사용 자재의 구매를 늘리기 위하여 필요한 조치를 할 수 있다.

② 중소벤처기업부장관은 경쟁제품 중에서 공공기관이 발주하는 공사에 필요한 자재로서 공사의 품질과 효율성을 해치지 아니하는 범위에서 공공기관이 직접 구매하여 제공하기에 적합한 제품을 관계 중앙행정기관의 장과 협의하여 선정하고, 고시하여야 한다.

③ 대통령령으로 정하는 규모 이상의 다음의 공사를 발주하려는 공공기관의 장은 중소벤처기업부장관이 고시한 제품의 직접구매 여부를 검토하여 직접구매를 할 수 있도록 필요한 조치를 하여야 한다. 다만, 중소벤처기업부장관이 관계 중앙행정기관의 장과 협의하여 직접구매를 이행할 수 없는 사유로 고시한 경우에는 그러하지 아니하다.
  ㉠ 종합공사를 시공하는 업종에 해당하는 공사인 경우에는 공사 추정가격이 40억원 이상인 공사
  ㉡ 전문공사를 시공하는 업종에 해당하는 공사, 전기공사, 정보통신공사 또는 소방시설공사 등인 경우에는 공사 추정가격이 3억원 이상인 공사

2 기술개발제품 우선구매 지원

1. 기술개발제품 우선구매

(1) 기술개발제품 등에 대한 우선구매(법 제13조)

① 정부는 중소기업자가 개발한 기술개발제품의 수요를 창출하기 위하여 이들 제품을 우선적으로 구매하는 등 필요한 지원시책을 마련하여야 한다.

② 중소벤처기업부장관이나 관계 중앙행정기관의 장은 중소기업자가 개발한 기술개발제품의 구매를 늘리기 위하여 공공기관이나 그 밖에 대통령령으로 정하는 다음의 자에게 우선구매 등 필요한 조치를 요구할 수 있다.
  ㉠ 정부나 지방자치단체로부터 직접적 또는 간접적으로 출연금·보조금 등 재정 지원을 받는 자
  ㉡ 「사립학교교직원 연금법」에 따른 학교기관

③ 요구를 받은 공공기관은 그 요구에 따라 이들 제품의 우선구매 등의 조치를 할 수 없는 경우에는 그 사유를 대통령령으로 정하는 다음의 기간 내에 중소벤처기업부장관과 관계 중앙행정기관의 장에게 각각 통보하여야 한다.
  ㉠ 우선구매조치를 한 경우 : 그 대상 품목(규격 포함), 계약방법 및 계약금액 등 우선구매조치를 한 내용
  ㉡ 우선구매조치를 하지 아니한 경우 : 그 사유를 요구를 최초로 받은 날부터 60일 이내

④ 공공기관의 장은 대통령령으로 정하는 금액 기준(총사업비가 500억원 이상이고 국가의 재정지원 규모가 300억원 이상) 등에 해당하는 국책사업을 실시하는 경우 중소기업 기술개발제품의 수요를 사전 검토하고, 중소기업의 참여방안을 마련하여야 한다.

⑤ 사전 수요 검토, 중소기업 참여방안 마련 등에 관하여 필요한 사항은 중소벤처기업부령으로 정한다.

(2) 기술개발제품 우선구매 지원센터의 설치·운영

① 중소벤처기업부장관은 공공기관의 중소기업 기술개발제품 구매를 촉진하기 위하여 다음의 업무를 수행하는 기술개발제품 우선구매 지원센터를 설치·운영할 수 있다.
  ㉠ 기술개발제품 우선구매 등 필요한 조치의 요구에 필요한 지원
  ㉡ 우선구매 대상 기술개발제품의 홍보
  ㉢ 중소기업 기술개발제품의 구매를 위한 자문 및 협의
  ㉣ 그 밖에 중소기업 기술개발제품 우선구매 촉진에 필요한 업무

② 기술개발제품 우선구매 지원센터의 설치 및 운영에 관하여 필요한 사항은 대통령령으로 정한다.
  ㉠ 기술개발제품 우선구매 지원센터는 각 지방중소벤처기업청에 설치한다.
  ㉡ 기술개발제품 우선구매 지원센터의 장은 각 지방중소벤처기업청의 공공구매업무 담당 부서의 장이 겸임한다.
  ㉢ 기술개발제품 우선구매 지원센터의 장은 업무의 수행에 필요한 담당직원을 1명 이상 지정할 수 있다.

(3) 우선구매 대상 기술개발제품의 지정 등

① 중소벤처기업부장관은 중소기업 기술개발제품 중 성능인증을 받은 제품 등 대통령령으로 정하는 일정한 요건을 갖춘 다음의 제품(이하 '우선구매 대상 기술개발제품')을 지정하여 고시하여야 한다.
  ㉠ 성능인증을 받은 중소기업 기술개발제품
  ㉡ 「조달사업에 관한 법률 시행령」에 따라 우수조달물품으로 지정된 제품
  ㉢ 「산업기술혁신 촉진법」에 따라 신제품으로 인증된 제품
  ㉣ 「소프트웨어 진흥법」에 따라 품질인증을 받은 것으로서 중소벤처기업부령으로 정하는 기준에 해당하는 소프트웨어
  ㉤ 그 밖에 중소벤처기업부장관이 관계 중앙행정기관의 장과 협의하여 지정한 제품
② 중소벤처기업부장관은 고시된 우선구매 대상 기술개발제품에 대하여 판로지원법에서 규정하는 공공기관에 홍보하여야 한다.
③ 우선구매 대상 기술개발제품을 구매(기술개발제품 시범구매 포함)하기로 계약한 공공기관의 구매책임자는 고의나 중대한 과실이 입증되지 아니하면 그 제품의 구매로 생긴 손실에 대하여 책임을 지지 아니한다.

(4) 기술개발제품 시범구매제도

① 중소벤처기업부장관은 우선구매 대상 기술개발제품의 구매를 활성화하고 창업기업의 원활한 판로개척을 지원하기 위하여 별도의 평가 절차를 통하여 구매 대상을 선정하는 방식으로 공공기관의 기술개발제품 구매 의사결정을 대행하는 기술개발제품 시범구매제도(이하 '기술개발제품 시범구매제도')를 운영할 수 있다.
② 공공기관의 장은 기술개발제품 시범구매제도에 참여하기 위하여 노력하여야 한다.
③ 기술개발제품 시범구매제도의 운영, 기술개발제품의 평가 절차 및 기준, 공공기관의 참여 방법에 필요한 사항은 대통령령으로 정한다.

(5) 기술개발제품 시범구매제도 활성화 지원

① 기술개발제품 시범구매제도 활성화 지원
  중소벤처기업부장관은 기술개발제품 시범구매제도를 활성화하기 위하여 다음의 지원을 할 수 있다.
  ㉠ 기술개발제품 시범구매제도를 통하여 구매하는 제품(이하 '시범구매제품')에 대한 성능보험사업 보험료율 우대 등의 지원
  ㉡ 시범구매제품 중 국내외 시장 진출 가능성이 높다고 중소벤처기업부장관이 인정한 제품에 대한 디자인, 정책자금, 국내외 시장 개척 및 판로지원
② 계약의 체결
  ㉠ 공공기관의 장이 시범구매제품을 조달청에 위탁하여 구매하는 경우 조달청장은 시범구매제품의 원활한 구매·공급을 위하여 대통령령으로 정하는 계약방법으로 계약을 체결할 수 있다.
  ㉡ '대통령령으로 정하는 계약방법'이란 「국가를 당사자로 하는 계약에 관한 법률」 등 계약 관련 법령에서 정한 계약방법 중 기술개발제품 시범구매제도를 통하여 구매하는 제품의 원활한 구매·공급을 위하여 중소벤처기업부장관이 조달청장과 협의하여 정하는 계약방법을 말한다.

③ 자료 제출 요구
  ㉠ 중소벤처기업부장관은 기술개발제품의 구매 확대와 기술개발제품 시범구매제도의 활성화를 위하여 공공기관 및 대통령령으로 정하는 다음의 기술개발제품 인증 기관에 기술개발제품의 구매 및 인증에 대한 세부 현황 자료의 제출을 요구할 수 있다. 이 경우 자료의 제출을 요구받은 자는 특별한 사유가 없으면 이에 협조하여야 한다.
    • 우선구매 대상 기술개발제품에 대한 인증 또는 지정 기관
    • 중소벤처기업부장관이 기술개발제품 시범구매제도에 참여할 수 있는 대상으로 고시한 제품에 대한 인증 또는 지정 기관
  ㉡ 중소벤처기업부장관은 공공기관 및 기술개발제품 인증 기관에 다음의 자료를 요구할 수 있다.
    • 공공기관의 기술개발제품 시범구매 계획 및 실적
    • 기술개발제품 인증 기관의 제품 및 중소벤처기업부장관이 기술개발제품 시범구매제도에 참여할 수 있는 대상으로 고시한 제품의 인증 및 지정 현황
    • 그 밖에 중소벤처기업부장관이 기술개발제품의 구매 확대와 기술개발제품 시범구매제도의 활성화 지원에 필요하다고 인정하여 요구하는 자료
④ 자료 제출 요구에 필요한 사항은 대통령령으로 정한다.

(6) 현장검증형 기술개발제품 구매 지원 25 기출

① 중소벤처기업부장관은 중소기업 기술개발제품 중 제품이 사용되는 현장에서 성능·기술 검증이 필요한 제품(이하 '현장검증형 기술개발제품')에 대하여 설치, 성능·기술 검증 등을 원활하게 할 수 있도록 필요한 지원을 할 수 있다.
② 공공기관의 장은 현장검증형 기술개발제품의 성능·기술 검증 및 구매촉진을 위하여 노력하여야 한다.
③ 지원 대상, 지원 방법 및 절차에 필요한 사항은 대통령령으로 정한다.
  ㉠ 지원 대상
    현장검증형 기술개발제품에 대하여 제품이 사용되는 현장에서 실시하는 성능·기술 검증(이하 '현장검증')의 지원을 신청할 수 있는 기업은 다음의 요건을 모두 갖춘 기업으로 한다.
    • 중소기업자(조합 제외)
    • 우선구매 대상 기술개발제품 또는 중소벤처기업부장관이 현장검증이 필요하다고 인정하여 고시한 제품을 개발한 자
  ㉡ 지원 방법 및 절차
    • 현장검증 지원을 받으려는 기업은 중소벤처기업부령으로 정하는 신청서에 현장검증이 필요한 제품임을 증명하는 서류를 첨부하여 중소벤처기업부장관에게 제출해야 한다.
    • 중소벤처기업부장관은 제출받은 서류를 검토하여 필요하다고 인정하는 경우 공공기관의 장에게 현장검증을 지원하도록 요청할 수 있다.
    • 공공기관의 장은 현장검증 지원의 요청을 받으면 그 요청을 받은 날부터 30일 이내에 중소벤처기업부장관에게 현장검증 지원 여부를 통보해야 한다.
    • 현장검증 지원의 방법 및 절차 등에 관한 구체적인 사항은 중소벤처기업부장관이 정하여 고시한다.

(7) 전담기관의 지정 등
　① 중소벤처기업부장관은 기술개발제품 시범구매제도 및 현장검증형 기술개발제품 구매 지원을 효율적으로 추진하기 위하여 기술개발제품 시범구매 및 현장검증형 기술개발제품 구매 지원 업무를 전담하는 기관(이하 '전담기관')을 지정할 수 있다.
　② 중소벤처기업부장관은 예산의 범위에서 전담기관의 운영에 필요한 경비를 지원할 수 있다.
　③ 중소벤처기업부장관은 전담기관이 다음의 어느 하나에 해당하는 경우에는 지정을 취소할 수 있다. 다만, ㉠에 해당하는 경우에는 지정을 취소하여야 한다.
　　㉠ 거짓이나 그 밖의 부정한 방법으로 지정받은 경우
　　㉡ 전담기관의 지정 요건에 적합하지 아니하게 된 경우
　　㉢ 그 밖에 전담기관의 업무를 계속 수행하기 어렵게 된 경우
　④ 중소벤처기업부장관은 전담기관의 지정을 취소하는 경우에는 청문을 하여야 한다.
　⑤ 전담기관의 업무, 지정 요건 및 절차 등에 관한 사항은 대통령령으로 정한다.
　　㉠ 전담기관의 업무, 지정 요건

업무	• 기술개발제품 시범구매제도의 운영 • 기술개발제품 시범구매제도의 활성화 지원 • 현장검증형 기술개발제품의 현장검증 지원 • 그 밖에 기술개발제품의 구매 활성화를 위해 중소벤처기업부장관이 필요하다고 인정하는 업무
지정 요건	• 판로지원사업에 해당하는 사업을 주된 업무로 하는 기관 또는 단체일 것 • 전담기관의 업무를 수행할 전담조직 및 사무공간을 갖출 것

　　㉡ 전담기관의 지정 절차
　　　• 전담기관으로 지정을 받으려는 자는 중소벤처기업부령으로 정하는 신청서에 지정 요건을 갖추었음을 증명할 수 있는 서류를 첨부하여 중소벤처기업부장관에게 제출해야 한다.
　　　• 중소벤처기업부장관은 전담기관을 지정한 때에는 그 사실을 관보 또는 중소벤처기업부 인터넷 홈페이지에 공고해야 한다.
　　　• 전담기관은 해당 연도의 사업계획과 전년도의 추진 실적을 매년 2월 말까지 중소벤처기업부장관에게 제출해야 한다.

(8) 우선구매 대상 기술개발제품 등의 원가계산 지원(법 제20조)
　① 중소벤처기업부장관은 공공기관의 장이 중소기업 기술개발제품에 대하여 적정가격으로 구매할 수 있도록 지원하기 위하여 중소기업의 요청에 따라 우선구매 대상 기술개발제품의 원가계산 비용의 일부를 예산의 범위에서 지원할 수 있다.
　② 비용의 지원에 필요한 사항은 대통령령으로 정한다.
　③ 중소벤처기업부장관은 우선구매 대상 기술개발제품의 원가계산 결과가 공공기관의 기술개발제품 구매에 반영될 수 있도록 필요한 조치를 할 수 있다.
　④ 공공기관의 장은 결정된 원가계산 결과를 예정가격 산정 시 활용할 수 있다.

2. 중소기업제품의 성능인증

(1) 중소기업제품의 성능인증(법 제15조) 22 24 25 기출

① 중소벤처기업부장관은 중소벤처기업부령으로 정한 중소기업 기술개발제품에 대하여 성능인증을 할 수 있다.

② 성능인증을 받으려는 중소기업은 중소벤처기업부장관에게 성능인증을 신청하여야 한다. 다만, 거짓이나 그 밖의 부정한 방법으로 성능인증을 받은 경우에 해당하여 성능인증이 취소된 자는 취소된 날부터 1년간 성능인증을 신청할 수 없다.

③ 중소벤처기업부장관은 성능인증 신청을 받으면 제품의 성능 차별성 검증을 위한 적합성 심사, 공장에 대한 심사와 제품에 대한 성능검사를 하고, 성능인증 기준에 적합하면 성능인증을 하여야 한다.

④ 중소벤처기업부장관은 성능인증을 받은 중소기업이 그 성능인증 제품이나 포장·용기 및 홍보물 등에 중소벤처기업부령으로 정하는 다음의 표지를 사용하게 할 수 있다.

성능인증의 표지(규칙 [별표 2])

이 제품은 「중소기업제품 구매촉진 및 판로지원에 관한 법률」 제15조 제1항에 따라 중소벤처기업부장관으로부터 성능인증을 받은 제품입니다.
(인증기간 : 20 . . . ~ 20 . . .)

⑤ 성능인증을 받지 아니한 자는 성능인증 표지를 사용하여서는 아니 된다.

⑥ 중소벤처기업부장관은 제품의 생산 조건이나 품질에 대한 심사를 주된 업무로 하는 법인이나 단체로서 중소벤처기업부장관의 지정을 받은 자(이하 '시험연구원') 또는 국가기관 소속 시험기관에게 공장에 대한 심사와 제품에 대한 성능검사를 대행하게 할 수 있다.

⑦ 중소벤처기업부장관이나 시험연구원은 성능인증을 하는 경우에는 공장에 대한 심사, 제품에 대한 성능검사 및 성능인증의 유지·관리에 필요한 비용을 대통령령으로 정하는 바에 따라 징수할 수 있다.

⑧ 성능인증의 절차, 성능인증 기준, 시험연구원의 지정 기준과 지정 절차, 그 밖에 필요한 사항은 중소벤처기업부령으로 정한다.

(2) 성능인증의 유효기간 22 24 기출

성능인증의 유효기간은 성능인증을 받은 날부터 4년으로 한다. 다만, 중소벤처기업부장관은 제품 상용화 등을 위하여 필요하면 그 유효기간을 4년 내에서 연장할 수 있다.

(3) 성능인증의 취소 등 23 25 기출

① 중소벤처기업부장관은 성능인증을 받은 중소기업(이하 '성능인증업체')이 다음의 어느 하나에 해당하면 인증을 취소할 수 있다. 다만, ㉠에 해당하면 인증을 취소하여야 한다.
  ㉠ 거짓이나 그 밖의 부정한 방법으로 성능인증을 받은 경우
  ㉡ 중소기업제품의 성능인증 기준에 맞지 아니하게 된 경우
② 중소벤처기업부장관은 시험연구원이 다음의 어느 하나에 해당하는 경우에는 성능검사 대행 지정을 취소하거나 6개월 내의 기간을 정하여 업무의 정지 또는 제한을 명할 수 있다. 다만, ㉠이나 ㉡에 해당하는 경우에는 그 지정을 취소하여야 한다.
  ㉠ 거짓이나 그 밖의 부정한 방법으로 지정을 받은 경우
  ㉡ 업무정지 기간에 성능인증 업무를 한 경우
  ㉢ 시험연구원의 지정기준에 맞지 아니하게 된 경우
  ㉣ 정당한 사유 없이 성능인증 업무를 거부하거나 지연한 경우
③ 중소벤처기업부장관은 ①이나 ②에 따른 처분을 하려면 성능인증업체나 시험연구원으로 하여금 지정된 일시와 장소에 출석하여 의견을 진술하게 하거나 문서로 내도록 할 수 있다.
④ 성능인증업체는 다음의 어느 하나에 해당하면 인증서의 재교부를 신청하여야 한다. 이 경우 ㉡이나 ㉢의 어느 하나에 해당하면 공장에 대한 심사 및 제품에 대한 성능검사를 할 수 있다.
  ㉠ 상호나 대표자가 변경된 경우
  ㉡ 심사를 받은 공장을 이전한 경우
  ㉢ 영업의 양도, 양수, 합병의 경우
  ㉣ 인증서의 분실·훼손 등 중소벤처기업부장관이 필요하다고 인정하는 경우

(4) 성능보험사업의 실시

① 다음의 어느 하나에 해당하는 자는 우선구매 대상 기술개발제품의 구매 때문에 공공기관이 입은 손해를 담보하는 것을 목적으로 하는 사업(이하 '성능보험사업')을 할 수 있다.
  ㉠ 「보험업법」에 따른 보험업을 영위하는 자
  ㉡ 「무역보험법」에 따른 한국무역보험공사
  ㉢ 그 밖에 다른 법령에 따라 보험사업을 할 수 있는 자
② 성능보험사업을 하는 자(이하 '성능보험사업자')는 사업 운영에 필요하다고 인정하면 시험연구원 등 중소벤처기업부령으로 정하는 기관이나 단체에 필요한 자료의 제공을 요청할 수 있다. 이 경우 필요한 자료의 제공을 요청받은 기관이나 단체는 정당한 사유가 없으면 이에 따라야 한다.
③ 성능보험사업의 세칙
  ㉠ 정부가 성능보험사업을 하는 데에 드는 자금을 지원하는 경우 그 성능보험사업의 담보 범위는 대통령령으로 정하고, 운영에 관한 사항, 그 밖에 필요한 사항은 중소벤처기업부장관이 정하여 고시하여야 한다.

ⓒ 성능보험사업의 담보 범위는 담보대상제품의 가액으로 하며, 그 내용은 다음과 같다.
　　　• 해당 제품의 수리 또는 교체비용
　　　• 그 밖에 손해배상을 위하여 필요한 비용으로서 중소벤처기업부장관이 인정하는 비용

(5) 성능인증 및 성능보험사업 지원
① 정부는 중소기업자가 시험연구원 또는 국가기관 소속 시험기관으로부터 공장에 대한 심사 또는 제품에 대한 성능검사를 받는 경우에 이에 소요되는 비용과 성능보험사업을 하는 데에 드는 비용을 예산의 범위에서 지원할 수 있다.
② 지원금의 지급절차, 사용 및 관리 등에 관하여 필요한 사항은 대통령령으로 정한다.

3. 공공조달 상생협력 지원제도 운영

(1) 공공조달 상생협력 지원제도
① 지원 대상(참여기업)의 선정 기준 등
　ⓐ 중소벤처기업부장관은 중소기업자의 혁신역량 강화 및 소재·부품 산업 육성, 국내 생산 중소기업제품에 대한 공공구매 확대 등을 위하여 대기업 등이 중소기업자의 조달시장 납품을 지원하는 공공조달 상생협력 지원제도(이하 '상생협력 지원제도')를 운영할 수 있다.
　ⓑ 상생협력 지원제도 지원 대상의 선정 기준은 다음과 같다.
　　• 대상 제품의 혁신성, 시장 전망 등에 따른 성장성이 충분할 것
　　• 사업계획이 명확하고 이행 가능성이 있을 것
　　• 대기업 등과 참여기업과의 상생협력으로 기대되는 성과가 실현 가능성이 있을 것
　　• 그 밖에 중소기업자의 혁신 역량 강화 등을 위해 중소벤처기업부장관이 필요하다고 인정하여 고시하는 기준을 갖출 것
　ⓒ 상생협력 지원제도의 지원 대상으로 선정되려는 대기업 또는 중소기업자는 중소벤처기업부령으로 정하는 신청서에 다음의 서류를 첨부하여 중소벤처기업부장관에게 제출해야 한다.
　　• 사업 계획서
　　• 참여기업 간의 상생협력의 역할 분담, 권리·의무 등에 관한 협약
　　• ⓑ의 선정 기준을 갖추었음을 증명하는 자료
　ⓓ 중소벤처기업부장관은 상생협력 지원제도의 지원 대상을 선정하려는 경우에는 참여기업과 관계 전문가의 의견을 들어야 한다.
② 지원 대상(대기업과 중소기업자)의 선정
　중소벤처기업부장관은 다음의 어느 하나에 해당하는 방식으로 상생협력을 하는 대기업 또는 중소기업자를 상생협력 지원제도의 지원 대상으로 선정하여 고시할 수 있다.
　ⓐ 납품에 필수적인 제조 시설 및 인력 등을 보유한 기업과의 상생협력
　ⓑ 중소기업제품의 소재·부품을 국산화하기 위하여 이를 직접 생산하는 기업과의 상생협력
　ⓒ 우수한 기술 및 시공 역량 등을 전수받기 위하여 이를 보유한 기업과의 상생협력
　ⓓ 그 밖에 중소기업자의 혁신 역량 강화 등을 위하여 지원이 필요하다고 대통령령으로 인정하는 다음의 상생협력

- 서로 다른 기술 또는 부품을 활용하여 제품을 생산하기 위하여 관련 기술을 보유한 기업과의 상생협력
- 기존 기술을 혁신하거나 새로운 사회적·경제적 가치를 창출할 수 있는 기술을 보유한 기업과의 상생협력
- 그 밖에 중소기업제품의 공공기관 납품을 촉진하기 위하여 지원이 필요하다고 인정하여 중소벤처기업부장관이 정하여 고시하는 기업과의 상생협력

③ 지원 대상 선정의 취소

중소벤처기업부장관은 다음의 어느 하나에 해당하는 경우에는 지원 대상 선정을 취소하고 **5년간** 상생협력 지원제도 참여를 금지하여야 한다.

㉠ 거짓이나 부정한 방법으로 상생협력 지원제도에 참여한 경우
㉡ 중소벤처기업부장관이 실시하는 상생협력 지원제도 수행 평가에 따라 상생협력이 실패 또는 중단으로 결정된 경우
㉢ 지원 대상으로 선정된 후 정당한 사유 없이 상생협력 지원제도 수행을 포기한 경우
㉣ 그 밖에 상생협력의 중대한 위반 행위로서 대통령령으로 정하는 다음의 경우
  - 정당한 사유 없이 참여기업 간의 상생협력의 역할 분담, 권리·의무 등에 관한 협약(이하 '협약')에 따른 의무를 위반하여 당사자에게 경제적인 손해를 끼치는 경우
  - 협약 당사자에 대한 기술 침해행위 등으로 인하여 중소벤처기업부장관으로부터 「중소기업기술 보호 지원에 관한 법률」에 따른 시정권고를 받은 경우

④ 상생협력 지원제도 지원 대상의 선정 기준 및 절차, 수행 평가에 필요한 사항은 대통령령으로 정한다.

(2) 상생협력 지원제도의 수행 평가(영 제17조의3)

① 상생협력 지원제도 수행 평가는 다음의 평가로 구분하여 실시한다.

구 분	내 용	평가 시기
중간평가	상생협력 지원 대상의 공공조달시장 납품 성과와 협약 이행 상황을 평가하여 계속 참여 여부를 결정하는 평가	지원 대상으로 선정된 날부터 1년이 지난 후부터 매년 1회 이상
완료평가	공공조달시장의 납품 실적, 참여기업 간의 성과 배분 및 협약 이행 결과에 대한 평가	지원 대상 사업의 종료일부터 90일 이내
연장평가	상생협력 지원 대상의 참여 성과와 지속적인 상생협력 지원 필요 여부에 대한 평가	지원 대상 사업의 종료 예정일부터 30일 이전까지

② 자료 제출, 현장 점검
  ㉠ 중소벤처기업부장관은 수행 평가를 위하여 필요하다고 인정하는 경우에는 상생협력 지원 대상자에게 공공조달시장의 납품 실적, 참여기업 간의 성과 배분 실적 등 수행 평가에 필요한 자료를 제출하게 할 수 있다.
  ㉡ 중소벤처기업부장관은 제출받은 자료를 검토한 결과 필요하다고 인정하는 경우에는 상생협력 지원 대상에 대한 현장 점검을 실시할 수 있다.

③ 수행 평가의 방법, 기준 및 절차 등에 관하여 필요한 세부사항은 중소벤처기업부령으로 정한다.

(3) 상생협력 지원제도 활성화 지원
① 지원 대상 및 적용 비중 고시
㉠ 중소벤처기업부장관은 소재·부품 산업 육성 및 국내 생산 중소기업제품에 대한 공공구매 확대, 공공조달시장에서 특정 업체로의 편중 해소 등을 위하여 입찰 참여자격을 상생협력 지원제도의 지원 대상으로 제한할 수 있는 제품과 전체 조달계약 대비 제한을 적용하는 비중을 정하여 고시할 수 있다.
㉡ 중소벤처기업부장관은 입찰 참여자격을 제한할 수 있는 제품과 전체 조달계약 대비 입찰 참여자격 제한을 적용하는 비중을 고시하려는 경우에는 기획재정부장관 등 관계 중앙행정기관의 장과 협의해야 한다.
② 중소벤처기업부장관 및 관계부처의 장은 상생협력 지원제도에 따라 선정한 지원 대상에 대하여 공공조달계약 시 우대하는 등 관계 법령에 따른 지원을 할 수 있다.
③ 중소벤처기업부장관은 상생협력 지원제도 활성화를 위하여 관련 제품에 대한 공공구매 현황 및 국내 생산 업체 등에 대한 조사를 실시할 수 있다.
④ 중소벤처기업부장관은 상생협력 지원제도를 통한 소재·부품 산업 육성을 위하여 공공조달시장에 납품되는 제품 중 현황 조사가 필요한 제품과 그 제품의 주요 소재·부품을 지정하여 공고할 수 있고, 지정된 제품을 구매하는 공공기관은 해당 제품의 주요 소재·부품에 대한 원산지 및 생산 업체 등에 대한 정보를 납품 업체로부터 제공받아 중소벤처기업부장관에게 제출하여야 한다. 이 경우 납품 업체는 소재·부품에 관한 정보 제공에 협조하여야 한다.
⑤ 입찰 참여자격 제한 및 상생협력 지원제도 활성화에 필요한 사항은 대통령령으로 정한다.

3 구매 효율성의 제고 및 이행력 확보, 중소기업 판로지원

1. 구매 효율성의 제고 및 이행력 확보

(1) 공공구매지원관리자 지정 등(법 제21조)
① 공공구매지원관리자의 지정
㉠ 중소벤처기업부장관은 구매계획의 이행 등 중소기업제품 구매를 촉진하고 공공기관의 효율적인 구매를 지원하기 위하여 소속 공무원 또는 공공기관의 장이 추천한 중소기업업무 관련 담당자 등을 공공구매지원관리자로 지정하여야 한다. 이 경우 공공구매지원관리자의 임무 및 요건은 대통령령으로 정한다.

ⓒ 공공구매지원관리자의 임무 및 요건

임무	• 작성된 공공기관의 공공구매 증대 계획의 적절성 검토 • 조달계약 및 발주의 적절성 검토 • 공사용 자재의 직접구매 여부 조사 • 우선구매 조치의 이행 여부 조사 • 중소기업자와의 우선조달계약 외의 방법으로 계약을 체결하는 경우의 적절성 검토 • 중소기업자 간 경쟁입찰 외의 다른 방법으로 경쟁제품을 구매하려는 경우의 적절성 검토 • 그 밖에 공공구매 제도의 효율적 지원을 위한 실태조사, 교육·상담 등 필요한 업무의 수행
요건	• 중소벤처기업부 소속 공무원 • 중소벤처기업부장관의 요청에 따라 해당 공공기관의 장이 추천하는 사람으로서 계약 또는 중소기업 업무 관련자 • 그 밖에 중소벤처기업부장관이 지정한 사람

② 지정된 공공구매지원관리자는 해당 공공기관의 제품 발주계획 및 구매실적 등 중소기업제품 구매의 적정성을 검토하여 중소벤처기업부장관에게 보고하여야 하며, 중소벤처기업부장관은 해당 공공기관의 장에게 이에 대한 개선을 권고할 수 있다.

③ 권고를 받은 공공기관의 장은 권고를 받은 날부터 입찰절차를 중지하고 15일 이내에 그 결과를 중소벤처기업부장관에게 통보하여야 한다.

④ 중소벤처기업부장관은 권고를 할 때 그 실효성을 확보하기 위하여 필요한 경우 권고를 하는 날부터 1개월의 기간을 정하여 해당 입찰절차의 중지를 명할 수 있다. 다만, 입찰절차 중지 기간 중에 공공기관의 장이 권고를 이행한 경우 중소벤처기업부장관은 해당 입찰절차의 중지를 해제하여야 한다.

⑤ 중소벤처기업부장관은 권고이행 여부에 대한 결과와 입찰절차 중지 명령에 대한 결과를 취합하여 국무회의 심의를 거쳐 이를 공고하고, 이를 국회에 제출하여야 한다.

⑥ 중소벤처기업부장관은 공공기관의 중소기업제품 등의 구매실적과 상생협력 지원제도 활성화에 기여한 실적 등을 평가하여 공공구매 우수기관 및 공공구매 유공자, 관련 기업에 대한 포상 등 필요한 조치를 할 수 있다.

⑦ 중소벤처기업부장관은 중소기업제품 구매비율이 해당 기관이 해당 연도에 구매할 제품의 구매 총액 대비 50퍼센트 이상 비율 이하인 공공기관에 대하여 그 사유를 조사하여 구매촉진을 위하여 필요한 조치를 할 수 있다.

⑧ 중소벤처기업부장관은 공공기관의 중소기업제품 및 상생협력을 통하여 생산한 것으로 중소벤처기업부장관이 인정한 제품 등의 구매실적을 다음의 평가에 반영하도록 해당 기관·단체의 장에게 요구할 수 있다.
   ㉠ 「정부업무평가 기본법」에 따른 중앙행정기관 및 지방자치단체의 자체평가
   ㉡ 「공공기관의 운영에 관한 법률」에 따른 공기업·준정부기관의 경영실적 평가
   ㉢ 「지방공기업법」에 따른 지방공기업의 경영평가

(2) 하도급 중소기업의 보호

① 공공기관의 장은 대통령령으로 정하는 금액 이상의 제품을 제조·수리·시공하여 공공기관에 납품하거나 인도(이하 '납품')하는 계약을 체결한 사업자(이하 '원사업자')가 납품계약의 전부 또는 일부를 중소기업자에게 위탁한 경우 원사업자가 다음의 어느 하나를 위반한 사실을 발견하면 관계 행정기관에 그 위반 사실을 통보하여야 한다.
　㉠ 「하도급거래 공정화에 관한 법률」 제3조, 제4조부터 제12조까지, 제12조의2, 제12조의3, 제13조, 제13조의2, 제15조, 제16조, 제16조의2 및 제17조부터 제20조까지의 규정
　㉡ 「건설산업기본법」 제34조, 제36조부터 제38조까지의 규정
　㉢ 「전기공사업법」 제12조 제1항

② 상기 ①의 '대통령령으로 정하는 금액'이란 다음의 구분에 따른 금액을 말한다.
　㉠ 물품의 제조나 수리의 경우 : 3억원
　㉡ 다음의 어느 하나에 해당하는 경우 : 3억원
　　• 「건설산업기본법」에 따른 전문공사
　　• 「전기공사업법」에 따른 전기공사
　　• 「정보통신공사업법」에 따른 정보통신공사
　　• 「소방시설공사업법」에 따른 소방시설공사
　㉢ 「건설산업기본법」에 따른 종합공사의 경우 : 50억원

(3) 중소기업자의 품질보장 등

① 중소기업자는 공공기관에 제품을 공급하는 경우에는 그 기관이 요구한 품질을 보장하여야 한다.
② 공공기관은 경쟁제품에 대하여 중소기업자가 제품의 품질보장 의무를 위반하거나 계약을 이행하지 아니하는 등 공공기관이 제시한 조건에 미치지 못하는 경우에는 1개월 이상 2년 이하의 기간을 정하여 그 공공기관과의 계약체결을 제한할 수 있다. 이 경우 중소벤처기업부장관에게 그 사실을 통보하여야 한다.

(4) 원자재 확보와 품질 향상을 위한 사업의 지원

중소벤처기업부장관이나 조합을 관장하는 중앙행정기관의 장은 조합이 조합원의 원자재 확보, 품질 향상, 기술 개발 및 판로 개척을 위하여 실시하는 사업을 지원하는 등 필요한 조치를 할 수 있다.

(5) 중소기업자 등에 대한 정보의 제공

① 중소벤처기업부장관은 공공기관의 구매 효율성을 높이기 위하여 중소기업자 여부 등 대통령령으로 정하는 관련 정보, 중소기업자의 제품의 생산·제공능력 및 계약실적 등에 대한 정보와 공공기관의 구매계획·발주 및 입찰과 낙찰 등에 대한 정보를 수집하여 공공기관과 중소기업자에게 제공하여야 한다.

② 중소벤처기업부장관은 정보의 수집과 제공을 위하여 중소기업제품 공공구매 종합정보망(이하 '구매정보망')을 구축·운영하여야 하며, 정보의 수집과 제공을 위하여 공공기관의 장과 「신용정보의 이용 및 보호에 관한 법률」에 따른 개인사업자신용평가업 또는 기업신용조회업을 하는 신용정보회사 및 구매정보망에 등록하기를 희망하는 중소기업자에게 필요한 정보의 제공, 자체 보유 정보망과 구매정보망과의 연계·협조 등을 요청할 수 있다. 이 경우 중소벤처기업부장관의 요청을 받은 자는 개인정보의 보호, 정보 보안 등에 관련된 특별한 사정이 없으면 그 요청에 따라 정보를 제공하여야 한다.

2. 중소기업 판로지원 등

(1) 판로지원사업

① 중소벤처기업부장관은 중소기업의 국내외 시장 개척과 판로 거점 확보를 지원하기 위하여 다음의 사업을 실시할 수 있다.
   ㉠ 중소기업 제품의 국내 유통망 구축과 홍보·판매 또는 사후관리 지원에 관한 사업
   ㉡ 중소기업의 국내외 전시·박람회 개최 또는 참가 지원에 관한 사업
   ㉢ 국내외의 거래알선과 상품홍보를 위한 정보망 구축 및 운영에 관한 사업
   ㉣ 중소기업의 국내외 마케팅 능력 향상 지원에 관한 사업
   ㉤ 중소기업의 국외 조달 및 유통시장 진출지원에 관한 사업
   ㉥ 중소기업의 국외시장개척단의 파견과 국외진출거점 확보 지원에 관한 사업
   ㉦ 중소기업의 국외진출을 위한 통·번역 및 컨설팅 지원에 관한 사업
   ㉧ 그 밖에 중소기업의 무역진흥을 위한 기반 확충과 판로개척을 위하여 필요하다고 인정하는 사업

② 중소벤처기업부장관은 국내외 판로지원사업의 시행을 위하여 필요하다고 인정하면 대통령령으로 정하는 기관이나 단체에 대하여 그 사업을 위탁하거나 관련 자료와 정보 제공 및 국내외 시장조사 등의 협조를 요청할 수 있다.

③ 중소벤처기업부장관은 사업을 위탁하는 경우에는 그 사업의 수행에 필요한 비용의 전부 또는 일부를 수탁기관에 지원할 수 있다.

④ 중소벤처기업부장관은 중소기업의 경쟁력 강화를 위하여 필요하다고 인정하면 매년 특별시장·광역시장·특별자치시장·도지사 및 특별자치도지사(이하 '시·도지사')와 공동으로 국내외 판로 개척을 위한 지원사업을 실시할 수 있다.

> **더 알아보기** 　대통령령으로 정하는 판로지원기관이나 단체(영 제21조 참조)
>
> - 중소벤처기업진흥공단
> - 대한무역투자진흥공사
> - 한국무역보험공사
> - 한국디자인진흥원
> - 산업연구원
> - 한국과학기술정보연구원 및 한국생산기술연구원
> - 한국산업기술진흥원 및 한국산업기술시험원
> - 중소기업중앙회
> - 한국중소벤처기업유통원
> - 정보통신산업진흥원
> - 한국무역협회
> - 대·중소기업·농어업협력재단
> - 그 밖에 중소벤처기업부장관이 필요하다고 인정하는 기관이나 단체

(2) 중소기업제품전용판매장의 설치 등

① 중소벤처기업부장관은 중소기업제품의 판매촉진 및 판로확대를 위하여 중소기업제품전용판매장을 설치·운영할 수 있다.

② 중소벤처기업부장관은 중소기업제품전용판매장을 설치하는 경우 입지여건, 판매공간 등 중소벤처기업부령으로 정하는 기준에 해당하는 시설이나 공간을 보유한 공공기관에 대하여 필요한 시설이나 공간의 제공을 요청할 수 있으며, 요청을 받은 공공기관은 특별한 사유가 없으면 이에 협조하여야 한다.

③ 중소벤처기업부장관은 중소기업제품전용판매장의 설치 및 운영에 관한 업무를 중소기업제품 판매회사나 대통령령으로 정하는 기관에 위탁할 수 있다.

④ 중소벤처기업부장관은 업무를 위탁받은 중소기업제품 판매회사나 기관에 대하여 중소기업제품전용판매장의 설치 및 운영에 필요한 자금 등을 지원할 수 있다.

⑤ 국가와 지방자치단체는 중소기업제품전용판매장에 입점한 중소기업자에 대하여 마케팅 활동에 드는 비용을 지원할 수 있다.

(3) 중소기업 국외 판로지원계획의 수립·시행

① 중소벤처기업부장관은 매년 중앙행정기관, 지방자치단체 및 판로지원사업 기관이나 단체의 중소기업 국외 판로지원계획을 종합하여 공표하여야 한다.

② 중소벤처기업부장관은 상기 ①의 기관 또는 단체에 중소기업의 국외 판로지원계획의 수립·제출을 요청할 수 있다. 이 경우 기관이나 단체의 장은 특별한 사유가 없는 경우에는 이에 따라야 한다.

(4) 연계생산지원사업 등
① 중소벤처기업부장관은 중소기업제품의 생산과 판로개척을 지원하기 위하여 그 제조, 가공 또는 수리에 관한 수주·발주 정보를 수집하여 중소기업자에게 제공함으로써 중소기업자의 생산과 판로가 연계될 수 있도록 대통령령으로 정하는 바에 따라 필요한 조치를 하여야 한다.
② 중소벤처기업부장관은 다수의 중소기업자가 판매 활동을 강화하기 위하여 공동상표를 도입하거나 이용하려는 경우에는 대통령령으로 정하는 기준 및 절차에 따라 다음의 사항을 지원할 수 있다.
   ㉠ 공동상표 개발 비용
   ㉡ 공동상표 제품의 판매에 필요한 시설과 그 운영자금
   ㉢ 공동상표 제품의 품질 향상 및 디자인 개발
   ㉣ 공동상표 제품에 대한 판매와 수출
   ㉤ 공동상표 제품에 대한 홍보
   ㉥ 그 밖에 공동상표 제품의 판매 활동 강화에 필요한 사항
③ 중소벤처기업부장관은 중소기업자의 연계생산을 지원하기 위하여 다음의 사업을 실시한다.
   ㉠ 중소기업자의 수주·발주에 관한 거래 알선
   ㉡ 거래 알선을 위한 관련 업체에 관한 정보의 데이터베이스 구축
   ㉢ 그 밖에 중소기업자의 연계생산을 지원하기 위하여 필요한 사항
④ 중소벤처기업부장관은 중소기업자의 연계생산을 지원하기 위하여 필요하면 중소기업자 외의 자를 ③의 사업에 참여하게 할 수 있다.

(5) 물류현대화사업 지원
① 중소벤처기업부장관은 제조업을 하는 중소기업자가 생산한 제품 및 원자재·부자재에 대한 유통시설을 조성, 설치 또는 개선하는 사업과 이에 딸린 사업 등 물류현대화사업을 추진하는 경우 이를 지원할 수 있다.
② 물류현대화사업의 지원내용은 자금지원, 지도·연수 및 정보제공 등으로 한다.

(6) 수출중소기업 및 유망품목의 지정·지원
① 중소벤처기업부장관은 중소기업의 국외 판로 확대를 위하여 다음의 중소기업자 또는 품목을 지정하여 지원할 수 있다.
   ㉠ 내수 위주의 중소기업자 중 수출을 준비하거나 추진하는 자로서 대통령령으로 정하는 기준에 해당하는 중소기업자
      • 제조업, 제조업 관련 서비스업 또는 지식기반서비스업을 운영하는 중소기업자
      • 중소벤처기업부장관이 정하여 공고하는 상시근로자수 또는 매출액의 성장률 기준을 충족하는 중소기업자
   ㉡ 수출을 영위하는 중소기업자 중 수출이 유망하거나 미래 성장가능성이 있는 자로서 대통령령으로 정하는 기준에 해당하는 중소기업자
      • 제조업, 제조업 관련 서비스업 또는 지식기반서비스업을 운영하는 중소기업자
      • 중소벤처기업부장관이 정하여 공고하는 수출액 기준이나 상시근로자수 또는 매출액의 성장률 기준을 충족하는 중소기업자

ⓒ 중소기업의 생산비중이 높은 품목 중 수출이 유망하거나 미래 성장가능성이 있는 품목으로서 대통령령으로 정하는 기준에 해당하는 품목
- 최근 3년간의 수출증가율
- 수출시장규모
- 최근 3년간의 시장점유율 및 그 확대 가능성
- 경쟁국과의 기술·가격 비교우위
- 중소기업 수출 비중

② 중소벤처기업부장관은 상기 ①의 ⓒ에 따라 지정된 품목을 주관하는 기관 또는 단체로 하여금 중소기업의 국외시장 공동 개척을 수행하도록 지원할 수 있다.

③ 판로지원사업에 따른 기관이나 단체는 유망품목 지원에 따라 지정된 중소기업자나 품목에 대하여 우선적으로 지원하여야 한다.

④ 중소벤처기업부장관은 지원내용과 실적의 제출을 요청할 수 있다. 이 경우 지원내용과 실적의 제출을 요청받은 기관이나 단체는 특별한 사유가 없는 경우에는 이에 따라야 한다.

⑤ 상기 ①에 따라 지정된 중소기업자나 품목의 지정 및 지원절차 등에 관하여 필요한 사항은 중소벤처기업부장관이 정하여 고시한다.

(7) 중소기업 수출입동향의 분석·공표

① 중소벤처기업부장관은 중소기업의 국외 판로 지원에 관한 정책을 수립하기 위하여 중소기업의 수출입동향을 분석·공표하여야 한다.

② 중소벤처기업부장관은 ①에 따른 분석에 필요한 자료나 정보를 관세청 등 대통령령으로 정하는 기관이나 단체(중앙행정기관, 지방자치단체, 그 밖에 한국무역협회 등 수출 관련 기관이나 단체)에 요청할 수 있으며, 이 경우 기관이나 단체의 장은 특별한 사유가 없는 경우에는 이에 따라야 한다.

③ 중소벤처기업부장관은 분석을 중소벤처기업부장관이 지정하는 기관이나 단체에 위탁할 수 있다.

3. 중소 소모성 자재 납품업 지원

(1) 공공기관의 책무 24 기출

공공기관의 장은 소모성 자재를 구입할 때 대규모 자재구매대행업자와 중소 소모성 자재 납품업자 간에 경쟁이 있는 경우 중소 소모성 자재 납품업자와 우선 계약을 체결하여야 한다.

(2) 중소 소모성 자재 납품업 종합지원센터의 설치

① 중소벤처기업부장관은 중소 소모성 자재 납품업의 활동을 지원하기 위한 정보·상담 및 그 밖의 종합적인 서비스를 제공할 수 있는 중소 소모성 자재 납품업 종합지원센터(이하 '지원센터')를 「중소기업진흥에 관한 법률」에 따라 설립된 판매회사 내에 설치한다.

② 정부는 지원센터의 설치와 운영에 필요한 자금 등을 지원할 수 있다.

③ 중소 제조업체 또는 중소 소모성 자재 납품업자로부터 공급받아 납품하는 지원센터는 공공기관의 장이 소모성 자재 납품 계약을 체결함에 있어 중소 소모성 자재 납품업자로 본다.

(3) 실태조사
① 중소벤처기업부장관은 중소 소모성 자재 납품업자를 체계적으로 육성하기 위하여 중소 소모성 자재 납품업의 현황 및 실태에 관한 조사를 2년마다 실시하고, 그 결과를 공표할 수 있다.
② 중소벤처기업부장관은 실태조사를 하기 위하여 필요한 경우에는 중소 소모성 자재 납품업과 관련된 기관 또는 단체 등에 대하여 자료의 제출이나 의견의 진술을 요청할 수 있다. 이 경우 자료의 제출이나 의견의 진술을 요청받은 기관 또는 단체 등은 특별한 사유가 없으면 요청에 따라야 한다.

4 보칙 및 벌칙

1. 보 칙

(1) 보고와 검사 등(법 제32조)
① 중소벤처기업부장관은 판로지원법을 시행하기 위하여 필요하다고 인정하면 다음의 어느 하나에 해당하는 자에게 필요한 자료의 제출 및 보고를 요구할 수 있으며, 소속 공무원으로 하여금 해당 사무소와 사업장 등에 출입하여 장부·서류나 사업추진과 관련된 물건을 검사하도록 할 수 있다.
 ㉠ 공공기관의 장
 ㉡ 직접생산 확인을 받은 중소기업자
 ㉢ 성능인증을 받은 중소기업자
 ㉣ 시험연구원의 장 및 국가기관 소속 시험기관의 장
 ㉤ 성능보험사업자
 ㉥ 원사업자
 ㉦ 중소벤처기업부장관이 국내외 판로지원사업을 위탁한 기관이나 단체의 장
 ㉧ 중소벤처기업부장관이 중소기업의 국외시장 공동 개척을 수행하도록 지원한 기관 또는 단체의 장
 ㉨ 중소 소모성 자재 납품업 종합지원센터의 장
② 검사를 하는 공무원은 그 권한을 표시하는 증표를 지니고 이를 관계인에게 내보여야 한다.

(2) 특별법인 등의 중소기업 간주
① 「국가를 당사자로 하는 계약에 관한 법률」 또는 다른 법률에 따라 국가와 수의계약의 방법으로 납품계약을 체결할 수 있는 자로서 다음의 법인이나 단체는 다음을 적용하는 경우 중소기업자로 본다.

중소기업자로 보는 법인이나 단체	적용 내용
• 농업협동조합 등 특별법에 따라 설립된 법인 • 「국가유공자 등 단체설립에 관한 법률」에 따라 설립된 단체 중 상이를 입은 자들로 구성된 단체 • 「고엽제후유의증 등 환자지원 및 단체설립에 관한 법률」에 따라 설립된 단체 • 「민법」에 따라 설립된 사단법인 중 「장애인복지법」에 따른 장애인복지단체 또는 장애인을 위한 단체	• 구매 증대 • 구매계획 및 구매실적의 작성 • 중소기업자 간 경쟁 제품의 지정 • 경쟁제품의 계약방법 • 경쟁입찰 참여자격 • 직접생산의 확인 등 • 제직접생산 확인에 대한 이의신청 특례 • 직접생산 확인 취소 등

• 그 밖에 대통령령으로 정하는 법인이나 단체
  - 국가유공자 자활집단촌의 복지공장
  - 중증장애인생산품 생산시설
  - 사회복지법인
	• 공사용 자재의 직접구매 증대
	• 하도급 중소기업의 보호
	• 중소기업자의 품질보장 등
	• 중소기업자 등에 대한 정보의 제공

② 「중소기업진흥에 관한 법률」에 따라 설립된 중소기업제품 판매회사는 공공기관의 장이 구매계획 및 구매실적을 작성함에 있어 중소기업자로 본다.

(3) 권한의 위임·위탁

① 판로지원법에 따른 중소벤처기업부장관의 권한은 대통령령으로 정하는 바에 따라 그 일부를 소속 기관의 장 또는 시·도지사에게 위임하거나 다른 행정기관의 장에게 위탁할 수 있다.

② 중소벤처기업부장관의 업무의 일부는 대통령령으로 정하는 바에 따라 **중소기업중앙회 또는 중소기업제품·벤처기업제품 판매회사에 위탁할 수 있다.**

㉠ 위탁 가능한 업무와 위탁 업체

구 분	업무 내용	위탁 업체
경쟁입찰 참여자격	경쟁입찰에 참여하려는 조합의 중소기업자 간 경쟁입찰 참여자격의 확인	중소기업중앙회, 또는 중소기업제품· 벤처기업제품 판매회사
직접생산의 확인 등	• 직접생산 여부 확인의 신청 접수 및 그 확인과 직접생산확인증명서 발급 • 직접생산 확인에 대한 이의신청 접수 및 그 이의신청에 대한 결정과 통보 • 직접생산 확인의 취소 및 청문의 시행	
기술개발제품 우선구매 지원	• 기술개발제품의 우선구매 등 • 중소기업제품에 대한 성능인증 • 성능인증업체의 인증서 재교부 신청, 공장에 대한 심사 및 제품의 성능검사	
공공조달 상생협력 지원제도	• 상생협력 지원제도 지원대상 선정 신청의 접수 및 의견 청취 • 상생협력 지원제도 수행 평가 • 중소벤처기업부장관이 고시하는 상생협력제품 현황과 공공조달시장에서 차지하는 비중 등에 대한 조사 • 관련 제품에 대한 공공구매 현황 및 구내 생산 업체 등에 대한 조사 • 공공조달시장 납품 제품의 소재·부품의 원산지 및 생산 업체 등에 대한 정보의 수집 및 관리 • 상생협력 지원제도의 지원 대상 및 해당 제품 목록의 제공	중소기업제품· 벤처기업제품 판매회사
중소기업자 등에 대한 정보 제공	• 구매정보망의 구축·운영을 위한 중소기업자와 공공기관에 대한 정보의 수집·등록·수정 및 재생산과 정보의 제공 • 구매정보망에 거짓정보를 제공한 사실의 공개 및 해당 중소기업자의 정보 삭제	
중소기업 판로지원	중소기업의 국내외 시장 개척과 판로 거점 확보 지원을 위한 사업 실시 등	

㉡ 중소벤처기업부장관은 업무를 위탁한 경우에는 위탁받는 기관과 위탁하는 업무를 고시해야 한다.
㉢ 중소기업제품·벤처기업제품판매회사는 거짓정보를 제공한 중소기업자의 정보를 삭제하려면 중소벤처기업부장관에게 미리 보고해야 하며, 연도별 구매정보망의 운영결과를 **다음 연도 1월 31일까지** 중소벤처기업부장관에게 보고해야 한다.

③ 다음의 어느 하나에 해당하는 사람은 「형법」 제129조부터 제132조까지의 규정을 적용할 때에는 공무원으로 본다.
　㉠ 위탁한 업무에 종사하는 중앙회 또는 중소기업제품·벤처기업제품 판매회사의 임원과 직원
　㉡ 전담기관에서 기술개발제품 시범구매 등의 업무에 종사하는 임원과 직원

2. 벌 칙

(1) 벌 칙

① 다음의 어느 하나에 해당하는 자는 3년 이하의 징역 또는 3천만원 이하의 벌금에 처한다.
　㉠ 거짓이나 그 밖의 부정한 방법으로 중소기업자 간 경쟁입찰 참여제한 대상에 해당하지 아니함을 중소벤처기업부장관으로부터 확인받은 자
　㉡ 거짓이나 그 밖의 부정한 방법으로 중소기업제품의 성능인증을 받은 자

② 다음에 따른 직접생산확인증명서를 발급받은 자는 1년 이하의 징역 또는 1천만원 이하의 벌금에 처한다.
　㉠ 거짓이나 그 밖의 부정한 방법으로 직접생산 확인을 받은 경우
　㉡ 공공기관의 장과 납품 계약을 체결한 후 하도급생산 납품, 다른 회사 완제품 구매 납품 등 직접생산하지 아니한 제품을 납품하거나 직접생산한 완제품에 다른 회사 상표를 부착하여 납품한 경우

③ 성능인증을 받지 아니한 자로서 성능인증 표지를 사용한 자는 500만원 이하의 벌금에 처한다.

(2) 양벌규정

법인의 대표자나 법인 또는 개인의 대리인, 사용인, 그 밖의 종업원이 그 법인 또는 개인의 업무에 관하여 상기 (1) 위반행위를 하면 그 행위자를 벌하는 외에 그 법인 또는 개인에게도 해당 조문의 벌금형을 과한다. 다만, 법인 또는 개인이 그 위반행위를 방지하기 위하여 해당 업무에 관하여 상당한 주의와 감독을 게을리하지 아니한 경우에는 그러하지 아니하다.

(3) 과태료

① 자료의 제출 또는 보고를 하지 아니하거나 거짓된 자료를 제출하거나 거짓으로 보고를 한 자 또는 검사를 거부·방해 또는 기피한 자에게는 300만원 이하의 과태료를 부과한다.
② 과태료는 대통령령으로 정하는 바에 따라 중소벤처기업부장관이 부과·징수한다.

PART

10 단원핵심문제

제1과목 중소기업관계법령

01 다음은 중소기업제품 구매촉진 및 판로지원에 관한 법률과 다른 법률과의 관계를 나타낸 것이다. 빈칸에 들어갈 말로 옳은 것은?

> 공공기관의 장은 (　)에 다른 법률에 특별한 규정이 있는 경우를 제외하고는 이 법에서 정하는 바에 따른다.

① 소상공인의 보호 및 지원
② 중소기업의 기술혁신 촉진
③ 중소기업제품의 조달계약을 체결하거나 판로를 지원하는 경우
④ 미래의 유망업종이나 국가경쟁력을 강화시킬 수 있는 전략업종
⑤ 사행산업 등 경제질서 및 미풍양속에 현저히 어긋나는 경우

해설　③ 공공기관의 장은 중소기업제품의 조달계약을 체결하거나 판로를 지원하는 경우에 다른 법률에 특별한 규정이 있는 경우를 제외하고는 이 법에서 정하는 바에 따른다(중소기업제품 구매촉진 및 판로지원에 관한 법률 제3조).
① 소상공인의 보호 및 지원에 관하여 다른 법률에 특별한 규정이 있는 경우를 제외하고는 이 법에서 정하는 바에 따른다(소상공인 보호 및 지원에 관한 법률 제5조).
② 중소기업의 기술혁신 촉진에 관하여 다른 법률에 특별한 규정이 있는 것을 제외하고는 이 법에서 정하는 바에 따른다(중소기업 기술혁신 촉진법 제4조).
④ 이 법은 경제환경이 변하여 경쟁력을 확보하는 것이 구조적으로 어려워 사업전환이 필요하거나 미래의 유망업종이나 국가경쟁력을 강화시킬 수 있는 전략업종으로 사업전환이 필요한 중소기업자로서 업종, 규모 등에 관하여 대통령령으로 정하는 기준에 해당하는 자에 대하여 적용한다(중소기업 사업전환 촉진에 관한 특별법 제3조).
⑤ 이 법은 벤처투자에 관하여 적용한다. 다만, 사행산업 등 경제질서 및 미풍양속에 현저히 어긋나는 경우로서 대통령령으로 정하는 경우에 대해서는 적용하지 아니한다(벤처투자 촉진에 관한 법률 제3조).

정답　01 ③

02 중소기업제품 구매촉진 및 판로지원에 관한 법령상 구매계획 및 구매실적의 작성에 관한 설명으로 옳지 않은 것은?

① 공공기관의 장은 예산과 사업계획을 고려하여 중소기업제품의 구매 증대를 위한 구매계획과 전년도 구매실적을 중소벤처기업부장관에게 통보하여야 한다.
② 구매계획에 대통령령으로 정하는 중소기업제품 구매목표비율을 제시하여야 하며, 중소기업제품 구매목표비율은 해당 기관이 해당 연도에 구매할 제품의 구매 총액 대비 40퍼센트 이상으로 하여야 한다.
③ 중소벤처기업부장관은 구매계획의 이행 등 중소기업제품 구매를 촉진하고 공공기관의 효율적인 구매를 지원하기 위하여 공공기관의 중소기업제품 구매계획 및 구매실적의 작성 지침을 마련하여 공공기관의 장에게 통보하여야 한다.
④ 중소벤처기업부장관은 공공기관의 장에게 구매계획의 이행 점검 등을 위하여 중소기업제품 구매실적의 제출을 요구할 수 있으며, 이 경우 공공기관의 장은 특별한 사유가 없는 경우에는 이에 따라야 한다.
⑤ 구매계획과 구매실적의 통보 및 제출요구에 관하여 필요한 사항은 대통령령으로 정한다.

해설 중소기업제품 구매목표비율은 해당 기관이 해당 연도에 구매할 제품의 구매 총액 대비 50퍼센트 이상으로 하여야 한다. 다만, 공공기관의 특성상 중소기업제품 구매비율을 50퍼센트 이상 달성하기 어려운 공공기관의 장은 중소벤처기업부장관과 협의하여 구매목표비율을 따로 정할 수 있다(중소기업제품 구매촉진 및 판로지원에 관한 법률 시행령 제4조 제3항).

03 중소기업제품 구매촉진 및 판로지원에 관한 법률상 중소벤처기업부장관이 직접생산 확인을 받은 중소기업자에 대하여 조사한 결과 그 중소기업자가 받은 모든 제품에 대한 직접생산 확인을 취소하여야 하는 경우를 모두 고른 것은?(단, 업무의 위탁은 고려하지 않음)

> ㄱ. 거짓으로 직접생산 확인을 받은 경우
> ㄴ. 직접생산 여부에 관한 확인을 받은 공장을 이전한 경우
> ㄷ. 공공기관의 장과 납품 계약을 체결한 후 다른 회사 완제품 구매 납품 등 직접생산하지 아니한 제품을 납품한 경우
> ㄹ. 정당한 사유 없이 확인기준 충족 여부 확인 및 직접생산 이행 여부 확인을 위한 조사를 거부한 경우

① ㄱ, ㄴ, ㄷ
② ㄱ, ㄴ, ㄹ
③ ㄱ, ㄷ, ㄹ
④ ㄴ, ㄷ, ㄹ
⑤ ㄱ, ㄴ, ㄷ, ㄹ

해설 직접생산 확인 취소 등(중소기업제품 구매촉진 및 판로지원에 관한 법률 제11조 참조)

구 분	대 상	취소기간
중소기업자가 받은 모든 제품의 직접생산 확인 취소	거짓이나 그 밖의 부정한 방법으로 직접생산 확인을 받은 경우	모든 제품에 대하여 1년
	• 공공기관의 장과 납품 계약을 체결한 후 하도급생산 납품, 다른 회사 완제품 구매 납품 등 직접생산하지 아니한 제품을 납품하거나 직접생산한 완제품에 다른 회사 상표를 부착하여 납품한 경우 • 정당한 사유 없이 확인기준 충족 여부 확인 및 직접생산 이행 여부 확인을 위한 조사를 거부한 경우	모든 제품에 대하여 6개월
해당 제품만 직접생산 확인 취소	생산설비의 임대, 매각 등으로 직접생산의 확인기준을 충족하지 아니하게 된 경우	중소기업자 간 경쟁입찰에 참여하거나 중소벤처기업부령으로 정하는 기간 이내에 직접생산확인증명서를 반납하지 아니한 경우 직접생산 확인이 취소된 제품에 대하여 6개월
	• 직접생산 여부의 확인 재신청에 해당하는 경우 - 개인사업자의 대표자가 변경된 경우(포괄 양도·양수 제외) - 직접생산 여부에 관한 확인을 받은 공장을 이전한 경우 - 영위 사업의 양도, 양수, 합병의 경우(포괄 양도·양수 제외) - 그 밖에 중소벤처기업부장관이 필요하다고 인정한 경우	중소벤처기업부령으로 정하는 기간 이내에(30일 이내)에 직접생산 여부의 확인을 재신청하지 아니하는 경우 직접생산 확인이 취소된 제품에 대하여 3개월 이내

정답 03 ③

04 중소기업제품 구매촉진 및 판로지원에 관한 법률상 다음의 성능인증에 관한 설명으로 옳지 않은 것은?

① 중소벤처기업부장관은 중소벤처기업부령으로 정한 중소기업 기술개발제품에 대하여 성능인증을 할 수 있다.
② 중소벤처기업부장관은 성능인증을 받은 중소기업이 그 성능인증 제품이나 포장·용기 및 홍보물 등에 중소벤처기업부령으로 정하는 표지를 사용하게 할 수 있다.
③ 성능인증을 받지 아니한 자는 성능인증 표지를 사용하여서는 아니 되며, 이를 위반한 자는 500만원 이하의 벌금에 처한다.
④ 거짓으로 성능인증을 받아 그 성능인증이 취소된 자는 취소된 날부터 5년간 성능인증을 신청할 수 없다.
⑤ 성능인증의 유효기간은 성능인증을 받은 날부터 4년으로 한다.

> **해설** 성능인증을 받으려는 중소기업은 중소벤처기업부장관에게 성능인증을 신청하여야 한다. 다만, 거짓이나 그 밖의 부정한 방법으로 성능인증을 받은 경우에 해당하여 그 성능인증이 취소된 자는 취소된 날부터 1년간 성능인증을 신청할 수 없다(중소기업제품 구매촉진 및 판로지원에 관한 법률 제15조 제2항 및 제17조 제1항 제1호 참조).

05 중소기업제품 구매촉진 및 판로지원에 관한 법령상 중소벤처기업부장관이 상생협력 지원제도의 지원 대상으로 선정하여 고시할 수 있는 방식으로 옳지 않은 것은?

① 납품에 필수적인 제조 시설 및 인력 등을 보유한 기업과의 상생협력
② 중소기업제품의 소재·부품을 국산화하기 위하여 이를 직접 생산하는 기업과의 상생협력
③ 우수한 기술 및 시공 역량 등을 전수받기 위하여 이를 보유한 기업과의 상생협력
④ 서로 다른 기술 또는 부품을 활용하여 제품을 생산하기 위하여 관련 기술을 보유한 기업과의 상생협력
⑤ 새로운 사회적·경제적 가치의 창출을 위해 다른 참여기업의 기존 기술을 무단으로 취득한 후 이를 혁신한 기업과의 상생협력

> **해설** 중소벤처기업부장관은 기존 기술을 혁신하거나 새로운 사회적·경제적 가치를 창출할 수 있는 기술을 보유한 기업과의 상생협력을 상생협력 지원제도의 지원 대상으로 선정하여 고시할 수 있다(중소기업제품 구매촉진 및 판로지원에 관한 법률 시행령 제17조의 2 제4항 제2호 참조). 하지만 다른 참여기업의 기술을 무단으로 취득한 경우는 정당한 사유 없이 참여기업 간의 상생협력의 역할 분담, 권리·의무 등에 관한 협약에 따른 의무를 위반하여 당사자에게 경제적인 손해를 끼치는 경우에 속하기 때문에 상생협력 지원제도 참여 금지 등의 사유에 해당된다(동법 시행령 제17조의4 제1호 참조).

06 중소기업제품 구매촉진 및 판로지원에 관한 법령상 공공구매지원관리자의 임무로 옳지 않은 것은?

① 우선구매 조치의 이행 여부 조사
② 직접생산확인증명서 발급
③ 공사용 자재의 직접구매 여부 조사
④ 조달계약 및 발주의 적절성 검토
⑤ 공공기관의 공공구매 증대 계획의 적절성 검토

> **해설** 직접생산확인증명서 발급은 중소벤처기업부장관의 업무이다(동법 제9조 제4항 참조).
> **공공구매지원관리자의 임무**(중소기업제품 구매촉진 및 판로지원에 관한 법률 시행령 제18조 제1항)
> • <u>공공기관의 공공구매 증대 계획의 적절성 검토</u>
> • <u>조달계약 및 발주의 적절성 검토</u>
> • <u>공사용 자재의 직접구매 여부 조사</u>
> • <u>우선구매 조치의 이행 여부 조사</u>
> • 중소기업자와의 우선조달계약 외의 방법으로 계약을 체결하는 경우의 적절성 검토
> • 중소기업자 간 경쟁입찰 외의 다른 방법으로 경쟁제품을 구매하려는 경우의 적절성 검토
> • 그 밖에 공공구매 제도의 효율적 지원을 위한 실태조사, 교육·상담 등 필요한 업무의 수행

정답 05 ⑤ 06 ②

07 중소기업제품 구매촉진 및 판로지원에 관한 법률상 판로지원사업으로 옳은 것을 모두 고른 것은?

> ㄱ. 중소기업의 국내외 전시·박람회 개최 또는 참가 지원에 관한 사업
> ㄴ. 중소기업의 국외 조달 및 유통시장 진출지원에 관한 사업
> ㄷ. 중소기업의 국외진출을 위한 통·번역 및 컨설팅 지원에 관한 사업
> ㄹ. 중소기업의 국내외 마케팅 능력 향상 지원에 관한 사업

① ㄱ, ㄴ, ㄷ ② ㄱ, ㄷ, ㄹ
③ ㄱ, ㄴ, ㄹ ④ ㄴ, ㄷ, ㄹ
⑤ ㄱ, ㄴ, ㄷ, ㄹ

해설 판로지원사업(중소기업제품 구매촉진 및 판로지원에 관한 법률 제26조 제1항)
- 중소기업 제품의 국내 유통망 구축과 홍보·판매 또는 사후관리 지원에 관한 사업
- <u>중소기업의 국내외 전시·박람회 개최 또는 참가 지원에 관한 사업</u>
- 국내외의 거래알선과 상품홍보를 위한 정보망 구축 및 운영에 관한 사업
- <u>중소기업의 국내외 마케팅 능력 향상 지원에 관한 사업</u>
- <u>중소기업의 국외 조달 및 유통시장 진출지원에 관한 사업</u>
- 중소기업의 국외시장개척단의 파견과 국외진출거점 확보 지원에 관한 사업
- <u>중소기업의 국외진출을 위한 통·번역 및 컨설팅 지원에 관한 사업</u>
- 그 밖에 중소기업의 무역진흥을 위한 기반 확충과 판로개척을 위하여 필요하다고 인정하는 사업

08 중소기업제품 구매촉진 및 판로지원에 관한 법률의 내용으로 옳지 않은 것은?

① 「중소기업협동조합법」에 따른 중소기업협동조합은 「중소기업제품 구매촉진 및 판로지원에 관한 법률」의 중소기업자에 해당한다.
② 중소벤처기업부장관은 중소기업자가 직접 생산·제공하는 제품으로서 판로 확대가 필요하다고 인정되는 제품을 중소기업자 간 경쟁 제품으로 지정할 수 있다.
③ 중소기업자가 거짓이나 부정한 방법으로 상생협력 지원제도에 참여한 경우 중소벤처기업부장관은 지원대상 선정을 취소하고 5년간 상생협력 지원제도 참여를 금지하여야 한다.
④ 공공기관의 장은 소모성 자재를 구입할 때 대규모 자재구매대행업자와 중소 소모성 자재 납품업자 간에 경쟁이 있는 경우 대규모 자재구매대행업자와 우선 계약을 체결하여야 한다.
⑤ 중소벤처기업부장관은 중소기업의 국내외 전시·박람회 개최 또는 참가 지원에 관한 사업을 실시할 수 있다.

해설 공공기관의 장은 소모성 자재를 구입할 때 대규모 자재구매대행업자와 중소 소모성 자재 납품업자 간에 경쟁이 있는 경우 <u>중소 소모성 자재 납품업자와 우선 계약</u>을 체결하여야 한다(중소기업제품 구매촉진 및 판로지원에 관한 법률 제31조의2).

09 중소기업제품 구매촉진 및 판로지원에 관한 법률상 중소기업으로 간주되는 특별법인 등에 속하지 않는 것은?

① 「여성기업지원에 관한 법률」에 따른 여성기업
② 농업협동조합 등 특별법에 따라 설립된 법인
③ 「국가유공자 등 단체설립에 관한 법률」에 따라 설립된 단체 중 상이를 입은 자들로 구성된 단체
④ 「고엽제후유의증 등 환자지원 및 단체설립에 관한 법률」에 따라 설립된 단체
⑤ 「민법」에 따라 설립된 사단법인 중 「장애인복지법」에 따른 장애인복지단체 또는 장애인을 위한 단체

해설 특별법인 등의 중소기업 간주(중소기업제품 구매촉진 및 판로지원에 관한 법률 제33조 제1항 참조)
국가와 수의계약의 방법으로 납품계약을 체결할 수 있는 자로서 다음의 법인이나 단체는 중소기업자로 본다.
- 농업협동조합 등 특별법에 따라 설립된 법인
- 「국가유공자 등 단체설립에 관한 법률」에 따라 설립된 단체 중 상이를 입은 자들로 구성된 단체
- 「고엽제후유의증 등 환자지원 및 단체설립에 관한 법률」에 따라 설립된 단체
- 「민법」에 따라 설립된 사단법인 중 「장애인복지법」에 따른 장애인복지단체 또는 장애인을 위한 단체
- 그 밖에 대통령령으로 정하는 법인이나 단체

10 중소기업제품 구매촉진 및 판로지원에 관한 법률상 1년 이하의 징역 또는 1천만원 이하의 벌금에 처하는 자를 모두 고른 것으로 옳은 것은?

> ㄱ. 거짓이나 그 밖의 부정한 방법으로 중소기업자 간 경쟁입찰 참여제한 대상에 해당하지 아니함을 중소벤처기업부장관으로부터 확인받은 자
> ㄴ. 거짓이나 그 밖의 부정한 방법으로 중소기업제품의 성능인증을 받은 자
> ㄷ. 거짓이나 그 밖의 부정한 방법으로 직접생산 확인을 받아 직접생산확인증명서를 발급받은 자
> ㄹ. 성능인증을 받지 아니하고 성능인증 표지를 사용한 자

① ㄱ
② ㄴ
③ ㄷ
④ ㄹ
⑤ ㄱ, ㄴ

해설 벌칙(중소기업제품 구매촉진 및 판로지원에 관한 법률 제35조 참조)

3년 이하의 징역 또는 3천만원 이하의 벌금	• 거짓이나 그 밖의 부정한 방법으로 제8조의2 제1항 제1호(분할 등으로 설립되는 기업과 존속하는 기업이 같은 종류의 사업을 영위하는 경우에 해당하는 중소기업) 및 제2호(대기업과 대통령령으로 정하는 지배 또는 종속의 관계에 있는 기업들의 집단에 포함되는 중소기업)에 따른 중소기업자 간 경쟁입찰 참여제한 대상에 해당하지 아니함을 중소벤처기업부장관으로부터 확인받은 자 • 거짓이나 그 밖의 부정한 방법으로 제15조 제1항(중소기업제품의 성능인증)에 따른 성능인증을 받은 자
1년 이하의 징역 또는 1천만원 이하의 벌금	• 다음의 방법으로 직접생산확인증명서를 발급받은 자 - 거짓이나 그 밖의 부정한 방법으로 직접생산 확인을 받은 경우 - 공공기관의 장과 납품 계약을 체결한 후 하도급생산 납품, 다른 회사 완제품 구매 납품 등 직접생산하지 아니한 제품을 납품하거나 직접생산한 완제품에 다른 회사 상표를 부착하여 납품한 경우
500만원 이하의 벌금	성능인증을 받지 아니하고 성능인증 표지를 사용한 자

제 2 과목 | 경영학

PART 01 경영학의 기초
PART 02 경영전략
PART 03 마케팅(Marketing)
PART 04 조직행위론
PART 05 인적자원관리
PART 06 생산관리
PART 07 경영정보시스템(MIS)

많이 보고 많이 겪고 많이 공부하는 것은 배움의 세 기둥이다.

– 벤자민 디즈라엘리 –

  **끝까지 책임진다! 시대에듀!**

QR코드를 통해 도서 출간 이후 발견된 오류나 개정법령, 변경된 시험 정보, 최신기출문제, 도서 업데이트 자료 등이 있는지 확인해 보세요! 시대에듀 합격 스마트 앱을 통해서도 알려 드리고 있으니 구글 플레이나 앱 스토어에서 다운받아 사용하세요. 또한, 파본 도서인 경우에는 구입하신 곳에서 교환해 드립니다.

PART 01 경영학의 기초

제2과목 경영학

체크포인트
경영학 시험에서 경영관리의 역사 부분은 아주 중요하다. 전통적 관리론, 인간관계론, 근대적 조직론, 현대적 이론에 무엇이 있는지 반드시 이해하고 넘어가자.

1 경영학의 기초개념

1. 경영학(Business Management ; 經營學)의 정의 24 기출

(1) 경영학이란 현대산업의 구조가 복잡해지고 무한 경쟁시대가 도래함에 따라 실제적으로 회사를 경영하기 위한 지식을 체계화하는 학문이다. 경영학의 분야를 넓게 보면 국민경제 전체에 접근하고, 좁게는 회사에서 발생하는 문제만을 보기도 한다. 경영학의 목적인 기업 및 조직에 관한 현상을 밝히는 점에 비추어 볼 때 인간과 인간의 의사결정에 의한 관계가 발생하는 사회현상에 대해 연구하는 사회과학의 범주에 속한다고 볼 수 있다.[1]

(2) 경영은 넓은 의미로 인간의 삶에 필요한 재화나 서비스를 생산하여 공급하는 활동이며 개별 경제주체인 국가, 가계, 기업의 경제적 활동을 연구하는 것이라고 정의할 수 있다. 좁게는 기업의 이윤극대화를 목표로 하는 경제활동이라고 말할 수 있는데, 여기서 말하는 기업은 인간 생활에 필요한 재화나 용역을 이익 획득 목적으로 생산·공급하는 생산조직체이다. 그러므로 경영학의 최종적 목표는 모든 조직체에 보편타당한 일반원리를 만들어 나가는 것이다.

> 경영학은 사회과학이며, 실천과학이고 응용과학이다.

(3) 경영의 2가지 지표인 효율성과 효과성 18 22 기출

① **효율성(Efficiency)** : 달성된 결과와 사용된 자원과의 관계이다.
   예 회수율, 능률
② **효과성(Effectiveness)** : 계획된 활동이 실현되어 계획된 결과가 달성되는 정도이다.
   예 목표 대비 실적[계획 수량(목표)와 생산수량(실적)의 달성정도]

이상으로 정리하면 '효과성이 있다'는 것은 어떤 일을 하면서 목적에 부합한다는 것이고 '효율성이 있다'는 것은 일의 목적과는 상관없이 경제적이고 능률적인 것을 말한다. 즉, 효과성은 '방향성'과 관련이 깊고 효율성은 '힘'과 관련이 있는 것이다.

---

[1] 임창희(2011), 《경영학원론》, 학현사, 19쪽

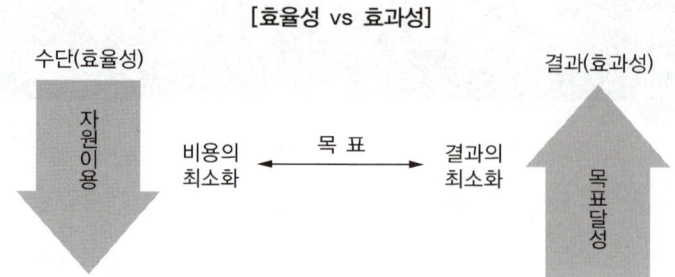

(4) 경영마인드와 행정마인드

경영마인드는 효과성과 효율성을 추구하는 마인드이며 행정마인드는 형평성과 일관성을 추구하는 마인드이다.

경영마인드	행정마인드
현실에 도전	현실을 있는 그대로 받아들임
개혁을 통한 창조	현상유지를 위한 관리
먼 앞날을 계산	눈앞의 손(損)과 득(得) 계산
'무엇을, 왜'를 문제 삼음	'언제, 어떻게'를 문제 삼음

2. 경영학의 두 흐름

경영학은 크게 독일 경영학과 미국 경영학으로 구별된다. 독일 경영학은 14~16세기 이탈리아에서 생성된 상업학이 독일에 정착하여 경영경제학으로 발달한 것이다. 미국 경영학은 기업을 주된 연구대상으로 삼는 경영관리학(Business Administration ; Business Management)이라는 점에서 독일 경영학과 다르다. 미국 경영학과 독일 경영학은 발달 과정에서 각기 독자적인 성격을 지녀왔지만 오늘날에는 서로 영향을 주고받아 점차 유사해지는 현상을 보이고 있다.

(1) 독일 경영학

① 1675년에 출판된 사뵈리(J. Savary)의 『완전한 상인』을 경영학의 태동으로 본다. 이때부터 경영학이라는 개념이 정립되기 시작하였기 때문이다. 그러나 학문적 성립은 사뵈리가 프랑스인임에도 불구하고 독일에서 이루어지게 되었다. 독일 경영학은 말페르거(P. Marperger), 루도비찌(K. Ludovici), 그리고 로이크스(J. Leuchs) 등의 노력으로 사뵈리의 상업학을 독일 상업학으로 소화해 나갔다.

② 20세기 초엽 독일 각지에 대학 수준의 각급 상업교육기관이 처음으로 설치되었다. 대표기관으로는 세계최초의 상과대학인 라이프찌히 대학과 퀼른 대학이 있다. 이렇듯 독일 경영학은 처음부터 학자들에 의해 다루어졌으므로 실무가 중심인 미국 경영학과는 상이한 학풍을 이어갔다.

(2) 미국 경영학

19세기 중반 무렵 산업혁명을 거쳐 남북전쟁 이후 비약적인 공업화를 전개하는 산업발달기 속에서 미국 경영학의 씨앗이 탄생하였다고 해도 과언이 아닐 것이다. 미국의 경영연구는 생산관리나 재무관리 등 실천적·실용적인 연구가 중심이 되고 있다. 따라서 미국의 경영학파는 다양한 학파가 존재하지만 이는 독일 경영학파와 같이 체계화된 과학으로서의 통일성을 나타내지는 못하고 있다.

> **학습포인트**
> 독일 경영학은 학문적 측면이 강하고, 미국 경영학은 실용주의적 측면이 강하다.

2 경영관리의 역사

> **학습포인트**
> 경영관리의 역사는 시험에 자주 출제되므로 각 시대별 흐름과 짝지어진 학자를 중심으로 연관지어 공부하는 것이 중요하다(저서도 함께 봐두자).

전통적 관리론	인간관계론	근대적 조직론	현대적 이론
테일러, 포드, 페이욜, 베버	메이요, 뢰슬리스버거	버나드, 사이먼	• 시스템 이론 • 상황 이론 • 복잡성 이론
• 생산성의 시대 • 경제인 가설 • 인간 없는 조직	• 인간성의 시대 • 사회인 가설 • 조직 없는 인간	• 합리성의 시대 • 관리인 가설 • 인간 있는 조직	

1. 고전적 관리론(전통적 관리론)

(1) 테일러(F. Taylor)의 과학적 관리법(Scientific Management) 20 23 기출

① 정 의

테일러(F. Taylor)에 의해 주창된 과학적 관리론은 조직관리를 과학적으로 하여 인간의 생산성을 증대시키고자 하는 일련의 연구를 의미한다. 작업공정의 능률을 최고조로 높이기 위해 시간연구와 동작연구를 기초로 노동의 표준량을 정하고 임금을 작업량에 따라 지급하는 등의 방법으로, 기존의 주먹구구식 작업 방식을 현대적 관리의 개념으로 전환하는 계기가 되었던 관리기법이다.

② 특 징

㉠ 과업관리 : 과업을 과학적으로 설정하여 노동자의 조직적인 태업을 방지한다.

㉡ 작업량에 따른 차별적 성과급제 : 동일 작업에 대하여 과업을 달성하는 경우 고임금, 달성하지 못하는 경우 저임금을 지급한다(고임금·저노무비 달성).

테일러(F. Taylor)

ⓒ 시간연구와 동작연구(작업의 표준화) : 일일 적정 생산량을 산출하기 위해 초시계를 사용하여 동작 최소시간을 측정한다.
　　ⓔ 직능식 직장제도(과학적 인사관리) : 작업을 전문화하고 전문화된 작업마다 직장(職長 ; 작업반장)을 두어 관리하도록 한다.
③ 성 과
　노동생산성 향상에 따라 근로자는 고임금을 받게 되는 동시에 기업주는 일정 금액에 대한 생산량 증가에 따른 저노무비의 혜택을 받게 된다. 테일러의 과학적 관리법은 이를 발전시키는 데 협력한 간트, 길브레스 부처(夫妻), 에머슨 등에 의하여 과업의 과학적 설정에 필요한 동작연구, 시간과 동작을 결합한 작업연구, 표준원가에 의한 통제기능의 강화 등 많은 발전을 이룩했다.
④ 한 계
　　⊙ 관리철학(경영이념)의 한계
　　　테일러는 노사 간의 이해 불일치로 발생하는 기업 내부의 문제만 해결하면 된다고 보았다. 그러나 기업은 근로자와 경영자를 포함하는 하나의 사회조직이므로, 전체 사회조직에 공통된 원리가 포함되어야 한다.
　　ⓛ 기업의 인간적 측면을 무시
　　　인간노동을 기계화하여 노동생산성을 높이는 데만 치중하였기 때문에 인간의 심리적·생리적·사회적 측면에 대한 고려를 하지 않았다. 따라서 노동조합 측이나 일반사회의 지지를 받지 못하였다.

기출문제분석

테일러(F. Taylor)의 과학적 관리법에 관한 설명으로 옳지 않은 것은?　2013년

① 시간연구와 동작연구
② 공정한 작업량 설정
③ 작업에 적합한 과학적인 근로자 선발
④ 시간제 임금지급을 통한 차별적 성과급제
⑤ 관리활동의 기능별 분업

해설　테일러(F. Taylor)의 과학적 관리법은 시간제 임금보다는 생산량에 따라 임금을 지급하는 것이다.

정답 ④

---

(2) 포드 시스템(Ford System)　17 20 23 기출
① 정 의
　미국의 자동차 왕 포드(H. Ford)가 1913년에 실행한 대량생산관리 시스템이다. 그는 부품의 표준화, 제품의 단순화, 작업의 전문화 등 '3S 운동'을 전개하고 컨베이어 시스템에 의한 이동조립방법을 채택해 작업의 동시 관리를 꾀하여 생산능률을 극대화했다. 이것은 테일러 시스템의 단점을 보완한 것으로, 진보된 과학적 관리법이라 할 수 있다.

② 특 징
   ㉠ 이동조립법 : '일에 사람을 가져가는' 대신 '사람에게로 일을 가져가는' 포드의 착상을 실현시킨 생산 시스템이다. 구체적으로는 작업공정의 순서대로 배치된 작업자 앞을 재료가 컨베이어에 의해 규칙적으로 통과하며, 각 작업자는 고정된 장소에서 일정한 리듬을 타고 작업에 임하는 생산 시스템이다. 이는 중단이 없는 흐름을 유지하는 생산 시스템이라는 의미에서 '플로우 작업 시스템(Flow Production System)', 컨베이어라는 이동조립장치가 사용되는 데서 '컨베이어 시스템(Conveyor System)'으로도 불린다.
   ㉡ 고임금·저가격 원리 : 생산성을 극대화하는 것과 함께 근로자에게는 높은 임금을 지급하고, 제품의 가격을 낮추게 되는 것을 주장하였다.
   ㉢ 봉사주의(Fordism) : 기업 경영의 영리주의를 부정하고 기업이 사회 대중에 대한 봉사기관이라는 봉사주의를 주장하였다.
   ㉣ 3S 적용 : 포드가 주장하는 컨베이어 시스템을 이용한 이동조립법에 의해 생산을 하기 위해서는 전문화(Specialization), 단순화(Simplification), 표준화(Standardization)가 선행되어야 한다.

   > **학습포인트**
   > 전당포로 외우면 편리하다(**전**문화, **단**순화, **표**준화).

   ㉤ 비숙련공의 활용 : 자동화된 시스템은 비숙련공을 이용해 인건비를 절감하게 만들었다.
③ 한 계
   생산과정이 최신화·기계화되기 때문에 노동자들의 업무 숙련도의 필요성이 감소되어 사회적으로 볼 때 노동의 질을 평가절하 시키고 노동자들을 단순한 기계의 일부로 전락시켜서 기술발전에 저해 요소로 작용했다.

[테일러 시스템과 포드 시스템의 비교]

구 분	테일러 시스템	포드 시스템
제창자	테일러(F. Taylor, 1856~1915)	포드(H. Ford, 1863~1949)
일반 통칭	테일러리즘(Taylorism) : 과학적 관리법, 과업관리	포디즘(Fordism) : 포드 시스템, 동시관리
기본원칙	고임금-저노무비 원칙	고임금-저가격 원칙
기본이념	과업관리의 4대 원칙 • 1일 최대과업량 • 표준적 제조건 • 성공에 대한 고임금 보상 • 실패에 대한 손실 부담	포디즘의 4대 이념 • 이익동기에 의한 영리주의 부정 • 봉사동기에 의한 봉사주의 제창 • 경영의 자주성 강조 • 경영의 공동체관(봉사기관)
내 용	과업관리 방법 • 시간연구와 동작연구 • 직능별 직장제도 • 차별적 성과급제도 • 작업지도표 제도	동시관리의 합리화 조건 • 제품생산의 표준화 • 이동조립법 도입 • 일급제 도입 • 대량소비시장의 존재
특징적 역점사항	• 개별생산공장의 생산성 향상 • 관리기술 향상에 초점	• 연속생산의 능률과 생산성 향상 • 관리의 합리화에 초점

(3) 페이욜(H. Fayol)의 일반관리론(관리과정론)

① 정 의

테일러의 과학적 관리법이 미국을 풍미했다면, 비슷한 시기에 프랑스의 페이욜(H. Fayol)이라는 경영자는 경영의 문제를 작업장이나 공장 직공들의 작업방식에 국한하지 않고 기업 전체, 또는 모든 조직체의 경영이라는 일반관리(Industrial and General Management)에 관심을 갖고 경영자는 어떤 일을 해야 하는지, 조직은 어떻게 구성해야 하는지, 바람직한 관리원칙은 무엇인지에 대해 연구했다. 페이욜은 기업조직 전체의 관리라는 문제에 관심을 가졌는데, 그는 관리를 기업뿐만 아니라 정부, 가정, 병원 등 모든 조직의 보편적 활동이라고 정의하고 6가지 관리 활동으로 요약했다.

페이욜(H. Fayol)

㉠ 기술활동(Technology) : 생산, 가공
㉡ 상업활동(Commerce) : 판매, 구매
㉢ 재무활동(Finance) : 자본조달, 자금운용
㉣ 회계활동(Accounting) : 재무상태표 작성, 손익계산, 재산평가
㉤ 보전활동(Security) : 자산보전, 종업원 보호
㉥ 관리활동(Administration) : 계획, 조직, 지휘, 조정, 통제

② 페이욜 관리 5요소

계획 ⇒ 조직 ⇒ 지휘 ⇒ 조정 ⇒ 통제

㉠ 계획 : 조직이 그 목적을 달성할 수 있도록 활동과정을 설계하는 것을 의미한다.
㉡ 조직 : 계획을 효과적으로 달성하기 위하여 조직의 체계를 짜임새 있게 갖추는 활동을 의미한다.
㉢ 지휘 : 종업원에게 지시하고 그들이 작업을 하도록 하는 것을 의미한다.
㉣ 조정 : 각 부서 간의 이질성을 극복하기 위한 활동으로 분업에 의한 전문화로 인해 필요하다.
㉤ 통제 : 계획대로 이루어지고 있는지 확인하고 편차를 수정하는 활동을 의미한다.

> **더 알아보기** 페이욜의 14가지 경영원칙 [20] [23] [24] 기출
>
> ① 분업화 : 모든 작업은 분업화·전문화한다.
> ② 권한과 책임 : 상급자는 명령권을 가져야 하되, 책임도 따라야 한다.
> ③ 규율 : 사원들은 정해진 규율을 지켜야 한다.
> ④ 명령통일 : 어떤 일의 지시든, 한 사람의 상사로부터만 받아야 한다.
> ⑤ 지휘통일 : 하나의 목표를 완수하기 위해 한 사람의 상급자에 의해 하나의 계획으로 작성되고 지휘되어야 한다.
> ⑥ 조직목표 우선 : 개인목표가 조직목표, 단체목표보다 우선될 수 없다.
> ⑦ 공정보상 : 보상은 조직, 주주, 노동자 모두를 만족시키는 수준으로 적절하게 정해져야 한다.
> ⑧ 집권화 : 분권화와 집권화는 상황에 따라 적정 수준으로 유지해야 한다.
> ⑨ 계층화 : 조직의 지시, 커뮤니케이션, 정보전달 등은 계층과 상하연결망을 통하여 이루어져야 한다.
> ⑩ 질서와 순서 : 조직 내 모든 인적·물적 자원은 순서에 의해 질서정연하게 배치, 배분, 사용되어야 한다.
> ⑪ 공정 : 상급자는 모든 하급직원을 공정하게 대해야 한다.

⑫ 고용보장 : 이직률을 낮추고 사원들에게 고용안정을 확신시키는 것이 바람직하다.
⑬ 자율권 부여 : 구성원에게 자율과 결정권을 부여함으로써 만족과 창의력 개발을 유도한다.
⑭ 협동심 부여 : 구성원들의 단결과 조화를 유지함으로써 동기부여와 시너지 효과를 누리도록 한다.

기출문제분석

페이욜(H. Fayol)이 제시한 경영활동(관리자가 해야 할 의무) 5요소로 옳지 않은 것은? 2015년

① 통 제
② 실 행
③ 지휘(명령)
④ 조 정
⑤ 조 직

해설 경영활동은 다음과 같이 6가지로 구분할 수 있다.
- 기술활동 : 생산, 제조, 가공
- 상업활동 : 구매, 판매, 교환
- 재무활동 : 자본의 조달과 운영
- 보호활동 : 재화와 종업원의 보호
- 회계활동 : 재산목록, 재무상태표, 원가, 통계
- 관리활동 : 계획, 조직, 지휘, 조정, 통제

관리란 (1) 계획하고, (2) 조직하고, (3) 지휘하고, (4) 조정하고, (5) 통제한다는 것을 의미함 → '관리 5요소론'

정답 ②

---

(4) 베버(M. Weber)의 관료제론(Bureaucracy) 17 22 기출

① 정 의

막스 베버(M. Weber)는 이념형(Ideal Type) 관료제 모형을 제시하고 권위의 정당성을 기준으로 전통적 지배, 카리스마적 지배, 합법적 지배의 3가지 지배유형을 제시하였다. 베버의 이념형 관료제의 특징은 관청에 의한 권한, 계층제, 문서주의, 직무상의 공사분리, 전문적 지식과 기술, 관료의 직무상 전념화, 법규에 의한 행정, 고용계약의 자유계약성 등이다. 합법성과 합리성에 근거하여 계층제 구조가 제도화되고 지배되는 대규모 조직을 관료제라 한다.

베버(M. Weber)

② 특 징

㉠ 계층제
- 권한과 책임의 정도에 따라 직무를 등급화함으로써 상하 계층 간을 직무상의 지휘감독 관계에 있도록 하는 제도이다. 어떠한 조직에 있어서나 그 조직을 편성·운영하는 자는 부하에게 권한의 일부를 위임하고, 그 부하는 또 자기의 권한보다 작은 권한을 바로 아래 부하에게 위임하게 된다. 이와 같이 조직은 등급화 과정을 거쳐서 각 계층 사이의 명령복종 관계를 명확히 한다.
- 명령이 조직구조의 정점(최정상)에서부터 여러 계층단계를 차례로 밟아 맨 아래까지 도달하도록 하는 이른바 명령의 사슬(Chain of Command)을 확립한다. 관료제는 피라미드형 조직에 의하여 최고관리자의 의사가 조직의 모든 단계를 통하여 신속하게 말단에까지 미칠 수 있도록 체계화되어 있다. 조직 내부 또는 조직 상호 간의 상하 관계는 계층제의 원칙을 따르고 있으며 각 상급기관의 통제와 감독하에 있다.

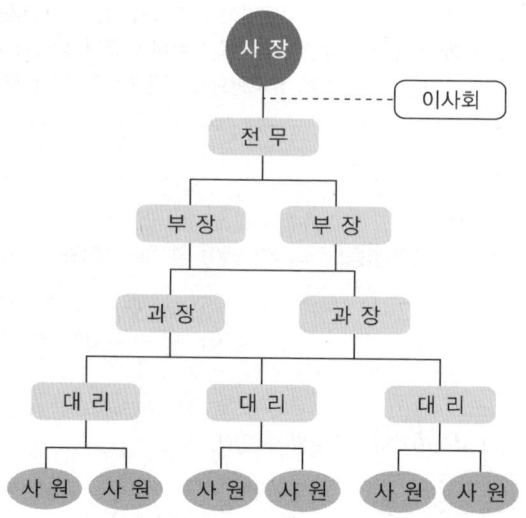

ⓒ 규칙·법규에 의한 행정 : 조직 내에서 결정행위나 작용 및 운영은 공식적으로 확립된 법규체제에 의해서만 규제된다. 관료의 직무 집행은 명확하고 습득 가능한 일반적인 규칙·법규에 따라 이루어진다.
ⓒ 문서주의 : 관료의 모든 업무는 공식적 문서에 의하여 행해진다.
ⓒ 업무영역의 전문성 : 각 직책은 다른 직책의 직무들과 명백히 구별되는 직무와 잘 정의된 권한의 영역을 가진다.

> **더 알아보기 관료제의 장점과 단점**
> - 장점 : 전문화, 구조화, 예측가능성, 안정성, 합리성 추구
> - 단점 : 자발성 결여, 창의성 부족, 환경적응력 미흡, 매너리즘, 형식주의, 절차주의, 문서주의

2. 인간관계론(Human Relations)

(1) 정 의

조직 내에서 비공식 집단과 집단적 관계를 중시하고, 민주적이고 참여적인 관리를 통하여 목표 달성을 도모하는 조직 이론으로, 좀 더 쉽게 설명하면 조직 내의 인간적 요소를 중시하는 인간관계론적 조직 이론을 말한다.

① 배경 및 변천

과학적 관리법에서의 인간의 비인간적 합리성, 기계적 도구관에 대한 반발, 사회·경제적 변동, 기업경영 및 인간관리의 민주화 등을 배경으로 들 수 있다. 인간관계론이 성립되면서 조직을 개인·비공식 집단 및 집단 상호 간의 관계로 이루어진 사회체제로 인식하게 되었고, 조직 내의 인간적 요인이 조직의 주요 관심사로 등장하여 조직 속의 인간을 보는 관점은 일대 변화를 겪게 되었다.

② 성립

미국의 하버드 대학 교수였던 메이요(A. Mayo)와 뢰슬리스버거(F. Roethlisberger)가 시카고 교외에 있는 서부전기회사의 호손 공장에서 행한 호손 실험(Hawthorne Experiments) 연구를 통하여 성립되었다. 이 연구는 조직연구에 있어서 행동과학적 연구의 기초를 닦았고, 조직구성원의 행동과 영향, 동기의 원천, 지도성의 본질 등을 규명하여 조직관리의 발전에 크게 공헌하였다.

(2) 호손 실험(호손 연구) 18 19 20 기출

① 정의

하버드의 메이요 교수 및 연구팀이 미국의 웨스턴 일렉트릭 회사의 호손 공장에서 행한 사회심리학 실험이다. 이 실험에서 작업능률은 객관적인 작업조건보다는 인간관계나 관심과 같은 요인에 크게 좌우됨을 발견하였다. 연구진과 회사 관계자들이 연구를 위해 근로자들에게 많은 관심을 쏟았던 것이 생산량 증가의 원인이었다. 불편함과 애로사항을 물어보고 집중적으로 관심을 보여주면서 근로자들의 사기가 급격히 높아진 것이다.

② 의의

메이요 교수는 작업환경이나 금전(보수)적 요인보다는 심리적인 요인들(긍지감, 동료애, 관심, 기대감, 칭찬, 의견 존중을 통한 불만 해소 등)이 근로자의 생산성을 증가시킨다는 것을 알았다. 이것이 인사관리(인간관계론)의 시초가 되었으며, 인사관리의 개념 '근무자가 일을 통해 생계 보장은 물론 삶의 보람과 행복과 인생의 보람까지 느끼도록 여건을 조성해주고 이를 지속적으로 지원·관리하는 것'이 설정되었다.

③ 실험내용

㉠ 조명실험 : 부품조사, 계전기조립, 코일을 감는 세 개 공장을 선택하여 우선 현재의 조명하에 평균능률을 조사한 후 조명이란 작업능률에 영향을 끼치는 작은 원인에 불과하며 개인들 간에 다른 요인을 변화시키지 않고 어떤 한 가지 요인만을 변화시키는 실험은 불가능하다는 결론을 알아보기 위해 실시한 것으로, 조명도와 같은 작업조건은 작업능률에 별다른 영향을 미치지 않음을 알아내었다.

㉡ 계전기 조립실험 : 임금인상이나 휴식시간 등의 작업조건의 개선이 생산성에 미치는 효과를 알아보기 위한 실험으로, 작업조건의 개선보다는 심리적 조건이 생산성 향상에 중요한 영향을 미친다는 결론을 얻었다.

㉢ 면접실험 : 상사의 감독 방법, 작업환경 등에 대한 종업원들의 불만을 조사한 것으로, 작업장의 사회적 조건과 근로자의 심리적 조건이 생산성에 영향을 미친다는 결론을 얻었다.

④ 시사점

㉠ 감정의 논리 중시 : 작업능률을 좌우하는 것은 단지 임금이나 노동시간과 같은 노동조건이나 조명, 환기 같은 작업환경으로서의 물리적 조건보다는 종업원들의 태도나 감정적인 면이다.

㉡ 비공식 조직 : 개인의 태도나 감정을 좌우하는 것은 개인적·사회적 환경, 조직 내 역할 관계, 비공식 조직의 힘 등이다. 또 비공식 조직은 공식조직보다 생산성 향상에 더 중요한 역할을 한다.

㉢ 사회인 가설 : 만족하는 작업자의 생산성이 더 높다.

㉣ 민주적 리더십 : 민주적 리더십이 더 높은 성과를 가져온다.

⑤ 인간관계론의 문제점
　㉠ 비공식 집단의 역할과 구성원의 심리적 측면만을 중요시 : 공식조직에 대해서는 가볍게 생각하였으며, 공식조직과 비공식 집단의 상호관계에 대해서도 그다지 관심을 두지 않고 있다. 바꾸어 말하면 기업주와 근로자 간의 갈등 문제는 인식하지 못한 것이다.
　㉡ 비공식 집단의 보편성이 결여 : 인간관계론은 조직구성원 모두가 어느 한 비공식 집단에 제각기 가입된 것을 전제로 한 것인데, 실제로는 많은 조직구성원들이 어느 집단에도 소속되지 않고 있다는 사실을 인식하지 못하고 있기 때문에 이 이론은 보편성이 결여된 것이라 볼 수 있다.
　㉢ 경제적 욕구를 경시 : 인간관계론이 조직 내의 구성원이 사회적·심리적 욕구를 지닌 사회적 존재 내지 심리적 존재라는 것을 밝힌 점은 높이 평가되나, 경제적 욕구의 영향을 경시했기 때문에 오늘날 산업사회에서의 인간관으로는 설득력이 없다고 본다.

기출문제분석

호손(Hawthorne) 연구에 관한 설명으로 옳지 않은 것은?　2019년

① 인간이 조직에서 중요한 요소의 하나라는 사실을 강조하였다.
② 개인과 집단의 사회적·심리적 요소가 조직성과에 영향을 미친다는 사실을 인식하였다.
③ 비공식 조직이 조직성과에 영향을 미치는 것을 확인하였다.
④ 작업의 과학화, 객관화, 분업화의 중요성을 강조하였다.
⑤ 매슬로우(A. Maslow) 등이 주도한 인간관계운동의 출현을 가져왔다.

해설 테일러(F. Taylor)의 과학적 관리론(Scientific Management Theory)에 대한 내용이다.

정답 ④

---

3. 맥그리거(D. McGregor)의 X이론과 Y이론 17 기출

맥그리거(D. McGregor)는 인간의 본성에 대한 2가지 서로 다른 견해를 제기하였는데, 인간의 본성에 대한 부정적인 관점을 X이론이라 하고 긍정적인 관점을 Y이론이라 한다.

(1) X이론(부정적)

인간의 본성을 부정적으로 본다. 인간은 원래 게으르고 감독이나 지시를 받거나 금전적 유인이 있어야 일을 하기 때문에 많은 규칙을 만들고 철저히 감독하는 조직이 만들어져야 한다는 것이다.
① 원래 인간은 선천적으로 일을 싫어하고 가능하면 일을 피하려고 한다.
② 인간은 책임을 회피하고 가능하면 공식적인 지시에만 따르려고 한다.

(2) Y이론(긍정적)

인간의 본성을 긍정적으로 본다. 인간은 스스로 일을 즐기고 적극적으로 조직의 활동에 협력하기 때문에 통제를 할 필요가 없으며 창의성을 북돋아 주고 협력하는 분위기를 만들어주는 조직을 구성해야 합리적인 경영이 가능하다는 것이다.

① 사람은 선천적으로 일을 좋아하며, 능력이 있다.
② 사람은 책임을 회피하지 않는다.
③ 사람은 목적달성을 위하여 스스로 동기부여 된다.
④ 사람은 창조적으로 문제를 해결하는 능력을 갖고 있다.

4. 근대적 관리론

(1) 버나드(C. Barnard)의 협동체계적 조직론 20 기출

① 정 의

버나드는 조직목표와 개인목표 간의 상호균형을 추구하는 소위 협동체계론(Cooperative System Theory)을 주창하였다. 이는 조직이 그 목적을 달성하기 위해서는 구성원 간 상호 협동이 필수적이라는 고찰에서 비롯된 것이다. 즉, 사람들의 활동은 시스템적으로 연계되어 있기 때문에 타인과의 공동 노력으로 조직협동 시스템을 이루어 목표를 달성하여야 하며, 조직목표와 개인목표는 상호 연관되어 균형이 유지되어야 효율적으로 운영된다고 주장하였다.

② 협동시스템의 전제요건 3가지 : 공헌의욕, 공통목적, 의사소통

③ 특 징

협동체계론에서는 조직의 경제적 측면 이외에도 구성원 간 협동을 통한 만족 증진을 강조하였다는 점에서 조직의 사회적·심리적 측면에도 관심을 기울였다고 볼 수 있으며, 조직을 일종의 협동시스템으로 간주하여 내부적 커뮤니케이션을 중시하였다. 또한 권한의 근원이 상급자의 지위가 아니라 종업원들의 자발적 수용의사에 있다는 점에서 권한수용설을, 조직효과성의 제고를 위해서는 능률성에 의한 대내적 균형과 유효성에 의한 대외적 균형이 필요하다는 조직균형론을 제시하였다.

(2) 사이먼과 마치(Simon & March)의 의사결정론 19 20 22 기출

① 정 의

사이먼과 마치는 버나드의 이론을 계승하였으며 인간의 조직행동을 설명하기 위해서 의사결정과정에 초점을 두었다. 이들은 인간이 행동하기 전에 거치는 단계가 바로 의사결정이라 보았다.

② 제한된 합리성과 관리인

의사결정론에서 바라보는 인간은 경제인도 사회인도 아닌 관리인이다. 이는 합리적으로 완벽히 상황을 통제하고 예측하려는 노력을 기울임에도 불구하고, 정보의 불완전성과 인지적 한계로 대변되는 제한된 합리성 속에서 언제나 최적인 답을 찾기보다는 적당히 만족스러운 선택을 하는 선에서 그치는 인간을 의미한다.

③ 권한수용설

의사결정학파 역시 버나드의 권한수용설을 계승하여 조직에서의 권한이 구성원들의 수용 여하에 따라 그 효과성을 갖게 된다고 보았다.

더 알아보기 | 의사결정의 이론모형 18 기출

- 합리모형
  - 내용 : 정책결정자가 목표를 달성하기 위해 합리적인 대안의 탐색과 선택을 추구
  - 전제조건 : 사회가치의 우선순위와 대안 선택의 기준이 정해져 있다. 인적·물적 자원이 충분하고 정책결정자가 대안의 결과의 예측 능력과 비용·편익의 효과를 계산할 수 있는 지적 능력을 가지고 최선의 대안을 선택하며 의사결정을 합리적으로 이끌 수 있는 정책결정 체제가 존재한다.
- 만족모형(사이먼과 마치)
  - 내용 : 최선의 대안보다는 현실적으로 만족할 만한 대안을 선택(만족 > 최적)
  - 전제조건(제한된 합리성) : 인간의 인식능력 한계, 결정자의 전지전능 능력 배제
- 점증모형(린드블롬)
  - 합리모형에 비판을 제기하며 주창
  - 내용 : 기존의 정책이나 결정의 토대 위에 그보다 약간 향상된 대안만을 부분적·순차적으로 채택하고, 실현가능한 범위 내에서 대안을 탐색
  - 기존의 정책을 유지 → 문제점이 드러난 부분에 대한 수정 or 종결
  - 대안의 분석, 평가 시 충분한 정보가 확충된 몇 개의 대안에만 국한시켜야 함
  - 각 대안의 예상되는 결과도 몇 가지만 한정분석
  - 설정된 목표라도 수단적 대안의 탐색 및 선택과정에 재조정 가능

기출문제분석

경영이론에 관한 설명으로 옳지 않은 것은? _{2013년}

① 페이욜(H. Fayol)은 경영의 본질적 기능으로 기술적 기능, 영업적 기능, 재무적 기능, 보전적 기능, 회계적 기능, 관리적 기능의 6가지를 제시하였다.
② 사이먼(H. Simon)은 합리적 경제인 가설 대신에 관리인 가설을 바탕으로 하여 인간행동을 분석하였다.
③ 버나드(C. Barnard)는 조직 의사결정은 제약된 합리성에 기초하게 된다고 주장하였다.
④ 상황이론(Contingency Theory)은 여러 가지 환경변화에 효율적으로 대응하기 위하여 조직이 어떠한 특성을 갖추어야 하는지를 규명하고자 하는 이론이다.
⑤ 인간관계론과 행동과학이론 등은 행동주의 경영이론에 속한다.

해설   버나드(C. Barnard)는 조직이론의 중심과제를 인간의 협동체계 확립에서 구했다(자신의 능력 이상 목적 달성). 협동체계는 원만한 조정기능을 전제로 하는데 조정은 의식적이고, 합리적인 의사결정과 원활한 의사소통을 통하여 이룬다. 무엇보다도 개인으로서의 인간을 중요시한다[각 개인이 공통적인 목적을 갖고 서로 협동할 때 비로소 공식조직이 생기고(조직 성립요건), 그 구성원은 조직에 대하여 어떠한 역할이나 공헌을 할 수 있게 된다]. → 조직 의사결정은 제약된 합리성에 시초를 두고 있지 않다.

정답 ③

5. 현대적 관리론(최신이론) 20 21 기출

(1) 시스템 이론(System Theory)
① 정 의
생물학과 물리학을 연구하였던 버틀란피에 의해 창안되었으며 '시스템은 부분들이 모인 전체'라는 개념으로 보았다. 시스템이란 하위시스템들이 상호 연관되고 종속되어 있는 실체이며 이 시스템은 보다 큰 상위 시스템의 구성요소라고 할 수 있다. 그러므로 조직을 세분화해서 살펴보는 것보다는 조직 전체 또는 부분의 상호작용에 초점을 맞춘다.

② 특 징 25 기출
㉠ 부분과 전체의 상호관련성 : 구성원의 단순결합이 아니라 부분이 모여 부분보다 더 많은 새로운 가치를 창출하는 전체의 개념이다. 즉 하위 부분의 유기적 결합으로 시너지 효과를 창출한다.
㉡ 목표지향적 행동실체 : 하나의 시스템과 그 하위시스템은 공통의 목표를 가지고 있고 시스템 간의 목표는 상호 관련되어 있다.
㉢ 개방시스템(Open System) : 조직은 유연한 시스템 경계를 통하여 외부환경과 끊임없이 상호작용을 하는 개방시스템이다.
㉣ 변환상자의 역할 : 시스템은 외부에서 다양한 투입을 받아들여 변환상자에 의해 변환되어 다시 환경으로 산출한다.
㉤ 엔트로피[부(-)의 엔트로피] : 폐쇄시스템은 엔트로피가 항상 증가하지만 개방시스템은 자원이나 에너지를 외부로부터 받아들일 수 있기 때문에 엔트로피가 증가하거나 감소될 수 있다.
㉥ 피드백(Feedback) : 시스템이 안정적으로 유지·존속되려면 시스템의 투입물과 산출물을 계속해서 분석하고 조정하는 정보의 피드백이 있어야 한다.

③ 시사점 : 시스템 이론에 의하면 기업의 전체 부서와 각 활동부서에 관한 총체적인 흐름 파악이 가능하며 시너지 효과 창출을 위한 노력을 기울일 수 있다.

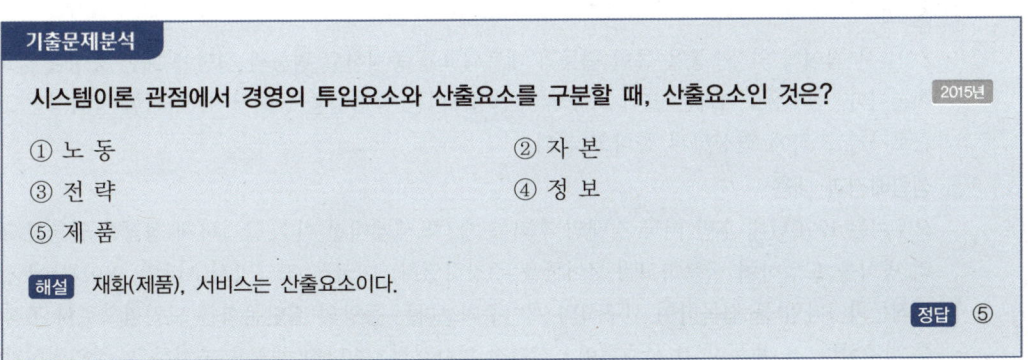

기출문제분석

시스템이론 관점에서 경영의 투입요소와 산출요소를 구분할 때, 산출요소인 것은? 2015년
① 노 동　　　　　② 자 본
③ 전 략　　　　　④ 정 보
⑤ 제 품

[해설] 재화(제품), 서비스는 산출요소이다.

[정답] ⑤

(2) 상황 이론(Contingency Theory) 18 25 기출

> **학습포인트**
> 뷰로크라시, 애드호크라시, 컨틴전시의 비교설명을 꼭 알아두자.

상황이론이란 1950년대 말에 등장해 로렌스(Lawrence)와 로쉬(Lorsch) 등에 의해 발전된 이론으로서 어떤 주어진 상황에서의 적절한 경영행동은 다양한 상황요인들에 의존하기 때문에 모든 상황에서도 언제나 통할 수 있는 적절한 행동이나 보편적 해결책과 원칙은 없으며, 변화되는 상황에 적응하여 가장 적절한 경영활동을 하도록 해야 한다는 것을 말한다.

> **더 알아보기** 　조직설계의 3가지 관점(뷰로크라시, 애드호크라시, 컨틴전시) 비교
> - 조직설계의 기본관점은 보편론적 접근법과 상황론적 접근법으로 대별되며, 보편론적 관점은 다시 뷰로크라시론적 관점과 애드호크라시론적 관점으로 구분되고 있다.
> - 뷰로크라시 관점은 조직의 외적 환경적응보다 내적 효율성을 중시하는 조직이론이고, 애드호크라시는 조직의 외적 환경적응, 즉 조직의 유연성을 강조하는 조직이론이다.
> - 이 둘은 모두 조직설계의 보편성을 강조하며, 어떠한 상황에서도 성과를 내는 유일한 최선의 방법(One Best Way)이 조직설계에 존재한다는 믿음을 가지고 있는 관점들이다.
> - 그러나 현실은 이러한 믿음을 거부하고 있다. 즉, 어떠한 상황에도 적용 가능한 유일한 최선의 방법이 있을 수 없다는 것이다. 이러한 입장에 있는 믿음을 컨틴전시론적 관점이라고 한다.

(3) 복잡성 이론(Complexity Theory)

복잡성은 단순성의 반대 개념이며, 결국 단순하다는 것은 요소로 나누어질 수 있다는 것이다. 단순한 질서는 없지만 무질서한 것도 아니고 복잡하지만 독특한 질서를 보이는 시스템을 '복잡계'라고 한다. 복잡성 이론은 조직을 마치 생명체처럼 스스로 더 나은 상태로 진화하지만 그 결과는 예측할 수 없는 자기 조직적 질서의 존재로 보고, 무질서와 질서의 변증법적 상호작용을 통한 시스템의 창조에 주로 관심을 갖는 이론이다.

(4) Z이론

① 정 의

Z이론은 참여적 의사소통을 통한 협동과 네트워크를 중시하고 평등과 집단에 대한 충성을 강조하는 이론이다. 신자유주의와는 달리 노동의 유연성보다는 안정성을 중시하며, 이러한 장기적인 고용은 근로자가 조직에 헌신하게 한다고 본다.

② 성립배경과 내용

오우치는 1970년대 후반 미국 경제의 후퇴를 제2차 세계대전 이후 급속하게 성장한 일본식 조직관리 방식을 도입하여 극복하고자 Z이론을 주장하였다. 미국식 경영방식(A타입, Y이론)에 일본식 조직문화(J타입)를 접목하여 서구식의 개인주의보다는 동양의 집단문화를 도입함으로써 조직 전체를 강조한다. 또 노동자 간 상호협력·집단적 의사결정·집단적 책임을 중시하고, 장인정신과 장기에 걸친 근무실적 평가 및 승진을 통한 안정적 고용을 보장하며 내적 통제방식을 적용한다.

> **학습포인트**
> 오우치는 Z이론을 창시하였다. 필자는 오징어 Z로 외웠다.

> **더 알아보기** X, Y, Z이론
>
> 동기부여 이론의 한 형태로, 미국의 경영학자 맥그리거(D. Mcgregor)가 제창한 X, Y이론과 오우치(W. Ouchi)교수가 Y이론을 발전시켜 제창한 Z이론을 함께 일컫는 말이다. 맥그리거는 전통적인 인간관계를 X이론으로, 현대의 새로운 인간관계를 Y이론으로 정립했다.
>
> | | |
> |---|---|
> | X이론 | 인간은 본성적으로 일을 싫어하므로 금전적 보상 같은 경제적 동기를 통해 일을 수행하도록 유도해야 한다는 이론 |
> | Y이론 | 인간은 본성적으로 일을 좋아하고 자신의 능력 발휘를 통한 자아실현을 지향하므로 이에 맞는 관련 전략을 써야 한다는 이론 |
> | Z이론 | 개인보다는 기업 전체의 입장을 고려하는 일본 경영철학을 바탕으로, 사업주와 노동자의 상호 협력적인 관계를 통해 사업주는 고용의 안정성을 마련하고 노동자는 개인보다 기업 전체의 이익을 고려하는 관계를 유지해야 한다는 이론 |

[미국식 경영, 일본식 경영, Z이론식 경영]

미국식 경영	일본식 경영	Z이론식 경영
• 단기적 고용 • 개인적 의사결정 • 개인적 책임 • 단기적 평가와 승진 • 통제기구의 명확화 • 경력관리의 전문화 • 종업원에 대한 부분적 관심	• 종신고용제 • 집단적 의사결정 • 집단적 책임 • 장기적 평가와 승진 • 통제기구의 불명확화 • 경력관리의 비전문화 • 종업원에 대한 전반적 관심	• 장기적 고용 • 집단적 의사결정 • 개인적 책임 • 장기적 평가와 승진 • 공식적인 통제기구와 비공식적 통제기구의 혼합 • 경력관리의 준전문화 • 종업원에 대한 전반적 관심

6. 최신 경영기법

(1) 지식경영(Knowledge Management) 24 기출

① 지식경영이란 조직구성원 개개인의 지식이나 정보, 노하우를 체계적으로 발굴하여 조직 내 보편적인 지식으로 공유함으로써, 조직 전체의 문제해결 능력을 비약적으로 향상시키는 경영방식이다. 즉, 지식경영은 조직 내 지식의 활발한 창출과 공유를 제도화시키는 것을 목표로 한다.

② 여기서 '지식'이란 기술과 정보(Information)를 포함한 지적 능력과 아이디어를 총칭하는 훨씬 광범위한 개념이다. 표현되지 않은 무형의 지식을 포함해서 조직체가 보유한 모든 가용 지식을 공유해 업무처리의 효율성을 높이고, 신제품 개발 및 시장 대응력을 높여 기업경쟁력을 갖추는 데 조직의 지식을 이용할 수 있다.

③ 많은 학자와 비즈니스 리더들은 다가오는 미래에 근간이 될 경영철학으로 지식경영을 꼽고 있다. 지식경영의 이론가로는 피터 드러커(Peter Drucker)와 노나카 이쿠지로(Nonaka Ikujiro) 등이 있다.

> **더 알아보기** 암묵지와 형식지 20 기출
>
> 매일경제용어사전에 따르면 지식을 말할 때 흔히 사람들은 두꺼운 사전이나 교과서를 떠올린다고 한다. 하지만 이것은 지식의 한 단면만을 생각하는 것이다. 지식이론의 대가인 노나카 이쿠지로 일본 호쿠리쿠 국립대 교수를 비롯해 지식을 연구하는 학자들은 지식에 2가지 종류가 있다고 강조한다. 암묵지와 형식지다.
> - **암묵지**(暗默知, Tacit Knowledge) : 학습과 체험을 통해 개인에게 습득되어 있지만 겉으로 드러나지 않는 상태의 지식을 말한다. 사람의 귀와 귀 사이, 즉 머릿속에 존재해 있는 지식으로 언어나 문자를 통해 나타나지 않는 지식이다. 또한 암묵지는 대개 시행착오와 같은 경험을 통해 체득하는 경우가 많다.
> - **형식지**(形式知, Explicit Knowledge) : 암묵지가 문서나 매뉴얼처럼 외부로 표출돼 여러 사람이 공유할 수 있는 지식을 말한다. 교과서, 데이터베이스, 신문, 비디오와 같이 어떤 형태로든 형상화된 지식은 형식지라고 할 수 있다. 노나카 교수는 암묵지가 고도화되거나 암묵지가 형식지화되어 공유되는 등의 변환과정을 거쳐 더 높은 가치를 창조하게 된다고 말한다. 지식경영을 논의할 때도 조직이 보유하고 있는 각종 서류와 보고서, 데이터베이스 등 유형의 지식뿐만 아니라 구성원들의 머릿속에 잠자고 있는 지식을 최대한 발굴·활용해 부가가치를 높이는 차원이라고 볼 때 암묵지와 형식지의 개념을 제대로 파악할 필요가 있다.
> - 암묵지 → 암묵지 : 사회화(공동화), 암묵지 → 형식지 : 외부화(표출)
> - 형식지 → 형식지 : 종합화(체계화), 형식지 → 암묵지 : 내면화(실천)

> **기출문제분석**
>
> 지식을 형식지와 암묵지로 구분할 때 암묵지의 특징으로 볼 수 없는 것은? 2020년
> ① 언어로 표현 가능한 객관적 지식
> ② 경험을 통해 몸에 밴 지식
> ③ 은유를 통한 전달
> ④ 다른 사람에게 전이하기가 어려움
> ⑤ 노하우, 이미지, 숙련된 기능
>
> [해설] 언어로 표현 가능한 객관적 지식은 형식지의 특징이다.
>
>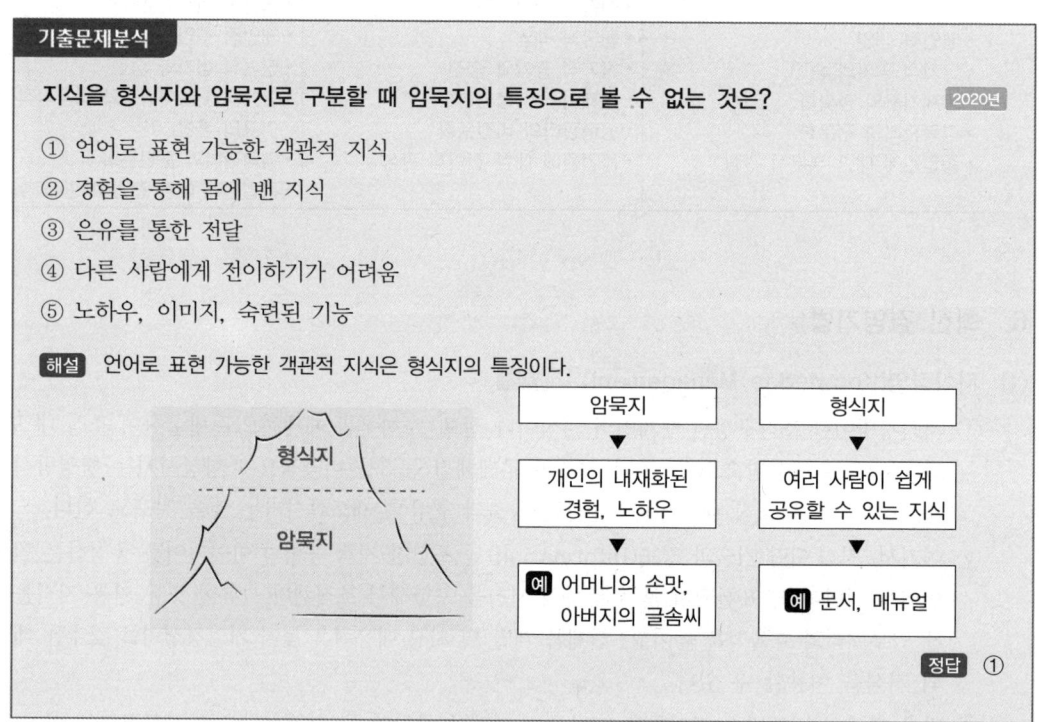
>
> 정답 ①

(2) 비즈니스 리스트럭처링(Business Restructuring) 23 25 기출

① 기업의 기존 사업·조직구조의 기능 또는 효율을 보다 효과적으로 높이고자 실시하는 구조개혁 작업을 말한다. 기업에서의 개혁 작업을 '사업구조조정' 또는 '기업구조조정'이라고 하며, 이 같은 사업조정을 추진하는 경영 절차기법을 비즈니스 리스트럭처링이라고 한다.

② '사업재구축'이라는 말로 표현되는 리스트럭처링은 비전, 즉 미래의 모습을 설정하고 그 계획을 시

행하는 것이다. 소득 수준이 변화할 때 미래에 살아남기 위해 무엇을 생산할 것인가라는 문제의식이 리스트럭처링으로 연결된다. 그렇지만 일본에서는 이것이 '리스트라'라는 용어로 변형되어 경영 합리화 사업의 축소나 철수, 인원삭감 등의 의미로 사용되었다.

③ 리스트럭처링의 시행절차
　㉠ 비전 및 미래목표의 잠정적 설정
　㉡ 전략사업단위의 설정
　㉢ 리스트럭처링 방향설정 작업
　㉣ 리스트럭처링 확정
　㉤ 비전 및 미래목표의 수정
　㉥ 비전 및 미래목표의 확정

(3) 비즈니스 리엔지니어링(BR ; Business Reengineering) 17 21 기출

① 비즈니스 리엔지니어링은 비용, 품질, 서비스와 같은 핵심적 요소를 획기적으로 향상시킬 수 있도록 경영과정과 지원시스템을 근본적으로 재설계하는 기법을 말한다.
② 조직 재충전이라 해석되는 리엔지니어링의 핵심은 생산성 향상을 위해 기업을 개선시키는 차원이 아니라 원점에서 출발, 완전히 재창조하자는 것이다. 따라서 리엔지니어링은 사업 과정을 혁신적으로 재설계하고 그것을 고유 기능이 무시된 혼성팀이 수행토록 하는 것을 골자로 한다.
③ 산업혁명 이후 기업경영에서 진리로 받아들여져 온 분업의 이익, 규모의 경제, 위계질서 등에 의한 통제 등 전통적인 패러다임을 거부하고 대신 유기적이고 신속하고 효율성 있는 업무의 조직화로 급변하고 있는 경영환경에 능동적으로 대처하는 새로운 모델을 추구한다.

> **기출문제분석**
>
> 중요하거나 시간과 돈이 많이 드는 업무의 프로세스를 선정하여 투입·산출과정을 분석하고 알맞은 정보기술을 파악하여 공정을 단축하고 자동화시켜 관리활동을 효율화하는 경영혁신기법은?
> 2013년
>
> ① 벤치마킹　　　　　　② 리엔지니어링
> ③ 리스트럭처링　　　　④ 전사적 품질관리
> ⑤ 태스크포스
>
> **해설** 리엔지니어링이란 기업의 체질 및 구조와 경영방식을 근본적으로 재설계하여 경쟁력을 확보하는 경영혁신기법을 말한다.　　**정답** ②

(4) 벤치마킹(Bench Marking) 20 기출

① 원래 토목 분야에서 강물 등의 높낮이를 측정하기 위해 기준점인 벤치마크(Benchmark)를 표시하는 행위를 말한다. 여기서 벤치마크란 측정의 기준점을 말한다. 기업경영 분야에서 벤치마킹 기법은 미국의 제록스(Xerox)사가 일본의 경쟁기업들의 경영 노하우를 알아내기 위해 직접 일본에 건너가 조사 활동을 벌이고 그 결과를 경영전략에 활용하여 다시 기업경쟁력을 회복한 것에서 비롯되었다.

② 기업들이 특정 분야에서 뛰어난 업체를 선정해서 상품이나 기술, 경영방식을 배워 자사의 경영과 생산에 합법적으로 응용하는 것으로서, 다른 기업의 장점을 배운 후 새로운 생산방식을 재창조한다는 점에서 단순 모방과는 다르다. 어느 특정 분야에서 우수한 상대를 표적으로 삼아 자기 기업과의 성과 차이를 비교하고, 이를 극복하기 위해 그들의 뛰어난 운영 프로세스를 배우면서 부단히 자기혁신을 추구하는 경영기법이다. 즉, 뛰어난 상대에게서 배울 것을 찾아 배우는 것이다. 이런 의미에서 벤치마킹은 '적을 알고 나를 알면 백전불패'라는 손자병법의 말에 비유되기도 한다.

(5) 전사적 품질관리(TQM ; Total Quality Management)
① 종합 품질관리라고도 하며 기업 활동의 전반적인 부분의 품질을 높여 고객 만족을 달성하기 위한 경영방식이다.
② 기존의 품질관리는 주로 제품과 서비스에 대한 관리였으나, TQM에서는 조직 및 업무의 관리에도 중점을 두어 구성원 모두가 품질 향상을 위해 노력하여야 한다. 제품 및 서비스 생산과정 개선, 지속적인 종업원 교육, 바람직한 기업문화 창출, 미래 경영환경 대비, 신기술 개발 등을 통해 경쟁력을 높이고 장기적인 성장을 도모할 수 있다.

(6) 태스크포스(Task Force), 태스크포스 팀(TFT ; Task Force Team)
① 본래 군사용어로서 일반 군인이 아닌 민병대나 게릴라를 말하며 현대전에서는 암살, 납치, 폭파와 같은 특수 임무를 수행하는 팀을 말한다. 경영에서 TFT는 일반 기업의 조직이 아니라 특정한 임무를 수행하기 위해서 내외부의 인원으로 구성된 임시조직을 말한다. 보통은 임무수행이 끝나면 자신이 본래 속해 있던 부서로 다시 배치된다. 가장 대표적인 조직이 선거단이며 평상시에는 존재하지 않지만 총선이나 대선 때가 되면 임시적으로 조직을 구성하였다가 선거가 끝나면 그 조직은 없어진다.
② 이론적 배경
매트릭스 조직으로 일정한 소속 없이 업무에 따른 핵심인재를 배치해서 업무수행을 극대화하는 것이며 어떤 과제를 성취하기 위해 필요한 전문가에 의해서 만들어진 기한이 정해진 임시조직을 말한다.

(7) 아웃소싱(Outsourcing)
① 기업 내부의 프로젝트 활동을 기업 외부의 제3자에 위탁해 처리하는 시스템으로, 인소싱(Insourcing)과 반대되는 개념이다. 기업이나 기관이 비용절감, 서비스 수준 향상 등의 이유로 기업에서 제공하는 일부 서비스를 외부에 위탁하는 것을 말한다. 즉 자신의 핵심적인 능력을 중심으로 기업의 경쟁력을 제고하기 위해서 기타 부가적인 서비스는 그것을 전문적으로 제공하는 기관들의 도움을 받는 것을 의미한다.
② 1980년대 후반에 미국 기업이 제조업 분야에서 활용하기 시작한 이후 전세계 기업들로 급격히 확산되고 있는데, 이는 기술 진보가 가속화되고 경쟁이 심화되면서 기업의 내부조직(인소싱)을 통한 경제활동비용보다 아웃소싱을 통한 거래비용이 훨씬 적게 든다는 점에 따른 것이다. 즉, 국내외의 경제 상황 악화와 이에 따른 경쟁의 격화로 인해 한정된 자원을 가진 기업이 모든 분야에서 최고의

위치를 유지하기 어렵게 되면서 해당 기업은 가장 유력한 분야나 핵심역량에 자원을 집중시키고, 나머지 활동은 외부의 전문기업에 위탁 처리함으로써 경제효과를 극대화하는 전략을 말한다.
③ 보통 상호 복합적이고 의존적이며, 장기적인 파트너 관계를 형성해 하나의 통합 시스템으로 운영될 뿐 아니라 비용절감보다는 기업의 성장과 경쟁력·핵심역량 강화를 위한 대안으로 운영된다는 점에서 임시적, 단기적, 반복적인 컨설팅, 외주, 하청 등과는 많은 차이가 있다.

(8) 지속가능경영

① 기업이 경영에 영향을 미치는 경제적·환경적·사회적 이슈들을 종합적으로 균형 있게 고려하면서 기업의 지속가능성을 추구하는 경영활동이다. 즉 기업들이 전통적으로 중요하게 생각했던 매출과 이익 등 재무성과뿐 아니라 윤리, 환경, 사회문제 등 비재무성과에 대해서도 함께 고려하는 경영을 통해 기업의 가치를 지속적으로 향상시키려는 경영기법이다.
② 경제적·환경적·사회적 가치가 지속가능경영의 3대 축(TBL ; Triple Bottom Line) 역할을 하며 지속가능경영은 사회책임경영, 윤리경영, 이해관계자경영 등으로도 불린다.

(9) ESG 경영

① ESG : 기업의 비재무적 요소인 환경(Environment), 사회(Social), 지배구조(Governance)를 뜻한다.
  ㉠ 환경 : 청정기술, 탄소배출감소 등의 기후변화 대응책, 그린빌딩, 스마트 성장, 환경오염 및 유독물질 배출 지양, 천연자원, 농업 등
  ㉡ 사회 : 고용평등, 고용다양화, 인권, 노동권, 테러·억압 반대운동 등
  ㉢ 지배구조 : 이사회, 임원보수, 정치후원, 기타 지배구조 개선 등
② 장기적인 관점에서 친환경 및 사회적 책임경영과 투명경영을 통해 지속가능한 발전을 추구하는 전략이다.
③ 투자 의사결정 시 '사회책임투자(SRI)' 혹은 '지속가능투자'의 관점에서 기업의 재무적 요소들과 함께 고려한다. 사회책임투자는 사회적·윤리적 가치를 반영하는 기업에 투자하는 방식이며 기업의 재무적 성과만을 판단하던 전통적 방식과 달리, 장기적 관점에서 기업가치와 지속가능성에 영향을 주는 환경, 사회, 지배구조 등의 비재무적 요소를 충분히 반영해 평가한다.
④ 기업의 ESG 성과를 활용한 투자 방식은 투자자들의 장기적 수익을 추구하는 한편, 기업행동이 사회에 이익이 되도록 영향을 줄 수 있다.

7. 기업형태의 의의와 분류

(1) 의 의

기업형태란 생산경제에 활용되는 생산수단의 소유와 경영, 지배의 구조적 관계를 나타내며 기업을 설립할 때의 출자와 이에 따른 책임부담의 관계에서 구분한 기업의 종류를 말한다. 따라서 기업형태를 의사결정 할 때는 먼저 경영하려는 기업의 업종, 규모, 시장 등을 고려하여 가장 유리한 형태를 택해야 할 것이다.

(2) 분류(종류)

① **규모에 따른 분류**

경영 규모에 따라 대기업, 중기업, 소기업 및 영세기업으로 구분하고 규모는 매출액, 종업원 수, 자본금을 기준으로 정한다.

② **업종에 따른 분류**

기업이 종사하고 있는 업종에 따라 광업, 건설업, 서비스업, 공업, 상업 금융업, 통신업 등으로 구분할 수 있다.

③ **경제적 형태에 따른 분류**

출자와 이에 수반되는 책임의 귀속이 민간인지 아니면 국가 또는 지방자치단체인지 따라서 사기업, 공기업, 공사 공동기업의 3가지로 구분되며 사기업은 출자와 책임부담이 개인인지의 여부에 따라 다시 개인기업과 공동기업으로 나눌 수 있다. 또한 공동기업은 공동출자가 소수출자인지 혹은 다수출자인지에 따라 소수공동기업과 다수공동기업으로 구분된다.

[기업형태의 분류]

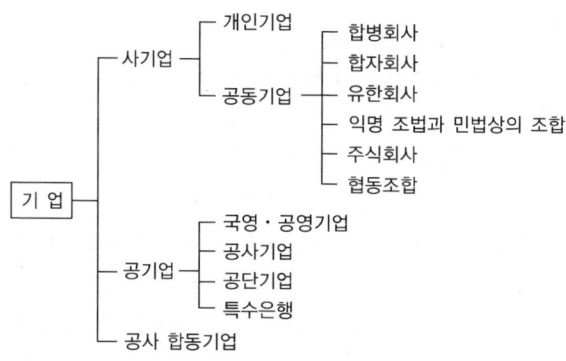

④ **법률적 형태에 따른 분류**
  ㉠ 기업이 소유자로부터 완전히 독립된 법인격을 가져서 스스로 권리의무의 주체가 되어 영속적으로 존립할 수 있는가에 따라 구분된다.
  ㉡ 기업가(혹은 직원)의 책임이 무한한가, 아니면 유한한가에 따라 구분된다.
  ㉢ 지분양도의 제한 유무에 따라 구분된다.
  ㉣ 회사의 각 기관이 아직 분화되지 않은 상태에 있는가, 아니면 명확히 3가지 기관(주주총회, 이사회, 감사)으로 나누어져 기능하고 있는가에 따라 구분된다.

(3) 사기업(Private Enterprise) 24 기출

민간인이 자본을 출자하여 경영하는 일체의 개별경제를 말하며, 개인기업과 공동기업으로 나누어진다.

① **개인기업**

개인사업자라고도 하며 개인이 출자하여 경영 및 지배가 일치되는 기업형태로서 가장 기본적이며 자연발생적인 기업형태이다. 그러므로 경영상의 책임과 권한은 물론 경영에 따르는 손익도 개인에게 귀속되는 무한책임사원제도이다. 개인기업은 대체로 기업주 또는 소수의 사용인에 의하여 경영될 수 있고 큰 규모의 자본이 필요하지 않은 기업에 적합한 기업형태이다.

② 소수공동기업
공동기업은 2명 이상의 출자자에 의해 설립되며 개인기업의 단점과 한계를 극복하기 위해 등장하였다. 이러한 공동기업은 출자자의 수에 따라 소수공동기업과 다수공동기업으로 구분될 수 있다.
㉠ 합명회사 21 기출
- 중세 유럽의 내륙상업도시를 중심으로 발생한 '소키에타스(Societas)'라는 공동기업이 기원으로, 2인 이상의 출자자가 공동으로 출자 및 경영, 공동손익을 계산하는 기업형태이다.
- 회사의 채무에 대하여 출자자 전체가 무한연대책임을 가지며 인적 기업의 대표적인 기업형태로서 혈연관계에 있거나 이와 유사한 관계에 있는 사람들 간에 이루어지는 기업형태이다.
- 즉, 가족공동체적인 기반 위에서 존재하는 기업의 형태이며, 회사운영에 관한 의사결정뿐만 아니라 출자자의 지분양도에 있어서 모든 출자자의 동의(만장일치)가 필요하다.

㉡ 합자회사
이탈리아의 해안상업도시에서 위험성이 많은 해상수송 및 해상무역에서 발달한 '코멘다(Commenda)'가 기원으로, 회사의 구성원 모두가 무한책임사원이라는 위험성을 보완하고 많은 출자자를 모집할 수 있다. 출자와 경영을 담당하는 무한책임사원과 자신의 출자범위 내에서만 책임을 지고 경영에 관여하지 않는 유한책임사원으로 구성되는데, 유한책임사원은 직접 기업경영에 참여할 수 없으며 전체 사원의 동의가 없다면 자신의 자본을 인출할 수 없는 문제점을 가지고 있다.

㉢ 유한회사
- 19세기 말에 독일과 영국에서 새롭게 생겨난 기업의 형태로서 합명회사와 주식회사의 장점을 녹여낸 회사의 형태이다. 유한회사에 참여하는 사원은 직접적으로 경영에 참여하면서도 그 책임은 유한하다는 측면에서 발달한 기업의 형태라고 할 수 있다. 유한회사는 비교적 소수의 사원과 소액의 자본으로 운영되므로 중소기업경영에 적합한 기업의 형태이다.
- 출자자 전원이 출자액에 대해서만 책임을 지는 전원 유한책임사원으로 구성되어 있는 회사로서, 기관으로는 사원총회와 이사회 및 감사가 있으나, 감사는 법정 필수기관이 아니고 임의기관이어서 그 설치 여부는 자유이다. 유한회사의 사원은 지분양도 시 사원총회의 승인을 받아야 하는 등의 제약이 있다.

㉣ 「민법」상의 조합
「민법」상의 규정에 의해 2인 이상이 공동출자하여 공동사업을 경영할 것을 약정함으로써 그 효력이 발생하는 기업형태이며, 조합구성원 모두가 업무집행을 담당하는 동시에 무한책임을 진다. 법인이 아니라 조합이기 때문에 권리의무의 주체와 자산도 조합원에 귀속된다.

㉤ 익명조합
'코멘다(Commenda)'에서 유래된 것(앞의 합자회사도 코멘다에서 유래)으로 업무를 직접 담당하는 무한책임의 조합원과 익명의 출자자인 익명조합원으로 구성되어 있는 「상법」상의 조합이다. 여기서 익명조합원은 실제 경영에 참여하지 않고 이익분배에만 참여하는 목적으로 출자하는 유한책임조합원이다.

③ 다수공동기업
소수공동기업의 자본조달의 어려움, 출자자와 경영자가 분리되지 않아 발생하는 제약・비능률을 보완하기 위해 만들어진 형태가 다수공동기업이다.

㉠ 주식회사 20 23 25 기출
- 기업의 규모가 점점 확대됨에 따라 기업가 자신의 자본만으로는 해결할 수 없는 대규모 자본이 필요할 때 보다 광범위하게 자본을 합리적으로 조달하는 제도로서 주식회사가 등장하였다.
- 주식회사는 자유시장경제 체제인 현대의 대표적인 기업의 형태이다. 현재 기업의 대부분이 주식회사 형태의 회사를 선택하는 것은 다수의 출자자로부터 손쉽게 대규모의 자본을 조달할 수 있기 때문이다. 주식회사는 인적 결합보다 자본적 결합이 중요하며 기업운영에 소요되는 큰 규모의 자본의 조달과 경영분리를 가능하게 하기 위해 형성된 자본적 공동기업이다.

> **더 알아보기**   **주식회사의 기관과 특징** 24 기출
>
> **주식회사의 기관**
> - 주주총회 : 주주들의 의사를 표시하여 처리하는 최고의 의사결정기관이다.
> - 이사회 : 주주총회로부터 업무집행에 관련된 권한을 위임받은 조직으로 경영과 관련된 의사를 결정하는 상설기관이다.
> - 감사 : 주주총회에서 선임되며 회계감사 및 업무에 대한 감사를 임무로 하는 상설기관이다.
>
> **주식회사의 특징**
> - 유한책임제도 : 주주는 출자액인 주식의 합계금액 내에서만 책임이 있으며 이를 주주의 유한책임이라고 한다.
> - 자본의 증권화제도 : 주주는 주식(증권)시장을 통하여 주식의 매매와 양도가 가능하다. 이러한 증권화 제도를 통하여 소액으로 회사에 투자가 가능하며 다수의 증권(주식)으로 대자본을 모집할 수 있는 제도이다.
> - 소유와 경영의 분리제도 : 주식회사 제도의 발달로 주주(출자자)의 수는 크게 늘어나게 되었고 그들 모두가 기업 활동에 참여한다는 것은 불가능하게 되었다. 그래서 '출자와 경영의 분리' 또는 '자본과 경영의 분리'라는 현상이 발생하였고 이러한 결과로 기업의 경영은 전문경영인에게 맡기고 주주는 경영일선에서 물러나 배당에 주로 관심을 가지게 되었다.

㉡ 협동조합

경제적 약자인 소비자(민간인) 또는 생산자들이 경제적 약점을 보완하기 위해서 상호협조와 협동정신으로 공동출자하여 조직하는 공동기업의 형태이다. 이러한 협동조합은 1844년 영국의 맨체스터 지방에 있는 로치데일에서 방직공들이 소비조합을 결성한 것이 기원이다.

> **더 알아보기**   **협동조합의 특징**
>
> - 조합의 영리보다도 각각의 조합원들의 상호부조를 목적으로 한다(상호부조주의).
> - 출자액에 관계없이 평등하게 1인 1표의 의결권이 부여되는 민주적인 조합이다(민주주의).
> - 조합은 이용주의에 따라 조합원의 이용과 편익제공을 목적으로 운영된다(이용주의).

(4) 공기업

공기업은 국가 또는 지방자치단체 등 공공단체가 공익을 목적으로 출자하고 경영상의 책임을 지는 기업형태이다. 그러므로 기업의 존재이유를 '이윤추구'로 하는 사기업과는 다른 점이 많다.

① 공기업의 설립목적
  ㉠ 공공사업의 목적(전기, 수도, 도로, 항만)
  ㉡ 사회정책상의 목적(근로자 생활안정, 실업자 구제, 사회복지, 양로원, 주택사업)
  ㉢ 경제정책상의 목적(제철, 비료공장, 광업진흥공사, 한국도로공사)
  ㉣ 재정정책상의 목적(과거 담배인삼공사 등 전매사업)

② 공기업의 형태
  ㉠ 행정기업(관청기업, 정부기업)
    국영공기업이라고도 하며 국가 또는 지방공공단체가 필요한 자금을 전액 출자하고 직접 지휘하고 있는 기업을 말한다.
    예 체신사업, 철도사업
  ㉡ 법인공기업(공공기업체)
    국가 또는 지방 공공단체와는 별개 독립의 법인격(법인)을 부여함으로써 경영의 자주성이 보장된다. 일반적으로 행정기관으로서의 공기업을 말하며, 정부의 지분율이 50% 이상 되는 기업도 여기에 포함된다.
    예 한국조폐공사, 한국도로공사, 한국은행, 중소기업은행, 한국산업은행

(5) 공사공동기업(공사합동기업)

공기업의 운영 주체인 공공기관과 민간인 사기업이 공동으로 출자하여 운영되는 기업형태이며 경영자는 정부에서 일부를 임명하고 일부는 민간인 또는 민간 출자자로부터 선임하여 기업을 운영하게 된다(공기업의 대규모 자본조달과 사기업의 경영능률 향상을 결합).

(6) 기업형태별 핵심 비교분석

구 분	자본조달력	기업규모*	이익추구	법률상의 제약	채무의 책임
개인기업	약	소	강	약	강
합명회사	약	소	강	약	강
합자회사	중	중	강	중	중
유한회사	중	중	강	중	중
협동조합	중	중	약	중	강
주식회사	강	대	강	강	약
공기업	강	대	중	강	약

* 기업규모의 대중소 표기사항은 대기업, 중기업, 소기업 분류와는 무관하며 적정한 기업의 규모를 말한다.

8. 기업결합

(1) 기업결합의 의의와 성격
① 기업결합의 의의
  기업결합(Business Combination)은 기본적으로 경쟁의 제한과 배제를 통한 시장지배력의 강화, 생산공정이나 유통의 합리화 또는 연관기업 지배 등의 목적을 위하여 추진된다. 결합의 형태는 기업제휴, 기업집단화, 기업합병, 기업계열화 등 다양한 방법이 존재한다.
  ㉠ 기업제휴 : 법적으로 독립적인 복수기업이 결합하여 자본적, 인적, 기술적으로 밀접한 관계를 가진 통일적 집단을 형성하는 것이다. 주식보유형 트러스트, 콘체른, 콤비나트 등이 해당된다.
  ㉡ 기업합병 : 독립적인 복수기업이 법적으로 단일조직이 되는 것이다. 흡수합병과 신설합병으로 구분된다.
  ㉢ 기업계열화 : 대기업과 중소기업 간의 결합을 의미한다. 그러나 기업결합은 결국 시장의 독점적 지배를 통해 공정한 자유경쟁과 공공이익을 저해하고 중소기업 및 일반 소비자에게 피해를 주는 결과를 초래한다. 이에 많은 국가에서는 이러한 피해를 막기 위해 법률로써 제한하고 있다.

(2) 기업결합의 유형
기업결합은 수평적 결합, 수직적 결합, 원환적 결합, 다각적 결합 등의 유형으로 이루어진다. 구체적으로 살펴보면 아래와 같다.
① 수평적 결합(Horizontal Combination) : 동업종 간 합병으로 대형화를 구축하여 시장점유율 증대, 마케팅비용 절감, 시장지배력 강화를 지향한다.
② 수직적 결합(Vertical Combination) : 원료-생산-판매의 과정을 결합함으로써 비용절감, 생산성 향상, 시너지 효과를 지향한다. 이를 다시 전방적 결합과 후방적 결합으로 구분할 수 있다. 예를 들면 자동차 생산회사가 부품업체와 결합하면 후방적 결합이며, 자동차 판매회사와 결합하면 전방적 결합이 된다.
③ 원환적 결합(Circular Combination) : 재화나 용역의 생산 및 판매와 관련을 가지는 연관된 기업 간의 결합을 의미한다.
④ 다각적 결합(Diversified Combination) : 서로 다른 업종에 종사하는 기업 간의 결합을 의미한다.

(3) 기업결합의 형태 17 18 19 20 22 23 25 기출
① 카르텔(Cartel) : 카르텔은 동업종 또는 유사한 업종의 기업이 시장에서의 경쟁을 배제하거나 제한하여 시장을 통제·지배하기 위해 형성하는 수평적 결합을 의미한다. 결합하는 기업들은 법적·경제적으로는 독립적인 기업이다. 카르텔에는 가격, 조건, 수량, 지역, 공동판매 등의 판매카르텔과 구매카르텔 및 생산카르텔 등이 있다.
② 트러스트(Trust) : 트러스트는 독립적인 기업들이 시장지배를 위하여 단일기업으로 합병하는 것을 의미하며, 카르텔보다 강력한 기업결합으로서 일반적으로 자본결합을 통해 이루어진다. 트러스트를 통하여 시장경쟁력과 지배력을 강화시키며 기업결합을 확실히 한다는 장점이 있지만 조직문화의 이질감, 구성원의 정서적 갈등 등이 어려운 문제로 인식되고 있다.

③ 콘체른(Konzern) : 콘체른은 각 기업이 법률상으로는 독립성을 유지하면서 상대 기업의 주식을 소유하거나 자금지원 등과 같은 금융적 방법을 통하여 결합하는 것이다. 수평적 콘체른(판매 콘체른), 수직적 콘체른(생산 콘체른), 금융적 콘체른(자본적 콘체른) 등이 있다.

④ 기업집단(콤비나트 ; Kombinat) : 기업집단은 생산, 경영, 관리적 차원에서 보완적인 역할을 하는 기업들이 독립성을 유지하면서 결합하는 형태를 말한다. 특히, 울산석유화학단지와 같이 여러 개의 생산부문이 유기적으로 결합된 다각적 결합공장 혹은 공장집단을 의미한다.

⑤ 컨글로머리트(콩클로메리트 ; Conglomerate) : 생산·기술적으로 관련이 없는 이종기업들이 결합하는 것을 말한다. 제품확장형 컨글로머리트, 시장확장형 컨글로머리트, 순수형 컨글로머리트 등으로 구분할 수 있다. 특히 미국에서는 기업 간의 수평·수직적 합병이 독점금지법에 의해 규제되고 있기 때문에 성장전략을 추진하는 기업의 경우 이업종으로 다각화가 추진되는 경향이 많다.

⑥ 기업의 계열화 : 생산, 판매, 기술, 자본 면에서 기업들이 밀접한 관계를 형성하는 것을 의미한다. 일반적으로 대기업이 중소기업을 계열화한다.
   ㉠ 계열화를 통한 대기업의 긍정적 효과
      • 중소기업의 저임금을 이용하여 생산원가를 절감할 수 있다.
      • 대기업의 고정비용과 운전비용을 절약할 수 있다.
   ㉡ 계열화를 통한 중소기업의 긍정적 효과
      • 부품 및 중간재를 생산하여 대기업에 안정적으로 공급할 수 있다.
      • 대기업으로부터 원료나 자금 및 기술지원을 받을 수 있다.
   ㉢ 계열화의 단점
      • 대기업의 경우 통일적인 품질관리가 어렵다. 하청회사의 품질 수준을 관리하는 데 어려움이 있다.
      • 중소기업의 경우 자생력 있는 회사로 성장하기보다는 납품회사로 안주하게 되는 경향이 많다. 또한 대기업의 납품단가 인하로 인하여 경영상의 어려움이 상존하게 된다.

⑦ 조인트벤처(Joint Venture) : 외국기업과 공동으로 출자하여 공동으로 경영하는 국제합작기업을 말한다. 참여자들이 공동으로 소유권을 가지며, 투자하는 기업은 투자자본을 절약하고 위험을 분산할 수 있고 현지기업의 판매력과 자본력, 노동력을 활용할 수 있다.

⑧ 프랜차이즈(Franchise) : 상품을 제조·판매하는 제조업자 또는 판매업자가 체인본부를 구성하고 독립소매점을 가맹점으로 하여 소매영업을 하는 것이다.

PART 01 단원핵심문제

제2과목 경영학

01 테일러(F. Taylor)의 과학적 관리법의 내용으로 옳지 않은 것은?

① 공정한 일일 작업량 설정
② 시간연구 및 동작연구
③ 차별적 성과급제
④ 기능식 직장제도
⑤ 사회적 접근

해설 사회적 접근은 생산성과 관련이 없으므로 과학적 관리법의 내용에 해당하지 않는다.

02 생산합리화의 3S로 옳은 것은?

① 표준화(Standardization) - 단순화(Simplification) - 전문화(Specialization)
② 규격화(Specification) - 세분화(Segmentation) - 전문화(Specialization)
③ 단순화(Simplification) - 규격화(Specification) - 세분화(Segmentation)
④ 세분화(Segmentation) - 표준화(Standardization) - 단순화(Simplification)
⑤ 규격화(Specification) - 전문화(Specialization) - 표준화(Standardization)

해설 생산합리화의 3S는 전문화(Specialization) - 단순화(Simplification) - 표준화(Standardization)를 말한다. [전당포]로 암기하면 편하다.

03 인간관계론의 내용에 관한 설명으로 옳은 것은?

① 과학적 관리법과 유사한 이론이다.
② 인간 없는 조직이란 비판을 들었다.
③ 심리요인과 사회요인은 생산성에 영향을 주지 않는다.
④ 비공식 집단을 인식했으나 그 중요성을 낮게 평가했다.
⑤ 메이요(Mayo)와 뢰슬리스버거(Roethlisberger)를 중심으로 호손 실험을 거쳐 정리되었다.

해설 ① 인간관계론은 과학적 관리법의 단점을 보완하기 위해 만들어졌다.
② 조직 없는 인간이라는 비판을 들었다.
③ 심리요인과 사회요인은 생산성에 영향을 준다.
④ 비공식 집단을 인식하고 그 중요성을 높게 평가하였다.

01 ⑤ 02 ① 03 ⑤ **정답**

04 현대 경영학 이론에 관한 설명으로 가장 적절하지 않은 것은?

① 과학적 관리법에서는 효율과 합리성을 강조한다.
② 인간관계론에서는 인간의 사회·심리적 요인을 중시한다.
③ 행동과학 이론에서는 조직 내 비공식 조직의 활용을 중시한다.
④ 시스템 이론에서는 조직을 여러 구성인자가 유기적으로 상호작용하는 결합체로 본다.
⑤ 상황이론에서는 조직구조가 조직이 처한 상황에 적합해야 한다고 본다.

해설   행동과학 이론이 아니라 인간관계론에서 조직 내 비공식 조직의 활용을 중시한다.

05 테일러(F. Taylor)의 과학적 관리법에 관한 설명 중 가장 적절한 것은?

① 보상은 생산성과 연공(Seniority), 팀워크와 능력에 비례하여 주어져야 한다.
② 임파워먼트(Empowerment)와 상향적 커뮤니케이션을 중시하였다.
③ 동작연구, 감정연구, 인간관계연구가 활발히 진행되었다.
④ 능률적 작업과 생산성 향상을 주된 목표로 하였다.
⑤ 직무설계가 전문화, 분권화, 개성화, 자율화되었다.

해설   ① 보상은 생산성과 능력에 비례하여 주어져야 한다.
② 임파워먼트(Empowerment)와 하향적 커뮤니케이션을 중시하였다.
③ 동작연구, 시간연구가 활발히 진행되었다.
⑤ 직무설계가 전문화, 단순화, 표준화되었다.

06 테일러(F. Taylor)의 과학적 관리법에 관한 설명으로 가장 적절하지 않은 것은?

① 분업의 원리를 적용하여 업무를 세분화하고 종업원들을 하나의 직무에 전문성을 갖도록 하였다.
② 시간과 동작연구를 통하여 일일 표준작업량을 산출하였다.
③ 종업원 개인의 성과 차이에 따라 임금을 차별화하였다.
④ 작업자가 생산작업에만 충실하도록 생산준비 부서인 기획부제도를 도입하였다.
⑤ 조직의 관리과정을 계획, 조직, 충원, 지휘, 통제로 구분하여 분석하였다.

해설   페이욜의 관리과정론에 관한 설명이다.

정답 04 ③ 05 ④ 06 ⑤

07 시스템(System) 이론에 대한 설명으로 가장 적절하지 않은 것은?

① 하나의 시스템은 다수의 하위시스템으로 구성한다.
② 하위시스템들은 각각의 목적을 달성하기 위하여 서로 독립적으로 운영된다.
③ 시스템은 투입(Input), 처리(Process), 산출(Output), 피드백(Feedback)의 과정을 포함한다.
④ 기업은 개방시스템의 속성을 지니고 있다.
⑤ 시스템은 피드백을 통하여 균형을 유지한다.

해설 하위시스템들은 각각의 목적을 달성하기 위하여 서로 유기적으로 운영된다.

08 비즈니스 프로세스 리엔지니어링(BPR ; Business Process Reengineering)의 특징으로 적절하지 않은 것은?

① 조직에서 필요로 하는 제반 정보의 통합을 지향한다.
② 품질, 비용, 속도, 서비스와 같은 업무성과의 점진적인 개선을 목표로 한다.
③ 현재의 업무절차(프로세스)를 근본적으로 다시 생각하고 완전히 새롭게 설계한다.
④ 개선안을 모색할 때 고객의 관점 및 입장을 가장 중시한다.
⑤ 부서 내(또는 기능영역 내) 업무보다는 부서 간(또는 기능영역 간) 업무의 합리화에 초점을 맞춘다.

해설 품질, 비용, 속도, 서비스와 같은 업무성과의 급진적인 개선을 목표로 한다.

09 기존의 프로세스를 처음부터 다시 생각하여 최신의 기술과 지식을 바탕에 두고 프로세스를 재설계하는 방법으로 적절한 것은?

① TQM(Total Quality Management)
② BPR(Business Process Reengineering)
③ BM(Bench Marking)
④ ERP(Enterprise Resource Planning)
⑤ TFT(Task Force Team)

해설 비즈니스 프로세스 리엔지니어링에 관한 설명이다.

10 시스템적 접근법에 대한 설명으로 적절하지 않은 것은?

① 모든 현상이나 문제를 '전체로서 하나의 단일체'라는 전일성(Holism)의 관점에서 접근한다.
② 개방시스템으로서 동적균형(Dynamic Equilibrium)을 추구한다.
③ 정(+)의 엔트로피(Positive Entropy)의 증대를 추구한다.
④ 피드백(Feedback)을 통해 안정과 성장을 추구한다.
⑤ 투입-전환-산출의 과정을 거친다.

해설 부(-)의 엔트로피(Negative Entropy)의 증대를 추구한다.

11 무한책임사원과 유한책임사원으로 구성되는 기업형태로 적절한 것은?

① 합명회사   ② 합자회사
③ 유한회사   ④ 주식회사
⑤ 협동조합

해설 합자회사는 사업의 경영은 무한책임사원이 하고, 유한책임사원은 자본을 제공하여 사업에서 생기는 이익의 분배에 참여한다. 무한책임사원이 있는 점은 합명회사와 같으나, 회사채권자에 대하여 출자액의 한도 내에서만 연대하여 책임을 지는 유한책임사원이 있는 점이 합명회사와 다르다. 유한책임사원은 유한의 책임을 지는 데 불과한 반면, 출자는 재산출자에만 한하고, 회사의 업무집행 대표로는 참여하지 않는다.

12 인간관계론에 관한 설명으로 적절하지 않은 것은?

① 비용의 논리를 추구한다.
② 비공식 집단을 강조한다.
③ 사회적 인간관과 연관이 있다.
④ 만족이 생산성 향상을 가져온다고 생각한다.
⑤ 감정의 논리에 치중하는 경향이 있다.

해설 인간관계론이 성립되게 된 배경은 과학적 관리법에서의 인간의 비인간적 합리성, 기계적 도구관(道具觀)에 대한 반발, 사회·경제적 변동, 기업경영 및 인간관리의 민주화 등을 들 수 있다. 인간관계론이 성립되면서 조직을 개인·비공식 집단 및 집단 상호 간의 관계가 되는 사회체제로 인식하게 되었고, 조직 내의 인간적 요인이 조직의 주요 관심사로 등장하여 조직 속의 인간을 보는 관점은 일대 변화를 겪게 되었다.

13 베버(M. Weber)가 제시한 이상적 관료조직의 원칙으로 옳지 않은 것은?

① 분업과 전문화
② 공식적인 규칙과 절차
③ 비개인성
④ 연공에 의한 승진
⑤ 공과 사의 명확한 구분

> **해설** 베버(M. Weber)의 이상적인 관료제 특징
> • 계층 조직에 특성화되어 있다.
> • 조직체의 고정 영역 안에서 권한의 한계를 명시하고 있다.
> • 기록된 규칙에 따른 결정을 한다.
> • 관료들은 전문 교육을 받았다.
> • 규칙은 중립 관료에 의해 시행된다.
> • 직위 승진은 조직의 판단하에 전문적인 자질을 갖춘 경우에 가능하다.

14 동종 또는 유사업종의 기업 간 독립성을 유지하면서 상호경쟁을 배제하는 기업형태로 옳은 것은?

① 카르텔(Cartel)
② 인수합병(M&A)
③ 트러스트(Trust)
④ 오픈 숍(Open Shop)
⑤ 클로즈드 숍(Closed Shop)

> **해설** 카르텔은 동일 업종의 기업이 경쟁의 제한 또는 완화를 목적으로 가격, 생산량, 판로 따위에 대하여 협정을 맺는 것으로 형성하는 독점 형태 또는 그 협정이다. 각 기업의 독립성이 유지되고 있는 점에서 트러스트(Trust)와는 다르다.

PART 02 경영전략

제2과목 경영학

체크포인트
경영전략 파트는 경영학 시험에 있어서 영원한 출제 1순위일 수밖에 없다. 몇 번이고 다시 봐서 반드시 자신의 것으로 만들도록 하자. 1차 시험뿐만 아니라 2차 시험(마케팅 분야)에서도 출제비중이 매우 높다.

1 경영전략

1. 경영전략의 개념

본래 군사적 용어로 사용되었던 전략(Strategy) 혹은 전략계획(Strategy Plan)이 경영계획의 문헌에 나타난 것은 1962년에 출간한 찬들러(Chandler)의 저서 『전략과 구조(Strategic & Structure)』를 효시로 본다. 또한 경영전략의 책정과정에 대한 본격적 연구저서로는 앤소프의 『기업전략(Corporation Strategy)』이 대표적인데, 경영전략의 개념 및 기업목표 설정, 전략의 책정, 선택, 평가의 과정을 설명한다.

(1) 찬들러(Chandler)의 정의
경영전략이란 기업의 기본적인 장기 목표 및 목적을 결정하고 목표를 달성하는 데 필요한 활동방향과 여러 가지 자원을 배분하는 것이다.

(2) 앤소프(Ansoff)의 정의
경영전략이란 경영 목표를 달성하기 위한 의사결정 내지 지침이고 각종 의사결정은 기회주의적 요인에 의한 수단선택의 성격을 갖는다.

더 알아보기 | 경영의사결정

전략적 의사결정 [21] [23] [24] 기출

전략적 의사결정은 주로 기업의 내부문제라기보다는 외부문제에 관한 의사결정인데 기업의 이상향을 위해서 언제, 어떻게, 어디로 방향을 잡느냐의 문제이다. 조직전체에 영향을 미치는 장기적인 의사결정으로, 주로 상층관리자가 수행한다.

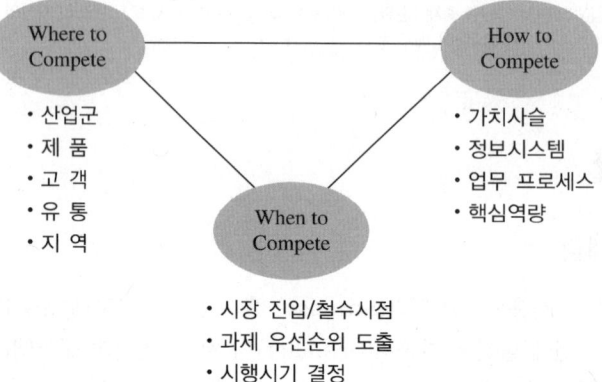

- **Where to Compete**
  기업의 사업영역을 결정하는 이슈로서, 경영자원의 전략적 배분과 관련되는 중요한 의사결정이다. 사업영역을 결정하기 위해서는 산업의 매력도, 제품/고객 믹스, 유통채널 및 지역시장에 대한 전략적 선택이 요구된다.
- **How to Compete**
  선정된 사업영역에서 어떻게 경쟁할 것인가를 결정하는 이슈로서 고객을 위한 가치명제의 설정, 가치전달을 위한 비즈니스 시스템의 구축, 핵심역량에 입각한 성장방식의 선택과 같은 이슈들을 포함한다.
- **When to Compete**
  동태적인 관점에서 전략적 의사결정의 타이밍, 업무추진의 일정 및 속도를 결정하는 이슈로서, 사업영역 및 경쟁방식의 선정과 더불어 기업의 성패를 좌우하는 중요한 의사결정이다.

관리적 의사결정
조직기구의 관리에 관한 결정과 자원의 조달 및 개방에 관한 결정으로, 주로 중간관리자가 수행한다.

업무적 의사결정
단기적인 전략수행과 성과달성에 필요한 관리행동에 관한 의사결정을 내리는 것으로, 주로 일선관리자가 수행한다.

2. 환경분석(전략적 측면)

거시적 환경분석 요소(STEEP 분석)	미시적 환경분석 요소(3C 분석)	전략적 요소
• 사회적(인구통계적) 환경(Society) • 기술적 환경(Technology) • 경제적 환경(Economics) • 자연적 환경(Ecology) • 정치적(법률적) 환경(Politics)	고객(Customer) 분석	시장세분화(Segmenting)
	자사(Company) 분석	표적시장 선정(Targeting)
		포지셔닝(Positioning)
		차별화(Differentiating)
		비즈니스 모델(Business Model)
	경쟁사(Competitor) 분석	가치영역
		경쟁요소 확인

> **더 알아보기 비즈니스 모델(Business Model)** 17 기출
>
> 비즈니스 모델은 어떤 제품이나 서비스를 어떻게 소비자에게 제공하고, 어떻게 마케팅하며, 어떻게 돈을 벌 것인가 하는 계획 또는 사업 아이디어를 말한다. 부연하면 기업이 어떤 일을 하는지, 기업이 제품이나 서비스를 어떻게 전달하는지에 대한 개념적 설명을 기업이 부를 창출하는 방법과 함께 묘사한 것이다.

기업의 경영환경은 내부환경과 외부환경으로 나뉘며, 외부환경은 다시 과업환경과 일반환경으로 구분된다. 과업환경은 기업의 마케팅활동에 직접적인 영향을 미치는 요인을 말하며, 일반환경은 과업환경에 영향을 미치는 광범위한 사회적 요인을 말한다.

> **더 알아보기 기업의 경영환경** 20 21 24 25 기출
>
> • 외부환경 : 통제 불가능한 요인
>   - 과업환경(미시환경) : 고객, 경쟁자, 공급자, 노조, 종업원 등
>   - 일반환경(거시환경) : 경제적, 사회적, 정치적, 법률적, 기술적 환경 등 산업구조
> • 내부환경 : 통제 가능 요인
>   - 기업의 연혁, 역량, 조직문화, 조직분위기, 기업 내부자원 등

(1) 외부환경 분석 : 포터(M. Porter)의 산업구조 분석 모델(5-forces Model) 17 19 21 25 기출

① 포터의 산업구조 분석모델은 특정 기업의 과업환경에서 중요한 요인들을 이해하고자 하는 기법이다. 이 모델에 의하면 5요인에 의해 경쟁정도나 산업의 수익률이 결정되며, 5요소의 힘이 강하면 그 기업에 위협(Threat)이 되고 힘이 약하면 기회(Opportunity)가 된다고 본다.

② 산업구조 분석은 사업전략이라는 측면에서 환경을 분석할 때 사용하는 방법이다. 이러한 환경분석으로는 SWOT 분석과 포터의 산업구조 분석이 대표적이다. 포터의 산업구조 분석 방법은 사업전략을 산업환경의 5가지 경쟁요인의 결과라고 설명하고 있다. 이 모델은 산업환경이 기업에 위협이나 기회로 전환될 가능성의 존재 여부를 분석하기 위하여 사용된다.

포터(M. Porter)

③ 5가지 위협 요인 제시
  ㉠ 기존 사업자 간 경쟁 : 경쟁 정도에 따른 수익률, 치열한 가격경쟁, 경기순환에 영향을 받는다.
  ㉡ 공급자 협상력 : 유통과정에서 바로 뒤쪽을 통합(전방통합)해, 공급자 협상력이 높아진다.
  ㉢ 대체재 : 고객들이 가격에 품질, 서비스, 디자인 등을 비교하게 하여 비가격경쟁을 유발하고, 제품 가격의 상한선, 수익률에 영향을 미치고 시장기반을 잠식한다.
  ㉣ 구매자 협상력 : 가격에 대한 민감도가 높을수록 구매자의 교섭력이 강화된다.
  ㉤ 잠재적 진입자(신규 진입자) : 현재 산업 밖에 있는 기업이 해당 산업으로 진입할 위협이 존재하므로 규모의 경제를 이루거나 절대적인 우위확보를 통해 진입장벽을 구축해야 한다.
④ 의미 : 이러한 5가지 힘의 정도에 따라 힘이 강하면 위협이 될 수 있고, 약하면 기회가 될 수 있음을 의미한다. 경영전략은 이 5가지 요인을 이용한 산업환경 분석을 통해서 이루어질 수 있다.

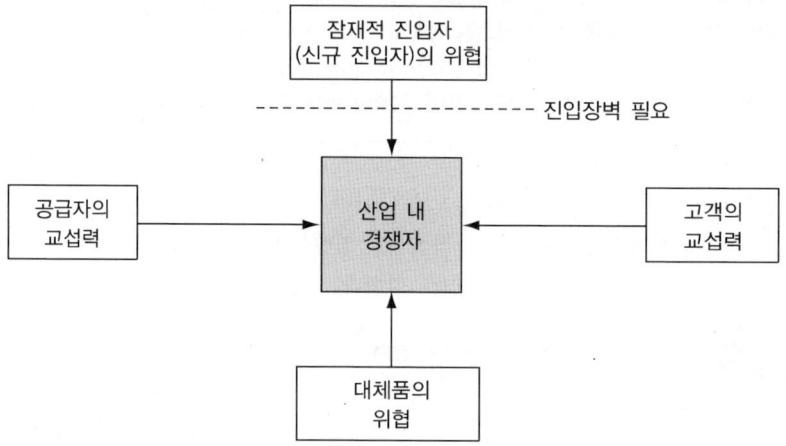

⑤ 수평적 경쟁요인과 수직적 경쟁요인

> **학습포인트**
> 경영학에서 수평・수직의 개념은 그림상의 수평・수직이 아닌 물류의 흐름과 관계가 있다.

  ㉠ 수평적 경쟁요인 : 잠재적 진입자, 기존 사업자 간 경쟁, 대체재(상한선 설정, 보완재)
  ㉡ 수직적 경쟁요인 : 구매자 협상력, 공급자 협상력
⑥ 구성요소
  ㉠ 진입위협 : 최근 특정 산업에서 제조 및 영업을 시작한 기업이나 산업에 진입하려 하는 기업들의 위협을 의미한다. 이러한 진입에는 장벽이 존재하는데, 포터가 제시한 5가지 진입장벽은 규모의 경제, 제품차별화, 규모와는 무관한 절대적인 비용우위, 기존 기업의 의도적인 방해, 정부의 진입규제 등이다.
  ㉡ 고객위협 : 고객의 영향력이 클수록 기업은 더 많은 위협을 받는다. 즉, 고객의 수가 적을수록, 제품이 표준화되어 있을수록 고객의 영향력은 강력해진다.

ⓒ 공급자 위협 : 공급자들은 공급품의 가격을 올리거나 내림으로써 기업에 위협을 가할 수 있다. 포터는 공급자의 위협 수준이 높은 5가지 경우를 제시하였는데, 공급자 산업이 소수에 의해 지배되는 경우, 공급자들이 차별화된 제품을 공급하는 경우, 공급자들이 대체재에 의해 위협받고 있지 않는 경우, 공급자들이 수직통합에 위협을 가하는 경우, 공급자에게 중요하지 않은 고객인 경우 등이다.
ⓓ 대체품 위협 : 특정 회사에 대체할 수 있는 제품의 존재는 기업에 위협이 된다.
ⓔ 경쟁사 간의 경쟁위협 : 해당 기업과 직접적으로 경쟁관계에 있는 기업들과의 경쟁정도를 의미한다.

> **학습포인트**
> 6-force 모델은 포터의 5-force 모델에 보완재를 포함시켜 분석한다.

> **기출문제분석**
>
> 특정 산업에서 활동하고 있는 기업이 산업매력도를 확인하기 위하여 산업경쟁 구조분석을 하였다. 산업경쟁 구조요인별로 산업매력도를 설명한 내용으로 옳지 않은 것은? 　2013년
>
> ① 진입장벽이 높을수록 매력도는 떨어진다.
> ② 대체재가 나타날 가능성이 클수록 매력도는 떨어진다.
> ③ 기존 경쟁업체의 수가 많고, 경쟁이 치열할수록 매력도는 떨어진다.
> ④ 고객의 수가 적거나 고객이 단체를 구성하여 강한 협상력을 갖고 있는 경우 매력도는 떨어진다.
> ⑤ 원자재 혹은 부품을 독점하거나 특수한 기술을 지니고 있는 공급업체와 거래를 하여야 하는 상황이라면 매력도는 떨어진다.
>
> **해설** 신규진입자가 아니라 기존 활동기업의 경우에는 진입장벽이 높을수록 매력도가 높아진다.
>
> **정답** ①

(2) 내부환경 분석 : SWOT 분석 19 21 기출

① SWOT 분석이란 어떤 기업의 내부환경을 분석하여 강점과 약점을 발견하고, 외부환경을 분석하여 기회와 위협을 찾아낸 후 이를 토대로 강점은 살리고, 약점은 죽이고, 기회는 활용하고, 위협은 억제하는 마케팅 전략을 수립하는 것을 말한다.

② 마케팅 전략 4요소를 강점・약점・기회・위협(SWOT)이라고 하는데, 강점은 경쟁기업과 비교하여 소비자로부터 강점으로 인식되는 것은 무엇인지, 약점은 경쟁기업과 비교하여 소비자에게 약점으로 인식되는 것은 무엇인지, 기회는 외부환경에서 유리한 기회요인은 무엇인지, 위협은 외부환경에서 불리한 위협요인은 무엇인지를 의미한다.

[SWOT 분석]

	내부환경요인	
	강점 (Strengths)	약점 (Weaknesses)
외부환경요인 기회 (Opportunities)	SO 내부강점과 외부기회 요인을 극대화	WO 외부기회를 이용하여 내부약점을 강점으로 전환
외부환경요인 위협 (Threats)	ST 외부위협을 최소화하기 위해 내부강점을 극대화	WT 내부약점과 외부위협을 최소화

㉠ SO 전략(강점-기회 전략) : 시장의 기회를 활용하기 위해 강점을 사용하는 전략을 선택한다.
   예 인수합병, 내부개발
㉡ ST 전략(강점-위협 전략) : 시장의 위협을 회피하기 위해 강점을 사용하는 전략을 선택한다.
   예 다각화
㉢ WO 전략(약점-기회 전략) : 약점을 극복함으로써 시장의 기회를 활용하는 전략을 선택한다.
   예 조인트벤처
㉣ WT 전략(약점-위협 전략) : 시장의 위협을 회피하고 약점을 최소화하는 전략을 선택한다.
   예 구조조정, 철수 전략

> **기출문제분석**
>
> **SWOT 분석에 관한 설명으로 옳은 것은?** `2019년`
>
> ① 교섭력 분석기법
> ② 사업포트폴리오 분석기법
> ③ 안정성 평가기법
> ④ 기업환경의 기회, 위협, 강점, 약점을 분석하는 기법
> ⑤ 수익성, 성장성, 효과성을 분석하는 최신기법
>
> **해설** SWOT는 강점(Strength), 약점(Weakness), 기회(Opportunity), 위협(Threat)의 머리글자를 모아 만든 단어로 경영전략을 수립하기 위한 분석 도구이다. 내적인 면을 분석하는 강점/약점 분석과 외적 환경을 분석하는 기회/위협 분석으로 나누기도 하며, 긍정적인 면을 보는 강점과 기회 그리고 그 반대로 위험을 불러오는 약점과 위협을 분석하는 도구이다.
>
> **정답** ④

(3) 내부환경 분석 : 포터의 가치사슬 18 19 24 기출

① 가치사슬은 기업활동에서 부가가치가 생성되는 과정을 의미한다. 1985년 미국 하버드 대학교의 마이클 포터(M. Porter)가 모델로 정립한 이후 광범위하게 활용되고 있는 이론틀로, 부가가치 창출에 직접적 또는 간접적으로 관련된 일련의 활동·기능·프로세스의 연계를 의미한다. 주활동(Primary Activities)과 지원활동(Support Activities)으로 나눌 수 있으며, 이 두 활동부문의 비용과 가치창출 요인을 분석하는 데에 사용된다.

② 주활동(본원적 활동)은 제품의 구매·생산·운송·마케팅·판매·물류·서비스 등과 같은 현장업무 활동을 의미하며, 지원활동(보조활동)은 조달·기술개발·인사·재무·기획 등 현장활동을 지원하는 제반업무를 의미한다. 주활동은 부가가치를 직접 창출하는 부문을, 지원활동은 부가가치가 창출되도록 간접적인 역할을 하는 부문을 말한다.

③ 가치활동 각 단계에 있어서 내부환경 분석은 부가가치 창출과 관련된 핵심활동이 무엇인가를 규명할 수 있다. 각 단계 및 핵심활동들의 강점이나 약점 및 차별화 요인을 분석하고, 나아가 각 활동단계별 원가동인을 분석하여 경쟁우위 구축을 위한 도구로도 활용할 수 있다. 보통 기업의 내부역량 분석도구로 많이 사용된다. 그러나 인터넷과 정보통신의 발달로 해체가 가속화되면서 네트워크를 통한 아웃소싱이 활발하게 진행되고 있다.

㉠ 본원활동 : 구매, 생산, 물류, 판매, 마케팅, 서비스활동
㉡ 보조활동 : 획득, 기술개발, 인적자원관리, 하부구조활동(기획, 재무, MIS, 법률 등)

> **기출문제분석**
>
> 포터(M. Porter)의 가치사슬모형에서 기업의 본원적 활동이 아닌 것은? [2015년]
>
> ① 원부자재구매활동
> ② 서비스활동
> ③ 생산활동
> ④ 물류활동
> ⑤ 인적자원관리활동
>
> [해설]
> - 본원활동 : 구매, 생산, 물류, 판매, 마케팅, 서비스활동
> - 보조활동 : 획득, 기술개발, 인적자원관리, 하부구조활동
>
> [정답] ⑤

3. 기업전략 계획단계

경영전략을 어떠한 수준에서 설정할 것인가에 따라 기업전략, 사업부 전략, 기능적 전략으로 나눌 수 있다.

(1) 기업전략(Corporate Strategy) 19 20 25 기출

기업전략은 전사적 전략 혹은 조직전략으로 설명되는데 이는 사업진출 여부와 관련을 맺는다. 예컨대 기업 전체가 직면하는 기회와 위협을 파악하여 경영목표를 설정하고 사업활동의 범위를 결정하는 것이다. 이는 최고경영층에 의해서 이루어진다.

① 사업부의 평가 : 다수의 전략적 사업단위를 운영하고 있는 기업은 BCG 매트릭스와 GE 매트릭스 등을 통하여 각 사업부를 분석하여 진입, 성장, 수확, 철수 전략 등을 구사함으로써 최적의 사업 포트폴리오를 구성해야 한다.

② 기업전략의 수립
  ㉠ 사업확장 전략
   - 수직적 통합(Vertical Combination) 22 23 기출
     제품의 전체적인 공급과정에서 기업이 일정 부분을 통제하는 전략으로 다각화의 한 방법이며, 전방통합과 후방통합으로 구분된다.

장 점	단 점
• 가격의 불안정을 피할 수 있다. • 품질 통제력을 높일 수 있다. • 자체 생산할 경우 생산원가를 절감할 수 있다. • 특허기술을 보호하거나 품질의 향상을 기대할 수 있다.	• 갈등해결을 위한 관리비용이 증가할 수 있다. • 유연성이 떨어져 비효율성이 높아질 수 있다.

> **더 알아보기** 전방통합과 후방통합
>
> 수직적 통합(결합)은 원재료 - 생산 - 유통 - 고객의 연결고리 중 생산업자 입장에서 원재료업자를 통합하는 후방통합과 유통업자를 통합하는 전방통합으로 나눌 수 있다.

> **기출문제분석**
>
> 기업계열화 형태 중 부산물을 가공하거나 보조적 서비스를 행하는 기업을 계열화하는 형태는?
> 2013년
>
> ① 수직적 계열화 ② 수평적 계열화
> ③ 사행적 계열화 ④ 분기적 계열화
> ⑤ 카르텔
>
> 해설 ① 수직적 계열화 : 이종 생산단계에 종사하는 각 기업을 집단화하는 것
> ② 수평적 계열화 : 동일한 생산단계에 종사하는 각 기업을 집단화하는 것
> ④ 분기적 계열화 : 같은 공정 또는 같은 원료에서 이종 제품공정이 분기화되는 기술적 관련을 갖는 계열화
> ⑤ 카르텔 : 기업연합・협정에 의한 기업집중(시장통제 목적)
>
> 정답 ③

- 다각화(Diversification) 21 기출

다수의 분야에 걸쳐서 사업을 전개하려는 기업의 전략이다. 외부적 환경은 계속 변화하고 있으며 특히 신제품, 구입처, 판매처 등에 변동이 있으면 때때로 치명적인 타격을 입을 수 있다. 이를 피하기 위해 신제품을 개발하거나 신규참입・구매처・판매처 등을 자사 지배하에 두기 위해 다각화 전략을 채택하게 된다. 1970년대의 미국에서는 시너지 효과 등이 유행하고, 다각화 만능 현상이 나타났다. 그러나 한 분야에서의 실패가 타 분야에 파급되어 경영의 파탄을 초래하는 예도 많다. 캘리포니아 대학의 R. P. 루멜트는 이 문제를 실증적으로 연구하여 분류 중시(Dominant Constraint), 관련성 중시(Related Constraint)의 다각화가 아니면 성공하지 못한다는 것을 명백히 했다. 주로 성장추구, 위험감소, 범위의 경제, 내부시장 활용의 목적으로 다각화를 추구하게 된다.

관련 다각화	비관련 다각화
전략적 적합성을 가진 사업으로 확장하는 것으로 전략적 적합성은 각각의 사업들이 가치사슬에서 얼마나 연관성이 높은가로 판단한다. 예 전략적 제휴, 전략집단	전략적 적합성이 약한 사업으로 확장하는 것으로 도미노 효과를 방지함으로써 위험을 분산시킬 수 있다.

ⓒ 수확 및 청산 전략 : 수익성이 없는 사업을 축소 또는 철수하는 전략으로써 퇴출 전략이라고도 한다.
- 수확 전략 : 더 이상의 투자는 하지 않고 수익만을 취하는 전략
- 청산 전략 : 특정 사업부의 전체나 주요 부문을 매각하는 전략

(2) 사업부 전략(Business Strategy) 18 19 기출

사업부 전략은 특정 산업이나 제품, 세분시장에서 어떻게 경쟁할 것인가에 초점을 맞춘다. 따라서 사업부 전략은 사업부의 경쟁전략이라는 관점에서 논의되며 전략적 측면이 중요시된다. 이와 달리 기능적 전략은 연구개발, 생산, 마케팅, 재무, 인사조직 등의 하위기능에 관한 부문별 운영전략으로서, 각 부문별로 자원의 생산성을 극대화하고 주어진 목표를 달성하는 데 초점을 맞춘다. 사업부 전략은 기업 전략에 종속된 하위전략으로, 기업이 진출한 시장에서 어떻게 경쟁할지에 대한 구체적인 방법을 결정한다.

① 포터(M. Porter)의 본원적 경쟁전략 20 23 24 기출
- 포터는 경쟁우위의 원천이 되는 3가지 경쟁전략으로 비용우위(원가우위) 전략, 차별화 전략, 집중화 전략을 제시하였다. 포터는 각 전략에 맞는 조직의 역량과 문화가 다르다는 것을 명확하게 인식하고 큰 방향에서는 하나의 전략을 명확히 설정해야 한다고 보았다.
- 그러나 무조건 어느 하나의 전략만 쓰는 것은 위험하다. 예를 들어 렉서스 자동차는 기본적으로 차별화 전략을 취하면서도 비용절감에도 노력하여 비교적 저렴한 가격을 실현하고 있으며, 이마트는 비용우위 전략을 취하면서도 고급스러운 분위기로 차별화된 서비스를 제공하고 있다. 결국 큰 방향에 있어서는 어느 하나의 전략을 선택하되, 각 세부 영역 내에서는 차별화와 비용우위를 동시에 실현해야 성공가능성이 높다.

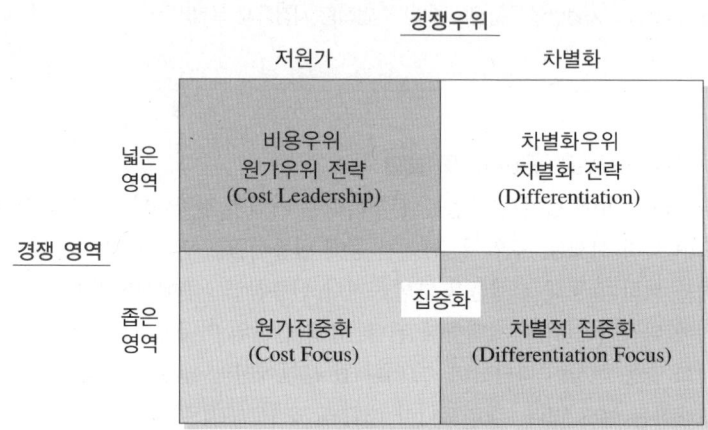

㉠ 비용우위 전략(Cost Leadership Strategy)
- 시장이나 산업에서 가장 낮은 원가로 제품을 생산하는 사업 수준의 경쟁전략이다. 어떤 기업이라도 모든 고객을 다 만족시키려 해서는 산업 평균치 이상의 수익을 올리기 어렵기 때문에 자사에 경쟁우위를 가져다줄 경쟁전략을 골라야 한다.
- 원가우위 전략은 원가절감을 통해 경쟁사보다 낮은 원가로 산업(사업)에서 우위를 확보하는 데 초점을 맞춘다. 원가우위 전략을 쓰려면 생산·판매에서 원가를 비교적 낮게 들이는 몇몇 기업 중 하나가 되는 정도로는 충분치 않고 반드시 시장 내 최저 수준 원가로 생산할 수 있어야 한다. 원가는 가장 낮게, 그러나 생산제품이나 서비스의 품질은 경쟁자들의 것과 유사하거나 적어도 소비자들이 받아들일 수 있는 수준이어야 한다.

ⓒ 차별화 우위 전략(Differentiation Strategy)
- 다수의 소비자가 인정할 만한 독특한 기업 특성을 내세우는 경쟁전략을 말한다. 차별화 전략을 펴려면 고품질, 탁월한 서비스, 혁신적 디자인, 기술력, 브랜드 이미지 등 무엇으로든 해당 산업에서 다른 경쟁기업들과 차별화하면 된다. 단, 차별화에 드는 비용을 감당하고도 남을 만큼 제품이나 서비스의 판매가격 면에서 프리미엄을 인정받을 수 있어야 한다. 이를테면 높은 가격이라도 고객이 즐겁게 살 수 있도록 제품과 서비스에 가치를 제공하면 되는 것이다.
- 그렇다고 해서 반드시 제품·서비스의 판매가격을 높여야만 하는 것은 아니다. 차별화를 추구하면서 판매가를 낮추는 원가우위 전략을 쓸 수도 있다. 버거킹, 맥도널드 같은 햄버거 체인은 값싼 규격품 햄버거를 판매하는 원가우위 전략을 쓰면서도 경쟁사들과의 확실한 차별화를 이루어낸 사례다.

ⓒ 집중화 전략(Focus Strategy)
- 기업이 사업을 전개하는 과정에서 산업 전반에 걸쳐 경쟁하지 않고 고객이나 제품, 서비스 등의 측면에서 독자적 특성이 있는 특정 세분시장만을 상대로 원가우위나 차별화를 꾀하는 사업 수준의 경쟁전략이다.
- 전체 시장에서 차별화나 원가우위를 누릴 능력을 갖지 못한 기업일지라도 세분시장을 집중공략 한다면 수익을 낼 수 있다고 보고 구사하는 경쟁전략의 하나이다. 기업이 시장에서 사업의 우위를 차지하기 위해 경쟁에 적극 나서는 사업 수준의 경영전략을 경쟁전략이라고 하는데, 경쟁전략 중에는 원가우위 전략이나 차별화 전략처럼 산업이나 시장 전반을 상대로 전개하는 전략이 있는가 하면 집중화 전략처럼 특정 세분시장만 골라 원가우위나 차별화를 꾀하는 전략도 있다.
- 집중화 전략의 예로는 기업이 사업을 전개하는 산업(시장) 부문에서 최종 소비자의 유형, 소비자의 지역분포, 유통경로 등을 고려해 특정 소비자 계층만을 상대로 원가우위 전략을 펴는 것을 들 수 있다. 특히 생산규모를 늘리기 어려워 '규모의 경제' 효과를 누리지 못하는 소기업에게는 집중화 전략이 유리할 때가 많다. 이 중에서도 특정 세분시장을 상대로 원가우위 전략을 펴는 경우는 원가우위 집중전략, 특정 세분시장을 상대로 차별화 전략을 펴는 경우는 차별화 집중전략이라고 부른다.
- 집중화 전략이 성공하려면 우선 명확한 세분시장이 존재해야 하지만, 전체 시장을 상대하는 기업도 쉽사리 세분시장을 공략할 수 있다면 집중화 전략을 펴는 기업이 경쟁우위를 확보하기 어려워질 수 있다. 고전적 예로, 1960년대 미국 음료시장에서 쌍벽을 이루던 거대기업 코카콜라(The CocaCola Company)나 펩시(Pepsi)의 틈바구니를 비집고 도전장을 냈던 로열크라운(Royal Crown)은 콜라에 집중하는 집중화 전략을 구사했지만, 코카콜라와 펩시가 콜라를 포함한 음료 전반을 생산·판매하면서 '규모의 경제'를 활용한 원가우위 경쟁전략을 구사하는 바람에 콜라 시장에서 퇴출되고 말았다.

기출문제분석

포터(M. Porter)의 경쟁우위의 유형과 경쟁의 범위를 기준으로 한 본원적 전략(Generic Strategy)에 해당하는 유형을 모두 고른 것은? `2020년`

ㄱ. 비용우위 전략 ㄴ. 안정 전략
ㄷ. 차별화 전략 ㄹ. 집중화 전략
ㅁ. 방어 전략

① ㄱ, ㄴ, ㄷ ② ㄱ, ㄴ, ㅁ
③ ㄱ, ㄷ, ㄹ ④ ㄴ, ㄷ, ㄹ
⑤ ㄴ, ㄹ, ㅁ

해설 포터의 본원적 전략에는 원가우위 전략(비용우위), 차별화 전략, 집중화 전략이 있다.

정답 ③

(3) 기능적 전략(Functional Strategy)

사업전략을 실행하기 쉽도록 각 기능조직단위로 실행할 전략을 규정하고 구체화 하는 것으로 개별 사업부 내에 있는 인사, 연구개발, 재무관리, 생산 및 마케팅 등의 기능별 조직에서 제품기획, 영업활동, 자금조달 등 세부적인 수행방법을 결정한다.

기출문제분석

경영전략에 관한 설명으로 옳지 않은 것은? `2013년`

① 경영전략은 기업이 활동하는 경영환경의 위협, 위험, 기회에 대하여 기업이 보유한 경영자원으로 대응하고자 하는 노력이다.
② 전략은 달성하고자 하는 목표와 기업 활동의 기본방침을 연결시켜 준다.
③ 전략은 그 대상이 되는 기업 활동이나 관련된 조직의 범위와 수준에 따라 흔히 전사적 전략, 사업전략, 운영전략으로 나누어진다.
④ 기업이 어떤 사업을 수행할 것인지 혹은 사업 포트폴리오를 어떻게 구성할 것인지 등에 관한 결정은 전사적 전략에 속한다.
⑤ 운영전략은 기업 내 사업단위가 그 사업에 관련된 시장에서의 경쟁력에 대한 전략이다.

해설 사업전략에 대한 설명이다. 사업전략은 기업 내 사업단위가 그 사업에 관련된 시장에서 어떻게 경쟁할 것인가에 관한 전략이다.

정답 ⑤

2 경영자론

1. 소유권의 변화와 경영자

(1) 소유경영자(Owner Manager)
기업의 출자자임과 동시에 경영자인 사람으로서 흔히 기업가(Entrepreneur)라고 불린다. 따라서 전형적인 소유경영자라 하면 자본의 직접적인 출연과 운영은 물론, 기업경영상의 위험을 직접 부담하고 기업성장에 필요한 혁신활동마저도 스스로의 책임하에 수행하는 사람이다. 이는 특히 소규모 기업의 경영에서 많이 볼 수 있는 경영자 유형이며, 대규모 기업의 경영이라 할지라도 소유와 경영이 아직 분리되어 있지 않은 전근대적 기업에서 흔히 찾아볼 수 있다.

(2) 고용경영자(Employed Manager)
기업규모가 점차 확대되고 경영활동이 복잡성을 띠게 되면 당초의 출자자인 기업가 스스로가 모든 경영기능을 감당할 수 없으므로 따로 경영자를 고용하여 경영활동의 일부를 위양하지 않으면 안 되게 되는데, 이때의 경영자를 말한다. 그러나 이 형태의 경영자 역시 비록 경영기능의 일부를 책임지고 있다고는 하나 경영 전반에 대한 책임은 아직도 소유주인 출자자에게 주어져 있는 단순한 유급경영자(Salaried Manager)에 불과하다.

(3) 전문경영자(Professional Manager)
경영규모가 대형화되고 경영활동이 극도로 복잡해지면 지금까지의 경영자와는 달리 각 분야에 전문적인 지식과 교육적인 배경을 지닌 경영자가 필요하게 되는데, 이때의 경영자를 말한다. 따라서 전문경영자는 오늘날 소유와 경영이 분리된 대규모의 주식회사에서 찾아볼 수 있으며, 그의 권한은 출자기능만을 제외하고 혁신과 위험부담을 포함하여 경영활동 전반에 걸쳐 포괄적으로 미치게 된다.

기출문제분석

전문경영자와 소유경영자에 관한 설명으로 옳지 않은 것은? (2013년)

① 소유경영자는 환경변화에 빠르게 대응할 수 있다는 장점이 있다.
② 전문경영자에 비해 소유경영자는 단기적 성과에 집착하는 경향이 강하다.
③ 전문경영자와 주주 사이에 이해관계가 상충될 수 있다.
④ 전문경영자에 비해 소유경영자는 상대적으로 전문성이 떨어질 수 있다.
⑤ 소유경영자는 전문경영자에 비해 상대적으로 강력한 리더십의 발휘가 가능하다는 장점이 있다.

해설 소유경영자에 비해 전문경영자는 단기적 성과에 집착하는 경향이 강하다.

정답 ②

2. 계층에 따른 경영자

(1) 최고경영층(Top Management Zone)
기업의 최상층부에서 경영계획의 의사결정 및 경영의 전반적 통합, 경영부문 간의 조정 등을 수행하는 사람, 기관 또는 기능을 일컫는다. 최고경영층은 개념적 능력이 중요하다.

(2) 중간경영층(Middle Management Zone)
한 조직이 갖는 여러 계층 중에 상부관리층(Top Management)과 하부관리층(Supervisory Management) 사이에 존재하는 계층. 즉 최고경영층과 하위관리층의 중간계층에 위치한 경영자로서 상하 간 의사소통의 중계기능, 부문 간 상호조정기능, 하위관리층의 감독, 지휘 및 교육기능 등을 맡는다. 인간적인 능력은 모든 경영층에 필요하지만 특히 중간경영층에서 더욱 요구되는데, 인간적인 능력이란 조직구성원으로서 다른 구성원과 원만한 인간관계를 유지하는 것은 물론 단위조직의 장으로서 부하직원들과 커뮤니케이션할 수 있는 능력을 말한다.

(3) 하위경영층(Low Management Zone)
각 부문별 중간경영층의 지시를 받아 업무를 직접 수행하고, 상부경영층에 보고 할 의무를 가지고 있는 계층이다. 예를 들면 제조공장의 직장이나 생산감독자, 연구개발부문의 기술감독자, 사무실의 사무감독자 등이 있다. 하위경영층은 전문화된 활동을 수행하는 데 필요한 기술, 즉 특정 업무분야와 관련된 지식을 이용할 수 있는 능력 등이 필요하다. 즉 자기분야에 대한 풍부한 기술적 능력(Technical Skills)이 매우 중요한 자질이다.

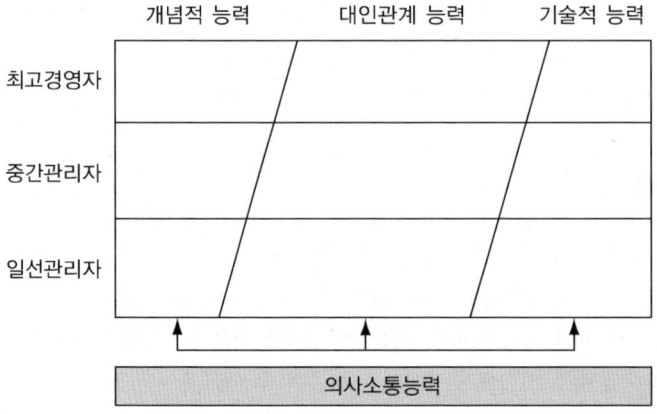

3. 경영자의 역할(민츠버그, Mintzberg) 17 18 기출

(1) 역할(Role)이란 행동과학에서 자주 사용하는 용어로 '어떤 직무를 수행하는 데 필요한 행동의 범주'를 의미한다. 일반적으로 경영자는 대인적 역할(인간관계 역할), 정보적 역할(정보처리 역할), 의사결정적 역할의 3가지 역할을 수행한다고 정의한다.

(2) 경영자의 3가지 세부적 역할

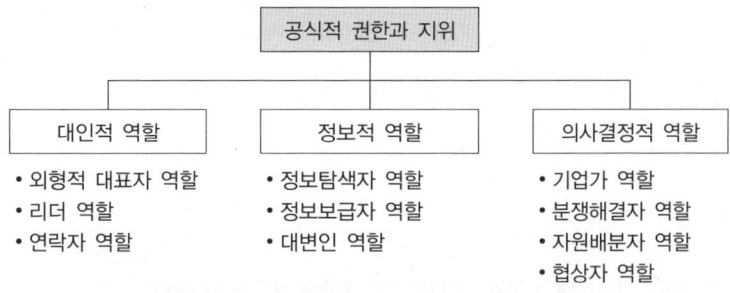

> **더 알아보기** 기업의 윤리(Management Ethics)와 경영자의 사회적 책임 21 기출
>
> 경영윤리는 경영자의 행동과 의사결정에 지침이 되는 것으로 경영자 행동이나 결정이 도덕적 의미에서 옳고 그름과 선악을 판단하는 기준과 원칙을 의미한다. 윤리적인 경영행동은 법적으로 정당한 행동을 말하며 넓게는 사회의 일반적인 도덕적 원칙과 부합되는 행동이다. 경영자는 바람직한 윤리적 환경 구축을 위해 노력하며, 윤리적일 뿐만 아니라 사회적 책임을 항상 염두에 두고 행동하여야 한다. 윤리경영을 추구하는 경영자들은 사람들이 의사결정과정에서 윤리적 차원을 고려하도록 하고, 윤리적 행동에 높은 가치를 부여하는 조직문화를 육성시켜 조직의 목적을 달성함으로써 사회적 선의 실현에 기여할 수 있다. 윤리적, 도덕적 책임을 이행하지 못하면 그 조직목표의 달성이 결국 도덕적, 사회적 해를 초래할 수도 있다.

PART 02 단원핵심문제

제2과목 경영학

01 포터(M. Porter)의 산업경쟁에 영향을 미치는 5개의 요인으로 옳지 않은 것은?
① 대체품의 위협
② 진입장벽
③ 구매자의 교섭력
④ 산업 내 경쟁업체들의 경쟁
⑤ 원가구조

해설 원가구조는 산업경쟁에 영향을 미치는 5개 요인에 포함되지 않는다.

02 포터(M. Porter)의 경쟁우위 전략에 대한 설명으로 옳지 않은 것은?
① 차별화 전략은 경쟁사들이 모방하기 힘든 차별화된 제품을 만들어 경쟁사들보다 비싼 가격에 판매하는 방법이다.
② 비용우위 전략은 동일한 품질의 제품을 경쟁사들보다 낮은 비용에 생산하여 저렴하게 판매하는 것을 말한다.
③ 비용우위 전략과 차별화 전략은 주로 대기업에 의해 수행되는 전략이다.
④ 집중화 전략은 비용우위에 토대를 두거나 혹은 차별화 우위에 토대를 둘 수 있다.
⑤ 기업이 성공하기 위해서는 한 제품을 통하여 비용우위 전략과 차별화 전략 등 2가지 이상의 전략을 동시에 추구해야 한다고 보았다.

해설 포터(M. Porter)는 기업이 성공하기 위해서는 한 제품을 통하여 비용우위 전략과 차별화 전략 중 한 가지 전략에 집중해야 한다고 보았다.

정답 01 ⑤ 02 ⑤

03 포터(M. Porter)가 주장한 경쟁력 확보를 위한 본원적 전략으로 옳은 것은?

① 제품 전략, 서비스 전략
② 유지 전략, 혁신 전략
③ 구조 전략, 기능 전략
④ 원가우위 전략, 차별화 전략
⑤ 구조조정 전략, 인수합병 전략

해설 본원적 전략에는 원가우위 전략, 차별화 전략, 집중화 전략이 있다.

04 셔츠제조업자가 의류상점을 새로 개설하여 사업확장한 경우에 해당하는 전략으로 옳은 것은?

① 전방통합(Forward Integration) 전략
② 후방통합(Backward Integration) 전략
③ 다운스코핑(Downscoping) 전략
④ 비관련 다각화(Unrelated diversification) 전략
⑤ 다운사이징(Downsizing) 전략

해설 제조업체가 유통업체를 인수하여 성장을 추구하는 경우를 전방통합(Forward Integration) 전략이라고 한다.
다운스코핑(Downscoping)
불필요한 사업을 줄이고 수익성을 높일 수 있도록 기업의 체질을 개선한다.

05 포터(M. Porter)의 산업구조 분석에서 공급자의 협상력이 높아질 때로 옳은 것은?

① 대체재가 존재할 때
② 일상재(Commodity)를 생산할 때
③ 다수의 공급자가 존재할 때
④ 전방통합 능력이 있을 때
⑤ 가격에 대한 민감도가 높을 때

해설 전방통합 능력이 있을 때 공급자의 협상력은 높아진다.

06 한 기업이 다른 여러 사업에 참여하는 것을 다각화라고 정의한다. 다각화를 추진하는 목적으로 옳지 않은 것은?

① 성장추구
② 규모의 경제성 획득
③ 위험감소
④ 시장지배력의 행사
⑤ 내부시장의 활용

해설 다각화는 규모의 경제성과 관련이 없다.

07 포터(M. Porter)의 가치사슬 모형의 내용으로 옳지 않은 것은?

① 기업의 활동을 가치활동과 이윤으로 구분하고, 가치활동은 다시 본원적 활동과 지원활동으로 나눈다.
② 인적자원관리와 기술개발은 지원활동으로 구분된다.
③ 경쟁우위는 기업이 소비자를 위해 창출하는 가치에서 발생한다.
④ 기획과 생산관리는 본원적 활동으로 구분된다.
⑤ 이윤은 제품이나 서비스의 생산, 판매 등에 소요된 비용과 소비자가 지불한 대가의 차이를 말한다.

해설 기획과 생산관리는 본원적 활동이 아니라 지원활동에 해당한다.

08 경영자에 대한 설명으로 옳지 않은 것은?

① 기업이 대규모화 되면서 기업경영의 문제가 복잡해지고, 자본이 분산됨에 따라 전문경영자가 출현하게 된다.
② 소유경영자가 지배하는 기업에서 자본출자와 관련성이 없으면서 최고경영층으로 활약하는 사람은 고용경영자이다.
③ 전문경영자는 단기적 기업이익을 추구하는 성향을 보인다.
④ 전문경영자는 자율적 경영과 경영관리의 합리화를 도모하는 성향을 보인다.
⑤ 수탁경영층은 최고경영층으로부터 경영기능을 위임받아 업무를 수행하는 중간경영층을 지칭한다.

해설 수탁경영층은 최고경영층으로부터 경영기능을 위임받아 업무를 수행하는 최고경영층을 지칭한다.

09 포터(M. Porter)의 경쟁전략이론에 의하면, 산업의 수익률은 5가지 동인(Forces)에 의해 영향을 받는다고 한다. 다음 중 가장 옳지 않은 것은?

① 산업의 수익률은 보완재의 유무에 의해 영향을 받는다. 보완재가 적을 때 산업의 수익률은 높아질 것이다.
② 산업의 수익률은 기존 기업들 간의 경쟁에 의해 영향을 받는다. 기업 간의 경쟁이 치열할수록 산업의 수익률은 낮아질 것이다.
③ 잠재적 진입자의 시장진출 위협 정도가 낮다면, 즉 진입장벽이 높다면 산업의 수익률은 높아질 것이다.
④ 구매자의 교섭력이 강할수록 산업의 수익률은 낮아질 것이다.
⑤ 원자재 공급자의 제품이 차별화되어 있거나 제품의 공급이 소수기업에게 집중되어 있어 공급자의 교섭력이 강할 때 산업의 수익률은 낮아질 것이다.

해설 산업의 수익률은 대체재의 유무에 의해 영향을 받는다. 대체재가 적을 때 산업의 수익률은 높아질 것이다.

정답 08 ⑤ 09 ①

PART 03 마케팅(Marketing)

제2과목 경영학

체크포인트

경영전략과 더불어 경영학 시험에서 다빈도 출제가 예상되는 중요한 영역이므로 빠짐없이 공부하도록 하자.

1 마케팅 개관

1. 마케팅의 정의

(1) 두산백과에서는 '생산자가 상품 또는 서비스를 소비자에게 유통시키는 데 관련된 모든 체계적 경영활동'으로 정의하고 있으며, 매스컴대사전에서는 '소비자에게 최대의 만족을 주고 생산자의 생산목적을 가장 효율적으로 달성시키는 방법에 의하여 재화와 용역을 생산자로부터 중간생산자나 소비자에게 유통시키는 일체의 기업활동'이라고 정의하고 있다.

(2) 결국 마케팅은 자신이 제공하고자 하는 상품 또는 서비스를 정의하는 활동, 정의한 상품 또는 서비스를 개발하는 활동, 자신이 제공하고자 하는 상품 또는 서비스를 원하는 고객에게 유통하는 활동 등으로 설명할 수 있다.

> **더 알아보기** 마케팅의 정의
>
> - 마케팅은 조직이나 개인이 자신의 목적을 달성시키는 교환을 창출하고 유지할 수 있도록 시장을 정의하고 관리하는 과정이다. – 한국마케팅학회
> - 마케팅이란 개인과 조직을 만족시키는 교환을 창조하기 위하여 아이디어, 재화, 용역의 개념설정, 가격결정, 촉진 및 유통을 계획하고 실행하는 과정이다. – 미국마케팅협회
> - 기업이 고객을 위해 가치를 창출하고 강한 고객관계를 구축함으로써 그 대가로 고객들로부터 상응한 가치를 얻는 과정이다. – 코틀러(P. Kotler)
> - 마케팅의 목적은 판매노력을 불필요하게 만드는 것이다. – 드러커(P. Drucker)

2. 마케팅의 기능

(1) 미시적 마케팅(Micro Marketing)

미시적 마케팅이란 개별기업의 목표를 달성하기 위한 수단으로 수행하는 마케팅활동을 말한다.

① 후행적 마케팅(고압적 마케팅 ; 선형 마케팅 ; Push 마케팅) : 전통적 마케팅 개념으로 판매자 중심의 시장에서 생산이 이루어진 후 또는 일정한 제품이 생산된다는 전제하에서 수행되는 마케팅이다. 경로, 가격, 촉진, 물류 등을 포함한다.

② 선행적 마케팅(저압적 마케팅 ; 순환형 마케팅 ; Pull 마케팅) : 현대적 마케팅 개념으로 구매자 중심의 시장에서 생산이 이루어지기 전에 수행되는 마케팅이다. 고객 욕구 파악을 위한 마케팅 조사활동, 마케팅 계획활동을 포함한다.

(2) 거시적 마케팅(Macro Marketing)

생산자와 소비자 간의 경제적 분리 현상을 연결·조정하기 위하여 수행되는 유통 경제상의 마케팅 활동을 의미한다.

2 마케팅 관리 철학의 발전과정

생산개념	제품개념	판매개념	마케팅개념	사회지향적 마케팅개념

• 생산 = 구매
• 초점 : 어떻게 생산하며, 생산된 제품을 어떻게 어떤 유통망을 통해 소비자에게 전달할 것인가
• 선행조건
  - 수요과잉시장
  - 생산성이 기업의 성과에 지대한 영향을 미쳐야 함
	• 소비자는 보다 나은 제품을 선호
	• 초점 : 제품의 개발 및 향상
	• 주의사항
	  - 소비자는 제품관련속성 이외의 사항도 고려
	  - 마케팅 근시안에 빠지지 않도록 함
		• 판매지향적 촉진노력이 없으면 소비자는 해당 제품을 구매하지 않음(공급>수요)
		• 적극적으로 원하여 구매하고자 하는 제품이 아닌 경우 등에 효과적으로 적용 가능
		• 관계지향적인 오늘날 마케팅의 기본목적과는 거리감이 존재
			• 경쟁자들보다 효과적으로 목표고객의 욕구와 니즈를 파악해야 함
			• 5가지 기준
			  - 기업의 초점
			  - 비즈니스 종류
			  - 목표 고객
			  - 기업의 목적
			  - 목적달성 수단
				• 마케팅 콘셉트와 동일
				• 사회전체의 복지를 증대시키는 방향으로 마케팅활동을 수행해야 함
				• 환경친화적인 제품(Green Product)과 기업들이 소비자로부터 보다 나은 평가를 받게 됨

1. 생산개념(Production Concept)

생산개념은 제품의 수요에 비해서 공급이 부족하여 고객들이 제품구매에 어려움을 느끼기 때문에 고객들의 주된 관심이 지불할 수 있는 가격으로 그 제품을 구매하는 것일 때 나타나는 이념이다.

2. 제품개념(Product Concept)

소비자들이 가장 우수한 품질이나 효용을 제공하는 제품을 선호한다는 개념이다. 제품지향적인 기업은 다른 어떤 것보다도 나은 양질의 제품을 생산하고 이를 개선하는 데 노력을 기울인다.

3. 판매개념(Selling Concept)

기업이 소비자로 하여금 경쟁회사 제품보다는 자사제품을, 그리고 더 많은 양을 구매하도록 설득하여야 하며, 이를 위하여 이용가능한 모든 효과적인 판매활동과 촉진도구를 활용하여야 한다고 보는 개념이다.

4. 마케팅개념(Marketing Concept)

기업경영상 추구하는 이념적 지향성으로서, 기업의 중요한 과업이란 표적시장의 욕구, 필요, 가치 등을 확인하고 경쟁기업보다 효과적이며 효율적으로 소비자의 욕구를 충족시키기 위하여 조직이 최적 적응하여야 한다는 지침 또는 행동방향이다.

5. 사회지향적 마케팅개념(Social Marketing Concept) 17 23 25 기출

(1) 단기적인 소비자의 욕구충족이 장기적으로 소비자는 물론 사회의 복지와 상충됨에 따라서 마케팅활동의 결과가 소비자는 물론 사회 전체에 어떤 영향을 미치게 될 것인가에 대해 기업이 관심을 가져야 하며, 가급적이면 부정적 영향을 미치는 마케팅활동을 자제하여야 한다는 사고에서 등장한 개념이다. 한 예로 그린마케팅을 들 수 있다. 마케팅개념의 발전과정을 볼 때 현대적 의미의 마케팅은 기업의 이윤 극대화만을 목표로 하는 것이 아니라 사회 전체 효용의 극대화를 지향한다.

(2) 사회지향적인 마케팅개념을 기업의 사회적 책임(CSR ; Corporate Social Responsibility)이라고도 한다. 이는 기업이 이윤을 추구할 때 사회 전체의 복지도 동시에 고려해야 한다는 사회적 요구를 말한다. 따라서 기업은 정부, 주주, 종업원, 공급자, 고객, 경쟁사, 지역사회 등 다양한 이해관계자 집단과 공동이익을 도모할 수 있는 경영을 지속해 나가는 것이다. 통상적으로 CSR은 '경제, 법, 윤리, 자선적 책임을 수행하기 위한 활동'으로 인식되나, 경제적 책임(이익 추구)을 제외한 법, 윤리, 자선적 책임을 CSR의 3대 분야로 지정하는 것이 일반적이다.

> **더 알아보기** 사회적 책임(CSR)에 대한 기업의 대응전략 4가지
>
> - 방해전략 : 이윤에만 집착하고 사회적 책임 수행은 전혀 안 함, 고발도 부정함
> - 방어전략 : 소극적으로 법이 요구하는 최소한의 규정만을 지킴
> - 적응전략 : 도의적인 책임까지 인정하고 압력이 크면 실천함
> - 행동전략 : 미리 예방적·적극적·자발적으로 사회적 책임을 이행하는 경우에 해당함, 수익성이 높은 대기업에서는 적극적 행동전략이 필요

> **더 알아보기** 캐롤(A. Carroll)이 제시한 기업의 사회적 책임(CSR) 4단계 24 25 기출
>
> 1953년 미국의 경제학자 하워드 보웬이 저서 『기업가의 사회적 책임』에서 처음 개념을 설명했다.
> - 경제적 책임 : 시장에서 기업이 가지는 가장 본연적 책임
> - 법적 책임 : 법과 제도라는 정해진 테두리 내에서 그 규칙을 준수하는 것(준법 경영)
> - 윤리적 책임 : 법으로 규정되지 않았지만, 법적 책임보다 더 강도 높은 기업의 사회적 책임
> - 자선적 책임 : 기업이 창출한 이윤의 일부를 사회에 환원하는 기업의 사회 공헌 활동

> **더 알아보기** | 마케팅 근시안의 정의와 사례
>
> 마케팅 근시안이란 소비자가 추구하는 편익이 아니라 기업의 좁은 시각으로만 마케팅을 바라보는 것을 말한다. 즉, 마케팅을 종합적인 관점에서 바라보는 것이 아니라 기업이 생각하는 자사제품이나 서비스의 관점에만 치우쳐 소비자들에게 일방적 커뮤니케이션을 하는 것이다.
> 마케팅 근시안은 소비자가 궁극적으로 원하는 것이 무엇인지 모르기 때문에 소비자의 니즈가 무시될 수 있다는 점에서 문제가 된다.
>
> - **사례1) 미국의 철도산업**: 철도회사들은 자신들의 산업을 운송업으로 보지 않고 철도업으로만 제한시킴으로써 다른 교통, 통신 수단에 자신들의 고객을 빼앗기고 있다. 또한 그들이 소비자지향적이 아니라 제품지향적이었다는 데도 그 원인의 일부가 있다.
> - **사례2) 영화산업**: 할리우드는 텔레비전에 의해서 완전히 멸망되어 버릴 위기를 간신히 모면했다. 이들 모두는 텔레비전의 등장 때문이라기보다 그 자신들의 근시안적인 기업목적설정 때문에 경영의 곤란을 겪게 된 것이다. 그들은 자신의 소속 산업을 영화로만 국한했다. 만약 할리우드가 영화만을 만드는 제품지향적 사고 대신에 오락(즐거움)을 제공한다는 소비자지향적인 사고를 가졌더라면 영화산업이 재정적인 어려움을 겪지는 않았을 것이다.
> - **사례3) 나일론과 유리산업의 듀퐁과 코닝**: 듀퐁사와 코닝사의 성공은 근본적으로 제품과 연구지향적인 자세만의 영향이라기보다는 이와 병행한 철저한 소비자지향적인 자세에서 비롯된 것이다. 즉, R&D의 성공이기도 하지만 더 중요한 것은 소비자의 욕구에 맞는 신제품의 출시가 있었기 때문이다. 수많은 신제품개발과 그 제품들의 성공적인 시장도입을 가능하게 해 준 것은 소비자가 만족하는 새로운 용도의 개발이었는데, 이의 창조를 위해 기술적 노하우를 적용시킨 것은 성장기회를 포착하기 위한 회사들의 꾸준한 노력으로 볼 수 있다.

6. 관계마케팅개념 19 기출

(1) 고객관계관리(CRM)의 개념

협의적으로는 고객충성도를 극대화하기 위하여 개별고객에 대한 구체적 정보를 관리하고, 고객과의 접촉점을 세심하게 관리하는 과정이다. 광의적으로는 탁월한 고객가치와 고객만족을 제공함으로써 수익성 있는 고객관계를 구축, 유지하는 전반적 과정으로 정의할 수 있다.

(2) CRM의 등장배경

① 시장 개발, 경쟁의 심화, 소비자 욕구의 변화에 따라 기업의 불특정 다수의 대중을 향한 광고가 더 이상 기대치 만큼의 효과가 없다는 것을 알게 되었으며, 다양한 상품 못지않게 서비스의 질도 향상되어 고객들은 조금만 불만족스러운 대접을 받아도 언제든지 경쟁자의 상품으로 눈을 돌리는 현상이 두드러지게 되었다.

② '회사 수익의 65%는 만족을 얻는 고객을 통해서 이루어진다', '신규고객 획득 소요비용은 기존고객에게 베푸는 서비스 비용의 약 5배가 든다'는 사실을 수치화된 연구 결과로도 알 수 있다. 불특정 다수를 대상으로 하는 획일화된 광고보다는 확보한 고객의 특성과 필요에 맞는 메시지를 전달하여 보다 더 친밀한 관계를 유지하고, 결국은 평생고객으로 유도하는 전략을 세워야 한다.

(3) 고객관계 관리의 효과

① 재무적인 관점의 효과

기업은 CRM을 통하여 고객가치와 니즈 분석에 의한 휴면고객 활성화, 기존 고객 유지와 가치 증대, 잠재고객 유치를 통한 수익증대를 이룰 수 있으며 효과적인 마케팅 수행을 통해서 비용을 절감할 수 있다.

② 고객관점의 효과

다채널을 통한 고객서비스 수준 향상과 고객의 니즈에 기반을 둔 차별적 고객관리가 이루어짐에 따라 기존 고객의 만족도가 제고되고, 목표고객군을 더욱 정교하게 타깃팅함에 따라 좀 더 효과적인 마케팅, 캠페인의 수행이 가능해지고 있다.

③ 학습, 성장 관점의 효과

고객에 대한 가치와 니즈를 측정하고, 이에 기반을 둔 목표고객군의 선정과 개인화·차별화 실행, 그리고 이에 대한 반응 분석까지 순환되는 절차의 실행을 통해서 고객에 대한 이해가 깊어지게 되고, 기업 내의 CRM분석과 운영 역량이 지속적으로 강화될 수 있다. 이 밖에 고객을 더 잘 이해하기 위해 CRM을 이용하면 기업들은 고객서비스의 수준을 넓힐 수 있고, 더 긴밀한 고객관계를 개발할 수 있다. 기업들은 부가가치가 높은 고객들을 분류하여 보다 효율적으로 이들을 겨냥할 수 있고, 회사제품을 교차판매 및 상향판매 할 수 있으며, 특정고객의 요구사항에 맞춘 제안을 개발할 수 있다.

④ CRM의 마케팅 시사점

CRM의 적용가능성 및 수익성에 대한 정확한 분석이 있어야 하며, 상품, 시장, 고객, 기술 등을 통합적으로 고려해야 한다. 정보기술과 마케팅 전략의 결합은 효과적인 CRM 개발 및 활용에 필수적이며, CRM의 다양한 용도를 고민함으로써 어렵게 확보한 데이터베이스를 적극적으로 활용할 수 있도록 해야 한다. 예를 들어, 경매 사이트에서 고객의 한계가격 정보가 노출되면 제조업체는 그 가격에 맞춘 역마케팅을 펼칠 수 있다. 이처럼 CRM은 DB마케팅과 유연생산시스템이 가능해짐에 따라 발달한 마케팅 기법으로서, 예전의 대량 마케팅과 달리 생애가치가 높은 고객을 대상으로 개별 마케팅을 진행함으로써 고객만족도와 수익을 극대화하고자 한다.

(4) 기타 마케팅 개념 [19][23] 기출

① 대중 마케팅 : 동일한 제품을 효율적으로 많이 판매해야 한다는 개념(소비자는 동일하지 않음)
② 세분화 마케팅 : 고객을 세분시장으로 나누어 적절한 마케팅 프로그램을 세워나가는 것
③ 공생 마케팅 : 제한된 마케팅 자원을 공동으로 이용하여 위험을 회피하고 이윤을 극대화하는 것
   예 카드사-항공사 마일리지
④ B2B : Business to Business(기업이 기업 고객들을 대상으로 하는 사업)
⑤ B2C : Business to Consumer(기업이 개인 고객들을 대상으로 하는 사업)
⑥ C2C : Consumer to Consumer(개인이 개인 고객들을 대상으로 하는 사업)
⑦ B2G : Business to Government(기업이 정부를 대상으로 하는 사업)

3 소비자행동과 마케팅 조사

1. 소비자 행동분석

(1) 소비자 행동분석의 의의
'소비자가 필요로 하는 여러 물품의 가격과 자기의 소득을 여건으로 하여 효용을 극대화하기 위한 소비계획을 결정한다'가 기본가설로서, 경제학적으로는 충분하다 할지라도 구체성이 부족하여 마케팅에 대한 응용가능성이 거의 없다.

(2) 소비자 특성의 영향분석

> - 문화적 요인 : 상위문화, 하위문화, 사회계급
> - 사회적 요인 : 준거집단, 가족, 역할과 지위
> - 개인적 요인 : 가족생활주기, 직업, 라이프스타일
> - 심리적 요인 : 동기부여, 지각, 학습

① 사회계급(Social Class)

사회계급은 유사한 가치관, 행동 및 이해관계를 공유하고 있는 비교적 지속적인 사회집단으로, 재산·학력·직업·교육 수준 등 복합적인 변수에 의해 형성된다. 즉, 사회계급은 사회집단의 계급이다. 계급은 사회구성원을 분류하는 개념 중 하나로 다양한 뜻을 가지는데, 계층과 유사하지만 이보다는 좀 더 확장된 개념이다. 한편, 신분은 숙명적 또는 세습적으로 타고나는 계층적 지위를 가리킨다.

② 준거집단(Reference Group)

준거집단이란 개인 스스로가 그 집단의 구성원인지 여부와 관계없이 그 집단의 규범을 따르게 되는 사회집단을 의미한다. 즉, 우리가 어떤 사람들이나 집단의 가치와 기준을 판단의 준거로써 받아들일 때 그 집단이 곧 우리의 준거집단이 되며, 개인의 신념·태도·가치 및 행동방향을 결정하는 데 중요한 기준이 된다. 학교집단, 노동자집단, 또래집단, 사회집단 등이 대표적인 예이며, 이 개념은 하이만(Hyman)과 뉴컴(Newcomb)에 의해 처음 제시되었다.

> **더 알아보기**   준거집단이 마케팅에 있어서 중요한 이유
>
> 현재 자신이 처한 위치나 환경·능력에 따라서 소비하는 합리적인 소비자도 있지만, 많은 사람들은 이런 합리적인 소비를 하기보다 준거집단에 의한 소비를 하는 형태를 보이고 있다. 마케팅 용어사전에서는 이러한 소비자의 경향을 준거집단에 의한 소비라고 이야기한다. 40대·50대 여성이 20대의 패션을 입고, 10대의 여성도 20대의 패션을 입는다면, 우리 회사의 타겟층이 어떤 연령대이건 그들이 준거집단으로 삼고 있는 20대의 브랜드 컨셉을 만들고 유지해야 한다. 한 집단이 다른 한 집단으로 옮겨가기에는 현실적인 장벽들이 많다. 나이를 초월할 수는 없고, 부를 단기간 내에 축적할 수도 없다. 이렇듯 준거집단은 개인의 노력으로 짧은 기간 내에 이루어질 수 없는 욕망을 대변하기도 한다.

③ 가족생활 주기

일반적으로 가족생활 주기는 서구의 핵가족에 해당하는 개념인데, 가족의 성립시기인 결혼과 함께 자녀의 출생, 육아, 성장 노후를 거쳐서 최후에는 부부의 사망으로 소멸하는 전 과정을 말한다. 가족주기를 고찰하는 데에는 개인 중심과 가정 중심의 2가지가 있다. 전자는 한 개인의 생애의 이행 과정을 설명하는 '인생주기론'이고, 후자는 짧은 친자생활의 이행과정을 설명하는 '가정주기론'이다.

④ 라이프스타일(Life Style)

라이프스타일은 각 사람(개인)이 사는 방식을 말한다. 개인이나 가족의 가치관 때문에 나타나는 다양한 생활양식·행동양식·사고양식 등 생활의 모든 측면의 문화적·심리적 차이를 전체적인 형태로 나타낸 말이다.

> **더 알아보기** 라이프스타일 측정 방법 : AIO(Activities, Interest, Opinion) 분석
>
> 소비자를 단순히 일차원적으로 파악하는 것을 넘어, 일상의 '활동', 주변 사물에 대한 '관심', 사회적·개인적 질문에 대한 '의견' 세 가지 차원에서 소비자의 라이프스타일을 이해하는 방식이다. 즉, 사람에 대한 분석을 통해 삶을 이해하는 것이다. 예를 들어 등산복의 경우, 등산복 소비자의 활동, 관심사, 의견을 함께 분석하여 그들의 라이프스타일을 파악할 수 있다.
>
> - 활동(Activity) : 일, 취미, 쇼핑, 스포츠, 사회적 사건, 휴가, 오락 등
>   - 어떤 일을 하는가? 어떤 일을 좋아하는가?
>   - 관찰이 가능하지만 행동의 이유에 대한 직접적인 측정은 어렵다.
> - 관심(Interest) : 음식, 패션, 가족, 가정, 일, 공동체, 지역사회 등
>   - 어떤 일에 흥미가 있는가?
>   - 어떤 대상, 사건, 혹은 주제에 대하여 지속적이며 특별한 주의를 수반하는 관심의 정도를 말한다.
> - 의견(Opinion) : 자신, 사회적 쟁점, 사업, 제품, 정치, 경제, 교육 등
>   - 그 사람의 가치 및 사회문제에 대한 개인적 의견은 무엇인가?
>   - 자극적인 상황에 반응하는 개인의 구두적·문자적 대답을 의미하며, 사회나 대상에 대한 생각의 방향성을 지칭하기도 한다.
>
> AIO 분석에서는 소비자의 삶을 파악하기 위해 진술문에 대한 동의 정도를 측정하며, 진술문은 일반적 진술과 특별한 진술로 구분할 수 있다. 일반적 진술로는 그 사람에 대한 묘사가 가능하도록 삶을 측정하고자 하고, 생활에 대한 만족, 가족지향성, 가격의식, 자신감, 종교적 신념 등을 제시한다. 특별한 진술로는 특정 제품/상표와 관련한 혜택, 제품/서비스 사용빈도, 정보원이 된 매체 등을 제시할 수 있다.

2. 소비자 구매의사결정 과정

소비자 구매의사결정 과정은 자신의 욕구를 충족시켜 줄 수 있는 여러 대안들 중 지불 가능한 예산에 따라 최상의 대안을 선택하는 5단계 과정을 통하여 이루어진다. 그러나 관여도가 낮은 제품은 몇 단계가 생략되거나 순서가 뒤바뀌기도 한다. 여기서 관여도란 대체로 소비자가 어떤 대상에 대해 느끼는 중요도나 관심을 갖는 정도를 말한다.

(1) 문제인식

소비자의 기대상태와 실제상태가 일치하지 않는다는 것을 감각으로 인지하고 욕구를 확인하는 단계이다.

(2) 정보탐색

소비자가 욕구충족을 위하여 정보를 수집하는 단계를 말한다.
① 내적탐색 : 구매인들의 정보를 저장되어 있는 기억에서 찾는 것으로, 주로 저관여 제품에 적용된다.
② 외적탐색 : 구매인들의 정보를 외부에서 찾는 것으로, 주로 고관여 제품에 적용된다.

(3) 대안평가

탐색한 고려 상품군의 정보를 제품의 상표, 중요성, 특성 등을 고려하여 최종적으로 선택하는 단계로, 저관여 제품은 대체로 생략된다.
① 보완적 평가방식(보상적 방식) : 특정 상표의 평가기준에 상표신념을 모두 사용하여 가장 높은 합산점수를 얻는 대안이 선택된다.
② 비보완적 평가방식(비보상적 방식) : 특정 기준을 선정한 후 가장 우수한 상표를 최우선으로 선택하므로 한 속성의 약점이 다른 속성의 강점에 의하여 보완되지 않는다.

(4) 구매결정(Purchase Decision)

소비자는 각 대안들의 비교·평가 과정을 거쳐 가장 호의적인 태도를 갖는 대안, 즉 가장 마음에 드는 대안을 구매한다.

(5) 구매 후 평가

소비자는 제품을 구매할 때 자신의 평가와 지불하는 금액에 따라 제품성과에 대한 기대를 하게 되는데 성과가 기대에 못 미칠 경우 불만을 갖게 되고, 성과가 기대를 초과하는 경우 만족하게 된다. 만일 소비자가 불만족을 느끼는 경우 기업에 불평을 하거나 타인에게 부정적 구전을 하므로 기업은 불만족 관리에 주의를 기울여야 한다.

(6) 구매 후 부조화

소비자는 구매 이후 자신이 선택한 대안이 과연 선택하지 않은 대안보다 더 나은 것인가에 대한 심리적 불안감을 느낄 수 있는데 이를 구매 후 부조화라 부른다. 구매 후 부조화는 특히 고관여 의사결정 이후, 그리고 대안들의 매력도가 비슷하게 느껴질 때 더욱 크다. 소비자는 구매 후 부조화를 해소하기 위하여 자신이 선택한 대안의 장점을 더욱 부각시켜 생각하고 단점을 축소시키고자 한다.

- 특정 상황에서 자극에 의해 발생하는 개인적 중요성 관심의 지각정도
- 즉, 소비자 자신에게 어떤 제품(서비스)의 구매가 얼마나 중요하게 여겨지는가를 의미
- 소비자 행동에 크게 영향을 미치며, 구매의사결정 및 정보처리 과정에서도 중요한 역할
- 관여도에 따른 소비자 구매의사결정 과정은 아래와 같음

고관여

문제인식 ➡ 정보탐색 ➡ 대안평가 ➡ 구매 ➡ 구매 후 행동

- 문제인식(식역)
- 욕구
  ① 욕구 5단계설
  ② 2요인 이론
- 동기
  ① 동기의 유형
    - 기능적 동기
    - 심미적 동기
    - 사회적 동기
    - 호기심 동기
  ② 동기 간 갈등
    - 접근-접근 갈등
    - 접근-회피 갈등
    - 회피-회피 갈등

- 정보의 원천
  ① 상업적 정보
  ② 경험적 정보
  ③ 개인적 정보
  ④ 공공적 정보
- 정보의 유형
  ① 기업이 통제 가능
  ② 기업이 통제 불가
- 정보탐색 유형
  ① 내적탐색
  ② 외적탐색

- 보완적 방식
- 비보완적 방식
  ① 결합방식
  ② 분리방식
  ③ 사전편찬방식
  ④ 연속제거방식
- 휴리스틱 방식
  ① 가격
  ② 장소
  ③ 광고, 판촉

- 구매의 효용
  ① 기능적 효용
  ② 상징적 효용
  ③ 쾌락적 효용
- 구매의 유형
  ① 계획적 구매
  ② 비계획적 구매
- 지각된 위험

- 구매 후 부조화
  ① 부조화의 영향요인
  ② 해소방안
- 귀인행동
  ① 내적 귀인
  ② 외적 귀인
  ③ 켈리의 공변원리
- 기대 불일치 모형
  ① 동화효과
  ② 대조효과

> **학습포인트**
> 필자는 문/정/대/구/행으로 암기했다.

3. 관여도(Involvement)

관여도란 특정 상황에서 자극에 의해 발생하는 소비자 개인의 중요성 지각 정도나 소비자 개인의 관련성 지각 정도라고 정의할 수 있다. 관여도는 소비자가 제품이나 서비스를 구매하는 데 있어 중요하게 여기는 정도를 의미한다. 관여도는 자극을 대하는 대상에 따라, 자극을 대하는 사람에 따라, 소비자가 처해있는 상황에 따라 달라진다. 제품과 서비스를 구매하는 데 많은 관심을 가지면 고관여(High Involvement), 적은 관심을 가지면 저관여(Low Involvement)라고 한다.

(1) 관여도에 따른 구매의사결정 과정

구 분	고관여 구매의사결정	저관여 구매의사결정
의사결정 (정보탐색, 대안적 상표 고려)	• 복잡한 의사결정(포괄적, 광범위한 문제해결) • 신념 → 평가 → 행동 • 인지적 학습 **예** 자동차, 전자제품 등	• 제한적 의사결정(다양성 추구) • 신념 → 행동 → 평가 • 수동적 학습 • POP가 중요한 요소 **예** 시리얼, 스낵제품
습 관	• 브랜드 충성도(상표 애호도) • (신념) → (평가) → 행동 • 도구적 조건 형성 **예** 운동화, 향수	• 관성적 구매(타성, Inertia) • 신념 → 행동 → (평가) • 고전적 조건 형성 **예** 우유, 휴지 등

※ 일상적 문제해결(습관적 문제해결) : 상표 애호도 + 타성(관성) 구매
※ 충동구매(비계획적 구매), 중독구매 : 소비자의 의사결정 유형에는 구매 관여 수준에 따라 습관적 의사결정, 한정적(제한적) 의사결정, 광범위한 의사결정 3가지가 있다.

① 복잡한 의사결정(Extended Decision Making, 포괄적/광범위한 의사결정)
　㉠ 광범위한 의사결정은 매우 높은 수준의 구매 관여에서 일어나는 것으로, 광범위한 내부 및 외부 정보탐색 후 다수의 대안에 대한 복잡한 의사결정과정이 따르게 된다.
　㉡ 구매 후에는 그 구매의 정황성에 의심을 갖고 철저한 재평가를 한다.
　㉢ 광범위한 의사결정은 현실적으로 많이 볼 수 있는 것이 아니다. 예를 들어 주택, 컴퓨터, 자동차, 의류 등과 같은 고가품을 구매할 때 이러한 의사결정과정을 거치게 된다.

② 제한적 의사결정(Limited Decision Making, 한정적 의사결정)
　㉠ 한정적 의사결정은 습관적 의사결정과 광범위한 의사결정의 중간단계에 속한다. 그러나 이의 단순한 형태(최적 수준의 구매 관여)는 습관적 의사결정과 매우 유사하다. 예컨대, 진열된 상품을 보고(한정적/제한적) 단순히 그 상품에 대한 기존 이미지 내지는 순간적인 호감 때문에 그것을 구매하는 경우가 있다.
　㉡ 사실 소비자들이 슈퍼마켓 같은 장소에서 매일 구매하는 제품들에 대해서는 제한된 정보탐색이나 대안평가를 거쳐 구매가 이루어지는데, 이러한 경우가 한정적인 의사결정의 일반적인 사례라 볼 수 있다.
　㉢ 제한적 의사결정이 되는 경우에는 정보탐색이 별로 활발하게 이루어지지 않으므로 소비자들의 눈에 쉽게 띄도록 소매점의 진열과 가격표시, 배치 등 판매시점광고(POP ; Point-Of-Purchase Advertising)가 중요한 역할을 하게 된다.

③ 습관적 의사결정(Habitual Decision Making, 일상적 의사결정)
　㉠ 습관적 의사결정에는 엄격한 의미의 의사결정이라 할 것이 없다. 문제가 인식되면 곧 내부탐색(장기기억)을 통해 단일의 해결안(상표)을 얻게 되고, 당연히 그 상표를 구매하기 때문이다. 다만 사용한 결과 기대에 미치지 못할 경우에 한해서 구매 후에 평가할 뿐이다.
　㉡ 습관적 의사결정은 흔히 그 구매에 대한 관여 수준이 극히 낮고 반복적인 구매행동을 가져 올 때 일어나게 된다.
　㉢ 구매하고자 하는 제품의 상표들 간에 별 차이가 없어서 그중 한 상표를 반복적으로 구매하는 경우에 많이 일어난다.
　㉣ 어떤 상표에 대한 애호도(Brand Loyalty)가 높게 형성되어 그 다음 구매 시 예외 없이 그 상표를 구매하려 할 경우에 습관적 의사결정이 일어나게 된다.

(2) 관여도에 따른 소비자 반응순서
① 고관여

> 인지(정보탐색, 능동적 학습) → 태도(상표대안평가) → 행동(태도에 근거해서 구매)

② 저관여

> 인지(반복노출, 수동적 학습) → 행동(상표 친숙도를 근거로 구매) → 태도(구매 후 평가의 결과로 형성)

(3) 관여도와 상표에 따른 구매행동 형태

구 분	고관여 제품	저관여 제품
제품 간 특성이 클 때	복잡한 구매행동	다양성 추구 구매행동
제품 간 특성이 작을 때	부조화 감소 구매행동	습관적 구매행동

(4) 정교화 가능성 모델(ELM ; Elaboration Likelihood Model)

설득의 이중 경로 모델로, 설득 메시지를 처리하는 경로를 중심 경로와 주변 경로로 구분하며, 2가지 경로 중 어떤 경로를 사용해 설득 메시지를 처리하느냐에 따라서 적합한 설득 메시지가 달라질 수 있다고 가정한다. 정교화 가능성 모델에서는 제시된 메시지를 얼마나 '정교하게 처리할 수 있는가', 즉 설득 메시지를 인지적으로 심사숙고해 처리하는 정도가 설득을 결정하는 데 가장 핵심 요인이 된다.

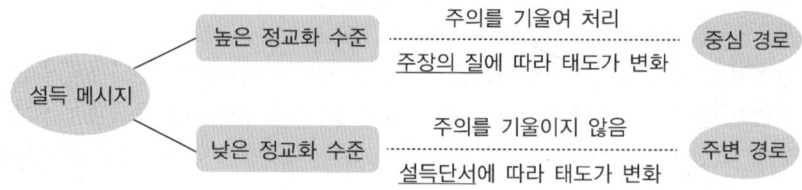

① 정교화 가능성이 높을 때

메시지가 중심 경로로 처리될 경우 주변 경로에 비해서 더 광범위하고 노력이 필요한 인지적 처리가 발생하게 된다. 이로 인해 중심 경로로 설득 메시지를 처리한 후 태도가 변할 경우, 이 태도는 주변 경로로 설득 메시지를 처리한 경우보다 더 안정적이게 된다.

② 정교화 가능성이 낮을 때

제시된 메시지가 수용자에게 중요하지 않은 문제일 경우, 즉 메시지에 대한 관여도가 낮은 상황에서는 주변 경로를 통해 메시지가 처리된다. 주변 경로를 활용한 메시지 처리는 정보원에 대한 지각된 신뢰도나 메시지가 전달되는 방식, 정보원 매력도 등 설득 메시지 그 자체보다 주변의 환경이나 맥락과 관련되어 있는 정보에 더 많은 영향을 받게 된다.

더 알아보기　대리적 학습(Vicarious Learning, 모델링)

누군가의 행동을 보고 자신도 따라하면 긍정적인 결과를 얻을 수 있을 것이라고 믿게 되는 것이며, 다른 사람(모델)이 하는 행동과 그 결과를 관찰하거나 상상력을 발휘해 어떤 행동의 결과를 예상하여 행동을 따라하는 것을 대리적 학습이라 한다.

• 3가지 대리적 학습(모델링)의 종류

외재적 모델링	소비자가 모델의 행동을 직접 관찰하게 하여 개인의 행동을 변화시키려는 시도 예 공익광고 : 마약, 흡연, 음주운전의 비참한 사례를 소개해 사고 감소
내재적 모델링	소비자에게 실제 행동이나 결과가 제시되지 않는 대신 모델이 어떤 상황에서 취하는 행동과 결과를 상상하도록 요구함으로써 이루어지는 학습 예 라디오 음주운전 방지 공익광고에서 차량 충돌음과 구급차의 사이렌 소리로 비참한 결과를 상상하도록 유도
언어적 모델링	모델의 행동을 직접 보여주거나 상상하도록 유도하지 않고, 소비자에게 유사한 사람들이 특정 상황에서 어떻게 행동했는지 그리고 그 행동의 결과가 어떠했는지를 들려주는 경우 예 기부금을 유도할 때 개인이나 단체가 얼마나 기부를 했는지 보여줌으로써 기부 유도

4. 마케팅 조사(Marketing Research)

(1) 마케팅 조사의 의의

마케팅과 관련된 문제에 대해 객관적이고 정확한 체계적 방법으로 자료를 수집하고 기록·분석하는 일이다. 의사결정자의 정보욕구를 파악하고 그런 정보에 관련되는 변수들을 선정한 후, 신뢰성 있고 유효한 자료를 수집 및 기록·분석하는 과정을 거친다. 고객과 환경요인의 변화를 고려한다는 점에서 시장조사보다 포괄적인 개념이다.

(2) 마케팅 조사 과정

① 1단계 : 조사문제의 정의 및 목적의 결정

조사문제를 정의하는 일은 향후 진행될 조사활동의 방향을 결정짓고 조사결과의 유용성에 막대한 영향을 미친다는 점에서 대단히 중요하다. 기업이 당면하고 있는 마케팅 문제를 명확히 규명함으로써 정보욕구를 판단해야 하는데, 이러한 정보요구를 충족시키는 일이 마케팅 조사의 목표가 된다.

㉠ 탐색조사 : 조사 초기 마케팅 문제가 불분명할 경우 이에 익숙해지고 정확한 정의를 내리기 위하여 탐색조사가 실시되는데, 문헌조사나 전문가의견조사, 사례조사, FGI, 심층면접 등 정성조사 방식으로 이루어진다.

㉡ 기술조사 : 조사문제와 관련하여 자료를 수집하고 그 결과를 기술하는 조사이다. 계량화, 구조화, 일반화가 가능하며 정량조사 방식으로 이루어진다. 횡단조사로 서베이 방법이 있고 종단조사로 패널조사, 추세조사, 코호트조사가 있다.

㉢ 인과관계조사 : 특정가설의 원인과 결과를 검증하기 위해 두 개 이상 변수들 간의 인과관계를 조사하는 것으로, 실험법의 방식으로 조사가 이루어진다.

② 2단계 : 조사계획 수립 및 설계

조사설계(Research Design)란 조사목표를 달성하기 위한 자료의 수집과 분석에 대한 계획으로 조사형태의 선택, 자료수집의 방법 및 표본설계, 자료처리 방법의 예비적 결정을 포함하기 때문에 마케팅 조사의 성과와 효율성에 많은 영향을 미친다.

③ 3단계 : 자료의 수집

자료는 조사목적에 따라 2가지의 유형으로 구분할 수 있는데, 2차 자료란 현재의 목적이 아니라 다른 목적을 위하여 이미 수집되어 있는 자료를 말하며, 1차 자료는 현재의 조사목적에 따라 조사자가 직접 조사하는 자료를 말한다.

㉠ 2차 자료(Secondary Data)의 수집 : 조사자는 통상 2차 자료를 수집함으로써 조사를 시작한다. 2차 자료는 1차 자료보다 신속하고 저렴한 비용으로 얻을 수 있다. 그러나 2차 자료에는 문제가 생길 수 있다. 필요로 하는 정보가 없을 수도 있고 조사 목적에 부합하지 않을 수도 있으며 너무 오래돼서 정확성이 결여되어 있을 수도 있다.

㉡ 1차 자료(Primary Data)의 수집 : 조사자는 획득한 2차 정보를 관련성, 정확성, 현실성이 있는지 면밀히 분석하고 부족한 부분은 1차 자료를 수집하여 보완한다.

- 관찰법(Observational Method) : 자연적 조건이나 상태에서 연구대상의 행동을 관찰하고 기록하는 절차를 통해 연구 자료를 수집하는 방법을 말한다. 직접 관찰을 통해 정보를 수집하기 때문에 정확한 정보를 수집할 수 있다는 장점을 가지지만, 정보 수집 과정에 많은 시간과 비용이 소요되며 관찰 대상자가 관찰을 의식해 평소와 다른 반응을 보이거나 불안을 느끼게 되는 등의 단점을 지닌다.
- 서베이법(Survey Method) : 다수의 응답자들을 대상으로 설문조사에 의하여 자료를 수집하는 방법이다. 방대한 비용과 인원이 필요하고 상당한 시간이 걸려 센서스는 자주 시행할 수 없기 때문에 대표성 있는 표본을 추출하여 그들을 대상으로 하는 서베이를 실시하게 된다.

  예 정기적인 물가조사나 트렌드조사, 여론조사, 기업체에서 대외적인 판매실적, 상품기호, TV시청률 조사 등의 시장조사

장 점	단 점
• 큰 규모의 표본/일반화 가능성↑	• 설문지 개발의 어려움
• 다양한 측면에서 차이분석 가능	• 탐사방식에 의한 깊이 있는 질문 불가능
• 자료수집 용이성	• 오랜 시간/낮은 응답률
• 객관적 해석의 가능성	• 응답의 정확성 문제
• 직접 관찰할 수 없는 요인/개념 추정 가능	• 부적절한 통계기법 사용 시 문제

- 실험법(Experimental Method) : 보편적으로 한 개 이상의 독립변수와 한 개 이상의 종속변수와의 인과관계를 밝히는 고도의 연구방법으로서, 독립변수를 조작하여 종속변수에 대한 조작의 효과를 관찰하고 측정하는 방법이다. 부연 설명하면 실험대상자들을 둘 혹은 몇 개의 집단으로 나눈 후 인과관계의 원인이라고 추정되는 독립변수를 각 집단에 다르게 조작하여 그 종속변수가 집단들 간에 다르게 나타나는지를 봄으로써 변수들 간의 인과관계를 규명하고자 하는 방법이다.

장 점	단 점
• 인과관계를 설정	• 인위적인 연구로 일반화에 문제 있음
• 통제가 가능	• 연구자의 기대가 연구결과에 영향을 미침
• 주요변수를 분류 가능	• 자연적 상황에서는 통제 불가능
	• 표본의 크기가 작음

④ 4단계 : 표본설계

표본 추출의 과정을 포함한 조사과정의 전체 계획을 구성하는 여러 부분 가운데 하나 혹은 그 이상의 부분을 추출하는 기법을 말한다. 표본설계 방법은 조사대상 선정방법에 따라 2가지로 나뉘는데 전수조사와 표본조사가 그것이다. 전수조사는 조사대상을 전체를 조사하는 방법이며 인구센서스 조사가 그 예이다. 표본조사는 조사 대상 중 일부만 대상으로 조사하는 방법으로 확률 표본추출방법과 비확률 표본추출방법이 있다.

⑤ 5단계 : 시행 및 분석 활용

조사목표에 부합하는 자료를 수집하고 나면 조사자는 일정한 번호를 붙이는 과정인 코딩과 컴퓨터에 입력하는 과정인 펀칭 과정을 거치게 된다. 자료의 분석은 조사문제의 정의 단계에서 인식된 정보 욕구에 부합되는 정보를 산출할 수 있어야 한다. 수집된 자료를 적합한 통계기법에 의하여 분석하고 나면 조사자는 분석결과로부터 마케팅 전략에 활용할 수 있는 시사점을 도출해 내야 한다. 조사과정은 보고서 작성으로 종결되는데, 조사자는 보고서에서 경영자에게 조사를 통하여 도출된 문제를 정리하고 그에 따른 해결책을 제시해야 한다.

> **더 알아보기** 　마케팅 조사 과정 간단정리 및 암기방법(**문/조/자/표/시/분**)

(1) **문**제 정의
  ① 문제를 명확히 정의하는 것
  ② 마케팅 의사결정문제를 위해 시행해야 하는 과제
  ③ 현상과 문제를 구분하여 정의
    ㉠ 현상 : 배고프다.
    ㉡ 문제 : 대부분이 짜장면을 먹는다.
    ㉢ 조사 : 왜 짜장면을 먹을까?

(2) **조**사설계 – 연구목적에 따른 마케팅 조사 종류(**탐/기/인**)
  ① **탐**색조사(문전표 심사)
    ㉠ 가설수립, 문제파악 목적, 정성, 비구조화, 일반화 X
    ㉡ 문헌조사, 전문가조사, FGI, 심층면접, 사례조사
  ② **기**술조사
    ㉠ 소비자가 느끼고 행동하는 것을 기술
    ㉡ 계량, 구조화, 일반화 가능, 정량
    ㉢ 횡단조사 : 서베이(인구센서스조사)
    ㉣ 종단조사 : 패널, 추세, 코호트
  ③ **인**과조사 : 실험조사
    ㉠ 원인과 결과를 밝히는 목적
    ㉡ 대학교 논문, 실험법

(3) **자**료수집 방법 결정
  ① 2차 자료 : 이미 수집되어 있는 자료(문헌자료)
  ② 1차 자료 : 직접 수집하는 자료
  ③ 1차 자료 수집방법
    ㉠ 관찰법 : 사람, 동물 등 행동, 상황 직접 관찰
    ㉡ 서베이법 : 설문지를 통해 정보 수집(편지, 전화, 면접)
    ㉢ 실험법 : 변수 간 인과관계 조사 위해 시행

(4) **표**본설계 : 조사대상 선정방법에 따라
  ① 전수조사 : 조사대상을 모두 조사하는 방법(인구센서스)
  ② 표본조사 : 조사대상 중 일부만 대상으로 조사하는 방법
  ③ 확률 표본추출 : **단**순무작위 표본추출, **층**화 표본추출, 군**집** 표본추출, **체**계적 표본추출(**단/층/집/체**)
  ④ 비확률 표본추출 : **편**의, **판**단, **할**당에 의한 표본추출(**편/판/할**)
  ⑤ 표본추출 과정 : **모**집단의 확정 → 표본**프**레임의 결정 → 표본추출**방**법의 결정 → 표본**크**기의 결정 → 표본추출의 **실**행(**모/프/방/크/실**)

(5) **시**행 및 **분**석 활용
  ① 코딩 : 일정한 번호 붙이는 과정
  ② 편칭 : 컴퓨터에 입력하는 과정

4 마케팅 전략수립

1. 기업전략의 단계

기업은 일반적으로 기업 수준과 사업단위 수준의 2가지 전략이 있는데 이 2가지를 모두 합쳐서 기업전략 단계라고 할 수 있다. 여기에는 기업의 최상위 전략으로 여러 제품군들을 포괄하는 기업 전체의 전략인 기업 수준 전략과 각 제품군에 대해 적용되며 재무, 생산, 마케팅, 인사관리 등과 같은 기능에 따라 나누어지는 사업단위 수준의 전략이 있다.

2. 기업전략의 수립과정

(1) 의의와 목적

기업의 장기적인 생존과 성장을 보장하기 위해 전사차원의 전략을 수립하는 것으로, 한 기업이 조직의 목표와 능력을 변화하는 시장에 맞춰 유지·성장시키는 관리과정이다. 그 목적은 사업 및 제품들이 만족스러운 수익과 성장을 창출할 수 있도록 범위와 유형을 결정하기 위함이다. 잘 짜인 전략적 기업계획은 항상 마케팅 변수들을 함께 고려하고 있어 전략적 기업계획을 '전략적 마케팅 계획(Strategic Marketing Planning)'이라고 부르기도 한다.

(2) 전략적 마케팅 계획 수립

전략적 마케팅 계획 수립은 모두 8단계로 이 중 기업사명의 규정, 상황분석, 기업목표의 설정, 기업전략의 개발의 4단계는 마케팅 전략개발을 위해서 뿐만 아니라 최고경영자가 기업 전체의 나아가야 할 방향을 설정하게 하고 생산, 인사, 재무 등 모든 부문 업무에 대해 지침을 제공하도록 돕는다.

① 기업사명의 규정

너무 광범위하거나 애매해서는 안 되며 너무 좁고 한정되어서도 안 된다.

② 상황분석

기업이 환경에서 발생하는 기회와 위협을 파악하기 위해 정보를 수집하고 연구하는 것이다. 이 단계는 기업이 상대하고 있는 고객집단과 고객집단을 만족시키기 위해 사용하는 전략, 그리고 마케팅 성과의 측정 등을 포함하게 된다. 이를 위해 많은 기업들은 SWOT 분석을 실시하여 자신의 가장 중요한 장점과 약점, 그리고 기회와 위협들을 확인하고 평가한다.

③ 기업목표의 설정

기업생존의 목표를 완수하는 데 안내자 역할을 하며 기업의 성과를 평가하는 기준을 제공해 준다.

④ 기업전략의 개발

기업이 어떻게 목표에 도달할 것인가의 문제이다. 기업전략은 기업이 목표와 사명을 달성하려고 할 때 사용할 수 있는 광범위한 행동계획을 의미한다.

⑤ 마케팅 목표의 설정

기업 전체의 목표 및 전략과 밀접한 관련이 있어야 한다. 경기 상황에 따라 기업전략이 마케팅 목표로 변형되기도 한다.

⑥ 마케팅 전략의 수립

기업이 상품과 서비스를 제공하게 될 잠재 소비자집단인 표적시장을 선정하는 일이다. 표적시장을 선정하기 위해서는 먼저 소비자의 욕구를 파악해야 하고, 욕구를 충족시키기 위해 수정해야 할 업무를 확인해야 한다. 또 시장의 규모와 시장의 특성을 파악해야 한다. 표적이 선정되고 나면 경쟁자와 어떻게 구별되게 할 것인가와 시장에서 제품을 어떻게 포지셔닝(Positioning)시킬 것인가에 대해 의사결정을 내려야 한다.

⑦ 마케팅 믹스의 설계

제품, 가격, 유통, 촉진의 조합 모두 4가지 요소들이 표적시장의 욕구를 충족시킴과 동시에 기업의 마케팅 목표를 달성하도록 설계되어야 한다. 이 요소들은 상호 관련되어 있어 어떤 영역의 의사결정이 다른 영역에 영향을 미친다. 또 각 요소들은 수많은 대안들을 갖고 있기 때문에, 마케터는 표적시장을 만족시키고 기업 및 마케팅 목표를 달성시켜 줄 대안을 선정해 이들을 적절히 운영할 필요가 있다.

⑧ 계획의 실행과 평가

계획의 목표가 소기의 성과를 달성할 수 있도록 구성원의 공통된 행동스타일, 기술, 스태프, 공유된 가치 등이 뒷받침되어야 한다. 또 계획이 실행되는 중에 환경변화를 고려해 그에 적절한 대응을 해 나가야 할 뿐만 아니라 계획이 실행된 후에도 그 결과를 추적하고 조사해야 한다.

(3) 기업 수준 전략의 도구(Tool)

① BCG 매트릭스(성장-점유율 분석 모형) 17 19 22 23 기출

  ㉠ 의 의
  - BCG 매트릭스(BCG Matrix)는 미국의 보스턴 컨설팅 그룹(BCG)이 개발한 전략평가 기법이다. BCG는 기업이 사업에 대한 전략을 결정할 때 '시장점유율(Market Share)'과 '사업의 성장률(Growth)'을 고려한다고 가정한다. BCG 매트릭스는 이 2가지 요소를 기준으로 기업의 사업을 '스타(Star) 사업', '현금젖소(Cash Cow) 사업', '물음표(Question Mark) 사업', '개(Dog) 사업'으로 나누었다.
  - BCG 매트릭스는 자금의 투입, 산출 측면에서 사업(전략사업 단위)이 현재 처해있는 상황을 파악하여 상황에 알맞은 처방을 내리기 위한 분석도구이다. '성장-점유율 매트릭스(Growth-share Matrix)'라고도 불리며, 산업을 점유율과 성장성을 기준으로 4가지로 분류한다. BCG 매트릭스에 있어서 성공적인 순환경로는 물음표 → 스타 → 현금젖소 → 개다.

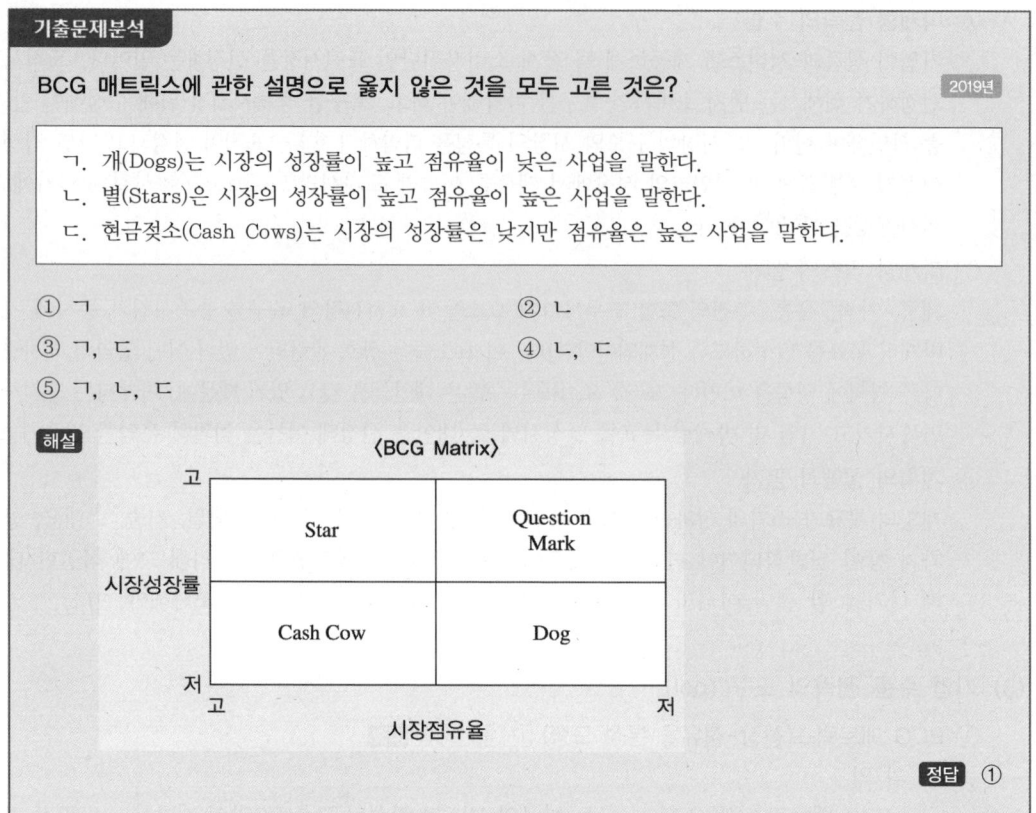

ⓒ 내 용

X축을 '상대적 시장점유율'로 하고, Y축을 '시장성장률'로 한다. 미래가 불투명한 사업을 물음표(Question Mark), 점유율과 성장성이 모두 좋은 사업을 스타(Star), 투자에 비해 수익이 월등한 사업을 현금젖소(Cash Cow), 점유율과 성장률이 둘 다 낮은 사업을 개(Dog)로 구분한다.

ⓒ 전 략

- 물음표(Question Mark) : 개발사업
  신규사업으로서 상대적으로 낮은 시장점유율과 높은 시장성장률을 가진 사업으로, 기업의 행동에 따라서는 차후 스타(Star) 사업이 되거나 개(Dog) 사업으로 전락할 수 있는 위치에 있다. 일단 투자하기로 결정한다면 상대적 시장점유율을 높이기 위해 많은 투자금액이 필요하다.

- 스타(Star) : 성장사업
  성공사업으로 수익성과 성장성이 크므로 계속적 투자가 필요하다. 많은 수익창출이 가능하지만 그에 따른 자체 재투자로 인해 자금유출 또한 크다. 언젠가는 시장성장률이 낮아져서 현금젖소가 된다. 마케팅 전략으로는 유지전략이나 확대전략이 적합하다.

- 현금젖소(Cash Cow) : 수익 창출원
  기존의 투자에 의해 수익이 계속적으로 실현되므로 자금의 원천사업이 된다. 시장성장률이 낮으므로 투자금액이 유지·보수 차원에서 머물게 되어 자금투입보다 자금산출이 많다. 이러한 잉여자금은 물음표 사업부나 스타 사업부에 사용하게 된다. 마케팅 전략은 유지전략, 수확전략이 적합하다.

- 개(Dog) : 사양산업

  성장성과 수익성이 없는 사업으로 철수해야 한다. 기존의 투자에 매달리다가 기회를 잃으면 더 많은 대가를 치를지도 모른다. 이 사업을 계속 유지할 것인가, 아니면 철수 또는 폐기할 것인가를 결정해야 한다. 마케팅 전략은 수확전략이나 철수전략이 바람직하다.

  ② 평 가

  BCG 매트릭스의 장점은 사업의 성격을 단순화, 유형화하여 어떤 방향으로 의사결정을 해야 할지 명쾌하게 제시한다는 점이며, 단점은 사업의 평가요소가 상대적 시장점유율과 시장성장률뿐이어서 지나친 단순화의 오류에 빠지기 쉽다는 점이다.

② GE-Mckinsey 매트릭스

  ㉠ 의 의

  GE-맥킨지 매트릭스는 BCG 매트릭스의 한계를 극복하고자 만들어졌다. GE-맥킨지 매트릭스는 시장에 대한 평가를 단순히 성장률로 하기보다는 시장의 크기, 시장의 수익성, 진입장벽, 기술 개발 등과 같이 다양한 요소를 고려한다. 상대적 시장점유율만을 고려했던 BCG 매트릭스와는 달리 시장점유율의 성장, 상대적 브랜드 파워, 내부적 혁신 능력, 품질과 같이 기업 역량의 다양한 측면을 고려함으로써 지나치게 단순화된 측면이 있는 BCG 매트릭스의 한계를 일부 극복하고 있다. 다시 말해 '시장이나 자사에 대해 좀 더 넓게 본 후 개별 사업을 평가하자'라는 것이 GE-맥킨지 매트릭스의 핵심적 내용이라고 할 수 있다.

  ㉡ 내 용

  - BCG 매트릭스는 2×2 형태이고, GE 매트릭스는 3×3 형태의 매트릭스이므로 훨씬 정교하다.
  - 산업매력도 지표 : 시장매력도에 영향을 미치는 일반적 요인

    예 시장크기, 시장성장률, 시장 수익성, 가격, 경쟁강도, 산업평균 수익률, 리스크, 진입장벽, 유통구조, 기술 개발

  - 사업강점 지표 : 전략적 사업단위의 경쟁적 강점에 영향을 미치는 일반적인 요인들

    예 자사의 역량, 브랜드 자산, 시장점유율, 고객충성도, 상대적 수익률, 유통 강점 및 생산 능력 등이 있다.

  - 각 변수별로 평가치와 가중치를 산정하여 위치를 결정하며, 원형의 크기는 시장의 크기를 나타내고 부채꼴의 크기는 전략적 사업단위의 시장점유율을 나타낸다.

  ㉢ 전 략

	사업 강점			
높음 (7~9)	시장지위 유지 및 집중 투자	시장지위 구축 위한 투자	선별적 투자	시장매력도
중간 (4~6)	선별적 투자	선별적 투자/독자적 수익 창출	제한된 확장/단계적 철수	
낮음 (1~3)	시장지위보호 및 신규 진출 탐색	독자적 수익 창출	철 수	
	높음 (7~9)	중간 (4~6)	낮음 (1~3)	

■ 집중 투자/사업 확장
□ 선별적 투자/수익 창출
■ 즉시 또는 단계적 철수

- 집중 투자/사업 확장 지역 : 이 지역에 위치하는 사업단위일수록 높은 투자수익률을 가져다준다. 따라서 이러한 사업단위는 투자를 통해 유지되거나 성장되어야 한다.
- 즉시 또는 단계적 철수 지역 : 이 지역에 위치하는 사업단위일수록 낮은 투자 수익률을 창출한다. 따라서 투자를 줄이면서 낮은 수익률을 얻거나 아니면 매각을 고려해야 한다.
- 선별적 투자/수익 창출 지역 : 이 지역에 놓이는 사업 단위들은 투자를 통해 대각선의 위로 옮겨 높은 수익률을 창출하거나 아니면 투자 감소를 통해 점차 소멸시키거나 매각해야 한다.

ㄹ 평 가

BCG 매트릭스에 비해 다양한 요인들을 종합하여 평가함으로써 타당성을 높였지만, 지표의 선정방법이 주관적이고 신뢰성이 결여되어 있으며 내부 데이터를 많이 이용하고 있기 때문에 다른 회사와의 비교가 곤란하다는 점을 지적할 수 있다. 또한 전략적 사업단위 간의 상호작용을 고려하지 않고 있다.

③ **신사업 전략(앤소프의 시장확장 그리드)** 23 기출

기존의 시장이냐, 새로운 시장이냐 또는 기존의 제품이냐, 새로운 제품이냐에 따라 4가지의 전략을 세울 수 있다. 그 4가지의 전략은 각각 '시장 침투', '신제품 개발', '시장 개발', '다각화'이다.

구 분	기존 제품	신제품
기존 시장	시장 침투 전략	제품 개발 전략
신시장	시장 개발 전략	다각화 전략

㉠ 시장 침투(Market Penetration)

기존 시장에서 기존 제품으로 승부하는 시장 침투 전략이다. 마케팅 전문가들이 집계한 시장 침투 전략의 평균 성공률은 약 75% 정도인 것으로 알려져 있다. 일반적으로 시장 침투의 목적은 기존의 시장에서 추가적인 매출을 올리는 데 있으며 가장 보수적인 성장 전략이라고 할 수 있다. 이 방법은 단기 또는 중기적으로 볼 때, 가장 안정적이고 수익률이 높은 대안이기는 하지만 끊임없이 변화하는 소비자의 욕구를 고려하여 반드시 지속적인 혁신 노력이 따라야 성공할 수 있다.

㉡ 신제품 개발(Product Development)

이 전략 대안은 정보통신 등의 하이테크 산업에서는 기업의 미래를 결정하는 핵심적인 생존 공식이다. 신제품 개발 전략의 평균 성장률은 대개 약 45% 정도로 알려져 있지만 산업별로 편차가 심한 편이며, 대부분의 신제품들은 제품 개발의 초기 단계 즉 개념 테스팅, 프로토타입 개발, 테스트 마케팅 등에서 실패하여 사라져가는 추세이다.

㉢ 시장 개발(Market Development)

1990년대 이후 맥도날드의 성장은 대부분 기존의 햄버거 제품으로 중국, 러시아, 한국 등 새로운 시장을 개척하면서 이루어졌다. 여기서 중요한 것은 새로운 시장 진출은 같은 회사라 하더라도 어떤 지역으로 진출하느냐에 따라 사업의 성패 확률이 달라지며, 같은 진출국에서도 진출 시기에 따라서 제품의 성공 확률이 다양하게 나타날 수 있다는 점이다. 시장 개발 전략의 성공 확률은 약 35% 수준인 것으로 알려져 있다.

② 다각화(Diversification)

다각화는 4가지의 대안 중 가장 리스크가 높은 방법이지만 특정 기간, 특정 회사에는 가장 적합하고 논리적인 성장 전략이 될 수도 있다. 마케팅 학자들의 통계에 따르면, 기존 조직이 새로운 시장에 진출하는 조직 다각화는 25% 정도의 성공률, 현지 시장에 있는 기존 조직을 활용하는 다각화의 경우에는 35% 정도의 성공률을 가지고 있는 것으로 평가되고 있다.

3. STP 전략

(1) 시장세분화(Segmentation) 17 18 19 기출

① 개 념

수요층별로 시장을 분할화 또는 단편화하여 각 층에 대해 집중적으로 마케팅 전략을 펼치는 것이다. 예를 들어 가전전기업계에서 학생층을 대상으로 각 기종(녹음기나 휴대용 라디오 등)을 개발, 그것을 학생층에게 중점적으로 판매해 나가는 것도 시장세분화이다. 제품의 생산에서부터 유통, 프로모션에 이르기까지 일관된 마케팅 전략을 집행하기 위해 잠재소비자의 성격을 명확히 하는 것이다.

② 시장세분화의 이점
   ㉠ 고객의 욕구를 더 잘 충족시킬 수 있다.
   ㉡ 마케팅 자원을 효율적으로 이용하여 경쟁우위를 가질 수 있다.
   ㉢ 새로운 마케팅 기회를 쉽게 파악할 수 있다.
   ㉣ 차별화 전략을 통해 이익을 증대시킬 수 있다.

③ 시장세분화의 기준변수
   ㉠ 지리적 변수 : 지역, 인구밀도, 기후, 토양, 지형 등
   ㉡ 인구 통계적 변수 : 성별, 나이, 소득, 인종, 교육 수준, 결혼 여부 등
   ㉢ 심리적 변수 : 사회계층, 준거집단, 라이프스타일, 개성 등
   ㉣ 행동적 변수 : 사용상황, 사용경험, 사용함, 상표 애호도 등

④ 효과적인 세분화 조건
   ㉠ 측정 가능성 : 세분시장의 크기, 구매력 및 기타 특성들을 측정할 수 있어야 한다.
   ㉡ 접근 가능성 : 각 세분시장에 속해 있는 고객들에게 효과적으로 접근할 수 있어야 한다. 즉 고객들이 어떤 대중매체를 주로 보는지 또는 주로 어느 지역에 사는지, 어떤 유통채널을 주로 이용하는지 등과 같은 정보를 알 수 있어야 한다.
   ㉢ 충분한 규모의 시장 : 세분시장은 충분히 커서 수익성이 있어야 한다.
   ㉣ 실행 가능성 : 세분시장을 유인하여 공략할 수 있도록 효과적인 마케팅 프로그램을 입안하여 활동할 수 있는 능력을 갖추어야 한다.
   ㉤ 차별화 가능성 : 세분시장은 개념적으로 구분되어야 하고 다른 마케팅 믹스에 다른 반응을 보여야 한다.

> **학습포인트**
> 필자는 이를 측/접/충/실/차로 외웠다.

더 알아보기	수요상황별 마케팅 전략		
	수요 확대	수요 안정화	수요 축소
	• 전환마케팅 : 부정적 수요에서 긍정적 수요 • 개발마케팅 : 잠재적 수요 • 자극마케팅 : 무수요 마케팅 • 재마케팅 : 감퇴적 수요	• 동시마케팅 : 불규칙 수요 • 유지마케팅 : 완전 수요	• 역마케팅 : 초과 수요 • 대항마케팅 : 불건전 수요

(2) 표적시장 선정(Targeting)

'어떤 고객에게 팔면 더 잘 팔릴까?'라는 물음에 대해 결정짓는 단계이며, 이 단계에는 시장세분화를 통해 포지셔닝을 하기 전 포지셔닝을 할 대상이 필요하다. 물건을 사는 것은 고객이며 그 고객을 정하는 단계가 타깃팅이기에 STP 마케팅 전략에서 가장 중요하고 많이 연구해야 하며 신중해야 하는 단계라고 할 수 있다.

① 표적시장 결정 전략

　㉠ 비차별적 마케팅 : 대량 마케팅

- 하나의 상품과 표준화된 마케팅으로 전체 시장을 공략(Mass Marketing)

　예 생필품(소금, 설탕), 초코파이, 생수

　- 시장 전체를 하나의 표적시장으로 삼고 동일한 마케팅 전략을 수립하여 구사하는 것을 말하며, 하나의 제품이나 서비스를 가지고 세분화되지 않은 전체 시장을 대상으로 비즈니스를 하는 것이다.
　- 이 방식은 소비자들의 욕구에서 공통적인 부분에 초점을 맞추는 것으로, 우리가 인터넷에서 필요한 정보를 찾기 위해 사용하는 야후나 알타비스타와 같은 검색엔진이나 디렉토리 등이 대표적인 예이다.

　㉡ 차별적 마케팅

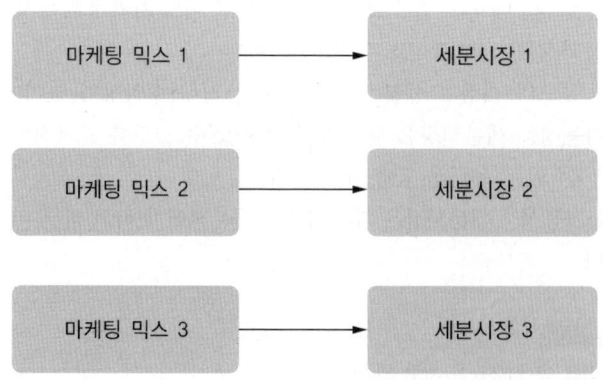

- 각기 다른 세분시장에 대해 상이한 마케팅 믹스를 개발
  - 전체 시장을 여러 개의 세분시장으로 나누고 이들 모두를 목표시장으로 삼아 각기 다른 세분시장의 상이한 욕구에 부응할 수 있는 마케팅 믹스를 개발하여 적용함으로써 기업의 마케팅 목표를 달성하고자 하는 고객지향적 전략이다.
  - 주로 업계에서 선도적인 위치에 있는 기업이 선택한다. 그들은 제품 및 서비스 마케팅 활동상 다양성을 제시함으로써 각 세분시장에 있어서 지위를 강화하고 자사제품 및 서비스에 대한 고객의 식별 정도를 높이며 반복 구매를 유도하는 것이다.

ⓒ 집중적 마케팅

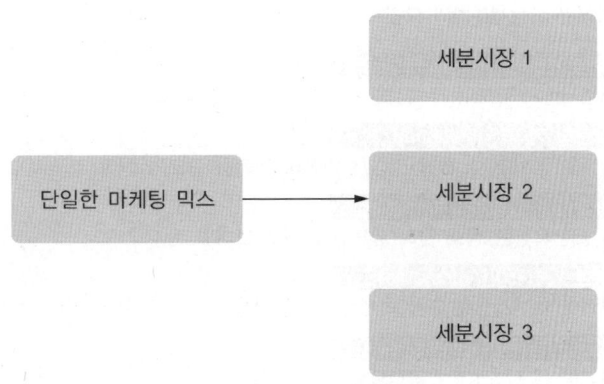

- 단 하나의 세분시장만을 표적으로 하여 마케팅 믹스를 개발
  - 전체 시장을 대상으로 마케팅활동이 힘든 경우 세분화된 소수의 세분시장만을 목표시장으로 선정하여 기업의 마케팅 노력을 집중하는 전략으로 세분시장전략이라고도 한다. 즉, 큰 시장에서 낮은 시장점유를 얻기보다는 선택한 소수의 세분시장에서보다 높은 시장점유를 추구해 강력한 시장지위를 확보하고자 하는 전략이다.
  - 기업의 힘을 집중하여 세분시장에 집중함으로써 시장요구를 정확히 파악할 수 있고, 생산·유통·촉진에서도 전문화에 의해 운영비의 절약을 기할 수 있는 이점도 있다. 따라서 세분시장을 잘 선정하면 기업은 투자에 비해 높은 이익을 얻을 수 있다. 반면 이 전략은 위험이 높을 수도 있는데, 특히 선정된 목표시장이 부적절한 것으로 밝혀질 경우 많은 마케팅 자원의 손실이 초래된다. 또 고객의 구매선호가 갑자기 변하거나 대기업이 동일한 세분시장에 참여할 경우에도 그러하다.

> **기출문제분석**
>
> 세분시장을 결정할 때 고려해야 할 요인이 아닌 것은? `2019년`
> ① 수익 및 성장의 잠재력
> ② 세분시장 내 욕구의 동질성 정도와 세분시장 간 욕구의 상이성 정도
> ③ 세분시장에 대한 접근가능성의 정도
> ④ 시장세분화에 소요되는 비용
> ⑤ 세분시장의 인지부조화
>
> **해설** 효과적인 시장세분화의 요건
>
> > **측정 가능해야(Measurable)**
> > 세분시장의 규모나 구체적인 특성이 측정 가능해야 함
> >
> > **충분히 커야(Substantial)**
> > 사업을 영위할 수 있을 만큼 수익성이 있거나 규모가 커야 함
> >
> > **차별성이 있어야(Differentiable)**
> > 각 세분시장은 상호 간에 유의한 차이를 보여야 함
> >
> > **실현 가능해야(Actionable)**
> > 기업이 세분시장에 대한 마케팅 프로그램을 수립/수행할 수 있어야 함
> >
> > **접근 가능해야(Accessibele)**
> > 기업이 세분시장에 효과적으로 접근할 수 있어야 함
>
> **정답** ⑤

(3) 포지셔닝 전략(Positioning)

① 개념

소비자의 마음속에 자사제품이나 기업을 표적시장, 경쟁, 기업능력과 관련하여 가장 유리한 포지션에 있도록 노력하는 과정이다. 포지션(Position)이란 제품이 소비자들에 의해 지각되고 있는 모습을 말하며, 포지셔닝이란 소비자들의 마음속에 자사제품의 바람직한 위치를 형성하기 위하여 제품효익을 개발하고 커뮤니케이션하는 활동을 말한다. 1972년 광고회사 간부인 리스(A. Ries)와 트로우트(J. Trout)가 도입한 용어로 '정위화(定位化)'라고도 한다.

② 포지셔닝 절차

㉠ 1단계 : 소비자 분석
소비자 욕구에 대한 명확한 이해를 통해 해당 제품군에서 소비자 요구, 기존제품에 대한 불만족 원인을 파악하는 과정

㉡ 2단계 : 경쟁자 확인
직접적인 경쟁제품뿐 아니라 대체재도 넓은 의미에서 경쟁자가 될 수 있음을 인지해야 함

㉢ 3단계 : 경쟁제품의 포지션 분석
- 경쟁제품 확인 후 경쟁제품의 속성 및 이미지가 소비자들에게 어떻게 인식되고 있는지 파악
- 포지셔닝 맵을 통해 경쟁제품의 속성과 소비자의 지각상태를 파악하면 유용함

더 알아보기 | 포지셔닝 맵(Positioning Map)

제품에 대한 고객의 지각을 2차원이나 3차원 그래프로 표시한 것으로, 소비자의 머리 속에 인식되어 있는 자사제품과 경쟁제품의 포지션을 나타낸다. 포지셔닝 맵은 소비자의 인지를 기준으로 만들어지기 때문에 인지도 맵(Perceptual Map)라고 부르기도 한다. 이렇게 포지셔닝 맵을 그려보면 자사제품이 소비자에게 어떻게 인식되고 있는지, 경쟁제품은 무엇이고 얼마나 있는지, 경쟁제품이 어떻게 인식되고 있고 또 자사제품과 어떤 위치관계가 있는지, 소비자가 생각하는 이상적인 제품속성은 무엇인지, 자사제품이나 경쟁제품이 놓치고 있는 시장은 어디인지 등을 알 수 있다.

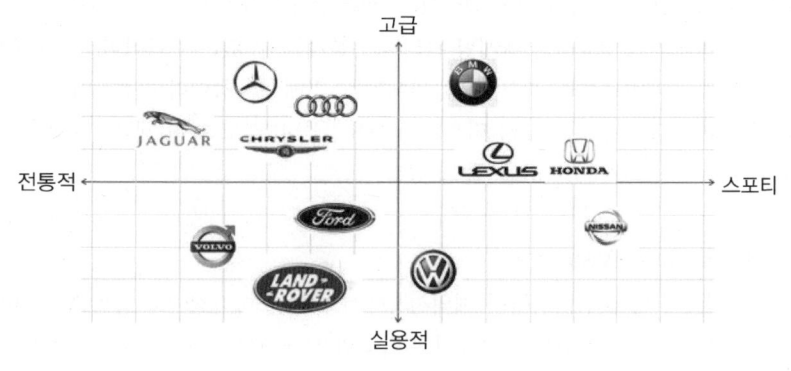

ㄹ. 4단계 : 자사제품의 포지셔닝 개발 및 실행

소비자들이 경쟁제품에 비하여 자사제품에 어떤 지각이나 연상을 갖고 있는지를 결정하고 소비자의 욕구를 더 잘 충족시킬 수 있는 적합한 자사제품의 포지션을 결정

ㅁ. 5단계 : 포지셔닝의 확인 및 재포지셔닝
- 재포지셔닝 : 소비자 욕구가 변할 때 기업은 이에 맞추어 그들 제품의 이미지도 변화시키는 작업
- 재포지셔닝의 예 : 존슨 앤 존슨의 베이비 화장품은 처음에 유아층을 타겟 → 연약한 피부를 가진 성인 여성을 타겟으로 하는 순한 화장품으로 재포지셔닝
- 이미 상당 기간 동안 소비자들의 머리속에 각인된 제품의 이미지를 바꾸는 것은 신제품을 출시하는 것보다 어려움 → 기존제품의 이미지에 대한 소비자들의 인식과 소비자들의 특성변화에 대한 분석이 철저히 이루어져야 함

5 마케팅 믹스(Marketing Mix)

1. 마케팅 믹스

(1) 마케팅 믹스의 개념 [20] 기출

① 마케팅의 목표를 합리적으로 달성하기 위해 마케팅 경영자가 일정한 환경적 조건을 전제로 하여 일정한 시점에서 전략적 의사결정으로 선정한 마케팅 수단들이 적절하게 결합 내지 조화되어 있는 상태를 가리킨다. 따라서 이는 일정한 시점을 전제로 작성된 마케팅 계획과 같은 뜻이 되는 것이다.

② 마케팅 믹스의 구성요소는 마케팅 관리자가 통제할 수 있는 수단이며, 특히 중요한 것은 제품계획, 가격정책, 판매경로정책, 광고, 인적 판매활동, 판매촉진 등이라 하겠는데, 이는 학자에 따라 다르다. 미국의 매커디 교수는 마케팅 믹스의 구성요인을 4P라고 하여 제품(Product), 장소(Place), 가격(Price), 촉진(Promotion)을 들고 있다.

(2) 메가 마케팅(Mega Marketing)

주로 대기업이나 다국적 기업들이 해외시장에서 벌이는 다각적이고 종합적인 마케팅을 뜻한다. 메가 마케팅 전략을 살펴보면 전통적 마케팅 전략상의 4P - 제품(Product), 가격(Price), 장소(Place), 판촉(Promotion) - 외에 2P, 즉 영향력(Power) 및 홍보활동(Public-relations)이 추가되어 모두 6P로 구성된다.

(3) 4P/4C/4E로의 전환 : 고객지향의 관점

4P	4C	4E
Product 제품	Customer Benefits 소비자 혜택	Evangelist 고객 전도사
Price 가격	Cost to Customer 소비자 기회비용	Enthusiasm 열성
Place 유통	Convenience 편리성	Experience 체험
Promotion 촉진	Communication 커뮤니케이션	Exchange 교환
4P 사고방식 In-outside(산업 사회)	4C Out-inside(정보 사회)	4E In & Out Side(감성 사회)

2. 제품관리

(1) 제품의 차원

① 핵심제품(Core Product ; 본원제품)

사용으로 인해 욕구를 충족할 수 있는 제품이다. 소비자는 핵심제품을 구매함으로써 특정한 편익이나 혜택을 얻기를 희망한다. 예를 들면 소비자에게 자동차의 핵심제품은 출퇴근에 있어서 편리하고 안전한 수송이라고 말할 수 있다.

② 유형제품(Formal Product/Tangible Product ; 형식제품)

구매자가 실물적 차원에서 인식하는 수준의 제품으로 핵심제품에 포장, 상표 등이 가미된 형태의 제품이다. 유형제품은 소비자가 제품으로 추구하는 편익이나 혜택을 물리적인 속성들의 집합으로 유형화시킨 것이다. 예를 들어 소비자에게 자동차는 연비, 엔진성능, 브레이크, 정숙성, 디자인 등으로 말할 수 있다.

③ 확장제품/증폭제품(Augmented Product ; 보강제품)

실제 제품에 추가되는 혜택을 포함하는 제품으로 사후 서비스, 배당 등이 포함된 형태이다. 즉, 확장제품은 유형제품을 확장한 개념으로서 배달, 설치, 보증, 애프터서비스 등의 추가적인 서비스와 효용을 말한다. 따라서 제품은 단순한 유형적 특성의 결합이 아니고 소비자들의 욕구를 충족시켜 줄 수 있는 효익의 집합이라고 할 수 있으며, 제품들의 성숙화와 경쟁의 심화에 따라 새로운 차별화의 수단으로 활용된다. 컴퓨터의 경우 A/S, 교육, 소프트웨어 끼워팔기, 무료업그레이드 등이 이에 해당한다.

(2) 제품의 분류

① 소비재와 산업재

㉠ 소비재 : 개인소비자가 최종 소비하기 위해 구매하는 제품

㉡ 산업재 : 기업구매자가 생산·관리 과정에서 사용하기 위해 구매하는 제품

② 소비재의 분류

㉠ 편의품(Convenience Goods) : 편의품은 우리가 일상적으로 쓰는 말 그대로 편의점에서 구입할 만한 모든 물건들이다. 저관여 제품들의 개념과도 비슷하다고 볼 수 있다. 저관여 개념에서는 상표 충성도에 따라 개념을 분류했지만 여기서는 통상 상표 충성도는 낮다고 고려한다.

> **학습포인트**
> 단, 코카콜라같이 브랜드 가치가 높은 제품에 관해서는 충성도가 높게 나타난다. 그러나 여기서는 그냥 넘어가기로 하자. 모든 이론은 현상을 100% 설명할 수 없고, 보완적으로 이해해야 한다.

㉡ 선매품(Shopping Goods) : 선매품은 어느 정도의 관여도를 가진다. 예를 들어 자기 옷을 사러 간다면 여러 매장을 둘러보고 입어 본 후에 결정하는 것이 일반적일 것이다. 가전제품이나, 가구 등도 이러한 예에 포함된다.

ⓒ 전문품(Specialty Goods) : 전문품은 매우 높은 관여도를 가지는데, 사실 관여도만으로 설명하긴 힘들다. 이 역시 '전문'이라는 용어로 생각하지 말고 쉽게 '명품' 구입으로 생각하자. 이러한 제품을 판매하는 기업 조직은 많은 대리점을 낼 필요도 없다. 일단 물건 자체 값도 비싸고, 이러한 물건을 사기 위해 소비자들은 기꺼이 자기 발품을 팔아줄 것이기 때문이다.

(3) **제품수명주기(PLC ; Product Life Cycle)** 19 25 기출

제품에 존재하는 일정한 수명이 새로운 제품이 등장할 때마다 반복적인 형태로 나타나는 것을 의미하는데, '도입 - 성장 - 성숙 - 쇠퇴'의 단계를 거치게 되며 네 단계마다 다른 전략들을 적용해야 한다. 여기서 제품이라 함은 특정 브랜드의 제품이 아닌, 제품 카테고리를 말하는 것이라 이해하면 된다.

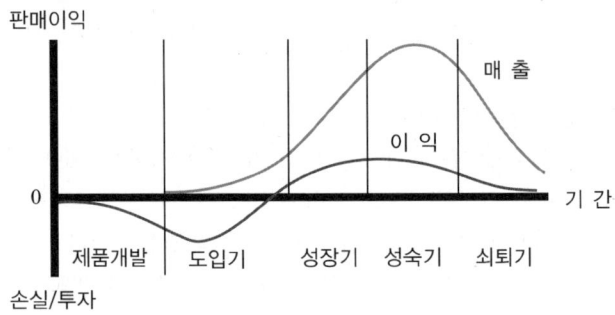

① 도입기(= Question Mark)
  ㉠ 전혀 새로운, 혹은 진보적인 제품이 세상에 던져졌다. 과거 '새한'이라는 회사에서 MP3 플레이어를 처음으로 세상에 내놓은 것처럼 말이다. 즉, 시장을 새롭게 만들어 가는 것인데 이때는 경쟁자도 없고 독점의 상태에 놓인다.
  ㉡ 도입기의 과업 : 해당 제품 카테고리에 대한 인지도를 형성해야 하며 잠재 구매력이 있는 고객들에게 제품 이용방법에 대한 교육을 실시해야 한다. 즉, 시장이 상장할 수 있도록 발판을 마련하는 것인데, 이 시기에 들어오는 수익은 제품 개발과 마케팅 및 제조원가에 재투자해야 한다.
  ㉢ 도입기의 가격 : 도입기에서 어떻게 가격을 책정할지 고민이 많이 필요한데, 초기 고가전략(Skimming Pricing), 초기 저가전략(Penetrating Pricing) 등의 방법을 통해 잠재적 경쟁자의 진입을 막거나 소비자의 진입을 효과적으로 유도할 수 있다.

② 성장기(= Star)
  ㉠ 소비자들에게 카테고리 및 제품에 대한 인지도가 형성되면서 매출이 빠르게 올라간다. 순수입이 급상승하며, 경쟁자들이 속속 나타나기 시작하는 시점이다.
  ㉡ 성장기의 과업 : 영업이익을 제품 개발과 브랜드 형성 및 시장확장에 재투자하여 잠재적인 경쟁자들의 시장 진입을 방지해야 한다. 도입기와의 다른 점은 경쟁자들을 대비한 '차별화' 포인트가 있어야 한다는 것이다. 더 이상 독점시장이 아니기 때문이다. 이를 통해 시장점유율을 최대한 끌어올려 놓아야 한다.
  ㉢ 성장기의 가격 : 경쟁자들이 나타나기 전까지는 초기 고가전략을 유지하는 것이 좋을 수 있으며 시장 선도자의 경우 경험곡선(학습효과)이나 규모의 경제에 의해 원가가 낮아지므로 가격인하를 실시할 수도 있다.

③ 성숙기(= Cash Cow)
- ㉠ 경쟁자들이 많이 생겨났으며, 업계에서 각 제품들의 판매량이나 인지도 등에서 순위가 결정되어 있는 시점이다. 제품 판매는 극에 달해 있으며 치열한 경쟁으로 인해 가격인하가 시작되어 이익이 감소하기 시작한다.
- ㉡ 성숙기의 과업 : 고객이 진정 원하는 것은 무엇인지 그 가치를 파악할 수 있도록 하며, 새로운 버전을 출시하여 시장의 반응을 체크할 수 있어야 한다. 대부분의 소비자는 개발자만큼 제품의 '향상'에 열광하지 않기 때문이다. 강력한 프로모션을 통해 시장점유율을 지키거나 높이며, 제조원가를 줄이기 위해 노력해야 한다. 제품의 약점을 제거하고 브랜드의 확장을 생각해 볼 수 있다. 뿐만 아니라 기업 내부적으로는 차세대 제품에 대한 기술 개발도 꾸준히 이루어지고 있어야 한다.
- ㉢ 성숙기의 가격 : 제품의 다양한 버전을 출시하여, 각기 다른 세그먼트의 고객들에게 대응할 수 있어야 한다. 대량생산보다는 고객맞춤의 제품을 출시하여 성숙기의 기간을 더 길게 만들어야 한다.

④ 쇠퇴기(= Dog)
- ㉠ 기술적으로 노화가 되고, 구매자들의 구매도 서서히 줄어들게 된다. 대부분 새로운 기술의 제품이 등장하는 시점이다.
- ㉡ 쇠퇴기의 과업 : 기존 제품의 새로운 용도를 찾아 홍보하거나, 새로운 시장에 제품(수출, 클래식 등)을 소개하는 것이다.
- ㉢ 쇠퇴기의 가격 : 수요가 줄어들어 가격은 낮아진다. 하지만 시간이 더 지나 희귀성이 생기면 추가 이익을 볼 수 있다. 물론 이를 위해서는 도입기부터 탄탄한 브랜드 기반을 마련했어야 한다.

[제품수명주기 단계별 마케팅 전략]

구 분		도입기	성장기	성숙기	쇠퇴기
단계별 특징	매 출	낮 음	급속성장	최대매출	매출쇠퇴
	고객당 비용	높 음	평 균	낮 음	낮 음
	이 익	적 자	증 대	최 대	감 소
	고 객	혁신자	조기수용자 초기다수자	초기다수자 후기다수자	최후수용자
	경쟁자	소 수	점차 증대	안정적, 점차 감소	점차 감소
마케팅 목표		제품의 인지와 사용 증대	시장점유율 극대화 전략	• 시장점유율의 방어 • 이익 극대화	• 비용의 절감 • 투자액의 회수 • 독점적 지위
마케팅 노력 초점		• 1차 수요 자극 • 성장기 빠른 진입	• 선택적 수용자극 • 빠른 성장률 유지	• 브랜드 경쟁우위 확보 • 성숙기의 유지	• 1차 수요 유지 • 쇠퇴속도의 감축
시장세분화		무차별	시장세분화 시작	시장세분화 극대화	역세분화
제품전략		기본제품 제공	• 제품과 서비스의 확대 • 제품품질 보증	브랜드 및 모델의 다양화	경쟁력 없는 제품의 철수

구 분	도입기	성장기	성숙기	쇠퇴기
가격전략	• 고가전략 • 원가가산전략	시장침투가격	경쟁대응가격	가격인하
경로전략	• 선택적 유통전략 • 좁은 유통 커버리지	• 집중적 유통 • 유통 커버리지 확대	• 집중적 유통전략 강화 • 유통 커버리지 최대화	• 선택적 유통전략 • 수익성 적은 유통경로 폐쇄
광고전략	조기수용자 층과 유통업자들을 대상으로 제품인지 확대	• 대중시장에서의 관심과 인지 구축 • 브랜드 차이와 이점 강조	• 상표차이와 효익 강조 • 브랜드 이해도가 높은 고객유지에 필요한 수준으로 감소	• 필요한 최저수준 조정 • 핵심충성 고객들을 대상으로 함 • 자사제품을 다시 떠오르게 하는 상기광고
촉진전략	시용유도용 강력한 판촉 시행	수요확대에 따른 판촉의 감소	브랜드 전환을 위한 판촉 증대	최저수준으로 감소
중점 활동	품질관리	광 고	가 격	전략적 의사결정

(4) 제품믹스 및 제품계열관리

① **제품믹스** : 기업이 제공하는 모든 제품들의 집합으로 제품계열들이 모여 구성된다. 제품믹스의 폭(Width), 제품믹스의 길이(Length), 제품믹스의 깊이(Depth)로 분석할 수 있다.
  ㉠ 제품믹스의 폭(Width) : 회사가 취급하는 제품계열의 수
  ㉡ 제품믹스의 길이(Length) : 각 제품계열의 제품 수
  ㉢ 제품믹스의 깊이(Depth) : 특정 제품계열 내의 각 제품이 제공하는 품목 수

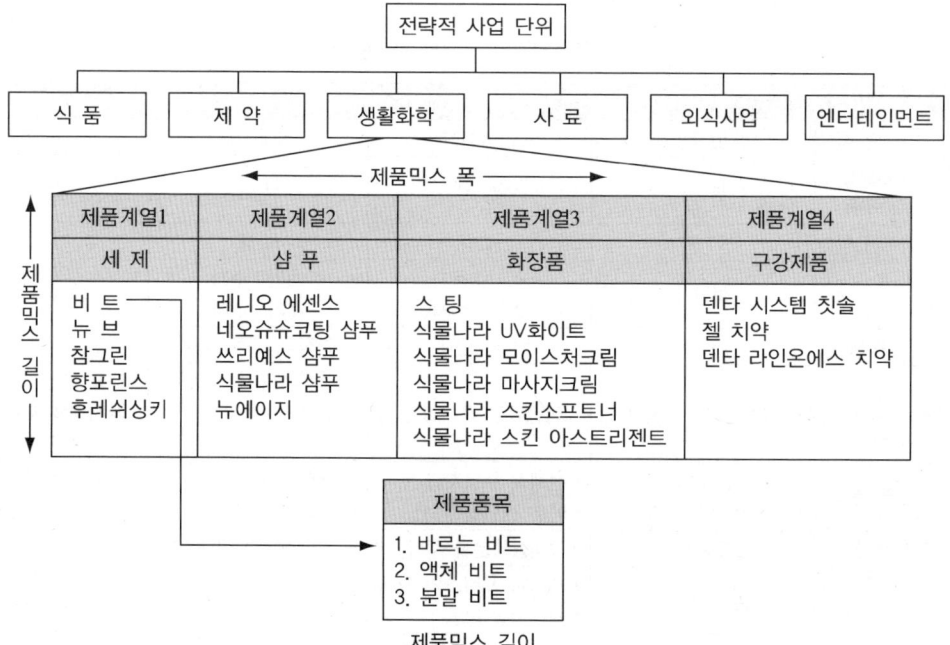

② 제품믹스 및 제품계열관리 19 기출
  ㉠ 제품믹스의 길이에 관한 의사결정
    • 하향확장 전략(Downward Stretch) : 초기에는 고품질 고가의 제품을 출시시켰다가 제품계열의 길이를 확장시키면서 저가의 신제품을 추가시키는 전략
    • 상향확장 전략(Upward Stretch) : 초기에는 저가, 저품질의 상품을 출시시켰다가 제품계열의 길이를 확장시키면서 고가의 신제품을 추가시키는 전략
    • 쌍방확장 전략(Two-way Stretch) : 기존 제품계열 내에 품목의 추가를 통해 제품확장을 도모하는 전략으로 잉여설비의 활용, 매출의 증대, 세분시장의 침투 등에 효과적이다. 그러나 소비자 혼돈의 야기와 비용상승으로 인한 수익성 악화 등의 문제점이 있다.

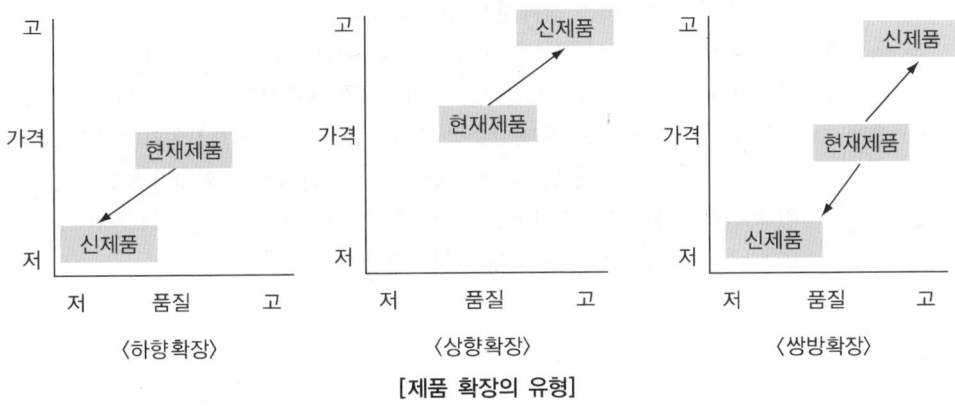

[제품 확장의 유형]

  ㉡ 제품믹스의 깊이에 관한 의사결정
    • 제품 확충 전략(Product Filling)
      – 기존의 제품계열 내에서 새로운 품목을 추가시킴으로써 제품계열의 깊이를 확대하는 것
      – 긍정적 효과 : 잉여설비의 활용, 매출의 증대, 여러 세분시장에의 침투
      – 부정적 효과 : 과도한 확충은 비용상승과 수익성 감소를 야기할 수 있음
    • 제품 퇴진 전략

> 학습포인트
> 퇴진 전략도 매우 중요하니 3가지 전략에 대해서 숙지하자.

기업의 제품 포트폴리오 중에서 특정 제품의 수익률이 급격히 떨어지거나, 제품수명주기상 성숙기나 쇠퇴기에 진입하고 있다고 판단되거나, 기업의 전체적인 이미지와 어울리지 않을 경우 기업은 먼저 이를 개선하기 위해 적절한 조치를 취할 필요가 있다. 그러나 위와 같은 징후가 발생했다고 해서 즉각적으로 제품을 폐기한다면 잔여 상품력의 향상을 통해 얻을 수 있는 기업이익을 상실할 수 있다.

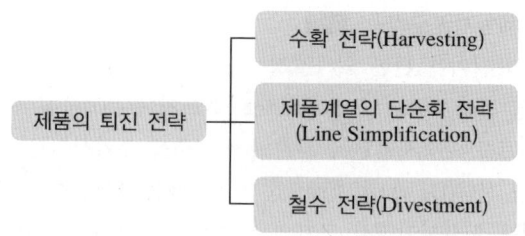

- 수확 전략 : 특정 제품이 매출성장에서 안정된 단계나 쇠퇴기에 이르렀을 때, 기업이 유휴자원을 저렴하게 활용할 수 있을 때, 감소하는 매출액과 시장점유율의 회복을 위해서 지출해야 하는 비용이 점차로 증가하기 시작할 때, 기업은 자원을 더 이상 투입하지 않고 발생하는 이익을 회수하는 전략 예 듀폰 - 나일론
- 단순화 전략 : 기업이 제공하는 다양한 제품이나 서비스의 수를 관리하기 용이한 수준으로 감소시키는 전략. 특히 이 전략은 투입원가가 상승하거나 가용자원이 부족해지기 시작하는 동안에 적절함. 제품계열 단순화 전략은 재고 감소와 생산원가의 감소를 위해 사용되지만 한번 단순화된 제품계열을 부활시키는 것은 쉽지 않은 일이기 때문에 신중을 기해야 함
- 철수 전략 : 제품계열이 마이너스 성장을 하거나 제품이 전략적으로 부적절하다는 평가가 있을 경우 제품계열 전체를 제거하는 전략

(5) 상표관리

① 브랜드의 개념

말로써 표현할 수 있는 것을 브랜드명, 말로써 표현할 수 없는 기호·디자인·레터링 등을 브랜드 마크라고 한다. 또한 브랜드명, 브랜드 마크 가운데에서 그 배타적 사용이 법적으로 보증되어 있는 것은 상표(트레이드 마크)라고 한다.

② 브랜드 전략

㉠ 제조업자 브랜드(National Brand) : 특정 시장에 한정되지 않고 전국적으로 판매되는 브랜드이다. 미국 마케팅협회에서는 '보통 넓은 지역에 걸쳐 적용되는 것으로 제조업자 또는 생산자의 브랜드'라고 정의하고 있다. 현실적으로는 유통업자의 브랜드로 전국적으로 광고, 유통되고 있는 것도 있으나 일반적으로는 제작업자나 생산자가 전국적으로 통일 브랜드로 판매하고 있는 것을 지칭하는 경우가 많다.

㉡ 유통업자 브랜드(Private Brand) : 유통업체가 제조사와 공동 기획하고 개발해서 자사 점포에만 출시하는 상품으로 NPB(National Private Brand) 또는 PL(Private Label)이라고도 한다. 선진국에서는 일반화된 방식으로 영국의 막스앤스펜서의 경우 자체 브랜드 비중이 100퍼센트이다.

㉢ 공동 브랜드(Co-brand) : 여러 기업들이 공동으로 개발하여 사용하는 단일 브랜드로 전략적 제휴를 통해 신제품에 두 개의 브랜드를 공동으로 표기하거나, 시장지위가 확고하지 못한 중소업체들이 공동으로 개발하여 사용하는 브랜드를 말한다. 또 대구광역시의 '쉬메릭(CHIMERIC)'이나 부산광역시의 '테즈락(TEZROC)'과 같이 지역기반이 같은 업체들이 지역경제의 활성화 및 해외시장의 판로개척을 위해 개발한 경우도 있다.

② 패밀리 브랜드(Family Brand) : 한 기업에서 생산되는 유사제품군이나 전체 품목에 동일하게 부착하는 브랜드로 통일 브랜드라고도 한다. 제품과 기업의 이미지를 통일하여 제공하는 상표정책의 하나로서, 기업의 신뢰도를 이용하여 소비자에게 특정 브랜드만을 부각시켜 그 기업에서 생산하는 모든 제품을 인식시키기 위한 방법이다.

③ 브랜드 자산(Brand Equity)

기업과 기업의 고객에게 제품이나 서비스가 제공하는 가치를 증가시키거나 감소시키는 브랜드, 브랜드 네임, 심벌과 연계된 브랜드 자산과 부채의 집합이다.

㉠ 브랜드 강도 : 브랜드가 지속가능하고 차별화된 경쟁우위를 향유하게 하는 브랜드의 고객, 채널 구성원 그리고 모기업에 대한 연상과 행동들의 집합이다.

㉡ 브랜드 가치 : 현재와 미래의 이익을 높이고 위험을 낮추기 위한 전술적이고 전략적인 행위를 통해 브랜드 강도를 증가시키는 경영자의 능력에 대한 재무적인 결과이다. 즉, 브랜드 자산은 비교가능한 새로운 브랜드에 대한 이전 마케팅 노력의 결과로써 향유되는 매출과 이익의 효과이다.

㉢ 브랜드 인지도 : 소비자가 한 제품범주에 속한 특정 브랜드를 재인하거나 회상할 수 있는 능력을 말한다. 고려대상 상표군의 친숙성을 높여 선택확률을 높일 수 있으며, 반복광고를 통하여 인지도를 증대시킬 수 있다.

㉣ 브랜드 연상 : 브랜드와 관련하여 기억으로 떠오르는 모든 것을 말하며 호의적이고 강력하며 독특한 연상을 가져야 한다.

④ 신제품 브랜드 전략

구 분		제품	
		기 존	신 규
브랜드	기 존	라인 확장 전략	브랜드 확장 전략
	신 규	다상표 전략	신규 브랜드 전략

㉠ 라인 확장 전략(계열 확장 전략) : 기존의 브랜드 자산이 높다고 판단되는 경우 기존 제품계열의 신제품에 기존 브랜드명을 그대로 사용하는 전략을 말한다. 소비자가 빠르게 신제품을 인식한다는 장점이 있는 반면에 신제품이 실패할 경우 기존 제품도 타격을 입을 수 있다.

㉡ 다상표 전략(복수상표 전략) : 본질적으로 동일한 제품에 대하여 두 개 이상의 상이한 상표를 설정하여 별도의 품목으로 차별화하는 전략이다. 경쟁사의 진입을 막아 점유율을 유지 할 수 있는 장점이 있는 반면, 브랜드 개발과 육성에 많은 비용이 소요되는 자사의 브랜드끼리 경쟁을 하는 자기 잠식현상이 발생할 수 있다.

㉢ 브랜드 확장 전략 : 성공적인 상표명을 다른 제품범주의 신제품에 그대로 사용하는 전략이다.

㉣ 신규 브랜드 전략 : 신제품에 기존 브랜드를 연결시켜 소비자가 쉽게 접근할 수 있도록 하는 브랜드 관리 전략으로, 브랜드 자산을 활용한 대표적인 마케팅 전략의 한 방법이다. 기존의 브랜드에 대해 소비자가 가지고 있는 브랜드 인지도, 충성도, 연상, 이미지 등의 브랜드 지식을 활용하여 신제품에 대한 성공을 높이기 위해 사용한다. 유형에는 동일한 제품군 내에서 확장하는 라인 확장과 다른 제품군으로 확장하는 카테고리 확장이 있다.

3. 가격관리

(1) 가격의 의의
가격은 상품과 서비스의 효용 및 가치로서 소비자가 얻을 상품의 가치를 금액으로 표시한 것이다. 하지만 소셜 마케팅에서 가격이란 좀 더 포괄적인 의미를 지닌다. 즉, 타깃 수용자가 행동 변화를 위해 지급해야 하는 금액은 물론 비금전적인 비용, 행동 변화를 장려하기 위해 지급되는 인센티브 등을 총괄한다. 여기서 비금전 비용이란 행동 변화를 위해 드는 시간, 신체적인 부담, 노력, 심리적인 불안감 등을 말한다. 가격은 소비자에게 가장 신속하고 민감한 반응을 일으키고 경쟁자의 즉각적인 모방이 가능하며 한번 인하하면 다시 올리기 힘들다.

(2) 신제품에 대한 가격전략 23 기출

① 초기 고가전략(Skimming Strategy) 25 기출
  ㉠ 높은 가격으로 수입을 올리는 전략으로, 스키밍 가격전략이라고도 한다. 특정 기업의 상품이나 서비스가 다른 기업의 상품이나 서비스와 크게 차별화될 때, 기업은 이 전략을 구사하기를 원한다. 단가당 수익이 높기 때문이다. 특히 상품이나 서비스의 고가는 고품질과 동의어처럼 인식된다.
  ㉡ 한계 : 고가를 제시하면 수요 증가를 유도해서 판매증진을 기대하기는 힘들다. 또한 상품이나 서비스의 모방이 쉽다면, 경쟁기업은 너도나도 이 분야에 뛰어들게 된다. 고가 덕분에 고마진을 기대할 수 있기 때문이다.

② 초기 저가전략(Penetration Strategy)
  ㉠ 말 그대로 초기에 저가로 승부하여 시장점유율을 조속히 늘리는 전략이다. 시장침투 가격전략이라고도 한다. 이 전략은 대개 수요가 탄력적일 때 시행되므로 가격을 조금만 인하해도 판매가 현격하게 증가하는 효과를 볼 수 있다. 매출이 증가하면 규모의 경제에 이르러 사업이 안정궤도에 이르는데, 이 경우 다른 경쟁기업들은 이 회사의 낮은 가격과 경쟁할 엄두를 내지 못해 쉽게 시장에 뛰어들지 못한다.
  ㉡ 대표적인 사례 : 포드자동차의 '모델 T'이다. 헨리포드는 소비자들이 자동차를 구입할 수 있도록 최대한 자동차 가격을 낮추어 수백만 대를 생산·판매할 수 있었다. 가격은 낮았지만 매출이 높았기 때문에 규모의 경제를 실현하여 수익을 낼 수 있었던 것이다.

더 알아보기 | 시장상황별 가격전략

고가전략이 적합한 경우	저가전략이 적합한 경우
• 수요의 탄력성이 높지 않은 경우 • 진입장벽이 높아 경쟁기업의 진입이 어려운 경우 • 규모의 경제효과를 통한 이득이 미미할 경우 • 높은 품질로 새로운 소비자층을 유인하고자 할 경우	• 시장수요의 가격탄력성이 높은 경우 • 원가우위를 확보하고 있어 경쟁기업이 자사 가격만큼 낮추기 힘든 경우 • 시장에 경쟁자의 수가 많을 것으로 예상되는 경우

③ 대등가격 전략
기업이 경쟁사의 제품가격과 같거나 거의 비슷한 수준으로 가격을 정하는 것을 말한다.

(3) 가격결정의 목표

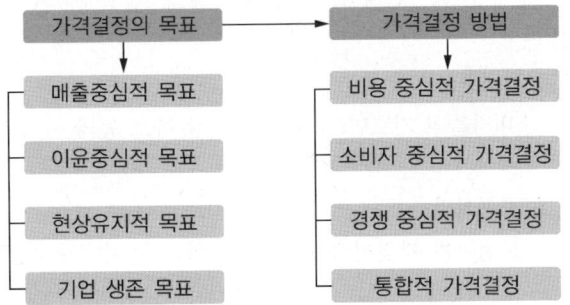

[가격결정의 목표와 가격결정 방법]

① 매출중심적 가격목표(Sales-based Objectives) - 박리다매(薄利多賣)

매출액 증대나 시장점유율 확대와 같은 매출중심적 목표를 추구하는 기업에 해당한다.
㉠ 현재의 매출성장이 시장통제와 이윤의 증가를 보장할 때 실행한다.
㉡ 제품단위당 마진을 낮추고 판매량을 늘림으로써 총이윤을 증대시킨다.
→ 초기 저가전략에 해당되는 가격결정 목표이다.

> **더 알아보기** 매출중심적 가격목표 사용 시기
>
> - 표적소비자들이 가격에 민감할 때
> - 대량생산을 통한 규모의 경제 확보
> - 저가격을 통한 경쟁자들의 진입 저지

② 이윤중심적 목표(Profit-based Objectives) 17 기출

여러 가지 형태의 이윤목표를 달성할 수 있도록 제품가격을 책정한다.
㉠ 이윤극대화 기업 : 최고의 이윤을 위한 가격전략이다.
㉡ 적정이윤 목표 기업 : 단기간의 이윤극대화보다는 장기적인 안정적인 이윤확보에 유리하다.
㉢ 투자이익률 목표 기업 : 투자비용의 일정비율 이익확보에 유리하다.
㉣ 자금 부족이나 미래 불확실한 기업 : 초기의 많은 이윤확보를 위해 유동성을 높이는 가격 이윤극대화를 기업 목표로 설정한다. 제품의 품질이나 독특함, 사회적 지위 등을 중시하는 소비자들을 표적으로 고가격 전략을 추구할 때 적합하다.
→ 초기 고가전략에 해당하는 가격결정 목표이다.

> **더 알아보기** 이윤중심적 가격목표 사용 시기
>
> - 특허권, 상표 충성도, 주요원자재의 통제들을 통해 시장경쟁을 억제
> - 가격에 덜 민감하고 초기가격을 지불할 용의가 있는 소비자
> - 규모의 경제가 존재하지 않아 단위비용이 생산량에 따라 감소하지 않는 경우

③ 현상유지적 목표(Status-quo Objectives)

현재 시장에서 좋은 위치를 차지하고 있어서 더 이상의 변화를 원하지 않는 것을 목표로 둔 기업이 설정하는 가격 수준이다. 즉, 현재의 시장점유율 유지, 경쟁제품의 가격균형 유지를 목표를 하는 가격결정을 의미한다.

④ 기업 생존 목표로 가격결정
  ㉠ 치열한 경쟁, 소비자들의 기호변화, 급격한 시장 축소 등의 어려움 해소 우선, 공익을 목표로 가격결정
  ㉡ 비영리 단체나 공공기관
  ㉢ 비용의 일부만 보전하는 가격책정이나 이용자의 소득 수준에 따른 가격책정

4. 가격결정 방법

(1) 비용 중심적 가격결정(Cost-based Pricing)

제품의 생산과 판매에 들어가는 비용의 충당과 목표이익을 실현할 수 있는 수준에서 가격을 결정하는 방식으로, 기본적인 비용에 목표이익을 합산하여 결정하며 비용과 합산의 방법에 따라 분류한다.

① 비용가산에 의한 가격결정(Cost-plus Pricing)

사전에 결정된 목표이익을 총비용에 가산함으로써 가격을 결정하는 방법이다.
  ㉠ 계산의 편의성은 있지만 가격결정에 실제 수요를 반영하지 못하고 효율화를 통한 비용절감의 동기부여를 제공하지 못한다.
  ㉡ 가격변화가 판매량에 영향을 미치지 못하거나 기업통제가 가능한 경우 효과적이다.
    예 건설 공사, 수자원 공사, 중장비 산업, 선박제조, 광업 등

② 가산이익률에 따른 가격결정(Markup Pricing)

제품 단위당 생산비용이나 구매비용을 계산한 후 판매비용의 충당과 적정이익을 남길 수 있는 수준의 가산이익률을 결정하여 가격을 책정하는 방법이다.
  ㉠ 건설회사가 공사입찰 시 최종공사가격을 추정한 다음 표준가산이익률을 더하여 입찰가를 결정한다.
  ㉡ 유통업자가 제품구입비용에 적정 가산이익률을 최종판매가격으로 책정한다.
  ㉢ 본 계산법은 비교적 단순하여 많이 사용되나 소비자의 수요, 지각된 상품 가치, 경쟁상황을 감안하지 않는다.

> **더 알아보기** 가산이익률 가격결정법의 장점
> - 비용에 대한 정보를 알 수 있다면 가격결정이 단순하다.
> - 수요량의 변화에 따른 가격의 변경이 단순하다.
> - 비용의 변화 경우 가격의 잦은 수정이 용이하다.
> - 같은 산업 내 동일 방법 사용 시 가격이 비슷하게 형성되어 경쟁이 줄어든다.

③ 목표투자이익률에 따른 가격결정(Target Return Pricing)
   기업이 목표로 하는 투자이익률을 달성할 수 있도록 가격을 설정하는 방법이다.
   ㉠ 자본집약적인 산업(자동차 산업)이나 공공사업(철도, 도로, 수도)에서 주로 사용한다.
   ㉡ 새로운 투자 결정 시 일정한 투자이익률을 설정하고 목표가격을 책정한다(공공사업의 규제방법으로 사용).

> **더 알아보기**   **목표투자이익률에 따른 가격결정의 단점**
>
> - 자본투자 비중이 낮은 기업의 경우 유용하지 못함
> - 가격이 수요량을 고려하지 않으므로 표준생산량이 판매되지 않을 경우 발생

④ 손익분기점분석(Break-Even Analysis)에 의한 가격결정 20 기출
   주어진 가격하에서 총수익(가격×매출수량)이 총비용(고정비+변동비)과 같아지는 매출액이나 매출수량을 산출해 이에 근거해 가격을 결정하는 방법이다.

> **더 알아보기**   **손익분기점분석에 의한 가격결정의 단점**
>
> - 모든 비용이 변동비와 고정비로 분류되는데 광고비와 같은 투자성일 경우 분류에 따라 달라진다.
> - 단위 변동비당 일정한 매출량으로 가정하나 가격할인이나 수령할인, 시간 외 근무수당 등의 단위 변동비가 변화한다.
> - 고정비의 변화를 반영하여야 한다(생산량이 증가함에 따른 설비추가나 직원 추가).

(2) 소비자 중심적 가격결정(Consumer Based Pricing)
   표적시장 소비자들의 제품에 대한 평가와 그에 따른 수요를 바탕으로 가격을 결정하는 방법으로 소비자 조사를 통해 표적시장의 수용가능 가격을 인지한다. 소비자의 구매의도(수요량) 가격 변화에 대한 민감도(가격탄력성), 표적시장에 대한 정보 등을 고려하여야 한다.
   ① 직접 가격 평가법(Direct Price-rating Method)
      ㉠ 소비자들에게 지각된 상품가치를 직접 물어보는 방법으로, 상품을 보여준 후 상품의 가치를 화폐단위로 답하는 것이다.
      ㉡ 소비자가 자주 구매하거나 상품의 평가가 용이한 제품에 적합하다.

② 직접 지각가치 평가법(Direct Perceived-value-rating Method)
　㉠ 상품의 상대적인 지각가치를 직접 조사하는 방법
　　예 3가지 상품에 대하여 가중치의 합을 100이 되도록 평가한 다음 기준가격을 기준으로 계산하는 방법으로 각각 A : 40점, B : 35점, C : 25점인 진공청소기가 있을 때 시장가 20만원을 기준으로 잡고 상대적 지각가치를 기준으로 계산한다.
　　• 공식 : 평균가격 × (평가점수/100) × 총 평가 상품의 수
　　• 결 과
　　　- 진공청소기 A의 가격 : 200,000 × (40/100) × 3 = 240,000원
　　　- 진공청소기 B의 가격 : 200,000 × (35/100) × 3 = 210,000원
　　　- 진공청소기 C의 가격 : 200,000 × (25/100) × 3 = 150,000원
③ 진단적 방법(Diagnostic Method)
　소비자들로 하여금 조사제품에 대하여 제품속성의 중요도와 속성별 신념을 평가하도록 하여 소비자의 지각된 상품가치를 조사하는 방법이다.
　(지각가치 판단 후 가격산정 : 가치 과대평가 시, 가치 과소평가 시)

(3) **경쟁 중심적 가격결정(Competition Based Pricing)** 21 기출
　경쟁사들의 가격을 가격결정의 가장 중요한 기준으로 간주하는 방법이다.
　① 시장가격에 따른 가격결정(Going-rate Pricing)
　　㉠ 자신들의 비용구조나 수요보다는 경쟁자의 가격을 보다 중요하게 생각하며 주된 경쟁자의 제품가격과 동일하거나 비슷한 수준에서 다소 높게 또는 낮게 책정하는 방법
　　㉡ 시장 선도기업이 시장가격을 책정하면 시장 추종기업들은 비용이나 수요에 상관없이 가격을 수용(향후 할인 폭으로 조정)
　　㉢ 비용이나 수용의 추정이 어렵고 경쟁사의 반응이 불확실한 경우
　　㉣ 시장가격이 산업전체의 시장경쟁하에서 도출된 것으로 균형을 깨지 않고 어느 정도의 적정이익 보장
　② 경쟁 입찰에 따른 가격결정(Sealed-bid Pricing)
　　㉠ 2개 이상의 기업들이 각각 독자적으로 특정 제품이나 서비스, 프로젝트 등에 대한 가격을 제시하는 방법으로 조직체 구매자나 정부 등의 구매에 이용
　　㉡ 경쟁 입찰에서 제시되는 가격의 결정에는 게임이론과 같은 수리적인 모형이 적용되며 대부분이 기대이익의 개념을 바탕으로 함

(4) **통합적 가격결정(Combination Pricing)**
　비용 중심적, 소비자 중심적, 경쟁 중심적 가격방법을 모두 종합적으로 고려하는 방법이다.

(5) **소비자의 심리를 이용한 가격결정(심리적 가격전략)**
　최종가격의 선정에 있어 가격에 대한 소비자 지각을 반영하는 방법으로서 단수가격결정(Odd Pricing), 준거가격(Reference Price), 명성가격, 권위가격 등이 이에 해당된다.

① 단수가격(Odd Pricing)
상품의 판매가격에 구태여 단수를 붙이는 것으로 매가에 대한 고객의 수용도를 높이고자 하는 것이다. 예로 10,000원의 매가 대신에 9,989원으로 한다면 그 차이는 겨우 11원이지만 소비자가 절대가격보다 싸다는 감을 갖기 쉬우므로 일종의 심리적 가치설정(Psychological Pricing)이며 단수에는 짝수보다도 홀수를 쓰는 수가 많다.

② 관습가격(Customary Pricing)
일용품의 경우처럼 장기간에 걸친 소비자의 수요로 인해 관습적으로 형성되는 가격이다. 소매점에서 포장 과자류 등을 판매할 때 생산원가가 변동되었다고 하더라도 품질이나 수량을 가감하여 종전 가격을 그대로 유지하는 것을 관습가격이라 한다.

③ 명성가격(Prestige Pricing) = 권위가격
소비자가 가격에 의해서 품질을 평가하는 경향이 특히 강하여 비교적 고급품질이 선호되는 상품에 설정되는 가격이다. 상품의 명성에 상응하는 정도로 가격을 설정해야 하기 때문에, 품질보다 다소 높은 가격을 설정하는 것이 보통이다. 가격을 너무 높게 혹은 너무 낮게 설정해도 판매량이 증가되지 않는다.

④ 준거가격(Reference Price)
소비자들이 제품가격을 평가할 때 비교기준으로 사용하는 가격이다. 즉, 준거가격은 소비자가 제품의 실제 가격을 평가하기 위하여 이용하는 표준가격(Standard Price)을 통칭하는 가격이다. 쉽게 말하면 소비자가 제품에 대한 가격이 비싼지 싼지를 판단하는 데 기준으로 삼는 가격을 말한다.
㉠ 외적 준거가격(External Reference Price)은 제조업체나 유통업체들이 판촉 전략의 일환으로 책정하는 다양한 수단의 비교가격이다.
㉡ 내적 준거가격(Internal Reference Price)은 소비자들의 경험에 의하여 형성되어 소비자의 마음속에 지니고 있는 가격을 말한다. 이러한 내적 준거가격은 특정 가격일 수도 있지만 특정 가격의 범위일 수도 있는데, 외적 준거가격을 평가하는 기준이 되어 소비자들의 가격예측이나 가격판단 혹은 선택에 상당한 영향을 미치게 된다.
㉢ 제조업체나 유통업체들이 외적 준거가격을 제시하는 목적은 소비자들의 마음속에 생각하고 있는 내적 준거가격을 높여 소비자들이 해당 제품에 대한 가격판단, 선택을 촉진하는 것이라고 할 수 있다.

(6) 기타 가격결정 방법
① 가격단계화(Pricing Lining) : 구매자는 가격이 크게 변해야 인식한다는 가정하에 선정된 상품계열에 몇 가지 가격만을 설정하는 가격결정법이다.
② 유보가격(Reservation Pricing) : 구매자가 어떤 상품에 대해 지불할 용의가 있는 최고 가격을 말한다.
③ 최저수용가격 : 구매자들이 품질을 의심하지 않고 구매할 수 있는 최저 가격을 말한다.
④ 손실유도가격(Loss Leader Pricing) : 미끼 상품이라고도 하며 고객의 유인을 위하여 특정 품목의 가격을 대폭 낮게 설정하는 것을 말한다.

⑤ 재판매가격 : 제조업자가 자사제품이 손실유도가격이 되는 것을 막기 위해 유통업계와 계약을 통해 일정가격에 거래되도록 하는 것이다.
⑥ 묶음가격(Bundle Pricing) : 여러 개의 상품을 묶어서 판매하는 가격정책을 말하며, 대개 보완재의 경우에 많이 실시한다.
⑦ 종속제품가격(Captive Product Pricing) : 일단 어떤 제품을 싸게 판 다음 그 상품에 필요한 소모품이나 부품을 비싸게 파는 정책이다.

5. 유통관리

(1) 유통의 의미

유통은 물건이 생산자에게서 소비자에게로 오기까지의 과정을 말하며, 유통경로는 유통과정에 관련되는 일체의 상호의존적인 조직을 말한다. 유통경로는 비탄력적인 외부자원이다. 제품, 가격, 촉진 믹스는 시장상황에 따라 수정하기가 상대적으로 수월하지만, 유통경로는 구축하기도 힘들거니와 변경하려면 많은 시간과 자본이 소용되므로 초기 설계 시 신중을 기해야 한다.

(2) 유통경로(구조)의 설계

새로운 유통경로를 구축하거나 기존 유통경로를 변화시킬 때에는 체계적인 유통경로 설계가 필요하다.

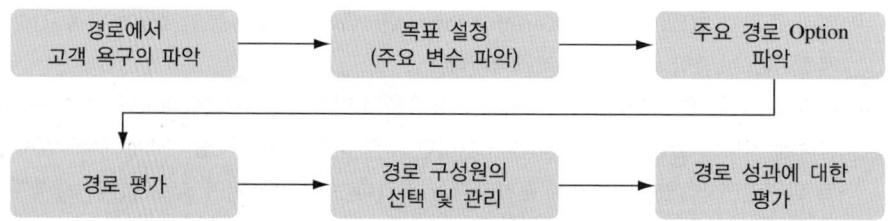

① **고객 욕구의 파악** : 고객이 관심을 갖는 유통상의 속성(매장위치, 상품구색, 양, 가격, 시간) 중 목표시장 고객들이 중시하는 것이 무엇인지를 발견하려는 단계이다.
② **경로목표 설정** : 목표시장의 욕구를 충족시킬 수 있도록 구체적인 목표 수준을 설정하는 단계로, 목표시장 내의 유통경로에 대한 욕구가 상이할수록 복수 유통경로를 이용한다.
③ **경로 구성원의 선정** : 유통경로는 한번 선정되고 나면 변경이 어렵기 때문에 장기적인 관점에서 선정되어야 하고 다른 마케팅 믹스 요소들과의 일관성도 고려되어야 한다.

> **더 알아보기**
>
> **유통경로설계 시 직접유통경로(또는 유통단계의 축소)를 선택하는 경우**
> - 중간상 이윤을 보장하기 어려울 정도의 심한 가격경쟁이 벌어지는 경우
> - 거래단위가 크며 거래가 빈번하게 일어나지 않는 경우
> - 중간상이 충분한 재고를 유지하기 어려운 경우
> - 고객식별과 타겟팅이 가능하며 고객과 직접적인 접촉이 용이한 경우
> - 고객의 세심한 요구를 신속하고도 정확하게 반영해야 하는 경우
> - 제품이 기술적으로 복잡하여 상세한 기술지도가 필요한 경우
>
> **공급망 관리(SCM ; Supply Chain Management)** 17 19 23 24 기출
> 공급망 전체를 하나의 통합된 개체로 보고 이를 최적화하고자 하는 경영방식으로, 총체적 물류비를 감소시키고 고객서비스를 강화하는 것을 주요 목표로 한다. 원재료 획득부터 최종상품 소비까지 생산망의 모든 기업들을 전자적인 수단으로 연결하여 자원, 상품, 서비스, 정보의 흐름 전체를 주의 깊게 관리함으로써 수요와 공급의 일치를 최적으로 운영하고 조율하는 관리시스템이다.
> 이러한 SCM이 중요한 이유는 무한경쟁 시대에 기업의 경영환경이 갈수록 어려워지고 불확실성이 커지고 있는 가운데, 물류관리가 더욱 주목을 받고 있기 때문이다. 특히 오늘날 글로벌 경영에서 성공적인 기업들의 중심에 공급망 관리(SCM) 경쟁력이 있다는 사실이 알려지면서, 기업들은 비용을 절감하고 경영의 효율성을 높이는 수단으로서의 SCM에 눈을 돌리고 있다.

(3) 유통 커버리지(Coverage)

전략 구분	의 미	특 징
개방적 유통경로 (집약적 유통)	가능한 한 많은 점포들이 자사제품을 취급하도록 함	• 소매상이 많음 • 소비자에게 제품 노출 극대화 • 유통비용의 증가 • 체인화의 어려움 • 식품, 일용품 같은 편의품에 사용 • 브랜드에 대한 집착이 약하거나, 판매처에 따라서 제품이나 기업의 이미지가 영향을 받지 않는 제품일 경우에 효과적
배타적 유통경로 (전속적 유통)	자사의 제품만을 취급하는 도매상 혹은 소매상	• 소매상 혹은 도매상에 대한 통제 가능 • 긴밀한 협조 체제 형성 • 유통비용의 감소 • 제품 이미지 제고 및 유지 가능 • 귀금속, 자동차, 고급 의류 등 고가의 전문품
선택적 유통경로	일정 지역에서 일정 수준 이상의 자격 요건을 지닌 소매점에서만 자사제품을 취급하도록 함	• 개방적 유통경로에 비해 소매상 수가 적고, 유통비용 절감 효과 • 전속적 유통경로에 비해 제품 노출 확대 • 의류, 가구, 가전제품 등의 선매품

기출문제분석

공급사슬관리(SCM)가 중요해지는 이유에 해당하는 것은? `2015년`

① 경영환경의 불확실성 증가
② 물류비용의 감소
③ 채찍효과로 인한 예측의 불확실성 감소
④ 기업의 경쟁강도 약화
⑤ 리드타임의 영향력 감소

해설 무한경쟁 시대에 기업의 경영환경이 갈수록 어려워지고 있는 가운데, 물류관리가 더욱 주목을 받고 있다. 특히 오늘날 글로벌 경영에서 성공적인 기업들의 중심에 공급망 관리(SCM) 경쟁력이 있다는 사실이 알려지면서, 기업들은 비용을 절감하고 경영의 효율성을 높이는 수단으로서의 SCM에 눈을 돌리고 있다.

정답 ①

더 알아보기 　**채찍효과(Bullwhip Effect)** 17 기출

대개 상품에 대한 최종 소비자의 수요는 그 변동폭이 크지 않으며, 실제 수요가 약간 변동하거나 계절적 요인으로 수요가 변동하는 경우에 소매상-도매상-공급업체-원재료 공급자로 주문이 전달되면서 실제 수요변동보다 큰 폭으로 변동이 일어나게 된다. 이처럼 고객의 수요가 변경되었을 때, 공급망을 거슬러 올라갈수록 수요의 변동폭이 증폭되는 현상을 채찍효과(Bullwhip Effect)라고 정의한다. 이에 대한 해결방법으로 실시간 수요정보를 공유하는 방안이 있다.

(4) 유통경로의 계열화 17 기출

① 수직적 마케팅 시스템(VMS ; Vertical Marketing System)
  ㉠ 기업형 VMS : 기업형 VMS는 한 유통경로 구성원이 다른 유통경로 구성원을 소유하여 통합적인 관리체계를 만드는 것이다. 하나의 소유권 아래에서 유통의 각 단계를 결합한 것이므로 생산부터 판매까지 통일적이고 일괄적으로 통제할 수 있다는 장점이 있지만 유연성이 떨어져 경직될 수도 있다.
    예 국내의 자동차 유통구조, 제조회사가 도·소매업체를 소유하거나 도매상이 소매업체를 소유하는 형태, 소매상이나 도매상이 제조업자를 소유하는 형태
  ㉡ 계약형 VMS : 계약형 VMS는 개별 구성원들끼리 계약에 의해서 전체 시스템을 구성하여 결합하는 것으로, 계약에 따른 의사결정기구에 의해 중요한 의사결정이 내려지지만 개별 구성원들도 자율적 지위를 보장받을 수 있게 된다. 프랜차이즈(Franchise) 조직이 여기에 속한다.

더 알아보기 프랜차이즈 시스템의 장단점 17 기출

구 분	프랜차이저(본사)	프랜차이지(가맹점)
장 점	• 자본조달 용이 • 규모의 경제 • 높은 광고효과 • 상품개발에 전념 • 직접적 노사갈등 감소	• 위험성 감소 • 재고부담 감소 • 쉬운 창업 가능 • 신뢰 획득에 유리 • 효과적인 판촉활동
단 점	• 과도한 비용과 노력(지속적인 지원) • 통제 곤란 • 지배적인 사고방식 • 투자 대비 이익 증가 곤란	• 파급효과 • 유연한 대처의 어려움 • 경영개선 노력 감소(스스로의 문제해결능력이나 개선 노력 등한시)

ⓒ 관리형 VMS : 관리형 VMS는 공동소유권이나 계약에 의해서가 아니라 하나 또는 한정된 수익 기업이 자신의 지위, 명성, 자원 등을 이용하여 연속적인 전체 경로를 관리하고 다른 구성원들은 자율성을 가지고 이에 따르는 시스템이다.

예 CJ : 소매상에 대한 소매상지원시스템을 통하여 제품진열, 판촉, 상권분석 등의 경영지원을 통한 소매상 협조 유도

② 수평적 마케팅 시스템(HMS ; Horizontal Marketing System)
수평적 마케팅 시스템이란 자원이 부족한 기업들이 효과적인 마케팅활동을 수행하기 위하여 같은 경로 단계에 있는 다른 기업과 결합하는 것을 말한다. 이러한 통합을 통하여 각각의 기업은 서로의 목표를 나가기 위한 시너지 효과를 얻게 되는데, 이러한 시스템을 공생적 마케팅(Symbiotic Marketing)이라고도 한다.

(5) 유통기구

① 도매상
도매상은 재판매 또는 사업을 목적으로 구입하는 자에게 제품이나 서비스를 판매하는 개인이나 조직을 말한다.

② 소매상
소매상은 제품구색과 제품의 제공, 정보의 제공, 상품 저장, 최종소비자와의 거래를 완결하는 기능을 담당한다.

㉠ 전문점 : 제품계열이 한정되어 있지만 해당 계열 내에서는 매우 다양한 것을 취급한다. 전문점은 취급하는 제품계열 폭의 정도에 따라 더 세분화될 수 있다.

㉡ 백화점 : 백화점은 다양한 종류의 상품을 취급하는 대규모 소매점이다. 대도시에 소비자들의 구매력이 집중되고 소비자들의 생활 수준이 향상되면서 백화점이 발달하게 되었다. 규모가 크기 때문에 이를 관리하기 위한 경영비용이 많이 든다.

㉢ 슈퍼마켓 : 비교적 규모가 크고 원가가 낮고 이윤이 낮으며 많은 물량과 셀프 서비스를 갖춘 소매점이다.

② 편의점 : 소규모로 주거지역에 가깝게 위치하여 1주일 내내 늦은 시간까지 영업을 하며 재고회전이 빠른 편의품 등의 한정된 제품계열을 취급한다. 소비자들의 중요한 욕구를 충족시켜 주므로 소비자들에게 상대적으로 비싼 가격을 부과한다.
◎ 할인 매장 : 설비를 간소화하고 서비스를 절감하는 대신에 가격을 할인하여 판매하는 상점이다. 취급하는 품목은 일상적으로 구입하는 제품뿐만 아니라 가구, 대형가전제품, 소형가전제품, 의류 등 다양한 제품이 있다.
④ 무점포 소매상 : 통신판매업, 방문판매업, 자동판매업, 텔레마케팅업 등이 있다.

6. 촉진관리 24 기출

(1) 커뮤니케이션과 촉진전략

마케팅 과정에는 기업과 소비자 간에 제품, 가격, 유통, 촉진 등에 대한 다양한 의사교환이 이루어진다. 표적시장에서 기업이 전달하려는 정보를 소비자가 정확히 인지해서 제품이나 서비스를 구매하도록 설득하는 것이 커뮤니케이션 전략의 목적이다. 소비자에게 제품에 대한 직접적인 정보전달을 목적으로 하는 커뮤니케이션 활동에는 광고, 인적판매, 판매촉진, PR, 다이렉트 마케팅 등이 있으며, 이를 합리적으로 결합하는 것을 촉진 믹스 또는 커뮤니케이션 믹스라고 한다.

① 광 고
  ③ 정의 : 광고주가 교환을 창출하거나 유지하기 위하여 다양한 매체를 이용하여 유료로 행하는 일방 또는 상호작용적 마케팅 커뮤니케이션을 의미한다.
  ⓒ 광고 관리의 절차
    • 광고 목표의 설정 : 광고 전략은 단순히 제품을 알리거나 상기시키는 기능 외에 소비자를 우호적인 태도로 설득하고 변화시켜 구매행동을 유발시켜야 한다. 이러한 광고 전략을 설계하기 위해서는 광고의 목표를 어디에 둘 것인지, 언제, 무엇을, 누구에게 할 것인지, 예산은 어느 정도로 할 것인지, 어떤 매체를 이용할 것인지 등을 설정해야 한다.
    • 광고 컨셉의 결정 : 광고 컨셉은 제품 컨셉을 가장 효과적으로 전달시키는 핵심표현이다. 먼저 소비자에게 전달하고자 하는 제품 컨셉을 설정하고 이에 따라 메시지를 소비자의 어떤 부분에 소구할 것인지, 어떤 구조로 만들 것인지, 어떻게 전달할 것인지 등을 결정해야 한다.
    • 광고매체의 결정 : 표적고객에게 메시지를 가장 잘 전달할 수 있는 매체를 선택하고 얼마나 많은 사람에게 얼마나 노출시킬 것인지 결정해야 한다.
    • 광고효과의 측정 : 광고 후 고객들이 메시지를 기억하는지, 몇 번이나 보았는지, 느낌은 어떤지, 제품에 대한 태도는 어떻게 변했는지 등을 측정해야 한다.
② **인적판매** : 기업이미지를 향상시키고 판매를 촉진하기 위하여 잠재고객과 직접대면접촉을 통해서 제품과 서비스를 제공하는 활동을 의미한다.
③ **판매촉진** : 기업이 제품이나 서비스의 판매를 증가시키기 위해 단기간에 직접적으로 중간상이나 최종소비자를 대상으로 벌이는 광고, 홍보, 인적판매 외의 모든 촉진활동을 의미하며 쿠폰, 경품, 견본, 시연 등을 이용한다.

④ PR : 대중매체에서 무료로 기업의 활동, 제품, 서비스에 대해 기사나 뉴스를 전달하여 기업의 이미지를 높이고 판매를 촉진하려는 여러 활동을 의미하며 신뢰성이 높다는 특징이 있다.

[촉진 믹스의 비교]

구분	목적	비용	기간	장점	단점	예시
광고	이미지, 태도, 포지셔닝 개선	고가	장기	• 메시지 통제 가능 • 메시지를 신속히 전달 • 감각적 접근 가능 • 반복에 의한 침투성	• 일방적 커뮤니케이션 • 전달할 수 있는 정보의 양이 제한적 • 고객별 전달정보의 차별화가 어려움 • 광고효과를 측정하기 어려움 • 고비용	TV, 라디오 광고
인적판매	판매 및 관계 형성	고가	장단기	• 구매유도가 효과적 • 정보전달을 정확히 함 • 정보 양이 많고, 질이 높음 • 즉각적 피드백을 받음	• 판매원 비용이 높음 • 촉진 속도가 느림	–
판촉	단기간 매출 증대	보통	단기	• 직접적인 구매유도에 효과적 • 집중력이 있음 • 충동구매를 일으킴	• 경쟁사의 모방이 쉬움 • 제품의 질이 낮아 보일 수 있음 • 단기효과	캠페인, POP
PR	신뢰 형성	저가	장기	• 신뢰도 높음 • 프로모션 효과 높음 • 저가	• 통제가 어려움 • 간접효과에 그칠 수 있음	–
DM	소비자에게 직접 마케팅	인터넷 판매, TV 홈쇼핑, 카탈로그 판매				

더 알아보기 | 마케팅 커뮤니케이션

통합 마케팅 커뮤니케이션(Intergrated Marketing Communication ; IMC)
IMC는 광고, 인적판매, 판매촉진, PR, 다이렉트 마케팅 등 다양한 커뮤니케이션의 전략적 역할을 비교·검토하여 이들의 효과를 결합한 설득적 커뮤니케이션을 개발·실행하는 과정으로 정의된다.

바이러스 마케팅(Virus Marketing) 17 기출
바이러스 마케팅은 네티즌들이 이메일이나 다른 전파 가능한 매체를 통해 자발적으로 어떤 기업이나 기업의 제품을 홍보할 수 있도록 제작하여 널리 퍼지는 마케팅 기법을 말한다. 컴퓨터 바이러스처럼 확산된다고 해서 이런 이름이 붙었다. 2000년 말부터 확산되면서 새로운 인터넷 광고 기법으로 주목받기 시작했는데, 기업이 직접 홍보를 하지 않고, 소비자의 이메일을 통해 입에서 입으로 전해지는 광고라는 점에서 기존의 광고와 다르다. 입소문 마케팅과 일맥상통하지만 전파하는 방식이 다르다. 입소문 마케팅은 정보 제공자를 중심으로 메시지가 퍼져나가지만, 바이러스 마케팅은 정보 수용자를 중심으로 퍼져나간다.

(2) 제품수명주기에 따른 촉진전략

① 도입기 : 도입기에는 제품을 알리고 시험구매를 유도하는 등 소비자에게 제품의 인지도를 높이는 것을 목적으로 촉진전략을 세워야 한다. 이 단계에서는 상품에 대한 광고와 홍보활동에 주력하고 견본제품을 제공하거나 대여하는 방법으로 시험구매를 유도할 수 있는 판촉활동을 수행해야 한다.

② 성장기 : 성장기에는 광고의 비중이 상대적으로 증가하고 판촉과 홍보의 중요성은 상대적으로 감소하는데 이는 제품의 인지도가 높아지면서 시험구매를 유도하기 위한 활동이 줄어들기 때문이다. 그러나 중간상을 대상으로 하는 인적판매는 강화되어야 한다.

③ 성숙기 : 성숙기에는 인적판매의 비중을 증가시키고, 소비자가 제품을 상기할 수 있을 정도의 광고를 한다. 또한 경품 제공, 쿠폰 등의 판매촉진 전략을 강화한다.

④ 쇠퇴기 : 쇠퇴기에는 소비자들이 제품이 존재를 잊지 않을 정도로 상기광고를 시행한다.

(3) 촉진전략의 방향

① Push 전략 : 기업이 최종소비자를 대상으로 광고, 홍보 활동 등을 하지 않고 인적판매, 거래처 판매촉진 등에 집중하여 판매처에서 적극적으로 자사제품을 판매하도록 하는 마케팅 전략이다.

② Pull 전략 : 기업이 일반소비자를 대상으로 자사의 제품이나 서비스에 대한 광고를 강화하면 소비자들은 자발적으로 구매의사를 갖게 된다. 구매의사를 가진 소비자는 판매처에서 제품을 찾게 되기 때문에 판매처는 스스로 자사제품을 취급하게 된다. 이렇게 판매처가 자발적으로 자사제품을 판매할 수 있도록 유도하는 마케팅 전략이다.

6 서비스 마케팅

1. 서비스의 정의

서비스란 한 당사자가 다른 당사자에게 소유권의 변동 없이 제공해 줄 수 있는 무형의 행위 또는 활동을 말한다. 서비스는 대체로 저장하거나 운반할 수 없다.

2. 서비스의 특징 18 기출

(1) 무형성

형태가 있는 유형의 상품은 그 자체가 욕구를 충족시켜 주는 것임에 비하여 서비스는 서비스의 주체인 인간의 활동이 욕구를 준다는 점에서 상품과 특성을 달리한다. 서비스의 무형성으로 인한 고객의 불확실성을 제거하기 위해서는 서비스의 구체성과 유형성 증대를 위해 노력해야 한다. 서비스를 제공받는 소비자는 구매 전까지 서비스를 보거나 만질 수 없다. 따라서 다음과 같은 문제점을 가진다.

① 특허로 보호하기가 곤란하다.
② 진열하거나 설명하기 어렵다.
③ 가격설정의 기준이 명확하지 않다.

(2) 비분리성(동시성)

서비스의 생산과 소비가 동시에 일어난다. 서비스를 제공하는 사람은 고객과 직접 접촉하게 되므로 생산과정에서 고객이 참여하게 된다. 즉, 서비스는 사람이든 기계든 그 제공자로부터 분리되지 않으며 포장되었다가 고객이 그것을 필요로 할 때 구매할 수 없다. 그러므로 다음과 같은 문제점을 가지고 있다.

① 서비스 제공 시 고객이 개입된다.
② 집중화된 대규모 생산이 곤란하다.

예 의사-환자 : 환자의 설명을 듣고 증상과 원인을 파악한 후 처방(생산) – 증상을 설명하고 의사의 치료를 받음(소비)

(3) 이질성(비표준화)

품질이 고르지 않다. 서비스는 제공 주체인 인간의 개별적 특성 또는 제공 상황에 따라 이질적이므로 규격화, 표준화가 어렵다. 서비스의 이질성은 또한 고객의 이질성으로도 야기된다. 즉, 서비스는 주로 사람에 의존하므로 일관되고 표준화된 서비스 제공이 어렵다.

(4) 소멸성

서비스가 제공되는 시점에 소비하지 않으면 사라진다. 서비스는 재고로 보관하였다가 다시 제공할 수 없으므로 소멸성의 특징은 수요가 안정적이지 못할 때 문제가 된다. 예약제도에 의해 보완이 가능하다. 소멸성에 따라 서비스는 다음과 같은 문제점을 가진다.

① 판매되지 않은 서비스는 사라진다.
② 재고로서 보관하지 못한다.

3. 서비스 품질 모형

(1) 탐색품질

소비자가 서비스의 구매 이전 정보탐색 과정에서 평가할 수 있는 품질이다.

(2) 경험품질

소비자가 소비 중이거나 소비 후에야 평가 가능한 속성으로, 경험을 통해서만 그 품질을 알 수 있게 된다.

(3) 신뢰품질

서비스 제공이 완료되었음에도 불구하고 평가가 어려운 품질을 가리킨다.

4. 서브퀄(SERVQUAL) 모형 24 기출

(1) 의 의
고객서비스 품질에 대한 만족도는 고객의 서비스 품질에 대한 기대와 인식된 서비스 품질의 차이에 의해 결정되는데, 가장 대표적인 모형이 서브퀄(SERVICE+QUALITY) 모형이다.

(2) 구 성
① **신뢰성** : 믿을 수 있고 정확한 임무수행으로 고객에게 서비스에 대한 신뢰감을 줄 때 고객들은 서비스 품질을 높게 인식한다.
② **반응성** : 고객의 필요나 요구가 있을 시 즉각적으로 도움을 주는 측면을 보고 고객들은 서비스 품질을 높게 평가한다.
③ **확신성** : 능력, 공손함, 안전성 등이 있다. 직원들이 예의바르고 친절하게 고객을 대하는 것을 보고 전반적인 서비스 품질을 높게 인식한다.
④ **공감성** : 접근 용이성, 의사소통, 고객에 대한 이해 등이 포함된다.
⑤ **유형성** : 물리적 시설, 장비, 요원 및 커뮤니케이션들의 외관 또는 모양 장치 등의 물적 요소의 외형을 의미하는 것이다.

5. 서비스 마케팅 믹스(7P 모형)

> 기존의 4P + People(사람) + Physical Evidence(물리적 증거) + Process(절차)

(1) People(사람)
서비스를 직접 수행하는 직원과 고객으로 구성된 사람요인을 말한다.

(2) Physical Evidence(물리적 증거)
비가시성의 특성을 가진 서비스의 품질을 소비자에게 확인시키는 물리적 증거로서 시설, 디자인, 간판, 유니폼 등 다양한 외형적 요소들을 말한다.

(3) Process(절차)
제공하는 서비스를 표준화 할 것인지 맞춤화 할 것인지, 고객의 참여를 어느 정도 유지할 것인지에 대한 의사결정 변수인 서비스 제공 과정을 말한다.

PART 03 단원핵심문제

제2과목 경영학

01 기업이 자사제품을 경쟁제품과 비교하여 유리하고 독특한 위치를 차지하도록 하는 마케팅 기법으로 옳은 것은?

① 관계마케팅
② 포지셔닝
③ 표적시장 선정
④ 일대일 마케팅
⑤ 시장세분화

> **해설**
> ① 관계마케팅 : 고객충성도를 극대화하기 위하여 개별고객에 대한 구체적 정보를 관리하고, 고객과의 접촉점을 세심하게 관리하는 것
> ③ 표적시장 선정 : STP전략 중 두 번째 단계로, 시장세분화를 통해 포지셔닝을 하기 전 포지셔닝을 할 대상을 선정하는 것
> ④ 일대일 마케팅 : 개별고객에 대한 맞춤형 마케팅으로, 개별고객의 요구에 맞는 제품과 서비스를 제공하는 것
> ⑤ 시장세분화 : STP전략 중 첫 번째 단계로, 수요층별로 시장을 분할화 또는 단편화하여 각 층에 대해 집중적으로 마케팅 전략을 펴는 것

02 시장세분화를 위한 소비자의 행동분석적 요인으로 옳지 않은 것은?

① 편 익
② 제품의 사용경험
③ 제품의 사용정도
④ 상표 애호도
⑤ 가족 생애주기

> **해설** 시장세분화의 행동적 변수에는 사용량, 고객의 충성도, 편익, 구매 또는 사용상황, 상표 충성도, 제품사용경험 등이 있다.

03 상표전략 중 각 제품마다 다른 상표를 적용하는 전략으로 옳은 것은?

① 개별상표
② 가족상표
③ 상표확장
④ 복수상표
⑤ 사적상표

> **해설**
> ② 가족상표 : 하나의 상표를 여러 제품군에 공통으로 사용하는 전략
> ③ 상표확장 : 성공적인 상표명을 다른 제품 범주의 신제품에 그대로 사용하는 전략
> ④ 복수상표 : 동일한 제품에 대하여 두 개 이상의 상이한 상표를 설정하여 별도의 품목으로 차별화하는 전략
> ⑤ 사적상표 : 유통업자가 자체적으로 개발하여 판매하는 상표전략

정답 01 ② 02 ⑤ 03 ①

04 제품수명주기(PLC)의 단계별 특징에 관한 설명으로 옳지 않은 것은?

① 도입기에는 경쟁자의 수가 적다.
② 성장기에는 매출 성장이 빠르다.
③ 성숙기에는 이익이 점점 증가한다.
④ 쇠퇴기에는 경쟁자의 수가 감소한다.
⑤ 쇠퇴기에는 비용지출이 감소한다.

해설 성숙기에는 서서히 이익이 감소한다.

05 효과적인 시장세분화를 위해 세분시장이 갖추어야 할 요건으로 옳지 않은 것은?

① 세분시장의 크기, 구매력, 기타 특성 등을 측정할 수 있어야 한다.
② 세분시장에 속하는 고객들에게 효과적이고 효율적으로 접근할 수 있어야 한다.
③ 세분시장이 너무 작아서는 안 된다.
④ 경쟁회사의 세분시장에 대응될 수 있도록 세분시장을 결정해야 한다.
⑤ 같은 세분시장에 속한 고객끼리는 최대한 비슷하여야 하고 서로 다른 세분시장에 속한 고객끼리는 최대한 상이하여야 한다.

해설 시장세분화를 하려면 경쟁회사의 세분시장에 차별화가 되어야 한다.

06 제품수명주기 중 성숙기에 대한 설명으로 옳은 것은?

① 판매율이 증가해서 수익은 상당한 수준에 이르며, 다수의 경쟁자들이 시장에 진입하고 제품이 시장에 수용되어 정착된다.
② 가장 많은 장애물에 직면하며, 경쟁강도가 약하더라도 빈번한 제품 변경이 발생하고, 유통이 제한적이며 활발한 촉진활동을 수행한다.
③ 고객기호변화, 기술변화, 경쟁격화 등으로 판매가 감소하고 이익이 잠식된다.
④ 판매성장률은 둔화되고 과잉생산이 초래되며 기본제품을 다양하게 변형시키는 라인 확장이 발생한다.
⑤ 새 제품을 생산하여 시장을 개척하는 것으로 경쟁자도 없고 독점의 상태에 놓인다.

해설 ① 성장기, ②·⑤ 도입기, ③ 쇠퇴기

07 제품개념에서 확장제품으로 옳지 않은 것은?

① 품질보증 ② 애프터서비스
③ 배 달 ④ 설 치
⑤ 포 장

> **해설** 핵심제품은 혜택, 편익에 소구하는 제품이고, 유형제품은 품질, 디자인, 부수기능, 포장 브랜드에 소구하는 제품이며 확장제품은 보장, 보증, 대금결제방식, 배달, A/S, 설치 등이 있다. 포장은 유형제품에 해당한다.

08 브랜드에 관한 다음 설명 중 옳지 않은 것은?

① 브랜드 자산은 브랜드가 창출하는 부가가치이다.
② 기업명이 브랜드 역할을 하는 것을 개별 브랜드라 한다.
③ 브랜드 인지도와 브랜드 이미지가 브랜드 자산을 구성한다.
④ 기업이 강력한 브랜드를 갖고 있으면 경쟁자보다 높은 가격을 받을 수 있다.
⑤ 브랜드와 관련된 이미지를 브랜드 연상(Association)이라 한다.

> **해설** 기업명이 브랜드 역할을 하는 것을 공동 브랜드라 한다. 공동 브랜드는 생산된 모든 제품에 동일한 기업명 또는 상표명을 사용하는 전략이다.

09 서비스에 대한 설명으로 옳지 않은 것은?

① 서비스는 성과의 실현을 통해 고객에게 만족을 제공한다.
② 서비스는 유형제품과 비교하여 비유형적이고 표준화가 어려우며, 즉시 소멸되고 생산과 소비가 동시에 이루어지는 차별적 특성을 갖는다.
③ 고객의 서비스 만족도에 영향을 미치는 요인에는 고객구전, 개인적 욕구, 과거경험, 기업의 외부 커뮤니케이션이 있다.
④ 소비자들은 유형성, 신뢰성, 반응성, 설득성, 공감성의 5가지 요인을 가지고 서비스를 분류한다.
⑤ 서비스 품질을 측정하는 방법 중 가장 널리 쓰여지는 방법은 서브퀄(SERVQUAL)이다.

> **해설** 소비자들은 유형성, 신뢰성, 반응성, 확신성, 공감성의 5가지 요인을 가지고 서비스를 분류한다.

정답 07 ⑤ 08 ② 09 ④

10 촉진 믹스(Promotion Mix) 중 판매촉진 활동으로 옳지 않은 것은?

① 적극적인 광고 및 홍보
② 샘플 제공
③ 가격 할인
④ 상품전시회 개최
⑤ 할인권 제공

해설 판매촉진 활동은 기업이 제품이나 서비스의 판매를 증가시키기 위해 단기간에 직접적으로 중간상이나 최종소비자를 대상으로 벌이는 광고, 홍보, 인적판매 외의 모든 촉진 활동이다.

11 유통경로전략을 수립에서 일반적으로 직접유통경로(또는 유통단계의 축소)를 선택하는 경우로 옳지 않은 것은?

① 제품의 기술적 복잡성이 클수록
② 경쟁의 차별화를 시도할수록
③ 제품이 표준화 되어 있을수록
④ 소비자의 지리적 분산정도가 낮을수록
⑤ 제품의 부패가능성이 높을수록

해설 **직접유통경로가 적합한 경우**
• 중간상 이윤을 보장하기 어려울 정도의 심한 가격경쟁이 벌어질 때
• 거래단위가 크며 거래가 빈번하게 일어나지 않는 경우
• 중간상이 충분한 재고를 유지하기 어려운 경우
• 고객식별과 타겟팅이 가능하며 고객과 직접적인 접촉이 용이한 경우
• 고객의 세심한 요구를 신속하고도 정확하게 반영해야 하는 경우
• 제품이 기술적으로 복잡하여 상세한 기술지도가 필요한 경우

12 BCG 매트릭스에서 상대적 시장점유율은 높으나 시장성장률이 낮은 영역으로 옳은 것은?

① 별(Star)
② 물음표(Question Mark)
③ 오리(Duck)
④ 개(Dog)
⑤ 현금젖소(Cash Cow)

해설
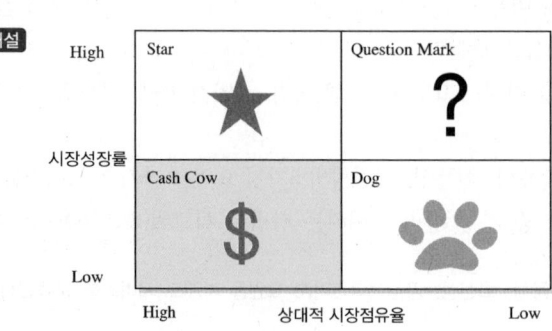

PART 04 조직행위론

제2과목 경영학

체크포인트
조직행위론은 시험에서 자주 출제되는 부분이니 조직행위론에서 나오는 이론들을 전반적으로 암기해 나가자.

1 조직행위론 개관

1. 조직행위론의 의의

조직이란 공통의 목적이나 목표를 달성하기 위해 사람들이 모인 집합체로서 주어진 위계구조 속에서 상호작용하는 곳을 말한다. 이러한 견지에서 조직행위론(Organizational Behavior)은 개인, 집단 그리고 조직에 대한 체계적 연구를 통하여 조직에 있어서 인간의 태도와 행위에 대한 지식을 추구하여 조직의 유효성과 인간복지를 강화하고자 조직 내의 인간행동을 연구하는 학문이다.

2. 조직행위론의 연구과제

(1) 미시조직론

미시조직론은 개인행위 수준과 집단행위 수준 두 부분으로 나눌 수 있으며 개인행위 수준은 조직에 참여하는 개인을 대상으로 분석하며 개인행위에 영향을 미치는 요인을 다루는 반면, 집단행위 수준의 조직론은 조직 내 집단을 대상으로 분석하고 집단행위의 이해와 분석체계, 의사소통 등을 다룬다.

(2) 거시조직론

거시조직론은 조직을 하나의 전체로 보고 조직특성과 조직변화, 조직설계 등을 다룬다.

2 개인행위의 관리

1. 개인행위에 대한 접근법

(1) 행동주의적 접근법

강화적 접근법이라고도 하며, 이는 인간의 행위는 자극과 반응의 관계이고 자극에 대한 기계적 반응이라고 보았다.

(2) 인지적 접근법

인지적 접근법은 행동주의 이론에 대한 반발로 인간의 내적 정신과정을 강조하는 이론들이 발전하며 등장하였다. 즉, 행위자의 주관적 심리도 고려하며 이때 인지란 지각, 기억, 정보처리 과정 등을 나타내는 정신과정을 의미한다.

(3) 절충주의적 접근법

각 접근법이 설명해 줄 수 있는 조직행위의 측면에는 한계가 있으므로, 근래에는 각 접근법의 장점과 특색을 인정하고 종합할 수 있는 하나의 포괄적인 모형을 채택하려는 노력이 이루어지고 있다. 자극은 인지과정이나 심리적인 과정을 통해 행위를 유발하며 반응이나 행위유발에는 행위로 인한 결과가 중요하다고 보는 관점이다.

2. 지각이론

(1) 지각(Perception)의 의의

감각기관을 통해 들어온 정보를 조직하고 해석하는 과정이다. 지각은 대상물이 개별적으로 시각, 촉각, 후각, 미각, 청각 등의 감각에 나타나는 것을 뜻하는 감각작용(Sensation)과는 구별된다.

(2) 지각과정

사람들이 대상을 지각할 때 어떤 일정한 패턴을 갖게 되는데, 이런 것을 통틀어 지각과정이라고 하며 환경으로부터 자극이 지각되어 행동이 실천되기까지는 선택, 조직화, 해석의 과정을 거치게 된다.

① 선 택

환경으로부터 상황이나 자극이 개인의 생리적인 시스템에 의하여 감지되며, 사람들은 주어지는 외부정보 중 일부만 선택하여 지각하려는 경향이 있는데 이를 선택적 지각이라 한다. 선택적 지각에는 지각적 탐색과 지각적 방어가 있다.

㉠ 지각적 탐색 : 어떤 자극을 평소보다 더 잘 지각하는 현상

　예 가격할인 정보는 눈에 잘 들어온다.

㉡ 지각적 방어 : 어떤 자극을 평소보다 더 잘 인식하지 않음

　예 흡연자가 금연에 대한 긍정적 정보를 회피

② 조직화 : 선택되어 지각영역 안으로 들어온 자극들은 각각 기억되기보다는 서로 연결되어 하나의 이미지로 조직화되는 과정, 즉 지각의 통합화 과정을 거쳐 자극물을 조직된 덩어리로 인식하게 된다.

③ 해석 : 조직화된 자극은 다시 해석의 과정을 거치게 된다. 즉 자신의 경험, 욕구 등에 따라 적절하게 재가공하는 과정을 해석이라고 하며 지각자는 자기의 목적에 부합하도록 자극에 부여한 의미를 해석하게 된다.

(3) 타인평가
다른 사람을 평가하는 것을 의미하며 이는 지각의 한 종류이다.

① 인상형성이론(Impression Formation Theory)
타인에 대한 매우 한정된 지식만으로 그 사람에 대한 광범위한 인상을 형성하고 평가한다는 이론으로, 애쉬(Asch)가 체계적인 연구를 하였으며 그 특징과 과정은 다음과 같다.
㉠ 중심특질과 주변특질 : 통일된 인상을 형성하는 데는 중심적인 역할을 수행하는 특질과 주변적인 역할밖에 하지 못하는 특질이 있는데, 보통 중심특질만 가지고 타인의 전부를 평가해버리는 경향이 있다.
㉡ 일관성 원리 : 사람들은 단편적인 정보를 통합하여 타인에 관해 일반적인 특징을 형성하려고 하는데 이를 일관성의 원리라 한다. 다시 말해 타인에 대해 서로 모순되는 정보가 있다고 하더라도 특정 정보에 입각하여 한쪽으로만 일관되게 지각하려고 한다는 것이다.
㉢ 합산원리와 평균원리 : 합산원리는 전체 인상이 여러 특질의 단순한 합계라는 논리를 말하며, 평균원리는 모든 정보가 동시에 들어오고 그 정보의 무게가 같으면 단순평균의 형태로 평가한다는 논리이다.
㉣ 초기효과 : 정보가 들어오는 순서에는 차이가 있기 때문에 단순평균의 원리는 맞지 않다는 주장이다. 인상을 형성하는 데는 처음 들어온 정보가 나중에 들어온 것보다 중요한 역할을 하기 때문에 단순평균의 논리로 인상형성 과정을 설명하기가 어렵다고 주장한다.

② 귀인이론(Attribution Theory)
귀인(歸因)이란 특정한 행동이 발생한 원인을 추론하는 것을 의미한다. 귀인이론에 따르면 사람들은 자신이 관찰할 수 있는 행동을 바탕으로 귀인해 태도나 의도를 추론하게 되는데, 이렇게 추론된 내용은 태도 변화의 선행 요인으로 인식된다. 이러한 측면에 초점을 두고 연구된 사회적 지각이론을 귀인이론이라고 한다.
㉠ 내적 귀인 : 행위의 원인을 행위자 개인의 내적인 요인(행위자의 능력, 태도, 성격)으로 돌리는 것이다.
㉡ 외적 귀인 : 행위의 원인을 행위를 일어나게 한 사회적 상황 또는 날씨 등과 같은 환경적 요인으로 돌리는 것이다.

③ 켈리의 입방체 이론(Cube Theory)
여러 번 어떤 사람의 행동을 관찰한 후에 귀인을 할 때 사용되는 귀인원리로, 합의성(Consensus), 특이성-자극(Distinctiveness), 일관성(Consistency) 정보가 사용된다.
㉠ 합의성 : 특정 상황에 모든 사람이 동일하게 반응했는지의 여부를 말하며 합의성이 높을수록 외적 귀속 가능성이 높다.
㉡ 특이성 : 특정 행위의 특이한 정도를 말하며 특이성이 높을수록 외적 귀속 가능성이 높다.
㉢ 일관성 : 특이성의 지속 여부를 의미하며 일관성이 높을수록 내적 귀속 가능성이 높다.

(4) 지각오류의 유형

> **학습포인트**
> 지각오류의 유형은 객관식 시험에 출제하기 좋은 문제이므로 알아두도록 하자.

① **상동적 태도** : 사람을 하나의 독특한 특징만을 가지고 평가하는 태도이다. 상동적 태도는 어떤 사람에 대한 전반적 지식 없이 특징에 의해서 평가하기 때문에 사람들에 대해서 나쁜 이미지를 만들어 낼 수 있는 편견의 일종이다.

② **현혹효과(Halo Effect)** : 인물이나 제품을 평가할 때 첫인상이 평가에 이어져 판단의 객관성을 잃어버리는 현상이다. 평가자가 특정 인물이나 상품을 평가할 때 범하기 쉬운 오류의 하나로, 평가받을 대상의 대략적인 인상이나 첫인상이 판단에 그대로 이어져 객관적인 평가에 영향을 미치는 것을 말한다. 특히 기업의 인사고과에서 평가자가 범하기 쉬운 오류로, 인간이 가진 행동이나 특성 등에 대한 인상이 강할 때 일어난다.

③ **선택적 지각** : 자신의 인상과 일치하는 정보만을 취하고, 불일치하는 정보를 무시함으로써 이미 형성된 인상의 인지적 일관성을 유지하는 것을 말한다.

④ **대비효과** : 어떤 사람에 대한 평가가 다른 사람의 평가에 영향을 주는 오류를 말한다.

⑤ **주관의 객관화** : 자신의 개인적 성향을 다른 사람에게 투시하여 평가하는 것을 말한다.

⑥ **자기실현적 예언(피그말리온효과 ; Pygmalion Effect)** : 타인의 기대나 관심으로 인하여 능률이 오르거나 결과가 좋아지는 현상으로 로젠탈 효과, 자성적 예언, 자기충족적 예언이라고도 한다. 이는 그리스신화에 나오는 조각가 피그말리온의 이름에서 유래한 심리학 용어이다. 조각가였던 피그말리온은 아름다운 여인상을 조각하고, 그 여인상을 진심으로 사랑하게 된다. 여신(女神) 아프로디테(로마신화의 비너스)는 그의 사랑에 감동하여 여인상에게 생명을 주었다. 이처럼 타인의 기대나 관심으로 인하여 능률이 오르거나 결과가 좋아지는 현상을 말한다.

⑦ **지각적 방어** : 자신이 지각할 수 있는 사실은 받아들이고 기존의 상동적 태도와 배치되는 정보는 회피하거나 왜곡하려는 경향을 말한다.

⑧ **관대화 경향** : 평가에 있어 가능하면 높은 점수를 주려고 하는 평가자의 오류를 말한다.

⑨ **가혹화 경향** : 평가에 있어 가능하면 낮은 점수를 주려고 하는 평가자의 오류를 말한다.

⑩ **중심화 경향** : 평가에 있어 중간 정도의 점수를 주려고 하는 평가자의 오류를 말한다.

3. 성 격

성격이란 환경의 조건에 관계없이 장기적으로 일관되게 행위에 영향을 미치는 한 개인의 독특한 심리적 자질들의 총체를 말한다.

4. 태 도

(1) 태도의 의의
태도는 어떤 대상에 대하여 일관성 있게 호의적 또는 비호의적으로 반응하게 하는 학습된 선입견을 말한다.

(2) 태도 변화이론
① 르윈(K. Lewin)의 '힘의 장' 이론(Force Field Theory)
르윈은 힘의 장 이론에서 인간의 심리상태인 태도는 겉으로는 고정적이거나 안정되어 있는 것처럼 보여도 실제로는 서로 상충되는 힘의 작용으로 동적인 세계에서 균형 상태를 유지하고 있을 뿐이라고 주장한다.

> 해빙기 → 변화기 → 재동결기

② 페스팅거(L. Festinger)의 인지부조화 이론(Cognitive Dissonance Theory)
페스팅거는 개인의 태도와 행동의 관계를 설명하기 위해 인간의 태도와 행동 간에는 일관성이 있다는 인지부조화 이론을 발표하였다. 인지란 태도·신념·사상·행동 등을 인식하는 것을 말하며, 본래 이러한 여러 인지 사이에 일관성이 결여될 때 이를 회피하려는 본능이 있다는 것이다.

기출문제분석

조직변화에 관한 설명으로 옳지 않은 것은? `2013년`

① 조직변화를 유발하는 요인은 외부요인과 내부요인으로 나누어 볼 수 있으며, 외부요인은 경제환경, 정치환경, 기술환경, 사회문화환경의 변화에 기인한다.
② 조직변화의 영역은 그 초점에 따라 목표, 전략, 구조, 기술, 직무, 문화, 구성원과 관련된 영역으로 구분할 수 있다.
③ 불확실성에 대한 불안감, 기득권 상실, 관점의 차이는 조직변화를 거부하는 요인이라 할 수 있다.
④ 르윈(K. Lewin)의 힘의 장 이론(Force Field Theory)에 의하면, 조직의 현재 상태는 변화를 추진하는 힘과 변화를 막는 힘이 서로 겨루어 균형을 이룬 결과로 설명된다.
⑤ 르윈에 의하면, 변화추진력을 높이면 그만큼 저항하는 힘이 작아지기 때문에 효과가 크다.

`해설` 변화추진력을 높인다 해도 저항하는 힘이 더 작아지는 것이 아니다. 동시에 작용하는 힘의 합성에 의해서 개인의 행동(조직의 현재 상태)이 결정된다.

`정답` ⑤

5. 학습

(1) 학습의 의의

학습의 사전적 의미는 연습이나 경험의 결과 일어나는 행동의 지속적인 변화를 의미하며, 경영학적 관점에서는 조직의 목표에 개인행위를 변화시키는 일종의 행위 변화전략이라 할 수 있다.

(2) 학습과정의 유형

① 행동주의적 학습

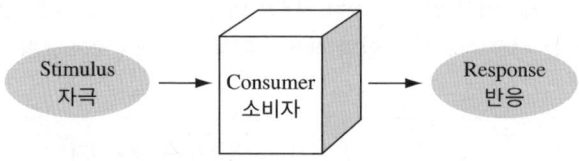

행동주의적 관점에서는 학습을 자극과 반응의 연상이라는 외부적 요인에 의하여 파악하였다.

> **학습포인트**
> 고전적 조건화와 조작적 조건화의 차이를 꼭 알아두자.

㉠ 고전적 조건화(파블로프의 개) : 연습을 통한 피동적 행위의 학습과정을 자극과 반응의 관계에 의해 설명하였다.

파블로프의 고전적 조건화 실험

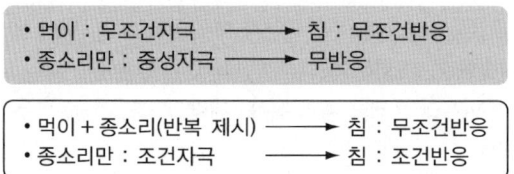

㉡ 조작적 조건화(스키너의 쥐) : 어떤 보상(먹이)을 얻기 위해 행동(단추를 누름, 즉 작동)을 하도록 학습되는 것을 말하며, 이는 자극과 반응의 관계가 보상을 받는 경험에 의해 학습된다는 효과의 법칙을 주장하였다.

스키너의 조작적 조건화 실험

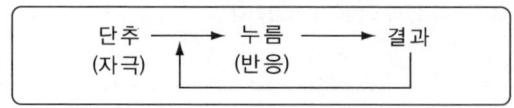

② 인지론적 학습

인지론적 학습은 수동적인 행동주의적 학습이론에 대한 반발로 나온 것으로, 사람은 문제해결자이며 학습과정 중 창조성과 내면성을 강조하였다. 다시 말해, 외부환경에 대한 인간의 인지적이고 이상적인 상호작용을 통해 행위가 습득되는 것을 말하며, 모방학습이나 인지학습을 통해 달성된다.

(3) 강화이론(행동수정기법) 17 기출

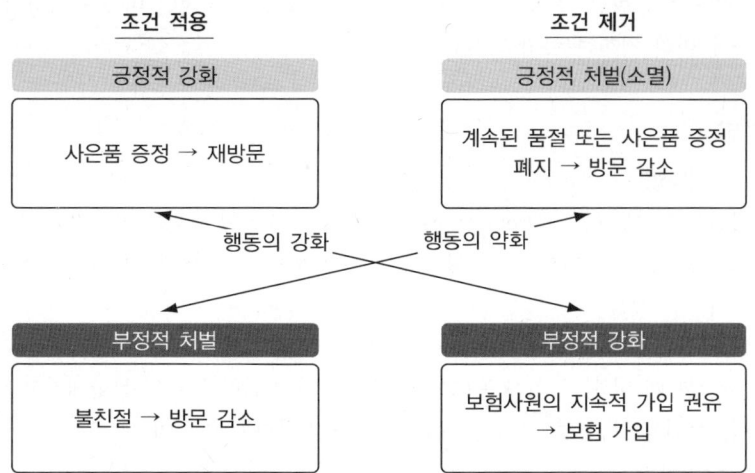

인간 행동을 선행적 자극과 행동의 외적 결과의 관계로 규정하면서, 행동에 선행하는 환경적 자극, 그러한 환경적 자극에 반응하는 행동, 행동에 결부되는 결과로서의 강화요인 등 세 변수의 연쇄적인 관계를 설명하고 바람직한 행동을 학습시킬 수 있는 강화요인의 활용전략을 처방하는 심리학 이론을 말한다.

① **긍정적(적극적) 강화** : 바람직한 행위에 보상을 부여하는 것이다.
② **부정적(소극적) 강화** : 바람직한 행위에 불편한 자극을 철회하는 것이다.
　㉠ 도피학습 : 개인의 바람직한 행위가 증가하면 불편한 자극이 끝나도록 하는 것이다.
　㉡ 회피학습 : 개인의 바람직한 행위가 증가하면 불편한 자극을 사전에 피할 수 있는 것이다.
③ **긍정적 처벌(소멸)** : 바람직하지 못한 행위에 보상을 철회하는 것이다.
④ **부정적 처벌(벌)** : 바람직하지 못한 행위에 불편한 자극을 부여하는 것이다.

(4) 강화의 일정계획

① **연속강화법**
　어떤 행동이 일어날 때마다 강화가 주어지는 강화계획이다. 유기체가 일단 특정 반응을 획득하고 나면 반응을 할 때마다 강화를 주는 연속강화보다 반응 중 일부만 강화하는 부분강화 또는 간헐적 강화가 그 반응을 계속하도록 유지시키는 데 더 효과적이다. 학습의 효과를 단기간 동안 높일 수 있으므로 가장 이상적이고 효과적이나 현실적용에 어려움이 많다. 또 강화요인이 중단되면 학습의 효과가 급격히 하락하게 된다.

② **단속강화법**
　단속적 강화계획은 학습은 느리지만 반응의 유지보존은 강하다. 특히 변동법을 사용하는 경우에 더욱 효과적이다.
　㉠ 고정간격법 : 직전 강화 후 일정한 시간간격으로 강화가 이루어진다.
　㉡ 변동간격법 : 평균기준으로 예측하지 못한 변동간격으로 강화를 하는 방법으로, 급여제도로는 부적합하며 칭찬, 승진, 감독방문의 시행에 적합하다.

ⓒ 고정비율법 : 일정한 비율에 의한 요구되는 반응 수에 따라 강화를 하는 방법이다.
ⓓ 변동비율법 : 현실적으로 가장 효과적인 방법으로, 변동적인 비율을 사용하여 요구하는 반응비율에 따라 강화하는 방법이다.

(5) 창의성 개발
① 창의성 측정방법
  ㉠ 원격연상 검사법(RAT ; Remote Associates Test) : 이 방법은 상호 거리가 있는 연상요소들을 테스트 받는 사람들에게 제시하여 이들이 그 요소들을 연결시켜 새로운 조합을 유도해 내게 하는 것이다.
  ㉡ 토란스 검사법(Torrance Tests of Creative Thinking) : RAT가 창의적 능력을 일원적인 것으로 파악한 데 비해, 창의적 능력이란 여러 가지 특별한 능력의 복합체라고 보고 평가대상자의 능력, 유연성, 독창성, 정교성 등의 적성을 파악하는 방법이다.
② 창의성 개발방법
  ㉠ 브레인스토밍(Brainstorming) : 양 중시
    브레인스토밍이란 두뇌선풍, 또는 연감법이라고 불리는 것으로서 기업의 문제해결을 위한 회의식 방법으로 널리 사용된다. 일정한 테마에 관하여 회의형식을 채택하고, 구성원의 자유발언을 통한 아이디어의 제시를 요구하여 발상을 찾아내려는 방법이다.
    • 참가자는 발언에 대한 허락없이 자연스럽게 의견을 표현할 수 있어야 한다.
    • 참가자는 5명 내지 7명이 적절하다.
    • 타인의 아이디어에 편승하여 새로운 아이디어를 제시하는 것도 적극 권장한다.
    • 참여자들이 용이하게 의사소통을 할 수 있는 원형탁자 등이 필요하다.
    • 회의 내용은 철저하게 기록한다.

> **더 알아보기 브레인스토밍의 원리**
> • 한 사람보다 다수인 쪽이 제기되는 아이디어가 많다.
> • 아이디어 수가 많을수록 질적으로 우수한 아이디어가 나올 가능성이 많다.
> • 일반적으로 아이디어에 비판을 가하지 않는다.

  ㉡ 고든법(Gordon Method) : 질 중시, 리더 혼자만 주제를 알고 장시간 동안 토론
    미국의 고든(W. Gordon)에 의해서 고안된 아이디어 발상법이다. 브레인스토밍과 마찬가지로 집단적으로 발상을 전개하는 것으로, 브레인스토밍에서는 가능한 한 문제를 구체적으로 좁히면서 아이디어를 발상하지만, 고든법은 그 반대로 문제를 구상화시켜서 무엇이 진정한 문제인가를 모른다는 상태에서 출발, 참가자들에게 그것에 관련된 정보를 탐색하게 하는 것이다.
  ㉢ 브레인스토밍과 고든법의 차이점
    브레인스토밍이 가능한 한 많고 유용한 아이디어를 얻으려고 하는 점에서 질보다는 양을 추구한다면, 고든법은 이와 달리 질을 추구하는 방법으로 집단의 리더 혼자서만 주제를 아는 상태에서 장시간 동안 문제해결의 방안을 마음대로 이야기하도록 한다.

3 동기부여이론

1. 동기부여이론(Motivation Theory) 18 19 20 23 25 기출

동기부여란 조직구성원이 개인의 욕구충족 능력을 가지면서 조직 목표의 달성을 위하여 높은 수준의 자발적 노력을 기울이는 것이다. 동기부여이론은 인간 행동의 요인이 동기에 있으며 이를 유발하기 위해서는 동기의 유발이 필요하다는 이론이다. 동기부여이론은 인적자원의 적극적 개발, 생산성의 향상과 동기유발 방법의 처방 등을 위하여 여러 관점에서 다양하게 전개되었다.

내용이론	과정이론
• 매슬로우의 욕구단계이론 • 알더퍼의 ERG 이론 • 허즈버그의 2요인 이론 • 맥클랜드의 성취동기이론	• 브룸의 기대이론 • 아담스의 공정성이론 • 포터&롤러의 기대이론 • 로크의 목표설정이론

> **학습포인트**
> 내용이론과 과정이론의 종류와 각 내용에 대해서는 자주 출제되는 부분이므로 꼭 암기해 두자.

(1) 내용이론

① 매슬로우(Maslow) 욕구단계이론

   ㉠ 의 의
   - 인간에 대한 염세적이고 부정적이며 한정된 개념을 부정한 인본주의 심리학을 근거로 주장한 욕구단계설이다. 인간행동은 각자의 필요와 욕구에 바탕을 둔 동기(Motive)에 의해 유발되고, 이러한 인간의 동기에는 위계가 있어서 각 욕구는 하위단계의 욕구가 어느 정도 충족되었을 때 비로소 지배적인 욕구로 등장하게 되며 점차 상위욕구로 나아간다고 보았다.
   - 인간의 욕구를 생리적 욕구, 안전의 욕구, 소속감과 애정의 욕구, 존경의 욕구 등 5단계로 구분하였으며, 가장 고차원적인 상위욕구를 자아실현 욕구로 보았다.

1단계	생리적 욕구(Physiological Needs)로 의식주 생활에 관한 욕구 즉, 본능적인 욕구를 말한다.
2단계	안전의 욕구(Safety Needs)로 사람들이 신체적·정서적으로 안전을 추구하는 것을 말한다.
3단계	소속감과 애정의 욕구(Belongingness and Love Needs)로 어떤 단체에 소속되어 소속감을 느끼고 주위사람들에게 사랑받고 있음을 느끼고자 하는 욕구이다.
4단계	존경의 욕구(Esteem Needs)로 타인에게 인정받고자 하는 욕구이다.
5단계	자아실현의 욕구(Self-actualization Needs)는 가장 높은 단계의 욕구로서 자기만족을 느끼는 단계이다.

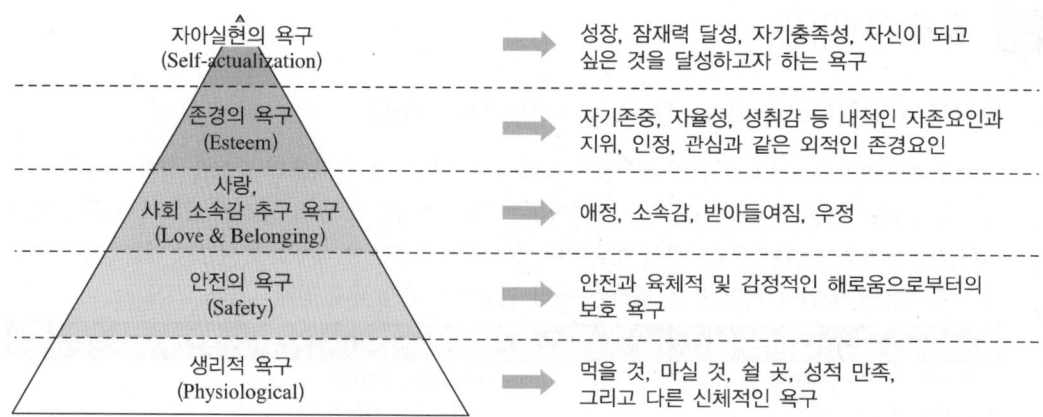

ⓒ 특 징
- 개인마다 5가지 욕구가 저차원에서 고차원으로 순서대로 나타나며 하위욕구가 충족되어야 상위욕구가 충족될 수 있다(단계의 원리).
- 한 시점에서 한 가지 욕구만 발생한다.
- 욕구의 출현과 소멸은 결핍과 충족의 원리에 의해 이루어진다.
- 매슬로우는 5가지 욕구를 결핍욕구(생리, 안전, 사회적 욕구)와 성장욕구(존경, 자아실현욕구)로 나누었다.
- 자아실현욕구는 다른 욕구와 달리 충족되면 될수록 욕구의 크기가 커진다.

ⓒ 비 판
- 실제 연구 결과 매슬로우가 주장하는 욕구계층 자체가 존재하지 않는다는 주장이 있다. 즉, 생리적 수준 이상에서는 매슬로우의 분류를 입증해 줄 만한 근거가 없다.
- 어떤 행동은 하나의 욕구 때문이 아니라 여러 욕구의 영향을 받아서 나타날 수도 있다.
- 한 개인의 욕구는 정태적이 아니라 동태적인 맥락 속에서 보아야 한다.
- 매슬로우는 5가지 욕구가 모든 인간에게 있는 것이 아니라고 주장하지만, 욕구의 내용이나 계층도 국가나 문화에 따라 달라질 수 있다.

② 알더퍼(Alderfer)의 ERG 이론
  ㉠ 의 의
  매슬로우의 5단계 욕구이론을 수정해서 개인의 욕구단계를 3단계로 단순화시킨 알더퍼(C. Alderfer)의 욕구이론을 말한다. 인간의 욕구를 존재욕구(Existence Needs), 관계욕구(Relatedness Needs), 그리고 성장욕구(Growth Needs)의 3단계로 구분한 알더퍼는 사람들이 실제로 욕구 단계를 어떻게 인지하고 있는지를 경험적으로 연구한 결과를 토대로 하여 좀 더 현실적인 관점에서 이론을 정립했다. 알더퍼는 매슬로우와 달리, 욕구가 하급 단계로부터 상급 단계로만 진행하는 것이 아니라 반대의 방향으로도 이행한다고 주장한다. 생존욕구가 충족되어 상위욕구인 관계욕구를 추구하다 실패하면, 다시 전 단계인 생존욕구로 이행한다는 것이다. 즉, 매슬로우가 욕구계층 간의 만족-진행(Satisfaction-progression)의 요소만을 중시한 데 비해, 알더퍼는 좌절-퇴행(Frustration-regression)의 요소도 함께 포함해서 인간 욕구의 발로를 설명하고 있다.

① 특 징
- 존재욕구 : 생리적 욕구나 안전욕구와 같이 인간이 자신의 존재를 확보하는 데 필요한 욕구이다.
- 관계욕구 : 개인이 주변 사람들과 의미 있는 인간관계를 형성하고 싶은 욕구이다.
- 성장욕구 : 매슬로우의 존경욕구와 자아실현욕구를 뜻하는 것으로, 개인의 잠재력 개발과 관련되는 욕구이다.

ⓒ 매슬로우 이론과의 차이점
- 욕구의 분류체계가 5가지가 아니라 3가지로 되어 있어 개념 자체가 훨씬 포괄적이다.
- ERG이론에서는 개인이 3가지 욕구를 동시에 모두 경험할 수 있으며, 욕구들과의 계층구조가 매슬로우의 욕구계층이론보다 약하다.
- 매슬로우의 이론은 욕구출현방향이 상향일변이었지만, ERG 이론에서는 상향 또는 하향으로 쌍방향이다.
- 매슬로우는 한 시점에 한 가지 욕구만 발생한다고 보았으나, 알더퍼는 2가지 이상의 욕구가 동시에 작용할 수 있다고 보았다.

ⓔ 비판 : ERG 이론도 욕구중심이론이 갖는 실증성의 한계를 벗어날 수는 없었으며, 매슬로우의 욕구단계이론의 범주를 5단계에서 3단계로 축소시키는 데만 중점을 두었다.

③ 허즈버그(Herzberg)의 2요인 이론 17 20 기출

㉠ 의 의
동기부여요인과 위생요인을 중심 개념으로 전개한 허즈버그(F. Herzberg)의 동기부여 이론이다. 인간의 욕구 충족에 초점을 두고 있으며, 동기요인과 위생요인으로 2원화시키고 있으므로 욕구충족 요인이원론 또는 2요인 이론이라고도 부른다. 미국의 심리학자 허즈버그(F. Herzberg)에 의하면, 무릇 인간에게는 서로 독립적인 다른 두 종류의 욕구가 있는데, 그것은 만족을 얻으려는 욕구와 불만 또는 고통을 피하려는 욕구라는 것이다. 직무와 관련하여 만족을 결정하는 요인으로는 직무상의 성취감과 그것에 대한 인정, 보람있는 직무, 지위의 상승 및 능력발전 등이 있다. 이러한 것들은 조직구성원들로 하여금 조직에의 참여(업무수행)에 동기를 불러일으키는 요인이 되므로, 동기부여요인(Motivators) 또는 만족요인(Satisfiers)이라 한다.

㉡ 위생요인(Hygiene Factor ; 저차원적 욕구)
위생요인이란 개인의 욕구를 충족시키는 데 있어서 주로 개인의 불만족을 방지해 주는 효과를 가져오는 것을 말하며 이를 불만족요인이라고도 한다. 예를 들면 기업의 정책, 감독, 작업조건, 동료와의 관계, 지위, 안전, 책임 등 주로 직무의 환경과 관련된 요인을 말한다.

㉢ 동기요인(Motivation Factor ; 고차원적 욕구)
동기요인은 직무에 대한 만족을 결정짓는 데 영향을 미치는 요인으로서 직무내용과 관련되어 직무에 대한 만족을 결정짓는다는 의미에서 만족요인이라고도 한다. 예를 들어 성취감, 인정, 책임감, 성장과 발전 등이 있다.

기출문제분석

매슬로우(A. Maslow)의 욕구단계이론과 알더퍼(C. Alderfer)의 ERG 이론에 관한 설명으로 옳지 않은 것은? 〈2019년〉

① 욕구단계이론과 ERG 이론은 하위욕구가 충족되면 상위욕구를 추구한다고 보는 공통점이 있다.
② ERG 이론에서는 욕구의 좌절-퇴행 과정도 일어난다.
③ 욕구단계이론에서 자아실현의 욕구는 ERG 이론에서 성장욕구에 해당한다.
④ 욕구단계이론에서는 한 시점에 낮은 단계와 높은 단계의 욕구가 동시에 발생한다.
⑤ 욕구단계이론에서 생리적 욕구는 ERG 이론에서 존재욕구에 해당한다.

해설 ERG 이론은 한 가지 이상의 욕구가 동시에 작용 할 수 있다는 점과 인간의 행동은 욕구들의 복합적 성격을 추구하고 있다는 점이 특징이다. 알더퍼(C. Alderfer)의 ERG 이론의 기본원리는 욕구좌절, 욕구강도, 욕구만족 3가지로 설명할 수 있다.

정답 ④

허즈버그(F. Herzberg)는 직무만족-생산성의 관련성을 연구한 결과 2요인 이론을 주장하였다. 허즈버그가 제시한 동기요인으로 옳은 것을 모두 고른 것은? 〈2015년〉

ㄱ. 책임감	ㄴ. 인 정
ㄷ. 급 여	ㄹ. 성 장
ㅁ. 일 자체	

① ㄱ, ㄴ, ㄷ, ㄹ
② ㄱ, ㄴ, ㄷ, ㅁ
③ ㄱ, ㄴ, ㄹ, ㅁ
④ ㄱ, ㄷ, ㄹ, ㅁ
⑤ ㄴ, ㄷ, ㄹ, ㅁ

해설 위생요인으로는 직업안정, 보상(급여), 직위, 승진, 경영방침 등이 있고, 동기요인으로는 업무 자체가 주는 성취감(성장), 인정감, 책임감 등이 있다.

정답 ③

더 알아보기 인지평가이론(Cognitive Evaluation Theory) 17 기출

인지평가이론은 어떤 직무에 관련하여 내재적인 동기가 유발되어 있는 경우 외재적인 보상을 주면 내재적 동기가 감소된다는 이론으로, 내재적인 동기를 촉진하거나 저해하는 환경에 주목한다. 인지평가이론에 의하면 학습자들은 적합한 사회환경적 조건에 놓여 있을 때 내재적인 동기가 유발되고, 유능성·자율성·관계성의 기본적인 욕구가 충족이 될 때 내재적인 동기가 증가된다고 본다.

④ 맥클리랜드(McClelland) 성취동기이론
  ㉠ 의 의
    개인 및 사회의 발전은 성취욕구와 밀접한 상관관계를 갖는다는 이론으로 맥클리랜드(D. McClelland)가 주장했다. 그는 높은 성취동기의 사람들로 구성된 조직이나 사회는 경제발전이 빠르며 한 나라의 경제성장은 그 사회구성원의 성취욕구의 함수라고 주장했다. 또한 개인의 욕구 중에서 습득된 욕구들을 성취욕구(Need for Achievement), 소속욕구(Need for Affiliation), 권력욕구(Need for Power)로 분류하고 성취욕구와 기업적 활동량, 특정 문화에서의 경제성장은 서로 높은 관련성이 있다고 주장했다.
  ㉡ 욕구의 종류
    • 성취욕구(Need for Achievement) : 강력한 목표를 설정한 후에 그 목표를 달성하려는 욕구를 말한다.
    • 권력욕구(Need for Power) : 타인에게 통제력을 행사하거나 환경을 통제하려는 욕구를 말한다.
    • 친교욕구(Need for Affiliation) : 소속욕구라고도 하며 다른 사람들과 친근하고 밀접한 관계를 맺으려는 욕구를 말한다.
  ㉢ 성취욕구가 높은 사람들의 특징
    • 자기 스스로 성과목표를 정하는 것을 좋아한다.
    • 아주 쉽거나 어려운 목표는 피하며 난이도와 위험이 중간적인 목표로서 노력하면 달성할 수 있겠다고 생각하는 것을 선호한다.
    • 노력한 결과와 성패에 대하여 즉각적이고 분명한 피드백을 원한다.
    • 어떤 목표가 달성되었을 때 내재적 보상을 더 중시한다.

(2) 과정이론
  ① 브룸(V. Vroom)의 기대이론(Expectancy Theory) 24 기출
    ㉠ 어떤 행동을 할 때, 개인은 자신의 노력의 정도에 따른 결과를 기대하게 되며 그 기대를 실현하기 위하여 어떤 행동을 결정한다는 동기이론이다. 브룸(V. Vroom)은 종래의 내용이론이 동기의 복합적인 과정을 설명하기에는 부적절하다고 생각하고 그 대안으로 기대이론을 제안하였다. 기대이론에서 개인은 행동의 결과로 나타날 수 있는 성과에 관한 기대를 가지고 있으며, 사람마다 성과에 대한 선호는 다른 것으로 가정한다.
    ㉡ 브룸의 기대이론은 유인가(Valence), 수단(Instrumentality), 기대(Expectancy)의 3요인으로 구성되며, 그 첫 글자를 따서 VIE모형이라고도 한다. 기대란 어떤 행동이나 노력의 결과에 따라 나타나는 성과에 관한 신념으로 자기 자신에게 가져올 결과에 대한 기대감이다. 과업을 수행하기 위한 노력은 실제로 성과가 나타날 것이라는 기대에 의해 좌우된다. 성과가 있다고 믿으면 노력을 계속할 것이고 그렇지 않으면 노력을 그만둘 것이다.
    ㉢ 기대는 노력과 제1수준의 성과인 과업수행을 연결하며, 그 강도는 노력의 성과가 전혀 없으리라고 믿는 0에서부터 완전한 성과가 있을 것으로 믿는 1까지이다.

> 동기부여 = 기대감 × 수단성 × 유의성

② 아담스(J. Adams)의 공정성이론
　㉠ 동기부여의 과정이론 중 하나로, 형평이론이라고도 부른다. 공정성이론은 조직 내의 개인이 자신의 업무에서 투입한 것과 산출된 것을 준거기준과 비교하여 차이가 있음을 인지하면 그 차이를 줄이기 위하여 동기가 부여된다는 이론이다. 다시 말해서 조직에서 근무하는 사람이 자신의 노력과 그 결과로 얻은 보상이 자기와 비슷한 지위에 있는 사람과 비교하여 차이가 있음을 알게 될 때 그 불공정한 차이를 줄이기 위하여 동기가 유발된다는 이론이다.
　㉡ 공정성이론을 처음 개발한 사람은 아담스(J. Adams)인데, 그에 의하면 준거인이란 자기가 소속된 집단이나 다른 집단의 사람으로서 비교 대상으로 삼는 사람이며, 투입(Input)은 노력·기술·지식 등과 같은 생산요소이고, 산출(Output)은 일한 결과로 얻게 된 보상(대가)인 임금·승진·인정·지위 등을 뜻하고 있다.
　㉢ 이러한 불공정한 차이(Discrepancy)는 투입보다 산출이 클 때도 생기지만 대개의 경우 투입보다 산출이 적을 때 더욱 불공정성이 인지된다. 투입보다 산출이 적을 때 생기는 불공정성을 줄일 수 있는 방안으로는 흔히 산출을 증대시키기 위하여 노력하거나, 근무시간의 단축 등을 통해 투입을 줄이거나, 준거기준이 되는 사람이나 집단을 바꾸어 현실적인 비교가 이루어지도록 하는 방법이 있다.
　㉣ 동기유발 과정
　　• 공정성은 자신의 투입-결과 비율이 타인의 투입-결과 비율과 동일할 때 발생하고, 공정성을 느낀 사람은 만족감을 경험한다.
　　• 과대보상 불공정성은 자신의 투입-결과 비율이 타인의 투입-결과 비율보다 큰 경우에 발생하고, 과대보상의 경우에는 죄책감을 경험한다.
　　• 과소보상 불공정성은 자신의 투입-결과 비율이 타인의 투입-결과 비율보다 작을 경우에 발생하고, 과소보상의 경우에는 분노와 불만족을 경험한다.
　㉤ 불공정성을 감소시키는 방법
　　• 투입의 변경
　　　- 과소보상 : 직무노력을 감소시킨다.
　　　- 과대보상 : 직무노력을 증가시킨다.
　　• 비교대상의 투입변경
　　　- 과소보상 : 비교대상의 투입을 증가시켜 공정성을 회복한다.
　　　- 과대보상 : 비교대상의 투입을 줄여서 공정성을 회복한다.
　　• 현장을 떠남 : 다른 직무로 전환하든가 회사를 그만둠으로써 상황을 벗어난다.
③ 포터와 롤러의 기대이론
포터와 롤러는 브룸의 기대이론에 몇 가지 설명을 덧붙여 이를 보완하였다. 노력을 결정하는 것은 개인의 능력이라는 브룸의 주장과 달리 포터와 롤러는 노력은 개인의 능력 외에도 잠재적 보상의 가치에 의해서도 영향을 받는다고 설명한다. 또, 실제 성장과 보상에 대한 만족은 이후 성과에 대한 기대감과 보상의 유의성에 영향을 미쳐 동기부여 과정이 되풀이된다고 한다.

> **더 알아보기** 　포터와 롤러의 기대이론에 대한 특징
>
> - 성과가 만족에 영향을 준다고 주장
> - 성과를 내재적 보상과 외재적 보상으로 구분하여 설명하였고, 이들의 보상에 대한 공정성 여부의 지각이 만족에 영향을 미친다고 주장
> - 아담스의 공정성이론, 허즈버그의 2요인이론, 매슬로우의 욕구단계설 등의 내용을 모두 포함하는 통합적 동기유발이론

④ 로크(E. Locke)의 목표설정이론

　㉠ 개 요

　　목표설정이론(Goal Setting Theory)은 1968년에 로크(E. Locke)에 의하여 개념화된 인지과정 이론의 일종으로, 목표를 실제행위나 성과의 결정요인으로 보는 이론을 말한다. 이는 '조직이 구체적이고 어려운 목표를 수립하더라도, 목표의 성취에 영향을 미치는 요소들이 매우 많고 목표도 쉽사리 수용되지 않은 상황에서는 성취 수준이 높아질 수 있을까?'라는 질문에 초점을 맞춘다. 이와 관련된 다양한 연구결과에 의하여 실험실 상황과 실제 상황 모두에서 목표를 수립하는 데 구성원의 참여는 과업의 성취정도와 긍정적 관계가 있음이 규명되었다.

　㉡ 내 용

　　목표설정이론은 인간행동은 2가지 인지, 즉 가치와 의도에 의해 결정된다고 주장하고 목표 그 자체의 특성과 성과에 영향을 주는 상황변수들을 제시하였다. 실무적으로는 목표에 의한 관리(MBO)의 이론적 토대가 되고 있다.

　㉢ 목표의 특성

- 난이도 : 능력범위 내라면 약간 어려운 것이 좋다.
- 수용성 : 일방적으로 지시한 것보다는 상대가 동의한 목표가 좋다.
- 참여성 : 목표설정과정에 당사자가 참여할수록 좋다.
- 피드백 : 목표이행 정도에 대해 당사자가 아는 것이 좋다.
- 경쟁 : 약간의 경쟁은 있는 것이 좋다.

더 알아보기 — 목표에 의한 관리(MBO) 24 기출

목표에 의한 관리(MBO ; Management By Objective) 19 기출
종업원에게 업무목표만을 지시하고 그 달성방법은 종업원에게 맡기는 관리방법으로 한 걸음 더 나아가 목표설정까지도 종업원에게 맡기는 경우도 있다. 어느 경우이건 관리자는 명령하지 않고 종업원의 자주적 결정에 필요한 정보를 주며 종업원 상호 간의 조정을 하게 한다. 조직의 거대화에 따른 종업원의 무기력화를 방지하고 근로의욕을 향상시키는 관리방법을 말한다.

MBO의 부작용 및 주의사항
- **목표지상주의**
  상호 간에 합의된 목표라 해도 상황이 바뀌면 목표도 수정해야 한다.
- **숫자 중시**(정량적 성과만 중요시, 정성적 측면 비고려)
  구체성을 지나치게 강조할 경우 수치화하기 힘든 경영목표를 소홀히 할 위험이 존재한다. 예를 들어 공장에서 생산수량 목표에만 치중하여 객관적으로 측정하기가 애매한 품질을 소홀히 하게 되는 것과 같다. 대표적인 MBO의 주의사항이라 할 수 있다.
- **시간 낭비**(행정업무 증가)
  실적을 평가하고 상하 간에 목표를 조정해나가는 과정에서 형식을 중시해서 많은 서류가 오간다면 시간을 낭비할 수 있다.
- **단기적 목표를 강조하는 경향**
  장기적인 지향점보다는 단기적인 성과에 집착하려는 경향이 있다.

기출문제분석

목표관리(MBO ; Management By Objectives)에 관한 설명으로 옳지 않은 것은? 2015년

① 단기목표를 강조하는 경향이 있다.
② 결과에 의한 평가가 이루어진다.
③ 사기와 같은 직무의 무형적인 측면을 중시한다.
④ 종업원들이 역량에 비해 더 쉬운 목표를 설정하려는 경향이 있다.
⑤ 평가와 관련하여 행정적인 서류 업무가 증가하는 경향이 있다.

해설 MBO는 참여의 과정을 통해 조직단위와 구성원들을 위하여 생산활동의 단기적 목표를 명확(유형적인 면을 중요시)하고 체계적으로 설정하고 그에 따라 생산활동을 수행하도록 하며, 활동의 결과를 평가·환류시키는 관리체제라고 할 수 있다.
공식적 목표를 실체화하는 과정이라고 할 수 있는 MBO는 명확한 목표설정과 책임한계의 규정, 참여와 상하협조, 환류의 개선을 통한 관리계획의 개선, 조직참여자의 동기유발, 그리고 업적평가의 개선 등을 도모하고 궁극적으로는 조직의 효율성을 증진시키려는 것이다.

정답 ③

4 집단행위의 관리

1. 집단의 정의 및 유형

(1) 집단의 정의
집단이란 공동 목적을 달성하기 위해 구성원 사이에 상호작용(Interaction)을 하며 이해를 나누는 조직체를 말한다.

(2) 집단의 유형 21 기출

① 공식 집단(Formal Group)
업무를 수행하기 위해 조직에 의해 공식적으로 성립된 집단으로, 일반적으로 조직도표에 포함되는 집단이다. 공식 집단에는 상대적으로 영속적이면서 특정 관리자와 그 관리자에게 직접 보고를 하는 부하들로 구성되는 명령 집단(Command Group)과 상대적으로 일시적이면서 특정 과업이나 프로젝트를 수행하기 위해 만드는 과업 집단(Task Group)이 있다.

② 비공식 집단(Informal Group)
한 조직 내에서 일부 구성원들 간의 정적인 관계를 중심으로 하여 자연발생적으로 형성된 집단을 말한다. 예를 들면 공식 조직 내에 있는 친목회를 들 수 있다. 이러한 비공식 집단은 자연발생적으로 형성된 것이라 하여 자생집단이라고 부르기도 한다. 조직 내의 자생적 집단을 흔히 '비공식 조직'이라고 부르기도 하나 엄밀한 의미에서는 집단과 조직의 개념이 구별되므로 비공식 집단(Informal Group)이라는 용어를 써야 옳을 것이다.

> **더 알아보기** 공식 집단과 비공식 집단의 비교
> - 공식 집단은 인위적으로 형성된 단위이나, 비공식 집단은 자연발생적으로 형성된 단위이다.
> - 공식 집단은 밖에서 볼 수 있는 외면적·가시적 단위인데 비하여, 비공식 집단은 속에 들어있어 보기 힘든 내면적·불가시적 단위이다.
> - 공식 집단은 제도상 명문화된 단위인데 비하여, 비공식 집단은 정서적 요소가 강한 불문화된 단위이다.
> - 공식 집단은 그 조직의 모든 구성원들을 포함하나, 비공식 집단은 일부분의 구성원들만으로 이루어지며 소집단(Small Group)의 성격을 띤다.
> - 공식 집단은 능률의 논리에 따라 구성되나, 비공식 집단은 감정의 논리에 따라 구성된다.

(3) 1차 집단과 2차 집단

① 1차 집단(Primary Group) : 혈연과 지연 등 귀속적 요인을 바탕으로 형성된 집단을 말한다. 원초집단이라고도 하며, 가정, 어린 시절의 또래집단 등을 들 수 있다. 1차 집단은 소규모이고 대면적이며 성격 형성에 큰 영향을 미칠 수 있다.

② 2차 집단(Secondary Group) : 공식적이고 합리적인 계약에 의해 집단구성원 간의 관계가 형성되는 집단으로 예를 들어 사교모임, 교회, 학교, 정치단체 등이 있다.

(4) 성원집단과 준거집단

① **성원집단(Member Group)** : 개인이 현재 소속되어 있는 집단으로 예를 들어 가족, 회사, 정치 집단 등이 있다.

② **준거집단(Reference Group)** : 그 집단의 규범을 준수함으로써 자신의 자아 이미지를 유지·방어하도록 만드는 기준이 되는 집단을 말한다.

> **더 알아보기** 　 준거집단의 유형
>
> (1) 1차 집단과 2차 집단
>   ① 1차적 준거집단 : 구성원 간 접촉빈도가 높고 친밀감이 높은 집단. 구성원 간의 상호작용이 많기 때문에 개인의 행동과 신념 등에 큰 영향을 미침 예 가족, 친구, 직장동료 등
>   ② 2차적 준거집단 : 접촉빈도와 친밀감이 상대적으로 낮은 집단. 2차 집단은 1차 집단보다 영향력이 떨어짐 예 구성원들끼리 가끔 만나는 어떤 협회나 지역단체 등
> (2) 열망집단과 회피집단
>   ① 열망집단 : 자신이 닮고 싶고 본받기를 열망하는 집단
>   ㉠ 기대열망집단 : 언젠가 자신이 소속되기를 바라는 집단 예 고시생에게의 판사
>   ㉡ 상징적 열망집단 : 소속되기 어려운 집단 예 청소년에게 닮기를 바라는 연예인
>   ② 회피집단 : 속하기를 원하지 않는 집단 또는 규범이나 신념을 회피하고 싶은 집단
>   ※ 부인집단 : 때로는 회피집단에 자신이 속해 있지만 그것을 인정하지 않으며 벗어나고 싶은 집단

2. 집단구조와 집단역학

(1) 집단구조(Group Structure)

집단의 성원 간에서 볼 수 있는 심리적 관계의 배열상태를 말하며 그 관계의 종류(구조 차원)에 따라 몇 가지의 집단구조를 추출할 수 있다. 주된 것으로는 성원 간의 견인반발이라는 감정 관계에 따른 소시오메트릭 구조, 성원들 사이의 영향력이나 그 가능성에 따른 세력구조, 커뮤니케이션 경로의 수나 분포에 따른 커뮤니케이션구조, 집단 내에서의 지위나 역할의 분화와 통합에 따른 역할구조 등이 있다.

① **규범** : 집단 활동에 질서를 부여하기 위해서 집단구성원들에 의하여 확립된 행위의 표준 또는 구성원들 간에 공유된 받아들여질 수 있는 행위의 기준을 비공식적으로 규정하는 규칙을 말한다.

② **지위** : 다른 사람들에 의해 집단과 그 구성원들에게 부여되는 상대적인 사회적 지위 혹은 서열을 의미한다.

③ **역할** : 어떤 사회적 단위에서 그 구성원에게 기대되는 일련의 행동양식이다. 역할은 보통 집단 내에서 개인이 차지하는 지위를 통해 각 개인에게 할당된다. 집단의 구성원들은 각각 자신의 역할을 수행함으로써 다른 구성원들과 상호작용을 하게 된다. 또한 역할을 수행하면서 이에 따른 책임을 부여받는다.

　㉠ 역할 갈등 : 지각된 역할과 실제의 역할이 차이가 날 경우와 상사로부터 2가지 이상의 역할을 동시에 수행해야 할 경우에 느끼는 문제를 말한다.

ⓒ 역할 갈등의 원인
- 역할 모호성은 역할을 맡은 사람이 개인의 직무, 직책 과업 등이 명확하지 못하며 해야 하는 행동이 분명히 규정되어 있지 않을 때 발생한다.
- 상사의 부하에 대한 다각적 역할 기대로 인하여 역할 갈등이 발생한다.
- 역할의 무능력으로 인하여 역할 갈등이 발생한다.
- 역할의 마찰로 인하여 역할 갈등이 발생한다.

④ 응집성 : 집단의 성원을 그 집단 내에 머물러 있도록 성원에게 작용하는 경향성을 말하며, 집단의 결합도, 단결성의 정도를 의미한다. 이것이 커질수록 성원 간의 교류는 커지는 경향이 있다. 응집성은 집단의 목표와 조직의 목표가 일치할 때는 집단의 성과에 긍정적인 영향을 줄 수 있으나 목표가 불일치할 때는 오히려 역기능을 가져다줄 수 있다.

(2) 집단역학(Group Dynamics)

① 의 의

엄밀히 말하면, 집단역학에 대한 연구는 소집단 내에서 발생하는 여러 가지 적응적 변화의 방식을 연구하는 것이다. 그러나 일반적으로는 소집단 연구의 내용을 지칭하는 용어로 사용한다. 집단역학 있어서 가장 중요한 측면은 집단구성원 간의 상호관계이다.

② 소시오메트리(Sociometry)

정신과 의사 모레노(J. Moreno)에 의해 고안된 것으로, 인간관계의 그래프나 조직망을 추적하는 이론이다. 이것은 응답자들에게 좋아하는 사람과 좋아하지 않는 사람을 지명하게 하여 사람들을 서열화하며, 이 선택들은 소시오그램으로 표시된다. 소시오그램은 상호 선택하는 사람들의 관계를 도표화한 것으로, 소시오그램을 통해 집단 속에서의 인간관계를 확인하고 집단 연대성이나 결속력을 계산할 수 있다. 특히 소시오그램은 공식 집단 내에 있는 비공식 집단을 구체적으로 확인할 수 있는 유용한 방법이다. 또한 소집단 연구에서는 필수적인 조사기법으로 활용되고 있을 뿐만 아니라 인간의 사회성을 교정하고 재구성하는 소시오드라마적 치료법으로까지 적용범위가 넓어지고 있다. 소시오메트리를 고안한 모레노는 현대사회에서 재화의 불공정한 배분 못지않게 정에 대한 불공정한 배분이 문제되고 있음을 지적하며 대인적 정서의 재분배를 위해 소시오메트리가 공헌할 수 있다고 역설한다.

[소시오 매트릭스 : '누구와 상담할 것인가' 조사결과]

구 분		상담 대상			
		A	B	C	D
응답자	A		상담	상담	
	B				
	C	상담	상담		상담
	D		상담		

구 분		상담 대상				응답계
		A	B	C	D	
응답자	A	X	1	1	0	2
	B	0	X	0	0	0
	C	1	1	X	1	3
	D	0	1	0	X	1
상담계		1	3	1	1	-

1은 상담 희망, 0은 받지 않음, X는 자기 자신
→ C 상담 희망자 / 상담해 줄 사람 B

㉠ 소시오그램 : 소규모집단의 비공식적 관계 파악
㉡ 소시오 매트릭스 : 대규모집단의 비공식적 관계 파악

3. 커뮤니케이션

(1) 의사소통의 유형

① 공식적 의사소통

공식적 의사소통이란 조직의 목표를 효과적으로 달성하기 위해 의사소통 경로, 방법, 절차 등을 규범적으로 정해 놓은 것으로 여기에는 하향적 의사소통, 상향적 의사소통, 수평적 의사소통이 있다.

㉠ 하향적 의사소통 : 명령계통에 따라 상급자에서 하급자로 전달되는 명령, 지시 등을 포함하는 의사소통방식을 말한다.

㉡ 상향적 의사소통 : 명령계통에 따라 하급자에서 상급자로 전달되고 보고, 의견 등을 포함하는 의사소통으로 성과와 관련해서 통제 목적을 위한 정보제공이 중요한 기능이다.

㉢ 수평적 의사소통 : 조직에서 위계 수준이 같은 구성원이나 부서 간의 의사소통으로 상호작용적 의사소통이며, 부서 간의 조정활동이 수평적 의사소통을 통해 자의적으로 일어나기 때문에 근래 들어 비로소 중시되는 분야 중의 하나이다.

② 비공식적 의사소통

㉠ 의 미

비공식적 의사소통 방식은 자생적으로 형성된 비공식적 의사소통 체계를 의미하며 이러한 체계 또는 경로를 그레이프바인(포도넝쿨)이라고도 한다. 조직에서 비공식적 의사소통의 경로를 그린 모습이 마치 포도넝쿨과 비슷하다 하여 붙여진 말이다. 감정적인 친화 외에도 학연이나 지연 등이 있으며 이렇게 구성된 공식적이지 않은 의사소통을 비공식적 의사소통이라고 총칭한다.

㉡ 특 징

- 비공식 의사소통 방식은 전달속도가 빠르다는 특징이 있다.
- 비공식 의사소통 방식은 정보전달에 있어서 선택적이고 임의적이다.
- 비공식 의사소통 방식 중 공식 커뮤니케이션과 비공식 커뮤니케이션은 상호보완적이다.
- 조직구성원들을 포함한 모든 사람들이 불안하거나 변화에 직면했을 때 사용한다.

> **더 알아보기** 그레이프바인(Grapevine)
>
> 그레이프바인은 우리말로 포도넝쿨을 의미한다. 그리고 포도넝쿨에서 연상되는 또 다른 뜻도 있다. 인간의 세상살이가 포도넝쿨처럼 얽혀 살다 보니 그 복잡한 과정을 통한 의사전달은 더러는 왜곡되고, 사실과는 다른 루머나 유언비어가 되기도 한다. 그래서 그레이프바인은 소문, 구전(口傳), 풍문, 유언비어, 낭설의 뜻도 있다. 커뮤니케이션 이론에서 그레이프바인은 비공식적 의사소통체계 혹은 경로를 말한다. 의사소통은 인간욕구의 표현방식이며, 동시에 자연스러운 물 흐름과 같은 속성이 있어 조직도표와 같은 정해진 공식적 조직 통로로만 흐르게 할 수 없다. 조직구성원들은 직종과 계급을 넘어서는 인간적 유대, 예컨대 감정적인 친지관계, 학연, 지연, 입사동기 등의 유대를 기반으로 비공식적 조직을 통한 자생적 의사소통을 유지하게 된다.

(2) 의사소통 네트워크 [18] 기출

쇠사슬형	수레바퀴형	Y형	원 형	전체연결형
	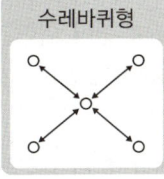	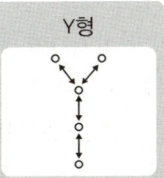	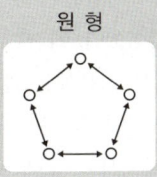	

① **쇠사슬형** : 구성원들 간의 의사소통이 명령체계에 따라 흘러서 의사소통이 상하로만 이루어지는 유형이다.
② **수레바퀴형** : 집단구성원 간에 중심인물이 존재하고 있는 경우 흔히 나타나는 의사소통 유형으로, 구성원들의 정보전달이 어느 중심인물이나 집단의 지도자에게 집중되는 패턴이다.
③ **Y형** : 확고한 중심인은 존재하지 않아도 대다수의 구성원을 대표하는 리더가 존재하는 경우에 나타나는 유형으로, 라인과 스태프가 혼합되어 있는 집단에서 흔히 나타난다.
④ **원형** : 구성원 간의 서열이나 지위가 드러나지 않는 동등한 입장에서 의사소통하는 경우 나타나는 의사소통 유형으로, 중심인물이 없는 상황에서 특정한 방향 없이 구성원들 사이에 정보가 전달된다.
⑤ **상호연결형** : 가장 바람직한 의사소통 유형으로, 구성원들 사이의 정보교환이 완전히 이루어지는 유형이다.

4. 집단 의사결정

의사결정(Decision Making)이란 문제해결 대안들 중에서 의사결정자가 자신의 목적을 달성하기 위해 좋은 대안을 선택하는 과정을 의미한다. 집단 의사결정(Group Decision Making)이란 의사결정 과정에 토론 및 지식의 교환 등 집단적 상호작용을 거쳐 문제해결 대안을 선택하는 과정을 말한다.

(1) 의사결정 유형

① **구조화된 의사결정** : 구조화된 의사결정은 미리 설정된 대안을 기준으로 일상적이며 반복적으로 이루어지는 의사결정으로 정형화, 계량화, 프로그램화가 가능하다는 특징이 있다.
② **비구조화된 의사결정** : 비구조화된 의사결정 방식은 사전에 알려진 해결안이 없는 경우에 이루어지는 의사결정으로 정형화, 계량화, 프로그램화가 불가능하며 주로 직관에 따른 의사결정이 이루어진다.

(2) 집단 의사결정의 장단점 [20][23] 기출

장 점	단 점
• 집단은 개인보다 많은 지식과 정보에 근거하여 의사결정 • 집단구성원이 갖고 있는 능력은 각기 다르며 다른 시각으로 다양한 견해를 제공받음 • 결정사항에 대한 구성원의 만족과 지지가 높음 • 의사소통의 부족으로 생기는 여러 문제 감소 • 구성원의 합의에 의한 것이므로 높은 응집력	• 의견의 불일치를 억누르고 결정에 동조하도록 압력 • 집단을 소집하는 데 시간이 많이 걸리고 비능률적인 경우 발생 • 어떤 구성원이나 파벌이 집단을 지배하게 되면 구성원들의 자유로운 의사표현 곤란 • 의견의 불일치가 심할 경우 구성원들 간에 갈등이 생기고 서로에 대해 반감 갖게 됨 • 타협안의 선택으로 인한 최적안의 폐기 가능성

(3) 집단 의사결정의 유의점

① **과도한 모험 선택** : 사람들은 혼자 있을 때보다는 회의석상에서 더 높은 위험을 선택하려 하는데, 이는 집단으로 결정했을 때 책임이 분산되기에 큰 부담 없이 위험을 택하는 것이다.

② **집단 양극화 현상** : 처음에는 개개인의 생각에 큰 차이가 없지만, 집단의 구성원이 되고 토론에 참여하게 되면 의견이 양극화되는 현상이 나타난다.

③ **정당화 욕구** : 다른 사람 앞에서 의견을 말하게 되면 후에 더 좋은 대안이 발견되더라도 의견을 굽히려 하지 않는다.

④ **도덕적 환상** : 사람들은 개인보다는 집단이 한 행동이나 집단이 제시하는 의견에 대해서는 당연히 도덕적일 것이라는 환상을 갖고 있다.

⑤ **만장일치의 환상** : 사람들은 대개 남에게 반대하기보다는 동조하려 한다.

> **더 알아보기 집단사고(Group Thinking)**
>
> 토의·협의를 통해 집단적으로 문제해결의 방안을 찾는 과정, 또는 그 과정에서 집단구성원들이 갖는 일치된 생각이다. 집단사고도 그 원천은 개인이 사고하는 것이지만 그러한 사고를 집단과정에 호소함으로써 보다 타당한 결론에 도달하고자 하는 데 그 목적이 있다.
> 그러나 집단사고는 집단구성원들이 당면한 문제에 대하여 독창적인 해결책을 찾아내기보다는 오히려 다른 구성원들의 동의를 얻는 일에만 크게 관심을 갖기 때문에 개개인의 독창성과 새로운 아이디어를 억제할 우려가 있다. 특히 집단 의사결정에 있어서는 집단사고가 최적의 방안을 모색하는 데 가장 큰 장애요인이 될 수 있다.

(4) 집단 의사결정 기법 17 19 23 24 25 기출

① **브레인스토밍(Brainstorming)**

일정한 테마에 관하여 회의형식을 채택하고, 구성원의 자유발언을 통한 아이디어의 제시를 요구하여 발상을 찾아내려는 방법이다. 많은 경우, 팀의 구성원들은 서로 비슷한 사고방식과 문제해결 기법에 젖어 있어서 아이디어를 내라고 해도 천편일률적인 이야기를 하는 경향이 있다. 브레인스토밍은 이런 창의성을 저해하는 동조에 대한 압력을 극복할 수 있는 역할을 한다.

㉠ 절 차
- 브레인스토밍의 사용목적, 특징, 원칙, 진행방법을 설명한다.
- 신속한 아이디어 창출을 위해 제한시간을 정하고 시작한다.
- 아이디어가 나오는 대로 칠판이나 포스트잇으로 게시하여 남의 아이디어를 참고하면서 더 참신하고 좋은 아이디어를 도출한다.

㉡ 특징 : 소수의 의견이 다수의 의견에 일방적인 영향을 받을 수 있다는 단점이 있다. 브레인스토밍을 할 때에는 모두가 거리낌 없이 적극적으로 참여하는 것이 중요하다. 이를 위해서 비판, 찬사, 코멘트, 토의 등을 금지한다. 다른 사람의 아이디어를 토대로 더 발전시키고, 아이디어의 내용을 정확히 기록하고 모두가 볼 수 있게 게시하는 방법을 통해 진행해야 한다.

② **명목집단기법(NGT ; Nominal Group Technique)**

팀의 구성원들이 모여서 문제나 이슈를 식별하고 순위를 정하는 가중서열화법이다. 의사결정 과정 동안 토론이나 대인 커뮤니케이션을 제한하기 때문에 명목이라는 용어를 사용한다.

㉠ 절차
- 소집단 구성원들이 테이블에 둘러앉되 서로 말은 하지 않는다.
- 각 구성원들은 문제에 대해 생각하는 바를 백지에 적는다.
- 한 사람씩 돌아가면서 자신의 아이디어를 발표하고 서기나 사회자는 구성원 모두가 한눈에 볼 수 있도록 제시되는 아이디어들을 칠판이나 큰 차트에 적는다. 각 아이디어에 대한 토의는 하지 않는다.
- 지금까지의 결과로 아이디어 목록이 얻어진다. 그리고 난 후 각각의 아이디어에 대해 구두로 보조설명이나 지지이유에 대한 설명을 하도록 한다.
- 끝으로 각 참석자들은 제시된 아이디어에 대한 우선순위를 묻는 비밀투표를 실시한다. 최고의 표를 얻은 안이 채택된다.

㉡ 특징 : 참석자들로 하여금 서로 대화(말)에 의한 의사소통을 못하도록 하여 집단의 각 구성원들이 진실로 마음속에 생각하고 있는 바를 끄집어내고자 한다. 즉 참가자가 다른 사람과 얘기하지 않고 주제에 대한 자신의 생각을 정리할 수 있도록 일정한 시간을 부여하는 것이다. 이 방법은 시간을 절약할 수 있으며 참가자들의 다양한 생각을 아무런 압력이나 전제 없이 끄집어 낼 수 있다는 장점이 있다.

③ **델파이 기법(Delphi Method)** 18 19 20 기출
  ㉠ 개요 : 델파이 기법은 전문가의 경험적 지식을 통한 문제해결 및 미래예측을 위한 기법이다. 전문가 합의법이라고도 한다.
  ㉡ 정의 : 전문가들의 의견수립, 중재, 타협의 방식으로 반복적인 피드백을 통한 하향식 의견 도출 방법으로 문제를 해결하는 기법이다. 1948년 미국의 RAND연구소에서 개발되어 IT분야, 연구개발분야, 교육분야, 군사분야 등에서 활용되고 있다.
  ㉢ 특징 : 델파이 기법은 어떠한 문제에 관하여 전문가들의 견해를 유도하고 종합하여 집단적 판단으로 정리하는 일련의 절차라고 정의할 수 있다. 이것은 추정하려는 문제에 관한 정확한 정보가 없을 때에 '두 사람의 의견이 한 사람의 의견보다 정확하다.'는 계량적 객관의 원리와 '다수의 판단이 소수의 판단보다 정확하다.'는 민주적 의사결정 원리에 논리적 근거를 두고 있다. 또한 전문가들이 직접 모이지 않고 주로 우편이나 전자 메일을 통한 통신수단으로 의견을 수렴하여 돌출된 의견을 내놓는다는 것이 주된 특징이라 할 수 있다.
  ㉣ 절차
  - 초기계획수립 : 측정대상 전제조건 확인, 전문가 섭외, 역할을 배정한다.
  - 산정 : 전문가 각자의 경험지식을 기반으로 산정한다.
  - 합의도출 : 의견 조정 작업, 합의도출, 중재를 반복 수행한다.
  - 정리 및 기록 : 합의결과를 정리, 산정치 결정, 전제조건을 정의한다.

④ **변증법적 토의법** 21 기출
  구성원들을 둘로 나누어 찬반을 토론하도록 하면 각 대안에 대한 장·단점이 모두 드러나는데 이런 내용을 모두 이해한 다음 의견을 개진하면서 토의하는 기법이다.

⑤ **지명 반론자법**
  집단을 둘로 나누어 제시한 의견에서 지명된 반론자가 반론하여 의견을 수정·보완하는 의사결정기법이다.
  ※ 변증법적 토의법과 혼동해서는 안 됨

(5) 조하리의 창(JW ; Johari's Window)

① **의미** : Joseph Luft와 Harry Ingham의 조하리 창(Joseph & Harry = Johari)은 우리가 어떻게 정보를 주고받는지를 이해하는 데 도움을 준다. JW는 개인과 팀 사이 자아인식을 설명하고 개선하는 데 도움이 될 수 있다. 또한 비즈니스 맥락에서 집단의 역학관계(Group Dynamics)를 변화시키는 데 사용될 수 있다.

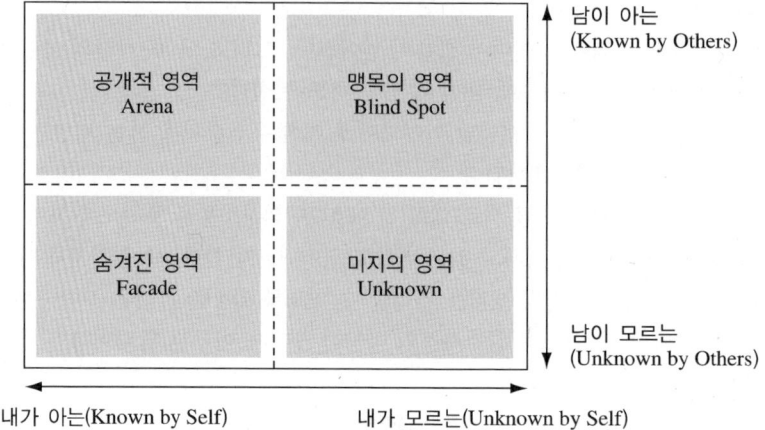

② **영역의 구분**
　㉠ 공공영역 : 자신에 관하여 스스로 알고 있는 것과 타인이 알고 있는 것으로 자신의 이름, 머리 색깔, 자신이 개를 소유하고 있다는 사실 등을 예로 들 수 있다. 사람은 노출과 피드백 요청(Exposure and Feedback Solicitation)을 증가시킴으로써 영역의 크기를 확대할 수 있다.
　㉡ 맹목영역 : 자신에 관하여 자신은 모르지만 타인은 알고 있는 영역으로 자신의 매너, 자신에 관하여 다른 사람이 느끼는 감정 등이 그 예이다.
　㉢ 사적영역 : 자신에 관하여 자신은 알고 있지만 타인은 모르고 있는 영역으로 자신의 비밀, 희망, 욕망, 좋아하는 것과 싫어하는 것 등이 그 예이다.
　㉣ 미지영역 : 자신도 모르고 타인도 모르는 영역으로 이와 같은 상태에서는 상호 간의 전반적인 관계에서 오해가 발생할 소지가 증가한다.

③ **갈등의 해소 : 공공영역의 확대**
갈등의 근본원인은 자신도 모르는 자기의 부분과 남이 모르는 자신의 부분의 차이가 크기 때문이다. 자기를 노출하고 그들에게 피드백을 받아서 공공영역을 넓히게 되면 개인 간 갈등이 줄어들게 되고 대인관계 능력이 개선될 수 있다.

> **기출문제분석**
>
> 경영의사결정에 관한 설명으로 옳지 않은 것은?   2019년
>
> ① 합리적 의사결정모형은 완전한 정보를 가진 가장 합리적인 의사결정행동을 모형화하고 있다.
> ② 경영자가 하는 대부분의 의사결정은 최선의 대안보다는 만족할 만한 대안을 선택하는 것으로 귀결되는 경우가 많다.
> ③ 브레인스토밍은 타인의 의견에 대한 비판을 통해 대안을 찾는 방법이다.
> ④ 집단응집력을 낮춤으로써 의사결정과정에서의 집단사고 경향을 낮출 수 있다.
> ⑤ 명목집단법은 문제의 답에 대한 익명성을 보장하고, 반대논쟁을 극소화하는 방식으로 문제해결을 시도하는 방법이다.
>
> **해설** 브레인스토밍의 4대 원칙 : 비판 금지, 자유분방, 질보다 양, 아이디어에 편승
>
> **정답** ③

5 리더십(Leadership)이론

1. 리더십의 의의

(1) 리더십의 의의

리더십은 집단의 목표달성을 위해 집단 내의 어떤 구성원이 다른 행동에 대해 적극적인 영향력을 미치는 과정, 즉 지도자로서의 능력이나 지도력, 통솔력, 자질 등을 말한다. 넓은 의미에서는 집단의 특성 전반에 대한 영향을 포함하는 경우도 있다.

[리더의 중요한 특성]

구 분	내 용
신체적 특성	활동성, 정력, 외모, 차림새, 키, 몸무게 등
능력 특성	행정능력, 지능, 판단력, 지식, 기술적 능력, 어휘구사력 등
성격 특성	성취동기, 야망, 적응력, 공격성, 민첩성, 반권위주의적 성격, 지배성향, 자기제어, 열정, 외향성, 독립성, 주도적, 직관력, 성실성, 객관성, 창의성, 일관성, 인내력, 책임감, 자신감, 유머감각, 스트레스 저항력 등
사회적 특성(대인관계)	협동심, 대인관계 기술, 민감성, 명예나 인기 중시 성향, 사회성, 사회경제적 지위, 다변성(Talkativeness), 재치 등

(2) 리더십이론의 발전과정 17 기출

① 특성추구이론

리더십의 초창기 연구에서는 효과적인 리더는 남과 다른 개인적인 특성이 있다고 생각하고 그 특성을 추출하기 위해 노력하였다. 이것이 리더십의 특성이론으로, 이 이론에 의하면 리더가 고유한 개인적인 특성만 가지고 있으면 그가 처해 있는 상황이나 환경이 바뀌더라도 항상 리더가 될 수 있다고 한다.

② 행위이론

리더십의 특성이론이 연구가 거듭될수록 리더의 공통적인 특질보다는 관련 없어 보이는 일반적 형태의 특성 나열에 그침에 따라 리더의 지속적인 행위와 스타일에 관한 방향으로 연구가 선회하게 되었는데, 이것이 리더십의 행위이론이다. 이 이론에서는 리더의 계속적인 어떤 행위가 구성원들에게 동기부여 및 조직의 목표달성에 기여하는가를 연구하여 그 상관관계를 밝혀내는 데에 주력하였다.

③ 상황이론

리더십의 특성이론이나 행위이론은 이상적인 리더의 특성이나 행동만을 나열하고 상황에 대한 영향을 간과하였다. 피들러, 허쉬와 블랜차드 등에 의해서 연구된 상황이론은 리더-구성원의 관계, 리더의 권한, 과업구조 등 리더를 둘러싼 환경 및 상황이 리더십에 미치는 영향 및 상황에 맞는 리더십 관계 등을 집중 고찰하였다. 결과적으로 상황이론은 객관적 결과, 조직의 환경적응, 조직을 분석단위로 하는 분석하는 이론이다.

> **더 알아보기** 허시와 블랜차드 상황이론 17 기출
>
> 허시와 블랜차드는 리더십유형의 분류기준인 과업지향적 행동과 인간관계지향적 행동은 동일선상이 아니라 별개의 축으로 나타내야 할 2가지의 차원이라고 규정하였다. 그리고 여기에 유효성이라는 또 다른 하나의 차원을 추가하여 리더십에 관한 3차원적 이론을 제시하였다. 이들은 가장 이상적인 유일, 최선의 리더십유형을 발견하려 하지 않고, 리더십유형은 상황에 따라 달라질 수 있다는 것을 명확하게 하였다. 즉, 이들의 이론은 상황에 착안한 접근방법에 입각하고 있는 것이다.
>
>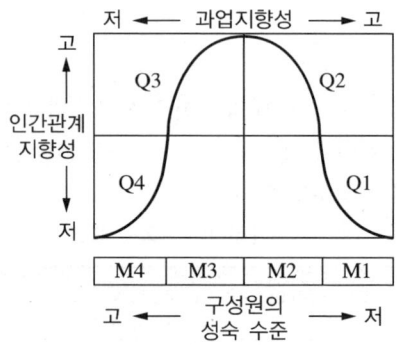

④ 새로운 리더십이론

급격하고 복잡한 기업경영환경의 변화로 인해 조직이 상시적인 비상상태로 운영됨에 따라 이러한 위기상황을 극복하고 지속적으로 성장하기 위해서는 조직구성원들의 강한 일체감과 적극적인 참여를 유도할 수 있는 새로운 리더십이 요구되고 있다. 이러한 추세에 따라 변혁적 리더십, 자율적 리더십, 서번트 리더십, 감성적 리더십 등 다양한 리더십이론이 제기되고 있다.

더 알아보기 | 변혁적 리더십 vs 서번트 리더십 18 20 23 기출

구 분		변혁적 리더십	서번트 리더십
요 약		리더가 내재적 동기부여 비전 제시, 자아실현 욕구를 통해 구성원들의 가치관과 태도를 변화시켜 조직 목표를 달성하고자 하는 리더십	구성원을 모시고 섬겨야 할 서비스의 대상으로 보는 리더십. 자기중심적이 아니라 타인중심적이며 관계관리를 중시함
구성요인		카리스마, 역할모델, 지적 자극, 개별 배려	경청, 공감, 신뢰, 커뮤니티 형성
유사점		내재적 동기부여를 통한 리더십	
차이점	리더의 초점	'조직 목표'에 초점 집중	'구성원의 자발성과 협력' 자체에 집중
	구성원의 동기부여 유발 방법	Top-down Modeling : 리더에 의한 모델링을 통해 Top-down 방식으로 동기부여하여 조직 목표 달성	Bottom-up Serving : 구성원들을 섬기는 방법인 Bottom-up 방식으로 구성원들의 욕구를 만족시켜 조직 목표 달성
	구성원의 반응	고양된 동기, 추가적 독려-성과달성	리더의 섬김에 대한 모방-성과달성

기출문제분석

조직구성원이 리더의 새로운 이상에 의해 태도와 동기가 변화하고 자발적으로 자신과 조직의 변화를 이끌어 낼 수 있도록 하는 리더십은? 2020년

① 거래적 리더십(Transactional Leadership)
② 슈퍼 리더십(Super-leadership)
③ 변혁적 리더십(Transformational Leadership)
④ 서번트 리더십(Servant Leadership)
⑤ 진성 리더십(Authentic Leadership)

해설 변혁적 리더십 이론은 베버(T. Weber)가 처음 논의했고 제임스 번스(James MacGregor Burns)가 처음 사용했으며(1978) 버나드 바스(B. Bass)에 의해 정립된 리더십 개념이다. 변혁적 리더십은 리더가 구성원들에게 비전을 제시하고 부하들로 하여금 충성과 신뢰, 존경 등의 감정을 일으켜서 기대보다 높은 노력을 이끌어내고 태도와 가치관의 변화를 통해 성과를 이끌어내는 리더십이다.

정답 ③

2. 리더십이론의 체계

리더십 행위이론	리더십 상황이론
행위이론에서는 리더십의 유형을 구분하고 어떠한 리더십이 가장 바람직한지 평가한다.	상황이론에서는 리더십 상황의 분류, 리더의 분류, 리더십 상황의 적합관계의 측면에서 분석해야 한다.

3. 리더십 행위이론

(1) 아이오와 대학연구

① 의의 : 리더의 유형을 권위적 리더, 민주적 리더, 방임적 리더로 분류하여 연구하였다.

② 종 류
- ⊙ 권위적(전제적) 리더 : 거의 모든 의사결정을 리더가 혼자서 하는 유형으로, 과업지향적이며 의사결정을 하고 결정된 사항을 구성원에게 지시한다.
- ⓒ 민주적 리더 : 의사결정의 권한을 집단구성원들에게 대폭 위양하는 유형으로, 인간관계지향형으로 부하를 다루며 구성원들의 참여와 자율성을 존중하는 리더십 유형이다.
- ⓒ 방임적 리더 : 부하들에게 자유행동을 극단적으로 허용하는 리더십 유형으로, 부하는 부하대로 남고 지도자는 자신의 역할을 포기한 상태이다.

③ 시사점 : 생산성 측면에서 권위적, 민주적 리더십은 둘 다 유효하여 우열을 가리기 힘들고, 복합적인 측면에서는 민주적 리더십이 가장 유효하다.

(2) 미시간 대학연구 : 관리시스템론

① 의의 : 리더의 유형을 직무 중심적 리더와 종업원 중심적 리더로 구분하였다.

② 종 류
- ⊙ 직무 중심적 리더 : 하향적 의사소통 방식의 리더이며, 생산과업을 중시하고 생산방법과 절차 등 세부적인 사항에 관심을 가지며 공식권한과 권력에 비교적 많이 의존하면서 부하들을 치밀하게 감독하는 행동스타일의 리더이다.
- ⓒ 종업원 중심적 리더 : 종업원 중심적 리더는 원활한 의사소통을 하며, 부하에 대한 신뢰가 높고 목표설정 및 도달과정에 부하의 참여와 자유재량권을 많이 주는 관리행동 스타일의 리더이다.

③ 리커트의 4가지 관리시스템

리커트는 위의 2가지 유형에 과업지향과 종업원지향이라는 2가지 유형을 결합하여 경영효율성에 대한 4가지 시스템을 주장하였다.

시스템 I	시스템 II	시스템 III	시스템 IV
독재적이고 착취적인 분위기이며 상층이 경영을 주도하고 있고 공포와 징벌로 동기부여를 하며 협동팀이 전혀 없다.	온건적이고 은혜적이며 상층과 중간층이 경영을 주도하고 있고 징벌과 보수로 동기부여를 하며 협동팀이 별로 없다.	상담적이고 전반계층이 경영을 주도하고 있고 보수로 동기부여를 하며 다수의 협동팀이 있다.	민주적이고 참여적이며 전반계층이 경영을 주도하고 있고 보수와 자부심을 통해 동기부여를 하며 많은 협동팀을 보유하고 있다.

④ 시사점 : 가장 이상적이고 효율적인 리더십은 종업원 중심적 리더십이며, 리커트는 4가지 관리시스템 중 시스템 IV가 가장 이상적 조직이라 설명하였다.

(3) 오하이오 주립대학 연구

① 의의 : 리더십의 유형을 구조적 리더십과 배려적 리더십으로 구분하였다.

② 유 형
- ⊙ 구조적 리더십 : 리더가 부하들의 역할을 명확히 정해주고 직무수행의 절차를 정하거나 지시, 보고 등을 포함한 집단 내의 의사소통 경로를 조직화하는 행위를 말한다.
- ⓒ 배려적 리더십 : 리더가 부하들의 복지와 안녕, 지위, 공헌 등에 관심을 가져주는 행동을 말한다.

③ 시사점 : 배려와 구조주도를 동시에 잘하는 리더십 스타일이 가장 바람직하다고 설명한다.

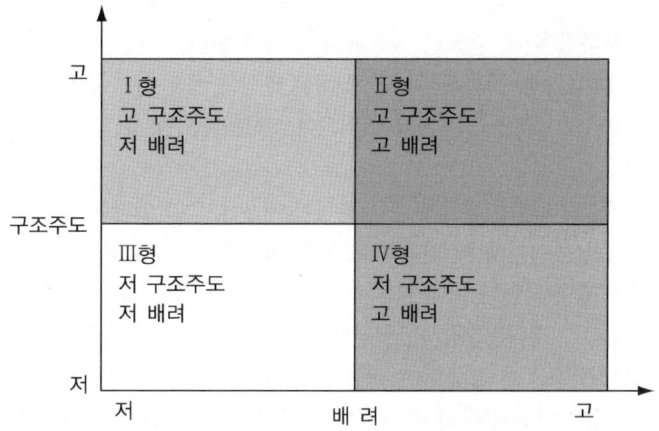

(4) 관리격자론 18 23 기출

블레이크(R. Blake)와 모튼(J. Mouton)이 리더십 유형을 분류하기 위해 마련한 개념 틀을 말한다. 블레이크와 모튼은 리더의 생산에 대한 관심과 인간에 대한 관심의 두 차원을 기준으로 리더의 행동 유형을 다음과 같이 5가지로 분류하였다.

- 생산 및 인간에 대한 관심이 모두 낮은 무기력형(Impoverished)
- 인간에 대한 관심은 높으나 생산에 대한 관심이 낮은 사교형(Country Club)
- 생산에 대한 관심은 높고 인간에 대한 관심은 낮은 과업지향형(Task)
- 인간과 생산에 절반씩의 관심을 두는 절충형(Middle of The Road)
- 생산 및 인간에 대한 관심이 모두 높은 팀형(Team)

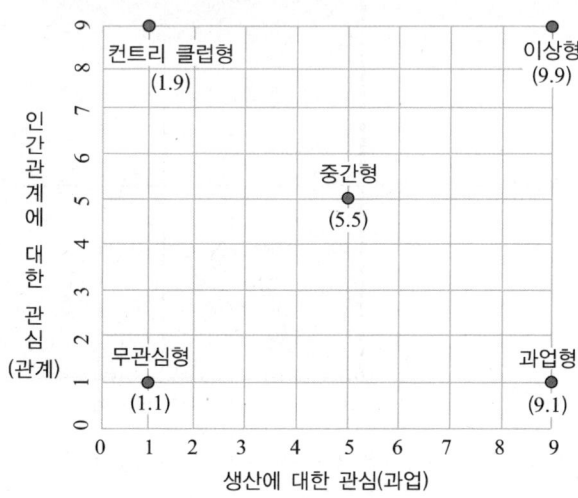

① 의 의
　㉠ 무관심형(1.1형) : 리더의 생산과 인간에 대한 관심이 모두 낮아서 리더는 조직구성원으로서 자리를 유지하기 위해 필요한 최소한의 노력만 한다.
　㉡ 컨트리 클럽형(1.9형) : 리더는 인간에 대한 관심은 매우 높으나 생산에 대한 관심은 매우 낮다. 리더는 부하와의 만족스러운 관계를 위하여 부하의 욕구에 관심을 갖고 편안하고 우호적인 분위기로 이끈다.
　㉢ 과업형(9.1형) : 리더는 생산에 대한 관심이 매우 높으나 인간에 대한 관심은 매우 낮다. 리더는 일의 효율성을 높이기 위해 인간적 요소를 최소화하도록 작업조건을 정비하고 과업수행능력을 가장 중요하게 생각한다.
　㉣ 중간형(5.5형) : 리더는 생산과 인간에 대해 적당히 관심을 갖는다. 그러므로 리더는 과업의 능률과 인간적 요소를 절충하여 적당한 수준에서 성과를 추구한다. 관리형이라고도 한다.
　㉤ 이상형(9.9형) : 인간과 과업 모두에 대한 관심이 매우 높다. 리더는 구성원과 조직의 공동목표 및 상호의존관계를 강조하고 상호 신뢰적이고 존경적인 관계와 구성원의 몰입을 통하여 과업을 달성한다.
② 5가지 유형 중(9.9)의 이상형 리더십이 가장 이상적이며 이에 접근할 수 있도록 리더를 훈련시켜야 한다.

(5) PM 이론

PM 이론은 리더십의 기능을 성과기능(Performance ; P)과 유지기능(Maintenance ; M)으로 나누었다.
① 의의 : 성과기능(P)은 집단에서 목표달성 또는 문제해결을 지향하는 기능이다. 유지기능(M)은 집단의 자기보존 내지 집단의 과정 자체를 유지하고 강화하려는 기능이다.

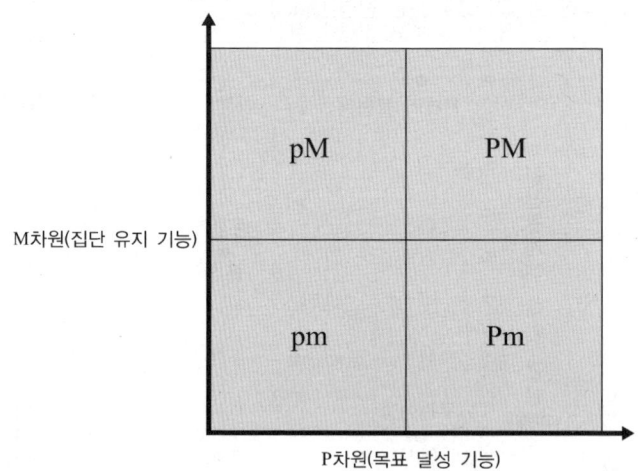

② 유효성 : 팀워크, 사기, 성과, 커뮤니케이션 등의 측면에서 다음 순서로 유효성이 있다.

pm < Pm < pM < PM

4. 리더십 상황이론

(1) 피들러의 상황이론 : LPC 이론

미국의 일리노이 대학 교수 피들러(F. E. Fiedler)에 의하여 연구·발전된 상황적응적 리더십 모형으로서 리더십에 관한 상황이론(Situation Theories) 중 가장 대표적인 모형이다. 일명 피들러의 상황적응모형 또는 상황조건이론, 상황결정이론이라고도 부른다. 이 리더십 이론의 모형은 지도자의 리더십 유형과 상황의 요구 조건의 관계에서 특정한 상황에 어떤 유형의 리더십이 가장 적절한가를 구명(究明)한 이론이다.

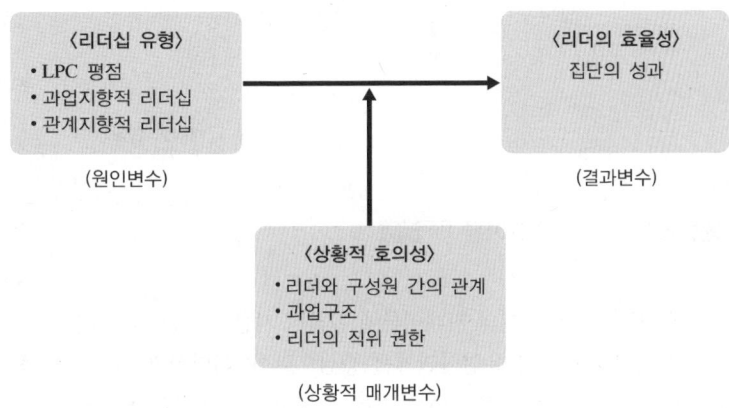

① **상황변수** 24 25 기출
  ㉠ 과업구조(Task Structure) : 과업의 일상성 또는 복잡성을 뜻하며 과업목표의 명백성, 목표달성과정의 복잡성, 의사결정의 변동성, 의사결정의 구체성에 의하여 리더십 상황이 결정된다. 과업이 구조화되어 있을수록 그 상황은 리더에게 호의적이다.
  ㉡ 리더와 부하의 관계(Leader-member Relationship) : 집단의 분위기를 의미하는 요소로 리더와 부하 사이의 신뢰성, 친밀감, 신용과 존경 등을 포함한다. 리더와 부하 간에 신뢰감과 친밀감 그리고 존경 관계가 존재할수록 상호 간에 좋은 관계가 된다.
  ㉢ 리더의 직위 권력(Leader's Power) : 집단구성원이 명령을 받아들이도록 리더가 구성원 행동에 영향을 줄 수 있는 능력으로서 공식적, 합법적, 강압적 권력 등을 포함한다. 특히 승진, 해임 등의 상벌에 대한 권력이 매우 중요하며 이러한 영향력이 클수록 리더의 지위권력은 강해진다.

② **상황변수의 종합**
위의 3가지 상황변수의 결합이 리더에 대한 상황의 호의성을 결정한다. 가장 호의적인 상황은 리더가 강력한 직위를 가지고 있고 높은 과업구조화가 이루어져 있으며 부하와 좋은 관계가 형성되어 있을 때이다.

③ **상황변수와 리더십 유효성**
  ㉠ LPC 점수가 높을수록 종업원지향 리더, 낮을수록 과업지향 리더로 분류된다.
  ㉡ 상황이 매우 호의적이거나 매우 비호의적일 때에는 과업지향 리더 즉, LPC 점수가 낮은 리더가 적합하다.
  ㉢ 상황이 중간인 경우에는 종업원지향 리더 즉, LPC 점수가 높은 리더가 적합하다.

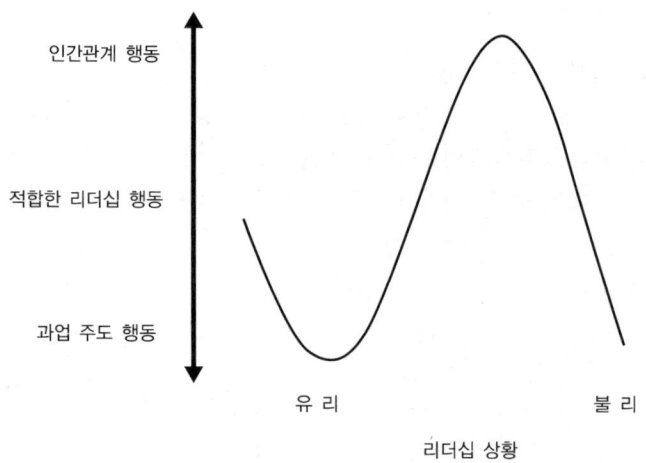

(2) 하우스 & 에반스의 경로-목표이론 [19] 기출

① 의 의
  ⊙ 경로-목표이론은 개인동기의 기대이론에 이론적 기반을 두고, 리더의 노력 → 성과 그리고 성과 → 보상에 대한 기대감과 유인성관계를 중심으로 한 리더십과 리더의 행동이 부하의 동기유발, 만족, 성과에 어떻게 영향을 미치는가를 설명하려는 이론이다.
  ⓒ 경로-목표이론은 에반스의 초기연구를 기초로 하여 하우스와 그의 동료들이 발전시킨 것으로서, 리더가 구성원들의 만족, 동기유발, 성과에 영향을 줄 수 있다는 것이 이 이론의 기본 가정이다. 리더가 구성원의 작업 목표 지각과 구성원의 개인적 목표 그리고 목표달성에 이르는 경로에 어떻게 영향을 주고 있는가를 설명하기 때문에 '경로-목표이론'이라 불리고 있다.

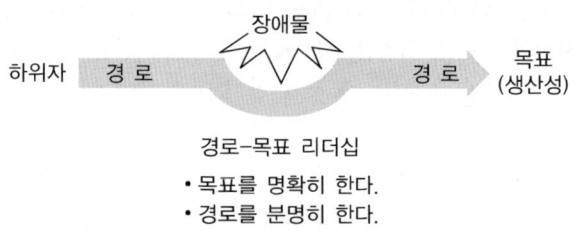

② 상황변수
  ⊙ 종업원 특성 : 능력, 통제위치, 욕구와 동기 등
  ⓒ 작업환경 : 과업, 작업집단, 권한 체계 등

③ 리더십 유형
  ⊙ 지시적 리더십(Directive Leadership)
    구성원에게 무엇이 기대되고 있는가를 분명히 밝혀주며, 수행되어야 할 과업이 무엇이고 어떻게 수행되어야 하는지에 대해 안내를 해준다. 또한 리더로서의 자신의 역할이 구성원에게 명백히 이해되도록 한다. 이러한 리더는 과업수행 예정표를 작성하고, 일정한 직무성취 기준을 제시하며 규칙과 규정을 준수하도록 요구한다. 지시적 리더는 주도적 리더라고도 하며 구조주도적 측면을 강조한다. 또한 부하들의 과업을 계획하고 구체화하여 그들을 적극적으로 지시, 조정해 나가는 리더십 스타일이다.
ⓒ 후원적 리더십(Supportive Leadership)
구성원의 욕구 및 복지에 관심을 보이는 우호적이고 친밀감 있는 리더로서 구성원을 평등하게 대우한다. 후원적 리더는 고려 측면을 강조하는 리더로, 온정적이고 지원적 분위기에 많은 관심을 보이는 리더십 스타일이다.
ⓒ 참여적 리더십(Participative Leadership)
어떤 결정을 내려야 할 때 구성원과 협의를 하고 구성원의 의견을 구하며, 구성원의 아이디어를 진지하게 경청하여 결정을 내린다. 참여적 리더는 부하들과 정보자료를 많이 교환하여 부하들의 의견을 구하고 그들의 제안을 많이 반영시킴으로써 팀 또는 집단 중심의 관리를 중요시하는 리더십 스타일이다.
ⓔ 성취지향적 리더십(Achievement-oriented Leadership)
직무수행에 있어서 수월성을 끊임없이 강조한다. 동시에 구성원이 설정되어진 높은 기준을 성취할 수 있는 능력이 있으며 성취하려는 의지를 가지고 있는 것으로 확신하고 있다. 이러한 리더는 도전해볼 만한 가치가 있는 목표를 설정하며, 이러한 목표수행에 대해 구성원이 책무성을 갖도록 유도한다. 즉, 성취지향적 리더는 도전적인 작업 목표의 설정과 의욕적인 목표달성행동을 강조하면서, 구성원들의 능력을 믿고 그들로부터 의욕적인 성취동기행동을 기대하는 리더십 스타일이다.

④ **상황변수와 리더십 유효성**
㉠ 종업원의 특성 : 능력이 높으면 지시적 리더십을 거부하고 성취지향적 리더십을 요구한다. 내재론자이면 참여적 리더십을, 외재론자이면 지시적 리더십을 요구한다.
㉡ 작업환경의 특성 : 모호한 과업수행 시 지시적 리더십이 유효하고, 명확한 과업수행 시 후원적 리더십이 유효하다. 참여적・성취지향적 리더십은 과업구조가 불분명하고 비만족일 때 적합하다.

⑤ **경로-목표이론의 평가와 한계점**

평 가	한계점
• 피들러는 리더십을 2가지 차원으로 분류한 데 비해서 경로-목표모형은 4가지 차원으로 분류하고 있으며, 이는 리더의 다원적 개념을 통하여 경영자의 직무성격을 명확하게 구분해 줌 • 경로-목표이론은 리더의 행동과 상호작용관계를 잘 나타냄	• 리더행동의 측정에 있어 정확성과 신빙성이 문제 • 이론모형의 복잡성으로 말미암아 이론 전체를 완전히 입증하기가 매우 어려움

> **기출문제분석**
>
> 하우스(R. House)의 경로-목표이론에서 정의한 리더십 행동 유형이 아닌 것은? `2019년`
>
> ① 혁신적(Innovational) 리더
> ② 성취지향적(Achievement-oriented) 리더
> ③ 지시적(Instrumental) 리더
> ④ 지원적(Supportive) 리더
> ⑤ 참여적(Participative) 리더
>
> **해설** 하우스(R. House)의 경로-목표이론에서 정의한 리더십 행동 유형은 4가지가 있으며 지시적 리더십, 후원적 리더십, 참여적 리더십, 성취지향적 리더십이 그것이다.
>
> **정답** ①

(3) 리더십 규범이론

리더십 규범이론이란 브룸과 예튼이 주창한 것으로, 리더가 효과적인 의사결정을 위해 주어진 상황에서 어떻게 의사결정을 내려야 하는가를 설명한 이론을 말한다.

① 리더십 유형
  ㉠ 독재적 리더십 : 부하들로부터 정보를 얻은 다음 리더 혼자 결정을 내리는 유형이다.
  ㉡ 타협적 리더십 : 유능한 부하들의 제안을 받아들여 결정은 자기가 내리는 유형이다.
  ㉢ 참여적 리더십 : 리더는 단지 자문 역할만 하는 유형이다.

② 상황변수와 리더십 유효성 : 의사결정 방식과 리더십의 조합을 통해 각각의 경우에 대해서 가장 적합한 의사결정방식이 무엇인지 의사결정수(Decision Tree)를 이용하여 나타내었으나, 상황변수와 리더십의 조합이 너무나 다양하고 복잡하여 실제적용이 어렵다.

> **더 알아보기** **의사결정수(Decision Tree)** `23` `기출`
>
> 의사결정에서 나무의 가지를 가지고 목표와 상황과의 상호 관련성을 나타내어 최종적인 의사결정을 하는 불확실한 상황하의 의사결정 분석 방법을 말한다. 즉, 의사결정자의 통제 아래 있는 결정 노드(Decision Nodes)와 의사결정자의 통제 밖에 있는 기회 노드(Chance Nodes)로 구성된 의사결정 문제의 논리적 구조를 이용해 의사결정을 하는 방법을 말한다. 의사결정자는 각 기회 노드에서 초래될 불확실한 사상(事象)들과 그것이 가져올 모든 가능한 결과에 대해 확률을 부여하는 방식으로 최적의 대안을 선택하게 된다. 이때 부여되는 확률은 과거의 경험적 데이터, 의사결정자들의 주관적 판단, 전문가의 견해 등을 토대로 여러 가지 기법과 절차를 혼합적으로 사용해 얻게 된다.
>
>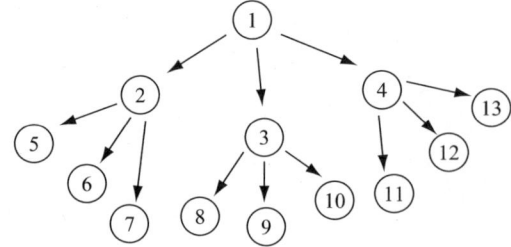

(4) 리더십 수명주기 이론 19 기출

① 의의 : 리더십 수명주기 이론은 허쉬와 블랜차드가 오하이오 대학 모형인 리더의 배려와 구조주도 행위가 리더십 유효성과 일관된 결과를 보여 주지 못한 점에서 착안하여 하급자의 성숙도를 추가하여 개발한 모형을 말한다.

② 특 징
㉠ 하급자의 성숙도 향상이 리더의 임무이다. 즉, 리더는 상황을 진단하고 적절한 리더십 스타일을 결정한다.
㉡ 효과적 리더가 되기 위해서는 과업을 수행하는 하급자들의 성숙도에 맞추어 부하의 성숙도가 낮을 때는 과업지향적 리더가, 성숙도가 높을 때는 인간관계지향적 리더가 유효하다고 주장하였다.

(5) 수직쌍 연결이론

① 의의 : 리더가 여러 부하들 중 자신과 비슷한 인간성을 갖고 있거나, 능력이 있거나, 외향적 성격, 학연, 지연 등의 이유로 더 높은 수준의 상호작용을 하고 신뢰하는 사람을 내부집단이라고 한다. 반면에 그렇지 않고 공식적인 관계만을 유지하는 사람은 외부집단이라고 한다. 수직쌍 연결이론은 부하들 개개인에 대한 리더의 행동이 부하와의 관계에 따라 달라지는 것을 다룬다.

② 리더십 유형
㉠ 외집단 : 리더가 감독자의 행동을 하게 되어 일방적이고 하향적으로 영향력을 행사하거나 공식적 역할 범위 내에서의 관계에 머무른다.
㉡ 내집단 : 리더와 하급자의 관계는 상호 간에 동업자와 같은 신뢰, 존경, 애정 등을 나누게 되고 서로 큰 영향을 주고받는다.

③ 시사점
훌륭한 리더라면 내부집단과 외부집단과 구분이 되지 않도록 해야 하며, 그보다 더 훌륭한 리더라면 전 집단을 내부집단화할 수 있어야 한다.

6 경영조직

1. 경영관리와 경영조직의 구성 원칙

(1) 경영관리

경영관리 조직구성원들이 설정되어 있는 조직의 목표를 달성하기 위하여 모든 자원을 사용하면서 계획수립 조직화 지휘 및 통제를 수행하는 과정이다.

① 계획 : 조직에 목표를 부여하고 그 목표 달성을 위한 절차를 수립하는 과정이다.
② 조직 : 구성원이 조직 목표를 달성할 수 있도록 업무와 권한 등을 배치하고 조정하는 과정이다.
③ 지휘 : 조직구성원이 핵심적인 과업을 하도록 그들을 지시하고 동기를 부여해 주는 과정이다.
④ 조정 : 업무 수행상의 이해관계와 의견 대립을 조정하여 협력 체제를 이루도록 하는 과정이다.
⑤ 통제 : 조직구성원들이 제시된 목표를 향해 나가는지를 확실히 점검하는 과정이다.

(2) 경영조직의 구성 원칙

① 명령 일원화의 원칙 : 조직의 질서 유지를 위해 명령 계통을 일원화해야 한다.
② 전문화의 원칙 : 업무를 전문적으로 수행할 수 있는 능력을 길러야 한다.
③ 통제 범위의 원칙 : 상급자가 지휘 감독할 수 있는 하급자의 수에는 한계가 있다.
④ 권한 위양의 원칙 : 직무를 위임할 경우 책임과 권한을 함께 위양해 주어야 한다.
⑤ 조정의 원칙 : 의사소통과 의견 교환으로 경영활동을 조정하고 협조해야 한다.
⑥ 계층 단축화의 원칙 : 조직의 계층은 될 수 있으면 줄여야 한다.
⑦ 권한과 책임의 원칙 : 직무에 따라 책임 권한 임무가 같은 비중으로 주어져야 한다.

2. 전통적 조직구조와 근대조직설계의 비교

전통적 조직구조	근대조직설계
• 라 인 • 기능식 • 라인-스태프 조직 • 위원회 조직	• 프로젝트 조직 • 매트릭스 조직 • 아메바형 조직 • 오케스트라형 조직

(1) 전통적 조직구조

가장 기본적이고 널리 이용되고 있는 조직구조의 형태는 라인 조직(Line Organization), 기능식 조직(Functional Organization) 및 라인-스태프 조직(Line and Staff Organization)이며 이러한 형태의 조직을 전통적 조직이라 한다. 또한 이들의 조직 형태에 각종 위원회 제도를 병용하는 경우가 많다. 전통적 조직구조설계의 기본적인 이념은 투입을 최소로 하면서 산출을 최대로 하려는 기계적 능률성에 있다.

(2) 근대조직설계

전통적 조직구조의 핵심은 수직적인 면이 많이 부각되는 반면, 근대조직의 핵심은 수평적인 의사결정 형태를 가질 때가 많다. 프로젝트 조직, 매트릭스 조직, 자유형 조직 등이 있다.

3. 경영관리 조직의 형태 25 기출

(1) 직계식 조직(라인 조직)

최고경영자의 권한과 명령이 수직적·단계적으로 현장 종업원에게 전달되는 조직 형태로, 군대식 조직이라고도 한다.
① 명령, 지휘, 계통이 단순하고 구성원의 권한과 책임이 명확하다.
② 결정과 집행이 신속하고 하급자의 조정이 용이하다.
③ 경영 전체의 질서가 확립되며 중소기업에 적합한 조직이다.
④ 전문성이 떨어지고 감독자의 양성이 어렵다.
⑤ 상급자의 책임이 크고 독단적 의사결정에 따른 폐단이 발생할 수 있다.

⑥ 부문 간 유기적인 조정의 어려움이 있다.

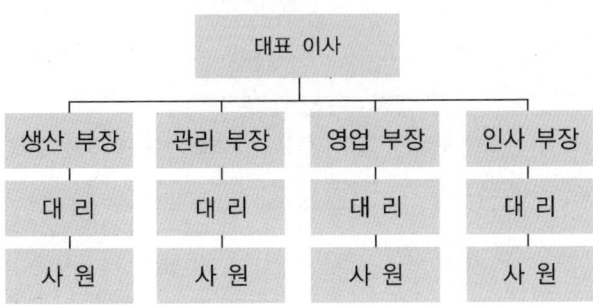
[직계식 조직]

(2) **기능식 조직(테일러 조직)** 23 기출

관리자의 업무를 전문화하여 직능별로 전문 관리자를 두고 지휘·감독하는 조직 형태이다.
① 분업의 원칙이 적용된다.
② 작업의 표준화가 가능하다.
③ 상급자의 부담이 적고 전문가의 양성이 용이하다.
④ 책임 전가의 위험이 있고 지나친 전문화로 관리 비용이 많이 소모된다.
⑤ 명령 일원화 원칙이 적용되지 않아 경영 전체의 질서 유지가 어렵다.

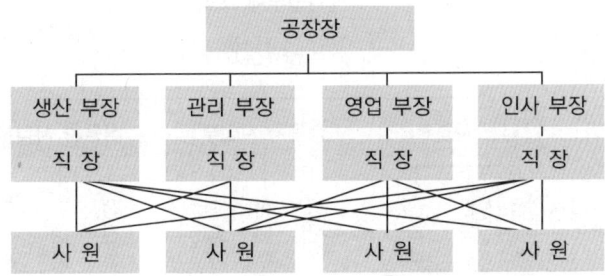
[기능식 조직]

(3) **직계-참모 조직(라인-스태프 조직)** 24 기출

명령 일원화의 원칙과 기능화가 조화된 조직 형태이다.
① 자신의 일에 전념할 수 있다.
② 참모 조직의 설치로 인한 간접 비용이 발생한다.
③ 라인과 참모 조직 간의 대립과 갈등이 생길 수 있다.
④ 라인 부문 관리자들은 참모의 전문적인 지원을 받을 수 있다.
⑤ 참모가 경시되면 라인 부문이 참모의 조언을 무시하여 참모의 역할이 무의미해질 수 있다.

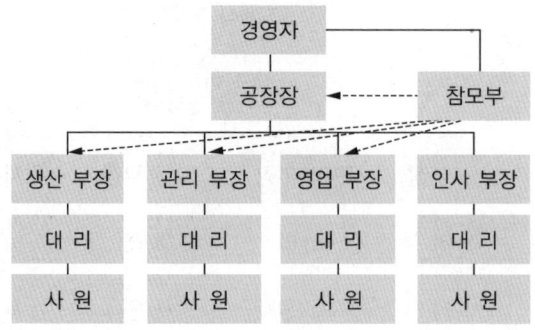

(4) 사업부제 조직 [20] 기출

제품별 또는 지역별로 구성되는 분권 관리의 대표적인 조직 형태이다.

① 경영성과에 대한 합리적인 평가가 가능하다.
② 동일한 고객을 대상으로 대립이 발생할 수 있다.
③ 직무의 독자적인 수행으로 관리비가 중복 발생한다.
④ 경영 독립성을 인정하여 독립 채산제가 보장된다.
⑤ 경영의 의사결정이 합리적이고 경영상의 책임 한계가 명확하다.
⑥ 사업부 이익의 극대화가 기업 전체의 이익과 배치되는 상황이 발생할 수 있다.

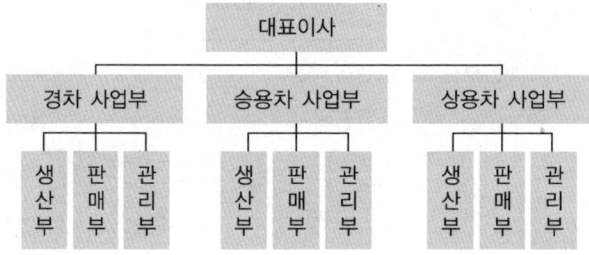

(5) 프로젝트 조직

특정 과제를 해결하기 위하여 일시적이며 간헐적으로 형성되는 조직 형태이다.

① 인원 구성이 탄력적이며 기동성이 빠르다.
② 책임과 평가가 명확하다.
③ 일시적인 조직이므로 전문가 간의 의사소통에 어려움이 있다.
④ 프로젝트 조직과 소속 부서 간 관계 조정이 어렵다.

[프로젝트 조직]

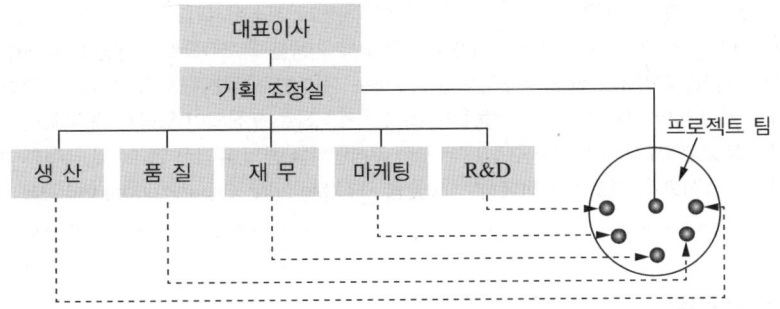

(6) 매트릭스 조직

프로젝트 조직과 기능식 조직의 장점을 결합한 조직 형태이다.
① 최종 결과에 초점을 두며 전문 분야별 동일성을 유지한다.
② 조직 권한 간의 갈등 유발 가능성이 있다.
③ 명령 일원화가 어렵다.

[매트릭스 조직]

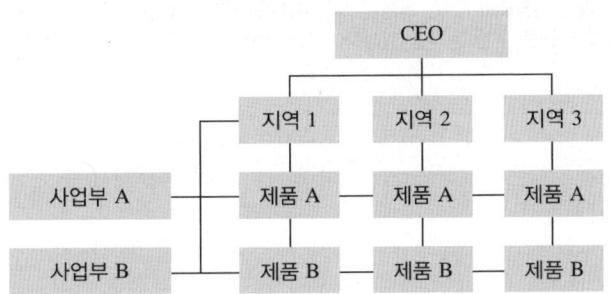

(7) 기타 조직형태 [18] 기출

① **네트워크형 조직** : 실제 업무 담당자와 최고경영층이 유기적인 관계를 맺어 신속하고 효율적인 의사 결정을 내릴 수 있는 조직 형태이다. [20] 기출
② **팀제 조직** : 문제를 해결하기 위해 다양한 전문 능력을 가진 사람들에 의해 임시적으로 조직되며, 과업을 수행하면 해체되는 조직 형태이다.
③ **아메바형 조직** : 자율성과 유연성을 기본 원칙으로 하여 조직 편성의 변경, 분할, 증식이 수시로 일어난다.
④ **오케스트라형 조직** : 훌륭한 연주를 하기 위해 오케스트라 단원 모두가 동등한 입장에서 함께 조화를 이루는 것처럼 구성원들이 협동하고 동등한 지위와 책임을 가진다.
⑤ **가상 조직** : 컴퓨터 연결망상에 존재하는 가상공간을 통해 형성된 조직 형태로 컴퓨터와 정보통신 기술을 이용하는 조직을 말한다. 정보통신 기술의 비약적인 발달로 인해 최근에 등장한 것으로서 기존의 조직개념과 달리 공간과 시간, 그리고 조직의 경계를 넘어서는 것이 특징이다. [21] 기출

더 알아보기 — 네트워크형 조직

네트워크형 조직은 경영자가 조직적 장벽을 제거하거나 최소화시키기 위해 선택하는 조직구조 중 하나이다. 네트워크형 조직에서는 각 사업부서가 자신의 고유 기능을 독자적으로 수행함과 동시에 제품 생산이나 프로젝트 수행과 같이 유기적 연계가 필요한 경우에는 상호 협력한다. 다시 말해, 네트워크형 조직은 생산, 판매, 회계 등 조직의 전통적인 여러 기능들이 독립적 조직들로 분산되어 있음과 동시에 이들이 본사와의 계약에 의해 상호 연결되어 있는 조직구조이다. 조직 구성단위들 간의 유기적 연계성을 극대화시킨 조직이 바로 네트워크형 조직으로, 제조업 분야에서는 '모듈형 조직(Modular Organization)'이라고도 불린다.

기출문제분석

조직 내에는 꼭 필요한 핵심 기능을 보유하고 그 외의 기능들은 상황에 따라 다른 조직을 활용함으로써 조직의 유연성을 확보하고자 하는 조직구조는? 2020년

① 매트릭스 조직
② 라인-스태프 조직
③ 사업부제 조직
④ 네트워크 조직
⑤ 라인 조직

해설 네트워크 조직은 오늘날 흔하게 보이는 조직이며 특히 예능을 만드는 방송국, 게임업계 등 예체능을 다루는 분야에서 많이 사용되고 있다. 독립된 상업 부서들이 각자의 전문 분야를 추구하면서도 제품을 생산하거나 프로젝트의 수행을 위한 관계를 형성하여 상호 협력하는 것을 의미한다.

정답 ④

PART 04 단원핵심문제

제2과목 경영학

01 집단 내에 강력한 리더가 있는 것은 아니지만 어느 정도 대표성 있는 인물을 통해 비교적 공식적인 계층을 따라 의사소통이 신속하게 이루어지는 의사소통 네트워크 유형으로 옳은 것은?

① 완전연결형
② 바퀴형
③ 원 형
④ 연쇄형
⑤ Y형

> 해설 확고한 중심인은 존재하지 않아도 대다수의 구성원을 대표하는 리더가 존재하는 경우 나타나는 의사소통 네트워크 유형은 Y형이다.

02 오하이오 주립대학 모형의 리더십 유형 구분으로 옳은 것은?

① 구조주도형 리더 – 배려형 리더
② 직무 중심적 리더 – 종업원 중심적 리더
③ 독재적 리더 – 민주적 리더
④ 이상형 리더 – 과업지향형 리더
⑤ 무관심형 리더 – 인간관계형 리더

> 해설 오하이오 주립대학 모형은 리더십의 유형을 구조적 리더십과 배려적 리더십으로 나눴다.

03 집단의사결정 과정에서 나타나는 집단사고(Group Think)에 대한 설명으로 옳은 것은?

① 집단토의 전에는 개인의 의견이 극단적이지 않았는데 집단토의 후 의견이 양극단으로 쏠리는 현상이다.
② 응집력이 높은 집단에서 구성원들 간 합의에 대한 요구가 지나치게 커서 다른 대안의 모색을 저해하는 경향이 있다.
③ 집단구성원으로서 자신의 책임을 다하지 않고 회피하면서 보상의 분배에는 적극적으로 참여하는 현상이다.
④ 최초 집단의사결정이 잘못된 것이라는 사실을 알면서도 본능적으로 최초 의사결정을 방어하고 합리화하는 행동이다.
⑤ 책임을 분산시키기 위해 집단토의에서 더욱 위험한 선택을 하는 현상이다.

> 해설 집단사고에 의하여 응집력이 높은 집단에서 구성원들 간 합의에 대한 요구가 지나치게 커서 다른 대안의 모색을 저해하는 경향이 있다.

정답 01 ⑤ 02 ① 03 ②

04 허쉬와 블랜차드(P. Hersey & K. Blanchard)의 상황적 리더십 이론에 관한 설명으로 옳은 것은?

① 부하의 성과에 따른 리더의 보상에 초점을 맞춘다.
② 리더는 부하의 성숙도에 맞는 리더십을 행사함으로써 리더십 유효성을 높일 수 있다.
③ 리더가 부하를 섬기고 봉사함으로써 조직을 이끈다.
④ 리더십 유형은 지시형, 설득형, 거래형, 희생형의 4가지로 구분된다.
⑤ 리더십에 영향을 줄 수 있는 상황적 요소는 과업구조, 리더의 지위권력 등이다.

> **해설** 허쉬와 블랜차드의 상황적 리더십 이론에 의하면, 효과적 리더가 되기 위해서는 과업을 수행하는 하급자들의 성숙도에 맞추어 부하의 성숙도가 낮을 때는 과업지향적 리더, 성숙도가 높을 때는 인간관계지향적 리더가 유효하다고 주장하였다.

05 리더십 이론에 관련한 설명으로 옳은 것은?

① 특성이론(Trait Theory)에 의하면, 리더는 리더십 행사에서 상황의 영향을 받을 수 있음을 제시한다.
② 관리격자(Managerial Grid) 이론에 의하면, 중간관리자에게 가장 적절한 리더십 유형은 중간형(5.5)이다.
③ 피들러(F. Fiedler)의 상황이론에서는 리더십의 상황요인으로 리더-구성원 관계, 과업구조, 리더의 직위권한을 제시하고 있다.
④ 경로-목표이론(Path-Goal Theory)에서는 의사결정 상황에 따라 리더의 의사결정 유형을 달리하는 의사결정나무(Decision Tree)를 제시하고 있다.
⑤ 허쉬와 블랜차드(P. Hersey & K. Blanchard)의 리더십 이론에 의하면, 부하의 성숙도가 높을 경우에는 판매 또는 지도형의 리더가 적합하다.

> **해설** ① 리더십 특성이론은 리더는 리더십을 타고난다고 보고 있다.
> ② 관리격자(Managerial Grid) 이론에 의하면 중간관리자에게 가장 적절한 리더십 유형은 이상형(9.9)이다.
> ④ 리더십 규범이론에서는 의사결정 상황에 따라 리더의 의사결정 유형을 달리하는 의사결정나무(Decision Tree)를 제시하고 있다.
> ⑤ 허쉬와 블랜차드(P. Hersey & K. Blanchard)의 리더십 이론에 의하면, 부하의 성숙도가 높을 경우에는 인간관계지향적 리더가 적합하다.

06 조직변화에 대한 저항요인으로 옳지 않은 것은?

① 현상고수의 집단규범　　② 구조적 관성
③ 미래세계에 대한 두려움　　④ 실패에 대한 불안
⑤ 경영자의 야망

> [해설] 경영자의 야망은 조직변화에 대한 저항요인이 아니다.

07 집단의사결정의 장점으로 옳지 않은 것은?

① 구성원들로부터 다양한 정보를 얻을 수 있다.
② 다각도로 문제에 접근할 수 있다.
③ 구성원의 합의에 의한 것이므로 수용도와 응집력이 높아진다.
④ 서로의 의견에 비판 없이 동의하는 경향이 있다.
⑤ 의사결정에 참여한 구성원들의 교육효과가 높게 나타난다.

> [해설] 집단의사결정의 단점은 서로의 의견에 비판 없이 동의하는 경향이 있다는 것이다.

08 허즈버그(F. Herzberg)의 2요인 이론에서 동기요인(Motivator)으로 옳은 것은?

① 감 독　　② 성취감
③ 복리후생　　④ 작업환경
⑤ 임 금

> [해설] 성취감은 동기요인이다.

09 동기부여의 내용이론으로 옳은 것은?

① 성취동기이론　　② 기대이론
③ 공정성이론　　④ 목표설정이론
⑤ 인지평가이론

> [해설] 성취동기이론은 내용이론에 속한다.

[정답] 06 ⑤　07 ④　08 ②　09 ①

10 리더십에 대한 설명으로 옳지 않은 것은?

① 피들러(Fiedler)의 리더십 모형에서는 리더의 공식적 파워(Position Power), 과업구조(Task Structure), 리더와 부하 간의 관계라는 요인이 리더에 대한 호의적 상황을 결정한다고 보았다.
② 허쉬와 블랜차드(P. Hersey & K. Blanchard)는 과업을 수행하는 부하의 성숙도(Maturity)에 맞추어 과업지향적 행위와 인간관계지향적 행위를 조정하는 리더가 효과적이라고 보았다.
③ 하우스의 경로-목표이론에서는 부하의 특성 및 작업환경의 특성이라는 상황변수를 고려하여 지시적(Directive), 후원적(Supportive), 참여적(Participative), 성취지향적(Achievement-oriented) 리더십을 적절히 구사해야 된다고 보았다.
④ 거래적 리더십은 장래비전에 대한 공유를 통해 부하의 몰입도를 높여 부하가 원래 생각했던 성과 이상을 달성할 수 있도록 동기부여시키는 것이다.
⑤ 슈퍼리더십은 종업원을 스스로 판단하고 행동하며 책임질 수 있는 셀프리더로 키우는 리더십이다.

해설 변혁적 리더십은 장래비전에 대한 공유를 통해 부하의 몰입도를 높여 부하가 원래 생각했던 성과 이상을 달성할 수 있도록 동기부여시키는 것이다.

11 배스(B. Bass)의 변혁적 리더십에 포함되는 4가지 특성으로 옳지 않은 것은?

① 카리스마(이상적 영향력)
② 영감적 동기부여
③ 지적인 자극
④ 개인적 배려
⑤ 성과에 대한 보상

해설 **변혁적 리더십**
문화 자체를 변혁시키고 집단의 욕구체계를 바꾸려는 리더십이며, 변혁적 리더십의 4가지 분석 척도는 이상적 영향력, 영감적 동기, 지적 자극, 개별적 배려이다.

PART 05 인적자원관리

제2과목 경영학

체크포인트
1. 목적의 명확화 : 관련 과목의 내용에서 무엇을 파악할 것인가를 명확히 하라.
2. 트리구조로 파악 : 숲을 먼저 본 다음, 개념으로 전체를 파악한다. 특히 중심핵심어를 파악하라.
3. Key Point 정리 : 용어의 정리를 통해 각 포인트별 연결되는 내용을 정리하라.

1 인적자원관리의 개관 25 기출

1. 인적자원관리

(1) 인적자원관리 개념 24 기출

① 인력의 충원과 유지, 활용, 개발에 관한 계획적이고 조직적인 관리활동의 체계를 말한다. 인적자원관리의 가장 중요한 과제는 조직의 목표와 개인의 목표가 조화를 이루도록 하는 일이다. 그러므로 인적자원관리는 조직구성원들이 자발적으로 조직의 목표달성에 적극적 참여 및 기여하도록 함으로써 조직의 발전과 개인의 발전이 균형을 이루도록 해야 한다. 이러한 점에서 조직에서 사람을 다루는 철학과 그것을 실현하는 제도와 기술의 체계가 인적자원관리라고 할 수도 있다.

② 인적자원관리는 조직체의 인적자원을 관리하는 경영의 한 분야로서 생산관리, 마케팅, 재무, 회계 등 다른 경영분야와 더불어 조직의 전반적 경영전략과 목표달성에 중요한 기능을 발휘한다. 인적자원관리에는 여러 가지 기능이 포함되어 있고, 이들 기능은 상호 간에 밀접한 관계를 맺고 있기 때문에 이들 기능을 체계적으로 분류하기가 매우 어렵다. 그러나 관리과정의 관점에서 볼 때, 인적자원관리는 크게 인적자원의 확보, 활용, 개발로 나눌 수 있다.

(2) 인적자원관리의 중요성

① 지식기반사회의 도래에 따라 생애능력의 개발이 중요해지고 있다.
② 지식과 정보를 주축으로 하는 월드 와이드 웹(World Wide Web)의 확대와 노동의 국제적 이동이 가속화됨에 따라 국제 표준에 의한 인적자원개발 및 관리체제의 필요성이 증대되고 있다.
③ 산업사회가 요구하는 상황적응적 기능인력 양성체제는 다품종 소량생산 체제에 적합한 다양한 채널을 통한 맞춤형 인력 양성체제로 전환되고 있다.
④ 지식, 정보 격차의 심화에 따라 사회적 통합 및 결속을 유지하기 위한 소외계층의 인력개발을 통해 자립 기반 및 생산적 복지 대책을 마련해야 할 필요성이 증대되고 있다.
⑤ 노동력 공급의 불균형을 해소하기 위한 인적자원관리의 필요성이 증대되고 있다.

2. 직무관리

(1) 직무관리의 개념

직무관리란 직무의 성격과 사람의 능력에 대한 연구를 통해 해당 직무에 적합한 능력과 적성을 지닌 사람을 선발·배치하여 업무를 효율적으로 수행하게 하는 인사관리의 중요한 부문으로, 사람이 수행하는 직무를 분석하고 설계하며 평가하는 업무를 말한다. 이를 통해 업무수행을 위하여 어떠한 노동력이 요구되는지 확정하고 직무 간의 관계구조를 설정하여 조직의 목표달성에 부합하도록 개인별 업무를 구조화할 수 있다.

(2) 직무관리의 절차

> 직무분석 → 직무기술서/직무명세서 → 직무평가 → 직무설계

① 직무분석
  ㉠ 의의 : 직무분석은 직무를 구성하고 있는 일의 전체, 그 직무를 수행하기 위해서 담당자에게 요구되는 경험·기능·지식·능력·책임, 그 직무가 다른 직무와 구별되는 요인을 각각 명확하게 하는 기술적인 수단 방법을 말한다. 직무분석의 결과물인 직무기술서(업무 특성)와 직무명세서(업무담당자의 특성)는 직무평가/직무설계 및 기능적 인사관리에 활용된다.
  ㉡ 목 적
    • 권한과 책임의 명확화를 위한 조직관리를 합리화한다.
    • 인적자원의 모집, 선발, 배치, 이직의 기초자료를 제공한다.
    • 직무급의 전제가 된다.
  ㉢ 직무분석 방법
    • 면접법 : 직무수행자의 정신적 활동까지 파악할 수 있으며, 정확한 자료 확보가 용이하다는 장점이 있어 가장 많이 활용된다.
    • 관찰법 : 평상시 직무수행을 관찰하는 방법으로 표준화된 반복적인 활동일 경우 활용하며, 정신적인 면은 관찰이 불가능하다. 많은 시간이 소요되는 것이 단점이다.
    • 질문지법 : 시간 및 비용이 절약되며 사전교육 효과가 증대되나, 질문지 개발에 많은 시간과 노력이 필요하다.
    • 워크샘플링 : 직무수행자가 매일 작성하는 작업일지나 메모사항을 통해 해당 직무정보를 수집하는 방법으로, 비교적 적은 시간과 비용이 소모되나 신뢰성에 문제가 있다.
    • 중요사건법 : 중요가치 위주의 정보를 수집하며 포괄적 정보 획득이 불가능하다.

② 직무기술서와 직무명세서 19 20 기출

> **학습포인트**
> 직무기술서와 직무명세서의 차이점에 대하여 알아두자.

㉠ 직무기술서
- 의의 : 직무수행과 관련된 과업 및 직무행동을 직무요건을 중심으로 기술한 양식으로, 직무분석 결과에 의거하여 직무수행과 관련된 과업 및 직무행동을 일정한 양식에 기술한 문서이다. 즉, 과업의 특성에 대한 정보를 기록한 것이다.
- 특징 : 실제로 행해지는 직무행위에 대한 기술일 필요는 없으나, 직무행위의 개선사항까지 포함되므로 반드시 이상적이라 기대하는 직무행위에 대한 기술을 포함한다.
- 내 용
  - 직무표식 : 직무명, 직무번호, 소속부서명
  - 직무개요 : 직무수행의 목적과 내용
  - 직무내용 : 직무의 내용, 고용요건, 작업시간
  - 직무요건 : 직무수행에 필요한 책임과 정신적·신체적·전문적 요건

㉡ 직무명세서
- 의의 : 직무의 특성에 중점을 두어 간략하게 기술된 직무기술서를 기초로 하여 직무의 내용과 직무에 요구되는 자격요건(인적 특징)을 일정한 형식으로 정리한 문서이다. 주로 모집과 선발에 사용되며 여기에는 직무의 명칭, 소속 및 직종, 교육 수준, 기능·기술 수준, 지식, 정신적 특성(창의력·판단력 등), 육체적 능력, 작업경험, 책임 정도 등에 관한 사항이 포함된다.
- 특징 : 직무분석의 목적에 따라 고용명세서, 교육훈련용·조직확립용·임금관리용 직무명세서, 작업방법 및 공정개선명세서 등이 있으며, 직무기술서와 더불어 직무개선과 경력계획, 경력상담에 사용된다. 직무분석의 결과를 문서로 정리·기록하였다는 점에서는 직무기술서와 같으나 직무기술서가 직무내용과 직무요건을 동일한 비중으로 다루고 있는 데 비하여 직무명세서는 직무내용보다는 직무요건에, 그중에서도 인적 요건에 큰 비중을 두고 있다는 점에 특징이 있다.
- 내용 : 직무내용, 노동부담, 노동환경, 위험도, 직무조건, 결과책임, 지도책임, 감독책임, 권한, 용구 및 재료 등을 밝혀 둔 것이다. 경우에 따라서는 직무담당자의 자격, 교육 정도, 경력, 기능 수준, 환경 등도 포함된다.

㉢ 직무기술서와 직무명세서의 비교
직무분석의 결과를 일정한 서식으로 기록, 정리한 문서라는 점에서 동일하지만 직무기술서는 과업중심적인 직무분석에 의해 작성되며 직무명세서는 직무수행자의 인적 요건에 초점을 둔다.

[직무기술서와 직무명세서의 비교]

구 분	직무기술서(Job Description)	직무명세서(Job Specification)
개 념	• 직무수행과 관련된 과업 및 직무 행동을 직무 요건을 중심으로 기술한 양식 • 직무기술서의 내용은 특정 직무의 내용을 조직 전체와 연계하여 기술	특정 직무를 수행하기 위해 요구되는 지식, 기능, 육체적·정신적 능력 등 인적 요건을 중심으로 기술한 양식
포함 내용	• 직무 명칭(Job Title), 직무 코드 • 직무의 소속 직군, 직렬, 직종 • 직급(직무 등급) • 직무 개요, Mission • 직무를 이루고 있는 구체적 과업의 종류 및 내용 • 직무의 책임과 권한 • 직무수행 방법 및 절차 • 보고 채널 및 다른 직무와의 관계 • 직무의 투입물, 산출물 • 업무상 대인관계, 대내외 접촉 기관 • 직무수행자의 수	• 요구되는 교육 수준 • 요구되는 지식 • 요구되는 기능, 기술 • 요구되는 정신적, 육체적 능력 • 요구되는 경험 • 인성 및 적성 • 가 치 • 태 도 • 성 별 • 적정 연령 • 자격, 면허
작성 요건	명확성, 단순성, 완전성, 일관성	

③ 직무평가

직무 간의 임금비율을 정하는 가장 기본적인 절차로서, 각 직무 상호 간의 비교에 의하여 상대가치를 결정하는 일이다. 직무분석에 의해서 내용이 확정된 직무에 대하여 그 내용과 특징, 담당자의 자격요건·책임·숙련도 등에 따라 등급이 정해진다.

㉠ 방 법
• 서열법

의 의	• 가장 오래되고 사용하기 쉬운 방법으로서 해당 직무들에 대해 기업의 목표달성 관련 중요도, 직무수행상 난이도, 작업환경 등을 포괄적으로 고려하여 그 상대적 가치를 기초로 순위를 결정하는 방법이다. • 직무 간에 차이가 명확하거나, 평가자가 모든 직무에 대하여 잘 알고 있는 경우 적용이 가능하다.
장 점	신속·간편하게 직무등급을 설정할 수 있다.
단 점	• 직무등급을 정하는 일정한 표준이 없으므로 평가결과를 객관화하기가 곤란하며 평가의 신뢰도를 확보하기 어렵다. • 직무의 수가 많고 내용이 복잡해지면 적용이 어렵다.

• 분류법

의 의	• 서열법이 좀 더 발전된 것으로 사전에 만들어 놓은 등급에 각 직무를 적절히 판정하여 해당 등급에 맞추어 넣는 평가방법이다. • 등급분류는 직무의 수, 복잡도 등에 따라 달라진다.
장 점	간단하고 이해가 쉬우며 비용이 적게 소요된다.
단 점	• 등급을 결정하는 데 있어 광범위한 일반성을 지닌 개념을 사용해야 하므로 이는 결과적으로 애매모호한 기술을 하게 되어 그 해석에 논란이 있게 된다. • 직무의 수가 많고 복잡하면 적용이 어렵다. • 개별등급에 대한 정의를 내리기 어렵다.

- 점수법

의 의		직무를 평가요소로 분해하고 척도에 의해 평가요소별 점수를 부여한 후 요소별 중요도에 따른 가중치를 적용함으로써 최종점수를 통한 직무의 가치를 평가하는 방법이다.
	평가요소의 요건	각 직무에 공통적이고 객관성을 가지고 있고, 노사쌍방이 납득할 수 있으며 직무내용을 구성하는 중요한 요소이어야 한다. 주로 숙련, 노력, 책임, 작업조건이 해당된다.
	가중치 설정기준	가능한 객관적인 사실을 기준으로 판단해야 하며, 기업전체의 목표 달성, 개별직무의 성공적 수행, 평가요소의 신뢰도 등이 주요 판단 기준이 된다.
장 점		수량적·분석적인 가치표현을 하게 되므로 직무의 상대적 차등을 명확하게 정할 수 있으며, 종업원들에게 평가결과에 대하여 이해와 신뢰를 얻기에 용이하다.
단 점		평가요소 및 가중치 선정이 매우 어려워 고도의 숙련도가 요구되며, 또한 많은 준비 시간과 비용이 소요된다.

- 요소비교법

의 의	기업이나 조직에 있어서 직무내용이 표준화되어 있고, 임률이 시장에서 객관적으로 인정되는 몇 개의 기준 직무를 선정하고, 평가요소별 기준 직무와 일반 직무를 비교함으로써 모든 직무의 상대적 가치를 결정하는 방법이다.
특 징	• 점수법이 각 평가요소별 척도를 기준으로 점수를 부여하는 데 반하여, 요소비교법은 평가요소별로 기준 직무를 서열화하여 평가한다. • 직무의 상대적 가치를 임금액으로 평가하는 방법으로서 평가점수를 바로 임금으로 환원할 수 있다.
장 점	직무평가의 결과가 바로 임금 수준과 연결되어 임금의 공정성 확보에 상당히 기여할 수 있으며, 평가과정이 다른 평가방법에 비해 매우 정교하며 타당도와 신뢰도가 높다.
단 점	• 기준 직무의 평가에 정확성을 기하기 어려우며 기준 직무에 대한 직무평가의 정확성이 결여되면 전체 직무평가까지 영향을 미친다. • 시간·비용이 많이 들고 평가척도의 구성과 절차가 복잡하여 종업원에게 충분히 이해시키기 어렵다.

기출문제분석

직무수행에 요구되는 지식, 기능, 행동, 능력 등을 기술한 문서는? 2019년

① 고용계약서 ② 역량평가서
③ 직무평정서 ④ 직무기술서
⑤ 직무명세서

해설 직무기술서와 직무명세서의 차이점 : 직무분석의 결과를 정리·기록하였다는 점에서는 두 문서가 다를 바 없으나, 직무기술서가 직무내용과 직무요건을 동일한 비중으로 다루고 있는 데 비하여 직무명세서는 직무내용보다는 직무요건에 특히, 인적 요건에 큰 비중을 두고 있다는 점에서 차이가 있다. 직무기술서에 기록되는 사항은 통상 직무명칭, 소속·직종, 직무내용, 직무수행에 필요한 각종 도구, 직무수행 방법 및 절차, 작업조건 등이다.

정답 ⑤

ⓒ 목 적
- 직급체계 개편 : 직무가치 중심의 직무등급체계 구축이 가능하다.
- 보상에 활용 : 기본급체계 설계기준과 시장임금조사 기준을 제시, 직무급 도입을 통해 동일 등급 내에서도 상이한 보상등급체계 구축이 가능하다.
- 평가에 활용 : 직무평가를 통하여 직무등급체계를 구축함으로써 직무별·직급별 필요역량을 밝히고 이에 대한 평가를 진행한다.
- 육성에 활용 : 직무역할 발달 단계 및 경력개발 기준을 제시함으로써 육성의 가이드를 제공한다.
- 비핵심 직무 아웃소싱 : 핵심 직무영역과 비핵심 직무영역을 구분한다.

ⓒ 직무평가에 대한 이해와 오해

직무평가에 대한 정확한 이해	직무평가에 대한 오해
• 직무평가 대상은 직무 그 자체임 • 직무의 상대적 가치를 평가 • 가치가 개재되는 판단 작업임 • 직무평가는 조직전략 및 가치체계가 반영되어야 함	• 직무평가 대상은 직무수행자임 • 직무의 절대적 가치를 평가하는 것임 • 기계적으로 결과가 도출되는 과학적 과정 • 어느 회사, 어느 조직에서건 보편적 기준이 적용될 수 있음

더 알아보기 임금피크제도 [17] 기출

- 임금피크제도는 근로자의 계속된 고용을 위해서 연령을 기준으로 하여 임금을 조정하고 일정기간의 고용을 보장하는 제도이다. 즉, 일정한 연령 이후에 업무 능력이 떨어지는 장기근속직원에게 임금을 줄여서라도 고용을 유지하도록 하는 능력급제의 일종이며, 일정한 근속년수가 되어 임금이 피크에 다다른 뒤에는 다시 일정 퍼센트씩 감소하도록 임금체계를 설계하는 것을 의미한다.
- 임금피크제도가 도입된 배경에는 고령화, 글로벌화, 고용불안, 임금상승 등이 있다.

④ **직무설계** [19] [20] 기출
   ⓐ 의의 : 개인과 조직을 연결시켜 주는 가장 기본적인 단위인 직무의 내용과 방법 및 관계를 구체화하여 종업원의 욕구와 조직의 목표를 통합시키는 것을 말한다. 그러므로 직무설계란 과업들을 하나의 직무로 조직화하는 과정으로 직무의 내용, 기능, 관계를 결정하는 중요한 문제이다. 직무가 제대로 설계되어야 직무 간의 적합성을 통하여 조직의 전략적 목표를 달성할 수 있다.
   ⓑ 전통적 직무설계와 현대적 직무설계
   - 전통적 직무설계 : '직무'를 중심으로 하고 여기에 사람을 적응시키는 개념으로서 효율성의 논리에 바탕을 두고 있다. 즉, 분업에 따른 전문화나 시간 연구와 동작 연구는 모두 이 효율성을 목표로 하는 직무관으로 직무수행자의 내면적인 욕구보다는 전문화된 직무를 효율적으로 수행하는 것에 초점을 맞추고 있다.
   - 현대적 직무설계 : 전통적인 직무설계 개념을 직무 중심에서 '인간' 중심으로 승화시킨 개념으로, 직무수행자에게 의미와 만족을 가져다줄 수 있도록 직무내용 및 작업방법을 설계함으로써 개인의 욕구를 충족시키고 조직의 목표 또한 효율적으로 달성하는 것을 추구하는 인적자원 관리의 기본 수단이 되고 있다.

> **학습포인트**
> 현대적 직무설계의 방법은 출제될 수 있는 내용이므로 꼭 알아두자.

ⓒ 방 법
- 직무순환 : 경력발전 등을 위해 한 구성원이 여러 직무를 차례로 경험하도록 하여 능력과 자질을 높이고자 하는 인사관리 방법을 말한다. 이는 조직구성원의 배치를 단순하게 바꾸는 것을 말하는 것이 아니라, 구성원의 배치전환을 계획적으로 수행하는 인사관리 수단이다. 오랫동안 특정한 직무영역에 종사하게 되면 전문성은 높아질 수 있으나 시야가 좁아질 우려가 있으며, 특히 폭넓은 시야와 판단을 필요로 하는 관리자의 양성방법으로 많이 사용된다.
- 직무확대(수평적 직무확대) : 직무를 수평적으로 확대할 때 관련된 과업을 추가적으로 설명하기 위한 용어를 말한다. 현재의 직무에 유사한 과업을 추가해 줌으로써 기술다양성을 증가(Increased Skill Variety)시키고, 보다 의미 있는 과업정체성(More Meaningful Task Identity)이 있는 직무를 부여하며 단순반복을 없앰으로써 능률을 향상시키고자 한다. 예 수행활동 수 증가, 검사책임 할당, 작업방법의 선택기회 부여
- 직무충실화(수직적 직무확대/작업 윤택화) : 직무를 수직적으로 확대하여 직무의 심도(Depth)를 증대시킨다. 자기 직무의 계획, 실시, 평가에 대하여 보다 큰 영향력을 행사하도록 하여 작업자에게 자유재량권, 독립성을 어느 정도 보장하고 책임이 따르는 완전한 활동(Complete Activity)을 하게 함으로써 능률을 향상시키도록 하는 방법이다.

기출문제분석

현대적 직무설계방안으로 옳은 것은?   2019년

① 직무순환   ② 직무확대
③ 직무전문화   ④ 직무충실화
⑤ 준자율적 작업집단

해설
- 전통적 접근방법 – 직무전문화
- 과도기적 접근방법 – 직무순환과 직무확대
- 현대적 접근방법 – 직무충실화, 직무특성이론, 사회·기술 시스템 접근법, 팀 접근기법 등

정답 ④

(3) 직무특성이론(Job Characteristic Theory) 19 기출

① 직무특성이론은 개인의 성장 욕구 수준이 직무특성과 심리상태, 심리상태와 성과 간의 관계를 조절하는 변인으로 작용한다는 가정에 입각해 있다.
② 직무특성이 직무 수행자의 성장 욕구 수준(Growth Need Strength)에 부합될 때 긍정적인 동기유발 효과를 초래하게 된다는 해크먼(J. Hackman)과 올드햄(G. Oldham)의 동기부여이론을 말한다. 그들은 어떤 직무가 갖는 잠재적 동기지수(MPS ; Motivating Potential Score)에는 기술다양성(Skill Variety), 과업정체성(Task Identity), 과업중요성(Task Significance), 자율성(Autonomy), 환류(Feedback)의 5가지 직무특성이 모두 영향을 미치며, 그 가운데서도 자율성과 환류가 중요한 영향을 미친다고 강조한다.

기출문제분석

해크먼(R. Hackman)과 올드햄(G. Oldham)의 직무특성모형에서 직무특성화를 위한 5가지 핵심적 특성이 아닌 것은?   2013년

① 기능다양성   ② 과업정체성
③ 과업중요성   ④ 과업몰입도
⑤ 피드백

해설 해크먼과 올드햄의 직무특성모형에서 직무특성화를 위한 5가지 핵심 특성으로 기능의 다양성, 과업의 정체성, 과업의 중요성, 과업의 자율성, 피드백 등이 있다.

정답 ④

---

2 인적자원의 확보관리

1. 인적자원의 확보

인적자원의 개념은 주로 자산(Asset)과 투자(Investment) 관점에서 이해될 수 있다. 인적자원을 자산으로 보는 관점은 구성원들을 자산으로 여김으로써 조직체의 부(富)의 중요한 부분으로 이를 강조한다. 인적자원을 조직의 부로 보는 것은 조직체의 자산가치를 높이기 위하여 우수한 인력을 확보하고, 이를 아끼고 활용하며, 항상 높은 가치를 유지하도록 노력하는 것을 의미한다. 인적자원을 투자로 보는 관점은 그들의 잠재능력을 개발하기 위해 투자함으로써 자산으로서 그들의 가치를 항상 높이는 동시에 조직의 부도 증가시키는 것을 의미한다.

(1) 인적자원계획(인력계획)

인적자원계획은 현재 및 장래의 각 시기에 조직에서 필요한 인력을 양적인 차원에서 사전에 예측하고 결정하는 한편, 이를 충족시킬 수 있는 조직 내·외부의 인적자원을 수급, 배치(이동), 정리 등을 중심으로 하는 인사기능을 말하는 것으로, 이를 조직현장에서는 흔히 인력계획(Manpower Planning), 인사계획(Personnel Planning)이라고 한다.

(2) 모 집

① 의 미

조직이 그 목적 활동에 적합한 인력을 확보하기 위하여 유능한 사람들을 유치하는 활동 내지 그 과정이다.

② 방 법

㉠ 사내모집 : 사내게시판이나 사보를 이용하여 공개모집한다.

장 점	단 점
• 종업원의 자기계발을 유도한다. • 종업원의 사기가 고취된다. • 정확한 평가가 가능하다. • 채용비용이 절감된다.	• 종업원들의 과다한 경쟁을 부추긴다. • 내부이동 시 교육비용 추가지출이 발생한다. • 모집범위가 제한된다.

㉡ 사외모집 : 광고활동, 헤드헌터, 현직 종업원에 의한 추천, 교육훈련기관, 일시 고용계약, 채용박람회, 인턴제도 등을 이용하여 모집한다.

장 점	단 점
• 회사내부 분위기가 전환된다. • 특수한 인재채용이 가능하다. • 교육비용 감소가 가능하다.	• 적응기간이 소요된다. • 기존 사원과의 갈등이 있을 수 있다. • 부정확한 평가가 발생할 수 있다. • 높은 채용비용이 발생한다.

(3) 선 발 [18] 기출

① 의의 : 필요한 인재의 자격요건을 정확히 하고, 학력이 아닌 경력과 능력의 선발기준을 가지고 해당 기업의 목적과 문화에 적합한 인재관을 설정하여야 한다.

② 선발 방법

㉠ 종합적 방법 : 주로 중소기업에서 이용되는 선발방법으로서 면접시험 선발의 단계가 집중적으로 이루어지며, 최종단계에서 채용자를 결정하는 방식이다. 지원자를 폭 넓게 심사하므로 우수지원자를 확보할 수 있지만, 시간이 많이 소요된다는 단점이 있다.

㉡ 단계적 방법 : 주로 대기업에서 이루어지는 방법으로 예비면접, 서류시험, 선발면접, 경력조회, 신검, 최종결정의 각 단계에서 순차적으로 기준 미달자를 배제하는 방식으로, 우수지원자가 탈락할 위험이 있다는 단점이 있다.

③ 면접의 종류

㉠ 정형적 면접 : 직무명세서를 기준으로 하여 미리 작성된 질문 목록으로 질문하는 방법이다.

㉡ 비전형적 면접 : 피면접자에게 최대한 의사표시의 자유를 주고 그 가운데서 정보를 얻는 방법이다.

㉢ 스트레스 면접 : 피면접자의 약점을 공개적으로 비난하여 피면접자의 반응을 관찰하는 방법이다.

㉣ 집단면접 : 특정문제에 관한 집단별 자유토론 과정을 통해 피면접자를 평가하는 방법이다.

㉤ 패널면접 또는 위원회 면접 : 다수의 면접자가 한 명의 피면접자를 평가하는 방법이다.

> **더 알아보기** 　인적자원 확보관리 방법
>
> **기존의 채용방식의 문제점과 개선방안**
>
> | 문제점 | 개선안 |
> | --- | --- |
> | 학력 위주의 선발기준 | 능력과 직무 중심의 선발기준 확립 |
> | 획일적·전형적 선발시험 | 인력이 필요한 시점에서의 상시 수시모집 |
> | 선발도구의 신뢰성·타당성의 문제 | 행동관찰 면접 등 다양한 시험방법 등 도입 |
> | 인사부서에 의한 일괄 채용 | 현장의 인력 필요성에 따른 유연한 인력수급정책 |
>
> **평가센터법의 개념 및 특징**
> - 평가센터법(Assesment Center)이란 주로 관리자들의 선발(Selection), 개발(Development), 적성/능력 등의 진단(Inventory)을 위하여 실시된 평가방법 중 하나이다.
> - 일반적으로 2~3일 동안 외부와 차단된 별도의 교육장소에서 다수의 평가자(인사분야 전문가, 교수, 실무 담당자 등)가 일정한 기준을 가지고 평가를 실시한다.
> - 복수(6~12명)의 참가자들이 참가하여 다수의 평가자들이 평가한다.
> - 참가자들에게 주어지는 조건들은 가급적 동등하며 보통 참가자들의 '행동'을 주로 평가한다.

(4) 배 치

각 직무에 선발된 지원자를 계획된 직무에 배정하는 것과 승진을 수반하지 않고 동일 수준의 다른 직무로 수평이동하는 것을 말한다.

> **더 알아보기** 　조직사회화
>
> 신입사원이 조직에 들어와 조직의 가치, 규범, 행동양식, 그리고 업무수행방식 등을 습득하여 조직의 기대에 맞도록 융화되는 과정을 말한다.

2. 교육훈련

> **학습포인트**
> OJT와 Off-JT를 비교 분석하는 문제가 나올 수 있으니 꼭 알아두자.

(1) 의 의

교육훈련이란 직무수행능력을 향상시킬 목적으로 지식, 기술, 태도, 가치관의 변화를 촉진하는 활동을 말한다.

(2) 종 류

① **직장 내 교육훈련(OJT)** : 회사 내에서 업무를 진행하면서 직속상사로부터 교육 및 훈련을 받는 것으로 실무상의 교육이다.

장 점	단 점
• 훈련이 추상적이지 않고 실제적이다. • 실시가 Off-JT보다 용이하다. • 훈련으로 학습 및 기술향상을 할 수 있어 구성원의 동기를 유발할 수 있다. • 상사나 동료 간 이해와 협동정신을 강화시킨다. • 낮은 비용으로 가능하다. • 훈련을 하면서 일할 수 있다. • 구성원의 습득도와 능력에 맞게 훈련할 수 있다.	• 상사의 교육능력이 떨어질 수 있다. • 일과 훈련 모두 소홀히 할 가능성이 있다. • 많은 구성원들을 한꺼번에 훈련시킬 수 없다. • 교육훈련의 내용과 수준을 통일시키기 곤란하다. • 전문적인 지식과 기능을 가르치기 힘들다.

② **직장 외 교육훈련(Off-JT)** : 회사를 떠나서 교육훈련을 담당하는 전문 스텝의 책임하에 집단적으로 교육을 실시하는 방법이다.

장 점	단 점
• 현장의 업무수행과는 관계없이 예정된 계획에 따라 실시할 수 있다. • 많은 종업원을 동시에 교육할 수 있다. • 전문적인 교수 요원이 실시한다. • 교육생은 업무 부담에서 벗어나 훈련에 전념하므로 교육의 효과가 높다.	• 교육훈련 결과를 현장에서 바로 활용하기 곤란하다. • 직무수행에 필요한 인력이 줄어든다. 즉, 남아있는 종업원의 업무 부담이 늘어난다. • 비용이 많이 든다.

3 인적자원의 개발관리

1. 경력개발(Career Development)

(1) 의 의

피고용자의 활용도를 최적화하기 위하여 조직 내에서 피고용자를 계발 또는 승진시키는 데 쏟는 계획적·조직적 노력의 과정이다. 일반적으로 경력개발에는 승진을 위한 경로를 계획하는 것, 개인적 성장의 기회를 마련하고 직무능력을 향상시키는 것, 피고용자의 능력과 적성에 맞는 목표를 세울 수 있도록 카운슬링을 하는 것 등이 포함된다.

(2) 목 적

① 인재의 효율적인 확보 및 배분을 통한 조직효율성의 증대를 위함이다.
② 종업원의 자질 향상, 후계자 확보, 이직 방지, 자아발전의 욕구 충족, 인간존중, 개발 지향 등이다.

(3) 경력관리의 기본체계
① **경력목표** : 경력상 도달하고 싶은 미래의 직위
② **경력계획** : 경력경로를 구체적으로 선택하는 과정
③ **경력개발** : 개인 또는 조직이 실제적으로 참여하는 활동
④ **경력경로** : 개인이 경험했거나 앞으로 경험해야 할 직위의 연속

2. 인사이동과 승진관리

넓은 뜻으로는 승진·강등·직무변경 등을 포함한다. 인사관리상의 인사이동의 의의는 적재적소의 실현, 후계자 육성 및 교육훈련, 사기진작, 업무내용의 변화에 대응한 인원 배치, 신상필벌의 정확성 등을 들 수 있다.

(1) 인사이동
인재활용은 기업경영의 사활이 달린 사안으로, 종신고용제에서는 인사이동이 기업의 생명력을 유지하고 그 기능을 발휘하기 위하여 필요불가결하다. 적정한 인사이동은 직무분석과 인사고과에 따라 계획적·합리적으로 이루어져야 한다. 종업원의 성격, 능력, 근무상태 등을 평가하여 조직에서 직위의 위치를 변경시키는 것이며, 수직적 이동과 수평적 이동이 있다.

(2) 승 진
승진은 상위의 직위로 이동한다는 점에서 동일한 책임과 권한의 다른 직위로 수평적으로 이동하는 배치전환(Transfer)과 구별된다. 승진에는 권한과 책임의 증대뿐만 아니라 위신의 증대, 급여나 임금의 증가 등이 뒤따르는 것이 보통이다. 따라서 승진은 종업원에게 동기를 부여하여 근로의욕을 증진시키고, 종업원의 잠재능력을 발휘하는 기회를 제공하는 중요한 수단이 된다.

① **연공주의**
연공이 높은 종업원을 우선적으로 승진시켜야 한다는 입장으로, 조직환경 변화에 대한 유연성이 낮아 생산성이 낮으며 조직침체가 유발된다. 따라서 우수한 인재의 이직이 발생할 수 있는 단점이 존재한다.

② **능력주의**
승진후보자가 보유하고 있는 능력을 중시해야 한다는 입장으로 능력을 승진의 최상위 기준으로 하여 조직목표 달성에 기여하는 업무수행능력에 따라 승진에 우선권을 주는 방법이다. 조직의 효율성과 공평성의 관점에서 바람직하다.

③ **절충주의(연공주의 + 능력주의)**
환경요소와 조직의 실정에 맞는 적절한 절충주의를 택하는 것이 바람직하다.

> **더 알아보기**   연공주의와 능력주의의 조화를 위한 전제조건
>
> - 근로자에 대한 직무 및 업무관련 자료가 정확히 파악되어야 한다.
> - 근로자의 배치 및 승진계획에 대해 확실한 자료가 있어야 한다.
> - 근로자의 업무능력을 공정하게 평가할 수 있는 시스템이 갖추어져 있어야 한다. 즉, 객관적이고 명확한 인사고과제도가 확립되어야 한다.
> - 고충처리제도 등을 보완하여 근로자가 어느 정도 수긍할 수 있는 검토계획을 세워야 한다.

(3) 승진제도의 유형

① 직계승진

직무담당자의 경험, 능력, 숙련, 기능 등의 신장에 의하여 보다 상위의 직위나 직계로 그 배치가 변경되는 것으로, 직무중심적 능력주의이다.

② 자격승진

㉠ 신분 자격승진 : 사람 중심적 연공주의에 입각한 제도로, 직무수행과 관계없는 연령, 학력, 근속연수 등과 같은 각 개인의 속인적 자격요건에 따른 승진유형이다.

㉡ 능력 자격승진 : 연공주의 장점에 능력주의를 첨가한 유형으로, 직무요건과 직결되지는 않지만 각 개인이 보유한 지식, 기능, 능력 등과 같은 잠재적 능력을 평가한다.

③ 역직승진

관리체계로서의 직위, 즉 라인직위계열(대리-과장-차장-부장)상의 승진을 말한다.

④ 대용승진

실질적인 직무의 내용에는 변화가 없이 직위의 명칭이나 자격호칭과 같은 형식적인 면에서의 승진으로, 임금이나 복리후생 및 사회적 위신 등의 복수적인 혜택이 부여되며 인사적체에 따른 종업원의 사기저하를 방지하기 위한 목적으로 실시된다.

⑤ 조직변화 승진

조직구조의 변화를 통해서 조직의 직위계층을 증가시켜서 종업원의 승진기회를 확대시키는 경우의 승진유형으로, 종업원의 사기저하 및 이직의 대책이 될 수 있다.

3. 인사고과

(1) 인사고과의 의의

기업이나 조직에 있어서 그 구성원의 태도, 능력, 소질, 근무성적 등의 상대적 가치를 객관적이고 체계적으로 평가하는 절차를 인사고과라 한다.

(2) 인사고과의 목적

인사고과는 주로 종업원을 대상으로 능력, 개인적 특성 행동 및 기업에서의 공헌도를 평가요소로 하여 그 결과를 공정한 임금관리, 인사이동, 교육훈련의 기초자료로 활용한다.

(3) 전통적 인사고과 방법 17 24 기출

> **더 알아보기** 절대평가와 상대평가 기법
>
> - 절대평가 기법 : 평정척도법, 체크리스트법, 중요사건서술법, 행위기준고과법, 목표관리법, 인사평가센터 등
> - 상대평가 기법 : 전통적 인사고과 기법인 서열법, 강제할당법, 쌍대비교법, 교대서열법 등

① 서열법(Ranking Method)

피고과자의 능력과 업적에 대하여 서열, 순위를 매기는 방법으로 보상의 차별적 지급이 필요할 때 유용하다.

장 점	단 점
• 관대화 경향이나 중심화 경향 등의 규칙적 오류를 예방한다. • 간단하고 실시가 용이하며 비용이 저렴하다.	• 동일한 직무에 대해서만 적용 가능하며 부서 간의 상호비교는 불가능하다. • 피고과자의 수가 너무 많으면 서열결정이 어렵고 너무 적으면 고과의 의미가 없다. • 구체적인 고과기준이 없으므로 불평과 저항의 소지가 있다. • 구체적인 성과 차원이 아닌 전반적인 평가이기 때문에 절대적인 성과 차이를 구별할 수 없다.

② 평정척도법

피고과자의 능력과 업적을 평가요소별로 연속척도 또는 비연속척도에 의하여 평가하는 방법으로 가장 많이 사용되고 있는 방법이다.

장 점	단 점
• 피고과자를 전체적으로 평가하지 않고 각 평가요소를 분석적, 계량적으로 평가하므로 가중치를 둘 수 있으며 평가의 타당성이 증대된다. • 논리적 이해가 쉽고 제작이 용이하다.	• 각 평가요소에 인위적으로 점수를 부여하므로 관대화 경향이나 중심화 경향 등의 규칙적 오류, 후광효과 같은 심리적 오류가 발생한다. • 평가요소의 선정에 주관이 개입될 가능성이 있다.

③ 체크리스트법

피고과자의 업적 또는 특성을 특징지을 수 있는 표준행동을 구체적으로 기술한 문장을 리스트에 배열·게재해 두고 평가자가 해당사항을 체크하여 평가하는 방법이다.

장 점	단 점
• 고과요인이 실제직무와 밀접하여 판단하기 쉽고, 평가결과의 신뢰성과 타당성이 높다. • 평가가 용이하고 부서 간의 상호비교가 가능하다.	• 직무를 전반적으로 포함한 행동표준의 선정이 어렵다. • 점수화 절차가 다소 복잡하다.

④ 강제할당법

평가결과가 정규분포에 가까울수록 타당성이 있다는 전제하에 전체를 몇 가지 평가등급으로 나누고 각 등급의 고과대상자를 정규분포에 가깝도록 할당하는 방법이다. 고과대상자의 수가 많을 때 서열법의 대안으로 흔히 쓰인다.

장 점	단 점
강제할당법을 사용하면 중심화 경향, 관대화 경향, 가혹화 경향 등의 제거가 가능하다.	정규분포 가정의 타당성에 문제가 있다.

(4) 현대적 인사고과 방법

> **학습포인트**
> 현대적 인사고과 방법 중 행위기준고과법과 목표에 의한 관리는 꼭 알아두자.

① 중요사건서술법

피고과자의 효과적이고 성공적인 업적뿐만 아니라 비효과적이고 실패한 업적에 이르기까지 구체적인 행위의 예를 기록하였다가 이 기록을 토대로 평가하는 방법으로, 자유서술법의 변형이다.

장 점	단 점
• 종업원에게 피드백 할 수 있으므로 개발 목적에 유용하다. • 객관적인 증거에 기초를 두고 평가하므로 타당성이 증대된다.	• 고과자의 지나친 간섭이나 관찰이 행해지면 업무수행에 지장을 초래할 수 있다. • 많은 시간이 요구되며 어떤 사건을 기록해야 하느냐의 판단의 문제점이 있다.

② 인적 평정센터법

인적 평정센터법은 평가를 전문적으로 하는 평가센터를 설립하여 고과대상자를 며칠간 따로 합숙시키면서 피고과자의 직속상관이 아닌 특별히 훈련된 관리자들이 복수의 평가절차를 통해서 인사고과를 하는 방법이다. 주로 중간관리층의 능력평가를 위하여 실시하는 기법으로, 잠재적인 직무능력의 확인을 위한 기법이다.

장 점	단 점
• 피고과자의 재능을 나타내는 데 동등한 기회를 가질 수 있다. • 여러 평가기법과 다수의 평가자가 동원되기 때문에 신뢰도가 높고, 피고과자의 업적이 아니라 잠재능력, 적성 등에 초점을 맞추기 때문에 승진의사 결정이나 교육훈련 및 인력공급 예측에 적합하다.	비용과 효익의 측면에서 경제성이 의문시된다.

③ 행위기준고과법(BARS ; Behavioral Anchored Rating Scale)

중요사건서술법과 평정척도법의 취약점을 극복·보완한 기법으로, 피고과자가 실제로 수행하는 구체적인 행위에 근거해서 평가함으로써 신뢰도와 평가의 타당성이 높다고 인정되는 인사고과 방법이다. 성과달성에 필요한 직무의 중요한 영역을 확인시켜 주며 성과달성에 유효한 직무행위와 그렇지 못한 직무행위를 구분하여 피평가자의 구체적이고 관찰 가능한 직무행위를 기록하고, 이것을 척도상에 열거되어 있는 행위와 비교하여 평가하도록 하는 것이다.

장 점	단 점
• 행위, 성과, 유효성 간에 명확한 구분이 가능하다. • 고과자 및 피고과자에게 성공적인 행위에 대한 지침을 마련해주므로 성과향상을 위한 교육효과가 있고 수용성이 매우 높다. • 구체적인 행동패턴을 평가척도로 제시하기 때문에 후광효과, 관대화, 중심화, 가혹화 경향을 줄일 수 있어 신뢰도가 높다.	• 많은 시간과 비용이 소요되며 복잡함과 정교함으로 인하여 소규모 기업에서는 적용이 곤란하다. • 평가척도를 개발하고 업무를 담당할 상당한 인원이 확보되어야 한다.

④ 자기 평가법(Self-rating)

피고과자가 자신의 능력과 희망을 서술하여 보고하도록 함으로써 이를 통해 고과하는 방법으로, 주로 관리층의 고과에 보충적으로 사용된다.

⑤ 목표에 의한 관리법(MBO)

피평가자가 상급자와 협의하여 목표를 설정하고 자신의 통제와 책임하에 목표를 수행하며, 이에 대한 성과를 상사와 함께 평가하는 고과기법을 말한다.

기출문제분석

목표관리(MBO ; Management By Objective)의 주요 특성이 아닌 것은? 2014년
① 관리자와 구성원 간의 공동목표 설정
② 상위목표와 하위목표의 일치
③ 목표관리의 중간시점에서 경과와 진행상황을 피드백하고 향후 방향을 조정하는 중간평가
④ 상황변화에 따른 목표의 수정과 우선순위 조정
⑤ 호봉제를 통한 안정적 보상시스템 마련

해설 호봉제를 통한 보상시스템은 목표관리의 주요 특성이 아니다.

정답 ⑤

---

⑥ 다면평가(360도 평가)

다면평가는 자신을 비롯해 상사, 부하, 동료 심지어 공급자나 고객 등 다양한 원천에 의해서 평가하는 방법이다. 상사평가의 주관적 오류를 최소화시키면서 집단성과의 평가와 피드백을 추구하는 기법이다.

(5) 인사고과의 오류와 극복방법 18 기출

인사고과는 고과자가 피고과자의 능력과 성과를 평가하는 과정인데, 그 과정 모두가 불확실하게 이루어지기 때문에 정확한 평가를 구축한다는 것이 거의 불가능하다. 따라서 여기서는 정확한 인사고과를 방해하는 오류원인과 이를 해소할 방안에 대하여 알아본다.

① 인사고과상의 오류

　㉠ 후광효과, 현혹효과(Halo Effect) : 고과자가 피고과자의 어떤 면을 기준으로 해서 다른 것까지 함께 평가해버리는 경향이다. 즉 피고과자의 한 가지 장점에 현혹되어 모든 것을 다 좋게 평가하거나 그 반대인 경우를 말한다. 이는 인사고과의 타당성, 객관성을 파괴하는 중대한 요인이며 이를 제거하기 위해서는 고과자의 훈련, 고과방법의 기술적 활용, 고과방법의 개선 등이 요구된다.

　㉡ 관대화 경향(Leniency Tendency) : 피고과자를 실제 능력이나 업적보다 더 높게 평가하는 경향이다. 이는 부하를 나쁘게 평가하여 서로 대립할 필요가 없고 자기 부하가 타 부서보다 더 나쁘게 평가되는 것을 피하기 위한 것이다. 이를 피하기 위해 정규분포곡선을 이용하기도 한다.

　㉢ 중심화 경향(Central Tendency) : 평가의 결과가 평가상의 중간으로 나타나기 쉬운 경향이다. 이 경향의 원인은 관대화 경향과 비슷하고 이를 해소하기 위해서는 강제할당법과 서열법 등을 활용할 수 있다.

　㉣ 규칙적 오류(Systematic Errors) : 가치판단상의 규칙적인 심리적 오류에 의한 것으로 이를 '항상오류'라고도 한다. 어느 고과자는 다른 고과자에 비해 후한 평정을 한다든가 또는 이와 반대 경향을 나타내는 경우이다. 보통 고과의 목적이 감시인 경우 낮은 평가가 나타나기 쉽고, 관리 목적일 경우 높은 평가가 나타나기 쉽다.

　㉤ 시간적 오류(Recency Errors) : 고과자가 피고과자를 평가함에 있어서 쉽게 기억할 수 있는 최근의 실적이나 능력 중심으로 평가하려는 데서 오는 오류이다. 이와 같은 오류는 평가센터를 상시 운용함으로써 피할 수 있다.

　㉥ 대비오류, 대조효과(Contrast Errors) : 고과자가 자신이 지닌 특성과 비교하여 피고과자를 평가하려는 경향이다. 특히 고과자의 편견과 상투적 태도에서 자주 볼 수 있다.

　㉦ 논리적 오류(Logical Errors) : 서로 상관관계가 있는 요소 간에 어느 한쪽이 우수하면 다른 요소도 당연히 그럴 것이라고 판단하는 경향이다. 예컨대 판단력과 독창력의 두 개의 요소에 대하여 어느 하나가 우수하면 다른 것도 그럴 것이라고 판단하는 경우가 해당된다.

　㉧ 주관적 객관화(Projection) : 자기 자신의 특성이나 관점을 타인에게 전가시키는 경향으로, 투사라고도 한다. 투사는 다른 사람도 자신과 유사할 것이라고 가정하여 자신의 판단이나 생각을 타인에게 전가시키는 것이다.

　㉨ 지각적 방어(Perceptional Defences) : 자기가 지각할 수 있는 사실은 집중적으로 파고들어 가면서도 보고 싶지 않은 것은 외면해 버리는 경향이다. 이는 평가요소를 광범위하게 정해놓고 모든 평가요소가 평가에 포함되도록 하면 줄일 수 있는 오류이다.

　㉩ 상동적 태도(Stereotyping) : 사람을 하나의 독특한 특징만을 가지고서 평가하는 태도이다. 어떤 사람에 대한 전반적 지식 없이 특징에 의해서 평가하기 때문에 사람들에 대해서 나쁜 이미지를 만들어 낼 수 있는 편견의 일종이다.

② 개선방안
　㉠ 관리자의 인사고과 능력평가 : 관리자의 인사고과 능력을 평가하여 그 결과를 관리자의 승진이나 임금인상에 반영함으로써, 관리자가 인사고과의 오류를 줄이도록 유도하는 방법이다.
　㉡ 인사고과 피드백 : 인사고과 피드백은 인사고과 결과에 대한 피고과자의 불만을 해소해 줌으로써 인사고과 결과에 대한 수용도를 높인다.
　㉢ 인사고과 매뉴얼 : 인사고과가 합리적이고 공정하게 이루어지기 위해서는 인적자원관리와 인사고과의 관계를 비롯하여 인사고과의 역할과 기능, 인사고과자 유의사항 등에 관한 내용이 담긴 매뉴얼이 고과자에게 제공되어야 한다.

4 인적자원의 보상관리

1. 임금관리의 의의

종업원이 노동의 대가로 지급받는 임금의 수준・체계・형태 등을 분석하여 공정하고 합리적인 임금의 기능을 수행할 수 있도록 하는 종합적인 정책이다. 임금관리는 상반되는 이해관계를 조정하여 상호 이익의 방향으로 임금제도를 형성함으로써 노사관계의 안정을 도모하고, 이를 바탕으로 노사협력에 의한 기업의 생산성 증진과 근로자들의 생활향상을 달성에 그 목적이 있다.

2. 임금관리의 구조

(1) 임금 수준

종업원에게 제공하는 기업전체의 평균임금으로, 다른 동종업계에 비해 적절한지에 대해 논의를 거쳐 적정성의 원리에 따라 결정된다. 임금 수준은 보는 입장에 따라 의미가 달라진다. 노동자의 입장에서는 임금이 소득으로서 생활비의 유일한 원천이기 때문에 보다 많이 받기를 원하며 최소한의 생활을 보장할 수 있는 생활급임금을 요구한다.

(2) 임금 수준의 조정방법

① **승급** : 동일 직급하에서 미리 정해진 임금기준선을 따라 연령, 근속연수 또는 능력의 신장, 직무의 가치 증대에 의하여 기본급이 증액되는 것
② **승격** : 직무의 질의 향상에 의해 임금상승이 이루어지는 것
③ **베이스업(Base-up)** : 연령, 근속연수, 직무능력이라는 관점에서 동일 조건에 있는 자에 대한 임금의 증액으로서 임금곡선 자체를 전체적으로 상향이동시키는 것 예 2014년 5% 임금상승

(3) 임금체계 18 기출

① 연공급
 ㉠ 근속연수에 따라 임금 수준을 결정하는 임금형태로서 연공급의 기본적인 구조는 연령·근속·학력·성별 등 속인적 요소에 따라 임금을 결정해 나가는 것을 말한다. 따라서 연공급 체계는 근로자의 연령에 따른 생활보장의 성격이 강하고 장기고용을 전제로 하고 있기 때문에, 근로자가 근로의 대가로 받는 임금이라고 하는 경제적 유인과 근로자가 조직에 공헌하는 가치 사이에 장기적 균형을 유지하는 보상체계라고 할 수 있다.
 ㉡ 단점으로는 동기부여 효과가 미약하고, 소극적인 근무태도를 야기하며, 비합리적인 인건비지출을 하게 된다는 점과 전문기술인력의 확보가 곤란하고 능력과 업무의 연계성이 미약하다는 점을 들 수 있다.

② 직무급 20 기출
 ㉠ 개개 직무의 상대적 가치를 평가(직무평가)하여 직무별로 그 평가에 따라 급여율을 결정하는 임금형태로, 1930년대 미국에서 개발·보급되었다.
 ㉡ 직무의 중요성과 관련도 등 직무평가에 의하여 각 직무의 상대적 가치를 평가하고 그 결과에 의거하여 임금액을 결정하는 체계이다. 동일 직무에 동일 임금의 지급이 가능하다는 장점이 있으나 철저한 직무분석과 직무평가의 실시가 어렵다.

③ 직능급
 직능급은 직무급과 달리 일반적인 원칙이 없으며, 기업에 따라 형태를 달리한다. 이를테면 직무평가를 전혀 하지 않고 대체적인 직무군(관리직·사무직·기술직 등)을 결정하여, 직무군별로 차별적인 승급기준선을 설정하고 이를 기준으로 하면서 개개인의 능력평가에 따라 승급액을 사정하는 방법이다. 직능급은 사람의 능력에 따라 차별적으로 임금을 지급하는 방식으로 직무수행능력에 따라 기본급을 산정하며 이에 연공적인 요소를 가미한 연공급과 직무급의 절충형태이다.

④ 자격급
 근로자의 자격취득에 따라 임금에 차이를 두는 제도로서 직무급과 연공급을 절충한 형태이며, 근로자의 직무수행 능력의 종류와 정도에 따라 등급이 구분된 임금이다. 직능급을 확대시켜 제도화한 것으로 기업 내에 자격취득 제도를 마련하고 자격을 취득한 근로자에게 그에 해당하는 임금을 명시한다. 이를 통해 근로자의 근로의욕을 높이는 동시에 기업 내 상대적인 임금액 차이와 임금액 체계를 명시하여 근로자의 직무향상 의욕을 자극하고 직무와 적정한 대응관계를 도모하는 기능을 한다.

(4) 임금형태 21 23 기출

종업원에게 임금을 지급하는 구체적인 방식을 말하며, 종업원의 작업의욕 향상과 직접적으로 관련이 있고 합리성이 요구된다.

① 시간급제(Time Payment)
 작업의 양과 질에 관계없이 근로시간을 기준으로 임금을 산정하여 지불하는 방식으로, 근로자의 생활안정과 노사 간의 원활한 협력유지에 부합해 가장 널리 사용된다. 정신적 노동과 같이 노동능률의 파악이 곤란한 경우, 작업자가 생산량을 통제할 수 없는 경우 적용이 용이하다. 그러나 성과와 관계가 없으므로 노동능률이 저하될 가능성이 높다.

② 성과급제(Output Payment)

노동의 성과를 측정하여 측정된 성과에 따라 임금을 산정하여 지급하는 방식이다. 합리적이므로 근로자의 수용성이 높으며 생산성 제고, 원가절감, 근로자의 소득증대효과가 있다. 그러나 임금이 확정액이 아니므로 근로자의 수입이 불안정하며, 생산량만을 중시하므로 제품 품질이 낮아질 수 있다.

③ 집단 성과급제

집단의 성과와 관련해서 기업이익의 증가나 비용의 감소가 있을 경우 종업원에게 정상임금 이상의 부가적 급여를 제공하는 제도로, 주로 집단구성원의 협조와 공동노력이 필요한 상황에 적용된다.

㉠ 스캔론 플랜(Scanlon Plan) : 종업원의 제안을 통한 경영참여의 대가로 개선된 성과에 대하여 판매가치를 기초로 분배하는 특수임금제도이다.

㉡ 럭커 플랜(Rucker Plan) : 생산부가가치의 증대를 목표로 노사가 협력하여 얻은 생산성 향상의 결과물을 럭커 표준이라는 일정분배율에 따라서 노사 간에 적정하게 배분하는 방법이다.

㉢ 카이저 플랜(Kaiser Plan) : 능률적인 작업과 낭비 제거를 위해 재료비와 노무비 측면에서 발생하는 비용의 절감을 분배하는 제도이다.

기출문제분석

기업의 임금지급방법 중 성과급제에 관한 설명으로 옳지 않은 것은? 〔2013년〕

① 개인 성과급제로는 단순 성과급제, 차등 성과급제, 할증 성과급제 등이 있다.
② 성과급제의 성공을 위해서는 표준량과 성과급률이 잘 책정되어 보상 수준이 구성원의 동기를 유인할 수 있어야 한다.
③ 성과급제의 성공을 위해서는 성과급제를 설계하고 유지하는 데 있어 경영진의 적극적 참여와 협조가 필요하다.
④ 집단 성과급제는 구성원들 사이에 능력과 성과에 큰 차이가 존재할 때에도 공동협조와 집단의 동기부여가 장기적으로 지속될 수 있다는 장점이 있다.
⑤ 조직체 성과급제로서 이윤분배제도는 경기침체기에 인건비부담을 완화함으로써 위기극복에 도움이 될 수 있다는 장점이 있다.

해설 집단 성과급제는 구성원들 사이에 능력과 성과에 큰 차이가 존재할 때에는 공동협조와 집단의 동기부여가 장기적으로 지속될 수 없다.

정답 ④

3. 복리후생

> **학습포인트**
> 카페테리아식 복리후생제도는 시험에 출제될 가능성이 있으므로 알아두자.

(1) 의미

기업이 종업원 또는 종업원 가족의 소비생활을 신체적, 정신적으로 또는 경제적으로 직접 원조하여 복지를 꾀하는 일체의 체계를 말한다. 종래의 복리후생은 사용자의 온정적 색채가 짙었는데 오늘날에 와서는 기업의 사회적 책임에 입각하여 법적, 권리적 색채가 강해져 기업복지라는 말로 고쳐 부르게 되었다. 즉, 종업원의 생활 수준 향상을 위하여 시행하는 임금 이외의 간접적인 모든 급부를 말한다.

(2) 최근의 복리후생 전략

① 카페테리아식 복리후생(선택적 기업복지제도)
  ㉠ 선택적 기업복지제도 : 마치 카페테리아에서 자신이 원하는 음식을 선택하듯이 기업이 제공하는 복리후생 항목 중 일정금액 한도 내에서 노동자가 자신의 필요에 맞춰 복리후생 항목을 선택할 수 있게 한 제도이다.
  ㉡ 전통적인 복리후생제도 : 노동자 개개인이 그것을 이용하든 이용하지 않든 관계없이 모든 노동자에게 일률적으로 똑같은 복리후생제도를 적용하는 것이라면, 카페테리아 플랜의 기본적인 골격은 다양한 복리후생제도의 종류 가운데 노동자가 원하는 것을 선택할 수 있도록 하는 것이라고 할 수 있다. 이는 1970년대 미국에서 소개된 이래로 독일, 일본 등에서 점차 도입이 증가하고 있다.
  ㉢ 회사측에서는 노동자의 개인별 복리후생 한도를 결정함으로써 기업의 총 복리후생 비용을 예측하여 효과적으로 운영할 수 있다는 장점이 있고, 노동자들은 자신들의 필요성을 충분히 반영해 복지제도를 선택할 수 있다는 장점이 있다.

② 모듈형 복리후생
  몇 개의 복리후생 항목을 조합하여 프로그램화 하고 그중 하나의 항목을 선택하도록 하는 복리후생제도를 말한다.

5 인적자원의 유지관리

1. 인간관계 관리제도

(1) 제안제도

어떤 조직이 그 소속 직원으로부터 조직운영이나 업무의 개선에 관한 창의적인 의견을 제안받아 심사하여 채택하는 경우 그 제안자에게 보상하는 제도이다. 제안제도는 행정관리의 개선을 통해 행정의 합리화와 능률화(→ 능률성)를 가져옴과 동시에 공무원들의 사기진작을 도모하는 데 중요한 의의가 있어, 오늘날 인사행정에 널리 채택되고 있다.

(2) 인사상담제도

조직구성원들의 욕구 불만, 갈등, 정서적 혼란 등 부적응 문제를 구성원 스스로 해결할 수 있도록 지원하는 개인적인 면담 절차를 말한다. 즉, 조직구성원들이 주로 개인 신상 문제로 고민하거나 딱한 사정이 있을 때 전문적인 상담자가 당사자의 정서적 긴장을 발산시키고 안도감을 부여하며 그 해결 방안에 관한 조언을 해주는 것이 인사상담이다. 우리나라의 경우 인사상담은 고충처리 절차에 통합되어 고충심사위원회에 의해 운영되고 있다.

(3) 사기조사

종업원의 작업의욕을 저해하는 요인과 그들이 불평불만을 하는 이유들을 파악하여 대책수립의 기초자료를 얻기 위한 것으로, 태도조사와 통계적 방법으로 이루어진다.

(4) 고충처리제도

조직구성원의 개인적인 애로사항이나 근무 조건·인사 운영 등에 대한 불만을 처리·해결해 주는 절차를 말한다. 고충처리제도는 인사상담·제안제도·소청제도 등과 같이 공무원의 권익을 보호하고 신분보장을 강화하기 위한 제도다. 우리나라에서는 인사상담과 고충처리를 통합해 운영하고 있다. 종업원의 불만이 정식으로 서류화되어 제시된 고충을 신속하게 처리하는 제도로서 상향식 커뮤니케이션 방안의 하나이다.

(5) 종업원 지주제도

종업원이 자기 회사의 주식을 특별한 목적과 방법으로 소유하는 것으로서 이익분배제도의 일종으로, 종업원으로 하여금 자사 주식을 소유하게 하는 것이다. 경영참가의식을 높임은 물론 안정 주주를 확보하여 경영의 합리화를 기하려는 제도이다.

2. 노사관계 관리

> **학습포인트**
> 노사관계의 발전과정이 어떤 흐름으로 진행되었는지 알아두자.

고용을 근거로 자본가·사용자 또는 관리자와 노동자나 노동자 단체 간에 전개되는 기업 내의 의사결정과 관련된 사회관계이다. 영어문화권이나 국제사회에서 흔히 노동관계(Labor Relations)로 지칭되는 개념이다.

(1) 노사관계의 발전방향

① 전제적 노사관계
　㉠ 근로조건이 사용자의 일방적 의사에 의해 결정되는 것을 말한다.
　㉡ 사용자와 근로자의 관계는 명령과 절대복종의 절대적 노사관계이다.
　㉢ 자본주의 초기인 19세기 중기까지 존재하였다.

② 온정적 노사관계
　㉠ 전제적 노사관계로는 생산관계에서 근로자의 협조 없이 생산성이 저하된다는 비판으로 나타났다.
　㉡ 근로자에게 주택, 의료 등 복리후생 시설을 제공하는 등 어느 정도 인간적 배려를 통하여 가족주의적 관계를 형성한다.

③ 근대적 노사관계
　㉠ 경영관리의 합리화 발전, 노동의 정착과 전업화에 따라 근대 노동시장이 형성되며 직종별 노동조합이 생성되었다.
　㉡ 자본가의 전제주의 성격은 상당히 약화되었으나 노동의 조직력과 형태의 미분화로 노동조합의 힘은 미약하였다.

④ 민주적 노사관계
　㉠ 1930년대 세계 대공황 이래 자본의 집중과 독점화가 급속히 진전되었다.
　㉡ 기업규모의 확대에 따른 소유와 경영의 분리가 시작되었다.
　㉢ 기술의 발달로 인한 노동력의 질적 변화와 양적 확대로 산업별 노동조합이 등장하였다.
　㉣ 노사관계의 대등화, 단체교섭을 통한 근로조건의 결정되며 산업민주주의 이념이 형성되었다.

(2) 노동조합

① 의미
노동자가 주체가 되어 자주적으로 단결하여 근로조건의 유지, 개선 등 노동자의 경제적·사회적 지위의 향상을 도모함을 목적으로 조직하는 단체 또는 그 연합단체를 말한다. 즉, 노동조합이라 함은 임금, 근로시간 등의 근로조건이나 작업조건에 대하여 경영자 측과 교섭함으로써 근로자들의 경제적, 사회적 지위를 유지·개선하기 위하여 만들어지는 근로자들의 단체를 의미한다.

② 기 능
　㉠ 경제적 기능 : 노조는 사용자와 단체교섭을 통하여 근로조건의 유지·개선을 목적으로 한다. 이를 경제적 기능 또는 산업적 기능이라 한다.
　㉡ 공제적 기능 : 근로자가 예상치 못한 재난이나 질병을 당한 경우 노조는 상호부조를 위해 준비된 조합기금 중에서 질병, 재난, 근로자의 부양, 구직을 위한 비용 등을 지불하였다. 조합원이 질병, 재해, 노령, 사망, 실업 등으로 생활상의 곤란에 처할 경우 이에 대비하여 조합이 기금을 설치하여 상호 구제하는 활동을 말한다.
　㉢ 정치적 기능 : 오늘날 산업사회에서 근로자의 근로조건 개선이나 경제적·사회적 지위 향상은 국가의 노동관계법이나 노동정책에 직접적으로 영향을 받는다. 그러므로 노조는 정치활동을 전개함으로써 경제적 목적을 달성하고자 한다. 노동조합은 국가나 지방자치단체에 대하여 노동자의 권익을 신장시키는 법률의 제정 등을 위하여 정치적인 기능을 수행하게 된다.

③ 형 태
　㉠ 직업별 조합 : 역사상 가장 먼저 발달한 조직이며 기업과 산업에 구애받지 않고 동일 직종의 근로자들이 결합한 단체로, 유럽에 있어서는 숙련근로자들의 조직적 독립체로서 등장하였다. 이는 시장독점을 배경으로 강력한 교섭력을 가지는 반면, 숙련근로자 중심의 배타성이 문제가 될 수 있다.
　㉡ 산업별 조합 : 동종 산업에 종사하는 근로자에 의하여 직종과 기업을 초월하여 횡적으로 조직된 노동조합 형태이다. 산업별 조합은 산업혁명이 진행됨에 따라 대량의 미숙련 근로자들이 노동시장에 진출하면서 이들의 권익을 보호하기 위하여 발달한 것으로, 오늘날 각국에서 일반적으로 채택되고 있는 조직 형태이다. 이는 비숙련근로자를 포함한 방대한 조직을 배경으로 강력한 교섭력을 가지지만 근로자의 직장 차원의 요구에 대처하기 힘들다.
　㉢ 기업별 조합 : 우리나라에서 가장 흔한 형태로서 하나의 기업에 종사하는 근로자를 직종의 구별 없이 종단적으로 조직한 노동조합으로, 기업이 조직상의 단위가 되는 형태이다. 기업별 노조의 긍정적인 측면은 기업의식 고취로 노사화합의 가능성이 크며 조직대상이 명확하고 기업 내 문제에 대한 대응이 용이한 반면 노조의 운명에 있어서 사용자의 지배를 받기 쉽다는 부정적인 측면도 있다.
　㉣ 일반조합 : 특정 직종, 산업 또는 기업에 속하지 않은 자도 상관없이 근무의사와 능력이 있는 근로자는 누구나 가입할 수 있는 노동조합으로, 통일과 단결력이 약하여 종합적·공통적 이해관계 도출이 어렵다.

④ **노동조합의 숍제도** 19 기출
　㉠ 클로즈드 숍 : 조합 가입을 고용조건으로 하는 것으로, 고용될 근로자는 모두 채용과 동시에 조합원이 되어야 한다.
　㉡ 유니온 숍 : 클로즈드 숍과 오픈 숍의 중간 형태로서, 비조합원도 채용될 수 있으나 채용 후 일정 기간 안에 조합원에 가입해야 한다.
　㉢ 오픈 숍 : 우리나라가 채택하고 있는 방식으로, 노동조합의 가입과 탈퇴는 근로자의 자유의사에 따르며 노동조합의 가입 여부는 채용이나 해고와 무관하다.

⑤ 조합비 징수

> **학습포인트**
> 에이전시 숍과 체크오프 시스템은 지문으로 나올 수 있으므로 학습해 두자.

㉠ 에이전시 숍 : 모든 종업원에게 회비를 징수하는 제도
㉡ 체크오프 시스템 : 회사 급여에서 노동조합비를 일괄공제하는 제도(단, 조합원 2/3 이상의 동의가 필요함)

(3) 부당노동행위

① 의 의
근로자의 노동3권을 침해하는 사용자의 행위로서 사용자가 반조합적 의사를 가지고 노동조합의 기능과 활동을 무력화시키려는 것이므로, 근로자의 기본권을 보장하기 위해서는 사용자의 부당노동행위의 금지와 보호가 필요하다.

② 유 형
㉠ 불이익대우 : 노동자가 노동조합에 가입 또는 가입하려고 하였거나 노동조합을 조직하려고 하였거나 기타 노동조합의 업무를 위한 정당한 행위를 한 것을 이유로 그 노동자를 해고하거나 그 노동자에게 불이익을 주는 행위이다(해고, 전근, 배치전환, 출근정지, 감봉).
㉡ 황견계약 : 노동자가 어느 노동조합에 가입하지 아니할 것 또는 탈퇴할 것을 고용조건으로 하거나 특정한 노동조합의 조합원이 될 것을 고용조건으로 하는 행위이다.
㉢ 단체교섭 거부 : 노동조합의 대표자 또는 노동조합으로부터 위임을 받은 자와 단체협약 체결, 기타 단체교섭을 정당한 이유 없이 거부하거나 해태하는 행위이다.
㉣ 지배개입, 경비원조 : 노동자가 노동조합을 조직 또는 운영하는 것을 지배하거나 이에 개입하는 행위와 노동조합의 전임자에게 급여를 지원하거나 노동조합의 운영비를 원조하는 행위이다. 다만, 노동자의 경제적 어려움을 구제하기 위한 기금의 기부와 최소한의 규모의 노동조합 사무소 제공은 예외로 한다.

> **기출문제분석**
>
> **사용자가 노동조합원이 아닌 자도 고용할 수 있지만, 일단 고용된 근로자는 일정 기간 내 노동조합에 가입해야 하는 제도는?** 2019년
>
> ① 플렉스 숍(Flex Shop)   ② 레이버 숍(Labor Shop)
> ③ 오픈 숍(Open Shop)   ④ 클로즈드 숍(Closed Shop)
> ⑤ 유니온 숍(Union Shop)
>
> **해설**
> • 클로즈드 숍(Closed Shop)은 이해를 공통으로 하는 모든 노동자를 조합에 가입시키고 조합원임을 고용의 조건으로 삼는 노사 간의 협정이다.
> • 유니온 숍(Union Shop)은 기업이 노동자를 채용할 때에는 조합원이 아닌 노동자를 채용할 수 있지만, 일정한 기간 내에서 노동조합에 가입해야 하는 제도이다.

- 에이전시 숍(Agency Shop)은 조합원 신분이 아니더라도 모든 종업원에게 단체교섭의 당사자인 노동조합이 회비를 징수하는 제도이다.
- 오픈 숍(Open Shop)은 기업의 고용노동자가 그 회사의 노동조합에 대한 가입 여부를 자유의사에 따라 결정할 수 있는 제도이다.

정답 ⑤

(4) 단체교섭과 노동쟁의

① **단체교섭** : 노동조합과 사용자 또는 사용자 단체가 임금이나 근로시간 그 밖의 근로조건에 관한 협약의 체결을 위해 대표자를 통해 집단적 타협을 모색하고 협약을 관리하는 절차이다.

② **단체협약** : 단체교섭의 과정을 거쳐서 노동조합과 사용자 단체가 근로조건의 기준 및 기타 사항에 관하여 협정을 체결하였을 때 그 협정을 단체협약이라 한다.

③ **노동쟁의** : 노동쟁의는 임금, 근로조건 등에 관한 노사 간 주장의 불일치로 인한 분쟁상태를 말한다.

④ **통일교섭** : 산업별 또는 직종별로 조직된 노동조합이 이에 대응하는 산업별 또는 직종별 사용자단체 사이에서 그 산업 또는 직종의 근로자에게 공통되는 근로조건 그 밖의 사항에 관해 행하는 교섭을 말한다. 횡단적인 산업별 노동조합과 이에 대응하는 사용자단체 사이에서 행해지는 교섭이다.

(5) 노동쟁의 조정

알선 → 조정 → 중재 → 긴급조정

① **알선** : 노동위원회가 지명한 알선위원이 공익사업이 아닌 사업에 한해서 관계당사자를 설득하여 당면 문제에 대해 당사자 간의 토론으로 쟁의를 조정하는 방법이다.

② **조정** : 알선에 의해 분쟁이 해결되지 않은 경우에 당사자의 요청이나 노동위원회의 직원에 의해 노동위원회에서 실시하는 것으로, 조정안을 작성하여 이를 관계당사자에게 제시하고 그 수락을 권고한다. 하지만 조정은 법적 구속력이 없는 것이므로 조정이 부적당하다고 생각되면 당사자는 거절할 수 있다.

③ **중재** : 중재는 조정과 달리 노사의 당사자를 구속하는 법률상 효력이 있는 처분으로 당사자는 중재결과를 반드시 따라야 한다. 확정된 중재조정의 내용은 단체협약과 동일한 효력을 가진다.

④ **긴급조정** : 긴급조정은 노동쟁의행위가 공익사업장에서 행해지거나 일반사업장에서 일어나는 쟁의행위라 하더라도 그 규모와 성질이 중대한 것이어서 국가 경제를 해치고 국민의 일상생활을 위태롭게 할 위험이 있을 때 고용노동부 장관의 결정에 따라 중앙노동위원회가 행하는 강제쟁의 조정으로서 조정방법 중 가장 강력하다. 관계당사자는 즉시 쟁의행위를 중지해야 한다.

PART 05 단원핵심문제

제2과목 경영학

01 근로자의 임금지급 시 조합원의 노동조합비를 일괄하여 징수하는 제도로 옳은 것은?

① 유니온 숍(Union Shop)
② 오픈 숍(Open Shop)
③ 클로즈드 숍(Closed Shop)
④ 체크오프 시스템(Check off System)
⑤ 에이전시 숍(Agency Shop)

해설 체크오프 시스템은 회사 급여에서 노동조합비를 일괄제공하는 제도로 조합원 2/3 이상의 동의가 필요하다.

02 근로자의 직무수행 능력을 기준으로 임금을 결정하는 임금체계로 옳은 것은?

① 직무급
② 연공급
③ 직능급
④ 업적급
⑤ 성과급

해설 직능급은 노동자가 가진 직무수행 능력에 따른 서열단계를 마련하고 이에 대하여 지급되는 임금을 말한다.

03 생산제품의 판매가치와 인건비와의 관계에서 배분액을 계산하는 집단 성과급제로 옳은 것은?

① 순응 임금제
② 물가연동제
③ 스캔론 플랜
④ 럭커 플랜
⑤ 시간급

해설 스캔론 플랜(Scanlon Plan)은 종업원의 제안을 통한 경영참여의 대가로 개선된 성과에 대하여 판매가치를 기초로 분배하는 특수임금제도이다.

정답 01 ④ 02 ③ 03 ③

04 다음 중 OJT에 대한 설명으로 옳지 않은 것은?

① 실제 현장에서 실제로 직무를 수행하면서 진행하는 현직훈련이다.
② 훈련내용의 전이정도가 높고 실제 업무와 직결되어 경제적인 장점을 가진다.
③ 실습장 훈련, 인턴사원, 경영 게임법 등이 이에 속한다.
④ 훈련방식의 역사가 오래되었으며, 생산직에서 보편화된 교육방식이라 할 수 있다.
⑤ 종업원의 개인적 능력에 따른 훈련이 가능하다.

해설 Off-JT에 대한 내용이다.

05 여러 직무를 차례로 경험하도록 하여 조직구성원의 능력과 자질을 높이는 인사관리 방법으로 옳은 것은?

① 직무확대
② 직무순환
③ 직무충실화
④ 직무등급화
⑤ 직무세분화

해설 직무순환은 직무교체나 직무순회라고도 하며, 경력발전 등을 위해 구성원에게 여러 부류의 직무를 차례로 경험하도록 하여 능력과 자질을 키우는 방법이다. 주로 폭넓은 시야와 판단을 필요로 하는 관리자의 양성 방법으로 많이 사용된다.

06 직무설계 방법 중 작업자가 수행하는 직무에 대한 의사결정의 자율권과 재량, 책임을 부여하기 위해 직무수행과 관련된 계획, 조직, 통제, 평가기능 등을 추가하여 수행하도록 하는 것은?

① 직무전문화
② 직무확대
③ 직무충실화
④ 직무순환
⑤ 직무평가

해설 직무충실화는 직무를 수직적으로 확대하여 직무의 질을 증대하는 것을 말한다. 직무의 계획, 실시, 평가 기능을 작업자에게 일부 또는 전적으로 위임하여 자유재량권, 독립성을 보장하고 책임이 따르는 완전한 활동을 하게 함으로써 능률을 향상시킨다.

04 ③ 05 ② 06 ③

07 직무분석에 관한 설명으로 옳지 않은 것은?

① 직무분석은 직무와 관련된 정보를 수집, 정리하는 활동이다.
② 직무분석을 통해 얻어진 정보는 전반적인 인적자원관리 활동의 기초자료로 활용된다.
③ 직무분석을 통해 직무기술서와 직무명세서가 작성된다.
④ 직무기술서는 직무를 수행하는 데 필요한 인적요건을 중심으로 작성된다.
⑤ 직무평가는 직무분석을 기초로 이루어진다.

> 해설 직무명세서에 관한 내용이다. 직무기술서는 직무분석의 결과 직무의 능률적인 수행을 위하여 직무의 성격, 요구되는 개인의 자질 등 중요한 사항을 기록한 문서를 말한다.

08 인력모집과 선발에 관한 설명으로 옳지 않은 것은?

① 사내공모제는 승진기회를 제공함으로써 기존구성원에게 동기부여를 제공한다.
② 클로즈드 숍(Closed Shop) 제도의 경우 신규종업원 모집은 노동조합을 통해서만 가능하다.
③ 집단면접은 다수의 면접자가 한 명의 응모자를 평가하는 방법이다.
④ 외부모집을 통해 조직에 새로운 관점과 시각을 가진 인력을 선발할 수 있다.
⑤ 내부모집 방식에서는 모집범위가 제한되고 승진을 위한 과다경쟁이 생길 수 있다.

> 해설 집단면접의 경우 일반 대기업에서 가장 많이 시행하고 있는 형태로 다수의 면접관이 다수의 지원자를 한꺼번에 평가하는 방식이다.

09 직무평가에 관한 설명으로 옳은 것은?

① 직무의 절대적 가치를 정하는 체계적인 방법이다.
② 일체의 속인적인 조건을 떠난 객관적인 직무에 대한 평가이다.
③ 동일노동, 동일임금을 기본원리로 하는 직능급제도의 기초가 된다.
④ 각 직무의 곤란도, 위험도, 수익성을 평가하여 타 직무와 비교한다.
⑤ 평가방법에는 서열법, 분류법, 점수법, 요소비교법이 있고 정량적 평가방법에는 서열법과 분류법을 들 수 있다.

> 해설 ① 직무의 상대적 가치를 정하는 체계적인 방법이다.
> ③ 직무평가는 직무급제도의 기초가 된다.
> ④ 각 직무의 중요도, 곤란도, 책임도를 평가하여 타 직무와 비교한다.
> ⑤ 정량적 평가방법에는 점수법과 요소비교법을 들 수 있다.

정답 07 ④ 08 ③ 09 ②

10 직무설계와 관련된 용어의 설명으로 옳지 않은 것은?

① 직무설계(Job Design) - 직무에 관한 정보를 수집, 분석하여 직무의 내용과 직무담당자의 자격요건을 체계화하는 것이다.
② 직무단순화(Job Simplification) - 직무담당자들이 좁은 범위의 몇 가지 일을 담당하도록 직무를 설계하는 방법이다.
③ 직무순환(Job Rotation) - 작업자로 하여금 여러 가지 다양한 직무에 순환근무토록 하여 그들의 직무활동을 다각화하는 방법이다.
④ 직무확대(Job Enlargement) - 직무수행자의 직무를 다양화하여 직무의 수평적 범위를 넓히는 것이다.
⑤ 직무충실화(Job Enrichment) - 직무로부터 성장과 성취, 책임과 인정 등의 잠재력을 향상시키기 위하여 직무를 수직적으로 확대하는 것이다.

[해설] 직무분석은 직무에 관한 정보를 수집, 분석하여 직무의 내용과 직무담당자의 자격요건을 체계화하는 것이다.

11 노동조합과 관련된 다음 설명 중 옳지 않은 것은?

① 체크오프 제도(Check off System)란 회사급여 계산 시 노동조합비를 급여에서 일괄공제하여 노조에 인도하는 것이다.
② 기업에 대한 노조의 지배력은 '클로즈드 숍(Closed Shop) - 유니온 숍(Union Shop) - 오픈 숍(Open Shop)'의 순서로 증가한다.
③ 노동조합의 경제적 기능으로는 단체교섭, 경영참가, 노동쟁의 등이 있다.
④ 노동조합의 쟁의행위로는 파업(Strike), 태업(Sabotage), 시위(Picketing) 등이 있다.
⑤ 현대 노동조합의 가장 대표적인 조직형태는 산업별 노동조합이다.

[해설] 기업에 대한 노조의 지배력은 '클로즈드 숍(Closed Shop) - 유니온 숍(Union Shop) - 오픈 숍(Open Shop)'의 순서로 감소한다.

PART

06 생산관리

제2과목 경영학

체크포인트

기업전략과 생산전략의 상호관계, 제조업과 서비스업의 비교형, 생산계획 전반, 수요예측기법, 재고관리모형, 생산공정의 유형, 설비배치의 유형, 직무설계와 작업측정, JIT 시스템, 설비보전(TPM), 영어약자형(CIM, ERP 등), 기타 비교개념(소품종 대량생산 시스템과 다품종 소량생산 시스템), 최근 이슈를 집중적으로 공부한다.

1 생산관리의 개관

1. 생산전략(Operations Strategy)의 의의

생산전략이란 '기업전략에 부합하는 생산부문의 전략이며 생산과업을 설정하고, 이를 달성하기 위한 생산자원을 효율적으로 배분하는 일련의 의사결정을 포함하는 것'이라고 할 수 있다. 생산전략은 기업환경이 다양화되면서 기업의 목적과 생산능력이 적합할 때 기업의 성과가 더 높아진다는 개념으로 발전해 왔다. 즉, 기업의 생산목적과 내·외부 환경의 적합도가 높을 때 더 높은 생산성과가 있다. 적절한 생산전략은 고객을 만족시키는 가장 효과적인 대안 중 하나이다. 또 기업은 생산전략의 중요성을 인식하고 추진함으로써 시장에서 경쟁우위를 확보하고 시장의 환경변화에 유연하게 대응하는 능력을 갖출 수 있다.

> **더 알아보기** 기업목표와 생산전략
>
> 생산전략의 목표는 제품과 서비스 측면에서 경쟁우위를 달성하는 것이다. 이 목표를 달성하기 위해서는 적절한 생산공정과 생산 인프라가 있어야만 한다. 즉 생산전략을 실현할 수 있는 생산공정의 선택과 생산 인프라 구축이라는 좀 더 구체성 있는 의사결정으로 연결되어야 하는 것이다. 기업은 생산시스템을 가장 중요한 경쟁무기로 인식하고 이를 기업전략에 맞도록 설계·운영해 나가야 한다. 무엇보다도 생산전략은 기업전략과 연결될 수 있어야 하며, 또한 모든 생산활동과 의사결정은 생산결정개념에 따라 초점있게 통합되어야 한다.

(1) 생산계획

생산해야 할 상품의 종류, 수량, 품질, 생산시기를 과학적으로 예정한다.

(2) 작업연구

작업능률을 향상시키기 위해서는 작업방법, 생산도구, 생산설비, 생산환경에 대하여 낭비나 결함을 제거하여 쾌적한 작업환경 속에서 높은 능률을 올릴 수 있도록 하여야 한다.

(3) 일정계획

각 작업을 수행하는 작업자나 기계의 여력을 확인하고 각 작업이 구체적으로 언제 수행될 것인가를 결정한다.

(4) 공정관리

넓게는 생산관리와 같은 뜻으로 쓰이나 좁게는 공장의 작업 진행이 계획대로 수행되도록 확인하고 지연의 원인을 제거하여 대책을 강구하는 것을 말한다. 좁은 의미의 공정관리는 진도관리 또는 진척관리라고도 한다. 품질관리나 원가관리를 생산관리에 포함시키기도 한다.

2. 생산관리의 목표

생산관리의 목표는 고객이 요구하는 좋은 품질의 산출물을 적시(Time), 적량(Quantity), 적질(Quality), 적소(Place), 적가(Price)로 공급하기 위한 가용자원의 효율적 활용, 즉 원가(Cost), 품질(Quality), 납기(Delivery), 유연성(Flexibility) 형성 등에 있다.

(1) 최소의 원가(비용 절감, Cost)

① 원가 : 제품 생산이나 서비스의 제공을 위해 소비되는 경제 가치를 화폐 단위로 측정한 것이다.
② 원가 + 희망이익 = 가격
③ 이익을 남기기 위해서는 생산성을 향상시켜 생산원가를 낮추어야 한다.
④ 생산원가에는 재료비, 노무비, 간접비가 포함되며 저원가를 추구한다.

(2) 최고의 품질(Quality)

① 품질 : 특성, 무게, 성분, 척도, 색상, 형상, 서비스 등 여러 가지 면에서 파악할 수 있는 것으로 어떤 방법으로든지 수량화 또는 등급화된 것을 말한다.
② 기업은 불량을 방지하고 최고 품질의 제품을 생산하도록 생산시스템을 설계하고 감시하는 것이 중요하다.
③ 높은 품질이란 경쟁업체보다 월등히 비싼 가격에도 불구하고 팔릴 수 있을 만큼 충분히 좋은 제품의 질을 의미하며, 특히 품질의 일관성을 유지하는 것이 매우 중요하다.

(3) 최단시간 납기(Delivery)

납기란 기업이 주문을 받은 후 제품이나 서비스를 소비자에게 공급할 때까지 소요되는 시간을 말하는데, 고객이 원하는 시간과 장소에 제품이나 서비스를 도달할 수 있는 정도를 의미한다.

(4) 소비자 요구에 대한 유연성(Flexibility)

새로운 상황에 대처하거나 적응할 수 있는 능력이다. 제품에 대한 소비자의 욕구변화에 능동적으로 대처하는 수단으로서, 제품설계변화 및 급격한 수요변화에 잘 적응하는 정도를 의미한다.

더 알아보기 | 생산합리화와 노이즈

생산합리화의 원칙 3S
- 전문화(Specialization) : 특정 부분에 집중적인 노력을 다하는 것
- 단순화(Simplification) : 구성품목의 제한, 소품종 대량생산에 적합
- 표준화(Standardization) : 품목이나 공장에 합리적인 기준을 설정하고 그 기준에 맞추도록 관리하는 것

노이즈
노이즈란 제품을 생산할 때 제품에 변동을 일으키는 원인, 즉 변동원인을 말한다. 예를 들면 진동, 소음, 기후, 온도, 습도, 먼지, 작업자의 습관 또는 실수, 기계의 노후, 공구의 마모 등이 있다. 로버스트 설계는 제품이 노이즈에 둔감한, 즉 노이즈에 의한 영향을 받지 않거나 덜 받도록 하는 설계를 말한다.

---

3. 생산계획의 유형

생산·판매계획을 수립하기 위해 사용하는 전략으로는 추적 전략(Chase Strategy), 평준화 전략(Level Strategy), 조합 전략(Combination Strategy) 등이 있다. 각 전략에서 각 기간에 대한 재고는 선행기간의 재고에 현 생산(공급)을 더하고 현 영업(수요)을 빼는 것으로 계산된다.

(1) 추적 전략(Chase Strategy)

추적 전략은 APICS 용어집에 '수요를 충족시키기 위해 생산량을 변동시키는 전략으로 안정적인 재고 수준을 유지하는 생산 계획 방법'이라고 정의되어 있다. 즉 수요가 10이면 10만큼 생산하고 100이면 100만큼 생산하는 전략이다. 추적 전략을 사용하는 생산 비율은 판매를 따라가도록 조정되기 때문에 경우에 따라서는 크게 변동된다. 이 전략은 기업이 생산 수준 및 고용 수준을 변경하고 초과근무 및 하청을 사용하여 종업원을 재배치함으로써 높은 재고원가를 피할 수 있도록 조절한다.

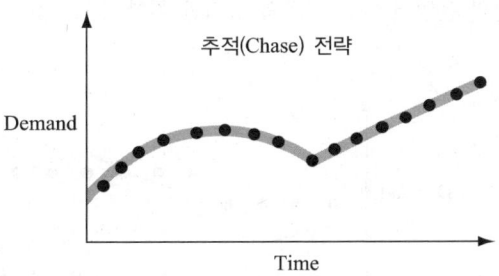

(2) 평준화 전략(Level Strategy)

① 평준화 전략은 일련의 기간 동안 작업량이 공평하게 분배되도록 수행하는 전략이다. 즉 1년의 소요량이 1,200개이면 매월 100개씩 생산한다는 것이며 언뜻 보면 고객의 요구를 무시하는 기업 같지만, 현실적으로는 효율성을 따지는 많은 회사들이 전체 능력을 사용하는 이 방식을 택한다.

② 특정 제품을 대상으로 이 방식을 택한다면 운영상 무리가 올 수 있으나, 제품 그룹을 대상으로 하면 가능한 방식이다. 자재 및 인력이 이상적으로 평준화될지라도 특정 사업에서는 한곳에 부하가 집중될 수 있다는 단점이 있다. 그러므로 가능한 한 공평하게 기간별로 소요 자재 및 노동을 분배하는 일정을 세워야 한다. 안정적인 공급을 유지하며 불규칙한 수요를 조절하기 위해 재고를 사용한다.

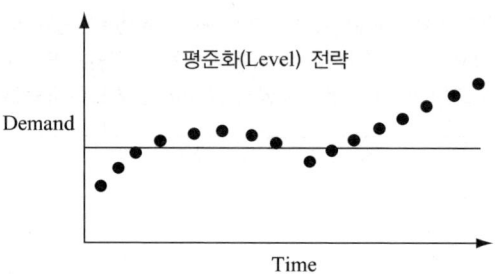

(3) 조합 전략(Combination Strategy)

① 조합 또는 혼합 전략은 평준화와 추적 전략의 조합을 의미한다. 기본적으로 수요가 적을 때는 생산하지 않다가 일단 생산하면 최대 능력으로 생산한다는 개념의 전략이다. 이는 적정량을 일정하게 평준화 생산하다가 수요의 뚜렷한 변화를 감지했을 경우 생산량을 증가 혹은 감소시켜 평준화 생산하는 개념으로 발전하였다. 그리고 한번 바꾼 생산계획은 뚜렷한 재변화가 감지되기 전까지 바꾸지 않는다.

② 조합 전략의 결과 이상적인 계획을 만들지 못할지는 모르지만 종업원, 관리자, 고객 등 관련된 모든 사람을 위해 가장 희망적인 최종 결과를 가져올 수 있다. 조합 전략은 유효한 생산능력을 최대로 이용하지만 재고 축적 및 재고 유지비용에 제약을 받는다. 이것은 추적 전략과 평준화 전략의 절충안이므로 이들의 운영에 따라 이들의 장점만 취할 수도 있고, 단점만 취하는 결과를 가져올 수도 있다.

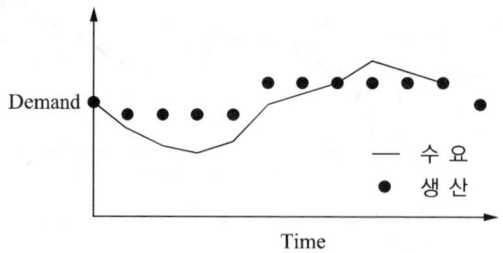

2 생산시스템의 설계

1. 제품의 설계

생산시스템의 설계는 우선 어떤 제품을 어떤 기술로 만들 것인가 하는 질문에서 시작된다. 다음에는 물적 설비를 어디에 어떤 방법으로 자리 잡게 할 것인가 하는 문제를 해결해야 한다. 또 생산에서 어쩌면 가장 중요한 요소일 수도 있는 인적자원의 관리문제가 있다. 그들에게 어떤 일을 맡길 것이며 일을 시킬 때의 구체적 기준은 어떤 것을 삼을 것인가를 결정하는 일이 뒤따르게 된다.

(1) 의 의
제품을 공정에서 제조하기 위하여 개발 대상으로 선정된 제품의 기술적 기능을 구체적으로 규정하는 것으로, 예비설계와 세부설계로 구분된다.

(2) 동시설계
제품설계와 공정설계를 여러 부서의 전문가들로 구성된 팀을 통하여 공통의 설계개발로 통합하는 것을 말한다. 제품개발시간의 단축과 비용절감, 품질향상을 동시에 달성하면서 성공적인 신제품을 개발하는 것을 목적으로 한다. 설계, 검사, 원형개발 과정에서 설계부서뿐만 아니라 다른 여러 부서의 의견이 반영되도록 다기능팀을 구성하여 협력하는 설계방식이다.

(3) 품질기능전개(QFD ; Quality Function Development)
제품구상에서부터 제품설계, 개발, 제조, 유통, 초기화, 마케팅, 판매, 서비스에 이르기까지 모든 단계에서 고객 요구를 회사 내 요구로 변환하는 시스템이다.

(4) 가치분석(VA), 가치공학(VE), 가치혁신(VI)
가치분석은 원가절감과 제품가치를 동시에 추구하기 위해 제품개발에서부터 설계, 생산, 유통, 서비스 등 모든 경영활동의 변화를 추구하는 경영기법으로, 가치공학이라고도 한다.

① 가치분석(VA ; Value Analysis) : 구매품의 원가분석에 치중하여 주로 생산되고 있는 제품에 대하여 단순화와 표준화 가능성, 불필요한 특성의 포함 여부, 원재료비, 노무비, 제조 간접비의 적절성 등의 분석에 초점을 둔다.

② 가치공학(VE ; Value Engineering) : 다양한 목표를 수용하고, 그 목표를 가장 값싸고 효율적인 방법으로 달성하는 길을 찾는 기법이다. 가치공학이 다른 혁신 기법과 다른 점은 전사적 품질경영(TQM)이 문화적 차원에서 종업원들의 태도 변화에 중점을 두는 반면, 가치공학은 문제를 해결하는 방법론을 제공한다. 또 산업공학이 순수한 엔지니어링이라면 가치공학은 일종의 분석 프로세스로 리엔지니어링에 가치공학을 도입하면 효과를 배가할 수 있다. 이 밖에 신제품의 설계에도 이러한 기능적 연구법을 적용한다. 제조공정은 자동화될수록 제조공정 자체에서 비용절감을 할 수 있는 여지가 적어진다. 그래서 가치공학은 제조공정 밖으로 시선을 돌림으로써 생겨난 비용절감의 새 관리기법이라고 할 수 있다.

③ 가치혁신(VI ; Value Innovation) : 첨단기술 개발을 통한 경쟁력 확보보다는 참신한 아이디어를 통해 새로운 시장을 창출해야 한다는 기업경영 전략이론이다.

2. 공정설계

(1) 의 의
고객이 원하는 제품을 가장 경제적으로 설계도에 명시된 대로 생산하는 방법을 개발하는 것이며, 특히 공정에 관한 결정은 전략적인 결정으로서 비용이나 품질 그리고 탄력성과 조직구조에 장기적으로 영향을 끼치므로 상당히 중요하다고 할 수 있다.

(2) 공정설계 시 고려사항
① **생산량** : 얼마만큼 생산할 것인가?
  ㉠ 어떤 주어진 기간 내에 얼마만큼 생산할 것인가를 결정한다.
  ㉡ 반드시 과학적인 수요예측으로 필요 생산량을 분석하여 설비나 기계의 유형을 결정한다.
② **품질 수준** : 품질은 어떤 수준으로 할 것인가?(上, 中, 下)
  ㉠ 어떤 품질 수준으로 제품을 생산하여야 하는가는 공정설계에 절대적인 영향을 끼친다.
  ㉡ 품질 수준이 결정되면 공정엔지니어는 주어진 품질 수준을 달성할 수 있는 공정을 설계하여야 한다(부품종류, 조립방법, 기계의 유형과 가공방법을 결정).
③ **기계의 유형** : 어떤 기계를(전용/범용) 이용하여 또는 구매하여 제품을 생산할 것인가?
  공정엔지니어는 어떤 기계와 설비를 사용하여야 하는지, 기존 기계로 가능한지, 아니면 새로운 기계를 구매하여야 하는지, 기계의 성능과 생산능력은 어떤지, 다른 기계와의 호환성과 수명 유지비용이 어떤지를 고려하여야 한다.

3. 생산시스템의 분류

(1) 생산시스템의 유형
생산시스템은 분류기준에 따라 다양한 유형으로 나누어진다. 예를 들면 그림에서 보는 바와 같이 생산시스템은 제품의 주문형태에 따라 계획생산과 주문생산으로 나누기도 하며, 생산품종과 생산량에 따라 소품종 대량생산·다품종 소량생산·단일품종 소량생산으로, 그리고 공정의 흐름에 따라서는 연속생산·반복생산·개별생산·단속생산으로 분류하기도 한다. 이 중에서 비교적 많이 이용되는 분류방법은 공정의 흐름을 기준으로 하는 것인데, 이와 같은 기준에 의해 나누어지는 유형들에 대해 살펴보면 다음과 같다.

① **연속생산** : 연속생산(Continuous Production)은 표준화된 제품을 계획적으로 제조하는 생산시스템으로서, 기술적으로 생산공정의 흐름이 연속성을 지니게 된다는 특성이 있다.

장 점	단 점
• 규모의 경제 실현으로 단위당 코스트가 절감된다. • 유휴시간이 없고 대량생산이 가능하다. • 작업의 분업화로 미숙련자 혹은 반숙련자가 가능하다. • 운반 코스트가 절약된다.	• 제품변화에 대한 적응력이 약하다. • 조업도 조정이 곤란하므로 수요변화에 대한 신축성이 약하다. • 일부 공정의 정체나 고장이 전체에 영향을 준다.

② **반복생산** : 반복생산은 조립라인(Assembly Line)의 형태를 취하는 생산시스템이다.
③ **개별생산** : 개별생산(Job Shop)은 우리나라의 소규모 제조기업에서 많이 볼 수 있는 생산시스템으로서 주로 고객의 주문에 따라 생산이 이루어진다.

④ 단속생산 : 단속생산(Intermittent Production)은 제품의 생산이 고객의 주문에 따라 이루어진다는 면에서는 개별생산과 비슷하다. 그러나 단속생산은 개별생산에서처럼 특정 품목의 생산이 1회에 그치지 않고 주기적으로 일정량만큼 혹은 뱃치(Batch)로 생산한다는 점에서 차이가 있다.

장 점	단 점
• 범위의 경제 실현으로 설비의 활용도를 높일 수 있다. • 제품변화와 수요변화에 대한 신축성이 강하다.	• 작업자와 감독자들은 생산에 대한 풍부한 경험과 지식이 있어야 한다. • 개별주문에 따라 달라지므로 생산의 흐름이 원활하지 못하다. 대기 중인 원자재나 공정품이 있는 것이 보통이다. • 원자재 예측이 어려워 구매계획을 짜기 어렵다.

더 알아보기 생산시스템

생산시스템의 유형

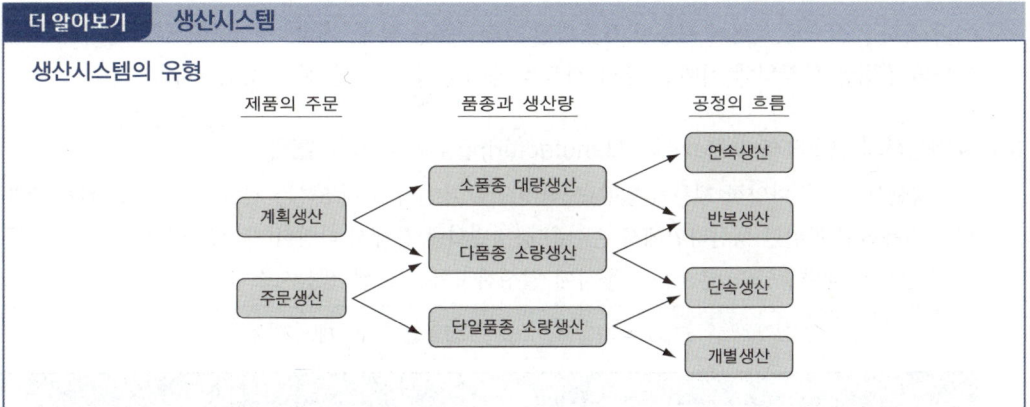

다품종 소량생산과 소품종 대량생산의 비교

구 분	다품종 소량생산(개별생산)	소품종 대량생산(연속생산)
생산 목표	납기, 품질, 원가	원가, 품질, 납기
사양 결정	고객이 제품과 서비스 시방 결정	생산자가 결정
생산 설비	다양한 시방에 대응하기 위한 유연성을 확보하여야 하므로 범용설비	전용설비, 설비투자에 대한 신중한 결정이 필요하며, 고장 시 손실이 크므로 예방보전을 강화하여야 함
운반 형태	다양한 크기, 중량 대응 작업 배치 자유경로	고정경로
작업 수준	많은 경험, 지식의 숙련공	단순작업이 많은 비숙련공 동작 연구, 시간 연구 문제
배치 중점	라인 밸런싱	배열 작업, 일정관리
기타 특징	품종에 따른 준비 작업이 많아 공정 중 재고가 많고, 원자재 공급(구매) 정확도가 낮다.	생산 중 재고가 거의 없고, 계획적인 원자재 구매가 가능하며 원가절감에 유리하다.

(2) 자재의 흐름에 따른 분류

① 푸쉬 시스템(Push System) : 전 공정이 공정의 주도권을 쥐고 후 공정의 사정은 고려하지 않고 생산된 제품을 후 공정에 밀어내는 시스템 MRP가 대표적이다.

② 풀 시스템(Pull System) : 공정과 공정이 서로 협조하나 후 공정이 공정의 주도권을 쥐고 자신의 생산작업에 필요한 부품 등을 전 공정에 요구하며 끌어당기는 시스템 JIT가 대표적이다.

4. 생산공정의 유연화

다양성과 생산성의 동시 충족을 통한 다품종 대량생산 달성을 목표로 한다.

(1) 집단가공법(GT ; Group Technology)

부품을 가공의 유사성에 따라 집단화하여 생산효율을 향상시킨다. 각 집단에 적합한 기계를 할당시켜 공통의 공구와 기계 및 작업방법을 이용해서 생산하게 하는 방식이다. 로트 크기의 대량화로 대량생산의 경제적 이점을 다품종 소량생산 체계하에서 실현할 수 있다.

(2) 모듈식 생산(MP ; Modular Production)

여러 가지 조합으로 조립이 가능한 표준화된 호환부품을 설계, 개발, 제작하여 최소 종류의 부품으로 이들의 결합을 다양화해 최대 종류의 제품을 생산할 수 있도록 하는 방법이다.

(3) 유연생산시스템(FMS ; Flexible Manufacturing System) 21 기출

유연생산시스템은 다양한 제품을 높은 생산성으로 유연하게 제조하는 것을 목적으로 한다. 컴퓨터에 의해 자동화된 동일한 생산라인에서 손쉬운 공정변화를 통해서 다양한 제품을 대량생산하여 주문생산의 유연성과 대량생산의 생산성을 동시에 달성하도록 창출된 생산시스템이다.

FMS = 자동생산기술 + 컴퓨터 관리, 제어 기술

장 점	단 점
• 다양한 부품을 생산, 가공할 수 있다. • 가공준비 및 대기시간의 최소화로 제조시간이 단축된다. • 설비가동률이 향상된다. • 불량품의 원인이 쉽게 발견되어 고품질 생산이 가능하다.	• FMS 도입 후 운영의 효과 발휘 시까지 시간이 많이 필요하다. • 초기 도입 시 많은 자금이 소요된다.

(4) 셀형 제조방식

다품종 소량생산체제의 유연화를 달성하여 생산성과 유연성을 동시에 달성하는 기법이다. 셀형 제조방식은 한 종류 또는 많은 종류의 기계가 하나의 셀(Cell)을 단위로 해서 집단화하는 공정의 한 형태로, 단일의 조직개체 내지 셀에서 원자재를 구성품 또는 제품으로 바꾸게 된다.

기출문제분석

생산에 필요한 요소를 제때에 투입함으로써 재고가 없도록 하는 생산 방식은? 2020년

① 유연생산시스템(FMS ; Flexible Manufacturing System)
② 컴퓨터 통합생산(CIM ; Computer Integrated Manufacturing)
③ 스마트 팩토리(Smart Factory)
④ 무결점운동(Zero Defects Program)
⑤ 적시생산(JIT ; Just In Time)

해설 해당 내용은 적시생산(JIT)에 대한 내용이다. 필요한 것을 필요한 때에 필요한 만큼만 생산하는 시스템이며 토요타 자동차에 의해 개발된 일본의 독자적인 생산관리 시스템이다(철저한 현장주의 및 다품종 소량생산).

정답 ⑤

5. 설비배치의 의의와 유형

(1) 의 의
설비배치란 공정흐름에 맞도록 공장 또는 서비스 시설 내에서 부서의 위치와 설비의 배열을 결정하는 것이며 공정별, 제품별, 위치고정 배치가 기본유형이다.

(2) 설비배치의 유형
① **제품별 배치(Line별 배치)** : 예측생산, 소품종 다량생산에 적용하며 제품생산에 투입되는 작업자나 설비를 제품의 생산 작업순서에 따라 배치하는 형태이다. 제품수요의 안정, 제품의 표준화, 부품의 호환성이 전제조건으로 충족되어야 한다(**예** 자동차 조립라인, 전자제품 생산라인, 카페테리아).

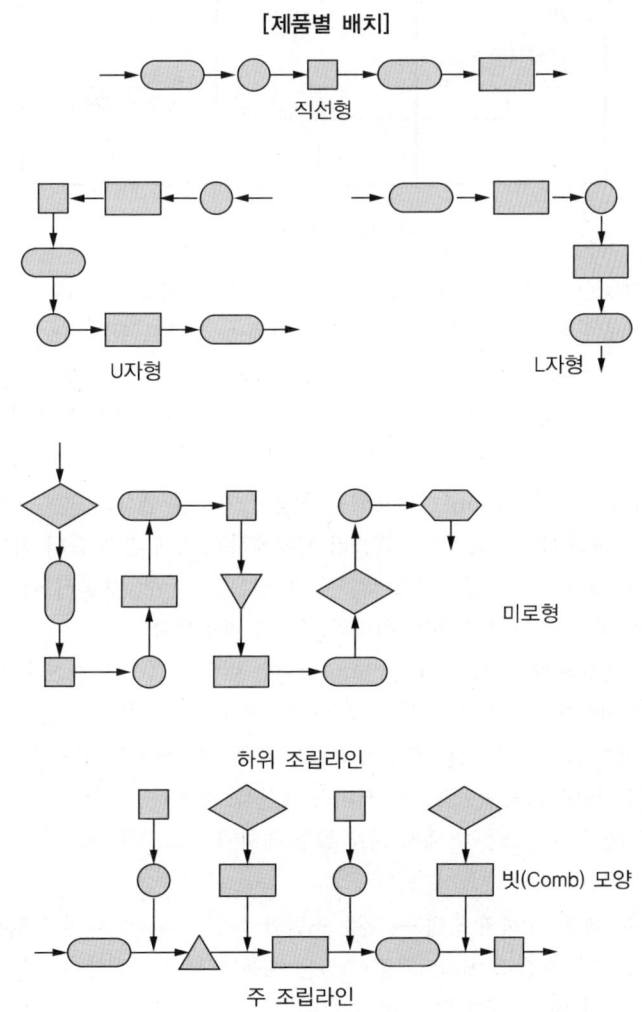

[제품별 배치]

직선형

U자형   L자형

미로형

하위 조립라인

빗(Comb) 모양

주 조립라인

② **공정별 배치(기능별 배치)** : 다품종 소량생산, 유사한 생산기능을 수행하는 기계와 작업자를 그룹별로 일정한 장소에 배치하는 형태로서 여러 가지 제품을 한 작업장에서 생산할 때 작업을 질서 있게 배치해 놓은 것이다(기계의 주문 제작, 병원, 대학 등에서 사용).

[공정별 배치]

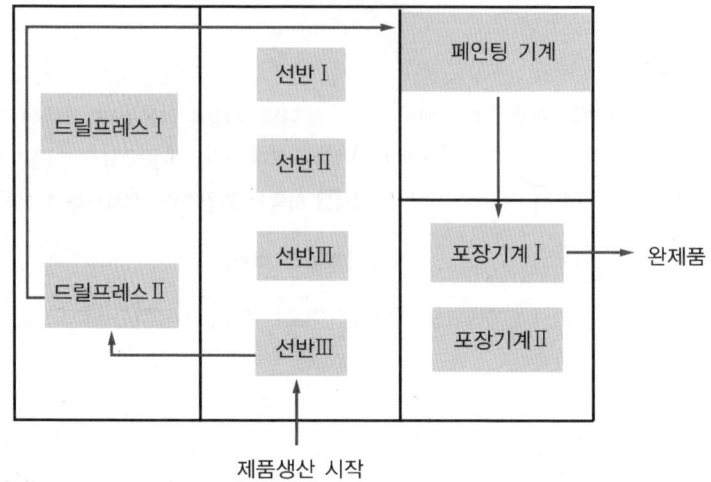

③ **위치고정형 배치(프로젝트 배치)** : 제품의 크기·무게 및 기타 특성 때문에 제품 이동이 곤란한 경우에 생기는 배치 형태로서, 생산하는 장소를 정해 놓고 주요 원자재·부품·기계 및 작업자를 투입하여 작업을 수행하도록 배치하는 형태이다. 대표적인 예시로는 항공기, 선박, 건물, 도로 등이 있으며 생산하는 제품의 수량은 극히 소량이다(조선, 비행기 제작 등 대형 제품의 생산이나 각종 건설공사).

④ **셀룰러 배치(Cellular Layout)** : 제조셀을 이용한 제조를 셀룰러 제조라고 하고, 제조셀에 의한 설비배치를 셀룰러 배치라고 한다. 셀룰러 배치에서는 기계 간 부품의 이동거리와 대기시간이 짧기 때문에 생산소요시간이 단축되고 재공품 재고가 감소한다. 셀룰러 배치는 다양한 품목을 중·소량으로 생산하는 기업에 제품별 배치의 혜택을 제공한다.

※ 그룹 테크놀로지(GT ; Group Technology) : 비슷한 특성을 가진 부품끼리 모아 부품군으로 분류하고 이러한 유사성을 부품의 생산이나 설계에 이용하는 기법

⑤ **혼합형** : 설비배치의 3가지 기본 유형이 혼합된 형태로써 제품별, 공정별, 위치고정형 배치를 혼합하여 배치하는 형태이다. 일반적으로 서비스 생산시스템이나 유연생산시스템에서 흔히 볼 수 있으며, 그룹 테크놀로지의 그룹별 배치 내지 셀형 배치 또는 JIT의 U형 배치가 대표적인 혼합형 배치라고 할 수 있다.

공장 전체로는 제작 → 하위 조립 → 최종 조립의 순으로 제품별 배치를 취하더라도 제작은 공정별 배치, 하위 조립은 셀룰러 배치, 최종 조립은 제품별 배치를 취할 수 있다(전자제품 공장 : 최종 조립라인-제품별 배치, 금형공정-공정별 배치).

3 생산계획과 일정계획

1. 생산계획의 의의 및 절차 24 기출

생산계획(Production Planning)은 생산활동에 필요한 자원을 효율적으로 배분함으로써 생산시스템의 능력을 시장수요에 적응시키는 과정을 말한다. 즉 생산계획이란 시장의 수요에 대응하여 생산량을 시간적, 수량적으로 조절해 나가는 계획과정을 의미한다. 주문이나 판매예측을 토대로 생산할 제품의 종류와 수량, 가격 등과 함께 생산방법, 장소 및 일정 등에 관하여 가장 경제적이고 합리적인 계획을 세우기 위한 활동이다.

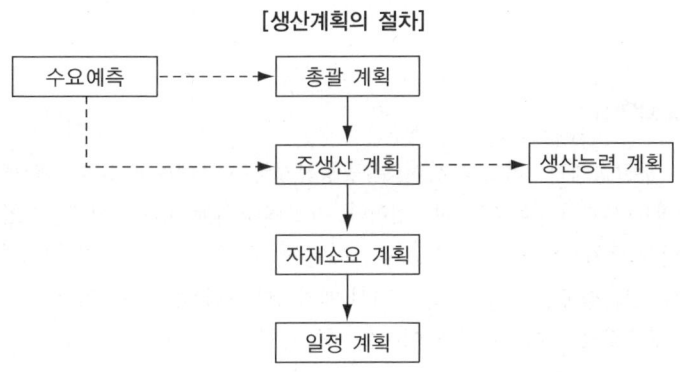

[생산계획의 절차]

2. 총괄 생산계획 17 24 기출

(1) 개 념

총괄계획(APP ; Aggregate Production Planning)에서는 통상 1년 단위로 수요예측에 근거하여 무슨 제품을, 언제, 얼마만큼 생산할 것인가를 결정한다. 그런데 총괄계획에서는 개별제품이 아닌 그룹제품을 대상으로 하여 생산계획을 세운다. 총괄계획의 가장 중요한 목표는 수요의 변동을 기업 자체의 생산능력 안으로 흡수하여 수요와 공급을 일치시키는 것이라고 할 수 있다.

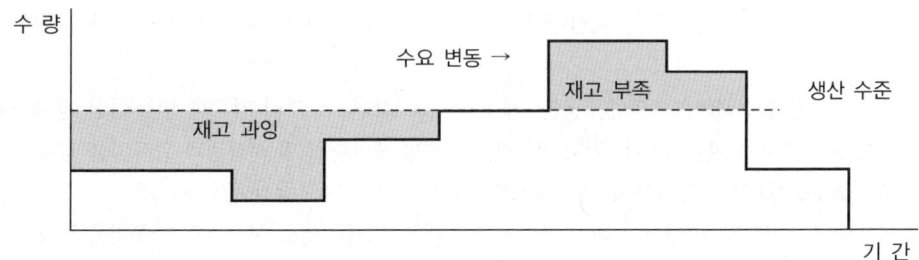

[수요 변동과 생산 수준]

(2) 목 적

판매수량에 대한 양적, 질적, 시간적인 면을 충족시키고, 생산요소의 균형을 유지하고, 이질적인 생산요소를 체계화함으로써 생산비용을 최소화하고자 하는 것이다. 구체적으로 무엇을, 언제, 얼마나 생산할지를 결정하는 것을 목적으로 한다.

(3) 구성요소

예측된 수요를 충족시켜야 하며 중기에는 고정되어 있는 생산설비의 능력범위 내에서 이루어져야 하고 관련비용이 최소화되도록 수립되어야 한다. 구성요소로는 고용 수준, 생산능력, 하청, 재고 수준 등이 있다.

3. 대일정계획(MPS)

대일정계획은 주일정계획이라고도 하며, 총괄생산계획을 분해해서 실행계획으로 구체화한 계획으로 특정 제품의 필요량과 시기를 결정하는 것이다. 만일 승용차에 대한 총괄생산계획을 수립했다고 가정할 때, 세 종류의 자동차는 상당히 비슷하거나 동일한 기능을 가지고 있다 하더라도 소요자재나 부품, 작동에 있어서 어느 정도 차이가 있다. 따라서 매월 생산해야 하는 총괄적 개념의 승용차는 소요자재와 부품에 대한 구매결정이 이루어지기 이전에 자동차의 브랜드별 생산대수로 변환되어야 한다.

4. 공정관리와 일정계획

(1) 공정관리

공정관리란 주어진 제품을 적절한 품질로 적시에 생산할 수 있도록 인력과 기계설비 등의 생산자원을 합리적으로 활용하는 것으로 공장의 생산활동을 총괄적으로 관리하는 것을 말한다.

(2) 일정계획

① 의 의

생산계획에서 결정된 기일을 목표로 하여 소요 재료의 입수, 작업원, 설비의 확보를 고려해 순서표 등에 기초를 두어 결정하는 작업일정이다. 일정계획은 제조·구매·영업 등 필요부문에 배포된다.

② 단 계

㉠ 대일정계획(MPS) : 판매, 생산, 재무(자금조절)면으로부터 검토해 만들어진 경영계획을 제조부분에 지시하는 데 이용된다. 제품별·부품별 생산순위 및 시작일과 완료일을 정하는 계획이다.

㉡ 중일정계획 : 일정계획 중 제품별·부품별의 월간 또는 보름간 등의 계획으로, 주로 중급관리자용이다. 대일정계획에서 정해진 납기일을 토대로 각 공정별로 시작일과 완료일을 정하는 계획이다.

㉢ 소일정계획 : 각 직장에 있어서 구체적으로 작업을 진행하기 위한 일정계획으로, 현장관리자가 이용한다. 중일정계획에 의해 작업을 진행하는 중에 트러블이나 목표의 차이가 일어났을 때마다 일정을 수정하기 위한 것으로서, 중일정계획을 토대로 구체적인 작업의 작업자별 또는 기계별 일정을 정하는 계획이다.

(3) 통제기법

① **LOB(Line Of Balance)**: LOB는 주로 조립공정을 대상으로 하는 일정계획 기법으로 사용되는데 작업기간이 비교적 길고 여러 단계의 복잡한 조립과정에서 다양한 부품을 사용하여 납품작업이 진행되는 경우 납기일정에 맞추도록 통제점을 조정하는 것을 가리킨다.

② **PERT/CPM** 19 25 기출

프로젝트를 관리하는 데 사용되는 PERT/CPM은 복잡하거나 대규모 건설공사, 연구개발 사업 등을 계획하고 일정계획의 수립·통제에 널리 이용되는 네트워크 분석기법으로 비반복적인 1회성 프로젝트에 활용할 수 있다.

㉠ **PERT(Project Evaluation & Review Technique)**: 미 해군에서 폴라리스 미사일 사업 계획 및 통제를 위한 것으로, 활동을 완료하는 데 소요되는 시간예측의 불확실성을 극복하기 위해 개발된 것이며 시간의 계획과 통제가 주 목적이다. 프로젝트를 구성하는 활동의 작업시간을 베타분포를 따르는 확률변수로 처리한다.

㉡ **CPM(Critical Path Method)**: 1957년 미국 듀퐁사에 의해 공장설비의 건설일정을 수립하는 과정에서 개발되었으며, 자원의 추가 투입에 의한 비용의 증가와 프로젝트 종료시간의 단축 간의 상관관계를 분석하였다. 활동의 완료에 필요한 비용의 추정치가 부여되며 시간과 비용의 통제가 목적이다. 각 소규모 활동의 작업시간이 확정적으로 알려져 있다고 가정하며 네트워크 기법을 이용해 프로젝트의 소요기간을 산출하였다.

> **더 알아보기** 주경로와 여유시간
>
> - **주경로(Critical Path)**: 네트워크를 구성하는 모든 경로 중 총작업시간이 가장 긴 경로이다.
> - **여유시간(Slack Time)**: 어떤 활동이 다른 활동의 시작시간이나 프로젝트의 종료시간에 영향을 미치지 않으면서 지연될 수 있는 최대시간이다.

5. 수요예측기법

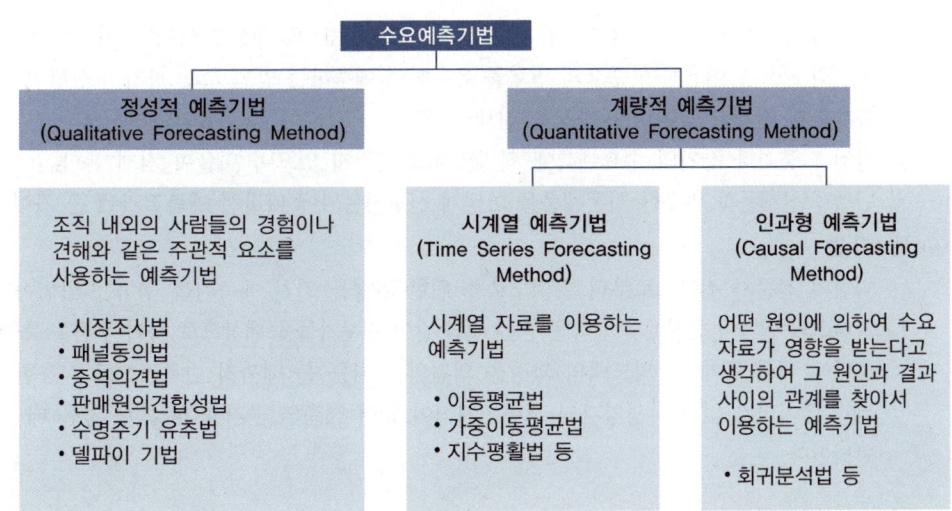

(1) 정성적 수요예측 기법
  ① 판매원 추정법
    ㉠ 각 지역 판매원들이 수요 추정치를 작성하게 하고, 이를 근거로 예측하는 방법이다.
    ㉡ 고객 접점에서 활동하는 판매원(영업사원)이 고객의 수요를 가장 잘 예측할 수 있다는 가정을 전제한다.
    ㉢ 장점 : 지역별 예측치를 쉽게 계산할 수 있다.
    ㉣ 단점 : 판매원의 개인적 편견이 반영되어 오차가 크게 나타날 수 있다.
  ② 경영자 판단법(중역의견법)
    ㉠ 주기적으로 경영자 집단의 의견, 경험, 기술적 지식을 요약하여 단일 예측치를 얻는 예측방법으로 보통 장기계획이나 신제품 개발을 위해서 사용한다.
    ㉡ 장점 : 최고경영자의 독특한 재능과 지식, 경험 등을 충분히 활용할 수 있다.
    ㉢ 단점 : 의견이 절대적으로 강한 사람이 있으면 그 유효성이 떨어진다.
  ③ 시장조사법
    ㉠ 시장의 상황에 대한 자료를 수집하기 위해서 소비자 패널을 사용하거나 설문지, 서베이(Survey) 등을 사용하는 것으로 기업의 총매출액, 제품군의 매출액, 개별제품의 매출액을 예측할 수 있다.
    ㉡ 장점 : 단기적인 예측에 아주 좋은 결과를 보이고, 시장의 호황과 불황의 분기점을 비교적 잘 예측할 수 있다.
    ㉢ 단점 : 예측비용과 시간이 다른 기법들에 비하여 비교적 많이 소요된다.
  ④ 패널동의법
    ㉠ 소비자, 영업사원, 경영자들을 모아서 패널을 구성하고 이들의 의견을 모아서 예측치로 활용하는 방법으로 여러 사람의 의견을 참고하므로 개인의 의견보다는 더 정확할 것이라는 가정을 전제로 한다.
    ㉡ 장점 : 특정 개인의 의견보다 유연한 통찰력으로 시장변화를 예측할 수 있다.
    ㉢ 단점 : 패널을 어떻게 구성하느냐에 따라서 결과에 큰 차이가 나게 되며, 자기주장이 강한 사람의 의견이 패널 전체의 의견을 좌우하게 되는 경우가 많다.
  ⑤ 수명주기유추법
    ㉠ 과거의 자료가 없는 품목의 수요를 예측할 때 비슷한 품목의 제품수명주기상의 수요변화에 관한 과거의 자료를 이용하여 수요의 변화를 유추하여 예측하는 방법으로, 과거의 상황이 미래에도 유사하게 전개될 것이라는 가정을 전제로 한다.
    ㉡ 장점 : 중기나 장기의 수요예측에 적합하다고 알려져 있으며 비용이 적게 든다.
    ㉢ 단점 : 신제품과 비슷한 기존제품을 어떻게 선정하는가에 따라서 예측결과에 큰 차이가 난다.
  ⑥ 델파이법
    ㉠ 익명의 전문가 집단으로부터 합의도출을 위한 과정을 거쳐 예측치를 구하는 방법이다.
    ㉡ 그리스의 델파이 신전에서 신탁을 받는 것과 같이 전문가들을 대상으로 하여 우편을 통한 질문과 응답에 대한 통계 및 피드백의 과정을 의견의 일치를 볼 때까지 반복적으로 사용한다.
    ㉢ 과거 데이터가 없거나 경영자의 경험·지식이 없어 예측의 근거를 찾을 수 없을 때 이용하는 방법이다.

② 절 차
- 설문지 작성
- 설문에 응답할 소수의 전문가 집단 선정
- 설문을 회수하여 그 결과를 취합한 보고서 작성
- 보고서를 다시 응답자들에게 보내고 처음의 답을 수정할 용의가 있는지를 질문
- 위 과정을 응답자들 간의 합의가 이루어질 때까지 반복

⑩ 장점 : 기술적 예측기법 중에서도 정확도가 높은 방법이다.
⑪ 단점 : 의견 수렴 및 합의에 시간이 오래 걸린다는 점과 설문지 작성의 어려움이 있다.

(2) 정량적 수요예측 기법(계량적 예측기법)

① **시계열 분석기법** : 정량적 수요예측기법은 객관적인 데이터를 기반으로 주로 단기예측에 활용되며, 과거 수요패턴이 장기간 유지되지 않기 때문에 장기간의 예측에는 부적절하다.
  ㉠ 전기수요법 : 당기의 실제치를 차기의 예측치로 사용하며 간단하고 저비용이다. 수요의 평균이 안정적이고 우연변동이 적을 때 적절한 방법이다.
  ㉡ 이동평균법 : 일정기간 동안의 실제수요량을 평균값으로 해서 다음 기 값을 예측한다.
    - 단순이동평균법 : 예측하고자 하는 기간의 직전 일정기간의 실제 판매량으로 평균 계산
    - 가중이동평균법 : 직전 N기간의 자료치에 합이 1이 되는 가중치를 부여한 다음, 가중 합계치를 예측치로 사용
  ㉢ 지수평활법 : 가장 최근 데이터에 가장 큰 가중치가 주어지고, 시간이 지남에 따라 가중치를 기하학적으로 감소시켜 계산하는 가중치 이동 평균 예측기법이다.

② **인과형 예측기법**
  ㉠ 수요와 밀접하게 관련된 변수들과 수요와의 인과관계를 분석하여 미래 수요를 예측한다.
  ㉡ 주로 중·장기예측에 사용하며 시계열 분석기법보다 더 정확한 예측이 가능하다.
  ㉢ 대표적으로는 회귀분석법이 있으며, 회귀모델은 변수의 개수에 따라 일반적으로 단순회귀모델과 중회귀모델로 분류한다.

4 재고관리 25 기출

1. 재고관리(Inventory Control)의 개념

(1) 의의

능률적이고 계속적인 생산활동을 위해 필요한 원재료·반제품·제품 등의 최적보유량을 계획·조직·통제하는 기능으로서 재고란 경제적 가치를 지닌 모든 것의 정체(停滯) 또는 저장(貯藏)을 가리킨다. 제조업의 경우 원재료·재공품(在工品)·반제품·구입부품·완성품 등의 형태로 제조공정의 각 단계 간에 저장이 있다. 완성품재고는 공장창고뿐만 아니라 영업창고 또는 배송(配送)센터 등에도 보관된다. 재고를 보유하는 이유는 경제적 발주(제조) 기능, 불확실성 대처 기능, 생산평준화 기능 등 중요한 기능을 감당하기 때문이다.

(2) 재고 관련 비용

재고관리상 총운영비는 물품주문비용, 재고유지비용 및 재고부족비용 등으로 구분된다.

① **주문비용(Ordering Cost)**

재고관리에 수반되는 비용 중의 하나로서 필요한 물품을 주문해서 입수될 때까지의 모든 비용이다. 여기에는 통신료와 같은 발주비용, 재료의 운송에 관계되는 취급비용 등이 포함되며 경제적 주문량을 결정하는 변수의 하나이다. 일반적으로 주문비용은 주문횟수에 비례한다고 보는 것이 보통이다.

② **재고유지비용(Carrying or Holding Cost)**

재고를 보유함으로써 들어가는 비용으로 고정비적 성격이다. 이자, 보관비용, 세금, 보험료 등이 있으며 상품 훼손에 따른 손실비용도 포함된다.

③ **재고부족비용(Shortage of Stockout Cost)**

수요자의 구매요구가 있음에도 불구하고 재고가 부족하여 판매하지 못함으로써 발생되는 모든 손실을 의미한다. 판매에서 발생할 이득을 놓침으로써 생긴 손실뿐만 아니라 앞으로 고객유치에 미치게 될 악영향도 포함된다. 따라서 이 비용은 2가지 비용과 달리 측정하기 매우 어려운 비용이다. 회사의 생산에 소요되는 물품의 경우에 재고부족비용은 이 물품이 없음으로 인하여 회사에 발생하는 모든 악영향을 포함한다. 따라서 재고관리정책은 3가지 비용의 합인 총비용을 최소화하도록 이루어져야 한다.

(3) 독립수요와 종속수요

① **독립수요(Independent Demand)**

㉠ 다른 부품이나 제품의 수요 발생과 상관이 없는 수요로 제조업 내부보다는 외부로부터 오는 수요이다. 수요의 많고 적음은 시장을 근거로 하는 유통재고(Distribution Inventory)에서 볼 수 있다.

㉡ 일반적으로 독립수요는 특정 기간 동안 비교적 일정하고 또 연속적으로 발생하는 특징을 가진다. 이러한 특징 외에도 판촉행사나 경쟁사의 신제품 출시 등의 영향을 받아 다소 변동될 수 있으나, 수요의 변동은 어느 정도 예측할 수 있다.

ⓒ 제품의 효율적인 관리를 위하여 독립수요는 예측되어야 하며 예측이란 오류를 가정하는 것으로 이의 보완과 방지책이 필요하다. 재고의 고갈로 인한 판매 기회의 손실이나 고객과의 약속 불이행 등을 방지하기 위해 적정 수준의 안전재고를 유지하는 것이 한 방법이다. 여기서 적정 수준이란 추구하는 서비스의 목표를 달성하기 위해 설정된 수준을 말한다.

ⓓ 소매점(Retail)이나 제품 직매장(Warehouse)에서 소비자에게 직접 판매하는 품목에서 뚜렷이 나타나는데 이외에도 공장의 완제품, 서비스 및 교체 품목, MRO 품목 등에서 볼 수 있다.

② 종속수요(Dependent Demand)
  ㉠ 일반적으로 생산일정에 근거한 내부로부터의 수요로서 상위부품을 만들기 위해 필요한 하위부품의 수요로 주로 제조재고(Manufacturing Inventory)에서 볼 수 있다. 따라서 상위품목의 재고 발주 시점에만 발생하므로 수요는 비교적 불규칙적이며 발생은 불연속적이다. 이러한 수요는 상위품목의 수요를 알면 계산할 수 있다.
  ㉡ 예를 들어 상위품목을 1개 만드는 데 해당 품목이 3개 소요된다면, 상위품목 100개를 만들기 위한 해당 품목의 수요는 300개임을 알 수 있다. 이것이 MRP의 가장 기본이 되는 이론이다. 타 품목에 종속인 예는 조립품과 반제품, 생산부품과 구매부품, 그리고 원자재 등이 있다.

더 알아보기 독립수요와 종속수요의 비교

독립수요(Distribution Inventory)	종속수요(Manufacturing Inventory)
• 외부로부터의 수요 • 시장에 근거 • 수요의 양은 비교적 일정하고 발생은 연속적임 • 수요는 예측되어야 함 • 목표하는 서비스를 위해 안전재고가 유지되어야 함	• 내부로부터의 수요 • 생산일정에 근거 • 수요의 양은 비교적 불규칙적이며 발생은 불연속적임 • 수요는 계산되어야 함 • 안전재고 없이도 목표로 하는 서비스를 제공할 수 있음
• 소매점 • 제품 직매장 • 공장 제품 창고 • 서비스, 교체 품목 • 수리, 운영, 유지 품목	• 조립품 • 반조립품 • 생산부품 • 구매부품 • 원자재

2. 재고관리 시스템의 기본유형

재고관리에 관한 이론에 따른 컴퓨터 등을 사용하여 재고의 출입을 제어하는 시스템이다. 기업에 있어서 생산을 효율적으로 하는 데에는 원재료, 반제품, 완제품의 재고를 알맞은 수량만큼 보유하는 것이 바람직하다. 따라서 알맞은 재고량을 파악하여 계획적이고 조직적으로 재고를 관리할 필요가 있다. 또한, 이를 위한 컴퓨터 소프트웨어도 개발되어 있다.

(1) 고정주문량 모형(Fixed Order Quantity System)

고정주문량 모형은 특정한 재주문점에 도달하는 사건이 발생할 때 주문을 한다. 이 시스템은 주문량과 재주문점에 의해서 결정되기 때문에 주문점 방식 Q시스템이라고도 한다.

(2) 고정주문기간 모형(Fixed Time Period System)

일정한 시간이 되면 정기적으로 적당한 양을 주문하는 방식이다. 고정주문기간 모형에는 주문시점마다 필요한 양을 주문하는데, 보통은 목표재고 수준 또는 재고보충 수준을 미리 정해놓고 주문시점의 재고 수준과 목표재고 수준과의 차이만큼 주문하게 된다. 따라서 수요변화에 따라 주문량은 매번 달라진다. 고정주문기간 모형에서는 계속적으로 재고 수준을 검토할 필요가 없으며, 매 주문시점마다 주문량을 결정하기 위하여 정기적으로 재고 수준을 검토한다(= 정기실사시스템, P시스템).

(3) 절충 모형

고정주문량 모형과 고정주문기간 모형을 결합한 모형으로, 고정주문기간 모형에서와 같이 재고 수준이 정기적으로 검토되지만 사전에 결정된 재주문점 이하에 이를 때만 주문하는 방법이다.

구 분	고정주문량 모형(Q System)	고정주문기간 모형(P System)
주문시점	재고량이 재주문점에 이르렀을 때 주문(부정기적)	미리 정한 주문시점에 주문(정기적)
주문량	정량(경제적 주문량)	부정량
수요정보	과거실적 의존	미래 예측정보 의존
실 사	계속실사	정기실사

기출문제분석

재고관리에 관한 설명으로 옳지 않은 것은? 〈2013년〉

① 경제적 주문량(EOQ) 모형에서 다른 요인이 일정하다고 가정할 때 주문비용이 4배 증가하면 경제적 주문량은 8배 증가한다.
② 가능한 완제품의 재고 수준을 높게 유지할수록 고객수요에 신속하게 대응할 수 있다.
③ 안전재고(Safety Inventory)를 감소시키기 위해서는 공급량의 불규칙성을 감소시킬 필요가 있다.
④ 재고회전율(Inventory Turnover)이 높다는 것은 기업이 평균적으로 낮은 수준의 재고를 보유하고 있어 금융자산의 활용도가 높음을 의미한다.
⑤ ABC재고관리에서 A품목은 가능한 철저한 통제를 위해 1회 주문당 주문량은 줄이고 주문횟수는 늘리는 것이 보통이다.

해설 경제적 주문량(EOQ) 모형에서 다른 요인이 일정하다고 가정할 때 주문비용이 4배 증가한다고 하여 경제적 주문량이 8배 증가하는 것은 아니다.

정답 ①

3. 경제적 주문량 모형(EOQ ; Economic Order Quantity) [20]기출

> **학습포인트**
> 경제적 주문량 모형은 생산관리에서 시험에 출제될 가능성이 높은 중요한 부분이므로 반드시 알고 넘어가자.

(1) 의 의
재고관리 모형 중 가장 간단한 형태인 경제적 주문량 모형은 재고비용을 최소화하는 합리적인 주문량의 크기를 결정하는 모델이다.

(2) 가 정
① 연간 재고유지비용과 주문비용은 정확히 계산되고 이 두 비용이 EOQ 계산과 관계가 있다.
② 정확하게 연간 수요가 예측된다.
③ 단일 품목만 고려하고 수량할인은 없다.
④ 재주문은 재고가 0일 때에만 가능하고 재고는 주문과 동시에 조달된다. 품절이 발생하지 않으므로 안전재고를 보유할 필요가 없다.
⑤ 재고부족비용은 고려하지 않는다.

(3) 경제적 주문량의 결정 [18]기출
경제적 주문량은 총재고비용을 최소화시키는 1회 주문량을 말한다.

연간 총비용(TC) = 연간 재고유지비용 + 연간 주문비용
- 연간 재고유지비용 = 평균재고량 × 단위당 연간 재고유지비용 = $\dfrac{Q}{2} \times C$
- 연간 주문비용 = 연간 주문횟수 × 1회 주문비용 = $\dfrac{D}{Q} \times O$

$$TC = \dfrac{Q}{2} \times C + \dfrac{D}{Q} \times O$$

Q = 1회 주문량, $\dfrac{Q}{2}$ = 평균재고량 C = 단위당 연간 재고유지비용
D = 연간 수요량 O = 1회 주문비용

경제적 주문량(EOQ)

$$Q = \sqrt{\dfrac{2OD}{C}}$$

연간 재고유지비용과 연간 주문비용이 같을 때의 주문량이다.

4. 자재소요계획(MRP)과 적시생산시스템(JIT)

> **학습포인트**
> MRP와 JIT의 차이점은 시험에서 출제될 수 있으므로 알아두도록 하자.

(1) 자재소요계획(MRP ; Material Requirement Planning) 18 22 기출

① 의 의

MRP란 완제품의 생산수량 및 일정을 기초로 하여 그 제품의 생산에 필요한 원료의 소요량 및 소요계획을 역산하여 자재조달 계획을 수립하는 것으로, 종속적인 수요품을 위한 재고관리 기법이다. 독립수요의 성격을 지니는 최종 제품의 수요는 꾸준히 발생하지만 종속수요 품목에 대한 수요는 어느 특정 시점에서 일괄적으로 발생한다. 따라서 종속수요 품목의 수요량과 시기를 결정하고 통제하기 위해 종속수요 품목의 재고관리에 적합하게 개발된 것이 MRP다. MRP는 제조자원계획이라고 하는 MRP II와 전사적 자원관리(ERP)로 발전하였다.

② 특 징

㉠ 종속수요품 각각에 대해서 수요예측을 별도로 할 필요가 없다.
㉡ 공정품을 포함한 종속수요품의 평균재고가 감소한다.
㉢ 작업의 원활화 및 생산소요 시간의 단축이 가능하다.
㉣ 주문 또는 생산 지시를 하기 전에 경영자가 계획들을 사전에 검토할 수 있다.
㉤ 능력계획 수립에 도움을 준다.

③ MRP의 전제요소

㉠ 대일정계획(MPS ; Master Production Schedule) : 생산활동의 기본이 되는 제품별, 계획기간별, 생산량에 대한 최종품목의 생산계획이다.
㉡ 자재명세서(BOM ; Bill of Materials) : 최종품목의 한 단위를 생산하는 데 필요한 각종 원자재 및 부품들을 정리한 제품 구성 파일을 말한다.
㉢ 재고기록철(IRF ; Inventory Record File) : 계획기간의 기초재고와 계획기간 중 계획된 발주량을 포함하여 재고와 관련된 모든 정보를 담고 있는 기록이다.

(2) 적시생산시스템(JIT ; Just In Time) 17 20 23 기출

① 의 의

JIT 시스템은 무재고 생산방식 또는 토요타 생산방식이라고도 하며 필요한 것을 필요한 양만큼 필요한 때에 만드는 생산방식으로 설명된다. 재고가 생산의 비능률을 유발하는 원인이기 때문에 이를 없애야 한다는 사고방식에 의해 생겨난 기법이다. 고품질, 저원가, 다양화를 목표로 한 철저한 낭비제거 사상을 수주로부터 생산, 납품에 이르기까지 적용하고 모든 것을 하나의 체계로 구축하는 것에 주력한다.

② 구성요소
  ㉠ 풀 시스템(Pull System) : 뒷 공정의 생산 진행과 관계없이 생산품을 진행시키는 것이 아니라 뒷 공정에서 필요한 때에 필요한 양의 부품을 앞 공정에서 끌어오는 시스템이다.
  ㉡ 칸반 방식(Kanban System) : 칸반이란 생산흐름을 통제하기 위해 사용되는 시스템으로 시장 변화에 따른 탄력적 생산량 관리 목표의 실현을 위해 도입된 방식이다. 칸반은 현장의 자재흐름과 재고 수준에 대한 정보를 제공함으로써 Just In Time 생산이라는 궁극적인 목표를 효과적으로 달성할 수 있도록 한다.
  ㉢ 생산의 평준화 : JIT 시스템에서 제품의 수요변동이나 최종공정의 생산변동이 발생하면 전 공정으로 거슬러 올라가면서 연쇄반응을 일으킨다. 이러한 악순환을 방지하기 위하여 최종 조립을 지원하는 모든 작업장에 균일한 부하를 부과해 생산을 평준화한다.
  ㉣ 소로트 생산 : 소규모의 로트 크기는 주기재고를 감소시키고 대기시간을 감소시켜 재공품 재고를 줄여주며 생산시스템의 각 작업장에 균등한 작업 부하를 용이하게 한다.
  ㉤ 다기능공과 U 라인 : 생산공정 중 여러 기계를 작동시키고 여러 작업을 수행할 능력이 있는 작업자를 통해서 생산환경 변화에 신속히 대응한다. U자형 라인은 입구와 출구가 같은 지점에 위치하므로 투입과 산출에 따른 보행의 낭비 최소화와 산출물의 완벽한 품질 확보가 가능한 생산흐름을 만들 수 있다.
  ㉥ 자동화와 생산라인 정지 : 자동화 시스템하에서도 잘못된 제품이 생산될 때마다 자동적으로 정지하도록 설계된 기계설비에 의해 불량품이 발견되지 않은 채 라인을 통과하는 것은 불가능하므로 항상 완벽한 품질관리가 이루어질 수 있다.
  ㉦ 납품업자, 파트너와의 긴밀한 관계 : JIT는 무재고 시스템을 지향하므로 납품업자들은 생산라인에 하루에도 여러 번 배달해야 한다. 이를 위해 납품업자들은 모기업의 공장근처에 입지하여 장기적인 거래 관계를 갖게 된다.

기출문제분석

다음 중 적시생산방식(JIT) 시스템의 특징과 가장 먼 것은? 2016년

① 풀 시스템(Pull System)
② 칸반(Kanban)에 의한 시스템
③ 생산 평준화
④ 소품종 대량생산체제
⑤ 비용의 절감, 품질향상의 효과

해설 JIT 시스템은 적정한 부품을 적시, 적소에 제공함으로써 생산활동에 있어 모든 낭비의 근원을 제거하고자 하는 생산관리 시스템이다. 따라서 재고의 감소, 비용의 절감 및 품질 향상 등의 효과를 가져온다. 일본 토요타 회사에서 처음 개발한 JIT 시스템은 재고 과잉에 따른 낭비의 제거뿐 아니라 작업자의 능력을 최대한 이용한다. 작업자는 다음 생산공정에 필요한 부품을 적시에 전달할 책임이 있다. JIT의 궁극적인 목표는 수익의 증가, 비용 절감 및 적은 투자를 통한 투자 수익률 증대이다.

정답 ④

5 품질관리

품질관리란 기업 경영상 제일 유리하다고 생각되는 품질을 보장하고 이것을 가장 경제적인 제품으로서 생산하는 방법을 말하며, 약칭하여 QC라고 표기한다. 이 활동을 원으로 표시하면 다음과 같다.

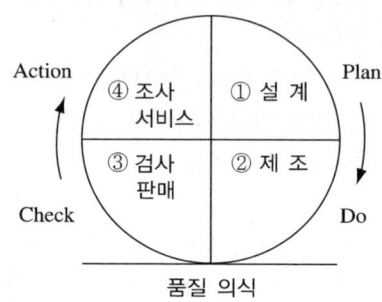

[품질관리의 활동]

① 소비자 수요에 적합한 품질의 제품을 경제성 있는 수준으로 설계(Plan)
② 이것에 준해 작업 표준을 정해서 제조를 실시(Do)
③ 이 제품이 정해진 수준인가 아닌가를 검사하고 판매하는 단계(Check)
④ 제품이 시장에서 소비자를 만족시키고 있는가, 새로운 요구가 있는가 등을 조사하여 소비자에 서비스를 행하는 단계(Action)로 이 원은 품질 의식을 개선하기 위한 일련의 활동을 표시한다.

1. 품질관리의 발전과정

(1) 품질의 의의
제품이나 서비스가 사용 목적 혹은 사용자의 요구를 만족시키고 있는지를 결정하는 경우에 평가의 대상이 되는 고유의 성질 및 성능의 총칭을 말한다.

(2) 품질관리의 발전

① **검사품질관리(QC)**
전제품에 대해 치수・중량・체적이나 재료의 화학적 성분 등을 측정하고, 그것을 미리 정해 놓은 품질표준과 비교하여 적부를 판정하는 방법이 취해졌다. 이 경우 그 측정은 과학성이 낮으며, 전품검사이기 때문에 비용면에서도 부담이 컸다. 실제 품질성과를 측정하고 이를 사전에 정한 표준과 비교하여 차이가 있으면 작업자는 작업반장으로 하여금 시정조치를 취하는 과정으로 전통적인 품질관리 기법이다.

② **통계적 품질관리(SQC)** 22 기출
고객이 요구하는 제품과 서비스를 가장 경제적으로 생산하기 위해 생산시스템의 모든 과정에 추리통계학과 확률이론을 이용하는 품질관리 기법을 말한다. 품질관리를 위해 많은 자료를 모아 측정 해석하고 판단할 수 있도록 통계학을 응용함으로써 올바른 규준이나 표준을 결정하며, 이를 통해 제품의 품질유지 및 향상을 꾀할 수 있다.

③ 종합적 품질관리(TQC)

기업의 부제품을 생산하는 과정에서 품질 보장뿐만 아니라 업무 전반적인 질의 향상이 제품의 품질 향상으로 이어진다는 전제하에 제조뿐만 아니라 영업, 기획, 개발, 총무, 경리의 모든 부문의 업무에 대한 품질을 관리하는 경영관리방식으로, 전사적 품질관리 또는 종합적 품질관리라고도 한다. 처음에는 제조업에서 이 제도를 도입하였으나 현재는 건설, 금융, 유통 등 여러 업계로 확대되고 있다.

④ 종합적 품질경영(TQM)

㉠ 제품이나 서비스의 품질뿐만 아니라 경영과 업무, 직장환경, 조직구성원의 자질까지도 품질개념에 넣어 관리해야 한다고 주장한다. TQM은 1960년대 이후 크게 발전한 종합적 품질관리(TQC ; Total Quality Control)에서 발전한 개념이다. 그러나 TQC에서는 통계학적인 것이 주방법론을 차지했다면, TQM은 통계학적인 것은 물론 조직적이며 관리론적인 방법론에 많은 비중을 두고 있다. 특히 품질을 개선시키기 위해서는 노동의 질적인 측면도 고려해야 한다는 일본식 품질관리 원리에 영향을 받으면서 발전하였다.

㉡ TQM은 경영·기술 차원에서 실천되던 고객지향 품질관리 활동을 품질관리 책임자뿐만 아니라 마케팅, 엔지니어링, 생산, 노사관계 등 기업의 모든 분야에 확대하여, 생산부문의 품질관리만으로는 기업이 성공할 수 없고 기업의 조직 및 구성원 모두가 품질관리의 실천자가 되어야 한다는 것을 전제한다.

㉢ TQM은 기본적인 정신이나 사고방식을 소홀히 한 채 단순히 지엽적인 제도나 기법에만 매달려서는 품질경영의 진정한 효과를 얻기 어렵고, 오로지 품질 위주의 기업문화를 창조하여 조직구성원의 의식을 개혁해야만 궁극적으로 기업의 국제경쟁력을 높일수 있다고 강조한다. 국내에서도 1992년부터 정부가 신산업정책의 일환으로 TQM을 강조하여 많은 기업들이 이를 수용하고 있다.

2. 품질비용

품질비용이란 제품이나 서비스의 품질과 관련하여 발생하는 비용으로, 제품을 처음부터 잘 만들지 못함으로써 발생하는 불필요한 비용을 말한다.

(1) 통제비용

① 예방비용 : 품질설계, 품질계획, 품질교육 등 불량품질의 발생을 미연에 방지하는 데 소요되는 비용을 말한다.

② 평가비용 : 수입검사, 공정검사, 완제품 검사 등 고객에게 인도되기 전에 제품이 품질표준 및 품질규격에 적합한지를 측정하는 데 발생하는 비용을 말한다.

(2) 실패비용

① 내적 실패비용 : 불량으로 인한 폐기, 재작업이나 수선 등의 비용을 말한다.

② 외적 실패비용 : 반품, 클레임 등으로 인한 비용을 말한다.

3. 품질향상 프로그램

(1) 무결점 운동(ZD ; Zero Defect)
① 개별 종업원에게 계획기능을 부여하는 자주관리운동의 하나로 전개된 것으로, 종업원들의 주의와 연구를 통해 작업상 발생하는 모든 결함을 없애는 것이다.
② ZD운동은 1962년 미국의 마틴사가 미사일을 제조하는 과정에서 납기단축에도 불구하고 종업원의 창의적 노력에 의해 결함 없이 미사일을 완성한 사례에서 비롯되었다.
③ 고객의 만족을 높이기 위해 종업원에게 계속적으로 동기를 부여하려는 것이 목적으로, 인간의 사회적 욕구에 착안해 자발적인 행동을 유도하려는 점이 특징이다.

(2) QC서클(품질관리 분임조)
QC활동을 현장단계에서 실행하는 종업원 소집단으로서 QC기법에 의해 제품의 품질향상뿐 아니라 일상적인 모든 작업을 개선해 생산성 향상에 기여한다. 1960년대 기간산업에서 발달하여 제2차 석유파동위기 후에는 제3차산업에도 급속히 보급되었다.

(3) 6시그마 [24][25] 기출
① 1980년대 모토로라가 일본의 기업을 이기기 위해 품질불량을 해결하고 품질혁신과 고객만족을 달성하기 위한 방안으로 실행하였으며 그 후 GE(General Electric)·TI(Texas Instruments)·소니(Sony) 등 세계적인 초우량기업들이 채택함으로써 널리 알려지게 되었다. 불량률을 최소로 줄이는 것이 핵심적인 내용이다.
② 시그마(Sigma ; σ)라는 통계척도를 사용하여 모든 품질 수준을 정량적으로 평가하고, 문제해결 과정과 전문가 양성 등의 효율적인 품질문화를 조성하며, 품질혁신과 고객만족을 달성하기 위해 전사적으로 실행하는 21세기형 기업경영 전략이다. 기업이 직면한 문제를 해결하기 위하여 '정의 – 측정 – 분석 – 개선 – 관리(DMAIC)'의 과정을 통하여 문제해결을 해나가는 경영혁신기법이라고 할 수 있다.
③ 유 형
  ⊙ DMAIC : 현재 존재하는 프로세스나 제품의 결함을 획기적으로 개선하기 위한 방법이다.
  ⓒ DMADOV : 신제품을 설계하거나 현재 존재하지 않는 새로운 프로세스를 처음부터 6시그마 수준으로 설계하기 위한 방법론이다.

더 알아보기 | 국제품질인증제도

국제품질인증제도(ISO 9000/14000)
ISO 9000시리즈는 ISO(International Standardization Organization)가 인증하는 품질보증에 관한 국제 표준으로 제품 자체에 대한 품질을 보증하는 것이 아니라 제품생산과정 등의 프로세스에 대한 신뢰성 여부를 판단하기 위한 기준이다. ISO 14000시리즈는 환경경영에 대한 국제표준으로 기업이 환경보호 및 환경관리 개선을 위한 환경경영체제의 기본 요구사항을 갖추고 규정된 절차에 따라 체계적으로 환경경영을 하고 있음을 인증해주는 제도이다.

대표적인 ISO 규격 종류 19 기출
- ISO 9001 : 품질 경영 시스템(9000시리즈)
- ISO 14001 : 환경 경영 시스템(14000시리즈)
- ISO 22000 : 식품 안전 경영 시스템
- ISO 27001 : 정보 보안 경영 시스템(27000시리즈)
- ISO 13485 : 의료기기 품질 경영 시스템
- ISO 26000 : 사회적 책임 경영 시스템
- ISO 50001 : 에너지 경영 시스템
- OHSAS 18001 : 안전 보건 경영 시스템(2016년 ISO 45001로 변경)
- ISO/TS 16949 : 자동차 품질 경영 시스템

기출문제분석

생산품의 결함발생률을 백만 개 중 3~4개 수준으로 낮추려는 데서 시작된 경영혁신운동으로 '측정-분석-개선-관리(MAIC)'의 과정을 통하여 문제를 개선해가는 것은? 2015년

① 학습조직(Learning Organization)
② 리엔지니어링(Reengineering)
③ 식스 시그마(6-sigma)
④ ERP(Enterprise Resource Planning)
⑤ BSC(Balanced Score Card)

해설 식스 시그마는 기업에서 전략적으로 완벽에 가까운 제품이나 서비스를 개발하고 제공하려는 목적으로 정립된 품질경영 기법 또는 철학이다.

정답 ③

(4) 균형성과지표(BSC ; Balanced Score Card) [19] 기출

① **의의** : '균형성과표'라는 의미로서 전략적 성과관리 방법의 하나이다. 주로 재무적 지표들을 중심으로 하는 전통적인 관리방법과는 달리, BSC 성과 지표들은 재무적/비재무적 지표들을 모두 고려하는 것이며, 단기 중심적인 성과관리에서 장·단기 성과관리를 동시에 하는 것이다. 그리고 결과 중심의 성과평가로부터 성과를 발생시키는 원인에 대한 근본적인 관리를 한다.

② **배경** : BSC는 성과측정 전문컨설팅회사인 르네상스솔루션의 데이비드 노턴과 하버드 비즈니스 스쿨의 로버트 카플란 교수가 공동으로 개발하여 1992년에 최초로 제시하였고, 현재 미국과 유럽의 많은 기업들과 공공기관에서 도입·운영하여 성과를 이루고 있다.

③ **BSC의 기본관점** : 조직의 목표와 성과를 재무, 고객, 내부프로세스, 학습과 성장의 4가지 관점에서 균형 있게 평가하고 성과를 관리하는 것이다.

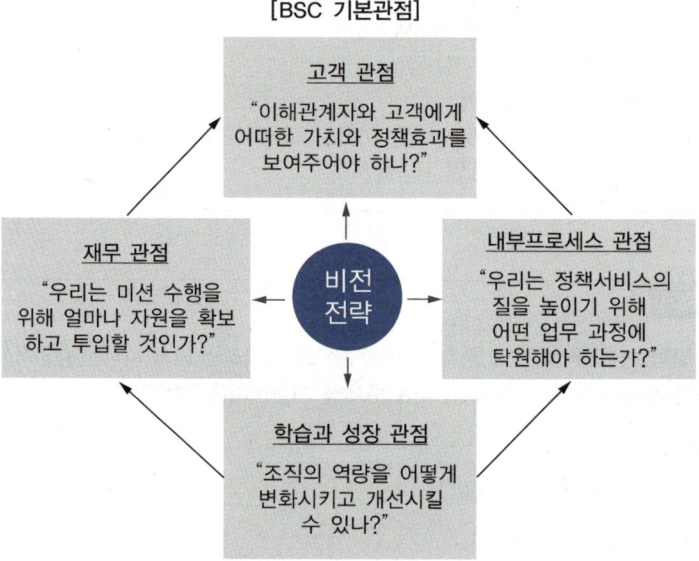

[BSC 기본관점]

PART 06 단원핵심문제

제2과목 경영학

01 대량생산처럼 신속하고 값싸게 만들지만 고객의 니즈를 철저히 반영하고 궁극적으로는 서비스 품목의 수에 제한이 없는 고객중심적인 전략으로 옳은 것은?

① 매스커스토마이제이션 전략
② 유연생산 전략
③ Quick Response 시스템
④ 적시 생산시스템
⑤ PERT/CPM

> **해설** 매스커스토마이제이션(Masscustomization) 전략은 소비자의 다양한 욕구를 만족시키면서 대량생산하는 것을 의미한다.

02 다음에서 설명하는 내용으로 옳은 것은?

> • 호환성이 있는 최소 종류의 부품을 통하여 최대한 많은 종류의 제품을 생산하고자 하는 기법
> • 고객의 다양한 욕구를 충족시키기 어렵다는 소품종 대량생산 시스템의 문제점을 해결하기 위한 생산방식
> • 소품종 대량생산 시스템의 최적화를 실현하기 위한 방식

① 집단관리기법(GT ; Group Technology)
② 유연생산 시스템(FMS ; Flexible Manufacturing System)
③ 셀형 제조방식(CMS ; Cellular Manufacturing System)
④ 수치제어 가공(NC 가공 ; Numerically Controlled Machining)
⑤ 모듈식 생산(MP ; Modular Production)

> **해설** 모듈식 생산은 여러 가지 조합으로 조립이 가능한 표준화된 호환부품을 설계·개발·제작하여 최소 종류의 부품으로 최대 종류의 제품을 생산하는 방식이다.

정답 01 ① 02 ⑤

03 제품개발과정에서 설계, 기술, 제조, 구매, 마케팅, 서비스 등의 담당자뿐만 아니라 납품업자, 소비자들이 하나의 팀을 구성하여 각 부분이 서로 제품개발에 대한 정보를 교환하면서 제품개발과정을 단축시키는 방식으로 옳은 것은?

① 적시생산(JIT ; Just In Time)시스템
② 리엔지니어링(Reengineering)
③ 동시공학(Concurrent Engineering)
④ 6시그마(Six-sigma)
⑤ 자재소요계획(MRP ; Material Requirement Planning)

> **해설** 동시공학(Concurrent Engineering)은 순차적인 단계로 진행되던 과거의 제품개발과는 달리, 전체 프로세스를 담당하는 모든 부서가 통합된 정보통신망과 전산시스템의 지원 아래 동시진행과 상호교류로 제품개발의 성공가능성을 높이고, 개발기간과 비용을 줄이는 방법을 말한다.

04 적시생산(JIT)시스템의 특성으로 옳지 않은 것은?

① 풀 시스템(Pull System)
② 칸반 시스템
③ 공장부하의 균일화
④ 유연한 자원
⑤ 빠른 생산준비시간

> **해설** 유연한 자원은 JIT의 특성이 아니다. 이 외에 자동화 시스템, U라인 등이 JIT의 특성이다.

05 전사적 품질관리(Total Quality Management)에서 강조되는 내용으로 옳지 않은 것은?

① 지속적인 개선(Continuous Improvement)
② 품질관리 기법에 대한 종업원 훈련
③ 조직문화 개선
④ 목표에 의한 관리(MBO)의 폐지
⑤ 과학적 분업의 강화

> **해설** 전사적 품질관리는 고객만족을 위한 경영방식이므로 조직문화 개선과는 관련이 없다.

06 품질비용으로 옳지 않은 것은?

① 예방비용(Prevention Cost)
② 내적 실패비용(Internal Failure Cost)
③ 품절비용(Stockout Cost)
④ 평가비용(Appraisal Cost)
⑤ 외적 실패비용(External Failure Cost)

해설 품질비용은 통제비용과 실패비용으로 나눌 수 있는데, 통제비용에는 예방비용과 평가비용이 있고 실패비용에는 내적 실패비용과 외적 실패비용이 있다.

07 ISO 인증제도에 관한 설명으로 옳지 않은 것은?

① ISO 9000 시리즈는 품질경영에 관한 인증표준이다.
② ISO 14000 시리즈는 환경경영에 관한 인증표준이다.
③ ISO 9000 시리즈는 공산품에 한정된 인증표준이다.
④ ISO 9000 시리즈는 완제품 자체에 대한 품질보증보다는 생산과정에 대한 신뢰를 평가한다.
⑤ ISO 9000 시리즈는 생산자 중심의 규격보다는 구매자 중심의 규격을 중시한다.

해설 ISO 9000 시리즈는 제품생산과정과 관련있으며 공산품에 한정되지 않는다.

08 자재소요계획(MRP)에 관한 설명 중 옳지 않은 것은?

① 독립수요 제품의 소요량 산정을 위해 주로 사용된다.
② 계획생산에 입각한 푸쉬(Push) 방식을 적용한다.
③ 자재명세서(Bill of Materials)를 필요로 한다.
④ MRP 운영에는 전산시스템이 중요하다.
⑤ 기준생산계획(Master Production Schedule)이 전제가 되어야 한다.

해설 자재소요계획(MRP)은 종속수요 제품의 소요량 산정을 위해 주로 사용된다.

정답 06 ③ 07 ③ 08 ①

09 총괄 생산계획(Aggregate Production Planning)에 대한 설명으로 옳은 것은?

① 총괄 생산계획은 자재소요계획(Material Requirement Planning)을 바탕으로 장기 생산계획을 수립하는 과정이다.
② 총괄 생산계획에서 평준화 전략(Level Strategy)은 재고 수준을 연중 일정하게 유지하고자 하는 전략이다.
③ 총괄 생산계획은 제품군에 대한 생산계획으로 추후 개별 제품의 주일정계획(Master Production Schedule)으로 분해한다.
④ 총괄 생산계획에서 추적 전략(Chase Strategy)은 고객주문의 변화에 따라 재고 수준을 기간별로 정하고자 하는 전략이다.
⑤ 총괄 생산계획은 개별제품(Individual Product)을 대상으로 생산계획을 세워 이질적인 생산요소를 체계화함으로써 생산비용을 최소화하고자 한다.

[해설] ① 총괄 생산계획은 자재소요계획을 바탕으로 하지 않고 중기 계획에 해당된다.
② 평준화 전략은 고용 수준을 연중 일정하게 유지하고자 하는 전략을 말한다.
④ 추적 전략은 고객주문의 변화에 따라 고용 수준을 기간별로 조정하고자 하는 전략이다.
⑤ 총괄 생산계획에서는 개별제품이 아닌 그룹제품을 대상으로 하여 생산계획을 세운다.

10 푸쉬 시스템(Push System)과 풀 시스템(Pull System)을 비교한 내용으로 옳지 않은 것은?

	푸쉬(Push System)	풀(Pull System)
①	적시생산 시스템에 적합	자재소요계획 시스템에 적합
②	생산자 중심	소비자 중심
③	대량생산에 용이한 규모의 경제	낮은 초기비용과 유연한 수요대처
④	약간의 불량 인정	무결점을 추구
⑤	납품업자와 적대관계	납품업자와 협력관계

[해설] 푸쉬 시스템은 자재소요계획 시스템에 적합하고, 풀 시스템은 적시생산 시스템에 적합하다.

PART 07 경영정보시스템(MIS)

제2과목 경영학

체크포인트
경영정보시스템은 경영학 문제에서 비중이 많지는 않지만 1~2문제 정도 나올 수 있으므로 간략히 정리해 두자.

1 데이터와 정보

1. 데이터(Data)

데이터는 종업원의 이름, 주당 노동시간, 재고부품번호, 주문량 등과 같이 가공되지 않은 있는 그대로의 사실을 의미한다. 데이터가 조직적으로 저장되면 데이터베이스(Database)가 되는 것이다.

2. 정보(Information)

정보는 각각의 사실들이 지니고 있는 본래의 가치를 초월하여 새로운 부가적인 가치를 지니는 방식으로 조직화된 사실들의 집합체라 할 수 있다. 이것이 확장·발전되면 지식(Knowledge)이 되는 것이다.

3. 정보의 가치에 영향을 미치는 요인 24기출

(1) 적합성(Relevance)

관리자가 의사결정을 해야 하는 상황에서 제공되는 정보가 얼마나 적절한가, 의사결정 내용과 얼마나 연관되어 있는가에 관한 것이다.

(2) 정확성(Accuracy)과 증거성(Verification)

정보에 오류가 어느 정도 포함되어 있는지, 정보의 정확성을 확인할 수 있는 정도를 말한다.

(3) 적시성(Timeliness)

정보가 필요한 시기에 얼마나 제때에 공급되는지의 정도를 말한다.

(4) 형태성(Presentability)

의사결정자의 요구에 정보가 얼마나 부합되는 형태로 제공되는지에 관한 정도를 말한다.

2 경영정보시스템의 정의

1. 경영정보시스템(MIS ; Management Information System)의 의의

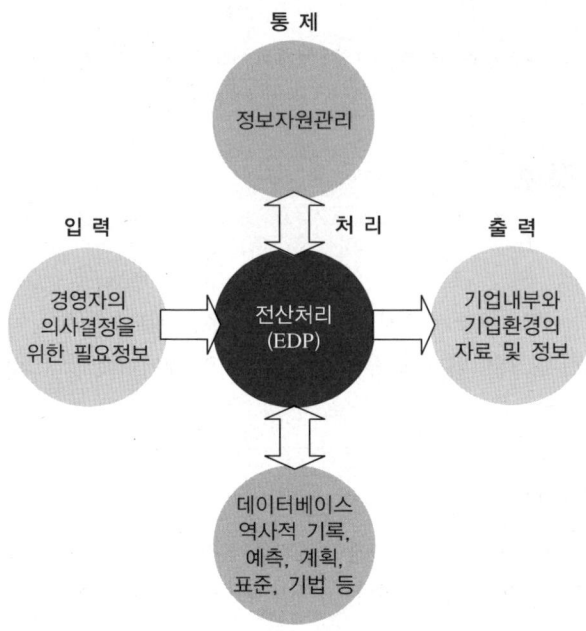

(1) 개념

컴퓨터 시스템을 중심으로 하여 기업의 경영관리 정보를 언제, 어디에도, 신속하고 정확하게 사용할 수 있는 상태의 시스템이다. 정보에 관해서 데이터 처리와 커뮤니케이션의 네트워크를 종합적으로 구성한 시스템을 가리킨다.

① 배경 : 수동 작업으로 작성되는 기록 서류나 보고서는 회사 규모가 확대되고 인건비가 오름에 따라 회계기, 펀치 카드 장치로 대체되었다. 더욱이 업무활동이 복잡하게 되면서 대량의 정보를 처리해야 할 필요성 때문에 컴퓨터가 도입되었고 각종 정보를 유기적으로 결합하여 종합적 경영관리를 가능하게 하고 있다. 그 후 발전적으로 Office Automation(OA)이라는 개념으로 내장되어 그 경계는 명확하지는 않다.

> **더 알아보기** 보안정책 17 기출
>
> 정보자원관리에 있어 보안정책은 시스템을 위협하는 주요 위험요소로부터 기업의 자산을 보호하기 위한 정책이다. 보안담당자를 임명하고 정보 위험도를 서열화한 문서, 수용 가능한 보안 목표 식별, 목표를 달성하는 메커니즘의 식별로 구성된다.

② 성격 : 경영처리에 이용되는 컴퓨터는 방대한 데이터를 고속 처리하고 온라인으로 검색(Retrieval) 등을 할 수 있기 때문에 일반 초대형의 온라인 실시간 시스템(On-Line Real Time System)이 된다. 그 때문에 고속 처리 컴퓨터, 대용량 고속 기억 장치, 대규모 데이터 전송(Data Transmission) 설비 등이 필요하게 된다.

(2) 정의와 기능

조직의 계획, 운영 및 통제를 위한 정보를 수집·저장·검색 처리하여 적절한 시기에 적절한 형태로 적절한 구성원에게 제공함으로써 조직의 목표를 보다 효율적 및 효과적으로 달성할 수 있도록 조직화된 종합적인 사용자 시스템으로 정의할 수 있다. 컴퓨터 하드웨어, 소프트웨어, 수작업 절차, 분석 및 시뮬레이션, 통제와 의사결정, 데이터베이스, 정보통신 등을 활용함으로써 그 기능을 행한다.

> **더 알아보기** **지능형 에이전트(Intelligent Agent)**
>
> - 개인 사용자, 비즈니스 프로세스, 소프트웨어 응용프로그램을 대상으로 반복적이고 예측가능한 특정 작업들을 수행하기 위해 구축되거나 학습된 지식 베이스를 이용하는 소프트웨어 프로그램이다.
> - 지능형 에이전트는 복잡하고 변하는 환경에서 어느 정도 자율적으로 목적 달성을 시도하는 시스템으로, 자율적응 에이전트, 소프트웨어 에이전트, 인터페이스 에이전트 등의 이름으로 전산학, 특히 인공지능 분야에서 활발히 연구되어 왔다. 지능형 에이전트의 기본적인 특징은 자율성, 사회성, 반응성, 능동성 등을 들 수 있다.

2. 경영계층에 따른 정보시스템

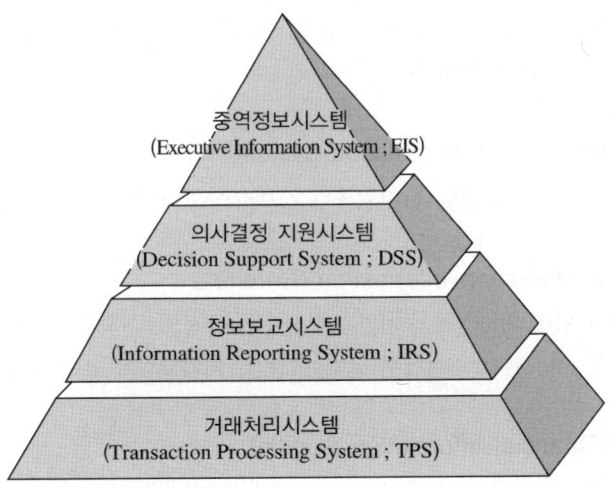

(1) 거래처리시스템(TPS ; Transaction Processing System)

조직의 정보처리시스템을 구성하는 가장 기본적인 정보시스템으로서 기업활동의 가장 기본적인 업무인 거래를 처리하며 주로 하위관리층에 의해 표준화된 운영절차에 따라 데이터 처리 업무를 수행한다.

(2) 정보보고시스템(IRS ; Information Reporting System) - 협의의 경영정보시스템 MIS
거래처리시스템이나 현장에서 발생한 데이터를 관리자의 관리통제에 도움을 주기 위해서 요약된 형태로 제공하는 시스템을 말한다. 1960년대 중반부터 정보보고시스템이 구축되기 시작하였고, EDPS와 구분하여 IRS를 경영정보시스템(MIS)으로 불렀다.

(3) 의사결정 지원시스템(DSS ; Decision Support System)
경영관리자의 의사결정을 도와주는 시스템으로 의사결정에 필요한 계량적인 기법이나 통계적인 기법을 컴퓨터에 저장하여 대안들을 비교 및 검토하도록 지원한다.

(4) 중역정보시스템(EIS ; Executive Information System)
최고경영층의 전략적 기획과 각종 의사결정과 같은 경영활동에 필요한 정보를 제공하는 시스템을 의미한다. 내부 또는 외부의 다양한 자원들로부터 중요한 정보를 회사중역과 최고경영진에게 사용하기 쉬운 화면으로 제공한다.

(5) 전략정보시스템(SIS ; Strategic Information System) 21 기출
정보기술을 조직의 전략 수행이나 경쟁우위 확보를 위해 활용하고자 하는 정보시스템을 말한다. 회사의 제품, 서비스, 비즈니스 처리과정에서의 정보기술이 경쟁사에 비해 전략적 우위를 점하도록 돕는다.

3. 기능별 정보시스템

(1) 인적자원정보시스템(Human Resource Management System)
잠재력 있는 종업원의 파악, 기존 종업원들의 인사 기록 유지, 종업원의 재능과 시술을 개발하는 프로그램 개발 등의 활동들을 지원한다.

(2) 생산정보시스템(Production Information System)
생산시스템의 운영 및 통제 활동을 지원하는 정보시스템 체계를 의미한다.

(3) 마케팅정보시스템(Marketing Information System)
마케팅 관리영역에 있어 의사결정의 기반으로 활용할 목적으로 사내 및 사외의 모든 부문으로부터 수집되는 관련정보를 시스템적 관점에서 설계한 인간, 기계, 절차 등 상호작용의 복합체를 말한다.

(4) 재무정보시스템(Financial Information System)
투자활동과 자금조달 등 재무활동을 지원하는 정보시스템 체계를 의미한다.

(5) 회계정보시스템(Accounting Information System)
정보화 사회에서 점차 중요성이 증가하고 있는 회계정보시스템은 회계주체의 경영활동 결과를 사전·사후적으로 인식·측정하여 이해관계자, 특히 경영자가 의사결정을 하는 데 필요한 회계정보를 전달하는 시스템이다.

4. 경영정보시스템의 발전과정

급격한 산업의 발달로 인하여 정보수집, 정보관리, 정보활용에 대한 관심이 증가하고 점차 컴퓨터가 이용되기 시작하면서 다량의 정보가 단시간 내에 처리·요약될 수 있게 되었다. 그에 따라 경영정보시스템이 공식적으로 설계됨은 물론 하나의 연구 분야로까지 간주되기 이르렀고, 거래처리시스템(TPS)-경영정보시스템(MIS)-의사결정지원시스템(DSS)-전문가시스템(ES)으로 발전하는 과정을 거치게 되었다.

(1) 1단계 : 단순자료처리
① 1950년대 중반
② 주로 다량의 회계자료를 신속정확하게 처리하는 데 중점을 둠
③ 거래처리시스템(TPS)

(2) 2단계 : 정보의 생성
① 1960년대 중반~1970년대 초반
② 조직의 관리 및 의사결정을 도와줄 수 있는 다양한 컴퓨터 응용시스템 개발
③ 경영정보시스템(MIS)

(3) 3단계 : 의사결정과 통신
① 1970년대 초반~1980년대 초반
② 개인용 컴퓨터의 보급으로 경영정보에 대한 관심이 고조
③ 의사결정지원시스템(DSS)

(4) 4단계 : 인공지능의 이용
① 1980년대 후반~현재
② 인공지능을 이용해 정보관리 분야에서 컴퓨터의 활용을 발전시킬 수 있는 가능성 제시
③ 전문가시스템(ES)

5. 여러 가지 경영정보시스템 18 기출

(1) ERP(Enterprise Resource Planning ; 전사적자원관리) 20 24 25 기출
기업 내 생산, 물류, 재무, 회계, 영업과 구매, 재고 등 경영활동 프로세스들을 통합적으로 연계해 관리해 주며, 기업에서 발생하는 정보들을 서로 공유하고 새로운 정보의 생성과 빠른 의사결정을 도와주는 전사적자원관리 시스템이다.

(2) ISP(Information Strategy Planning ; 정보화전략계획)
비즈니스의 중장기 경영 비전 및 전략을 효과적으로 지원하기 위해 전사적 관점에서 정보시스템, 정보관리 체계의 비전 및 전략계획을 수립하는 활동이며 조직의 경영목표 및 전략의 효과적 지원을 위한 정보화 전략과 비전을 정의하고 IT사업(과제) 도출과 로드맵을 수립하는 활동을 포함한다.

(3) KMS(Knowledge Management System ; 지식관리시스템)

기업 내 조직구성원들의 다양한 개인적 경험 중에서 다른 이들도 사용할 수 있는, 즉 일반화될 수 있는 경험들을 다른 이들이 활용할 수 있는 형태로 변환하여 공유할 수 있도록 지원하는 시스템이다.

(4) SCM(Supply Chain Management ; 공급망관리)

공급망의 모든 활동을 계획하고 조직화하며 조정하는 것으로서, 기업을 포함해 납품업자·유통업자·고객을 모두 통합해 하나의 거대한 정보 파이프라인으로 연결하는 관리활동을 의미한다.

3 정보기술과 정보시스템의 개발

1. 데이터베이스 관리 시스템(DBMS ; Database Management System)

   데이터베이스(DB)란 데이터의 중복성을 최소화하면서 조직에서의 다양한 정보요구를 충족시킬 수 있도록 상호 관련된 데이터를 모아 놓은 데이터의 통합된 집합체를 말한다.

(1) 구성요소

데이터베이스 시스템의 구성요소로는 사용자, 응용프로그램, 데이터 사전, 데이터베이스 관리 시스템(DBMS), 데이터베이스가 있다.

(2) 논리적 데이터 모형
   ① 계층형(수직적) 데이터 모형 : 데이터 요소들 간의 관계를 나무와 유사한 모형으로 표현
   ② 망형(네트워크) 데이터 모형 : 계층형과 유사하지만 더 복잡한 구조
   ③ 관계형 데이터 모형 : 데이터가 모두 2차원적인 표로 표현
   ④ 객체지향형 데이터 모형 : 복잡한 데이터 구조들을 객체로 취급하여 상호 연결이 가능하므로 데이터 관리의 효율성이 높음
   ⑤ 데이터웨어 하우징 : 데이터 분석에 대한 새로운 기법을 통해 새로운 비즈니스 기회를 모색하려는 전략적 도구

> **더 알아보기** 빅데이터(Big Data) 17 24 기출
> - 빅데이터란 기존 데이터베이스 관리도구의 능력을 넘어서는 대량(수십 테라바이트)의 정형 또는 데이터베이스 형태가 아닌 비정형의 데이터 집합조차 포함한 데이터로부터 가치를 추출하고 결과를 분석하는 기술이다.
> - 빅데이터는 초대용량의 데이터 양(Volume), 다양한 형태(Variety), 빠른 생성 속도(Velocity)라는 뜻에서 3V라고도 불리며, 여기에 네 번째 특징으로 가치(Value)를 더해 4V라고 정의하기도 한다.

2. 전문가시스템(ES, EX ; Expert System)

(1) 의의
특정 전문분야에서 전문가의 축적된 경험과 전문지식을 시스템화하여 의사결정을 지원하거나 자동화하는 정보시스템을 말한다. 능력진단과 같은 운영업무를 위한 전문가 조언을 제공하거나 관리적 의사결정을 위한 전문가 조언을 제공한다.

(2) 구성요소
지식베이스, 추론기관, 설명기관, 인터페이스기관, 데이터베이스

3. 지식경영시스템
전사적인 차원에서 직원과 관리자에게 사업 지식의 생성, 조직, 정보의 유포 등을 지원하기 위한 지식기반의 정보시스템을 말한다.

4. 정보시스템의 개발

(1) SDLC 방법
시스템 개발 수명주기(SDLC ; System Development Life Cycle)란 정형화된 업무를 위해 정보시스템을 개발하는 경우 가장 많이 이용하는 방법이다.

(2) SDLC 과정
① 1단계 : 시스템 계획(실현가능성 조사)
② 2단계 : 시스템 분석(필요한 시스템의 사양파악)
③ 3단계 : 시스템 설계(요구된 사항들을 시스템으로 구현)
④ 4단계 : 시스템 구현(설계된 시스템 내역을 프로그램으로 개발)
⑤ 5단계 : 시스템 지원(개발된 시스템 유지보수)

기출문제분석

다음 중에서 서로 관련성이 적은 것은?   2013년

① EOS – 전자주문시스템
② EDI – 전자정보교환
③ VAN – 부가가치통신망
④ SIS – 최고경영자 정보시스템
⑤ MIS – 경영정보시스템

해설 SIS(Strategic Information System)은 전략정보시스템을 말하는 것으로, 라이벌 기업에 경쟁적 우위를 가지기 위해 전략적으로 구축하는 정보시스템을 말한다.

정답 ④

4 경영정보시스템과 기업성과

1. 업무의 효율적 처리
업무의 거리·시간상 제약을 감소시켜 효율성과 효과성을 높여주고 경쟁우위를 확보할 수 있다.

2. 품질 향상
생산과정에서 요구되는 원재료 관리·공정관리·서비스 관리 등을 지원함으로써 품질을 향상시킬 수 있으며, 품질상의 결함을 조기에 발견·수정함으로써 품질을 향상시킬 수 있다. 또한 데이터의 부정확·누락·불일치 요소들을 제거함으로써 업무의 질을 향상시킬 수 있다.

3. 의사소통 제고
조직 내 수평적·수직적 의사소통을 원활하게 한다. 조직구성원들 간에 의사소통이 가능할 뿐만 아니라 자신 의견이나 건의사항 등을 통신망을 통해 전달할 수 있으므로 보다 발전적이고 효율적인 조직이 될 수 있다.

4. 전자금융사기예방 [17] 기출

(1) 스미싱(Smishing)
문자메시지(SMS)와 피싱(Phishing)의 합성어로 '무료쿠폰 제공', '돌잔치 초대장' 등을 내용으로 하는 문자메시지 내 인터넷주소를 클릭하면 악성코드가 설치되어, 피해자가 모르는 사이에 소액결제가 되거나 개인·금융정보 탈취 등의 피해를 입히는 것이다.

(2) 파밍(Parming)
악성코드에 감염된 PC를 조작해 이용자가 인터넷 '즐겨찾기' 또는 포털사이트 검색을 통하여 금융회사 등의 정상적인 홈페이지 주소로 접속하여도 피싱(가짜)사이트로 유도되어 범죄자가 개인 금융정보 등을 몰래 빼가는 수법이다.

(3) 피싱(Phishing)
개인정보(Private Data)와 낚시(Fishing)의 합성어로, 금융기관 또는 공공기관을 가장해 전화나 이메일로 인터넷 사이트에서 보안카드 일련번호와 코드번호 일부 또는 전체를 입력하도록 요구해 금융정보를 몰래 빼가는 수법이다.

(4) 메모리해킹
메모리해킹은 컴퓨터 메모리에 있는 수취인의 계좌번호, 송금액을 변조하거나, 보안카드 비밀번호를 절취한 후 돈을 빼돌리는 새로운 해킹방식으로 정상적인 인터넷뱅킹 사이트에 접속하였음에도 이체거래과정에서 금융거래정보 등을 실시간 위·변조하는 즉시 공격의 특징을 지닌다.

PART 제2과목 경영학

07 단원핵심문제

01 경영정보시스템 관련 용어에 대한 설명으로 옳은 것은?

① 데이터베이스 관리시스템은 비즈니스 수행에 필요한 일상적인 거래를 처리하는 정보시스템이다.
② 전문가시스템은 일반적인 업무를 지원하는 정보시스템이다.
③ 전사적 자원관리시스템은 공급자와 공급기업을 연계하여 활용하는 시스템이다.
④ 의사결정 지원시스템은 데이터를 저장하고 관리하는 정보시스템이다.
⑤ 중역정보시스템은 최고경영층이 전략적인 의사결정을 하도록 도와주는 정보시스템이다.

해설 ① 거래처리시스템(Transaction Processing System)에 관한 설명이다.
② 전문가시스템(Expert System)은 전문가가 지니고 있는 지식이나 노하우 등을 컴퓨터에 집어 넣어 전문가와 같은 판단이나 추론을 컴퓨터가 행하게 하는 것을 의미한다.
③ 공급사슬관리(Supply Chain Management)에 관한 설명이다.
④ 데이터웨어하우스(Data Warehouse)에 관한 설명이다.

02 전문가시스템(ES)의 구성요소로 옳지 않은 것은?

① 지식베이스   ② 추론기관
③ 계획기관   ④ 설명기관
⑤ 사용자인터페이스

해설 전문가시스템의 구성요소로는 지식베이스, 추론기관, 설명기관, 인터페이스기관, 데이터베이스가 있다.

03 정보기술을 전략수행이나 경쟁우위 확보를 위해 활용하는 정보시스템으로 옳은 것은?

① 의사결정 지원시스템   ② 전략정보시스템
③ 중역정보시스템   ④ 정보보고시스템
⑤ 거래처리시스템

해설 전략정보시스템은 제품·서비스·비즈니스 처리과정의 정보기술을 적극적으로 활용하여 전략적 우위를 확보하기 위한 정보시스템이다.

정답 01 ⑤ 02 ③ 03 ②

04 경영정보시스템(MIS)에 관한 설명으로 옳지 않은 것은?

① MIS는 경영시스템의 하위시스템 중 하나이다.
② MIS는 경영자에게 데이터보다 정보를 제공하는 데 중점을 둔다.
③ MIS는 정보시스템을 통해 기업의 경영목표를 달성하도록 지원하는 시스템이다.
④ 정보는 숫자, 이름 또는 수량과 같이 분석되지 않은 사실을 말한다.
⑤ 정보시스템은 데이터를 입력받아 이를 정보로 변환시키는 시스템이다.

해설 정보는 숫자, 이름 또는 수량과 같이 분석된 사실을 말한다. ④은 데이터에 관한 설명이다.

05 정보가 지녀야 할 바람직한 가치 및 특성 중 옳지 않은 것은?

① 적시성
② 완전성
③ 검증가능성
④ 관련성
⑤ 복잡성

해설 복잡성은 정보가 지녀야 할 바람직한 가치와 거리가 멀다. 정보는 의사결정자의 요구에 따른 형태로 제공되어야 한다.

06 정보시스템은 분류하는 기준에 따라서 다르게 분류될 수 있다. 다음 중 나머지 넷과 분류가 다른 것은?

① 거래처리시스템(Transaction Processing System)
② 인사정보시스템(Human Resource Information System)
③ 의사결정 지원시스템(Decision Support System)
④ 사무자동화시스템(Office Automation System)
⑤ 전문가시스템(Expert System)

해설 인사정보시스템은 계층에 따른 정보시스템 분류가 아니라 기능에 따른 정보시스템 분류에 해당한다.

07 1980년대 이후 최고경영진의 의사결정에 도움이 되는 정보를 제공하기 위한 목적으로 등장한 경영정보시스템으로 옳은 것은?

① TPS(Transaction Processing System)
② SIS(Strategic Information System)
③ IRS(Information Reporting System)
④ DSS(Decision Supporting System)
⑤ EIS(Executive Information System)

해설 EIS는 최고경영층의 전략적 기획과 각종 의사결정과 같은 경영활동에 필요한 정보를 제공하는 시스템이다.

08 경영정보시스템을 피라미드 형태로 하위부터 상위까지 올바르게 나열한 것은?

① 거래처리시스템 → 의사결정 지원시스템 → 정보보고시스템 → 중역정보시스템
② 정보보고시스템 → 거래처리시스템 → 의사결정 지원시스템 → 중역정보시스템
③ 거래처리시스템 → 정보보고시스템 → 의사결정 지원시스템 → 중역정보시스템
④ 정보보고시스템 → 의사결정 지원시스템 → 거래처리시스템 → 중역정보시스템
⑤ 의사결정 지원시스템 → 정보보고시스템 → 거래처리시스템 → 중역정보시스템

해설 거래처리시스템 → 정보보고시스템 → 의사결정 지원시스템 → 중역정보시스템 순이다.

09 조직의 최하위부서에서 이루어지는 일상적인 업무처리를 돕는 정보시스템으로 옳은 것은?

① 전략계획시스템(Strategic Information System)
② 거래처리시스템(Transaction Processing System)
③ 의사결정 지원시스템(Decision Supporting System)
④ 전문가시스템(Expert System)
⑤ 관리통제시스템(Managerial Control System)

해설 거래처리시스템은 조직의 정보시스템을 구성하는 가장 기본적인 시스템으로 주로 하위관리층이 사용한다.

10 다음에 관한 설명으로 옳은 것은?

- 조직의 경영전략과 정보시스템 전략을 정렬(Alignment)한다.
- 조직의 정보요구사항을 반영하는 정보 아키텍처를 설계한다.
- 정보시스템 개발을 위한 통합 프레임워크를 제공한다.

① ERP
② MRP
③ ISP
④ KMS
⑤ ASP

해설 정보화전략계획(Information Strategy Planning)이란 기업의 생존 및 발전을 위한 전략계획을 말한다. 기존의 정보전략계획(ISP)을 기업리엔지니어링(BPR) 차원에서 발전적으로 통합하여 기업의 정보전략수립을 전사적인 차원에서 지원하는 것으로, 기업의 업무 프로세스 체계를 정리하여 정보화 분야의 종합적인 전략계획을 수립하는 것이다.

제3과목 회계학개론

재무회계
원가회계

재무회계

PART 01 회계 이론
PART 02 재무상태 및 경영성과
PART 03 현금 및 수취채권과 지급채무
PART 04 금융자산
PART 05 재고자산
PART 06 유형자산
PART 07 무형자산
PART 08 부 채
PART 09 자 본
PART 10 수익과 비용
PART 11 리 스
PART 12 재무제표
PART 13 재무제표 비율분석

PART 01 회계 이론

제3과목 회계학개론-재무회계

1 회계의 기초

1. 회계의 개념

기업이 경영활동 과정에서 발생하는 경제가치의 변화를 일정한 원리에 따라 기록, 계산, 정리하여 보고함으로써, 기업의 이해관계자가 합리적인 의사결정을 할 수 있도록 유용한 정보를 제공하는 정보시스템이다.

2. 단식부기와 복식부기

구 분	단식부기	복식부기
의 의	재산상태의 변화 중 일부를 간편하게 기록	회계원칙(이중성의 원칙)에 따라 모든 재산과 자본의 증감변화를 기록
기 능	자가검증기능 없음	자가검증기능 있음(대차평균의 원리)
기록대상	현금, 채권/채무 등 일부	모든 재산과 자본의 증감변화
특 징	재무상태와 경영성과의 파악 불완전	재무상태와 경영성과를 완전하게 파악 가능

3. 재무회계와 관리회계

구 분	재무회계	관리회계
보고 대상	기업 외부(주주, 채권자 등)	기업 내부(경영자 등)
작성 기준	회계기준(GAAP)	일정한 기준 없음
보고 형식	재무제표(화폐적 정보 중심)	일정한 형식 없음(화폐적·비화폐적 정보를 포함)
정보 특성	과거 정보	미래지향적 정보
보고 시기	정기적 보고	필요에 따라(수시로 보고)
회계 목적	투자 및 신용평가 의사결정에 유용한 정보제공을 목적으로 함	경영관리목적에 유용한 정보제공을 목적으로 함

2 재무보고를 위한 개념체계 23 25 기출

구 분	내 용	비 고

일반목적재무보고의 목적	• 투자자가 기업에 자원을 제공하는 것에 대한 의사결정을 할 때 보고기업의 유용한 재무정보를 제공하는 것을 목적으로 한다.
	  - 경제적 자원과 청구권에 관한 정보의 제공
	  - 경제적 자원 및 청구권의 변동에 관한 정보의 제공
		-

일반목적재무보고의 한계	• 현재 및 잠재적 투자자, 대여자 및 기타 채권자가 필요로 하는 모든 정보를 제공하지 않으며 제공할 수도 없다. • 보고기업의 가치를 보여주기 위해 고안된 것이 아니라 보고기업의 가치를 추정하는 데 도움이 되는 정보를 제공한다. • 정확한 서술보다는 상당 부분 추정, 판단 및 모형에 근거한다.	-

기본가정(회계공준)	계속기업(Going Concern)	• 계속기업 가정에 근거한 회계처리방법
		  - 발생주의 회계
		  - 역사적 원가주의
		  - 유형자산의 감가상각
		  - 무형자산의 상각
		  - 유동과 비유동의 구분
		  - 수익비용대응 적용

재무정보의 질적 특성	근본적 질적 특성	• 목적적합성
		  - 예측가치
		  - 확인가치
		  - 중요성
		• 표현충실성
		  - 완전한 서술
		  - 중립적인 서술
		  - 오류 없는 서술

	보강적 질적 특성	• 비교가능성 • 검증가능성 • 적시성 • 이해가능성
재무제표의 요소	재무상태	• 자 산 • 부 채 • 자 본
	경영성과	• 수 익 • 비 용

1. 재무정보의 질적 특성

(1) 근본적 질적 특성 18 20 22 25 기출

① 목적적합성

정보이용자의 의사결정목적과 관련성이 있어야 한다.

예측가치	정보이용자가 기업실체와 관련하여 과거, 현재, 미래의 사건을 평가하는 데 도움 제공
확인가치	재무정보가 과거 평가에 대한 피드백을 제공한다면 확인가치를 가지며 정보의 예측역할과 확인역할은 상호관련성이 있음
중요성	정보가 누락되거나 잘못 기재된 경우 의사결정에 영향을 미친다면 중요하며 해당 기업에 특유한 측면의 목적적합성을 의미

② 표현충실성

재무제표는 특정 기업의 경제적 현상을 글과 숫자로 충실하게 표현해야 한다.

완전한 서술	정보이용자가 서술되는 현상을 이해하는 데 필요한 모든 정보를 포함
중립적인 서술	재무정보의 선택이나 표시에 편의가 없어야 함
오류 없는 서술	경제적 현상의 기술에 오류나 누락이 없고, 보고 정보를 생산하는 데 사용되는 절차의 선택과 적용 시 절차상 오류가 없어야 함

(2) 보강적 질적 특성 24 기출

비교가능성	• 정보이용자가 항목 간의 유사점과 차이점을 식별하고 이해할 수 있게 하는 질적 특성 • 기간별·실체 간 비교가능성 확보
검증가능성	합리적인 판단력이 있고 독립적인 서로 다른 관찰자가 어떤 서술이 충실한 표현이라는 데 의견이 일치할 수 있다는 것을 의미
적시성	의사결정자가 정보를 제때에 이용가능하게 하는 것을 의미
이해가능성	• 다수의 정보이용자가 쉽게 이해할 수 있어야 함 • 다수이용자의 경제적 의사결정목적에 부합되는 정보는 그 정보가 일부이용자에게 이해하기 어렵다는 이유만으로 제외하지 않아야 함

2. 재무제표의 요소 19 20 24 기출

구 분		내 용
재무상태 (재무상태표)	자 산	• 과거사건의 결과를 통제하고 있으며 미래경제적 효익의 유입이 기대되는 자원 • 자산 판단 여부는 물리적 형태가 필수적이지는 않음 • 소유권이 필수적이지 않음 • 자산의 창출 여부가 미래에 발생할 것으로 예상되는 거래나 사건 자체는 아님 • 반드시 지출을 수반하는 것은 아님
	부 채	• 과거사건의 결과 미래경제적 효익이 유출됨으로서 이행될 것으로 기대되는 현재의 의무 • 법적의무와 의제의무를 포함하며 추정을 통해서도 부채 인식 가능
	자 본	• 기업의 자산에서 모든 부채를 차감한 후의 잔여지분으로 측정 • 주식의 시가총액 또는 순자산을 나누어서 처분하거나 기업 전체로 처분할 때 받을 수 있는 대가와 일치하지 않는 것이 일반적
경영성과 (포괄손익계산서)	포괄이익	기업체가 일정 기간 동안 소유주와의 자본거래를 제외한 모든 거래나 사건에서 인식한 자본의 변동
	수 익	• 자산의 유입이나 증가 또는 부채의 감소에 따라 자본의 증가를 초래하는 특정 회계기간 동안 발생하는 경제적 효익의 증가 • 지분참여자에 의한 출연과 관련된 것은 제외하며 차익을 포함
	비 용	• 자산의 유출이나 소멸 또는 부채의 증가에 따라 자본의 감소를 초래하는 특정 회계기간 동안 발생하는 경제적 효익의 감소 • 지분참여자에 대한 분배와 관련된 것은 제외하며 차손을 포함

3. 재무제표요소의 인식 21 기출

(1) 재무제표요소의 인식

재무제표요소의 정의에 부합하고 인식기준을 충족하는 항목을 재무상태표나 포괄손익계산서에 반영하는 과정이다.

(2) 인식기준(모두 충족)

① 미래경제적 효익 발생가능성
   당해 항목과 관련된 미래경제적 효익이 기업실체에 유입되거나 또는 유출될 가능성이 높다.
② 측정의 신뢰성
   당해 항목에 대한 측정속성이 있으며 이 측정속성이 신뢰성 있게 측정될 수 있어야 한다.

4. 재무제표요소의 측정기준 20 21 24 기출

역사적원가	자 산	취득의 대가로 취득 당시에 지급한 현금 또는 현금성자산이나 그 밖의 대가의 공정가치
	부 채	부담하는 의무의 대가로 수취하는 금액 또는 정상적인 영업과정에서 부채를 이행하기 위해 지급할 것으로 기대되는 현금이나 현금성자산
현행원가	자 산	동일하거나 동등한 자산을 현재시점에서 취득할 경우 대가로 지불해야 할 현금이나 현금성자산의 금액
	부 채	현재시점에서 의무를 이행하는 데 필요한 현금이나 현금성자산의 할인하지 아니한 금액
실현가능가치	자 산	정상적으로 처분하는 데 수취할 것으로 예상되는 현금이나 현금성자산의 금액
	부 채	정상적인 영업과정에서 부채를 상환하기 위해 지급될 것으로 예상되는 현금이나 현금성자산의 할인하지 아니한 금액
현재가치	자 산	정상적인 영업과정에서 자산이 창출될 것으로 기대되는 미래 순현금유입액의 현재할인가치
	부 채	정상적인 영업과정에서 그 부채를 상환하는 데 필요할 것으로 예상되는 미래 순현금유출액의 현재할인가치

5. 자본과 자본유지의 개념

구 분	재무적 자본	실물적 자본
개 념	투자된 화폐액 또는 구매력	기업의 조업능력
측 정	화폐금액	실물생산능력
기 준	명목재무자본 또는 불변구매력	현행원가
순이익	순이익 = 기말자본 - 기초자본	순이익 = 생산능력의 증가액

3 회계원칙(GAAP)

1. 회계원칙의 의의 23 기출

(1) 이해관계자의 경제적 의사결정에 유용한 재무정보를 공정하게 제공하기 위한 보편·타당하고 합리적인 회계의 규범을 '일반적으로 인정된 회계원칙(회계기준)'이라 한다.

(2) 회계원칙은 회계실무에서 재무제표를 작성하기 위하여 지켜야 할 회계실무의 규범이고, 재무제표가 제공하는 정보의 정당성을 판단하기 위한 기준이다.

[일반적으로 인정된 회계원칙]

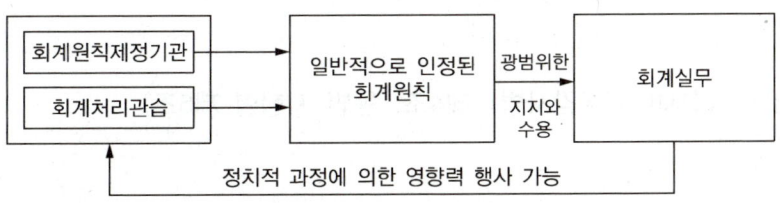

2. 회계관습

(1) 회계관습의 의의
회계의 기본원칙으로 규정되지는 않지만 회계실무에서 전통적으로 적용되어 온 회계처리방법으로서 회계실무의 편의와 실용성에 의하여 일반적으로 수용되는 실용적 회계규범이다.

(2) 관습적인 회계처리방법
① 중요성
② 보수주의
③ 업종별 관행

4 회계감사

1. 회계감사의 의의
독립적인 제3자가 재무제표를 검증하여 그 결과를 보고하는 과정을 회계감사(Auditing)라고 한다. 회계감사는 일반적으로 공인회계사(CPA)가 수행하며, 공인회계사는 감사보고서에 자신이 수행한 감사결과에 대한 의견을 표명한다.

2. 회계감사의 역할
회계감사는 외부이용자에게 전달되는 재무제표에 신뢰성을 부여함으로써 외부이용자가 의사결정을 하는 데 도움을 줄 수 있다는 점에서 사회적 역할을 한다.

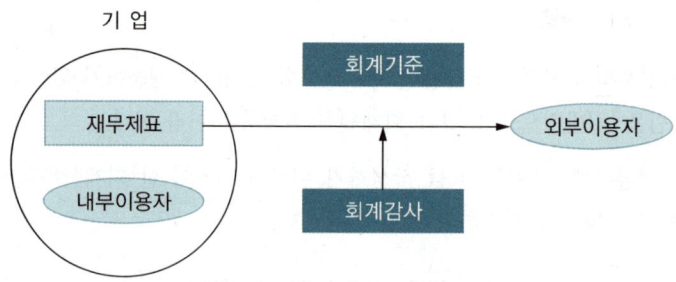

3. 외부감사 대상회사(「외부감사법」 제4조, 동법 시행령 제5조)
(1) 주권상장법인
(2) 해당 사업연도 또는 다음 사업연도 중에 주권상장법인이 되려는 회사

(3) 직전 사업연도 말의 자산총액이 500억원 이상인 회사

(4) 직전 사업연도의 매출액이 500억원 이상인 회사

(5) 다음의 사항 중 2개 이상에 해당하는 회사
   ① 직전 사업연도 말의 자산총액이 120억원 이상
   ② 직전 사업연도 말의 부채총액이 70억원 이상
   ③ 직전 사업연도의 매출액이 100억원 이상
   ④ 직전 사업연도 말의 종업원 100명 이상

4. 회계감사인 선임기한(「외부감사법」 제10조) 22 기출

(1) **기존 외부감사를 받던 기업** : 사업연도 개시일부터 45일 이내 감사인을 선임한다.

(2) **초도 감사를 받는 기업** : 사업연도 개시일부터 4개월 이내 감사인을 선임한다.

5. 회계감사 의견의 종류 25 기출

(1) **적정의견**

감사인이 재무제표가 중요성의 관점에서 해당 재무보고체계에 따라 작성되었다고 결론을 내릴 경우에 표명되는 의견이다.

(2) **한정의견**
   ① 감사인이 충분하고 적합한 감사증거를 입수한 결과, 왜곡 표시가 재무제표에 개별적으로 또는 집합적으로 중요하나 전반적이지는 않다고 결론을 내리는 경우이다.
   ② 감사인이 감사의견의 근거가 되는 충분하고 적합한 감사증거를 입수할 수 없지만, 발견되지 아니한 왜곡 표시가 재무제표에 미칠 수 있는 영향이 중요하더라도 전반적이지는 않을 것으로 결론을 내리는 경우이다.

(3) **부적정의견**

감사인은 충분하고 적합한 감사증거를 입수한 결과 왜곡 표시가 재무제표에 개별적으로 또는 집합적으로 중요하며 동시에 전반적이라고 결론을 내리는 경우 부적정의견을 표명한다.

(4) **의견거절**

감사인은 감사의견의 근거가 되는 충분하고 적합한 감사증거를 입수할 수 없으며 발견되지 아니한 왜곡 표시가 있는 경우, 이것이 재무제표에 미칠 수 있는 영향이 중요하고 동시에 전반적일 수 있다고 결론을 내리는 경우 의견을 거절한다.

6. 감사보고서 포함 내용(「상법」 제447조의4 제2항) 23 기출

(1) 감사방법의 개요

(2) 회계장부의 기재될 사항이 기재되지 아니하거나 부실기재된 경우 또는 대차대조표나 손익계산서의 기재 내용이 회계장부와 맞지 아니하는 경우에는 그 뜻

(3) 대차대조표 및 손익계산서가 법령과 정관에 따라 회사의 재무상태와 경영성과를 적정하게 표시하고 있는 경우에는 그 뜻

(4) 대차대조표 또는 손익계산서가 법령이나 정관을 위반하여 회사의 재무상태와 경영성과를 적정하게 표시하지 아니하는 경우에는 그 뜻과 이유

(5) 대차대조표 또는 손익계산서의 작성에 관한 회계방침의 변경이 타당한지 여부와 그 이유

(6) 영업보고서가 법령과 정관에 따라 회사의 상황을 적정하게 표시하고 있는지 여부

(7) 이익잉여금의 처분 또는 결손금의 처리가 법령 또는 정관에 맞는지 여부

(8) 이익잉여금의 처분 또는 결손금의 처리가 회사의 재무상태나 그 밖의 사정에 비추어 현저하게 부당한 경우에는 그 뜻

(9) 제447조의 부속명세서에 기재할 사항이 기재되지 아니하거나 부실기재된 경우 또는 회계장부, 대차대조표, 손익계산서나 영업보고서의 기재 내용과 맞지 아니하게 기재된 경우에는 그 뜻

(10) 이사의 직무수행에 관하여 부정한 행위 또는 법령이나 정관의 규정을 위반하는 중대한 사실이 있는 경우에는 그 사실

PART 01 단원핵심문제

제3과목 회계학개론-재무회계

01 한국채택국제회계기준의 재무보고를 위한 개념체계에서 규정하고 있는 일반목적재무보고의 유용성 및 한계에 대한 내용으로 옳지 않은 것은?

① 일반목적재무보고서는 현재 및 잠재적 투자자, 대여자 및 기타 채권자가 보고기업의 가치를 추정하는 데 도움이 되는 정보를 제공한다.
② 일반목적재무보고서는 현재 및 잠재적 투자자, 대여자 및 기타 채권자가 필요로 하는 모든 정보를 제공한다.
③ 재무보고서는 정확한 서술보다는 상당 부분 추정, 판단 및 모형에 근거한다.
④ 각 주요 이용자들의 정보 수요 및 욕구는 다르고 상충되기도 하지만, 기준제정기관은 재무보고기준을 제정할 때 주요 이용자 최대 다수의 수요를 충족하는 정보를 제공하기 위하여 노력한다.
⑤ 일반목적재무보고는 보고기업의 경제적 자원과 보고기업에 대한 청구권에 관한 정보를 제공한다.

> **해설** 일반목적재무보고서는 현재 및 잠재적 투자자, 대여자 및 기타 채권자가 필요로 하는 모든 정보를 제공할 수는 없다.

정답 01 ②

02 재무보고를 위한 개념체계의 위상과 목적에 관한 설명으로 옳은 것은?

① '개념체계'는 회계기준이 아니다. 따라서 이 '개념체계'의 어떠한 내용도 회계기준이나 회계기준의 요구사항에 우선하지 아니한다.
② 일반목적재무보고의 목적을 달성하기 위해 회계기준위원회는 '개념체계'의 관점에서 벗어난 요구사항을 정하면 안 된다.
③ '개념체계'는 회계기준위원회가 관련 업무를 통해 축적한 경험을 토대로 수시로 개정될 수 있다. '개념체계'가 개정되면 자동으로 회계기준이 개정되는 것이다.
④ '개념체계'는 회계기준위원회의 공식 임무에 기여하지는 못하나 이 임무는 전 세계 금융시장에 투명성, 책임성, 효율성을 제공하는 회계기준을 개발하는 것이다.
⑤ '재무보고를 위한 개념체계'의 목적은 특정 거래나 다른 사건에 적용할 회계기준이 없거나 회계기준에서 회계정책 선택이 허용되지 않는 경우에 재무제표 작성자가 일관된 회계정책을 개발하는 데 도움을 준다.

[해설] ② 일반목적재무보고의 목적을 달성하기 위해 회계기준위원회가 개념체계의 관점에서 벗어난 요구사항을 정할 수도 있다. 이 경우, 회계기준위원회가 그러한 사항을 정한다면 해당 기준서의 결론도출근거에 그러한 일탈을 설명할 것이다.
③ 개념체계가 변경된다고 해서 자동으로 회계기준이 변경되는 것은 아니다.
④ 개념체계는 회계기준위원회의 공식 임무에 기여한다.
⑤ 재무보고를 위한 개념체계의 목적은 일관성 있는 재무정보를 제공하여 재무제표의 신뢰성과 비교가능성을 높이는 것이다.

03 한국채택국제회계기준의 개념체계에 명시된 계속기업의 가정으로 옳지 않은 것은?

① 역사적 원가주의
② 수익·비용 대응
③ 감가상각
④ 청산가치
⑤ 발생주의 회계

[해설] 계속기업의 가정에 의하여 정당화될 수 있는 회계처리방법에는 발생주의 회계, 역사적 원가주의, 유형자산의 감가상각, 무형자산의 상각, 자산과 부채를 유동항목과 비유동항목으로 구분하는 것 등이 있다. 청산가치는 계속기업의 가정과 정반대되는 가정이다.

04 재무보고를 위한 개념체계 중 '표현충실성'에 대한 설명으로 옳지 않은 것은?

① 기업의 경제적 상황을 이해하는 데 필요한 정보를 완전히 포함하도록 해야 한다.
② 특정 정보이용자에게 유리하도록 정보를 선택적으로 제공하지 않아야 한다.
③ 추정치의 경우 추정 금액을 정확하게 기술하고 추정 절차의 성격과 한계를 설명하도록 해야 한다.
④ 경제적 현상의 기술에 오류나 누락이 없고 보고정보를 생산하는 데 사용되는 절차의 선택과 적용 시 절차상 오류가 없어야 한다.
⑤ 향후 어떤 결과를 초래할 것인지 예측하는 데 도움이 되도록 해야 한다.

해설 예측가치는 목적적합성에 해당된다.

05 재무정보의 질적 특성에 대한 설명으로 옳지 않은 것은?

① 재무정보가 과거 평가에 대해 피드백을 제공한다면 확인가치를 갖는다.
② 오류가 없다는 것은 현상의 기술에 오류나 누락이 없고, 보고정보를 생산하는 데 사용되는 절차의 선택과 적용 시 절차상 오류가 없음을 의미하므로 모든 면에서 완벽하게 정확하다는 것이다.
③ 비교가능성은 정보이용자가 항목 간의 유사점과 차이점을 식별하고 이해할 수 있게 하는 질적 특성이다.
④ 재무정보가 예측가치를 갖기 위해서는 그 자체가 예측치 또는 예상치일 필요는 없으며, 정보이용자들이 미래결과를 예측하기 위해 사용하는 절차의 투입요소로 사용될 수 있다면 그 재무정보는 예측가치를 갖는다.
⑤ 목적적합한 재무정보는 정보이용자의 의사결정에 차이가 나도록 할 수 있다.

해설 오류가 없는 서술은 현상의 기술에 오류나 누락이 없고, 보고정보를 생산하는 데 사용되는 절차의 선택과 적용 시 절차상의 오류가 없음을 의미하지만, 서술의 모든 면에서 완벽하게 정확하다는 것을 의미하는 것은 아니다.

06 다음 설명에 해당하는 재무정보의 질적 특성으로 옳은 것은?

> 재무정보가 유용하기 위해서는 서술이 완전하고, 중립적이며, 오류가 없어야 한다.

① 목적적합성　　　　　　　　　② 검증가능성
③ 표현충실성　　　　　　　　　④ 비교가능성
⑤ 적시성

해설 **재무정보의 근본적 질적 특성**

목적적합성	표현충실성
• 예측가치 • 확인가치 • 중요성	• 완전한 서술 • 중립적인 서술 • 오류 없는 서술

정답 04 ⑤　05 ②　06 ③

07 정보이용자가 어떤 재무정보를 이용하여 의사결정을 할 때 그 정보가 없는 경우와 비교하여 보다 유리한 차이를 낼 수 있는 재무정보의 질적 특성으로 옳은 것은?

① 목적적합성　　　　　　② 표현의 충실성
③ 적시성　　　　　　　　④ 비교가능성
⑤ 이해가능성

해설　목적적합한 재무정보는 정보이용자의 의사결정에 차이가 나도록 할 수 있다.

08 유용한 재무정보의 질적 특성을 근본적 질적 특성과 보강적 질적 특성으로 구분할 경우 보강적 질적 특성으로 옳지 않은 것은?

① 비교가능성　　　　　　② 이해가능성
③ 적시성　　　　　　　　④ 예측가능성
⑤ 검증가능성

해설　보강적 질적 특성으로는 비교가능성, 검증가능성, 적시성, 이해가능성이 있다.

09 한국채택국제회계기준에서 제시하고 있는 재무정보의 질적 특성에 대한 설명으로 옳지 않은 것은?

① 재무정보의 근본적 질적 특성에는 목적적합성과 신뢰성이 있다.
② 감가상각법을 정률법에서 정액법으로 변경하는 것은 비교가능성을 훼손시킬 수 있다.
③ 재무정보의 보강적 질적 특성에는 이해가능성, 비교가능성, 적시성, 검증가능성이 있다.
④ 충실한 표현을 위해서는 서술은 완전하고 중립적이며 오류가 없어야 한다.
⑤ 목적적합한 재무정보는 정보이용자의 의사결정에 차이가 나도록 할 수 있다.

해설　근본적 질적 특성에는 목적적합성, 표현충실성이 있다.

10 다음 중 자산의 측정에 대한 설명으로 옳지 않은 것은?

① 취득시점에서 취득원가로 기록한 후 자산이나 부채의 기간 경과에 따라 조정하는 상각후원가는 현행원가의 범주에 속한다.
② 순실현가능가치는 당해 자산이 현금 또는 현금등가액으로 전환될 때 수취할 것으로 예상되는 금액이다.
③ 기업이 가장 보편적으로 사용하는 측정기준은 역사적 원가이며 이러한 역사적 원가는 다른 측정기준과 함께 사용되기도 한다.
④ 역사적 원가는 자산의 보유에 따라 발생하는 손익을 무시한다.
⑤ 자산은 정상적인 영업과정에서 그 자산이 창출할 것으로 기대되는 미래 순현금유입액의 현재할인가치로 평가한다.

해설 상각후원가는 과거가격이며, 역사적 원가로 분류한다.

11 회계기준에서 제시한 '기업이 재무제표를 작성·표시하기 위하여 적용하는 구체적인 원칙, 근거, 관습, 규칙 및 관행은?

① 회계법령 ② 개념체계
③ 회계정책 ④ 회계추정
⑤ 회계원칙

해설 회계정책은 기업이 재무제표를 작성·표시하기 위하여 적용하는 구체적인 원칙, 근거, 관습, 규칙 및 관행으로, 재무제표 작성 시에 주요 내용이 주석으로 요약되어 제시된다. 부적절한 회계정책은 이에 대하여 공시나 주석 또는 보충 자료를 통해 설명하더라도 정당화가 불가하다.

12 표준감사보고서의 필수 기재사항으로 옳지 않은 것은?

① 감사의견
② 감사의견근거
③ 핵심감사사항
④ 재무제표에 대한 경영진과 지배기구의 책임
⑤ 감사보고서에 대한 감사인의 책임

해설 감사인의 책임은 표준감사보고서의 기재사항과는 별도로 존재한다.

정답 10 ① 11 ③ 12 ⑤

PART 02 재무상태 및 경영성과

제3과목 회계학개론-재무회계

1 재무상태

[재무상태표의 기본구조]

자산 (부채 + 자본)	유동자산 비유동자산	부 채	유동부채 비유동부채
		자 본	납입자본 기타자본 이익잉여금

1. 자 산 18 19 기출

자산은 미래의 경제적 효익이 기대되는 자원으로, 재무상태표 작성 시 유동성, 즉 현금화가 빠른 항목부터 먼저 배열하여 유동자산, 비유동자산 순으로 기록된다.

[유동자산의 계정과목]

유동자산	현금 및 현금성자산	• 현 금 • 보통예금	• 현금성자산 • 당좌예금
	매출채권 및 기타채권	• 외상매출금 • 미수금	• 단기대여금 • 받을어음
	기타금융자산	당기손익인식금융자산	
	재고자산	• 상 품 • 재공품 • 소모품	• 제 품 • 원재료
	기타자산	• 선급금 • 미수수익	• 선급비용

[비유동자산의 계정과목]

비유동자산	장기대여금 및 수취채권	• 장기대여금	• 장기미수금
	기타금융자산	• 매도가능금융자산	• 만기보유금융자산
	투자자산	• 투자부동산	• 장기금융상품
	유형자산	• 토 지 • 구축물 • 건설중인자산	• 건 물 • 기계장치 • 비 품
	무형자산	• 영업권 • 프랜차이즈	• 개발비 • 특허권
	기타자산	• 장기선급금 • 장기선급비용	• 임차보증금 • 이연법인세자산

2. 부 채 19 23 24 25 기출

부채는 미래경제적 효익이 유출됨으로서 이행될 것으로 기대되는 현재의 의무로, 재무상태표 작성 시 유동성배열법에 따라 유동부채, 비유동부채 순으로 배열한다.

[유동부채의 계정과목]

유동부채	금융부채	• 매입채무(외상매입금, 지급어음) • 미지급금	• 단기차입금 • 미지급급여
	충당부채	• 제품보증충당부채	• 경품충당부채
	기타부채	• 선수금 • 미지급비용	• 선수수익 • 미지급법인세

[비유동부채의 계정과목]

비유동부채	금융부채	• 사 채 • 장기미지급금	• 장기차입금 • 리스부채
	퇴직급여부채	퇴직급여충당부채	
	기타부채	임대보증금	

3. 자 본

자본은 자산에서 부채를 차감한 잔여지분의 성격으로 자기자본을 의미하며, 지분, 소유주지분, 주주지분, 순자산 등으로 표현한다.

[자본의 분류]

납입자본	자본금	• 보통주자본금	• 우선주자본금
	자본잉여금	• 주식발행초과금 • 자기주식처분이익	• 감자차익 • 전환권대가
기타자본 구성요소	자본조정	• 주식할인발행차금 • 자기주식처분손실 • 주식선택권	• 감자차손 • 자기주식 • 신주청약증거금
	기타포괄손익누계액	• 기타포괄손익-공정가치측정금융자산평가손익 • 재평가잉여금 • 해외사업환산손익	• 보험수리적 손익
이익잉여금	법정적립금	• 이익준비금	• 기타법정적립금
	임의적립금	• 사업확장적립금 • 결손보전적립금 • 별도적립금	• 감채적립금 • 배당평균적립금
	미처분이익잉여금	미처분이익잉여금(미처리결손금)	

4. 재무상태표(B/S)

(1) 재무상태표의 형식

[기초 재무상태표]	
기초자산	기초부채 기초자본

[기말 재무상태표]	
기말자산	기말부채 기초자본 순이익

(2) 재무상태표 기본 산식

① 자산 = 부채 + 자본 → 자본 = 자산 - 부채
② 기말자본 = 기초자본 + 총포괄이익 → 총포괄이익 = 기말자본 - 기초자본
③ 총포괄이익 = 당기순이익 + 기타포괄손익 → 총포괄이익 = 당기순이익 (기타포괄손익 = 0일 때)

(3) 재무상태표의 한계

① 재무상태표는 원가로 표시되어 있기 때문에 시가(현행가치)와 차이가 있을 수 있다.
② 자산과 부채의 평가기준이 각각 달라서 통일적 재무상태표의 평가가 이루어지지 않고 있다.
③ 많은 질적정보(인적자원정보, 기업명성 등)를 표시하지 못한다.
④ 자의적인 추정이 개입되며 대체적 회계방법이 인정된다.

2 경영성과

기업이 일정 기간 동안 경영활동에 의하여 달성한 경제적 성과를 경영성과라고 하며 유량(Flow)의 개념에 의하여 측정한다.

```
        수익의 총액
     (-) 비용의 총액
         당기순이익
     (+) 기타포괄손익
         총포괄손익
```

[포괄손익계산서의 구조] 20 23 기출

포괄손익계산서	기업활동
(+) 수익(매출액)	
(-) 매출원가	
= 매출총이익	구매 및 생산활동에서 발생한 이익
(-) 판매관리비	영업활동(물류, 관리, 마케팅)에서 발생한 비용
= 영업이익	
(+) 영업외수익	중심적 영업활동 이외의 활동에서 발생한 수익
(-) 영업외비용	중심적 영업활동 이외의 활동에서 발생한 비용
= 법인세비용차감전순이익	
(-) 법인세비용	세무활동(기업의 이익에 부과되는 세금비용)
= 당기순이익	주주에게 분배 가능한 손익으로, 이익잉여금으로 대체
(+) 기타포괄이익	주주에게 분배 불가능한 손익으로, 기타포괄손익누계액 계상
= 총포괄이익	기업의 총손익

1. 포괄손익계산서(P/L)의 항목

(1) 매출액

> 매출액 = 총매출액 - 매출에누리와 환입 - 매출할인

(2) 매출원가

> 당기상품매입액 = 당기상품총매입액 - 매입에누리와 환출 - 매입할인
> 매출원가 = 기초상품재고액 + 당기상품매입액 - 기말상품재고액

(3) 판매관리비의 계정과목

판매관리비	물류비	• 포장비 • 적재비 • 하역비	• 보관비 • 수송비
	일반관리비	• 종업원급여 • 보험료 • 경상개발비 • 임차료 • 통신비 • 소모품비	• 감가상각비 • 광고선전비 • 연구비 • 세금과공과 • 수도광열비
	마케팅비	• 판매수수료 • 접대비	• 광고비 • 대손상각비

(4) 영업외수익(기타수익)의 계정과목

영업외수익	• 이자수익 • 임대료 • 유가증권평가이익 • 외화환산이익 • 유형자산처분이익 • 법인세환급액 • 채무면제이익	• 배당금수익 • 유가증권처분이익 • 외환차익 • 지분법이익 • 사채상환이익 • 자산수증이익 • 보험차익

(5) 영업외비용(기타비용)의 계정과목

영업외비용	• 기타의 대손상각비 • 유가증권평가손실 • 외화환산손실 • 지분법손실 • 사채상환손실 • 재해손실	• 유가증권처분손실 • 외환차손 • 기부금 • 유형자산처분손실 • 법인세추납액

2. 포괄손익계산서의 한계

(1) 수익과 비용을 인식하는 기준에 따라 자의적인 회계수치가 나타날 가능성이 있다.

(2) 대체적 회계방법이 허용됨으로 이익조작의 가능성이 있다.

(3) 과거 자료 사용에 따른 기업의 미래가치 평가가 미비하다.

3 회계거래와 재무상태

1. 거래의 8요소

차 변	대 변
자산증가	자산감소
부채감소	부채증가
자본감소	자본증가
비용발생	수익발생

2. 회계방정식 23 24 기출

구 분	등 식
재무상태표등식	자산 = 부채 + 자본
자본등식	자본 = 자산 − 부채
재산법	순이익 = 기말자본 − 기초자본 − 추가출자액 + 자본주인출액
손익법	순이익 = 총수익 − 총비용

3. 거래의 개념

회사의 재산상태에 물건이나 현금의 유출입으로 변화를 주는 사건을 말하며 재무상태에 영향을 미치고 금액으로 측정 가능하여야 한다.

거래로 인식	물품 주문에 따라 계약금을 수취한 경우
	납부하여야 할 보험료를 지급하지 않고 결산기간이 지난 경우
	화재에 의한 건물 소실
거래로 미인식	종업원을 채용하기로 하고 근로계약서를 작성한 경우
	상품을 납품하기로 약속한 경우
	상품의 주문/매각을 위한 단순계약
	상품을 납품하기로 약속하고 창고에 보관 중인 경우

PART

02 단원핵심문제

제3과목 회계학개론-재무회계

01 ㈜시대의 기초자산총액은 ₩400,000이고 기말자산은 기초 대비 ₩200,000이 증가하였다. 기말부채가 ₩300,000이며, 기중 총수익은 ₩960,000이고 총비용이 ₩720,000이며 기중 자본주인출액이 ₩100,000인 경우, 기초부채의 추정치로 옳은 것은?

① ₩410,000
② ₩290,000
③ ₩190,000
④ ₩380,000
⑤ ₩240,000

해설 기말자본 : 기초자산(₩400,000) + 자산증가액(₩200,000) − 기말부채(₩300,000) = ₩300,000
순이익 : 총수익(₩960,000) − 총비용(₩720,000) = ₩240,000
기초자본 : 기말자본(₩300,000) + 자본주인출액(₩100,000) − 순이익(₩240,000) = ₩160,000
기초부채 : 기초자산(₩400,000) − 기초자본(₩160,000) = ₩240,000

02 ㈜시대의 20x2년 말 현재 재무상태표의 납입자본과 이익잉여금은 각각 ₩300,000과 ₩100,000이며, 자본의 합계는 ₩400,000이다. ㈜시대의 20x3년도 당기순이익은 ₩50,000이며 20x3년 중에 배당금 ₩20,000을 지급하기로 선언하고 이를 현금으로 지급하였다. 한편, ㈜시대는 20x3년 중에 주식을 추가로 발행하여 ₩100,000의 현금을 조달하였다. ㈜시대의 20x3년 말 재무상태표의 자본합계로 옳은 것은?

① ₩100,000
② ₩150,000
③ ₩300,000
④ ₩430,000
⑤ ₩530,000

해설 기초자본(₩400,000) + 순이익(₩50,000) − 현금배당(₩20,000) + 유상증자(₩100,000) = 기말자본(₩530,000)

03 다음은 20x2년 ㈜시대의 기초와 기말 재무상태에 관한 자료이다. 당기 중에 배당으로 현금 ₩500의 지급과 주식교부 ₩200이 있었고, 유형자산재평가이익 ₩100이 발생하였다면 20x2년 당기순이익은?

	(기초)	(기말)
자산총계	₩25,000	₩27,000
부채총계	₩16,000	₩15,000

① ₩3,000　　② ₩3,100
③ ₩3,200　　④ ₩3,300
⑤ ₩3,400

해설 유형자산재평가이익은 재평가잉여금(기타포괄이익)이고, 주식배당은 자본총액에 영향을 주지 않는다.
기초자본 : 기초자산(₩25,000) − 기초부채(₩16,000) = ₩9,000
기말자본 : 기말자산(₩27,000) − 기말부채(₩15,000) = ₩12,000
당기순이익 : 기말자본 − (기초자본 − 현금배당 + 기타포괄손익) = ₩12,000 − (₩9,000 − ₩500 + ₩100)
= ₩3,400

04 다음은 ㈜시대의 재무자료이다. 자료에 의한 당기순이익으로 옳은 것은?

〈재무상태표〉	(기초)	(기말)
자산	₩20,000	₩25,000
부채	₩10,000	₩10,000
〈기중변동내역〉	당기발생액	
유상증자	₩3,000	
현금배당	₩500	

① ₩2,500　　② ₩3,000
③ ₩4,500　　④ ₩6,000
⑤ ₩7,000

해설 기초자본 : ₩20,000 − ₩10,000 = ₩10,000
기말자본 : ₩25,000 − ₩10,000 = ₩15,000
당기순이익 : 기말자본(₩15,000) − {기초자본(₩10,000) + 유상증자(₩3,000) − 현금배당(₩500)} = ₩2,500

정답 03 ⑤ 04 ①

05 ㈜시대의 자본은 납입자본, 이익잉여금 및 기타자본요소로 구성되어 있으며 20x2년 기초와 기말의 자산과 부채총계는 다음과 같다.

구 분	20x2년 초	20x2년 말
자산총계	₩100,000	₩200,000
부채총계	₩70,000	₩130,000

㈜시대는 20x2년 중 유상증자 ₩20,000을 실시하고 이익처분으로 현금배당 ₩10,000, 주식배당 ₩8,000을 실시하였으며 ₩1,000을 이익준비금(법정적립금)으로 적립하였다. 20x2년에 다른 거래는 없었다고 가정할 경우 ㈜시대의 20x2년 포괄손익계산서상 당기순이익은?

① ₩30,000
② ₩40,000
③ ₩47,000
④ ₩50,000
⑤ ₩55,000

해설 이익준비금의 적립은 이익잉여금(자본)을 자본금(자본)으로 이동하는, 자본 내에서의 이동이기에 자본총액에 영향을 주지 않는다.
기초자본 : ₩100,000 - ₩70,000 = ₩30,000
기말자본 : ₩200,000 - ₩130,000 = ₩70,000
당기순이익 : 기말자본(₩70,000) - 기초자본(₩30,000) - 유상증자(₩20,000) + 현금배당(₩10,000) = ₩30,000

06 다음 자료로 당기순이익을 계산한 내용으로 옳은 것은?

판매비	₩5,000	이자수익	₩1,500
관리비	₩8,000	임대료	₩1,000
잡손실	₩400	기초자본	₩50,000
기초자산	₩100,000	매출이익	₩15,000

① ₩3,300
② ₩4,100
③ ₩5,000
④ ₩5,500
⑤ ₩6,300

해설 총수익 : 이자수익(₩1,500) + 임대료(₩1,000) + 매출이익(₩15,000) = ₩17,500
총비용 : 판매비(₩5,000) + 관리비(₩8,000) + 잡손실(₩400) = ₩13,400
당기순이익 : 총수익(₩17,500) - 총비용(₩13,400) = ₩4,100

07 ㈜한국의 20x1년도 회계 관련 다음 자료를 이용할 때, 20x1년도 총포괄이익은?

• 매출액	₩100,000	• 매출원가	₩50,000
• 판매비와 관리비	₩15,000	• 감가상각비	₩5,000
• 감자차익	₩2,000	• 금융비용	₩1,000
• 법인세비용	₩5,000	• 기타포괄손실	₩500
• 배당금수익	₩1,500		

① ₩25,000　　　　　　　　　　　② ₩27,000
③ ₩30,000　　　　　　　　　　　④ ₩30,500
⑤ ₩32,000

해설　감가상각비는 판관비에 포함되어 미차감하며, 감자차익은 자본거래로 미차감한다.
총포괄이익 = 매출액 − 매출원가 − 판매비와 관리비 − 금융비용 − 법인세비용 − 기타포괄손실 + 배당금수익
∴ ₩100,000 − ₩50,000 − ₩15,000 − ₩1,000 − ₩5,000 − ₩500 + ₩1,500 = ₩30,000

08 ㈜시대의 20x2년 기초 자산총계는 ₩4,000,000이며 기초와 기말시점의 부채총계는 각각 ₩2,000,000과 ₩1,500,000이다. 또한, 당기 포괄손익계산서상 수익총액이 ₩7,000,000, 비용총액이 ₩6,500,000이고, 당기 중 주주의 출자액이 ₩1,000,000일 때 기말자산총계는?(단, 기타포괄손익은 없는 것으로 가정한다)

① ₩3,500,000　　　　　　　　　② ₩4,000,000
③ ₩4,500,000　　　　　　　　　④ ₩5,000,000
⑤ ₩5,500,000

해설

기초 B/S

기초자산	4,000,000	기초부채	2,000,000
		기초자본	**2,000,000**
	4,000,000		4,000,000

P/L

비 용	6,500,000	수 익	7,000,000
순이익	**500,000**		
	7,000,000		7,000,000

기말 B/S

기말자산	**5,000,000**	기말부채	1,500,000
		기초자본	2,000,000
		출자액	1,000,000
		순이익	500,000
	5,000,000		5,000,000

정답　07 ③　08 ④

PART 03 현금 및 수취채권과 지급채무

제3과목 회계학개론-재무회계

1 현금 및 현금성자산

1. 현금 및 현금성자산의 개념

회계상 현금은 지폐, 주화 뿐만 아니라 통화대용증권과 당좌예금·보통예금을 포함한다. 현금성자산이란 큰 거래비용 없이 현금으로 전환이 용이하고 시장이자율 변동에 따른 가치변동의 위험이 중요하지 않은 단기금융상품으로, 취득 당시 만기(또는 상환일)가 3개월 이내에 도래하는 것을 말한다.

2. 현금 및 현금성자산의 분류

현 금	• 통 화 • 통화대용증권(타인발행수표, 우편환증서, 국고환급증서, 배당금통지서 등)
보통예금	현금의 입출금이 자유로운 요구불예금
당좌예금	예금자가 언제든지 수표 또는 어음을 발행할 수 있는 요구불예금
현금성자산	• 정기예금/정기적금 • 양도성예금증서 • 기업어음 • 사 채
현금으로 분류되지 않는 항목	• 일자수표 : 수취채권 • 우표, 수입인지 : 선급비용 • 급여가불금, 차용증서 : 대여금 • 사용 제한 12개월 이내 예금 : 단기금융상품 • 사용 제한 12개월 이후 예금 : 장기금융상품

기출문제분석

현금 및 현금성자산의 합계액은? 　　　　　　　　　　　　　　　　　　　2018년

- 현 금 　　　　　　　　　　　　　　　　　　₩1,000,000
- 요구불예금 　　　　　　　　　　　　　　　₩60,000
- 취득당시 만기가 2개월인 양도성 예금증서 　₩50,000
- 수입인지 　　　　　　　　　　　　　　　　₩5,000
- 우편환증서 　　　　　　　　　　　　　　　₩100,000
- 자기앞수표 　　　　　　　　　　　　　　　₩120,000
- 우 표 　　　　　　　　　　　　　　　　　　₩7,000

① ₩1,180,000　　　　　② ₩1,230,000
③ ₩1,330,000　　　　　④ ₩1,335,000
⑤ ₩1,342,000

해설　현금으로 분류될 수 없는 수입인지, 우표를 제외한 나머지 항목은 현금 및 현금성자산이다.
₩1,000,000 + ₩60,000 + ₩50,000 + ₩100,000 + ₩120,000 = ₩1,330,000

정답　③

3. 은행계정조정표

(1) 은행계정조정표 [20] 기출

기업의 장부상 당좌예금잔액과 은행의 예금계좌잔액이 일치하지 않을 때, 불일치 내용을 대조하여 잔액이 일치하지 않는 원인을 파악하고 조정하기 위해 작성하는 표이다.

(2) 조정사항

구 분	잔액 불일치의 원인	조 정
회사 측	미통지입금(미착예금)	가 산
	이자수익	가 산
	부도수표/어음	차 감
	이자비용	차 감
	은행수수료	차 감
은행 측	마감후입금(미기입예금)	가 산
	미인출수표(미결제수표)	차 감

2 수취채권과 지급채무

1. 수취채권과 지급채무의 개념 18 기출

구 분	수취채권	지급채무
일반적인 상거래	매출채권(외상매출금 + 받을어음)	매입채무(외상매입금 + 지급어음)
현금 대·차거래	대여금	차입금
기타 거래	미수금	미지급금

2. 매출채권의 양도

(1) 매출채권의 양도

기업이 매출채권이 만기가 되기 전에 금융회사에 그 권리를 양도하고 현금을 조달하는 것을 말한다.

구 분	처리방법
위험과 보상 이전	매각거래, 매출채권처분손익 인식
위험과 보상 보유	매출채권을 담보 제공하고 현금 차입 처리
이전·보유 중간	매출채권 통제 시 : 담보차입거래 매출채권 미통제 시 : 매각거래

(2) 어음의 할인

어음 할인은 거래가 금융자산의 제거조건을 충족하면 매각거래로 처리하고, 충족하지 못하면 받을어음을 담보로 제공하고 현금을 차입한 담보차입거래로 처리하는 것이다.
① 어음의 만기금액 = 어음의 액면금액 + 만기까지의 표시이자
② 할인료 = 만기금액 × 할인율 × 할인기간월수/12
③ 현금수령액 = 만기금액 − 할인료
④ 매출채권처분손실 = 현금수령액 − 할인일의 어음금액
　　　　　　　　　　= (어음의 만기금액 − 할인료) − (어음의 액면금액 + 할인일까지의 경과이자)

(3) 매출채권의 손상 18 20 25 기출

매출채권에 대한 채무불이행 발생 위험에 따른 기대신용손실을 추정하여 매출채권의 차감계정인 손실충당금을 인식하고 손실충당금의 증·감액은 손상차손 또는 손상차손환입액으로 처리하여 당기손익에 반영한다.

의 의		매출채권을 순실현가능가치로 평가하고 수익비용의 적절한 대응을 실현
K-IFRS	대손충당금 설정	대손추산액과 수정전 잔액과의 차액만을 회계처리(보충법)
	대손 발생	대손충당금과 우선 상계한 후 부족한 금액 대손상각비로 처리
	대손채권 회수	대손충당금을 회복

PART 03 단원핵심문제

제3과목 회계학개론-재무회계

01 다음은 20x2년 12월 31일 현재 ㈜시대가 보유하고 있는 항목들이다. ㈜시대가 20x2년 12월 31일의 재무상태표에 현금 및 현금성자산으로 표시할 금액으로 옳은 것은?

• 지급기일이 도래한 공채이자표	₩10,000
• 당좌거래개설보증금	₩3,000
• 당좌차월	₩1,000
• 수입인지	₩4,000
• 선일자수표(20x2년 3월 1일 이후 통용)	₩2,000
• 지폐와 동전 합계	₩60,000
• 20x2년 12월 20일에 취득한 만기 20x3년 2월 20일인 양도성예금증서	₩2,000
• 20x2년 10월 1일에 취득한 만기 20x3년 3월 31일인 환매채	₩1,000

① ₩56,000　② ₩57,000
③ ₩58,000　④ ₩59,000
⑤ ₩72,000

해설

지급기일이 도래한 공채이자표	₩10,000
지폐와 동전 합계	₩60,000
양도성예금증서(취득일로부터 만기가 3개월 이내)	₩2,000
현금 및 현금성자산	₩72,000

정답 01 ⑤

02

다음은 ㈜시대가 20x2년 12월 31일 현재 보유하고 있는 자산의 일부이다. 20x2년도 말 재무상태표에 보고되는 현금 및 현금성자산으로 옳은 것은?

• 회사가 보유중인 현금	₩20,000
• 소모품	₩22,000
• 매출채권	₩15,000
• 우편환	₩10,000
• 보통예금	₩35,000
• 선급임차료	₩12,000
• 자기앞수표	₩44,000
• 당좌개설보증금	₩30,000
• 양도성예금증서(20x2년 11월 15일 취득, 취득 시 잔여만기 2개월)	₩47,000
• 회사가 발행하였으나 은행에 지급 제시되지 않은 수표	₩46,000

① ₩99,000   ② ₩129,000
③ ₩156,000   ④ ₩176,000
⑤ ₩192,000

해설 현금(₩20,000) + 우편환(₩10,000) + 보통예금(₩35,000) + 자기앞수표(₩44,000) + 양도성예금증서(₩47,000) = ₩156,000

03

㈜시대의 계정 잔액 중 일부는 다음과 같다. 재무상태표에 보고될 금액 중 옳지 않은 것은?

• 통 화	₩713,800
• 수입인지, 우표	₩3,200
• 양도성예금증서(만기 : 4개월 후 도래)	₩1,512,000
• 가불증	₩64,000
• 거래처발행 가계수표	₩378,000
• 소액현금	₩32,000
• 외상대금으로 받은 약속어음	₩740,000

① 현금 및 현금성자산은 ₩1,127,000이다.
② 단기금융상품은 ₩1,512,000이다.
③ 매출채권은 ₩740,000이다.
④ 대여금은 ₩64,000이다.
⑤ 기타 금액은 ₩3,200이다.

해설

구 분	현금 및 현금성자산	단기금융상품	매출채권	대여금	기 타
통 화	₩713,800	-	-	-	-
수입인지, 우표	-	-	-	-	₩3,200 (소모품)
양도성예금증서	-	₩1,512,000	-	-	-
가불증	-	-	-	₩64,000	-
거래처발행 가계수표	₩378,000	-	-	-	-
소액현금	₩32,000	-	-	-	-
외상대금으로 받은 약속어음	-	-	₩740,000	-	-
합 계	₩1,123,800	₩1,512,000	₩740,000	₩64,000	₩3,200

양도성예금증서의 분류
• 현금성자산 : 취득일로부터 3개월 이내 만기도래의 경우
• 단기금융상품 : 보고기간 말부터 1년 이내 만기도래의 경우
• 장기금융상품 : 보고기간 말부터 1년 이후 만기도래의 경우

04 다음 자료를 토대로 계산한 ㈜시대의 정확한 당좌예금 잔액으로 옳은 것은?

• ㈜시대의 조정 전 당좌예금 계정 잔액   ₩12,200
• 은행 예금잔액증명서상 잔액   ₩12,500
• ㈜시대에서 발행하였으나 은행에서 미인출된 수표   ₩2,500
• ㈜시대에서 입금처리하였으나 은행에서 미기록된 예금   ₩700
• ㈜시대에서 회계처리하지 않은 은행수수료   ₩1,000
• 타회사가 부담할 수수료를 ㈜시대에 전가한 은행의 오류   ₩200
• ㈜시대에서 회계처리하지 않은 이자비용   ₩300

① ₩10,900
② ₩11,400
③ ₩13,400
④ ₩14,100
⑤ ₩14,500

해설

구 분	회사측	은행측
수정 전	₩12,200	₩12,500
기발행미인출수표	-	(₩2,500)
미기입예금	-	₩700
은행수수료	(₩1,000)	-
은행오류	-	₩200
이자비용	(₩300)	-
수정 후	₩10,900	₩10,900

정답 04 ①

05 ㈜시대의 매출채권과 관련된 다음의 자료를 이용하여 구한 20x2년의 대손상각비로 옳은 것은?

- 20x2년 초의 매출채권 잔액은 ₩1,000,000이고, 대손충당금 잔액은 ₩40,000이다.
- 20x2년 4월에 회수불가능 매출채권 ₩30,000을 대손처리하였다.
- 20x1년에 대손처리하였던 매출채권 ₩15,000을 20x2년 7월에 현금으로 회수하였다.
- 20x2년 말의 매출채권 잔액은 ₩900,000이며, 이 중에서 5%는 미래에 회수가 불가능한 것으로 추정된다.

① ₩0
② ₩15,000
③ ₩20,000
④ ₩35,000
⑤ ₩40,000

해설

대손충당금

대 손	₩30,000	기 초	₩40,000
기 말	₩900,000 × 5% = ₩45,000	대손회수	₩15,000
		대손상각비	₩20,000
	₩75,000		₩75,000

06 ㈜시대의 결산일 매출채권은 ₩6,450,000이다. 매출채권의 대손과 관련된 자료가 다음과 같을 때, 회수가능한 매출채권 추정액으로 옳은 것은?

- 기초 매출채권 대손충당금 잔액 　　　　　　　　₩300,000
- 당기 중 회수불능으로 대손처리한 매출채권 　　₩400,000
- 당기 매출채권의 대손상각비 　　　　　　　　　₩950,000

① ₩5,100,000
② ₩5,200,000
③ ₩5,300,000
④ ₩950,000
⑤ ₩5,600,000

해설 (1) 대손충당금 T계정

대손충당금

대 손	₩400,000	기초잔액	₩300,000
기 말		대손상각비	₩950,000
	₩1,250,000		₩1,250,000

(2) 기말 대손충당금 잔액 : 회수불능채권 = ₩300,000 + ₩950,000 - ₩400,000 = ₩850,000
(3) 회수가능채권 추정액 : 매출채권 - 회수불능채권 추정액 = ₩6,450,000 - ₩850,000
　　　　　　　　　　　　　　　　　　　　　　　　= ₩5,600,000

07 당기 매출액은 ₩400,000이고 대손상각비는 ₩20,000이다. 매출채권과 대손충당금의 기초 및 기말 자료가 다음과 같을 때, 고객으로부터 유입된 현금으로 옳은 것은?(단, 매출은 모두 외상매출로만 이루어진다)

	기 초	기 말
매출채권	₩300,000	₩500,000
대손충당금	₩20,000	₩20,000

① ₩80,000
② ₩100,000
③ ₩180,000
④ ₩280,000
⑤ ₩300,000

해설

수익·비용의 증감	매출액	₩400,000
	대손상각비	(₩20,000)
B/S계정의 증감	매출채권의 증가	(₩200,000)
	대손충당금의 증가	₩0
고객으로부터의 현금유입액		₩180,000

08 ㈜시대의 20x2년 초 매출채권은 ₩200,000이며 대손충당금은 ₩10,000이었다. 그리고 ㈜시대의 20x2년도 상품매출은 ₩1,000,000이며 상품의 하자로 인한 매출에누리가 ₩20,000이었다. 또한 20x2년 중 고객으로부터의 판매대금 회수금액은 ₩700,000이었으며, 대손확정액은 ₩5,000이었다. 20x2년 말 매출채권 손상에 대해 평가를 한 결과 미래현금흐름의 현재가치가 ₩290,000으로 추정될 때, ㈜시대가 당기비용으로 인식할 대손상각비로 옳은 것은?

① ₩170,000
② ₩175,000
③ ₩180,000
④ ₩185,000
⑤ ₩190,000

해설

매출채권 + 대손충당금

기초매출채권	₩200,000	현금회수	₩700,000
	(₩10,000)	대손상각비	₩180,000
당기매출(외상)	₩1,000,000	기말순매출채권*	₩290,000
매출에누리	(₩20,000)		
	₩1,170,000		₩1,170,000

*기말순매출채권 = 매출채권의 미래현금흐름의 현재가치(회수가능액)

09 ㈜시대의 20x2회계연도의 매출채권 기초잔액은 ₩440,000이고 기말잔액은 ₩420,000이며 동 기간 동안의 매출액은 ₩1,290,000이다. 그리고 대손충당금 기초잔액은 ₩30,000이고 기말잔액은 ₩20,000이다. 또한 당기의 포괄손익계산서상의 대손상각비는 ₩10,000이다. 동 기간 동안 ㈜시대가 고객으로부터 수취한 현금으로 옳은 것은?

① ₩1,270,000　　② ₩1,290,000
③ ₩1,310,000　　④ ₩1,410,000
⑤ ₩1,510,000

 해설

수익·비용의 증감	매출액	₩1,290,000
	대손상각비	(₩10,000)
B/S계정의 증감	매출채권의 감소	₩20,000
	대손충당금의 감소	(₩10,000)
고객으로부터 수취한 현금		₩1,290,000

10 20x1년 초에 사업을 시작한 ㈜한국의 20x1년도 회계자료가 다음과 같을 때, 20x1년도 매출총이익은?(단, 모든 매입과 매출은 신용거래로 이루어진다고 가정한다)

• 매출채권 회수액	₩5,000	• 매입채무 지급액	₩2,000
• 매출할인	₩500	• 기말 매입채무	₩3,000
• 기말 상품	₩2,500	• 기말 매출채권	₩2,000

① ₩2,000　　② ₩2,500
③ ₩3,000　　④ ₩4,500
⑤ ₩5,000

해설 (1) 매출액

	기 초	증 가	감 소	기 말
매출채권 =	0	?	₩5,000	= ₩2,000

∴ 순매출액 = ₩7,000
(2) 매입액

	기 초	증 가	감 소	기 말
매입채무 =	0	?	₩2,000	= ₩3,000

∴ 매입액 = ₩5,000
(3) 매출원가 = 기초재고(₩0) + 매입액(₩5,000) - 기말재고(₩2,500) = ₩2,500
(4) 매출총이익 = 매출액(₩7,000) - 매출원가(₩2,500) = ₩4,500

PART 04 금융자산

1 금융자산의 이해

1. 금융자산의 개념

거래당사자 일방에게 금융자산을 발생시킴과 동시에 다른 거래상대방에게 금융부채나 지분상품을 발생시키는 계약상의 권리를 포함한다. 현금 등의 금융자산을 수취 또는 인도하면서 계약이 종결되며, 계약은 명확한 경제적 결과와 법적구속력을 지닌 경우로 한한다.

2. 금융자산의 종류

(1) 현금 및 다른 기업의 지분상품

통화, 통화대용증권, 요구불예금 등의 정형화된 금융상품을 말한다.

(2) 계약상의 권리

① 거래상대방에게서 현금 등 금융자산을 수취할 계약상 권리를 말한다.
② 잠재적으로 유리한 조건으로 거래상대방과 금융자산이나 금융부채를 교환하기로 한 계약상 권리를 포함한다.

(3) 기업 자신의 지분상품으로 결제되거나 결제될 수 있는 계약

① 비파생상품 : 수취할 자기지분상품의 수량이 변동가능한 것을 말한다.
② 파생상품 : 확정수량의 자기지분상품에 대하여 확정금액의 현금 등 금융자산을 교환하여 결제하는 방법이 아닌 방법으로 결제되거나 결제될 수 있는 것을 말한다.

(4) 금융상품에 해당하지 않는 항목

① 금융의 수단이거나 금융상품이 아닌 것 : 재고자산, 유형자산, 무형자산
② 비금융자산으로 결제되는 수취채권 : 선급금, 선급비용
③ 계약이 아닌 법률규정에 의한 채권 : 법인세자산, 이연법인세자산

3. 금융자산 분류

상각후원가측정(AC) 금융자산	계약상 현금흐름을 수취하기 위해 보유하는 것이 목적인 사업모형
기타포괄손익-공정가치측정(FVOCI) 금융자산	계약상 현금흐름과 금융자산의 매도 둘 다를 통해 목적을 이루는 사업모형
당기손익-공정가치측정(FVPL) 금융자산	기타의 사업모형(매도를 통한 공정가치 실현 목적)

2 금융자산의 측정

1. 최초 측정

최초 인식 시 공정가치로 측정한다(단, 유의적인 금융요소를 포함하지 않은 매출채권은 거래가격으로 측정한다). 금융자산의 취득과 직접 관련되는 거래원가 발생 시 취득원가에 가산하여 측정한다. 다만, 당기손익공정가치측정 금융자산의 경우 취득과 직접 관련되는 거래원가는 당기비용으로 인식한다.

2. 후속 측정

상각후원가, 기타포괄손익-공정가치, 당기손익-공정가치 중 하나를 선택하여 측정한다.

3. 손 상

(1) 손상차손의 인식

구 분	손상차손인식	손실충당금설정
매출채권 등 수취채권	○	○
상각후원가 측정 금융자산(채무상품)	○	○
기타포괄손익-공정가치 측정 금융자산(채무상품)	○	×
당기손익-공정가치 측정 금융자산(채무상품)	×	×
지분상품	×	×

(2) 기대신용손실의 측정

① 신용손실 = 현금부족액의 현재가치
② 기대신용손실 = 신용손실을 기대존속기간에 따른 확률가중평균치로 산정한 금액

3 금융자산의 제거

1. 양도

금융자산을 매각하거나 담보제공 등을 통하여 금융자산의 권리를 타인에게 이전하는 것을 의미하며 제거의 요건을 충족하는 경우에는 제고하고 요건을 충족하지 못하면 계속 인식한다.

구 분	처리방법
위험과 보상 이전	매각거래
위험과 보상 보유	담보제공(계속 인식)
이전·보유 중간	• 매출채권 통제 시 : 담보거래 • 매출채권 미통제 시 : 매각거래

2. 제거(금융자산의 매각) 19 23 기출

금융자산의 장부금액에서 수취한 대가의 차액을 당기손익으로 인식한다.

(차) 수취한 대가	xxx	(대) 금융자산(장부금액)	xxx
당기손익(차액)	xxx		

4 금융자산의 재분류

금융자산의 재분류는 당기손익에 영향을 미치기 때문에 사업모형을 변경하는 경우에만 허용한다.

구 분	재분류	재분류 금액	내 용
상각후원가 측정 금융자산	당기손익-공정가치 측정 금융자산	공정가치	당기손익 인식
	기타포괄손익-공정가치 측정 금융자산	공정가치	기타포괄손익 인식
기타포괄손익-공정가치 측정 금융자산	당기손익-공정가치 측정 금융자산	공정가치	기타포괄손익누계액 자본에서 당기손익으로 재분류
	상각후원가 측정 금융자산	공정가치	기타포괄손익누계액 금융자산에서 조정
당기손익-공정가치 측정 금융자산	상각후원가 측정 금융자산	공정가치	재분류일 공정가치가 총장부금액
	기타포괄손익-공정가치 측정 금융자산	공정가치	재분류일 공정가치가 총장부금액

5 관계기업투자

1. 관계기업

투자회사가 피투자회사의 경영활동에 중대한 영향력을 행사할 수 있는 경우의 기업을 말하며 판단기준은 지배력기준(의결권 20% 이상 소유)과 실질기준(의사결정기구에의 참여 등)에 의한다.

(1) 지배력기준
직·간접적으로 피투자회사에 대한 의결권의 20% 이상을 소유한 경우를 말한다.

(2) 실질기준(의결권 20% 미만 소유)
① 피투자자의 이사회나 이에 준하는 의사결정기구에 참여한다.
② 배당이나 다른 분배에 관한 의사결정에 참여하는 것을 포함하여 정책결정과정에 참여한다.
③ 투자자와 피투자자 사이의 중요한 거래에 참여한다.
④ 경영진이 상호 교류한다.
⑤ 필수적 기술정보를 제공한다.

2. 지분법의 개념 22 기출

관계기업투자계정의 평가는 별도재무제표 작성 시 공정가치법을 적용하고, 연결재무제표 또는 개별재무제표 작성 시 지분법을 적용한다.

종속기업투자	의결권의 과반수 소유	연결재무제표	지분법
		별도재무제표	공정가치법
공동지배기업	공동지배력을 획득한 지분투자	비례연결	지분법
		별도재무제표	공정가치법
관계기업투자	유의적 영향력 행사 가능	개별재무제표	지분법
		별도재무제표	공정가치법

3. 지분법 회계처리

> 관계기업투자계정의 장부가액 = 피투자회사 순장부가액 × 지분율

(1) 최초인식
① 최초인식은 취득원가로 인식한다.
② 취득원가와 순자산공정가치의 차액의 처리
   ㉠ 공정가치차이 = (식별가능한 자산의 공정가치 − 식별가능한 부채의 공정가치) × 지분율 : 지분법손익과 상계 처리
   ㉡ 취득원가 > 순자산공정가치(영업권) : 지분법손익과 상계 처리
   ㉢ 취득원가 < 순자산공정가치(염가매수차익) : 당기손익에 반영

(2) 후속측정
관계기업투자계정의 장부금액이 피투자회사 순자산가치의 지분액과 일치하도록 지분법을 적용 조정한다.

> **더 알아보기 중소기업 지분법 회계처리**
>
> 일반기업회계기준에는 '중소기업 회계처리 특례' 조항이 있다. 이 특례에 따르면 중소기업은 20% 이상 주식을 취득하여도 지분법을 적용하지 않거나, 이연법인세 회계처리를 하지 않을 수도 있다. 따라서 중소기업은 지분법을 적용해야 하는 관계기업이나 공동지배기업에 대해 지분법을 적용하지 않고 취득원가를 적용하거나, 매도가능증권처럼 공정가치평가를 통해 장부금액을 계상할 수 있다. 다만 시장성이 없는 지분증권에 손상차손누계액이 있는 경우 이를 차감한 금액으로 측정하고, 관계기업이나 공동지배기업에 지분법을 적용하지 않을 경우 취득원가(손상차손누계액이 있는 경우 이를 차감한 금액)와 제6장 금융자산·금융부채를 준용하여 측정한 방법 중 어느 하나로 한다는 점도 못 박았다.
>
> **중소기업 회계처리 특례(의결 2020. 10. 16) 제31장 제6조**
> 관계기업이나 공동지배기업에 대하여는 <u>지분법을 적용하지 아니할 수 있다</u>. 지분법을 적용하지 아니하는 경우에는 해당 투자자산의 장부금액은 다음 중 어느 하나로 한다.
> (1) 취득원가. 다만, 제6장 '금융자산·금융부채'의 제2절 '유가증권'의 문단 6.A13을 준용하여 손상차손누계액이 있는 경우에는 취득원가에서 이를 차감한다.
> (2) 제6장 '금융자산·금융부채'를 준용하여 측정한 금액

PART 04 단원핵심문제

제3과목 회계학개론-재무회계

01 다음 중 금융상품으로 옳은 것은?

ㄱ. 선급비용
ㄴ. 투자사채
ㄷ. 매출채권
ㄹ. 대여금
ㅁ. 이연법인세자산

① ㄱ, ㄴ, ㄷ
② ㄱ, ㄹ, ㅁ
③ ㄴ, ㄷ, ㄹ
④ ㄷ, ㄹ, ㅁ
⑤ ㄱ, ㄴ, ㅁ

> **해설** 선급비용은 수취채권, 이연법인세자산은 계약이 아닌 법률규정에 의한 채권이다.

02 금융자산 및 기업 간 투자에 대한 설명으로 옳은 것은?

① 관계기업투자주식을 보유한 기업이 피투자회사로부터 배당금을 받는 경우 관계기업투자주식의 장부가액은 증가한다.
② 타회사가 발행한 채무증권의 취득금액이 해당 기업의 보통주 가격의 20% 이상이 되는 경우, 해당 기업의 경영에 유의적인 영향력을 미칠 수 있기에 관계기업투자로 분류한다.
③ 금융기관이 가지고 있는 당기손익-공정가치 측정 금융자산은 기말에 공정가치평가손익을 포괄손익계산서에서 기타포괄손익으로 표시한다.
④ 만기가 고정된 비파생금융자산인 채무증권을 원리금을 수취할 목적으로 취득한 경우 상각후원가 측정 금융자산으로 분류한다.
⑤ 금융자산을 양도했다면 금융자산을 재무제표에서 제거하여야 한다.

> **해설**
> ① 관계기업투자주식을 보유한 기업이 피투자회사로부터 배당금을 받는 경우 관계기업투자주식의 장부금액이 감소한다.
> ② 타회사가 발행한 지분증권의 취득금액이 보통주 가격의 20% 이상이 되는 경우, 해당 기업의 경영에 유의적인 영향력을 미칠 수 있기에 관계기업투자로 분류한다.
> ③ 금융기관이 가지고 있는 당기손익-공정가치 측정 금융자산은 기말에 공정가치평가손익을 포괄손익계산서에서 당기손익으로 표시한다.
> ⑤ 금융자산을 양도했다고 해서 금융자산을 재무제표에서 무조건 제거하는 것은 아니고, 제거의 요건을 충족하는 경우에는 제거하고 요건을 충족하지 못하면 계속 인식한다.

01 ③ 02 ④ **정답**

03 다음 중 금융상품의 분류에 대한 설명으로 옳지 않은 것은?

① 지분상품은 당기손익-공정가치 측정 금융자산으로 분류하는 것이 원칙이다.
② 단기매매목적으로 취득한 지분상품에 대해 후속적인 공정가치 변동을 기타포괄손익으로 인식하기로 선택한 경우에는 기타포괄손익-공정가치 측정 금융자산으로 분류할 수 있다.
③ 채무상품은 당기손익인식, 기타포괄손익인식, 상각후원가 측정 금융자산으로 분류할 수 있다.
④ 계약상 현금흐름이 원금과 이자로 구성되어 있으며, 원리금을 수취할 목적으로 채무상품을 취득한 경우에는 상각후원가 측정 금융자산으로 분류할 수 있다.
⑤ 계약상의 현금흐름은 부수적이고 금융자산의 매도가 필수적인 채무상품은 당기손익-공정가치 측정 금융자산으로 분류하는 것이 원칙이다.

해설 단기매매목적으로 취득한 지분상품에 대해서는 기타포괄손익-공정가치 측정 금융자산으로 분류할 것을 선택할 수 없다.

04 다음 중 금융상품의 분류에 대한 설명으로 옳지 않은 것은?

① 계약상 현금흐름이 원금과 이자로 구성되어 있으며, 원리금을 수취할 목적으로 취득한 경우라면 상각후원가 측정 금융자산으로 분류한다.
② 계약상 현금흐름이 원금과 이자로 구성되어 있으며, 원리금을 수취함과 동시에 해당 상품을 매도할 목적으로 취득한 경우에는 기타포괄손익-공정가치 측정 금융자산으로 분류한다.
③ 금융자산을 당기손익-공정가치 측정 금융자산 항목으로 지정하여 회계의 불일치를 해소할 수 있다면 최초 인식시점에 해당 금융자산을 당기손익-공정가치 측정 금융자산으로 지정할 수 있고, 추후 이는 취소 불가능하다.
④ 원리금을 수취할 목적으로 상각후원가 측정 금융자산으로 분류하는 경우 반드시 만기까지 보유할 것을 전제로 해야 한다.
⑤ 현금흐름의 특성이 없는 지분상품을 단기매매항목으로 보유하는 경우 당기손익-공정가치 측정 금융자산으로 분류한다.

해설 개정된 기준에서는 원리금을 수취할 목적인 경우 만기까지 보유할 의도를 묻지 않는다. 그러므로 상각후원가 측정 금융자산은 원리금을 수취할 목적으로 보유하였지만 매도하게 되는 경우에도 분류를 위한 기준인 사업모형은 계약상 현금흐름을 수취하기 위해 금융자산을 보유하는 것일 수 있다.

05 ㈜한국은 20x1년 중 주식 A를 ₩200에 취득하여, 20x3년 중 ₩250에 처분하였고, 주식 A의 각 시점별 공정가치는 다음과 같다. ㈜한국이 주식 A를 당기손익-공정가치측정(FVPL)금융자산과 기타포괄손익-공정가치측정(FVOCI)금융자산으로 각각 분류했을 때의 20x3년도 당기손익 차이는?

시 점	20x1년 말	20x2년 말
공정가치	₩150	₩230

① ₩10
② ₩20
③ ₩30
④ ₩40
⑤ ₩50

해설 금융자산은 기본적으로 처분 당시에 공정가치로 재평가하고 처분하지 않는다. 그러나 예외적으로 FVOCI지분상품은 공정가치로 재평가한 후 처분하기에 처분손익이 발생하지 않는다.

FVPL금융자산
(1) 20x2년 말 당시 장부금액(공정가치) : ₩230
(2) 20x3년 중 처분 당시 분개

| (차) 현 금 | ₩250 | (대) FVPL금융자산 | ₩230 |
| | | 금융자산처분이익 | ₩20 |

→ 당기손익 ₩20 증가

FVOCI금융자산
(1) 20x2년 말 당시 장부금액(공정가치) : ₩230
(2) 20x3년 중 처분 당시 분개

| (차) FVOCI금융자산 | ₩20 | (대) 금융자산평가이익 | ₩20 |

→ 처분금액이 공정가치이므로 공정가치로 재평가, 기타포괄손익 ₩20 증가

| (차) 현 금 | ₩250 | (대) FVOCI금융자산 | ₩250 |

→ 처분손익(당기손익) ₩0

∴ FVPL금융자산과 FVOCI금융자산의 20x3년도 당기손익 차이는 ₩20

06 ㈜시대는 20x2년 초에 발행된 ㈜고시의 사채(액면금액 ₩1,000,000)를 ₩937,600에 취득하여 기타포괄손익-공정가치 측정 금융자산으로 분류하였다. 20x2년 말 사채의 공정가치가 ₩950,000일 때, ㈜시대가 인식할 기타포괄손익-공정가치 측정 금융자산평가손익으로 옳은 것은?(단, 사채의 표시이자율은 연 6%로 매년 말에 지급되는 조건이며, 유효이자율은 연 8%이다)

① 평가이익 ₩13,200
② 평가이익 ₩16,808
③ 평가손실 ₩3,608
④ 평가손실 ₩5,808
⑤ 평가손실 ₩2,608

해설 20x2년 말 상각후원가 : ₩937,600 + (₩937,600 × 8% − ₩1,000,000 × 6%)
= ₩937,600 + ₩15,008 = ₩952,608
기타포괄손익-공정가치 측정 금융자산 평가손익 : ₩950,000 − ₩952,608 = −₩2,608(평가손실)

07 20x2년 초에 ㈜시대는 ㈜고시의 보통주식 20%를 1,000,000에 취득하면서 ㈜고시에 대해 유의적인 영향력을 갖게 되었다. 20x2년 초 ㈜고시의 순자산의 장부금액은 ₩4,500,000이었으며, 건물을 제외한 자산과 부채에 대해서는 공정가액과 장부금액이 일치하였다. 동 건물의 공정가치는 장부금액보다 ₩300,000 높게 평가되었으며, 잔존내용연수 10년, 잔존가액 ₩0, 정액법으로 감가상각하고 있다. ㈜고시의 20x2년 순이익은 ₩150,000이다. ㈜시대의 20x2년 재무제표상 관계기업투자 주식으로 옳은 것은?

① ₩1,012,000
② ₩1,016,000
③ ₩1,020,000
④ ₩1,024,000
⑤ ₩970,000

해설

취득원가		₩1,000,000
공정가치차이조정	(−)	(₩300,000 × 20%)/10
순이익보고	(+)	₩150,000 × 20%
기말 장부금액	=	₩1,024,000

08 ㈜시대는 20x1년 중에 ㈜고시의 주식 10%를 장기투자목적으로 1주당 ₩13,000에 총 10주를 취득하여 공정가치 변동을 기타포괄손익으로 표시하도록 선택하였다. ㈜고시의 1주당 공정가치가 20x1년 말 ₩15,000이고 20x2년 말 현재 ₩12,000이라면 20x2년 말 현재 재무상태표상 표시될 기타포괄손익으로 옳은 것은?

① 금융자산평가손실 ₩10,000
② 금융자산평가이익 ₩10,000
③ 금융자산평가손실 ₩30,000
④ 금융자산평가이익 ₩30,000
⑤ 금융자산평가손실 ₩40,000

해설 재무상태표에 표시할 금융자산평가손익
기타포괄손익누계액 = 취득원가 − 공정가치
= (₩13,000 − ₩12,000) × 10주
= 금융자산평가손실 ₩10,000

정답 07 ④ 08 ①

PART 05 재고자산

제3과목 회계학개론-재무회계

1 재고자산의 이해

1. 재고자산의 개념

기업의 정상적인 영업활동 과정에서 판매를 위하여 보유 중인 자산(상품, 제품)이거나 생산 중인 자산(재공품, 반제품) 및 생산이나 용역제공에 사용될 자산(원재료, 저장품)을 말한다.

2. 재고자산의 분류 18 20 기출

판매 목적 보유	상품	판매 목적으로 외부에서 매입하여 보유하는 것으로 가공과정을 거치지 않은 것
	제품	판매 목적으로 제조가 완료되어 즉시 판매가 가능한 상태로 보유하는 완제품
판매 목적 생산 중	재공품	판매 목적으로 제조가 진행 중인 것
	반제품	특정 공정에서 제조 완료된 중간생산품. 완제품을 제조하기 위하여 다음 공정에 투입되거나 판매가 가능한 것
생산/용역에 사용 목적 보관 중	원재료	제품의 원료
	저장품	보조재료, 사무용소모품, 예비부품과 수선용구

3. 기말재고자산에 포함 여부

구 분	내 용
미착상품	• 선적지인도조건 : 구매자의 재고자산 • 도착지인도조건 : 판매자의 재고자산
시송품	상품구매자가 구매의사표시를 하기 전까지는 판매자의 재고자산
적송품	수탁자가 판매하기 전까지 위탁자의 재고자산
설치조건부판매상품	설치 완료 전까지 판매자의 재고자산
할부판매상품	재화의 인도시점에서 판매가 완료된 것으로 처리, 판매자 재고자산 제외
저당상품	저당권이 행사되기 전까지 담보제공자의 재고자산
반품조건부판매상품	판매자의 재고자산에서 제외

4. 재고자산원가의 배분과 손익계산

(1) 재고자산원가의 배분

기초재고자산원가 + 당기에 매입한 재고자산원가 = 판매 가능한 재고자산의 원가총액	
판 매	재 고
매출원가(비용) 계상	기말재고자산(자산) 계상

(2) 상품매출이익 등식 18 23 24 기출

당기 순매출액	수 익	당기 총매출액 − 매출에누리·환입·매출할인
당기 순매입액	원 가	당기 총매입액 − 매입에누리·환출·매입할인
매출원가	비 용	기초상품원가 + 당기 순매입액 − 기말상품원가
매출총이익	이 익	당기 순매출액 − 매출원가

5. 재고자산의 수량결정방법 18 23 기출

구 분	계속기록법	실지재고조사법
등 식	기초재고수량 + 당기매입수량 − 당기매출수량 = 기말재고수량	기초재고수량 + 당기매입수량 − 기말재고수량 = 당기매출수량
해 설	• 입출고수량을 상품의 원가로 장부에 계속적으로 기록하는 방법(번거로움, 관리비용 발생) • 언제든지 기말재고수량을 파악 가능 • 부패나 도난 등 재고자산감모손실은 기록되지 않고 재고자산에 있는 것으로 간주(실제 수량과 장부 수량의 차이가 발생) • 판매시점에서 매출원가 계산 • 기말재고수량이 과대계상되는 단점 • 고가 상품에 적절	• 회계기말에 실지재고조사를 통하여 기말재고액 파악하는 방법(간편) • 부패나 도난 등 재고자산감모손실 미기록(매출로 간주) • 매출수량이 과대계상되는 단점 • 결산시점에서 매출원가 계산 • 정확한 재고자산의 파악이 가능 • 저가·다량의 상품 취급 시 적절

2 재고자산의 평가

1. 재고자산의 취득원가 [20] 기출

재고자산의 취득원가 = 매입원가 + 전환원가 + 기타원가

2. 재고자산의 평가방법

(1) **원가법** : 매입원가 또는 제조원가
  ① 특정 프로젝트별 생산 : 개별법(원칙)
  ② 개별법 적용 불가 시 : 선입선출법, 가중평균법(예외)

(2) **소매재고법** : 실제원가의 적용이 어려운 경우

(3) **표준원가법** : 제품의 실제제조원가와 유사한 경우
  ※ K-IFRS에서 후입선출법, 매출총이익률법은 허용되지 않는다.

3. 기말재고자산의 평가 [25] 기출

개별법	의 의	재고자산의 단가를 개별적으로 파악
	장 점	• 고가상품 평가에 적절 • 수익·비용대응원칙에 충실 • 재고기록에 실제물량흐름을 반영
	단 점	• 거래 빈번 업종에 부적합(관리비용 과다) • 이익조작에 악용 가능성
선입선출법	의 의	매출원가는 입고순서로 계산, 재고자산은 입고의 역순으로 계산
	장 점	• 실제물량흐름과 유사한 결과 도출 • 이익조작 가능성 낮음 • 재고자산금액이 기말시점의 현행가치를 반영
	단 점	• 수익·비용대응원칙에 부적절 • 물가상승 시 순이익이 과대계상
가중평균법	의 의	기초재고자산과 당기 매입재고자산의 원가를 가중평균하여 계산
	장 점	• 객관적이고 중립적 • 이익조작 가능성 낮음
	단 점	• 실제물량흐름 반영 불가 • 수익과 비용의 적절한 대응 어려움

연습문제풀이

실지재고조사법을 사용하는 ㈜경영지도의 기초재고와 당기매입 내역은 다음과 같다.

일자	구분	수량	단가	금액
01월 01일	기초재고	50	100	5,000
03월 15일	매 입	90	110	9,900
06월 15일	매 입	150	120	18,000
12월 15일	매 입	60	130	7,800
		350		40,700

㈜경영지도는 09월 15일에 260개를 ㈜지도사회에 판매하였다. 선입선출법을 가정하고 ① 기말재고액과 ② 매출원가를 계산하시오.

해설 ① 기말재고액
선입선출법에서는 기말재고수량(350 − 260 = 90)이 가장 최근에 매입한 상품으로 가정

일자	수량	단가	금액
12월 15일	60	130	7,800
06월 15일	30	120	3,600
	90		11,400

② 매출원가 : 기초재고액 + 당기매입액 − 기말재고액 = ₩40,700 − ₩11,400 = ₩29,300

실지재고조사법을 사용하는 ㈜경영지도의 기초재고와 당기매입 내역은 다음과 같다.

일자	구분	수량	단가	금액
01월 01일	기초재고	50	100	5,000
03월 15일	매 입	90	110	9,900
06월 15일	매 입	150	120	18,000
12월 15일	매 입	60	130	7,800
		350		40,700

㈜경영지도는 09월 15일에 260개를 ㈜지도사회에 판매하였다. 가중평균법을 가정하고 ① 기말재고액과 ② 매출원가를 계산하시오.

해설 ① 기말재고액
평균단가 : (5,000 + 9,900 + 18,000 + 7,800)/(50 + 90 + 150 + 60) = 40,700/350 = ₩116.29/개

구분	수량	단가	금액
기말재고액	90	116.29	10,466
매출원가	260	116.29	30,234
	350		40,700

② 매출원가 : 기초재고액 + 당기매입액 − 기말재고액 = ₩40,700 − ₩10,466 = ₩30,234

[원가흐름의 가정에 따른 재무제표 영향(물가상승 시)]

항 목	크기 비교
기말재고자산	선입선출법 > 이동평균법 > 총평균법 > 후입선출법
매출원가	선입선출법 < 이동평균법 < 총평균법 < 후입선출법
당기순이익	선입선출법 > 이동평균법 > 총평균법 > 후입선출법
법인세	선입선출법 > 이동평균법 > 총평균법 > 후입선출법
현금흐름	선입선출법 < 이동평균법 < 총평균법 < 후입선출법

기출문제분석

상품에 관한 다음 자료를 활용하여 계속기록법과 선입선출법에 의해 계산된 4월 말의 상품 재고액은?

2018년

4월 1일	전기이월 60개	단가 ₩200
4월 9일	매입 100개	단가 ₩180
4월 12일	판매 140개	단가 ₩240
4월 20일	매입 100개	단가 ₩220
4월 25일	판매 60개	단가 ₩250

① ₩10,800
② ₩12,000
③ ₩13,200
④ ₩15,000
⑤ ₩22,000

[해설] 기말상품수량 = 60 + 100 − 140 + 100 − 60 = 60개
선입선출법에 따라 기말상품수량 60개는 4월 20일 최종매입단가 ₩220 적용
기말상품재고액 = 60 × ₩220 = ₩13,200

[정답] ③

㈜대한의 20x1년 말에 실사를 통한 재고자산 금액은 ₩35,000,000이다. 그런데 결산과정에서 다음 사항을 추가로 발견하였다. 이를 반영한 20x1년 말의 올바른 재고자산 금액은?

- 20x1년 말 현재 F.O.B. 선적지 인도조건의 운송중인 상품(송장가격 ₩11,000,000)에 대해 ㈜대한은 회계처리를 하지 않았다. 선적일은 20x1년 11월 30일이다.
- 20x1년 12월 25일 F.O.B. 도착지 인도조건으로 선적한 상품(송장가격 ₩15,000,000)이 20x2년 1월 3일 당사에 도착하여 상품을 수령하였는데, ㈜대한은 이에 대한 회계처리를 하지 않았다.

① ₩35,000,000
② ₩44,000,000
③ ₩46,000,000
④ ₩50,000,000
⑤ ₩61,000,000

> 해설 선적지 인도조건 상품 포함(선적일 20x1년 11월 30일) : ₩11,000,000
> 도착지 인도조건 상품 미포함(도착일 20x2년 1월 3일)
> 기말 실사 재고자산 ₩35,000,000 + 선적지 인도조건 상품 ₩11,000,000 = ₩46,000,000
>
> 정답 ③

3 추정에 의한 재고자산 평가

1. 소매재고법(매출가격환원법) 21 기출

(1) 의 의

기말재고액을 판매가격으로 계산한 후, 재고자산의 구입원가와 판매가격 및 판매가격변동액에 근거하여 산정한 원가율을 적용하여 기말재고자산의 원가를 추정한다.

(2) 산 식

① 매가에 의한 기말재고액 = (매가에 의한 기초재고액 + 매가에 의한 당기매입액 + 매가순인상액 − 매가순인하액) − 당기매출액

② 기말재고액(원가) = 매가에 의한 기말재고액 × 원가율

③ 원가율 = 원가총액/매가총액

㉠ 평균원가율

$$= \frac{(기초재고액원가 + 당기매입액원가)}{(기초재고액매가 + 당기매입액매가 + 순매가인상액 − 순매가인하액)}$$

㉡ 선입선출원가율

$$= \frac{당기매입액원가}{(당기매입액매가 + 순매가인상액 − 순매가인하액)}$$

㉢ 전통적 소매재고법(저가기준소매재고법)

$$= \frac{(기초재고액원가 + 당기매입액원가)}{(기초재고액매가 + 당기매입액매가 + 순매가인상액)}$$

(3) 특 징

① 실지재고조사가 비경제적이거나 불가능한 경우 유용하다.
② 추정에 의한 방법으로 신뢰성이 낮다.
③ 재고자산의 구입원가와 판매가격을 일정하게 유지한다.
④ 주관적 판단이 개입될 가능성이 있다.

2. 매출총이익률법 [19] 기출

(1) 의 의
과거 일정 기간의 평균매출총이익률을 적용하여 당기의 기말상품재고액을 추정하는 방법이다.

(2) 산 식
① 평균매출총이익률 = 매출총이익/순매출액
② 매출원가 = 당기순매출액 × (1 - 매출총이익률)
③ 기말상품 = (기초상품재고액 + 당기순매입액) - 매출원가

4 재고자산감모손실과 재고자산평가손실 [24] 기출

구 분	재고자산감모손실	재고자산평가손실
의 의	실제재고량이 장부재고량보다 부족한 경우	물리적 손상, 진부화, 판매가격의 하락, 원가상승 등으로 순실현가능가치가 하락하여 발생한 손실
산 식	장부재고액 - 실지재고액 = (장부재고량 - 실지재고량) × 단위당원가	실지재고액 - 순실현가능가치 = (단위당 원가 - 단위당 순실현가능가치) × 실지재고량 [20][22] 기출
특이사항	• 발생한 기간의 비용으로 인식 • 순실현가능가치가 취득원가보다 하락할 경우 저가법을 적용하여 재고자산의 원가를 감액(저가법 : 원가와 순실현가능가치 중 낮은 가격으로 평가) • 저가법은 항목별로 적용	

PART 05 단원핵심문제

제3과목 회계학개론-재무회계

01 다음은 ㈜시대의 20x2년 거래 자료이다. 20x2년 말 재무상태표상 매입채무 잔액으로 옳은 것은? (단, 매입거래는 모두 외상거래이다)

• 기초매입채무	₩8,000	• 기말상품재고	₩11,000
• 당기 중 매입채무 현금지급액	₩40,000	• 당기매출액	₩60,000
• 기초상품재고	₩12,000	• 매출총이익	₩20,000

① ₩5,000 ② ₩6,000
③ ₩7,000 ④ ₩8,000
⑤ ₩9,000

[해설] 매출원가 : 매출액 − 매출총이익 = ₩60,000 − ₩20,000 = ₩40,000
당기매입액 : 기말상품재고 + 매출원가 − 기초상품재고
= ₩11,000 + ₩40,000 − ₩12,000 = ₩39,000
기말매입채무 : 기초매입채무 + 당기매입액 − 매입채무현금지급액
= ₩8,000 + ₩39,000 − ₩40,000 = ₩7,000

02 다음은 ㈜시대의 20x2년도 회계자료의 일부이다. ㈜시대의 20x2년도 매출과 매입은 모두 외상으로 거래되었다. ㈜시대의 20x2년도 포괄손익계산서에 보고될 매출총이익으로 옳은 것은?

• 기초매출채권	₩500,000	• 기말매출채권	₩800,000
• 기초매입채무	₩300,000	• 기말매입채무	₩400,000
• 기초상품재고액	₩150,000	• 매출채권회수액	₩1,235,000
• 기말상품재고액	₩300,000	• 매입채무지급액	₩1,270,000

① ₩315,000 ② ₩355,000
③ ₩365,000 ④ ₩375,000
⑤ ₩385,000

정답 01 ③ 02 ①

해설

매출채권			
기초잔액	₩500,000	회수액	₩1,235,000
매출액	₩1,535,000	기말잔액	₩800,000
	₩2,035,000		₩2,035,000

매입채무			
지급액	₩1,270,000	기초잔액	₩300,000
기말잔액	₩400,000	매입액	₩1,370,000
	₩1,670,000		₩1,670,000

재고자산			
기초재고액	₩150,000	매출원가	₩1,220,000
매입액	₩1,370,000	기말재고액	₩300,000
	₩1,520,000		₩1,520,000

매출총이익 : 매출액 − 매출원가 = ₩1,535,000 − ₩1,220,000 = ₩315,000

---

03 다음 자료를 기초로 ㈜시대의 20x1년 12월 31일 기말외상매출금을 구한 값으로 옳은 것은?

- 전기이월 외상매출금   ₩400,000
- 20x1년말 기말상품재고액   ₩550,000
- 20x1년중 외상매출금 회수액 ₩1,300,000
- 20x1년중 상품매입액   ₩1,000,000
- 20x1년중 현금매출액   ₩250,000
- 20x1년도 매출총이익   ₩500,000
- 20x1년초 기초상품재고액   ₩600,000

① ₩300,000
② ₩350,000
③ ₩400,000
④ ₩450,000
⑤ ₩500,000

해설 (1)

재고자산			
기초상품재고액	₩600,000	매출원가	₩1,050,000
당기상품매입액	₩1,000,000	기말상품재고액	₩550,000
	₩1,600,000		₩1,600,000

(2) 당기총매출액 : 매출원가 + 매출총이익 = ₩1,050,000 + ₩500,000 = ₩1,550,000
(3) 외상매출액 : 총매출액 − 현금매출액 = ₩1,550,000 − ₩250,000 = ₩1,300,000
(4)

매출채권			
전기이월외상매출	₩400,000	현금회수	₩1,300,000
외상매출	₩1,300,000	기말외상매출금	₩400,000
	₩1,700,000		₩1,700,000

04 ㈜시대의 20x2년 회계기간 동안 매출원가는 ₩400,000이고, 재고자산과 매입채무의 비교재무상태표 자료는 다음과 같다.

	20x2.1.1.	20x2.12.31.
재고자산	₩100,000	₩200,000
매입채무	₩30,000	₩60,000

위의 정보를 이용하여 20x2년도 재고자산의 매입으로 인한 현금유출액을 구한 것으로 옳은 것은? (단, 당기 매입은 모두 외상매입을 가정한다)

① ₩430,000　　　　　　② ₩470,000
③ ₩600,000　　　　　　④ ₩630,000
⑤ ₩650,000

해설 (1)

재고자산

기 초	₩100,000	매출원가	₩400,000
매 입	₩500,000	기 말	₩200,000
	₩600,000		₩600,000

(2)

매입채무

현금유출	₩470,000	기 초	₩30,000
기 말	₩60,000	매 입	₩500,000
	₩530,000		₩530,000

05 재고자산에 대한 다음 설명 중 옳지 않은 것은?

① 물가상승 시 기말재고액은 선입선출법이 가장 높고 후입선출법이 가장 낮다.
② 물가상승 시 매출원가는 선입선출법이 가장 낮고 후입선출법이 가장 높다.
③ 물가상승 시 이익은 선입선출법이 가장 높고 후입선출법이 가장 낮다.
④ 선입선출법에서 수익·비용 대응의 원칙이 적절하게 이루어진다.
⑤ 후입선출법에서는 물가가 많이 상승하면 절세효과를 누릴 수 있다.

해설 후입선출법에서 수익·비용 대응의 원칙이 적절하게 이루어진다.

정답 04 ② 05 ④

06 다음은 ㈜시대의 재고자산과 관련된 자료이다. 선입선출법으로 평가할 경우 매출총이익으로 옳은 것은?(단, 재고자산과 관련된 감모손실이나 평가손실 등 다른 원가는 없다)

일 자	구 분	수량(개)	단가(원)
10월 1일	기초재고	10	100
10월 8일	매 입	30	110
10월 15일	매 출	27	140
10월 30일	매 입	15	120

① ₩850
② ₩910
③ ₩1,050
④ ₩1,130
⑤ ₩1,250

해설 매출 : 27개 × ₩140 = ₩3,780
매출원가 : (10개 × ₩100) + (17개 × ₩110) = ₩2,870
매출총이익 : ₩3,780 − ₩2,870 = ₩910

07 12월 결산법인인 ㈜시대는 20x1년 기말재고자산을 ₩2,000 과대계상하였고, 20x2년 기말재고자산을 ₩4,000 과소계상하였음을 20x2년 말 장부마감 전에 발견하였다. 이러한 오류들을 수정하기 전의 20x2년 당기순이익 ₩12,000이라면, 오류수정 후 20x2년 당기순이익은 얼마인가?(단, 법인세효과는 고려하지 않는다)

① ₩10,000
② ₩12,000
③ ₩14,000
④ ₩16,000
⑤ ₩18,000

해설 (1) 20x1년 기말재고자산 과대계상액(2,000)은 20x2년 기초재고자산의 과대계상을 뜻하고, 오류를 수정하면 기초재고자산의 감소에 따라 매출원가도 감소한다.
매출원가↓ = 기초재고자산↓ + 매입액 − 기말재고자산
(2) 20x2년 기말재고자산 과소계상액(4,000)을 수정하면 기말재고자산의 증가에 따라 매출원가는 감소한다.
매출원가↓ = 기초재고자산 + 매입액 − 기말재고자산↑
(3) 매출원가의 감소는 당기순이익의 증가를 가져오기에,
오류수정 후 20x2년 당기순이익 = ₩12,000 + ₩2,000 + ₩4,000 = ₩18,000

08 ㈜시대의 20x2년 기초상품재고는 ₩50,000이고 당기매입원가는 ₩80,000이다. 20x2년 말 기말상품재고는 ₩30,000이며, 순실현가능가치는 ₩20,000이다. 재고자산평가손실을 인식하기 전 재고자산평가충당금 잔액으로 ₩3,000이 있는 경우, 20x2년 말에 인식할 재고자산평가손실로 옳은 것은?

① ₩3,000
② ₩5,000
③ ₩7,000
④ ₩9,000
⑤ ₩10,000

해설 20x2년 재고자산평가손실충당금 : 기말상품재고액 − 순실현가능가치
   = ₩30,000 − ₩20,000 = ₩10,000
20x2년 재고자산평가손실 : 재고자산평가손실충당금 − 손실 인식 전 충당금
   = ₩10,000 − ₩3,000 = ₩7,000

09 ㈜시대의 20x2년 재고자산 자료가 다음과 같을 때, ㈜시대의 20x2년 매출액으로 옳은 것은?

• 기초상품재고	₩3,000
• 당기매입액	₩12,000
• 기말상품재고	₩5,000
• 매출원가에 가산되는 이익률	5%

① ₩8,500
② ₩9,500
③ ₩10,500
④ ₩11,500
⑤ ₩12,500

해설 매출원가 : 기초상품재고 + 당기매입액 − 기말상품재고
   = ₩3,000 + ₩12,000 − ₩5,000 = ₩10,000
매출액 : 매출원가 × 이익률 = ₩10,000 × (1 + 0.05) = ₩10,500

정답 08 ③ 09 ③

10 다음은 실지재고조사법을 사용하는 ㈜시대의 10월 중 상품매매에 관한 자료이다. 후입선출법을 적용하여 재고자산을 평가할 경우 매출원가로 옳은 것은?

일자	구 분	수량(개)	단가(원)
10월 1일	전월이월	50	900
10월 10일	매 입	300	1,045
10월 15일	매 출	200	1,500
10월 20일	매 입	150	1,200
10월 28일	매 출	120	1,600

① ₩365,000　　　② ₩413,200
③ ₩353,000　　　④ ₩357,650
⑤ ₩340,000

해설

(1) 당기매입액

일자	구 분	수 량	단 가	금 액
10월 1일	전월이월	50	900	45,000
10월 10일	매 입	300	1,045	313,500
10월 20일	매 입	150	1,200	180,000
		500		538,500

(2) 기말재고액
후입선출법에서는 기말재고수량(500 - 320 = 180)이 가장 먼저 매입한 상품으로 가정

일자	수 량	단 가	금 액
10월 1일	50	900	45,000
10월 10일	130	1,045	135,850
	180		180,850

(3) 매출원가 = 기초재고액 + 당기매입액 - 기말재고액 = ₩538,500 - ₩180,850 = ₩357,650

11 ㈜한국의 상품매매에 관한 자료가 다음과 같을 때, 기말상품재고는?

• 기초상품재고	₩300
• 총매출	900
• 매출할인	100
• 총매입	600
• 매입할인	50
• 매입에누리	50
• 매출원가	600

① ₩50 ② ₩100
③ ₩150 ④ ₩200
⑤ ₩300

해설 기말상품재고 : 기초상품재고(₩300) + {총매입(₩600) − 매입할인(₩50) − 매입에누리(₩50)} − 매출원가(₩600)
= ₩200

정답 11 ④

PART 06 유형자산

제3과목 회계학개론-재무회계

1 유형자산의 이해

1. 유형자산의 개념

재화의 생산, 용역의 제공 등의 영업활동에 1년 이상 장기적으로 사용할 목적으로 보유하는 물리적 형체가 있는 비화폐성 자산이다.

2. 유형자산의 인식기준

자산으로부터 발생하는 미래경제적 효익이 기업에 유입될 가능성이 높고, 자산의 원가를 신뢰성 있게 측정할 수 있을 때 인식된다.

3. 유형자산의 원가

최초원가 + 후속원가

(1) 최초원가

자산의 취득을 위하여 제공한 대가의 공정가치를 말한다.

(2) 후속원가 [20] 기출

수익적 지출	일상적인 수선 및 유지 : 장부금액에 미포함(당기손익으로 인식) (차) 비 용　　xxx　　(대) 현 금　　xxx
자본적 지출	주요부품 및 구성품의 교체, 정기적인 종합검사 : 장부금액에 포함 (차) 유형자산　xxx　　(대) 현 금　　xxx

4. 유형자산의 취득원가 [23][24] 기출

> 구입가격 + 사용가능한 상태에 이르는 데 직접 관련된 원가 + 복구원가

(1) 유형자산 취득원가에 포함하는 항목
① 취득 시 발생하는 세금가산, 매입할인과 리베이트 차감
② 유형자산의 매입 또는 건설과 직접적으로 관련되어 발생한 종업원급여
③ 설치장소 준비원가
④ 최초의 운송 및 취득 관련 원가
⑤ 설치원가 및 조립원가
⑥ 유형자산이 정상적으로 작동되는지 여부를 시험하는 과정에서 발생한 원가
⑦ 전문가에게 지급하는 수수료
⑧ 자산을 해체, 제거하거나 부지를 복구하는 데 소요될 것으로 최초에 추정되는 원가
⑨ 자본화대상 차입원가

(2) 유형자산 취득원가에 포함하지 않는 항목
① 다른 활동의 원가 : 새로운 시설을 개설하는 데 소요되는 원가
② 광고원가 : 새로운 상품과 서비스를 소개하는 데 소요되는 원가
③ 영업원가 : 새로운 지역에서 또는 새로운 고객층을 대상으로 영업하는 데 소요되는 원가
④ 간접원가 : 관리 및 기타 일반 간접원가
⑤ 기업의 영업 전부 또는 일부를 재배치하는 과정에서 발생하는 원가

5. 취득형태별 원가 21 기출

(1) 매입에 의한 취득 18 20 기출
① 토지, 건물 : 구입가격 + 취득부대비용(취득세, 등록세, 중개수수료 등)
② 건 물
   ㉠ 신축건물 : 공사도급금액 관련 부대비용
   ㉡ 차입원가 : 금융비용을 자본화하여 취득원가에 가산
③ 토지와 건물 일괄구입
   ㉠ 토지만 사용 : 일괄구입원가 전액 토지의 취득원가(폐자재 처분수익 원가차감, 폐자재 처분비용·건물철거비용 원가가산)
   ㉡ 토지와 건물 모두 사용
      • 일괄구입가격을 공정가치 비율로 안분
      • 취득부대비용은 토지, 건물에 개별적으로 배분

$$\text{일괄구입원가} \times \frac{\text{개별자산의 공정가치}}{\text{개별자산의 공정가치 합계}} = \text{개별자산의 원가}$$

(2) 교환에 의한 취득

① 공정가치법 : 상업적 실질이 있는 거래를 말한다.
  ㉠ 구자산법(원칙) : 제공한 자산의 공정가치를 기준으로 취득원가 산정
  ㉡ 신자산법(예외) : 취득한 자산의 공정가치가 더 명백한 경우 취득한 자산의 공정가치 사용
② 장부가액법 : 공정가치가 불확실하거나 상업적 실질이 결여된 경우이다. 제공한 자산의 장부가액을 기준으로 취득원가 산정, 처분손익 인식하지 않는다.

(3) 자가건설에 의한 취득

① 건설(제조)원가 = 직접재료원가 + 직접노무원가 + 제조간접원가 + 자본화대상차입원가
② '건설 중인 자산'으로 계상하였다가 완성 시 유형자산으로 대체한다.

(4) 현물출자, 증여·무상취득

① 현물출자 : 주식의 공정가치를 유형자산의 원가로 측정, 공정가치 불확실한 경우 취득한 유형자산의 공정가치를 원가로 인식한다.
② 증여·무상취득 : 공정가치로 측정하고 당기손익(자산수증이익)으로 인식한다.

(5) 복구원가

복구의무가 성립되는 시점에서 미래에 발생할 것으로 추정되는 복구원가추정액에 적정한 할인율을 적용하여 할인한 현재가치를 유형자산의 취득원가에 포함한다.

취득 시점	(차) 유형자산　xxx　(대) 현　금　　xxx
	복구충당부채　xxx

(6) 정부보조금에 의한 취득

① 자산관련보조금
  ㉠ 자산차감법 : 자산의 장부금액에서 보조금을 자산의 차감계정으로 인식하고, 자산의 내용연수에 걸쳐 감가상각비를 보조금 계정과 상계하여 감소시키는 방식이다.
  ㉡ 이연수익법 : 보조금을 이연수익(부채)으로 인식하고, 자산의 내용연수에 걸쳐 체계적이고 합리적인 기준으로 수익을 배분하는 방식이다.
② 수익관련보조금
  ㉠ 수익인식법 : 관련원가에 대응하여 별도의 수익으로 인식하는 방법이다.
  ㉡ 비용차감법 : 관련원가에 대응하여 비용을 차감하는 방법이다.

(7) 차입원가 19 23 기출

① **의의** : 적격자산의 취득, 건설 또는 제조와 직접 관련되는 차입원가는 당해 자산원가의 일부를 구성하며 기타 차입원가는 비용으로 인식한다.

② **적격자산** : 의도된 용도로 사용하거나 판매가능한 상태에 이르게 하는 데 상당한 기간을 필요로 하는 자산(재고자산, 제조설비자산, 전력생산설비, 무형자산, 투자자산)이다. 단, 금융자산은 제외한다.

③ **자본화개시** : 자본화개시일은 다음 조건을 모두 충족시키는 날이며 차입원가는 자본화개시일부터 취득원가에 포함한다.
　㉠ 적격자산에 대한 지출이다.
　㉡ 차입원가 발생도 포함된다.
　㉢ 의도된 용도로 사용하거나 판매가능한 상태에 이르게 하는 데 필요한 활동을 수행한다.

④ **자본화중단과 종료**
　㉠ 자본화중단 : 적격자산에 대한 적극적인 개발활동을 중단한 기간에는 차입원가 자본화중단(단, 일시적인 지연이 필수적인 경우 중단하지 않음)
　㉡ 자본화종료 : 적격자산을 의도된 용도로 사용하거나 판매가능한 상태에 이르게 하는 데 필요한 거의 모든 활동이 완료된 시점

⑤ **자본화대상 차입원가의 계산**
　㉠ 적격자산에 대한 연평균 지출액

$$평균지출액 = 지출액 \times \frac{자본화기간(월수)}{12}$$

　㉡ 특정차입금 : 직접 관련된 차입원가

$$자본화대상차입원가 = 실제 발생한 차입원가 - 일시적 운용에서 생긴 투자수익$$

　㉢ 일반차입금 : 자본화이자율을 적용하여 계산(한도 : 실제 발생한 차입원가)

$$자본화이자율 = \frac{회계기간 중 발생한 일반차입금 이자비용}{회계기간의 평균 일반차입금}$$

$$자본화대상차입원가 = (평균지출액 - 특정차입금평균지출액) \times 자본화이자율$$

2 유형자산의 감가상각

1. 감가상각의 개념

자산이 기간이 경과함에 따라 가치가 떨어지는 것을 장부에 반영하기 위하여, 자산의 감소를 추정하여 내용연수에 걸쳐 자산을 감소시키는 과정이다.

상각 시점	(차) 감가상각비 xxx	(대) 감가상각누계액 xxx

2. 감가상각의 기본요소

(1) 감가상각대상금액

감가상각대상금액 = 유형자산의 취득원가 − 잔존가치

(2) 잔존가치

자산이 내용연수 종료시점에 도달하였을 때 남아 있는 자산의 사용 가치를 추정한 금액을 의미한다.

(3) 내용연수

자산이 사용가능할 것이라 기대되는 기간으로, 감가상각대상금액 혹은 자산의 장부금액을 비용으로 배분해야 할 기간이나 단위수량이다.

3. 감가상각의 방법 ⑱ ⑲ ㉔ 기출

K-IFRS에서는 정액법, 체감잔액법(정률법, 이중체감법, 연수합계법), 생산량비례법을 규정하고 있다.

정액법	감가상각비 = (취득원가 − 잔존가치)/내용연수	• 계산절차 간편 • 감가상각비 매 기간 균등 • 자산의 미래경제적 효익이 일정하게 감소하는 경우 적용
정률법	감가상각비 = (취득원가 − 감가상각누계액) × 상각률	기간이 경과함에 따라 감가상각비가 감소(가속상각법)
이중체감법	감가상각비 = (취득원가 − 감가상각누계액) × 상각률	• 정률법과 유사하나 상각률이 정액법 상각률의 2배 • 상각률 = 2/내용연수
연수합계법	감가상각비 = (취득원가 − 잔존가치) × 상각률	• 체감법(가속상각법) • 상각률 = 잔존내용연수/내용연수의 합계
생산량비례법	감가상각비 = (취득원가 − 잔존가치) × 실제생산량/예상총생산량	−

4. 감가상각 관련 기타사항

(1) 감가상각은 자산이 사용가능한 때부터 시작하고, 매각예정으로 분류되는 날 또는 자산이 제거되는 날 중 이른 날 중지된다.

(2) 유형자산이 가동되지 않거나 유휴상태가 되더라도 감가상각을 중단하지 않는다.

(3) 유형자산의 감가상각방법, 잔존가치, 내용연수는 적어도 매 회계연도 말에 재검토한다.

3 유형자산의 손상

1. 유형자산의 손상

손상징후검사 → 회수가능액측정 → 손상검사(장부금액 > 회수가능액) → 손상차손인식

2. 손상징후

외부정보	• 자산의 시장가치가 정상적인 수준보다 중요하게 더 하락한다. • 기업의 경영환경이나 해당 자산을 사용하여 공급하는 재화나 용역의 판매시장이 기업에 불리한 변화가 발생 및 예상된다. • 시장이자율이 회계기간 중에 상승하여 자산의 사용가치를 중요하게 감소시킬 가능성이 발생한다. • 기업의 순자산장부금액이 당해 시가총액보다 크다.

내부정보	• 자산의 진부화, 물리적 손상이 발생한다.
	• 기업에 불리한 영향을 미치는 중요한 변화가 발생했거나 발생할 것으로 예상된다.
	  - 자산의 유휴화가 일어난다.
	  - 영업부문을 중단하거나 구조조정계획이 생긴다.
	  - 예상보다 앞서 자산을 처분하는 계획이 생긴다.
	  - 비한정 내용연수를 유한 내용연수로 재평가한다.
	• 자산의 경제적 성과가 기대 수준에 미치지 못하거나 못할 것으로 예상된다.
	  - 자산의 매입, 운용, 관리를 위한 지출이 예상 수준을 초과한다.
	  - 자산에서 발생하는 실제 순현금흐름이나 영업손익이 당초 예상 수준에 비하여 악화된다.

3. 손상차손의 인식

손상차손 = 장부금액 - 회수가능액

(차) 유형자산손상차손 xxx	(대) 손상차손누계액 xxx

① 장부금액 = 취득원가 - 감가상각누계액
② 회수가능액 = 순공정가치와 사용가치 중 큰 금액

4. 손상차손의 환입

손상차손환입액 = 회수가능액 − 장부금액

(차) 손상차손누계액	xxx	(대) 손상차손환입액	xxx

4　원가모형과 재평가모형

1. 원가모형과 재평가모형의 개념

유형자산 취득 시에는 취득원가로 평가하지만, 취득 후에는 원가모형이나 재평가모형 중 하나를 선택하여 유형자산 분류별로 동일하게 적용한다(예 토지, 기계장치, 선박, 차량운반구 등).

2. 원가모형

최초인식 후 유형자산의 취득원가에서 감가상각누계액과 손상차손누계액을 차감한 금액을 장부금액으로 평가한다.

3. 재평가모형 25 기출

(1) 재평가일의 공정가치로 유형자산 장부금액을 수정한다.

(2) 동일한 분류 전체를 재평가하며 주기적으로 재평가한다.

(3) **재평가일 이후** : 유형자산 장부금액 = 공정가치 − 감가상각누계액 − 손상차손누계액
　① 재평가로 장부금액이 증가하는 경우
　　㉠ 재평가잉여금의 증가액 : 기타포괄이익
　　㉡ 재평가이익 : 당기손익
　　㉢ 재평가잉여금잔액 : 기타자본요소
　② 재평가로 장부금액이 감소하는 경우
　　㉠ 재평가손실 : 당기손익
　　㉡ 재평가잉여금의 감소액 : 기타포괄손실
　③ 감가상각누계액이 있는 자산 재평가
　　㉠ 비례조정법 : 자산의 총장부금액과 감가상각누계액을 재평가지수를 적용하여 비례적으로 조정
　　㉡ 감가상각누계액제거법 : 감가상각누계액 제거 후 자산의 순장부금액이 재평가금액이 되도록 조정

4. 재평가모형의 손상 23 기출

손상차손 = 자산의 장부금액 − 회수가능액

(1) 손상차손의 인식
재평가잉여금은 우선 감소(기타포괄손실)하고, 초과액은 손상차손(당기손익)으로 인식한다.

(2) 손상차손의 환입
손상차손으로 인식한 금액만큼 손상차손환입(당기손익)하고, 초과액은 재평가잉여금(기타포괄이익)으로 인식한다.

5. 유형자산의 제거

(1) 제거시기
사용이나 처분을 통하여 미래의 경제적 효익이 기대되지 않을 때 제거한다.

(2) 유형자산 제거로 인한 손익
제거손익 = 순매각금액 − 장부금액

연습문제풀이

㈜대한은 20x2년 4월초 건물을 ₩1,200,000(잔존가치 ₩200,000, 내용연수 5년)에 취득하였으며, 연수합계법으로 감가상각하고 있다. 20x3년에 인식할 감가상각비는?(단, 계산은 소수점 첫째 자리에서 반올림하여 구한다)

① ₩62,500
② ₩142,857
③ ₩187,500
④ ₩200,000
⑤ ₩283,333

해설 연수합계법 감가상각비 = (취득원가 − 잔존가치) × 내용연수의 역순/연수합계
연수합계 = n(n + 1)/2 = 5 × (5 + 1)/2 = 15
20x2년 감가상각비 = (₩1,200,000 − ₩200,000) × 5/15 × 9/12 = ₩250,000
20x3년 감가상각비 = (1) + (2) = ₩283,333
(1) 1월부터 3월까지 감가상각비 = (₩1,200,000 − ₩200,000) × 5/15 × 3/12 = ₩83,333
(2) 4월부터 12월까지 감가상각비 = (₩1,200,000 − ₩200,000) × 4/15 × 9/12 = ₩200,000

정답 ⑤

PART 06 단원핵심문제

제3과목 회계학개론-재무회계

01 유형자산으로 옳은 것은?

① 주택시장의 침체로 인하여 건설회사가 소유하고 있는 미분양 상태의 아파트
② 남해안에서 양식 중인 5년 된 양식장의 참치
③ 해양 천연가스를 발굴하기 위하여 설치한 대형 해양탐사 구조물
④ 시세 상승을 예측하고 취득하였으나 아직 사용목적을 결정하지 못한 대도시 외곽의 토지
⑤ 생산이나 용역제공에 사용될 원재료와 저장품

해설   ③ 영업활동에 사용할 목적이므로 유형자산이다.
① 미분양 상태의 아파트는 재고자산이다.
② 판매를 목적으로 보유하고 있으므로 재고자산이다.
④ 투자부동산으로 분류된다.
⑤ 재고자산으로 분류된다.

02 유형자산의 취득원가에 대한 설명으로 옳지 않은 것은?

① 지상 건물이 있는 토지를 일괄 취득하여 구 건물을 계속 사용할 경우 일괄구입가격을 토지와 건물의 공정가액에 따라 배분한다.
② 토지의 취득 시 중개수수료, 취득세, 등록세와 같은 소유권 이전비용은 토지의 취득원가에 포함한다.
③ 기계장치를 취득하여 기계장치를 의도한 용도로 사용하기 적합한 상태로 만들기 위해서 지출한 시운전비는 기계장치의 취득원가에 포함한다.
④ 건물 신축을 목적으로 건물이 있는 토지를 일괄 취득한 경우, 구 건물의 철거비용은 신축 건물의 취득원가에 가산한다.
⑤ 유형자산의 원가는 자산을 취득하기 위한 자산의 취득시점이나 건설시점에서 지급한 현금 또는 현금성자산이나 제공한 기타 대가의 공정가치이다.

해설   건물 신축을 목적으로 건물이 있는 토지를 일괄 취득한 경우, 구 건물의 철거비용은 토지의 취득원가에 가산한다.

정답 01 ③ 02 ④

03 유형자산의 인식, 측정 및 평가에 대한 설명으로 옳지 않은 것은?

① 유형자산에 대한 후속원가 중 유형자산이 제공하는 미래경제적 효익이 증대되면 자산으로 인식한다.
② 석유화학공장에서 환경규제요건을 충족하기 위해 새로운 화학처리 공장설비를 설치하였을 경우 이를 관련증설원가로 보아 자산으로 인식한다.
③ 장기후불조건으로 구입하였을 경우 현금거래가격보다 높지만 실제 구입하여 발생된 것이므로 실제 총지급액을 원가로 보아 자산으로 인식한다.
④ 자산의 장부금액이 재평가로 인해 증가될 경우 증가액을 기타포괄손익으로 인식하고 재평가잉여금과목으로 자본에 가산한다.
⑤ 유형자산을 해체·제거하거나 부지를 복구하는 데 소요될 것으로 최초에 추정되는 원가는 당해 유형자산원가에 포함한다.

해설 장기후불조건으로 구입하였을 경우 자산의 원가는 총현금지급액에서 이자상당액을 차감한 현금구입가격으로 인식한다.

04 ㈜시대는 다음 자료와 같이 기계장치를 취득하였다. 기계장치의 취득원가로 옳은 것은?

• 기계장치 구입대금	₩22,000
• 운반비	₩1,000
• 설치비	₩3,000
• 시운전비	₩2,000
• 구입 후 수선비	₩2,000

① ₩23,000
② ₩25,000
③ ₩26,000
④ ₩28,000
⑤ ₩30,000

해설 기계장치 취득원가 : ₩22,000 + ₩1,000 + ₩3,000 + ₩2,000 = ₩28,000
구입 후 수선비는 당기손익으로 인식한다(수익적 지출).

05 회계기준에서 제시한 '경영진이 의도하는 방식으로 자산을 가동하는 데 필요한 장소와 상태에 이르게 하는 데 직접 관련되는 원가'의 예에 해당하지 않는 것은?

① 유형자산의 매입 또는 건설과 직접적으로 관련되어 발생한 종업원급여
② 설치장소 준비 원가
③ 최초의 운송 및 취급 관련 원가
④ 설치원가 및 조립원가
⑤ 새로운 시설을 개설하는 데 소요되는 원가

해설 유형자산 원가에서 제외되는 항목이다.

정답 03 ③ 04 ④ 05 ⑤

06 유형자산의 감가상각에 대한 설명 중 옳지 않은 것은?

① 유형자산의 기말 공정가치 변동을 반영하기 위해 감가상각한다.
② 감가상각방법은 자산의 미래경제적 효익이 소비될 것으로 예상되는 형태를 반영한다.
③ 각 기간의 감가상각액은 다른 자산의 장부금액에 포함되는 경우가 아니라면 당기손익으로 인식한다.
④ 잔존가치, 내용연수, 감가상각방법은 적어도 매 회계연도 말에 재검토한다.
⑤ 감가상각은 자산의 감가상각대상금액을 그 자산의 내용연수에 걸쳐 체계적이고 합리적인 방법으로 배분하는 절차이다.

해설   유형자산의 감가상각은 기말 공정가치 변동을 반영하기 위함이 아닌, 자산의 합리적인 소비형태를 반영하기 위한 것이다.

07 12월 결산법인 ㈜시대는 20x2년 10월 1일에 건물과 기계를 ₩90,000에 일괄 구입하였다. 구입 당시 건물과 기계의 공정가치는 각각 ₩80,000과 ₩20,000이다. 기계의 내용연수는 10년, 잔존가치는 ₩1,000이다. 20x2년 기계의 감가상각비로 옳은 것은?(단, 기계에 대해 원가모형을 적용하고, 정액법으로 감가상각하며, 기중 취득한 자산은 월할 계산한다)

① ₩425
② ₩450
③ ₩472
④ ₩500
⑤ ₩520

해설   기계장치의 취득원가 : ₩90,000 × ₩20,000/(₩80,000 + ₩20,000) = ₩18,000
감가상각비 : (₩18,000 − ₩1,000) × 1/10 × 3/12 = ₩425

08 ㈜시대는 20x2년도 초에 내용연수가 3년이고 잔존가치는 없는 기계장치를 구입하였다. 회사는 감각상각방법으로 정액법, 연수합계법, 이중체감법을 고려하고 있다. 이 기계장치를 구입한 후 3년째 되는 마지막 회계연도에 보고할 감가상각비가 큰 순으로 감가상각방법을 바르게 나열한 것은?

① 정액법 > 연수합계법 > 이중체감법
② 정액법 > 이중체감법 > 연수합계법
③ 이중체감법 > 정액법 > 연수합계법
④ 이중체감법 > 연수합계법 > 정액법
⑤ 연수합계법 > 이중체감법 > 정액법

해설   내용연수 초기 감가상각비 크기 : 이중체감법 > 연수합계법 > 정액법
내용연수 말기 감가상각비 크기 : 정액법 > 연수합계법 > 이중체감법

09 ㈜시대는 건물을 정액법으로 감가상각한 결과 제3차 연도의 감가상각비는 300,000원이었다. 건물의 내용연수는 4년이고 잔존가치는 200,000원이라고 했을 경우 취득원가로 옳은 것은?(단, 유형자산은 원가모형으로 후속측정하고 내용연수 및 잔존가치 변동은 없다고 가정한다)

① ₩1,000,000
② ₩1,100,000
③ ₩1,200,000
④ ₩1,300,000
⑤ ₩1,400,000

해설 정액법으로 상각하므로 매년 감가상각비는 동일하다.
3차 연도 감가상각비 = (취득원가 - ₩200,000) × 1/4 = ₩300,000
∴ 취득원가는 ₩1,400,000

10 자산재평가와 자산손상회계에 관한 설명으로 옳지 않은 것은?

① 자산재평가는 결과적으로 자본조정에 반영되지만, 자산손상은 이익잉여금에 반영된다.
② 자산재평가는 정기적으로 수행하지만, 자산손상회계는 매 회계기간 수행한다.
③ 자산재평가는 기존 장부금액의 증가와 감소 모두 가능하지만, 자산손상은 이전 손상차손 인식금액이 없다면, 기존 장부금액의 감액만 가능하다.
④ 자산재평가는 공정가치를 기준으로 하고, 자산손상은 회수가능액을 기준으로 한다.
⑤ 두 회계처리 모두 자산평가에 공정가치개념을 적용하고 있다.

해설 자산손상은 당기비용으로 처리한다.

11 ㈜시대는 20x1년 1월 1일에 기계장치를 ₩200,000에 취득하고 원가모형을 적용하였다(내용연수 5년, 잔존가치 0, 정액법 상각). 20x1년 말 기계장치의 순공정가치와 사용가치는 각각 ₩120,000, ₩100,000이었다. 20x2년 7월 1일에 ₩70,000의 현금을 받고 처분하였을 경우, ㈜시대가 인식할 유형자산처분손익으로 옳은 것은?(단, 감가상각비는 월할 상각한다)

① 처분이익 ₩50,000
② 처분이익 ₩30,000
③ 처분이익 ₩10,000
④ 처분손실 ₩35,000
⑤ 처분손실 ₩50,000

해설 (1) 20x1년 말 손상평가 전 장부금액 : ₩200,000 - (₩200,000 × 1/5) = ₩160,000
(2) 20x1년 말 회수가능액(손상평가 후 장부금액) : max[₩120,000, ₩100,000] = ₩120,000
(3) 20x2년 7월 1일 장부금액 : ₩120,000 - (₩120,000 × 1/4 × 6/12) = ₩105,000
(4) 유형자산처분손실 : ₩105,000 - ₩70,000 = ₩35,000

정답 09 ⑤ 10 ① 11 ④

12 ㈜시대는 사용 중이던 기계장치A를 ㈜고시가 사용하던 기계장치B와 교환하였다. 이 교환거래와 관련하여 ㈜시대는 공정가치의 차액 300,000원을 현금으로 지급하였다. 이 경우 ㈜시대가 인식해야 할 처분손익으로 옳은 것은?(단, 교환거래는 상업적 실질이 있다고 가정한다)

	기계장치A	기계장치B
취득원가	3,000,000	4,000,000
감가상각누계액	1,000,000	1,500,000
공정가치	1,700,000	2,000,000

① 유형자산처분이익 ₩150,000
② 유형자산처분이익 ₩300,000
③ 유형자산처분손실 ₩150,000
④ 유형자산처분손실 ₩200,000
⑤ 유형자산처분손실 ₩300,000

해설 (1) 기계장치B 취득원가 = 기계장치A공정가액(₩1,700,000) + 현금지급액(₩300,000) = ₩2,000,000
(2) 교환거래 당시 분개
(차) 기계장치B   2,000,000   (대) 기계장치A   3,000,000
    감가상각누계액   1,000,000   현 금   300,000
    유형자산처분손실   300,000

13 ㈜한국은 공장신축을 위해 20x1년 초부터 2년간 ₩500을 차입하였다. 차입금에 대한 이자율은 연 12%인데, 동 차입금 중 ₩300을 4월 초부터 6월 말까지 은행에 예입하여 ₩10의 이자수익이 발생하였다. 공장신축은 20x1년 4월 초 시작하여 20x2년 12월 말 종료되었고, 공장신축을 위한 지출금액은 차입금액을 초과하며, 공장은 적격자산에 해당될 때, 20x1년 ㈜한국이 해당 차입금과 관련하여 공장의 취득원가로 인식할 차입원가는?(단, 이자는 월할계산한다)

① ₩25   ② ₩30
③ ₩35   ④ ₩45
⑤ ₩50

해설 자본화기간 : 20x1.04.01 ~ 20x2.12.31
차입원가 = (차입금 ₩500 × 이자율 12% × 9/12) - 이자수익 ₩10 = ₩35

PART 07 무형자산

제3과목 회계학개론-재무회계

1 무형자산의 이해

1. 무형자산의 개념
기업이 보유한 자산 중 물리적 형체는 없지만 식별가능하고 미래경제적 효익을 기대할 수 있는 비화폐성 자산을 말한다.

2. 무형자산의 요건
식별가능성, 통제, 미래의 경제적 효익을 모두 충족하여야 한다.

3. 무형자산의 종류 19 21 기출

식별가능한 무형자산	산업재산권, 라이선스와 프랜차이즈, 저작권, 컴퓨터소프트웨어, 개발 중인 무형자산(개발비), 브랜드명, 제호와 출판표제, 웹사이트, 어업권 등
식별불가능한 무형자산	영업권

4. 무형자산의 취득원가 [18][24] 기출

최초로 인식 시 원가로 측정한다.

(1) 개별취득
구입가격 + 자산을 의도한 목적으로 사용할 수 있도록 준비하는 데 직접 관련된 원가

(2) 사업결합으로 인한 취득
취득일의 공정가치이다. 사업결합 전에 그 자산을 피취득자가 인식하였는지 여부에 관계없이 취득자는 취득일에 피취득자의 무형자산을 영업권과 분리하여 인식한다.

(3) 정부보조에 의한 취득
공정가치로 인식한다. 단, 자산을 공정가치로 인식하지 않는 경우에는 명목금액에 자산을 의도된 용도로 사용할 수 있도록 준비하는 데 직접 관련되는 지출을 합한 금액으로 인식한다.

(4) 자산교환에 의한 취득
제공받은 자산의 공정가치로 인식한다. 단, 교환거래에 상업적 실질이 결여된 경우나 취득한 자산과 제공한 자산의 공정가치를 둘 다 신뢰성 있게 측정할 수 없는 경우에는 제공한 자산의 장부금액으로 인식한다.

5. 무형자산의 후속측정

(1) 원가모형
장부금액 = 취득원가 − 상각누계액 − 손상차손누계액

(2) 재평가모형
장부금액 = 재평가일의 공정가치 − 재평가 후 상각누계액 − 재평가 후 손상차손누계액

6. 무형자산의 상각 [20][24] 기출

| 내용연수가 유한정인 경우 : 내용연수 동안 상각 |
| 내용연수가 비한정인 경우 : 손상평가만 실시 |

상각대상금액	취득원가 − 잔존가치(잔존가치는 일반적으로 0으로 인식)
내용연수의 결정	법적 요인이나 경제적 요인에 의하여 추정된 기간 중 짧은 기간
상각방법	• 정액법, 체감잔액법, 생산량비례법 등을 합리적인 방법으로 선택하여 일관성 있게 적용 • 신뢰성 있게 결정할 수 없는 경우 정액법 사용
상각액의 처리	당기손익으로 인식 (차) 무형자산상각비 xxx (대) (특허권)상각누계액 xxx

7. 무형자산의 손상과 제거 [20] 기출

손상차손	• 손상차손 = 장부금액 − 회수가능액 • 당기손익에 반영
손상회복	• 손상차손환입액 = 회수가능액 − 장부금액 • 당기손익에 반영
제 거	당기손익으로 인식

2 개발비

구 분	연구단계	개발단계
의 의	과학지식의 연구 또는 이용가능한 기존지식의 검색 및 응용가능성을 모색하는 단계	상업목적으로 이용하기 위한 개발이나 모형, 시제품 등을 제작하고 시험하는 단계
활동예시	• 새로운 지식을 얻고자 하는 활동 • 연구결과나 기타 지식을 탐색, 평가, 최종선택, 응용하는 활동 • 재료, 장치, 제품, 공정, 시스템이나 용역에 대한 여러 가지 대체안을 탐색하는 활동 • 신규 또는 개선된 재료, 장치, 제품, 공정, 시스템이나 용역에 대한 여러 가지 대체안을 제안, 설계, 평가, 최종선택하는 활동	• 생산이나 사용 전의 시제품과 모형을 설계, 제작, 시험하는 활동 • 새로운 기술과 관련된 공구, 지그, 주형, 금형 등을 설계하는 활동 • 상업적 생산목적으로 실현가능한 경제적 규모가 아닌 시험공장을 설계, 건설, 가동하는 활동 • 신규 또는 개선된 재료, 장치, 제품, 공정, 시스템이나 용역에 대하여 최종적으로 선정된 안을 설계, 제작, 시험하는 활동
회계처리	발생기간 비용으로 인식	• 인식요건 만족 시 무형자산처리(개발비) • 그 외에는 발생시점 즉시 비용화(경상개발비)
특이사항	• 기존 발생 비용으로 인식한 지출은 취득원가로 인식 불가 • 내부 프로젝트를 연구단계와 개발단계로 구분불가 시 연구단계로 인식 • 개발비는 개발활동의 결과를 이용가능한 시점부터 상각	

3 영업권

1. 영업권의 개념

특정 기업이 동종의 타 기업보다 초과이익을 누리고 있을 때, 초과수익을 낼 수 있던 요인(회계상의 무형자산)을 제품의 화폐가치로 평가한 것으로, 합병 등의 사유로 인해 인수되는 회사의 자산 실사 후, 실제 순자산가를 초과하여 지불한 인수대금을 영업권 금액이라 한다.

2. 영업권의 종류

(1) 내부창출영업권(자가창설영업권) 24 기출

내부적으로 창출한 영업권은 취득원가를 신뢰성 있게 측정하기 어려워 자산으로 인식하지 않는다.

(2) 사업결합에 의한 영업권 25 기출

① 취득법에 의하여 회계처리한다(자산으로 인식).
② 영업권 금액을 구하는 공식

> 초과지불액 = 영업권 = 취득대가(인수대금) − 순자산의 공정가치

3. 영업권의 상각과 손상

(1) 영업권의 내용연수는 비한정인 것으로 가정하여 상각하지 않고 손상검사만 실시한다.

(2) 손상검사 결과 영업권의 장부금액이 회수가능액을 초과하면 초과액을 손상차손으로 처리하여 당기손익에 반영하고, 발생한 손상차손은 추후 회복할 수 없다.

PART 07 단원핵심문제

제3과목 회계학개론-재무회계

01 무형자산의 인식에 대한 설명으로 옳은 것은?

① 내부 프로젝트의 연구단계에 대한 지출은 자산의 요건을 충족하는지를 합리적으로 판단하여 무형자산으로 인식할 수 있다.
② 개발단계에서 발생한 지출은 모두 무형자산으로 인식한다.
③ 사업결합으로 취득하는 무형자산의 취득원가는 취득일의 공정가치로 인식하고, 내부적으로 창출한 영업권은 무형자산으로 인식하지 아니한다.
④ 내부적으로 창출한 브랜드, 출판표제, 고객 목록과 이와 실질이 유사한 항목은 무형자산으로 인식한다.
⑤ 교환거래에 상업적 실질이 결여되었거나 신뢰성 있는 측정이 불가할 경우 공정가치로 측정한다.

> **해설**
> ① 연구단계에 대한 지출은 당해 비용으로 인식한다.
> ② 개발단계에서 발생한 지출은 자산의 요건을 충족하는지를 합리적으로 판단하여 무형자산으로 인식한다.
> ④ 내부적으로 창출된 브랜드, 출판표제, 고객 목록과 같은 유사한 항목은 무형자산으로 인식할 수 없다.
> ⑤ 자산교환에 의한 취득은 원칙적으로 공정가치로 측정하나 교환거래에 상업적 실질이 결여된 경우나 공정가치를 신뢰성 있게 측정할 수 없는 경우에는 제공한 자산의 장부금액으로 측정한다.

02 재무상태표 작성 시 무형자산으로 분류 표시되는 항목에 대한 설명으로 옳지 않은 것은?

① 내부적으로 창출한 영업권은 무형자산으로 인식하지 않는다.
② 무형자산을 상각하는 경우 상각방법은 자산의 경제적 효익이 소비되는 방법을 반영하여 정액법, 체감잔액법, 생산량비례법 등을 선택하여 적용할 수 있다.
③ 숙련된 종업원은 미래경제적 효익에 대한 충분한 통제능력을 갖고 있지 않으므로 무형자산의 정의를 충족시키지 못하여 재무상태표에 표시하지 않는다.
④ 영업권을 제외한 모든 무형자산은 보유기간 동안 상각하여 비용 또는 기타자산의 원가로 인식한다.
⑤ 영업권에서 발생한 손상차손은 추후 회복할 수 없다.

> **해설** 영업권과 내용연수가 비한정인 무형자산은 상각하지 않는다.

정답 01 ③ 02 ④

03 ㈜시대의 다음 자료를 보고 무형자산으로 인식할 수 있는 개발비의 최대한도로 옳은 것은?

• 신지식 탐구를 위한 연구실 지출	₩320,000
• 연구결과 평가를 위한 지출	₩130,000
• 실험실에 구축된 전용시설물 구축비	₩190,000
• 새롭게 개선된 시스템에 대한 대체안 설계를 위한 지출	₩70,000
• 신기술과 관련된 공구, 금형, 주형의 설계를 위한 지출	₩80,000
• 상업생산 전 시제품의 설계, 제작, 시험을 위한 지출	₩110,000
• 상업생산 중의 품질관리비	₩150,000

① ₩450,000   ② ₩240,000
③ ₩200,000   ④ ₩190,000
⑤ ₩170,000

해설 • 신기술과 관련된 공구, 금형, 주형의 설계를 위한 지출 : 개발비(₩80,000)
• 상업생산 전 시제품의 설계, 제작, 시험을 위한 지출 : 개발비(₩110,000)

04 무형자산의 개발비로 회계처리할 수 있는 활동으로 옳은 것은?

① 새로운 지식을 얻고자 하는 활동
② 생산 전이나 사용 전의 시제품과 모형을 설계, 제작 및 시험하는 활동
③ 연구결과나 기타 지식을 탐색, 평가, 최종선택, 응용하는 활동
④ 재료, 장치, 제품, 공정, 시스템이나 용역에 대한 여러 가지 대체안을 탐색하는 활동
⑤ 신규 또는 개선된 재료, 장치, 제품, 공정, 시스템이나 용역에 대한 여러 가지 대체안을 제안, 설계, 평가, 최종선택하는 활동

해설 ② 생산 전이나 사용 전의 시제품과 모형을 설계, 제작 및 시험하는 활동은 무형자산의 개발비로 처리한다.
①・③・④・⑤ 모두 무형자산의 연구비로 처리한다.

05 ㈜시대는 ㈜고시를 합병하기 위하여 총 ₩5,500,000을 현금으로 지급하였다. 합병일 현재 ㈜고시의 재무상태표상 자산총액은 ₩30,000,000(공정가치 : ₩33,000,000)이며, 부채총액은 ₩28,000,000(공정가치 : ₩30,000,000)이었다. ㈜고시와의 합병거래에서 ㈜시대의 영업권금액으로 옳은 것은?

① ₩1,000,000   ② ₩1,500,000
③ ₩2,000,000   ④ ₩2,500,000
⑤ ₩3,000,000

해설 ㈜고시의 순자산공정가치 : ₩33,000,000 − ₩30,000,000 = ₩3,000,000
영업권 : 현금지급액 − 순자산공정가치 = ₩5,500,000 − ₩3,000,000 = ₩2,500,000

06 개발비를 무형자산으로 처리하기 위한 조건으로 옳지 않은 것은?

① 새로운 과학지식의 탐구활동 및 응용가능성의 모색을 위한 지출
② 무형자산을 사용하거나 판매하기 위해 그 자산을 완성할 수 있는 기술적 실현가능성
③ 개발과정에서 발생한 무형자산 관련지출을 신뢰성 있게 측정할 수 있는 능력
④ 무형자산을 완성하여 사용하거나 판매하려는 기업의 의도
⑤ 무형자산을 사용하거나 판매할 수 있는 기업의 능력

해설 경상개발비(비용)에 대한 설명이다.

07 무형자산과 관련된 설명 중 옳지 않은 것은?

① 내부적으로 창출한 영업권은 자산으로 인식하지 아니한다.
② 무형자산을 최초로 인식할 때에는 원가로 측정하고 그 이후에 원가모형 또는 재평가모형을 적용하여 일관되게 평가한다.
③ 최초에 비용으로 인식한 무형자산항목에 대한 지출은 그 이후에 무형자산의 원가로 인식할 수 없다.
④ 사업결합으로 취득하는 무형자산의 취득원가는 피합병회사의 장부금액을 취득원가로 인식한다.
⑤ 영업권은 식별불가능한 무형자산으로 사업결합에 의한 대가로 지급한 금액이 인수한 순자산의 공정가치를 초과하는 금액을 말한다.

해설 사업결합으로 취득하는 무형자산의 취득원가는 공정가치를 취득원가로 인식한다.

08 내부적으로 창출된 무형자산의 취득원가에 포함되는 지출로 옳지 않은 것은?

① 무형자산의 창출을 위하여 발생한 종업원급여
② 법적 권리를 등록하기 위한 수수료
③ 무형자산의 창출에 사용되었거나 소비된 재료원가, 용역원가
④ 적절하게 기능을 발휘하는지 검사하는 데 발생하는 원가
⑤ 자산을 운영하는 직원의 교육훈련과 관련된 지출

해설 자산의 운용을 위한 직원의 교육훈련비 등은 무형자산을 의도한 용도로 사용할 수 있도록 준비하는 데 직접 관련된 지출이 아니므로 무형자산의 원가에 포함하지 않고 발생시점에서 전액 비용으로 인식한다.

정답 06 ① 07 ④ 08 ⑤

09 내부적으로 창출한 무형자산의 인식과 관련한 설명으로 옳지 않은 것은?

① 생산 전 또는 사용 전의 시제품과 모형을 설계, 제작 및 시험하는 활동은 일반적으로 개발단계에 해당한다.
② 개발단계는 연구단계보다 훨씬 더 진전되어 있는 상태이므로 무형자산의 식별이 가능하다.
③ 내부 프로젝트에서 발생한 원가 중 연구단계에서 발생한 원가는 항상 발생한 기간의 비용으로 인식한다.
④ 내부적으로 창출한 영업권은 일정 요건을 충족하는 경우 무형자산으로 인식한다.
⑤ 내부적으로 창출된 브랜드, 고객 목록 및 이와 유사한 항목에 대한 지출은 무형자산으로 인식하지 않는다.

[해설] 내부적으로 창출된 영업권은 무형자산으로 인식하지 않는다.

10 무형자산 회계처리로 옳지 않은 것은?

① 무형자산의 정의와 인식요건을 모두 충족하는 경우에는 무형자산으로 인식하지만, 충족하지 못하는 경우에는 발생하였을 때 비용으로 인식한다.
② 사업결합으로 취득하는 무형자산은 식별가능한 경우 항상 인식기준을 충족하는 것으로 보며, 원가는 취득일의 공정가치로 한다.
③ 고정고객, 시장점유율, 고객과의 관계 및 고객의 충성도 등은 무형자산의 정의를 충족하므로 무형자산으로 기록한다.
④ 무형자산의 미래경제적 효익은 재화의 매출이나 용역수익, 원가절감 또는 그 자산의 사용에 따른 기타 효익의 형태로 발생한다.
⑤ 자체적으로 개발한 웹사이트는 무형자산의 인식기준을 충족하고 개발단계에서 발생한 지출이 무형자산으로 인식되기 위해서 갖춰야 할 요건을 모두 충족할 경우에만 무형자산으로 인식한다.

[해설] 고정고객, 시장점유율, 고객과의 관계, 고객의 충성도 등은 기업이 통제할 수 없으므로 일반적으로 무형자산의 정의를 충족하지 못한다.

PART 08 부채

제3과목 회계학개론-재무회계

1 금융부채

1. 금융부채의 개념 18 23 기출

거래상대방에게 현금 등 금융자산을 지급할 계약상 의무나 잠재적으로 불리한 조건으로 거래상대방과 금융자산이나 금융부채를 교환하기로 한 계약상 의무를 말한다. 실무적으로는 매입채무, 미지급금, 차입금, 사채 등이 있으며 부채의 대부분을 차지한다.

※ 금융부채에 해당하지 않는 부채 : 선수금, 선수수익, 법인세관련부채, 충당부채

2. 금융부채의 분류 22 기출

(1) 원칙

상각후원가 측정 금융부채(매입채무, 미지급금, 차입금, 사채)

(2) 단기매매 목적의 금융부채와 당기손익-공정가치 측정 항목으로 선택하여 지정한 금융부채

당기손익-공정가치 측정 금융부채

(3) 금융부채의 재분류

재분류하지 않는다.

(4) 금융부채의 측정

구분	최초인식		후속측정	
	최초인식	거래비용	평가방법	관련손익
당기손익인식 금융부채	공정가치 측정	발생 시 비용처리	공정가치	평가손익 : 당기손익인식 (공정가치 - 장부금액)
기타금융부채	공정가치 측정	공정가치에서 차감하여 측정 (금융부채에 차감)	상각후원가	유효이자율법에 따른 이자비용인식

2 사채

1. 사채의 개념

(1) 회사가 미리 약정한 이자율에 따라 일정 기간 동안 이자를 지급하고 만기에 원금을 상환하기로 약속한 유가증권이다.

(2) 사채에는 액면이자율 혹은 표시이자율과 액면금액 및 만기가 표시된다.

(3) 사채의 종류에는 보증사채, 무보증사채, 담보부사채, 무담보부사채, 전환사채, 신주인수권부사채 등이 있다.

2. 사채의 발행 [19][20] 기출

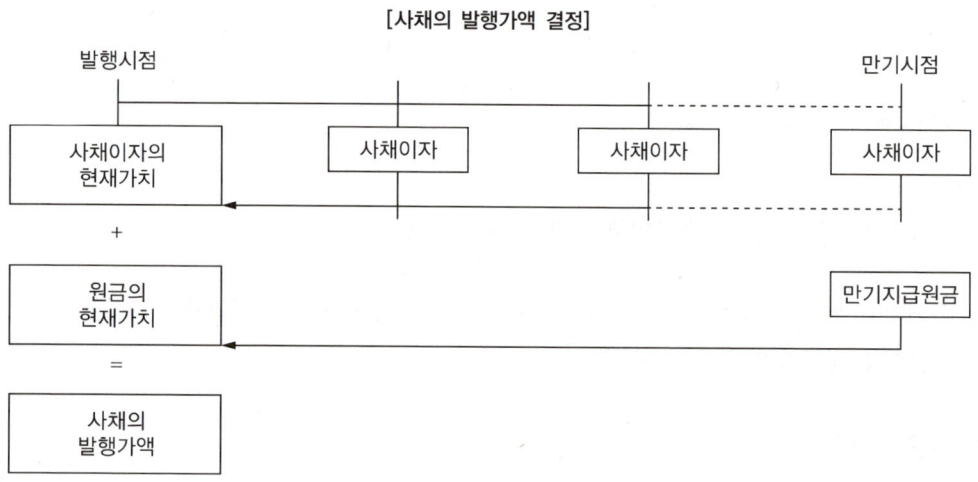

[사채의 발행가액 결정]

사채의 발행가액 = 액면금액의 현재가치 + 액면이자의 현재가치

액면금액의 현재가치 = 액면금액 $\times \dfrac{1}{(1+i)^n}$

액면이자의 현재가치 = 액면이자 $\times \left\{ \dfrac{1}{(1+i)^1} + \dfrac{1}{(1+i)^2} + \cdots + \dfrac{1}{(1+i)^n} \right\}$

구 분	이자율	발행금액	차액처리
액면발행	액면이자율 = 시장이자율	액면금액 = 발행금액	차액 없음
할인발행	액면이자율 < 시장이자율	액면금액 > 발행금액	사채할인발행차금
할증발행	액면이자율 > 시장이자율	액면금액 < 발행금액	사채할증발행차금

(1) 액면발행

| (차) 현금 | xxx | (대) 사채 | xxx |

사채의 장부금액은 액면금액으로 일정하며 만기까지 인식할 총이자비용은 액면이자로, 매년 인식할 이자비용은 일정하다.

(2) 할인발행

| (차) 현금 | xxx | (대) 사채 | xxx |
| 사채할인발행차금 | xxx | | |

사채의 장부금액은 점차 증가하며 만기까지 인식할 총이자비용은 액면이자와 사채할인발행차금의 합계로 매년 인식할 이자비용과 사채할인발행차금상각액은 점차 증가한다.

(3) 할증발행

| (차) 현금 | xxx | (대) 사채 | xxx |
| | | 사채할증발행차금 | xxx |

사채의 장부금액은 점차 감소하며 만기까지 인식할 총이자비용은 액면이자와 사채할증발행차금의 차액으로 매년 인식할 이자비용은 점차 감소하며 사채할증발행차금상각액은 점차 증가한다.

(4) 사채발행비의 처리 21 23 기출

처리방법	사채발행에 따른 제비용은 사채의 발행가격에서 직접 차감
사채의 할인발행	사채발행금액 증가, 사채할인발행차금 증가
사채의 할증발행	사채발행금액 증가, 사채할증발행차금 감소

3. 사채발행차금의 상각 20 24 기출

$$상각액 = (기초\ 장부금액 \times 유효이자율) - 액면이자액$$

(1) 사채발행차금의 상각방법은 유효이자율법을 적용된다.

(2) 유효이자율법은 사채의 장부가액에 매년 일정이자율을 곱하여 계산된 유효이자비용과 액면이자율에 의해 계산된 현금이자비용과의 차액을 상각시키는 방법이다.

4. 사채의 상환 25 기출

만기상환	사채의 액면금액을 지불하고 사채를 제거(사채상환손익 발생 없음)
조기상환	사채할인(할증)발행차금 존재로 미상각잔액을 정리(사채상환손익 발생)

3 충당부채와 우발부채

1. 충당부채 19 기출

과거사건이나 거래의 결과에 의한 현재의무로서, 지출의 시기 또는 금액이 불확실하지만 그 의무를 이행하기 위하여 자원이 유출될 가능성이 높다. 또한 당해 금액을 신뢰성 있게 추정할 수 있는 추정부채로서 재무제표 본문에 부채로 인식한다.

2. 우발부채

과거사건은 발생하였으나 기업이 전적으로 통제할 수 없는 하나 또는 그 이상의 불확실한 미래사건의 발생 여부에 의해서만 그 존재 여부가 확인되는 잠재적 의무이거나, 현재의 의무로서 그 의무를 이행하기 위하여 자원이 유출될 가능성이 높지 않거나, 의무를 이행하기 위한 금액을 신뢰성 있게 추정할 수 없는 경우에 해당하는 부채이다. 재무제표 본문에 부채로 인식할 수 없고 주석으로 표시한다.

3. 충당부채와 우발부채의 구분 20 21 기출

구 분	충당부채	우발부채
과거사건의 결과	현재의무(법적의무와 의제의무)	잠재적 의무
자원 유출가능성	50% 초과	높지 않음
금액 측정가능성	신뢰성 있는 추정 가능	신뢰성 있는 추정 불가능
회계처리 방법	부채로 인식	주석으로 표시

4. 충당부채 및 우발부채 발생이 가능한 거래의 종류 20 기출

(1) 판매 후 품질 등을 보증하는 경우의 관련 부채

(2) 판매촉진을 위하여 시행하는 환불정책, 경품제도의 시행 등과 관련된 부채

(3) 손실부담계약

(4) 타인의 채무 등에 대한 보증

(5) 계류 중인 소송사건

(6) 구조조정계획과 관련된 부채

(7) 복구충당부채 등의 환경관련 부채 등

5. 충당부채의 변제

(1) 거의 확실한 때에만 변제금액을 별도의 자산으로 인식하고 회계처리한다.

(2) 변제와 관련하여 인식한 금액과 상계 표시 가능하다.

6. 우발자산

우발자산은 재무제표에 자산으로 인식하지 않고 자원의 유입가능성이 높은(50% 초과) 경우에만 주석으로 표시한다.

금액 추정가능성	자원 유입가능성 50% 초과	자원 유입가능성 50% 이하
신뢰성 있게 추정가능	우발자산으로 주석 표시	공시하지 않음
추정불가능	우발자산으로 주석 표시	공시하지 않음

4 퇴직급여제도

1. 퇴직급여의 개념

퇴직급여는 종업원에게 퇴직 후 지급하는 후불급여 개념으로 종업원이 근무하는 기간 동안 비용으로 배분하고 그 금액을 부채로 인식한다(퇴직연금, 퇴직일시금, 해고급여 등).

2. 퇴직급여제도

구 분	확정급여형(DB)	확정기여형(DC)
내 용	종업원의 퇴직연금이 사전에 정해지고 기업이 적립금 운용의 책임	기업의 부담금이 사전에 정해지고 종업원이 적립금 운용의 책임
운용방법	원리금보장형 또는 실적배당형	원리금보장형 또는 실적배당형
종업원의 퇴직급여	확 정	적립금 운용실적에 따라 변동
회사 부담금	적립금 운용실적에 따라 변동	확 정

PART 08 단원핵심문제

제3과목 회계학개론-재무회계

01 기업회계기준서에서 부채로 분류되지 않는 항목은?

① 선수금
② 판매한 제품의 품질보증의무
③ 상품권 발행액
④ 원천징수한 소득세
⑤ 정기적인 수선원가

해설 정기적 수선원가는 발생시점에서 자산의 인식요건을 충족하는 경우에는 자본화하고 그 외의 경우에는 발생시점에서 비용으로 인식한다.

02 부채에 관한 설명으로 옳은 것은?

① 선수수익이란 수익의 인식시기는 도래하였으나 아직 대금이 회수되지 않은 금액이다.
② 미지급법인세는 금융부채이다.
③ 유동성장기차입금은 비유동부채이다.
④ 잠재적의무는 충당부채로 인식한다.
⑤ 급여 지급 시 소득세 원천징수액은 예수금으로 처리한다.

해설
① 선수수익이란 대가의 수령은 이뤄졌으나 수익의 귀속시기가 아직 도래하지 않은 수익이다.
② 미지급법인세는 유동부채이고 금융부채에 해당하지 않는다.
③ 유동성장기차입금은 유동부채이다.
④ 잠재적의무는 우발부채이다.

03 사채의 발행에 관한 설명으로 옳지 않은 것은?

① 할인발행은 유효이자율이 표시이자율보다 큰 경우이다.
② 할증발행의 경우 발행연도의 현금지급이자는 사채이자비용보다 크다.
③ 할인발행의 경우 만기가 가까워질수록 사채의 이자비용이 감소한다.
④ 할증발행과 할인발행은 사채의 만기금액이 동일하다.
⑤ 사채의 발행은 액면이자율과 시장이자율의 관계에 의하여 액면발행, 할인발행, 할증발행의 형태로 구분된다.

해설 할인발행의 경우 사채의 이자비용은 점점 증가한다.

정답 01 ⑤ 02 ⑤ 03 ③

04 ㈜한국은 20x1년 7월 1일에 액면금액 ₩1,000,000의 사채(유효이자율 연 10%, 표시이자율 연 8%, 만기 5년, 이자는 매년 6월 30일에 후급)를 ₩924,164에 발행하였다. 20x2년 말 동 사채의 장부금액은?(단, 이자는 월할계산하며, 단수차이로 인한 오차가 있다면 가장 근사치를 선택한다)

① ₩936,580
② ₩943,409
③ ₩948,356
④ ₩950,238
⑤ ₩965,262

해설 20x2.07.01 사채장부금액 : (₩924,164 × 1.1) − (₩1,000,000 × 8%) = ₩936,580
20x2.12.31 사채장부금액 : ₩936,580 + (₩936,580 × 10% × 6/12) − (₩1,000,000 × 8% × 6/12)
= ₩943,409

05 ㈜시대는 20x2년 1월 1일 액면금액 ₩1,000,000 만기 3년의 사채를 유효이자율 연 10%를 적용하여 ₩925,390에 발행하였다. 20x2년 12월 31일 장부금액이 ₩947,929이라면 이 사채의 표시이자율로 옳은 것은?

① 7%
② 8%
③ 9%
④ 10%
⑤ 11%

해설 사채할인발행차금 상각액 : ₩947,929 − ₩925,390 = ₩22,539
액면이자 : (₩925,390 × 10%) − ₩22,539 = ₩70,000
표시이자율 : ₩70,000/₩1,000,000 = 7%

06 ㈜시대는 사채할인발행차금을 액면이자를 지급하는 매년 말 유효이자율법에 의하여 상각한다. 20x2년 말 ㈜시대의 분개가 다음과 같고, 분개 후 사채의 장부가액은 ₩167,000일 때, 사채의 유효이자율로 옳은 것은?

(차 변)		(대 변)	
이자비용	₩20,000	사채할인발행차금	₩7,000
		현 금	₩13,000

① 10%
② 12.5%
③ 15%
④ 17.5%
⑤ 20%

해설 사채의 기초장부가액(상각후원가) : ₩167,000 − ₩7,000 = ₩160,000
유효이자율 : ₩20,000/₩160,000 = 12.5%

정답 04 ② 05 ① 06 ②

07 ㈜시대는 20x2년 1월 1일에 액면금액 ₩100,000의 사채(표시이자율 연 11%, 이자지급일 매년 12월 31일, 만기 2년)를 ₩96,620에 발행하였다. 발행사채의 유효이자율이 연 12%인 경우, 이 사채로 인하여 ㈜시대가 만기까지 부담해야 할 총 이자비용로 옳은 것은?

① ₩20,000
② ₩23,380
③ ₩25,380
④ ₩27,380
⑤ ₩28,380

해설   만기까지 인식할 이자비용 총액 : 사채할인발행차금 + 2년간의 액면이자
= (₩100,000 − ₩96,620) + (₩100,000 × 11% × 2년) = ₩25,380

08 충당부채에 대한 설명으로 옳지 않은 것은?

① 충당부채를 인식하기 위해서는 과거사건으로 인한 의무가 기업의 미래행위와 독립적이어야 한다.
② 충당부채의 인식요건 중 경제적효익이 있는 자원의 유출 가능성이 높다는 것은 발생할 가능성이 발생하지 않을 가능성보다 더 높다는 것을 의미한다.
③ 충당부채를 인식하기 위한 현재의 의무는 법적의무로서 의제의무는 제외된다.
④ 충당부채를 인식하기 위해서는 과거사건의 결과로 현재의무가 존재하여야 한다.
⑤ 충당부채를 인식하기 위해서는 그 의무의 이행에 소요되는 금액을 신뢰성 있게 추정할 수 있어야 한다.

해설   현재의무는 의제의무와 법적의무 모두를 포함한다.

09 충당부채, 우발부채, 우발자산에 대한 설명으로 옳지 않은 것은?

① 우발자산은 경제적 효익의 유입가능성이 높지 않은 경우에 주석으로 공시한다.
② 의무를 이행하기 위하여 경제적 효익이 있는 자원을 유출할 가능성이 높지 않은 경우 우발부채를 주석으로 공시한다.
③ 우발부채와 우발자산은 재무제표에 인식하지 아니한다.
④ 현재의무를 이행하기 위하여 해당 금액을 신뢰성 있게 추정할 수 있고 경제적 효익이 있는 자원을 유출할 가능성이 높은 경우 충당부채로 인식한다.
⑤ 충당부채를 결제하기 위하여 필요한 지출액의 일부나 전부를 제3자가 변제할 것으로 예상되는 경우에는 기업이 의무를 이행한다면 변제를 받을 것이 거의 확실하게 되는 때에만 변제금액을 별도의 자산으로 인식하고 회계처리한다.

해설   우발자산은 재무제표에 자산으로 인식하지 아니하고 자원의 유입가능성이 높은 경우에만 주석으로 기재한다.

10 충당부채의 인식과 관련된 설명으로 옳지 않은 것은?

① 과거사건의 결과로 현재의무가 존재해야 한다.
② 당해 의무를 이행하기 위하여 경제적 효익을 갖는 자원이 유출될 가능성이 높아야 한다.
③ 입법 예고된 법규의 세부사항이 아직 확정되지 않은 경우에는 당해 법규안대로 제정될 것이 거의 확실한 때에만 의무가 발생한 것으로 본다.
④ 신뢰성 있는 금액의 추정이 불가능한 경우에도 부채로 인식해 재무상태표의 본문에 표시한다.
⑤ 과거사건이나 거래의 결과에 의한 현재의무는 법적의무와 의제의무 모두를 포함한다.

> **해설** 신뢰성 있는 금액의 추정이 불가능한 경우에는 부채로 인식할 수 없으며, 우발부채로 공시하므로 재무상태표의 본문에 부채로 표시하지 않고 주석에 표시한다.

11 다음 중 종업원급여에 대한 설명으로 옳지 않은 것은?

① 종업원이 회계기간에 근무용역을 제공할 때, 그 대가로 지급이 예상되는 단기종업원급여는 할인하지 않은 금액으로 인식한다.
② 이익분배제도와 상여금제도와 관련된 원가는 이익분배가 아닌 당기비용으로 인식한다.
③ 누적 유급휴가는 종업원이 실제로 유급휴가를 사용하기 전에는 부채나 비용으로 인식하지 않는다.
④ 기업의 제안이 아닌 종업원의 요청에 따른 해고에 따라 생기는 종업원급여는 해고급여에 포함하지 않는다.
⑤ 퇴직급여는 퇴직시점이나 퇴직 이후에 인식하는 것이 아니라, 종업원이 근무하는 기간 동안 비용으로 배분하고 그 금액을 부채로 인식하여야 한다.

> **해설** 비누적 유급휴가는 종업원이 실제로 유급휴가를 사용하기 전에는 부채나 비용으로 인식하지 않는다. 누적 유급휴가는 종업원이 근로용역을 제공한 날 예상되는 금액을 비용과 부채로 인식한다.

PART 09 자본

제3과목 회계학개론-재무회계

1 자본의 기초개념

1. 자본의 의의

(1) 자본은 자산에서 부채를 차감한 잔여지분의 성격으로 자기자본을 의미하며, 지분, 소유주지분, 주주지분, 순자산 등으로 표현한다.

(2) K-IFRS는 자본의 분류를 구체적으로 구분하지 않고, 다만 자본금과 적립금만 언급한다.

> 자기자본 = 총자산 − 타인자본
> 자본(순자산) = 자산 − 부채
> 소유주지분 = 지분총액 − 채권자지분

거래구분	거 래	변동사항
자본거래	주식발행(자본주 출자) 유상감자(자본주 인출)	납입자본의 변동
손익거래	수익의 발생 비용의 발생	이익잉여금의 변동
기타거래	기타포괄손익항목의 변동	기타자본요소의 변동

2. 자본의 분류 [19] [25] 기출

구 분		계정과목명
납입자본	자본금	• 보통주자본금 • 우선주자본금
	자본잉여금	• 주식발행초과금 • 기타자본잉여금 : 자기주식처분이익, 신주인수권대가, 전환권대가, 감자차익 등
기타자본요소	자본조정	• 재무상태표 가산항목 : 신주청약증거금, 주식매수선택권, 출자전환채무 등 • 재무상태표 차감항목 : 자기주식, 주식할인발행차금, 감자차손, 자기주식처분손실 등
	기타포괄손익 누계액	• 재평가잉여금 • 해외사업환산손익 등
이익잉여금	이익잉여금	• 법정적립금 : 이익준비금, 기타법정적립금 • 임의적립금 : 결손보전적립금, 사업확장적립금, 배당평균적립금, 우발손실적립금, 별도적립금 등 • 미처분이익잉여금(미처리결손금)

2 자본금

1. 자본금

(1) 자본금은 「상법」상 법정자본금을 의미하는 것으로 주당 액면금액과 발행주식수를 곱한 것이다.

(2) 자본금을 초과하는 금액은 자본준비금(주식발행초과금)으로 인식한다.

> 자본금 = 주당 액면금액 × 발행주식수

2. 주식 발행 18 24 기출

구 분	의 의	특이사항
유상증자	회사 설립 시의 원시출자와 설립 후 유상증자	주식발행초과금과 주식할인발행차금은 발생순서에 관계없이 서로 상계
현물출자	주주로부터 현물을 출자받고 주식 발행	공정가치로 취득원가 계상
주식배당	현금 부족에 따른 배당	• 현금의 유출입이 없어 자본총계의 변화 없음 • 주식수의 증가로 자본금 증가
무상증자	법정적립금 자본 전입에 따른 자본금 증가	• 현금의 유출입이 없어 자본총계의 변화 없음 • 주식수의 증가로 자본금 증가
출자전환	금융부채의 주식 전환	금융부채 장부금액과 지분상품 공정가치 차액을 당기손익 인식

(1) 주식발행의 형태

① 액면발행(발행가액 = 액면금액)

(차) 현금	xxx	(대) 자본금	xxx

② 할증발행(발행가액 > 액면금액)

(차) 현금	xxx	(대) 자본금	xxx
		주식발행초과금	xxx

③ 할인발행(발행가액 < 액면금액)

(차) 현금	xxx	(대) 자본금	xxx
주식할인발행차금	xxx		

(2) 증 자
   ① 유상증자(실질적 증자)
      ㉠ 주식의 발행으로 총자본이 증가하며 실질적인 자본의 증가로 실질적 증자라고 한다.
      ㉡ 액면금액과 발행가액의 차액은 주식할인발행차금(자본조정) 또는 주식발행초과금(자본잉여금)으로 처리한다.
   ② 무상증자(형식적 증자)
      ㉠ 자본잉여금 또는 이익잉여금을 자본금에 전입하고 신주를 발행하여 주주에게 무상으로 교부한다.
      ㉡ 잉여금을 자본 전입하여 자본금이 증가하지만 자본총액은 변동 없다.

(3) 감 자
   ① 유상감자(실질적 감자)
      ㉠ 발행한 주식을 취득하고 주주에게 출자금을 환급한다.
      ㉡ 주주 환급액이 주식의 액면금액보다 작으면 감자차익(자본잉여금)이 발생하고 환급액이 큰 경우에는 감자차손(자본조정)이 발생한다.
      ㉢ 감자차익과 감자차손은 발생하는 순서와 관계없이 우선 상계처리한다.
   ② 무상감자(형식적 감자)
      결손금의 보전 등을 위하여 주주에게 주금을 환급하지 않고 발행한 주식을 줄이는 방법이다.

(4) 자기주식 [20][25][기출]
   ① 자기가 발행하여 유통 중인 주식을 일시적으로 취득하여 보유 중인 주식이다.
   ② 「상법」상 자기주식 취득을 엄격히 제한하며 일정금액을 초과하지 않는 범위 내에서는 이사회의 결의만으로 자기주식의 취득과 처분이 가능하지만, 일정금액을 초과하는 경우에는 다음의 조건을 충족하는 경우로 제한된다.
      ㉠ 회사의 합병 또는 다른 회사의 영업 전부의 양수로 인한 경우
      ㉡ 회사의 권리를 실행함에 있어 그 목적을 달성하기 위하여 필요한 경우
      ㉢ 단주의 처리를 위하여 필요한 경우
      ㉣ 주주가 주식매수청구권을 행사한 경우
   ③ 자기주식은 취득 시 취득원가로 기록한다.
   ④ 자기주식은 처분 시 자기주식처분손익이 발생되고, 소각 시 감자차손익이 발생된다.

3 이익잉여금

1. 이익잉여금 [20] 기출

계 산
전기이월미처분이익잉여금(전기이월미처리결손금) (±) 회계변경의 누적효과 (±) 전기오류수정손익 (−) 중간배당액 (±) 당기순이익(손실) = 당기말 미처분이익잉여금

[이익잉여금의 구성] [20] 기출

법정적립금	• 「상법」상 기업 내부에 유보하는 강제 적립금 • 자본금의 1/2에 달할 때까지 매 결산기 금전에 의한 이익배당액의 1/10 이상의 금액을 이익준비금으로 적립
임의적립금	정관 또는 주총 결의에 의해 이익잉여금 중 사내 유보된 적립금
미처분이익잉여금	이익잉여금처분계산서의 '처분 전 이익잉여금'으로 배당금 지급이나 다른 목적으로 적립 후 남은 잉여금

2. 이익잉여금의 처분순서

법정적립금 적립 → 이익잉여금 처분에 의한 상각액의 처리 → 배당금지급액의 결의 → 임의적립금의 적립

3. 결손금의 보전순서

임의적립금 이입 → 기타법정적립금 이입 → 이익준비금 이입 → 자본잉여금 이입

> **기출문제분석**
>
> ㈜한국의 20x2년 초 자산총액은 ₩1,000,000이고, 부채총액은 ₩600,000이며, 20x2년도 총포괄이익은 ₩50,000이다. 20x2년 중 자본과 관련된 거래가 다음과 같을 때 20x2년 말 자본총액은?
>
> `2020년`
>
> - 자기주식(주당 취득원가 ₩2,100) 10주를 주당 ₩1,900에 재발행
> - 미처분이익잉여금 처분내역 : 이익준비금 적립 ₩1,000, 현금배당 ₩10,000, 주식배당 ₩2,000
>
> ① ₩449,000 ② ₩456,000
> ③ ₩457,000 ④ ₩459,000
> ⑤ ₩479,000
>
> **해설**
> 1. 20x2년 초 자본 : 자산(₩1,000,000) − 부채(₩600,000) = ₩400,000
> 2. 자기주식 처분 관련 회계처리
>
> | (차) 현 금 | 19,000 | (대) 자기주식 | 21,000 |
> |---|---|---|---|
> | 자기주식 처분손실 | 2,000 | | |
>
> 3. 20x2년 말 자본총액 : 기초자본(₩400,000) + 총포괄이익(₩50,000) + 자기주식처분(₩21,000 − ₩2,000) − 현금배당(₩10,000) = ₩459,000
>   자기주식은 자본 차감항목이므로, 취득 시 자본이 감소하고 처분 시 자본이 증가한다.
>
>   **정답** ④

4. 배당금 [21] 기출

(1) 배당의 종류

구 분	의 의	자본에 미치는 영향
현금배당	현금으로 배당 지급	자본감소(이익잉여금 감소)
주식배당	주식을 발행하여 주주에게 주권 교부	자본불변(이익잉여금 감소와 자본금 증가)

(2) 배당가능이익

> 배당가능한 이익 최대한도액
> = 처분가능한 이익잉여금 − (이익준비금 적립액 + 임의적립금 적립액 + 기타 처분액)

PART 09 단원핵심문제

제3과목 회계학개론-재무회계

01 ㈜시대는 20x2년 1월 1일 영업을 시작하였다. 20x2년 12월 31일 총자산과 총부채는 각각 ₩350,000과 ₩200,000이었으며, 20x2년도의 총포괄이익은 ₩135,000이었다. 그리고 20x2년 중에 배당금 ₩5,000을 현금으로 지급하였다. ㈜시대의 20x2년 1월 1일 시점의 순자산 장부금액으로 옳은 것은?

① ₩5,000
② ₩20,000
③ ₩50,000
④ ₩150,000
⑤ ₩200,000

해설 20x2년 초 순자산 장부금액 + 총포괄이익(₩135,000) − 현금배당(₩5,000) = 20x2년 말 순자산 장부금액
(₩350,000 − ₩200,000) = ₩150,000
∴ 20x2년 초 순자산 장부금액 = ₩20,000

02 다음의 장부마감 전 자료를 토대로 계산한 기말 자본으로 옳은 것은?(단, 수익과 비용에는 기타포괄손익 항목이 포함되어 있지 않다)

• 수익합계	₩2,000,000	• 비용 합계	₩1,500,000
• 자본금	₩1,000,000	• 주식발행초과금	₩500,000
• 이익잉여금	₩500,000	• 자기주식	₩100,000
• 감자차익	₩100,000	• 재평가잉여금	₩200,000

① ₩2,700,000
② ₩3,300,000
③ ₩3,200,000
④ ₩3,000,000
⑤ ₩3,100,000

해설 당기순이익 : ₩2,000,000 − ₩1,500,000 = ₩500,000
기말자본 : 자본금(₩1,000,000) + 주식발행초과금(₩500,000) + 이익잉여금(₩500,000) − 자기주식(₩100,000) + 감자차익(₩100,000) + 재평가잉여금(₩200,000) + 당기순이익(₩500,000) = ₩2,700,000

정답 01 ② 02 ①

03 다음은 ㈜시대의 20x2년도 말 현재 재무상태표에 보고된 내용의 일부이다. 기초이익잉여금이 ₩2,690,000이었고 당기 중에 현금배당 ₩50,000이 있었다면 ㈜시대의 20x2년도 당기순이익으로 옳은 것은?

• 보통주자본금(주당 ₩100)	₩500,000
• 주식발행초과금	₩2,800,000
• 이익잉여금	₩2,780,000

① ₩60,000
② ₩70,000
③ ₩90,000
④ ₩120,000
⑤ ₩140,000

해설 기초이익잉여금 + 당기순이익 − 현금배당 = 기말이익잉여금
= ₩2,690,000 + 당기순이익 − ₩50,000 = ₩2,780,000
∴ 당기순이익 = ₩140,000

04 다음 자료에 의한 당기순손실로 옳은 것은?

• 기초자산총액	₩35,000
• 기초부채총액	₩30,000
• 기말자산총액	₩43,000
• 기말부채총액	₩37,000
• 당기 중의 유상증자액	₩3,000
• 당기 중의 현금배당액	₩1,000
• 당기 중의 주식배당액	₩2,000

① −₩1,000
② −₩2,000
③ −₩3,000
④ −₩4,000
⑤ −₩5,000

해설 기초자본 : 기초자산(₩35,000) − 기초부채(₩30,000) = ₩5,000
기말자본 : 기말자산(₩43,000) − 기말부채(₩37,000) = ₩6,000
당기순손실 : 기말자본(₩6,000) − {기초자본(₩5,000) + 유상증자(₩3,000) − 현금배당(₩1,000)} = −₩1,000

05 ㈜한국의 20x1년 기초자본은 ₩50,000이다. 20x1년 중 발생한 자본 관련 거래내역이 다음과 같을 때, ㈜한국의 20x1년 기말자본은?

- 무상증자 ₩5,000
- 현금배당 ₩2,000을 결의하여 지급
- 자기주식 ₩1,000을 취득
- 20x1년 당기순이익은 ₩10,000, 총포괄이익은 ₩8,000

① ₩55,000 ② ₩57,000
③ ₩60,000 ④ ₩65,000
⑤ ₩70,000

해설 기말자본 = 기초자본(₩50,000) − 현금배당(₩2,000) − 자기주식취득(₩1,000) + 총포괄이익(₩8,000)
= ₩55,000

06 자본을 구성하는 다음의 항목들을 기초로 자본잉여금을 구한 값으로 옳은 것은?

• 이익준비금	₩5억	• 미처분이익잉여금	₩1억
• 자기주식	₩2억	• 사업확장적립금	₩2억
• 주식발행초과금	₩5억	• 감자차익	₩3억
• 보통주자본금	₩5억	• 자기주식처분이익	₩3억
• 우선주자본금	₩5억	• 토지재평가잉여금	₩2억

① ₩3억 ② ₩5억
③ ₩8억 ④ ₩11억
⑤ ₩15억

해설

계정과목	구 분	금 액
이익준비금	이익잉여금	
자기주식	자본조정	
주식발행초과금	자본잉여금	₩5억
보통주자본금	자본금	
우선주자본금	자본금	
미처분이익잉여금	이익잉여금	
사업확장적립금	이익잉여금	
감자차익	자본잉여금	₩3억
자기주식처분이익	자본잉여금	₩3억
토지재평가잉여금	기타포괄손익누계액	
합 계		₩11억

정답 05 ① 06 ④

07 ㈜시대는 실질적 감자를 실시하였다. 액면금액 ₩5,000인 주식 300주를 주당 ₩4,500에 매입소각하였다. 분개로 옳은 것은?

①	(차) 자본금	1,500,000	(대) 현 금	1,500,000	
②	(차) 자본금	1,500,000	(대) 현 금	1,350,000	
			감자차익	150,000	
③	(차) 자본금	1,500,000	(대) 현 금	1,200,000	
			주식할인발행차금	300,000	
④	(차) 자본금	1,500,000	(대) 현 금	1,800,000	
	감자차손	300,000			
⑤	(차) 자본금	1,500,000	(대) 현 금	1,800,000	
	주식발행초과금	300,000			

[해설] 자본금 : ₩5,000 × 300 = ₩1,500,000
현금 : ₩4,500 × 300 = ₩1,350,000

08 다음 중 형식적 증자의 유형으로 옳지 않은 것은?

① 잉여금의 전입
② 주식배당
③ 전환주식의 전환
④ 전환사채의 전환
⑤ 액면가 이하의 주식발행

[해설] 액면가 이하의 주식발행은 실질적 증자이다.

09 다음 중 자본의 구성항목은 변동이 없고, 주당 액면금액의 변동만 발생하는 자본거래로 옳은 것은?

① 유상증자   ② 주식분할
③ 무상증자   ④ 주식배당
⑤ 전환사채의 전환

해설

구 분	자본 구성항목의 변동	주당 액면금액의 변동
유상증자	자본금의 증가	변동없음
주식분할	변동없음	액면금액 변동
무상증자	자본금의 증가, 이익잉여금이나 자본잉여금의 감소	변동없음
주식배당	이익잉여금의 감소	변동없음
전환사채의 전환	자본총액 증가	변동없음

10 자본에 영향을 미치는 거래로 옳지 않은 것은?

① 정기 주주총회에서 10%의 현금배당을 결의하다.
② 임차한 건물에 대한 임차료를 현금으로 지급하다.
③ 창고에 화재가 발생하여 보관 중인 상품 중 일부가 소실되다.
④ 기계장치를 구입하고, 대금 중 절반은 현금으로 지급하고 잔액은 외상으로 하다.
⑤ 종업원급여를 현금으로 지급하다.

해설 ④ 현금(자산)감소, 기계장치(자산)증가, 미지급금(부채)증가 → 자본불변
① 이익잉여금(자본)감소, 미지급배당금(부채)증가
② 현금(자산)감소, 임차료(비용)발생 → 자본감소
③ 상품(자산)감소, 손상차손(비용)발생 → 자본감소
⑤ 현금(자산)감소, 급여(비용)발생 → 자본감소

정답 09 ② 10 ④

PART 10 수익과 비용

1 수 익

1. 수익의 개념

(1) 수익은 자산의 증가 또는 부채의 감소로 인한 자본의 증가를 가져오는 특정 회계기간 동안에 발생한 경제적 효익의 증가로서, 지분참여자에 의한 출연과 관련된 것을 제외한다.

(2) 고객과의 계약에서 생기는 수익이란 기업이 고객에게 약속한 재화나 용역을 이전하고 그 대가를 받기로 한 계약에서 생기는 수익이다.

2. 수익의 인식과정 [19][20] 기출

단 계	내 용
계약의 식별	고객과의 계약인지 판단한다.
수행의무의 식별	고객에게 이전하기로 한 재화 또는 용역을 확인한다.
거래가격의 산정	고객에게서 받을 대가의 금액을 측정한다.
거래가격의 배분	거래가격을 수행의무별로 배분한다.
수익의 인식	수행의무 이행으로 수익인식한다.

(1) 계약의 식별
   ① 고객과의 계약의 인식 요건
      ㉠ 계약 당사자들이 계약을 승인하고 각자의 의무를 수행하기로 확약한 것이다.
      ㉡ 이전할 재화나 용역과 관련된 각 당사자의 권리를 식별 가능한 것이다.
      ㉢ 이전할 재화나 용역의 지급조건이 식별 가능한 것이다.
      ㉣ 계약에 상업적 실질이 확보된 것이다.
      ㉤ 고객에게 이전할 재화나 용역에 대하여 받을 권리를 갖게 될 대가의 회수 가능성이 높다.
   ② 인식 요건 미충족이나 다음 사건으로 대가를 받은 경우
      ㉠ 고객에게 재화나 용역을 이전해야 하는 의무가 남아있지 않고, 고객이 약속한 대가를 모두 받았으며 그 대가는 환불되지 않을 경우
      ㉡ 계약이 종료되었고 고객에게서 받은 대가는 환불되지 않을 경우

(2) 수행의무의 식별
① 기업이 고객에게 구별되는 재화나 용역을 이전하기로 한 약속이다.
② 재화나 용역제공을 위한 준비활동이라면 그 활동은 수행의무에 미포함된다.

(3) 거래가격의 산정

> - 변동대가
> - 계약에 있는 유의적인 금융요소
> - 고객에게 지급할 대가
> - 변동대가 추정치의 제약
> - 비현금 대가

① 변동대가
고객에게 약속한 재화나 용역을 이전하고 그 대가로 받을 권리를 갖게 될 금액을 추정하며 다음 중에서 기업이 받을 대가의 금액을 더 잘 예측할 것으로 예상하는 방법을 사용한다.
㉠ 기댓값 : 가능한 대가의 범위에 있는 모든 금액에 각 확률을 곱한 금액
㉡ 가능성이 가장 높은 금액 : 대가의 범위에서 가능성이 가장 높은 금액

② 변동대가 추정치의 제약
㉠ 변동대가 추정이 불가능한 경우 추정치는 거래가격에 반영이 금지된다.
㉡ 불확실성이 해소된 경우 거래가격에 추정치가 반영된다.

③ 유의적인 금융요소
㉠ 계약 당사자들 간에 합의한 지급시기 때문에 고객에게 재화나 용역을 이전하면서 유의적인 금융효익이 고객이나 기업에 제공되는 경우에는 화폐의 시간가치가 미치는 영향을 반영하여 약속된 대가를 조정한다(현금판매가격으로 수익인식 위함).
㉡ 단, 재화 또는 용역을 이전하는 시점과 그 대가를 지급하는 시점 간의 기간이 1년 이내일 것이라고 예상된다면 금융요소의 영향을 반영하지 않는 실무적 간편법 적용이 가능하다.

④ 비현금 대가
고객이 현금 외의 형태로 대가를 약속한 계약의 경우 거래가격은 비현금대가를 공정가치로 측정한다.

⑤ 고객에게 지급할 대가
거래가격(수익)에서 차감하여 회계처리한다.

(4) 거래가격의 배분

① 개별 판매가격에 기초한 배분
재화나 용역의 개별 판매가격을 산정하고 이 개별 판매가격에 비례하여 거래가격을 배분한다.

② 할인액의 배분
할인액 전체가 계약상 하나 이상의 일부 수행의무에만 관련된다는 관측 가능한 증거가 있는 때 외에는 할인액을 계약상 모든 수행의무에 비례하여 배분한다.

③ 변동대가의 배분
전체의 판매가격을 기준으로 배분하고 특정 부분에 기인하는 경우에는 해당 부분을 구성하는 수행의무에 배분한다.

④ 거래가격의 변동
거래가격의 후속 변동은 계약 개시시점과 같은 기준으로 계약상 수행의무에 배분한다.

(5) 수익의 인식 [19] [21] [24] [25] 기출

① 기간에 걸쳐 이행하는 수행의무(진행기준)

> - 고객은 기업이 수행하는 대로 기업의 수행에서 제공하는 효익을 동시에 얻고 소비한다(예 청소 용역 등).
> - 기업이 수행하여 만들어지거나 가치가 높아지는대로 고객이 통제하는 자산(예 재공품)을 기업이 만들거나 그 가치를 높인다(고객소유자산 제작).
> - 기업이 수행하여 만든 자산이 기업 자체에는 대체 용도가 없고, 지금까지 수행을 완료한 부분에 대해 집행 가능한 지급청구권이 기업에 있다(고객 전용 주문제작).

　㉠ 진행기준은 진행률에 따라 기간에 걸쳐 수익을 인식하고 진행률은 매 보고기간 말마다 다시 측정한다.
　㉡ 진행률의 변동은 회계추정의 변경으로 회계처리하며 진행률 측정방법은 산출법과 투입법 중 선택한다.
　㉢ 진행률의 합리적 측정 불가 시 발생원가 범위에서만 수익을 인식한다.

② 한 시점에서 이행하는 수행의무
　㉠ 고객이 약속된 자산을 통제하고 기업이 수행의무를 이행하는 특정 시점에서 수익을 인식한다.

> - 기업은 자산에 대해 현재 지급청구권이 있다.
> - 고객에게 자산의 법적 소유권이 있다.
> - 기업이 자산의 물리적 점유를 이전하였다.
> - 자산의 소유에 따른 유의적인 위험과 보상이 고객에게 있다.
> - 고객이 자산을 인수하였다.

3. 계약원가

(1) 계약체결 증분원가

고객과 계약을 체결하기 위해 들인 원가로 계약을 체결하지 않았다면 들지 않았을 원가이다.

구 분	계약체결 증분원가 인식
계약체결 증분원가가 회수될 것으로 예상	자산으로 인식
계약체결 여부와 무관	발생시점의 비용으로 인식
계약체결 증분원가를 자산으로 인식(단, 상각기간 1년 이하인 경우)	발생시점의 비용으로 인식(간편법)

(2) 계약이행원가

① 자산으로 인식하는 경우

1. 원가가 계약이나 구체적으로 식별할 수 있는 예상 계약에 직접 관련된다.
   - 직접노무원가(종업원의 급여와 임금 등)
   - 직접재료원가(저장품 등)
   - 계약이나 계약활동에 직접 관련되는 원가 배분액(계약관리·감독원가, 보험료 등)
   - 계약에 따라 고객에게 명백히 청구할 수 있는 원가
   - 기업이 계약을 체결하였기 때문에 드는 그 밖의 원가
2. 원가가 미래의 수행의무를 이행할 때 사용할 기업의 자원을 창출하거나 가치를 높인다.
3. 원가는 회수될 것으로 예상된다.

② 비용으로 인식하는 경우

1. 일반관리원가(계약에 따라 고객에게 명백히 청구할 수 있는 원가가 아닌 경우)
2. 계약을 이행하는 과정에서 낭비된 재료원가, 노무원가, 그 밖의 자원의 원가로서 계약가격에 반영되지 않은 원가
3. 이미 이행한 계약상 수행의무와 관련된 원가
4. 이행하지 않은 수행의무와 관련된 원가인지 이미 이행한 수행의무와 관련된 원가인지 구별할 수 없는 원가

(3) 계약원가의 상각

자산으로 인식한 원가는 그 자산과 관련된 재화나 용역을 고객에게 이전하는 방식과 일치하는 체계적 기준으로 상각한다.

4. 거래형태별 수익인식

(1) 할인판매(할인액의 배분)

할인액 = 개별판매가격의 합계액 − 거래가격
할인액의 배분 = 할인액 × (개별판매가격 / 개별판매가격의 합계금액)

(2) 보증판매 24 기출

구 분	계정과목
확신유형 보증	충당부채(제품보증충당부채)
용역유형 보증	계약부채

(3) 반품권 판매

반품가능성 예측 가능	판매예상분	판매가	매출 인식
		원 가	매출원가 인식
	반품예상분	판매가	환불부채 인식
		원 가	반환제품회수권 인식
반품가능성 예측 불가		판매가	환불부채 인식
		원 가	반환제품회수권 인식

(4) 기 타

구 분	수익인식 시점 및 기준
상품권	고객에게 제공한 날
할부판매	판매시점의 공정가치
사용판매	매입의사를 표시한 시점
위탁판매	수탁자가 제3자에게 재화를 판매한 시점
검사조건부판매	• 고객이 재화나 용역을 인수하여 합의된 규격에 따른 것인지를 객관적으로 판단할 수 있다면 인수 수락 여부와 관계없이 수익을 인식 • 객관적으로 판단 불가 시 인수를 수락한 시점에 수익 인식
중간상에 대한 판매	소유에 따른 위험과 보상이 구매자에게 이전되는 시점
인도결제판매	인도가 완료되고 판매자나 판매자의 대리인이 현금을 수취할 때
미인도청구판매	일정한 요건 충족 시 구매자가 소유권을 가지는 시점
완납인도 예약판매	구매자가 최종 할부금을 지급한 때
재고가 없는 재화의 판매	고객에게 재화를 인도한 시점
출판물 및 이와 유사한 품목의 구독	정액기준 또는 발송된 품목의 가액이 모든 품목의 추정 총판매가액에서 차지하는 비율에 따른 기준
설치수수료	• 설치용역이 재화와 구별되는 경우 : 별도로 판단하여 수익인식 • 설치용역이 재화와 구별되지 않는 경우 : 재화와 용역을 단일 수행의무로 보아 재화가 통제되는 시점에 수익인식
광고수수료	• 광고매체수수료 : 대중에게 전달된 시점 • 광고제작수수료 : 진행기준
수강료	강의기간에 걸쳐 인식
입장료	행사가 개최되는 시점
입회비와 회원가입비	불확실성이 없는 시점에 수익인식
소프트웨어개발 수수료	진행기준

2 비용

1. 비용의 개념

수익의 획득을 위하여 희생된 경제적 가치로서 정상적인 영업활동의 결과로 발생하는 경제적 효익의 총유출을 말한다.

2. 비용의 인식 19 20 21 기출

발생시점을 기준으로 인식(발생주의)하는 것을 원칙으로 하고, 관련수익과의 인과관계에 따라 판단할 수 없는 경우 기간배분과정이나 경제적 사건의 발생시점을 기준으로 판단한다.

인과관계에 따른 인식	매출원가, 직접적인 판매비 등
기간배분의 원칙에 따른 인식	감가상각비, 보험료, 임차료, 무형자산상각비 등
발생 즉시 인식	급여, 손상차손, 수선비 등

3. 비용의 측정

공정가치로 측정한다.

4. 법인세회계

(1) 법인세비용의 개념 21 기출

① 법인세비용은 법인기업의 과세소득에 대하여 일정한 세율을 적용하여 부과한 세금으로 법인기업이 부담할 비용이다.
② 회계이익과 과세소득이 일치하지 않는 일시적 차이 해소에 대한 '이연법인세부채' 또는 '이연법인세자산'을 인식함으로써 납부할 세액에서 이연법인세부채와 자산을 가감한 잔액을 당기의 법인세비용으로 인식한다(이연법인세회계).
③ K-IFRS 이연법인세회계는 일시적 차이에 현행세율을 적용하여 이연법인세자산(부채)의 계산을 중요시하는 '자산부채법'을 채택하고 있는데, 재무상태표 목적에 부합하나 법인세비용이 부정확하다는 단점이 있다.

(2) 당기법인세

당기법인세 = 과세표준액 × 현행세율
         = {법인세비용차감전순이익 ± 세무조정(일시적차이, 영구적차이)} × 현행세율

(3) 이연법인세

① 이연법인세부채

가산할 일시적 차이와 관련하여 미래 회계기간에 납부할 법인세액이다.

인 식	모든 가산할 일시적 차이에 대하여 이연법인세부채 인식
산 식	가산할 차이 × 미래세율 = 이연법인세부채
가산할 차이	당기 회계이익계산에 포함되었지만 당기 과세소득계산에서 제외되어 미래의 과세소득에 가산되는 일시적 차이

② 이연법인세자산

인 식	차감할 일시적 차이가 사용될 수 있는 과세소득의 발생가능성이 높은 경우에 모든 차감할 일시적 차이에 대하여 이연법인세자산 인식
산 식	차감할 차이 × 미래세율 = 이연법인세자산
차감할 차이	당기 회계이익계산에서 제외되었지만 당기 과세소득계산에 포함되어 미래의 과세소득에서 차감되는 일시적 차이

(4) 법인세비용

① 법인세비용

> 법인세비용 = 당기법인세 + 이연법인세부채증가액 − 이연법인세자산증가액
> = 당기법인세 + 이연법인세부채 − 이연법인세자산

② 회계처리

(차) 이연법인세자산	xxx	(대) 당기법인세부채	xxx
법인세비용	xxx	이연법인세부채	xxx

㉠ 법인세 부담액
㉡ 포괄손익계산서 인식 법인세비용

③ 납부(환급)할 법인세

납부할 법인세	(차) 법인세비용	xxx	(대) 당기법인세부채	xxx
환급받을 법인세	(차) 당기법인세자산	xxx	(대) 법인세비용	xxx

3 이익

1. 이익의 개념 18 기출

수익이 비용을 초과하는 금액 또는 일정 기간의 경영활동에 의한 자본증가액이다.

경제학적 이익	순이익 = 기말자본 − 기초자본
회계학적 이익	순이익 = 수익 − 비용

2. 현금기준과 발생기준

구 분	현금기준	발생기준
개 념	현금 유출입에 따라 인식	경제적 권리와 의무 발생 시점을 기준으로 인식
수 익	현금 유입	자산 증가, 부채 감소
비 용	현금 유출	자산 감소, 부채 증가
순이익	순현금증감액	순자산증감액
유의사항	• 추정이 개입될 여지가 없어 조작가능성 낮으며 신뢰성 있는 정보 제공 • 수익과 비용이 대응되지 않고 계속기업의 가정에 배치	• 추정 개입 가능성이 높아 신뢰성이 낮은 정보 보고 가능성이 높음 • 수익과 비용이 대응되며 계속기업 가정에 부합 • 기간손익이 합리적으로 배분

PART 10 단원핵심문제

제3과목 회계학개론-재무회계

01 ㈜시대는 ㈜고시에 냉장고를 위탁하여 판매하고 있다. 20x2년 초 ㈜시대는 냉장고 10대(대당 판매가 ₩1,000,000, 대당 원가 ₩900,000)를 ㈜고시에 발송하였으며 운송업체에 발송비 ₩100,000을 지급하였다. ㈜고시는 ㈜시대로부터 20x2년 초 수탁한 냉장고 10대 중 8대를 20x2년도에 판매하였다. ㈜고시의 위탁판매와 관련하여 ㈜시대가 20x2년도에 인식할 매출원가로 옳은 것은?

① ₩6,000,000
② ₩6,480,000
③ ₩6,700,000
④ ₩8,500,000
⑤ ₩7,280,000

해설 (₩9,000,000 + ₩100,000) × 8/10 = ₩7,280,000

02 수익의 인식과 관련된 다음 설명 중 옳지 않은 것은?

① 성격이나 가치가 유사한 동종의 재화와 용역의 교환이나 스와프거래는 수익이 발생하는 거래로 보지 않는다.
② 구매자가 최종 할부금을 지급한 경우에만 재화를 인도하기로 약정한 완납 인도 예약판매의 경우에는 재화를 인도하는 시점에만 수익을 인식한다.
③ 인도결제판매의 경우는 인도가 완료되고 판매자나 판매자의 대리인이 현금을 수취할 때 수익을 인식한다.
④ 수탁자가 위탁자를 대신해 재화를 판매하는 수탁판매의 경우 수탁자는 재화를 제3자에게 판매한 시점에서 재화의 매출액을 수익으로 인식한다.
⑤ 수강료는 강의기간에 걸쳐 인식한다.

해설 수탁판매의 경우에는 재화의 판매액은 위탁자의 수익이고 수탁자는 수수료만 수익으로 인식한다.

정답 01 ⑤ 02 ④

03 ㈜시대는 20x1년 초에 시작되어 20x3년 말에 완성되는 건설계약을 ₩300,000에 수주하였다. ㈜시대는 진행기준으로 수익과 비용을 인식하며, 건설계약과 관련된 원가는 다음과 같다. ㈜시대가 20x2년에 인식할 공사손익으로 옳은 것은?(단, 진행률은 발생한 누적계약원가를 추정총계약원가로 나누어 계산한다)

구 분	20x1년	20x2년	20x3년
당기발생계약원가	30,000	50,000	40,000
완성 시까지 추정추가계약원가	70,000	20,000	-

① ₩80,000 이익 ② ₩80,000 손실
③ ₩100,000 이익 ④ ₩100,000 손실
⑤ ₩0

해설

20x1년 말까지의 누적계약수익 = ₩300,000 × $\frac{₩30,000}{(₩30,000 + ₩70,000)}$ = ₩90,000

20x2년 말까지의 누적계약수익 = ₩300,000 × $\frac{(₩30,000 + ₩50,000)}{(₩30,000 + ₩50,000 + ₩20,000)}$ = ₩240,000

20x2년 계약수익 = ₩240,000 - ₩90,000 = ₩150,000

20x1년 말까지의 누적계약비용 = (₩30,000 + ₩70,000) × $\frac{₩30,000}{(₩30,000 + ₩70,000)}$ = ₩30,000

20x2년 말까지의 누적계약비용 = (₩30,000 + ₩50,000 + ₩20,000) × $\frac{(₩30,000 + ₩50,000)}{(₩30,000 + ₩50,000 + ₩20,000)}$

= ₩80,000

20x2년 계약비용 = ₩80,000 - ₩30,000 = ₩50,000

∴ 20x2년 인식할 공사손익 = ₩150,000 - ₩50,000 = ₩100,000

04 ㈜시대는 장기건설계약에 대하여 진행기준을 적용하고 있다. 20x1년도에 계약금액 ₩20,000의 사무실용 빌딩 건설계약을 하였다. 20x1년 말 공사진행률은 30%, 당기에 인식한 공사이익의 누계액은 ₩1,500이고 추정 총계약원가는 ₩15,000이다. 또한, 20x2년 말 공사진행률은 60%, 지금까지 인식한 공사이익의 누계액은 ₩2,400이고 추정총계약원가는 ₩16,000이다. 20x2년도에 발생한 계약원가로 옳은 것은?

① ₩3,500 ② ₩4,400
③ ₩5,100 ④ ₩7,500
⑤ ₩8,500

해설 20x1년 계약원가 = ₩15,000 × 0.3 = ₩4,500
20x2년 계약원가 = (₩16,000 × 0.6) - ₩4,500 = ₩5,100

정답 03 ③ 04 ③

05

㈜시대의 당기 법인세비용차감전순이익은 ₩10,000이며, 당기 법인세 세무조정사항은 다음과 같다. 이외 다른 세무조정사항은 없으며 법인세율은 30%이다. 당기 재무상태표에 보고되는 이연법인세자산 또는 이연법인세부채로 옳은 것은?

- 비과세이자수익은 ₩52,000이다.
- 당기 미수이자 ₩4,000은 차기에 현금으로 회수된다.
- 자기주식처분이익은 ₩6,000이다.

① 이연법인세부채 ₩600
② 이연법인세부채 ₩1,200
③ 이연법인세자산 ₩600
④ 이연법인세자산 ₩1,200
⑤ 이연법인세자산 ₩800

해설 비과세이자수익과 자기주식처분이익은 영구적 차이, 미수이자는 가산할 일시적 차이로, 가산할 일시적 차이에 대한 이연법인세는 이연법인세부채에 해당한다.
₩4,000 × 0.3 = ₩1,200

06

회계학적 이익에 대한 설명으로 옳은 것은?

① 총이익과 총손실의 차액이다.
② 현금기준 순이익이다.
③ 기간수익과 기간비용의 차액이다.
④ 기초와 기말의 순자산가액의 차액이다.
⑤ 기말자본과 기초자본의 차액이다.

해설 회계학적 이익은 일정 기간의 수익총액에서 일정 기간의 비용총액을 차감하여 계산한다.

07

경제학적 이익과 회계학적 이익에 대한 설명으로 옳지 않은 것은?

① 경제학적 이익은 경제적 실질가치의 증가액을 표시한다.
② 회계학적 이익은 현행가치로 측정된 미래지향적인 이익이다.
③ 경제학적 이익은 자본유지접근법에 의한 손익계산 결과이다.
④ 회계학적 이익은 거래접근법에 의한 손익계산 결과이다.
⑤ 경제학적 이익은 측정자의 주관적인 판단이 개입될 여지가 크다.

해설 회계학적 이익은 역사적 원가로 측정된 과거지향적인 이익이다.

08 20x2년 12월 1일 영업활동을 개시한 기업의 12월 영업활동자료이다. 이 자료를 이용하여 발생주의와 현금주의에 의하여 20x2년 12월의 순이익으로 옳은 것은?

- 12월 매출 ₩2,000,000(30% 현금매출, 70% 외상매출)
- 12월 매입 ₩1,000,000(40% 현금매입, 60% 외상매입)
- 12월 31일 현재 계정잔액 : 매출채권 ₩400,000, 매입채무 ₩200,000, 재고자산 ₩100,000

	발생주의	현금주의
①	₩1,000,000	₩800,000
②	₩1,100,000	₩700,000
③	₩1,000,000	₩700,000
④	₩1,100,000	₩800,000
⑤	₩1,000,000	₩600,000

해설 발생주의 순이익 : 매출액 ₩2,000,000 - (매입 ₩1,000,000 - 재고자산 ₩100,000) = ₩1,100,000
현금주의 순이익 : 발생주의 순이익 ₩1,100,000 - 매출채권 증가액 ₩400,000 + 매입채무 증가액 ₩200,000 - 재고자산 증가액 ₩100,000 = ₩800,000

09 ㈜시대는 가구제품을 제조하여 판매하고 있으며 20x2년 ㈜고시에 제품 100,000원을 판매하였다. 판매와 관련하여 고객들에게 판매촉진용으로 사용할 10,000원의 상품권 등을 지급하였다. ㈜시대가 20x2년 수익으로 인식할 금액으로 옳은 것은?

① ₩80,000
② ₩90,000
③ ₩100,000
④ ₩110,000
⑤ ₩120,000

해설 고객에게 지급한 판매촉진비는 매출액에서 차감한다.
₩100,000 - ₩10,000 = ₩90,000

10 ㈜시대는 20x2년 12월 31일 ㈜고시에 2,000,000원(원가 1,600,000원)의 컴퓨터를 판매하고 1년 이내 반품할 수 있는 권리를 부여하였다. 인도일 현재 400,000원이 반품될 것으로 예상된다면 ㈜시대가 20x2년에 인식할 매출액으로 옳은 것은?

① ₩1,200,000
② ₩1,600,000
③ ₩2,000,000
④ ₩2,200,000
⑤ ₩2,400,000

해설 반품이 예상되는 경우 반품예상액을 수익에서 차감한다.
₩2,000,000 - ₩400,000 = ₩1,600,000

정답 08 ④ 09 ② 10 ②

PART 11 리스

1 리 스

1. 리스의 개념 [23] 기출

대가와 교환하여 자산(기초자산)의 사용권을 일정 기간 이전하는 계약이나 계약의 일부를 말한다.

(1) **기초자산**: 리스의 대상이 되는 자산이다.

(2) **리스제공자**: 대가와 교환하여 기초자산을 일정 기간 제공하는 기업이다.

(3) **리스이용자**: 대가와 교환하여 기초자산의 사용권을 일정 기간 얻게 되는 기업이다.

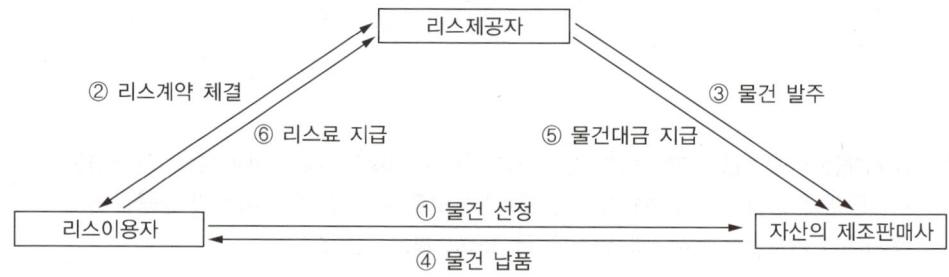

2. 리스의 장단점

(1) **장 점**
  ㉠ 자산취득자금의 차입효과
  ㉡ 진부화 위험의 회피
  ㉢ 편리한 자금관리
  ㉣ 부외금융효과

(2) **단 점**
  ㉠ 고액의 리스료
  ㉡ 리스이용자는 자산처분, 용도변경, 중도해약 등이 사실상 불가능

2 리스의 분류

리스는 기초자산의 소유에 따른 위험과 보상이 누구에게 귀속되느냐에 따라 금융리스와 운용리스로 구분한다.

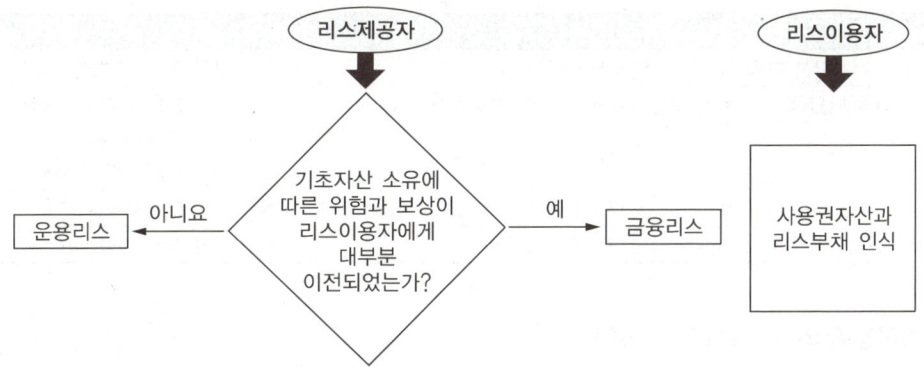

1. 금융리스로 분류되는 경우

(1) **소유권이전 약정기준**: 리스기간 종료시점 이전에 기초자산의 소유권이 리스이용자에게 이전되는 리스이다.

(2) **염가매수선택권 약정기준**: 리스이용자가 선택권을 행사할 수 있는 날의 공정가치보다 충분히 낮을 것으로 예상되는 가격으로 기초자산을 매수할 수 있는 선택권을 가지고 있고, 그 선택권을 행사할 것이 리스약정일 현재 상당히 확실한 경우이다.

(3) **리스기간기준**: 기초자산의 소유권이 이전되지는 않더라도 리스기간이 기초자산의 경제적 내용연수의 상당 부분을 차지하는 경우이다.

(4) **공정가치회수기준**: 리스약정일 현재, 리스료의 현재가치가 적어도 기초자산 공정가치의 대부분에 해당하는 경우이다.

(5) **범용성 없는 자산**: 기초자산이 특수하여 해당 리스이용자만이 주요한 변경 없이 사용할 수 있는 경우이다.

2. 인식 면제 [23 기출]

리스이용자는 리스에 대해서 사용권자산과 리스부채를 인식하지만, 다음의 리스에 대해서는 사용권자산과 리스부채를 인식하지 않는 회계처리를 선택할 수 있다.

(1) **단기리스**: 리스개시일에 리스기간이 12개월 이하인 리스이다.

(2) **소액 기초자산 리스**

단기리스나 소액 기초자산 리스를 금융리스로 회계처리하지 않기로 선택한 경우에 리스이용자는 해당 리스에 관련되는 리스료를 리스기간에 걸쳐 정액기준이나 다른 체계적인 기준에 따라 비용으로 인식한다. 다른 체계적인 기준이 리스이용자의 효익의 형태를 더 잘 나타내는 경우에는 그 기준을 적용한다.

3 운용리스의 회계처리

1. 리스제공자의 회계처리

구 분	회계처리	
기초자산 취득 시	(차) 선급리스자산 xxx	(대) 현금 또는 미지급금 xxx
리스개설직접원가 발생	(차) 리스개설직접원가 xxx	(대) 현금 또는 미지급금 xxx
리스개시일	(차) 운용리스자산 xxx	(대) 선급리스자산 xxx 리스개설직접원가 xxx
리스료 수익 인식	(차) 현금 또는 미수수익 xxx	(대) 리스료 수익 xxx
운용리스자산의 감가상각	(차) 감가상각비 xxx	(대) 감가상각누계액 xxx

2. 리스이용자의 회계처리 23 기출

리스자산의 형식적·실질적 소유권이 리스제공자에게 있는 운용리스에서 리스료(보험이나 수선과 같은 용역에 대한 대가 지급액은 제외)는 리스이용자의 효익의 기간적 형태를 더 잘 나타내는 다른 체계적인 인식기준이 없다면, 비록 리스료가 매기 정액기준으로 지급되지 않더라도 매기 정액기준으로 비용을 인식한다.

구 분	회계처리	
리스료 비용 인식	(차) 지급리스료 xxx	(대) 현금 또는 미지급비용 xxx
감가상각비의 인식	회계처리 없음	

4 금융리스의 회계처리

1. 리스제공자의 회계처리

리스채권(리스순투자) = 기초자산의 공정가치 + 리스개설직접원가
         = '리스료 + 무보증잔존가치'를 내재이자율로 할인한 현재가치

구 분	회계처리	
기초자산 취득 시	(차) 선급리스자산 xxx	(대) 현금 또는 미지급금 xxx
리스개설직접원가 발생	(차) 리스개설직접원가 xxx	(대) 현금 또는 미지급금 xxx
리스개시일	(차) 리스채권 xxx	(대) 선급리스자산 xxx (대) 리스개설직접원가 xxx
금융수익의 인식	(차) 현금 또는 미수수익 xxx	(대) 이자수익 xxx 리스채권 xxx

2. 리스이용자의 회계처리 24 25 기출

구 분	회계처리	
리스개시일 전	(차) 리스개설직접원가 xxx	(대) 현 금 xxx
리스개시일	(차) 사용권자산 xxx	(대) 리스부채 xxx 리스개설직접원가 xxx
리스부채 후속 측정 (수익·비용 인식)	(차) 이자비용 xxx 리스부채 xxx	(대) 현 금 xxx
감가상각비 인식	(차) 감가상각비 xxx	(대) 감가상각누계액 xxx
사용권자산의 손상 시	(차) 사용권자산 손상차손 xxx	(대) 손상차손누계액 xxx

(1) 리스이용자는 리스개시일에 사용권자산을 원가로 측정한다. 사용권자산의 원가는 다음의 항목을 포함한다.
① 리스부채 최초 측정금액
② 리스개시일이나 그 전에 지급한 리스료(받은 리스 인센티브는 차감)
③ 리스이용자가 부담하는 리스개설직접원가
④ 리스 기초자산의 원상복구에 소요될 원가 추정치

(2) 리스부채의 최초 측정에 포함되는 리스료는 다음 금액으로 구성된다.
① 고정리스료
② 지수나 요율(이율)에 따라 달라지는 변동리스료
③ 잔존가치보증에 따라 리스이용자가 지급할 것으로 예상되는 금액
④ 리스이용자가 매수선택권을 행사할 것이 상당히 확실한 경우 그 매수선택권의 행사가격
⑤ 리스기간이 리스이용자의 종료선택권 행사를 반영하는 경우에 그 리스를 종료하는 데 드는 위약금

(3) 리스부채 계산 시 리스료의 현재가치를 계산할 때 적용해야 할 할인율은 리스제공자의 내재이자율이며, 만약 이를 쉽게 산정할 수 없다면 리스이용자의 증분차입이자율을 사용한다.

> 리스부채 = 리스료를 내재이자율로 할인한 현재가치
> 사용권자산 = 리스부채 최초 측정금액 + 선급리스료 + 이용자의 리스개설직접원가 + 복구원가 추정치

(4) 감가상각대상인 사용권자산의 감가상각정책은 리스이용자가 소유한 다른 감가상각대상자산의 감가상각정책과 일관되어야 한다. 만약 리스이용자가 리스기간 종료시점에 자산의 소유권을 획득할 것이 불확실하다면 리스개시일부터 사용권자산의 내용연수 종료일과 리스기간 종료일 중 짧은 기간에 걸쳐 감가상각한다.

구 분	상각 방법
리스기간 종료시점까지 리스이용자에게 기초자산의 소유권을 이전하는 경우 또는 사용권자산의 원가에 리스이용자가 매수선택권을 행사할 것임이 반영되는 경우	• 리스개시일부터 기초자산의 내용연수 종료시점까지 상각 • 사용권자산 감가상각비 = (사용권자산 취득원가 - 잔존가치)/내용연수
리스기간 종료시점에 리스제공자에게 반환되는 경우	• 리스개시일부터 기초자산의 내용연수 종료일과 리스기간 종료일 중 이른 날까지 상각 • 사용권자산 감가상각비 = 사용권자산 취득원가/상각기간

5 공시사항

1. 리스제공자

운용리스	금융리스
• 리스수익 • 지수나 요율(이율)에 따라 달라지지 않는 변동리스료 관련 수익	• 매출손익 • 리스순투자의 금융수익 • 리스순투자 측정치에 포함되지 않은 변동리스료에 관련되는 수익

2. 리스이용자

금융리스
• 기초자산 유형별 사용권자산의 감가상각비 • 리스부채에 대한 이자비용 • 금융리스로 회계처리하지 않는 단기리스인 경우 단기리스에 관련되는 비용 • 금융리스로 회계처리하지 않는 소액 기초자산 리스인 경우 소액자산 리스에 관련되는 비용 • 리스부채 측정치에 포함되지 않은 변동리스료에 관련되는 비용 • 사용권자산의 전대리스에서 생기는 수익 • 리스의 총현금유출 • 사용권자산의 추가 • 판매후리스 거래에서 생기는 모든 차손익 • 보고기간 말 현재 기초자산 유형별 사용권자산의 장부금액

PART 11 단원핵심문제

제3과목 회계학개론-재무회계

01 리스회계에 관한 내용으로 옳지 않은 것은?

① 계약에서 대가와 교환하여, 식별되는 자산의 사용 통제권을 일정 기간 이전하게 한다면 그 계약은 리스이거나 리스를 포함한다.
② 리스이용자는 단기리스와 소액 기초자산 리스를 제외한 모든 리스에 대해, 리스개시일에 사용권자산과 리스부채를 인식한다.
③ 리스이용자는 리스개시일에 그날 현재 지급되지 않은 리스료의 현재가치로 리스부채를 측정한다.
④ 리스제공자는 각 리스를 운용리스 아니면 금융리스로 분류한다.
⑤ 운용리스로 분류한 경우, 리스제공자는 자신의 리스순투자 금액에 일정한 기간수익률을 반영하는 방식으로 리스기간에 걸쳐 금융수익을 인식한다.

> 해설 | 운용리스에서 리스료수익은 리스자산의 사용효익이 감소하는 기간적 형태를 잘 나타내는 다른 체계적인 인식기준이 없다면, 비록 리스료가 매기 정액으로 수취되지 않더라도 리스료수익은 리스기간에 걸쳐 정액기준으로 인식한다.

02 운용리스의 경우에 리스이용자는 리스자산의 취득원가를 재무상태표에 얼마로 보고해야 하는가?

① 리스료
② 리스료의 현재가치
③ 리스개시일 현재 기초자산의 공정가치
④ 리스개설직접원가
⑤ 0원

> 해설 | 운용리스의 경우 리스이용자는 리스자산부채를 계상하지 않는다.

03 리스이용자의 리스부채 최초 측정 시 포함되는 리스료에 해당하지 않는 것은?

① 고정리스료
② 지수나 요율(이율)에 따라 달라지는 변동리스료
③ 사용권자산
④ 잔존가치보증에 따라 리스이용자가 지급할 것으로 예상되는 금액
⑤ 리스이용자가 매수선택권을 행사할 것이 상당히 확실한 경우 그 매수선택권의 행사가격

> 해설 | 사용권자산은 리스부채의 최초 측정에 포함되는 리스료가 아니다.

정답 01 ⑤ 02 ⑤ 03 ③

04 리스의 효익과 한계에 대한 설명이 아닌 것은?

① 자산구입대금을 차입한 것과 동일한 효과가 있다.
② 리스기간 종료 시 리스자산의 반환, 구입, 재리스 중에서 선택할 수 있으므로 기술혁신에 따른 진부화의 위험이 감소된다.
③ 리스제공자에 귀속된 소유권으로 인하여 리스이용자는 자산처분, 용도변경, 중도해약 등이 사실상 불가능한다.
④ 자금관리가 불편하다.
⑤ 운용리스로 리스하는 경우에는 재무상태표에 부채로 보고하지 않으므로 부외금융효과가 있어 기업의 자본조달능력이 증가된다.

[해설] 자산구입대금을 차입금으로 조달하면 원금을 상환하는 부담이 있으나, 리스의 경우에는 일정 리스료만 정기적으로 지급하면 되므로 자금의 관리가 간편하다.

05 ㈜시대는 20x1년 1월 1일에 ㈜고시와 리스기간 3년의 기계장치 운용리스계약을 체결하였다. 리스계약서상 리스료의 지급기일은 다음과 같다. 리스이용자인 ㈜고시가 20x1년에 인식해야 할 리스료는 얼마인가?(단, 기초자산이 소액자산이라고 가정한다)

지급기일	리스료
20x1년 12월 31일	₩1,500,000
20x2년 12월 31일	₩2,000,000
20x3년 12월 31일	₩2,500,000

① ₩1,500,000
② ₩2,000,000
③ ₩2,500,000
④ ₩3,000,000
⑤ ₩3,500,000

[해설] 운용리스는 제공기간에 따라 비용을 인식하므로 20x1년 비용인식금액은 다음과 같이 계산한다.

$$\frac{₩1,500,000 + ₩2,000,000 + ₩2,500,000}{3} = ₩2,000,000$$

PART 12 재무제표

제3과목 회계학개론-재무회계

1 재무제표의 이해

1. 재무제표의 의의

재무제표는 재무보고의 핵심적인 수단으로서 기업의 현재 및 잠재 투자자와 채권자가 경제적인 의사결정을 하는 데 유용한 기업의 재무정보를 제공하는 보고양식이다.

2. 재무제표의 종류 18 기출

(1) 재무제표의 구성

전체 재무제표는 다음을 모두 포함한다(K-IFRS 제1001호 문단 10).
① 재무상태표
② 포괄손익계산서
③ 현금흐름표
④ 자본변동표
⑤ 주 석

(2) 재무제표로 보지 않는 것

① 「상법」에서 요구하는 이익잉여금(결손금)처분계산서는 주석으로 공시
② 사업보고서
③ 감사보고서
④ 제조원가명세서

3. 재무제표 작성과 표시의 일반원칙 21 23 24 25 기출

(1) 공정한 표시와 한국채택국제회계기준의 준수

① 기업의 재무상태, 재무성과 및 현금흐름을 공정하게 표시한다. 한국채택국제회계기준에 따라 작성된 재무제표는 공정하게 표시된 재무제표로 본다.
② 한국채택국제회계기준을 준수하여 재무제표를 작성하는 기업은 그러한 준수사실을 주석에 명시적이고 제한없이 기재한다.

③ 한국채택국제회계기준을 준수하여 작성된 재무제표는 국제회계기준을 준수하여 작성된 재무제표임을 주석으로 공시 가능하다.
④ 부적절한 회계정책은 이에 대하여 공시나 주석 또는 보충 자료를 통해 설명하더라도 정당화가 불가하다.

(2) 계속기업 [22] 기출

① 경영진은 재무제표를 작성할 때 계속기업으로서의 존속가능성을 평가한다.
② 경영진은 계속기업을 전제로 재무제표를 작성한다.
③ 계속기업으로서의 존속능력에 유의적인 의문이 제기될 수 있는 사건이나 상황과 관련된 중요한 불확실성을 알게 된 경우, 경영진은 불확실성을 공시한다.
④ 재무제표가 계속기업의 기준하에 작성되지 않는 경우에는 그 사실과 함께 재무제표가 작성된 기준 및 그 기업을 계속기업으로 보지 않는 이유를 공시한다.

(3) 발생기준

기업은 현금흐름정보를 제외하고는 발생기준회계를 사용하여 재무제표를 작성한다.

(4) 중요성과 통합표시

① 특정 항목의 누락이나 왜곡표시가 재무제표이용자의 경제적 의사결정에 영향을 미치면 그 정보는 중요하며, 중요성은 관련사항을 고려하여 누락이나 왜곡표시의 크기와 성격에 따라 결정한다.
② 유사한 항목은 중요성 분류에 따라 구분 표시한다.
③ 상이한 성격이나 기능을 가진 항목은 구분 표시한다(단, 중요하지 않은 항목은 통합표시 가능).

(5) 상 계

한국채택국제회계기준에서 요구하거나 허용하지 않는 한 자산과 부채 그리고 수익과 비용은 상계하지 않는다(원칙).
① 재고자산평가충당금과 매출채권에 대한 대손충당금 등 평가충당금을 차감하여 관련 자산을 순액으로 측정하는 것은 상계표시에 해당하지 않는다.
② 투자자산 및 영업용자산을 포함한 비유동자산의 처분손익은 처분대금에서 그 자산의 장부금액과 관련처분비용을 차감 표시한다.
③ 충당부채와 관련된 지출을 제3자와의 계약관계에 따라 보전받는 경우 당해 지출과 보전받는 금액은 상계 표시 가능하다.
④ 외환손익 또는 단기매매 금융상품에서 발생하는 손익과 같이 유사한 거래의 집합에서 발생하는 차익과 차손은 순액으로 표시한다(단, 중요한 경우 구분 표시).

(6) 보고빈도

전체 재무제표(비교정보를 포함)는 적어도 1년마다 작성한다.

(7) 비교정보

① 한국채택국제회계기준이 달리 허용하거나 요구하는 경우를 제외하고는 당기 재무제표에 보고되는 모든 금액에 대해 전기 비교정보를 공시한다.
② 당기 재무제표를 이해하는 데 목적적합하다면 서술형 정보의 경우에도 비교정보를 포함한다.

(8) 표시의 계속성

다음의 경우를 제외하고는 매기 동일하다.
① 사업내용의 유의적인 변화나 재무제표를 검토한 결과 다른 표시나 분류방법이 더 적절한 것이 명백한 경우
② 한국채택국제회계기준에서 표시방법의 변경을 요구하는 경우

2 재무상태표

1. 재무상태표의 의의

재무상태표는 일정 시점에 있어 기업의 재무상태를 표시하는 정태적 보고서(Stock Concept)로 자산, 부채, 자본에 관한 정보를 제공한다.

2. 재무상태표의 구조

자산 (부채 + 자본)	유동자산 비유동자산	부 채	유동부채 비유동부채
		자 본	납입자본 기타자본 이익잉여금

3. 유동과 비유동의 구분

구분법(원칙)	유동자산과 비유동자산, 유동부채와 비유동부채로 구분하여 표시
유동성배열법(금융업)	자산과 부채 항목을 유동성이 높은 것부터 먼저 표시하고 유동성이 낮은 것은 나중에 표시
혼합법	자산과 부채의 일부는 원칙대로 하고 나머지는 유동성 순서에 따른 방법으로 표시

4. 유동자산과 유동부채의 분류 [20] 기출

유동자산	유동부채
• 정상영업주기 내에 실현될 것으로 예상되거나 판매 및 소비될 의도가 있음 • 주로 단기매매 목적으로 보유 • 보고기간 후 12개월 이내에 실현될 것으로 예상 • 현금이나 현금성자산으로서 교환이나 부채상환 목적으로의 사용에 대한 제한기간이 보고기간 후 12개월 이상이 아님	• 정상영업주기 내에 결제될 것으로 예상 • 주로 단기매매 목적으로 보유 • 보고기간 후 12개월 이내에 결제하기로 함 • 보고기간 후 12개월 이상 부채의 결제를 연기할 수 있는 무조건의 권리를 가지고 있지 않음

① 재고자산과 매출채권과 같이 정상영업주기의 일부로서 판매 및 소비 또는 실현되는 자산은 보고기간 후 12개월 이내에 실현될 것으로 예상되지 않는 경우에도 유동자산으로 분류한다.
② 매입채무 그리고 종업원 및 그 밖의 영업원가에 대한 미지급비용과 같은 유동부채는 기업의 정상영업주기 내에 사용되는 운전자본의 일부이며, 이러한 항목은 보고기간 후 12개월 이후에 결제일이 도래해도 유동부채로 분류한다.

3 포괄손익계산서

1. 포괄손익계산서의 의의

포괄손익계산서는 일정회계기간에 있어서 기업의 경영성과를 나타내는 동태적 보고서(Flow Concept)이다.

2. 포괄손익계산서의 구조 [18] [22] 기출

포괄손익계산서	기업활동
(+) 매출액	
(−) 매출원가	
= 매출총이익	구매 및 생산활동에서 발생한 이익
(−) 판매관리비	영업활동(물류, 관리, 마케팅)에서 발생한 비용
= 영업이익	
(+) 영업외수익	중심적 영업활동 이외의 활동에서 발생한 수익
(−) 영업외비용	중심적 영업활동 이외의 활동에서 발생한 비용
= 법인세비용차감전순이익	
(−) 법인세비용	세무활동(기업의 이익에 부과되는 세금비용)
= 당기순이익	주주에게 분배 가능한 손익으로, 이익잉여금으로 대체
(+) 기타포괄이익	주주에게 분배 불가능한 손익으로, 기타포괄손익누계액 계상
= 총포괄이익	기업의 총손익

3. 비용의 성격별·기능별 분류방법 25 기출

(1) 성격별 분류법
① 당기손익에 포함된 비용을 그 성격별로 통합하여 표시하며 기능별로 재배분하지 않는다(예 감가상각비, 원재료의 구입, 운송비, 종업원급여와 광고비).
② 비용을 기능별로 분류하여 배분할 필요가 없기 때문에 손익계산표시 단순화가 가능하다.

(2) 기능별 분류법(매출원가법)
① 비용을 매출원가, 물류원가, 관리활동원가 등과 같이 기능별로 분류한다.
② 재무제표이용자에게 목적적합한 정보 제공이 가능하나 기능별 배분과정에 자의적인 배분과 판단이 개입될 수 있는 문제가 있다.

4 현금흐름표

1. 현금흐름표

(1) 현금흐름표의 의의
일정 기간 기업의 현금이 기초에 비하여 증가 또는 감소한 원인을 영업활동, 투자활동, 재무활동으로 구분하여 현금주의에 따라 작성한 보고서이다.

(2) 현금흐름표의 유용성 21 기출
① 순이익의 질을 평가할 수 있게 정보를 제공한다.
② 투자 및 재무활동에 의한 현금흐름 정보를 제공한다.
③ 미래현금흐름 예측에 도움이 된다.
④ 부채상환과 배당금지급과 같은 지속적인 영업활동이 가능한지 판단할 정보를 제공한다.

2. 현금흐름표의 구조 20 기출

Ⅰ. 영업활동으로 인한 현금흐름		xxx
Ⅱ. 투자활동으로 인한 현금흐름		xxx
1. 투자활동으로 인한 현금유입액	xxx	
2. 투자활동으로 인한 현금유출액	(xxx)	
Ⅲ. 재무활동으로 인한 현금흐름		xxx
1. 재무활동으로 인한 현금유입액	xxx	
2. 재무활동으로 인한 현금유출액	(xxx)	
Ⅳ. 현금의 증가(감소) : (Ⅰ+Ⅱ+Ⅲ)		xxx
Ⅴ. 기초의 현금		xxx
Ⅵ. 기말의 현금		xxx

(1) 영업활동으로 인한 현금흐름

영업활동 현금유입	영업활동 현금유출
• 재화와 용역 제공 • 로열티, 수수료, 중개료 및 기타수익 • 단기매매목적 계약에 따른 현금유입 • 법인세의 환급	• 재화와 용역 구입 • 종업원과 관련하여 직·간접적으로 발생하는 현금유출 • 단기매매목적 계약에 따른 현금유출 • 법인세의 납부

(2) 투자활동으로 인한 현금흐름

투자활동 현금유입	투자활동 현금유출
• 유형자산, 무형자산, 기타 장기자산의 처분 • 타기업의 주식과 채권의 처분 • 선급금, 대여금 회수	• 유형자산, 무형자산, 기타 장기자산의 취득 • 타기업의 주식과 채권의 취득 • 선급금, 대여금

(3) 재무활동으로 인한 현금흐름 19 기출

재무활동 현금유입	재무활동 현금유출
• 사채발행과 장·단기차입 • 주식발행 • 자기주식 처분	• 사채상환과 차입금상환 • 자기주식 취득

(4) 기타사항

① 이자와 배당금의 처리
  ㉠ 이자와 배당금의 수취 및 지급에 따른 현금흐름은 각각 별도로 공시한다.
  ㉡ 금융회사인 경우에는 이자지급, 이자수취, 배당금수취는 영업활동에 의한 현금흐름으로 분류하고 배당금지급은 재무활동 또는 영업활동으로 분류된다.

구 분	영업활동	투자활동	재무활동
이자지급	O	×	O
이자수취	O	O	×
배당금지급	O	×	O
배당금수취	O	O	×

② 법인세
법인세로 인한 현금흐름은 별도로 구분하여 공시하며, 재무활동과 투자활동에 명백히 관련되어 있는 경우를 제외하고는 영업활동으로 분류된다.

구 분	발생원천	활동구분
당기법인세	당기순이익(모든손익)	영업활동
	자본항목(자기주식처분이익)	재무활동

③ 정부보조에 의한 자산 취득
재무상태표에 정부보조금이 관련 자산에서 차감하여 표시되는지와 관계없이 자산의 총투자를 보여주기 위해 현금흐름표에 별도 항목으로 표시한다.

④ 비현금거래

현금 및 현금성자산 사용을 수반하지 않는 투자활동·재무활동 거래는 현금흐름표에서 제외한다.

> **비현금거래의 예**
> - 자산 취득 시 직접 관련된 부채를 인수하거나 금융리스를 통하여 자산을 취득하는 경우
> - 주식 발행을 통한 기업의 인수
> - 채무의 지분전환 등

3. 영업활동에 의한 현금흐름의 계산(직접법과 간접법)

(1) 직접법

1. 고객으로부터 유입된 현금		xxx
(1) 매출 등 수익활동에 의한 현금유입액	xxx	
(2) 선수수익 등에 의한 현금유입액	xxx	
(3) 기타의 영업활동에 의한 현금유입액	xxx	
2. 공급자와 종업원에 대한 현금유출액		(xxx)
(1) 매입에 대한 현금유출액	(xxx)	
(2) 종업원에 대한 현금유출액	(xxx)	
(3) 기타 영업활동에 대한 현금유출액	(xxx)	
3. 영업으로부터 창출된 현금		xxx
4. 이자 등에 의한 현금흐름		xxx
(1) 이자수입	xxx	
(2) 배당금수입	xxx	
(3) 이자지급	(xxx)	
5. 법인세의 납부		(xxx)
6. 영업활동에 의한 순현금흐름		xxx

① 영업활동에 의한 현금흐름을 총현금유입과 총현금유출을 주요 항목별로 구분하여 표시한다.
② 현금의 유입액은 그 원천별로 표시하고 유출액은 용도별로 표시함으로써 재무제표이용자가 영업활동에 의한 현금의 유입과 유출내용을 항목별로 파악 가능하다는 장점이 있다.
③ 작성절차가 복잡하고 포괄손익계산서와의 연계성이 낮은 단점이 있다.

(2) 간접법 ²³ ²⁴ ²⁵ 기출

```
1. 법인세비용 차감 전 순이익(순손실)            ×××
2. 현금의 유출이 없는 비용 등의 가산            ×××
   (1) 감가상각비, 무형자산상각비
   (2) 처분손실, 상환손실 등
   (3) 이자비용
3. 현금의 유입이 없는 수익 등의 차감            (×××)
   (1) 처분이익, 상환이익, 외화환산이익, 보험차익 등
   (2) 이자수익, 배당금수익
4. 영업활동으로 인한 자산·부채변동 가감          ×××
5. 영업에서 창출된 현금                      ×××
6. 이자수입액, 배당금수입액                   ×××
7. 이자지급액                              (×××)
8. 법인세납부액                             (×××)
9. 영업활동에 의한 순현금흐름                  ×××
```

① 직접법처럼 영업에서 창출된 현금을 고객으로부터 유입된 현금이나 공급자와 종업원에 대한 현금유출의 세부적인 활동으로 구분하지 않고 영업에서 창출된 현금을 하나로 묶어서 계산한다.
② 작성이 간편하고 포괄손익계산서와의 연계성이 높다는 장점이 있다.
③ 재무제표이용자가 항목별 현금흐름의 내용을 알 수 없다는 단점이 있다.

> **연습문제풀이**
>
> ㈜대한의 20x1년초 선급임차료가 ₩400,000, 20x1년말 선급임차료가 ₩500,000이고, 20x1년 포괄손익계산서에 비용으로 인식된 임차료가 ₩900,000일 때, 20x1년에 임차료와 관련하여 현금으로 지급된 금액은?
>
> ① ₩100,000
> ② ₩400,000
> ③ ₩500,000
> ④ ₩900,000
> ⑤ ₩1,000,000
>
> **해설** 20x1년 중 현금으로 지급된 임차료 : ₩900,000
> 20x1년 선급임차료 증가분 : ₩500,000 - ₩400,000 = ₩100,000
> 20x1년 임차료와 관련하여 현금으로 지급된 금액 : ₩900,000 + ₩100,000 = ₩1,000,000
>
> 정답 ⑤

5 자본변동표

1. 자본변동표의 의의
자본의 크기와 그 변동에 관한 정보를 제공하는 재무보고서로, 자본을 구성하고 있는 각 분류별 납입자본, 기타자본요소, 이익잉여금의 변동에 대한 포괄적인 정보를 제고한다.

2. 자본변동표에 포함되는 정보
① 지배기업의 소유주와 비지배지분에게 각각 귀속되는 금액으로 구분하여 표시한 해당기간의 총포괄손익이다.
② 자본의 각 구성요소별로 인식된 소급적용이나 소급재작성의 영향을 준다.
③ 자본의 각 구성요소별로 당기순손익, 기타포괄손익, 소유주로서의 자격을 행사하는 소유주와의 거래에 따른 각각의 변동액을 구분하여 표시한, 기초시점과 기말시점의 장부금액 조정내역

6 주 석

1. 주석의 의의
재무제표상의 해당 과목 또는 금액에 기호를 붙이고 별지에 동일한 기호를 표시하여 그 내용을 간결하고 명료하게 서술식으로 기재하는 방법이다.

2. 주요 주석공시사항
한국채택국제회계기준을 준수하였다는 사실, 적용한 유의적인 회계정책, 우발부채 및 약정사항, 재무상태표, 포괄손익계산서, 자본변동표 및 현금흐름표에 표시된 항목에 대한 보충정보를 제공한다.

연습문제풀이

한국채택국제회계기준(K-IFRS)에서 정의하고 있는 전체 재무제표에 포함되지 않는 것은?

① 기말 재무상태표　　　　　　② 기간 포괄손익계산서
③ 기간 자본변동표　　　　　　④ 주 석
⑤ 기간 재무상태변동표

해설 전체 재무제표는 기말 재무상태표, 기간 포괄손익계산서, 기간 자본변동표, 기간 현금흐름표, 주석으로 구성되며, 회계정책을 소급하여 적용하거나 재무제표의 항목을 소급하여 재작성 또는 재분류하는 경우 전기 기초 재무상태표를 포함한다.

정답 ⑤

PART 12 단원핵심문제

제3과목 회계학개론-재무회계

01 재무제표에 대한 일반적인 설명 중 옳지 않은 것은?

① 중요하지 않은 정보일 경우 한국채택국제회계기준에서 요구하는 특정 공시를 제공할 필요는 없다.
② 기업은 모든 정보를 발생기준회계를 사용하여 재무제표를 작성한다.
③ 경영진이 기업을 청산하거나 경영활동을 중단할 의도를 가지고 있지 않거나, 청산 또는 경영활동의 중단 외에 다른 현실적 대안이 없는 경우가 아니면 계속기업을 전제로 재무제표를 작성해야 한다.
④ 재무제표는 기업의 재무상태, 재무성과 및 현금흐름을 공정하게 표시해야 한다.
⑤ 부적절한 회계정책은 이에 대하여 공시나 주석 또는 보충 자료를 통해 설명하더라도 정당화될 수 없다.

> [해설] 기업은 현금흐름표를 제외하고는 발생기준회계를 사용하여 재무제표를 작성한다.

02 간접법으로 현금흐름표를 작성하는 경우 영업활동 현금흐름 계산 시 당기순이익에 가산해야 할 항목들의 총 합계는?

• 유형자산처분손실	₩7,000	• 감가상각비	₩10,000
• 매입채무의 증가	5,000	• 미지급급여의 감소	1,000
• 재고자산의 증가	4,000	• 단기차입금의 감소	2,000

① ₩17,000
② ₩20,000
③ ₩21,000
④ ₩22,000
⑤ ₩24,000

> [해설] 당기순이익에 가산할 항목의 총합계 = 유형자산처분손실(₩7,000) + 감가상각비(₩10,000) + 매입채무의 증가(₩5,000) = ₩22,000

정답 01 ② 02 ④

03 재무상태표의 구성요소에 대한 설명으로 옳지 않은 것은?

① 일반적으로 자본은 자본금, 자본잉여금, 자본조정, 기타포괄손익누계액, 이익잉여금으로 구분한다.
② 부채란 과거사건으로 생긴 현재의무로서 기업이 가진 경제적 효익이 있는 자원의 유출을 통해 그 이행이 예상되는 의무이다.
③ 자본은 주주에 대한 의무로서 기업이 가지고 있는 자원의 활용을 나타낸다.
④ 자산이란 과거사건의 결과로 기업이 통제하고 있는 미래경제적 효익이 기업에 유입될 것으로 기대되는 자원이다.
⑤ 자본은 주주지분 또는 순자산, 순재산, 자기자본이라고도 한다.

해설   자본은 기업의 자산에 대한 주주의 청구권을 나타낸다.

04 재무제표 표시 중 포괄손익계산서에 대한 설명으로 옳지 않은 것은?

① 기업은 수익에서 매출원가 및 판매비와 관리비를 차감한 영업손익을 포괄손익계산서에 구분하여 표시한다.
② 한 기간에 인식되는 모든 수익과 비용 항목은 한국채택국제회계기준이 달리 정하지 않는 한 당기손익으로 인식한다.
③ 기업의 재무성과를 이해하는 데 목적적합한 경우에는 당기손익과 기타포괄손익을 표시하는 보고서에 항목, 제목 및 중간합계를 추가하여 표시한다.
④ 기타포괄손익의 항목(재분류조정 포함)과 관련한 법인세비용 금액은 포괄손익계산서나 주석에 공시하지 않는다.
⑤ 포괄손익계산서는 수익총액에서 비용총액을 차감하여 당기순손익을 계산하고 여기에 기타포괄손익을 가감하여 총포괄손익을 표시하는 손익계산서를 말한다.

해설   기타포괄손익의 항목과 관련한 법인세비용 금액은 포괄손익계산서나 주석에 공시한다.

정답   03 ③   04 ④

05 포괄손익계산서에 대한 설명으로 옳지 않은 것은?

① 수익과 비용 항목이 중요한 경우 그 성격과 금액을 별도로 공시한다.
② 비용은 빈도, 손익의 발생가능성 및 예측가능성의 측면에서 서로 다를 수 있는 재무성과의 구성요소를 강조하기 위해 세분류로 표시하며, 성격별로 분류하거나 기능별로 분류하여 표시한다.
③ 수익과 비용 항목의 별도 공시가 필요할 수 있는 상황은 유형자산의 취득, 투자자산의 취득, 소송사건의 해결을 포함한다.
④ 비용을 기능별로 분류하는 기업은 감가상각비, 기타 상각비와 종업원급여 비용을 포함하여 비용의 성격에 대한 추가 정보를 공시한다.
⑤ 일정 기간의 경영성과를 보고하는 동태적 보고서이다.

해설 유형자산의 취득, 투자자산의 취득은 손익 미발생으로 포괄손익계산서에 별도로 표시해야 할 중요한 사항이 아니다.

06 기업회계기준에 따르면 포괄손익과 당기순손익이 일치하지 않을 수 있다. 다음 중 포괄손익과 당기순손익의 불일치를 초래하는 항목으로 옳은 것은?

① 확정급여제도의 재측정요소
② 감자차손
③ 주식선택권
④ 주식할인발행차금
⑤ 자기주식처분이익

해설 포괄손익과 당기순손익이 일치하지 않는 원인은 기타포괄손익항목 때문이다.
② 감자차손(자본조정항목)
③ 주식선택권(자본조정항목)
④ 주식할인발행차금(자본조정항목)
⑤ 자기주식처분이익(자본잉여금)

07 한국채택국제회계기준에 의한 자산이나 부채의 유동·비유동성 구분에 대한 설명으로 옳지 않은 것은?

① 사용의 제한이 없는 현금 및 현금성자산은 유동자산으로 분류한다.
② 단기매매목적으로 보유하는 자산은 유동자산으로 분류한다.
③ 기존의 차입약정에 따라 재무상태표일로부터 1년을 초과하여 상환할 수 있는 무조건적인 권리가 있고 기업이 그러할 의도가 있는 부채가 보고기말로부터 1년 이내에 상환기일이 도래할 경우는 유동부채로 분류한다.
④ 기업의 정상적인 영업주기 내에 실현될 것으로 예상되거나 판매목적 또는 소비목적으로 보유하고 있는 자산은 유동자산으로 분류한다.
⑤ 보고기간 후 12개월 이내에 실현될 것으로 예상되는 경우 유동자산으로 분류한다.

> **해설** 재무상태표일로부터 1년 이내에 상환기일이 도래하더라도 기존의 차입약정에 따라 재무상태표일로부터 1년을 초과하여 상환할 수 있는 무조건적인 권리가 있는 경우에는 비유동부채로 분류한다.

08 다음 자료에 기반한 영업활동으로 인한 순현금유입액으로 옳은 것은?

• 매출에 따른 현금회수액	₩150,000
• 용역수수료수입액	35,000
• 매입 및 종업원에 대한 현금지출액	50,000
• 법인세비용지급액	10,000
• 자기주식현금매입액	12,000
• 상품판매운송비지급액	3,000

① ₩122,000 ② ₩140,000
③ ₩152,000 ④ ₩155,000
⑤ ₩165,000

> **해설** 유입액 = ₩150,000 + ₩35,000 = ₩185,000
> 유출액 = ₩50,000 + ₩10,000 + ₩3,000 = ₩63,000
> 유입액 − 유출액 = ₩185,000 − ₩63,000 = ₩122,000
> 자기주식매입액은 재무활동이다.

정답 07 ③ 08 ①

09 한국채택국제회계기준에서 현금흐름표 작성과 표시에 대한 설명으로 옳지 않은 것은?

① 법인세로 인한 현금흐름은 별도로 공시하지 않고 영업활동현금흐름으로 분류한다.
② 영업활동현금흐름은 직접법과 간접법 중 하나의 방법으로 보고한다.
③ 금융회사가 아닌 다른 업종의 경우 배당금의 지급은 영업활동 또는 재무활동으로 분류할 수 있다.
④ 금융회사가 아닌 다른 업종의 경우 이자수입 및 배당금수입은 투자활동 또는 영업활동으로 분류할 수 있다.
⑤ 현금 및 현금성자산의 사용을 수반하지 않는 투자활동과 재무활동 거래는 현금흐름표에서 제외한다.

해설 법인세로 인한 현금흐름은 별도로 공시하며 재무활동과 투자활동에 명백히 관련되지 않는 한 영업활동현금흐름으로 분류한다.

10 다음 자료에 의한 기말현금잔액으로 옳은 것은?

• 기초현금	₩450,000
• 영업활동에 의한 순현금유입액	₩200,000
• 건물의 매입	₩130,000
• 자기주식의 취득(액면가 ₩20,000)	₩30,000
• 사채의 상환(장부가액 ₩85,000)	₩50,000
• 기계장치의 처분(장부가액 ₩25,000)	₩30,000
• 보통주의 발행	₩200,000
• 단기차입금의 상환	₩20,000

① ₩450,000　　　② ₩500,000
③ ₩550,000　　　④ ₩600,000
⑤ ₩650,000

해설 투자활동에 의한 순유출액 = 건물매입(₩130,000) − 기계장치처분(₩30,000) = ₩100,000
재무활동에 의한 순유입액 = 보통주발행(₩200,000) − 자기주식취득(₩30,000) − 사채상환(₩50,000) − 단기차입금상환(₩20,000) = ₩100,000
기말현금잔액 = 기초현금(₩450,000) + 영업활동순현금유입액(₩200,000) − ₩100,000 + ₩100,000
= ₩650,000

PART 13 재무제표 비율분석

제3과목 회계학개론-재무회계

1 재무제표 비율분석의 이해

1. 재무제표 비율분석의 개념

(1) 재무제표의 대표적인 분석방법으로는 추세분석, 구성비분석, 비율분석이 있으며, 회계에서 말하는 재무제표 비율분석이란 보통 비율분석을 말한다.

(2) 재무제표 비율분석은 재무제표요소 간의 상대적 관계를 고려하여 분석하는 방법이다.

2. 재무제표 비율분석의 분류 19 기출

분 류	내 용	세부비율
안정성비율	안정적으로 경영관리활동을 할 수 있는가를 보여주는 지표로, 부채지급능력과 재무구조를 보여주는 지표	• 유동비율 • 당좌비율 • 자기자본비율 • 부채비율 • 이자보상비율
성장성비율	지속적으로 사업규모가 확대될 수 있는가를 보여주는 지표로, 재무제표상 매출액과 자산이 과거에 비해 얼마나 증감하였는지 보여주는 지표	• 매출액증가율 • 총자산증가율 • 순이익증가율
수익성비율	사업을 통해 이익을 낼 수 있는가를 보여주는 지표로, 투자에 대한 수익률을 보여주는 지표	• 매출이익률 • 총자본순이익률 • 자기자본순이익률
활동성비율	기업의 경영활동이 활발하게 움직이고 있는가를 보여주는 지표로, 자산운용의 효율성을 보여주는 지표	• 총자산회전율 • 자기자본회전율 • 매출채권회전율과 매출채권평균회수기간 • 재고자산회전율과 재고자산평균회전기간
기업가치비율	회사의 주식가치를 보여주는 지표	• 주당순이익 • 주가수익율 • 배당성향 • 배당수익율

3. 재무제표 비율분석 산식

(1) 안정성비율 19 기출

① 유동비율 20 22 24 기출

유동비율이 높을수록 상환능력이 양호하다.

$$\text{유동비율} = \frac{\text{유동자산}}{\text{유동부채}} \times 100 = \frac{(\text{당좌자산} + \text{재고자산})}{\text{유동부채}} \times 100$$

② 당좌비율 20 24 기출

기업의 단기지급능력을 나타내는 지표이다.

$$\text{당좌비율} = \frac{\text{당좌자산}}{\text{유동부채}} \times 100 = \frac{(\text{유동자산} - \text{재고자산})}{\text{유동부채}} \times 100$$

③ 자기자본비율

자기자본비율이 높을수록 기업의 재무구조가 안정적이다.

$$\text{자기자본비율} = \frac{\text{자기자본}}{\text{총자산}} \times 100$$

④ 부채비율

부채비율이 높을수록 기업의 타인자본의존도가 높다는 것을 의미한다.

$$\text{부채비율} = \frac{\text{타인자본(부채총계)}}{\text{자기자본(자본총계)}} \times 100$$

⑤ 이자보상비율

영업이익으로 이자비용을 부담할 수 있는 능력을 평가하는 비율이다.

$$\text{이자보상비율} = \frac{\text{영업이익}}{\text{이자비용}} \times 100$$

(2) 성장성비율

① 매출액증가율

$$\text{매출액증가율} = \frac{(\text{당기매출액} - \text{전기매출액})}{\text{전기매출액}}$$

② 총자산증가율

$$\text{총자산증가율} = \frac{(\text{당기말 총자산} - \text{전기말 총자산})}{\text{전기말 총자산}}$$

③ 순이익증가율

$$순이익증가율 = \frac{(당기순이익 - 전기순이익)}{전기순이익}$$

(3) 수익성비율 18 25 기출

① 매출이익률

$$매출총이익률 = \frac{매출총이익}{매출액} \times 100$$

$$매출액순이익률 = \frac{당기순이익}{매출액} \times 100$$

② 총자본순이익률

$$총자본순이익률 = \frac{당기순이익}{평균총자본} \times 100$$

③ 자기자본순이익률

$$자기자본순이익률 = \frac{당기순이익}{평균자기자본} \times 100$$

(4) 활동성비율

① 총자산회전율

$$총자산회전율 = \frac{매출액}{평균총자산}$$

② 자기자본회전율

$$자기자본회전율 = \frac{매출액}{평균자기자본}$$

③ 매출채권회전율과 매출채권평균회수기간 21 기출

$$매출채권회전율 = \frac{매출액}{평균매출채권}$$

$$매출채권평균회수기간 = \frac{365}{매출채권회전율}$$

④ 재고자산회전율과 재고자산평균회전기간 [23] 기출

$$재고자산회전율 = \frac{매출원가}{평균재고자산}$$

$$재고자산평균회전기간 = \frac{365}{재고자산회전율}$$

(5) 기업가치비율

① 주당순이익(EPS) [20][23] 기출

$$주당순이익 = \frac{보통주\ 당기순이익}{유통보통주식수}$$

$$보통주\ 당기순이익 = 당기순이익 - 우선주배당액$$

② 주가수익률(PER)

$$주가수익률 = \frac{주당주식시가(주가)}{1주당\ 당기순이익(주당순이익)}$$

③ 배당성향

$$배당성향 = \frac{총배당액}{당기순이익} \times 100$$

④ 배당수익률

$$배당수익률 = \frac{주당배당액}{주당주식시가} \times 100$$

연습문제풀이

다음 자료를 활용하여 계산된 20x3년의 총자산영업이익률은?

구 분	20x2년말	20x3년말
자산총계	₩200,000	₩400,000
영업이익	₩30,000	₩45,000

① 10.25% ② 11.25%
③ 12.5%   ④ 15%
⑤ 18%

해설 총자산영업이익율 $= \frac{영업이익}{평균총자산} = \frac{₩45,000}{(₩400,000 + ₩200,000)/2} = 0.15$

정답 ④

PART 13 단원핵심문제

제3과목 회계학개론-재무회계

01 유동성비율에 대한 다음 설명 중 가장 옳지 않은 것은?

① 일반적으로 유동성과 수익성은 정(+)의 관계를 가진다.
② 기업의 단기채무 상환능력을 판단한다.
③ 유동자산을 유동부채로 나눈 것을 유동비율이라고 한다.
④ 당좌자산을 유동부채로 나눈 것을 당좌비율이라고 한다.
⑤ 진부화가 농후한 재고자산을 가졌다면 당좌비율이 유동비율보다 좋다.

해설 일반적으로 유동성과 수익성은 부(-)의 관계를 가진다.

02 ㈜시대의 순이익은 ₩1,000,000이고, 주식수는 1,000주이며, 주당배당금은 ₩500이다. 주당 액면금액은 ₩5,000이고 기말 현재 주가는 ₩10,000일 때 주가수익비율(PER)로 옳은 것은?

① 0.1　　　　　　　　　② 2
③ 5　　　　　　　　　　④ 10
⑤ 20

해설 $PER = \dfrac{주가}{주당순이익} = \dfrac{₩10,000}{(₩1,000,000/1,000주)} = 10$

03 ㈜시대의 매출액은 ₩50,000,000이고 주식수는 1,000주이며, 자기자본은 ₩10,000,000이다. 기말 현재주가는 ₩25,000일 때 주가순자산비율(PBR)로 옳은 것은?

① 0.1　　　　　　　　　② 0.5
③ 1　　　　　　　　　　④ 2
⑤ 2.5

해설 $PBR = \dfrac{주가}{주당순자산} = \dfrac{₩25,000}{(₩10,000,000/1,000주)} = 2.5$

정답 01 ① 02 ④ 03 ⑤

04 ㈜한국은 매출원가에 20%를 가산하여 매출을 인식한다. ㈜한국의 20x1년 기초재고자산과 기말재고자산이 각각 ₩400과 ₩600이고, 당기 매출액이 ₩6,000일 때, 재고자산보유기간(재고자산회전기간)은?(단, 1년은 360일로 가정한다)

① 30일
② 36일
③ 40일
④ 45일
⑤ 48일

해설 평균재고자산 = (기초재고자산 + 기말재고자산)/2 = (₩400 + ₩600)/2 = ₩500
매출원가 = ₩6,000/(1 + 0.2) = ₩5,000
재고자산회전율 = ₩5,000/₩500 = 10
재고자산회전기간 = 360/10 = 36(일)

05 다음은 우선주를 발행하지 않은 ㈜시대의 재무자료이다. 아래의 자료를 근거로 한 재무분석 결과 중 옳지 않은 것은?

• 유동자산	₩2,200,000	• 당기순이익	₩60,000
• 발행보통주식수	6,000	• 유동부채	1,000,000
• 보통주 연말 주당시장가치	250	• 현금배당액	주당 5
• 보통주 주당순이익(EPS)	10	• 주당액면가	100
• 영업이익	100,000	• 이자비용	200,000

① 주가수익률은 25이다.
② 유동비율은 220%이다.
③ 배당성향은 50%이다.
④ 배당수익률은 5%이다.
⑤ 이자보상비율은 50%이다.

해설 배당수익률 = $\dfrac{\text{주당배당액}}{\text{주당주식시가}} \times 100 = \dfrac{5}{250} \times 100 = 2\%$

06 ㈜시대의 20x2년도 자료가 다음과 같을 때, ㈜시대의 20x2년도 자기자본순이익률(ROE)로 옳은 것은?(단, 기타포괄손익은 없다고 가정한다)

자산총액 : ₩2,000억(배당으로 인해 기초와 기말 금액이 동일함)
매출액순이익률 : 10%
총자산회전율 : 0.5
부채비율(=부채/자기자본) : 300%

① 5%
② 10%
③ 15%
④ 20%
⑤ 25%

해설 자기자본순이익률 = 매출액순이익률 × 총자산회전율 × (1 + 부채비율)
= 0.1 × 0.5 × 4 = 0.2

07 다음 자료를 바탕으로 계산한 ㈜시대의 당기순이익으로 옳은 것은?

평균총자산액	₩3,000
부채비율(=부채/자본)	200%
매출액순이익률	20%
총자산회전율(평균총자산 기준)	0.5회

① ₩100
② ₩200
③ ₩300
④ ₩400
⑤ ₩500

해설 총자산회전율 = 매출액/평균총자산 = 0.5회
매출액 = 평균총자산(₩3,000) × 총자산회전율(0.5) = ₩1,500
당기순이익 = 매출액(₩1,500) × 매출액순이익률(20%) = ₩300

정답 06 ④ 07 ③

08 유동비율이 300%, 당좌비율이 150%인 ㈜시대가 상품을 ₩2,000,000에 구입하고 대금 중 ₩1,000,000은 받을어음을 배서양도하고 나머지 금액에 대해서는 약속어음을 발행하여 지급하였다. ㈜시대의 유동비율과 당좌비율에 미치는 영향으로 맞게 짝지어진 것은?

	유동비율	당좌비율
①	변화없음	변화없음
②	변화없음	감소함
③	감소함	감소함
④	증가함	감소함
⑤	감소함	증가함

해설 재고자산 증가, 당좌자산 감소, 유동자산 증가, 유동부채 증가가 나타난다.
유동비율이 100%를 초과하는 경우, 유동자산과 유동부채가 모두 증가하면 유동비율은 감소한다.
당좌자산이 감소하고 유동부채가 증가하면 당좌비율은 감소한다.

원가회계

PART 01 원가의 개념
PART 02 제조간접원가
PART 03 개별원가계산
PART 04 종합원가계산
PART 05 정상원가계산
PART 06 표준원가계산
PART 07 변동원가계산
PART 08 활동기준원가계산
PART 09 CVP분석
PART 10 투자중심점의 성과평가

PART 01 원가의 개념

1 원가회계의 개념

1. 상기업과 제조기업

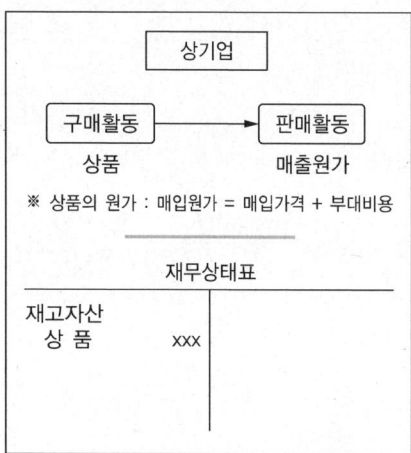
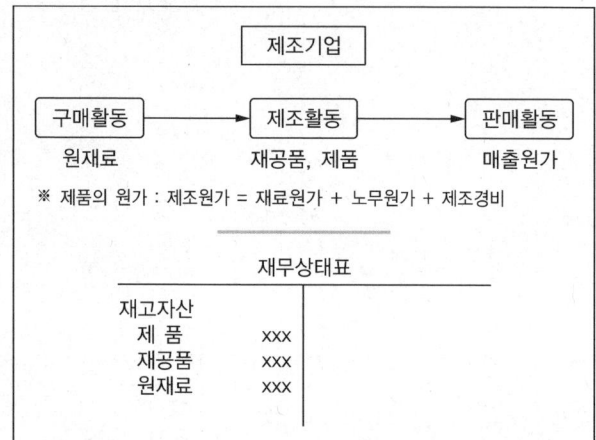

2. 원가회계의 의의

원가회계는 제품의 제조원가를 계산하는 회계로서 제품의 판매가격 결정 및 원가의 통제와 관리, 경영성과의 측정에 필요한 정보를 제공하는 것이 목적이다.

3. 원가회계와 관리회계

원가회계는 기업의 외부의사결정자와 내부의사결정자 모두가 필요로 하는 제품원가계산정보를 제공하는 회계이며, 관리회계는 기업의 내부의사결정자인 경영자의 계획과 통제/의사결정에 유용한 정보를 제공하는 회계다.

4. 원가회계의 한계점

(1) 원가회계 정보의 한계
화폐단위로 표시되는 계량적 자료로 비화폐성 정보와 질적인 정보는 제공이 불가하다.

(2) 회계절차 적용의 한계
경영자의 목적에 따라 다양한 회계절차를 적용해야 하는 한계가 있다.

(3) 다양한 상황에 적합한 원가정보 제공의 한계
특정 시점에서 원가회계가 모든 의사결정에 목적적합한 원가정보를 제공하는 데 있어 한계가 있다.

2 원가의 분류

1. 발생형태에 따른 분류

(1) 재료원가
제품의 제조를 위하여 소비된 재료(예 주요재료, 보조재료, 부품, 비품 등)

(2) 노무원가
제품의 제조를 위하여 소비된 인건비(예 임금, 급여 등)

(3) 제조경비
제품의 제조를 위하여 소비된 원가 중 재료원가와 노무원가를 제외한 원가(예 전기료, 수선비, 임차료 등)

2. 제조활동 관련성에 따른 분류

(1) 제조원가
제품의 제조를 위하여 발생한 원가로서, 제품의 원가를 구성하여 재고자산으로 분류되었다가 제품이 판매되면 매출원가로 대체되어 비용으로 인식한다.

(2) 비제조원가(기간원가)
제품의 제조활동과는 무관하게 제품의 판매 및 관리를 위하여 발생하는 원가로서, 제품제조원가를 구성하지 않고 기간비용으로 손익계산서에 인식되며 대표적으로 판매비와 관리비가 있다.

3. 의사결정 관련성에 따른 분류

(1) 매몰원가

과거의 의사결정에 따라 이미 소비가 완료된 원가로서 일정한 상황하에서 회수가 불가능한 원가이다.

(2) 기회원가

2개 이상의 선택가능한 의사결정안 중 특정안을 선택했을 때 포기된 의사결정 안에서 발생할 수 있었을 것으로 기대되는 상실된 이익이다.

(3) 차액원가(한계원가)

생산량의 증감, 대체품의 생산 등 의사결정의 대안에 따라 발생하는 총원가차액이다.

(4) 회피가능원가와 회피불능원가

① 회피가능원가

경영목적의 달성을 위하여 경영자의 자유의사에 따라 선택할 수 있는 원가이다.

② 회피불능원가

의사결정목적을 위하여 경영자의 의사결정 여부와 상관없이 발생하는 원가이다.

4. 통제가능성에 따른 분류

(1) 통제가능원가

원가의 통제가 가능하며 경영자의 관리에 따라 개선되거나 회피할 수 있는 원가이다.

(2) 통제불능원가

원가의 통제가 불가능하며 경영자의 관리에 따라 개선되거나 회피할 수 없는, 불가피하게 발생하는 원가이다.

5. 추적가능성에 따른 분류

(1) 직접원가(개별원가)

원가의 소비액이 특정 제품 또는 특정 부문별로 직접적인 추적이 가능한 원가이다.

(2) 간접원가(공통원가)

원가가 여러 제품 또는 여러 부문에 공통적으로 소비되어 분리하여 추적하는 것이 불가능한 원가로, 인위적인 배부과정을 통하여 제품이나 부문에 배부한다.

6. 조업도에 따른 분류 [19] 기출

(1) 고정원가
① 조업도의 변동과 관계없이 총원가가 일정하게 발생하는 원가이다.
② 조업도가 증가(감소)하면 총원가는 불변이고 단위당 원가는 감소(증가)한다.
③ 임차료, 감가상각비, 보험료 등이 있다.

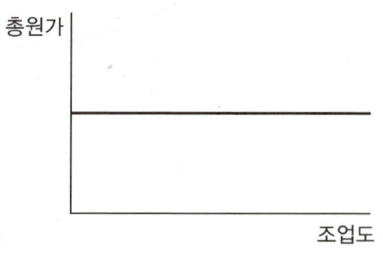
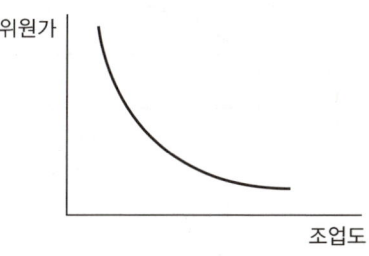

(2) 준고정원가
① 일정한 조업도 범위 내에서는 총원가가 일정하지만 조업도가 그 범위를 벗어나면 총원가가 일정액 만큼 증가 또는 감소하는 원가이다.
② 공장감독원의 급여, 품질검사 직원의 급여 등이 있다.

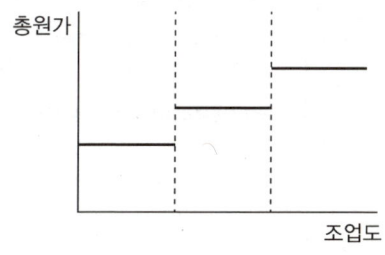
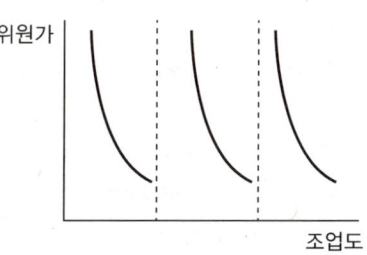

(3) 변동원가
① 조업도의 증감에 따라 총원가가 비례적으로 변동되는 원가이다.
② 조업도의 증가(감소)에 따라 총원가는 증가(감소)하고 단위당 원가는 일정하게 유지된다.
③ 직접재료비, 직접임금, 동력비 등이 있다.

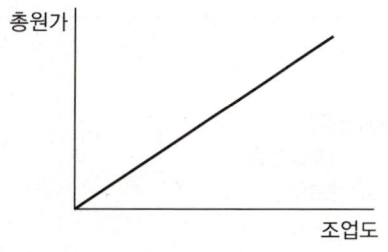
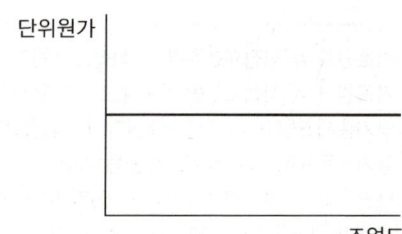

(4) 준변동원가

① 조업도와 관계없이 발생하는 고정원가와 조업도에 비례하여 발생하는 변동원가로 구성된다.
② 기본요금이 존재하는 수도, 전기, 전화요금 등이 있다.

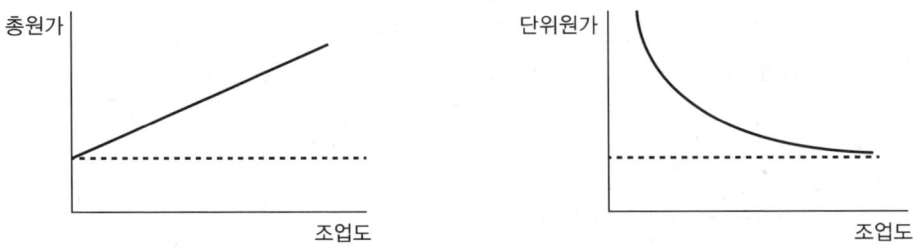

3 제조기업의 원가흐름

1. 제조기업의 원가흐름 24 기출

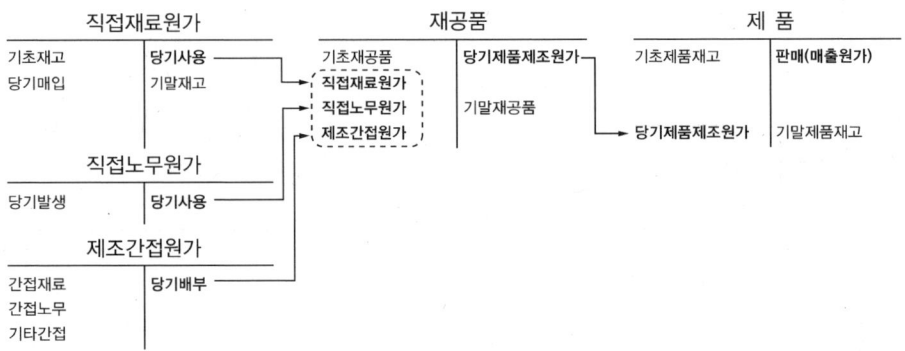

2. 주요 산식

```
기초원가 = 직접재료원가 + 직접노무원가
가공원가 = 직접노무원가 + 제조간접원가
당기총제조원가 = 직접재료원가 + 직접노무원가 + 제조간접원가
당기제품제조원가 = 기초재공품원가 + 당기총제조원가 - 기말재공품원가
매출원가 = 기초제품재고액 + 당기제품제조원가 - 기말제품재고액
총원가(판매원가) = 제조원가 + 판매비와 관리비
판매가격(정가) = 총원가(판매원가) + 예상이익
```

연습문제풀이

다음은 ㈜한국의 제조원가명세서이다. 직접노무원가가 제조간접원가의 70%일 경우, 제조간접원가는?

Ⅰ	직접재료원가	
	1. 기초재고액	40,000
	2. 당기매입액	100,000
	3. 기말재고액	30,000
Ⅱ	직접노무원가	(?)
Ⅲ	제조간접원가	(?)
Ⅳ	당기총제조원가	(?)
Ⅴ	기초재공품재고액	40,000
Ⅵ	기말재공품재고액	25,000
Ⅶ	당기제품제조원가	210,000

① ₩40,000   ② ₩50,000
③ ₩60,000   ④ ₩70,000
⑤ ₩80,000

해설

재공품

기초재공품재고액	40,000	당기제품제조원가	210,000
직접재료원가	110,000		
직접노무원가	0.7x		
제조간접원가	x	기말재공품재고액	25,000

직접재료원가 = 기초재고액(40,000) + 당기매입액(100,000) − 기말재고액(30,000) = 110,000
40,000 + 110,000 + 0.7x + x = 210,000 + 25,000
∴ x = 50,000

정답 ②

PART 01 단원핵심문제

제3과목 회계학개론-원가회계

01 다음 자료를 이용하여 직접재료원가를 계산한 것으로 옳은 것은?

• 영업사원급여	₩35,000	• 간접재료원가	₩50,000
• 공장감가상각비	₩50,000	• 매출액	₩800,000
• 공장냉난방비	₩60,000	• 기본(기초)원가	₩300,000
• 본사건물임차료	₩40,000	• 가공(전환)원가	₩400,000

① ₩60,000 ② ₩90,000
③ ₩110,000 ④ ₩150,000
⑤ ₩200,000

해설 판매관리직의 인건비(영업사원급여)와 본사건물에 대한 임차료는 판매관리비로, 비제조원가에 해당한다.
가공원가 = 직접노무원가 + 제조간접원가
       = 직접노무원가 + 간접재료원가 + 공장감가상각비 + 공장냉난방비
       = 직접노무원가 + ₩50,000 + ₩50,000 + ₩60,000 = ₩400,000
∴ 직접노무원가 = ₩240,000
기본원가 = 직접재료원가 + 직접노무원가 = 직접재료원가 + ₩240,000 = ₩300,000
∴ 직접재료원가 = ₩60,000

02 기본원가와 가공원가에 공통적으로 해당하는 항목으로 옳은 것은?

① 제품제조원가 ② 제조간접원가
③ 직접재료원가 ④ 직접노무원가
⑤ 판매관리비

해설 기본원가 : 직접재료비, 직접노무비
가공원가 : 직접노무비, 제조간접원가
기간원가 : 판매관리비

03 원가에 대한 설명으로 옳지 않은 것은?

① 기회원가는 여러 대안 중 최선안을 선택함으로써 포기된 차선의 대안에서 희생된 잠재적 효익을 의미하며, 실제로 지출되는 원가는 아니다.
② 매몰원가는 과거 의사결정의 결과에 의해 이미 발생한 원가로서 경영자가 더 이상 통제할 수 없는 과거의 원가로 미래의사결정에 영향을 미치지 못하는 원가이다.
③ 당기총제조원가는 특정 기간 동안 완성된 제품의 제조원가를 의미하며, 당기제품제조원가는 특정 기간 동안 재공품 계정에 가산되는 총금액으로 생산완료와는 상관없이 해당 기간 동안 투입된 제조원가가 모두 포함된다.
④ 관련 범위 내에서 조업도 수준이 증가함에 따라 총변동원가는 증가하지만 단위당 변동원가는 일정하다.
⑤ 차액원가(한계원가)는 경영규모의 확대(축소), 생산량의 증감, 대체품의 생산 등 의사결정의 대안에 따라 발생하는 총원가차액으로서 대안의 선택으로 원가가 증가하는 증분원가와 대안의 선택으로 원가가 감소하는 감분원가가 있다.

[해설] 당기제품제조원가는 특정 기간 동안 완성된 제품의 제조원가를 의미하며, 당기총제조원가는 특정 기간 동안 재공품 계정에 가산되는 총금액으로 생산완료와는 상관없이 해당 기간 동안 투입된 제조원가를 모두 포함한다.

04 다음 중 원가의 분류 방법과 그 내용의 연결이 옳지 않은 것은?

① 통제가능성(통제가능원가, 통제불능원가)
② 의사결정 관련성(제품원가, 기간원가)
③ 추적가능성(직접원가, 간접원가)
④ 원가형태(변동원가, 고정원가)
⑤ 자산과의 관련성(미소멸원가, 소멸원가)

[해설] 의사결정 관련성에 따라 관련원가와 매몰원가, 회피가능원가와 회피불능원가, 기회원가와 지출원가로 분류한다.

05 다음 중 제조업을 영위하고 있는 ㈜시대의 제조원가에 포함될 수 있는 항목으로 옳은 것은?

① 달러로 받은 매출채권에 대한 외화환산이익
② 공장가동에 따른 수도광열비
③ 구기계의 처분으로 인한 유형자산처분손실
④ 제품 판매를 담당하는 영업사원의 급여
⑤ 본사건물에 대한 감가상각비

[해설] ① 달러로 받은 매출채권에 대한 외화환산이익(영업외수익)
③ 구기계의 처분으로 인한 유형자산처분손실(영업외비용)
④ 제품 판매를 담당하는 영업사원의 급여(비제조원가)
⑤ 본사건물에 대한 감가상각비(비제조원가)

[정답] 03 ③ 04 ② 05 ②

06 제조원가에 대한 설명 중에서 그 내용이 옳지 않은 것은?

① 제품의 단위당 변동비는 조업도에 비례하여 증감한다.
② 고정비는 관련범위 내에서 조업도와 무관하게 총액이 일정하다.
③ 비용 중에는 변동비와 고정비로 구분하기 어려운 것도 있다.
④ 변동비와 고정비의 분류는 원가통제에 유용하다.
⑤ 제조원가는 생산이 완료된 제품의 제조원가로서 공장에서 제품을 생산하기 위하여 발생한 모든 원가, 즉 공장원가(생산원가)를 말한다.

[해설] 변동비는 조업도에 비례하여 증감하고, 단위당 변동비는 조업도에 관계없이 일정하다.

07 ㈜시대의 20x2년 원가자료는 다음과 같다. 제조간접비가 직접노무비의 3배로 발생할 때, ㈜시대의 당기제품제조원가로 옳은 것은?

• 기초재공품재고액	₩30,000	• 기초원가	₩40,000
• 기말재공품재고액	₩45,000	• 가공원가	₩64,000

① ₩24,000
② ₩48,000
③ ₩73,000
④ ₩163,000
⑤ ₩174,000

[해설]
기초원가 = 직접재료비 + 직접노무비 = ₩40,000
가공원가 = 직접노무비 + 제조간접비 = ₩64,000
제조간접비 = 3 × 직접노무비
∴ 직접재료비 = ₩24,000, 직접노무비 = ₩16,000, 제조간접비 = ₩48,000
당기총제조원가 = ₩24,000 + ₩16,000 + ₩48,000 = ₩88,000
당기제품제조원가 = ₩30,000 + ₩88,000 − ₩45,000 = ₩73,000

08 20x2년 10월 제품생산과 관련하여 발생한 ㈜시대의 직접노무원가는 가공원가의 40%이다. 20x2년 10월 직접재료원가가 ₩52,500이고, 제조간접원가가 ₩18,000이라면 직접노무원가로 옳은 것은?

① ₩75,000
② ₩65,000
③ ₩45,000
④ ₩35,000
⑤ ₩12,000

[해설]
가공원가 = 직접노무원가(0.4 × 가공원가) + 제조간접원가(₩18,000)
∴ 가공원가 = ₩30,000
직접노무원가 = 0.4 × 가공원가(₩30,000) = ₩12,000

09 ㈜시대는 제조기업이다. 다음 자료에 의한 당기의 매출원가로 옳은 것은?

• 기초제품재고액	₩2,500	• 당기총제조비용	₩5,000
• 기초재공품재고액	₩1,200	• 기말재공품재고액	₩1,000
• 기말제품재고액	₩1,000		

① ₩4,500
② ₩5,000
③ ₩5,300
④ ₩5,500
⑤ ₩6,700

해설 당기제품제조원가 : 기초재공품(₩1,200) + 당기총제조비용(₩5,000) − 기말재공품(₩1,000) = ₩5,200
매출원가 : 기초제품(₩2,500) + 당기제품제조원가(₩5,200) − 기말제품(₩1,000) = ₩6,700

10 ㈜한국은 20x1년 3월 중 제품 A를 생산하기 위해 ₩50,000의 재료 B를 투입하였으며, 20x1년 3월 말 재료 B의 재고액은 3월 초에 비하여 ₩10,000이 증가하였다. ㈜한국의 20x1년 3월 중 재료 B 매입액은?

① ₩10,000
② ₩40,000
③ ₩50,000
④ ₩60,000
⑤ ₩120,000

해설 재료 B의 매입액 = 재료 B 사용액(₩50,000) + 재료 B 재고증가액(₩10,000) = ₩60,000

11 ㈜한국의 20x1년 2분기 제품 A의 매출예산 자료는 다음과 같다.

구 분	4월	5월	6월
예상판매량(단위)	600	420	500
예상월말재고량(단위)	30	24	27

㈜한국이 5월에 생산해야 할 제품 A의 수량은?

① 390단위
② 414단위
③ 426단위
④ 444단위
⑤ 476단위

해설 전월재고(30) + 당월생산량 − 예상월판매량(420) = 월말재고량(24)
∴ 당월생산량 = 414단위

정답 09 ⑤ 10 ④ 11 ②

PART 02 제조간접원가

1 제조간접원가의 개념

1. 제조간접원가의 의의

원가대상이 되는 제품별로 개별적인 추적이 불가능한 원가로서, 2개 이상의 제품을 제조하는 과정에서 공통적으로 소비된 간접재료원가, 간접노무원가, 간접제조경비를 말한다.

2. 제조간접원가의 배부

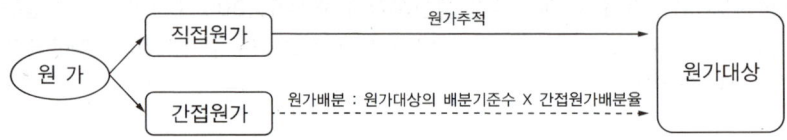

(1) 제조간접원가의 배부

추적이 불가능한 공통원가를 원가대상에 배분하는 과정이다.

(2) 원가배분절차

① 원가의 배분대상을 설정한다.
② 배분할 원가를 집계한다.
③ 선택한 원가배분기준에 따라 원가를 배분대상에 배분한다.

(3) 배분기준

인과관계기준	• 가장 이상적인 배분기준으로 정확한 원가계산이 가능 • 활동기준원가계산(인과관계기준에 의한 동인을 이용)
수혜기준	공통원가로부터 제공받은 효익에 비례하여 배분(수익자부담원칙)
부담능력기준	원가배분대상의 원가부담능력에 비례하여 공통원가를 배분
공정성과 공평성기준	정부와의 계약에서 상호 만족할 만한 가격을 설정하기 위한 수단으로 주로 사용

3. 원가배분의 목적

(1) 최적의 자원배분을 위한 경제적 의사결정이다.

(2) 경영자와 종업원의 동기부여 및 성과평가가 된다.

(3) 외부보고를 위한 재고자산 및 이익의 측정을 위함이다.

(4) 제품가격결정 및 제품선택 의사결정이다.

2 원가의 부문별 계산

1. 부문별 원가계산의 절차 19 기출

원가부문은 원가의 발생을 유발시키는 책임단위 또는 원가를 발생장소별로 배부하기 위하여 구분한 원가중심점을 기준으로 제조부문과 보조부문으로 구분된다.

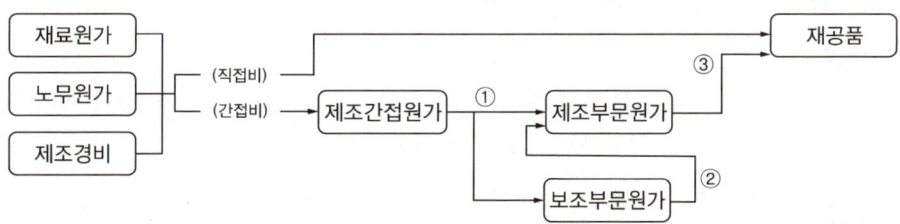

(1) 1단계

제조간접원가를 제조부문과 보조부문별로 집계한다.

(차) 제조부문원가　　　　xxx　　(대) 제조간접원가　　　　xxx
　　보조부문원가　　　　xxx

(2) 2단계 22 기출

보조부문원가를 제조부문에 배분한다.

(차) 제조부문원가　　　　xxx　　(대) 보조부문원가　　　　xxx

(3) 3단계

제조부문의 제조간접원가를 제조부문별 제조간접원가 배분율을 이용하여 재공품에 배부한다.

(차) 재공품　　　　　　　xxx　　(대) 제조부문원가　　　　xxx

2. 제조간접원가의 배분(1단계)

제조간접원가는 개별적인 추적이 가능한 부문개별원가와 추적이 불가능한 부문공통원가로 구분되며 부문공통원가는 적절한 배부기준을 적용하여 배분한다.

원가요소	배부기준
간접재료원가	각 부문 직접재료원가, 추정소비량
간접노무원가	각 부문 직접노무원가
건물임차료, 건물보험료	각 부문 점유면적
건물감가상각비	각 부문 점유면적
기계감가상각비, 기계보험료	기계장치 가액
운반비	중량과 운반거리, 중량과 운반횟수
수선비	수선횟수
전력비	전력사용량
복리후생비	종업원수

3. 보조부문원가의 배분(2단계) 20 23 24 기출

(1) 직접배부법

보조부문 상호 간의 용역수수를 무시하고 보조부문원가를 제조부문에 직접 배부하는 방법으로, 보조부문 상호 간의 용역수수가 중요하지 않은 경우 적절한 방법이다.

(2) 상호배부법

보조부문 상호 간의 용역수수를 완전히 고려하여 보조부문원가를 배부하는 방법으로, 연립방정식을 사용하여 배부하는 가장 합리적인 배부방법이지만 계산절차가 복잡하다.

(3) 단계배부법

다른 보조부문에 제공한 용역제공이 큰 보조부문부터 우선적으로 배부하는 방법이다.

4. 제조부문원가의 제품별 배부(3단계)

(1) 제조부문의 제조간접원가를 제조부문별 제조간접원가 배분율을 이용하여 제품에 배부한다.

(2) 제조부문에 집계된 제조간접원가 = 제조부문 자체의 제조간접원가 + 보조부문원가배분액

PART 02 단원핵심문제

제3과목 회계학개론-원가회계

01 ㈜시대중공업의 1월 한 달 동안의 제조현황은 아래와 같다. 직접원가법에 의한 제품별 제조간접비 배부액으로 옳은 것은?

원가요소	A제품	B제품	계
월초재공품	200,000	0	200,000
직접재료원가	150,000	200,000	350,000
직접노무원가	200,000	350,000	550,000
제조간접원가	?	?	450,000

	A제품	B제품
①	₩202,500	₩247,500
②	₩175,000	₩275,000
③	₩160,000	₩290,000
④	₩205,000	₩245,000
⑤	₩160,000	₩247,000

해설 직접원가법에 의하여 제조간접원가를 배부하는 경우 월초재공품원가는 배부기준에 불포함
A제품 : ₩450,000 × (₩350,000/₩900,000) = ₩175,000
B제품 : ₩450,000 × (₩550,000/₩900,000) = ₩275,000

02 A제품 제조를 위해 소요되는 시간당 제조간접비는 #1기계가 ₩1,000, #2기계가 ₩2,000이다. A제품의 제조를 위하여 #1기계와 #2기계의 운전시간은 각각 4시간, 2시간이 소요되었다. 과학적 기계운전시간법에 의하여 제조간접원가를 배부하는 경우 A제품에 배부되는 제조간접원가로 옳은 것은?(단, 제조간접원가 총액은 ₩24,000이다)

① ₩8,000 ② ₩12,000
③ ₩16,000 ④ ₩24,000
⑤ ₩30,000

해설 (4시간 × ₩1,000) + (2시간 × ₩2,000) = ₩8,000

정답 01 ② 02 ①

03 ㈜시대의 최근 2년간 생산량과 총제품제조원가는 다음과 같다. 2년간 고정원가와 단위당 변동원가는 변화가 없었다. 20x4년도에 고정원가는 10% 증가하고 단위당 변동원가가 20% 감소하면, 생산량이 500개일 때 총제품제조원가로 옳은 것은?

연 도	생산량	총제품제조원가
20x2	100개	₩30,000
20x3	300개	₩60,000

① ₩76,500
② ₩75,500
③ ₩94,500
④ ₩70,000
⑤ ₩77,000

해설 2년간 단위당 변동비와 고정비
• 단위당 변동비 : (60,000 − 30,000)/(300 − 100) = 150
• 고정비 : 30,000 − (100 × 150) = 15,000
20x4년의 제품제조원가 = 76,500
• 고정비 : 15,000 × 1.1 = 16,500
• 변동비 : 150 × 0.8 × 500 = 60,000

04 보조부문원가의 배부방법에 관한 설명으로 옳은 것은?

① 직접배부법은 보조부문 간에 주고받는 서비스 수수관계를 일부 고려한다.
② 상호배부법은 보조부문 간의 상호 용역수수 관계를 전혀 고려하지 않고 원가를 배부하는 방법이다.
③ 단계배부법은 보조부문의 배부순위에 따라 보조부문의 원가를 단계적으로 타 보조부문과 제조부문에 배부하는 방법이다.
④ 직접배부법은 계산이 간편하다는 장점 때문에 보조부문 상호 간의 용역수수 관계가 중요한 경우에도 원가관리에 효과적이다.
⑤ 상호배부법은 보조부문의 원가를 제조부문와 다른 보조부문에 배부한 후 특정 보조부문의 원가가 다른 보조부문에 배부된 다음에는 타 보조부문에서 재배부되지 않는다.

해설 ① 직접배부법은 보조부문 간에 주고받는 서비스 수수관계를 일부 고려하지 않는다.
② 상호배부법은 보조부문 간의 서비스 수수료를 상호 고려하여 전체 보조부문 원가를 제조부문과 다른 보조부문에 동일하게 배분하는 방식이다.
④ 직접배부법은 계산이 간단하지만, 보조부문 간의 서비스 수수료를 일부 고려하지 않을 수 있다.
⑤ 상호배부법은 각 보조부문의 원가가 제조부문과 다른 보조부문에 배부된 후에는 다른 보조부문에서 재배분되지 않는 방식이다.

05 원가의 부문별 계산절차로 옳은 것은?

> ㉠ 부문공통비를 각 부문에 배부한다.
> ㉡ 보조부문비를 제조부문에 배부한다.
> ㉢ 부문직접비를 각 부문에 부과한다.
> ㉣ 제조부문비를 각 제품에 배부한다.

① ㉠ - ㉡ - ㉢ - ㉣
② ㉡ - ㉢ - ㉣ - ㉠
③ ㉢ - ㉠ - ㉡ - ㉣
④ ㉣ - ㉡ - ㉢ - ㉠
⑤ ㉣ - ㉢ - ㉡ - ㉠

해설 부문별 원가계산의 절차
1. 제조간접원가의 배분 : 제조간접원가를 제조부문과 보조부문별로 집계
2. 보조부문비의 대체 : 보조부문원가를 제조부문에 배부
3. 제조부문원가의 제품별 배부 : 제조부문의 제조간접원가를 제조부문별 제조간접원가 배분율을 이용하여 제품에 배부

06 보조부문원가의 배분방법 중 상호배분법에 대한 설명으로 옳은 것은?

① 가장 합리적인 배분방법이고 계산절차가 간편하다.
② 재고가 없는 경우 단계배분법에 비해 순이익을 높게 계상하도록 하는 배분방법이다.
③ 모든 보조부문 간에 제공된 서비스를 완전하게 고려하여 원가를 배분하는 방법이다.
④ 직접배분법에 비해 적용이 간편하다는 장점이 있다.
⑤ 보조부문원가의 배분순서를 고려해야 한다.

해설 ① 가장 합리적인 배분방법이나 계산절차가 복잡하다.
② 재고가 없는 경우 배분방법에 관계없이 순이익은 일정하다.
④ 직접배분법에 비해 적용하기 복잡하고 어렵다는 단점이 있다.
⑤ 배분순서를 고려해야 하는 원가배분방법은 단계배분법이다.

07 ㈜시대는 보조부문에 대해 직접배분법으로 보조부문원가를 배분하고 있다. ㈜시대는 두 개의 제조부문 A, B 그리고 다른 두 개의 보조부문 K1, K2를 두고 있다. K1과 K2에서 발생한 원가는 각각 180,000원과 120,000원이다. 제조부문 A에 배분되는 보조부문의 원가로 옳은 것은?

보조용역 사용부문 보조용역 제공부문	K1	K2	A	B
K1	–	20%	40%	40%
K2	10%	–	30%	60%

① 110,000원
② 120,000원
③ 130,000원
④ 140,000원
⑤ 150,000원

해설 (₩180,000 × 40% ÷ 80%) + (₩120,000 × 30% ÷ 90%) = ₩130,000

08 ㈜시대는 제품의 브랜드 홍보를 위한 광고비 15,000,000원을 지출하였고, 이 광고비는 각 제품이 제공받는 경제적 효익의 정도에 비례하여 배분하려고 한다. 다음 자료를 보고 이러한 수혜기준에 의한 A제품의 광고비 부담액으로 옳은 것은?

구 분	A제품	B제품
매출원가	₩10,000,000	₩30,000,000
매출증가액	₩5,000,000	₩3,000,000
광고횟수	20회	30회
종업원수	40명	40명

① 7,500,000원
② 6,000,000원
③ 9,375,000원
④ 3,750,000원
⑤ 15,000,000원

해설 ₩15,000,000 × (₩5,000,000 ÷ ₩8,000,000) = ₩9,375,000
수혜기준에 의해 매출증가액으로 광고비를 배분한다.

PART 03 개별원가계산

1 개별원가계산의 개념

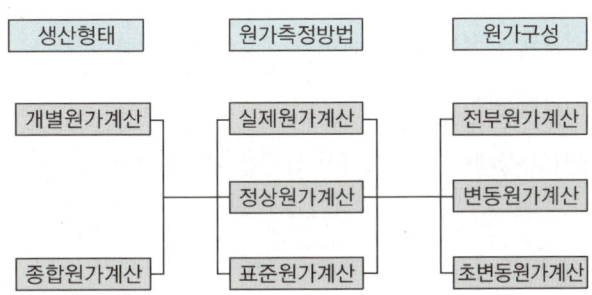

1. 개별원가계산의 의의

종류 및 규격이 다른 제품을 개별적인 주문에 의하여 생산하는 기업에 적합한 원가계산방식으로, 제품의 생산이 개별생산방식이기 때문에 원가의 소비액은 특정 제조지시서(개별적인 제품)별로 집계한다.

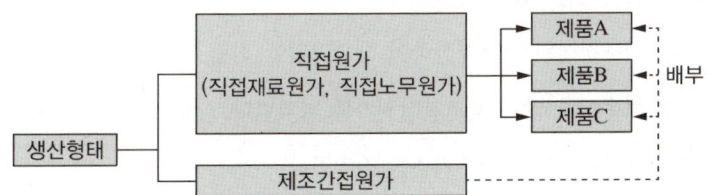

2. 개별원가계산의 특징 19 20 기출

(1) 다품종 주문생산방식에 적합하다.

(2) 제조지시서별 원가계산방식이다.

(3) 원가의 소비액은 직접원가와 제조간접비로 구분한다.

(4) 고객의 요구에 따라 작업내용을 명확하게 구분할 수 있는 서비스업에 적합하다.
   예 병원, 회계법인, 세무법인 등

(5) 기말재공품의 평가문제가 발생되지 않는다.

(6) 특정 제품의 제조원가 = 직접원가 + 제조간접원가 배부액

3. 개별원가계산의 장단점

(1) 제품별 정확한 원가계산이 가능하다.

(2) 제품별 손익분석 및 계산이 용이하다.

(3) 개별제품별로 효율적 통제가 가능하며 미래예측 이용이 가능하다.

(4) 원가계산에 비용과 시간이 많이 발생한다.

(5) 원가계산자료가 복잡하고 상세할 경우 오류가 발생할 가능성이 높다.

2 개별원가계산의 절차

1. 개별원가계산의 절차

(1) 원가집적대상이 되는 개별작업을 파악한다.

(2) 개별작업에 대한 제조직접원가를 계산하여 개별작업에 직접추적한다.

(3) 개별작업에 직접 대응되지 않는 제조간접원가를 파악한다.

(4) 제조간접원가를 배부하기 위한 배부기준을 설정한다.

(5) 제조간접원가 배부율을 계산하여 개별작업에 배부한다.

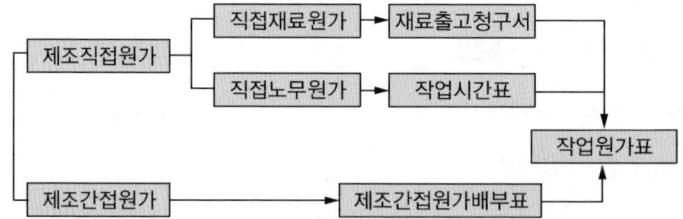

2. 제조간접원가의 배부

제조간접원가의 배부기준으로는 직접노무원가, 직접노동시간, 기계시간 등이 사용된다.

(1) 제조간접원가 배부율

$$\text{제조간접원가 배부율} = \frac{\text{제조간접원가}}{\text{배부기준(조업도)}}$$

(2) 공장전체 제조간접원가 배부율

$$\text{공장전체 제조간접원가 배부율} = \frac{\text{공장전체 제조간접원가}}{\text{공장전체 배부기준}}$$

제조간접원가 배부액 = 공장전체 배부기준 × 공장전체 제조간접원가 배부율

(3) 부문별 제조간접원가 배부율

$$\text{부문별 제조간접원가 배부율} = \frac{\text{부문별 제조간접원가}}{\text{부문별 배부기준}}$$

제조간접원가 배부액 = 부문별 배부기준 × 부문별 제조간접원가 배부율

연습문제풀이

㈜시대는 제조간접원가를 기계작업시간을 기준으로 예정 배부한다. 아래와 같은 자료를 기초로 제조간접원가 실제발생액으로 옳은 것은?

제조간접원가 예산	₩300,000
예정조업도	100,000시간
실제조업도	80,000시간
제조간접원가 배부차이	₩20,000(과소)

① ₩200,000
② ₩220,000
③ ₩240,000
④ ₩260,000
⑤ ₩280,000

해설 예정배부율 : 300,000/100,000 = 3
예정배부액 : 80,000 × 3 = 240,000
실제제조간접원가 : 240,000 + 20,000 = 260,000

정답 ④

PART 03 단원핵심문제

제3과목 회계학개론-원가회계

01 ㈜시대는 원가계산제도에 있어서 개별원가계산제도를 채택하고 있다. 아래의 자료를 바탕으로 당기에 발생한 제품의 직접재료비로 옳은 것은?

당기제품제조원가	₩4,900,000
당기총제조원가	₩8,000,000
제조간접원가는 직접노무원가의 50%가 배부되었다.	
제조간접원가는 당기총제조원가의 25%에 해당한다.	

① ₩1,500,000   ② ₩2,000,000
③ ₩2,500,000   ④ ₩3,000,000
⑤ ₩3,500,000

해설   제조간접비 : ₩8,000,000 × 25% = ₩2,000,000
제조간접비 : 직접노무비 × 50%
직접노무비 : ₩2,000,000 ÷ 50% = ₩4,000,000
직접재료비 : ₩8,000,000 − ₩4,000,000 − ₩2,000,000 = ₩2,000,000

02 다음 중 개별원가계산의 특징으로 옳지 않은 것은?

① 작업원가표를 사용한다.
② 모든 제조원가를 공정별로 직접 추적한다.
③ 제조간접비는 주로 배부율을 계산하여 사용한다.
④ 실제원가나 예정원가를 사용할 수 있다.
⑤ 다품종 주문생산방식에 적합하다.

해설   모든 제조원가를 작업별로 계산한다.

정답   01 ②   02 ②

03 ㈜시대는 개별원가계산제도를 사용하고 있으며 직접노무비를 기준으로 제조간접비를 예정배부하고 있다. 20x2년 10월 제조원가 관련 정보가 아래와 같을 경우, 과소 또는 과대 배부된 제조간접비에 대한 수정분개로 옳은 것은?(단, 과소 또는 과대 배부된 금액은 매출원가로 조정한다)

- 직접노무비 예산은 ₩200,000이고 제조간접비에 대한 예산은 ₩250,000이다.
- 직접재료비 ₩520,000과 직접노무비 ₩180,000이 발생하였다.
- 실제 발생한 제조간접비는 ₩233,000이다.

차 변	대 변
① 제조간접비 8,000	매출원가 8,000
② 매출원가 8,000	제조간접비 8,000
③ 매출원가 17,000	제조간접비 17,000
④ 제조간접비 17,000	매출원가 17,000
⑤ 수정분개 없음	

해설 제조간접비예정배부율 : ₩250,000 ÷ ₩200,000 = 1.25
제조간접비예정배부액 : ₩180,000 × 1.25 = ₩225,000
제조간접비차액 : 예정 ₩225,000 < 실제 ₩233,000(과소 ₩8,000)
과소배부(불리한 차이)는 매출원가를 증가시킨다.

04 ㈜시대는 개별원가계산제도를 채택하고 있으며, 직접노무원가를 기준으로 제조간접원가를 배부한다. 20x3년도의 제조간접원가배부율은 A부문에 대해서는 200%, B부문에 대해서는 50%이다. 제조지시서 #03은 20x3년 중에 시작되어 완성되었으며 원가 발생액은 다음과 같다. 제조지시서 #03과 관련된 총제조원가로 옳은 것은?

구 분	A부문	B부문
직접재료원가	₩50,000	₩10,000
직접노무원가	㉠	₩40,000
제조간접원가	₩60,000	㉡

① ₩170,000
② ₩190,000
③ ₩210,000
④ ₩270,000
⑤ ₩300,000

해설 A부문 직접노무원가 = ₩60,000 ÷ 200% = ₩30,000 = ㉠
B부문 제조간접원가 = ₩40,000 × 50% = ₩20,000 = ㉡
총제조원가 = (₩50,000 + ₩30,000 + ₩60,000) + (₩10,000 + ₩40,000 + ₩20,000) = ₩210,000

PART 04 종합원가계산

제3과목 회계학개론-원가회계

1 종합원가계산의 개념

1. 종합원가계산의 의의

동종 제품을 하나 또는 여러 개의 제조공정에 이용하여 연속적으로 대량생산하는 기업에서 사용하는 원가계산 방법이다. 표준화된 제품을 계속제조지시서에 의하여 대량으로 생산하기 때문에 지시서별로 제조원가를 집계하지 않고 일정 기간 동안 소비된 원가총액을 그 기간 동안 생산된 제품의 수량으로 나누어 개별 제품의 단위당 제조원가를 계산한다.

2. 종합원가계산의 특징 [21 기출]

① 소품종 대량생산방식에 적합하다.
② 기간별 원가계산방식이다.
③ 원가의 소비액은 주요재료와 가공원가로 구분된다.
④ 기말재공품의 평가과정이 중요하다.

> 제품단위당 원가 = 당기제품제조원가 / 당기제품생산량
> 당기제품제조원가 = 기초재공품원가 + 당기총제조비용 − 기말재공품원가

3. 개별원가계산과 종합원가계산 비교

구 분	개별원가계산	종합원가계산
생산형태	• 다품종 소량주문 생산업체 • 병원, 조선, 건설, 기계제작 등	• 동종제품의 대량연속 생산업체 • 의류, 철강, 시멘트, 식품 등
원가집계	• 개별작업별 집계 • 직접원가와 제조간접원가	• 제조공정별 집계 • 재료원가와 가공원가
원가계산 중점	제조간접원가의 배부	기말재공품의 평가
원가계산 방법	• 제조직접비는 개별작업에 직접 추적 • 제조간접비는 제조간접비 배부율을 이용하여 개별작업에 배부	완성품 환산량을 기준으로 제조공정별로 집계된 원가를 완성품과 기말재공품에 인위적으로 배부
장 점	• 제품별 원가의 관리 및 통제 • 개별 제품의 정확한 원가계산	부문별/공정별 원가의 효율적인 통제
단 점	원가 기록이 복잡하고 오류발생 가능성 높음	상대적으로 정확성이 낮음

4. 기말재공품의 평가 [18][19] 기출

(1) 평균법
① 기초재공품원가도 당기에 발생한 것처럼 가정한다(실제물량흐름과 상이).
② 기초재공품원가와 당기총제조원가의 합계액을 완성품원가와 기말재공품원가에 배부한다.

기말재공품원가 = 기말재공품의 완성품환산량 × 완성품환산량 단위당 원가
완성품환산량 = 완성품수량 + 기말재공품환산량

완성품환산량 단위당 원가 = $\dfrac{\text{기초재공품원가 + 당기투입원가}}{\text{완성품환산량}}$

(2) 선입선출법
① 기초재공품이 먼저 완성되고 당기착수량 중 일부가 완성, 일부가 기말재공품이 된다고 가정한다.
② 기초재공품원가는 모두 완성품원가에 배부되고 당기총제조원가 중 일부가 기말재공품에 배부된다.

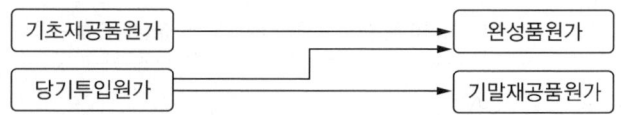

기말재공품원가 = 기말재공품의 완성품환산량 × 완성품환산량 단위당 원가
당기완성품환산량 = 완성품수량 + 기말재공품환산량 − 기초재공품환산량

완성품환산량 단위당 원가 = $\dfrac{\text{당기투입원가}}{\text{당기완성품환산량}}$

5. 공손회계

(1) 공손품
① 제품의 생산과정에서 품질이나 규격이 미달하는 불합격품을 말한다.
② 정상공손은 제조원가에 배분하고 비정상공손은 기간비용으로 처리한다.

(2) 정상공손
① 정상적인 작업조건하에서 불가피하게 발생하는 공손으로 허용치 내에서 발생하는 공손은 정상적인 것으로 판단한다.
② 단기통제 불가능한 공손으로 제조원가에 배분하여 처리한다.

> 정상공손품수량 = 품질검사합격수량 × 정상공손허용률

(3) 비정상공손 25 기출
① 작업자의 중대한 실수 등 비정상적인 작업조건하에서 기업이 정한 일정한 허용치를 초과하여 발생하는 공손이다.
② 회피가능하며 통제할 수 있는 공손으로 기간비용(영업외비용)으로 처리한다.

> 비정상공손품수량 = 공손품수량 − 정상공손품수량

(4) 회계처리

구 분	회계처리
정상공손원가	• 기말재공품이 검사받지 않는 경우 : 완성품원가로 처리한다. • 기말재공품이 검사받은 경우 : 완성품과 기말재공품에 수량비율로 배분한다.
비정상공손원가	영업외비용으로 처리한다.

2 종합원가계산의 방법

단일종류 제품생산	단순종합원가계산	단일공정을 통하여 단일종류의 제품을 대량생산(예 벽돌/기와제조업, 제빙업 등)
	공정별종합원가계산	단일종류의 제품을 여러 공정을 통하여 생산(예 기계, 화학, 자동차제조업 등)
여러종류 제품생산	조별종합원가계산	여러 종류의 제품을 각각 다른 공정을 통하여 대량생산(예 제과, 제약, 완구업 등)
	결합원가계산	공통의 재료를 가공하여 여러 가지 제품을 생산(예 정유, 축산 등)

1. 단순종합원가계산

> 당기제품제조원가 = 기초재공품원가 + 당기총제조원가 − 기말재공품원가
> 제품단위당 원가 = 당기제품제조원가 ÷ 완성품수량

2. 공정별종합원가계산

원가의 소비액에 부문별 배부방식을 사용하며 각 공정은 제조부문에 해당된다.

3. 조별종합원가계산

원가의 소비액은 조별로 식별가능한 '조직접원가'와 각 조에 공통적으로 소비되는 '조간접원가'로 구분되고 조간접원가는 일정한 배부기준에 따라 각 조별로 배분된다.

4. 결합원가계산

동일한 재료가 동일공정에 투입되어 복수제품이 생산되는 경우에 적용한다.

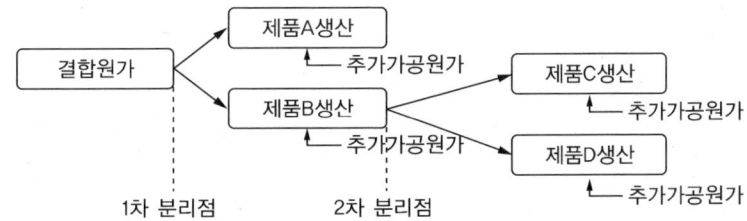

(1) 물량기준법

① 분리점에서 중량, 수량, 부피, 면적, 길이 등과 같은 물리적 단위를 기준으로 결합원가를 배분하는 방법이다.
② 제품의 판매가격을 알 수 없는 경우에도 사용할 수 있다.

③ 개별 제품의 수익성이 무시된다.

$$결합원가배분액 = 결합원가 \times \frac{제품별\ 물량}{물량합계}$$

(2) 상대적 판매가치법
① 분리점의 결합원가를 분리점의 상대적 판매가치를 기준으로 배분하는 방법이다.
② 분리점에서의 판매가격을 알 수 없는 경우에는 사용이 불가하다.

$$결합원가배분액 = 결합원가 \times \frac{제품별\ 판매가격}{판매가격합계액}$$

(3) 순실현가치법 [19] 기출
① 분리점의 판매가격을 알 수 없는 제품의 결합원가는 최종판매가격에서 추가가공원가와 판매비용을 차감한 순실현가치를 기준으로 결합원가를 배분하는 방법이다.
② 순실현가치가 (−)인 제품은 원가부담능력이 없어 결합원가를 배분하지 않는다.

$$결합원가배분액 = 결합원가 \times \frac{제품별\ 순실현가치}{순실현가치합계액}$$

(4) 균등이익률법 [25] 기출
① 제품의 매출총이익률은 모든 제품이 일정하다는 가정하에 결합원가를 배분하는 방법이다.
② 기업 전체 매출원가율 = 개별 제품의 매출원가율을 이용한다.

PART 04 단원핵심문제

제3과목 회계학개론-원가회계

01 가중평균법에 의한 종합원가계산에서 완성품환산량 원가로 옳은 것은?

① 당기투입원가
② 당기투입원가 + 기초재공품원가
③ 당기투입원가 + 기말재공품원가
④ 당기투입원가 – 기초재공품원가
⑤ 당기투입원가 – 기말재공품원가

해설 종합원가계산에서 가중평균법
기초재공품과 당기에 투입된 당기총제조원가 모두가 당기에 투입된 것으로 가정하여 기초재공품원가와 당기 총제조원가를 혼합하여 기말재공품원가를 평가하는 방법이다.

02 종합원가계산에서 완성품환산량 산출 시 선입선출법이나 평균법 어느 것을 적용하든지 완성품환산량의 단위당 원가가 동일한 경우로 옳은 것은?

① 기초재고가 전혀 없는 경우
② 표준원가계산 방법을 사용하는 경우
③ 기말재고가 전혀 없는 경우
④ 기초재고와 기말재고의 완성도가 50%로 동일한 경우
⑤ 기초재고와 기말재고의 완성도가 각각 다른 경우

해설 종합원가계산의 완성품환산량 산출 시 선입선출법과 평균법은 기초재고에 대한 가정의 차이 때문에 완성품환산량의 차이가 발생한다.

정답 01 ② 02 ①

03 종합원가계산에 대한 설명으로 옳은 것은?

① 평균법은 기초재공품의 제조가 당기 이전에 착수되었음에도 불구하고 당기에 착수된 것으로 가정한다.
② 선입선출법 또는 평균법을 사용할 수 있으며 평균법이 실제 물량흐름에 보다 충실한 원가흐름이다.
③ 평균법은 기초재공품원가와 당기발생원가를 구분하지 않기 때문에 선입선출법보다 원가계산이 정확하다는 장점이 있다.
④ 선입선출법은 당기투입분을 우선으로 가공하여 완성시킨 후 기초재공품을 완성한다고 가정한다.
⑤ 종합원가계산은 종류·규격이 다른 제품을 개별적인 주문에 의하여 생산(다품종주문생산)하는 기업에 적합한 원가계산방식이다.

해설
② 기초에 착수되어 진행되었던 제품이 먼저 완성이 되기 때문에 선입선출법이 물량의 흐름에 충실하다.
③ 선입선출법이 기초재공품의 원가와 당기발생원가를 구분하여 계산하므로 원가계산이 더 정확하다.
④ 선입선출법은 기초재공품을 우선적으로 가공하여 완성시킨 후 당기착수분을 완성한다고 가정한다.
⑤ 개별원가계산이 다품종주문생산하는 기업에 적합한 원가계산방식이다.

04 20x2년에 영업을 시작한 ㈜시대는 종합원가계산제도를 채택하고 있다. 20x2년 당기착수량은 100개, 기말재공품은 40개(완성도 50%), 당기투입원가는 직접재료원가와 가공원가가 각각 ₩15,000과 ₩40,000이다. 직접재료원가는 공정초기에 전량 투입되고 가공원가는 공정 전체를 통하여 균등하게 발생할 때 기말재공품의 원가로 옳은 것은?

① ₩9,600
② ₩10,000
③ ₩11,000
④ ₩12,000
⑤ ₩16,000

해설
완성품 수량 : 100개 − 40개 = 60개
완성품환산량 : 60개 + (40개 × 0.5) = 80개
기말재공품의 직접재료원가 : 40개 × (₩15,000 ÷ 100개) = ₩6,000
기말재공품의 가공원가 : 40개 × 50% × (₩40,000 ÷ 80개) = ₩10,000
기말재공품원가 : ₩6,000 + ₩10,000 = ₩16,000

05 다음 자료를 이용하여 구한 완성품환산량 단위당 원가로 옳은 것은?(단, 월초재공품은 없으며 모든 원가요소는 완성도에 비례하여 발생한다)

| • 월말재공품 | 80개 | • 월말재공품완성도 | 50% |
| • 완성품 | 600개 | • 당월총제조원가 | ₩640,000 |

① ₩1,450
② ₩1,350
③ ₩1,250
④ ₩1,290
⑤ ₩1,000

해설 완성품환산량 단위당 원가 : ₩640,000 ÷ (600개 + 80개 × 50%) = ₩1,000

06 ㈜시대는 평균법에 의한 종합원가계산을 채택하고 있다. 기초재공품이 75,000단위이고 당기착수량이 225,000단위이다. 기말재공품이 50,000단위이며 직접재료는 전량 투입되었고, 기말재공품 완성도는 70%이다. 기초재공품에 포함된 가공원가가 ₩14,000이고 당기발생 가공원가가 ₩100,000인 경우 기말재공품에 배부되는 가공원가로 옳은 것은?

① ₩12,000
② ₩14,000
③ ₩18,000
④ ₩20,000
⑤ ₩22,000

해설

재공품		완성품환산량	
		재 료	가 공
기초재공품 75,000	완성품 250,000		
	기초재공품	250,000	250,000
당기착수 225,000	당기착수완성품		
	기말재공품 50,000(70%)	50,000	35,000
		300,000	285,000

가공비 = ₩14,000 + ₩100,000 = ₩114,000
가공비의 완성품환산량 단위당 원가 = ₩114,000 ÷ ₩285,000 = ₩0.4
∴ 기말재공품에 배부되는 가공원가 = ₩0.4 × ₩35,000 = ₩14,000

07 기초재공품의 가공원가는 ₩300,000, 당기 발생 가공원가는 ₩2,300,000, 당기 완성품의 가공원가는 ₩2,400,000이다. 기초재공품의 수량은 800단위, 당기 완성수량은 4,800단위일 때, 가중평균법을 적용하는 경우 기말 재공품의 가공원가 완성품 환산량으로 옳은 것은?(단, 공손은 발생하지 않는다고 가정한다)

① 300단위
② 350단위
③ 400단위
④ 450단위
⑤ 500단위

해설 가공비 기말재공품재고액 : ₩300,000 + ₩2,300,000 − ₩2,400,000 = ₩200,000
완성품환산량 단위당 원가 : ₩2,400,000/4,800단위 = ₩500
가공비 기말재공품환산량 : ₩200,000/₩500 = 400단위

08 다음은 ㈜시대의 원가자료이다. 원재료는 공정시작 시점에서 전량 투입되고 가공원가는 공정전반에서 균등하게 투입된다. 평균법과 선입선출법을 적용하여 종합원가계산을 하는 경우 가공원가 완성품환산량 차이로 옳은 것은?

기초재공품 수량	600개(60%)
착수수량	1,900개
완성수량	2,000개
기말재공품수량	500개(70%)

① 평균법이 360개 더 크다.
② 평균법이 360개 더 작다.
③ 선입선출법이 240개 더 크다.
④ 선입선출법이 240개 더 작다.
⑤ 평균법과 선입선출법이 동일하다.

해설 당기완성품환산량(선입선출법) = 총완성품환산량 − 기초재공품의 완성품환산량
= 총완성품환산량 − 600개 × 60%
= 총완성품환산량 − 360개
∴ 평균법이 360개 더 크다.

09 종합원가계산제도를 채택하고 있는 갑회사의 기초재공품은 10개(완성도 50%), 당기착수량은 50개, 기말재공품은 20개(완성도 50%), 기초재공품원가는 ₩3,000, 당기투입원가는 ₩17,000이다. 재공품의 평가에는 평균법을 적용하고 모든 원가는 공정 전체를 통하여 균등하게 발생할 때 기말재공품의 원가로 옳은 것은?

① ₩1,450
② ₩2,350
③ ₩3,250
④ ₩4,000
⑤ ₩5,000

해설 당기완성품수량 : 10개 + 50개 − 20개 = 40개

기말재공품원가 : $10개 \times \frac{(₩3,000 + ₩17,000)}{(40개 + 10개)} = ₩4,000$

10 ㈜시대는 종합원가계산을 채택하고 있다. 원재료는 공정초기에 전량 투입되며, 가공원가는 공정 전반에 걸쳐 균등하게 발생할 경우 평균법에 의하여 완성품환산량을 구하면 얼마인가?

기초재공품	3,000개(완성도 60%)
당기투입량	17,000개
당기완성품	15,000개
기말재공품	5,000개(완성도 70%)

	재료원가	가공원가
①	17,000개	16,700개
②	17,000개	18,500개
③	20,000개	18,500개
④	20,000개	20,000개
⑤	17,000개	20,000개

해설

구 분	(1단계)	(2단계) 완성품환산량	
	물량흐름	재료원가	가공원가
당기완성품	15,000개	15,000개(100%)	15,000개(100%)
기말재공품	5,000개	5,000개(100%)	3,500개(70%)
	20,000개	20,000개	18,500개

정답 09 ④ 10 ③

PART 05 정상원가계산

1 정상원가계산의 개념

1. 정상원가계산의 의의

제조간접원가는 일정한 배부기준에 의하여 배부하는 과정이 필요하다. 실제원가계산에 의할 경우 기말에 제조간접원가의 실제발생액과 배부기준이 확정되며 제조간접원가의 배부가 기말까지 지연되는 결과가 발생한다. 따라서 정상원가계산은 직접재료원가와 직접노무원가는 실제원가로 측정하고, 제조간접원가는 사전에 정해 놓은 제조간접원가 예정배부율에 의해 배부된 원가로 측정하는 방법이다.

2. 정상원가계산의 절차

(1) 제조간접원가 예정배부율의 결정

$$\text{제조간접원가 예정배부율} = \frac{\text{제조간접원가 예산}}{\text{예정조업도}}$$

(2) 작업별 제조원가 계산

제조간접원가를 예정배부액으로 배부한다.

원가요소	실제원가계산	정상원가계산
직접재료원가	실제소비액	실제소비액
직접노무원가	실제소비액	실제소비액
제조간접원가	실제배부액	예정배부액

실제원가계산과 정상원가계산의 유일한 차이점은 제조간접원가 배부율을 사후에 계산한 실제배부율을 사용하는지 사전에 계산한 예정배부율을 사용하는지의 차이이다.

(3) 제조간접원가 배부차이 24 기출

제조간접원가 배부차이 = 제조간접원가 실제발생액 − 제조간접원가 예정배부액

구 분	용 어
제조간접원가 실제발생액 > 제조간접원가 예정배부액	과소배부(부족배부)
제조간접원가 실제발생액 < 제조간접원가 예정배부액	과대배부(초과배부)

(4) 제조간접원가 배부차이의 조정

배부차이의 조정방법은 비배분법(매출원가조정법, 기타손익법)과 비례배분법(총원가비례배분법, 원가요소별비례배분법)이 있다.

① **매출원가조정법** : 모든 제조간접원가 배부차이를 매출원가에 가감하는 방법이다.
② **기타손익법** : 모든 제조간접원가 배부차이를 기타손익으로 처리하는 방법이다.
③ **총원가비례배분법** : 매출원가, 제품 및 재공품계정의 총원가(기말잔액)를 기준으로 제조간접원가 배부차이를 배분하는 방법이다.
④ **원가요소별비례배분법** : 매출원가, 제품 및 재공품계정의 제조간접원가 예정배부액을 기준으로 제조간접원가 배부차이를 배분하는 방법이다.

> **더 알아보기** 개별원가계산과 종합원가계산의 비교
>
> | 개별원가계산 | 종합원가계산 |
> | --- | --- |
> | • 종류, 규격을 달리하는 제품을 개별적으로 생산하는 기업
• 다품종주문생산, 소량생산 업종에 적합
• 특별주문인쇄, 가구제조, 설비제조, 조선, 건축토목업 등 | • 단일종류제품을 연속적 대량생산하는 업종에 적합
• 제분업, 시멘트, 제철업, 제지업, 벽돌, 화학공업 등 |

PART 05 단원핵심문제

제3과목 회계학개론-원가회계

01 ㈜시대는 정상원가계산제도를 채택하고 있으며 두 개의 제조부문 A, B를 운영하고 있다. 다음 자료에서 제조부문 A의 제조간접원가 예정배부율로 옳은 것은?(단, A부문은 직접노무원가 기준, B부문은 기계시간 기준으로 제조간접원가를 예정배부한다고 가정한다)

구 분	A부문	B부문
제조간접원가 예산	₩1,500,000	₩1,050,000
직접노무원가 예산	₩2,000,000	₩750,000
예상 기계시간	15,000시간	14,000시간

① 0.45/기계시간
② 0.75/기계시간
③ 0.45/직접노무원가
④ 0.75/직접노무원가
⑤ 0.85/직접노무원가

해설 A부문 : ₩1,500,000 ÷ ₩2,000,000 = 0.75/직접노무원가

02 ㈜시대는 정상개별원가계산을 채택하여 사용하고 있다. ㈜시대의 제조간접원가의 배부기준은 기계가동시간이며, 20x2년 제조간접원가 예산은 ₩400,000이고, 기계가동 예상시간은 40,000시간이었다. 20x2년 10월 작업별 기계가동시간은 아래와 같다. 20x2년 10월 제조간접원가 실제발생액이 ₩34,000일 때, 제조간접원가 배부차이로 옳은 것은?

구 분	기계#01	기계#02	합 계
기계가동시간	1,200	2,000	3,200

① ₩2,000 과소배부
② ₩2,000 과대배부
③ ₩32,000 과소배부
④ ₩32,000 과대배부
⑤ 배부차이 없음

해설 예정배부율 : ₩400,000 ÷ 40,000시간 = 10
10월 예정배부액 : 3,200시간 × 10 = ₩32,000
제조간접원가의 배부차이 : ₩32,000 − ₩34,000 = −₩2,000(과소, 불리)

01 ④ 02 ①

03

㈜시대는 정상개별원가계산을 채택하고 있으며 당기에 발생한 제조간접원가의 배부차이는 ₩9,000(과대배부)이다. 아래의 원가자료를 이용하여 총원가비례법으로 배부차이를 조정하는 경우 조정 후의 매출원가로 옳은 것은?

• 기말재공품	₩20,000
• 기말제품	₩30,000
• 매출원가	₩450,000

① ₩348,000
② ₩410,000
③ ₩420,000
④ ₩441,900
⑤ ₩450,000

[해설] $$₩450,000 - (₩9,000 \times \frac{₩450,000}{(₩20,000 + ₩30,000 + ₩450,000)}) = ₩441,900$$

04

㈜시대는 정상원가계산을 적용하고 있으며 기계시간을 기준으로 제조간접원가를 예정배부하고 있다. 20x3년도 제조간접원가 예산은 600,000원이고, 예정기계시간은 12,000시간이었다. 한편, 20x3년 실제 발생한 제조간접원가는 500,000원이고 실제기계시간은 8,000시간이었다. 20x3년의 제조간접원가 배부차이로 옳은 것은?

① ₩40,000 과소배부
② ₩50,000 과소배부
③ ₩40,000 과대배부
④ ₩100,000 과대배부
⑤ ₩100,000 과소배부

[해설] 제조간접원가 예정배부율 = ₩600,000 ÷ 12,000시간 = ₩50/시간
제조간접원가 배부차이 = ₩500,000 - 8,000시간 × ₩50 = ₩100,000 과소배부

PART 06 표준원가계산

1 표준원가계산의 개념

1. 표준원가계산의 의의
사전에 정상적인 제품생산과정에서 달성가능한 성과를 공학적 분석기법을 통하여 원가요소별로 표준을 설정해두었다가 실제 제품이 생산되면 제품의 원가를 표준원가로 계산하는 방법이다.

2. 표준원가계산의 유용성과 한계

유용성	한계
• 제조원가 계산이 간편하다. • 원가의 통제 및 관리에 유용하다. • 예산편성에 유용하다. • 표준화에 유용하다.	• 표준원가 산정에 객관성이 낮다. • 초기비용 부담이 있으며 번거롭다. • 생산환경의 변화에 맞게 수정이 필요하다. • 표준원가계산을 해도 실제원가계산은 필요하다.

2 표준원가계산 차이분석

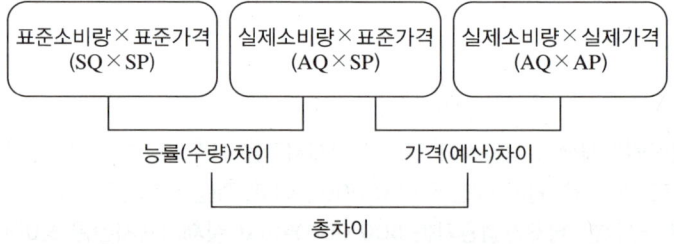

- 능률(수량)차이 = (SQ × SP) − (AQ × SP) = (SQ − AQ) × SP
- 가격(예산)차이 = (SP × AQ) − (AP × AQ) = (SP − AP) × AQ
- 차이분석(표준원가 > 실제원가) : 유리한 차이
  − 실제원가가 예산상의 원가보다 적게 발생하여 실제 성과상의 영업이익이 증가
- 차이분석(표준원가 < 실제원가) : 불리한 차이
  − 실제원가가 예산상의 원가보다 많이 발생하여 실제 성과상의 영업이익이 감소

1. 직접재료원가차이분석 20 22 기출

(1) 직접재료원가차이 = (SQ × SP) − (AQ × AP)

(2) 수량(능률)차이 = (SQ × SP) − (AQ × SP) = (SQ − AQ) × SP

(3) 가격차이 = (SP × AQ) − (AP × AQ) = (SP − AP) × AQ

2. 직접노무원가차이분석

(1) 직접노무원가차이 = (SQ × SP) − (AQ × AP)

(2) 시간(능률)차이 = (SQ × SP) − (AQ × SP) = (SQ − AQ) × SP

(3) 임률차이 = (SP × AQ) − (AP × AQ) = (SP − AP) × AQ

3. 제조간접원가차이 18 20 25 기출

변동제조간접원가(능률차이, 예산차이)와 고정제조간접원가(조업도차이, 예산차이)로 구분한다.

구 분	4분법	3분법	2분법
고정원가	조업도차이	조업도차이	관리불능차이
	예산차이	예산차이	관리가능차이
변동원가	예산차이		
	능률차이	능률차이	

(1) 변동제조간접원가차이분석

① 능률차이 = (SQ × SP) − (AQ × SP) = (SQ − AQ) × SP
② 예산(소비)차이 = (SP × AQ) − (AP × AQ) = (SP − AP) × AQ

(2) 고정제조간접원가차이분석

① 조업도차이 = (SQ × SP) − (기준조업도 × SP)
② 예산(소비)차이 = (기준조업도 × SP) − 실제제조간접원가

(3) 3분법

제조간접원가 실제발생액이 변동원가와 고정원가로 구분 불가 시 적용되는 방법이다.
① 조업도차이 = 표준제조간접원가배부액 − 실제생산량에 허용된 예산액
 = (SQ − 기준조업도) × 표준고정원가배부율
② 능률차이 = 실제생산량에 허용된 예산액 − 실제조업도에 허용된 예산액
 = (SQ − AQ) × 표준변동원가배부율
③ 예산차이 = 실제조업도에 허용된 예산액 − 실제제조간접원가

(4) 2분법
  ① 관리불능차이 : 조업도차이
  ② 관리가능차이 : 능률차이 + 예산차이 = 제조간접원가예산차이

4. 원가차이의 조정

매출원가조정법	• 원가차이의 중요성이 크지 않은 경우 사용한다. • 불리한 원가차이는 매출원가에 가산하고, 유리한 원가차이는 차감한다.
비례배분법	원가차이를 매출원가, 기말제품, 기말재공품에 비례 배부하는 방법이다.
영업외손익 처리	• 원가차이의 원가성이 인정되지 않는 방법이다. • 불리한 원가차이는 영업외비용 처리, 유리한 원가차이는 영업외수익 처리한다.

연습문제풀이

㈜한국은 표준원가계산제도를 채택하고 있으며, 고정제조간접원가는 기계시간을 기준으로 배부하고 있다. 기준조업도는 1,000기계시간이며, 제품단위당 10시간의 표준기계시간이 소요된다. 고정제조간접원가 실제발생액은 ₩220,000이다. 고정제조간접원가 예산차이(소비차이)는 ₩20,000(불리)이고, 고정제조간접원가 조업도차이는 ₩40,000(불리)인 경우, 당기의 실제 제품생산량은?

① 80개 ② 100개
③ 120개 ④ 140개
⑤ 160개

해설

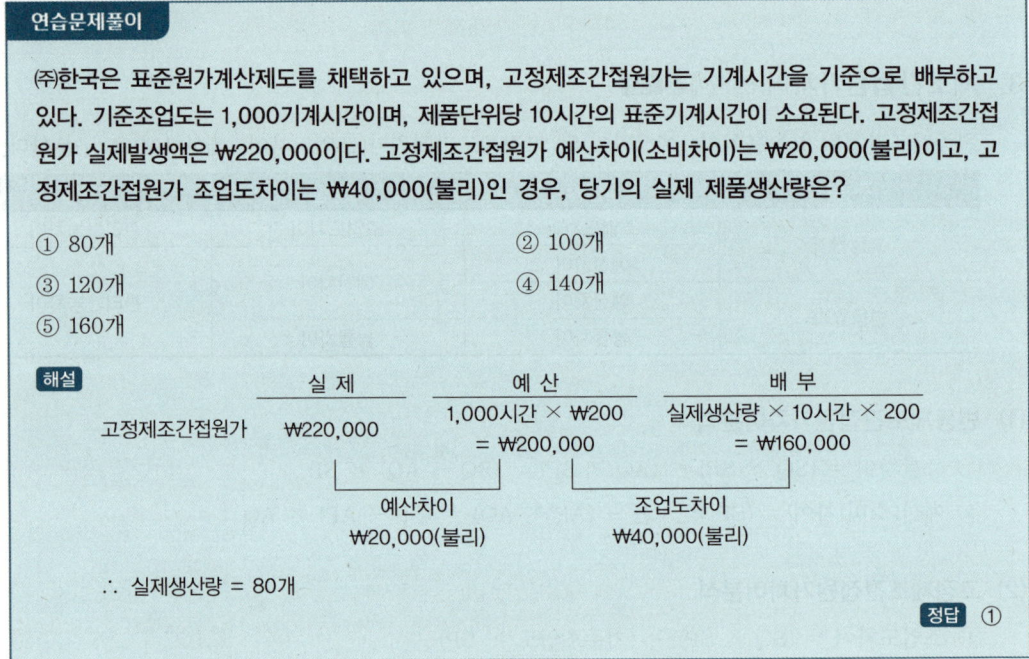

∴ 실제생산량 = 80개

정답 ①

PART 06 단원핵심문제

제3과목 회계학개론-원가회계

01 ㈜시대의 10월 직접재료원가에 대한 자료가 다음과 같을 때 10월의 유리한 재료수량차이(능률차이)로 옳은 것은?

- 실제 재료구매량 : 3,000kg
- 실제생산에 대한 표준재료투입량 : 2,400kg
- 실제 재료구입단가 : ₩310/kg
- 실제 재료사용량 : 2,200kg
- 불리한 재료가격차이(구입시점기준) : ₩30,000

① ₩50,000 ② ₩55,000
③ ₩60,000 ④ ₩65,000
⑤ ₩70,000

해설 (1) 구입시점 차이분석

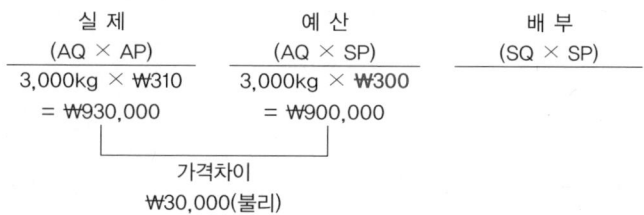

(2) 사용시점 차이분석

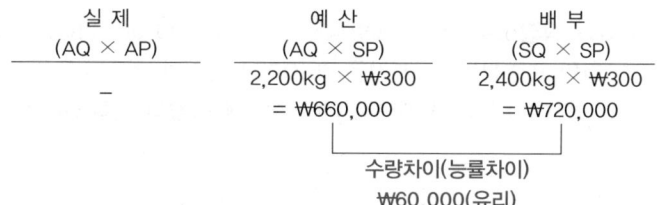

정답 01 ③

02

20x2년 10월 중 ㈜시대의 노무비와 관련된 다음의 자료를 이용하여 직접노무비 능률차이를 구한 것으로 옳은 것은?

• 제품단위당 표준직접노무시간	3시간
• 시간당 표준임률	₩20
• 시간당 실제임률	₩22
• 10월 중 제품 생산량	2,100단위
• 10월 중 실제직접노무시간	6,000시간

① ₩6,000 불리   ② ₩6,000 유리
③ ₩6,600 불리   ④ ₩6,600 유리
⑤ ₩6,800 유리

해설

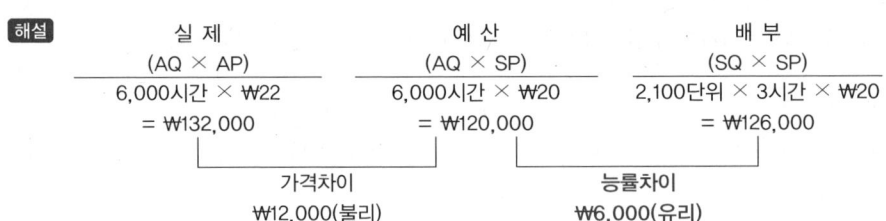

03

20x2년 10월 ㈜시대의 직접노무원가 실제발생액은 ₩130,200,000이며, 실제직접노동시간은 21,000시간이다. 10월의 표준직접노동시간은 20,000시간이며, 직접노무원가에 대한 차이분석 결과 임률차이는 ₩4,200,000 불리한 것으로 나타났을 때 10월의 직접노무원가 능률차이로 옳은 것은?

① ₩6,000,000 유리   ② ₩6,000,000 불리
③ ₩10,200,000 유리   ④ ₩10,200,000 불리
⑤ ₩10,400,000 유리

해설

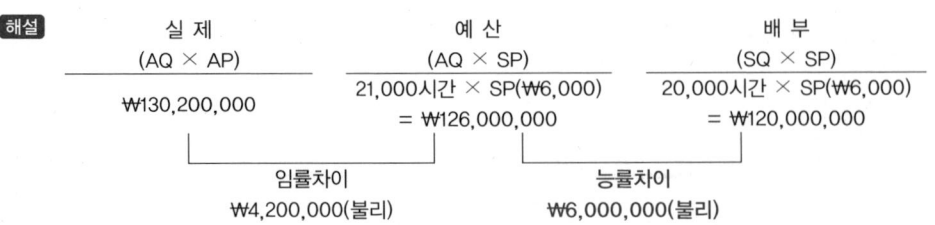

04 ㈜시대의 20x2년 10월 중 원가관련 자료가 다음과 같을 때, 10월 중 실제임률로 옳은 것은?

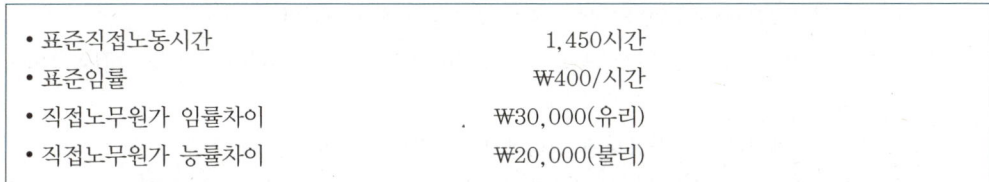

① ₩365/시간 ② ₩370/시간
③ ₩375/시간 ④ ₩380/시간
⑤ ₩385/시간

해설

실제	예산	배부
(AQ × AP)	(AQ × SP)	(SQ × SP)
1,500시간 × ₩380	1,500시간 × ₩400	1,450시간 × ₩400
= ₩570,000	= ₩600,000	= ₩580,000

임률차이 ₩30,000(유리)   시간(능률)차이 ₩20,000(불리)

05 다음 자료에 의한 제조간접원가 총차이의 계산으로 옳은 것은?(단, 제조간접원가는 직접작업시간을 기준으로 배부한다)

• 실제변동제조간접원가 발생액	₩97,000
• 실제고정제조간접원가 발생액	₩30,000
• 실제생산량에 허용된 표준작업시간	30,000시간
• 직접노동시간당 표준제조간접원가 배부율	변동비 3.5
	고정비 1.5

① ₩10,000 유리 ② ₩20,000 불리
③ ₩23,000 유리 ④ ₩23,000 불리
⑤ ₩32,000 유리

해설 표준제조간접원가 : 30,000시간 × (₩3.5 + ₩1.5) = ₩150,000
제조간접원가차이 : ₩150,000 − (₩97,000 + ₩30,000) = ₩23,000(유리)

정답 04 ④ 05 ③

06 표준원가와 표준원가계산제도에 관한 설명으로 옳지 않은 것은?

① 표준원가계산제도는 원가절감을 위한 원가통제를 포함한다.
② 표준원가에 근접하는 원가항목보다 표준원가에서 크게 벗어나는 항목을 중점적으로 관리해야 한다.
③ 표준원가계산제도를 사용하면 기장에 드는 비용과 시간을 절감할 수 있다.
④ 이상적 표준을 표준원가로 설정하면 종업원들에게 강한 동기부여 효과를 일으키므로 가장 적합한 표준설정이라고 할 수 있다.
⑤ 표준원가란 정상적이고 효율적인 영업상태에서 특정 제품을 생산하는 데 발생할 것으로 예상되는 원가이다.

해설 이상적 표준은 거의 달성 불가하여 항상 불리한 차이가 발생하고 종업원의 동기부여에 역효과를 초래한다.

07 차이분석의 가격차이와 능률차이 계산방법으로 옳은 것은 무엇인가?

① 능률차이 = (표준가격 - 실제가격) × 표준수량
② 가격차이 = (표준가격 - 표준투입량) × 실제가격
③ 능률차이 = (실제투입량 - 표준투입량) × 표준가격
④ 가격차이 = (표준가격 - 실제가격) × 표준투입량
⑤ 능률차이 = (표준가격 - 실제가격) × 표준가격

해설 가격차이 = (실제가격 - 표준가격) × 실제투입량
능률차이 = (실제투입량 - 표준투입량) × 표준가격

08 ㈜시대의 생산 및 원가에 대한 자료는 다음과 같다. 변동제조간접원가 소비차이로 옳은 것은?

• 변동제조간접원가 실제발생액	₩3,000,000
• 실제투입시간에 허용된 표준변동제조간접원가	₩3,500,000
• 실제산출량에 허용된 표준변동제조간접원가	₩3,200,000

① ₩300,000 유리 ② ₩300,000 불리
③ ₩500,000 유리 ④ ₩500,000 불리
⑤ ₩400,000 유리

해설

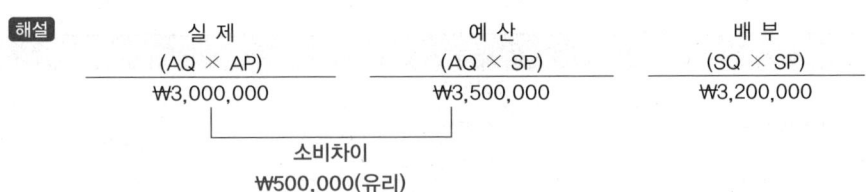

09 ㈜시대의 직접노무원가에 대한 자료는 다음과 같을 때 그 설명이 옳지 않은 것은?

• 표준 직접노무시간	2,000시간
• 실제 직접노무시간	2,100시간
• 직접노무원가 가격차이	₩40,000(불리)
• 표준임률	₩200/시간

① 직접노무원가 실제원가는 460,000원이다.
② 직접노무원가 표준원가는 420,000원이다.
③ 직접노무원가 총차이는 60,000원 불리하게 나타난다.
④ 직접노무원가 능률차이는 20,000원 불리하게 나타난다.
⑤ 직접노무원가 표준원가는 400,000원이다.

해설

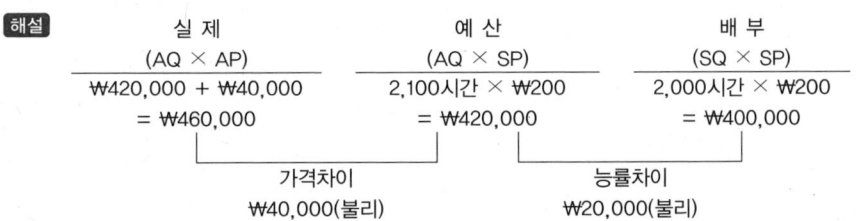

정답 08 ③ 09 ②

PART 07 변동원가계산

제3과목 회계학개론-원가회계

1 변동원가계산의 개념

1. 변동원가계산과 전부원가계산 18 19 20 기출

변동원가계산	구 분	전부원가계산
제품제조원가	직접재료원가	제품제조원가
	직접노무원가	
	변동제조간접원가	
기간비용	고정제조간접원가	
	판매비와 관리비	기간비용

(1) 변동원가계산
제품의 제조원가를 계산할 때 고정제조간접원가를 제외한 변동원가만으로 제품의 제조원가로 계산하는 원가계산이다.

(2) 전부원가계산
제품의 제조원가를 계산할 때 직접원가와 모든 제조간접원가를 포함하여 계산하는 원가계산이다.

2. 변동원가계산의 의의

(1) 변동원가계산에서 직접재료원가, 직접노무원가 및 변동제조간접원가는 제품의 제조원가에 포함되고 고정제조간접원가는 기간비용으로 처리한다.

(2) 제품제조원가를 변동원가만으로 계산하면 생산량 증감에도 제품의 단위원가는 항상 일정하게 유지된다.

3. 변동원가계산의 목적

(1) 경영관리목적에 유용한 정보를 제공한다.

(2) 제품의 단기적인 판매가격 결정 및 판매정책에 유용한 정보를 제공한다.

(3) 예산설정에 유용한 정보를 제공한다.

(4) 생산할 제품의 합리적인 선택에 유용한 정보를 제공한다.

2 변동원가계산과 전부원가계산의 비교

1. 변동원가계산과 전부원가계산의 비교 22 기출

구 분	변동원가계산	전부원가계산
제품제조원가	변동제조원가	변동제조원가 + 고정제조원가
영업이익 계산	공헌이익접근법 • 공헌이익 = 매출액 − 변동비 • 영업이익 = 공헌이익 − 고정비	전통적 손익계산방법 • 매출총이익 = 매출액 − 매출원가 • 영업이익 = 매출총이익 − 판매관리비
목 적	내부통제목적(경영관리목적)	외부보고목적

2. 영업이익의 비교

생산량 = 판매량	기초수량 = 기말수량	변동원가영업이익 = 전부원가영업이익
생산량 > 판매량	기초수량 < 기말수량	변동원가영업이익 < 전부원가영업이익
생산량 < 판매량	기초수량 > 기말수량	변동원가영업이익 > 전부원가영업이익

3. 영업이익의 조정

```
              변동원가영업이익
    (−) 기초재고자산에 포함된 고정제조간접원가
    (+) 기말재고자산에 포함된 고정제조간접원가
            = 전부원가영업이익
```

PART 07 단원핵심문제

제3과목 회계학개론-원가회계

01 원가계산방법과 분석기법에 대한 설명으로 옳은 것은?

① 고저점법은 원가를 기준으로 최저점과 최고점에 해당하는 과거의 자료를 이용하여 혼합원가추정식을 구하는 방법이다.
② 변동원가계산과 비교하여 전부원가계산은 회계기간 말에 불필요한 생산을 늘려 이익을 증가시키려는 유인을 방지할 수 있다.
③ 단위당 판매가와 총고정원가가 일정할 경우 단위당 변동원가가 커지면 손익분기점은 높아진다.
④ 차이분석에 유리한 차이는 실제원가가 예산보다 낮은 경우이므로 추가적인 관리를 할 필요가 전혀 없다.
⑤ 종합원가계산제도는 선입선출법 또는 평균법을 사용할 수 있으며 평균법이 실제물량흐름에 보다 충실한 원가흐름이다.

> **해설** ① 조업도를 기준으로 최저점과 최고점을 설정한다.
> ② 기말재고자산이 늘어나면 이익이 늘어나는 원가계산방법은 전부원가계산방법으로, 불필요한 생산량을 늘려 이익을 증가시키려는 유인이 있을 수 있는 방법이다.
> ④ 예산이 실제보다 높게 설정된 원인들을 분석하여 관리해야 추후 관리의사 결정을 하는데 효율적이므로 관리가 필요하다.
> ⑤ 종합원가계산제도에서 선입선출법이 실제물량흐름과 유사한 결과를 얻는다.

02 변동원가계산에 대한 설명으로 옳지 않은 것은?

① 변동제조간접원가는 매출원가에 포함된다.
② 공헌이익에 대한 정보를 제공하므로 단기의사결정과 성과평가에 유용하다.
③ 외부보고 및 조세목적을 위해서 일반적으로 인정되는 방법이다.
④ 고정제조간접원가는 매출원가에 포함되지 않는다.
⑤ 제품의 생산량이 영업이익에 영향을 미치지 않는다.

> **해설** 변동원가계산은 내부통제목적(내부의사결정목적)으로 이용되며 외부보고 및 조세목적을 위하여 일반적으로 인정되지는 않는다.

01 ③ 02 ③ **정답**

03 ㈜시대는 변동원가계산을 사용하여 ₩150,000의 순이익을 보고하였다. 기초 및 기말 재고자산은 각각 15,000단위와 19,000단위이다. 매 기간 고정제조간접비배부율이 단위당 ₩5이었다면 전부원가계산에 의한 순이익으로 옳은 것은?(단, 법인세는 무시한다)

① ₩88,000
② ₩145,000
③ ₩43,000
④ ₩112,000
⑤ ₩170,000

해설

변동원가계산에 의한 순이익	₩150,000
(−) 기초 재고자산의 고정제조간접비	₩15,000 × ₩5 = ₩75,000
(+) 기말 재고자산의 고정제조간접비	₩19,000 × ₩5 = ₩95,000
전부원가계산에 의한 순이익	₩170,000

04 ㈜시대는 20x2년 초에 영업을 개시하였으며, 다음 자료는 ㈜시대의 20x2년 생산에 관련된 자료이다. 전부원가계산에 의할 경우 20x2년 당기순이익이 ₩1,500,000이라고 할 때 변동원가계산방법에 의한 당기순이익으로 옳은 것은?

• 직접재료비	₩500,000	• 직접노무비	₩200,000
• 변동제조간접비	₩100,000	• 고정제조간접비	₩400,000
• 생산수량	100,000단위	• 판매수량	80,000단위
• 기말재고	20,000단위		

① ₩1,000,000
② ₩1,160,000
③ ₩1,200,000
④ ₩1,240,000
⑤ ₩1,420,000

해설

전부원가계산이익	₩1,500,000
(+) 기초 재고자산의 고정제조간접비	−
(−) 기말 재고자산의 고정제조간접비	₩400,000 × 20,000단위/100,000단위 = ₩80,000
변동원가계산이익	₩1,420,000

정답 03 ⑤ 04 ⑤

05 변동원가계산에 대한 설명으로 옳지 않은 것은?

① 변동원가계산에 의한 영업이익은 생산량에 따라 달라진다.
② 변동원가계산에서는 판매량과 생산량의 관계에 신경 쓸 필요 없이 판매량에 기초해서 공헌이익을 계산한다.
③ 변동원가계산에서는 일반적으로 고정제조간접원가를 기간비용으로 처리한다.
④ 변동원가계산 손익계산서에는 이익계획 및 의사결정 목적에 유용하도록 변동비와 고정비가 분리되고 공헌이익이 보고된다.
⑤ 변동원가계산을 표준원가 및 변동예산과 같이 사용하면 원가통제와 성과평가에 유용하게 활용할 수 있다.

[해설] 변동원가계산에 의한 영업이익은 생산량에 따라 달라지지 않는다.

06 ㈜시대의 2월 자동차부품 제품 생산 및 판매와 관련된 변동원가계산 자료에 의한 2월 총매출액으로 옳은 것은?

• 제품 단위당 판매가격	₩3,000
• 단위당 변동원가	₩1,500
• 총고정원가	₩1,300,000
• 영업이익	₩4,850,000

① ₩12,300,000
② ₩30,940,000
③ ₩38,590,000
④ ₩42,500,000
⑤ ₩43,420,000

[해설] 판매량(X) × (₩3,000 − ₩1,500) − ₩1,300,000 = ₩4,850,000
∴ X = 4,100단위
매출액 = 4,100단위 × ₩3,000 = ₩12,300,000

07 ㈜시대는 당기초에 영업활동을 시작하여 당기에 제품 600단위를 생산하였으며 당기의 원가자료는 다음과 같다. 당기 판매량이 400단위였다면 전부원가계산에 의한 기말제품재고액과 변동원가계산에 의한 기말제품재고액의 차이로 옳은 것은?

• 단위당 직접재료원가	₩300
• 단위당 직접노무원가	₩200
• 단위당 변동제조간접원가	₩100
• 단위당 변동판매관리비	₩150
• 고정제조간접원가	₩120,000
• 고정판매관리비	₩150,000

① ₩20,000
② ₩40,000
③ ₩80,000
④ ₩100,000
⑤ ₩120,000

해설 제품단위당 고정제조간접원가 = ₩120,000 ÷ 600단위 = ₩200
기말제품재고액의 차이 = 기말제품재고의 고정제조간접원가 차이 = 200단위 × ₩200 = ₩40,000

08 ㈜시대는 20x3년 1월 1일 영업을 개시하였다. X제품을 60,000단위 생산하여 개당 700원에 판매하였다. 20x3년 X제품의 제조원가에 관한 자료는 다음과 같다. 변동원가계산방법에 의한 X제품의 영업이익으로 옳은 것은?

구 분	변동비	고정비
직접재료비	단위당 ₩300	−
직접노무비	단위당 ₩80	−
제조간접비	단위당 ₩40	₩7,000,000

① ₩9,800,000
② ₩16,000,000
③ ₩18,000,000
④ ₩24,000,000
⑤ ₩32,000,000

해설 60,000단위 × {₩700 − (₩300 + ₩80 + ₩40)} − ₩7,000,000 = ₩9,800,000

정답 07 ② 08 ①

08 활동기준원가계산

1 활동기준원가(ABC ; Activity Based Costing)

1. 활동기준원가계산의 의의

제품을 제조하는 활동을 분석하여 제조간접원가를 발생시키는 원가동인을 추적하고, 제조간접원가를 활동단위별로 집계하여 제품별로 배분하는 원가계산방식이다.

2. 활동기준원가계산의 도입배경

(1) 전통적 배부기준에 대한 비판(새로운 배부기준의 필요성)으로 등장했다.

(2) 직접노무원가의 감소, 제조간접원가의 증가가 원인이다.

(3) 원가개념이 확대되었다(수명주기원가계산의 등장).

(4) 정보수집기술이 발달되었다.

3. 전통적 원가계산과 활동기준원가계산의 비교

구 분	전통적 원가계산	활동기준원가계산
도입배경	대량생산방식	• 다품종소량생산방식 • 제조간접원가 중요성 증대
배부기준	• 생산량(단위수준)관련 • 직접노무원가, 직접노동시간, 기계시간 등	• 원가동인 • 작업준비횟수, 원재료 구매횟수, 검사횟수 등
배부율	공장전체 또는 제조부문별 제조간접비 배부율	활동별 제조간접비 배부율
원가계산 정확성	낮 음	높 음
시간 및 비용	낮 음	높 음
경영관리 및 통제	낮 음	높 음

4. 활동기준원가계산의 절차

1. 활동단위 분석
2. 활동단위와 단위별 원가동인 결정
3. 제조간접원가의 활동단위별 집계
4. 활동단위별 제조간접원가 배부율 계산
5. 제조간접원가의 제품별 배부

(1) 활동단위 분석
① 단위수준활동 : 제품의 생산량에 따라 제품단위별로 원가가 발생하는 활동(예 제품의 제조를 위한 기계활동, 전수검사에 의한 품질검사 활동, 절삭활동, 직접노동활동 등)
② 묶음수준활동 : 제품의 묶음별로 이루어지는 활동(예 작업준비활동, 재료처리활동, 선적활동, 구매주문활동, 표본검사활동 등)
③ 제품유지활동 : 제품생산라인, 공정, 엔지니어링과 관련된 활동 등 제품의 종류별로 이루어지는 활동(예 제품생산공정의 개발, 제조기술의 개발, 제품종류별 성능검사활동 등)
④ 설비유지활동 : 공장 전체의 제조공정을 유지·관리하는 활동(예 공장관리, 조경작업, 냉난방활동, 안전관리활동 등)

(2) 활동단위와 단위별 원가동인 결정
자원의 소비형태가 동일하고 동일한 원가동인을 사용할 수 있는 활동들을 통합한다.

(3) 제조간접원가의 활동단위별 집계
제조간접원가를 제품별로 배부하기 위하여 활동단위별로 집계한다.

(4) 활동단위별 제조간접원가 배부율 계산

$$\text{활동단위별 제조간접원가 배부율} = \frac{\text{활동단위별 제조간접원가}}{\text{원가동인}}$$

(5) 제조간접원가의 제품별 배부

$$\text{제품별 제조간접원가 배부액} = \text{제품별 원가동인} \times \text{제조간접원가 배부율}$$

5. 활동기준원가계산의 장점과 한계

(1) 장 점
① 제품의 정확한 제조원가계산이 가능하다.
② 제품별 수익성 분석 등 전략적 의사결정, 효율적인 통제, 계획수립에 유용한 정보를 제공한다.
③ 경영조직의 개선 등 경영관리에 유용하다.

(2) 한 계
① 시간과 비용부담이 증가한다.
② 활동에 대한 명확한 기준이 없으며 활동단위 결정에 주관적인 판단 개입 가능성이 있다.
③ 계산절차가 복잡하다.

6. 활동기준원가계산의 특징

(1) 가격결정에 유용한 정보 제공
제조간접비의 정확한 배부를 통해 가격결정에 유용한 정보를 제공한다. 직접노무시간이나 직접노무원가가 원가동인으로 사용될 수 있으며, 제조원가뿐만 아니라 비제조원가도 원가동인에 의해 배부할 수 있다.

(2) 정확한 제품원가, 성과평가
비단위수준 활동이 원가에 미치는 영향을 고려한다는 측면에서 개별원가계산보다 더 정확한 제품원가계산, 성과평가가 가능하다.

(3) 원가낭비의 지속적 제거
활동기준원가계산의 도입을 통해 비부가가치 활동을 제거하여 효율적인 원가통제가 가능하다.

PART 08 단원핵심문제

제3과목 회계학개론-원가회계

01 활동기준원가계산을 적용하는 ㈜시대는 다음과 같은 활동별 관련자료를 입수하였다. 생산제품 중 하나인 제품 A에 대해 당기 중에 발생한 기초원가는 ₩50,000, 생산준비횟수는 10회, 기계사용시간은 20시간, 검사수행횟수가 10회일 때, 제품 A의 총원가로 옳은 것은?

활 동	원가동인	최대활동량	총원가
생산준비	생산준비횟수	100회	₩100,000
기계사용	기계사용시간	300시간	₩600,000
품질검사	검사수행횟수	200회	₩80,000

① ₩54,000 ② ₩90,000
③ ₩102,000 ④ ₩104,000
⑤ ₩110,000

해설
생산준비원가 : ₩100,000 × (10회/100회) = ₩10,000
기계사용원가 : ₩600,000 × (20시간/300시간) = ₩40,000
품질검사원가 : ₩80,000 × (10회/200회) = ₩4,000
제품 A의 총원가 = 기초원가(₩50,000) + (₩10,000 + ₩40,000 + ₩4,000) = ₩104,000

02 활동기준원가계산(ABC)에 대한 설명 중 옳지 않은 것은?

① 제품별 수익성 분석 등 전략적 의사결정, 효율적인 통제가 가능하게 되었다.
② 공정의 자동화로 인한 제조간접원가의 비중이 커지고 합리적인 원가배부 기준을 마련하기 위한 필요에 의해 도입되었다.
③ 발생하는 원가의 대부분이 하나의 원가동인에 의해 설명이 되는 경우에는 ABC 도입효과가 크게 나타날 수 없다.
④ 활동별로 원가를 계산하는 ABC를 활용함으로써 신속하고 정확한 재무제표의 작성이 가능해지게 되었다.
⑤ ABC의 원가정보를 활용함으로써 보다 적정한 가격결정을 할 수 있다.

해설 재무제표정보의 정확성은 기대할 수 있지만 신속한 재무제표작성에 도움이 되지는 않는다.

정답 01 ④ 02 ④

03 활동기준원가계산(ABC)의 절차로 옳은 것은?

> ㉠ 활동단위별 제조간접원가 배부율 계산
> ㉡ 제조간접원가의 활동단위별 집계
> ㉢ 활동단위 분석
> ㉣ 활동단위와 단위별 원가동인 결정
> ㉤ 제조간접원가의 제품별 배부

① ㉡ - ㉤ - ㉠ - ㉢ - ㉣
② ㉤ - ㉠ - ㉢ - ㉡ - ㉣
③ ㉣ - ㉢ - ㉠ - ㉡ - ㉤
④ ㉢ - ㉣ - ㉡ - ㉠ - ㉤
⑤ ㉢ - ㉡ - ㉣ - ㉠ - ㉤

해설 활동기준원가계산의 절차
㉢ 활동단위 분석 : 단위수준활동, 묶음수준활동, 제품유지활동, 설비유지활동으로 구분
㉣ 활동단위와 단위별 원가동인 결정 : 자원의 소비형태가 동일하고 동일한 원가동인을 사용할 수 있는 활동들을 통합
㉡ 제조간접원가의 활동단위별 집계 : 제조간접원가를 제품별로 배부하기 위하여 활동단위별로 집계
㉠ 활동단위별 제조간접원가 배부율 계산 : $\dfrac{\text{활동단위별 제조간접원가}}{\text{원가동인}}$
㉤ 제조간접원가의 제품별 배부 : 제품별 원가동인 × 제조간접원가 배부율

04 ㈜시대는 제품 X와 제품 Y를 완성차업체에 납품하는 기업이다. 제품은 생산과 동시에 전량 납품된다. ㈜시대는 합리적인 가격설정목적으로 주요활동을 분석하여 다음과 같은 데이터를 확보하였다. 제품 X의 생산량은 1,000단위이고, 제품 X의 원가동인이 준비횟수 235회, 기계작업시간 2,930시간, 재료처리횟수 90회일 경우 활동기준원가계산(ABC)을 적용하여 계산한 제품 X의 총제조간접원가로 옳은 것은?

활 동	활동별 제조간접원가	원가동인	총원가동인 수
작업준비	₩325,000	준비횟수	650회
기계작업	₩637,500	기계작업시간	12,750시간
재료처리	₩80,000	재료처리횟수	200회

① ₩290,000
② ₩300,000
③ ₩310,000
④ ₩320,000
⑤ ₩330,000

해설 활동별 제조간접원가배부율
횟수당 작업준비원가 : ₩325,000 ÷ 650회 = ₩500
시간당 기계작업원가 : ₩637,500 ÷ 12,750시간 = ₩50
횟수당 재료처리원가 : ₩80,000 ÷ 200회 = ₩400
제품 X의 총제조간접원가
(235회 × ₩500) + (2,930시간 × ₩50) + (90회 × ₩400) = ₩300,000

05 활동기준원가계산을 적용하는 ㈜시대는 두 종류의 제품 A, B를 생산하고 있다. 활동 및 활동별 전환(가공)원가는 다음과 같다. 500단위의 제품 B를 생산하기 위한 직접재료원가는 ₩150,000, 재료의 가공을 위해 소요된 연마작업 부품수는 300단위, 조립작업 조립시간은 1,000시간이다. 이렇게 생산한 제품 B의 단위당 제조원가가 ₩760이라면, 제품 B를 생산하기 위한 선반작업의 기계회전수로 옳은 것은?

활 동	원가동인	배부율
선반작업	기계회전수	회전수당 ₩150
연마작업	부품수	부품당 ₩200
조립작업	조립시간	시간당 ₩50

① 200회
② 300회
③ 800회
④ 1,000회
⑤ 1,200회

해설 제품 B의 총제조원가
= 500단위 × ₩760 = ₩150,000 + 기계회전수(X) × ₩150 + 300단위 × ₩200 + 1,000시간 × ₩50
∴ X = 800회

PART 09 CVP분석

제3과목 회계학개론-원가회계

1 CVP분석

1. CVP분석의 의의

(1) 원가(Cost), 조업도(Volume), 이익(Profit)과의 관계에서 조업도의 증감이 원가와 이익에 미치는 영향을 분석하는 기법이다.

(2) 기업의 경영계획 수립, 가격정책 결정, 판매전략 수립 등에 유용하다.

2. CVP분석의 기본가정 22 기출

(1) 원가와 수익의 행태는 결정되어 있고, 조업도의 관련범위 내에서는 선형을 이룬다.

(2) 모든 원가는 변동비와 고정비로 분리할 수 있다.

(3) 조업도만이 수익과 원가에 영향을 미치는 유일한 요인이다.

(4) 단위당 판매가격은 판매량과 관련없이 일정하다.

(5) 조업도에 해당하는 제품의 생산량과 판매량은 동일하다(재고량 불변).

(6) 단일종류의 제품을 생산하여 판매하는 것으로 가정한다.

(7) 발생주의에 의한 분석이다.

3. CVP분석의 개념 18 23 기출

(1) 기본 산식
  ① 총수익 = 단위당 판매가격 × 판매량
  ② 총비용 = 변동원가 + 고정원가 = 단위당 변동원가 × 판매량 + 고정원가

(2) 공헌이익 25 기출
  ① 공헌이익 = 매출액 - 변동비 = (변동비 + 고정비 + 이익) - 변동비 = 고정비 + 이익
  ② 단위당 공헌이익 = 단위당 판매가격 - 단위당 변동비

(3) 공헌이익률

① 공헌이익률 = $\dfrac{공헌이익}{매출액}$ = $\dfrac{(매출액 - 변동비)}{매출액}$ = $1 - \dfrac{변동비}{매출액}$ = $1 -$ 변동비율

② 변동비율 = $\dfrac{변동비}{매출액}$ = $\dfrac{단위당\ 변동비}{단위당\ 판매가격}$

③ 공헌이익률 + 변동비율 = 1

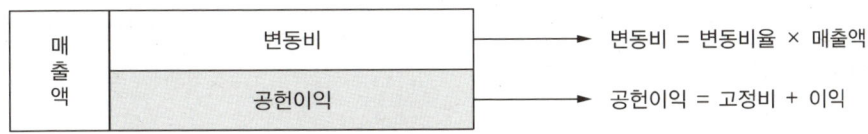

4. 손익분기점

매출액과 총원가가 일치하여 영업이익이 '0'이 되는 매출시점을 말한다.

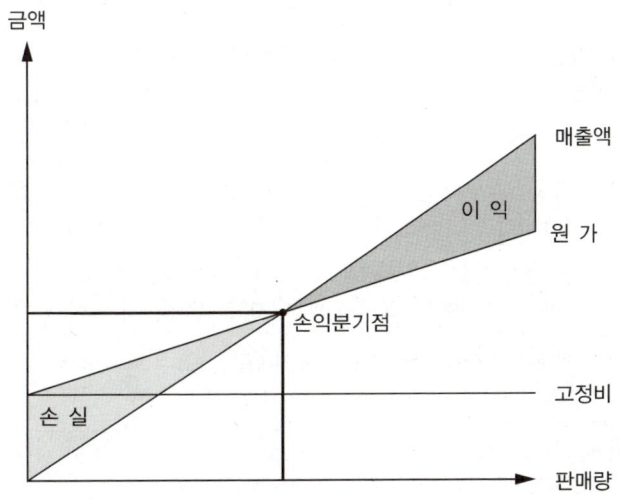

(1) 손익분기점 산식

① 매출액 = 변동비 + 고정비

② 공헌이익 = 고정비

(2) 손익분기점 매출액과 매출수량 23 기출

① 매출액 = $\dfrac{고정비}{1 - \dfrac{변동비}{매출액}}$ = $\dfrac{고정비}{1 - 변동비율}$ = $\dfrac{고정비}{공헌이익률}$

② 매출수량 = $\dfrac{고정비}{단위당\ 판매가격 - 단위당\ 변동비}$ = $\dfrac{고정비}{단위당\ 공헌이익}$

5. 영업레버리지도 24 기출

(1) 기업의 영업이익이 매출액이 변화할 때 얼마나 민감하게 반응하는지를 보여주는 지표이다. 매출액이 변화할 때 영업이익의 변화를 보여주는 지표이다.

(2) 영업레버리지도 = $\dfrac{\text{영업이익의 변화율}}{\text{매출액의 변화율}} = \dfrac{\text{공헌이익}}{\text{영업이익}} = \dfrac{1}{\text{안전한계율}}$

6. 안전한계

(1) 실제 또는 예정매출액이 손익분기점 매출액을 초과하는 금액을 말한다.

(2) 안전한계 = 매출액 − 손익분기점 매출액

(3) 안전한계율 = $\dfrac{\text{안전한계}}{\text{매출액}} = \dfrac{\text{영업이익}}{\text{공헌이익}}$

연습문제풀이

㈜한국은 단일제품을 생산·판매하고 있으며, 제품 단위당 판매가격은 ₩25이고 변동원가율은 60%이다. 연간 고정원가 ₩50,000일 때, CVP분석에 관한 설명으로 옳지 않은 것은?

① 공헌이익률은 40%이다.
② 손익분기점 판매량은 5,000개이다.
③ 매출액이 ₩125,000이면, 안전한계는 0이다.
④ 고정원가가 20% 감소하면, 손익분기점 판매량은 20% 감소한다.
⑤ 법인세율이 30%일 경우, 세후목표이익 ₩14,000을 달성하기 위한 판매량은 6,400개이다.

해설 ⑤ (₩10 × 판매량 − ₩50,000) × {1 − 법인세율(30%)} = ₩14,000
∴ 판매량 = 7,000
① 공헌이익률 = 1 − 변동원가율(60%) = 40%
② 제품단위당 공헌이익 = ₩25 × 40% = ₩10
₩10 × 손익분기점 판매량 − 연간 고정원가(₩50,000) = 0
∴ 손익분기점 판매량 = 5,000
③ 안전한계 = 매출액 − 손익분기점 매출액
손익분기점 매출액(₩125,000) × 40% − 고정원가(₩50,000) = 0
∴ 손익분기점 매출액 = ₩125,000
④ 제품단위당 공헌이익(₩10) × 손익분기점 판매량 − (₩50,000 × 80%) = 0
∴ 손익분기점 판매량 = 4,000(20% 감소)

정답 ⑤

PART 09 단원핵심문제

제3과목 회계학개론-원가회계

01 경영자문서비스를 제공하고 있는 ㈜한국의 손익분기점 매출액은 ₩200,000이고, 공헌이익률은 30%이다. ㈜한국이 ₩30,000의 이익을 얻기 위한 매출액은?

① ₩60,000
② ₩90,000
③ ₩180,000
④ ₩300,000
⑤ ₩360,000

해설

손익분기점매출액(₩200,000) = $\frac{\text{고정원가}}{\text{공헌이익율(30\%)}}$ ∴ 고정원가 = ₩60,000

목표이익 = 공헌이익 - 고정원가 = 매출액 × 공헌이익율(30%) - ₩60,000 = ₩30,000
∴ 매출액 = ₩300,000

02 ㈜시대의 10월 제품 판매가격과 원가구조는 다음과 같을 때 ㈜시대가 세전순이익 ₩3,000을 달성하기 위한 10월 매출액으로 옳은 것은?(단, 판매량은 생산량과 동일하며, 법인세율은 30%이다)

- 제품 단위당 판매가격 : ₩5
- 공헌이익률 : 30%
- 고정원가 : ₩15,000

① ₩60,000
② ₩70,000
③ ₩80,000
④ ₩90,000
⑤ ₩100,000

해설

세전순이익 = 매출액 × 공헌이익률 - 고정비
₩3,000 = 매출액 × 30% - ₩15,000
매출액 = ₩60,000

정답 01 ④ 02 ①

PART 09 ■ CVP분석

03 ㈜시대는 단일 제품을 생산하여 판매하고 있다. 제품의 단위당 판매가격은 ₩3,000이며, 단위당 변동제조원가는 ₩1,500이고, 단위당 변동판매관리비는 ₩500이다. 연간 고정제조간접원가는 ₩900,000이며, 고정판매관리비는 ₩600,000이 발생하였다. 목표이익 ₩4,000,000을 달성하기 위한 제품의 판매량으로 옳은 것은?

① 5,500단위
② 3,000단위
③ 3,500단위
④ 4,000단위
⑤ 4,500단위

해설

	매출액	₩3,000 × 판매량
(−)	변동비	(₩1,500 + ₩500) × 판매량
	공헌이익	= ₩1,000 × 판매량
(−)	고정비	₩900,000 + ₩600,000 = ₩1,500,000
	목표이익	= ₩4,000,000

$$\text{목표판매량} = \frac{₩900,000 + ₩600,000 + ₩4,000,000}{₩3,000 - (₩1,500 + ₩500)} = 5,500\text{단위}$$

04 CVP분석에서 고려하는 기본가정 중 옳지 않은 것은?

① 모든 원가는 고정비와 변동비(비례비)로 구분된다.
② 고정비는 관련범위 내에서 불변이다.
③ 수익과 원가의 형태는 곡선이다.
④ 생산량과 판매량은 같아서 재고 수준의 변동이 없다.
⑤ 단일종류의 제품을 생산하여 판매한다.

해설 단위당 판매가격은 판매량과 관계없이 일정하다. 따라서 수익과 원가의 형태는 직선이다.

05 손익분기점 매출액이 ₩400이며 공헌이익률은 20%일 때, 목표이익 ₩44을 달성하기 위한 총매출액으로 옳은 것은?

① ₩280
② ₩480
③ ₩560
④ ₩620
⑤ ₩640

해설 고정비 = 손익분기점매출액 × 공헌이익률 = ₩400 × 20% = ₩80
목표이익 = 공헌이익 − 고정비 = 매출액 × 20% − ₩80 = ₩44
매출액 = ₩620

06 A제품의 매출액이 ₩600,000이고, 제품 단위당 변동원가가 ₩3, 판매가격이 ₩6이다. 고정원가가 ₩150,000일 경우 안전한계로 옳은 것은?

① ₩25,000
② ₩100,000
③ ₩125,000
④ ₩275,000
⑤ ₩300,000

해설

손익분기점 매출액 : $\dfrac{₩150,000}{1 - \dfrac{₩3}{₩6}}$ = ₩300,000

안전한계 : 매출액(₩600,000) − 300,000 = ₩300,000

07 ㈜한국의 20x1년 4월 제품 A와 B에 관한 자료는 다음과 같다.

구 분	제품 A	제품 B
4월 최대 판매가능수량	1,000단위	1,500단위
단위당 공헌이익	₩30	₩36
단위당 노무시간	1시간	1.5시간

4월 최대 노무시간이 1,900시간일 때, 달성할 수 있는 최대공헌이익은?

① ₩48,000
② ₩51,600
③ ₩62,400
④ ₩63,000
⑤ ₩66,000

해설 제품 A와 B 각각의 노무시간당 공헌이익
제품 A : ₩30/1시간 = ₩30 (1순위)
제품 B : ₩36/1.5시간 = ₩24 (2순위)
4월에 최대 1,900시간의 노무시간을 사용하여 생산할 수 있는 제품 A와 B의 조합
(1순위) 제품 A 생산량 : 1,000단위(최대생산가능량)
(2순위) 제품 B 생산량 : (1,900시간 − 1,000시간)/1.5시간 = 600단위
제품 A와 B를 조합하여 생산한 경우 최대공헌이익
제품 A의 공헌이익 : ₩30 × 1,000단위 = ₩30,000
제품 B의 공헌이익 : ₩36 × 600단위 = ₩21,600
달성가능한 최대공헌이익 = ₩30,000 + ₩21,600 = ₩51,600

PART 10 투자중심점의 성과평가

1 투자중심점의 성과평가

1. 투자수익률(ROI)

기업의 목표를 투자수익률로 한 다음, 이를 결정하는 재무요인을 체계적으로 관찰해서 문제가 발생되는 재무요인을 중점적으로 통제하는 방법이다.

(1) 투자수익률 계산식

$$투자수익률 = \frac{순이익}{영업자산(투자액)}$$
$$= \frac{순이익}{매출액} \times \frac{매출액}{영업자산}$$
$$= 매출액이익률 \times 자산회전율$$

(2) 의사결정
① 투자안 채택 : 신규 투자안(투자 후)의 투자수익률 ≥ 투자 전 투자수익률
② 투자안 기각 : 신규 투자안(투자 후)의 투자수익률 < 투자 전 투자수익률

(3) 투자수익률의 유용성
① 수익성비율인 매출액순이익률과 활동성비율인 총자산회전율을 결합한 것으로, 양 측면을 동시에 분석 가능하며 기업의 경영성과와 문제점을 기업 전체적인 입장에서 종합적으로 평가한다.
② 기업의 경영자나 종업원의 업적평가 및 통제에 유용하다.
③ 투자수익률과 이에 관계된 모든 재무요인을 하나의 그림으로 표현하여 한눈에 쉽게 이해가 가능하다.

(4) 투자수익률의 단점(준최적화)

개별 투자중심점 입장에서는 최적의 의사결정이지만 그 의사결정이 회사 전체의 입장에서는 최적의 의사결정이 아닌 경우 준최적화 문제가 발생하며, 잔여이익으로 보완한다.

2. 잔여이익률(RI)

(1) 잔여이익

투자중심점이 사용하는 영업자산으로부터 획득해야 하는 최소한의 이익을 초과하는 영업이익이다.

(2) 잔여이익률 계산식

> 잔여이익 = 이익 − 투자액으로부터 벌어들여야 하는 최소한의 이익
> = 이익 − 투자액 × 최소요구수익률(부가이자율 or 내재이자율)
> = 투자액 × (투자수익률 − 최소요구수익률)

(3) 의사결정 [24] 기출

① 투자안 채택 : 신규 투자안의 잔여이익 ≥ 0, 투자 후 잔여이익 ≥ 투자 전 잔여이익
② 투자안 기각 : 신규 투자안의 잔여이익 < 0, 투자 후 잔여이익 < 투자 전 잔여이익

(4) 잔여이익의 유용성

① 투자수익률에서 나타나는 목표불일치의 문제를 해결한다.
② 사업위험을 반영하여 성과평가한다(요구수익률에 반영).

(5) 잔여이익의 한계

① 투자규모가 다른 사업부의 성과를 서로 비교하면 성과가 왜곡된다.
② 투자의사결정과 성과평가의 일관성이 결여된다.

3. 경제적 부가가치(EVA)

(1) 경제적 부가가치

① 기업가치는 미래현금흐름에 의하여 결정되며 성과평가를 위한 측정치도 현금흐름을 강조해야 한다는 관점에서 사용한다.
② 비재무적측정치는 고려하지 않으며 현금, 영업이익, 주주를 중시한다.

(2) 경제적 부가가치 계산식 [23] 기출

> 경제적 부가가치 = 세후영업이익 − 타인자본비용 − 자기자본비용
>   = 영업이익 × (1 − 세율) − 가중평균자본비용 × 투하자본
>   = (투하자본수익률 − 가중평균자본비용) × 투하자본
> ① 투하자본 = 이자비용이 발생하는 부채 + 자기자본
>   = 비유동부채 + 자기자본
>   = 유동자산 + 비유동자산 − 무이자 유동부채
> ② 투하자본수익률 = 세후영업이익/투하자본
> ③ 가중평균자본비용 = 타인자본비용 × (1 − 세율) × $\dfrac{타인자본}{(타인자본 + 자기자본)}$ + 자기자본비용 × $\dfrac{자기자본}{(타인자본 + 자기자본)}$

(3) 경제적 부가가치의 유용성

① 타인자본비용뿐만 아니라 자기자본비용도 고려한다.
② 투자의사결정에 유용하다.

(4) 경제적 부가가치의 한계

① 자기자본비용 산정에 어려움이 있으며 재무적 성과만 고려한다.
② 정확한 경제적 부가가치 계산 시 수정항목이 많다.

PART 10 단원핵심문제

제3과목 회계학개론-원가회계

01 자기자본이익률(ROE ; Return On Equity)로 옳은 것은?

① 총자본이익률 ÷ 총자본회전율
② 매출액순이익률 ÷ 자기자본비율
③ 매출액순이익률 ÷ 총자본회전율
④ 총자본이익률 ÷ 자기자본비율
⑤ 총자본회전율 ÷ 자기자본비율

해설

$$\text{자기자본이익률} = \frac{\text{당기순이익}}{\text{자기자본}} = \frac{\text{당기순이익}}{\text{총자본}} \times \frac{\text{총자본}}{\text{자기자본}}$$

$$= \frac{\text{당기순이익}}{\text{총자본}} \div \frac{\text{자기자본}}{\text{총자본}}$$

$$= \frac{\text{총자본이익률}}{\text{자기자본비율}} \left(\leftarrow \frac{\text{수익성비율}}{\text{레버리지비율}} \right)$$

02 총자산이익률(ROA ; Return On Assets)로 옳은 것은?

① 매출액순이익률 × 총자산회전율
② 매출액순이익률 ÷ 총자본회전율
③ 총자본회전율 ÷ 매출액순이익률
④ 자기자본이익률 ÷ 자기자본비율
⑤ 자기자본비율 ÷ 자기자본이익률

해설

$$\text{총자산이익률} = \frac{\text{당기순이익}}{\text{총자산}} = \frac{\text{당기순이익}}{\text{매출액}} \times \frac{\text{매출액}}{\text{총자산}}$$

$$= \text{매출액순이익률} \times \text{총자산회전율}$$

정답 01 ④ 02 ①

03 기업의 투자수익률(ROI) 및 자기자본이익률(ROE)에 대한 설명으로 옳지 않은 것은?

① 순이익이 일정한 상태에서 총자본이 증가하면 ROI는 감소한다.
② 매출액순이익율이 일정한 상태에서 총자본회전율이 증가하면 ROI는 감소한다.
③ 자기자본비율이 일정한 상태에서 ROI가 증가하면 ROE도 증가한다.
④ ROI가 일정한 상태에서 자기자본비율이 증가하면 ROE는 감소한다.
⑤ ROI와 자기자본비율이 일정하다면 총자본이 증가하더라도 ROE는 변동하지 않는다.

해설 ② ROI = 총자본이익률 = 매출액순이익률 × 총자본회전율

① ROI = 총자본이익률 = $\dfrac{당기순이익}{총자본}$

③·④·⑤ ROE = $\dfrac{ROI}{자기자본비율}$

04 ㈜시대의 ROI가 6%이고, 부채비율이 0.5라면 이 기업의 자기자본이익률으로 옳은 것은?

① 3%   ② 4%
③ 6%   ④ 9%
⑤ 12%

해설 ROE = $\dfrac{총자본이익률}{자기자본비율}$ = $\dfrac{ROI}{자기자본비율}$ 에서

자기자본비율 = $\dfrac{자기자본}{총자본}$ = $\dfrac{1}{1+0.5}$ = $\dfrac{2}{3}$

∴ ROE = $\dfrac{0.06}{2/3}$ = 9%

05 ㈜시대의 당기순이익이 ₩400, 매출액이 ₩1,000이고 총자본회전율이 50%라면 ㈜시대의 ROI로 옳은 것은?

① 0.8%   ② 2%
③ 4%   ④ 8%
⑤ 20%

해설 ROI = $\dfrac{당기순이익}{총자본}$ 에서

총자본회전율 = $\dfrac{매출액}{총자본}$ = $\dfrac{₩1,000}{총자본}$ = 50%

총자본 = ₩2,000

∴ ROI = $\dfrac{₩400}{₩2,000}$ = 20%

03 ② 04 ④ 05 ⑤ 정답

참고문헌

◉ 경영학
- 권우주, All in 권우주 경영학, 박문각
- 김성만, 마케팅관리론, 도서출판 다올
- 김성영·라선아, 마케팅론, 한국방송통신대학교 출판부
- 김성영, 워크북 마케팅론, 한국방송통신대학교 출판부
- 김성일, CMC논술 마케팅관리론, 도서출판 지식공간
- 김영한·김지인, 앱 마케팅, 더난출판
- 독학학위연구소, 독학사 1단계 경영학개론, 시대고시기획
- 신유근, 경영학원론, 다산출판사
- 안광호·하영원·박흥수, 마케팅 원론, 학현사
- 알 리스·잭 트라우트(박길부 역), 마케팅 불변의 법칙, 십일월출판사
- 은하출판사 편집국, 마케팅론, 은하출판사
- 이유재, 서비스마케팅, 학현사
- 이유재·허태학, 고객만족을 넘어 고객가치를 경영하라, 21세기북스
- 임창희, 경영학원론, 학현사
- 장경재, 경영학 콘서트(복잡한 세상을 지배하는 경영학의 힘), 비즈니스북스
- 전수환, 경영학, 세경
- 최용식, 경영학원론, 창민사
- 최중락, 경영학개론, 법문사
- 필립 코틀러(윤훈현 역), 마케팅관리론, 석정
- 홍승희, 경영학, 갈라파고스

◉ 회계학개론
- 김상운 외, 알기쉬운 회계원리, 세학사
- 백태영, 원가회계, 신영사
- 오정화, 회계학 기출플러스, 에스티유니타스
- 이효익 외, IFRS 회계원리, 신영사
- 정형록 외, New 원가회계, 교육과학사
- 차동준, 핵심 원가회계, 경영과회계
- 한국채택국제회계기준(K-IFRS), 한국회계기준원(www.kasb.or.kr)
- 허홍석, 회계학, KG패스원

경영지도사와 함께 취득하면 좋은 자격증

분야	도서명	가격
경영지도	경영지도사 1차 한권으로 끝내기	50,000원
	경영지도사 2차 마케팅 한권으로 끝내기	44,000원
서비스경영	CS리더스관리사 한권으로 끝내기	36,000원
	CS리더스관리사 적중모의고사 900제	29,000원
	유선배 SMAT Module A 비즈니스 커뮤니케이션 합격노트	17,000원
	유선배 SMAT Module B 서비스 마케팅·세일즈 합격노트	17,000원
	유선배 SMAT Module C 서비스 운영전략 합격노트	17,000원
빅데이터	빅데이터분석기사 필기 한권으로 끝내기	37,000원
	빅데이터분석기사 실기(R) 한권으로 끝내기	35,000원
	파이썬 한권으로 끝내기	31,000원
	빅데이터분석기사 실기 R 심화	45,000원

※ 상기 도서의 이미지와 가격은 변경될 수 있습니다.

www.sdedu.co.kr

현직 전문가가 보장하는
시대에듀의 합격 솔루션!

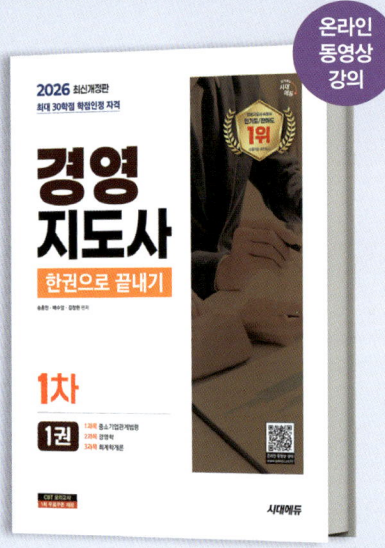

경영지도사 1차 한권으로 끝내기

- ▶ 현직 경영지도사의 출제경향 분석과 합격비법
- ▶ 최신 기출경향+개정법령 완벽반영
- ▶ 한권으로 정리한 과목별 핵심이론
- ▶ 단원핵심문제로 전과목 완전공략
- ▶ 최종모의고사+최신기출문제로 실전대비
- ▶ 유료 온라인 동영상 강의교재

경영지도사 2차 마케팅 한권으로 끝내기

- ▶ 현직 경영지도사의 집필로 전문성을 높인 이론 구성
- ▶ 5개년 기출문제로 실전 완벽대비
- ▶ 단기완성을 위한 과목별 핵심이론
- ▶ [부록] 핵심용어+한방에 파악하는 체크포인트 제공

도서 구매 및 상품 문의
www.sdedu.co.kr | 1600-3600

CS리더스관리사 시험까지
시대에듀의 합격 패스로!

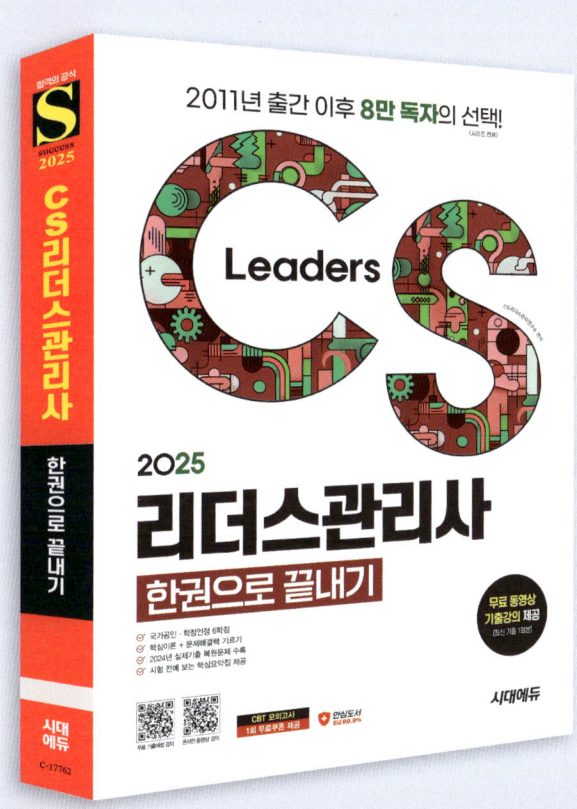

CS리더스관리사 한권으로 끝내기

▶ 국가공인/학점인정 6학점
▶ 최근 출제경향을 반영한 '핵심이론+문제해결력 기르기' 구성
▶ 시험 전에 보는 핵심요약집 제공
▶ 2024년 실제기출 복원문제 2회분 제공

※ 도서의 이미지 및 구성은 변경될 수 있습니다.

PROFILE

송홍민 경영지도사
- ▶ 경영지도사(중소벤처기업부), 기술거래사(산업통상자원부)
- ▶ 숭실대학교 일반대학원 경영학 박사 수료(마케팅 전공)
- ▶ 중앙대학교 경영전문대학원 경영학 석사(마케팅 전공)
- ▶ 현) 중소벤처기업부·산업통상자원부·과학기술정보통신부 기술개발지원사업 평가위원
- ▶ 현) 창업진흥원 예비창업·초기창업·창업도약 패키지 전담멘토
- ▶ 현) 기술보증기금 기술경영컨설팅 전문위원
- ▶ 현) 소상공인시장진흥공단 희망리턴패키지 전담PM
- ▶ 현) 중소기업유통센터 마케팅지원사업 전문선정위원
- ▶ 현) 서민금융진흥원·서울신용보증재단 자영업컨설턴트
- ▶ 전) 부천대학교 비서사무행정과, 동양미래대학교 겸임교수
- ▶ 전) 미래창조과학부 대한민국 기술사업화 전문위원
- ▶ 전) 특허청 2017~2019년 국제발명전시회 심사위원
- ▶ 전) (주)한독약품 신사업추진실 실장, (주)대웅제약 마케팅팀 팀장

배수암 경영지도사
- ▶ 건국대학교 경영학과 졸업
- ▶ 한양대학교대학원 기계플랜트공학과(프로젝트관리전공) 졸업
- ▶ 13회 경영지도사 1·2차 동차 합격(재무관리)
- ▶ 기술거래사, 창업보육전문매니저, PMP, 투자자산운용사, 증권투자상담사, 파생상품투자상담사, 세무회계2급, 방수기능사
- ▶ 중소기업기술정보진흥원, 정보통신기획평가원, 한국인터넷진흥원, 경기도경제과학진흥원, 용인시산업진흥원, 경기도시장상권진흥원, 중소기업유통센터, 코레일유통, 장애인기업종합지원센터, 한국장애인개발원 등 평가위원

김창헌 경영지도사
- ▶ 경영지도사(재무관리), 창업보육전문매니저
- ▶ 서울시립대학교 경영학과 졸업
- ▶ 서울과학종합대학원 글로벌리더십 MBA 석사
- ▶ 헬싱키 경제대학 Executive MBA 석사
- ▶ 현) 트레저헌터 경영관리 팀장
- ▶ 전) 롯데정보통신 재경팀
- ▶ 전) 솔트룩스 재무팀장

국가 전문자격 취득을 위한 단기합격의 길!
경영지도사 강의도 시대에듀!

※ 본 강의는 유료로 진행되며, 자세한 정보는 시대에듀 홈페이지를 참고하시길 바랍니다(www.sdedu.co.kr).
※ 상품명 및 강의 구성은 변경될 수 있습니다.

동영상 강의 바로가기

끝까지 책임진다! 시대에듀!
QR코드를 통해 도서 출간 이후 발견된 오류나 개정법령, 변경된 시험 정보, 최신기출문제, 도서 업데이트 자료 등이 있는지 확인해 보세요!
시대에듀 합격 스마트 앱 을 통해서도 알려 드리고 있으니 구글 플레이나 앱 스토어에서 다운받아 사용하세요.
또한, 파본 도서인 경우에는 구입하신 곳에서 교환해 드립니다.

편집진행 박종옥·강한결 | **표지디자인** 조혜령 | **본문디자인** 장성복·김기화

시험안내 INFORMATION

● 경영지도사(CMC ; Certified Management Consultant)

「중소기업진흥에 관한 법률」 제47조 및 동법 시행령 제43조와 다른 법령 등에 의거하여 중소기업 경영문제에 대한 종합진단(경영컨설팅)과 기업 경영상의 인사·조직·노무 및 사무관리, 재무관리 및 회계, 생산, 유통관리·수출입업무 등 마케팅에 대한 진단·지도 자문, 상담, 조사, 분석, 평가, 확인, 대행 등 법적기능을 수행하는 국가 전문자격

● 시험정보

관련부처	중소벤처기업부
시행기관	한국산업인력공단
접수방법	Q-net 경영지도사 또는 기술지도사 자격시험 홈페이지(www.q-net.or.kr)를 통한 인터넷 접수
합격기준	매 과목 100점을 만점으로 하여 매 과목 40점 이상, 전 과목 평균 60점 이상 득점한 자

● 취득 시 우대사항

❶ 학점은행제 최대 30학점 인정
❷ 공공기관 채용 가산점 부여
❸ 농협 및 기업은행 등 채용 우대
❹ ROTC 경리장교 임관 시 우대

※ 자세한 내용은 시행처나 관련 기관에 문의하시길 바랍니다.

● 시험일정

구 분	접수기간	시험일정	합격자 발표
1차 시험	3월 10일~3월 14일	4월 12일	5월 14일
2차 시험	6월 9일~6월 13일	7월 5일	9월 30일

※ 2026년 시험일정은 아직 발표되지 않은 관계로 2025년 시험일정을 수록하였습니다.
※ 자세한 내용은 큐넷 홈페이지(www.q-net.or.kr)를 확인하십시오.

🔹 시험과목 및 방법

구 분	교 시	입실시간	시험시간	시험과목	시험방법
1차 시험	1교시	09:00	09:30~11:35 (125분)	• 중소기업관계법령 • 회계학개론 • 경영학 • 기업진단론 • 조사방법론 • 영어(공인어학성적 제출로 대체)	객관식 5지택일형 (과목당 25문항)
2차 시험	1교시	09:00	09:30~11:00 (90분)	지도 분야별로 1교시에 1과목씩 총 3과목	과목당 6문항 (논술형 2문항, 약술형 4문항)
	2교시	11:20	11:30~13:00 (90분)		
	3교시	13:50	14:00~15:30 (90분)		

※ 회계 관련 문제는 한국채택국제회계기준(K-IFRS)을 적용하여 출제됩니다.
※ 2025년 자격시험 시행내용을 바탕으로 작성되었습니다.

🔹 응시자 및 합격자 현황

구 분		2020년	2021년	2022년	2023년	2024년
1차 시험	대상(명)	1,063	1,179	453	579	589
	응시(명)	524	811	340	402	402
	합격(명)	216	288	105	172	212
	합격률(%)	41.22	35.50	30.88	42.79	52.73
2차 시험	대상(명)	1,527	1,544	1,267	1,152	1,231
	응시(명)	1,079	1,039	907	884	958
	합격(명)	323	220	220	236	158
	합격률(%)	29.94	21.10	24.25	26.69	16.49

이 책의 차례 CONTENTS

제4과목 기업진단론

- 01 기업진단 … 3
- 02 경영분석 … 24
- 03 재무비율분석 … 38
- 04 비용구조분석 … 63
- 05 질적 경영분석 … 76
- 06 기업부실 예측 … 96

제5과목 조사방법론

- 01 조사방법론의 시작 … 115
- 02 조사방법론의 순서 요약 … 135
- 03 조사설계 … 146
- 04 자료수집방법 결정 … 206
- 05 표본설계 … 233
- 06 시 행 … 252
- 07 분석 및 활용 … 261

부록

최종모의고사
- 01 최종모의고사 … 291
- 02 정답 및 해설 … 329

최신기출문제
- 01 2025년 기출문제 … 347
- 02 정답 및 해설 … 386

제 4 과목 | 기업진단론

PART 01 기업진단
PART 02 경영분석
PART 03 재무비율분석
PART 04 비용구조분석
PART 05 질적 경영분석
PART 06 기업부실 예측

우리가 해야할 일은 끊임없이 호기심을 갖고 새로운 생각을 시험해보고
새로운 인상을 받는 것이다.

– 월터 페이터 –

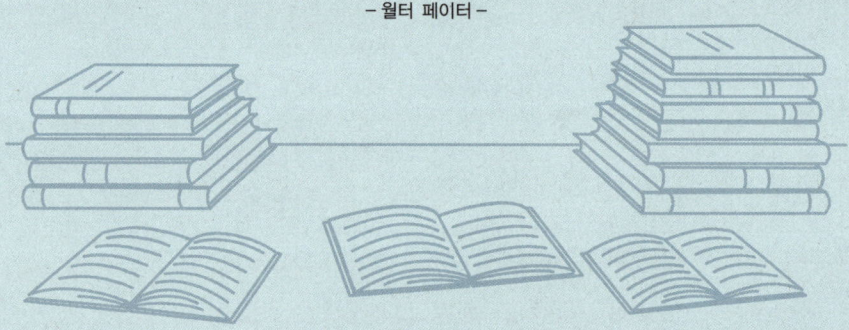

PART 01 기업진단

제4과목 기업진단론

체크포인트

경영진단은 기업진단 혹은 경영지도라고도 불린다. 경영진단은 조사작업으로부터 시작되는데 수진기업체와 진단내용에 관해 진단계약을 맺고 조사활동을 개시한다. 이 조사가 끝나면 진단과정으로 들어가, 조사결과를 분석하여 수진기업에 대한 개선 및 권고안을 작성한다. 이것이 곧 진단활동이다. 마지막으로 수진기업 진단결과의 실시상황을 점검하는 활동으로 진단결과의 실행을 의미하며, 특히 미국 경영 컨설턴트의 경우, 실행에 의해 수진기업에 실제로 이익을 가져오게 하는 점을 중요시한다.

1 기업의 본질

1. 기업의 특징과 이해

(1) 기업의 특징

기업은 국민경제를 구성하는 기본 단위로, 기업의 목적은 영리 추구이다. 기업진단은 기업을 대상으로 하기 때문에 기업에 대한 이해가 선행되어야 한다. 기업의 특징은 다음과 같다.

① 소유와 경영이 분리되어 있다.
② 영리 추구가 목적이다.
③ 기업은 독립적이며 개별적이다.
④ 기업은 타인자본과 자기자본을 갖고 있으며 기업가치를 극대화하고자 한다.
⑤ 기업은 사회가 필요로 하는 재화 또는 서비스를 생산, 배급하는 경제적 조직의 단위이므로 소비경제의 단위인 정부·가계와 구별된다.

(2) 기업의 이해

기업은 특정 목적을 위해 형성된 조직으로 여러 이해관계자들이 상호작용하는 집단이다. 그리고 기업은 하나의 시스템으로써 공통의 목표를 달성하기 위해 상호유기적으로 연결된 조직체이다. 이러한 기업은 부적합한 환경에서는 소멸하는 특성을 가지고 있으므로 수시로 기업진단이 필요하고 그에 따라 적절한 대비를 하여야 한다.

(3) 기업 성장의 조건 25 기출

① 제품 판매가격이 원가보다 높아야 이윤을 창출한다.
② 새로운 제품을 개발할 수 있는 능력이 있어야 한다.
③ 제품 사용가치가 제품 가격보다 커야 한다.
④ 투입한 자원보다 더 큰 부가가치를 생산해야 하며, 생산성이 매년 높아져야 한다.

2. 기업의 형태 19 기출

합명회사는 무한책임사원들로만 구성되어 있고, 합자회사는 무한책임사원과 유한책임사원으로 구성되어 있는 기업형태이다.

구 분	인적회사		물적회사	
해당회사	합명(합자)회사	유한책임회사	주식회사	유한회사
최저자본금	무제한	무제한	무제한	무제한
회사신용	사원개인의 신용과 재산	회사의 재산	회사의 재산	회사의 재산
사원의 책임	직접, 연대, 무한	간접, 유한	간접, 유한	간접, 유한
회사재산의 독립성	약 함	강 함	강 함	강 함
사원의 수	소 수	소 수	다 수	다 수
청산방법	임의청산, 법정청산	법정청산	법정청산	법정청산
의사결정	대부분 전원일치	인원에 의한 다수결	대부분 지분율에 의한 다수결	

기출문제분석

주식회사에 관한 설명으로 옳지 않은 것은? 2014년

① 주식회사의 최고의사결정기구는 주주총회이다.
② 주주는 기업의 소유주로 무한책임을 진다.
③ 주식회사는 대규모 자금을 효과적으로 조달할 수 있는 기업의 한 형태이다.
④ 주식의 양도에 의해 소유권 양도가 비교적 용이하다.
⑤ 인적 결합보다는 자본 결합이 중요하다.

해설 주주는 기업의 소유주로 유한책임을 진다.

정답 ②

2 기업진단의 의의 21 22 23 기출

1. 기업진단(Management Consulting)의 정의

(1) 의 의

기업진단이란 기업경영의 비효율성을 시정하고 건전한 기업의 지속가능한 성장을 위해 전문가인 제3자 (경영지도사 및 기술지도사 등)에게 기업의 실태를 조사·분석하게 하고 그에 따른 문제점을 개선하기 위해 권고·지도하는 것을 말한다. 일반적으로 기업진단은 예비진단·본진단·권고·사후지도의 순서로 진행된다.

(2) 기업진단의 특징

① 기업진단의 목적은 다양한 이해관계자들의 욕구를 충족시키는 것이다.
② 기업진단은 각 경영부문의 진단을 단순 종합하는 것이 아닌 경영전반에 대하여 종합적으로 진단하는 분야를 말한다.
③ 기업진단은 경영전반을 진단, 권고, 지도하는 것이다.

2. 기업진단의 목표

기업실태를 분석하여 이상 징후를 발견하고, 원인을 분석하여 미래 모델을 수립하고, 합리적인 개선책을 제시하여 기업의 가치를 상승시키는 것이다.

(1) 기업진단의 필요성

① 기업의 문제점을 정확하게 진단하고 처방하기 위함이다.
② 자사의 외부적 환경과 내부적 역량을 객관적으로 진단하기 위함이다.
③ 진단결과를 경영에 적극 반영하여 기업의 성과 창출에 기여하기 위함이다.
④ 기업의 경영을 개선하기 위함이다.

(2) 기업진단의 효과

① 기업의 경영자 및 관리자에게 정보를 제공한다.
② 기업에 전문 인력을 활용하게 된다.
③ 기업전략 및 경영실태에 대한 전문적 조언을 받을 수 있다.
④ 기업의 내부 강점 및 약점을 파악하여 기업 내 시스템을 개선하게 된다.
⑤ 기업진단을 통하여 관리자와 구성원의 훈련 및 개발의 기회가 된다.

3 기업진단 범위 및 절차

1. 기업진단의 범위

종합진단과 부문진단으로 구분된다. 종합진단은 기업활동의 전체적 관점에서 수행하는 기업진단이며 부문진단은 임금의 적정성 진단, 품질관리 개선, 공정개선 진단 등 특정부문의 진단을 의미한다.

2. 기업진단의 대상 17 23 24 25 기출

종합관리, 인사조직, 판매관리, 생산관리, 구매조직, 재무조직, 생산성 관리 분야로 나누어지며 이는 상호유기적으로 보완하면서 경영활동을 형성한다.

- 종합관리 분야 : 경영자, 경영목표, 경영이념, 경영전략, 경영조직, 경영계획, 내부통제 등
- 인사조직 분야 : 노무조직, 임금관리, 노사관계, 인간관계, 채용 및 승진제도 등
- 판매관리 분야 : 판매계획, 판매조직, 시장조사, 가격관리, 판매경로, 판매시장 조사방법 등
- 생산관리 분야 : 생산조직, 생산계획, 공정관리, 작업관리, 설비관리 등
- 구매관리 분야 : 구매관리, 구매시장조사, 재고통제, 구매조직, 재료공급계획 등
- 재무관리 분야 : 장부관리, 회계제도, 원가관리, 예산통제, 표준원가 계산제도 등
- 생산성관리 분야 : 노동생산성, 자본생산성, 토지생산성 등

(1) 경영전략 분야

① 경영이념, 비전, 목표가 명확히 정립되었는가?
② 자사의 강점·약점, 기회, 위협요인은 잘 파악되었으며 대응방안을 가지고 있는가?
③ 중·장기 경영전략 및 단기 경영전략은 수립, 관리되고 있는가?
④ 경영혁신을 지속적으로 하고 있는가?
⑤ 기업전략, 사업전략, 기능전략이 충분히 일관성 있게 추진되고 있는가?
⑥ 사무자동화는 기업의 장·단기 목표에 맞추어 추진되고 있는가?
⑦ 국제화 및 세계화의 흐름에 적절히 대응하고 있는가?
⑧ 종업원들이 경영전략의 내용을 충분히 인지하고 있는가?
⑨ 경쟁우위를 확보하기 위한 경쟁전략을 갖추고 있는가?
⑩ 경영환경을 미래지향적으로 파악하고 있는가?

[실무에서 주로 사용되는 경영전략 체크리스트]

No.	항 목	Yes	No
1	전략목표는 비교적 간단명료한가?		
2	전략목표는 과감하게 잡혀 있는가?		
3	전략목표는 장기적인 기업의 목표와 일관되게 연결되어 있는가?		
4	외부환경에서 자사와 관련된 기회와 위협 요인을 도출하고 있는가?		
5	각종 분석기법을 고객, 경쟁자, 산업변화에 대한 이해를 얻기 위한 도구로써 전략적 의미를 도출하고 있는가?		
6	경영전략과 그 실행계획을 매년 검토하는가?		
7	전략개발을 위해 자신의 시간을 포함하여 경영자원의 배분을 지속적으로 추적하고 있는가?		
8	전략의 실행계획과 그 성공여부를 파악할 수 있는 척도를 지속적으로 추적하고 있는가?		
9	전략의 성공적 실행을 위한 커뮤니케이션은 체계적으로 고안하여 발표하고 실행되고 있는가?		

(2) 인사조직 분야

① 기업이 경영규모나 특성에 맞는 조직구조를 가지고 있는가?
② 업무처리의 책임과 권한이 명확하게 설정되어 있는가?
③ 건전한 기업문화가 형성되어 있는가?
④ 숙련된 종업원을 보유하고 있는가?
⑤ 임금, 복리 후생은 적절히 하고 있는가?
⑥ 종업원의 근로의욕은 높은가?
⑦ 동반자적인 노사관계를 유지하고 있는가?
⑧ 산업재해를 방지하기 위한 안전대책 및 관리가 이루어지고 있는가?
⑨ 승진 및 승급이 공정하게 이루어지고 있는가?
⑩ 종업원들에 대한 동기부여 프로그램은 적절히 진행되고 있는가?
⑪ 종업원 능력개발을 위한 교육프로그램은 갖추어져 있는가?
⑫ 장·단기 인사조직 전략은 정립되어 있는가?
⑬ 각 조직은 상호 협력하에 운영되고 있는가?
⑭ 조직구조는 단순화되고 유연한가?

(3) 재무관리 분야

① 기업의 장·단기 재무전략을 수립하고 있는가?
② 적정한 재고 수준을 유지하고 있는가?

> **학습포인트**
> 재고 수준은 생산관리라고 판단하기 쉽지만 재무관리 분야의 체크포인트이다. 재고자산을 과다하게 보유하게 되면 현금흐름이 좋지 않게 되므로 기업 재무관리 성과에 악영향을 줄 수 있기 때문이다.

③ 외부금융(타인자본)을 효율적으로 활용하고 있는가?

> **더 알아보기 기업의 자금조달**
> 기업은 자기자본(자본)과 타인자본(부채)으로 자금을 조달하여 자산을 구매해 영업활동을 한다. 부채를 사용하면 이자비용이 발생하며, 이 이자비용은 일반적으로 고정비용이다. 법인세를 고려할 경우 이자비용의 절세효과로 인하여 부채의 사용이 증가할수록 일반적으로 기업가치가 증가한다(Modigliani – Miller의 자본구조 수정이론). 하지만 부채를 과다하게 사용한다면 파산위험 및 고정비용이 증가하므로 부채를 효율적으로 활용하여야 한다.
> 수익성이 있는 신규 투자안의 투자자금을 조달하는 경우 기존 주주의 부를 극대화하기 위해서는 투자자금을 내부 유보자금, 부채, 신주발행의 순으로 조달해야 한다. 부채로 자금을 조달한 경우 이자비용만을 채권자에게 지급하면 되지만, 신주발행의 경우 기존 주주의 지분비율이 하락하여 기업의 이익을 기존 주주와 신규 주주가 나눠야 하기 때문이다.

④ 회계자료는 기업의 경영전략을 수립하고 경영활동을 계획하는 데 적절히 활용되고 있는가?
⑤ 제로베이스 예산제도(Zero Base Budgeting)가 운영되고 있는가?

> **더 알아보기 제로베이스 예산제도**
> 전년도 예산을 기준으로 예산을 편성하는 경우 예산은 매년 증가하게 된다. 이러한 관행을 탈피하고자 하는 것이 제로베이스 예산제도의 주요 목적이다. 제로베이스 예산제도는 과거의 예산은 완전히 무시하고 모든 사업을 원점에서 재평가하여 우선순위를 결정하고, 이에 따라 매년 새로이 예산을 편성하는 제도이다. 제로베이스 예산제도의 장점은 기업의 가용자원을 효율적으로 배분할 수 있고, 추진 중인 사업에 대해 지속적으로 평가할 수 있다는 것이다. 단점은 모든 사업을 재검토, 재평가하는 것은 현실적으로 불가능하고, 많은 시간과 비용이 소요된다는 것이다.

⑥ 자금 계획에 맞게 자금관리가 적절하게 이루어지고 있는가?
⑦ 충분한 사업성 검토 후 사업에 대한 투자가 이루어지고 있는가?
⑧ 자기 신용관리를 해나감으로써 회사의 신용도를 높이기 위한 노력을 하고 있는가?
⑨ 재무구조는 안정적으로 유지되고 있는가?
⑩ 회계제도가 합리적으로 운영되고 있는가?
⑪ 재무전문가를 기업에서 확보·육성하기 위한 노력을 하고 있는가?

(4) 생산관리 분야

① 장·단기 생산전략을 수립하고 있는가?
② 공정관리가 생산 및 가공의 흐름 분석에 의해 적절하게 이루어지고 있는가?
③ 기술개발 및 기술혁신을 위한 투자가 이루어지고 있는가?
④ 설계-구매-제조-출하 등 관련부서 간 상호 협력이 이루어지고 있는가?
⑤ 생산현장의 각종 로스(Loss)를 줄이기 위한 IE 개념이 실시되고 있는가?

> **더 알아보기**   **IE(Industrial Engineering)**
>
> 기업을 운영하기 위해서는 사람, 재료, 기계, 설비, 자금 및 에너지 등이 필요하다. 이러한 자원이 효율적으로 운영될 수 있도록 개선하고 종합적인 시스템으로 관리할 수 있게 하는 학문이다.

⑥ 품질, 원가, 납기의 3대 목표달성을 위해 노력하고 있는가?
⑦ 생산계획은 기간별로 구체화되고 적절히 진도관리가 이루어지고 있는가?
⑧ 자재구매는 생산계획에 맞게 체계적으로 운영되고 있는가?
⑨ 외부조달은 생산계획에 맞게 체계적으로 운영되고 있는가?
⑩ 공정분석에 의해 기계 및 설비배치가 적절히 이루어지고 있는가?
⑪ 적절한 운반구가 구비되고 운반이 효율적으로 이루어지고 있는가?
⑫ 설비보전 시스템은 잘 구동되고 있는가?
⑬ ISO 9000, 14000 시리즈 등 국제 품질 규제에 적절히 대응하고 있는가?

> **더 알아보기**   **ISO(International Organization for Standardization)**
>
> 1946년에 창설된 국제표준화기구로 각국의 규격을 조정·통일하고, 물자와 서비스의 국제적 교류를 유도하며, 과학적·경제적 협력을 증진하는 것이 주요 목적이다.
>
> | | |
> |---|---|
> | ISO 9000 | 품질 무결점을 통한 고객만족을 목적으로 하고, 공급자의 품질시스템을 인증기관이 평가하여 조직의 품질보증 능력을 인증해 주는 제도이다. ISO 9000 인증을 받은 기업은 국제시장에 진출이 용이하며 고객의 신뢰성을 높일 수 있다. |
> | ISO 14000 | 조직의 환경경영시스템을 실행, 개선, 보증하고자 할 때 적용하는 국제규격이다. 조직이 단순히 해당 환경법규나 국제기준을 준수했는지를 평가할 뿐만 아니라 경영활동 전 단계에 걸쳐 환경방침, 추진계획, 실행 및 시정 조치, 경영자 검토, 지속적 개선들의 포괄적인 환경경영도 실시하고 있는지를 평가한다. |

⑭ 품질관리는 100PPM(100만개당 100개 이하의 불량 목표)이 실시되고 있는가?
⑮ 생산현장에서 3정 5S가 적절히 실시되고 있는가?

더 알아보기 — 3정(定) 5S

3정	정위치 (定位置)	• 각 물건을 두는 위치를 알기 쉽도록 미리 정해둔다. • 장소 표시와 번지 표시로 나눈다.
	정품 (定品)	• 정위치에 정품이 놓여 있어야 한다. • 품목 표시 : 둔 물건 자체가 무엇인가를 나타낸다. • 품목 표시를 떼어 낼 수 있도록 간판의 기능을 유지한다. • 위치 변경이 가능하도록 한다.
	정량 (定量)	• 정위치에 정품이 정량으로 확보되어 있어야 한다. • 적치장과 선반의 크기를 제한한다. • 최대 재고량과 최소 재고량을 확실히 명시한다. • 한눈에 수량을 알 수 있도록 놓는다.
5S		• 정리(Seiri) : 필요한 물품과 필요 없는 물품을 구별해 불필요한 물품은 처분하는 것 • 정돈(Seiton) : 필요한 것을 언제든지 필요한 때 꺼내어 사용할 수 있도록 해두는 것 • 청소(Seisohu) : 먼지나 쓰레기, 더러움 등이 없는 상태를 만드는 것 • 청결(Seiketsu) : 직장을 위생적으로 하여 작업환경을 향상시키는 것 • 습관화(Shitsuke) : 결정된 사항과 표준을 준수해 나가는 태도를 몸에 익히는 것

⑯ 작업분석, 동작분석에 의한 과학적 작업관리가 실시되고 있는가?
⑰ 숙련된 기능공을 확보·육성하고 있는가?
⑱ 공장자동화가 기업의 장·단기적 목표 아래 추진되고 있는가?
⑲ 생산 현장에서 리드타임을 최소로 줄이기 위한 노력들이 시행되고 있는가?
⑳ 핵심기능을 최저원가로 생산하기 위하여 VE 개념이 실시되고 있는가?

더 알아보기 — VE(Value Engineering, 가치공학)

가치공학은 제품의 기능과 품질은 유지하면서 비용을 극소화하거나 같은 비용으로 기능을 개선하는 것을 말한다. 가치공학의 활동 대상은 제품뿐만 아니라 절차, 공정, 서비스 등에도 적용된다. 산업공학은 제조공정에 중점을 둔 순수한 엔지니어링이라면, 가치공학은 일종의 분석 프로세스로 제조공정 외에도 관심을 둔다.

(5) 마케팅 분야

① 장·단기의 마케팅 전략이 수립, 진행되고 있는가?
② 고객의 니즈(Needs)변화에 적절히 대응하고 있는가?
③ 촉진을 위한 광고, 인적판매, 판매촉진, PR, 직접마케팅 전략을 가지고 있는가?
④ 4P MIX 전략은 적절하게 이루어지고 있는가?

> **더 알아보기** 4P(Product, Price, Place, Promotion)
>
> 마케팅 목표를 달성하기 위하여 여러 가지 방법들을 효율적으로 사용하는 것을 마케팅 믹스라 한다. 전통적인 마케팅 믹스는 4P로 Product(제품), Price(가격), Place(유통), Promotion(촉진)을 말한다. 최근에는 4P가 한계를 보이자 4C가 대안으로 등장하였다. 4C는 Customer Value(고객가치), Cost to Customer(고객비용), Convenience(편리성), Communication(커뮤니케이션)이다.

⑤ 고객만족 내지 고객감동을 위한 마케팅 전략이 구비되어 있는가?
⑥ 안정적인 시장과 고객을 확보하고 있는가?
⑦ 경쟁, 기회, 자원 등을 고려해 볼 때 마케팅 목적은 적절한가?
⑧ 시장분석과 시장조사가 적절히 이루어지고 있으며 변화에 대응하고 있는가?
⑨ 국내외 경쟁사에 대한 강점, 약점 등이 분석되어 적절한 대응 방안을 갖추고 있는가?
⑩ 마케팅 부서와 구매, 생산, 재무 등 부서와의 상호 협력은 잘 이루어지고 있는가?
⑪ 적절한 가격전략을 가지고 있는가?
⑫ 제품믹스와 제품수명주기에 따른 전략적 관리가 이루어지고 있는가?
⑬ 판매원의 판매능력을 향상시키기 위한 인적판매전략을 갖추어져 있는가?
⑭ 신제품개발에 적극적인 노력을 기울이고 이에 따른 성과가 나타나고 있는가?
⑮ 고객과의 물류채널은 적절하게 확보되어 있는가?

> **기출문제분석**
>
> 기업진단을 위해 각 경영부문별 조사·분석해야 할 내용으로 옳은 것은?
>
> ① 구매 – 재료공급계획, 내부통제
> ② 생산 – 생산조직, 예산통제
> ③ 판매 – 판매계획, 내부통제
> ④ 인사 – 경영목표, 품질관리
> ⑤ 재무 – 예산통제, 재무분석
>
> **해설** 구매에서는 내부통제를 할 수 없고, 생산에서는 예산통제를 할 수 없으며, 판매에서는 내부통제를 할 수 없고, 인사에서는 품질관리를 분석할 수 없다.
>
> **정답** ⑤

3. 기업진단의 일반적 절차 22 기출

(1) 진단신청
기업진단은 진단을 희망하는 기업의 진단신청으로부터 시작한다.

(2) 예비조사
진단신청에 이후 문제에 대한 상황을 파악하기 위해 예비조사를 실시한다. 문제에 대한 탐색을 통해서 가설을 세우는 전단계라고 할 수 있다.

(3) 진단계획
수진기업과 진단계약을 체결하는 단계로서 이는 예비조사에 의해 진단한 문제점과 규모를 바탕으로 상담을 통해 진행된다.

(4) 본진단
본진단에 들어가면 기업전반 또는 각 부문의 여러 문제점을 조사·분석하며, 그 결과가 권고서 작성을 위한 자료가 된다. 본진단은 기업의 실정을 파악하기 위해 조사를 진행하고 자료를 분석·연구하여 문제점과 원인을 파악하며, '조사'와 분석연구 단계인 '진단' 두 과정으로 나누어진다.

(5) 개선권고
본진단의 결과 기업에 대한 문제점을 분석한 후 개선안을 권고한다. 일반적으로 서면에 의해 진단권고서를 전달한다.

(6) 실시지도
권고가 구체적으로 어떠한 방법으로 시행되는 것이 효과적인가를 조언·지도해 주는 과정이다.

[기업진단절차]

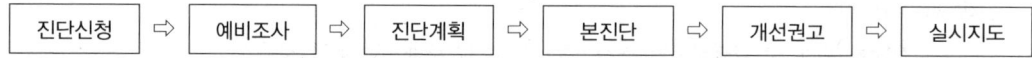

진단신청 ⇨ 예비조사 ⇨ 진단계획 ⇨ 본진단 ⇨ 개선권고 ⇨ 실시지도

기출문제분석

기업진단 시 기업분석 과정의 순서를 올바르게 나열한 것은? `2013년`

> ㄱ. 분석방법의 결정 ㄴ. 분석목적의 명확화
> ㄷ. 자료의 수집   ㄹ. 한계점과 처방전 제시
> ㅁ. 예비분석 실시   ㅂ. 본분석 실시

① ㄱ-ㄴ-ㄷ-ㅁ-ㄹ-ㅂ
② ㄱ-ㄷ-ㅁ-ㄴ-ㅂ-ㄹ
③ ㄴ-ㄱ-ㄷ-ㅁ-ㅂ-ㄹ
④ ㄴ-ㄱ-ㅁ-ㄷ-ㄹ-ㅂ
⑤ ㄴ-ㄷ-ㄱ-ㅁ-ㅂ-ㄹ

해설 기업진단 시 기업분석 과정은 '분석목적의 명확화 → 분석방법의 결정 → 자료의 수집 → 예비분석 실시 → 본분석 실시 → 한계점과 처방전 제시' 순이다.

정답 ③

경영부문별 기업진단 분야의 연결이 옳은 것을 모두 고른 것은? `2024년`

> ㄱ. 판매 – 판매시장조사, 판매촉진
> ㄴ. 재무 – 예산통제, 자금계획
> ㄷ. 생산 – 공정관리, 품질관리
> ㄹ. 인사·노무 – 작업관리, 재무분석

① ㄱ, ㄴ   ② ㄴ, ㄷ
③ ㄷ, ㄹ   ④ ㄱ, ㄴ, ㄷ
⑤ ㄱ, ㄷ, ㄹ

해설 인사·노무 부문은 노무조직, 임금관리, 노사관계, 채용, 승진제도 등을 수행한다.

정답 ④

4 경영진단의 이해

1. 경영진단(Management Consulting)

(1) 의 의
기업경영에 문제가 생기거나 기업의 장래 발전방향을 확인하기 위해 외부 전문가에게 의뢰하는 진단을 경영진단이라 한다. 일정한 원칙하에 경영활동을 계량적, 비계량적으로 분석·평가하고 경영상 문제점을 발견하여 이를 개선, 권고, 지도하는 일련의 과정을 지칭하며, 영리 기업뿐만 아니라 비영리 단체까지 포함하는 포괄적인 개념이다.

(2) 경영진단의 특징
① 경영진단은 기업의 경영 및 경영활동을 대상으로 한다.
② 경영진단은 계량적·비계량적인 것을 불문하는 포괄적 진단을 실시한다.
③ 경영진단에서 비계량적인 것은 심리적 분석, 행동과학적 분석, 환경대응적 분석 등을 의미한다.
④ 경영진단은 경영상의 결함을 발견하고 개선하며 이에 따른 권고 및 지도를 실시하는 것이다.

2. 기업진단과 경영진단

구 분	기업진단	경영진단
공통점	경영현장을 분석하여 결함을 발견하고 개선대책을 수립, 권고, 지도	
차이점	기업 대상	영리 조직 + 비영리 조직 대상

(1) 공통점
기업진단 또는 경영진단의 목적은 경영현장을 분석하여 그 결함을 발견하고 개선대책을 수립하여 권고 및 지도하는 데 있다.

(2) 차이점
경영진단의 대상은 기업에 한정하지 않고 비영리 조직을 포함해 광범위하게 경영이 이루어지고 있는 곳 전부가 진단의 대상이 되는 반면에, 기업진단의 대상은 기업이 된다.

3. 기업진단과 경영분석 ⌞17⌟ ⌞18⌟ ⌞25⌟ 기출

구 분	기업진단	경영분석
공통점	경영상 문제점을 해결하기 위한 실제적 접근	
차이점	특수 목적	일상적 부분
	정량분석 + 정성분석	주로 정량분석이 대부분

(1) 공통점
기업진단과 경영분석은 이론적 측면보다는 기업 생산성 향상 및 경영합리화를 위해 경영상 결함이나 문제점을 지적하여 이를 개선하기 위한 실제적인 측면이 강하다는 공통점을 가지고 있다.

(2) 차이점
① 경영분석은 기업경영상 어려움이 발견되지 않는 부분에 대해서도 진단이 이루어지는 데 비하여 기업진단은 기업의 결함이 예측되거나 발생되었을 때 또는 특수 목적을 위해 진단을 실시한다.
② 기업진단의 범위는 경영분석에 비해 넓은 편이다. 경영분석의 대상이 되는 자료는 대부분 질적 자료보다 양적인 자료 즉, 정량분석 자료인 데 반해 기업진단은 경영부문별 종합관리에 대한 계량적인 자료 외에도 경영이념, 경영조직, 경영자 등 관련된 정성적 자료들까지도 포괄적으로 다루게 된다.

기출문제분석

경영진단 원칙에 관한 설명으로 옳지 않은 것은? ⌞2025년⌟

① 문제점을 명확하게 파악하고, 그 해결에 초점을 맞추어야 한다.
② 여러 조직, 기능, 활동의 균형을 중요시해야 한다.
③ 계속기업 가정 하에 계속실체로서 진단되어야 한다.
④ 일반적인 추상론을 바탕으로 보편적인 특성에 맞게 수행되어야 한다.
⑤ 전체를 대상으로 진단하는 태도가 필요하다.

해설 경영진단을 추상적으로 진행해서는 안 되고, 구체적이고 실천 가능한 분석을 통해 조직의 문제를 해결해야 한다.

정답 ④

4. 경영진단의 목적

(1) 경영활동의 결함 발견
기업은 이윤 추구를 목적으로 한다. 따라서 기업의 수익성에 방해되는 요소를 제거하고 경영활동의 결함을 발견하는 것이다.

(2) 재무관리 개선책의 권고
기업의 수익성은 결국 재무관리 능력과 일맥상통한다. 따라서 재무안정성, 재무유동성 등의 균형을 유지하도록 개선책을 권고하여야 한다.

(3) 경영전반의 진단
경영진단은 재무 분야뿐만 아니라 인사, 생산, 마케팅, 조직 등 전반에 걸친 경영상의 결함을 진단하여 개선책을 권고하는 것이 목적이다.

5. 경영진단의 접근방법

> **학습포인트**
> 경영진단의 접근방법의 종류는 객관식 문제로 출제될 수 있으므로 그 내용을 알아 두자.

(1) 종합적 접근방법
경영학뿐만 아니라 인접학문과의 유기적 연관성을 종합적으로 검토하는 접근방법을 말한다. 종합적 접근방법과 관련해 경영학의 인접학문은 경제학, 회계학, 법학, 심리학, 사회학, 수학, 통계학 등이 있다.

(2) 시스템적 접근방법(유기적 접근방법)
경영을 하나의 유기적 시스템으로 보는 관점으로, 시스템이란 각각 독립하여 일정한 기능을 갖는 몇 개의 부분 또는 요소가 서로 유기적으로 연동하며 전체로써 특정한 목적 또는 방향으로 일치되는 행동을 일으키는 통일된 하나의 체계를 뜻한다.

(3) 징후적 접근방법
기업이 도산할 시 그 직전 또는 상당기간 전부터 여러 가지 전조 증상(징후)이 나타나는데, 이러한 형상이 반드시 순서를 거쳐서 체계적으로 나타나는 것은 아니다. 즉, 기업 도산은 눈에 보이게 조금씩 발생하기보다는 외관상 갑자기 발생하는 경우가 일반적이다.

(4) 인과적 접근방법

업무활동을 포함한 경영시스템에 있어서 어떠한 원인이 어떠한 결과를 초래하는가에 관한 것이다. 다시 말하면, 경영의 실패 또는 기업의 도산에 대한 원인과 결과를 파악하여 경영진단의 중요한 판단자료로써 경영진단을 수행하는 방법을 의미한다.

(5) 상황적 접근방법

어떠한 상황일 경우 어떤 진단을 해야 한다는 상황 대응적인 경영진단 자세에 관한 연구를 말한다.

(6) 사회생태학적 접근방법

기업의 생산활동으로 이윤을 얻는 것과 더불어 생태적 균형을 파괴하지 않는 것이 중요해졌으며 기업은 자연환경뿐만 아니라 사회에 큰 영향을 주기 때문에 사회생태학적 접근방법의 중요성이 날로 커지고 있다.

> **더 알아보기 지속가능한 경영(Sustainability Management)**
>
> 기업이 경영에 영향을 미치는 경제적, 환경적, 사회적 이슈들을 종합적으로 균형 있게 고려하면서 기업의 지속가능성을 추구하는 경영활동을 말한다. 기존 기업들이 전통적으로 중요시하던 매출과 이익 등 재무적 성과뿐 아니라 윤리, 환경, 사회문제 등 비재무성과에 대해서도 함께 고려하는 경영을 통해 기업가치를 지속적으로 향상시키려는 경영기법을 의미한다.

> **기출문제분석**
>
> **경영진단의 접근방법이 아닌 것은?** 2013년
> ① 유기적 접근법
> ② 징후적 접근법
> ③ 인과적 접근법
> ④ 시스템적 접근법
> ⑤ 정치적 접근법
>
> **해설** 정치적 접근법은 기업의 경영진단 접근방법이 아니다.
>
> **정답** ⑤

6. 기업진단의 자료 18 20 22 23 기출

(1) 질적자료와 양적자료

① 질적자료 : 계량화가 불가능, 주관적인 속성, 주로 비회계자료
② 양적자료 : 계량화가 가능, 객관적인 속성, 주로 회계자료(재무제표)

(2) 1차 자료와 2차 자료
  ① 1차 자료 : 조사자가 직접 수집한 자료, 수집비용이 상대적으로 비쌈
  ② 2차 자료 : 다른 조사자가 이미 수집 및 정리한 자료, 수집비용이 상대적으로 저렴함

> **기출문제분석**
>
> 경영분석을 하기 위해 필요한 자료에 관한 설명으로 옳지 않은 것은? 　　　　　　2023년
> ① 회계자료에는 재무제표와 증권시장자료가 포함된다.
> ② 비회계자료에는 경제관련자료와 경제분석 통계자료가 포함된다.
> ③ 질적자료는 경영자의 능력, 제품의 질 등 주관적 속성을 지닌 자료이다.
> ④ 양적자료는 손익계산서, 재무상태표 등 계량적 속성을 지닌 자료이다.
> ⑤ 1차 자료는 분석자가 직접 수집한 자료를 말한다.
>
> **해설** 증권시장자료는 비회계자료이다.
>
> **정답** ①

PART 01 단원핵심문제

제4과목 기업진단론

01 기업의 형태에 대한 설명으로 옳지 않은 것은?

① 인적회사는 합명, 합자, 유한책임 회사가 대표적인 형태이다.
② 합명회사는 무한책임사원으로 구성된다.
③ 수정전략단계이다.
④ 주식회사는 대규모의 자금을 조달하기 좋은 형태이다.
⑤ 유한회사의 의사결정은 다수결에 의한다.

해설 　유한회사의 의사결정은 지분율에 의한 다수결에 의한다.

02 경영분석의 목적으로 옳지 않은 것은?

① 예산통제
② 경영전략
③ 내부통제
④ 업무계획의 수립
⑤ 경쟁기업과의 비교 분석

해설 　경영분석의 목적은 기업의 경영전략을 계획·관리하는 데 필요한 정보를 얻고 원인을 규명하는 것이다. 예산통제는 경영분석의 목적이 아니다.

03 생산현장의 5S로 옳지 않은 것은?

① 표준화
② 정 리
③ 습관화
④ 정 돈
⑤ 청 결

해설 　5S는 정리, 정돈, 청소, 청결, 습관화이며, 업무의 능률향상을 위한 활동이다.

정답 　01 ⑤　02 ①　03 ①

04 기업진단의 목적으로 옳지 않은 것은?

① 기업경영층에게 경영계획 및 관리방법을 조언한다.
② 기업의 실태를 조사 분석하여 금융기관 투·융자 참고자료로 활용한다.
③ 기업체의 경영 및 기술측면의 문제점을 찾아 개선책을 권고한다.
④ 기업체의 각 관리부분에 대한 국제 표준의 적정여부를 검토한다.
⑤ 향후 신사업 분야에 대한 투자 전략을 제시한다.

해설 기업진단은 기업의 현 상태를 파악하는 것이지 신사업 분야에 대한 투자 전략을 제시하지는 않는다.

05 기업진단에 대한 설명으로 옳지 않은 것은?

① 기업에서의 이상 징후를 발견하고 이에 대한 치료의 방안을 제시하는 경영지도 중의 하나이다.
② 경영분석을 위한 재무제표 분석이 기업진단의 전부이다.
③ 각 경영부문의 진단을 종합적인 관점에서 경영상태를 파악하는 것이다.
④ 일반적으로 기업진단은 진단전문가가 기업경영상태를 종합적으로 조사·분석하여 결함의 발견 및 합리적 방안을 제시하여 준다.
⑤ 기업진단의 목표는 전체적으로 기업의 가치를 높이는 것이다.

해설 재무제표 분석은 양적 분석의 일부분이고, 경영분석은 질적 분석을 포함하는 포괄적인 개념이다.

06 기업진단 시 질적 분석의 평가항목으로 옳지 않은 것은?

① 제품의 구성
② 기업의 경영전략
③ 경영혁신
④ 인적자원개발
⑤ 종업원의 생산성

해설 종업원의 생산성은 양적 분석의 평가항목에 해당한다.

07 질적 기업분석의 항목으로 옳지 않은 것은?

① 경영자나 종업원 등 인적자원에 대한 분석
② 주주, 채권자, 정부, 공급자, 수요자, 지역사회 등 기업의 이해관계자 집단에 대한 분석
③ 기업 내 자산규모 분석
④ 산업 내에서의 기업의 위치 분석
⑤ 노사관계 분석

> 해설 기업 내 자산규모 분석은 객관적 회계자료로, 양적 분석에 해당한다.

08 경영분석에서 내부분석의 주체로 옳은 것은?

① 금융기관 ② 증권분석 전문기관
③ 신용평가 전문기관 ④ 소비자
⑤ 경영자

> 해설 경영분석에서 경영전략을 수립하려는 내부분석의 주체는 경영자를 의미한다.

09 질적 분석과 양적 분석에 관한 설명으로 옳지 않은 것은?

① 재무분석에서 비계량적 자료는 분석자의 주관이 많이 개입되기 때문에 계량적인 회계자료 분석에 국한해야 한다.
② 산업구조 분석은 해당 산업의 경쟁강도를 결정짓는 구조적 경쟁요인을 분석하는 것이다.
③ 재무제표 수치 이면에 자산과 부채가 지니는 질적 능력을 추가로 분석하면 재무융통성을 보다 적절히 평가할 수 있다.
④ 산업분석은 기본적 분석, 산업구조 분석, 제품수명주기 분석 등을 통해 수행된다.
⑤ 경영자의 능력을 평가하기 위해서는 경영자가 기업의 생산, 판매 관리에 관하여 얼마나 적절한 의사결정을 할 수 있는가 하는 것 이외에도 경영철학, 경영진 구성, 경영진 평판 등을 고려해야 한다.

> 해설 계량적인 회계자료뿐만 아니라 환경, 경쟁상태 등 비계량적인 자료도 재무분석에 필요하다.

정답 07 ③ 08 ⑤ 09 ①

10 경영분석의 범위 중 재무분석의 범위로 옳지 않은 것은?

① 경영자 능력 분석
② 재무제표 분석
③ 투자수익률(ROI) 분석
④ 레버리지(Leverage) 분석
⑤ 수익성 분석

해설 재무분석은 정량적 분석으로, 경영자 능력과 같은 비회계적 자료는 분석하지 않는다.

11 기업의 질적 분석 대상이 되는 비재무적 요소에 관한 설명으로 옳지 않은 것은?

① 매출액 성장성
② 노사관계
③ 국제경쟁력
④ 기업체 업력
⑤ 경영자의 마인드

해설 매출액 성장성은 계량화된 재무적 요소이다.

12 인사·노무관리 진단 분야로 옳지 않은 것은?

① 복리후생범위 설정
② 직장규율 확립 계획
③ 산업훈련
④ 시장조사 및 공정관리
⑤ 직무시간 및 직무관리

해설 시장조사 및 공정관리는 생산관리 분야에 해당하므로 인사·노무관리 분야에 해당하지 않는다.

13 경영분석에서 활용되는 비회계자료로 옳지 않은 것은?

① 증권시장자료
② 경제관련자료
③ 경영분석 통계자료
④ 인터넷자료
⑤ 포괄손익계산서

해설 재무제표의 하나인 포괄손익계산서는 계량화가 가능한 회계자료이다.

정답 10 ① 11 ① 12 ④ 13 ⑤

14 부문별 경영분석 대상범위와 목적을 연결한 내용으로 옳지 않은 것은?

① 인사조직 - 활동성　　② 마케팅 - 성장성
③ 생산관리 - 생산성　　④ 연구개발 - 통제성
⑤ 재무활동 - 유동성

해설　연구개발은 통제성이 아니라 제품화 가능성이다.

15 진단결과를 종합하여 작성하는 권고 보고서의 작성원칙으로 옳지 않은 것은?

① 논리적 정서성　　② 제시문제의 구체적 명확성
③ 시스템적 간결성　　④ 개선방향의 포괄성
⑤ 제안의 실현 가능성

해설　권고 보고서에는 개선방향을 명확하게 제시해야 한다.

16 재무관리 부문의 세부 진단 착안사항으로 옳지 않은 것은?

① 자금조달 및 운영 합리성 진단　　② 자금수지계획의 타당성 진단
③ 판매조직과 판매예측의 진단　　④ 회계처리의 타당성 진단
⑤ 재무관리 전반에 대한 진단

해설　판매관리 분야에서 판매조직 및 판매예측을 진단한다.

17 전통적 경영분석의 한계점을 보완한 현대적 경영분석의 특징으로 옳지 않은 것은?

① 경영분석은 의사결정을 위한 하위시스템의 하나로 파악한다.
② 경영분석을 위해 기업관련 자료를 광범위하게 활용한다.
③ 기업의 회계자료를 이용하여 과거와 현재의 재무상태와 경영성과를 파악함으로써 미래를 예측한다.
④ 경영분석을 위해 계량적·통계적 분석방법을 활용한다.
⑤ 기업규모 확대와 자본시장 개방, 다양한 이해관계자의 요구에 부응하기 위해 분석방법이 다양화되고 있다.

해설　기업의 회계자료만을 이용하는 것은 전통적 경영분석 방법이다.

정답　14 ④　15 ④　16 ③　17 ③

PART 02 경영분석

제4과목 기업진단론

1 경영분석의 이해

1. 경영분석(Business Analysis)의 의의 [17][18][19][20][21][22][23] 기출

(1) 경영분석의 정의

① 기업의 회계자료(재무제표 등) 및 기업과 관련된 자료를 기초로 기업의 과거와 현재의 경영성과 및 재무상태를 판단하고, 미래의 기업상태를 예측하여 경영 의사결정에 유용한 정보를 제공하기 위한 분석이다.

② 전반적인 경영활동의 효율성을 판단하기 위한 분석이므로 회계자료와 기타 계량화된 자료뿐만 아니라 비계량적인 질적자료들도 포함된다. 비계량적인 질적자료들에는 경쟁상태, 환경, 품질, 경영자의 자질 및 능력 등이 포함된다.

③ 경영분석은 재무제표 분석과 재무분석보다 광범위한 내용을 분석한다.

(2) 경영분석의 범위

① 재무제표 분석은 재무상태표나 손익계산서 등의 재무제표를 분석하고, 기업의 재무상태와 경영성과를 분석하는 데 초점을 맞추고 있다.

② 재무분석은 재무제표 등의 회계자료 이외에도 기업과 관련된 기타 모든 계량적 자료들(주가, 거래량 등의 주식시장자료, 시장점유율, 제품불량률 등)을 분석하여 의사결정에 도움이 되는 정보를 제공하는 것을 목적으로 한다.

[경영분석의 범위]

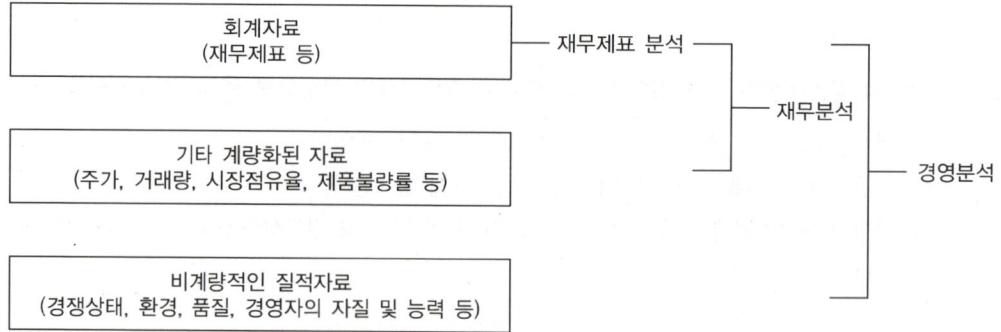

2. 경영분석의 목적과 분석 대상 19 22 23 24 25 기출

(1) 목 적

경영분석은 채권자, 경영자 등의 기업을 둘러싼 이해관계자들이 의사결정을 보다 합리적으로 내리는 데 필요한 정보를 제공하는 것을 그 목적으로 하고 있다.

(2) 분석 대상

경영분석은 다양한 주체에 의해 이루어지는데, 경영분석의 목적과 분석 대상은 분석 주체별로 조금씩 다르다.

이해관계자	목 적
경영자	경영계획 수립과 경영 의사결정을 위한 기초자료 획득
금융기관	자금차입자의 원리금 지급능력 판단
주 주	투자정보를 획득하고 투자 여부 판단
신용평가기관	일반 투자자에게 투자정보를 제공
기업 인수합병 전문가	인수대상기업의 가치평가 정보를 획득
회계감사인	주주와 이해관계자에게 재무상태 및 경영성과를 공시
세무당국	과세 적정성과 탈세 여부를 판단

3. 경영분석의 주체

(1) 내부분석(Internal Analysis)

① 경영자가 경영관리 차원에서 필요한 정보를 얻기 위한 목적으로 수행하는 경영분석을 의미하며 각종 의사결정에서 요구되는 정보를 얻는 데 그 목적이 있다. 다시 말해, 경영자는 기업경영 차원에서 장기 경영계획의 수립 및 기업 내부통제 등에 관한 의사결정을 내릴 때 그 의미가 있다.

② 목 적 19 기출
  ㉠ 경영계획 수립 및 기업 내부상황의 통제를 위한 정보 수집
  ㉡ 기업가치 극대화를 위한 경영전략 수립 목적의 정보 수집
  ㉢ 거래처 신용분석, 경쟁기업 분석, 인수대상기업의 분석 등의 대외적인 업무 수행
  ㉣ 자금 조달 방법 및 투자사업 선정 등을 위한 정보 수집

③ 내부분석의 특징
  ㉠ 자사의 강·약점 및 상대적 비교우위 파악
  ㉡ 경영전략이나 장기 경영계획 수립에 필요한 정보 수집
  ㉢ 자금 조달 방법 및 투자 결정에 요구되는 정보 수집
  ㉣ 거래처의 신용분석, 경쟁기업의 분석, 인수대상기업의 분석 등을 포함

(2) 외부분석(External Analysis) 17 18 20 기출

① 기업 외부의 이해관계자들이 각자 그 목적에 따라 행하는 경영분석을 의미하며 금융기관, 신용평가기관, 투자자, 증권분석기관, 거래처, 행정기관 등이 외부 이해관계자에 포함된다.

② 외부 이해관계자별 경영분석

이해관계자	중점요소
금융기관 및 신용평가기관	기업의 신용도 평가, 신용분석, 자금조달 능력, 수익성, 종합 경영력, 담보력, 신용평점 등에 중점
증권분석기관 및 투자자	내재가치를 평가하여 투자에 필요한 정보를 획득하고 배당능력, 미래수익 창출능력, 사업의 위험도, 기업가치 등에 중점
거래처	단기채무지급능력 및 부도가능성에 대한 정보를 획득하고 거래처의 수익성 및 성장성, 경쟁기업의 강점과 약점 등에 중점
정부 및 행정기관	조세부담 능력 평가 및 각종 경제정책 수립하며 산업구조분석 및 담세능력 파악, 탈세 방지에 중점
소비자 및 거래처	소비자는 기업으로부터 구매제품 보증이나 원활한 A/S 제공 등과 관련하여 해당기업의 경영분석 정보 필요
기타 분석자	경쟁사, 노조, 외부감사인, 환경단체, 언론기관, 환경보호 단체, 학계 및 연구기관 등

기출문제분석

경영분석의 주체와 주요 목적을 연결한 것으로 옳지 않은 것은? 2022년

① 경영자 – 경영전략 수립 및 의사결정을 위한 자료 획득
② 금융기관 – 원리금 지급능력 판단
③ 정보중개기관 – 일반 투자자에게 투자정보 제공
④ 주주 – 재무상태 및 경영성과 공시
⑤ 세무당국 – 과세 적정성과 탈세 여부 판단

해설 주주는 기업의 예상이익, 배당, 성장가능성 등을 판단하기 위해 경영분석을 실시한다.

정답 ④

경영분석을 수행하는 이해관계자와 분석목적을 연결한 것으로 옳지 않은 것은? 2024년

① 경영자 – 경영계획 및 경영전략 수립에 필요한 정보 획득
② 금융기관 – 기업의 부채 상환 능력 및 신용도 파악
③ 투자자 – 증권의 내재가치 및 위험 특성 파악
④ 고객 – 기업의 조세부담 능력 및 과세 적정성 평가
⑤ 외부감사인 – 회계처리 및 재무제표의 적정성 평가

해설 고객은 보통 제품이나 서비스의 질, 납기, 가격 등을 중시하며, 기업의 조세 부담이나 과세 적정성에는 직접적인 관심이 없다. 이는 세무당국이나 정부기관의 관심사에 가깝다.

정답 ④

2 경영분석의 방법

1. 기업경영분석의 종류 18 19 25 기출

경영분석의 종류는 분석목적과 주체, 분석목표, 분석자료, 분석방법, 상태 또는 성과에 따라 다음과 같이 분류할 수 있다.

분석목적과 주체에 의한 분류	• 외부분석	• 내부분석
분석목표에 의한 분류	• 수익성 분석 • 안전성 분석 • 생산성 분석	• 유동성 분석 • 활동성 분석 • 성장성 분석
분석자료에 의한 분류	• 손익계산서 분석 • 이익잉여금 처분계산서 • 제조원가명세서 분석	• 재무상태표 분석 • 현금흐름표 분석
분석방법에 의한 분류	• 실수법	• 비율법
상태 또는 성과에 의한 분류	• 정태적 분석	• 동태적 분석

2. 경영분석 체계 18 기출

경영분석은 실수에 의한 경영분석과 비율에 의한 경영분석으로 나눌 수 있는데 이를 정리하면 아래의 표와 같다.

실수에 의한 경영분석	차감법	–
	절하법	–
	증감법	• 비교재무상태표 • 비교손익계산서 • 비교제조원가명세서
비율에 의한 경영분석	구성비율법	• 백분율 재무상태표 • 백분율 손익계산서 • 백분율 제조원가명세서
	관계비율법	• 정태비율 • 동태비율
	표준비율법	• 자기기업의 과거비율 • 산업평균비율
	지수법	• Wall • Trant • Brichett
	추세법	• 추세재무상태표 • 추세손익계산서 • 추세제조원가명세서

3. 실수에 의한 경영분석 21 23 기출

(1) 단일법에 의한 실수분석 19 기출

① 차감법

단어 그대로 특정 대상에서 어떤 대상을 차감하는 방법으로 즉, 2개의 관련된 항목의 실수치를 비교하여 그 차이를 계산하고 그 차이의 크기에 의하여 기업의 성과 또는 상태를 판단하는 방법을 말한다.

② 절하법

절하의 사전적 의미는 화폐 가치의 수준을 낮춘다는 것으로 '내림'을 뜻하는데, 절하법도 마찬가지로 재무제표에 표시된 재무수치를 일정한 비율로 평가절하하여 그 잔액의 크기에 의하여 지급능력을 판단하는 방법을 말한다. 절하법은 근본적으로 처분가치에 의하여 기업자산을 평가하는 것이므로 기업 청산을 전제로 하는 경우와 같은 특수한 경우를 제외하고는 거의 사용되지 않는다.

③ 증감법

증감의 사전적 의미는 많아지거나 적어짐 또는 늘리거나 줄임이다. 그런 뜻으로 증감법은 2개 기간의 재무제표의 실수를 비교하여 재무제표의 움직임을 파악하고 그 원인을 규명하는 방법을 말한다. 비교재무상태표, 비교손익계산서, 비교제조원가명세서, 재무상태변동표, 자본이동표, 이익변동원인표 등이 있으며 이를 통하여 재무상태의 변화, 경영성과의 동향, 자금운용 상태를 분석할 수 있다.

④ 분기(分記)법

실수를 기초로 하여 관계되는 2개의 항목으로 수익과 비용, 수익과 자본, 경상수입과 경상지출이 일치하는 균형점에 의하여 경영성과와 재무상태를 검토·분석하는 방법을 말한다. 손익분기점 분석, 자본회수점 분석, 이익계획 분석, 레버리지 분석, 자본조달분기점 분석과 수지분기점 분석 등이 있다.

(2) 비교법에 의한 실수분석

① 비교재무상태표(Comparative Financial Statements)

한 기업의 2개 기간의 재무상태를 실수치대로 비교하여 항목별 수치의 증감변동을 산출한 열람표이며, 이를 통해 기업의 동태적인 움직임 및 추세를 파악할 수 있으나 재무구조의 변동을 파악하기는 어려우므로 이를 위해 재무상태변동표 또는 현금흐름표 등을 작성·비교하여야 한다.

② 비교손익계산서(Comparative Income Statement)

동일기업이 결합하는 2기 또는 그 이상의 손익계산서를 비교하는 형식을 기재한 것을 말한다. 각 항목의 수치 비교에 의하여 경제활동의 추이를 파악할 수 있다.

③ 비교제조원가명세서(Comparative Manufacturing Costs Statement)

상이한 2개 기간의 제조원가명세서를 한 표에 수록하여 제조원가의 각 항목의 증감변동을 표시한 일람표를 말하며 이를 통해 손익계산서의 제조원가 증감변동을 항목별로 파악할 수 있다.

④ 재무상태변동표(Statement of Changes in Financial Position)

기업재무자원의 원천과 운용 및 순운전자본의 증가 또는 감소를 명확하게 하기 위하여 당해 회계기간 중의 총재무자원의 변동상태를 표시한 재무제표를 말한다. 재무상태표는 일정 시점에서의 기업의 재무상태를 표시한 정태적 보고서이고, 손익계산서는 일정 기간 동안 기업의 순자산 흐름을 나타내는 동태적 보고서인데 비해 재무상태변동표는 일정 기간 동안에 발생한 기업의 자금흐름에 관한 정보를 나타내는 동태적 보고서이다.

⑤ 자금이동표(Statement of Variation of Funds)

기업자금의 수입·지출상황을 나타내는 표를 의미한다. 기업의 자금수지에 영향을 주는 요인은 그 기간의 손익과 재무상태표 항목의 증감에 있으므로 손익계산서와 재무상태표를 기초로 작성된다.

⑥ 현금흐름표(Statement of Cash Flow) 17 19 20 23 기출

일정 기간 동안의 기업의 현금흐름을 나타내는 표이다. 간단히 말해서 현금이 어떻게 창출되어 어디에 얼마만큼 쓰였는가를 보여주는 표라고 할 수 있다.

⑦ 이익변동원인표(Statement of Variation in Income)

기업의 수익성 평가뿐 아니라 세밀한 이익변동의 원인을 분석하기 위하여 작성된 표이며, 비교손익계산서를 통해 이익을 증가시킨 요인과 감소시킨 요인을 분류·정리하여 그 원인을 표시한 표이다.

4. 구성비율법(Ratio Method)

구성비율법은 재무상태표나 손익계산서상의 각 구성부분을 전체에 대한 백분율로 표시한 것이다. 예를 들면 손익계산서에서 매출액을 100%로 하고 매출원가·매출총이익·일반관리비·판매비·영업이익·순이익 등을 백분율로 나타낸다.

(1) 구성재무제표

① 경영규모 차이가 큰 2개 기업의 재무상태 또는 경영성과를 비교하는 데 쓰이거나 특정 기업의 기간 비교를 하는 데 쓰인다.

② 유용성
  ㉠ 재무제표의 각 항목의 상호관계를 백분율에 의한 공통의 척도로 나타냄으로써 전체를 구성하는 각 항목의 상대적 중요도를 파악하는 데 편리하다.
  ㉡ 기업 간 경영상태를 비교하거나 자기기업의 여러 기간에 걸친 기간을 비교하는 데 유용하다.

(2) 구성재무제표의 종류

백분율 재무상태표를 비롯하여 백분율 손익계산서, 백분율 제조원가명세서 등이 있다.

백분율 재무상태표	재무상태표의 대변합계와 차변합계를 각각 100%로 하고 각 구성항목을 백분율로 표시한 재무상태표
백분율 손익계산서 21 기출	매출액을 100%로 하고 매출원가, 매출총이익 등 손익계산서상의 각 항목을 백분율로 표시한 것
백분율 제조원가명세서	당기제품제조원가를 100%로 하고 재료비, 노무비, 제조간접비 등 각 요소를 백분율로 표시한 제조원가명세서

5. 관계비율법 ⑱ 기출

(1) 정태비율 ㉔ 기출
① 기업의 정태자료, 일정 시점에서 기업의 재무상태를 표시하는 재무상태표상의 관계항목 간에 얻어지는 각종 비율을 말한다.
② 정태비율에는 유동비율, 당좌비율, 현금 및 예금비율, 부채비율, 비유동비율, 비유동장기적합률 등이 있다.

(2) 동태비율 ⑰ ⑲ 기출
① 일정 기간 동안 기업의 경영성과 또는 변동사항을 관계비율로써 분석하는 방법을 말하며, 이는 손익계산서를 포함하여 기업의 동태적 자료를 중요한 분석 자료로 한다.
② 동태비율에는 자본이익률, 매출액이익률, 매출액영업이익률, 매출액순이익률, 이자보상비율 등이 있다.

(3) 활동성 관계비율 ⑰ ⑳ ㉒ 기출
① 매출액을 올리는 데 기업이 보유하고 있는 자산을 얼마나 효율적으로 운영하였는가를 측정하기 위한 비율이다. 자본운용, 자산관리의 효율성을 나타내므로 효율성 비율이라고도 하며, 이 비율은 기업의 유동자산과 고정자산 등에 대한 투자가 과대, 과소한가를 나타낸다.
② 활동성 관계비율에는 총자본회전율, 자기자본회전율, 타인자본회전율, 비유동자산회전율, 재고자산회전율, 매출채권회전율 등이 있다.

(4) 성장성 비율(Growth Ratio)
① 성장성 비율은 기업의 경영성과 및 경영규모가 얼마나 증가하였는가를 나타내는 비율로 재무제표 각 항목에 대하여 일정 기간 동안의 증가율로 측정되며, 여기에는 총자산, 매출액, 순이익 등이 있다.
② 성장성 비율에는 총자산증가율, 매출액증가율, 순이익증가율 등이 있다.

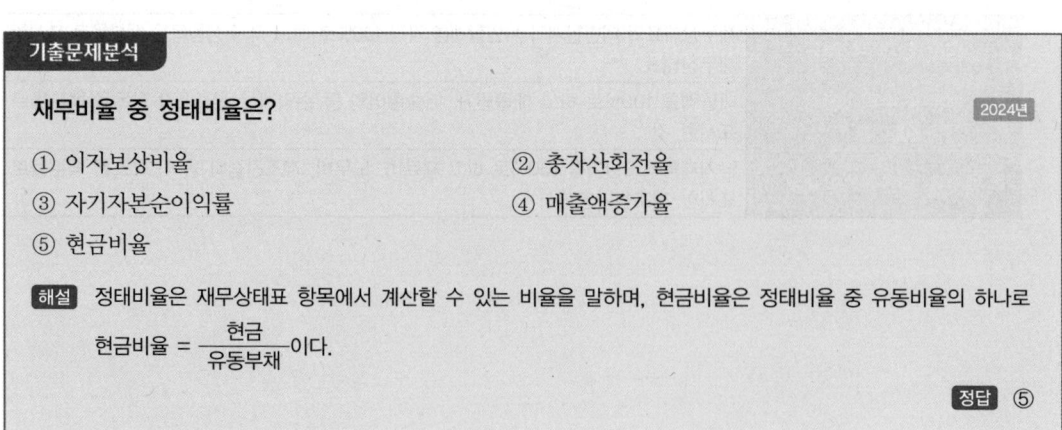

기출문제분석

재무비율 중 정태비율은? [2024년]

① 이자보상비율　　② 총자산회전율
③ 자기자본순이익률　　④ 매출액증가율
⑤ 현금비율

해설 정태비율은 재무상태표 항목에서 계산할 수 있는 비율을 말하며, 현금비율은 정태비율 중 유동비율의 하나로
현금비율 = $\dfrac{\text{현금}}{\text{유동부채}}$ 이다.

정답 ⑤

6. 표준비율법

(1) 의 의

재무비율을 이용하여 기업의 재무상태와 성과를 평가할 때 비교와 평가의 기준이 되는 재무비율을 표준비율이라 한다. 표준비율로 이용되는 재무비율은 산업평균비율, 경쟁기업의 재무비율, 경험적 비율, 과거 평균비율 등이 있다.

(2) 표준비율법의 유형 17 18 19 20 21 기출

① **산업평균비율** : 표준산업분류와 같이 일정한 기준에 따라 산업을 분류하고 그 산업에 속해 있는 모든 기업의 재무비율을 평균한 값이다. 현재 우리나라에서는 산업별 평균비율을 한국은행의 「기업경영분석」과 한국산업은행의 「기업재무분석자료」 등을 이용하여 구할 수 있다.

② **과거 평균비율** : 당해 기업의 과거 평균비율을 표준비율로 사용하는 방법으로 그 기업의 재무상태 및 경영성과의 추세를 알 수 있을 뿐만 아니라 변동원인도 파악할 수 있다.

③ **일반적인 경험비율** : 오랜 기간에 걸친 경험에 의해 얻어진 재무비율을 표준비율로 하는 방법으로 '유동비율은 200% 이상, 당좌비율은 100% 이상, 비유동비율은 100% 이하, 비유동장기적합률은 100% 이하가 적정하다' 등이 경험적으로 설정된 비율이다.

④ **경쟁기업 또는 최우량기업의 재무비율** : 다양한 업종의 사업부를 운영하고 있는 기업의 경우 산업평균비율을 표준비율로 사용하기 어렵다. 이러한 경우 산업평균비율보다는 동일한 규모와 업종을 영위하는 경쟁업체의 재무비율을 표준비율로 사용할 수 있다. 선도기업의 재무비율을 표준비율로 사용하는 경우 선도기업의 재무비율을 비교하여 해당 기업이 선도기업에 비해 강한 부분과 약한 부분을 파악할 수 있고, 선도기업으로 성장하는 데 필요한 경영전략을 세울 시 도움을 얻을 수 있다.

(3) 표준비율산출의 전제

① **기업의 동질성** : 업종에서뿐만 아니라 제품형태, 경영규모, 기술수준, 입지조건, 경영정책 등에 있어서도 동일하여야 한다. 그러나 동질의 기업은 존재하지 않으므로 일반적으로 동일한 업종의 기업을 일정한 규모별로 분류하여 산출한다. 또한 대부분의 기업이 여러 형태의 제품을 생산하고 있기 때문에 특정 산업으로 분류하는 것이 현실적으로 어렵다.

② **자료의 통일성** : 표준비율산출의 기초가 되는 재무제표가 기업회계기준에 의하여 각 기업의 회계조직, 회계기간 등이 통일되어 있어야 이용가치가 있고 신뢰할 수 있는 표준을 얻을 수 있다. 그러나 현실적으로 영업특성, 영업규모 및 회계처리 방법이 기업마다 다르다.

③ **평균치의 신뢰성** : 평균치는 여러 변수를 대표할 수 있는 하나의 전형적 수치를 말하므로 신뢰할 수 있는 대표적 수치가 되기 위해서는 각 변수의 값이 평균치 주변에 집중하여야 한다.

기출문제분석

표준비율에 관한 설명으로 옳지 않은 것은? `2021년`

① 비율분석 시 비교·평가의 기준이 되는 재무비율이다.
② 한국은행의 산업평균비율은 기업규모가 반영된 가중평균 재무비율이다.
③ 경쟁기업의 비율도 표준비율로 사용할 수 있다.
④ 일반적 경험비율은 산업평균비율보다 객관적이다.
⑤ 분석대상 기업의 과거 평균비율을 표준비율로 사용하면 경영성과의 변동추세 등을 파악할 수 있다.

해설 일반적 경험비율은 경험한 것에 따라 달라질 수 있으므로, 한국은행에서 업종별로 정리한 산업평균비율이 더 객관적이다.

정답 ④

재무비율분석에서 경쟁상대 기업이나 산업 내 최고기업의 재무비율을 표준비율로 이용할 필요성이 없는 경우로 옳은 것은? `2013년`

① 산업분류상의 문제 때문에 산업평균비율을 이용할 수 없을 때
② 분석대상 기업의 제품시장이 적은 수의 기업에 의하여 점유되고 있을 때
③ 분석대상 기업이 산업 내의 최고기업에 비하여 어떤 부분이 부족한지 알고 싶을 때
④ 산업의 평균비율이나 이상적인 표준비율을 구할 수 있을 때
⑤ 분석대상 기업이 경쟁상대 기업과 치열한 경쟁을 벌일 때

해설 비교와 평가의 기준이 되는 산업평균비율이나 이상적 표준비율을 구할 수 있을 때에는 경쟁상대 기업이나 산업 내 최고기업의 재무비율을 표준비율로 이용할 필요가 없다.

정답 ④

재무비율에 관한 설명으로 옳지 않은 것은? `2015년`

① 자기자본순이익률(ROE)과 부채비율이 고정되어 있다면 매출액순이익률과 총자산회전율은 반비례 관계이다.
② 이자보상비율이 낮은 기업일수록 자금도달과 자금운용이 원활하고 추가적인 부채조달이 용이하다.
③ 유동비율이 높다는 것은 기업의 안정성 측면에서는 유리하지만 과도하고 높을 경우 수익성 측면에서는 불리할 수 있다.
④ 총자산회전율이 높다는 것은 기업이 보유하고 있는 자원인 자산을 효율적으로 활용하고 있다는 것을 의미한다.
⑤ 주가순자산비율(PBR)이 높다는 것은 시장의 투자자들이 해당 기업의 미래 이익 증가를 예상한 결과일 수도 있지만, 자산의 장부가치가 시장가치보다 낮게 평가되었거나 주가 자체가 고평가되었다고 볼 수 있다.

해설 이자보상비율이 높은 기업일수록 자금도달과 자금운용이 원활하고 추가적인 부채조달이 용이하다.

정답 ②

7. 종합지수법 20 21 22 23 25 기출

(1) 정의
재무비율 분석의 종합적 관찰방법으로 월(Wall)이 제창하였으며, 중요한 비율을 몇 개 선택하고 선택된 비율의 중요도에 따라 가중치를 부여하여 가중비율을 산출한 후 이를 종합한 지수를 구하는 방법을 말한다.

(2) 종류 17 기출
① 월(A. Wall)의 지수법 : 월(Wall)은 여러 재무비율에 가중치를 부여해 종합적인 기업의 재무건전성과 경영효율성을 판단한다. 특히 정태적 안정성과 동태적 효율성을 동시에 고려하고 있다.
  ㉠ 정태비율(65% 가중치 부여) : 안정성 측정이 핵심이며, 기업의 재무위험이나 지불능력 판단에 중점을 둔다.
    • 유동비율 : 단기지급능력 측정(유동자산/유동부채)
    • 부채비율 : 자본 대비 부채 비중(총부채/자본)
    • 비유동비율 : 비유동자산이 자본에서 차지하는 비중(비유동자산/자본)
  ㉡ 효율성 비율(35% 가중치 부여) : 경영효율성 및 자산활용도 평가에 초점을 둔다.
    • 매출채권회전율 : 매출채권을 회수하는 속도(매출/매출채권)
    • 재고자산회전율 : 재고의 판매 효율(매출원가/재고자산)
    • 비유동자산회전율 : 고정자산 활용도(매출/비유동자산)
    • 자기자본회전율 : 자기자본 대비 수익창출력(매출/자기자본)
② 트랜트(J. B Trant)의 지수법 : 트랜트(Trant)는 월(Wall)의 자기자본회전율 대신에 매입채무회전율을 사용하며 효율성 비율에 65%의 가중치를, 정태비율에 35%의 가중치를 부여하고 있다. 월(Wall)과 트랜트(Trant)의 지수법은 단기채권자의 입장에서 기업의 단기채무변제능력을 종합적으로 평가하고 있다.
③ 브리체트(F. F. Brichett)의 지수법 : 브리체트(Brichett)는 기업의 장·단기 채무지급능력을 평가하기 위해 유동성 및 자본구조 비율 5개, 효율성 비율 3개, 수익성 비율 2개를 선정하고 각각에 대한 가중치를 달리 부여하여 지수를 산정한다.

(3) 유용성
① 여러 비율을 동시에 고려하기 때문에 기업의 재무상태 및 경영성과를 종합적으로 평가 가능하다.
② 지수를 산정하기 위한 자료를 쉽게 구할 수 있으며, 적용과 결과 해석이 쉽다.

(4) 문제점
① 어떤 재무비율로 지수를 산정할 것인가와 가중치를 어떻게 줄 것인가에 대한 기준이 없기 때문에 분석자가 주관적으로 재무비율을 선정하고 가중치를 부여한다.
② 표준비율 선정에 대한 명확한 기준이 없다.
③ 유동성과 효율성 비율을 중심으로 단기채무지급능력을 평가하고 있고, 브리체트(Brichett) 지수법은 여기에 수익성 비율을 추가하고 있으나 정확한 분석에는 한계가 있다.

> **기출문제분석**
>
> 다음 설명에 해당하는 재무제표 및 경영분석 기법으로 옳은 것은? `2022년`
>
> ○ 1919년 월(A. Wall)에 의해 제안된 방법
> ○ 여러 개의 재무비율을 동시에 고려하고 기업의 경영성과와 재무상태를 종합적으로 평가하는 분석 기법
> ○ 실제비율과 표준비율을 이용하여 관계비율을 계산하고 가중치(가중치 합은 100)를 부여하여 산출된 수치를 통해 종합적 평가를 수행함
>
> ① 추세분석법 ② 지수분석법
> ③ 구성비율분석법 ④ 기술적분석법
> ⑤ 기본적분석법
>
> **해설** 지수법(Index Method)은 분석목적에 따라 주요 재무비율을 선정하고, 그 선정된 비율에 가중치를 부여하여 종합 평가하는 방법이다. 지수법의 단점으로는 재무비율 선정과 가중치 부여가 임의적이고, 한정적이라는 점이 있다.
>
> **정답** ②

8. 추세법

(1) 의 의 [17] [18] [20] 기출

① 재무제표 중 특정 연도를 기준 연도로 선정하여 이 기준 연도의 재무제표 각 항목금액을 100%로 하고, 그 전후 연도의 같은 항목금액을 기준 연도에 대한 백분율로 표시함으로써 기업의 재무상태 또는 경영성과의 변화추세를 판단하는 방법이다.
② 장기적인 추세를 분석하여 재무상태의 변화를 평가하게 되면 상호 비교에서 알아낼 수 없는 정보를 파악할 수 있다. 추세법은 기업 내 분석, 시계열 분석, 수평적 분석이라고도 한다.
③ 추세법은 기업의 성격이 분석기간 중에 변하지 않아야 하며, 회계처리 방법에도 일관성이 있어야 한다.
④ 분석 기업이 합병, 분할이나 경영 다각화 등으로 영업성격이 바뀌었거나 회계처리 방법이 변경된 경우에는 유용성이 떨어진다.

(2) 장단점

장 점	단 점
• 문제를 쉽게 이해할 수 있도록 종합	• 재무상태 변화추세 결과 예측 불가
• 사실을 비교할 수 있는 형식과 방법으로 표시	• 분석을 필요로 하는 두 항목의 관계를 분석자가 자율적으로 비교·검토해야 함
• 추세를 명료하게 표시	• 주요 항목을 골라서 분석하여야 하는 번거로움
• 분석결과를 표시하는 숫자는 해석하기 용이	• 계산된 백분율은 분석자가 분석하기 편하도록 백분율로 환산한 것에 불과
• 숫자계산이 간편	
• 추세분석법의 백분율은 실제 숫자와 비교하여 자동적으로 검증 가능	• 타 기업의 재무제표와 상호비교 불편
• 큰 오차를 방지	• 기준 연도의 실제금액을 이상적 표준금액으로 오해 가능

PART 02 단원핵심문제

제4과목 기업진단론

01 비율에 대한 설명으로 옳지 않은 것은?

① 유동비율은 낮으나 당좌비율이 높다는 것은 재고자산이 너무 많다는 것을 의미한다.
② 채권자 입장에서는 부채비율이 낮을수록 좋다.
③ 고정비율이 낮을수록 기업의 장기적 재무안정성이 좋은 것으로 평가된다.
④ 높은 비율을 갖는 기업은 앞으로 성장 가능한 기업임을 의미한다.
⑤ 추가수익비율이 높다는 것은 성장성이 높다는 것을 의미한다.

> 해설 유동비율은 낮으나 당좌비율이 높다는 것은 재고자산이 적다는 것을 의미한다.

02 부채비율의 설명으로 옳은 것은?

① 지급능력을 판단하는 비율이다.
② 안정성을 나타내는 대표적 비율이다.
③ 100% 이상 높을수록 좋다.
④ 200% 이상이면 양호하다.
⑤ 150% 이상이 적정 수준이다.

> 해설 부채비율은 안정성을 대표하는 비율로서 타인자본과 자기자본과의 관계를 나타내는 비율로, 총부채를 자기자본으로 나누어서 구한다. 100% 이하가 바람직하며, 정부 권장은 200% 미만이다.

03 비율의 시간적인 변화를 고려함으로써 비율분석의 단점을 보완하는 방법으로 옳은 것은?

① 지수법
② 추세분석법
③ 요인분석법
④ 평점제도
⑤ 선형계획법

> 해설 추세분석법은 재무제표 중 특정 연도를 기준 연도로 선정하여 그 전후 연도의 같은 항목금액을 기준 연도에 대한 백분율로 표시함으로써 기업의 재무상태 또는 경영성과의 변화추세를 판단하는 방법이다.

정답 01 ① 02 ② 03 ②

04 기업의 재무계수를 분석·검토해서 기업의 재무상태와 경영성과를 판단하고 인식하는 방법으로 옳은 것은?

① 현금흐름표분석
② 대기 중 행렬분석
③ 기업환경분석
④ 경영분석(재무분석)
⑤ 경쟁시장조사분석

해설 경영분석은 주로 양적자료인 재무계수를 검토해서 기업의 재무상태와 경영성과를 판단·인식하는 방법이다.

05 다음 중 경영분석에 관한 설명으로 옳은 것은?

① 재무상태표, 포괄손익계산서, 현금흐름표 등과 같이 이미 발표된 회계자료를 이용한 분석은 과거 자료이므로 큰 의미가 없다.
② 경영분석은 매출액, 영업이익, 세후순이익 등과 같은 포괄손익계산서의 주요 항목에 국한된 재무분석을 의미한다.
③ 경영분석은 기업의 내부자 및 외부자의 경제적 의사결정에 필요한 정보를 산출하기 위해 회계자료 및 비회계자료를 이용한다.
④ 기업의 과거 성과와 미래의 예측을 위한 정보를 분석하는 것이므로 수치화가 불가능한 내용은 다루지 않는다.
⑤ 기업의 경영을 분석하므로 경제동향이나 자본시장동향과 같은 분석은 불필요하다.

해설 경영분석은 양적자료, 질적자료 모두를 이용해 과거의 성과와 미래를 예측한다.

06 주로 수익성, 자금조달 능력, 담보력, 신용평점 등에 중점을 두는 경영분석 주체로 옳은 것은?

① 정부기관
② 금융기관
③ 투자자
④ 경영자
⑤ 거래처

해설 수익성, 자금조달 능력, 담보력, 신용평점 등에 중점을 두고 분석하는 주체는 금융기관이다.

04 ④ 05 ③ 06 ②

07 재무적 안정성을 평가하는 데 적절한 재무비율로 옳은 것은?

① 당좌비율
② 현금비율
③ 레버리지비율
④ 총자산회전율
⑤ 매출액증가율

> 해설 안정성비율은 기업의 장기지급능력을 측정하는 데 사용되는 비율로 레버리지비율(Leverage Ratios)이라고도 부른다. 크게 유동비율(비유동비율), 부채비율, 고정비율, 이자보상비율로 구분된다.

08 비율분석을 이용할 때 표준비율 산정의 전제로 옳지 않은 것은?

① 업종과 입지조건이 동일해야 한다.
② 경영규모가 비슷해야 한다.
③ 기술수준이나 제품형태가 비슷해야 한다.
④ 회계기간이 같아야 한다.
⑤ 평균치가 같아야 한다.

> 해설 평균치는 여러 변수를 대표할 수 있는 하나의 전형적 수치를 의미하며, 각 변수의 값이 평균치 주변에 집중하여야 하나 반드시 같아야 하는 것은 아니다.

09 표준비율에 대한 설명 중 옳지 않은 것은?

① 영위하는 업종이 동일해야 한다.
② 사업규모가 비슷해야 한다.
③ 작업이나 영업형태가 비슷해야 한다.
④ 회계기간이 같아야 한다.
⑤ 평균치가 비슷해야 한다.

> 해설 표준비율을 산정할 때 평균치가 같아야 하는 것은 아니다.

PART 03 재무비율분석

제4과목 기업진단론

체크포인트
재무비율분석에서 나오는 각종 비율공식들을 암기해 두면 실제 시험에서 유용하게 문제를 풀 수 있으므로 다시 한번 상기하며 학습해 두자.

1 유동성비율(Liquidity Ratio)

1. 의 의 [18][20][21][25] 기출

(1) 유동성이란 기업의 자산이 단기에 손실 없이 현금화될 수 있는 가능성을 말한다. 기업의 유동자산은 현금 및 현금등가물, 단기금융상품, 매출채권, 재고자산 등이며 이 순서로 유동성이 높다.

(2) 기업의 단기채무에 대한 지급능력을 판단하는 재무비율로 기업에서 중요하게 생각되는 것으로는 유동비율(Current Ratio)과 당좌비율(Quick Ratio)이 있다. 유동성비율은 유동부채에 대해서 유동자산이 차지하는 비율로 나타내며, 유동자산을 유동부채로 나누어 계산한다. 당좌비율은 유동자산에서 재고자산을 차감한 후에 그 값을 유동부채로 나누어 계산하는데, 유동비율보다 기업의 단기채무지급능력을 더욱 엄격하게 평가하므로 산성비율(Acid Test Ratio)이라고도 불린다.

> **학습포인트**
> 유동비율과 당좌비율은 매년 시험에 출제되므로 공식을 암기하고 비율이 나타내는 의미를 꼭 이해하고, 당좌비율 = 산성비율이라는 것을 꼭 알아두자.

2. 유동성비율의 종류

(1) 유동비율(Current Ratio) [20][23] 기출

$$유동비율 = \frac{유동자산}{유동부채} \times 100$$

① 유동자산을 유동부채로 나누어서 계산하는데 이를 단기채무지급능력 비율이라고도 한다.
② 유동자산은 현금, 시장성이 있는 유가증권으로 외상매출금과 재고자산을 포함한다.
③ 유동부채는 장기부채 중 1년 내에 만기가 되는 부분과 외상매입금 등 단기부채를 의미한다.

④ 유동비율은 기업의 유동성을 측정하는 데 가장 많이 사용되는 비율로서 비율분석에서 가장 중요시되며, 유동비율의 분석은 재무비율분석의 시발점으로 간주되고 있다.
⑤ 유동비율은 높을수록 단기채무 상환능력이 좋다는 것을 의미한다.
⑥ 유동비율은 일반적으로 200% 이상이면 양호하다고 볼 수 있지만, 이 기준에 절대적인 의미를 두기보다는 경제상황, 기업형태, 경영규모 등에 따라 달라질 수 있다.
⑦ 유동비율이 높다는 것은 채권자 입장에서는 채권을 회수할 확률이 높다는 것을 의미하지만, 경영자 입장에서 유동자산이 크다는 것은 수익성을 저하시키는 요인이 되므로 유동자산을 적절하게 관리하여야 한다.

(2) 당좌비율(Quick Ratio) 17 20 21 23 기출

$$당좌비율(\%) = \frac{당좌자산}{유동부채} \times 100 = \frac{유동자산 - 재고자산}{유동부채} \times 100$$

① 당좌자산을 유동부채로 나눈 비율로서 산성비율이라고도 하며, 일반적으로 100% 이상이면 양호하다.
② 유동자산 중에서 재고자산은 판매과정을 거쳐야 현금화될 수 있으므로 유동성이 가장 낮은 항목이며, 평가방법에 따라 가치가 달라질 수 있으므로 안정된 유동성을 갖기 어렵다.
③ 기업이 재고자산을 처분하지 않고도 단기부채를 상환할 수 있는가가 중요한 요소이다. 이런 의미에서 당좌비율은 유동비율보다 더 엄격히 유동성을 측정하는 방법이다.
④ 일반적으로 당좌자산 = (유동자산 - 재고자산)으로 계산된다.
⑤ 당좌자산(Quick Assets)은 현금과 예금, 받을어음, 외상매출금, 유가증권 등 현금화되는 속도와 확률이 가장 높은 자산과 만기일이 1년 이내인 부채와의 관계를 나타내므로 기업의 실질적 지급능력을 파악하는 데 도움이 된다.

(3) 현금비율(Cash Ratio) 19 20 기출

$$현금비율(\%) = \frac{현금 \text{ 및 } 현금성자산}{유동부채} \times 100$$

① 유동부채에 대한 현금과 예금의 비율로서 당좌자산 중 현금 및 현금등가물, 단기금융상품 등으로 유동부채를 갚을 수 있는 초단기 채무지급능력을 파악하는 지표를 의미한다. 현금비율은 유동성비율 중 가장 보수적인 비율이다.
② 현금 및 예금비율은 현금 및 예금의 유동부채에 대한 비율로 즉각적인 지급능력을 판단하는 비율을 말한다.
③ 현금비율의 표준은 20% 이상인 경우 양호하지만 이 비율이 과도하게 높으면 기업 내에 유휴자금이 있다고 볼 수 있다.

(4) 순운전자본비율(Net Working Capital) 21 23 기출

$$\text{순운전자본비율(\%)} = \frac{\text{순운전자본}}{\text{총자산}} \times 100 = \frac{\text{유동자산} - \text{유동부채}}{\text{총자산}} \times 100$$

① 유동자산에서 유동부채를 차감한 금액으로 측정된다. 따라서 순운전자본이 양(+)의 값인 경우 유동자산으로 유동부채를 상환한 후에도 여유가 있다는 것을 의미한다. 반대로 순운전자본이 음(-)의 값인 경우 유동자산으로 유동부채를 충분히 상환하기 어렵다는 것을 의미한다.
② 유동성비율은 재무상태표 항목만으로 된 재무비율이다. 재무상태표 항목들은 결산기에 조작될 가능성이 있으므로 이 점에 주의하면서 분석하여야 한다.
③ 유동성비율은 현금이나 단기자산의 비율이 높을수록 그 기업의 상태가 단기부채를 상환하기에 양호하다고 판단되지만, 현금이나 단기자산을 비효율적으로 운용하고 있다는 의미도 된다.

연습문제풀이

상용기업의 20x2년 재무자료를 이용하여 아래의 유동성비율을 분석하시오.

재무상태표

(단위 : 백만원)

현금 350	매입채무 370
매출채권 430	단기차입금 800
재고자산 1,200	장기차입금 2,310
비유동자산 4,200	자본 2,700
자산 총계	부채와 자본 총계

① 유동비율 ② 당좌비율
③ 현금비율 ④ 순운전자본비율

해설 유동성비율을 실제로 계산하면 다음과 같다.

① 유동비율 = $\frac{\text{유동자산*}}{\text{유동부채**}} \times 100 = \frac{1,980}{1,170} \times 100 = 169(\%)$

  * 유동자산 = 현금 350 + 매출채권 430 + 재고자산 1,200 = 1,980
  ** 유동부채 = 매입채무 370 + 단기차입금 800 = 1,170

② 당좌비율 = $\frac{\text{당좌자산}}{\text{유동부채}} \times 100 = \frac{\text{유동자산} - \text{재고자산}}{\text{유동부채}} \times 100$

  = $\frac{780}{1,170} \times 100 = 67(\%)$

③ 현금비율 = $\frac{\text{현금 및 현금성자산}}{\text{유동부채}} \times 100 = \frac{350}{1,170} \times 100 = 30(\%)$

④ 순운전자본비율 = $\frac{\text{순운전자본}}{\text{총자산}} \times 100$

  = $\frac{\text{유동자산} - \text{유동부채}}{\text{총자산}} \times 100 = \frac{1,980 - 1,170}{6,180} \times 100 = 13(\%)$

2 레버리지비율

1. 의 의 [21] 기출

(1) 레버리지비율이란 기업이 타인자본에 의존하고 있는 정도를 나타내는 비율로 '부채성 비율'이라고도 하며 유동성비율과 함께 재무위험을 측정하는 지표로 활용된다.

(2) 레버리지는 고정비용의 크기에 비례한다. 부채비용은 수익 발생 여부와 관계없이 일정한 이자비용만을 지급하게 되므로 이익이 증가하는 상황에서는 더 큰 수익을 창출하지만, 손실이 발생할 때는 그 손실 규모도 더 커지게 된다. 이것을 레버리지효과(Leverage Effect)라고 한다. 레버리지비율이 높은 기업은 낮은 기업보다 호황기에 유리하며 불황기에 불리하다. 반면 레버리지비율이 낮은 기업은 호황인 경우 기대수익률이 낮아지지만 불황인 경우 손실의 위험이 적다.

2. 레버리지비율의 종류

(1) 부채비율(Debt Ratio) [17] [19] [20] [21] [24] 기출

$$부채비율(\%) = \frac{총부채}{자기자본} \times 100$$

① 타인자본과 자기자본과의 관계를 나타내는 비율로 총부채를 자기자본으로 나누어서 구한다. 일반적으로 부채비율이 100% 이하면 양호하다고 판단한다.
② 부채비율은 타인자본의존도를 나타내며 채권자는 부채비율이 낮은 것을 선호하고, 주주는 단기적 채무 상환 압박이 없다면 높은 부채비율을 선호하기도 한다. 그 이유는 부채사용으로 레버리지 효과를 얻을 수 있으므로 자기자본이익률을 확대시킬 수도 있고, 신주발행을 하지 않을 수 있기 때문에 기업지배권을 유지할 수 있기 때문이다.

(2) 비유동비율(Fixed Ratio) [23] 기출

$$비유동비율(\%) = \frac{비유동자산}{자기자본} \times 100$$

① 비유동자산의 자기자본에 대한 비율로서 자본의 고정화 정도를 나타내는 비율이다.
② 100% 이하를 유지하면 기업재정의 안전성과 유동성을 확보하는 데 유리하다. 채권자의 입장에서는 고정비율이 낮은 것이 바람직하다.

(3) 비유동장기적합률 [17] [21] [25] 기출

$$비유동장기적합률(\%) = \frac{비유동자산}{자기자본 + 장기부채} \times 100$$

① 자본의 조달과 운용 간의 균형이라는 측면에서 안정성을 나타낸다.
② 비유동자산의 투자가 필수적인 기업, 즉 전력, 운수, 통신, 항공 등의 기업에서는 비유동장기적합률이 재무구조를 판단할 때 유용하다.

(4) 이자보상비율(Interest Coverage Ratio) 20 22 기출

① 기업이 벌어들이는 이익으로 이자비용을 얼마나 잘 감당할 수 있는지를 나타내는 재무안정성 지표이다. 사용하는 이익의 기준에 따라 두 가지 방식으로 계산할 수 있다.

㉠ 영업이익 기준 이자보상비율

$$이자보상비율(\%) = \frac{영업이익}{이자비용} \times 100$$

회계적 영업이익으로 이자비용을 얼마나 감당할 수 있는지를 나타낸다. 수치가 1보다 크면 이자 지급이 가능하다는 뜻이고, 높을수록 재무적 안정성이 크다.

㉡ EBITDA(Earnings Before Interest, Taxes, Depreciation and Amortization) 기준 이자보상비율

$$이자보상비율(EBITDA 기준) = \frac{EBITDA}{이자비용} \times 100$$

이자보상비율 EBITDA는 이자, 세금, 감가상각비 등 차감 전 이익을 기준으로 하며, 기업의 현금창출 능력을 파악하기 위해 사용하는 지표로서 현금흐름 중심의 재무분석이나 기업인수합병 시에 많이 사용된다.

② 정상적인 경영상태에서 기간이자비용을 지급할 수 있는 기업의 능력을 나타낸다.
③ 부채비율이나 자기자본비율은 장기부채상환에 필요한 현금흐름을 알 수 없지만, 이자보상비율은 현금흐름에 의한 장기채무지급능률을 알 수 있는 동태적 비율로 유용하게 쓰인다.

(5) 자기자본비율(BIS Ratio) 21 22 기출

$$자기자본비율(\%) = \frac{자기자본}{총자본} \times 100$$

① 총자본(부채와 자본 총계) 중 자기자본이 차지하는 비중을 나타내는 비율이다.
② 자기자본은 부채와 달리 금융비용을 부담하지 않고 이용할 수 있는 자본이기 때문에 자기자본비율이 높을수록 재무안정성이 높다고 할 수 있다. 일반적으로 50% 이상이면 양호한 것으로 본다.

(6) 차입금의존도

$$차입금의존도(\%) = \frac{장 \cdot 단기차입금 + 사채}{총자본} \times 100$$

① 총자본 중에서 차입금이 차지하는 비중을 나타내는 지표로, 부채비율 및 자기자본비율과 더불어 기업의 안전성을 측정하는 비율로 활용된다.
② 차입금의존도가 높은 기업일수록 금융비용 부담이 가중되고 기업의 전체적인 수익성이 낮아지게 되어 안전성이 저해된다.

연습문제풀이

상용기업의 20x2년 재무자료를 이용하여 아래의 레버리지비율을 분석하시오.

재무상태표
(단위 : 백만원)

현금 350	매입채무 370
매출채권 430	단기차입금 800
재고자산 1,200	장기차입금 2,310
비유동자산 4,200	자본 2,700
자산 총계	부채와 자본 총계

포괄손익계산서

매출액 15,000
− 매출원가 9,800
매출총이익 5,200
− 판매비와 관리비 3,100
영업이익 2,100
− 이자비용 420
세전순이익 1,680
− 법인세 300
당기순이익 1,380

① 부채비율 ② 자기자본비율 ③ 비유동비율
④ 비유동장기적합률 ⑤ 이자보상비율

해설

① 부채비율 = $\frac{총부채^*}{자기자본} \times 100 = \frac{3,480}{2,700} \times 100 = 129(\%)$

* 총부채 = 매입채무 370 + 단기차입금 800 + 장기차입금 2,310 = 3,480

② 자기자본비율 = $\frac{자기자본}{총자본} \times 100 = \frac{2,700}{6,180} \times 100 = 44(\%)$

③ 비유동비율 = $\frac{비유동자산}{자기자본} \times 100 = \frac{4,200}{2,700} \times 100 = 156(\%)$

④ 비유동장기적합률 = $\frac{비유동자산}{자기자본 + 비유동부채} \times 100 = \frac{4,200}{2,700 + 2,310} \times 100 = 84(\%)$

⑤ 이자보상비율 = $\frac{영업이익}{이자비용} = \frac{2,100}{420} = 5(배)$

더 알아보기 비유동부채와 유동부채 17 기출

보고기간 말 1년 이후에 만기가 도래하는 모든 부채를 의미하며 장기부채라고도 한다. 즉 사례에서는 장기차입금이 비유동부채에 속한다. 반면 유동부채란 재무상태표에 작성된 날로부터 가산하여 보고기간 말 1년 이내 상환기일이 도래하는 부채로 지불어음, 단기차입금, 외상매입금, 선수금, 미불금, 예치금, 납세충당금 등이 이에 속한다.

기출문제분석

유동자산이 40억원, 비유동자산이 50억원, 유동부채가 20억원, 비유동부채가 16억원일 때 유동비율로 옳은 것은? `2015년`

① 50% ② 100%
③ 150% ④ 200%
⑤ 250%

해설 유동비율 = $\dfrac{\text{유동자산}}{\text{유동부채}} \times 100 = \dfrac{40}{20} \times 100 = 200\%$

정답 ④

유동성을 보여주는 재무비율로 옳지 않은 것은? `2016년`

① 유동비율 ② 당좌비율
③ 현금비율 ④ 자기자본비율
⑤ 순운전자본비율

해설 자기자본비율은 총자산에서 자기자본이 차지하는 비중을 나타내는 지표로, 기업 재무구조의 건전성을 나타내므로 기업의 유동성과는 관련이 없다.

정답 ④

㈜경영의 재무상태표가 다음과 같을 때, 유동비율과 당좌비율은? `2023년`

재무상태표(20x2년 말) (단위: 백만 원)

현 금	400	매입채무	1,000
매출채권	600	단기차입금	1,000
재고자산	2,000	비유동부채	2,000
비유동자산	5,000	자 본	4,000
자산 총계	8,000	부채 및 자본 총계	8,000

	유동비율(%)	당좌비율(%)		유동비율(%)	당좌비율(%)
①	100	40	②	150	50
③	200	100	④	300	150
⑤	350	180			

해설
유동비율 = $\dfrac{\text{유동자산}}{\text{유동부채}} \times 100 = \dfrac{400 + 600 + 2,000}{1,000 + 1,000} \times 100 = 150\%$

당좌비율 = $\dfrac{\text{당좌자산}}{\text{유동부채}} \times 100 = \dfrac{400 + 600}{1,000 + 1,000} \times 100 = 50\%$

정답 ②

3 활동성비율

1. 활동성비율(Activity Ratio) 18 19 21 기출

① 효율성비율(Efficienty Ratio)이라고도 하며, 기업이 소유하고 있는 자산들이 얼마나 효율적으로 활용되고 있는지를 측정하는 비율이다.
② 일정 기간(보통 1년)의 매출액을 각종 주요 자산으로 나누어 산출한다. 활동성비율을 구할 때 분모에 해당하는 재무상태표 항목은 기초와 기말의 평균치를 사용한다. 분자는 포괄손익계산서 항목이기 때문에 한 기간에 발생한 항목이고, 재무상태의 항목은 일정 시점의 금액이기 때문이다.

> **학습포인트**
> 활동성관계비율은 ~회전율로 표현되며 공식에 있어서 분자는 ~매출액 등으로 나타내고, 분모는 관련 자산/자본의 평균액으로 나타내므로 이러한 패턴을 암기하면 도움이 된다.

$$회전율 = \frac{매출액}{자산항목}$$

③ 회전율은 위와 같이 계산되며 회전율이 높을수록 투자된 자산에 비해 매출액이 상대적으로 높다는 것을 의미한다. 따라서 회전율이 높다는 것은 자산이 효율적으로 활용되고 있다는 증거이다.
④ 활동성비율은 특정 자산에 얼마의 자금이 묶여 있는지에 대한 정보를 제공하며, 자산 평균액 대비 매출액 비율로 나타나므로 특정 자산 금액당 얼마의 매출이 발생했는지를 뜻한다. 따라서 어떤 자산에 대한 투자가 과도한지 비효율적인지 판단할 수 있다.

2. 활동성비율 분석

(1) 총자산회전율(Total Asset Turnover) 20 21 25 기출

$$총자산회전율 = \frac{연매출액}{총자본(평균잔액)}$$

① 총자본회전율 혹은 총자산회전율은 기업의 총자산이 1년에 몇 번이나 회전하였는가를 보여주므로 기업이 보유한 전체 자산에 대한 투자효율성을 나타내는 비율이다.
② 총자산회전율이 높으면 유동자산, 비유동자산 등이 효율적으로 활용되고 있다는 것을 의미하며, 이 회전율이 낮으면 과잉투자와 같은 비효율적인 투자를 하고 있다는 것을 의미한다. 이 경우 불필요한 자산을 매각하거나 매출액을 늘림으로써 총자산회전율을 개선할 수 있다.

(2) 자기자본회전율, 회전기간

$$자기자본회전율 = \frac{연매출액}{자기자본(평균잔액)}$$

① 매출액을 자기자본으로 나눈 값으로 자기자본이 1년 동안 몇 번 회전했는지를 나타내는 비율이다.
② 이 회전율이 높으면 자기자본 활용의 효율성이 높다고 할 수 있지만, 자기자본이 타인자본에 비해 너무 적지 않은가를 검토해야 할 필요가 있다. 자기자본회전율이 높으면 자기자본이 충분히 활용되었음을 의미하지만, 급격한 상승은 오히려 자기자본보유액이 작아지는 위험에 빠질 수 있다.

$$자기자본회전기간 = \frac{1}{자기자본회전율} \times 365일$$

③ 자기자본회전기간은 자기자본 규모만큼이 매출액으로 실현되는 데 걸리는 기간을 의미한다.

(3) 타인자본회전율

$$타인자본회전율 = \frac{연매출액}{타인자본}$$

① 타인자본과 연간매출액과의 비율을 나타낸다.
② 타인자본의 활용도를 표시하며 이 비율이 높을수록 타인자본활용도가 양호하고 부채의 상환이 확실하고 신속하게 이루어지고 있음을 나타낸다.

(4) 비유동자산회전율(Non-current Asset Turnover), 회전기간 [17] 기출

$$비유동자산회전율 = \frac{연매출액}{(유형자산 + 무형자산)평균액}$$

① 매출액을 비유동자산으로 나눈 값으로, 비유동자산이 1년 동안 몇 번 회전했는지를 나타내는 비율이다.

$$비유동자산회전기간 = \frac{1}{비유동자산회전율} \times 365일$$

② 비유동자산회전기간이란 비유동자산 규모만큼이 매출액으로 실현되는 데 걸리는 기간을 의미한다.
③ 비유동자산회전율은 유형자산 및 무형자산과 연간매출액과의 비율로 유형자산, 무형자산이 기업의 목적을 위해 얼마만큼 효율적으로 사용되고 있는가를 보여준다.
④ 비유동자산회전율은 매출에 대하여 유형자산, 무형자산이 활용된 회전속도를 나타낸다.
⑤ 이 비율은 보통 4회전 이상이면 양호한 상태라고 본다.

(5) 재고자산회전율(Inventory Turnover), 회전기간 [17] [20] [21] [23] 기출

$$재고자산회전율 = \frac{연매출액}{재고자산(평균잔액)}$$

① 재고자산이 회계연도 동안 몇 번이나 현금으로 전환되었는가를 측정하는 비율이다.
② 상품이 1년 동안 구입에서 판매까지의 과정을 몇 번을 반복하였는가를 나타내고 제조업의 경우 원재료, 제공품, 제품이 구입에서부터 제조되어 판매의 과정을 몇 번이나 거쳤는가를 보여준다.
③ 회전율이 높을수록 재고기간이 짧고, 투하된 자금은 감소하여 운용효율은 높아진다고 볼 수 있다.
④ 회전율이 낮으면 재고자산에 자금이 묶여있는 기간이 장기화되고 있음을 뜻한다.
⑤ 회전율이 높으면 재고자산이 효율적으로 관리되고 있다는 것을 의미한다. 그러나 지나치게 높으면 적정한 재고자산을 보유하고 있지 못한다는 것을 의미한다.

$$재고자산회전기간 = \frac{1}{재고자산회전율} \times 365일$$

⑥ 재고자산회전기간이란 보유 재고자산만큼이 매출액으로 실현되는 데 걸리는 시간을 의미한다.

(6) 매출채권회전율(Receivables Turnover) [17] 기출

$$매출채권회전율 = \frac{연매출액}{매출채권(평균잔액)}$$

① 매출액이 동일하다면 매출채권이 적을수록 매출채권 관리를 잘하고 있다는 것을 의미하므로 매출채권회전율은 높을수록 좋다. 과다한 신용판매, 매출채권의 회수부진 및 고객의 부도 등은 매출채권회전율을 저하시킨다.
② 매출채권회전율은 외상매출금, 받을어음 등의 매출채권과 연간매출액과의 비율로서 매출채권에 투하된 자본의 이용도를 보여준다.

$$매출채권평균회전기간 = \frac{1}{매출채권회전율} \times 365일$$
$$= \frac{매출채권(평균잔액)}{연매출액} \times 365일$$
$$= \frac{매출채권(평균잔액)}{\frac{매출액}{365일}} = \frac{매출채권(평균잔액)}{1일\ 평균매출액}$$

③ 매출채권평균회수기간은 매출채권회전율의 역수로 구한다. 따라서 매출채권평균회수기간이 길어질수록 기업은 자금압박을 많이 받게 된다.

(7) 매입채무회전율

$$매입채무회전율 = \frac{매출액}{매입채무(평균잔액)}$$

① 매입채무회전율이란 매출액을 매입채무로 나눈 비율로 매입채무의 지급속도를 측정하는 비율이다. 이 비율은 매입채무가 원활히 결제되고 있는지를 나타내는 지표이다.

$$매입채무회전기간 = \frac{1}{매입채무회전율} \times 365일$$
$$= \frac{매출채권(평균잔액)}{\frac{매출액}{365일}} = \frac{매출채권(평균잔액)}{1일\ 평균매출액}$$

② 매입채무회전기간이 길어질수록 기업은 자금압박을 적게 받게 된다.

연습문제풀이

상용기업의 20x2년 재무자료를 이용하여 아래의 활동성비율을 분석해보자.

재무상태표 (단위 : 백만원)

현금 350	매입채무 370
매출채권 430	단기차입금 800
재고자산 1,200	장기차입금 2,310
비유동자산 4,200	자본 2,700
자산 총계	부채와 자본 총계

포괄손익계산서

매출액 15,000
− 매출원가 9,800
매출총이익 5,200
− 판매비와 관리비 3,100
영업이익 2,100
− 이자비용 420
세전순이익 1,680
− 법인세 300
당기순이익 1,380

① 총자본회전율   ② 자기자본회전율   ③ 비유동자산회전율
④ 재고자산회전율   ⑤ 매출채권회전율   ⑥ 매입채무회전율
⑦ 매출채권평균회수기간

해설

① 총자본회전율 $= \frac{연매출액}{총자본} = \frac{15,000}{6,180} = 2.42(회)$

② 자기자본회전율 $= \frac{연매출액}{자기자본} = \frac{15,000}{2,700} = 5.55(회)$

③ 비유동자산회전율 $= \frac{연매출액}{비유동자산} = \frac{15,000}{4,200} = 3.57(회)$

④ 재고자산회전율 $= \frac{연매출액}{재고자산} = \frac{15,000}{1,200} = 12.5(회)$

⑤ 매출채권회전율 = $\dfrac{\text{연매출액}}{\text{매출채권}}$ = $\dfrac{15,000}{430}$ = 34.8(회)

⑥ 매입채무회전율 = $\dfrac{\text{매출액}}{\text{매입채무}}$ = $\dfrac{15,000}{370}$ = 40.5(회)

⑦ 매출채권평균회수기간 = $\dfrac{\text{매출채권}}{\text{1일 평균매출액}}$ = $\dfrac{430}{15,000/365}$ = 10.46(일)

4 수익성비율

1. 수익성 분석

수익성 분석은 일정 기간 동안 기업의 최종 성과, 즉 손익의 상태를 측정하고 그 성과의 원인을 분석, 검토한다. 이를 통해 재무제표의 내부 및 외부이용자들은 보다 합리적인 의사결정을 할 수 있다. 수익성 비율로는 매출액순이익률, 총자본경상이익률, 자기자본경상이익률, 자기자본순이익률, 주당순이익 등이 있다.

2. 매출수익성비율

매출수익성이란 매출에 대한 마진을 의미하는 것으로 매출액총이익률, 매출액영업이익률, 매출액세전순이익률, 매출액순이익률 등이 여기에 포함된다.

(1) 매출액총이익률

$$\text{매출액총이익률(\%)} = \dfrac{\text{매출총이익}}{\text{매출액}} \times 100$$

$$\text{매출원가율} = 1 - \text{매출액총이익률}$$

매출총이익을 매출액으로 나눈 비율로서 생산효율성을 나타낸다.

(2) 매출액영업이익률

$$\text{매출액영업이익률(\%)} = \dfrac{\text{영업이익}}{\text{매출액}} \times 100$$

영업이익을 매출액으로 나눈 비율로 기업고유의 영업마진을 측정하는 비율을 말한다. 매출총이익의 변동, 판매비와 관리비의 변동 등에 영향을 미치는 요인에 대한 분석을 통해 영업효율성을 측정할 수 있다.

(3) 매출액순이익률

$$매출액순이익률(\%) = \frac{당기순이익}{매출액} \times 100$$

① 당기순이익을 매출액으로 나눈 비율로 기업의 최종마진을 판단하는 데 활용되는 비율을 말한다. 매출액순이익률은 영업활동과 재무활동 및 기타활동을 총괄하는 경영활동의 성과를 최종적으로 평가하는 비율이다.
② 매출액순이익률은 자본이익률을 좌우하는 중요한 비율로 매출로부터 얼마만큼의 이익을 창출하고 있는지를 나타낸다.
③ 매출액순이익률은 수익성지표로서 ROI(투자수익률)의 중요한 요소 중 하나이다.

(4) 매출액세전순이익률

$$매출액세전이익률(\%) = \frac{세전순이익}{매출액} \times 100$$

세전순이익을 매출액으로 나눈 비율로 경상마진을 나타내며, 기업의 주된 영업활동뿐 아니라 재무활동에서 발생한 경영성과를 종합적으로 평가할 수 있다.

3. 자본수익성비율 19 기출

(1) 자기자본순이익률(ROE ; Return On Equity) 21 23 24 기출

$$ROE = \frac{순이익}{자기자본} = \frac{매출액}{총자본} \times \frac{순이익}{매출액} \times \frac{총자본}{자기자본}$$
$$= 총자본회전율 \times 매출액순이익률 \times 재무레버리지$$

> **학습포인트**
> 자본수익성비율 중 ROE 및 ROI는 자주 출제되는 대표적 공식이므로 반드시 암기하자.

① 자기자본순이익률(ROE)은 순이익을 자기자본으로 나눈 비율로 기업의 실질적인 소유주인 주주들이 투자한 자본이 벌어들이는 수익성을 나타내 주는 지표이다. 주주들의 입장에서 가장 중요한 비율이며 이익과 배당의 성장률을 결정짓는 기본요인이므로 ROE는 경영자와 주주 모두에게 수익성을 측정하는 지표이다.
② 주주가 제공한 자기자본에 대해서 벌어들이는 수익성을 사후적으로 측정한 비율로서 주주의 투자수익률을 나타내기도 하고, 기업의 입장에서는 사후적인 자기자본비용의 대용치로 활용된다.

(2) 총자본순이익률(ROI ; Return On Investment) 19 기출

$$ROI = \frac{순이익}{총자본} = \frac{순이익}{매출액} \times \frac{매출액}{총자본}$$
$$= 매출액순이익률 \times 총자산회전율$$

① 총자본순이익률(ROI)은 총자산이익률이라고도 부르며 순이익을 총자본(총자산)으로 나눈 비율을 의미한다. 기업에 투자된 총자본이 최종적으로 얼마나 많은 이익을 창출하는지를 측정하는 비율이다.
② ROI는 듀퐁사에서 개발되어 1930년대부터 사용되기 시작한 것으로 가장 널리 사용되는 경영성과 측정 기준의 하나이다. 기업의 목표를 투자수익률로 하고 이를 결정하는 재무요인을 관찰하여 문제되는 재무요인을 통제한다.

기출문제분석

재무비율에 관한 설명으로 옳지 않은 것은? 2025년
① 부채비율은 기업의 안정성을 측정하는 대표적인 재무비율이다.
② 유동비율은 기업의 장기채무지급능력을 측정하는 재무비율이다.
③ 활동성비율은 기업이 소유하고 있는 자산 등이 얼마나 효율적으로 이용되고 있는가를 평가하는데 이용되는 재무비율이다.
④ 레버리지비율은 기업이 타인자본에 의존하고 있는 정도를 나타내는 재무비율이다.
⑤ 매출액영업이익률과 매출액순이익률은 수익성을 측정하는데 이용되는 재무비율이다.

해설 유동비율은 기업의 단기부채상환능력을 평가하는 재무지표이다.

$$유동비율 = \frac{유동자산}{유동부채} \times 100$$

정답 ②

주주의 투하자본 대비 당기 경영성과를 나타내는 비율은? 2024년
① 총자산이익률
② 자기자본순이익률
③ 매출액순이익률
④ 부채비율
⑤ 순운전자본비율

해설 자기자본순이익률(ROE ; Return On Equity)은 자기자본에 대한 순이익 비율로 당기 경영성과를 나타내는 지표이다.

정답 ②

5 성장성비율

1. 의 의

기업의 당기 경영성과나 규모가 전기에 비하여 얼마나 성장하였는지를 나타내는 비율이다. 물가상승시에는 명목성장률보다 실질성장률이 더 의미가 있으며 성장성과 유동성의 상충관계를 고려해야 한다. 일반적으로 성장률이 높은 기업은 유동성이 저하되거나 자금사정이 악화되는 경향이 있다.

2. 성장성비율의 종류

(1) 매출액증가율

$$매출액증가율(\%) = \frac{당기매출액 - 전기매출액}{전기매출액} \times 100$$

① 기업의 외형적인 신장세를 나타내는 대표적인 지표로 당기 매출액 증가분을 전기 매출액으로 나눈 증가율을 의미한다.
② 판매가격의 인상이나 판매량의 증가에 따라 매출액이 증가하기 때문에 증가원인에 대한 분석이 필요하며, 매출액이 증가하여도 순이익이 감소하는 경우가 있으므로 외형적인 성장과 실질 성장지표인 순이익증가율에 대한 분석이 병행되어야 한다.

(2) 총자산증가율

$$총자산증가율(\%) = \frac{당기말총자산 - 전기말총자산}{전기말총자산} \times 100$$

① 기업의 외형적 규모의 신장을 나타내는 것으로 일정 기간 동안의 총자산증가분을 기초의 총자산으로 나눈 비율을 의미한다. 총자산증가율은 일정 기간 동안 총자산이 얼마나 증가하였는가를 보여주는 비율로 기업의 전체적인 성장규모를 측정하는 지표이다.
② 총자산증가율이 높다는 것은 투자활동이 적극적으로 이루어져 기업규모가 빠른 속도로 증가하고 있다는 것을 의미한다. 그러나 자산재평가가 이루어진 경우에는 새로운 자산의 취득이 없더라도 자산규모가 증가할 수 있음을 주의해야 한다.

(3) 자기자본증가율

$$자기자본증가율(\%) = \frac{당기말총자기자본 - 전기말자기자본}{전기말자기자본} \times 100$$

① 일정 기간 중 내부유보 또는 유상증자 등을 통해 자기자본이 얼마나 증가했는가를 나타내며, 높을수록 기업의 재무적 안정성과 주가의 상승가능성이 높다고 할 수 있다.

② 장부가치 기준으로 주주의 부가 얼마나 늘었는지를 파악하는 성장지표로서 주주에게 특히 관심의 대상이 된다.

(4) 순이익증가율

$$순이익증가율(\%) = \frac{당기순이익 - 전기순이익}{전기순이익} \times 100$$

① 매출액증가율이 외형적 성장세를 보여준다면 순이익증가율은 실질적 성장세를 보여주는 지표라고 할 수 있다. 영업활동만의 성과를 고려하고자 할 때는 영업이익증가율을 사용한다.
② 일정 기간 동안 자본금의 변화가 있는 경우에는 순이익증가율이 왜곡될 수 있으므로 주주에게 귀속되는 주당순이익의 증가율이 더 바람직하고 실질적인 성장지표라 할 수 있다.

(5) 주당이익증가율 [20] 기출

$$주당이익증가율(\%) = \frac{당기주당순이익 - 전기주당순이익}{전기주당순이익} \times 100$$

① 보통주 주주에게는 주당순이익이 기업의 당기순이익보다 더 큰 의미가 있다. 주당이익증가율은 주당이익(EPS ; Earning Per Share)이 전년도에 비해 금년도에 얼마나 증가했는지를 나타내는 지표라 할 수 있다.
② 주주가 투자한 자본에 대한 순이익의 증가세를 반영한 실질적인 성장률 지표이며 주주의 부의 투자단위당 성장세를 파악하는 데 유용한 지표로서, 주당이익증가율은 증가 규모를 반영한 순이익의 실질적 증가세를 보여주는 성장률 지표이다.

3. 비율분석의 의의와 한계점 [19] 기출

(1) 의 의

비율분석은 기업의 이해관계자들이 합리적 의사결정을 내리는 데 유용한 정보를 제공한다. 비율분석 자료로 이용되는 재무제표는 쉽게 구할 수 있고, 다양한 종류의 비율을 계산하여 비교할 수 있다.

(2) 한계점

① 과거 자료인 재무제표를 근거로 과거의 영업성과와 재무상태가 미래에도 계속될 것이라 가정하고 분석한다.
② 개별 기업마다 경영방법과 회계처리 방법이 서로 다르기 때문에 비율만을 비교하는 것은 정확한 정보를 얻기에 충분하지 않다.
③ 어떤 재무비율이 양호한지 불량한지 일반화하기 어렵다.
④ 특정 기업의 일부 재무비율은 양호하고, 일부 재무비율이 불량할 경우 종합적으로 판단하기 어렵다.
⑤ 수치화할 수 없는 요인들이 많기 때문에 비율분석만으로 기업을 종합적으로 평가하기 어렵다.
⑥ 계산상의 문제점으로 분자에 (-)의 수치가 있는 경우 비교하기 어렵다.

기출문제분석

다음 회계자료를 이용한 매출액순이익률로 옳은 것은? `2015년`

- 자산총액 : 600억
- 자기자본순이익률(당기순이익/자본) : 15%
- 총자산회전율 : 1
- 부채비율(부채/자본) : 200%
(단, 배당으로 인해 기초와 기말의 자산과 자본금액은 동일하다)

① 5% ② 6%
③ 7% ④ 8%
⑤ 9%

해설 부채비율이 200%이므로 부채는 400억, 자본은 200억이고, 자기자본순이익률이 15%이므로 당기순이익은 30억이다. 그리고 총자산회전율이 1이므로 매출액은 600억이다.

따라서 매출순이익률 = $\dfrac{당기순이익}{매출액} \times 100 = \dfrac{30억}{600억} \times 100 = 5\%$ 이다.

정답 ①

매출액 130억원, 매출액순이익률 5%, 총자본 65억원일 때, 총자본순이익률(ROI)로 옳은 것은? `2016년`

① 8% ② 9%
③ 10% ④ 11%
⑤ 20%

해설 ROI = 순이익/총투자 = (130 × 5%)/65 = 10%

정답 ③

PART 03 단원핵심문제

제4과목 기업진단론

01 다음 중 동태비율에 해당하는 것은?

① 유동비율 ② 부채비율
③ 재고자산회전율 ④ 매출액순이익률
⑤ 당좌비율

해설 동태비율에 속하는 비율로는 매출액순이익률, 자본수익성 관계비율로 자본이익률이 있고, 매출수익성 관계비율로 매출액이익률, 매출액영업이익률, 매출액순이익률 등이 있다.

동태비율
재무비율분석에서 사용되는 비율은 그 비율을 계산하기 위한 항목이 어떤 재무제표에서 추출된 것인가에 따라 손익계산서에서 추출된 것인 경우 동태비율, 재무상태표에서 추출된 것일 경우 정태비율(Static Financial Ratio), 재무상태표, 손익계산서 모두에서 추출된 경우 혼합비율(Mixed Financial Ratio)이라 한다. 동태비율로 순이익증가율, 매출액증가율, 정태비율은 부채비율, 유동비율 등이 있으며, 혼합비율로는 비유동자산회전율, 총자산회전율 등이 있다.

02 다음 빈칸에 들어갈 말로 옳은 것은?

> (   )이 100%를 밑돈다면, 영업활동을 통해 벌어들인 돈으로는 이자도 충당하지 못했다는 의미이다.

① 이자보상배율 ② Q 비율
③ 부채비율 ④ 자기자본비율
⑤ 자기자본순이익률

해설 이자보상배율(이자보상비율)은 기업의 채무상환능력을 나타내는 지표로, 기업이 영업이익으로 금융비용(이자비용)을 얼마나 감당할 수 있는지를 보여주는 지표를 말한다.

정답 01 ④ 02 ①

03 다음 중 활동성비율에 속하는 것은?

① 총자산회전율
② 매출액증가율
③ 노동생산성
④ 비유동장기적합률
⑤ 매출순이익률

해설 기업에 투하된 자본이 기간 중 얼마나 활발하게 운용되었는가를 나타내는 비율로 주로 회전율이 이용된다. 따라서 회전율이 높다는 것은 자산의 활용도가 높음을 의미한다. 주요 활동성비율로는 매출채권회전율, 재고자산회전율, 고정자산회전율, 총자산회전율 등을 들 수 있다.

04 재무비율분석에 관한 설명으로 옳지 않은 것은?

① 재무비율분석은 기업의 지급능력, 안정성, 효율성, 수익성 등에 관한 다양한 정보를 제공함으로써 여러 형태의 의사결정에 도움을 준다.
② 재무비율의 정보 및 내용은 분석목적과 이용자에 따라 상대적이다.
③ 계절성이 있는 회계자료는 계절성을 고려하여야 한다.
④ 재무비율분석을 통해 기업의 물가변동에 관한 가치 변화와 재무건전도에 영향을 주는 원인을 파악할 수 있다.
⑤ 재무비율분석만으로는 기업의 미래예측에 한계가 있으므로 다른 분석 방법과 보완적으로 사용되어야 한다.

해설 재무비율분석을 통해 기업의 물가변동에 관한 가치 변화와 재무건전도에 영향을 주는 근본적인 원인을 파악할 수는 없다.

05 유동성비율 공식을 쓰시오.

① 유동비율 (   )
② 당좌비율 (   )
③ 현금 및 예금비율 (   )

해설
① 유동비율 = $\dfrac{유동자산}{유동부채} \times 100$

② 당좌비율 = $\dfrac{당좌자산}{유동부채} \times 100$

③ 현금 및 예금비율 = $\dfrac{현금과\ 예금}{유동부채} \times 100$

06 레버리지비율 공식을 쓰시오.

① 부채비율 (   )
② 이자보상비율 (   )
③ 비유동비율 (   )
④ 비유동장기적합률 (   )

> **해설**
> ① 부채비율 = $\dfrac{\text{타인자본(유동부채 + 비유동부채)}}{\text{자기자본(자본금 + 잉여금)}} \times 100$
>
> ② 이자보상비율 = $\dfrac{\text{영업이익 또는 EBITDA}}{\text{지급이자}} \times 100$
>
> ③ 비유동비율 = $\dfrac{\text{비유동자산}}{\text{자기자본}} \times 100$
>
> ④ 비유동장기적합률 = $\dfrac{\text{비유동자산}}{\text{자기자본 + 장기부채}} \times 100$

07 활동성비율 공식을 쓰시오.

① 총자본회전율 (   )
② 매출채권회전율 (   )
③ 재고자산회전율 (   )
④ 자기자본회전율 (   )
⑤ 타인자본회전율 (   )
⑥ 비유동자산회전율 (   )

> **해설**
> ① 총자본회전율 = $\dfrac{\text{연매출액}}{\text{총자본평균액}}$
>
> ② 매출채권회전율 = $\dfrac{\text{연매출액}}{\text{매출채권평균액}}$
>
> ③ 재고자산회전율 = $\dfrac{\text{연매출액}}{\text{재고자산평균액}}$
>
> ④ 자기자본회전율 = $\dfrac{\text{연매출액}}{\text{자기자본평균액}}$
>
> ⑤ 타인자본회전율 = $\dfrac{\text{연매출액}}{\text{타인자본}}$
>
> ⑥ 비유동자산회전율 = $\dfrac{\text{연매출액}}{\text{(유형자산 + 무형자산)평균액}}$

정답 06 해설 참조   07 해설 참조

08 성장성비율 공식을 쓰시오.
① 총자산증가율 (   )
② 매출액증가율 (   )
③ 순이익증가율 (   )

> **해설**
> ① 총자산증가율 = $\dfrac{(기말총자산 - 전기총자산)}{전기총자산} \times 100$
> ② 매출액증가율 = $\dfrac{(당기매출액 - 전기매출액)}{전기매출액} \times 100$
> ③ 순이익증가율 = $\dfrac{(당기순이익 - 전기순이익)}{전기순이익} \times 100$

09 재무비율에 관한 설명으로 옳지 않은 것은?
① 매출액증가율은 기업의 성과가 전년도에 비하여 얼마나 증가하였는지를 나타내는 성장성비율이다.
② 노동생산성은 기업의 부가가치를 평균 종업원 수로 나눈 값으로 노동투입량을 기준으로 생산성을 평가하는 비율이다.
③ 유동비율은 유동자산을 유동부채로 나눈 값으로 단기채무 변제에 충당할 수 있는 유동자산이 얼마나 되는지를 나타내는 비율이다.
④ 자기자본순이익률(ROE)은 순이익을 자기자본으로 나눈 비율로 주주가 기업에 투자한 자본에 대한 수익성을 나타내는 비율이다.
⑤ 총자산회전율은 매출액을 자기자본으로 나눈 비율로 기업이 투자한 자기자본의 활용도를 총괄적으로 나타내는 활동성 지표이다.

> **해설** 총자산회전율은 총자본회전율이라고도 하며 매출액을 총자산으로 나눈 것이다.

10 재무비율 중 높아질수록 좋지 않은 것은?
① 재고자산회전일수   ② 매출순이익률
③ 자기자본순이익률   ④ 이자보상비율
⑤ 유동비율

> **해설** 재고자산회전일수는 재고자산을 매출로 소진하는 데 걸리는 평균시간을 말하는 것으로 높아질수록 재고가 머무른 일수가 길다는 것이므로 좋지 않다.

11 재무비율분석의 한계점에 대한 설명으로 옳지 않은 것은?

① 재무제표에 분식이 발생하면 기업의 재무상태나 경영성과가 왜곡되어 의미가 없다.
② 계량화가 어려운 질적 요인에 대한 분석이 어렵다.
③ 과거의 재무자료를 이용하기 때문에 기업의 미래상태를 예측하는 데 한계가 있다.
④ 합리적인 경영을 하는 동일한 산업에 속한 기업들 사이에서도 경영방침이나 기업의 성격에 따라 큰 차이가 있을 수 있다.
⑤ 경영다각화 기업의 경우 사업부문별 재무제표가 제공되더라도 재무비율분석은 의미가 없다.

해설 경영다각화 기업일 경우 사업부문별 재무제표가 제공된다고 하더라도 재무비율분석이 의미가 없는 것은 아니다.

12 ㈜윤진의 유동자산 100억원, 유동부채 100억원, 재고자산 30억원, 매출채권 20억원일 때 당좌비율로 옳은 것은?

① 50%
② 70%
③ 90%
④ 110%
⑤ 130%

해설 당좌비율 = $\dfrac{당좌자산}{유동부채} \times 100 = \dfrac{유동자산 - 재고자산}{유동부채} \times 100$

$= \dfrac{100 - 30}{100} \times 100 = 70(\%)$

13 유동성비율에 관한 설명으로 옳은 내용을 모두 고른 것은?

ㄱ. 유동성비율은 양호한데도 불구하고 당좌비율이 불량한 경우는 재고자산의 과다로 추정될 수 있다.
ㄴ. 당좌비율이 100% 이하라는 것은 당좌자산을 유동부채보다 더 많이 보유하고 있다는 의미이다.
ㄷ. 유동비율이 지나치게 높다는 것은 현금이나 단기자산을 비효율적으로 운영하고 있다는 의미도 된다.
ㄹ. 유동비율이 높을수록 단기채무지급능력이 미흡하다.
ㅁ. 유동성은 단기에 현금화될 수 있는 정도를 의미한다.

① ㄱ, ㄴ, ㄹ
② ㄱ, ㄷ, ㅁ
③ ㄴ, ㄷ, ㅁ
④ ㄴ, ㄹ, ㅁ
⑤ ㄷ, ㄹ, ㅁ

해설 ㄴ. 당좌비율이 100% 이하라는 것은 유동부채를 더 많이 보유하고 있다는 의미이다.
ㄹ. 유동비율이 높을수록 현금 동원력과 유동성이 좋아진다.

정답 11 ⑤ 12 ② 13 ②

14 영업이익 50,000원, 이자비용 3,000원, 당기순이익 18,000원, 부채 5,000원, 자기자본 30,000원일 경우 자기자본순이익률(ROE ; Return On Equity)을 구한 값으로 옳은 것은?

① 10%
② 30%
③ 50%
④ 60%
⑤ 80%

해설 자기자본순이익률 = $\dfrac{순이익}{자기자본} \times 100 = \dfrac{₩18,000}{₩30,000} \times 100 = 60\%$

15 동태비율에 해당하지 않는 것은?

① 유동비율
② 매출액순이익률
③ 총자산회전율
④ 이자보상비율
⑤ 총자산순이익률

해설 동태비율은 손익계산서의 항목을 추출해 비율을 분석한 것을 말한다. 자산회전율, 자본회전율, 매출액순이익률, 재고자산회전율 등이 있다.

16 현금 100만원, 감가상각비 250만원, 매입채무 300만원, 미지급비용 210만원, 장기차입금 6,800만원, 자본금 8,000만원, 이익잉여금 500만원인 경우 부채비율로 옳은 것은?

① 86%
② 88%
③ 90%
④ 95%
⑤ 102%

해설 부채비율 = $\dfrac{타인자본(유동부채 + 고정부채)}{자기자본(자본금 + 잉여금)} \times 100$

$= \dfrac{300 + 210 + 6,800}{8,000 + 500} \times 100 = 86\%$

17 기업의 비용 통제에 효율적으로 사용될 수 있는 재무비율로 옳은 것은?

① 부채비율
② 부채구성비율
③ 매출액증가율
④ 영업현금흐름 대 부채비율
⑤ 매출액순이익률

해설   비용은 결국 이익에 영향을 미치므로 이익관련 비율은 당기순이익을 매출액으로 나눈 매출액순이익률이다.

18 기업진단에 활용되는 재무비율분석에 관한 설명으로 옳지 않은 것은?

① 기업의 고정영업비용은 자산구성과 관련되어 있다.
② 기업의 고정재무비용은 자본구조와 관련되어 있다.
③ 기업의 수익성을 평가할 때 자기자본순이익률(ROE)은 자기자본비용과 비교되어야 한다.
④ 기업의 수익성을 평가할 때 총자산순이익률(ROA)은 가중평균자본비용과 비교되어야 한다.
⑤ 경제적 부가가치는 세후순이익에서 영업활동에 투하된 자기자본비용을 공제하여 측정되므로 잔여순이익이다.

해설   경제적 부가가치(EVA)는 (세후영업이익 − 자본비용)을 사용한다.

19 ㈜금곡은 받을어음을 담보로 은행에서 현금을 단기차입하였다. 이 거래가 ㈜금곡의 유동비율과 부채비율에 미치는 영향으로 옳은 것은?[단, 받을어음(은행 차입일 기준으로 3개월 내 만기)과 단기차입금액은 동일하며 본 거래가 반영되기 전의 ㈜금곡의 유동비율은 100%, 부채비율은 200%이다]

① 유동비율 증가, 부채비율 감소
② 유동비율 감소, 부채비율 증가
③ 유동비율 영향 없음, 부채비율 증가
④ 유동비율 영향 없음, 부채비율 감소
⑤ 유동비율 감소, 부채비율 감소

해설   받을어음을 담보로 현금을 빌렸으므로 현금이 증가하고, 단기차입금도 동시에 증가한다. 따라서 유동비율에는 영향이 없으며, 단기차입금 증가로 부채비율은 증가한다.

정답 17 ⑤ 18 ⑤ 19 ③

20 총자산은 8,000원, 자본은 4,500원, 총부채 중 차입금은 60%, 외상매입금이 40%이며, 차입금에 대한 이자율은 8%이다. 영업이익이 400원이라고 할 때 이자보상비율로 옳은 것은?

① 1.5배
② 1.8배
③ 2.0배
④ 2.4배
⑤ 3.0배

해설 총부채(총자산-자본)는 3,500원이다. 이 중 차입금은 60%인 2,100원이고, 이자비용은 168원이다.

$$이자보상비율 = \frac{₩400}{₩168} = 2.4배$$

21 재무비율 중 활동성비율로 옳지 않은 것은?

① 매출채권회전기간
② 총자산회전율
③ 재고자산회전율
④ 유형자산회전율
⑤ 매출액증가율

해설 매출액증가율은 활동성비율이 아니라 성장성비율이다.

22 유동자산이 40억원, 비유동자산이 50억원, 유동부채가 20억원, 비유동부채가 16억원일 때 유동비율로 옳은 것은?

① 50%
② 100%
③ 150%
④ 200%
⑤ 250%

해설 $유동비율 = \frac{유동자산}{유동부채} \times 100 = \frac{40}{20} \times 100 = 200\%$

23 재무비율분석의 유용성에 관한 설명으로 옳지 않은 것은?

① 비교적 쉽게 구할 수 있는 재무제표를 이용한다.
② 재무제표로부터 연관성이 있는 두 항목 간의 비율로 계산하므로 계산이 용이하다.
③ 적은 수의 재무비율로도 기업경영의 주요 내용을 평가할 수 있다.
④ 기업의 지급능력, 안정성, 효율성, 수익성 등에 관한 다양한 정보를 제공함으로써 의사결정에 도움이 된다.
⑤ 기업의 특성이나 분석의 방법에 따라 신빙성 있는 회계자료라 하더라도 연중 평균자료를 사용하거나 기초·기말의 평균치를 이용할 필요가 있다.

해설 재무비율분석의 유용성과는 관련 없는 항목이다.

PART 04 비용구조분석

제4과목 기업진단론

체크포인트
비용구조분석은 기업진단론 시험에서 자주 출제되는 영역이므로 전 영역을 꼼꼼히 학습해야 한다. 특히 손익분기점 공식은 반드시 암기해 두자.

1 레버리지분석

1. 레버리지(Leverage)의 의의

타인자본을 지렛대 삼아 투자수익률을 높이는 레버리지는 경기가 호황일 때 더욱 효과적이다. 상대적으로 낮은 비용으로 자금을 조달하여 수익성 높은 곳에 투자하면, 자본 조달 비용을 상회하는 수익을 창출할 수 있기 때문이다.

> **더 알아보기 | 고정비와 변동비**
> - 고정비란 조업도(생산량) 변화와 무관하게 일정하게 발생하는 비용으로, 조업도가 증가할수록 단위당 고정비는 감소한다. 감가상각비, 이자비용, 고정인건비, 금융비용 등이 대표적이다.
> - 변동비란 조업도(생산량) 변화에 비례하여 총액이 변동하는 비용으로, 총액은 변하지만 단위당 변동비는 일정하다. 재료비, 노무비 등이 여기에 속한다.

2. 레버리지효과 [18][20][22][23][24] 기출

(1) 동일한 사업을 영위하는 기업이 있고, 비슷한 생산량을 생산한다고 할 때 총비용은 유사할 것이다. 일반적으로 설비투자를 많이 하여 고정비가 높은 기업은 변동비가 낮고, 설비투자가 적은 기업은 그 반대일 것이다. 고정비는 매출액 변동과 무관하게 일정하게 발생하는데, 매출액이 증가하면 고정비 비중이 큰 기업은 이익 증가폭이 커지고, 반대로 매출액이 감소하면 손실 확대폭이 커진다.

(2) 손익확대효과는 고정비가 지렛대 역할을 하여 나타나기 때문에 레버리지효과(Leverage Effect)라 한다. 다시 말해서, 고정비 부담이 많을수록 매출액 변동보다 이익의 변동이 더욱 확대되어 나타나는 것을 말한다.

3. 레버리지의 종류

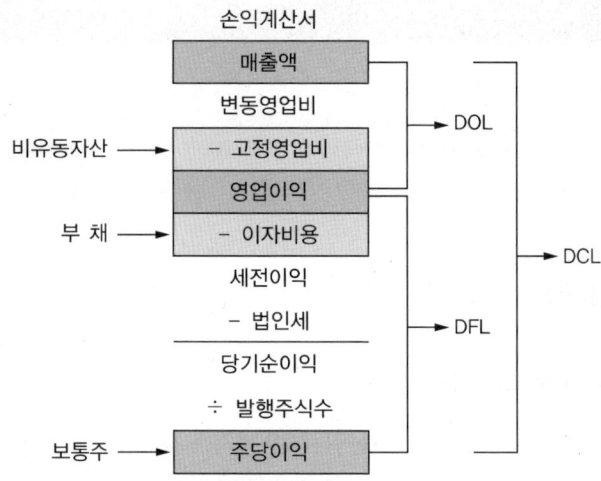

(1) 영업레버리지(Operation Leverage)
   ① 의 의
      기업이 영업비용 중에서 고정비를 부담하는 정도를 의미하며, 생산·판매에 소요되는 비용 중 고정비 비중이 클수록 기업이 높은 영업레버리지를 갖게 된다.
   ② 효 과
      ㉠ 영업레버리지가 높은 경우에는 매출액이 변할 때 영업이익은 매출액이 변하는 비율보다 더 큰 비율로 변하게 되는 것을 말한다.
      ㉡ 영업레버리지 효과는 매출액의 변화가 영업이익의 변화에 미치는 확대효과를 말한다.
      ㉢ 확대효과는 영업고정비의 규모가 클수록 커진다.
   ③ 영업레버리지도(DOL ; Degree of Operating Leverage) 18 19 21 22 기출
      ㉠ 판매량의 변화율에 대한 영업이익변화율의 비율로 영업레버리지도를 나타낸다. 일반적으로 영업고정비의 대부분은 감가상각비가 차지하며, 감가상각비 비중이 높은 중화학산업 또는 장치산업에 속하는 기업들은 대체로 큰 DOL을 갖는 경향이 있다.
      ㉡ DOL은 계산 구조상 특정 매출액 수준에서 매출액의 단위 % 변화에 대한 영업이익의 변화정도를 의미하고 고정영업비가 클수록 DOL이 커지므로 노동집약적 산업보다 자본집약적 산업의 DOL이 크게 나타난다.

$$DOL = \frac{Q(P-V)}{Q(P-V) - FC} = \frac{영업이익의\ 변화율}{매출액\ 변화율} = \frac{공헌이익}{영업이익}$$

- Q : 판매량
- V : 단위당 변동비
- P : 판매단가
- FC : 고정비

④ 영업레버리지도(DOL)의 시사점
  ㉠ DOL이 높다면 그 기업의 영업이익이 많다거나 기업이 잘 운영되고 있다고 해석해서는 안 된다. DOL의 의미는 매출액의 증감에 따라 영업이익이 증감하는 속도를 나타내는 것이다.
  ㉡ 낙관적 경기전망 시 고정영업비용을 증가시키는 생산형태를 취함으로써 영업이익을 증가시키는 반면, 비관적인 경기전망이 예상될 시에는 변동영업비용을 증가시키는 노동집약적인 생산형태를 취함으로써 영업이익의 감소폭을 최소화해야 한다.
  ㉢ 손익분기점에서는 DOL이 무한대이다.
  ㉣ 손익분기점을 초과해 매출액이 증가하면 DOL은 점점 감소하여 1로 접근한다. 즉 매출액이 증가할수록 고정비의 영향이 감소한다.

(2) 재무레버리지(Financial Leverage) 17 18 기출
  ① 의 의
    기업이 자본조달의 결과로 재무고정비(이자비용)를 부담하는 정도를 의미한다. 재무레버리지는 기업이 조달하는 부채와 관련된 것인데 총비용 중에서 고정적인 재무비용이 차지하는 비중을 의미한다.
  ② 효 과
    타인자본 사용에 따라 발생하는 고정적인 이자비용이 지렛대(Leverage) 역할을 하여 주주에게 돌아가는 세후순이익의 변화율이 영업이익변화율에 비하여 확대되어 나타나는데 이를 재무레버리지효과라 부른다.
  ③ 재무레버리지도(DFL ; Degree of Financial Leverage)
    재무레버리지 효과를 측정하는 척도로 영업이익변화율에 대한 주당순이익의 변화율의 상대적인 비율의 의미한다. 재무레버리지도는 기업이 이자비용을 많이 지급할수록 커진다. 즉, 타인자본의존도가 높은 기업들은 높은 DFL을 갖는다.

$$DFL = \frac{Q(P-V) - FC}{Q(P-V) - FC - I} = \frac{주당이익\ 변화율}{영업이익\ 변화율}$$

  • Q : 판매량
  • P : 판매단가
  • V : 단위당 변동비
  • FC : 고정비
  • I : 이자비용

  ④ 재무레버리지도의 시사점
    ㉠ 이자비용이 '0'이면 DFL은 '1'이다. 부채를 사용하지 않으면 재무레버리지 효과가 없다는 것을 의미한다.
    ㉡ 주당순이익이 '0'이 되는 수준에서는 DFL은 무한대이다.
    ㉢ 영업이익이 증가함에 따라 DFL은 점점 감소하여 1로 수렴한다. 영업이익이 증가할수록 고정비의 영향이 감소한다.

(3) 결합레버리지(Combined Leverage) 18 21 23 25 기출

① 의 의

매출액의 변화가 주당이익에 어떤 영향을 미칠지는 영업레버리지와 재무레버리지의 크기에 따라 결정된다. 즉, 영업레버리지와 재무레버리지를 결합한 레버리지를 결합레버리지라고 부른다.

② 효 과

㉠ 결합레버리지 효과는 매출액의 변화가 주주에게 귀속되는 주당이익에 미치는 확대효과를 말한다.
㉡ 결합레버리지의 확대효과는 영업고정비와 재무고정비를 합한 총고정비 규모가 클수록 커진다고 할 수 있다.
㉢ 결합레버리지가 높을수록 매출액의 변화에 따라 주당순이익이 그보다 높은 비율로 변화하는 결합레버리지 효과가 나타나며, 결합레버리지 효과를 측정하는 척도로 결합레버리지도(DCL)가 이용된다.

③ 결합레버리지도(DCL ; Degree of Combined Leverage)

매출액(또는 매출량)의 변화율에 대한 주당이익의 변화율의 비율을 의미한다. DCL은 기업이 영업고정비와 이자비용을 많이 지급할수록 커지며, 기업의 주당이익 변화율은 매출액 변화율보다 항상 확대되어 나타난다. 특히 영업고정비를 많이 지출하는 중화학산업이나 타인자본의존도가 높은 기업일수록 높은 DCL을 갖는다.

$$DCL = \frac{주당순이익\ 변화율}{매출액\ 변화율}$$

④ DCL 특징

$$DCL = DOL \times DFL = \frac{영업이익\ 변화율}{매출액\ 변화율} \times \frac{주당순이익\ 변화율}{영업이익\ 변화율}$$

㉠ 매출액 변화율에 대한 주당순이익 변화율의 비율을 나타낸 것이 결합레버리지도이다.
㉡ 결합레버리지도는 영업레버리지도와 재무레버리지도를 통합한 것이다.

기출문제분석

레버리지에 관한 설명으로 옳은 것은? 2023년

① 기업에서 발생하는 비용 중에서 영업고정비용의 비중이 클수록 영업레버리지도는 작아진다.
② 재무레버리지도가 높다는 것은 주주들이 감수해야 할 위험이 작다는 것을 의미한다.
③ 영업이익이 일정하다면 이자비용이 적을수록 재무레버리지도는 커진다.
④ 주당순이익의 변화율이 일정하다면 매출액 변화율이 작을수록 결합레버리지도는 커진다.
⑤ 외적환경이 일정하다면 영업레버리지도가 클수록 영업위험이 작아진다.

해설 ① 기업에서 발생하는 비용 중에서 영업고정비용의 비중이 클수록 영업레버리지도는 커진다.
② 재무레버리지도가 높아지면 주주들이 감수해야 할 위험이 커질 수 있다.
③ 영업이익이 일정하다면 이자비용이 적을수록 재무레버리지도는 작아진다.
⑤ 외적환경이 일정하다면 영업레버리지도가 클수록 영업위험이 커진다.

정답 ④

2 손익분기점분석

1. 손익분기점(BEP ; Break Even Point) 19 20 21 22 24 25 기출

(1) 의 의

매출액이 그 이하로 감소하면 손실이 나며, 그 이상으로 증대하면 이익을 가져오는 기점을 가리킨다. 다시 말하면 일정 기간의 매출액과 매출로 인해 발생한 총비용이 일치하는 지점을 말하는 것으로 총비용을 회수할 수 있는 매출액을 의미한다. BEP 분석은 기업의 비용을 변동비와 고정비로 구분할 수 있다는 것을 전제로 하고 있는데, 매출액에서 변동비를 차감한 금액을 공헌이익(Contribution Margin)이라 한다.

> 공헌이익 = 매출액 − 변동비

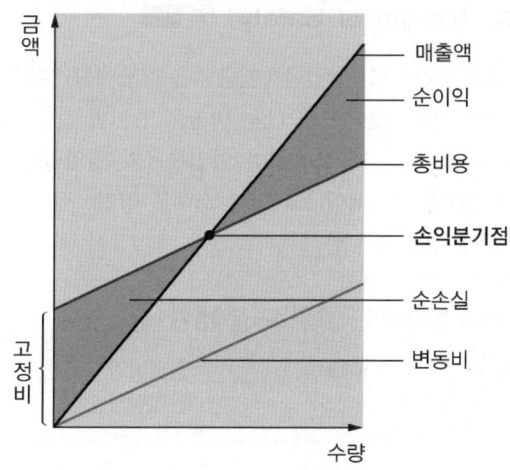

(2) 손익분기점을 사용하는 이유

① 기업의 투자규모 확대로 인한 이익을 측정하기 위해 사용한다.
② 대량생산에 기인한 생산과잉에 따른 이익의 정확한 분석이 필요하기 때문에 사용한다.
③ 고정비의 규모 확대로 인한 이익을 측정하기 위해 사용한다.

2. 손익분기점 공식 17 19 20 21 22 기출

손익분기점(매출액) = 변동비 + 고정비

손익분기점(판매량) = $\dfrac{\text{고정비}}{\text{단위당 판매가격} - \text{단위당 변동비}}$

목표영업이익의 매출액 = 변동비 + 고정비 + 목표이익

목표영업이익의 매출량 = $\dfrac{\text{고정영업비용} + \text{목표영업비용}}{\text{단위당 판매가격} - \text{단위당 변동비}}$

공헌이익 = 매출액 − 변동비

단위당 공헌이익 = 단위당 판매가격 − 단위당 변동비

3. MS비율(안전한계율, Margin of Safety) 23 기출

안전한계는 민감도 분석의 일종으로, 안전한계매출액은 실제매출액이 BEP 매출액을 초과하는 금액을 말하며, 안전한계매출액을 실제매출액으로 나눈 비율로 표시한 것을 안전한계율이라고 한다. 안전한계는 과거의 영업활동을 평가하는 데 유용하며 영업목표와 영업활동을 계획하는 지침이 된다.

예를 들어, 안전한계가 낮다면 매출액이 조금만 감소해도 영업손실이 발생하기 때문에 경영자는 미래 매출액의 예측을 신중하게 결정해야 한다.

안전한계매출액 = 예정(실제)매출액 − 손익분기점매출액

안전한계율 = $\dfrac{\text{매출액} - \text{손익분기점매출액}}{\text{매출액}} \times 100 = \dfrac{\text{영업이익}}{\text{공헌이익}} \times 100$

기출문제분석

㈜경영의 재무자료가 다음과 같을 때, 안전한계율(Margin of Safety Ratio)은?

○ 고정비 400,000,000원 ○ 단위당 변동비 10,000원
○ 판매단가 20,000원 ○ 판매수량 50,000개

① 0% ② 20%
③ 50% ④ 80%
⑤ 100%

해설
안전한계율 = $\dfrac{\text{매출액} - \text{손익분기점매출액}}{\text{매출액}} \times 100 = \dfrac{\text{영업이익}}{\text{공헌이익}} \times 100$

영업이익 = ₩50,000 × (₩20,000 − ₩10,000) − ₩400,000,000 = ₩100,000,000
공헌이익 = ₩1,000,000,000 − ₩500,000,000 = ₩500,000,000

안전한계율 = $\dfrac{₩100,000,000}{₩500,000,000} \times 100 = 20\%$

정답 ②

4. 손익분기점분석의 가정과 한계

(1) 기본 가정
① 매출량이나 매출액 변화와 무관하게 단위당 판매가격이 일정하며 단위당 변동비도 일정하다.
② 비용은 고정비와 변동비로 명확하게 구분된다.
③ 고정비는 매출량에 관계없이 일정하다.
④ 여러 가지 상품을 생산하는 기업에도 적용한다.
⑤ 분석을 위한 비용, 매출가격, 생산량의 관계를 측정하는 데 과거 자료가 활용된다.
⑥ 정태적 분석이다.

(2) 한 계
① 매출량은 매출가격에 영향을 주며 매출량의 증가에 따라 단위당 변동비도 변한다.
② 실제로 비용의 구분이 쉽지 않다.
③ 장기적인 관점에서는 타당성이 떨어진다. 손익분기점 분석은 특정 매출량 및 매출액 범위 내에서만 적용 가능하다.
④ 여러 제품 생산에 공통으로 사용되는 비용을 각 상품별로 배분하는 데 어려움이 따른다.
⑤ 생산원가나 판매가격 등은 시간의 경과에 따라 변동하므로, 비용, 매출가격, 생산량의 관계 또한 변화한다.
⑥ 매출액 변화에 따른 영업이익의 민감도(변화 정도)를 측정하기 어렵다.

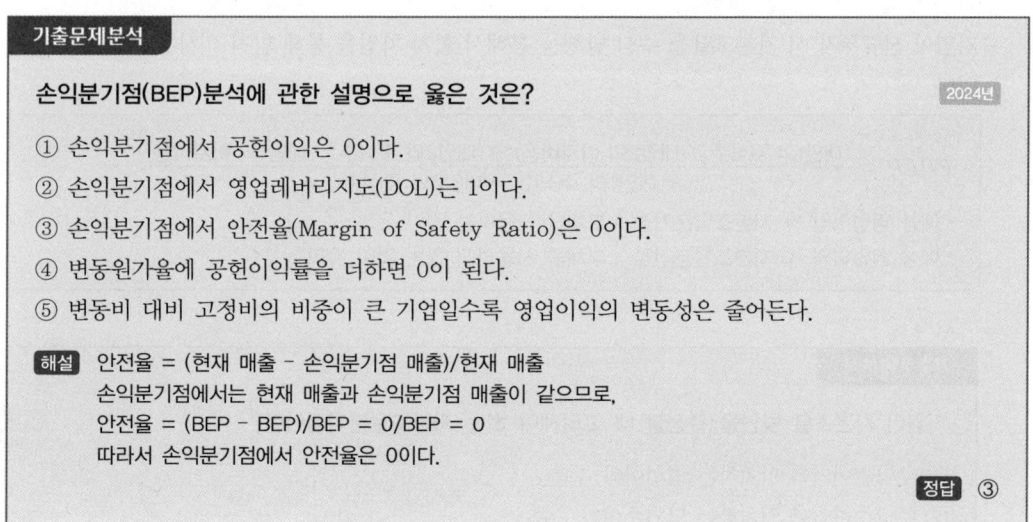

기출문제분석

손익분기점(BEP)분석에 관한 설명으로 옳은 것은? (2024년)

① 손익분기점에서 공헌이익은 0이다.
② 손익분기점에서 영업레버리지도(DOL)는 1이다.
③ 손익분기점에서 안전율(Margin of Safety Ratio)은 0이다.
④ 변동원가율에 공헌이익률을 더하면 0이 된다.
⑤ 변동비 대비 고정비의 비중이 큰 기업일수록 영업이익의 변동성은 줄어든다.

해설 안전율 = (현재 매출 - 손익분기점 매출)/현재 매출
손익분기점에서는 현재 매출과 손익분기점 매출이 같으므로,
안전율 = (BEP - BEP)/BEP = 0/BEP = 0
따라서 손익분기점에서 안전율은 0이다.

정답 ③

> 부산상사의 고정비는 2,000만원, 목표이익 3,000만원, 단위당 변동비 600원, 제품의 판매단가는 1,000원일 때 부산상사의 손익분기점 매출량과 매출액으로 옳은 것은? `2021년`
>
> | | 매출량 | 매출액 |
> |---|---|---|
> | ① | 12,500개 | 50,000,000원 |
> | ② | 50,000개 | 50,000,000원 |
> | ③ | 50,000개 | 125,000,000원 |
> | ④ | 125,000개 | 125,000,000원 |
> | ⑤ | 125,000개 | 500,000,000원 |
>
> **해설** 단위당 공헌이익(400원)은 제품의 판매단가에서 단위당 변동비를 차감(1,000원 − 600원)하면 계산할 수 있다.
>
> 손익분기점매출량 = $\frac{20,000,000원}{400원}$ = 50,000개,
>
> 손익분기점매출액 = 50,000개 × 1,000원 = 50,000,000원
>
> **정답** ②

5. 자본조달분기점(FBEP ; Financial Break Even Point) `25 기출`

자본조달 방법과 관계없이 주당순이익(EPS)이 동일해지는 영업이익 수준을 자본조달분기점이라고 한다. 보통주를 발행해 자금을 조달하는 경우와 차입을 통해 자금을 조달하는 경우의 EPS가 동일하게 되는 영업이익 수준을 말한다.

기업이 신규투자 시 자본조달을 주식 발행을 통해서 할지 차입을 통해 할지 의사결정하는 것과 관련이 있다.

> $FBEP = \frac{(대안1의\ 주식수 \times 대안2의\ 이자비용) - (대안2의\ 주식수 \times 대안1의\ 이자비용)}{대안1의\ 주식수 - 대안2의\ 주식수}$
>
> • 예상 영업이익 > 자본조달분기점 : 부채를 사용하는 것이 유리
> • 예상 영업이익 < 자본조달분기점 : 부채를 사용하지 않는 것이 유리

> **기출문제분석**
>
> 기업이 자본조달 방안을 결정할 때 고려해야 하는 자본조달분기점이란? `2023년`
>
> ① 주당순이익이 일치하는 영업이익 수준
> ② 주당순이익이 일치하는 당기순이익 수준
> ③ 재무레버리지도(DFL)가 일치하는 영업이익 수준
> ④ 재무레버리지도(DFL)가 일치하는 당기순이익 수준
> ⑤ 결합레버리지도(DCL)가 일치하는 매출액 수준
>
> **해설** 자본조달분기점은 자본구성비와 관계없이 주당순이익이 같아지는 영업이익 수준을 말한다. 신규투자 시 자본을 주식 발행을 통해 조달할지 차입을 통해 조달할지 결정하는 것과도 관련이 있다.
>
> **정답** ①

PART 04 단원핵심문제

제4과목 기업진단론

01 고정적인 영업비용이 존재할 때 매출액의 변화율에 따른 영업이익의 변화율 분석으로 옳은 것은?

① 손익분기점분석
② 재무레버리지분석
③ 결합레버리지분석
④ 영업레버리지분석
⑤ 비결합레버리지분석

해설 기업이 영업비용 중에서 고정비를 부담하는 정도를 의미하며, 생산·판매에 소요되는 비용 중 고정비 비중이 클수록 기업이 높은 영업레버리지를 갖게 된다.

02 손익분기점에 대한 설명으로 옳지 않은 것은?

① CVP분석이라고도 한다.
② 손익분기점은 매출액, 매출량 2가지로 나타낼 수 있다.
③ 손익분기점에서 영업이익은 0이다.
④ 총수익과 총영업비용이 일치하는 점이다.
⑤ 한 기간의 매출액이 당해 기간의 총비용과 일치하는 점을 말한다.

해설 손익분기점은 그 외에도 목표영업이익에 따른 매출량과 목표영업이익에 따른 매출액도 나타낼 수 있다.

03 다음은 ㈜시대의 1개월간 생산 및 판매자료이다. (1)~(4)의 물음에 답하시오.

> 제품 생산 및 판매 600개, 단위당 변동비 15원, 고정비 6,000원, 단위당 판매가 30원

(1) 총매출액 및 변동비율을 계산하시오.
(2) 공헌이익 및 영업이익을 계산하시오.
(3) 공헌이익률 및 손익분기점 매출액을 계산하시오.
(4) 안전율을 계산하시오.

정답 01 ④ 02 ② 03 해설 참조

해설 (1) 총매출액 = 600개 × ₩30 = ₩18,000
　　　　변동비율 = 단위당 변동비/단위당 판매가 = ₩15/₩30 × 100 = 50%
　　　(2) 공헌이익 = 총매출액 - 총변동비 = ₩18,000 - ₩9,000 = ₩9,000
　　　　영업이익 = 공헌이익 - 고정비 = ₩9,000 - ₩6,000 = ₩3,000
　　　(3) 공헌이익률 = 공헌이익/총매출액 = ₩9,000/₩18,000 × 100 = 50%
　　　　손익분기점 매출액 = 고정비/공헌이익률 = ₩6,000/0.5 = ₩12,000
　　　(4) 안전율 = (총매출액 - 손익분기점 매출액)/총매출액 = (₩18,000 - ₩12,000)/₩18,000 × 100 = 33.33%

04　다음 자료를 이용하였을 때 공헌이익률로 옳은 것은?

> 유비쿼터스 식품은 옥수수 햇반을 생산, 판매하고 있다. 20x2년엔 판매가격 1개당 1,000원씩에 총 500개를 판매할 것으로 예측하였다. 원가 자료는 다음과 같다.
> 변동제조원가 500원/개, 변동판매비 100원/개, 고정원가 80,000원

① 15%　　　　　　　　② 20%
③ 30%　　　　　　　　④ 40%
⑤ 42%

해설　공헌이익률 = 공헌이익/매출액 = ₩400/₩1,000 × 100 = 40%
　　　공헌이익률이란 매출액 대비 공헌이익이 차지하는 비율이다.

05　다음에서 나타내는 공식으로 옳은 것은?

$$\frac{\text{예정(실제) 매출액} - \text{손익분기점 매출액}}{\text{예정(실제) 매출액}} \times 100$$

① BEP 분석　　　　　　② 한계이익률
③ 자본도　　　　　　　④ 안전한계율
⑤ DOL

해설　MS(Margin of Safety) 혹은 안전한계율은 손익분기점 분석에서 사용되는 비율로서, 이 비율은 실현한 매출액이 손익분기점 매출액을 얼마나 초과하는지를 나타내는 지표이다. 따라서 MS 비율이 높을수록 기업의 안정성이 높아진다. 보기의 공식을 꼭 암기해두자.

06 영업레버리지도(DOL)가 6이라는 것은 판매량이 1% 변할 때 (　　)이 6% 변화한다는 것을 의미한다. 빈칸에 들어갈 말로 옳은 것은?

① 당기순이익
② 영업이익
③ 매출총이익
④ 경상이익
⑤ 매출액순이익

해설　영업레버리지도는 판매량의 변화율에 따른 영업이익의 변화율을 나타내는 지표이다.

07 레버리지에 대한 설명으로 옳은 것은?

① 결합레버리지 효과는 고정비용이 지렛대 작용을 하기 때문이다.
② 무차입 경영을 하는 회사는 재무레버리지도가 높다.
③ 자본집약적 산업은 대체로 영업레버리지도가 낮다.
④ 영업레버리지도가 높다는 것은 기업이 잘 운영되고 있다는 증거이다.
⑤ 결합레버리지 효과는 고정비용이 지렛대 영향을 받지 않는다.

해설　② 무차입 경영을 하는 기업은 타인자본의 활용도가 낮기 때문에 재무레버리지도가 낮다.
　　　③ 일반적으로 자본집약적 산업이 노동집약적 산업보다 영업레버리지도가 높다.
　　　④ 영업레버리지도가 높다는 것은 그 기업의 영업이익이 많다거나 기업이 잘 운영된다는 의미가 아니라 매출액의 증감에 따라 영업이익의 증감하는 속도를 나타내는 것으로 보아야 한다.
　　　⑤ 결합레버리지 효과는 고정비용이 지렛대 영향을 받는다.

08 상용기업이 재무비용을 고정적으로 부담하고 있다. 영업이익 변화에 대한 세후순이익 또는 주당순이익의 변화를 분석하는 방법으로 옳은 것은?

① 증가분이익분석
② 재무레버리지분석
③ 영업레버리지분석
④ 결합레버리지분석
⑤ 비결합레버리지분석

해설　재무레버리지는 기업이 조달하는 부채에 관한 것으로, 총비용 중에서 고정적인 재무비용이 차지하는 비중을 의미한다.

정답　06 ②　07 ①　08 ②

09 ㈜윤진의 매출액변화율 10%, 영업이익증가율 15%, 주당이익변화율 20%일 때 영업레버리지도로 옳은 것은?

① 0.3
② 1.5
③ 2.0
④ 3.3
⑤ 4.0

해설 영업레버리지도는 매출액의 변화율에 따른 영업이익의 증가율이므로 즉, 15/10 = 1.5이다.

10 기업의 영업레버리지에 관한 설명으로 옳지 않은 것은?

① 고정영업비가 많을수록 영업레버리지가 커진다.
② 일반적으로 자본집약적 산업은 영업레버리지도가 높다.
③ 공헌이익을 영업이익으로 나누어 영업레버리지도를 산출한다.
④ 영업레버리지도는 매출액변화율 대비 주당이익변화율의 비율로 산출한다.
⑤ 영업레버리지도가 높다는 것이 그 기업의 영업이익이 많은 것이 아니며, 경영위험이 높은 것을 나타낸다.

해설 영업레버리지도는 매출액변화율 대비 영업이익의 변화율로 산출한다.

11 손익분기점분석에 관한 설명으로 옳지 않은 것은?

① 고정비의 비중이 높을수록 판매량이 증가하는 경우 영업이익은 증가한다.
② 원가와 조업도의 변화가 이익과 어떠한 관계를 가지는가에 초점을 두는 분석이다.
③ 제품생산비는 변동비이다.
④ 고정영업비란 생산능력의 범위 내에서 조업도의 변화에 관계없이 고정적으로 발생하는 영업비용으로 감가상각비, 판매수수료, 판매원의 성과급 및 광고비 등을 의미한다.
⑤ 고정영업비는 판매량의 변화에 관계없이 일정하지만, 단위당 고정영업비는 판매량(매출액)이 증가함에 따라 감소하는 특성을 보인다.

해설 판매수수료, 판매원의 성과급, 광고비 등은 고정비 성격이 아닌 변동비이다.

12 기업의 재무레버리지도가 1.5일 때 옳은 것은?

① 영업이익이 10% 증가할 때 주당순이익은 15% 감소한다는 의미이다.
② 영업이익이 10% 감소할 때 주당순이익은 15% 감소한다는 의미이다.
③ 매출액이 10% 증가할 때 주당순이익은 15% 증가한다는 의미이다.
④ 매출액이 10% 증가할 때 영업이익은 15% 증가한다는 의미이다.
⑤ 매출액이 10% 증가할 때 주당순이익은 15% 감소한다는 의미이다.

해설   재무레버리지도(DFL ; Degree of Financial Leverage)는 영업이익변화율에 대한 주당이익변화율의 비율로 계산된다. 따라서 영업이익이 10% 감소할 때 주당순이익은 15% 감소한다.

13 손익분기점분석에 관한 설명으로 옳지 않은 것은?

① 손익분기점은 총고정비를 단위당 공헌이익으로 나눈 것이다.
② 손익분기점이 낮을수록 경영위험이 높다는 것을 의미한다.
③ 손익분기점분석은 매출액 또는 매출량이 어느 정도 되어야 영업비용을 보상하고 영업이익이 발생하기 시작하는가를 파악하는 것이다.
④ 손익분기점 수준이 낮다는 것은 영업성과의 마진이 상대적으로 크다는 것을 의미한다.
⑤ 손익분기점은 총수익과 총영업비용이 같아 영업이익이 영(0)이 되는 판매량이나 판매액을 의미한다.

해설   손익분기점이 낮은 기업은 손익분기점이 큰 기업에 비해 매출의 크기가 작은 경우에도 이익이 날 수 있으므로 경영위험이 낮다.

제4과목 기업진단론

PART 05 질적 경영분석

체크포인트
질적 경영분석 파트는 양적 경영분석만큼 중요하므로 각 개념들에 대하여 이해하고 넘어가도록 한다.

1 기업환경 및 기업의 질적 분석

1. 거시환경분석의 개념 [20]기출

외부거시환경을 조사하기 위하여 전략 컨설턴트들이 사용하는 모델이다. PEST는 다음과 같은 요인들의 약어를 말한다.

정치/제도/규제(Politic)
- 규제철폐, 민영화
- 자유무역
- 독과점 금지

거시경제(Economy)
- GDP성장률
- 인플레이션
- 이자율/환율
- 에너지가격

PEST 분석

기술(Technology)
- 정보기술발전
- 신제품혁신
- 기술확산

사회/문화(Socio-culture)
- 인구동태/환경보호
- 소비자 라이프사이클
- 여성근로자의 증가

PEST 요인은 전략의 가치창출 기회에 중요한 역할을 하는데, 보통은 기업의 통제 밖에 있으며 반드시 위협 또는 기회 요인으로 고려되어야 한다. 거시경제 요인은 대륙별, 국가별, 심지어 지역별로 다를 수 있고, 보통 국가별로 분석해야 한다는 것을 염두에 두어야 한다.

(1) 정치(Political)

정치 환경분석은 기업진단 시점에서 정치적으로 어떠한 환경적 영향을 받고 있는지를 분석하여 진단하는 것이다.

(2) 경제(Economic)

경제적 환경분석은 경제적으로 변화되고, 변화가 예측되는 요인에 대해 분석하여 진단하는 것이다.

(3) 사회(Social)

사회·문화적 환경분석은 사회적 현상 및 이슈를 도출하고 이러한 이슈들이 해당 기업에 미치는 영향정도를 분석하여 진단하는 것이다.

(4) 과학기술(Scientific Technique)

기술적 환경분석은 기업이 해당하는 관련 기술의 변화가 기업에 미치는 영향정도와 발전방향의 시사점 등을 분석하여 진단한다.

[PEST 환경분석]

구분	정치	경제	사회	과학기술
주요 요인	• 환경규제와 보호 • 세금정책 • 국제무역 • 규제와 제한 • 계약시행법 소비자 보호 • 고용법 • 정부조직·태도 • 경쟁규제 • 정치적 안정성	• 경제성장 • 금리, 통화정책 • 정부지출 • 실업정책 • 과세 • 환율 • 인플레이션율 • 경기순환단계	• 소득분배 • 생활양식의 변화 • 인구통계자료, 인구성장률, 연령분포 • 노동·경력·여가에 대한 태도 • 교육 • 유행, 마약중독 • 건강 의식, 복지, 안전감에 대한 의식 • 생활조건	• 정부연구지출 • 기술적 성과에 대한 산업의 초점 • 새로운 발명 및 개발 • 기술이전비율 • 과학기술 퇴화의 수명주기 및 속도 • 에너지 이용과 비용 • 정보기술의 변화 • 모바일 기술의 변화

기출문제분석

기업의 질적 분석과 양적 분석에 관한 설명으로 옳지 않은 것은? 2014년

① 비계량적 자료를 분석할 때 분석자의 주관이 많이 개입될 수밖에 없다. 따라서 계량적인 회계자료 분석에 국한해야 한다.
② 산업구조 분석은 해당 산업의 경쟁강도를 결정짓는 구조적 경쟁요인을 분석하는 것에 목적을 두고 있다.
③ 재무제표를 분석할 때 자산, 부채의 수치 이외에 질적 능력을 추가로 분석하면 재무융통성을 보다 적절히 평가할 수 있다.
④ 일반적으로 산업분석은 기본적 분석, 산업구조 분석, 제품수명주기 분석 등을 통해 수행된다.
⑤ 경영자의 능력을 평가하기 위해서는 경영자의 의사결정능력 이외에도 경영철학, 경영진 구성, 경영진 평판 등을 고려해야 한다.

해설 분석자의 주관이 개입되더라도 계량적인 회계자료뿐만 아니라 광범위한 비계량적 자료에 대한 분석도 필요하다.

정답 ①

2. PEST 분석의 변형

PEST 분석의 변형으로 SLEPT 분석, STEEPLE 분석과 같은 확장된 형태들이 종종 사용된다. 사회인구통계(Social Demographic), 기술(Technological), 경제(Economic), 환경(Environmental), 정치(Political), 법(Legal), 윤리(Ethical) 등 다른 요인도 중요할 수 있다.

2 기업 산업환경 분석

1. 산업환경 분석의 개념

기업이 속한 산업에 대한 환경을 분석하여 진단하는 것을 의미하며, 여기에는 산업의 본질, 발전과정 등 역사, 산업의 특성, 산업의 현황 및 전망 예측 등을 분석하여 진단한다.

2. 일반적 검토요인

산업을 분석할 때 일반적으로 검토해야 할 주요 요인들에는 산업연혁, 수요구조, 생산구조, 판매구조, 재무구조, 정부의 산업에 대한 정책, 해외 산업동향, 산업의 경쟁상황 등이 포함된다.

(1) 산업연혁

산업환경 분석에서 산업연혁 분석이란 특정 산업이 언제 시작되었고 시작된 이후 어떠한 발전단계를 거쳐 현재 어떠한 상태에 있는지를 검토하는 것이다. 구체적인 검토 사항은 매출액 신장률, 수출비중, 수익성 등이 있다.

(2) 수요구조

제품에 대한 수요가 단기적인 관점, 장기적인 관점에서 볼 때 어떻게 변화해 갈 것인지를 제품별, 소비자별, 지역별로 검토한다. 아울러 이와 같은 수요가 경기 변동에 의해 어떤 영향을 받을 수 있는지를 분석한다. 또한 제품이 라이프사이클상 어느 단계에 있는지도 분석해야 한다.

(3) 생산구조

생산구조에 관하여 제조공정·생산기술·생산능력·가동률 등에 대해 업계 전체의 동향을 파악하는 한편, 설비투자의 내용과 규모, 주요 원자재 가격의 동향, 생산량 담합(카르텔) 여부, 해외 진출 상황 등도 검토해야 한다.

(4) 판매구조

판매구조에 관하여 판매조직 및 물적 유통구조를 명확하게 파악하는 한편, 유통과정의 재고 수준, 판매가격의 추이, 가격 카르텔의 유무 등을 검토해야 한다. 대금 결제 조건, 유통경비 부담 등과 관련하여 업종별로 특이한 점이 있으므로 이에 대한 추가 분석이 필요하다.

(5) 경영성과와 재무구조

경영성과와 재무구조 측면에서는 산업의 성장성, 수익성, 자본구성, 원가구조 등을 검토하고, 필요하다면 관련 산업과의 비교 분석을 실시한다.

(6) 정부의 산업정책

정부가 특정 산업에 대하여 어떤 태도를 가지고 있는지를 검토한다. 예를 들어, 정부가 정책적으로 육성시키고자 하는 산업이라면 세제, 재정, 금융 등의 지원을 받게 된다. 그러나 불황산업 등으로 분류된 낙후된 산업이라면 이에 속하는 기업은 자연히 정리되거나 업종 전환이 이루어질 가능성이 높다.

(7) 해외의 산업동향

해외 산업동향에 대해서는 분석대상 업종에 대한 주요국의 동향을 조사한다. 이때는 주요 제품별로 가격, 품질, 기술력, 생산방식 등을 검토한다. 또한 기업별로 규모, 수익력, 연구개발투자, 시장점유율 등을 조사한다. 중요한 것은 해당 국가의 산업이 어느 정도의 국제경쟁력을 가지고 있는지를 판단하는 것이다.

(8) 산업의 경쟁상황

특정 산업 내의 경쟁이 얼마나 치열한가에 따라 그 산업의 수익성과 위험이 결정된다. 따라서 특정 산업의 경쟁환경을 파악하기 위해서는 신규진입·도산·철수·전업·폐업·합병 등에 의한 기업 수의 변동 추이, 규모별·지역별 기업의 분포·기업별 시장점유율·자본·기술·판매 등에 의해 계열 기업의 존재 유무 등을 분석하여야 한다.

3. 산업의 라이프사이클(PLC ; Product Life Cycle) 분석

(1) 개 념

① 산업의 라이프사이클 분석이란 산업도 생명체의 수명과 같이 생성, 성장, 쇠퇴, 소멸해 간다는 제품수명주기이론을 산업환경 분석에 응용한 것이다. 제품수명주기이론은 버논(R. Vernon) 등에 의해 개발된 이론으로, 신제품이 나오면 성장곡선(S자형)을 따라 확산·보급되고 그것보다 더 나은 또 다른 신제품이 출현하면 쇠퇴·소멸된다는 이론을 말한다.

② 이들의 매출증가, 이익률, 이익, 경쟁형태와 강도, 사업위험, 경영관리 기능이 달라지므로 분석대상의 어느 산업의 경우에는 산업의 수명을 도입기, 성장기, 성숙기, 쇠퇴기 등 네 단계로 나누어 볼 수 있는데, 각 단계별로 산업 및 산업 내 기업의 어느 단계에 있는지를 파악하면 투자에 활용할 수 있게 된다.

③ 제품수명주기이론은 산업전개의 대략적인 방향에 대해서는 설명해 주지만, 특정 산업의 수명주기가 언제 시작해서 언제 다음 단계로 넘어가는지 알 수 없다. 또 제품수명주기이론은 특정한 하나의 제품에 대한 분석이므로 시장전체에서 발생하는 상황을 설명해 주지 못하는 한계점도 가지고 있다.

(2) 특 징 17 18 19 20 21 25 기출

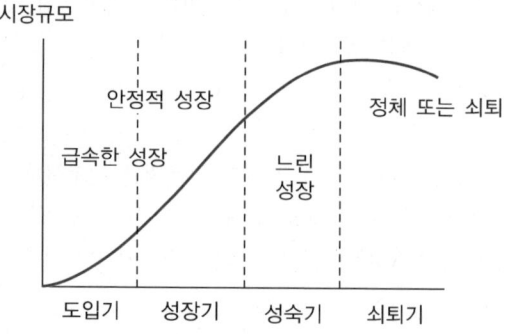

① 도입기
  신제품이 처음 시장에 소개되는 단계를 말하며, 신제품이 시장에서 수요를 불러일으키기까지는 상당한 시간이 걸리므로 매출증가율이 낮고 이익은 과도한 고정비, 판매비, 시장선점경쟁 등으로 적자를 보이거나 저조한 것이 보통이다. 또한 적자를 견디지 못한 기업들은 시장을 이탈하기도 한다. 이 시기에는 사업 성공 여부가 불투명하므로 뛰어난 판매능력이 필요하며, 이 단계 마지막까지 살아남은 모험 기업들은 신성장 산업기업군으로 주목받게 된다.

② 성장기
  매출액과 이익이 급증하는 단계를 말한다. 새로운 경쟁자들이 출현하고 도입기에서 살아남은 소수의 생존자가 늘어나는 수요에 맞추어 공급능력을 대폭 확충하면서 매출액은 급증하게 된다. 또한 시장경쟁도 약하여 이익의 증가가 매출액의 증가보다 빨라 수익성이 높아지게 된다. 하지만 성장기의 후반에 들면 시장경쟁이 격화되어 이익은 늘어나더라도 이익률은 정점에 도달한 이후 차츰 하락하게 된다.

③ 성숙기
  산업 내의 기업들이 안정적인 시장점유율을 유지하면서 매출은 완만하게 늘어나는 단계를 말한다. 이익률은 시장점유율 유지를 위한 가격경쟁과 판촉경쟁 등으로 하락하고 기업별로 경영능력에 따른 영업실적의 차이가 크게 나타나게 되며, 기업들은 원가절감이나 철저한 생산관리로 이윤의 하락추세를 만회하기도 한다. 또한 제품수명주기를 연장하기 위한 노력 또는 새로운 제품을 개발하기 위한 연구개발비 지출 확대가 필요하다.

④ 쇠퇴기
  수요 감소 등으로 매출액 증가율이 시장평균보다 낮아지거나 감소하게 된다. 이익률은 더욱 하락하여 적자기업이 다수 발생하게 된다. 따라서 많은 기업들이 산업에서 철수하거나 업종다각화를 적극적으로 실시하며, 쇠퇴기에 있는 산업은 사양산업으로 분류할 수 있다.

4. 산업의 경쟁구조 분석 20 23 24 25 기출

산업분석의 첫 번째 시작은 분석하고자 하는 산업의 경쟁구조 및 그 강도를 분석하는 것이라고 할 수 있다. 미국의 경영학자 포터(M. Porter)는 특정 산업의 경쟁구조 및 강도는 동일 산업 내의 기존기업과의 경쟁, 새로운 진출기업의 위협, 대체제품이나 서비스의 위협, 공급자의 교섭력, 구매자의 교섭력 등과 같은 5가지 요인이 결정한다는 5요인 모형(5 Forces Model)을 제시하였다.

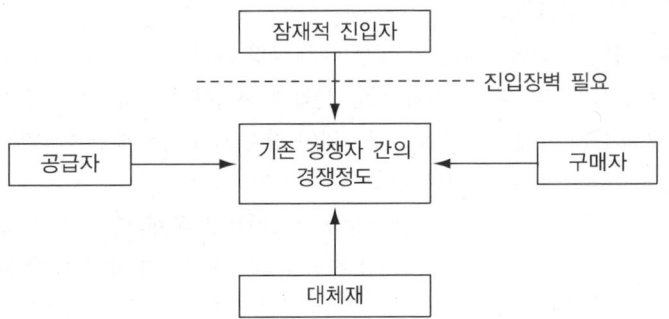

(1) 기존 기업 간의 경쟁강도
기존 기업 간의 경쟁정도가 산업의 매력도를 결정하는 변수가 된다. 경쟁강도가 높아지면 출혈 경쟁의 가능성이 높아진다. 경쟁기업의 시장점유율이 비슷하고 경쟁기업의 수가 많을수록, 제품차별화 정도가 낮으며 구매자의 제품교체 비용이 적을수록, 산업이 성숙기에 접어들어 성장성이 낮을수록, 고정비의 비중이 높을수록, 기업들의 경영전략이 유사할수록, 퇴출장벽이 높아서 해당 산업에서의 철수가 어려울수록 산업 내 기존기업 간의 경쟁은 치열해진다.

(2) 구매자의 교섭력
① 구매자들은 구매가격을 인하시키거나 품질 향상, 서비스 증대를 요구한다. 또 구매자들은 공급자들을 경쟁시켜 유리한 조건으로 구매하려고 한다. 구매자의 교섭력은 생산자 입장에서 얼마나 매력적인 시장인지 결정하는 변수가 된다. 다시 말해서, 특정 산업이 생산하는 제품이나 서비스에 대하여 구매자가 공급자에게 어느 정도의 교섭력을 갖는가도 해당 산업의 경쟁구조를 결정하는 중요한 요인이 되는 것이다.
② 일반적으로 소수의 구매자가 다수의 공급자가 공급하는 제품이나 서비스를 구매하는 경우, 공급자의 제품이나 서비스에 대한 소비가 구매자에게 중요하지 않은 경우, 공급자가 제공하는 제품이나 서비스에 대한 대체재가 다양하고 교체비용 역시 낮은 경우, 구매자에 의한 공급자 후방통합(Backward Integration)의 가능성이 높은 경우에 구매자의 교섭력은 증가하게 된다.

(3) 공급자의 교섭력
① 특정 산업에서 필요한 원자재 등을 제공하는 공급자가 구매자에게 높은 교섭력을 행사할 수 있다면 해당 산업 및 소속기업의 수익성은 매우 달라진다고 할 수 있다.
② 일반적으로 공급자가 속한 산업의 집중도가 높아서 소수의 공급자가 다수의 구매자에게 제품이나 서비스를 공급하는 경우, 공급자가 다양한 산업에 속한 구매자에게 제품이나 서비스를 공급하면서 수익성이 높은 산업에 우선적으로 공급하는 경우, 공급자가 제공하는 제품이나 서비스에 대한 대체제품이 없거나 상당한 교체비용이 드는 경우, 공급자에 의한 구매자 전방통합(Forward Integration)의 가능성이 높은 경우에 공급자의 교섭력은 증가하게 된다.

(4) 신규 진입자의 위험 18 기출

① 만일 '어떤 산업이 수익성이 매우 높다'면 아직 해당 산업에 진출하지 않은 다른 기업에게는 유망한 사업기회로 인식될 것이다. 그러나 해당 산업에 진입하기 위해 일정 규모의 설비, 정부의 허가, 일정한 가격요건 등이 필요하다면 경쟁기업의 진출 가능성은 해당 산업의 경쟁구도 및 강도를 결정짓는 중요한 요소가 될 것이다.

② 새로운 기업의 진출 가능성은 각 산업마다 구조적으로 존재하는 진입장벽(Barrier to Entry)이 얼마나 높은가에 따라 결정되며, 이러한 진입장벽은 진입초기 막대한 설비투자가 필요한 경우, 규모의 경제를 달성하여 낮은 원가로 생산하는 것이 필수적인 경우, 제품차별화 정도가 큰 경우, 구매자의 제품 교체비용이 큰 경우, 배타적인 유통망의 확보가 필요한 경우, 정부의 진입규제가 심한 경우에 더욱 높아진다.

(5) 대체재의 위험

① 특정 산업에서 생산하는 제품이나 서비스에 대한 대체제품을 손쉽게 구할 수 있다면 해당 제품이나 서비스의 가격이 상승할 경우 대체제품의 소비가 증가할 것이다.

② 특정 산업에서 생산하는 제품이나 서비스에 대한 대체제품이나 서비스의 종류가 다양하고 이를 손쉽게 구매할 수 있다면 해당 산업의 수익성은 낮아질 수밖에 없다.

> **더 알아보기** 대체재와 보완재
>
> | | |
> |---|---|
> | 대체재
(Substitute Goods) | 동일한 효용을 얻을 수 있는 재화로 경쟁재라고도 한다. 두 재화 중 어느 하나의 수요가 증가하면 다른 하나의 수요가 감소하는 특징이 있다.
예 콜라와 사이다, 소고기와 돼지고기 |
> | 보완재
(Complementary Goods) | 재화를 함께 소비했을 때 효용이 증가하는 재화로 협동재라고도 한다. 두 재화 중 어느 하나의 수요가 증가하면 다른 재화의 수요도 증가하는 특징이 있다.
예 피자와 콜라, 돼지고기와 상추 |

> **기출문제분석**
>
> **포터(M. Porter)의 산업 경쟁력 결정요소에 관한 설명으로 옳지 않은 것은?** 2023년
>
> ① 구매자가 대량의 제품을 매입할수록 구매자의 교섭력은 커진다.
> ② 산업 내 경쟁은 경쟁업체가 많을수록, 규모가 비슷할수록 치열해진다.
> ③ 공급하는 제품의 대체재가 없을수록 공급자의 교섭력은 커진다.
> ④ 산업의 진입장벽이 높을수록 기존 기업의 수익성은 떨어진다.
> ⑤ 대체재의 출현은 기존 기업의 가격 인상을 제한하는 효과가 있다.
>
> 해설 산업의 진입장벽이 높다는 것은 새로운 경쟁의 시장 진입이 어렵다는 것을 의미한다. 따라서 진입장벽을 가지고 있는 기업의 수익성은 그렇지 않은 기업보다 일반적으로 높은 편이다.
>
> 정답 ④

> 제품수명주기별 특징으로 옳은 것을 모두 고른 것은? `2025년`
>
> ㄱ. 도입기 : 설비가동률이 낮고 상대적으로 수익성이 취약하다.
> ㄴ. 성장기 : 신제품이 성공적으로 시장에 진입하여 설비투자가 확대된다.
> ㄷ. 성숙기 : 시장이 포화상태가 되며, 외형성장이 둔화되는 모습을 보인다.
> ㄹ. 쇠퇴기 : 시장규모가 축소되는 시기로 소속기업들의 구조조정이 이루어진다.
>
> ① ㄱ, ㄷ ② ㄴ, ㄷ
> ③ ㄱ, ㄴ, ㄹ ④ ㄴ, ㄷ, ㄹ
> ⑤ ㄱ, ㄴ, ㄷ, ㄹ
>
> [해설] 제품수명주기의 각 단계마다 특징이 다르고 다른 전략이 필요하다. 도입기, 성장기, 성숙기, 쇠퇴기가 각 단계에 해당하며 보기의 설명은 모두 옳은 설명이다.
>
> [정답] ⑤

3 기업 분석

1. 제품시장 지위분석(BCG 매트릭스) 24 25 기출

(1) 의 의

기업의 수익원천은 제품이나 서비스의 판매에 있기 때문에 제품이나 서비스가 시장에서 차지하고 있는 위치를 파악하여야 제품 판매에 대한 전략을 수립할 수 있다. 제품이 시장에서 차지하는 지위는 기업의 현금흐름과 자원배분을 분석하는 제품 포트폴리오 관리(PPM ; Product Portfolio Management)를 통하여 파악할 수 있으며, 제품시장 지위를 분석하는 대표적인 방법이 BCG 매트릭스이다.

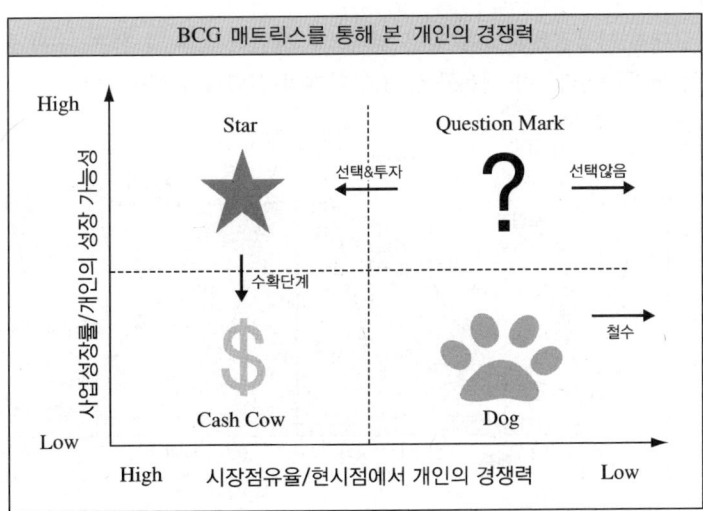

(2) 개념

BCG 매트릭스는 보스턴컨설팅그룹(Boston Consulting Group)에 의해 1970년대 초반 개발된 것으로, 기업의 경영전략 수립 시에 하나의 기본적인 분석도구로 활용되는 사업 포트폴리오(Business Portfolio) 분석기법을 의미한다. BCG 매트릭스는 상대적인 시장점유율과 상대적인 시장성장률이라는 2개의 축으로 구성되며 4가지 유형으로 나뉜다. BCG 매트릭스는 기업의 입장에서 각 사업단위의 자원배분에 대한 지침을 제공하기 때문에 존속시켜야 할 사업, 철수해야 할 사업, 투자를 해야 할 사업 등을 알 수 있게 하고 그에 따른 전략을 세울 수 있게 한다.

(3) 내용

① **물음표(Question Marks)**

문제아(Problem Child)라고도 하며, 제품은 시장의 성장잠재력은 높으나 진입초기라 낮은 상대적 시장점유율을 가지는 제품군을 의미하고 PLC 단계 중 도입기에 해당한다. 이와 같은 제품은 연구개발에 대한 투자가 많아 현금유출과 위험이 크며 단위당 원가가 높은 것이 특징이다. 시장개척을 통하여 시장점유율이 높아지면 별(Star) 제품으로 발전되지만, 시장점유율이 높아지지 않은 상태에서 시장이 성숙단계로 넘어가는 경우에는 개(Dog) 제품으로 전락하게 된다.

② **별(Star)**

성장잠재력이 높은 시장에서 시장점유율도 높은 제품으로, 빠르게 성장하고 있는 시장을 지속적으로 리드하기 위해 많은 투자가 유지되어야 한다. 별 제품군은 PLC 단계에서 성장기에 해당하며, 비용이 많이 들지만 앞으로 주력사업으로 성장할 가능성이 높기 때문에 지속적으로 해야 하는 분야이다. 어느 시점에 성장률이 둔화되어 자금젖소(Cash Cow)가 되면 다른 사업에 자금을 공급해 주는 역할을 하게 된다.

③ **자금(현금)젖소(Cash Cow)**

시장성장률은 낮지만 점유율이 높기 때문에 안정적인 자금 수익원이 되며, PLC 단계의 성숙기에 해당한다. 이 영역에 포함되는 사업은 다른 사업에서 필요한 자금을 공급하는 역할을 하며, 성장률이 하락했기 때문에 새로운 투자보다는 비용을 줄여 수익을 확대하는 전략을 사용한다.

④ **개(Dog)**

성장률, 상대적 시장점유율 모두 낮은 영역으로 사업의 정리 및 철수, 수확 등 전략적 의사결정을 해야 하는 제품군이다. 이 제품군은 PLC 단계의 쇠퇴기에 해당한다.

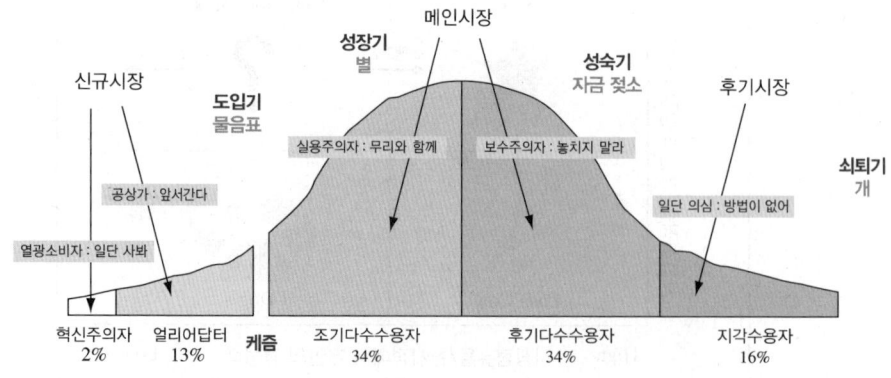

(4) 전략

① 확대전략(물음표)

시장점유율을 확대하는 전략을 말한다. 사업 확장을 통해 물음표 영역에서 별 영역으로 이동하려는 노력을 해야 한다.

② 유지전략(자금젖소)

현재 시장점유율을 유지하는 전략을 선택해야 한다.

③ 수확(물음표, 장래 어두운 자금젖소)

사업단위의 현금흐름을 증가시키기 위하여 투자를 중단하고 이익을 거두어들이는 전략을 의미한다.

④ 철수(물음표, 개)

사업단위를 처분하는 전략을 말한다.

더 알아보기 | 캐즘(Chasm)

일시적으로 수요가 정체하거나 후퇴하는 단절 현상을 말한다. 특히 얼리어답터와 조기다수수용자 사이에서 다른 소비자 집단보다 훨씬 큰 단절이 발생한다. 두 집단은 혁신제품에 대한 태도와 구매성향 등 다양한 측면에서 차이를 보이고 있으며, 그로 인해 두 집단 간 원활한 커뮤니케이션이 이루어지지 않기 때문에 캐즘이 발생한다.

기출문제분석

BCG매트릭스에 관한 설명으로 옳지 않은 것은? [2025년]

① 기업의 현금흐름과 자원배분을 분석하는 제품포트폴리오관리이다.
② 수평축에 시장점유율, 수직축에 시장성장률을 나타낸다.
③ 의문부호(Question Marks) 제품은 시장점유율이 높고 현금흐름이 양(+)으로 나타난다.
④ 현금젖소(Cash Cows) 제품은 성장률이 낮으나 많은 현금흐름을 제공한다.
⑤ 개(Dogs) 제품은 수익성이 낮고 현금흐름이 적기 때문에 철수하는 것이 바람직하다.

해설 의문부호는 신규사업으로, 상대적으로 시장점유율이 낮고 현금흐름이 음(-)일 가능성이 크다.

정답 ③

---

2. SWOT 분석 [17] 기출

경영자는 기업이 직면한 상황을 분석하고 경영전략을 수립할 때 내부 및 외부 요인을 중점적으로 분석하여야 한다. SWOT 분석은 경영자들이 기업 내·외부 요인에 대해 가장 많이 사용하는 분석 가운데 하나다.

(1) 의 의

어떤 기업의 내부 환경을 분석하여 강점과 약점을 발견하고, 외부 환경을 분석하여 기회와 위협을 찾아내어 이를 토대로 강점은 살리고 약점은 줄이고, 기회는 활용하고 위협은 억제하는 마케팅 전략을 수립하는 것을 말한다.

(2) 전략

기업의 내부 및 외부 환경을 분석하는 데 사용되는 4요소를 강점·약점·기회·위협(SWOT)이라고 하는데, '강점'은 경쟁기업과 비교하여 소비자에게 강점으로 인식되는 것은 무엇인지, '약점'은 경쟁기업과 비교하여 소비자에게 약점으로 인식되는 것은 무엇인지, '기회'는 외부 환경에서 유리한 기회요인은 무엇인지, '위협'은 외부 환경에서 불리한 위협요인은 무엇인지를 찾아낸다.

[SWOT 분석에 의한 마케팅 전략의 특성]

구 분	기회(Opportunity)	위협(Threat)
강점 (Strength)	SO전략 • 강점 활용 → 기회 포착 • 시장 침투, 시장 확대 • 경쟁우위 전략 • 인수합병, 다각화	ST전략 • 강점 활용 → 위협 회피 • 신제품 출시, 신시장 진출 • 안정적 시장전략
약점 (Weakness)	WO전략 • 약점 보완 → 기회 활용 • 아웃소싱, 우회전략 • 전략적 제휴, 수평 마케팅	WT전략 • 약점 보완 → 위협 회피 • 구조조정 Harvest, Divest • 틈새전략

① SO전략(강점 - 기회전략) : 시장의 기회를 활용하기 위해 강점을 사용하는 전략이다.
② ST전략(강점 - 위협전략) : 시장의 위협을 회피하기 위해 강점을 사용하는 전략이다.
③ WO전략(약점 - 기회전략) : 약점을 극복함으로써 시장의 기회를 활용하는 전략이다.
④ WT전략(약점 - 위협전략) : 시장의 위협을 회피하고 약점을 최소화하는 전략이다.

(3) 장단점

SWOT 분석은 환경변화에 대한 능동적 대처 방안을 제시하고, 효과적 자원배분 방안 및 약점 보완 방안을 제시한다는 장점이 있는 반면, 주관적으로 판단할 가능성이 있다는 단점을 가지고 있다.

기출문제분석

SWOT 분석에 관한 설명으로 옳지 않은 것은? 2015년

① SWOT 분석은 외부 요인과 내부 요인을 결합하여 효과적인 전략을 수립하기 위한 분석기법이다.
② SWOT 분석을 통한 전략적 대안의 선택은 기업의 성장에 도움이 된다.
③ 위협을 회피하기 위해 강점을 사용하는 전략은 SO(Strength-Opportunity)전략이다.
④ 위협을 회피하고 약점을 최소화하는 전략은 WT(Weakness-Threat)전략이다.
⑤ 약점을 극복함으로써 기회를 활용하는 전략은 WO(Weakness-Opportunity)전략이다.

해설 SO전략은 강점을 가지고 기회를 살리는 전략이고, ST(Strength-Threat)전략이 위협을 회피하기 위해 강점을 사용하는 전략이다.

정답 ③

3. 균형잡힌 성과표(BSC ; Balanced Score Card) 20 23 24 기출

(1) 조직의 미션(Mission)을 근거로 비전(Vision)과 전략(Strategy)을 수립하고, 조직의 목표를 달성하기 위한 핵심성공요인(Critical Success Factor)과 핵심성과지표(Key Performance Indicator)를 개발하고, 평가를 통해 목표 달성 여부를 체크한다.

(2) BSC는 조직 및 구성원들이 최대한의 역량을 발휘할 수 있도록 도전적이면서도 달성 가능한 목표를 제시하고, 조직과 개인 단위까지 목표를 부여한다. BSC는 재무적 관점(Financial Perspective), 고객 관점(Customer Perspective), 내부 프로세스 관점(Internal Process Perspective) 및 학습과 성장 관점(Learning and Growth Perspective)의 4가지 시각으로 나누어 조직의 목표를 설정한다.
  ① BSC는 주주와 고객의 외부적 측정치와 내부적 측정치 간의 균형이 중요하다.
  ② BSC는 과거 성과의 측정치와 미래 달성할 측정치 간의 균형을 이뤄야 한다.
  ③ BSC는 재무적 측정치와 비재무적 측정치 간의 균형을 이뤄야 한다.
  ④ BSC는 단기적 성과(재무적 관점)와 장기적 성과(고객 관점, 내부 프로세스 관점, 학습과 성장 관점) 간의 균형을 이뤄야 한다.

기출문제분석

기업의 재무적 성과와 비재무적 성과를 균형 있게 측정하여 종합적인 경영성과를 도출하려고 도입된 균형성과표(BSC ; Balanced Score Card)의 관점에 해당하지 않는 것은? 2023년

① 고객 관점
② 재무적 관점
③ 학습과 성장 관점
④ 전략적 관점
⑤ 내부프로세스 관점

해설 균형성과표는 조직의 비전과 전략 목표를 실천하기 위해 4가지 관점(고객, 재무, 내부프로세스, 학습과 성장)의 성과지표를 도출해 성과를 관리하는 시스템을 말한다.

정답 ④

---

4. 신용평가와 신용분석 17 19 21 23 24 기출

(1) 신용평가는 경영환경, 경영성과, 재무구조 등 기업 내·외부의 여러 정보를 수집하고 분석하여 기업의 신용도와 채무상환능력을 평가하는 것으로, 신용분석과 채권등급평가로 나누어진다. 신용분석은 은행과 같은 금융기관이 실시하는 여신평가이며, 채권등급평가는 전문평가기관이 기업의 채권등급을 평가하는 것을 말한다.

(2) 신용도를 평가하는 5개의 요인을 '신용분석의 5C'라 한다. 5C는 경영자(Character), 채무상환능력(Capacity), 자본력(Capital), 담보(Collateral), 경제상황(Condition)이다.

(3) 한국의 기업 신용등급은 AAA~D까지 10개의 등급으로 구분되고, B등급 이상의 신용등급 기업은 투자 적격 등급으로 판단한다(NICE평가정보 기준).

> **더 알아보기** 여신건전성 분류 23 기출
>
> 차주의 채무상환능력, 연체기간, 부도여부 등을 종합적으로 고려하여 여신의 건전성을 분류한다(「상호저축은행업감독규정」 기준).
> - 정상 : 금융거래내용, 신용상태 및 경영내용 등을 고려할 때 채무상환능력이 양호한 거래처 및 1개월 미만의 연체여신을 보유하고 있으나 채무상환능력이 양호한 거래처에 대한 총여신이다. 다만, 기업개선작업 대상기업에 대한 여신으로서 원리금의 연체 없이 기업개선약정을 6개월 이상 성실히 이행하고 향후 경영정상화가 확실시된다고 판단되는 기업에 대한 여신을 포함한다.
> - 요주의 : 금융거래내용, 신용상태 및 경영내용 등을 고려할 때 여신 사후관리에 있어 통상 이상의 주의를 요하는 거래처에 대한 총여신이다. 예 1개월 이상 3개월 미만의 연체여신을 보유하고 있으나 회수가 확실시되는 거래처에 대한 총여신
> - 고정 : 고정으로 분류된 거래처에 대한 총여신액 중 손실 발생이 예상되나 현재 그 손실액을 확정할 수 없는 회수예상가액 초과여신이다. 예 3개월 이상의 연체여신을 보유하고 있는 거래처에 대한 총여신 중 회수 예상가액 해당여신
> - 회수의문 : 고정으로 분류된 거래처에 대한 총여신액 중 손실 발생이 예상되나 현재 그 손실액을 확정할 수 없는 회수예상가액 초과여신이다. 예 3개월 이상 12개월 미만 연체대출금을 보유하고 있는 채무자에 대한 총여신 중 회수예상가액 초과여신
> - 추정손실 : 고정으로 분류된 거래처에 대한 총여신액 중 회수불능이 확실하여 손비처리가 불가피한 회수예상가액 초과여신이다. 예 12개월 이상 연체대출금을 보유하고 있는 채무자에 대한 총여신 중 회수예상가액 초과여신

5. 기업체질 삼각형 분석(Business Quality Triangle) 17 19 기출

(1) 의 의

기업체질 삼각형 분석은 기업의 매출액, 시장점유율, 투자수익률을 삼각형의 3변으로 표시해 기업의 체질을 종합적으로 분석하려는 방식이다. 기준시점과 비교시점을 삼각형 전체 면적의 크기 및 변동을 통해 평가할 수 있다.

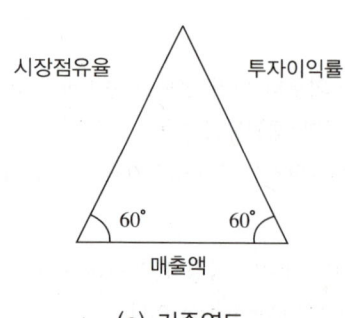

(a) 기준연도

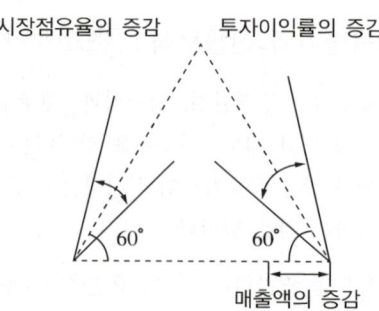

(b) 비교연도

(2) 한계점

① 3가지 요인만 표시가 가능해 기업의 상태를 나타내는 다른 중요한 요인들을 빠뜨릴 수 있다.
② 기업체질 삼각형 분석에서 주로 표시되는 매출액, 시장점유율, 투자수익률은 그 선정근거가 주관적으로 다른 3가지 요소로 재무상태를 표시할 수도 있다.
③ 다른 계량적 분석방법과 마찬가지로 기업의 요인들 중 계량화가 어렵거나 불가능한 요인들은 나타낼 수 없다.
④ 두 각의 합이 180°에 이르게 되면 삼각형을 형성할 수 없다.

기출문제분석

기업체질 삼각형(Business Quality Triangle)에 관한 설명으로 빈칸에 들어갈 말을 차례로 바르게 나열한 것은? 　　2015년

( ), ( ), ( )로 삼각형을 그려서 삼각형의 면적과 형태가 서로 다른 시간 사이에 어떻게 변화되는가를 분석해서 경영의 질적 변화를 평가하는 것이다.

① 매출원가, 평판, 수익률
② 매출액, 기업가정신, 평판
③ 매출원가, 시장점유율, 투자수익률
④ 매출액, 시장점유율, 투자수익률
⑤ 매출액, 영업비용, 시장점유율

해설 매출액, 시장점유율, 투자수익률이 기업체질 삼각형의 각 변을 이룬다.

정답 ④

---

6. 원형도표 분석(Radar Chart) 17 21 기출

(1) 의 의

원형도표 분석은 기업의 종합적 경영상태를 원형도표에 표시해 분석하는 방법으로 수익성, 안전성, 성장성 등을 기본요소로 한다. 이 기본요소를 평가할 수 있는 재무비율을 각각 2~3개씩 선정하여 그 비율을 원형에 각각 표시하고, 이를 과거비율 또는 표준비율 등 비교대상과 비교함으로써 시각적으로 기업성과를 평가하는 방법이다.

(2) 장단점

① 장점 : 원형도표 분석은 과거 추세의 분석과 상호 비교분석이 가능하고, 기업의 어떤 부분이 특히 양호한지 또는 불량한지를 시각적으로 쉽게 판단할 수 있다.
② 단점 : 원형도표 분석은 재무비율 선정에 자의성이 개입될 수 있고, 선정된 재무비율에 대한 중요도를 반영할 수 없다. 또 종합적으로 평가할 수 있는 하나의 지표를 제공하기 어렵다.

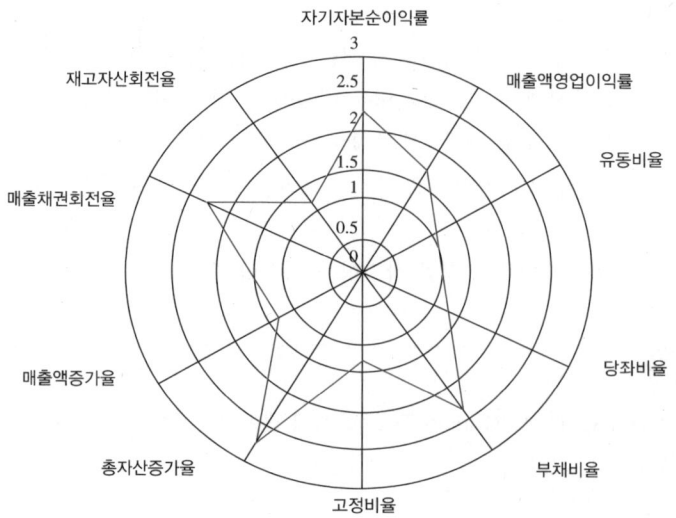

> **연습문제풀이**
>
> 원형도표 분석에 관한 설명으로 옳지 않은 것은?
>
> ① 기업의 종합적인 경영상태를 간략하게 원형으로 표시하는 방법이다.
> ② 기업 경영분석에 필요한 재무요인들을 비교적 많이 표시할 수 있다.
> ③ 다른 분석과 달리 계량화가 힘든 요인들을 나타낼 수 있다.
> ④ 과거비율 또는 표준비율 등 비교대상과 비교함으로써 종합적으로 기업성과를 평가하는 방법이다.
> ⑤ 재무비율의 선정기준이 주관적이고 선정된 재무비율의 중요도를 반영할 수 없다.
>
> **해설** 원형도표 분석은 기업의 종합적 경영상태를 간략하게 원형으로 표시하는 방법이다. 수익성, 안전성, 성장성 등을 기본요소로 정하고, 각 기본요소를 평가할 수 있는 재무비율을 각각 2~3개씩 선정하여 원형에 각각 표시해 비교하는 분석 방법이다.
>
> **정답** ③

7. 퀸(Quinn)과 카메론(Cameron)의 조직수명주기(Organ Life Cycle) 4단계 22 기출

조직의 수명주기란 조직도 일종의 유기체로서 주기별로 새로운 문제에 봉착하고 이를 해결하는 과정을 거치며 성장한다는 이론이다.

(1) 창업 단계
① 혁신적인 창업자가 창의성을 기반으로 기업의 생존을 위해 생산과 마케팅 등 활동에 총력을 기울이는 단계이다.
② 조직구조는 단순하며 점차 조직이 성장하면서 리더십의 문제가 발생할 수 있다. 이 문제를 해결하기 위해서는 조직을 체계화하고 이를 수행할 수 있는 역량이 경영자에게 있어야 한다.

(2) 집단공동체 단계
  ① 이 단계에서는 조직에 강력한 리더십이 형성됨에 따라 조직은 분명한 목표와 방향을 가지게 된다. 조직구조는 점차 관료제화되고 강력한 리더십에 의하여 권한위양의 위기가 발생한다.
  ② 최고경영진의 감독 없이 부서의 조정과 통제가 이루어지는 메커니즘이 필요하다(공식화 니즈 증가).

(3) 공식화 단계
  ① 제도와 규칙, 절차 등 통제시스템이 구축되고 이를 활용하는 단계이다. 공식적인 시스템으로 조직이 운영되어 의사소통이 줄어들게 된다. 조직은 효율적인 관리를 위해 중간경영자에게 권한을 위임하고, 분권화된 조직구조를 만든다.
  ② 이 단계에서는 과다한 관료주의로 인해 위기를 맞이하게 된다.

(4) 정교화 단계
  ① 관료주의의 한계를 극복하기 위해 협동과 팀워크를 강조하는 단계이다.
  ② 공식적인 시스템을 단순화하고 팀제나 태스크포스팀을 도입한다.

> **기출문제분석**
>
> 퀸과 카메론(R. E. Quinn & K. Cameron)의 조직수명주기 이론에 따르면, 기업의 성장단계는 '창업단계 → 집단공동체 단계 → 공식화 단계 → 정교화 단계'로 구분되며, 기업은 각 단계에서 직면하게 되는 위기를 극복하면서 다음 단계로 성장해 나간다. 각 성장단계의 위기를 극복하기 위해 요구되는 것으로 옳은 것은? 〔2022년〕
>
> ① 창업 단계 – 리더십 ② 집단공동체 단계 – 재활력화
> ③ 공식화 단계 – 관료제도 ④ 공식화 단계 – 집권화
> ⑤ 정교화 단계 – 위임과 통제
>
> **해설** 창업 단계는 혁신적인 창업자가 창의성을 기반으로 생존을 위해 총력을 기울이는 단계이다. 이 단계에서는 리더십이 중요하다.
>
> **정답** ①

PART 05 단원핵심문제

제4과목 기업진단론

01 PLC(Product Life Cycle)의 제품수명주기 가운데 매출과 이익이 빠르게 증가하며 소비자에게 인식전환이 되는 시기는?

① 도입기
② 성장기
③ 성숙기
④ 쇠퇴기
⑤ 전환기

해설 성장기에는 도입기에서 살아남은 소수의 생존자가 늘어나는 수요에 맞추어 공급을 늘리면서 매출액이 급증하고 이익도 증가한다.

02 포터(M. Porter)가 주장한 경쟁전략에서 중요하게 강조하지 않는 것은?

① 구매자의 교섭력
② 새로운 경쟁자의 진입
③ 기존업체 간 경쟁
④ 공급자의 교섭력
⑤ 보완재의 강점

해설 보완재가 아니라 대체재의 강점이 맞는 내용이다.

03 기업환경을 과업환경과 일반환경으로 구분할 수 있다. 다음 중 과업환경에 해당하는 것은?

① 정치적 환경
② 고객 환경
③ 경제적 환경
④ 문화적 환경
⑤ 법률적 환경

해설 과업환경은 경영활동에 직접적으로 영향을 미치는 환경을 말한다. 일반적으로 기업의 생존에 직결되는 시장구조, 경쟁업자, 정부 규제, 고객 환경 등을 말한다.

01 ② 02 ⑤ 03 ②

04 다음 기업과 조직에 관한 설명으로 적절하지 않은 것은?

① 환경이란 어떠한 주체의 외부적인 요인들의 집합이다.
② 영속체로서의 기업은 기업을 둘러싸고 있는 환경 속에서 자원을 계속적으로 획득하여야 한다.
③ 1960년대 초부터 기업조직을 환경과 상호작용하는 폐쇄형 체계로 바라보게 됨에 따라 환경이 중요한 의미를 가지게 되었다.
④ 인구동태, 문화구조, 통신, 운수 등은 사회적·문화적 환경의 구성요소에 속한다.
⑤ 기업은 사회의 한 하위 시스템이며 환경과 밀접한 관계를 유지하여야 한다.

해설 1960년대 초부터 기업조직을 환경과 상호작용하는 개방형 체계로 바라보게 됨에 따라 환경이 중요한 의미를 가지게 되었다.

05 SWOT 분석에서 기업 내부의 강점과 기업 외부의 기회를 대응시켜 목표를 달성하는 전략으로 옳은 것은?

① SO전략
② SW전략
③ ST전략
④ TO전략
⑤ WO전략

해설 SO전략은 강점을 살리고 기회를 포착하는 전략으로, SWOT 분석에서 가장 적극적으로 활용해야 하는 전략이다.

06 기업의 제품포트폴리오 관리 중 시장 성장잠재력은 높지만 진입 초기이므로 시장점유율이 낮은 신제품을 의미하는 것은?

① 물음표
② 스 타
③ 개
④ 자금젖소
⑤ 기 린

해설 문제아(Problem Child)라고도 하며, 제품은 시장의 성장잠재력이 높으나 진입 초기라 상대적으로 시장점유율이 낮은 제품군이다.

정답 04 ③ 05 ① 06 ①

07 다음에서 설명하는 산업이 라이프사이클상에서 위치하는 단계로 옳은 것은?

> 수요자들의 제품에 대한 인지도가 높아져서 충분한 수요가 존재하는 국내·외 시장 기반이 형성되었다. 또한 해당 제품이 속한 산업에서 대표적인 일부 선도 기업들은 경제 전체적인 성장률보다 훨씬 더 높은 성장률을 달성하고 있다.

① 성장기 ② 도입기
③ 성숙기 ④ 쇠퇴기
⑤ 진입기

해설 성장기에는 시장경쟁이 약하여 이익의 증가가 매출액의 증가보다 빨라 수익성이 높아진다.

08 SWOT 분석에서 높은 브랜드 인지도를 가진 기업이 잠재적 고객을 발굴하여 시장을 확보하려는 전략으로 옳은 것은?

① 약점 – 기회전략 ② 강점 – 위협전략
③ 약점 – 위협전략 ④ 강점 – 기회전략
⑤ 강점 – 회피전략

해설 강점 – 기회전략(SO Strategy)은 자신의 강점을 발휘해 기회를 활용할 수 있도록 내·외부적으로 유리한 상황을 활용하는 방안으로 성장 위주의 공격적 전략을 말한다.

09 포터(M. Porter)의 5요인 모형에 대한 설명으로 옳지 않은 것은?

① 소수의 구매자가 다수의 공급자가 공급하는 제품을 구매하는 경우 구매자의 교섭력은 감소한다.
② 공급자에 의한 구매자 전방통합의 가능성이 높은 경우 공급자의 교섭력은 증가한다.
③ 퇴출장벽이 높아서 해당 산업에서 철수가 어려울수록 기존기업 간의 경쟁은 치열하다.
④ 막대한 설비투자가 필요한 경우 그 산업의 진입장벽은 높다.
⑤ 구매자가 제품에 대한 정보가 많을수록 구매자의 교섭력은 증가한다.

해설 소수의 구매자가 다수의 공급자가 공급하는 제품을 구매하는 경우, 구매자의 교섭력은 증가한다.

10 신용위험을 결정하는 5가지 요인(5C)으로 옳지 않은 것은?

① 기업 문화(Culture) ② 상환능력(Capacity)
③ 자본력(Capital) ④ 담보력(Collateral)
⑤ 경영자 인격(Character)

해설 5C는 인격(Character), 능력(Capacity), 자본(Capital), 담보(Collateral), 여건(Conditions)이다.

11 제품수명주기에서 매출이 급상승하고 후발기업이 시장에 나타나며 수익성이 좋아지는 시기는?

① 성장기　　　　　　　　　　② 도입기
③ 성숙기　　　　　　　　　　④ 안정기
⑤ 쇠퇴기

해설　매출과 이익이 급증하는 단계인 성장기에 관한 설명이다.

12 기업 신용위험의 결정요인인 5C 중 불황이나 금융긴축, 금리변동에 대한 차입자의 취약성 정도를 평가하기 위한 결정요인은?

① 현금흐름　　　　　　　　　② 경영진의 인격
③ 자본력　　　　　　　　　　④ 담보력
⑤ 경제여건

해설　불황이나 금융긴축, 금리변동은 경제여건에 관한 요인이다.

13 기업의 부실징후에 해당하지 않는 것은?

① 지속적인 결손　　　　　　　② 매출채권의 급증
③ 고정자산에 대한 과잉투자　　④ 단기차입금 및 기타유동부채의 감소
⑤ 영업활동에 의한 부의 현금흐름 지속

해설　단기차입금 및 기타유동부채의 감소는 기업이 부채 규모를 줄이고 있다는 신호로 기업의 부실징후에 해당하지 않는다.

14 포터(M. Poter)의 산업구조 분석 요인 중 구매자의 교섭력이 강하다고 볼 수 없는 것은?

① 교체비용이 거의 들지 않는 경우이다.
② 제품이 규격화되어 있거나 제품차별화가 거의 되어 있지 않은 경우이다.
③ 구매집중도가 높거나 공급자의 판매량 중에서 상당량을 차지할 경우이다.
④ 공급자의 판매량이 구매자의 생산 및 경영활동에 크게 비중을 차지하는 경우이다.
⑤ 구매자가 중간 도·소매업자로서 소비자들의 구매결정이나 제품선정에 결정적인 영향을 미치는 경우이다.

해설　특정 구매자가 판매량의 상당 부분을 구매하고 있다면, 그 구매자의 힘은 커진다.

정답　11 ①　12 ⑤　13 ④　14 ④

PART 06 기업부실 예측

제4과목 기업진단론

1 재무예측

1. 재무예측(Financial Forecasting)
기업의 소요자금을 예측하는 것을 의미하며, 기업은 흑자임에도 일시적 자금부족으로 인하여 도산할 수 있으므로 소요자금을 정확히 예측하여 유동성 부족에 따르는 위험을 줄일 수 있도록 해야 한다.

2. 재무예측 방법 18 기출

(1) 주관적 예측 방법
오랜 경험이나 주관적 판단에 의해서 미래를 예측하는 방법으로, 객관성이 부족하다는 한계가 있다. 주관적 예측 방법으로는 유사한 상황을 기준으로 한 역사적 판단, 시장조사, 델파이법, 개인의 추측 등이 있다.

(2) 객관적 예측 방법
미래의 경영성과와 재무상태를 객관적인 데이터와 모델을 활용하여 예측하는 방법이다.
① 시계열 예측모형
　시계열 예측 방법은 과거 일정 기간 동안의 시계열 데이터에서 시간 흐름에 따른 패턴과 추세를 분석하여 미래 재무변수를 예측하는 방법으로, 과거 데이터의 패턴과 규칙성을 기반으로 미래를 예측한다.
② 시계열 예측모형의 종류
　㉠ 외삽법 : 시계열 예측 방법의 가장 간단한 형태로, 미래의 최적추정치는 과거 추세에 따라 구해질 수 있다고 전제한다. 산포도(Scatter Diagram)의 추세를 살펴 미래를 예측하는 것이 외삽법의 대표적인 방법이다. 추세를 예측하기 어려워 주관적 예측이나 인과모형에 의한 예측으로 보완이 필요하다.
　㉡ 이동평균법 : 과거 일정 기간의 시계열 자료를 이동 평균하여 예측치로 삼는 방법이며, 단순이동평균법과 가중이동평균법이 있다.
　㉢ 회귀분석 : 재무변수의 종속변수에 독립변수인 시간추세를 도입하여 적용하는 단순회귀모형과 다소 복잡한 다중회귀모형이 있는데, 통계적 신뢰성을 확보하기 위해 충분한 시계열 자료가 필요하다.

2 추정재무제표의 작성

1. 추정재무제표(Pro Financial Statement)

기업분석을 위해 장래의 재무상태를 추정하여 작성하는 재무제표를 의미하며, 추정재무제표의 종류로는 추정재무상태표, 추정손익계산서, 추정현금흐름표 등이 있다. 추정재무제표를 작성할 때는 먼저 매출액을 예측하고, 다음으로 매출액에 따라 발생하는 매출원가 및 판매관리비 등의 비용을 예측하고, 자산 소요액 및 부채와 자본조달액 등을 예측하는 과정을 거친다.

[추정재무제표의 양식]

■ 회사명 : ○○주식회사 (단위 : 백만원)

과 목	제1기	제2기	제3기	제4기	제5기
자산 총계					

2. 추정재무제표의 중요성

(1) 투자 결정과 자본조달 결정에 필요한 정보를 획득할 수 있다.

(2) 미래 재무적 강점 및 약점을 예상할 수 있다.

(3) 미래 소요자금을 예측할 수 있다.

(4) 미래 수익과 비용을 예측할 수 있다.

3. 재무제표 항목의 예측

(1) 매출액 백분율법(Percent of Sales Method)
여러 가지 방법에 의해 매출액 예측이 완료되면, 재무제표의 각 항목을 매출액에 대한 백분율로 표시하고 매출액의 변화에 따른 각 항목의 변화를 추정하여 기업의 소요자금을 예측하는 방법을 의미한다. 이 방법을 실제로 적용할 때에는 기업의 특성을 고려하여야 하며, 소요자금에 대한 장기적인 예측보다는 단기적인 예측에 적합한 방법임을 유의하여야 한다. 이때 회계이익은 일시적 이익을 제거한 지속가능한 이익이 되어야 한다.

(2) 매출액을 이용한 회귀분석
회귀분석에 의한 방법은 각 항목이 매출액과 직선관계를 갖고 변화한다는 가정하에서 항목을 예측한다. 과거의 시계열자료가 충분한 경우 재무제표 항목과 매출액 사이에 존재하는 상관관계를 통계적으로 추정하여 회귀모형을 수립할 수 있다. 회귀분석을 이용하여 구한 값은 단순한 예측에 불과하여 실제와는 오차가 있게 마련이지만, 장기재무예측에서는 비교적 다른 방법보다 오차가 작기 때문에 가장 많이 이용하는 방법 중의 하나이다.

(3) 예산 이용법
매출액의 변화와 관계없이 결정되는 재무제표의 항목을 예측하는 데 이용되는 방법으로, 재무정책의 결과나 목표치를 반영하며 미래의 값을 예측하는 방법이다. 자본조달정책을 고려하여 비유동부채와 자기자본을 예측하는 경우, 비유동자산에 대한 투자정책을 고려하여 감가상각비를 예측하는 경우, 광고정책에 따라 광고비를 예측하는 경우 등이 이에 해당한다.

3 기업부실

1. 기업부실(Corporate Financial Distress) 20 21 22 23 24 기출

실무적으로 또는 학문적으로 다양한 의미로 사용되고 있으며 학자마다 정의하는 바에 따라 다소 차이가 있는데 일반적으로 경제적 부실, 지급불능, 그리고 파산을 포함하는 개념으로 널리 사용된다. 따라서 기업부실은 경영부실, 지급불능, 법률적 도산 등을 포괄하는 개념이다.

[기업부실의 요인]

내적인 요인	경영자의 방만한 경영 및 부정, 임직원의 경험 부족 및 능력 부족 등
외적인 요인	경기변동, 경쟁심화, 경영위기, 금융정책의 변화 등

(1) **경영부실(Business Failure)**

기업의 총수익이 총비용에 미달하여 적자를 지속하는 경우, 기업의 투자수익률이 자본비용보다 낮은 경우, 기업의 투자수익률이 업종평균의 투자수익률에 미치지 못하는 경우 등 주로 기업의 수익성 저하가 원인이 되어 발생하는 경제적 문제점을 의미한다. 이러한 상태가 지속된다면 그 기업은 경영성과가 악화되고 머지않아 지급불능 상태에 이르게 된다.

(2) **지급불능(Insolvency)**

기업이 만기일에 채무를 상환할 수 없는 상태를 말하며, 크게 기술적 지급불능 상태와 실질적 지급불능 상태로 나눌 수 있다.

① 기술적 지급불능(Cash Flow Insolvency) 상태 : 부채의 규모보다 자산이 더 커서 차입금을 변제할 수 있는 상황이나 기업의 유동성이 부족함에 따라 발생하는 지급불능을 의미한다. 일시적·단기적으로는 불능 상태이나 장기적으로는 정상화가 가능한 상태이다. 유동자산 처분, 매출채권 할인 등으로 해결이 가능하다.

② 실질적 지급불능(Balance Sheet Insolvency) 상태 : 순손실이 누적되어 결국에는 부채가 자산을 초과하는 상황을 의미한다. 기업이 정상화되기 힘든 상황이며 주주의 잔여재산 분배청구권도 의미 없는 경우가 대부분이다.

(3) **파산(Bankruptcy)**

실질적 지급불능에 이르렀을 때 채권자의 신청에 의하여 법원이 파산선고를 내린 경우를 의미하며, 도산이라고도 불린다. 우리나라에서는 기업의 자산가치가 부채가치에 미달하여 법원이 파산선고를 내려 기업의 해산에 이르는 상태를 파산이라고 정의하고 있다.

기출문제분석

기업부실의 유형은 일반적으로 경영부실, 기술적 또는 실질적 지급불능, 파산으로 구분할 수 있다. 실질적 지급불능에 해당되는 것으로 옳은 것은? `2022년`

① 총수익 < 총비용
② 단기채무 > 단기 회수 현금
③ 투자수익률 < 자본조달비용
④ 업종평균투자수익률 > 기업 실현수익률
⑤ 총자산 공정가치 < 총부채 공정가치

해설 지급불능상태란 이행해야 할 채무를 변제할 수 없는 상태를 말한다. 즉, 부채가 자산을 초과한 상황을 의미한다.

정답 ⑤

2. 부실예측의 접근 방법

(1) 현금흐름분석(Cash Flow Analysis)
기업부실은 궁극적으로 현금이 부족하여 채무를 불이행하는 것이므로 현금흐름분석을 통해 그 기업의 부실을 예측할 수 있다.

(2) 경영전략분석(Corporate Strategy Analysis)
기업이 부실해지는 근본적인 원인은 경영전략적인 면이 크다. 경쟁업체와 경쟁하기 위한 전략 부재, 경영자의 질, 산업경쟁구조 등을 분석하여 부실가능성을 예측할 수 있다.

(3) 재무제표분석(Financial Statements Analysis)
재무제표는 그 기업의 경영성과와 재무상태를 나타내고 있으므로 재무제표상의 재무비율 항목들을 통해 부실가능성을 예측할 수 있다.

(4) 시장정보분석(Market Information Analysis)
효율적 증권시장인 경우 기업에 관한 정보는 그 기업의 주가에 신속하게 충분히 반영된다. 기업가치는 증권시장에 즉시 반영되므로 증권시장의 동향을 파악하여 부실징후를 예측할 수 있다.

3. 부실기업의 진로

(1) 사업구조조정과 재무구조조정
부실기업을 회생시키기 위한 방안은 기업의 사업구조조정(Asset Restructuring)과 기업의 재무구조조정(Financial Restructuring)으로 크게 구분된다.
① **사업구조조정**: 기존의 사업부분을 매각하거나 다른 사업을 영위하는 회사와 합병을 통하여 사업구조 자체를 변경시키거나 새로 바꾸는 것이다.
② **재무구조조정**: 주식이나 채권의 신규발행을 통해 자금을 새로 조달하여 지급능력을 향상시키거나 채권자와의 협상을 통해 채무상환 시기와 방법을 재조정하고, 부채의 출자전환을 통해 재무구조를 개선하는 것을 말한다.

사업구조조정	재무구조조정
• 주요자산의 매각 • 다른 기업과의 합병 • 자본적 지출과 R&D 비용의 감축	• 새로운 증권발행을 통한 자금조달 • 채권자와의 협상을 통한 채무상환 시기·방법 조정 • 부채의 자기자본으로의 출자전환

(2) 사적정리와 법적정리
① **사적정리**: 경영자와 주주가 채권자와 협의하여 구조조정을 추진하는 것으로, 기업회생을 도모하는 기업개선 작업과 구조조정 촉진법에 의한 구조조정으로 이루어진다.
② **법적정리**: 법원의 재판형식으로 추진되는 것으로, 통합 도산법에 의한 회생과 파산절차에 의해 진행된다.

4. 우리나라 기업회생제도

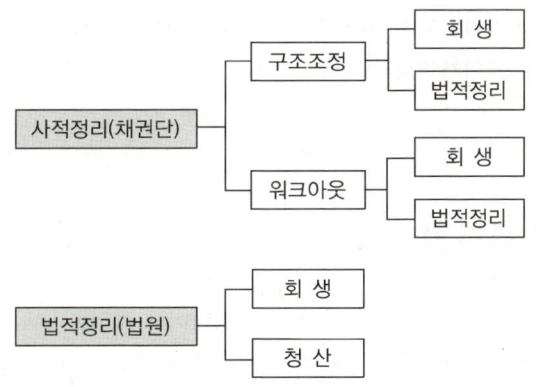

> **학습포인트**
> 기업회생제도에 관하여 사적정리에 해당하는 종류, 법적정리에 해당하는 종류가 무엇이 있는지 짚고 넘어가자.

(1) 사적정리
① **워크아웃(Work Out)** : 1960년대 말 미국의 기업들이 거품을 걷어 내고 구조조정을 하기 위하여 파산신청 대신 많이 활용한 제도로, 경영자와 주주, 채권 금융기관들이 합의하여 기업채무 구성과 채무상환일정을 재조정하는 방식으로 부실기업의 회생을 꾀하는 것을 의미한다.
  ㉠ 장점 : 기업은 영업활동을 계속할 수 있고 종업원들은 일자리를 보전할 수 있으므로 기업부실에 따른 사회 전체적 비용을 줄일 수 있다.
  ㉡ 워크아웃의 방법 : 채무 재조정(Debt Restructuring), 자산매각, 계열사 정리, 인력구조조정, 유상증자나 외자유치, 대주주의 사재출연 등 자구책이 있고, 전문경영인 선임, 도덕적 해이에 대한 조사, 부실기업주에 대한 책임 추궁, 회사의 분할, 제3자에게 매각 등 외부적 방법도 있다.
② **기업구조조정** : 기업구조조정 촉진법에 의한 제도로, 법적인 강제성 없이 채권단과 기업 간 약정에 의해 진행되는 워크아웃의 문제점을 보완하기 위한 제도이다.

(2) 법적정리
① **회생절차**
  ㉠ 현행관리인 유지제도 : 재산은닉이나 부실경영에 책임이 있을 때에는 제3자를 관리인으로 정하고 그렇지 않은 경우에는 기존 법인 대표를 관리인으로 선임하는 제도이다.
  ㉡ 통합도산법의 회생절차 : 통합도산법상 회생절차에서는 채권자협의회의 기능이 강화되어 개인이나 중소기업을 제외한 법인은 반드시 채권자협의회를 구성해야 한다.
② **청산과 파산절차**
  ㉠ 청산 : 청산은 상법에 따라 해산한 기업의 법률관계를 정리하고 채권자와 주주에게 분배하는 것을 의미한다.

ⓒ 파산 : 청산과 파산은 기업의 전 재산을 처분하여 기업을 해체한다는 점에서 공통점이 있지만, 파산은 채무가 기업가치를 초과하거나 채무의 지급불능이라는 경제적인 원인에 한정된 데 비하여 청산은 경제적 원인뿐 아니라 주주의 자발적 해산, 기업의 위법행위로 인한 해산 등에도 적용된다는 점에서 차이가 있다.

4 기업부실 예측방법

기업부실을 예측하는 방법에는 이용하는 정보의 원천이나 분석방법에 따라 계량적 방법과 비계량적 방법으로 구분할 수 있다. 계량적 방법은 주로 재무제표 자료나 증권시장지표 등과 같은 재무적 변수를 이용하여 통계적 방법으로 부실을 예측하는 방법을 말하며, 비계량적 방법은 질적자료들을 이용하여 기업부실의 요인들을 분석하고 기업의 부실가능성을 예측하는 방법을 말한다.

1. 부실화의 징후

(1) **재무적 부실징후** 18 19 20 기출

재무적 부실징후, 즉 양적 부실징후에는 매출액의 지속적인 감소, 반품의 규모 증가, 매출원가, 판매비, 일반관리비의 급증, 과다한 인건비, 과다한 경비, 금융비용, 이익의 현저한 감소, 결손의 누적 등이 있다.

(2) **비재무적 부실징후**

비재무적 부실징후, 즉 질적 부실징후에는 경영자의 착복, 행선지 불명, 스캔들, 가정불화, 자사 주식처분, 외출급증, 언행불일치, 법정소송문제, 경영전문성의 저하, 사회적 평판 약화 등이 있다.

[재무제표에 나타나는 부실기업의 징후]

구 분	부실징후
손익계산서	매출액의 지속적 감소
	차입금 과다로 인한 이자비용 과다
	지속적인 결손
	매출원가, 판관비의 급증
	영업이익, 순이익의 급감
	매출대비 대손상각비의 급증
재무상태표	매출채권, 재고자산의 급증
	운전자본 부족
	생산 및 판매와 관련 없는 자산 증가
	변제가 어려운 단기, 장기차입금 증가
	유동부채가 유동자산 보다 큼
현금흐름표	영업활동으로 현금흐름 급감
	투자활동으로 인한 현금유출 과다
	단기부채로 장기부채 상환
	장기간 현금흐름 (-)

2. 기업부실 예측기법 23 25 기출

(1) 단일변수 조기진단법
단일변수 조기진단법에는 비율평균의 차이분석이 있는데, 이는 부실화 징후를 나타내는 재무비율을 통계적·경험적으로 선정하고 동일 산업 내 건전기업의 최근 재무제표를 토대로 선정된 재무비율 등의 평균값을 계산 후 이를 진단하고자 하는 기업의 최근 비율 값들과 비교하여 부실화 여부를 판단하는 방법을 말한다. 단일변수 조기진단법에는 재무제표분석, 현금흐름분석, 시장정보분석, 경영전략분석, K-Score모형 등이 있다.

(2) 프로파일 분석(Profile Analysis)
프로파일 분석은 부실기업과 정상기업의 특정 재무비율 분포가 체계적으로 다르다는 점에 주목하는 방법이다. 이 방법은 기업의 부실화가 진행됨에 따라 부실기업과 정상기업 간 재무비율 변화 추이가 다르게 나타나는 항목을 찾아내고, 이러한 차이가 확인된 재무비율을 기업부실 예측 변수로 활용한다.

(3) 이원분류법(Dichotomous Classification Technique)
부실기업집단과 정상기업진단을 적절히 분류하기 위하여 예측오류를 최소화하는 최적 절사점을 정하는 방법이다. 이원분류법은 재무비율을 크기순으로 배열하고, 각 중간점에 대하여 예측오류를 계산하여 예측오류가 최소인 중간점을 최적 분류기준점으로 결정한다. 이렇게 얻어진 최적 분류기준점을 이용해 부실직전 기업을 산출한다.
이때 예측오류는 2가지로 나뉘는데, 제1종 오류는 실제로는 부실기업인데 정상기업으로 예측하는 오류이고, 제2종 오류는 실제는 정상기업인데 부실기업으로 예측하는 오류이다.

(4) 다변수 조기진단법
① 판별분석의 의의 20 21 24 기출
  ㉠ 다변수 조기진단법의 대표적 기법에는 판별분석이 있다. 다변수 판별분석은 두 개 이상의 재무정보를 기준으로 기업부실을 예측하는 모형이다. 판별분석(Discriminant Analysis)은 측정된 변수를 이용하여 각 개체들이 어느 그룹에 속하는지를 판별하는 분석방법을 말한다.
  ㉡ 판별함수를 사용하여 새로운 관측값들이 어느 그룹에 속할지 예측할 수 있다. 예를 들어 어떤 고객에게 신용카드를 발급할 것인지 거절할 것인지 등을 결정할 때 판별분석을 활용한다.

② 판별분석의 유용성과 한계점
  ㉠ 유용성
    • 기업의 다양한 상태변수들을 개별적 차원이 아니라 종합적 차원에서 일시에 분석이 가능하다.
    • 객관적인 분석이 가능하다.
    • 경영상태를 진단하거나 조기에 부실화 징후를 발견하여 대처하는 데 시간이 절약된다.

ⓒ 한계점
- 과거의 자료를 이용하기 때문에 기업의 미래 건전성을 예측하는 데 부적합하다.
- 판별모형을 추정하는 과정에서 투입되는 대부분의 변수는 재무비율로서 재무제표에 토대를 두고 있기 때문에 업종, 규모, 회계처리 방법의 다양성 등에서 일어날 수 있는 문제를 배제하기 어렵다.

기출문제분석

다음 중 부실기업의 판별분석에 관한 내용으로 옳지 않은 것은? 　2013년

① 판별분석에서는 재무비율 중 자본이익률, 매출액증가율만을 사용하여 부실기업 여부를 평가하므로 객관적인 판단을 할 수 있다.
② 판별분석은 분석대상 기업의 재무변수를 동시에 고려하는 종합적인 재무분석 기법이다.
③ 판별함수를 추정하는 데 사용되는 재무비율을 선정할 때 이론적인 근거가 제시되지 못하고 있다는 단점이 있다.
④ 판별분석은 과거의 재무자료에 의하여 사후적으로 판별함수를 추정하고 이것에 의하여 미래를 예측하는 기법이다.
⑤ 판별분석을 이용한 기업부실예측 연구 중에는 알트만의 Z-Score 모형이 있다.

[해설] 판별분석에서는 자본이익률, 매출액증가율 외에도 기타 비율 분석을 종합적으로 파악해야 한다.

[정답] ①

기업부실 분석에 관한 설명으로 옳지 않은 것은? 　2023년

① 다중 판별분석(Multiple Discriminant Analysis)은 여러 재무지표를 집단으로 분류하는 방법을 통하여 기업부실을 예측하는 기법이다.
② 이원분류법(Dichotomous Classification Technique)은 기업의 부실 여부를 예측하고자 할 때 예측오류를 최소화할 수 있는 절삭점(Cut-off Point)을 정하고, 그 기준에 따라 부실화 가능성을 예측하는 기법이다.
③ 프로파일 분석(Profile Analysis)은 기업의 부실을 예측하기 위하여 부실기업과 건전기업 표본의 평균 재무비율이 각각 어떻게 변하는지를 관찰하는 기법이다.
④ 기술적 지급불능(Technical Insolvency)이란 일시적인 유동성 부족으로 인하여 만기가 된 채권을 상환하지 못하는 상태를 말한다.
⑤ 부실기업 예측 오류 중 건전기업을 부실기업으로 예측하는 오류를 제1종 오류(Type 1 Error)라 한다.

[해설] 제1종 오류는 부실기업을 건전기업으로 잘못 분류한 것을 말하고, 제2종 오류는 건전기업을 부실기업으로 잘못 분류한 경우를 말한다.

[정답] ⑤

PART 06 단원핵심문제

제4과목 기업진단론

01 회생 가능한 기업이 채무 지급불능상태에 들어가 파산위기에 빠져 있는 경우, 법원의 감독 아래 각 이해관계인들의 이해를 조정하여 사업을 계속하면서 기업을 회생시키는 제도로 옳은 것은?

① 화 의
② 은행관리
③ 워크아웃
④ 법정관리
⑤ 기업회생

해설 부실기업을 회생시키기 위한 제도이며, 기업회생제도에는 사적정리와 법적정리가 있다.

02 기업부실의 징후에 대한 설명으로 옳지 않은 것은?

① 매출액의 지속적 감소
② 과다한 배당금 지급
③ 결손의 누적
④ 유동부채 감소
⑤ 단기차입금에 의한 장기부채상환

해설 유동부채의 감소는 기업 입장에서 호전적인 징조이므로 기업부실과 관련이 없다.

03 기업부실의 예측방법으로 옳지 않은 것은?

① 재무제표분석
② 현금흐름분석
③ 기업경영전략분석
④ 시장정보분석
⑤ 거시경제분석

해설 거시경제분석은 질적 분석이며, 기업부실 예측방법이 아니다.

정답 01 ④ 02 ④ 03 ⑤

04 일상적으로 일어난 경영문제가 아니기 때문에 프로그램화할 수 없는 의사결정으로 옳은 것은?

① 정형적 의사결정
② 비정형적 의사결정
③ 확실한 상황하의 의사결정
④ 위험하의 의사결정
⑤ 불확실한 상황하의 의사결정

해설 비정형적 의사결정 방법은 비일상적이며 구조화 정도가 낮아 프로그램화할 수 없는 유형의 의사결정이다.

05 기업의 입장에서 자본조달 수단 중 위험도가 낮은 것부터 높은 순서로 바르게 나열한 것은?

| ㄱ. 단기차입금 | ㄴ. 장기차입금 | ㄷ. 보통주 |

① ㄱ - ㄴ - ㄷ
② ㄱ - ㄷ - ㄴ
③ ㄷ - ㄴ - ㄱ
④ ㄴ - ㄷ - ㄱ
⑤ ㄴ - ㄱ - ㄷ

해설 보통주가 가장 안전하며 채무 지급기간이 1년 초과인 장기차입금, 1년 이내에 변제기일이 도래하는 단기차입금 순이다.

06 기업회생제도에 대한 설명으로 옳지 않은 것은?

① 워크아웃은 사적정리이다.
② 중소기업도 워크아웃을 수행한다.
③ 사적정리에는 법원의 판결이 개입되지 않는다.
④ 기업구조조정 촉진법에 의한 워크아웃은 법적정리이다.
⑤ 워크아웃은 채권 상환 유예를 통한 부도의 유예 조치와 협조 융자, 출자 전환까지 포괄한다.

해설 워크아웃은 기업 채무 구성과 채무상환일정을 조정하는 방식으로 사적정리 방법 중의 하나이다.

07 금융기관이 자금 차입자의 원리금 지급능력을 판단하기 위한 경영분석으로 옳은 것은?

① 신용분석   ② 증권분석
③ 가치사슬분석   ④ 자본상태분석
⑤ 채권등급판정분석

> 해설 신용분석(Credit Analysis)이란 기업에 자금을 대여하는 측에서 그 기업의 지불능력을 알아보기 위하여 시행하는 분석이다.

08 영업이익에서 법인세를 공제한 값에서 기업의 투하자본 조달비용을 차감한 부가가치로 옳은 것은?

① 표준 시장부가가치(MVA)
② 주주 부가가치(SVA)
③ 채권자 부가가치(BVA)
④ 기업자본 부가가치(ESVA)
⑤ 경제적 부가가치(EVA)

> 해설 경제적 부가가치(Economic Value Added)란 기업이 벌어들인 영업이익 가운데 세금과 자본비용을 공제한 금액이다.

09 기업부실의 개념에 관한 설명으로 옳지 않은 것은?

① 경제적 실패란 기업의 평균투자수익률이 자본조달비용에 미달하는 경우를 뜻한다.
② 경제적 실패란 기업의 총수익이 총비용에 미달하는 경우를 뜻한다.
③ 기술적 지급불능이란 기업의 총자본가치가 자기자본가치를 넘어 실질순자산가치가 마이너스가 되는 경우이다.
④ 실질적 지급불능이란 기업의 총부채가치가 총자산가치보다 커서 자본잠식이 발생한 경우를 뜻한다.
⑤ 파산이란 기업이 법원에 의하여 파산선고가 공식적으로 내려진 경우를 뜻한다.

> 해설 기술적 지급불능(Technical Insolvency)이란 만기에 도달한 채무나 어음을 갚을 능력이 회사에 없는 경우를 말한다. 총자본가치가 자기자본가치를 넘을 경우 실질순자산가치는 (+)이다.

정답 07 ① 08 ⑤ 09 ③

10 재무적 부실징후로 옳지 않은 것은?

① 재고자산의 감소
② 매출액의 지속적 감소
③ 과다한 금융비용
④ 현금·예금의 감소
⑤ 자본잠식의 심화

해설 재고자산의 감소는 원인에 따라 부실의 징후가 될 수도 있고, 아닐 수도 있다. 재고자산 감모손실 및 평가손실 등이 발생한 경우 부실의 징후로 볼 수 있다.

11 자본시장과 기업정보에 관한 설명으로 옳은 것은?

① 기업이 관련 정보를 외부에 제공하는 목적은 기업의 이해관계자들에게 정보를 제공하기 위함이다.
② 기업의 회계정보는 기업 외부로 유출할 수 없다.
③ 기업이 외부와의 거래에 있어서 외상과 같은 신용거래가 없고 현금거래만 한다면 현금흐름과 이익흐름은 동일하다.
④ 외부감사인의 재무제표에 대한 감사의견은 해당 기업에 대한 투자적정성을 나타낸다.
⑤ 회계정보와 주가가 관련성이 있다는 주장은 아직 검증되지 않았다.

해설 ② 기업의 회계정보는 기업 내부 및 외부 정보이용자에게 공개한다.
③ 현금흐름과 이익흐름은 동일할 수 없다.
④ 감사의견이 해당 기업에 대한 투자적정성을 나타내는 것은 아니다.
⑤ 많은 연구에서 회계정보와 주가 간의 관련성이 실증적으로 검증되었다.

12 기업가치평가에 관한 설명으로 옳지 않은 것은?

① 기업가치는 미래에 기대되는 잉여현금흐름(Free Cash Flow)을 가중평균자본비용(WACC)으로 할인한 것이다.
② 영업이익을 기초로 한 잉여현금흐름 추정 시 감가상각비를 영업이익에 가산하는 이유는 감가상각비가 비현금성 비용이기 때문이다.
③ 가중평균자본비용(WACC)은 자본조달항목별 자본비용을 자본조달항목의 가중치를 이용하여 측정한다.
④ 초과이익모형에 의하면 주주지분가치는 현재의 자기자본금액에 미래 초과이익의 현재가치를 더한 값이다.
⑤ 주식의 자본비용은 증권시장선(Security Market Line)을 이용하여 추정할 수 있으며, 이때 위험의 단위는 주식의 총위험이다.

해설 SML은 개별증권 또는 포트폴리오의 체계적 위험과 기대수익률의 관계를 설명해준다.

13 기업 인수 · 합병(M&A)에 관한 설명으로 옳은 것은?

① 적대적 M&A의 방어수단으로 자본구조 재구성, 백기사, 그린메일 등이 있다.
② 기업합병(Merger)은 합병기업 중 한 기업이 존속기업으로 남아 있기 때문에 신설법인 설립은 불가능하다.
③ 우호적 M&A는 피인수기업의 반대 또는 의사와 관계없이 피인수기업 주주에게 직접 공개매수제의를 하나 주식매집을 통해 이루어진다.
④ 비상장기업과 상장기업과의 M&A는 금지되어 있다.
⑤ M&A가 이루어지는 방법과 조건에 따라 시너지효과(Synergy Effect)가 달라지기 때문에 주주의 부에 영향을 미치지 않는다.

해설　② 신설법인 설립도 가능하다.
　　　③ 주식매집 등을 통해 이루어지는 방식은 적대적 M&B이다.
　　　④ 비상장기업과 상장기업과의 M&A는 금지되어 있지 않다.
　　　⑤ M&A가 이루어지는 방법과 조건에 따라 시너지효과(Synergy Effect)가 달라지기 때문에 주주의 부에 영향을 미친다.

14 기업가치에 관한 설명으로 옳은 것은?

① 기업의 가치는 기업이 보유하고 있는 자기자본의 가치이다.
② 기업의 가치는 장부가치가 시장가치보다 더 정확한 가치를 반영한다.
③ 기업의 가치는 경영자의 경영능력과 무관하며 일관성 있는 경영방침이 중요하므로 경영자의 재직기간이 길면 길수록 더 커진다.
④ 기업의 가치는 기업들이 경영활동 시 가치경영을 위하여 필요한 여러 가지 투자대안들을 모두 합한 값이다.
⑤ 기업의 가치는 기업이 영업활동을 통하여 얻는 현금흐름을 적절한 할인율로 할인한 현재가치이다.

해설　기업가치는 미래의 사업실적에 의해 결정되고, 미래의 사업실적은 미래에 창출할 현금흐름으로 나타나기 때문에 현금흐름으로 기업가치를 평가하는 것이 타당하다.

15 흑자도산을 피하거나 이자지급능력을 판단하기 위한 분석방법으로 옳지 않은 것은?

① 현금흐름표분석
② 배당성향분석
③ 유동비율분석
④ 당좌비율분석
⑤ 이자보상비율분석

해설 배당성향은 당기순이익에 대한 현금 배당액의 비율로 이자지급능력과는 관련이 없다.

16 기업위험을 증가시키는 요소로 옳지 않은 것은?

① 변동비 비중이 높은 기업의 경우
② 경기변동에 민감한 제품을 취급하는 경우
③ 원자재의 가격변화가 심하고 원자재의 가격상승분이 제품가격에 즉시 반영되지 않는 제품을 취급하는 경우
④ 가격경쟁 등으로 판매단가의 변화가 심한 제품을 취급하는 경우
⑤ 고정비 비중이 높으면서 수요가 감소하더라도 고정비가 하락되지 않는 경우

해설 변동비 비중이 높은 기업은 고정비 비중이 높은 기업보다 상대적으로 기업위험이 낮다.

17 기업의 단기부채 상환능력을 평가하기 위한 재무비율을 모두 바르게 고른 것은?

ㄱ. 유동비율	ㄴ. 자기자본순이익률
ㄷ. 당좌비율	ㄹ. 총자산증가율
ㅁ. 현금비율	

① ㄱ, ㄴ
② ㄷ, ㄹ
③ ㄱ, ㄴ, ㄹ
④ ㄱ, ㄷ, ㅁ
⑤ ㄴ, ㄹ, ㅁ

해설 기업이 유동부채를 상환할 수 있는 능력을 말하므로 유동비율, 당좌비율, 현금비율이 이에 해당한다.

필수암기 재무비율분석표

> **체크포인트**
> 첫째, 시험에 자주 출제되는 공식이니 암기하도록 하자.
> 둘째, 공식을 살펴보면 공통되는 법칙이 있으니 묶어서 암기하면 좋다.
> **예** 회전율은 매출액이 분자가 된다!

구 분	유형별	명 칭	공 식	명 칭	공 식
재무상태표 분석	유동성 분석	유동비율	$\dfrac{유동자산}{유동부채} \times 100$	당좌비율	$\dfrac{유동자산 - 재고자산}{유동부채} \times 100$
		현금비율	$\dfrac{현금 및 현금성자산}{유동부채} \times 100$	순운전 자본비율	$\dfrac{유동자산 - 유동부채}{총자산} \times 100$
	레버리지 분석	부채비율	$\dfrac{총부채}{자기자본} \times 100$	자기자본 비율	$\dfrac{자기자본}{총자본} \times 100$
		차입금 의존도	$\dfrac{장단기차입금 + 사채}{총자본} \times 100$	차입금 평균이자율	$\dfrac{이자비용}{장단기차입금 + 사채} \times 100$
		이자보상 비율	$\dfrac{영업이익}{이자비용} \times 100$	고정재무비보상비율	$\dfrac{영업이익}{이자비용 + 고정재무비} \times 100$
	자산구성 분석	유동자산 구성비율	$\dfrac{유동자산}{총자산} \times 100$	유형자산 구성비율	$\dfrac{유형자산}{총자산} \times 100$
		투자자산 구성비율	$\dfrac{투자자산}{총자산} \times 100$		

구분	유형별	명칭	공식	명칭	공식
포괄손익계산서 분석	수익성 분석	매출액 총이익률	$\dfrac{\text{매출총이익}}{\text{매출액}} \times 100$	매출액 영업이익률	$\dfrac{\text{영업이익}}{\text{매출액}} \times 100$
		매출액세전 순이익률	$\dfrac{\text{세전순이익}}{\text{매출액}} \times 100$	매출액 순이익률	$\dfrac{\text{순이익}}{\text{매출액}} \times 100$
		총자본 영업이익률	$\dfrac{\text{영업이익}}{\text{총자본}} \times 100$	기업세전 순이익률	$\dfrac{\text{세전순이익 + 이자비용}}{\text{총자본}} \times 100$
		자기자본 순이익률	$\dfrac{\text{순이익}}{\text{자기자본}} \times 100$	총자본 순이익률	$\dfrac{\text{순이익}}{\text{총자본}} \times 100$
	활동성 분석	총자산 회전율	$\dfrac{\text{연매출액}}{\text{총자산}}$	자기자본 회전율	$\dfrac{\text{연매출액}}{\text{자기자본}}$
		비유동자산 회전율	$\dfrac{\text{연매출액}}{\text{비유동자산}}$	재고자산 회전율	$\dfrac{\text{연매출액}}{\text{재고자산}}$
		매출채권 회전율	$\dfrac{\text{연매출액}}{\text{매출채권}}$	매입채무 회전율	$\dfrac{\text{매출액}}{\text{매입채무}}$
	생산성 분석	부가가치율	$\dfrac{\text{부가가치}}{\text{매출액}} \times 100$	노동생산성	$\dfrac{\text{부가가치}}{\text{평균종업원수}}$
		자본생산성	$\dfrac{\text{부가가치}}{\text{총자본}}$	노동소득 분배율	$\dfrac{\text{인건비}}{\text{요소비용부가가치}} \times 100$
	성장성 분석	매출액 증가율	$\dfrac{\text{당기매출액} - \text{전기매출액}}{\text{전기매출액}} \times 100$	총자산 증가율	$\dfrac{\text{당기말총자산} - \text{전기말총자산}}{\text{전기말총자산}} \times 100$
		자기자본 증가율	$\dfrac{\text{당기말자기자본} - \text{전기말자기자본}}{\text{전기말자기자본}} \times 100$	순이익 증가율	$\dfrac{\text{당기순이익} - \text{전기순이익}}{\text{전기순이익}} \times 100$
		지속가능 성장률	유보율 × ROE	주당이익 증가율	$\dfrac{\text{당기 EPS} - \text{전기 EPS}}{\text{전기 EPS}} \times 100$
시장가치 분석		PER	$\dfrac{\text{실제주가}}{\text{주당순이익}}$	PBR	$\dfrac{\text{실제주가}}{\text{주당장부가치}}$
		PSR	$\dfrac{\text{실제주가}}{\text{주당매출액}}$	PCR	$\dfrac{\text{실제주가}}{\text{주당현금흐름}}$
		EV/EBITDA	시가총액/EBITDA *EBITDA = EBIT + 감가상각비와 무형자산상각비 *EBIT = 세전순이익 + 이자비용		
종합분석		ROI	총자본순이익률 = 매출액순이익률 × 총자본회전율		
		ROE	자기자본순이익률 = 매출액순이익률 × 총자본회전율 × (1 + 부채비율)		

제 5 과목 | 조사방법론

PART 01   조사방법론의 시작
PART 02   조사방법론의 순서 요약
PART 03   조사설계
PART 04   자료수집방법 결정
PART 05   표본설계
PART 06   시 행
PART 07   분석 및 활용

인생이란 결코 공평하지 않다. 이 사실에 익숙해져라.

- 빌 게이츠 -

  **끝까지 책임진다! 시대에듀!**
QR코드를 통해 도서 출간 이후 발견된 오류나 개정법령, 변경된 시험 정보, 최신기출문제, 도서 업데이트 자료 등이 있는지 확인해 보세요! **시대에듀 합격 스마트 앱**을 통해서도 알려 드리고 있으니 구글 플레이나 앱 스토어에서 다운받아 사용하세요. 또한, 파본 도서인 경우에는 구입하신 곳에서 교환해 드립니다.

PART 01 조사방법론의 시작

제5과목 조사방법론

1 과학적 연구방법

1. 정 의
체계적이고 객관적으로 검증 가능한 질문에 대해 연구하는 방법이다.

2. 특 징 19 20 21 23 24 25 기출

간주관성(상호주관성)	서로 다른 연구자에 의해 실험을 해도 같은 연구결과가 나올 것
경험성	경험으로 인식이 가능할 것
재생가능성	동일 방법으로 동일한 대상을 측정 시 동일한 결과가 나타날 것
간결성	복잡하지 않고 간결할 것
결정론적(인과성)	우발적이 아니며 원인과 결과가 있을 것
일반성	일반적으로 공통분모를 찾을 수 있어야 할 것
구체성	현상에 대한 구체적인 사실을 이야기하려 할 것
수정가능성	궁극적인 해답이 아니라 언제든 수정이 가능할 것
객관성	가치판단의 인식차이 없이 누구나 동일하게 인식하는 사상(事象)일 것

기출문제분석

연구의 과정이나 방법이 분명하게 정리되어 동일한 절차를 반복하면 동일한 결과를 얻을 수 있어야 한다는 과학적 연구의 특징은? 2019년

① 객관성 ② 재현가능성
③ 검증가능성 ④ 경험성
⑤ 비주관성

해설 재현가능성(재생가능성)이란 동일 방법으로 동일한 대상을 측정 시 동일한 결과가 나타나야 한다는 것을 의미한다.

정답 ②

과학적 연구의 특징이 아닌 것은?　　　　　　　　　　　　　　　　　　　　　2018년

① 논리적　　　　　　　　　　　② 경험적
③ 객관적　　　　　　　　　　　④ 직관적
⑤ 간주관적

해설　과학적 연구의 특징은 자주 출제되는 부분이므로 숙지해두어야 한다. 과학적 연구는 직관성보다는 논리성, 구체성, 일반성, 간주관성, 객관성, 경험성 등을 그 특징으로 한다.

정답　④

다음은 무엇에 관한 설명인가?　　　　　　　　　　　　　　　　　　　　　　2016년

> 연구자와 연구동기가 다르더라도 동일한 방법과 과정을 통해서 검증할 경우 동일한 결론에 도달할 수 있어야 한다.

① 수정가능성　　　　　　　　　② 상호주관성
③ 일반성　　　　　　　　　　　④ 검증가능성
⑤ 인과성

해설　간주관성(상호주관성)이란 서로 다른 연구자에 의해 실험을 해도 같은 연구결과가 나오는 것을 말한다.

정답　②

과학적 연구의 목적이 아닌 것은?

① 기술하기(Description)　　　　② 비판하기(Criticism)
③ 예측하기(Prediction)　　　　　④ 설명하기(Explanation)
⑤ 통제하기(Control)

해설　과학적 연구나 과학적 연구방법에 대한 문제는 매년 출제되고 있다.
과학적 연구의 목적은 현상에 대한 기술, 설명 그리고 연구를 통한 변화에 대한 예측이나 문제에 대한 통제를 포함하고 있다. 비판은 연구의 목적으로 적절하지 않다. 다만 비판을 통하여 문제에 대한 통제를 할 수는 있을 것이다.

정답　②

과학적 연구방법의 특징이 아닌 것은?　　　　　　　　　　　　　　　　　　　2013년

① 간주관성(Inter Subjectivity)　② 경험성(Empiricism)
③ 재생가능성(Reproducibility)　④ 간결성(Parsimoniousness)
⑤ 항상성(Homeostasis)

해설　항상성 대신 객관성, 일반성을 특징으로 한다.

정답　⑤

2 연구와 모형

1. 연 구 17 23 기출

(1) 알고 싶은 것을 알아내기 위한 활동을 말하며 이를 가치중립적이고 객관적으로 알아내려면 과학적 연구가 필요하다. 과학적 연구는 다음의 과정을 거친다.
   ① 문제정립
   ② 가설설정
   ③ 조사설계
   ④ 자료 수집 및 분석
   ⑤ 보고서 작성

(2) 연구에는 시간, 돈, 노력을 투자하기 때문에 얻어낸 지식과 정보가 유용하기 위해서는 타인에게도 인정받아야만 한다.

> **기출문제분석**
>
> 다음 중 연구문제의 진행과정에 포함되지 않는 것은? 2016년
> ① 연구문제의 선정
> ② 선행연구의 고찰
> ③ 연구가설의 설정
> ④ 연구문제의 해결
> ⑤ 연구문제의 코딩
>
> 해설 연구문제의 진행과정은 연구문제의 선정 – 문헌고찰(선행연구의 고찰) – 연구가설의 설정 – 연구문제의 해결로 구성된다.
>
> 정답 ⑤

2. 모 형

(1) **모형(Model)**
   설명하기 원하는 현상을 단순화시켜 이해하기 쉬운 구조체계로 만든 것이다.

(2) **모형화(Modeling)**
   성능 분석이나 동작 과정 등을 연구 대상으로 할 때 간단한 모형이나 도해 시스템의 특징을 수학적으로 구성하는 것이다.

3 연역법과 귀납법, 변증법

1. 연역법(Deductive Method)

일반적인 이론이나 법칙에서 출발해서 구체적인 현상에 이를 적용해 보는 논리적 전개과정이다. 연역적인 방법을 사용하여 이론을 전개하면, 논리와 경험은 다음과 같이 결합하게 된다.

> (논리, 이론, 일반화된 설명) 모든 사람은 죽는다. ·················· (1)
> (조작화) 소크라테스는 사람이다. ·················· (2)
> (관찰, 경험) 그러므로 소크라테스는 죽는다. ·················· (3)

2. 귀납법(Inductive Method) 21 25 기출

구체적인 관찰에서 시작하여 일반적인 원리나 이론으로 전개되는 논리적 과정이다. 즉 귀납법적 논리에서는 연구자가 관심 있는 현상을 객관적으로 관찰하고 결과를 기록한다. 그리고 기록의 분석을 통해서 어떠한 규칙성(Regularity)이나 일정한 유형(Pattern)을 발견한다. 마지막으로 왜 그러한 일정한 유형이나 규칙성이 나타나는지를 설명할 수 있는 이론을 수립한다.

> (관찰) 소크라테스의 죽음 발견 ·················· (1)
> (관찰을 통한 규칙성 발견) 많은 사람들의 죽음 관찰 ·················· (2)
> (이론) 그러므로, 모든 사람은 죽는다. ·················· (3)

연역법과 귀납법과의 관계는 상호대립적이기보다는 상호보완적인 관계이다. 연역적 추론은 논리적 필연성을 갖고, 귀납적 방법은 이론의 공허성을 피할 수 있다는 측면에서 그 중요성이 인정되기 때문이다. 또한 연역법과 귀납법의 실제적 탐구과정은 순환 구조를 갖는다.

3. 변증법(Dialectic)

하나의 명제가 있고 그 하나의 명제를 부정하면서 새로운 명제를 이끌어 내는 방식으로, 정반합으로 이루어져 있다.

> [정(正)] 진실이라고 생각되지만 모순이 포함된 것 ·················· (1)
> [반(反)] 진실에 포함된 모순을 자각하는 것 ·················· (2)
> [합(合)] 모순을 발견하고 새로운 진실이 정의된다. ·················· (3)

> **기출문제분석**
>
> **연역적 접근법에 관한 설명으로 옳지 않은 것은?** `2016년`
>
> ① 탐색적 연구방법이다.
> ② 이론적 전제가 필요하다.
> ③ 이론적 결론을 유도하는 방법이다.
> ④ 가설과 함께 수리적 분석이 필요하다.
> ⑤ 조작 및 경험적 검증이 필요하다.
>
> **해설** 귀납적 방법은 현상의 기술을 목적으로 하는 탐색적 방식인 반면, 연역적 방법은 기존이론, 선행연구를 개념적으로 타당화, 확장하는 방식을 말한다.
>
> **정답** ①
>
> ---
>
> **과학적 연구 체계에 관한 설명으로 옳지 않은 것은?** `2014년`
>
> ① 연역법은 반복적 관찰을 통해 반복적 패턴을 발견하는 것이며, 연역법과 귀납법은 상호보완적 성격이 있다.
> ② 연역법은 실증주의적 입장에 가깝다.
> ③ 귀납법은 경험을 결합하여 이론을 형성하는 방법이다.
> ④ 귀납법은 연역적 논리법과는 정반대로 전개된다.
> ⑤ 연역법은 일반적인 사실로부터 특수한 사실을 이끌어내는 방법이다.
>
> **해설** 상호보완적 성격은 있지만 관찰을 통한 반복적 패턴을 발견하는 것은 귀납법이다.
>
> **정답** ①

4 조사방법론 기본용어

1. 정 의

어떤 개념의 내용이나 용어의 뜻을 다른 것과 구별할 수 있도록 명확히 한정하는 일 또는 그 개념이나 뜻을 말한다.

2. 이 론 `22` `기출`

사물의 이치나 지식을 해명하기 위해서 논리정연하게 일반화한 명제의 체계를 말한다.

3. 개 념

여러 관념 속에서 공통적 요소를 뽑아 종합하여 얻은 하나의 보편적인 관념을 말한다.

4. 변 수

> **학습포인트**
> 변수는 출제비중이 높은 용어이기 때문에 숙지가 필요하다. 특히 독립변수, 종속변수 등 각기 변수를 지칭하는 다른 용어들에 대해서 알아두자. 예 독립변수 = 원인변수, 설명변수, 예측변수, 가설적 변수

(1) 정 의
연구를 통해 밝히고자 하는 사물이나 사람, 집단의 특성을 말한다. 이러한 특성은 개인이나 개체, 개별 집단에 따라 달라지고, 일정한 값을 갖지 않는다는 특징이 있다. 주로 인과관계조사를 하기 위한 실험에서 많이 언급되는데, 조사자나 연구자가 관심을 갖고 연구 및 조사를 통해 밝히려고 하는 특성을 변수라고 한다.

(2) 변수의 분류 20 21 기출
① **독립변수(X)** : 원인변수, 설명, 예측변수, 가설적 변수라고도 불리며 연구자에 의해 조작이 가능한 변수이다. 시간적으로나 이론적으로 종속변수보다 먼저 일어난다.
② **종속변수(Y)** : 결과변수, 목적변수, 타깃변수라고 불리며 수동적으로 독립변수의 영향을 받아 변화된 결과를 나타낸다.
③ **외생변수(Exogenous Variable)** 19 기출
  ㉠ 실험변수가 아니면서 실험결과에 영향을 미치는 변수를 말한다. 이는 조사자가 예상하지 못한 의외의 변수이면서 종속변수에 영향을 주는 변수이다. 실험설계에서는 외생변수의 통제가 연구결과의 내적타당도를 결정하는 매우 중요한 요인이 된다.
  ㉡ 타당성 저해요인을 외생변수라 할 수 있다. 예를 들면, 조사자가 매출액을 높이는 원인으로 광고비용을 독립변수로 설정하였을 경우 조사자가 독립변수로 정한 광고비용 외에 조사자가 생각하지도 못한 매출액을 높이는 원인이 있다면 그것을 외생변수라 한다.
④ **제3의 변수**
  ㉠ 매개변수(Intervening Variable) 20 기출
    독립변수와 종속변수 사이에서 둘의 관계를 맺어주는 변수이다.
    예 독립변수(광고비용) → 매개변수(고객 인지도) → 종속변수(매출액 상승)
  ㉡ 외재변수(Extraneous Variable) : 두 변수의 관계가 허위적 관계임을 나타내는 변수이다.
  ㉢ 선행변수(Antecedent Variable) : 독립변수와 종속변수보다 선행하여 작용하는 변수이며, 이때 독립변수에 유효한 영향력을 행사하고 통제해도 독립변수와 종속변수의 관계는 유지된다.
  ㉣ 억압·억제변수(Suppressor Variable) 19 기출
    독립변수와 종속변수에는 관계가 있으나, 관계가 없는 것처럼 억제하는 변수이다. 즉, 실제로는 독립변수와 종속변수는 인과관계인데 억제변수로 인하여 둘의 인과관계가 없는 것처럼 보이는 것을 말한다.

ⓜ **왜곡변수(Distorter Variable)** : 두 변수의 인과관계의 역할이 반대로 나타나게 하는 변수이다. 독립변수의 결과로 종속변수가 나타날 경우 왜곡변수가 적용된다면 반대의 결과가 나타난다. 즉, 광고비용을 많이 올리면 매출이 높아져야 하는데 왜곡변수로 인하여 매출이 오히려 낮아지는 경우를 말한다.

ⓑ **구성변수(Component Variable)** : 포괄적 개념을 구성하는 하위변수를 말한다.

ⓢ **조절변수(Moderating Variable)** 17 19 25 기출
독립변수와 종속변수 사이에 강하면서도 불확정적인 영향을 미치는 변수이다. 예를 들어 '월수입 → 행복' 간의 관계에서 '성별'에 따른 조절효과는 쉽게 말해 '남성의 월수입 → 행복에 미치는 영향(정도)과 여성의 월수입 → 행복에 미치는 영향(정도가) 있을 것이다'라는 것이다. 이를 좀 어렵게 말하면, '월수입이 행복에 미치는 영향에서 성별은 조절(중재)효과를 보일 것이다' 등으로 표현할 수 있다.

기출문제분석

연구보고서의 제목이 '학생의 학습 열의와 교사에 대한 태도가 학생 성적에 미치는 영향'일 때, 이 연구에서 종속변수는? 〈2018년〉

① 학습 열의 ② 교사에 대한 태도
③ 교 사 ④ 학 생
⑤ 성 적

[해설] 종속변수란 독립변수의 원인을 받아 일정하게 전제된 결과를 나타내는 기능을 하는 변수로서 결과변수를 말하는 것으로 지문에서는 '성적'이 종속변수가 된다.

[정답] ⑤

㉠~㉥에 관한 설명으로 옳은 것은? 〈2017년〉

- ㉠ 분배공정성이 조직구성원의 ㉡ 직무성과에 미치는 영향은 ㉢ 절차공정성에 따라 달라진다.
- ㉣ 상사신뢰는 조직구성원의 ㉤ 직무만족에 정(+)의 영향을 미치고, ㉤ 직무만족은 조직구성원의 ㉥ 조직몰입에 정(+)의 영향을 미친다.

① ㉠은 ㉡의 종속변수다. ② ㉣은 외생변수다.
③ ㉢과 ㉤의 변수 유형은 같다. ④ ㉤은 ㉣과 ㉥ 간 관계에서 조절변수다.
⑤ ㉡과 ㉥은 내생변수다.

[해설] ㉡·㉥은 실험모형의 종속변수로 내생변수에 해당한다. 변수는 실험자가 설정한 모형 내 변수를 내생변수로, 모형 밖에서 모형 안에 미치는 변수를 외생변수로 구분한다. 예시에서 ㉠은 ㉡에 영향을 미치기 때문에 ㉠은 독립변수, ㉡은 종속변수(결과변수)가 된다. ㉢은 ㉠, ㉡ 관계에서 그 관계의 강도에 영향을 미치는 조절변수가 된다. ㉣은 ㉥에 영향을 미치는 독립변수이고, ㉥은 ㉣에 영향을 받는 종속변수이다. ㉤은 그 중간에서 매개 역할을 하는 매개변수이다.
∴ ㉠ 독립변수, ㉡ 종속변수, ㉢ 조절변수, ㉣ 독립변수, ㉤ 매개변수, ㉥ 종속변수

[정답] ⑤

더 알아보기 | 구조방정식모델(SEM ; Structural Equation Modeling)

경로분석, 회귀분석, 요인분석이 합성되어 발전된 통계방식으로 직접 측정할 수 없는 잠재변수(매개변수, 조절변수 등)를 분석에 포함시킬 수 있다는 장점이 있어 널리 이용되고 있다. 구조방정식모형에서는 외생변수는 독립변수의 개념으로 다른 변수에 영향을 주는 변수, 외생잠재변수, 외생관측변수라고도 한다. 반면 내생변수란 종속변수의 개념으로 다른 변수의 영향을 받는 변수, 내생잠재변수, 내생관측변수라고도 한다.
조절변수와 매개변수가 나타나 있는 가설의 경우 구조방정식모델을 통하여 가설을 검증하며 이러한 구조 속에서 외생변수는 독립변수이며 내생변수는 종속변수임을 기억하자. 최근 신설된 문제이며 틀리기 쉬운 개념이므로 알아두도록 하자.

기출문제분석

甲판촉기획사에서는 2가지 판촉프로그램 A, B를 개발하여 조사 의뢰사 매장 매출액에 미치는 영향을 분석하였다. 분석 결과 매장 크기가 큰 경우 판촉프로그램 A보다 B를 적용했을 때 매출 증가 효과가 훨씬 큰 것으로 나타났다. 이 경우 매장 크기는 다음 중 어떤 변수에 해당하는가? `2017년`

① 조절변수　　　　　　　② 통제변수
③ 독립변수　　　　　　　④ 매개변수
⑤ 왜곡변수

해설 조절변수(Moderating Variable)란 독립변수와 종속변수 사이에 강하면서도 불확정적인 영향을 미치는 변수이다. 판촉프로그램 A, B가 독립변수, 매장의 매출액이 종속변수, 이 사이에서 조절(중재) 효과를 보인 것이 바로 조절변수인 매장의 크기이다.

정답 ①

'종교는 사회적 통합에 영향을 주고 사회적 통합은 자살률에 영향을 미칠 것이다.'라는 가설에서 '사회적 통합'이라는 변수의 성격은? `2016년`

① 매개변수　　　　　　　② 외적변수
③ 선행변수　　　　　　　④ 억제변수
⑤ 왜곡변수

해설 매개변수(Intervening Variable)란 독립변수와 종속변수 사이에서 둘의 관계를 맺어주는 변수이다.
　　예) 독립변수(종교) → 매개변수(사회적 통합) → 종속변수(자살률)

정답 ①

A사의 마케팅 담당자는 자사 제품의 디자인 만족도가 고객충성도에 미치는 영향이 브랜드 인지도에 따라 상이한 효과가 있는지 실증분석하고자 한다. 이때 브랜드 인지도의 변수 유형은? `2019년`

① 매개변수
② 억제변수
③ 왜곡변수
④ 외생변수
⑤ 조절변수

해설 조절변수란 독립변수와 종속변수 사이에 강하면서도 불확정적인 영향을 미치는 변수이다. 여기서 디자인 만족도는 독립변수이고, 브랜드 인지도는 조절변수이며, 이에 따라 나타날 고객충성도는 종속변수라고 할 수 있다.

정답 ⑤

두 변수 간의 사실적 관계를 통제하여 밝힐 수 있는 변수로서 진짜 관계가 무차수준에서 나타나는 것을 방해하는 검증변수는? `2019년`

① 억제변수
② 조절변수
③ 왜곡변수
④ 잠재변수
⑤ 매개변수

해설 억제변수란 두 변수 간의 사실적 관계를 약화시키거나 소멸시켜 버리는 검정변수를 말한다. 예를 들어 '교육수준은 소득 수준에 영향을 미치지 않지만 연령을 통제하면 두 변수 사이에 유의미한 상관관계가 나타난다'라는 연구에서는 연령이 억제변수이다.

정답 ①

A사는 최근 마케팅 부서에 고객서비스 만족도를 향상시키기 위하여 20여 명의 신규직원을 추가로 마케팅 부서에 충원하였다. 한편, 고객서비스 만족도 향상을 위해 사은품 증정 프로모션을 함께 실시하였다. 이때 사은품 증정 프로모션의 변수 유형은? `2019년`

① 억제변수
② 왜곡변수
③ 이산변수
④ 외생변수
⑤ 조절변수

해설 마케팅 부서에 충원된 20여명의 신규직원은 독립변수에 해당하고, 고객서비스 만족도는 종속변수에 해당한다. 이때 '사은품 증정 프로모션'은 고객서비스 만족도 향상이라는 종속변수의 결과를 좋게 만들기 위한 외생변수에 해당한다.

정답 ④

5. 오류 18 기출

(1) 생태학적 오류 20 기출

어떤 분석단위(집합단위)를 채택하여 연구한 결과 얻은 결론을 다른 수준의 분석단위(개인 등 하위단위)에 적용시키는 오류이다.

예 강남 사람들은 잘산다. 따라서 나도 강남으로 가면 잘살 수 있다.

(2) 개인주의적 오류

생태학적 오류와는 반대적인 개념으로 개인의 특성에 관한 자료로부터 집단의 특성을 유추할 경우 발생하는 오류이다.

예 김태희는 강남에 산다. 연예인들은 강남에 산다.

(3) 후광효과

어떤 대상이나 사람에 대한 일반적인 견해가 그 대상이나 사람의 구체적인 특성을 평가하는 데 영향을 미치는 현상으로 마케팅, 광고 등의 분야에서 주로 나타나는 현상이다.

예 유명 치과의사가 광고하는 껌은 충치예방효과에 탁월할 것 같다.
　　얼굴이 예쁘면 능력 있고, 마음도 예쁠 것이다.

6. 가설 17 21 24 기출

(1) 정의

가설은 변인들 간의 잠정적인 관계에 대한 검증 가능한 진술문이다. 조금 더 쉽게 말하자면 가설은 일반적인 이론적 설명으로부터 도출된 관찰 가능한 현상에 대한 구체적인 예측을 말한다. 즉, 둘 이상의 변수 간의 관계에 대하여 잠정적인 해답을 제시한 진술문이라 할 수 있다. 연구문제에서는 그 자체로는 검증될 수 없기 때문에 경험적 검증을 위하여 변수들의 관계성을 진술하는 가설을 설정해야 한다.

> **더 알아보기** 칼 포퍼(K. R. Popper)의 반증주의(Falsificationism)이론 17 기출
>
> 반증주의란 칼 포퍼가 주장한 이론으로 가설이나 이론은 관찰이나 객관적 실험에 의해 검증되며 반증된 가설이나 이론이 우수한 이론으로 대체되어 과학이 지속적으로 발전한다는 과학철학을 말한다. 예를 들어 '사과는 빨간색이다'라는 가설은 초록색 사과를 발견해냄으로써 이를 반증하여 가설이 수정되고 발전된다는 이론이다.

(2) 가설검증 [19] [21] [22] [24] 기출

① **귀무가설(영가설, Null Hypothesis, H_0)** [20] 기출
  ㉠ 일반적인 사실로 받아들여지고 있는 가설이며, 사실이 옳다는 전제의 가설이다.
  ㉡ 차이가 없거나 유의미한 차이가 없는 경우의 가설이며, 이것이 맞거나 맞지 않다는 통계학적 증거를 통해 증명하려는 가설이다.
  ㉢ 만약 이것이 참이라면 여기서 얻어진 확률은 결과의 유의수준으로 부른다.

  예) 범죄 사건에서 용의자가 범죄를 저질렀다는 대립가설을 세우게 된다. 이때 귀무가설은 용의자는 무죄라는 가설이다.

  [귀무가설(H_0)의 검증]

구 분		실제 사실	
		H_0가 참	H_0가 거짓
예측 (판단)	H_0가 참	옳은 판단($1-\alpha$)	제2종 오류(β)
	H_0가 거짓	제1종 오류(α)	옳은 판단($1-\beta$)

② **연구가설(대안가설, 대립가설, Alternative Hypothesis, H_1)**
  ㉠ 연구자가 새로이 주장하여 검정하고자 하는 가설을 말한다. 귀무가설에 대립되는 가설이기 때문에 '대립가설'이라고 부르기도 한다.
  ㉡ 직접 검정하지 못하고 귀무가설이 잘못되었음을 확인하여 검정한다.

> **학습포인트**
> 일반적으로 경영지도사 시험에서 둘 간의 관계를 비교하는 문제에서는 '둘은 다르지 않다. 차이가 없다'는 귀무가설이 될 것이며, '둘은 다르다, 차이가 있다'는 연구가설이 된다.

> **더 알아보기 | 가설의 검증에 대한 대표적인 예**
>
> 가설검증에서 유명한 예시 중 하나가 바로 '법원의 판결'이다. 흔히들 법원에서 무죄와 유죄를 판결한다고 생각한다. 하지만 실제로 판사는 무죄추정의 원칙을 기준으로 하여 피고가 무죄가 아니라고 할 만한 충분한 증거가 있느냐 없느냐를 검증한다. 여기서 '피고는 무죄'라는 것이 귀무가설이 되며, 반대로 '유죄'라고 판단하는 것은 대립가설이다. 즉 죄의 유무를 떠나 '유죄라고 판단할 증거를 찾지 못한 것'과 '유죄라고 판단할 충분한 증거를 찾은 것'으로 법원의 판결이 내려지는 것이기 때문에, 가설검증 역시 귀무가설과 대립가설 사이의 양자택일의 문제가 아니라 귀무가설이 틀렸다고 할 충분한 증거를 찾았는지 아닌지를 판단하는 것이라고 볼 수 있다.
>
> 가설검증을 법원의 판결에 비유해 정리하자면 다음과 같다.
> - 귀무가설 : 피고는 무죄
> - 대립가설 : 피고는 유죄(검사의 입장)
> - 검증통계량 : 증인, 증거물(판단의 근거)
> - 기각역 : 법전, 판례(판단 기준, 영역)
> - 제1종 오류 : 실제로 무죄인 피고를 유죄로 판결
> - 제2종 오류 : 실제로 유죄인 피고를 무죄로 판결

기출문제분석

가설 설정에서 좋은 가설이 갖춰야 할 조건을 모두 고른 것은? `2019년`

> ㄱ. 가설은 두 개 이상의 변수 간 관계에 관한 경험적으로 검증된 설명이어야 한다.
> ㄴ. 가설은 다른 가설이나 이론과 독립적이어야 한다.
> ㄷ. 명백하게 입증 가능해야 한다.
> ㄹ. 개연성이 있어야 한다.

① ㄱ, ㄴ ② ㄴ, ㄷ
③ ㄷ, ㄹ ④ ㄱ, ㄷ, ㄹ
⑤ ㄴ, ㄷ, ㄹ

[해설] ㄱ. 경험적으로 검증된 설명이 아닌, 검증이 가능한 가설을 설정해야 한다.
ㄴ. 가설이 다른 가설이나 이론과 반드시 독립적이어야 할 필요는 없다.

유용한 가설의 조건
- 가설은 경험적으로 검증이 가능해야 한다.
- 가설은 명백하게 입증이 가능하도록 구성되어야 한다.
- 가설은 연구문제의 정답에 대한 잠정적인 추정이므로 개연성이 필요하다.
- 가설은 변수 간의 관계를 간단하게 논리적으로 설명할 수 있어야 한다.
- 가설은 계량화가 가능해야 하며, 통계적으로 분석할 수 있어야 한다.

[정답] ③

가설검증에 관한 설명으로 옳은 것은? `2017년`

① 귀무가설이란 연구문제에 대한 잠정적인 대답으로 연구자가 제시한 가설이다.
② 연구자가 새로이 입증하고자 하는 내용이 귀무가설로 설정된다.
③ 가설검증은 귀무가설이 옳다는 전제하에 이루어진다.
④ 대립가설은 귀무가설과 반대되는 진술로서 연구자가 부정하고 싶은 가설이다.
⑤ 대립가설을 기각시키고 귀무가설을 채택할 확률을 유의수준이라고 한다.

[해설] 연구가설이 귀무가설을 기각시키고 승리할 확률은 귀무가설이 옳다는 전제하에서 유의수준(α) 정도에 불과하므로, 연구가설이 채택되기 위해서는 기존의 귀무가설 내용의 분명한 오류를 입증해야 한다.
- 귀무가설을 기각하고 연구가설을 채택하기 위해서는 극단적인 통계치를 얻어야 하며 이런 최대 확률값을 유의수준(α)이라 한다. 통상 0.1이하로 설정하며 0.05(5%)로 설정하는 경우가 많다.
- 항상 연구가설을 먼저 설정하고 연구가설에 대응하는 나머지 여집합의 내용이나 같음(등식, =)이 귀무가설이 된다.

[정답] ③

포퍼(K. Popper)가 주장한 반증주의(Falsificationism)이론에 관한 설명으로 옳지 않은 것은?
    2017년

① 실제 검증사항이 검증하고자 하는 이론 자체에 의존하여 이론 논박이 쉽지 않다.
② 실제 과학이론이 과거 상당한 반증이 있었음에도 불구하고 과학적 이론으로 발전해왔다.
③ 기존의 이론을 검증하는 데 더 큰 비중을 두고 있기 때문에 새로운 과학적 지식발전에 소홀하다.
④ 내재적 한계로 인해 상대적 실증주의 또는 비판적 실증주의로 변모한다.
⑤ 관찰 시 주관이 개입되어 측정오차가 존재하고 기존의 틀을 벗어나는 검증이 어렵다.

해설 반증주의란 가설이나 이론은 관찰이나 객관적 실험에 의해 확인받게 되며, 반증된 가설이나 이론이 우수한 이론으로 대체되어 과학이 지속적으로 발전한다는 과학철학을 말한다.

정답 ⑤

다음 중 가설이 아닌 것은?
    2016년

① 부모의 학력이 높을수록 자녀의 학력도 높아진다.
② 자녀학업을 위한 가족분리는 바람직하지 않다.
③ 민주적 조직보다 독재적 조직의 의사결정 속도가 빨라진다.
④ 고객만족도가 높은 기업의 재무적 성과가 더 높아진다.
⑤ 리더십형태에 따라 직원의 직무만족도가 달라진다.

해설 가설은 두 개 혹은 그 이상의 변수들 사이의 관계로 진술해야 한다.

정답 ②

가설에 관한 설명으로 옳지 않은 것은?
    2015년

① 가설은 두 개 혹은 그 이상의 변수들 사이의 관계로 진술해야 한다.
② 가설은 경험적으로 검증 가능하도록 진술해야 한다.
③ 가설은 간단명료하게 진술해야 한다.
④ 가설은 어떤 현상에 대해서 연구자가 잠정적으로 내린 결론 혹은 추측을 서술한 것이다.
⑤ 대립가설은 귀무가설과 반대되는 진술로서 연구자가 부정하고 싶은 가설이다.

해설 대립가설(연구가설)은 연구자가 주장하여 검정하고자 하는 가설을 말한다.

정답 ⑤

연구 수행 시 가설에 관한 설명으로 옳지 않은 것은?
    2015년

① 연구의 방향을 제시하여야 한다.
② 수집된 자료를 의미있게 해석할 수 있는 이론적 틀을 제공한다.
③ 연구문제를 명제화함으로써 문제의 해결에 요구되는 절차와 방법을 시사해준다.
④ 좋은 가설은 후속연구에서 새로운 연구문제와 가설을 도출하는 데 도움을 준다.
⑤ 모든 연구에는 반드시 가설이 포함되어야 한다.

해설 모든 연구에 반드시 가설이 포함되어야 하는 것은 아니며, 둘 이상의 변수 간의 관계를 검증하기 위한 연구에서 가설이 필요하다.

정답 ⑤

7. 코 딩

자료를 자동으로 처리하기 위해 일정한 규칙에 따라 품목별로 대상번호 또는 문자를 부여하는 것을 말한다. 즉 기계가 알 수 있는 언어를 일정한 명령문에 따라 문자 또는 숫자를 사용해 기호화하는 것을 말한다.

8. 편 칭

수집된 자료를 컴퓨터에 타이핑하는 과정을 말한다. 편칭은 사람이 하는 것이기 때문에 오기(잘못 기입)하거나, 누락(빼먹고 기입)할 수 있다. 편칭과정에서 발생하는 오류를 바로 '비표본오류'라고 한다.

9. 투사법 17 21 기출

직접 조사하기 힘든 대상을 조사할 때 사용한다. 이는 조사대상이 자신을 어떠한 대상에게 투사하는 방법을 통해서 이루어지며, 투사법을 통해 조사자는 조사하기 어려운 대상을 조사할 수 있다.

> **더 알아보기 — 투사법의 유형**
>
> '다음 중 투사법에 속하지 않는 것을 고르시오'라는 형태로 투사법의 유형을 물어보는 문제가 나올 수 있다. 투사법은 [단/문/만/통/역/그]라고 외우는 것도 하나의 방법이 될 수 있으니 '단문만 통역하는 그 사람'이라고 외워보자. 투사법의 유형은 매우 다양하지만, 출제될 경우 아래에 언급된 보기 중에서 나올 확률이 높다.
>
> - **단**어연상법(조사자가 단어를 제시하고 응답자가 단어를 표현하는 것)
>
>   다음 단어를 보고 가장 먼저 떠오르는 단어를 쓰시오.
>   ① 밝 은 ② 긍 정 ③ 시끄러운 ④ 개그맨
>
> - **문**장완성법(미완성 문장을 제시하고 응답자가 문장을 완성하는 것)
>
>   1. 나는 _____ 사람이다.
>   2. 나는 _____ 를 가장 좋아한다.
>   3. 나는 _____ 를 가장 싫어한다.
>
> - **만**화완성법(만화 컷이나 대화를 완성하는 것)
> - **통**각시험법(그림을 보고 공상적 이야기를 만드는 것)
> - **역**할행동법(응답자가 특정 역할로 행동하는 것)
> - **그**림묘사법(응답자가 그림으로 묘사하는 것)

기출문제분석

투사법의 유형으로 옳지 않은 것은? `2017년`

① 단어연상법
② 만화완성법
③ 래더링기법
④ 문장완성법
⑤ 역할행동법

해설 래더링기법(Laddering Technique)이란 제품이나 브랜드가 가지고 있는 속성-편익-가치들이 어떻게 계층적으로 연결되어 있는지를 아래에서 위 단계로 검증하는 방법을 말한다. 예를 들어, 다이어트 콜라의 경우 래더링기법(사다리를 타듯이 소비자에게 질문하는 기법)을 통해 다이어트 콜라가 지니는 0칼로리(속성)-체중유지(편익)-자존감회복(가치)을 확인할 수 있다.

정답 ③

간접질문방법에 관한 설명으로 옳지 않은 것은? `2017년`

① 투사법은 응답자에게 자극을 줌으로써 우회적으로 응답을 얻어내는 방법이다.
② 정보검사법은 개인이 가지고 있는 정보의 양과 종류를 파악해 응답자의 태도를 찾아내는 방법이다.
③ 오류선택법은 '좋다 - 나쁘다', '맞다 - 틀리다'의 응답을 얻기 위한 방법이다.
④ 단순연상법은 어떤 문제에 대해 찬성 또는 반대를 표시하는 단어나 그림을 수집해 체크하는 방법이다.
⑤ 토의완성법은 응답자에게 두 사람의 토의를 적은 카드를 주고 토의를 완성하도록 하는 방법이다.

해설 오류선택법은 어떤 질문에 대한 틀린 대답을 여러 개 제시해 놓은 후, 그것을 선택하게 함으로써 응답자의 태도를 간접적으로 파악하는 방법을 말한다.

정답 ③

투사법에 관한 설명으로 옳지 않은 것은? `2016년`

① 자극이 조직화되어 객관성이 높다.
② 자극으로 사용할 수 있는 도구가 많은 것이 특징이다.
③ 비체계적, 비공개적 의사소통방법이다.
④ 응답자가 명백하게 자신의 감정이나 태도를 드러내지 않을 경우에 활용한다.
⑤ 보조물의 유형에 따라 단어연상법, 문장완성법, 스토리텔링기법 등으로 나눠진다.

해설 투사법은 비체계적 비공개적 의사소통방법으로 직접 조사하기 힘든 대상을 조사할 때 유용하게 사용되는 방법이다. 단어연상법, 문장완성법, 만화완성법, 통각시험법, 역할행동법, 그림묘사법 등이 있다. 자극이 조직화되어 있지는 않다.

정답 ①

> 1차 자료 수집을 위한 의사소통방법 중에서 투사법에 해당하는 것은? `2014년`
> ① 역할행동법
> ② 설문지법
> ③ 표적집단면접법
> ④ 심층면접법
> ⑤ 우편조사법
>
> **해설** 역할행동법을 제외한 나머지는 서베이에 해당한다. 투사법의 유형에 대하여 모두 외울 수 있도록 해야 한다.
> **정답** ①

10. 조사계획서

기업은 의사결정을 하기 위한 도구로 조사를 실시하는데, 이러한 의뢰를 받은 조사업체는 조사계획서 (Research Proposal)를 제출하게 된다. 조사계획서란 말 그대로 조사를 하기 위한 계획서이며, 이를 토대로 조사를 실시한다. 조사계획서는 일반적으로 다음과 같은 순서로 구성된다.

> 조사목적 → 조사프레임 결정 → 조사내용 결정 → 조사방법 결정 → 조사진행과정 결정 → 조사일정과 비용의 결정 → 프로젝트팀의 구성

> **기출문제분석**
> 조사계획서에 포함되어야 할 일반적인 내용에 해당되지 않는 것은? `2014년`
> ① 조사목적 및 조사일정
> ② 조사의 잠정적 제목
> ③ 조사에 들어가는 비용
> ④ 조사 결과에 대한 요약
> ⑤ 조사일정 및 조사 참여자의 정보
>
> **해설** 조사 결과에 대한 요약은 계획서에는 포함되지 않는다. 조사계획서는 조사를 실시하기 이전에 작성하는 것이기 때문이다. 이는 보고서에 기입해야 한다.
> **정답** ④

PART 01 단원핵심문제

제5과목 조사방법론

01 다음 중 과학에 대한 설명으로 옳지 않은 것은?
① 과학에서는 과학적 방법에 의한 지식의 축적과정을 중요시한다.
② 현상이 내재하고 있는 진리를 객관적인 접근방식에 의해 규명하는 과정이다.
③ 과학에서 가장 중요한 것은 연구의 대상 그 자체라 할 수 있다.
④ 해결이 가능한 문제를 과학적 방법을 통해서 이론을 도출하는 과정이다.
⑤ 과학은 수정이 가능한 학문이다.

> **해설** 과학이란 현상에 내재하고 있는 진리를 객관적인 접근방식에 의해 규명하는 과정 또는 해결 가능한 문제를 과학적 방법을 통해 이론을 도출하는 과정이며, 모든 현상은 과학의 대상이 될 수 있으므로 과학에서 중요한 것은 대상이라기보다는 진리규명을 위해 지식을 축적하는 방법론이다.

02 과학의 목적에 대한 다음의 설명으로 옳은 것은?

> 이론의 기초적인 명제를 바탕으로 보다 복잡한 명제를 추론하는 것으로, 관찰에 의해 입증될 수 있는 미래 사회적 현상의 특정한 측면에 관한 기대의 진술을 말한다.

① 기 술 ② 예 측
③ 설 명 ④ 실 험
⑤ 통 제

> **해설** 과학적 연구의 목적은 현상에 대한 기술, 설명 그리고 연구를 통한 변화에 대한 예측이나 문제에 대한 통제를 포함하고 있다.

03 과학적 연구의 특징으로 옳지 않은 것은?
① 직관성 ② 논리성
③ 결정성 ④ 일반화가능성
⑤ 검증가능성

> **해설** 과학적 연구는 직관성보다는 구체성, 일반성, 간주관성을 그 특징으로 한다.

정답 01 ③ 02 ② 03 ①

04 다음 과학적 지식의 특징에 대한 설명으로 옳은 것은?

> 어떤 결론에 대해 그것을 획득하기까지의 과정과 절차를 반복했을 때 동일한 결론을 얻을 가능성

① 논리성　　　　　　　　　② 경험성
③ 간주관성　　　　　　　　④ 재생가능성
⑤ 합목적성

해설　과학적 연구방법의 특징 중 재생가능성은 동일 방법으로 동일한 대상을 측정 시 동일한 결과가 나타날 가능성을 말한다.

05 독립변수의 원인을 받아 일정하게 전제된 결과를 나타내는 기능을 하는 변수로서 결과변수라고도 부르는 변수로 옳은 것은?

① 외생변수　　　　　　　　② 조절변수
③ 원인변수　　　　　　　　④ 종속변수
⑤ 실험변수

해설　종속변수는 목적변수, 타깃변수라고도 부르며 수동적으로 독립변수의 영향을 받아 변화된 결과를 나타낸다.

06 다음에서 설명하는 변수로 옳은 것은?

> 종속변수에 대해 일정한 영향을 주는 변수로서 그 기능이 일정하게 규정된 독립변수와는 달리 주로 내면적이고 비가시적 역할을 한다. 또한 독립변수에서 종속변수에 이르는 동작에 포함된 시간적·논리적 과정에 대해 보다 정확한 이해를 가능하게 함으로써 원인·결과에 대한 지적인 탐색의 길잡이가 된다.

① 매개변수　　　　　　　　② 조절변수
③ 실험변수　　　　　　　　④ 종속변수
⑤ 원인변수

해설　매개변수는 독립변수와 종속변수 사이에서 둘의 관계를 맺어주는 변수이다.
　　　예 독립변수(광고비용) → 매개변수(고객 인지도) → 종속변수(매출액 상승)

07 다음에서 설명하는 변수로 옳은 것은?

> 이 변수는 독립·종속변수에 개입하는 제3변수의 하나로서, 독립·종속변수와 표면적으로는 인과적 관계에 있는 것처럼 보여도 실제로는 두 변수가 어떤 변수와 연결되어 관계가 있는 것처럼 보이게 한다.

① 외재적 변수　　　　　　　　② 구성변수
③ 매개변수　　　　　　　　　　④ 조절변수
⑤ 선행변수

해설　외재적 변수 = 외재변수 = 허위변수
　　　허위변수에 대한 정의는 중요한 부분이므로 반드시 알아두자.

08 실험에 사용되는 용어와 설명이 바르게 연결된 것은?

① 독립변수 – 결과로 간주되는 변수로 실험자가 관찰하는 변수이다.
② 종속변수 – 원인으로 간주되는 변수로 실험자가 조작하는 변수이다.
③ 외생변수 – 독립변수 이외의 변수이며, 종속변수에 영향을 주는 변수이다.
④ 실험집단 – 기준이 되는 자극에 노출되거나 아예 자극에 노출되지 않는 집단이다.
⑤ 통제집단 – 독립변수가 조작된 자극에 노출되는 집단이다.

해설　외생변수는 실험변수가 아니면서 실험결과에 영향을 미치는 변수를 말한다. 이는 조사자가 예상하지 못한 의외의 변수이며, 타당성 저해요인이다.

09 과학적 연구방법의 특징에 관한 설명으로 옳지 않은 것은?

① 일반성 – 일반적인 것들의 공통분모를 찾을 수 있어야 한다는 것
② 구체성 – 현상에 대한 구체적인 사실을 이야기하려 한다는 것
③ 수정가능성 – 궁극적인 해답이 아니라 언제든 수정이 가능하다는 것
④ 효용성 – 과학의 진리 추구가 기본이지만 효용성을 추구한다는 것
⑤ 모호성 – 처음 수립한 가설에 대한 모호성을 항상 고려해야 한다는 것

해설　모호성이 없도록 현상에 대한 구체적인 이야기를 해야 한다.

정답　07 ①　08 ③　09 ⑤

10 과학적 연구의 과정을 나열한 것으로 옳은 것은?

① 문제정립 > 가설설정 > 조사설계 > 자료 수집 및 분석 > 완료 보고
② 가설설정 > 문제정립 > 조사설계 > 자료 수집 및 분석 > 완료 보고
③ 자료 수집 및 분석 > 가설설정 > 조사설계 > 문제정립 > 완료 보고
④ 문제정립 > 가설설정 > 자료 수집 및 분석 > 조사설계 > 완료 보고
⑤ 가설설정 > 문제정립 > 자료 수집 및 분석 > 조사설계 > 완료 보고

해설 과학적 연구는 문제정립 → 가설설정 → 조사설계 → 자료 수집 및 분석 → 완료 보고(보고서 작성)의 과정으로 진행된다.

11 어떤 분석 단위(집합단위)를 채택하여 연구한 결과 얻은 결론을 다른 수준의 분석단위(개인 등 하위단위)에 적용시키는 오류로 옳은 것은?

① 개인주의적 오류
② 생태학적 오류
③ 체계적 오류
④ 비체계적 오류
⑤ 통계적 오류

해설
• 생태학적 오류 : 어떤 분석단위(집합단위)를 채택하여 연구한 결과 얻은 결론을 다른 수준의 분석단위(개인 등 하위단위)에 적용시키는 오류
• 개인주의적 오류 : 생태학적 오류와는 반대되는 개념으로, 개인의 특성에 관한 자료로부터 집단의 특성을 유추할 경우 발생하는 오류

12 어떤 대상에 대한 일반적인 견해가 그 특성을 평가하는 데까지 영향을 미치는 현상으로 옳은 것은?

① 베블린 효과
② 플라시보 효과
③ 후광 효과
④ 스놉 효과
⑤ 밴드왜건 효과

해설
③ 후광 효과 : 어떤 대상이나 사람에 대한 일반적인 견해가 그 대상이나 사람의 구체적인 특성을 평가하는 데 영향을 미치는 현상으로 마케팅, 광고 등의 분야에서 주로 나타난다.
① 베블린 효과 : 물건의 가격은 오르는데 과시욕이나 허영심 등으로 인해 수요가 줄어들지 않는 현상을 말한다.
② 플라시보 효과 : 약효가 없는 약을 진짜 약으로 가장하여 환자에게 먹였을 때 병이 호전되는 심리적 효과를 말한다.
④ 스놉 효과 : 물건을 살 때 남과 다른 나만의 개성을 추구하는 현상으로, 특정 상품에 대한 사람들의 소비가 증가하면 그 상품의 수요가 줄어드는 효과를 말한다.
⑤ 밴드왜건 효과 : 퍼레이드의 맨 앞에서 행렬을 선도하는 악대가 사람의 이목을 끄는 것과 같이 유행에 따른 상품을 구입하는 소비현상을 말한다.

PART 02 조사방법론의 순서 요약

제5과목 조사방법론

1 문제의 정의(1단계)

문제의 정의는 탐색조사, 인과조사, 기술조사를 구분할 수 있는 방향을 말한다. 예를 들어보자. 사람마다 사과가 떨어진 것을 보고 생각하는 것이 다르고 궁금해하는 것이 다르다. 이러한 궁금증은 바로 연구주제로 이어질 수 있다. 즉, 모든 조사의 시작은 궁금함에서 비롯된다고 할 수 있다. 다음을 보면서 탐색조사, 기술조사, 인과조사를 구분해보자.

> '사과가 떨어진 이유가 무엇일까?' - 탐색조사
> '사과가 떨어지는 이유를 사람들은 무엇이라고 생각할까? 다수를 조사해볼까?' - 기술조사
> '가을이라는 이유 혹은 바람이 분다는 이유로 사과가 떨어지지 않았을까?' - 인과조사

상기 질문은 문제를 정의하는 태도로부터 각 조사방법을 구분한 것이다. 이 질문을 떠올리면 문제의 정의를 간단하게 구분할 수 있을 것이다.

2 조사설계(2단계)

조사설계는 조사목적을 정의하고 조사문제를 구체화하며 가설을 검증하기 위한 포괄적 계획을 의미한다. 즉 어떤 조사방법을 사용할 것인가를 계획하는 단계라 할 수 있는데, 조사설계 시 조사자는 다음의 사항을 검토 및 고려해야 한다.

> Ⅰ. 조사의 목적과 조사대상에 대한 자료를 사용할 수 있는지에 대한 여부
> Ⅱ. 조사자의 친숙도나 경험이 있는지의 여부
> Ⅲ. 조사에 걸리는 시간 및 비용 등에 대한 고려

Ⅰ~Ⅲ. 사항에 대하여 고려하였다면 다음에 나오는 조사의 종류를 선택해야 한다. 조사의 종류에 따라서 자료를 수집하는 방법이나 분석하는 방법이 달라지며 크게 탐색조사, 기술조사, 인과조사 3가지로 구분할 수 있다.

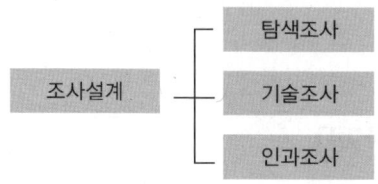

1. 탐색조사(Exploratory Survey)

조사의 목적을 명확히 하고 조사문제를 찾아 정의하며 가설을 세우기 위한 목적으로 시행된다. 사전조사적 성격을 가지고 있고, 탐색조사의 방법에는 문헌조사, 전문가 조사, 표적집단면접법, 심층면접, 사례조사가 있다.

2. 기술조사(Descriptive Survey) 22 기출

소비자가 생각하고 느끼고 행동하는 것을 기술(Describe)하는 조사이며, 본 조사에 해당하는 것으로 탐색조사에 비해 보다 정밀하고 엄격성을 요하는 조사를 말한다. 기술조사의 종류는 종단조사와 횡단조사가 있다.

3. 인과조사(Causal Survey) 23 기출

독립변수와 종속변수의 관계를 밝히기 위한 조사를 말하는 것으로, 복잡하고 오랜 시간이 걸려 실무에서는 자주 사용되지 않는다는 특징이 있다. 인과조사의 방법으로 실험법이 쓰이는데 여기에는 현장실험과 실험실실험이 있다.

기출문제분석

로봇 청소기를 판매하는 A사는 최근 미세먼지까지 걸러낼 수 있는 시제품 X를 개발하였다. A사가 X제품의 판매결정을 하기 위해 소비자를 대상으로 마케팅믹스 프로그램을 활용한 마케팅 조사를 실시하여 얻을 수 있는 내용으로 옳지 않은 것은? 2019년

① 지불가격의 적정성에 대한 소비자 요구를 파악할 수 있다.
② 소비자들이 구매에 소요하는 시간과 구매 편의성에 부여하는 가치를 파악할 수 있다.
③ 광고 목표를 결정하는 데 도움이 될 수 있다.
④ 라이프스타일을 고려한 소비자의 구매패턴을 파악할 수 있다.
⑤ 타겟소비자가 제품으로부터 기대하는 편익이 무엇인지 파악할 수 있다.

해설 마케팅믹스 프로그램이란 제품, 가격, 유통, 판촉의 4가지 요소를 목표 달성을 위한 필요에 따라 최적으로 조합하여 마케팅에 활용하는 것이다. 따라서 라이프스타일을 고려한 소비자의 구매패턴 파악에는 적합하지 않다.

정답 ④

각 조사방법에 관한 설명으로 바르게 연결한 것은? 〈2018년〉

ㄱ. 이 조사는 동일한 조사대상에 대해 반복적으로 자료를 수집하는 조사방법이다.
ㄴ. 이 조사는 특정 시점에 표본을 추출하여 조사를 실시하는 유형으로 서베이조사가 대표적이다.
ㄷ. 이 조사는 조사하려는 문제를 잘 모를 때, 해당 분야의 지식을 넓히는 목적으로 사용할 수 있다.

① ㄱ - 패널조사, ㄴ - 횡단조사, ㄷ - 탐색적 조사
② ㄱ - 패널조사, ㄴ - 종단조사, ㄷ - 시계열조사
③ ㄱ - 추세조사, ㄴ - 종단조사, ㄷ - 기술적 조사
④ ㄱ - 추세조사, ㄴ - 횡단조사, ㄷ - 시계열조사
⑤ ㄱ - 시계열조사, ㄴ - 종단조사, ㄷ - 탐색적 조사

해설
- 추세조사 : 시간의 흐름에 따른 집단의 변화를 관찰하며, 이를 통하여 미래를 예측하고자 하는 조사방법이다.
- 시계열조사 : 측정하고자 하는 대상을 반복적으로 조사하는 조사방법이다.
- 종단조사 : 동일한 조사를 시간을 두고 반복적으로 실시하는 조사방법이다.

정답 ①

연구조사 유형에 관한 설명으로 옳지 않은 것은? 〈2018년〉

① 조사문제와 관련하여 별로 아는 것이 없다면 탐색적 조사부터 시작하는 것이 바람직하다.
② 탐색적 조사 이후에는 종결적 조사를 실시하는 경우가 많다.
③ 상업적 시장조사에서는 탐색적 조사와 기술적 조사가 주로 활용된다.
④ 종결적 조사인 기술적 조사나 인과적 조사를 진행하는 과정에서는 탐색적 조사를 실시하지 않는다.
⑤ 탐색적 조사와 기술적 조사는 상호보완적으로 활용할 수 있다.

해설 기술적 조사나 인과적 조사를 진행하는 과정에서도 탐색적 조사는 필요하다.

정답 ④

지난 10년간 광고비와 매출액 자료를 활용하여, 두 변수 관계의 변화를 추적하기 위해 사용하는 조사방식으로 옳은 것은? 〈2016년〉

① 서베이
② 패널조사
③ 종단조사
④ 판별분석
⑤ 구조방정식모형

해설 종단조사란 동일한 조사를 시간을 두고 반복적으로 실시하는 것으로 '연속형 조사'라고도 부르며, 동일한 조사대상에 대한 조사를 정기적으로 실시하는 경우는 '패널조사'라 한다.

정답 ③

3 자료수집 방법 결정(3단계)

1. 자료의 종류

자료의 종류에는 1차 자료와 2차 자료가 있다. 1차 자료란 조사목적을 달성하기 위해 직접 수집한 자료를 말하며, 2차 자료는 이미 다른 목적에 의해 수집된 자료를 의미한다. 2차 자료는 기업 내외부 자료로 나눌 수 있고, 주로 탐색조사적 성격에 따라 문헌조사의 형태로 수집하게 된다. 1차 자료의 경우에는 관찰, 서베이, 실험법에 의해 자료를 수집한다.

1차 자료라는 용어 때문에 제일 먼저 수집한다는 생각을 할 수 있으나, 이미 수집된 자료인 2차 자료를 먼저 수집한 후 1차 자료를 수집한다는 것을 기억하자.

2. 1차 자료수집 방법 [19 기출]

> **학습포인트**
> 암기 비법 : 관/서/실/로 외운다.

(1) 관찰법

조사대상의 행동이나 상황을 관찰·기록하여 자료를 수집하는 방법으로, 주로 인간의 감각기관에 의해 현상을 인식하게 된다. 이는 유아나 동물 등 의사소통이 힘든 대상에게 주로 이용되며, 관찰대상자가 관찰되고 있다는 사실을 모르게 하는 것이 중요하다.

(2) 서베이법

다수의 응답자들에게 직접 물어보거나 설문지, 컴퓨터를 통해서 자료를 조사하는 방법을 의미한다. 주로 인구센서스 조사와 같이 대규모 조사에 많이 쓰이며 여기에는 대인 인터뷰법, 전화 인터뷰법, 우편조사법, 전자 인터뷰법이 있다.

(3) 실험법

독립변수와 종속변수 간 인과관계를 밝히는 방법으로, 외생변수 통제 유무에 따라 현장실험과 실험실 실험으로 나뉜다. 실험법에서는 실험디자인이 중요한데 실험집단과 통제집단을 구분하였는지, 무작위 추출을 하였는지, 전후 측정을 통해 비교가 가능한지 여부에 따라 순수실험디자인, 유사실험디자인, 사전실험디자인으로 나눌 수 있다.

3. 조사방법별 자료수집 방법

다음의 표는 각 조사방법별 자료수집 방법에 관한 것을 정리한 표이다. 1순환 후에 수험생의 머릿속에 들어가 있어야 하는 표이다.

구 분		자료수집 방법		
		1차 자료	2차 자료	
조사 설계	탐색조사	• 전문가의견조사 • 표적집단면접법(FGI) • 심층면접법	• 문헌조사 • 사례조사	• 옴니버스 • 내부 2차 • 외부 2차
	기술조사	• 관찰법 • 서베이법 : 대인 인터뷰법, 전화 인터뷰법, 우편조사법, 전자 인터뷰법 • 애드혹조사(= 횡단조사)	• 패널조사 • 신디케이트 조사(= 종단조사)	
		횡단조사, 종단조사		
	인과조사	실험법	–	

기출문제분석

다음 자료의 유형 중 1차 자료로 옳은 것은? 2018년

① 서베이조사를 통해 직접 수집한 자료
② 기업의 내부자료를 가공한 자료
③ 관련협회로부터 획득한 자료
④ 인터넷으로부터 획득한 자료
⑤ 마케팅조사회사의 신디케이트조사로부터 획득한 자료

해설 자료의 종류에는 1차 자료와 2차 자료가 있다. 1차 자료란 조사목적을 달성하기 위해 직접 수집한 자료를 말하며, 2차 자료는 이미 다른 목적에 의해 수집된 자료를 의미한다. 2차 자료는 기업 내·외부 자료로 나눌 수 있고 주로 탐색조사적 성격에 따라 문헌조사의 형태로 수집하게 된다. 1차 자료의 경우에는 관찰, 서베이, 실험법에 의해 자료를 수집한다.

정답 ①

자료에 관한 설명으로 옳은 것은? 2015년

① 2차 자료란 조사자가 현재 수행중인 조사문제를 해결하기 위해 직접 수집한 자료다.
② 1차 자료는 2차 자료에 비해 인력과 시간, 비용이 절감된다는 장점이 있다.
③ 1차 차료는 도서관 자료, 연구문헌 자료 등을 통해 수집된다.
④ 2차 자료는 당면한 조사문제 해결에 적합한 정보를 충분히 제공하지 못할 수도 있다.
⑤ 의사소통법과 관찰법은 대표적인 2차 자료 수집 방법에 속한다.

해설 ① 2차 자료는 이미 다른 목적에 의해 수집된 자료를 의미한다.
② 1차 자료는 직접 수집해야 하므로 2차 자료에 비해 인력과 시간, 비용이 증가한다.
③ 2차 자료에 관한 설명이다.
⑤ 의사소통법은 설문지 또는 직접 응답자에게 질문하여 자료를 얻는 방법으로 관찰법과 함께 대표적인 1차 자료수집 방법에 속한다.

정답 ④

자료수집 방법에 관한 설명으로 옳지 않은 것은? `2015년`

① 정확한 행동 측정이 중요한 경우에는 서베이법보다 관찰법이 유용하다.
② 관찰법은 행동의 내면 동기를 파악할 수 있다는 장점이 있다.
③ 심층면접법과 표적집단면접법은 정성적 조사방법에 속한다.
④ 심층면접법과 표적집단면접법은 탐색적 조사에 많이 활용된다.
⑤ 면접의 유형은 크게 구조화된 면접과 비구조화된 면접으로 나눌 수 있다.

> **해설** 관찰법은 조사대상의 행동이나 상황을 관찰·기록하여 자료를 수집하는 방법으로, 주로 인간의 감각기관에 의해 현상을 인식하는 방법을 말한다. 하지만 밖으로 드러나지 않는 내면의 동기를 파악하기는 힘들다.
>
> **정답** ②

다음 중 자료수집 방법의 성격이 다른 것은? `2014년`

① 서베이   ② 관찰법
③ 투사법   ④ 설문지법
⑤ 면접법

> **해설** 5가지 보기 중에서 관찰법은 응답자와 대면하지 않는 유일한 방법이다. 다시 말해 조사대상이 되는 사람(피실험자)은 자신이 '응답자'가 된다는 것을 알 수 없다. 관찰법은 인과조사에서 사용할 수 있는 방법으로 다양한 방법으로 조사가 가능한 방법이다.
> 이 문제는 수험생에게 좋은 문제라고 할 수 없다. 각 자료수집 방법마다 유일한 특징이 있으며, 수험생들이 문제의 질문을 어떻게 받아들이는지에 따라서 문제의 답이 저마다 달라질 수 있기 때문이다. 예로 투사법의 경우에는 피실험자의 의도하지 않은 내면까지 파악할 수 있는 방법으로 그 수집방법의 성격이 다르다고 생각할 수도 있다. 수험생은 이러한 경우 가장 일반적이거나, 가장 옳지 않은 것을 고르면 된다.
>
> **정답** ②

자료수집 방법에 관한 설명으로 옳지 않은 것은? `2018년`

① 관찰법은 응답자가 자료수집에 참여하겠다는 결정을 하지 않아도 자료수집이 가능하다.
② 관찰법은 응답자가 정직하게 응답하지 않을 가능성이 높은 사회현상 측정에 유용하다.
③ 투사법은 질적인 자료수집에 적합한 구조적 의사소통법에 속한다.
④ 심층면접법은 탐색적 조사에 많이 활용되는 정성조사 방법에 속한다.
⑤ 대인면접을 통한 서베이조사의 경우 조사원에 기인하는 오류가 발생할 가능성이 있다.

> **해설** 투사법은 비체계적(비구조적), 비공개적 의사소통방법으로 직접 조사하기 힘든 대상을 조사할 때 유용하게 사용되는 방법이다. 단어연상법, 문장완성법, 만화완성법, 통각시험법, 역할행동법, 그림묘사법 등이 있다.
>
> **정답** ③

4 표본설계(4단계)

> **학습포인트**
> 표본설계는 조사대상을 선정하는 방법에 관한 것으로 전수조사와 표본조사로 구분된다.
> 표본설계 과정에서 집고 넘어가야 할 부분은 표본설계의 정의, 전수조사와 표본조사, 표본추출 과정, 확률 표본추출법과 비확률 표본추출법의 정의, 특징, 종류, 장단점 등이 있다. 이를 중심으로 학습해 나가자.

1. 전수조사

조사자가 조사하려고 하는 모집단 전체를 상대로 하는 조사를 말하는 것으로, 전 국민을 대상으로 한 인구센서스조사 등을 예로 볼 수 있다. 전수조사는 조사하는 과정에서 비표본오차가 발생하여 정확성이 낮으며 시간과 비용이 많이 들어 실행이 어렵다는 단점이 있다.

2. 표본조사

모집단을 대표할 수 있는 표본을 추출하여 이를 대상으로 조사하는 방법을 말한다. 표본조사는 전수조사의 단점이었던 시간과 비용을 절약할 수 있고, 신속하며 정확한 조사가 가능하다는 장점이 있지만 표본오차가 발생하고 모집단이 작을 경우 표본조사 자체가 무의미하다는 단점이 있다.

(1) 확률 표본추출[단층집체]

확률 표본추출은 표본으로 추출될 확률이 알려져 있는 방법을 의미한다. 따라서 표본오차를 알 수 있고 일반화가 가능하며 표본의 대표성이 높다는 장점이 있으나, 시간과 비용이 많이 든다는 단점이 있다. 여기에는 **단**순무작위 표본추출, **층**화 표본추출, 군**집** 표본추출, **체**계적 표본추출법이 있다.

(2) 비확률 표본추출[편판할]

비확률 표본추출은 모집단으로부터 표본이 추출될 확률이 알려져 있지 않은 것으로 표본추출 시 무작위 선택이 아닌 다른 방법으로 추출하게 된다. 이는 확률 표본추출에 비해 시간과 비용이 적게 든다는 장점이 있으나, 표본오차의 추정이 어렵고 일반화가 어렵다는 단점이 있다. 여기에는 **편**의 표본추출, **판**단 표본추출, **할**당 표본추출법이 있다.

(3) 표본추출 과정[모프방크실] 23 기출

표본추출 과정은 **모**집단의 설정, 표본**프**레임 작성, 표본추출**방**법의 결정, 표본 **크**기의 결정, **실**행 이 렇게 5단계로 나누어 볼 수 있다. 조사자가 조사할 대상인 모집단을 설정하고 모집단의 속성을 대표하는 표본단위의 목록인 표본프레임을 결정한 후 표본추출방법을 결정하게 되는데 여기서 확률 표본추출방법, 비확률 표본추출방법을 결정하게 된다. 이에 따라 표본의 크기를 결정한 후 실행과정을 거치게 되는 것이다.

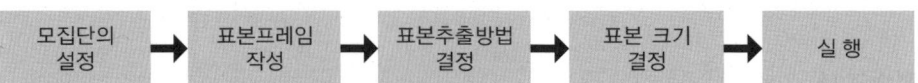

> **학습포인트**
>
> 표본설계 단계에서 과정은 매우 중요하다. 뒤에 나오겠지만 모-프-방-크-실 5단계로 구성되며, 이러한 순서 안에 모든 내용이 하나씩 들어있다. 그러므로 수험생은 이 순서를 머릿속에 꼭 넣어두어야 한다.

기출문제분석

표본의 추출에 관한 설명으로 옳지 않은 것은? 2016년

① 전수조사는 표본조사보다 비용과 시간이 많이 들기 때문에 표본조사를 하는 경우가 많다.
② 전수조사는 표본오류를 잘 통제하면 표본조사보다 더 정확한 모수값을 얻을 수 있다.
③ 확률 표본추출은 표본프레임이 있는 경우에 가능하다.
④ 확률 표본추출로 추정된 모수값보다 비확률 표본추출에서 추정된 모수값이 더 정확할 수도 있다.
⑤ 대규모 상업조사는 비확률 표본추출 활용에 적합하다.

해설 표본조사는 표본오류(모집단으로부터 표본추출을 통하여 조사를 할 때 표본집단이 모집단의 특성을 대표하지 못해서 발생하는 오류)를 잘 통제하면 전수조사보다 더 정확한 모수값을 얻을 수 있다.

정답 ②

전수조사와 표본조사에 관한 설명으로 옳지 않은 것은? 2016년

① 전수조사는 표본조사에 비해 비표본오차가 크다.
② 표본조사는 전수조사에 비해 표본오차가 크다.
③ 조사과정에서 조사대상이 파괴될 수 있는 확률이 높을 경우, 전수조사보다는 표본조사가 필요하다.
④ 올바른 모수추정이 어려운 경우 전수조사가 필요하다.
⑤ 조사기간 동안 조사대상에게 영향을 미치는 사회현상의 변화가 있는 경우 전수조사를 실시해야 한다.

해설 전수조사는 조사기간이 오래 걸린다는 단점이 있다. 때문에 조사기간 동안 조사대상에게 영향을 미치는 사회현상의 변화가 있는 경우에는 표본조사를 실시해야 한다.

정답 ⑤

5 시행(5단계)

시험에 많이 출제되지 않는 부분이어서 내용을 생략한다. 사실상 시행단계 자체는 공부할 부분이 전혀 없다. 단, 시행의 직전단계인 '조사원의 교육'과 관련한 부분은 출제가 가능한 부분이다.

6 분석 및 활용(6단계, 7단계)

통계부분이 출제되며, 이에 대한 내용도 출제비율에 따라서 조절을 하였다. 간단하게 표로 정리된 자료를 보면 어렵지 않게 풀 수 있는 문제이다. 1차 시험에서의 통계분석 문제는 이해를 하지 못해도 암기로 충분하게 풀 수 있으며, 분석에 대한 이해도가 적정 수준만 되면 풀 수 있는 문제가 출제된다.

> **더 알아보기** 마케팅 정보시스템(MIS ; Marketing Information System) 17 기출
>
> 의사결정에 필요한 정보를 수집, 보관, 검색, 분석하여 전달하는 시스템으로 내부정보시스템, 고객정보시스템, 마케팅 조사시스템, 마케팅 인텔리전스시스템으로 분류될 수 있다. 경영자는 이를 통해 지속적인 정보를 수집하고, 유효한 정보를 관리하여 선별적으로 이용함으로써 시장변화에 신속히 대응하고 마케팅 계획의 수립 및 통제가 가능해진다.
> - 내부정보시스템 : 상품별·지역별·기간별 매출, 재고 수준, 외상거래 등 기업 내부의 정보를 통합관리하는 시스템
> - 고객정보시스템 : 고객의 인구통계적 특성, 라이프스타일, 구매일자, 구매빈도, 구매가격 등 고객정보를 체계적으로 관리하는 시스템
> - 마케팅 조사시스템 : 마케팅 문제 해결을 위해 직접 관련 자료를 소비자로부터 수집하여 문제 해결하기 위한 시스템
> - 마케팅 인텔리전스시스템 : 재판매업자, 관리자, 관련기관 보고서, 경쟁기업 고용인 등 마케팅 환경에서 발생하는 일상적인 정보를 수집하기 위해 기업이 사용하는 절차와 정보원의 집합
> - 마케팅 의사결정 지원시스템 : 내부정보시스템, 고객정보시스템, 마케팅 조사시스템, 마케팅 인텔리전스시스템으로부터 얻은 정보의 해석, 의사결정 결과 예측을 위해 사용되는 관련 자료를 의미

> **기출문제분석**
>
> 마케팅 정보시스템의 구성요소 중 자료수집 시스템에 해당하지 않는 것은? 〔2017년〕
> ① 내부정보시스템
> ② 마케팅 인텔리전스시스템
> ③ 마케팅 조사시스템
> ④ 공급자관리시스템
> ⑤ 고객DB시스템
>
> 정답 ④

PART 02 단원핵심문제

제5과목 조사방법론

01 탐색조사에 관한 설명으로 옳은 내용을 모두 고른 것은?

> ㄱ. 가설을 개발한다.
> ㄴ. 원인변수와 결과변수의 관계를 설정한다.
> ㄷ. 후속 조사를 위해 문제의 우선순위를 정한다.
> ㄹ. 시장의 특성이나 기능을 설명한다.
> ㅁ. 문제를 공식화하거나 보다 명확하게 정의한다.

① ㄱ, ㄴ, ㄹ
② ㄱ, ㄷ, ㅁ
③ ㄴ, ㄷ, ㅁ
④ ㄱ, ㄴ, ㄷ, ㄹ
⑤ ㄴ, ㄷ, ㄹ, ㅁ

해설 **탐색조사**
주된 목적은 문제의 규명에 있다. 탐색조사는 연구주제를 확정하기 전에 예비적으로 시행하는 성격을 띠고 있어 체계적인 조사설계보다는 연구문제의 해결에 도움이 되는 단초를 찾아내는 예리한 시각과 독창적인 사고가 요구된다. 탐색조사에는 문헌조사, 경험조사(전문가조사), 사례조사가 있다.

02 2차 자료의 원천에 속하지 않는 것은?

① 직접 수행한 심층면접자료
② 민간부문 문서
③ 공문서와 공식기록
④ 대중매체
⑤ 기존의 축적된 사회과학 분야 수집자료

해설 자료의 종류는 조사의 목적에 따라 크게 2가지로 분류된다. 흔히들 인터넷 혹은 정부기관, 외부업체 등에서 얻는 정보를 2차 자료(Secondary Data)라고 하고, 직접 조사를 통해 혹은 조사를 위해 수집된 자료를 1차 자료(Primary Data)라고 한다. '직접 수행한 심층면접자료'는 1차 자료라고 할 수 있다.

01 ③ 02 ①

03 관찰조사에 관한 설명으로 옳지 않은 것은?

① 관찰조사는 종종 관측된 행위의 이유를 파악하기 어렵다.
② 관찰조사는 설문조사에 비해 일반적으로 조사 비용과 시간이 많이 소요된다.
③ 관찰조사는 설문조사에 비해 소비자의 평가에 관한 자료수집이 어렵다.
④ 구조화된 관찰조사는 소비자에게 묻지 않고 실제 행위를 측정하기 때문에 취득정보의 왜곡(Bias) 가능성이 높다.
⑤ 관찰조사는 연구자의 의도에 따라 결과해석이 왜곡될 가능성이 높다.

> **해설** 관찰조사는 일대일로 진행하는 인터뷰기법에 비해 현장에서 변수들이 많이 발생한다. 따라서 이러한 단점을 극복하기 위해 구조화된 관찰조사를 실시하는데, 이는 취득정보의 왜곡 가능성을 낮아지게 할 수 있다.

04 전화조사 및 면접조사와 비교할 때, 우편조사의 특징을 모두 고른 것은?

| ㄱ. 속도 및 응답률 - 가장 낮음 |
| ㄴ. 구체적 응답자 지정 - 불가능 |
| ㄷ. 추가질문(Probe) 가능성 - 없음 |
| ㄹ. 응답자의 읽기능력 - 필요 |

① ㄱ, ㄴ
② ㄱ, ㄷ
③ ㄱ, ㄴ, ㄹ
④ ㄴ, ㄷ, ㄹ
⑤ ㄱ, ㄴ, ㄷ, ㄹ

> **해설** 우편조사는 회수율이 타 조사방법과 비교하여 가장 낮고 우편이 왕복해야 하기 때문에 회수에 걸리는 시간이 길다. 주위환경의 통제가 불가능하므로 주위사람의 의견이 대신 반영되거나 영향을 줄 수 있다. 따라서 질문지를 누가 기입했는지를 알 수 없다. 응답자의 응답능력에 따라 자료의 타당성이 좌우된다. 보충설명이 없거나 확실하지 않을 경우 질문을 오해할 우려가 있다. 질문순서에 따라서 응답이 바뀔 수 있는데, 순서대로 응답하는 것을 통제할 수 없다. 질문의 독립성을 보장하기 어렵다.

정답 03 ④ 04 ⑤

PART 03 조사설계

제5과목 조사방법론

1 조사설계의 개요

1. 의 의

문제를 보고 문제에 대한 궁금증을 갖게 되는 '문제의 정의' 단계가 끝나면, 현재 조사자가 갖고 있는 시간과 금전, 투자할 수 있는 노력 등을 고려하여 조사방법(탐색/기술/인과)을 선택한 후에 조사를 어떻게 할지 설계하게 되는데 이를 조사설계라 한다.

2. 조사방법의 유형별 구분

(1) 조사 목적에 따른 조사방법
  ① 탐색조사 : 본격적 조사에 앞서 실시하는 탐색적 성격의 조사
  ② 기술조사 : 현상에 대한 정확한 파악을 목적으로 하는 조사
  ③ 인과조사 : 관련 변수 간의 인과관계를 규명하기 위한 조사

(2) 조사 횟수에 따른 구분
  ① 횡단조사 : 특정 문제에 대한 조사를 1회 실시하는 경우
  ② 종단조사 : 동일한 조사를 일정한 시간을 두고 반복적으로 실시하는 경우

(3) 조사 시점에 따른 구분
  ① 사전조사 : 사건이 발생하기 전에 실시하는 조사
  ② 사후조사 : 사건이 발생한 후에 실시하는 조사

(4) 조사 방법 [23] 기출
  ① 양적조사 : 통계를 사용하는 방법으로 다수의 대상에 대한 조사를 실시하는 것
  ② 질적조사 : 소수를 대상으로 동기나 의견을 심층적으로 조사하는 것

(5) 조사 규모
① **전수조사** : 모집단 전체를 대상으로 실시하는 조사(100명 중 100명을 모두 조사)
② **표본조사** : 모집단 일부를 대상으로 실시하는 조사(100명 중 10명만 추출하여 조사)

(6) 자료의 형태
① **정량조사** : 구조화된 질문을 다수 응답자를 대상으로 체계적으로 진행하는 조사로 데이터를 분석하여 단일한 해석을 도출하는 조사
② **정성조사** : 조사목적에 맞는 소수의 사람이나 그룹을 대상으로 관찰 혹은 인터뷰 등의 방법을 통해 내면을 파악하거나 현상이나 결과에 대한 원인을 심층적으로 탐색하는 조사

> **더 알아보기** 민속지학 조사연구(Ethnographic Research) 18 기출
> 다양한 현상을 정성적·정량적 조사 기법으로 현장조사를 통해 기술하여 연구하는 조사방법으로, 연구자가 조사대상자들과 한동안 함께 살면서 그들의 감정, 행동, 특성, 문화 등에 관해 조사하는 연구방법을 의미한다.

> **학습포인트**
> 앞에서와 같이 조사방법은 다양하게 구분된다. 조사방법 자체에 대한 구분을 해야 풀 수 있는 문제가 출제되기 때문에 익혀두어야 한다.
> 예 양적조사 vs 질적조사, 전수조사 vs 표본조사

> **기출문제분석**
> 정량조사와 정성조사에 관한 설명으로 옳지 않은 것은? 2018년
> ① 정량조사는 자료를 수치화하여 흔히 통계적으로 결과를 도출하는 조사이다.
> ② 정성조사는 토론, 대화, 기술 등에 의해 자료를 수집하는 방법이다.
> ③ 정량조사는 정형화된 질문을 주로 사용하고, 정성조사는 비정형화된 질문을 주로 사용한다.
> ④ 정량조사는 측정의 타당도와 신뢰도를 갖추도록 노력해야 한다.
> ⑤ 정성조사는 서베이조사를 가장 많이 사용한다.
>
> 해설 서베이조사는 정량조사의 대표적인 방법에 속한다. 정성조사의 대표적 방법에는 관찰법과 면접조사가 있다.
> 정답 ⑤

연구자가 조사대상자들과 한동안 함께 살면서 그들의 감정, 행동, 특성, 문화 등에 관해 조사하는 연구방법은? `2018년`

① 역할연기법(Role Playing)
② 제3자법(Third-person Technique)
③ 민속지학 조사연구(Ethnographic Research)
④ 투사법(Projective Technique)
⑤ 구성법(Construction Technique)

> **해설** ① 역할연기법(Role Playing) : 타인의 역할을 연기해보면서 자신의 문제점을 파악하고 타인을 이해하며 바람직한 역할 행동을 유도하는 방법이다.
> ② 제3자법(Third-person Technique) : 두 인물 간의 관계를 표현하고, 응답자가 느끼는 감정을 측정하는 기법이다.
> ④ 투사법(Projective Technique) : 직접 조사하기 힘든 대상을 조사할 때 유용하게 사용되는 방법이다.
> ⑤ 구성법(Construction Technique) : 만화나 그림에 대한 응답을 자유롭게 구성하도록 자료를 수집하는 방법이다.
>
> `정답` ③

조사방법에 관한 설명으로 옳지 않은 것은? `2017년`

① 질적 연구방법은 현상학과 해석학에 근거해 구성된 실재를 전제로 한다.
② 패널조사는 조사차수가 지남에 따라 조사거절 등의 패널이탈이 발생할 수 있다.
③ 인터넷조사 표본이 모집단과 차이를 보인다면 셀 가중법에 의해 조정해야 한다.
④ 양적 연구방법은 연구자의 자세를 반영하고 존재론적 입장을 체계화시킨다.
⑤ 하나의 연구방법에서 여러 가지 자료의 소스를 사용하는 것은 다원적 방법론이다.

> **해설** 양적 연구방법은 연구자가 연구대상과 독립적이라는 인식론에 기초하며 가치중립성과 편견의 배제를 강조한다. 반면, 질적 연구는 현실이 주관적이라는 존재론에 기초하며 연구가 수행되는 맥락(Context)의 중요성을 강조한다.
>
> `정답` ④

질적 연구의 특징으로 옳지 않은 것은? `2014년`

① 주관성이 배제된 객관적 사실을 파악하기 어렵다.
② 연구 참여자가 처한 상황과 맥락을 전반적으로 파악할 수 있다.
③ 질적 연구는 연역적 과정을 전제로 이루어진다.
④ 질적 연구에 필요한 자료는 단어 형태로 수집된다.
⑤ 연구자 자신이 중요한 자료수집의 도구이다.

> **해설** 질적 연구라고 모두 연역적 과정을 전제로 하지는 않는다. 질적 연구란 양적 연구와 대비되는 개념으로, 귀납법 및 연역법과는 다른 카테고리의 개념이다.
>
> `정답` ③

> 양적 연구와 질적 연구에 관한 설명으로 옳지 않은 것은? `2013년`
>
> ① 양적 연구는 연구자가 연구대상과 독립적이라는 인식론에 기초한다.
> ② 질적 연구는 현실이 주관적이라는 존재론에 기초한다.
> ③ 질적 연구는 연역적 과정에 기초한 설명과 예측을 목적으로 한다.
> ④ 양적 연구는 가치중립성과 편견의 배제를 강조한다.
> ⑤ 질적 연구는 연구가 수행되는 맥락(Context)의 중요성을 강조한다.
>
> **해설** 독립변수와 종속변수가 범주형 자료인지, 연속형 자료인지에 따라 분석기법이 다를 수 있으며, 수험생은 이를 꼭 숙지해야 할 필요가 있다.
> **예** 수집된 자료가 모두 비율척도인 경우는 회귀분석이 적합하다.
>
> **정답** ③

2 탐색조사

1. 탐색조사의 정의

조사의 목적을 잘 알지 못하거나 조사목적을 수립하기 위한 사전조사 성격이 강한 조사방법으로 질문에 있어서 약간의 지식이 있을 때 본 조사에 앞서 수행하는 소규모의 조사이다. 기초조사라고도 하는데, 이는 본 조사를 하기 전에 예비적 조사로 주로 이용하기 때문이다. 문헌조사, 전문가의견조사, 표적집단면접법(FGI), 심층면접법, 사례조사 등을 포함하고 있다.

2. 탐색조사의 종류 [문전표심사관 : 문앞에서 표를 심사하는 사람] `20 기출`

(1) 문헌조사(일반적 성격의 조사)
① 조사를 위해 가장 먼저 시행되는 조사이다.
② 학술문헌, 업계문헌, 기업의 재무자료, 정부기관의 통계자료 등이 있다.
③ 문헌조사로만으로 완결되는 경우도 있다.

(2) 전문가의견조사
① 일반인이 알 수 없는 분야별 전문가를 대상으로 하는 조사이다.
② 전문가의 수가 크게 문제되지 않는다.
③ 다만, 엄밀한 대표성 요구가 어렵다.

(3) 표적집단면접법(FGI ; Focus Group Interview)
① 8~12명 정도 비슷한 성향의 응답자를 대상으로 2시간에 걸쳐 비구조화된 면접을 진행한다.
② 주제에 대한 지식이 풍부하고 의사소통 능력이 출중한 면접자가 요구된다.
③ 사회경제적 지위나 연령이 비슷한 성향의 응답자로 구성한다.
④ 여러 사람의 상호작용으로 심층면접에서 나올 수 없는 독창적 아이디어가 창출되는 경우가 있다.
⑤ 개별면접법보다 유용한 정보를 획득한다.
⑥ 표적 소비집단이 되는 일반인을 상대로 진행할 수 있다.
⑦ 사회자의 편견으로 인한 오류발생 가능성이 있다.
⑧ 도출된 결론을 일반화하기 힘들다.
⑨ 객관적이고 전문적인 표적집단을 선정하기 힘들다.

(4) 심층면접법(In-depth Interview)
① 1 : 1면접의 1시간 정도의 깊은 수준의 질문조사방법으로, 소비자의 내면 깊은 곳의 욕구·태도·감정 등을 발견할 수 있는 소비자면접법이다.
② 사적대화를 나눌 수 있는 분위기를 조성하는 것이 중요하다.
③ 면접자의 노련한 숙련도가 요구되는 면접법이다.
④ 다만, 면접자의 성향 및 특성이 응답자의 대답에 영향을 줄 수 있어 신뢰성에 문제가 되고 수집된 자료의 해석이 쉽지 않다.

(5) 사례조사(구체적 성격의 조사) 19 기출
① 조사자가 당면한 상황과 유사한 사례를 찾아 심층분석하는 것이다.
② 실제의 사건기록, 목격기록을 근거로 분석한다.
③ 문제에 관련된 변수 간의 관계를 명확히 규명하는 데 효과적이다.
④ 사례와 문제발생 상황에 관한 정확하고 깊이 있는 검토가 필요하다.

(6) 관찰법 21 기출
① 면접조사와 함께 정성조사의 두 축을 이루는 조사방법으로 피관찰자의 행동과 주변상황을 관찰하여 이를 체계적으로 정리하고 자료화하는 방법이다.
② 관찰의 방법 및 목적에 따라 다양한 유형으로 구분할 수 있다.
  ㉠ 공개적 관찰 : 피관찰자가 관찰되고 있다는 사실을 알고 있는 관찰
  ㉡ 비공개적 관찰 : 피관찰자가 관찰되고 있다는 사실을 모르고 있는 관찰
  ㉢ 구조적 관찰(체계적 관찰) : 관찰내용, 시기, 방법 등을 사전에 구조화하여 관찰
  ㉣ 비구조적 관찰(비체계적 관찰) : 관찰내용, 시기, 방법 등을 사전에 구조화하지 않고 관찰
  ㉤ 자연적 관찰 : 인위적 조치가 없는 자연 상태 그대로 관찰하는 방법
  ㉥ 인위적 관찰 : 실험실 등 인위적 실험 환경을 만들어 관찰하는 방법
  ㉦ 인적 관찰 : 사람의 감각기관을 이용하여 직접 관찰하는 것
  ㉧ 기계적 관찰 : 전문 기계 장비들을 이용하여 관찰하는 것

더 알아보기 — 참여관찰의 유형

참여관찰은 연구자의 신분을 알리는지 숨기는지 여부와 조사집단의 활동에 참여하는지 관찰만 하는지 여부에 따라 아래와 같이 나뉜다. 강조된 부분의 비중이 높다고 이해하면 암기에 도움이 된다.

- **완전참여자**(숨기고 참여)
  연구자가 신분과 목적을 알리지 않고 원래의 상황을 전혀 방해하지 않고 자연스러운 상태에서 관찰하는 방법
- **완전관찰자**(숨기고 관찰)
  연구자가 신분과 목적을 알리지 않고 조사집단의 활동에 전혀 참여하지 않고 관찰만 하는 방법
- **참여자적 관찰자**(알리고 참여)
  연구자의 신분과 목적을 알리고 조사집단의 일원으로 참여하여 활동하면서 관찰하고 기록하는 방법
- **관찰자적 참여자**(알리고 관찰)
  연구자의 신분과 목적을 알리지만 조사집단의 활동에는 완전히 참여하지 않는 방법

기출문제분석

표적집단면접법에 관한 설명으로 옳지 않은 것은? `2018년`

① 결과의 분석과 해석이 객관적이다.
② 새로운 아이디어를 얻을 수 있다.
③ 소비자 행동의 내면적 이유를 파악할 수 있다.
④ 조사결과의 일반화 가능성이 낮다.
⑤ 탐색적 조사로 활용할 수 있다.

[해설] 표적집단면접법은 소수의 응답자 집단을 대상으로 특정한 주제를 가지고 자유로운 토론을 벌여 유용한 정보를 얻는 방법으로, 진행자의 자질과 능력에 의해서 조사결과가 영향을 받으며 객관적이고 전문적인 표적집단을 선정하기 힘들다는 단점이 있다.

정답 ①

조사방법 유형이 서로 다른 것은? `2017년`

① 표적집단면접조사 ② 전문가의견조사
③ 문헌조사 ④ 사례조사
⑤ 실험조사

[해설] 조사설계법에는 탐색조사, 기술조사, 인과조사 3가지가 있다. 탐색조사는 조사목적이 명확해야 할 때 사용되고(문헌조사, 전문가의견조사, 표적집단면접조사, 심층면접, 사례조사), 기술조사는 보다 더 정교한 조사를 하기 위해 본 조사에서 이루어지며, 인과조사는 원인과 결과의 관계를 파악하기 위해 시행된다.

정답 ⑤

참여관찰의 특징에 관한 설명으로 옳지 않은 것은? `2017년`

① 관찰대상과 일정한 거리를 유지하면서 그 대상의 행태를 관찰하는 방법이다.
② 새로운 공동체에서 사람들과 일체감을 형성한다.
③ 자료의 수집활동이자 이론 생산활동이다.
④ 지각한 것을 사실적으로 인지하도록 하는 데 유용하다.
⑤ 자연적인 사회상황을 보존하는 데 유용하다.

해설 참여관찰이란 관찰대상의 생활이나 활동영역에 참여하여 관찰을 수행하는 것으로 심층적인 자료수집이 가능하며 소통이 어려운 대상에게 사용이 가능한 반면, 시간과 비용이 많이 들며 주관적 해석이 가능하고 예상치 못한 변수를 통제하지 못한다는 단점이 있다.

정답 ①

다음 설명에 해당하는 연구조사방법으로 옳은 것은? `2016년`

- 탐색적 연구방법 중의 하나이다.
- 전문지식을 보유한 연구조사자가 진행자로 참여한다.
- 동질의 소수 응답자 집단을 대상으로 특정한 주제에 대해서 자유롭게 토론한다.
- 진행자의 자질과 능력에 의해서 조사결과가 영향을 받는다.

① 패널조사
② 사례조사
③ 표적집단면접법
④ 서베이
⑤ 투사법

해설 탐색적 조사에는 문전표심사관(문헌조사, 전문가조사, 표적집단면접법, 심층면접, 사례연구, 관찰법)이 있다. 보기는 표적집단면접법(Focus Group Interview)에 대한 설명이다.

정답 ③

탐색적 조사방법에 해당하지 않는 것은? `2019년`

① 표적집단면접법
② 전문가의견조사
③ 문헌연구
④ 사례조사
⑤ 패널조사

해설 문헌조사/전문가조사/표적집단면접/심층면접/사례조사 등이 탐색조사에 포함되며, 패널조사는 기술조사에 속한다.

정답 ⑤

> K 프랜차이즈 본부에서 가맹점의 매출 성과에 미치는 영향 요인을 심층적으로 분석하기 위해 실적이 우수한 가맹점과 저조한 가맹점을 각각 3개씩 선정하여 가맹점주와 면담, 매장 관찰, 매출자료 분석을 하였다. 이에 해당하는 조사방법은? `2019년`
>
> ① 표적집단면접조사 ② 사례조사
> ③ 전문가조사 ④ 종단조사
> ⑤ 델파이조사
>
> **해설** 실적이 우수한 가맹점과 저조한 가맹점을 선정하여 면담, 매출자료 분석, 관찰 등을 실시하였으므로, 당면하고 있는 상황과 유사한 사례를 찾아 심층적으로 분석하는 사례조사에 속한다고 할 수 있다.
>
> **정답** ②

3 기술조사

탐색조사의 결과보다 정확한 추가적 정보를 획득하기 위하여 실시하는 조사방법으로 주로 현상이나 상황에 대하여 묘사하는 방법을 선택하는 조사이다. 대표적으로 설문조사의 경우, 이때 작성된 설문지 등은 기술조사를 하기 위한 양식으로 조사하고자 하는 대상의 상태 등을 객관적으로 기술한 자료를 모아서 연구를 하려는 것이다. 기술조사는 횡단조사, 시계열조사, 종단조사의 3가지 유형으로 구분할 수 있다.

1. 횡단조사(정적조사, 정태적 조사) [20]기출

(1) 정 의
일정시점을 기준으로 단 한 번의 측정을 통하여 연구하고자 하는 대상을 측정하는 방법이다. 가장 보편적이고 널리 이용되는 조사방법이며, 모집단에서 표본추출을 통해 모집단의 특성을 추론하기 위한 성격의 조사이다.

예 주로 길거리에서 설문지를 이용하여 지나가는 사람들에게 조사를 실시하는 경우를 보았을 것이다. 이를 '서베이'라고 하며, 이는 횡단조사의 한 방법이다. 서베이는 1회성이며, 동일한 대상을 다시 측정할 수 없다는 성격을 갖고 있다(단, 서베이는 설문지를 사용할 수도 있고 사용하지 않을 수도 있다).

(2) 횡단조사의 종류 [17][20]기출
① 서베이조사(Survey Research) : 대체로 질문지를 이용하며, 많은 사람들에게 실시하는 조사를 말한다. 모집단에서 표본을 추출하고 이것을 통하여 모집단의 특성을 알아내는 방법이며, 우편, 전화, ARS, 대인면접 등을 통하여 자료를 수집하는 경우가 많다.
② 현지조사(Field Study) : 서베이조사와는 성격이 조금 다른 조사방법이다. 서베이조사는 연구의 크기나 범위에 중점을 두는 데 비해서, 현지조사는 연구의 깊이에 중점을 둔다. 그렇기 때문에 서베이조사를 실시하기 전에 예비조사의 성격으로 사용된다.

③ 브레인스토밍(Brain Stroming)
  ㉠ 정의 : 관련 분야의 전문가, 정책 영향자 등을 5~12명 정도로 구성하여 창의적인 분위기로 아이디어의 제시를 요구하여 문제를 해결하는 방법이다.
  ㉡ 방법 : 좋은 아이디어를 창의적으로 발표하며 아이디어의 질보다는 양적으로 승부하는 방법이다.
④ 델파이 기법(Delphi Technique) 24 기출
  ㉠ 정의 : 익명성을 보장하여 집단 토론에서 발생하는 주요 영향자의 영향을 제거하기 위하여 개발된 기법이다. 즉, 회의에서 사장님의 의견이나 입김이 강한 사람의 의견이 매우 강하게 반영되고는 하는데, 이것이 훌륭한 의견이어서가 아니라 권위를 이용한 압력일 때가 많다. 이러한 부분을 해결하기 위하여 개발된 기법이다.
  ㉡ 방법 : 참가자의 익명성을 보장하면서 각자 종이에 의견을 써서 제출하면, 회의진행자는 이를 모아서 건의된 의견을 참가자에게 알려준다. 이 중에 좋은 의견을 다시 적어서 제출하게끔 하고, 이를 반복한다. 결국 참가자 전원의 좋은 의견을 한 가지 의견으로 수렴하게 만들 수 있다.
  ㉢ 특징 : 참가자의 익명성 보장과 반복성을 갖고 있다.
⑤ 정책 델파이 : 델파이 기법을 보완하기 위하여 만들어진 방법으로, 초기에만 참가자의 익명성을 보장하고 그 이후에는 의견제출자의 익명성을 보장하지 않는 방법이다. 20 기출

2. 시계열조사

(1) 정 의

측정하고자 하는 대상을 반복적으로 조사하는 조사방법이다. 교재마다 차이는 있지만, 시계열조사와 종단조사를 동일하다고 생각하는 것이 편하다.

3. 종단조사(동적조사, 동태적 조사) 19 기출

(1) 정 의

동일한 조사를 시간을 두고 반복적으로 실시하는 것으로 '연속형 조사'라고도 부르며, 동일한 조사대상에 대한 조사를 정기적으로 실시하는 경우는 '패널조사'라 한다.

  예 방송국을 가면 '패널'이라는 것이 있다. 방송 중에 웃음 효과, 공감 효과 등을 주기 위하여 섭외하는 시청자이다. 방송을 보면 '와~~', '우~~'처럼 소리를 내는 사람들이다. 이들을 패널이라 부르는 이유는 동일한 대상을 매주 섭외하여 꾸준하게 방송을 진행하기 때문이다.

(2) 종단조사의 종류 20 21 기출
① 패널조사(Panel Study) 17 19 21 22 23 24 25 기출
  ㉠ 정의 : 패널이라는 특정 조사대상을 선정하고 이들을 반복적으로 조사하는 것으로, 상당히 긴 시간 동안 꾸준하게 정보를 획득하는 방법이다.
  ㉡ 장 점
    • 조사 대상으로부터 추가적 자료를 획득하기 쉽다.
    • 대상의 태도나 행동 변화에 대한 분석이 가능하다.
    • 독립적 조사를 여러 번 하는 것보다 경제적이다.

ⓒ 단 점
- 패널의 대표성을 확보하기 어렵다.
- 뽑아놓은 패널이 이탈할 수 있다(예 죽음, 도망 등).
- 조사자와 친밀감이 생길 경우, 지겨움 등 방해요소로 인해 부정확한 정보를 얻을 수 있다.

기출문제분석

패널조사에 관한 설명으로 옳지 않은 것은? 2019년

① 실제 구매행동이 아닌 구매의도에 관한 자료이다.
② 패널 구성원들이 표본 대표성을 결여할 수 있다.
③ 패널 구성원들이 이사 혹은 기타 이유로 패널에서 이탈할 수 있다.
④ 원래 정해진 응답자가 아닌 다른 응답자가 응답할 수 있다.
⑤ 사실대로 응답하지 않고 사회적으로 바람직한 방식으로 응답할 수 있다.

해설 패널조사는 특정 조사대상을 패널로 설정하여, 반복적으로 긴 시간 동안 조사하여 정보를 획득하는 방법이다. 따라서 구매의도에 관한 자료보다 상표전환율과 같은 실제 구매행동 변화를 추적하는 데 더욱 용이하다.

정답 ①

더 알아보기 대표성

패널이 그 연령이나 특성을 대표할 수 있는가에 관한 것이다. 뽑고 보니 평범한 사람이 아니라면 조사결과를 실생활에 적용시키기 어렵기 때문에 패널을 뽑을 때 조사하고자 하는 대상의 특성을 잘 갖고 있는 사람을 뽑는 것이 바람직하다.

ⓔ 패널조사의 종류
- 지속적 패널 : 정기적으로 패널을 설정하여 조사하는 방법이다.
- 임시적 패널 : 특수한 목적을 위하여 짧은 기간 동안만 패널을 유지하여 조사하는 방법이다.
- 다목적 패널 : 패널을 구성하고 있는 집단에서 조사목적을 위해 다시 한번 구성된 패널로 표본을 추출하고, 추출된 대상만을 반복적으로 조사하는 방법이다.
- 고정적 패널/순수 패널 : 한 가지 주제에 대해서만 일정한 시간을 두고 여러 차례 질문하는 방법으로, 특정한 주제에 대하여 시간이 지남에 따라서 조사대상의 반응이 어떻게 변하는지를 조사하는 방법이다.

② **코호트조사(Cohort Study)** 17 20 25 기출
ⓐ 정의 : 시간 변화에 따라서 동일한 집단의 변화를 관찰하는 것으로 두 번 이상 다른 시기에 걸쳐서 변화를 관찰하여 비교하며 연구하는 방법이다.
ⓑ 88 올림픽 세대, 6.25 전쟁을 겪은 세대 등을 대상으로 매 5년 주기로 이들의 변화를 관찰하는 연구를 말한다.

③ 추세조사/시계열연구(Trend Study/Time Series)
  ㉠ 정의 : 시간의 흐름에 따른 집단의 변화를 관찰하며, 이를 통하여 미래를 예측하고자 하는 조사방법이다.
  ㉡ 순서 : 모집단으로부터 표본을 추출하여 조사를 실시한 뒤, 다음 자료 수집에서 다시 한 번 모집단에서 표본을 추출하여 조사를 실시한다. 그리고 이러한 과정을 반복한다.
  ㉢ 기본가정 : 지속성, 규칙성, 신뢰성, 타당성
  ㉣ 추세조사를 통하여 미래를 예측하고자 할 때에는 과거의 관측된 사항이 미래에도 규칙적으로 지속될 것이라는 것을 신뢰성과 타당성을 바탕으로 가정한다.

기출문제분석

기술적 조사에 해당하는 것은? 2017년

① 전문가의견조사 ② 문헌조사
③ 표적집단면접조사 ④ 서베이조사
⑤ 실험조사

해설 전문가의견조사, 문헌조사, 표적집단면접조사는 탐색조사, 실험조사는 인과조사에 해당한다.

정답 ④

특정한 시기에 태어났거나 동일 시점에 특정 사건을 경험한 사람들을 대상으로 시간이 지남에 따라 어떻게 변화하는지를 조사하는 방법은? 2017년

① 사례조사 ② 패널조사
③ 추세조사 ④ 코호트조사
⑤ 전문가의견조사

해설 코호트조사(Cohort Study)는 시간 변화에 따라서 동일한 집단의 변화를 관찰하는 것으로, 두 번 이상 다른 시기에 걸쳐서 변화를 관찰하여 비교하며 연구하는 방법이다. 예를 들어 88 올림픽 세대, 6.25 전쟁을 겪은 세대 등을 대상으로 매 5년 주기로 이들의 변화를 관찰하는 연구를 말한다.

정답 ④

A그룹은 다음 올림픽경기에 공식 후원업체로 참여하기로 결정을 하였다. 그룹 마케팅 부서에서는 올림픽경기 공식후원이 기업선호도에 미치는 영향을 분석하기 위해 올림픽 개최 전에 기업선호도 조사를 실시하고, 올림픽경기가 종료된 후 기업선호도 조사를 다시 실시하기로 하였다. 이에 적합한 방법은? 2019년

① 문헌조사 ② 순수실험연구
③ 사례조사 ④ 횡단연구
⑤ 종단연구

해설 올림픽경기 공식후원이 기업선호도에 미치는 영향을 미치는 영향을 분석하기 위해 대회 전후에 조사를 실시하는 것이므로, 동일한 조사를 시간을 두고 실시하는 종단연구에 해당한다.

정답 ⑤

20x1년도에 A 의과대학교를 졸업한 동기생들을 대상으로 경제적 태도변화를 연구하기 위해 매년 일정한 시점에 조사하는 방법은?　　　2016년

① 사례조사　　② 코호트조사
③ 집단조사　　④ 회원조사
⑤ 탐색조사

해설 코호트조사는 동년배조사라고도 하며 시간 변화에 따라서 동일한 집단의 변화를 관찰하는 것으로, 두 번 이상 다른 시기에 걸쳐서 변화를 관찰하여 비교하며 연구하는 방법이다.

정답 ②

다음 중 기술적 연구방법에 속하는 것은?　　　2015년

① 횡단연구　　② 문헌연구
③ 전문가의견연구　　④ 사례연구
⑤ 표적집단면접법

해설 기술적 연구방법에는 종단연구와 횡단연구가 있다. ②·③·④·⑤는 탐색조사 방법이다.

정답 ①

대학생들의 핵심역량을 연구하기 위해 신입생 표본을 미리 선정하여 졸업 시까지 매년 반복하여 조사를 하는 방법은?　　　2019년

① 패널조사　　② 코호트조사
③ 추세조사　　④ 횡단조사
⑤ 인과조사

해설 대학생들 중 신입생 표본을 패널로 설정하여 졸업 시까지 긴 기간 동안 매년 반복하여 조사하였으므로, 이는 패널조사에 해당한다.

정답 ①

4 인과조사 21 22 23 25 기출

1. 정의

두 변수 간 인과관계를 규명하여 이러한 결과를 토대로 미래를 예측할 수 있도록 하는 조사를 말한다. 즉, 원인과 결과에 대한 검증을 주목적으로 하는 조사방법으로 두 개 이상의 변수에 대한 인과관계를 알기 위한 조사이다.

> **예** 기업에서 비용을 들여서 TV 광고를 실시하는데 이는 광고를 통해서 매출액을 높이기 위함이다. X는 원인이 되는 변수로 TV 광고비용이라 할 수 있으며, Y는 결과가 되는 변수로 상품판매를 통한 매출액이라 할 수 있다.

2. 인과관계의 3가지 기본조건 24 기출

(1) 공동변화

두 변수 간 관련성이 높아야 한다.
즉, X(광고비)와 Y(매출액)는 관련성이 있어서 함께 변화한다는 말이다.

(2) 시간의 선행성

한 변수의 변화가 있을 때에는 다른 변수보다 앞서 발생해야 한다.
즉, X(광고비 투자)가 먼저 발생하고 Y(매출액 상승)가 이후에 발생해야 한다는 말이다.

(3) 배타적 설명의 부재

다른 변수에 의해서 X와 Y의 관계가 변하지 않아야 한다.
즉, 기업에서 광고비를 많이 투자해서 매출액이 높아졌다는 가설을 세웠는데 알고 보니 매출액이 높아진 원인이 광고비라는 변수가 아니라 경쟁사의 제품이 사라졌다는 변수로 인한 것이라면, 기업에서 세운 가설은 부정확한 가설이 된다는 것이다.

> **학습포인트**
> 조사방법론의 경우 교재마다 그 용어가 상이하다. 하지만 내용은 대동소이하며, 인과관계의 3가지 기본조건은 매우 중요하다.

① 공동변화 = 공동변화의 원칙
② 시간의 선행성 = 시간적 선후관계
③ 배타적 설명의 부재 = 비허위적 관계 = 경쟁가설 배제의 원칙

기출문제분석

변수들 간에 인과관계가 존재한다는 결론을 내리기 위한 조건이 아닌 것은? `2018년`

① 원인변수와 결과변수는 함께 발생되어야 한다.
② 원인변수와 결과변수는 순차적으로 발생되어야 한다.
③ 원인변수와 결과변수는 확정적 관계를 가져야 한다.
④ 외생변수의 영향을 통제하여야 한다.
⑤ 원인변수 이외에 결과변수를 설명하는 다른 변수가 없어야 한다.

해설 인과관계의 3가지 기본조건
- 공동변화 : 두 변수 간 관련성이 높아야 하며, 함께 발생되어야 한다.
- 시간의 선행성 : 한 변수의 변화가 있을 때에는 다른 변수보다 앞서 발생하여야 한다.
- 배타적 설명의 부재 : 다른 변수에 의해서 X, Y의 관계가 변하지 않아야 한다. 즉 대안적 원인이 없는 것을 말한다.

정답 ③

원인과 결과의 인과관계에 기반하여 이론을 구성할 때 필요한 조건을 모두 고른 것은? `2016년`

| ㄱ. 상호관련성 | ㄴ. 대안적 원인의 제거 |
| ㄷ. 확정적 관계 | ㄹ. 시간적 순서 |

① ㄱ, ㄷ
② ㄱ, ㄴ, ㄷ
③ ㄱ, ㄴ, ㄹ
④ ㄴ, ㄷ, ㄹ
⑤ ㄱ, ㄴ, ㄷ, ㄹ

해설 인과관계의 3가지 기본조건
- 공동변화 : 두 변수 간 관련성이 높아야 한다. 함께 발생되어야 한다.
- 시간의 선행성 : 한 변수의 변화가 있을 때에는 다른 변수보다 앞서 발생하여야 한다.
- 배타적 설명의 부재 : 다른 변수에 의해서 X, Y의 관계가 변하지 않아야 한다. 즉 대안적 원인이 없는 것을 말한다.

정답 ③

두 변수 간의 인과관계를 추론하는 데 있어서 필요한 조건이 아닌 것은? `2016년`

① 원인변수가 변화한 후에 결과변수의 변화가 일어나야 한다.
② 외생변수 통제를 하지 않아도 된다.
③ 두 변수는 동반해서 순차적으로 발생하여야 한다.
④ 대체 가능한 설명변수가 없어야 한다.
⑤ 결과변수를 설명할 수 있는 다른 원인변수가 없어야 한다.

해설 인과관계의 3요소란 공동변화(두 변수 간 관련성이 높아야 함), 시간의 선행성(한 변수의 변화가 있을 때에는 다른 변수보다 앞서 발생해야 함), 배타적 설명의 부재(다른 변수에 의해서 X와 Y의 관계가 변하지 않아야 함)를 말하는 것으로 외생변수를 통제하여야 한다.

정답 ②

> **인과관계 연구에 관한 설명으로 옳지 않은 것은?** 2013년
>
> ① 인과관계 추정은 독립변수와 종속변수 간의 시간적 선후관계, 공동변화, 비허위적 관계를 전제로 한다.
> ② 허위변수는 독립변수와 종속변수 모두에 영향을 미칠 수 있다.
> ③ 인과연구모형에서 조절변수는 독립변수의 직접적인 영향을 받는다.
> ④ 매개변수는 독립변수의 영향을 종속변수로 전달하는 역할을 한다.
> ⑤ 종속변수가 상수(Constant)면 인과관계는 성립하기 어렵다.
>
> 해설   조절변수는 독립변수의 영향을 간접적으로 받는 변수이다. 조절변수가 아니라 매개변수가 독립변수에 직접 영향을 받는다.
>
> 정답 ③

3. 실험조사(Experimental Study) [20]기출

(1) 정의

인과관계조사 하면 처음으로 떠올려야 하는 것이 바로 실험이다. 실험은 '실험적 조사'라고도 하는데 인과관계에 대한 가설을 테스트하는 방법을 말한다. 그 목적은 두 변수 간 인과관계 규명에 있다.

(2) 실험조사의 종류

① **실험실실험**: 정해진 실험실에서 진행하는 것으로 변수들을 정확하게 통제하여 다른 변수가 개입되는 것을 방지하기 때문에 목적에 맞게 실험할 수 있다.
  ㉠ 장점: 종속변수에 영향을 주는 외생변수의 개입을 완전하게 통제할 수 있기 때문에 내적타당성이 높다(즉, 실험하여 알고자 하는 것을 확실하게 알아낼 수 있다). 실험실에서 실시되는 것으로 대상의 무작위 표본추출이 가능하며, 한 개 이상의 독립변수를 비교적 쉽게 조작할 수 있다.
  ㉡ 단점: 외적타당성이 낮다(실험실에서 한 실험으로, 인위적이기 때문에 실제 생활에 적용하기 힘들다. 외적타당성은 일반화를 얼마나 쉽게 할 수 있는가에 대한 문제이다).
② **현지실험/현장실험**: 현실적 상황에서 실험을 실시하는 것으로 최대한 외생변수를 통제함에도 불구하고 조사자가 정해놓은 변수 외에 개입되는 변수가 있다. 그렇기 때문에 내적타당성은 낮으며, 외적타당성은 높다.
  ㉠ 장점: 일반화 가능성(외적타당성)이 높다. 즉, 일상생활 및 사회생활 등을 연구하기 적합하다.
  ㉡ 단점: 내적타당성이 낮다. 독립변수의 조작이 불가능하거나 가능하더라도 어렵다. 또한 연구를 통한 정확한 결론을 내는 것이 실험실실험보다 힘들고, 연구자의 편견이 개입될 가능성(주관성)이 크다.

> **기출문제분석**
>
> 흡연과 폐암의 인과관계를 증명하고자 할 때 사용하며, 외생변수의 통제를 강조하는 조사방법으로 옳은 것은?　2016년
>
> ① 관찰조사　　　　　　　　　② 사례조사
> ③ 델파이조사　　　　　　　　④ 실험조사
> ⑤ 패널조사
>
> 해설　실험조사는 두 변수 간 인과관계를 증명하고자 할 때 사용하며 외생변수를 통제하는 방법을 통해 가설을 검증한다.
>
> 정답 ④
>
> ---
>
> 자료수집 방법 중 실험법에 관한 설명으로 옳은 것을 모두 고른 것은?　2019년
>
> ㄱ. 원인으로 추정된 변수를 조작함
> ㄴ. 응답자의 태도, 의도 등을 조사할 수 있음
> ㄷ. 외생변수를 통제하여야 함
> ㄹ. 가설의 도출이나 탐색조사를 위해 주로 사용됨
>
> ① ㄱ, ㄴ　　　　　　　　　② ㄱ, ㄷ
> ③ ㄱ, ㄹ　　　　　　　　　④ ㄴ, ㄷ
> ⑤ ㄷ, ㄹ
>
> 해설　ㄴ. 실험법은 독립변수와 종속변수 간 인과관계를 파악하는 데는 용이하지만, 응답자의 태도, 의도 등을 조사하기에는 적합하지 않다.
> 　　　ㄹ. 실험법은 가설의 도출 또는 탐색조사가 아닌 인과조사를 위해 주로 사용된다.
>
> 정답 ②

4. 인과관계 추론방법

인과관계를 찾아내는 방법을 말하는 것으로 결과를 통해 원인을 추정하여 파악하는 방법이다. 즉, 기업에서 매출액이 올랐다면 그 원인이 어떤 것에 있는지를 파악하는 방법이다.

(1) 합의법/일치법

둘 이상의 현상에 대하여 공통된 조건을 찾을 경우 이 조건이 바로 그 원인이 된다고 간주하는 방법이다. 두 기업에서 다양한 행사를 진행하였고, 이 때문에 매출액이 상승했다고 해보자.

> • 영진 기업에서는 A행사, B행사, C행사를 실시하였고 매출액이 상승했다.
> • 지영 기업에서는 A행사, D행사, E행사를 실시하였고 매출액이 상승했다.

그러므로, 'A행사가 매출액 상승의 원인이다'라고 간주할 수 있다.

(2) 차이법

합의법과 마찬가지로 둘 이상의 사례에서 특정 현상이 일어나거나 일어나지 않았을 경우 그 현상의 원인을 찾는 방법이다. 두 기업에서 다양한 행사를 진행하였는데, 한 기업에서만 매출액이 상승했다고 해보자.

> - 영진 기업에서는 A행사, B행사, C행사를 실시하였고 매출액이 상승했다.
> - 지영 기업에서는 A행사, B행사, D행사를 실시하였고 매출액이 상승하지 않았다.

이 경우, '영진 기업에서 C행사가 매출액 상승의 원인이다'라고 간주할 수 있다.

(3) 잉여법

이미 원인이 밝혀진 경우, 특정 현상에 대한 원인은 나머지 원인이라고 가정하는 것이다. 잉여법은 합의법이나 차이법과 다르게 두 기업의 사례를 비교하지 않고도 그 원인을 파악할 수 있다.

> - 지영 기업에서는 A행사, B행사, C행사를 실시하였고 매출액이 상승했다.
> - 나중에 A행사와 B행사의 경우는 매출액 상승에 효과가 없는 것으로 밝혀졌다.

이 경우, '지영 기업에서 C행사가 매출액 상승의 원인이다'라고 간주할 수 있다.

(4) 생산변량법

어떤 현상이 특정한 방법으로 변화할 때마다 또 하나의 현상이 일정한 방법으로 변화하면 두 현상은 인과관계가 있다고 간주하는 방법으로서, 인과관계의 정도를 평가하게 해준다. 그러나 시간적으로 동시에 일어날 경우 상호관련성만을 강조할 뿐이며, 검증의 확실성이 결핍되어 있다는 단점이 있다.

5 실험설계(실험디자인)

> **학습포인트**
>
> 수험생들은 실험의 종류와 실험설계의 종류는 다르다는 것을 기억해야 한다. 하지만 실험조사를 하기 위한 한 단계라고 할 수 있으며, 인과조사에서 요구하는 3가지 기본가정을 따른다.

1. 정 의

실험설계는 인과성을 밝히기 위한 조사과정을 조정하는 절차를 말한다. 즉, 독립변수를 결정하고 종속변수를 측정하고 외생변수들을 통제하는 방법을 규정하는 절차를 말한다. 실험 과정의 통제를 얼마나 강하게 하는지에 따라서 3가지 유형으로 구분할 수 있다.

2. 실험설계 용어 및 부호 [18] 기출

(1) R
① R은 실험대상의 추출에서 무작위화를 의미한다. 수험생이 처음 공부하면서 이해하기 어려워하는 것이 있는데 바로 무작위화이다. 무작위화는 우리가 아는 랜덤의 의미와는 조금 다르다. 무작위화는 LIST를 갖고 있으며, 이 안에서 표본을 추출하는 것으로 표본으로 뽑힐 확률을 알고 있다는 의미이다.
② 길에서 '랜덤'하게 사람을 골라서 설문조사를 하는 것은 '무작위화'라고 할 수 없으며, 전화번호부나 출석부를 갖고 '랜덤'하게 사람을 골라서 설문조사를 실시하는 것은 '무작위화'라고 할 수 있다.

(2) EG
실험변수에 노출되는 대상을 말하며, 실험집단(Experimental Group)의 약어이다.

(3) CG
실험변수에 노출되지 않는 대상을 말하며, 통제집단(Control Group)의 약어이다.

(4) X
실험집단에 자극을 노출시키는 것을 말한다.

(5) O
실험대상을 측정하는 것을 말하며, 관찰(Observation)의 약어이다.

기출문제분석

실험설계에 관한 설명으로 옳은 것을 모두 고른 것은? 2018년

ㄱ. 독립변수는 측정이 가능해야 한다.
ㄴ. 독립변수는 조작이 가능해야 한다.
ㄷ. 독립변수의 효과가 일시적이거나 변화될 가능성이 높을 때, 동일한 대상에 대하여 일정 기간을 두고 반복측정할 수 있다.
ㄹ. 실험대상은 편의추출되어야 한다.
ㅁ. 실험설계는 변수들 간의 관계를 조사하고 분석하기 위한 것이다.

① ㄱ, ㄴ, ㄹ
② ㄱ, ㄷ, ㅁ
③ ㄱ, ㄴ, ㄷ, ㅁ
④ ㄴ, ㄷ, ㄹ, ㅁ
⑤ ㄱ, ㄴ, ㄷ, ㄹ, ㅁ

해설 ㄹ. 실험대상의 추출방법은 다양하며 반드시 편의추출되어야 하는 것은 아니다.

정답 ③

3. 실험설계의 종류 [19][20][25] 기출

> **학습포인트**
> 수험생이 어려워하는 것 중 하나가 바로 용어이다. 조사방법론의 용어는 대부분이 외래어이기 때문에 이를 해석하는 과정에서 같은 의미를 갖고 있지만, 책마다 용어가 다르게 기술되었기에 수험생 입장에서는 정확한 이해가 어렵다. 조사방법론에 나오는 용어를 공부하다 보면 다음의 동요가 떠오른다. '이름은 하나인데 별명은 여러 개!' 이 교재에서는 이러한 용어를 최대한 많이 기술하였다.

(1) 진실험설계/순수실험설계/진실험디자인(True Experimental Design)

통제집단과 실험집단을 무작위화하며, 실험변수와 자극의 노출시기 및 결과변수의 측정시기 통제가 가능하도록 설계된 실험설계이다. 그렇기 때문에 외생변수의 영향을 효율적으로 제거할 수 있다.

① **통제집단 사전사후실험설계(Pretest-posttest Control Group Design)**

$$(EG) : RO_1 \quad X \quad O_2$$
$$(CG) : RO_3 \quad\quad O_4$$

통제집단 사전사후 디자인이라고도 부르며, 사전사후 무작위 집단비교 디자인은 통제집단과 실험집단이 구분되어 있고, 무작위로 샘플링을 한다. 실험 전후 측정을 통해 결과의 비교가 가능하며 거의 모든 외생변수를 통제할 수 있다는 장점이 있으나, 상호작용 시험효과는 제거하지 못한다는 단점이 있다.

② **통제집단 사후실험설계(Posttest-only Control Group Design)**

$$(EG) : R \quad X \quad O_1$$
$$(CG) : R \quad\quad O_2$$

무작위 집단비교 디자인이라고도 하며 시간과 비용상 가장 널리 활용되는 설계이기도 하다. 실험집단과 통제집단으로 구분하며 이를 무작위로 추출하여 역사적 오염, 성숙효과, 시험효과, 소멸효과를 제거할 수 있으나 사후만 측정하여 전후 비교를 할 수 없다는 단점이 있다.

③ **솔로몬 4집단 실험설계(Solomon Four-group Design)**

$$(EG) : RO_1 \quad X \quad O_2$$
$$(CG) : RO_3 \quad\quad O_4$$
$$(EG) : R \quad X \quad O_5$$
$$(CG) : R \quad\quad O_6$$

사전사후 무작위 집단비교 디자인과 무작위 집단비교 디자인을 합친 형태로 가장 강력한 실험디자인 중 하나이다. 엄격하고 정밀하며 거의 모든 외생변수를 통제할 수 있다는 장점이 있으나, 시간과 비용이 많이 들어가고 시행하기 어렵다는 단점이 있어 널리 이용되고 있지는 않다.

(2) 준실험설계/유사실험설계/준실험디자인(Quasi-experimental Design) 17 24 기출

실제상황에서 실험설계의 문제점을 극복하기 위해 개발된 설계이며, 측정대상과 측정시기만 통제 가능하다.

① 두 집단 사전사후측정실험설계(Nonequivalent Control Group Design)

$$
\begin{aligned}
&(EG): O_1 \quad X \quad O_2 \\
&(CG): O_3 \quad\quad\quad O_4
\end{aligned}
$$

실험집단과 통제집단으로 구분하여 사전, 사후 측정을 하지만 무작위 추출을 하지 않는 형태의 디자인을 말하는 것으로 내적타당도가 떨어진다는 단점이 있다.

② 시계열 실험설계(Time-serises Experiment)

$$O_1 \quad O_2 \quad O_3 \quad O_4 \quad X \quad O_5 \quad O_6 \quad O_7$$

실험변수를 노출시키기 전후에 일정한 기간을 두고 정기적으로 몇 차례의 결과변수에 대해 측정하는 방법이다.

③ 동질적 시계열 실험설계(Equivalent Time-series Design)

$$O_1 \quad X \quad O_2 \quad X \quad O_3 \quad X \quad O_4 \quad X \quad O_5 \quad X \quad O_6$$

대상을 실험집단과 통제집단으로 나누기 힘들 때 사용한다. 측정과 자극을 반복해서 되풀이하며, 실험의 효과가 일시적인 경우 주로 사용한다.

④ 통제집단 시계열 실험설계(Multiple Time-series Experiment)

$$
\begin{aligned}
&(EG): O_1 \quad O_2 \quad O_3 \quad O_4 \quad X \quad O_5 \quad O_6 \quad O_7 \quad O_8 \\
&(CG): O_1 \quad O_2 \quad O_3 \quad O_4 \quad\quad\quad O_5 \quad O_6 \quad O_7 \quad O_8
\end{aligned}
$$

실험집단과 통제집단으로 구분하여 실험변수를 노출시키기 전후에 일정한 기간을 두고 정기적으로 몇 차례의 결과변수에 대해 측정하는 방법이다.

(3) 비실험설계/원시실험설계/비실험디자인(Pre-experimental Design)

인과관계규명이 부적합하며, 가설검증보다는 시험적으로 실시하는 탐색조사에서 사용되는 설계이다. 무작위 표본추출을 하지 않으며 내적타당성에 문제가 큰 설계방법이다. 엄격하게 따지면 실험설계라고 할 수 없다.

① 단일집단 사후측정실험설계(One-shot Case Study)

$$X \quad O_1$$

실험자가 임의로 실험대상을 선정한다. 새로운 발견을 전제로 하는 실태조사에 흔히 사용된다.

② 단일집단 사전사후측정실험설계(One-group Pretest-posttest Design) [19][기출]

$$O_1 \ X \ O_2$$

사전사후 측정디자인이라고도 하며 통제집단이 없고 무작위 추출을 사용하지 않는다. 단일 실험집단을 한 번 측정하고 시간경과 후 재측정하여 전후 효과를 비교하는 방법을 말한다.

③ 정태적-집단비교설계(Static-group Comparison)

$$(EG) : X \ O_1$$
$$(CG) : \quad O_2$$

실험집단과 통제집단으로 구분하고 무작위 추출은 하지 않으며 사후만 측정하여 실험 전후의 변화를 측정할 수 없다는 단점이 있으나, 실험이 간편하고 비용과 시간이 절약되어 마케팅조사에서 가장 많이 사용되는 방법이다.

> **학습포인트**
>
> 내용을 보면서 확실하게 이해가 되지 않는 수험생이 많을 것이다. 이해를 돕기 위하여 재미있는 예를 들어보겠다. A(조사자)가 B(실험대상)의 기분상태를 실험하기 위하여 관찰을 실시(O_1)하고 자극을 주기 위해 맛있는 음식을 주고(X) 다시 관찰을 실시(O_2)한다. 이는 어떠한 실험설계에 해당할까?
> 답은 바로 '단일집단 사전사후측정실험설계'라 할 수 있다. 다른 실험설계 또한 이러한 예를 들면서 공부하면 쉽게 기억이 난다.
> O_1(= B의 기분을 처음으로 관찰), X(= 맛있는 음식을 주고), O_2(= 두 번째 관찰)

(4) 사후실험설계(Ex-post Facto Experimentation)

사후실험설계는 결과가 이미 발생했거나 독립변수의 조작이 불가능할 경우 주로 사용한다.

① 장점 : 현실성이 있고 객관적 자료를 얻을 수 있으며, 시간과 비용을 절약할 수 있다.
② 단점 : 인과관계를 규명하거나 외생변수를 통제하기 곤란하며, 원인을 역으로 추적하는 과정에서 원인과 결과를 뒤집어 해석할 가능성이 있다.
③ 유 형
   ㉠ 현장연구(Field Study) : 현실상황을 체계적으로 관찰하는 비실험적연구이다. 사후연구이므로 인과관계 규명이 곤란하다는 문제점이 있다.
   ㉡ 사례연구(Case Study) : 당면하고 있는 상황과 유사한 사례를 찾아서 심층 분석하는 조사방법으로, 통계를 위한 조사를 하지 않으므로 시간과 비용 측면에서 유리할 수 있다. 사후조사이므로 결과는 결정적인 것이 아니라 단지 시사적인 의미를 제공한다.
   ㉢ 서베이리서치(Survey Research) : 모집단에서 표본을 추출하여 사회적 특성을 연구하며, 현상을 기술, 설명, 예측, 탐색한다. 깊이가 부족한 연구방법으로 다른 연구방법과 비교하면 다양한 오류를 내포하고 있다는 단점이 있다.
   ㉣ 역사적 연구(Historical Research) : 과거의 자료를 수집하여 원래 자료의 타당성을 평가하고 중요한 사실에 대한 분석과 해석을 하는 연구이다. 이론의 현재와 미래 동향을 파악하고 예측하기 위해 사용하는 방법이다.

기출문제분석

외생변수의 통제가 용이한 실험설계로 옳은 것은? `2013년`

① 비동질 통제집단 사전사후측정설계
② 단일집단 사전사후측정설계
③ 집단비교설계
④ 통제집단 사전사후측정설계
⑤ 비동질 통제집단 사전사후분리설계

해설 무작위로 샘플링하며 실험 전후 측정을 통해 결과의 비교가 가능한 실험설계이다.

정답 ④

순수실험설계에 관한 설명으로 옳은 것은? `2014년`

① 통제집단 사전사후설계의 경우 주시험 효과를 제거하기 어렵다.
② 순수실험설계는 상업적 연구에서 주로 활용된다.
③ 솔로몬 4집단 실험설계는 통제집단 사전사후설계와 통제집단 사후실험설계의 결합 형태로 가장 완벽한 실험설계라 할 수 있다.
④ 통제집단 사전사후실험설계는 결과변수 값을 한 번 측정한다.
⑤ 통제집단 사후실험설계는 결과변수를 두 번 측정한다.

해설 이 문제는 실험설계 및 타당성 저해요인에 대한 확실한 이해가 필요하다.
① 통제집단(자극에 대한 노출이 되는 집단과 아닌 집단이 있을 경우)이 있으면 주시험 효과를 제거할 수 있다.
② 상업적이 아닌 학문적 연구에서 주로 활용된다.
④·⑤ 통제집단 사전사후실험설계의 경우 결과변수에 대한 값을 두 번 측정하고 통제집단 사후실험설계는 한 번 측정한다.

정답 ③

다음에서 설명하는 실험설계 방법으로 옳은 것은? `2019년`

- 독립변수에 조작이 가해지기 전에 종속변수에 대한 사전 측정
- 외생변수의 영향이 통제되지 않기 때문에 내적타당성의 문제가 발생됨

① 집단비교설계　　② 단일집단 사후측정설계
③ 솔로몬 4집단설계　　④ 통제집단 사후측정설계
⑤ 단일집단 사전사후측정설계

해설 단일집단 사전사후측정설계
- 통제집단이 없고 무작취 추출을 사용하지 않으며, 단일 실험집단을 한 번 측정하고 시간 경과 후 재측정하여 전후 효과를 비교하는 방법을 말한다.
- 독립변수에 조작이 가해지기 전에 종속변수에 대한 사전 측정이 이루어진다.
- 외생변수의 영향이 통제되지 않아 내적타당성에 문제가 큰 설계방법이다.

정답 ⑤

실험설계의 종류에 관한 다음 표의 (ㄱ)~(ㄷ)에 들어갈 단어를 순서대로 바르게 나열한 것은?

2019년

구 분	(ㄱ) 실험설계	(ㄴ) 실험설계	(ㄷ) 실험설계
실험변수 노출시점 및 대상의 통제	없 음	있 음	없 음
실험결과 측정시점 및 대상의 통제	있 음	있 음	없 음
대상선정의 무작위화	없 음	있 음	없 음

	ㄱ	ㄴ	ㄷ
①	원 시	순 수	유 사
②	순 수	원 시	유 사
③	유 사	순 수	원 시
④	유 사	원 시	순 수
⑤	원 시	유 사	순 수

해설 순수실험설계 > 유사실험설계 > 원시실험설계 순으로 외생변수의 영향을 효율적으로 제거할 수 있는 실험 디자인이라 할 수 있다.

정답 ③

다음 중 유사실험설계에 해당하는 것은?

2017년

① 단일집단 사전사후설계　　② 통제집단 사전사후설계
③ 솔로몬 4집단설계　　④ 시계열설계
⑤ 통제집단 사후설계

해설 유사실험디자인은 준실험설계, 유사실험설계, 준실험디자인(Quasi-experimental Design)이라고도 하며 실제 상황에서 실험설계의 문제점을 극복하기 위해 개발된 설계로, 측정대상과 측정시기만 통제가능하다.

정답 ④

6 신뢰성과 타당성 [25] 기출

> **학습포인트**
> 신뢰성과 타당성 부분을 학습하기 이전에 신뢰성/타당성과 신뢰도/타당도는 서로 다르다는 것을 알아두어야 한다. 하지만 경영지도사 시험에서는 '성'과 '도'의 차이까지 질문하지는 않기 때문에 효율적 학습을 위하여 이 둘을 같은 선상에 놓고 학습해야 한다.
> 신뢰성 및 타당성을 학습하기 이전에 신뢰성과 타당성의 관계에 대하여 외우고 가자. 이해에 앞서 암기를 하는 이유는 암기하는 것이 경영지도사 시험대비에 적합하기 때문이다.

1. 신뢰성과 타당성의 관계 [20][23][24] 기출

(1) 신뢰성과 타당성의 관계를 그림을 보고 이해해 보자. 사실상 다음 그림을 통해 설명하는 신뢰성과 타당성의 관계는 자료수집방법에 대한 신뢰성과 타당성이며, 인과관계에 대한 것과는 다소 다르다.

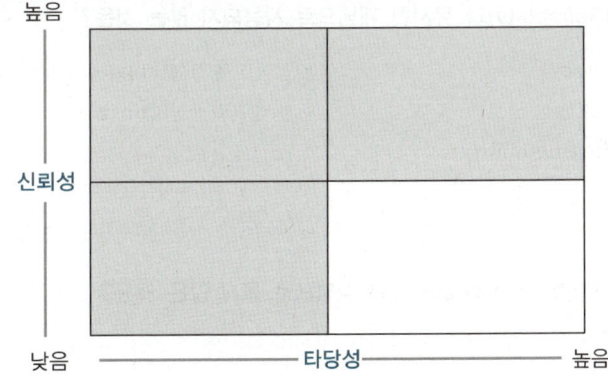

① 신뢰성이 높으면 타당성은 높을 수도 있고 낮을 수도 있다.
② 신뢰성이 낮으면 타당성은 낮다.
③ 타당성이 높으면 신뢰성은 높다.
④ 타당성이 낮으면 신뢰성은 높을 수도 있고 낮을 수도 있다.

> **학습포인트**
> 여기서 '높으면'은 '보장되면'이며, '낮으면'은 '보장되지 않으면'이다. '높다'와 '낮다'로 표현한 이유는 이들을 '보장된다', '보장되지 않는다'로 외울 경우 너무 복잡하기 때문이다.

(2) 타당성이 낮을 경우는 그림에서 4등분의 좌측으로, 신뢰성은 둘 다 어두운 부분이다. 그림에서는 이럴 경우 신뢰성은 높을 수도 있고, 낮을 수도 있다는 것을 뜻한다. 타당성이 높을 경우는 4등분의 우측으로 '신뢰성이 높다'에서만 색칠이 되어 있다. 그림에서는 이럴 경우 '신뢰성은 높지만, 타당성은 낮다'를 뜻한다. 결론적으로 자료수집방법에 있어서 신뢰성이 타당성에 비해 확보하기가 용이한 이점이 있기는 하나, 일반적으로 타당성의 수립이 보다 더 가치 있다.

2. 신뢰성(Reliability)

(1) 정 의 17 기출

측정하고자 하는 현상이나 대상을 얼마나 일관성 있게 측정하였는가를 나타내는 것으로서 '안정성, 일관성, 예측가능성, 정확성'이라고도 표현한다. 즉, 신뢰성은 일관성이라 할 수 있다. 같은 상황에서 같은 실험을 반복할 경우 같은 결과가 나오는 것을 바로 신뢰성이 높다고 한다. 수험생들은 신뢰성과 타당성을 구분하기 어려워하는 경우가 있다. 신뢰성에 대해서 다음과 같은 방법으로 머릿속에 넣어두면 잊어버릴 일이 없다. 과녁과 화살의 예를 많이 드는데, 로빈후드처럼 같은 자리만을 일정하게 쏠 수 있는 것을 신뢰성이 높다고 할 수 있다. 로빈후드가 화살을 쏠 경우 우리는 그를 신뢰하고 머리 위에 사과를 놓을 수 있다.

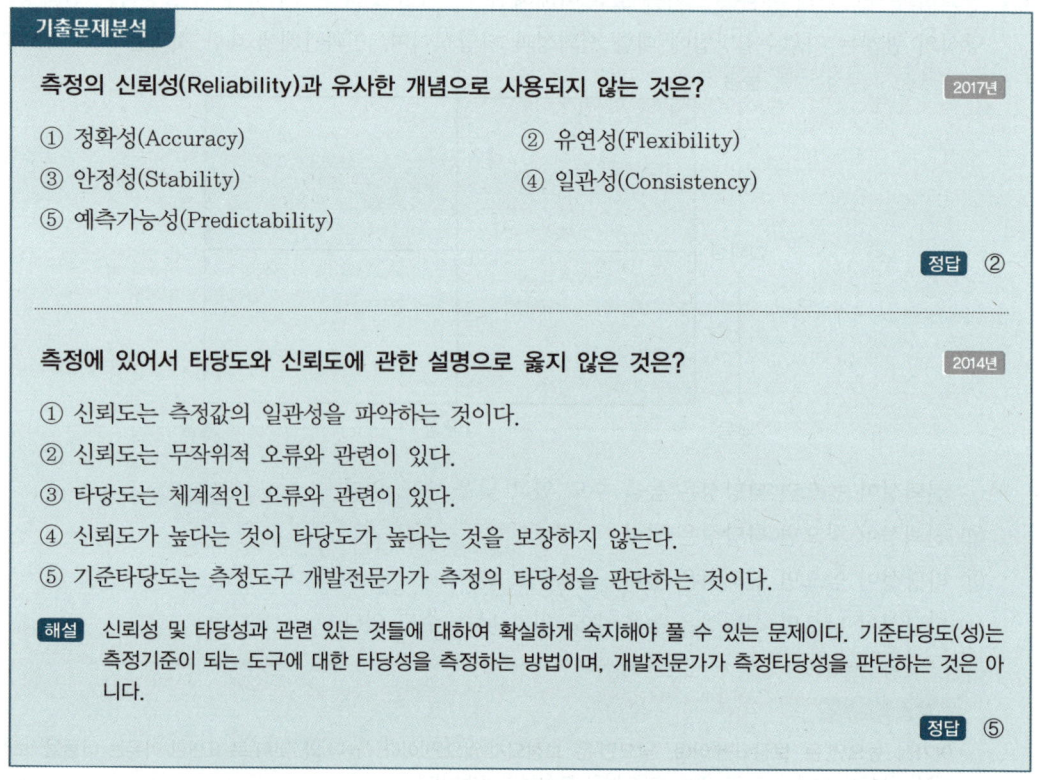

기출문제분석

측정의 신뢰성(Reliability)과 유사한 개념으로 사용되지 않는 것은? 2017년

① 정확성(Accuracy)
② 유연성(Flexibility)
③ 안정성(Stability)
④ 일관성(Consistency)
⑤ 예측가능성(Predictability)

정답 ②

측정에 있어서 타당도와 신뢰도에 관한 설명으로 옳지 않은 것은? 2014년

① 신뢰도는 측정값의 일관성을 파악하는 것이다.
② 신뢰도는 무작위적 오류와 관련이 있다.
③ 타당도는 체계적인 오류와 관련이 있다.
④ 신뢰도가 높다는 것이 타당도가 높다는 것을 보장하지 않는다.
⑤ 기준타당도는 측정도구 개발전문가가 측정의 타당성을 판단하는 것이다.

해설 신뢰성 및 타당성과 관련 있는 것들에 대하여 확실하게 숙지해야 풀 수 있는 문제이다. 기준타당도(성)는 측정기준이 되는 도구에 대한 타당성을 측정하는 방법이며, 개발전문가가 측정타당성을 판단하는 것은 아니니다.

정답 ⑤

(2) 신뢰성 측정방법(재동반내) 19 기출

신뢰성을 측정하기 위한 방법으로 4가지 지표를 사용하게 되는데, 이를 이해하기 쉽도록 질문지를 사용하여 조사할 경우에서 질문지의 신뢰도를 검사하는 방법으로 설명하겠다. 다음의 4가지 방법을 통하여 신뢰도를 보장할 수 있는 질문지를 만들고 조사를 실시한 경우 신뢰성이 높은 조사를 진행하였다고 할 수 있다.

① 검사 - 재검사법(Test-retest Method) : 동일한 측정대상에 대하여 동일한 측정도구를 통해 일정한 시간간격을 두고 반복적으로 측정하여 그 결과값들을 서로 비교분석하는 방법이다.

장 점	같은 검사를 두 번 반복 측정함으로써 측정이 매우 간단하다.
단 점	• 시간과 비용이 많이 든다. • 시간간격이 길 때는 실제값이 변할 수 있고, 시간간격이 짧을 때는 학습효과 중 주시험 효과에 의해 측정의 결과가 달라질 수 있다.

예 처음 토익시험을 친 이후 공부를 따로 하지 않더라도 단기간에 반복해서 치게 되면 시험 유형에 익숙해져 영어능력에 상관없이 점수가 오르게 된다.

② 동형검사법(Parallel-forms Technique) : 동일대상에 대하여 동등한 2가지의 척도를 가지고 일정시간 간격을 두고 측정하는 방법을 의미한다. 측정 후 측정값의 상관관계가 높으면 신뢰성이 높다고 할 수 있다. 상관관계는 피어슨 상관계수를 사용하여 측정한다.

③ 반분법(Split-half Method) : 측정항목을 양분하여 서로 다른 집단에서 측정하고 양분된 집단 간의 상관관계를 측정하는 방법을 의미한다. 예를 들어 앞장에는 홀수 문항, 뒷장에는 짝수 문항의 응답을 작성하여 그 결과를 서로 비교하는 방식을 들 수 있다. 상관관계는 스피어만 브라운 공식을 사용하여 측정한다.

④ 내적일관성(Internal Consistency Reliability) : 동일한 개념을 측정하기 위하여 여러 개의 항목을 이용하는 경우에 신뢰도를 측정하는 방법이다. 일반적으로 크론바흐 알파 계수가 0.6에서 0.7 이상이 되면 측정항목들은 비교적 신뢰도가 높다고 판단한다.

장 점	한 번에 검사를 하므로 재검사법과 두 개 척도를 개발하여 두 번 측정할 필요가 없어 간편하다.
단 점	측정항목의 구분에 따라 신뢰도(상관관계)가 변한다.

더 알아보기 크론바흐 알파(Cronbach's α) 계수 [19][21] 기출

두 항목 간의 상관관계를 변형한 값으로 보통 0~1 사이의 값을 가지며 보통 0.8~0.9 사이면 이상적이고 0.6 이상일 경우 신뢰도가 있다고 받아들이게 된다. 크론바흐 알파 계수가 작을 때는 신뢰도를 저해하는 개별 항목들을 파악하여 제거한 후 다시 측정하여 신뢰도를 높이게 된다.

$$크론바흐\ 알파 = \frac{문항수 \times 상관계수들의\ 평균값}{1 + (문항수 - 1) \times 상관계수들의\ 평균값}$$

(3) 신뢰성을 높이는 방법 [19] 기출

① 신뢰성이 높다고 인정되어 널리 사용되는 방법을 사용한다.
② 측정항목의 수, 척도점의 수를 높이면 크론바흐 알파 값은 커지며 신뢰도는 높아진다.
③ 측정항목 간의 모호성을 제거한다.
④ 응답자가 모르는 내용은 측정하지 않는다.
⑤ 시간과 비용이 허락된다면 반복측정법을 사용한다.

기출문제분석

신뢰도를 측정하는 방법으로 옳지 않은 것은? 2019년

① 유사양식법 ② 대체법
③ 반분법 ④ 내적일관성
⑤ 상호배타성

해설 상호배타성은 두 사건이 동시에 일어날 확률이 없다는 뜻으로, 신뢰도 측정방법과는 관계가 없다.

정답 ⑤

측정과정에서 신뢰성을 높이기 위한 방법에 관한 설명으로 옳지 않은 것은? 2015년

① 응답자에 따라 다양한 면접방식을 적용한다.
② 측정항목의 모호성을 제거한다.
③ 측정항목의 수를 늘린다.
④ 응답자가 모르는 내용은 측정하지 않는다.
⑤ 다른 연구에서 검증된 측정도구를 사용한다.

해설 신뢰성은 측정하고자 하는 현상이나 대상을 얼마나 일관성 있게 측정하였는가를 나타내는 것으로, 응답자에 따라 다양한 면접방식을 적용하면 신뢰성이 떨어진다.

정답 ①

전체 n개의 항목들을 가진 측정도구를 홀수 항목들과 짝수 항목들로 이루어진 두 세트의 측정도구로 분할했다. 이렇게 나눈 것들을 각기 독립된 측정도구들로 간주하고 두 측정도구 간의 상관관계를 추정하여 신뢰도를 파악하는 방법으로 옳은 것은? 2014년

① 유사 – 양식법, 동형검사법(Parall-forms)
② 이분법, 반분법(Split-half)
③ 일회집단 사례연구(Onetime Case Study)
④ 재검사법, 검사 – 재검사법(Test-retest)
⑤ 상호 관찰자 기법(Interobserver Reliability)

해설 반분법은 도구의 내적일관성을 측정하는 방법 중의 하나로, 도구에 있는 항목들을 단순하게 두 가지 부분으로 나눈 후 상관계수를 이용하여 두 가지 부분이 같은 개념을 측정하게 되는 방법이다.

정답 ②

3. 타당성(Validity)

(1) 정 의
측정하고자 하는 개념을 정확하게 측정하였는지, 즉 체계적 오차를 얼마나 줄였는지를 평가한 것이다. 측정하고자 하는 변수를 명확히 정의하고, 정확한 도구로 측정하였을 때 타당성이 높고 치우침이 적다고 평가한다. 즉, 타당성은 '말이 되는 것'이라 할 수 있다. 알고자 하는 것을 알아내기 위하여 조사를 실시하는데, 조사의 방향을 얼마나 제대로 잡았는지를 말한다.

> **예** '밥을 1공기 먹으면 IQ가 50이고 2공기 먹으면 IQ가 100이다'라고 가정해서 조사를 한다고 했을 때 이는 타당성이 떨어지는 조사방법이다. 지능검사를 밥을 많이 먹는 것으로 판별할 수 없으므로 조사의 방향 자체를 잘못 잡은 것이다.

(2) 타당성의 구분(내적/외적)
타당성은 크게 내적타당성과 외적타당성으로 구분한다. 내적타당성은 위에서 언급된 타당성과 그 내용이 같다고 보면 된다. 반면 외적타당성은 그 내용이 조금 다르다. 일반화 가능성이라 불리기도 하는데, 이는 실험에서 나온 결과를 얼마나 일상생활에 일반화할 수 있는지를 말하는 것이다. 즉, 외적타당성이 높으면 현실에 적용하기 좋다는 이야기이다.

① 내적타당성
실험이나 연구에서 다른 외생변수에 의한 영향을 제거함으로써 연구자가 연구하고자 하는 내용을 얼마나 정확하게 측정하여 분석할 수 있는가를 나타내는 지표를 말한다. 즉, 얼마나 알고자 하는 것을 잘 알아내고 이를 나타낼 수 있는지를 말한다.

② 내적타당성의 종류 20 24 기출
내적타당성의 종류는 기준타당성, 내용타당성, 구성타당성으로 나눌 수 있으며 이를 그림으로 표현하면 다음과 같다.

㉠ 기준타당성 : 이미 과거에 경험적으로 입증된 기준과 비교한 측정도구의 타당성을 말한다. 측정도구를 통해 얻어진 특정치, 이미 입증된 기준과 상관관계가 그 정도를 말해주는 것이다. 기준타당성을 경험타당도, 예시타당성, 준거타당성, 실용타당성라고도 부르며 여기에는 예측타당성과 동시타당성이 있다.
- 예측타당성(미래시점) : 측정기준이 되는 측정이 미래의 사건을 얼마나 잘 예측하는지를 알아보기 위한 것으로, 예를 들어 입사시험이 인재를 선발하는 데 타당한지를 알아보기 위해 입사 전 시험성적과 입사 후 성적과 비교하여 상관관계가 높다면 입사시험은 미래를 예측하는 예측타당도가 높은 것이다.
- 동시타당성(현재시점) : 측정기준이 되는 측정이 현재 상황을 얼마나 잘 반영하는지를 알아보기 위해 기존의 입증된 기준과 비교하여 그 정도를 파악하는 방법으로, 예를 들어 현재 국외영업권의 확대 차원에서 영어시험을 만들어 테스트를 실시할 경우 새로 만든 영어시험의 타당도를 측정하기 위해 토익시험과 비교하여 상관관계가 높게 나타나면 동시타당성이 높은 것이다.

㉡ 내용타당성 : 액면타당성, 표면타당성, 논리타당성이라고도 불리며, 측정도구가 측정하고자 하는 개념의 내용을 충분히 대표하고 있는가를 나타내는 정도를 말한다.

더 알아보기   안면타당도와 내용타당도

안면타당도는 일반인의 평가에 의해 평가되며 명료하게 판단될 수 있는 일반적 내용에 국한된다. 반면 내용타당도는 전문가의 철저한 평가에 의해 복잡한 내용에 관한 것도 고려된다.
- 안면타당도 : 일반인이 평가
- 내용타당도 : 전문가가 평가

기출문제분석

측정을 위해 개발한 도구가 측정하고자 하는 대상의 정확한 속성값을 얼마나 포괄적으로 포함하고 있는가를 나타내는 정도는?   2016년

① 내용타당도   ② 기준타당도
③ 예측타당도   ④ 외적타당도
⑤ 수렴타당도

해설 ① 내용타당도 : 측정도구가 측정하고자 하는 개념의 내용을 충분히 대표하고 있는가를 나타내는 정도를 말한다.
② 기준타당도 : 이미 과거에 경험적으로 입증된 기준과 비교한 측정도구의 타당성을 말한다.
③ 예측타당도 : 측정기준이 되는 측정이 미래의 사건을 얼마나 잘 예측하는지 나타내는 정도를 말한다.
④ 외적타당도 : 실험에서 나온 결과를 얼마나 일상생활에 일반화할 수 있는지를 말하는 것이다.
⑤ 수렴타당도 : 동일한 개념을 측정하기 위하여 서로 다른 측정방법을 사용하여 측정한 결과는 높은 상관관계를 보여야 한다는 개념이다.

정답 ①

ⓒ 구성타당성 : 개념타당성이라고도 한다. 내용타당성과 기준에 의한 타당성으로 설명하기 어려운 감정과 같은 추상적인 개념이나 속성을 측정도구가 얼마나 적절하게 측정하였는가를 나타내는 것을 말한다. 수렴(집중)타당성, 판별타당성, 이해타당성으로 구분할 수 있다.

- 수렴(집중)타당성 : 동일한 개념을 측정하기 위하여 서로 다른 측정방법을 사용하여 측정한 결과는 높은 상관관계를 보여야 한다는 개념이다. 즉, 결과가 수렴해야 한다는 것이다.

  예 영어능력 측정 시 토익, 토플이라는 방법으로 측정하여도 영어능력이 우수한 사람은 모든 테스트에서 높은 점수가 나와야 한다. 이 경우 토익, 토플은 수렴타당성이 높다고 할 수 있다.

- 판별타당성 : 서로 다른 개념을 측정할 경우에는 측정결과가 상이해야 한다는 것이다. 즉, 두 결과치가 상이하게 판별되어야 한다는 뜻이다.

  예 수학능력이 높은 사람과 영어능력이 높은 사람에게 토익시험을 쳤을 때 영어능력이 높은 사람만 점수가 높아야 한다. 이 경우 토익은 영어능력 측정에 관해 판별타당도가 높다고 할 수 있다.

- 이해타당성 : 측정 간에 이론적인 관계가 확인되면 이해타당성이 높은 것으로, 예를 들어 행복지수와 소득 수준이 이론적으로 밀접한 관계가 있다면 이를 측정한 행복지수와 소득 수준 사이에도 상관관계가 높아야 한다는 뜻이다. 17 기출

기출문제분석

대학원 입시에서 학부성적이 높은 지원자 순으로 선발하는 것에는 학부성적이 높은 지원자가 대학원에서의 성적도 높을 것이라는 가정이 담겨 있다. 이에 해당하는 타당도로 옳은 것은?

2018년

① 기준타당도 ② 내용타당도
③ 개념타당도 ④ 판별타당도
⑤ 집중타당도

해설 기준타당성(기준타당도)이란 이미 과거에 경험적으로 입증된 기준과 비교한 측정도구의 타당성을 말한다. 기준타당성에는 예측타당성과 동시타당성이 있는데 지문의 내용은 예측타당성을 나타낸다. 예측타당성이란 측정기준이 되는 측정이 미래의 사건을 얼마나 잘 예측하는지를 알아보기 위한 것으로, 예를 들어 입사시험이 인재를 선발하는 데 타당한지를 알아보기 위해 입사 전 시험성적과 입사 후 성적과 비교하여 상관관계가 높다면 입사시험은 미래를 예측하는 예측타당성이 높은 것이다.

정답 ①

서로 다른 개념을 측정했을 때 얻어진 측정치들 간의 상관관계가 낮게 형성되어야 하는 타당도의 유형으로 옳은 것은?

2016년

① 집중타당도 ② 판별타당도
③ 이해타당도 ④ 예측타당도
⑤ 내용타당도

해설 판별타당도는 서로 다른 개념을 측정할 경우에는 두 결과치가 상이하게 판별되어야 한다는 뜻이다. 예를 들어 수학능력이 높은 사람과 영어능력이 높은 사람에게 토익시험을 쳤을 때 영어능력이 높은 사람만 점수가 높아야 한다는 것이다. 이 경우 토익은 영어능력 측정에 관해 판별타당도가 높다 할 수 있다.

정답 ②

판매원 채용시험성적이 판매원으로서의 근무성과를 평가하는 데 적정한지를 나타내는 타당성으로 옳은 것은? `2015년`

① 수렴타당성 ② 기준타당성
③ 내용타당성 ④ 이해타당성
⑤ 판별타당성

> **해설** 측정기준이 되는 측정이 미래의 사건을 얼마나 잘 예측하는지를 알아보기 위한 것으로 예측타당성과 관련이 있으며 이는 기준타당성의 한 종류에 해당한다.
>
> **정답** ②

타당도를 높일 수 있는 방법으로 옳지 않은 것은? `2019년`

① 측정개념에 대한 정확한 이해를 통해 구체적이고 정확한 조작적 정의를 하고, 이에 맞는 측정항목을 개발한다.
② 신뢰성이 높은 측정문항을 사용한다.
③ 선행연구를 통해 실효성이 검증된 측정도구를 사용한다.
④ 한 가지 방법보다는 두 개 이상의 방법으로 측정한다.
⑤ 측정개념을 위한 용어를 정확하게 사용하고 응답자들에게 용어에 대한 개념을 정확하게 이해시킨다.

> **해설** 신뢰성이 높은 측정문항을 사용하는 것은 타당도가 아닌 신뢰도를 높이는 방법이다.
>
> **정답** ②

(ㄱ), (ㄴ)에 들어갈 용어를 바르게 연결한 것은? `2013년`

> • 동일한 개념을 서로 상이한 측정도구를 이용해서 측정한 결과값들의 상관관계가 높을수록 (ㄱ)타당성이 높다고 평가할 수 있다.
> • 서로 상이한 개념을 동일한 측정도구를 이용해서 측정한 결과값들의 상관관계가 낮을수록 (ㄴ)타당성이 높다고 평가한다.

① ㄱ - 집중, ㄴ - 내용 ② ㄱ - 내용, ㄴ - 집중
③ ㄱ - 판별, ㄴ - 내용 ④ ㄱ - 판별, ㄴ - 집중
⑤ ㄱ - 집중, ㄴ - 판별

> **해설**
> • 수렴(집중)타당성 : 동일한 개념을 측정하기 위하여 서로 다른 측정방법을 사용하여 측정한 결과는 높은 상관관계를 보여야 한다는 개념이다.
> • 판별타당성 : 서로 다른 개념을 측정할 경우에는 측정결과가 상이해야 한다는 것이다.
>
> **정답** ⑤

③ **외적타당성** : 실험을 통해 도출된 결과를 '얼마나 현실세계에서 잘 적용할 수 있는가?'를 말하며, 이를 일반화 가능성이라 말한다. 신뢰성과 구분하기 어려워하는 수험생도 있다. 신뢰성과 외적타당성의 가장 큰 차이는 다음과 같다.

- ㉠ 신뢰성 : 동일한 조건에서 동일한 결과가 나타난다. 만약 조건이 조금 달라진다면, 결과도 달라질 수 있다.
- ㉡ 외적타당성 : 비슷한 조건에서 비슷한 결과가 나타난다. 그렇기 때문에 조건이 조금 달라져도 결과가 크게 달라지지 않을 수 있다.

④ 외적타당성에 영향을 미치는 요인
- ㉠ 반작용효과 : 조사나 측정과정이 원인이 되어서 측정하고자 하는 응답자의 속성 또는 특성 자체가 변해버린다는 뜻의 반작용 내지 반응을 말한다.
- ㉡ 차별적 선정과 추출 : 조사대상자의 표본추출과정에서 특정한 속성을 지닌 집단이 차별적으로 뽑힘으로써 대표성의 문제가 생길 수 있다.
  - 조사과정에서의 선별적 감퇴현상 : 조사연구를 진행하는 도중에 특정 조사대상자가 임의로 표본으로부터 탈락하는 경우 또는 표본으로 정하고도 조사에 포함시키지 않는 경우에는 그 결과를 해석하는 데 문제가 생긴다.
  - 통계적 회귀 : 시계열상으로 수량적인 자료 또는 측정치를 다룰 때, 처음 시점에서 점수가 극단적인 사례들이 다음 시점에서는 평균치에 더 가까워지는 현상에 대한 해석상의 오류를 말한다.

(3) 타당성 저해요인(우성시측통편소)

① 내적타당성 저해요인 : 이들을 '외생변수'라고 하기도 한다. 17 18 20 21 23 24 기출

> **학습포인트**
> 외생변수는 조사자가 종속변수에 영향을 주는 변수로 설정하지 않았음에도 불구하고 종속변수에 영향을 주어 조사를 방해하는 요인이라고 이해하면 간단하다.

내적타당성 저해요인	설 명	사 례
우연적 사건(역사)	실험기간 중에 발생한 우발적 사건	TV프로그램(독립변인)이 종속변인에 미치는 영향을 연구 시, 프로그램을 실시하는 중에 전염병이 발생되었다면 전염병이라는 우발적 사건이 평가결과에 영향을 주게 된다.
성숙효과	실험 도중 대상자가 변하는 사건	초등학생의 수학능력 검사를 실시하고, 3년 뒤에 다시 실시할 경우 아이가 중학생이 된 경우는 성숙효과로 인하여 결과가 상이하게 달라질 수 있다.
(상호작용) 시험효과	실험 전에 실시한 사전검사 경험이 실험결과 측정을 위한 사후검사 득점에 영향을 줌	사전검사로 학력검사를 실시하고 일정 기간 어떤 특별한 교육적 조치를 취한 후에 사전검사와 완전히 동일한 학력검사로 사후검사를 실시했다면, 사전검사에 출제된 문항내용을 풀어본 경험이 작용하여 사후검사 득점이 높아질 가능성이 있다.
측정도구의 변화	사전-사후검사 검사도구가 달라지거나, 조사자의 변화(심리적, 상황적)로 인해 실험 측정치에 변화가 생김	사전에 한 번 측정하고, 사후에 측정하는 경우, 사후검사가 사전검사보다 더 어렵거나 쉬울 때 측정도구가 변화한다고 이야기할 수 있다. 이는 조사자가 달라질 경우도 포함된다. 관찰자가 동일하더라도 사전-사후검사 사이에 관찰자의 숙련도가 높아지거나, 반대로 피로가 누적되어 부주의로 인해 평정결과가 달라질 수도 있다.

통계적 회귀	극단적으로 높거나 낮은 점수로 피험자를 선발하면, 처치와 무관하게 사후검사 득점이 평균으로 접근하는 현상	능력이 아주 낮은 피험자는 사전검사에서 조금이라도 더 높은 점수를 받을 확률이 높아진다.
표본선택의 편향	실험집단과 비교집단의 피험자선발 시 동질적이지 않아 나타나는 현상	새로운 프로그램 평가 시 실험집단에는 학습동기가 높은 피험자를 선발하고, 통제집단에는 학습동기가 낮은 피험자를 선발하여 수업을 한 후 시험을 실시하면, 실험집단과 통제집단의 시험점수는 프로그램의 영향보다는 두 집단의 동기 수준의 차이에서 비롯되었을 가능성을 배제하지 못한다.
소멸(탈락)	피험자가 어떠한 사유로든(열등감, 소외감, 피곤함 등) 실험에서 중도 탈락하는 현상으로 피험자가 소멸하였다고 말함	실험집단에게 새 교재로 수업하고 통제집단에는 종전 방식대로 수업해서 그 결과를 측정·비교하면 실험집단 성적이 통제집단성적보다 월등히 높게 나올 가능성이 있다. 그것은 교재로 수업한 효과라기보다는 통제집단에 속한 학생들이 사후검사에 흥미를 잃고 최선을 다하지 않았기 때문에 일어난 결과이다.

기출문제분석

'스팸메일에 대한 반응에 대한 실험조사 중에 갑자기 바이러스 경보나 언론에서 스팸메일의 문제점을 보도하면 응답자의 반응이 달라지는 경우'에 해당하는 외생변수로 옳은 것은? 2018년

① 성숙효과
② 시험효과
③ 통계적 회귀
④ 우연적 사건
⑤ 측정방법의 변화

해설 우연적 사건이란 실험기간 중에 발생한 우발적 사건에 의해 발생하는 외생변수를 말하는 것으로, 예를 들면 TV프로그램(독립변인)이 종속변인에 미치는 영향을 연구 시, 프로그램을 실시하는 중에 전염병이 발생되었다면 전염병이라는 우발적 사건이 평가결과에 영향을 주게 되는 것을 의미한다.

정답 ④

신제품 K의 인지도 조사 결과를 받은 A사는 조사를 위해 사용된 설문지에 약간의 오류가 있음을 발견하였다. A사는 동일한 집단을 대상으로 일부 수정된 설문지를 이용하여 인지도를 재조사하였다. 이 경우에 발생할 가능성이 높은 외생변수로 옳은 것은? 2018년

① 우연적 사건
② 성숙효과
③ 시험효과
④ 실험대상의 소멸
⑤ 통계적 회귀

해설 시험효과는 상호작용 효과라고도 하는데, 실험 전에 실시한 사전검사 경험이 실험결과 측정을 위한 사후검사 득점에 영향을 주는 현상을 말한다.

정답 ③

내적타당성의 위협요인 중 표본의 대표성 관련요인으로만 이루어진 것은? 2017년

① 성숙(Maturation), 회귀(Regression), 상실(Mortality)
② 선발(Selection), 상실(Mortality), 회귀(Regression)
③ 성숙(Maturation), 역사(History), 검사(Testing)
④ 검사(Testing), 회귀(Regression), 역사(History)
⑤ 선발(Selection), 검사(Testing), 성숙(Maturation)

해설 내적타당성 저해요인 중에 대표성과 관련된 요인은 선발(표본선택의 편향), 상실(소멸), 회귀(통계적 회귀)이다. 어렵게 다가올 수 있지만 개념을 잘 이해한다면 풀 수 있으니 이해하고 넘어가자.

정답 ②

다음 설명 중 옳은 내용을 모두 고른 것은? 2016년

ㄱ. 외생변수는 결과변수에 영향을 주기 때문에 독립변수로 해석될 수 있다.
ㄴ. 사망, 이사 등으로 실험대상이 실험에서 이탈되는 것은 균형화의 오류이다.
ㄷ. 시험효과는 실험기간 중에 변화된 실험집단의 특성 때문에 나타난다.
ㄹ. 외생변수는 측정방법의 변화에 의해서 발생될 수 있다.

① ㄱ, ㄷ
② ㄱ, ㄹ
③ ㄴ, ㄷ
④ ㄴ, ㄹ
⑤ ㄷ, ㄹ

해설 ㄴ. 사망, 이사 등으로 실험대상이 실험에서 이탈되는 것은 소멸(탈락)이다.
ㄷ. 실험기간 중에 변화된 실험집단의 특성 때문에 나타나는 것은 성숙효과이다.

정답 ②

측정을 할 때 개입되는 오류의 원천이 아닌 것은? 2016년

① 측정하고자 하는 현상과 측정의 숫자체계 간의 직접 연결
② 측정방법이나 측정도구의 불완전성
③ 측정된 자료의 분류와 처리과정에서의 오류
④ 측정자와 측정대상 간의 상호작용
⑤ 측정도구와 측정대상 간의 상호작용

해설 측정하고자 하는 현상과 측정의 숫자체계 간 직접 연결은 측정 시 개입되는 오류의 원천과 관련이 없다.

정답 ①

> 실험 과정에서 첫 번째 측정의 경험이 두 번째 측정에 영향을 주는 것은? `2015년`
> ① 성숙효과 ② 시험효과
> ③ 측정도구의 변동 ④ 통계적 회귀
> ⑤ 실험목적에 대한 예상
>
> [해설] 실험 전 실시한 사전검사 경험이 실험결과 측정을 위한 사후검사 득점에 영향을 주는 현상을 '시험효과'라고 한다.
>
> [정답] ②

② 외적타당성 저해요인
  ㉠ 선발과 처치의 상호작용
    • 피험자의 특성에 따라 실험조건의 영향이 다르게 작용하는 경우에 일어난다.
    • 프로그램이 기초실력이 낮은 학생에게는 유리하나 기초실력이 높은 학생에게는 효과가 없는데도 학생의 기초실력을 전혀 고려하지 않고 평가했다면, 그 프로그램의 효율성에 대한 평가결과는 선발과 처치의 상호작용 때문에 모든 학생에게 일률적으로 적용시킬 수 없다.
  ㉡ 검사경험의 반응적 효과
    • 사전검사 경험이 결과의 일반화 가능성을 제약하는 것을 말한다.
    • 사전검사와 사후검사를 실시하는 평가설계에서 사전검사를 받음으로써 평소에는 별로 관심을 기울이지 않던 문제, 사건에 주의를 기울이게 되어 사후검사 성적이 향상되었을 가능성이 있을 때는 내적·외적타당도를 약화시킨다.
  ㉢ 실험처치의 반응적 효과
    • 피험자들이 실험에 참여하고 있다는 것을 의식하여 실험조건에 특별히 반응하고 열심히 노력함으로써 실험결과가 의외로 높아진다.
    • 행동발달을 촉진하기 위한 교육적 조치를 평가할 때 실험대상으로 표집된 학생이 학교의 명예를 위하여 평소 행동과는 달리 의식적으로 행동해 평가결과에 작용할 수 있다.
  ㉣ 처치 간 간섭
    • 동일한 피험자에게 2가지 이상의 처치를 반복적으로 실시할 경우에 제일 먼저 받은 A처치가 B처치에, B처치는 C처치에 작용하여 처치순서가 실험결과에 영향을 준다.
    • 학습방법을 평가할 때 실험집단에게는 개별학습을 시킨 후 협동학습을 시키고, 다른 실험집단에게는 협동학습을 시킨 후에 개별학습을 시켜 개별학습과 협동학습의 효과를 평가했다면 그 평가설계에는 처치 간 간섭이 작용했을 가능성이 있다. 그런 경우 실험결과는 똑같은 순서대로 처치를 받은 집단에만 일반화될 수 있다.

③ 타당성 저해요인 해결방안 = 외생변수를 통제하는 방법(**제균상무**) 17 20 기출
  ㉠ **제**거 : 외생변수로 작용할 수 있는 요인이 실험상황에 개입되지 않도록 하는 방법
  ㉡ **균**형화 : 예상되는 외생변수의 영향을 동일하게 받을 수 있도록 실험집단과 통제집단을 선정하는 방법
  ㉢ **상**쇄 : 외생변수가 작용하는 강도가 다른 상황에서 다른 실험을 실시함으로써 외생변수의 영향을 제거하는 방법
  ㉣ **무**작위화 : 어떠한 외생변수가 작용할지 모르는 경우, 실험집단과 통제집단을 무작위로 추출하는 방법
④ 신뢰성과 타당성 모두에 영향을 미치는 요인
  ㉠ 검사도구 및 그 내용
    • 측정의 길이 : 질문이 길어져 조사대상자가 싫증을 느끼면 편의주의적·형식적 응답이 발생한다.
    • 문화적 요인 : 관례상 사용되지 않는 단어나 문구 포함 시 문제가 유발된다.
    • 질문의 형태 : 객관식 질문과 다르게 주관식 질문은 응답자의 능력·교육 수준에 영향을 받는다.
    • 기계적 요인 : 질문지의 탈자, 오자, 읽기 어려운 단어, 페이지의 누락 등은 오해를 유발한다.
  ㉡ 환경적 요인 : 대인면접 시 면접자의 개인적 특성의 영향과 주관식(개방형) 질문의 경우 타인의 영향을 받는다. 반면에 객관식(폐쇄형) 질문의 경우에는 타인의 영향을 덜 받는다.
  ㉢ 개인적 요인 : 응답자의 사회경제적 지위로 직업, 소득, 교육 수준, 성별, 연령 등에 영향을 받는다.
  ㉣ 사회적 요청 : 응답자들이 진실을 밝히기보다는 사회적으로 바람직하다고 판단되는 응답을 하는 경우 영향을 받는다.
  ㉤ 조사자의 편견 : 주관식 질문의 경우 코딩 시 조사자 해석에 따른 편견이 개입하는 경우 영향을 받는다.

4. 체계적 오차와 비체계적 오차

측정오차란 실제값과 측정값의 차이를 말하며 체계적 오차와 비체계적 오차로 구성되어 있다.

> 측정오차 = 체계적 오차 + 비체계적 오차

구분	체계적 오차	비체계적 오차
정의	측정오차가 **일정한 패턴**을 가지고 체계적으로 일어나는 오차의 일종으로 타당성과 관련 있다.	측정오차가 일정한 패턴을 가지고 체계적으로 일어나는 것이 아니라 **무작위적**으로 발생하는 오차로 신뢰성과 관련 있다.
내용	가령 무게 단위가 크게 기재된 저울을 가지고 측정할 때마다 **매번** 무게는 크게 나타난다.	측정대상, 측정상황, 측정과정 등 우연적·**가변적**으로 일어나는 오차이므로 사전에 통제하기가 매우 어렵다.
타당성과의 관계	측정하려던 개념을 제대로 측정하지 못하기 때문에 타당성이 떨어진다. 본 그림처럼 체계적 오차가 발생하면 신뢰성은 높으나 참값과 멀어져 타당성은 낮게 된다.	비체계적 오차가 발생하면 측정할 때마다 동일한 결과를 가져올 수 없기 때문에 신뢰성이 떨어진다. 본 그림처럼 비체계적 오차가 발생하면 동일한 상황에서 동일한 대상 측정 시 결과가 동일하게 나타나지 않아 신뢰성은 떨어지게 된다.

기출문제분석

신뢰도와 타당도에 관한 설명으로 옳지 않은 것은? `2018년`

① 신뢰도는 같은 대상에 대해 반복적으로 적용된 측정방법이 매번 동일한 결과를 가져오는가에 대한 평가이다.
② 신뢰도는 측정값에 포함된 체계적 오류의 발생정도를 의미한다.
③ 타당도는 측정값이 연구하려는 개념을 실제로 측정하여 반영하는 정도를 말한다.
④ 측정값에 지속적 오류가 발생된다면 그 측정값은 타당도가 결여된 것이다.
⑤ 설문지의 문항 자체를 잘못 개발한 경우 측정의 타당도에 큰 영향을 미친다.

해설 신뢰성과 타당성 그리고 체계적 오차와 비체계적 오차에 대한 확실한 이해가 필요하다. 신뢰성과 관련된 오차는 비체계적 오차와 관련이 있다. 반대로 타당성과 관련된 오차는 체계적 오차와 관련이 있다.

정답

측정오차에 관한 설명으로 옳지 않은 것은? `2015년`

① 측정도구 자체가 잘못됨으로써 발생하는 오차는 체계적 오차이다.
② 체계적 오차가 작을수록 신뢰성과 타당성이 높아진다.
③ 어떤 개념을 유사한 여러 항목으로 측정할 때, 응답자가 임의로 답한다면 비체계적 오차가 높아진다.
④ 비체계적 오차는 신뢰성과 관련된 개념으로 측정 상황에 따라 발생할 수 있는 무작위 오차이다.
⑤ 측정오차는 측정대상이 갖는 참값과 측정도구를 사용하여 얻어진 측정값 사이의 불일치 정도를 의미한다.

해설 체계적 오차가 작을수록 신뢰성은 낮아지며 타당성은 높아진다.

정답 ②

측정의 타당도는 낮은 반면에 신뢰도는 높은 경우에 해당하는 측정오차에 관한 설명으로 옳은 것은?

2019년

① 체계적 오차는 작은 반면에 무작위 오차는 크다.
② 체계적 오차와 무작위 오차 모두 작다.
③ 체계적 오차와 무작위 오차 모두 크다.
④ 체계적 오차는 큰 반면에 무작위 오차는 작다.
⑤ 체계적 오차와 무작위 오차의 크고 작음을 판단할 수 없다.

해설 타당도가 낮은 반면 신뢰도는 높은 경우는 체계적 오차가 발생한 경우이며, 비체계적 오차(무작위 오차)는 작은 경우에 해당한다.

정답 ④

A 브랜드에 대한 2가지 광고 유형 중 어느 것이 브랜드 태도 향상에 효과적인지를 실험을 통해 파악하고자 하는 경우, 외생변수로 작용할 수 있는 요인이 브랜드 인지도라는 것을 사전에 알고 실험집단 내 구성원들이 집단별로 동일한 브랜드 인지도 분포를 갖도록 함으로써 외생변수를 통제하는 방법은?

2017년

① 제거(Elimination)
② 균형화(Matching)
③ 상쇄(Counter Balancing)
④ 무작위화(Randomization)
⑤ 소멸(Mortality)

정답 ②

외생변수의 통제방법이 아닌 것은?

2015년

① 제거(Elimination)
② 균형화(Matching)
③ 상쇄(Counter Balancing)
④ 무작위화(Randomization)
⑤ 래더링(Laddering)

해설 외생변수를 제거하는 방법에는 제거, 균형화, 상쇄, 무작위화가 있다. [제균상무로 암기하자!]

정답 ⑤

7 측정과 척도

1. 측정

(1) 측정이란 이론을 구성하고 있는 개념들을 현실세계에서 관찰이 가능한 자료와 연결시켜 주는 과정이며 경험의 세계와 추상적인 관념의 세계를 연결해 주는 수단이라 할 수 있다.

(2) 연구자가 관심을 가지고 있는 현상이나 개념에 대해 일정 규칙을 가지고 숫자를 할당하는 과정이라 할 수 있다. 즉, 우울증이나, 불안감과 같은 추상적 개념을 구체적인 수치로 계량화하여 측정할 수 있다.

(3) 따라서 측정은 주관적이고 추상적 개념들을 객관적으로 표준화하는 기능을 한다.

> **학습포인트**
> 측정과 척도는 조사설계 파트에 위치하고 있지만, 분석 및 활용의 통계와 관련되어 있다. 실제로 조사방법론에 나오는 모든 정보는 상호배타적인 관계가 아니라 상호유기적인 관계라 할 수 있다. 즉, 측정과 척도는 조사설계와도 관련되며, 통계에도 관련된다. 그렇기 때문에 조사방법론은 전체적인 이해를 필요로 하는 과목이다.

측정에 대하여 배우기 위해서는 개념적 정의와 조작적 정의에 대하여 알 필요가 있다. 또한 그에 앞서서 변수 및 구성개념에 대하여 알아야 한다. 변수는 구체적 변수와 구성개념으로 구성되어 있다. 구체적 변수는 객관적 측정이 가능한 길이, 매출액 등을 말하며, 구성개념은 객관적 측정이 불가능한 것으로 이미지, 태도, 지능 등을 말한다. 개념적 정의와 조작적 정의는 이러한 구성개념인 '추상적 변수'에 의미를 부여해준다.

2. 개념적 정의와 조작적 정의

(1) 개념적 정의(Conceptual Definition)는 측정대상이 되는 어떤 개념(Concept, Construct)의 의미를 사전적이고 일반적인 정의를 내린 것을 이야기하며, 일반적으로 통용되기보다는 실험 안에서 사용하는 정의다.

> 예 '지적능력' 자체로 개념적 정의를 하면 '사람이 사물을 이해하고 기억하는 능력'이라 할 수 있다.

(2) 조작적 정의(Operational Definition)는 어떤 개념에 대해 응답자가 구체적인 수치(Number)를 부여할 수 있는 형태로 상세하게 정의를 내리는 것을 말한다. 즉, 추상적인 개념을 측정이 가능한 구체적인 형태로 만드는 것을 이야기한다.

> 예 '지적능력'을 조작적 정의하면 '의사소통이 가능한 수준의 언어능력을 가진 IQ'라 할 수 있다.

더 알아보기 | 개념적·조작적 정의

다시 말해 '지능이 높다'를 갖고 각 정의를 비교하면 다음과 같다.
- 개념적 정의 : 지능이 높다는 것은 '수리력과 학습력이 뛰어나다'는 것이다. 온도로 예를 들자면 '따뜻하고 차가운 정도'라고 정의할 경우 개념적 정의에 해당한다.
- 조작적 정의 : '수리영역 80점 이상이거나 새로운 영어단어를 학습하였을 경우 1분에 10개 이상 외울 수 있어야 지능이 높다.'라고 정의하거나 온도를 '온도계의 눈금'으로 정의하는 것은 조작적 정의라 할 수 있다.

개념적 정의	조작적 정의
• 지능 = 이해능력, 기억능력 • 온도 = 따뜻한 정도	• 지능 = IQ 혹은 EQ • 온도 = 온도계 눈금

기출문제분석

측정과 척도에 관한 설명으로 옳지 않은 것은? 2018년

① 측정은 경험의 세계와 개념적 추상적 세계를 연결하는 수단이라고 할 수 있다.
② 척도는 연구대상의 속성에 숫자나 분류표시를 부여하는 데 사용할 수 있는 측정도구를 말한다.
③ 척도는 대상물의 속성이 어떠한 특성을 지니는가에 따라 측정의 수준(Level of Measurement)이 달라지는 것과 관련된다.
④ 연구자는 연구대상이 되는 변수를 어떻게 측정해야 할지를 구체화하는 조작적 정의를 해야 한다.
⑤ 척도는 이론을 구성하는 개념들을 현실세계에서 관찰이 가능한 자료와 연결해주는 과정이라고 할 수 있다.

[해설] 측정이란 이론을 구성하고 있는 개념들을 현실세계에서 관찰이 가능한 자료와 연결시켜주는 과정이며, 경험의 세계와 추상적인 관념의 세계를 연결해주는 수단이라 할 수 있다.

[정답] ⑤

A브랜드 충성도에 관한 조사를 실시하는 연구자가 선행연구를 통해 '동종의 제품을 10번 구매했을 때 A브랜드를 구매한 횟수'를 A브랜드 충성도로 적용하였다. 이 과정으로 옳은 것은? 2018년

① 측 정
② 구성 개념
③ 측정 변수
④ 개념적 정의
⑤ 조작적 정의

[해설] 조작적 정의(Operational Definition)는 어떤 개념에 대해 응답자가 구체적인 수치를 부여할 수 있는 형태로 상세하게 정의를 내리는 것을 말한다. 즉, 추상적인 개념을 측정이 가능한 구체적인 형태로 만드는 것을 이야기한다.
[예] '지적능력'을 조작적 정의하면 '의사소통이 가능한 수준의 언어능력을 가진 IQ'라 할 수 있다.

[정답] ⑤

개념적 정의와 조작적 정의에 관한 설명으로 옳은 것은? 〈2015년〉

① 개념적 정의는 측정가능성과 직결된 정의이다.
② 개념적 정의는 조작적 정의를 현실세계의 현상과 연결시켜주는 역할을 수행한다.
③ 조작적 정의는 조사에 사용되는 구성개념의 특징을 일반화시켜 추상적으로 표현한 것이다.
④ 조작적 정의는 인위적이기 때문에 가능한 한 피해야 한다.
⑤ 특정한 개념에 대해 규정된 하나의 조작적 정의만 존재하는 것은 아니다.

해설 ① 조작적 정의가 직결된 정의이다.
② 조작적 정의는 개념적 정의를 현실세계의 현상과 연결시켜주는 역할을 수행한다.
③ 개념적 정의에 해당한다.
④ 조작적 정의는 개념적 정의에 의해 구체화된 추상적 개념을 실제 경험적 세계에서 측정 가능한 형태로 정의하므로, 개념적 정의를 통해 용어의 의미가 보다 더 분명해지고 조작적 정의를 통하여 경험적 세계에서 보다 구체화되어 직접 측정 가능하게 된다. 따라서 조작적 정의를 피해야 하는 것은 아니다.

정답 ⑤

정의에 관한 문제로 개념적 정의와 조작적 정의가 있다. 다음 중 조작적 정의에 관한 설명으로 옳지 않은 것은? 〈2014년〉

① 조작적 정의는 추상적 사회현상을 연구하고 맥락에 따라 일반화시켜 내린 정의이다.
② 좋은 조작적 정의는 타당해야 한다.
③ 개념적 정의는 조작적 정의의 전 단계에서 이루어진다.
④ 개념에 대한 조작적 정의는 복제가 가능해야 한다.
⑤ 같은 현상을 관찰할 경우 동일 개념에 대해 내려진 조작적 정의는 서로 다른 조사 연구에서도 동일하게 적용될 수 있어야 한다.

해설 조작적 정의는 수치 등 측정할 수 있는 형태로 정의를 내리는 것이지 단순하게 일반화시켜 내린 정의라 할 수 없다.

정답 ①

3. 척도의 정의와 분류

(1) 척도의 정의

사물이나 사람의 특성을 수량화하기 위해 체계적인 단위를 가지고 그 특성에 숫자를 부여한 것을 말한다. 즉, 지능에 대하여 조작적 정의를 거쳐 수치화한 것을 예로 들 수 있다.

예 지능에 대한 척도화를 실시하면 다음과 같다.
　　IQ 80 이하는 지능이 낮으며, 100까지는 보통, 120까지는 보통 이상, 120이 넘어가면 높음

(2) 척도의 분류 ⑰ ⑲ ⑳ ㉑ ㉒ ㉓ ㉔ ㉕ 기출

① **명목척도(질적변수)** : 관찰대상의 관심속성을 측정하여 그 값을 범주로 나타내는 방법이다. 범주들은 상호배타적이고 포괄적인 성격을 갖고 있다. 즉, 범주 간에 중복이 없어야 하고 변수는 모든 내용을 포함해야 한다. 숫자를 붙여서 사용하기도 하는데, 이때 숫자는 양적인 의미가 아니고 기호로써 단지 측정대상을 명목으로 지칭하는 것이므로 사칙연산은 불가능하다.
　예 야구선수들의 등번호, 성별, 종교, 학교, 인종, 주민등록번호 등

② **서열척도(질적변수)** : 관찰대상의 관심속성을 측정하여 그 값을 순위로 나타낸 척도이다. 상대적인 값 때문에 구분된 자료들은 서열 또는 순위만을 가지며, 서열 간의 거리를 알 수 없다. 즉, 100점인 시험에서 1위와 2위의 점수차가 1점인데, 2위와 3위의 점수차는 40점이 날 수도 있다는 것이다. 서열척도에서는 순위만을 나타내며, 그 차이의 정도를 나타낼 수는 없다.
　예 반 석차, MLB팀 순위, 사회계층, 선호 순위, 소득 수준, 등급, 직위, 통증 정도 등

③ **등간척도(양적변수)** : 관찰대상의 속성 값을 상대적 크기(상대적 영점을 갖고 있음)로 나타낸 것이다. 서열을 나타내며, 서열 간의 거리가 같다. 서열척도보다 높은 차원이라 생각하면 이해가 편하다. 덧셈 뺄셈의 가감연산은 가능하나 곱하기 나누기의 승제연산은 불가능하다. 명목척도와 서열척도의 특징을 모두 가지고 있으며 크기의 정도를 말할 수 있다.
　예 온도계, 리커트 5점 척도, IQ 및 EQ 점수, 물가지수, 경제성장률, 사회지표 등

④ **비율척도(양적변수)** : 절대적 기준인 0값이 존재하고(절대영점을 갖고 있음) 모든 사칙연산이 가능하다. 가장 포괄적인 정보를 제공하는 최상위 수준의 측정척도를 갖고 있는 척도이다. 숫자로 표현되는 것이라고 생각하면 편하다. 또한 'A는 B의 몇 배이다'라고 표현할 수 있다면 비율척도라 할 수 있다.
　예 길이, 중량, 밀도, 각도, 거리, 소득, 환자 수, 학교까지의 거리, 인구증가율, 교통사고 건수, 연령, 무게, 신장, 수입, 압력, 출석률, 졸업생 수, 시간, 넓이, 가격, 생산원가, 생산량, 중량, 주가변동, 높이, 화폐, 인구수, 길이, TV 시청률 등

⑤ 명목척도와 서열척도는 질적척도, 등간척도와 비율척도는 양적척도라고 한다. 척도에 따라 변수가 갖게 되는 정보량이 적은 순부터 '명목척도 < 서열척도 < 등간척도 < 비율척도'의 순서이다. 또한 대체로 변수측정에 있어서 양적척도가 질적척도보다 비용과 노력이 많이 들어간다. 질적척도는 심층조사, 양적척도는 양적조사라 생각하면 그 이유가 설명되는데, 양적조사는 많은 사람들을 대상으로 조사하는 것이기 때문이다.

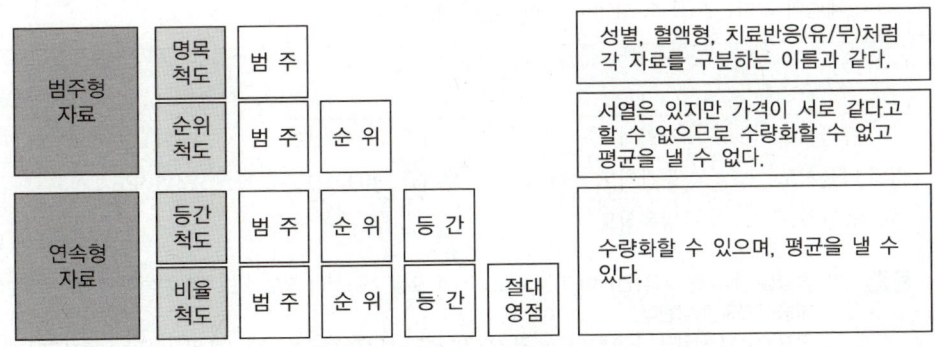

기출문제분석

척도에 관한 설명으로 옳은 것은? `2018년`

① 명목척도의 숫자는 크기의 의미를 가진다.
② 서열척도의 숫자 간의 차이는 절대적 의미를 가진다.
③ 등간척도는 범주, 서열, 간격의 정보를 가진다.
④ 비율척도는 각각의 값이 절대적 의미가 없지만 0을 포함한다.
⑤ 등간척도에서는 중심경향을 나타내는 값으로 평균만 사용할 수 있다.

해설 등간척도(양적변수)는 관찰대상의 속성 값을 상대적 크기(상대적 영점을 갖고 있음)로 나타낸 것이다. 서열을 나타내며, 서열 간의 거리가 같다. 서열척도보다 높은 차원이라 생각하면 이해가 편하다. 덧셈, 뺄셈의 가감연산은 가능하다. 곱하기, 나누기의 승제연산은 불가능하다. 명목척도와 서열척도의 특징을 모두 가지고 있으면서 '크기의 정도'를 말할 수 있는 척도이다.
예 온도계, 리커트 5점 척도, IQ 및 EQ점수, 물가지수, 사회지표 등

정답 ③

응답 기업의 연간 매출액을 '원' 단위로 조사하고자 하는 경우 적합한 척도로 옳은 것은? `2017년`

① 비율척도
② 서열척도
③ 등간척도
④ 리커트척도
⑤ 명목척도

해설 비율척도(Ratio Scale)
가장 포괄적이고 많은 정보를 담고 있는 최상위 수준의 척도를 말한다. 절대적 기준인 0값이 존재하고(절대영점을 갖고 있음) 모든 사칙연산이 가능하다.
예 길이, 중량, 밀도, 각도, 거리, 소득, 환자 수, 학교까지의 거리, 인구증가율, 교통사고 건수, 연령, 무게, 신장, 수입, 압력, 출석률, 졸업생 수, 시간, 넓이, 가격, 생산원가, 생산량, 중량, 주가변동, 높이, 화폐, 인구수, 길이, TV 시청률 등

정답 ①

다음 중 계란을 측정한 척도의 종류가 바르게 짝지어진 것은? `2018년`

> ㄱ. 계란의 무게는? (　　)g
> ㄴ. 계란의 크기는? ① 소 형 ② 중 형 ③ 대 형

	ㄱ	ㄴ		ㄱ	ㄴ
①	등간척도	서열척도	②	서열척도	등간척도
③	비율척도	등간척도	④	비율척도	서열척도
⑤	등간척도	명목척도			

해설 ㄱ. 중량을 나타내는 사칙연산이 가능하고 숫자로 표현 가능하며 정도와 크기를 구분할 수 있는 척도이므로, 비율척도에 해당한다.
ㄴ. 단지 순서와 서열만 나타내고 대상 간 크기의 정도나 양적 정도를 나타내지 않으므로, 서열척도에 해당한다.

정답 ④

척도에 관한 설명으로 옳지 않은 것은? 2019년

① 연구대상을 분류하는 명목척도는 상호배타적 특성을 갖는다.
② 서열척도는 연구대상의 차이 정도를 수치로 할당한다.
③ 등간척도는 사칙연산 중 일부 연산이 가능하고, 상대적 크기를 비교할 수 있다.
④ 비율척도에서 0은 '존재하지 않음'의 의미를 갖는다.
⑤ 비율척도는 절대적 크기를 비교할 수 없다.

해설 서열척도는 순서 서열만 나타낼 뿐, 차이의 정도를 수치로 할당할 수 없다. 연구대상의 차이 정도를 수치로 할당할 수 있는 것은 비율척도이다.

정답 ②

학습포인트

척도의 종류에 따라서 뒤에서 나오는 통계 관련한 부분에서 차이가 생긴다. 1차 시험인 '조사방법론'에서는 통계부분에 관해서는 개념만을 묻는 문제가 주로 출제된다. 그렇기 때문에 '통계부분'이 아닌 '조사방법론' 부분에 집중을 하는 것이 효율적으로 고득점할 수 있는 방안이라 하겠다. 다음의 표는 척도와 통계가 이어진다는 것을 보여주는 예로만 활용하자.

[척도의 분류와 특징]

항 목	명목척도	서열척도	등간척도	비율척도
구 분	O	O	O	O
서 열	×	O	O	O
거 리	×	×	O	O
비 율	×	×	×	O
평균, 분산, 표준편차	×	×	O	O
중앙값	×	O	O	O
최빈값(빈도수)	O	O	O	O
연 산	불 가	불 가	+, −	+, −, ×, ÷
예 시	선수 등번호	성 적	온 도	길이, 금액
통계분석방법	이항검정 사인테스트, 카이스퀘어	스피어만 상관계수, 백분위수, 순위 이용한 분산분석	피어슨 상관계수, 분산·요인·회귀분석	모든 통계분석 사용가능

기출문제분석

다음 중 ㉠, ㉡ 안에 들어갈 용어가 바르게 연결된 것은? `2013년`

> (㉠) 척도는 (㉡)을 가지기 때문에, 측정된 결과값들의 곱셈과 나눗셈이 가능하다.

① ㉠ - 비율, ㉡ - 절대영점
② ㉠ - 등간, ㉡ - 회귀점
③ ㉠ - 서열, ㉡ - 백분율
④ ㉠ - 등간, ㉡ - 절대영점
⑤ ㉠ - 비율, ㉡ - 회귀점

해설 비율척도와 등간척도의 절대영점과 상대영점을 비교하는 문제이다. 비율척도는 절대영점이 있다는 것을 기억해야 한다.

정답 ①

변수와 측정에 관한 설명으로 옳은 것은? `2013년`

① 물가지수는 비율척도이다.
② 척도와 통계기법은 무관하다.
③ 등간척도는 절대영점에 기초한다.
④ 조사대상 또는 맥락에 따라 특정 개념이 변수가 될 수 없는 경우도 있다.
⑤ 하나의 추상적 개념을 변수화하기 위한 조작적 정의는 1개 문항으로만 이루어진다.

해설
① 지수 등은 등간척도이다.
② 척도에 따라 통계기법이 구분된다.
③ 비율척도에 절대영점이 있으며, 등간척도는 상대영점만이 존재한다.
⑤ 조작적 정의는 여러 문항으로 이루어질 수 있다.

정답 ④

'마케팅 분야의 경영지도사가 인사관리 분야의 경영지도사보다 카카오스토리를 이해하는 이해도가 높다.'라는 가설에서 '마케팅 분야 경영지도사의 유무'라는 변수를 척도로 나타낼 때 이 척도의 성격으로 옳은 것은? `2014년`

① 순위척도
② 명목척도
③ 서열척도
④ 등간척도
⑤ 비율척도

해설 '있다', '없다' 혹은 '그렇다', '아니다'와 같은 척도는 명목척도라 할 수 있다.

정답 ②

> **다음 중 비율척도가 아닌 것은?** 2014년
>
> ① 기업의 연매출 ② 사람의 체온
> ③ 동물의 수명 ④ 가구의 소득 수준
> ⑤ 사람의 키
>
> [해설] 체온은 숫자라 비율척도라고 생각하기 쉽지만 등간척도다. 구분할 때 0이 '없음'이라는 뜻을 지닌다면 비율척도, 그렇지 않으면 등간척도라고 판단하면 된다. 가령 '기온 0도'가 '온도 없음'이 아님을 상기하면 이해에 도움이 될 것이다.
>
> [정답] ②

3. 척도의 종류(쌍순고 / 의리보스 / 서거평)

> **학습포인트**
> 변수의 유형별 분류와는 다르게 척도의 종류도 있다. 척도의 종류는 시험에 자주 출제될 수 있는 유형이기 때문에 각 척도의 이름 및 특징을 외울 수 있도록 해야 한다.

척도는 비교를 하는지 여부에 따라서 비매트릭척도(비교척도)와 매트릭척도로 구분할 수 있다. 비교척도(쌍대비교법, 순위법, 고정총합법)는 말 그대로 연구대상을 비교하여 우월한 것을 선택하게 하는 척도법이다. 비교척도는 동일한 기준점이 적용되며, 같은 기준으로 측정되어 비교가 수월하다. 그렇기 때문에 응답자가 쉽게 이해할 수 있고 적용이 간편하다는 장점이 있다. 단, 서열척도이기 때문에 분석의 한계가 존재한다. 반면에 매트릭척도법은 연구대상의 비교를 실시하지 않는 척도법으로 여기에는 의미분화척도, 리커트척도, 보가더스척도, 스타펠척도, 서스톤척도, 거트만척도, 평정척도가 있다.

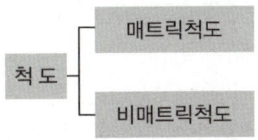

> **학습포인트**
> 다음에 언급될 비매트릭척도는 비교척도이며, 그 다음에 나오는 것들은 비교를 실시하지 않는 매트릭척도이다. 수험생은 '쌍순고에 의리 있는 보스 이름이 서거평'이라고 외우며, 앞의 3개는 비교척도 나머지는 매트릭척도라 외울 수 있도록 한다. 또한 비교척도는 비매트릭척도법으로 '비-비'가 앞에 붙는다는 것을 명심하여, 매트릭척도와 비매트릭척도를 꼭 구분할 수 있도록 해야 한다. 또한 매트릭척도에 나오는 각 척도들은 상호배타적인 것이 아니라, 서로 포함하는 관계인 경우도 있다는 것을 꼭 기억하기 바란다.

(1) 비매트릭척도

조사대상을 비교하여 우월한 것을 선택하게 하는 척도법을 말하며, 이해하기 쉽고 비교가 가능하며 간편하여 널리 사용되는 방법 중의 하나이다. 이것은 단순 서열척도이므로 순서, 서열을 나타내는 것이지 등간격을 나타내는 것은 아니다.

① **쌍**대척도 : 일정 기준에 따라 두 속성을 짝지어 그중 하나를 선택하도록 하는 방법을 말하는 것으로 쌍대비교법이라 부르기도 한다.

> 예 콜라, 사이다 ☞ 콜라   콜라, 환타 ☞ 콜라
>   콜라, 맥콜 ☞ 콜라   사이다, 환타 ☞ 환타
>   사이다, 맥콜 ☞ 사이다   환타, 맥콜 ☞ 환타
>   **선호도 : 콜라 > 환타 > 사이다**

② **순**위서열 : 서열법이라 하기도 하며, 피평가자를 최고부터 최저순위까지 상대서열을 결정하는 방법이다. 이해가 쉽고 사용이 용이하며 보상의 차별적 지급이 필요할 때 피평가자들을 강제로 구분하는 데 유용하다. 반면 구체적인 성과 차원이 아닌 전반적인 평가, 서열화된 종업원 간 절대적인 성과차이 비교, 집단 간 비교와 대규모 집단의 비교도 불가능하다는 단점이 있다.

> 예 귀하가 좋아하는 소주 브랜드 순으로 나열하시오.
>   1 시원   2 예   3 좋은데이   4 참이슬   5 처음처럼
>   답 : (1) 좋은데이 > (2) 참이슬 > (3) 처음처럼 > (4) 시원 > (5) 예

③ **고**정총합척도 : 사용할 수 있는 점수를 제한하여 각 속성을 평가하게 하는 방법으로 기여도 평가를 할 수 있으며, 비율척도로 사용할 수 있고 사칙연산이 가능하다.

> 예 스마트폰 구매 시 항목별 고려 비율은 몇 점인가?
>   색상 (   ) 점
>   가격 (   ) 점
>   기능 (   ) 점
>   화질 (   ) 점
>   속도 (   ) 점
>   _____
>   계 100 점

(2) **매트릭척도** [17] [20] 기출

속성의 평가과정 중 다른 속성과 비교가 이루어지지 않는 측정법을 말하며 등간척도, 비율척도의 형태를 가진다.

① **의**미분화척도 [19] [23] 기출

어의차이척도 혹은 의미변별척도라 부르기도 한다. 서로 상반되는 형용사를 양 극단에 위치하게 하고 그 수준을 평가하는 방법이다. 정확한 내용에 대해서는 설명보다는 다음의 그림을 통해서 이해하는 것이 빠르다.

> 예 10대 아르바이트생의 직업태도에 대하여 조사합니다. 몇 점을 주시겠습니까?
>   연필로 아래에 체크해 주십시오.
>   수동적이다 ·· 능동적이다

② **리커트척도** 21 기출

총화평점법이라 부르기도 한다. 여러 문항으로 응답자의 태도를 측정하고 해당 항목에 대한 측정치를 합산하여 평가대상자의 태도점수를 얻어내는 척도이다.

㉠ 조사자가 연구하고 싶은 어떤 문제에 관한 긍정적 문항 및 부정적 문항들을 선정한다.
㉡ 각 문항에 대하여 그 쟁점이나 평가대상의 성격에 따라서 찬/반, 호의적/비호의적, 인정/불인정 등의 태도를 나타내는 5개의 응답범주를 작성한다.
㉢ 많은 응답자에게 각 문항에 대하여 자기의 의견에 부합하는 응답범주 하나를 선택하게 하여 각 문항에 대한 응답을 받아낸다.
㉣ 각 문항에 대한 응답자의 반응을 점수로 환산하는데, 가장 우호적인 것에 높은 점수를, 비우호적일수록 낮은 점수를 부여한다.
㉤ 신뢰도분석 및 요인분석 등 문항분석(Item Analysis)을 실시한다.
㉥ 응답자의 총점으로 그 사람의 태도를 측정한다.

> **예** 귀하는 보수에 대해 만족하십니까?
> ① 매우 만족 ② 만 족 ③ 보 통 ④ 불만족 ⑤ 매우 불만족

기출문제분석

리커트척도에 관한 설명으로 옳은 것은? 2014년
① 리커트척도는 모든 항목에 차등적인 가치를 부여한다.
② 리커트척도는 비율척도의 일종이다.
③ 각각의 지표에 대해 조사대상자가 답할 수 있는 서열구조의 범주를 제시한다.
④ 리커트척도의 장점은 개인들마다 응답의 준거들이 다르다는 것이다.
⑤ 응답자가 중간 정도의 온건한 응답을 할 경우를 민감하게 측정할 수 있다.

해설 ①·② 리커트척도는 서열척도에 가깝기 때문에 모든 항목에 차등적 가치를 부여하는 등간척도라고 단정할 수는 없다.
④ 응답의 준거가 다르다는 것은 장점이 아니라 단점이다.
⑤ 응답자가 중간 정도인 '보통'을 선택할 경우 이를 민감하게 측정할 수 없는 단점이 있다.

정답 ③

③ **보가더스척도** : 사회적 거리 척도라 부르기도 한다. 그 이유는 사람들과 친밀성에 대하여 사람들이 어떻게 반응할 수 있는지를 측정하는 척도이기 때문이다. 응답자가 속하지 않은 다른 사회집단에 속한 대상에 대해 갖는 친밀함이나 혐오감 등의 느낌을 측정한다.

| 예 미국인, 중국인, 인도인, 일본인이 있을 때 그 나라 사람과 교류 가능한 단계를 매겨주세요. |

문 항	미국인	중국인	인도인	일본인
결혼하여 가족으로 받아들인다.	1	1	1	1
친구로서 같은 클럽에 가입한다.	2	2	2	2
이웃으로 받아들인다.	3	3	3	3
같은 직장에 다닌다.	4	4	4	4
우리나라 국민으로 받아들인다.	5	5	5	5
우리나라 방문객으로 받아들인다.	6	6	6	6
우리나라에 오는 것 자체가 싫다.	7	7	7	7

④ **스**타펠척도 19 25 기출

0점 없는 −5에서 +5 사이의 10점 척도로 측정하는 방법이다. 의미차별화 척도와 유사하나 양 끝의 형용사적 표현을 만들 필요가 없다. 즉, 형용사적 표현을 하나만 사용하여도 되기 때문에 양 끝단의 형용사적 표현을 하기 힘들 때 사용하면 좋다. 다만 혼란을 일으키기 쉽다는 단점이 있다.

| 예 지영기업에 대한 평가를 해주세요. |

−5 −4 −3 −2 −1 직원 친절성 1 2 3 4 5
−5 −4 −3 −2 −1 제품품질   1 2 3 4 5

⑤ **서**스톤척도

㉠ 서스톤이 개발한 척도로써 순위척도(Ranking Scale)의 일종이며, 유사동간척도라고도 한다. 서스톤척도는 가중치가 부여된 일련의 문항을 나열하고, 응답자가 각 문항에 찬성/반대 또는 Yes/No를 표시하게 한 다음, 응답자가 찬성하는 모든 문항의 가중치를 합해서 평균을 내는 척도이다.

㉠ 각 문항에 대한 응답범주가 없고 그 대신 전체 문항 각각에 일정한 가중치가 부여되어 있다. 따라서 각 문항에 부여된 가중치(문항척도)는 그 문항에 상응하는 찬반 태도의 강약 정도를 나타낸다. 각 문항이 각기 다른 가중치를 갖는 것은 모든 문항들(모집단)이 일정한 순서대로 나열되어 있다는 전제에서 척도를 구성할 최종 문항들이 선정되기 때문이다.

⑥ **거**트만척도 : 누적척도라고도 한다. 일정한 기준에 의해서 일련의 문항들이 서열로 배열되어 있을 때 강한 태도를 나타내는 문항에 우호적인 응답을 한 사람은 약한 태도를 나타내는 문항에 대해서도 우호적인 응답을 하므로 응답자의 등위나 평점에 의해 그 사람이 어떤 문항에 찬성하였는지 알 수 있다.

	찬성	반대
예 1. 유흥시설을 우리 도에 두는 것을 어떻게 생각하십니까?	( )	( )
2. 유흥시설을 우리 시에 두는 것을 어떻게 생각하십니까?	( )	( )
3. 유흥시설을 우리 구에 두는 것을 어떻게 생각하십니까?	( )	( )
4. 유흥시설을 우리 동에 두는 것을 어떻게 생각하십니까?	( )	( )
5. 유흥시설을 우리 옆집에 두는 것을 어떻게 생각하십니까?	( )	( )

⑦ **평**정척도법 : 평가자에게 눈금체계를 제시하고 타인, 자신, 또는 사물에 대한 판단을 표시하기 위해서 하나의 눈금을 선택하도록 하는 검사도구이다. 다수의 성과차원을 연속척도로 평가하며 대상에 등급을 매긴다는 의미에서 등급척도라고도 한다. 여기에는 리커트 방식(찬반방식), 언어빈도 방식, 강제서열 방식, 기준비교 방식, 차별적 어의방식, 형용사 점검표, 통합고정 방식 등 여러 가지가 포함된다.
  ㉠ 장단점 : 논리적 이해가 쉽고 제작이 용이하여 자주 쓰이나, 개인특성을 평가요인으로 포함하고 어의의 모호성, 평가자의 평정오류 등의 문제점이 있다.
  ㉡ 개선점 : 어의의 정확한 설명, 상관관계분석 및 요인분석 등 통계적 방법에 의한 평정요소의 선정, 평가자 훈련에 의한 오류 축소, 피평가자의 참여, 척도의 역배치 등의 개선이 자주 시도된다.

> **예** 당신이 애완견이 있을 경우, 타인의 애완견에 대하여 애정을 느끼는 정도를 표기해 주세요.
>
> 1··2··3··4
> 매우 강한   강한   약한   매우 약한
> 애정을 느낀다   애정을 느낀다   애정을 느낀다.   애정을 느낀다.
>
> 위 예의 경우 1~4까지의 단계를 설정하고 응답자에게 이 안에서 v 체크를 할 수 있도록 한다. 이 경우 응답자는 쉽게 이해하고 간단하게 2와 3 사이에 v 체크를 할 수 있지만, 모호성 및 오류 등이 발생할 소지가 많다.

기출문제분석

측정개념의 속성들에 대한 형용사적 표현을 중심으로 양측에 양(+)의 부호와 음(-)의 부호의 숫자로 느낌의 정도를 표시하도록 하는 척도로 옳은 것은? 2019년

① 스타펠척도
② 어의차이척도
③ 고정총합척도
④ 서스톤척도
⑤ 거트만척도

해설 ② 어의차이척도(의미분화척도) : 관심대상을 염두에 두고, 다양한 단어가 함축하는 의미를 평정하여 특성을 파악하는 척도이다.
③ 고정총합척도 : 응답자에게 고정된 총합수치를 부여하고, 이 수치를 응답자가 생각하는 기준에 맞추어 측정대상에게 할당하는 방법이다.
④ 서스톤척도 : 가중치가 부여된 일련의 문항을 나열하고, 응답자가 각 문항에 찬성/반대 또는 Yes/No를 표시하게 한 다음, 응답자가 찬성하는 모든 문항의 가중치를 합해 평균을 내는 척도이다.
⑤ 거트만척도 : 일정한 기준에 의해 서열화된 일련의 문항들 중 강한 문항에 우호적인 응답을 한 사람은 비교적 약한 문항에도 우호적인 응답을 할 것이므로, 응답자의 등위나 평점에 의해 그 사람이 어떤 문항에 찬성하였는지 알 수 있는 척도이다.

정답 ①

등간척도를 이용한 측정방법을 모두 고른 것은?　　　　　　　　　　2014년

ㄱ. 등급법(Rating Method)
ㄴ. 순위법(Ranking Method)
ㄷ. 어의차이척도법(Semantic Differential Scale)
ㄹ. 스타펠척도법(Stapel Scale)

① ㄱ, ㄴ　　　　　　　　　　　② ㄱ, ㄷ
③ ㄱ, ㄴ, ㄹ　　　　　　　　　④ ㄱ, ㄷ, ㄹ
⑤ ㄴ, ㄷ, ㄹ

해설　ㄴ. 순위법은 값을 순위로 나타낸 서열척도이다.

정답 ④

척도와 척도의 평가에 관한 설명으로 옳은 것은?　　　　　　　　2013년

① 긍정적 의미를 갖는 척도점의 수와 부정적 의미를 갖는 척도점의 수가 동일한 척도를 단일항목척도라 한다.
② 어떤 진술에 대해 개인이 동의하거나 동의하지 않는 정도를 표시하는 척도를 리커트척도라 한다.
③ 어떤 대상을 반복측정했을 때 동일한 결과를 얻는 정도를 타당성이라 한다.
④ 한 개념을 다항목으로 측정했을 때 항목 간 상관관계가 높은 정도를 내용타당성이라 한다.
⑤ 두 개 이상의 다른 척도를 사용하여 집중타당성을 평가할 때 크론바흐 알파 계수를 이용한다.

해설　① 균형척도에 관한 설명이다.
　　　③ 어떤 대상을 반복측정했을 때 동일한 결과를 얻는 정도를 신뢰성이라 한다.
　　　④ 한 개념을 다항목으로 측정했을 때 항목 간 상관관계가 높은 정도를 구성개념타당성이라 한다.
　　　⑤ 두 개 이상의 다른 척도를 사용하여 내용타당성을 평가할 때 크론바흐 알파 계수를 이용한다.

정답 ②

다음 설명에 해당하는 척도는?　　　　　　　　　　　　　　　　2013년

• 합성측정(Composite Measurements)의 유형 중 하나이다.
• 누적 스케일링(Cumulative Scaling)의 대표적인 형태이다.
• 측정에 동원된 특정 문항이 다른 지표보다 더 극단적인 지표가 될 수 있다는 점에 근거한다.
• 측정에 동원된 개별 항목 자체에 서열성을 미리 부여한다.

① 크루스칼(Kruskal)척도　　　　② 서스톤(Thustone)척도
③ 보가더스(Borgadus)척도　　　　④ 거트만(Guttman)척도
⑤ 리커트(Likert)척도

정답 ④

> **비율척도를 이용한 측정방법은?** 2013년
>
> ① 등급법(Rating)
> ② 리커트형태척도법(Likert Type Scale)
> ③ 고정총합척도법(Constant Sum Scale)
> ④ 스타펠척도법(Stapel Scale)
> ⑤ 어의차이척도법(Semantic Differential Scale)
>
> [해설] • 서열척도 : 순위법, 리커트척도법
> • 등간척도 : 등급법, 어의차이척도법, 스타펠척도법
> • 비율척도 : 고정총합척도법
>
> [정답] ③

4. 척도개발 시 고려해야 할 사항

척도를 개발할 때에는 다음의 사항들을 고려하여야 하며, 이들이 고려되지 않을 경우 잘못된 척도로 인하여 조사를 실시하고도 원하는 적합한 결과를 얻을 수 없는 문제가 발생한다. 고려사항은 6가지로 분류할 수 있으며 다음과 같다.

(1) 척도점의 수 19 기출

척도점이 많으면 선택의 폭은 넓어지지만 답하기 어렵다. 그렇기 때문에 5점 혹은 7점 척도가 널리 사용된다. 척도점의 수를 정할 때에는 다음의 사항들을 고려해야 한다.
① **응답자 성향** : 응답자가 전문가 집단인 경우 척도점이 많아도 문제없다.
② **조사방법** : 전화를 이용하는 경우와 우편을 이용하는 경우에 차이가 있어야 한다.
③ **통계분석의 종류** : 세밀한 통계분석인 경우 척도점의 수가 많아야 한다.

(2) 짝수 척도점과 홀수 척도점
① **짝수 척도점** : 중간화 경향은 없어지나 실제로 중립적인 사람이 답할 수 없다.
② **홀수 척도점** : 태도를 확실히 밝히지 않고 중립이라고 답하는 중간화 경향이 생긴다.

(3) 균형척도와 불균형척도

균형척도는 긍정적인 척도점의 수와 부정적인 척도점의 수가 동일한 척도이며, 응답자의 반응이 한 방향으로 치우쳐 있는 것이 알려져 있는 경우 불균형척도를 사용하여 보정한다.

(4) 응답의 강요성 여부

중간적인 답변을 척도에서 제거하여 의견을 밝히기를 강요하는 척도로 짝수 척도점, 홀수 척도점으로도 응답을 강요할 수 있다. 짝수 척도점의 경우에는 중간적 답변을 할 수 없도록 강요한 것이나 마찬가지이다. 단, 중립적인 의견을 가진 응답자가 많다고 추정되는 경우 중간값을 제시해야 한다.

(5) 척도를 설명하는 형태

척도를 설명하는 형태를 고려하여야 하는데, 이러한 설명을 잘 하게 되면 피험자의 혼란을 방지할 수 있으며, 형태에 따라서 응답의 분포도가 달라질 수 있다. 예를 들어, 극단적 설명을 하는 경우로 '절대 구매하지 않겠다'는 표현을 하는 경우 피험자의 선택이 적어져 분산이 작아질 가능성이 높다. 다만 이러한 형태의 표현을 만드는 것은 쉬운 일은 아니다.

(6) 척도의 표현 형태

숫자를 넣을 것인지, 별 모양으로 할 것인지, 알파벳으로 할 것인지에 대한 것을 고려해야 한다.

PART 03 단원핵심문제

제5과목 조사방법론

01 기술조사들로만 바르게 짝지어진 것은?

① 문헌조사 – 사례조사
② 횡단조사 – 시계열조사
③ 시계열조사 – 원시실험설계
④ 패널조사 – 문헌조사
⑤ 횡단조사 – 표적집단면접

해설 기술조사는 횡단조사, 시계열조사, 종단조사의 3가지 유형으로 구분한다.

02 조사유형의 선택 시 고려해야 할 사항으로 옳지 않은 것은?

① 조사목적
② 조사기간과 자원의 가용성
③ 조사자의 경험과 친숙도
④ 자료의 가용성
⑤ 조사자의 역량

해설 조사유형을 선택할 때 조사목적, 조사기간과 자원의 가용성, 조사자 경험과 친숙도, 자료의 가용성을 고려해야 한다. 조사자의 역량은 별개의 문제이다.

03 탐색조사의 목적으로 옳지 않은 것은?

① 기업의 현재 문제점과 앞으로의 기회를 파악함
② 의사결정에 유용한 변수를 찾아내고 이들 간의 관계에 대한 예비지식을 획득함
③ 기업의 다양한 문제와 기회들 간의 우선순위를 파악함
④ 특정 사건의 발생빈도 조사를 통한 정량화
⑤ 조사문제를 보다 명확하게 규명함

해설 특정 사건의 발생빈도 조사를 통해 정량화하는 것은 기술조사에 대한 설명이다. 탐색조사는 가설이 없기 때문에 시행착오식 조사가 시행된다.

정답 01 ② 02 ⑤ 03 ④

04 다음에서 설명하는 기술조사방법에 대한 설명으로 옳은 것은?

> 이 조사방법은 정해진 조사대상에 관한 특정한 변수값을 여러 시점에 걸쳐 조사하여 변수값의 변화와 그 발생요인을 분석하는 방법이다.

① FGI
② 횡단조사
③ 시계열조사
④ 실험설계
⑤ 패널조사법

05 다음 중 인과조사의 기본가정을 바르게 고른 것은?

> (가) 외생변수를 확실하게 통제해야 함
> (나) 원인과 결과가 모두 존재하며 측정이 가능해야 함
> (다) 원인으로 추측되는 현상이 결과로 추측되는 현상보다 먼저 발생해야 함
> (라) 결과는 예측이 가능해야 함

① (나), (다)
② (가), (나)
③ (나), (라)
④ (가), (나), (다)
⑤ (가), (나), (다), (라)

해설 인과관계의 기본가정에 대한 것은 (가), (나), (다) 3가지며, 시험에는 이를 풀어쓴 설명으로 나오기도 한다.

06 다음 중 인과조사에 속하는 것은?

① 판매원 서비스교육 실시에 따른 고객만족도 변화 조사
② 신제품에 대한 지역별 매출액 실태 조사
③ 경쟁제품과 당사제품의 선호도 비교 조사
④ 신제품 아이디어 획득을 위한 전문가 의견 조사
⑤ 사례연구를 통한 우수기업의 성공요인 조사

해설 인과조사란 두 변수 간 인과관계를 규명하여 이러한 결과를 토대로 미래를 예측할 수 있도록 하는 조사를 말한다.

04 ③ 05 ④ 06 ①

07 사전측정과 관련된 변수로 같은 유형의 시험을 보면 발생하게 되는 내적타당성을 저해하는 외생변수로 옳은 것은?

① 시험효과　　　　　　　　　② 우발적 사건
③ 통계적 회귀　　　　　　　　④ 표본선택의 편향
⑤ 소 멸

> **해설**　상호작용시험효과란 실험 전에 실시한 사전검사 경험이 실험결과 측정을 위한 사후검사 득점에 영향을 주는 효과를 의미한다. 예를 들어 사전검사로 학력검사를 실시하고 일정 기간 어떤 특별한 교육적 조치를 취한 후에 사전검사와 완전히 동일한 학력검사로 사후검사를 실시했다면, 사전검사에 출제된 문항내용을 풀어본 경험이 작용하여 사후검사 득점이 높아질 가능성이 있다.

08 '통제집단 사전사후실험설계'와 '통제집단 사후실험설계'를 합한 실험으로 상호작용측정 효과까지 제거한 가장 이상적 설계이지만, 실제로 실용성이 떨어지는 실험설계로 옳은 것은?

① 단일집단 사후실험설계　　　　② 통제집단 시계열 실험설계
③ 솔로몬 4집단 실험설계　　　　④ 통제집단 사전사후실험설계
⑤ 비동질적 통제집단 실험설계

> **해설**　실험설계 / 실험디자인 / 측정실험설계 / 측정실험디자인 모두 동일한 표현이다.
> **솔로몬 4집단 실험설계**
> '통제집단 사전사후실험설계'와 '통제집단 사후실험설계'를 합친 형태로 가장 강력한 실험디자인 중 하나이다. 엄격하고 정밀하며 거의 모든 외생변수를 통제할 수 있다는 장점이 있으나, 시간과 비용이 많이 들어가고 시행하기 어렵다는 단점이 있어 널리 이용되고 있지는 않다.
>
> EG [R] : O_1　　X　　O_2
> CG [R] : O_3　　　　　O_4
>
> EG [R] :　　　　X　　O_5
> CG [R] :　　　　　　　O_6

09 패널조사에 관한 설명으로 옳지 않은 것은?

① 특정 조사대상자들을 선정해놓고 반복적으로 실시하는 조사방식을 의미한다.
② 종단적 조사의 성격을 지닌다.
③ 반복적인 조사 과정에서 성숙효과, 시험효과가 나타날 수 있다.
④ 조사대상의 상표전환율과 같은 구매행동 변화를 추적할 수 있다.
⑤ 횡단조사에 비해 모집단 대표성 확보와 신뢰성 있는 정보 수집이 어렵다.

> **해설**　패널조사는 패널이라는 특정 조사대상을 선정하고 이들을 반복적으로 조사하는 것으로 상당히 긴 시간 동안 꾸준하게 정보를 획득하는 방법이기에 신뢰성 있는 정보 수집이 가능하다.

정답　07 ①　08 ③　09 ⑤

10 조사의 타당성에 관한 설명으로 옳지 않은 것은?

① 타당성이 있다면 조사는 정확하게 이루어져 의도한 결과를 낳았다는 것을 의미한다.
② 조사에 있어서 타당성은 외적타당성과 내적타당성을 갖추는 것이 좋다.
③ 외적타당성은 조사원칙의 사실성, 대표성과 연관이 있다.
④ 내적타당성은 외생변수의 영향을 최대화함으로써 이룰 수 있다.
⑤ 내적타당성은 조사원칙의 통제와 연관이 있다.

해설 내적타당성은 외생변수의 영향을 최대한 통제함으로써 이룰 수 있다.

11 같은 조건의 반복측정 시 측정치가 일관성을 보이는 정도로 옳은 것은?

① 응답범위
② 신뢰성
③ 왜곡성
④ 긍정편향
⑤ 체계적 오차

해설 신뢰성이란 측정하고자 하는 현상이나 대상을 얼마나 일관성 있게 측정하였는가를 나타내는 것으로서 안정성, 일관성, 예측가능성, 정확성이라고도 표현한다.

12 동일한 속성에 대한 두 측정은 서로 다른 방법을 사용한다고 하더라도 각각은 높은 상관관계를 가져야 한다는 의미의 타당성으로 옳은 것은?

① 집중(수렴)타당성
② 판별타당성
③ 내용타당성
④ 기준타당성
⑤ 이해타당성

해설 집중(수렴)타당성은 동일한 개념을 측정하기 위하여 서로 다른 측정방법을 사용하여 측정한 결과는 높은 상관관계를 보여야 한다는 개념이다.

13 다음 각 척도에 대한 설명이 제대로 짝지어지지 않은 것은?

① 스타펠척도 - 양 극단의 형용사적 표현을 정하기 어려운 때에 주로 사용할 수 있는 척도
② 서열척도 - 자극물에 대한 응답자의 견해를 서열로 나타낼 때 사용되는 척도
③ Q-소트법 - 자극물의 수가 많은 경우 평가할 자극물을 사전에 몇 개의 등급으로 할당하는 방법
④ 쌍대비교 - 셋 이상 짝지어 선호도를 비교하는 방법
⑤ 리커트척도 - 어떤 진술에 대하여 동의하거나 동의하지 않는 정도를 표시하도록 하는 척도

해설 쌍대비교는 이름대로 둘씩 짝지어 선호도를 비교시키는 방법이다.

14 유사한 측정도구가 사용되더라도 상이한 속성을 측정하는 것이면 두 측정 간에 서로 높은 상관관계가 있어서는 안 된다는 의미의 타당성으로 옳은 것은?

① 집중(수렴)타당성
② 기준타당성
③ 이해타당성
④ 내용타당성
⑤ 판별타당성

해설 판별타당성이란 서로 다른 개념을 측정할 경우에는 측정결과가 상이해야 한다는 것이다. 즉, 두 결과치가 상이하게 판별되어야 한다는 뜻이다.

15 타당성 평가의 항목으로 옳지 않은 것은?

① 내용타당성
② 수렴타당성
③ 신뢰타당성
④ 예측타당성
⑤ 판별타당성

해설 타당성은 내용타당성, 예측타당성, 구성개념타당성(수렴타당성, 판별타당성)이 있다.

16 신뢰도를 평가하는 방법으로 옳지 않은 것은?

① 재검사법
② 동형검사법
③ 신뢰검사법
④ 반분법
⑤ 내적일관성을 이용하는 방법

해설 신뢰검사법이라는 용어는 없다. 신뢰성 측정방법은 '재/동/반/내'이다.

17 다음 중 범주형 척도(질적변수)로만 짝지어진 것은?

① 명목척도 – 등간척도
② 서열척도 – 등간척도
③ 등간척도 – 비율척도
④ 비율척도 – 서열척도
⑤ 명목척도 – 서열척도

해설 질적변수는 '범주형 변수'라고도 하며, 양적변수는 '연속형 변수'라고도 한다. 교재마다 용어가 다르다.
질적변수 = 범주형 변수 = 범주형 척도
• 질적변수 : 2개 또는 3개 이상의 범주로 되어 있어 수량으로 표시할 수 없는 변수를 말한다. 이는 명목척도와 서열척도에 포함되는 변수를 말할 수 있다.
• 양적변수 : 고유한 수량을 나타낼 수 있는 변수를 말하며 등간척도, 비율척도가 그 예가 될 수 있다.

정답 14 ⑤ 15 ③ 16 ③ 17 ⑤

18 다음의 척도의 예로 옳지 않은 것은?

① 명목척도 – 농구선수 등번호
② 서열척도 – 온도
③ 등간척도 – IQ 점수
④ 비율척도 – 매출액
⑤ 등간척도 – 물가지수

해설 온도는 등간척도에 속한다. 등간척도(양적변수)란 관찰대상의 속성값을 상대적 크기(상대적 영점을 갖고 있음)로 나타낸 것이다. 서열을 나타내며, 서열 간의 거리가 같다.
예 온도계, 리커트 5점 척도, IQ 및 EQ 점수, 물가지수, 사회지표 등

19 등간척도의 설명으로 옳지 않은 것은?

① 절대영점이 존재하지 않는다.
② 평균과 표준편차를 적용할 수 있다.
③ 속성에 대한 순위를 부여하되 간격이 동일한 척도를 말한다.
④ 섭씨 40도가 20도보다 2배 더 덥다고 말할 수 있다.
⑤ 온도계의 온도는 대표적인 등간척도이다.

해설 등간척도는 관찰대상이 가지고 있는 속성 크기의 차이는 절대적 기준이 없어 상대적인 차이로만 나타난다. 그러므로 수치가 2배 차이 난다고 2배 더 덥다고는 할 수 없다.

20 다음 중 명목척도의 설명으로 옳지 않은 것은?

① 운동선수의 등번호나 학번 등이 이에 속한다.
② 측정대상을 단순히 분류하거나 범주화하는 것에 불과하다.
③ 양적인 대소 관계나 정도 등을 구별해 주지는 못한다.
④ 중위수, 백분위 등의 통계기법을 사용할 수 있다.
⑤ 가장 단순한 척도라 할 수 있다.

해설 서열척도에서 중위수, 백분위 등의 통계기법을 사용한다.

21 한 검사에서 측정하려는 내용이나 평가 목표를 얼마나 잘 측정하고 있는지 판단하는 지표로 옳은 것은?

① 타당성
② 신뢰성
③ 예측성
④ 판별성
⑤ 수렴성

22 다음 중 각 척도에 대한 설명으로 옳지 않은 것은?

① 어의차이척도 – 의미차별화척도라고도 하며 결과분석이 용이한 장점이 있다.
② 스타펠척도 – 척도의 양 끝에 서로 반대되는 단어를 제시하여 질문을 하는 척도이다.
③ 리커트척도 – 5점 척도나 7점 척도를 주로 사용하는 척도이다.
④ 항목척도 – 척도 양 끝은 부족한지/넘치는지를 표시하도록 하는 방식이다.
⑤ 서스톤척도 – 순위척도의 일종이며, '유사동간척도'라고도 한다.

> 해설 스타펠척도는 어의차이척도와 유사하나 양 끝의 형용사적 표현을 만들 필요가 없다. 즉, 형용사적 표현을 하나만 사용하여도 되기 때문에 양 끝단의 형용사적 표현을 하기 힘들 때 사용하면 좋다.

23 실험변수를 노출시키기 전후에 일정한 기간을 두고 정기적으로 결과변수에 대한 측정을 하는 방법으로 옳은 것은?

① 집단비교설계
② 시계열 실험설계
③ 솔로몬 4집단 실험설계
④ 단일집단 사전사후측정 실험설계
⑤ 통제집단 사전사후측정 실험설계

> 해설 조사 대상을 실험집단과 통제집단으로 나눌 수 없는 경우는 ②, ④ 모두 포함되지만, 실험변수를 노출시키기 전후에 일정한 기간을 두고 정기적으로 몇 차례의 결과변수에 대해 측정하는 방법은 시계열 실험설계 방법이다.

24 서열척도를 이용한 측정방법으로 가장 옳은 것은?

① 고정총합척도법   ② 순위법
③ 등급법   ④ 리커트척도법
⑤ 어의차이척도법

> 해설 ① 비율척도, ③ 등간척도, ④ 등간척도 + 서열척도, ⑤ 등간척도

정답 22 ② 23 ② 24 ②

PART 04 자료수집방법 결정

제5과목 조사방법론

체크포인트

이번 챕터에서는 1차 자료수집방법의 다양한 종류에 대하여 학습하도록 한다. 기본적으로 각 자료수집방법을 실시하는 방식을 이해하면 자연스럽게 장단점을 외울 수 있다. 각 방법을 보고 어떻게 실행하는지 상상하고 나서 내용을 읽어보면 아마 대부분 수험생이 유추한 것과 상이하지 않을 것이다. 즉, 자료수집방법의 종류는 실질적으로 크게 이해하기 어려운 부분은 아니다. 그럼에도 불구하고 공부해야 하는 이유는 출제비중이 높기 때문이다. 각 조사방법의 장단점을 살펴보고 어떻게 실시하는 조사방법인지 유추해보자.

1 자료의 종류

1. 1차 자료(Primary Data)

연구자가 현재 수행 중인 조사연구의 목적을 달성하기 위해 직접 수집하는 자료이다. 1차 자료를 수집하는 대표적인 방법은 의사소통에 의한 방법(질문지, 면접법)과 관찰방법이 있다.

(1) 장 점

1차 자료는 조사자가 주어진 의사결정문제를 해결하기 위하여 사전에 작성된 적절한 조사설계를 통하여 수집된 자료이므로 조사목적에 적합한 정확도·타당도·신뢰도 등을 평가할 수 있으며 수집된 자료를 의사결정이 필요한 시기에 적절히 이용할 수 있다.

(2) 단 점

수집비용, 인력, 시간이 많이 든다. 그렇기 때문에 조사자는 1차 자료를 얻기 전에 조사목적에 적합한 2차 자료의 존재 및 사용가능성을 확인하고 조사목적에 부합하는 2차 자료가 없는 경우에 한해 1차 자료를 수집하는 것이 경제적이다.

2. 2차 자료(Secondary Data) [20] 기출

수행 중인 조사목적에 도움을 줄 수 있는 기존의 모든 자료를 말한다. 즉, 조사자가 현재의 조사목적을 위하여 직접 자료를 수집하거나 작성한 1차 자료를 제외한 모든 자료를 말한다. 연구자의 목적과는 다른 목적을 위하여 독창적으로 수집된 자료로 선행 연구자가 만든 자료를 자신이 수행 중인 연구문제의 해결을 위하여 사용한다.

(1) 장 점

연구자가 기존 자료를 활용하면 1차 자료의 수집, 즉 질문지 작성 및 적용, 면접, 관찰에 투입되는 비용·시간·노력을 절약할 수 있으며, 자료수집과정에서 시간적·공간적 제약을 받지 않는다.

(2) 단 점
자료수집목적·측정단위·조작적 정의 등이 현재 행하는 조사와 일치하지 않는 경우가 많다.

기출문제분석

2차 자료의 이용에 관한 설명으로 옳지 않은 것은? 〔2014년〕

① 2차 자료는 시간과 비용을 절약할 수 있는 장점이 있다.
② 2차 자료는 조직의 내부 2차 자료와 외부 2차 자료로 구분할 수 있다.
③ 2차 자료는 조사목적의 적합성, 자료의 정확성, 일치성 등을 기준으로 평가될 수 있다.
④ 조사에서 2차 자료는 반드시 필요하다.
⑤ 2차 자료는 경우에 따라 당면한 조사 문제를 평가할 수도 있다.

[해설] 2차 자료는 구하기 쉽지만 적용하기 어려운 문제가 있으며, 모든 조사에서 2차 자료가 반드시 필요한 것은 아니다.

[정답] ④

---

2 자료수집방법의 선택기준

1. 자료수집방법 선택의 기준 [23] [기출]

자료수집에 사용할 수 있는 시간 및 비용	자료를 수집하는 데 걸리는 시간의 정도와 단위 자료를 수집하는 데 소용되는 경비를 절약해야 하는 경우 2차 자료의 사용이 적합하다.
자료수집이 이루어지는 연구현상의 복잡성	2차 자료의 경우 기존 보고서 외의 경우에는 단순한 사건만을 기술하므로 연구현상이 복잡한 경우 가장 부적합하다.
모집단의 크기 및 분포	모집단의 크기가 커질수록 2차 자료의 사용이 가장 적합하다. 또한 물리적, 공간적으로 모집단이 널리 분포되어 있는 경우라면 2차 자료의 사용이 적합하다.
자료수집대상의 참여동기	연구대상의 참여의욕이 크고 조사연구에 거부감이 없는 경우는 공공기관의 자료수집체계에 숨김없이 자료를 제공하므로 2차 자료가 적합하다. 만약 정보제공을 꺼리거나 관찰되고 있다는 사실에 예민하게 반응하는 경우로 범법행위, 일탈행동 등의 연구를 할 경우에는 직접 관찰법이 적합하다.

기출문제분석

2차 문헌자료를 활용할 때 주의해야 할 사항에 해당하지 않는 것은? 〔2013년〕

① 자료의 선별적 생존   ② 샘플링의 편향성(Bias)
③ 반응성(Reactivity)   ④ 자료 간 일관성 부재
⑤ 불완전한 정보의 한계

[해설] 문헌자료를 수집할 때에 반응에 대한 부분까지 고려할 필요는 없다.

[정답] ③

3 자료수집방법의 종류

[자료수집방법의 종류와 장단점]

구 분	장 점	단 점
질문지법	• 시간과 비용 낮음 • 통계분석 용이 • 분석 기준의 명확성	• 문맹자에게는 실시하지 못함 • 질문지 회수를 하지 못할 수 있음 • 무성의한 답변, 잘못 이해한 답변이 발생가능
면접법	• 문맹자에게 실시 가능 • 깊이 있는 자료수집이 가능	• 많은 시간과 비용 소요 • 조사자의 주관적 해석이 개입될 가능성
참여관찰법	• 심층적인 자료수집 가능 • 소통이 어려운 대상에게 사용 가능	• 시간과 비용 높음 • 주관적 해석 가능성 • 예상치 못한 변수를 통제하지 못함
문헌조사법	• 접근 불가능한 대상을 연구할 수 있음 • 시간과 비용 낮음	• 문헌의 신뢰성 문제가 발생 • 주관적인 해석의 가능성이 있음
실험법	• 과학적인 연구가 가능 • 효과적인 가설 검증에 유용	• 엄격하게 통제된 실험의 실시가 힘듦 • 윤리적, 법적 문제가 발생할 수 있음

학습포인트

1차 자료수집방법은 크게 3가지로 분류할 수 있다.
- 첫 번째, 탐색조사 – 관찰법
- 두 번째, 기술조사 – 질문지법(서베이)
- 세 번째, 인과조사 – 실험법(실험조사)

위의 순서로 각 자료수집방법을 설명하도록 하겠다. 각 조사방법마다 어떠한 방법이 적합한지에 대한 문제도 시험에 출제된다. 이를 외우는 방법은 다음과 같다.

'탐-관' 오리 '기-질'이 있으면 '인'간으로서 '실'격이다.

'탐색-관찰', '기술-질문지', '인과-실험'이며 서베이조사를 실시할 경우 질문지를 많이 이용하기 때문에 함께 기억해 두는 것이 좋다.

---

1. 관찰법

(1) 정의와 특징

특정 대상을 구체적인 목적을 가지고 세심하게 관찰한 후 관찰내용을 사전에 정해진 방법과 절차에 따라 계량화하는 방식으로 관찰목적과 체계화된 절차를 갖고 있다. 또한 관찰대상을 심층적으로 분석할 수 있게 해준다. 하지만 연구자들이 관찰결과를 양적으로 구체화시키려는 노력을 하는 과정에서 오류가 발생하기도 한다. 결론적으로 관찰법은 탐색조사에 가장 적합한 방법이라 할 수 있다.

(2) 장단점

① 장 점
  ㉠ 조사에 비협조적이거나 조사를 거부할 때에도 조사가 가능하다.
  ㉡ 조사결과는 관찰대상자의 심리상태 및 성격, 사건에 대한 태도 등에 좌우되지 않는다.
  ㉢ 조사대상자조차 모르는 사실에 대하여 수집이 가능하다.
  ㉣ 특수계층으로 표본을 확대하기가 상대적으로 쉽다.

② 단 점
　㉠ 행동의 동기나 신념, 태도, 선호도 등에 대한 관찰이 힘들다.
　㉡ 서베이와 비교할 경우 소수를 대상으로 관찰을 실시하기 때문에 그 결과를 일반화하기 힘들다.
　㉢ 조사자의 의도나 관찰자의 해석에 따라서 그 결과의 차이가 발생할 수 있다.

(3) 관찰법의 유형(공구자인)

> **학습포인트**
> 관찰법의 유형은 크게 4유형, 즉 공개 여부, 구조화 여부, 자연적인지 여부, 인적인지 여부로 구분할 수 있다. 그렇기 때문에 앞 글자를 따서 '공구자인'으로 외우도록 한다.

① **공**개적 관찰과 비공개적 관찰
　㉠ 공개적 관찰 : 조사대상자가 관찰당하는 것을 알고 있는 것을 말한다. 즉, 관찰대상에게 관찰한다는 사실을 공개하는 것이다. 특수한 경우를 제외하고 널리 사용되지 않는다.
　㉡ 비공개적 관찰 : 대부분의 관찰법은 비공개적 관찰이며, 관찰한다는 사실을 조사대상자에게 알려주지 않는 경우를 말한다.

② **구**조화된 관찰(체계적 관찰)과 비구조화된 관찰(비체계적 관찰)
　㉠ 구조화된 관찰 : 사전에 관찰할 내용을 명확히 결정하여 표준화된 양식에 따라 관찰된 사실을 기록하는 방법이다. 구조화된 관찰은 관찰자에 따른 결과의 변동성을 줄이며 효율적인 관찰이 될 수 있다. 하지만 예상치 못한 행동을 관찰하지 못하며, 다양한 정보를 가질 수 없다는 단점이 있다.
　㉡ 비구조화된 관찰 : 표준화된 양식을 사용하여 관찰하지 않는 것을 말하며, 탐색조사에 적합하다. 다양한 정보를 얻을 수 있지만, 비구조화된 관찰을 통해 얻은 자료를 정리하는 것이 비교적 어렵다. 무엇보다 큰 문제점은 관찰자의 편견이 개입될 가능성이 있다는 점이다. 그렇기 때문에 가설을 수립할 때에 유용할 수 있다.

③ **자**연상태 관찰과 인위적 환경 관찰

> **학습포인트**
> 자연상태인지에 대한 여부는 위에서 언급된 공개/비공개 여부와 구분하기 어려운 경우가 있을 수 있다. 수험생이 알아두어야 할 것은 '공개/비공개'인지 여부에 따라서 '자연적/인위적'인지 여부가 결정되지는 않는다는 것이다. 즉, 공개화 여부와 자연성 여부를 함께 연관지어서 생각할 필요는 없다.

　㉠ 자연상태 관찰 : 자연스러운 환경에서 관찰하는 것을 말한다. 외적타당성(적용가능성)이 높으나 특정 행동을 관찰하기까지 많은 시간과 노력이 필요하다.
　㉡ 인위적 환경 관찰 : 인위적으로 만든 환경에서 관찰하는 것을 말한다. 내적타당성(조사하고자 하는 것을 제대로 조사할 수 있음)이 높으나 외적타당성이 문제가 될 수 있다.

④ **인**적 관찰과 기계적 관찰
　㉠ 인적 관찰 : 사람이 직접 관찰하는 것을 말한다. 융통성 있고 다양한 행동의 관찰이 가능하지만 관찰자의 편견이 개입될 수 있다.

ⓛ 기계적 관찰 : 기계시스템을 이용하여 관찰하는 것을 말한다. 객관적이고 정확한 관찰이 되지만 유연성이 없고 예상치 못한 행동을 관찰할 수 없다.

> **예** 피플미터(TV시청률 조사기계), 오디미터(시청프로, 시청시간 자동기록), 사이코갈바노미터(수분의 양 측정), 동공카메라(눈동자 움직임 측정), 퓨필로미터(동공 크기) 등

기출문제분석

자료수집방법 중 의사소통에 의한 방법으로 옳지 않은 것은? 〈2018년〉

① 서베이조사 ② 심층면접법
③ 투사법 ④ 관찰법
⑤ 표적집단면접법

해설 관찰법은 의사소통이 원활하지 못한 경우 시행하는 비의사소통 조사방법으로, 특정 대상을 구체적인 목적을 가지고 세심하게 관찰한 후 관찰내용을 사전에 정해진 방법과 절차에 따라 계량화하는 방법을 말한다.

정답 ④

자료의 수집방법 중 관찰법에 관한 설명으로 옳은 것은? 〈2016년〉

① 질문지를 사용하여 응답자가 스스로 그 질문에 기재해 넣는 방법이다.
② 조사원이 면접을 통하여 기재해 넣는 방법이다.
③ 행동패턴을 기록하고 분석하여 조사대상에 대한 정보를 체계적으로 정리하는 방법이다.
④ 상대적으로 적은 비용으로 다수의 응답자들로부터 풍부한 자료를 손쉽게 수집할 수 있는 방법이다.
⑤ 자료수집과정에서 시간이 절약되고 분석이 즉시 이뤄지는 장점이 있다.

해설 관찰법은 면접조사와 함께 정성조사의 두 축을 이루는 조사방법으로, 피관찰자의 행동과 주변상황을 관찰하여 이를 체계적으로 정리하고 자료화하는 방법이다.

정답 ③

자료수집방법 중 관찰에 관한 설명으로 옳지 않은 것은? 〈2014년〉

① 관찰은 개인적이거나 민감한 사안에 관한 자료를 수집하기 힘들다.
② 관찰은 의사소통능력이 없는 대상에게는 활용될 수 없다.
③ 관찰에 의해 수집된 자료는 양적 분석보다 질적 해석에 더 적합하다.
④ 관찰은 양적 연구와 질적 연구에 모두 활용될 수 있다.
⑤ 관찰은 복잡한 사회적 맥락이나 상호작용을 연구하는데 적절한 방법이다.

해설 관찰법은 의사소통능력이 없는 대상에게도 활용할 수 있는 장점이 있다.

정답 ②

> **관찰법에 관한 설명으로 옳지 않은 것은?** 2013년
> ① 인간의 내면행동을 측정하기 쉽다.
> ② 짧은 시간 내에 이루어지는 행동의 측정이 가능하다.
> ③ 사적 행동에 대한 직접관찰에 제한이 있다.
> ④ 서베이에 비해 정확한 행동측정이 가능하다.
> ⑤ 관찰결과의 일반화가 어렵다.
>
> **해설** 관찰을 통하여 내면을 측정할 수는 없다. 단순하게 아이를 관찰한다고 그 아이의 내면을 파악할 수는 없다. 다만 추측은 가능하다. 하지만 추정을 통하여 측정을 할 수 있다는 것은 옳지 않다.
>
> **정답** ①

2. 서베이법 18 19 기출

(1) 정 의

서베이는 대체로 표본을 대상으로 상호 관련된 일련의 질문들로 구성된 설문지로 자료를 신속하고 대량으로 수집하는 방법이다. 신속성과 대량이라는 장점이 있지만, 반대로 그 정확성은 떨어진다는 단점이 있다. 대표적 예로는 대인면접법, 전화조사법, 우편조사법, 인터넷조사법 등이 있다. 길거리에서 '설문조사 참여해주세요~' 하면서 설문조사를 하는 경우가 있다. 이는 '질문지'를 이용한 서베이의 대표적 사례이다.

> **학습포인트**
> 수험생들은 '서베이' 하면 떠올려야 하는 것이 있다. 바로 서베이는 탐색/기술/인과 중에서 기술조사에 포함되며, 기술조사 안에서도 횡단/종단 중에 횡단조사에 포함된다는 내용이다. 또, 질적/양적 자료수집방법 중에서도 양적 자료수집방법이라는 것이 떠올라야 한다. 즉, 서베이는 '기술조사─횡단조사─양적조사'라는 것을 알아야 한다. 물론 '관찰법' 하면 거기에 해당하는 것들이 차례로 떠올라야 한다. 그래야 공부를 제대로 했다고 할 수 있다.

(2) 서베이의 장단점

① 장 점 21 기출
   ㉠ 대규모 조사를 진행할 수 있다.
   ㉡ 대규모 표본으로 조사결과를 일반화할 수 있다.
   ㉢ 직접 관찰할 수 없는 동기, 개념을 측정할 수 있다.
   ㉣ 자료의 코딩, 분석이 용이하다.
   ㉤ 계량적 방법으로 분석하여 객관적으로 해석할 수 있다.

② 단 점
　㉠ 설문지 개발이 쉽지 않다.
　㉡ 깊이 있고 복잡한 질문을 하기가 어렵다.
　㉢ 조사에 오랜 시간이 소요된다.
　㉣ 응답률이 낮다.
　㉤ 부정확하고 성의 없는 응답을 할 가능성이 있다.

기출문제분석

서베이조사와 관찰에 관한 일반적인 설명으로 옳지 않은 것은?　　　2018년

① 서베이조사의 경우 측정의 타당도 문제는 발생하지 않는다.
② 관찰은 소수를 대상으로 하므로 일반화에 한계가 있다.
③ 서베이조사는 자료 수집이 용이하고 객관적 해석 가능성이 높다.
④ 관찰은 서베이조사의 단점을 보완하는 연구방법으로 사용할 수 있다.
⑤ 서베이조사의 경우 응답자들이 동일한 문장의 내용을 다르게 해석할 수 있다.

[해설] 타당도는 측정하고자 하는 개념을 정확하게 측정하였는지, 즉 체계적 오차를 얼마나 줄였는지를 평가한 것으로 서베이조사에서도 타당도 문제가 발생한다.

정답 ①

서베이조사의 문제점이 아닌 것은?　　　2016년

① 소비자들이 제품지식을 갖지 못하는 경우에는 의사결정에 유용한 마케팅정보를 찾아내기 어렵다.
② 보조물이 제공되어야 하는 서베이조사는 효율적인 조사 진행을 어렵게 한다.
③ 면접조사원이 이용되는 경우 면접조사원의 자료수집과정에 대한 통제가 쉽지 않다.
④ 조사를 반복적으로 실시할수록 조사대상자의 탈락 때문에 표본이 점차 작아져 버리는 특성이 있다.
⑤ 응답자별 조사시간의 제한 등으로 수집할 수 있는 정보의 양에 한계가 있다.

[해설] 서베이조사는 횡단조사(일정시점을 기준으로 단 한 번의 측정을 통하여 연구하고자 하는 대상을 측정하는 방법)에 속하고, ④는 종단조사(동일한 조사를 시간을 두고 반복적으로 실시하는 조사)의 단점을 설명한 것이다.

정답 ④

---

(3) 갱서베이(Gang Survey)

응답자들을 일정한 장소에 모이게 한 후 준비된 절차에 의하여 조사담당자(숙련된 진행자)가 응답자들로부터 자료를 수집하는 방법을 말하며 보조물(사진, 시제품 등)을 제시하여 설문지를 작성하게 된다. 시간과 비용이 많이 드는 대규모 서베이의 단점을 보완하는 방법이며, 복잡하고 난해한 질문이 가능하다는 장점을 가지고 있다.

예 식품 맛 테스트, 향 테스트

기출문제분석

갱서베이(Gang Survey) 조사에 관한 설명으로 옳은 것은? 〔2016년〕

① 응답자가 실제상황하에서 제품을 장기간 사용하도록 한 후, 소비자 반응을 조사하는 방법이다.
② 일부 지역에 먼저 제품을 출시하여 소비자들의 반응을 검토하는 시장조사방법이다.
③ 응답자들을 본인이 원하는 시간대에 자유롭게 여러 장소에 나누어서 모이게 한 후, 자료를 수집하는 조사방법이다.
④ 소비자가 실제 제품을 구매하는 과정이나 사용하는 과정을 관찰하고, 내용을 정리하면서 시사점을 찾아내는 방법이다.
⑤ 응답자들을 정해진 시점에 일정한 장소에 모두 모이게 한 후, 조사담당자가 응답자들로부터 자료를 수집하는 조사방법이다.

[해설] 갱서베이는 비용과 시간이 많이 드는 대규모 서베이의 단점을 보완하기 위해 시행되는 조사이다.

[정답] ⑤

(4) 유형(대전우인) 23 기출

① **대인면접법** 17 기출

연구자가 응답자를 직접 만나 의사소통을 통해 필요한 정보를 얻는 방법을 말한다. 체계적인지 여부와 공개적인지 여부에 따라서 그 유형을 구분할 수 있다.

㉠ 종 류

구 분	체계적(객관식)	비체계적(주관식)
공개적	A 일반적 서베이(노상에서 조사)	B 심층면접법, 표적집단면접법(FGI)
비공개적	C 객관적 행태조사 (마트에서 소비자 구매물품 조사)	D 단어연상법, 문장완성법, 만화완성법, 통각시험법, 역할행동법, 그림묘사법

- A(체계적, 공개적) : 병원 입원면접, 길거리 설문조사 등을 예로 들 수 있다. 특별한 면접기술이 필요하지 않으며, 질문내용의 표준화를 통하여 수집된 자료를 처리하기 쉽다. 단, 이 때문에 자료의 다양성이 떨어질 수도 있다.
- B(비체계적, 공개적) : 입사면접, 입시면접, 압박면접, 표적집단면접법(FGI) 등을 그 예로 들 수 있다. FGI는 표적시장으로 예상되는 소비자를 일정한 자격기준에 따라 6~12명 정도 선발하여 한 장소에 모이게 한 후 면접자의 진행 아래 조사목적과 관련된 토론을 함으로써 자료를 수집하는 마케팅조사 기법이다.
- C(체계적, 비공개적) : 표준화된 면접지를 이용하여 조사하지만 조사대상자는 그 사실을 알지 못하는 것을 말한다. 마트에서 소비자가 구매하는 물품에 대한 조사를 실시하는 것을 그 예로 들 수 있지만 이럴 경우는 관찰법과 대동소이하다.

- D(비체계적, 비공개적) : 투사법이 대표적인 방법이며, 내면을 파악해야 할 경우, 자폐증 환자를 조사대상으로 삼을 경우 사용하는 기법이다. 투사법의 유형은 다양한데, 대표적으로 단어연상법, 문장완성법, 만화완성법, 통각시험법, 역할행동법, 그림묘사법 등이 있다.

ⓒ 장 점
- 유연성이 있으며, 다양한 정보수집이 가능하다.
- 응답률이 높다. 즉, 결측치(Missing Value)를 최소화할 수 있다.
- 면접상황의 통제와 제3자 개입을 제한할 수 있어 신뢰도가 높다.
- 아동이나 문맹 및 노인의 경우도 조사가 가능하다.

ⓒ 단 점
- 표본의 크기를 크게 할 수 없다(시간·금전적 부담).
- 익명성을 보장해 줄 수 없기 때문에 민감한 질문에 대한 답을 기대하기 힘들다.
- 면접자(조사자가 고용하는 사람 혹은 조사자 본인)가 조사에 영향을 줄 수 있다.
- 면접자가 다양할 경우 조사에 영향을 줄 수 있다.

ⓔ 대인면접 시 주의해야 할 사항
- 면접자의 교육 : 면접자(조사자가 고용한 사람 및 조사자 포함)가 각기 다른 방법으로 면접을 진행할 수 있기 때문에 사전에 면접자를 교육시켜 일정한 방식으로 면접을 진행할 수 있도록 해야 한다.
- 응답자의 이해 : 응답자는 대인면접 시 면접에 대한 이해도가 떨어지는 경우 바람직하지 못한 답변을 할 수 있다. 따라서 응답자가 면접의 목적을 확실하게 알 수 있도록 해야 하며, 되도록 자발적 응답자가 있는 것이 바람직하다.
- 면접과정에서 유의할 사항 : 일반적인 질문부터 시작하여 점점 더 구체적인 질문을 하는 것이 바람직하다. 대답을 회피하는 응답자의 경우는 자연스럽게 대답을 유도할 수 있도록 하여야 한다. 응답자가 회피하고 싶어할 만한 질문은 뒤에 하는 것이 좋다. 처음부터 그러한 질문을 할 경우 면접 자체를 기피할 수 있다. 만약 회피하고자 하는 질문이 면접의 막바지에서 나올 경우는 그간의 면접 시간이 아까워서라도 답을 하기 때문이다.
- 신뢰감 형성방법 : 대인면접 시 신뢰감을 형성하는 것은 매우 중요하다. 미리 응답자의 협조를 구하거나, 면접 내용에 대한 비밀보장을 철저하고 명확히 하거나, 이 조사는 국민경제 및 사회에 발전이 되며 공익적인 목적이 있다고 하거나, 면접자가 부드럽고 진지한 태도로 응답자를 대하는 것 등을 통하여 신뢰감을 형성할 수 있다.

ⓜ 프로빙(Probing) 19 기출
응답자가 답을 제대로 하지 않을 경우 심층적으로 규명하는 데 적합한 질문방법이다. 즉 대화를 자극하는 기법으로 응답자로 하여금 질문에 대답하도록 북돋아주는 기술을 의미하며 육하원칙을 이용해 질문할 수 있다. 간단한 찬성적 응답, 무언의 암시에 의한 자극, 명확한 대답 요구, 비지시적 질문을 사용하기도 한다. 반면 주의점은 지시적인 질문을 피해야 한다는 것이다. 대답의 방향을 유도하거나 지시해서는 안 된다. 의견이나 행동의 이유를 질문하는 것은 바람직하지 않으며 지속적으로 캐묻는 질문은 라포를 손상시킬 우려가 있다.

기출문제분석

설문지를 활용한 대인면접조사에 관한 설명으로 옳은 것은? 2017년

① 2차 자료를 이용하는 조사방법이다.
② 새로운 사실이나 아이디어 발견에는 구조화된 대인면접조사가 적합하다.
③ 우편조사에 비해 응답률이 높다.
④ 동일 표본에 대한 반복적 자료수집이 용이하다.
⑤ 구조화된 대인면접조사의 경우 상황과 응답자 특성에 맞게 질문과정을 유연하게 진행할 수 있다.

해설 ① 설문지를 활용한 대인면접조사방법은 1차 자료를 이용하는 방법이다.
② 새로운 사실이나 아이디어 발견에는 비구조화된 대인면접조사가 적합하다.
④ 동일 표본에 대한 반복적 자료수집이 용이한 것은 패널조사이다.
⑤ 비구조화된 대인면접조사의 경우 상황과 응답자 특성에 맞게 질문과정을 유연하게 진행할 수 있다.

정답 ③

의사소통을 위한 자료수집방법 중 비체계적-공개적 의사소통방법에 해당하는 것은? 2017년

① 대인면접법
② 표적집단면접법
③ 단어연상법
④ 퍼플미터
⑤ 그림연상법

해설 표적집단면접법은 소수의 응답자와 집중적인 대화를 통하여 정보를 찾아내는 소비자 면접조사 방법으로 초점집단면접법이라고도 한다. 특정 제품이나 제도에 표적시장으로 예상되는 소비자를 일정한 자격기준에 따라 6~12명 정도 소수로 선발하여 한 장소에 모이게 한 후, 면접자의 진행 아래 조사목적과 관련 토론을 함으로써 자료를 수집하는 마케팅조사 기법이다.

정답 ②

면접조사 과정 중 프로빙(Probing)을 구사하는 방법으로 옳지 않은 것은? 2019년

① 간단한 찬성적인 응답
② 무언의 암시에 의한 자극
③ 명확한 대답의 요구
④ 비지시적 질문의 사용
⑤ 의견이나 행동의 이유를 질문

해설 프로빙(Probing)을 구사할 때는 대답의 방향을 유도하거나 지시하는 지시적 질문을 피해야 하며, 의견이나 행동의 이유를 묻는 것은 옳지 않다.

정답 ⑤

> **비표준화면접에 관한 설명으로 옳은 것을 모두 고른 것은?** 〔2019년〕
>
> ㄱ. 면접조사 도구 없이 진행한다.
> ㄴ. 응답자마다 동일한 순서로 진행된다.
> ㄷ. 면접자는 면접과정에서 질문을 추가 및 삭제할 수 있다.
> ㄹ. 준비된 질문은 상황에 따라 선택할 수 있다.
> ㅁ. 면접질문에 대한 설명이 필요 없다.
>
> ① ㄱ, ㄷ　　② ㄱ, ㄹ
> ③ ㄴ, ㄷ　　④ ㄴ, ㄹ
> ⑤ ㄹ, ㅁ
>
> [해설] ㄴ·ㅁ. 표준화면접에 대한 설명이다.
> 　　　ㄹ. 반표준화면접에 대한 설명이다.
>
> [정답] ①

② **전화면접법/전화조사(Telephone Interview)** : 긴급하게 조사를 실시하거나 질문내용이 짧을 때 전화를 이용하여 질문하고 면접원이 기록하는 방식을 말한다. 표준화된 질문지를 이용하여 질문하는 것이 일반적이다. 전화면접법의 경우에는 컴퓨터 보조 전화면접(CATI ; Computer Assisted Telephone Interviewing)이라는 유형이 추가적으로 포함되어 있다. 이는 중앙컴퓨터가 무작위로 선정하여 전화를 걸고 화면을 통해 설문조사를 실시하는 방법이다. ARS도 실제로는 전화면접의 한 방법이라 할 수 있다. 이러한 방법의 경우 대인면접법과 비교하여 응답률이 매우 낮을 수 있다.

㉠ 장 점
- 조사가 간단하고 신속하며 조사비용이 절감된다.
- 대인면접과 비교하였을 경우 조사하기 어려운 사람에게 접근하기 쉽다.
- 전화번호부를 이용해 비교적 쉽고 정확하게 무작위표출이 가능하다.
- 면접자의 외모, 의상 등에 따른 응답자의 선입견에 의한 오류를 배제할 수 있다.

㉡ 단 점
- 전화기 소유자만이 피조사자가 되는 한계점을 갖고 있다.
- 시간적 제약을 받아 간단한 질문만 해야 한다(빨리 끊고 싶어 한다).
- 질문을 길게 할 수 없기 때문에 상세한 정보의 획득이 곤란하고, 응답자가 응답을 거부하는 경우가 많다. 마지못해 하는 경우는 조사결과의 타당성이 문제가 될 수 있다.
- 복잡하거나 지나치게 민감한 사적인 질문을 할 수 없다.
- 피조사자를 확인할 수 없어 응답자가 선정된 표본인지 확인할 수 없다.
- 조사대상이 시간대별로 한정되어 있다. 낮 시간에는 주로 주부, 노인 등이 대상이 되는 한계성이 있다.
- 그림이나 도표를 보여주면서 설명할 수 없다.

> **기출문제분석**
>
> **전화조사에 관한 설명으로 옳지 않은 것은?**
>
> ① 대인면접에 비해 면접원의 영향과 편견을 줄일 수 있다.
> ② 대인면접에 비해 자료수집 비용이 적게 든다.
> ③ 대인면접보다 응답자의 응답률이 높은 편이다.
> ④ 대인면접보다 많은 정보를 얻기가 힘들다.
> ⑤ 대인면접보다 자료수집 시간이 적게 든다.
>
> [해설] 전화조사의 경우 대인면접보다 응답자의 응답률이 낮은 편이다.
>
> [정답] ③

③ **우편조사법** [20]기출

응답자 본인이 직접 기입하는 '자기기입식' 조사방법 중 가장 흔한 형태의 자료수집방법으로 질문지를 우편으로 발송한 후 동봉한 반송용 봉투를 이용하여 응답을 받는 방법이다.

㉠ 방 법
- 조사자와 피조사자가 직접적으로 대면하지 않기 때문에 질문지 앞에 인사말을 작성하여 조사의 협력을 구하고, 응답자가 질문지 내용을 쉽게 잘 이해할 수 있도록 용어나 표현을 명확하고 단순하게 해야 한다.
- 응답자가 응답하고자 하는 내용을 정확하게 기록할 수 있도록 질문지를 잘 작성하여야 한다.
- 과거에는 우편을 통하여 조사를 실시하였지만, 현대에 와서는 이메일조사를 실시하는 경우가 많아지고 있다. 현대에 있어서는 인터넷조사법과 그 맥을 같이하는 방법이라 할 수 있다.

㉡ 장 점
- 최소의 경비와 노력으로 광범위한 지역과 대상을 조사할 수 있다.
- 접근하기 쉽지 않은 대상도 조사에 포함할 수 있다.
- 익명성의 특성으로 인해 피조사자가 충분한 시간적 여유를 가지고 솔직하게 답변할 수 있다.
- 조사원이 개입하지 않기 때문에 조사원의 편견이 개입될 우려가 없다.

㉢ 단 점
- 회수율이 타 조사방법과 비교하여 가장 낮고 우편이 왕복해야 하기 때문에 회수에 걸리는 시간이 길다.
- 주위환경의 통제가 불가능하므로 주위사람의 의견이 대신 반영되거나 영향을 줄 수 있다. 따라서 질문지를 누가 기입했는지를 알 수 없다.
- 응답자의 응답능력에 따라 자료의 타당성이 좌우된다. 보충설명이 없거나 확실하지 않을 경우 질문을 오해할 우려가 있다.
- 질문순서에 따라서 응답이 바뀔 수 있는데, 순서대로 응답할 것을 통제할 수 없다. 질문의 독립성을 보장하기 어렵다.

ⓔ 우편조사법의 회수율에 영향을 미치는 요인
- 질문지의 내용 및 길이 : 조사주제의 성격, 질문지의 길이
- 조사주체의 성격 : 조사실시기관이나 조사자의 권위
- 질문지의 외형 : 질문지의 형태, 크기, 색감 등
- 응답에의 유인 : 사례, 기념품 지급 여부
- 독촉장(Follow-up Mailing)이나 독촉전화 여부
- 질문지 가장 앞에 협조의뢰를 적었는지 여부
- 반송의 용이성 : 회송우표 여부, 반송봉투 동봉 여부

기출문제분석

우편조사의 특징으로 옳지 않은 것은? 2014년

① 응답자에 대한 접근성이 낮다.
② 설문구성이 복잡하고 길 경우 응답률이 낮기 때문에 그 구성이 제한적이다.
③ 응답자에 대한 통제가 어렵다.
④ 설문지 회수율 및 응답률이 낮다.
⑤ 심층규명이 어렵다.

해설 우편 설문조사는 응답자에 대한 접근성이 매우 높다. 이는 단순하게 우편은 모두에게 보낼 수 있기 때문이라고 생각하면 된다.

정답 ①

---

④ **인**터넷조사법(전자 인터뷰법) 24 기출

컴퓨터 통신을 이용한 조사방법을 말한다. 근래에 와서는 데이터베이스와 연계되어 자동으로 처리되는 웹서베이가 일반화되고 있다.

㉠ 장 점
- 조사기간 및 조사비용을 단축할 수 있다.
- 자료의 수집 및 분석이 자동으로 이루어질 수 있다.
- 다양한 형태의 조사가 가능하다.
- 시간 및 공간적으로 제약을 많이 받지 않는다.
- 구조화된 설문지 작성이 용이하다.
- 그림 및 영상자료를 통하여 이해를 도울 수 있다.

㉡ 단 점
- 응답자가 누구인지 확실하지 않기 때문에 표본의 대표성을 보장할 수 없다.
- 인터넷 이외의 조사영역으로 확장하기 어렵다.
- 응답자 태도에 관한 연구가 부족한 상태이다.
- 응답자의 프라이버시와 통신 예절에 문제가 있을 수 있다.
- 인터넷 환경에 노출된 응답자만을 대상으로 해야 한다.
- 응답률이 낮다(대부분 서베이 자체가 응답률이 높지 않다).

> **기출문제분석**
>
> **온라인조사에 관한 설명으로 옳지 않은 것은?** 2013년
>
> ① 홈페이지가 이미 구축된 조직의 구성원을 대상으로 조사할 때 매우 유용하다.
> ② 우편이나 전화로 접근이 불가능한 집단도 쉽게 접근할 수 있다.
> ③ 저렴한 비용으로 신속하게 자료를 수집할 수 있다.
> ④ 응답 여부를 확인할 수 있고 늦어질 경우 독촉메일과 같은 후속조치를 할 수 있다.
> ⑤ 표본편중의 문제를 쉽게 해결할 수 있다.
>
> **해설** 온라인조사의 경우 특정 계층에 표본이 편중되는 문제를 발생시킬 수 있다.
>
> **정답** ⑤

4 질문지(설문지) 작성

1. 설문지의 의의와 구성요소

(1) 의 의

① 설문지는 조사목적에 맞는 유용한 자료를 수집하는 수단이며 이를 통해 얻어진 자료를 분석하여 조사의 결론에 도달하기 위한 중요한 부분이다. 설문지 작성 시에는 필요한 정보의 종류와 측정방법, 분석의 내용과 분석방법 등 전체적인 부분을 모두 고려하여야 한다.

② 설문지는 모든 응답자에게 동일한 내용을 동일한 방식으로 질문을 하게 되므로 측정도구의 변화에 따른 측정의 오류를 최소화할 수 있고 양적조사를 할 수 있기 때문에 많이 사용된다.

③ 설문지는 단기간에 핵심적 정보만을 선별하여 비교적 객관적이고 정확한 정보를 입수할 수 있다는 장점이 있다. 물론 설문지 작성에 들어가는 시간 및 비용이 크다는 단점도 있다.

(2) 설문지 구성의 기본원칙 21 기출

① **인사말, 응답자에 대한 협조요청**: 조사자 또는 조사기관에 대하여 소개를 하고, 조사의 취지에 대하여 설명하고 응답자의 익명성을 보장하여 조사의 응답률을 높일 수 있도록 한다.

② **식별자료의 기술**: 식별자료는 설문지를 구분할 용도로 일련번호와 추후의 확인조사를 위한 응답자의 이름이나 주소, 조사를 실시한 면접자의 이름과 면접일시를 기록하는 부분을 말한다. 또한 설문의 이용가능성을 위하여 응답의 완전성과 신뢰성을 평가하는 등급표시란도 포함시켜 작성하여야 한다.

③ **본 설문의 충실성을 위한 작업**: 설문지 작성의 가장 중요한 부분, 연구목적에 필요한 자료가 수집되는 부분을 말하며, 응답자에게 안도감을 주고 좋은 관계를 수립하기 위한 질문으로 시작하는 것이 바람직하다. **예** 이 도시에 얼마나 오래 살고 계십니까?

설문항목이 많은 것은 좋지 않으며, 한 페이지에 너무 빽빽하게 질문문항을 넣는 것은 좋지 않다. 인쇄도 선명하게 하여 응답자가 오해하지 않을 수 있도록 해야 한다. 설문의 내용이 복잡하거나 길 경우 조금 더 신경 써서 응답해 달라고 당부하는 것이 좋다.
④ 인적 사항 설문 : 응답자의 인적 사항은 마지막 부분에서 물어보는 것이 좋은데, 이는 인적 사항을 먼저 묻게 되면 본 설문에 대하여 응답자들이 솔직한 의견을 말하지 않는 경향이 있기 때문이다.

2. 질문지(설문지) 작성순서에 따른 절차 21 기출

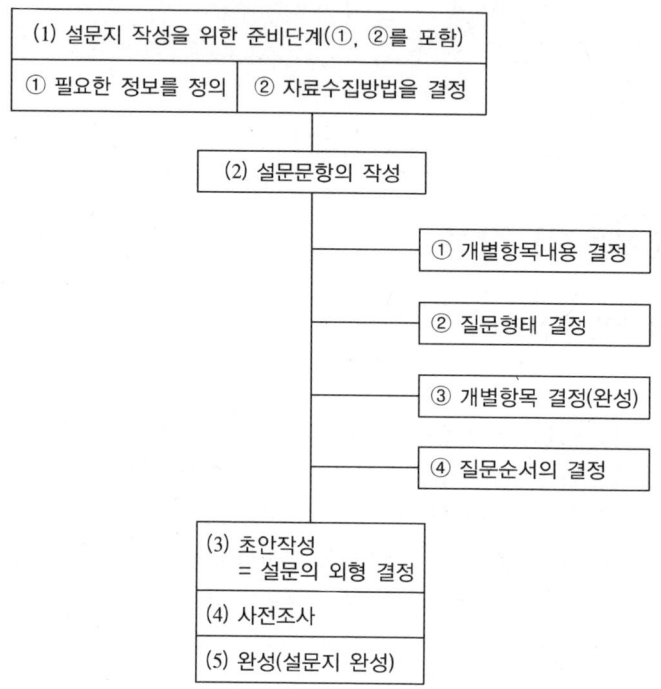

(1) 설문지 작성을 위한 준비

설문을 위한 준비는 문제의 정의라고 할 수 있는 필요한 정보를 정의하는 것과 자료수집방법을 결정하는 것이다.

① 문제의 정의(필요한 정보의 정의) : 문제의 정의는 '무엇을 알아볼 것인가?'를 결정하는 것이다. 연구문제 또는 주제에 대한 충분한 사전지식을 가지고 있는 경우에는 설문내용을 쉽게 결정할 수 있으나, 그렇지 않은 경우에는 문헌조사나 예비조사를 통해서 문제를 정의하는 것이 좋다.
  ㉠ 예비조사 : 연구주제에 대한 자료를 수집할 목적으로 시행하는 조사(연구가설의 명확화)
  ㉡ 설문사전조사 : 작성된 설문지의 예상치 못했던 오류를 찾아내기 위해 시행하는 조사

> **학습포인트**
> 예비조사는 자기가 연구하려고 하는 문제의 핵심적인 요소들이 무엇인가를 분명히 알지 못할 때 질문서 작성의 사전단계에서 필요한 조사이며, 사전조사와 꼭 구분해야 한다. 예비조사를 탐색조사라고 하기도 한다.

ⓒ 문제의 정의에 따라서 설문의 종류가 구분될 수 있다.
- 사실에 대한 조사를 하기 위한 설문 **예** 국회의원 후보 중 누구에게 투표하였는지
- 의견 및 태도를 측정하기 위한 설문 **예** 특정 주제에 대한 응답자의 생각, 느낌, 성향 파악
- 자각에 대한 설문을 하기 위한 설문 **예** 자신의 행동에 관한 평가

② **자료수집방법의 결정** : 자료수집방법이 설문지의 형태, 양과 표현방식에 큰 영향을 미칠 수 있기 때문에 설문지를 작성하기에 앞서 이용할 구체적인 자료수집방법을 미리 결정하고 이에 맞는 설문지를 작성하여야 한다.

(2) 설문문항의 작성 17 19 20 24 기출

① **개별항목의 내용결정** : 개별항목의 내용을 결정할 때에 주의할 사항이다. 즉, 질문하고자 하는 문항의 내용을 작성할 때에는 다음의 사항을 고려하면서 작성해야 한다.

㉠ 꼭 필요한 내용인가 : 각 문항별로 조사내용에 포함되어야 할 이유를 명확히 따져보고 별다른 이유가 없는 항목은 과감히 삭제하여야 한다.

㉡ 응답자가 필요한 정보를 사전에 알고 있는가 : 응답자가 응답할 수 있는 정보를 갖지 못하거나 또는 경험이 있어도 기억이 잘 나지 않는 경우가 있다. 이때 정보를 요구하는 질문에 접하게 되면 무응답 또는 엉뚱한 응답을 할 우려가 있으므로 사전에 응답자 입장에서 정보를 갖고 있는지의 여부를 평가해야 한다.

예 당신이 지난 3년간 교통카드를 이용해 이동한 적은 몇 번이나 됩니까?

㉢ 응답자가 그 정보를 제공해 줄 수 있는가 : 응답을 즉시 할 수 없는 경우나 정보를 가지고 있으면서도 대답을 할 수 없는 경우가 있다. 아래의 질문을 할 경우에는 응답자가 자신이 어떠한 것을 좋아하는지 생각해보지 않은 경우가 있을 수 있으며, 좋아하는 부분에 대하여 명확하게 표현할 수 없는 경우도 있다.

예 당신이 가장 좋아하는 티셔츠는 어떤 것입니까?

㉣ 한 문항으로 충분한가 : 하나의 질문에 2개 이상의 개념이 포함된 응답이 가능한 경우나 하나의 질문으로는 하나의 개념을 측정하지 못할 때가 있는데, 이때에는 문항의 수를 늘리는 것이 바람직하다. 즉 동일한 질문에 대해 가능한 응답의 내용들이 전혀 다른 측면과 관련되거나 하나의 질문으로는 얻고자 하는 정보가 불충분할 때에는 복수의 문항으로 질문하여야 한다.

예 당신이 좋아하는 과일과 채소는 무엇입니까? 당신이 좋아하는 과일은 무엇입니까? 당신이 좋아하는 채소는 무엇입니까?

② **질문형태의 결정** : 질문형태를 어떻게 하는지에 따라서 응답의 형태가 달라진다. 응답의 형태는 얻어지는 자료의 내용과 통계분석방법의 선택범위에 큰 영향을 미칠 수 있기 때문에 신중하게 결정해야 한다. 직관적으로 설명하자면, 질문의 형태는 객관식인지 주관식인지로 구분할 수 있다. 구조적 질문은 객관식이며, 폐쇄형 질문이라고도 한다. 비구조적 질문은 주관식이며, 공개형 질문이라고도 한다.

㉠ 구조적 질문(폐쇄형 질문) : 응답자가 선택할 카테고리를 미리 정해주는 것으로, 양자택일형, 선다형 질문 등이 있다. 즉, 주관식 질문을 제외한 질문을 구조적(폐쇄형) 질문이라고 할 수 있다. 응답의 카테고리가 적고 구분이 명확하며 코딩을 할 경우 편리하다는 장점이 있다.

ⓒ 양자택일형 질문 : 2가지의 선택만을 제시해 주고 이 중 하나를 선택하게 하는 방법이다. 대개의 경우 '모르겠다'라는 항목을 추가해 응답자들의 선택의 여지를 넓히기도 한다.
- 장 점
  - 응답자가 응답하기가 쉽고, 응답의 속도가 빠르다.
  - OX퀴즈처럼 간단하기 때문에 응답자의 협조를 구하기가 비교적 쉽다.
  - 조사자의 영향(편견, 컨디션)을 배제할 수 있다.
  - 코딩과 분석이 용이하다.
- 단점 : '그렇다', '아니다'라는 두 응답만을 해야 하기 때문에 응답자가 중간 정도의 의견을 갖고 있을 경우에는 오차가 발생하게 된다. 그래서 중간 항목이나 '모르겠다'라는 항목을 제시하는 것이 바람직하다.

ⓒ 다지선다형 질문(선다형 질문, 다지선택형 질문) : 응답자가 응답할 수 있는 내용을 몇 가지로 제시하는 방법을 말한다. 즉, 연구자가 가능한 대답의 항목들을 사전에 결정하여 응답자들에게 제시해 주고 이 중 하나를 선택하게 하는 방법이다. 응답의 항목들은 상호배타적이고 모든 응답을 포괄할 수 있어야 한다. 포괄성을 충족하기 위하여 '기타'라는 항목을 두어서 연구자가 제시하지 못한 답변도 응답자가 응답할 수 있도록 하는 것이 바람직하다.
- 장 점
  - 집계 및 통계분석을 할 때에 편리하다.
  - 가능한 응답을 알려줌으로써 응답상의 오류를 최소화할 수 있다.
  - 응답이 어렵지 않다는 사실을 알려줄 경우 쉽게 협조를 구할 수 있다.
  - 조사자의 영향(편견, 컨디션)을 배제할 수 있다.
  - 코딩과 분석이 용이하다.
- 단점 : 적합한 응답을 만들어 내기 위해서 자유응답형의 질문을 이용한 탐색조사를 해야 한다. 즉, 객관식 질문을 만들기 위해서는 탐색조사를 통해서 어느 정도의 정보를 구축해야만 한다. 그렇기 때문에 실제 설문지를 만들기까지는 많은 수정과정이 필요하며 비용도 많이 든다. 그럼에도 불구하고 응답자의 의도를 충분히 반영하지 못하는 경우도 있다.

ⓔ 비구조적 질문(개방형 질문) : 주관식 질문이라 생각하면 이해가 빠르다. 응답의 형태에 제약을 가하지 않는 형태로 구조적 질문에 비하여 세밀한 정보를 얻을 수 있다는 장점이 있다. 그렇기 때문에 예비조사(탐색조사)를 할 경우 주로 사용된다. 또한 응답자가 답을 제대로 하지 않을 경우 심층적으로 규명(프로빙)하는데 적합한 질문방법이다.

> **학습포인트**
> 언급했듯이 다지선다형 질문을 만들기 위해서는 비구조적 질문을 통한 탐색조사를 사전에 실행한다는 것을 기억해야 한다. 즉, 구조적 질문은 비구조적 질문(탐색조사)이 바탕이 된다.

- 장점 : 응답자들의 다양한 의견을 얻음으로써 기존에 연구자가 알지 못하는 정보나 문제점을 발견할 수 있다.

• 단 점
  - 자료처리를 위한 코딩에 시간과 인력이 많이 들게 된다.
  - 주관식 답변으로 인하여 자료의 정확한 분류가 어려울 경우, 자료의 많은 부분이 분석에서 제외되는 경우도 발생한다.

> **학습포인트**
> 비구조적 질문의 경우에는 직접적으로 질문하는가, 간접적으로 질문하는가에 따라 구분이 가능하다.
> - 직접적 질문 : 어떤 사실에 관한 응답자의 태도, 견해 등을 직접적으로 질문하는 것을 말한다.
> - 간접적 질문 : 연구의 주제가 응답자의 반감을 일으킬 염려가 있을 때 사용된다. 전혀 다른 질문을 해서 그 질문에 대한 반응으로부터 필요한 정보를 얻는 방법이다. 투사법, 오류선택법, 정보검사, 논의 완성, 단어연상법 등을 통하여 간접적으로 질문을 할 수 있다.

기출문제분석

서베이조사 질문에 관한 설명으로 옳지 않은 것은? [2017년]

① 개방형 질문의 응답범주는 상호배타적(Mutually Exclusive)이며, 망라적(Collectively Exhaustive)이어야 한다.
② 폐쇄형 질문의 주요 단점은 조사자가 응답을 구조화하는 데 있다.
③ 응답자가 질문에 대해 자신의 답을 제공하도록 하는 질문법은 개방형 질문이다.
④ 폐쇄형 질문은 응답의 통일성을 제공해 주고 보다 쉽게 처리될 수 있는 장점이 있다.
⑤ 개방형 질문은 응답과 자료분석이 어렵다는 단점이 있다.

해설 폐쇄형 질문의 응답범주가 상호배타적(Mutually Exclusive)이며, 망라적(Collectively Exhaustive)이어야 한다.

정답 ①

개방형(Open-ended) 질문의 결과를 코딩(Coding)하기 위해서는 전처리 과정이 필요하다. 이런 전처리 과정을 지칭하는 용어는? [2013년]

① 포밍(Forming)   ② 펀칭(Punching)
③ 소팅(Sorting)   ④ 탤리(Tally)
⑤ 매핑(Mapping)

정답 ④

심층규명(Probing)을 하고자 할 때 적합한 조사방법은? [2013년]

① 우편 설문조사   ② 온라인 설문조사
③ 비구조화 면접조사   ④ 간접관찰 조사
⑤ 문헌조사

해설 비구조화 면접조사는 주관식 혹은 논술형이기 때문에 심층적으로 접근이 가능하다.

정답 ③

③ **개별항목의 결정(완성)** 17 22 23 24 25 기출

좋은 설문항목을 완성하기 위하여 다음의 사항에 주의하면서 개별항목을 완성해야 한다. 실제로 같은 내용의 정보를 얻기 위한 질문에 있어서도 단어의 선정이나 사소한 의미의 변화에 의해서 응답이나 분석결과에 많은 차이를 가져올 수 있기 때문에 연구에 필요한 올바른 자료를 제대로 얻기 위해서는 이에 맞는 적절한 질문을 하여야 한다.

㉠ 간단 명료한 단어를 사용해야 한다 : 일반인들을 위한 질문지에서 사용하는 용어는 보통 사람들이 이해할 수 있는 쉬운 용어를 사용해야 한다. 질문의 이해도에 따라서 그 정확성이 달라질 수 있기 때문이다.

㉡ 모두를 포괄할 수 있는 질문을 해야 한다 : 응답에 있어서 포괄적이어야 한다는 것으로, 응답자들이 생각할 수 있는 모든 응답을 제시해 주어야 한다. 아래에서 처럼 만약 '기타'가 존재하지 않았다면 다른 지역에 거주하는 사람은 응답을 하지 못하는 문제가 발생할 수 있기 때문에 질문자는 모든 지역을 나타낼 수 있도록 질문문항을 작성해야 한다.

> 예 서울에서 당신이 사는 지역은 어디입니까?
> ① 중 구 ② 서대문구 ③ 종로구 ④ 용산구 ⑤ 강서구 ⑥ 기 타

㉢ 주어진 선택지 간의 상호배타성이 있어야 한다 : 응답의 항목들 간의 내용이나 범위가 중복되어서는 안 된다. 아래의 예에서 만약 100만원을 버는 사람이 있다면 1번을 택해야 할지 2번을 택해야 할지 확실하게 알 수 없다. 그렇기 때문에 조사자는 중복이 되지 않게 정확한 범위를 표시해야 하여야 한다.

> 예 당신의 월평균 소득은 얼마입니까?
> ① 0원~100만원 ② 100만원~200만원 ③ 200만원~300만원 ④ 300만원 이상

㉣ 이중질문을 하지 않아야 한다 : 이는 질문에 대한 보기가 잘못되었다기보다는 질문 자체가 잘못되었다고 할 수 있는 경우이다. 만약 '초콜릿맛 아이스크림의 맛과 가격이 얼마나 좋다고 생각합니까?' 라는 식으로 질문을 할 경우 응답자의 혼란이 올 수 있다. '대체 맛을 물어보는 거야? 가격을 물어보는 거야?'라는 식으로 말이다.

㉤ 유도질문을 하지 않아야 한다 : 유도질문이란 조사자가 특정한 응답을 원하며 하는 질문이라 할 수 있다. 예를 들어 국민건강에 대한 인식이 높아졌다는 것을 증명하기 위해 조사할 경우 다음과 같은 질문을 할 수 있을 것이며, 답변으로 4회 이상을 선택하는 사람이 많아질 것이다.

> 예 최근 야채를 많이 먹는 것은 건강에 좋다는 것으로 알려져 있는데, 당신은 자녀를 위하여 하루에 야채를 얼마나 섭취할 수 있도록 해야 한다고 생각하십니까?
> ① 1회 ② 2회 ③ 3회 ④ 4회 이상

ⓑ 응답자도 모르는 질문을 하지 않아야 한다 : 아래와 같은 질문은 응답자가 할 수 없는 질문이다. 세상에 태어나서 지금까지 몇 공기나 먹었는지 기억하는 사람은 아무도 없을 것이다.

> **예** 당신은 태어나서 지금까지 밥을 몇 공기나 먹었습니까?
> ① 1,000회　② 2,000회　③ 3,000회　④ 4,000회 이상

ⓐ 답이 곤란한 질문의 경우는 우회적으로 물어봐야 한다 : 만약 아래와 같은 질문을 공무원에게 한다면 정직하게 답할 사람은 아무도 없다. 이러한 질문을 해야 할 경우는 '당신의 주위에서 뇌물을 받은 사람이 있다고 생각하십니까?'라는 식으로 질문을 우회적으로 표현해야 한다.

> **예** 당신은 뇌물을 받은 경험이 있습니까?
> ① 있다.　② 없다.　③ 기억이 나지 않는다.

ⓞ 중심화의 오류를 고려하여야 한다 : 응답자들은 확신이 없는 답을 하여야 할 경우 중간값을 선택하게 되는데, 이처럼 평가대상자들의 점수가 예상되는 정규분포보다 범위상의 중간 점수로 포화되는 경향을 '중심화의 오류'라고 한다. 특히 선택지가 많은 5지 선다형 문제에서 두드러질 수 있다. 이를 방지하기 위하여 중간값을 선택할 수 없도록 제거하는 방안도 있다.

기출문제분석

설문지 작성에 관한 설명으로 옳지 않은 것은? 　2019년

① 2가지 내용을 하나의 질문에 포함시키지 않는다.
② 특정 상황을 조사자 임의로 가정하지 않는다.
③ 전문용어를 사용함으로써 질문의 의도가 분명히 전달될 수 있도록 한다.
④ 유도적인 질문은 피한다.
⑤ 선택형 질문의 경우 가능한 한 모든 응답을 제시한다.

해설 설문지 작성 시 전문용어를 사용하면 응답자가 질문의 의도를 파악하지 못하거나 응답하지 못하는 경우가 생길 수 있다.

정답 ③

---

④ **질문순서의 결정** 25 기출
　㉠ 질문지에 포함될 다수의 질문들은 가급적 논리적인 연관성이 있는 것이 바람직하다.
　㉡ 심리적으로 일관성이 있어서 질문지가 전체적으로 하나의 통일성을 이루도록 하여야 한다.
　㉢ 일반적인 질문에서 특수한 질문을 하여야 한다. 이를 '깔때기형 질문'이라 하는데, 범위가 큰 부분에서 구체적인 부분으로 좁혀가면서 질문을 하기 때문이다. 이는 응답자의 거부반응을 감소시킬 수 있는 좋은 대안이 된다.
　㉣ 객관적 사실에 대하여 먼저 물어보고 태도, 의견, 동기 등을 묻는 질문으로 옮겨가는 것이 좋다. 이는 '깔때기형 질문'과 그 맥을 같이한다.
　㉤ 첫 번째 질문은 가능한 한 쉽게 응답할 수 있고, 흥미를 유발할 수 있어야 한다.

ⓗ 질문항목 간의 관계를 고려하여야 한다. 예를 들어서 앞 질문이 다음 질문에 연상작용을 발생시켜서 다음 질문 내용에 영향을 미칠 수 있는 경우는 그 질문들 사이의 간격을 멀리 떨어뜨려 놓아야 한다.

ⓢ 응답자가 심각하게 고려하여 응답하여야 하는 질문을 할 경우는 응답거부를 할 수도 있기 때문에 평범한 질문 속에 삽입하거나 가장 뒤에 배치해야 한다. 또한 개인적 사항도 이와 마찬가지로 가장 뒤에 묻는 것이 바람직하다. 마지막에 그러한 질문이 나오면 그동안 한 대답이 아까워서라도 답을 할 수 있기 때문이다.

ⓞ 문항이 담고 있는 내용의 범위가 넓은 것부터 점차 좁아지도록 문항을 배열해야 한다. 예를 들어 산업 전체에 관련된 문항을 묻고 특정 제품에 대한 문항을 다음에 하는 것인데, 이는 응답자의 생각을 정리해 나가는데 효과적이어서 원활한 응답이 가능하도록 해준다.

> **학습포인트**
> Filter Question이라는 것이 있는데, 이는 불필요한 조사대상을 제외하기 위한 조사방법으로 조사시간을 단축할 수 있는 장점이 있다.
> **예** 질문1. 당신은 라디오를 듣습니까? ① 예   ② 아니오
> 질문2. 질문1에서 '예'라고 응답하였을 경우 질문5로 넘어가시오.

(3) 초안작성(설문지의 외형결정)

질문지의 외형을 결정하는 것이라 할 수 있다. 질문지의 모양, 형태, 색감 등을 정하며, 세세하게는 설문문항의 밀집 정도와 여백의 정도 등을 결정하는 것이다. 이때에는 다음의 사항을 고려하면서 결정해야 한다.

① 설문문항들이 너무 밀집되지 않도록 해야 한다.
② 문항과 문항 사이에는 충분한 여백을 두어야 한다.
③ 설문지의 크기는 다루기 쉽도록 적절한 크기를 갖추어야 한다.
④ 설문지가 단조로우면 지루하지만, 너무 색감이 강하면 집중이 되지 않기 때문에 적정한 수준을 결정해야 한다.

(4) 설문지의 사전조사

본 조사의 실시를 위하여 본 조사와 똑같은 조건하에서 소규모에 걸쳐 구체적인 실제자료를 수집하는 조사이다. 실질적으로 연구자의 사고나 행동이 일반인과 많은 차이가 나기 때문에 일반인들에게는 연구자의 의도가 다르게 받아들여질 수 있는데 이런 오류를 없애기 위해 사전조사가 필요하다. 사전조사 시에는 모집단 속의 양극단에 있는 응답자들까지 골고루 포함하여 실시하여야 하며, 연구주제에 대해 전문적인 지식을 갖고 있는 전문가집단에게도 사전조사를 실시하는 것이 바람직하다. 이렇게 하면 일반인들이 파악하지 못하는 문제점까지도 발견하고 해결할 수 있기 때문이다. 만약 사전조사를 통하여 문제점이 발견되면 수정 및 보완을 하여 설문지를 확정해야 한다.

> **더 알아보기** **사전조사 시 주의사항**
>
> - 응답이 모두 특정 번호이거나 전혀 응답이 안될 경우 질문형태를 다르게 해야 한다.
> - 모른다, 이해할 수 없다는 대답이 많은 경우는 다음의 이유 때문이다.
>   - 질문이 애매하거나 너무 복잡한 경우
>   - 질문 자체가 간단히 대답할 수 없는 경우
>   - 조건이 많이 붙는 경우
> - 극단적인 질문은 피하고, 모른다고 할 경우 기타란을 둔다.
> - 응답을 거절하는 경우가 많을 시 수정이 필요하다.
> - 거절 사례가 5~10% 이상이면 수정하는 것이 바람직하다. 질문순서가 바뀌었을 때, 답에 실질적인 변화가 있을 수도 있다.

(5) 설문지 완성
완성된 설문지가 조사목적에 충실하도록 작성되었는가를 검토한 후에 본 조사를 실시한다.

> **더 알아보기** **비표본오차 발생 이유**
>
> 설문을 통한 조사는 대개 서베이조사에서 많이 사용된다. 서베이는 표본조사를 실시하는 경우가 많은데, 여기서 발생하는 오차 중에서 표본오차/비표본오차가 있다. 비표본오차는 표본추출에 따라서 발생하는 오차가 아닌 모든 오차를 말한다. 설문에서 사람들이 거짓말을 할 경우 생기는 오차는 비표본오차라 할 수 있다. 그럼 비표본오차를 발생시키는 거짓말을 하게 되는 이유를 알아보도록 하자. 설문항목에서 사람들이 솔직하지 못한 이유는 다음과 같다.
> - 설문 자체가 합법적인 것이 아니라고 응답자가 생각하는 경우
> - 프라이버시를 해친다고 생각하는 경우
> - 조사자가 무슨 응답을 원하는지 알고 응답할 경우
> - 실질적 생각과 관계없이 윤리적인 대답을 하는 경우
> - 본인의 지식 수준이 낮은 것을 알게 될까 봐 응답을 회피하는 경우
> - 설문이 추상적이고 모호하게 작성된 경우

> **기출문제분석**
>
> **설문조사 시 사전조사(Pretest)에 관한 설명으로 옳은 것은?** [2015년]
>
> ① 설문지의 문제점을 찾아내기 위한 것으로 본 조사와 동일한 표본 크기로 실시하여야 한다.
> ② 본 조사 이전 1회 이상 실시하여 본 조사에서 발생할 수 있는 오류를 최소화시킨다.
> ③ 연구문제의 핵심 요소를 분명히 알지 못할 때 설문지 작성 이전 단계에서 실시한다.
> ④ 본 조사와는 달리 간소화된 방식과 절차로 진행한다.
> ⑤ 응답자의 대표성을 반드시 확보하여야 한다.
>
> **해설** 사전조사는 작성된 설문지의 예상치 못했던 오류를 찾아내기 위해 시행하는 조사방법이다.
>
> **정답** ②

설문지의 질문내용을 표현할 때 고려해야 할 요소로 옳지 않은 것은? `2018년`

① 선택형 질문에 대해서는 가능한 모든 응답을 제시해야 한다.
② 설문의 효율을 위하여 한 질문에 여러 가지를 물어보는 것이 좋다.
③ 선택형 질문의 경우 응답항목 간 중복이 있어서는 안 된다.
④ 조사자 임의로 가정하지 말아야 한다.
⑤ 대답하기 곤란한 질문은 간접적으로 물어본다.

> **해설** 설문지 작성 시에는 이중질문은 피한다. 설문지는 연구자가 조사하고자 하는 조사항목을 체계적으로 기재하여야 하며 객관식 질문이 좋다. 문항의 수는 최소화하고, 설문자가 바로 이해하기 쉽도록 명시적이고 직접적으로 표현한다.

정답 ②

설문지 작성 시 질문의 순서 결정에 관한 설명으로 옳지 않은 것은? `2018년`

① 설문지 처음 부분은 쉽고 응답자가 관심을 가질 수 있는 내용이어야 한다.
② 응답이 어렵거나 민감한 질문은 뒤에 위치시킨다.
③ 조사내용이 가능한 한 논리적으로 연결되도록 질문의 순서를 정해야 한다.
④ 구체적인 질문 뒤에 좀 더 포괄적인 질문을 한다.
⑤ 인구통계학적인 질문은 가능한 뒤에 위치시킨다.

> **해설** 설문지 작성 시 질문의 순서는 포괄적인 질문에서 구체적인 질문으로 이어나가는 것이 좋다.

정답 ④

다음 중 설문 문항으로 적합한 것은? `2017년`

① 귀사에서 지난 1년 간 발생한 이익은 얼마입니까?
② 귀하는 시민들을 위해 지하철노조의 파업은 법적으로 금지되어야 한다고 생각하십니까?
③ 귀하께서 재직 중인 회사의 임금 수준과 복지제도에 대해 만족하십니까?
④ 귀하께서 서울 소재 A호텔에 투숙한다고 가정한다면 그 호텔을 선택한 주된 이유는 무엇입니까?
⑤ 귀하는 사형제도 부활에 대해 찬성하십니까?

> **해설** ① 민감하게 반응할 가능성이 있는 질문은 직접적으로 하지 않는다. 가급적 우회적으로 질문하여야 한다.
> ② 특정 응답을 하도록 강요하는 것을 유도성 질문이라고 하는데 이러한 표현은 가급적 삼가야 한다. 구체적인 사항에 대한 설명을 제시하지 않고 질문함으로써 결론을 의도적으로 일반화하지 말아야 한다.
> ③ 설문 하나에 두 개 이상의 질문을 하지 않는다. 한 번에 한 가지 질문만 하여야 한다. 임금 수준과 복지제도에 대하여 둘 중 어느 하나만 만족하는 응답자의 경우에는 응답에 곤란을 겪게 된다.
> ④ 응답할 수 없는 질문을 하지 않는다. 상식적으로 답할 수 없는 질문은 하지 않는다. A호텔에 한 번도 가지 않는 응답자의 경우에는 답하기 어려운 질문이므로 하지 않는 것이 좋다.

정답 ⑤

설문지 작성의 일반적 방법으로 옳지 않은 것은? 〔2017년〕

① 가급적 쉽게 질문한다.
② 어렵거나 민감한 질문은 앞에 위치시킨다.
③ 문항이 담고 있는 내용 범위가 넓은 것에서부터 점차 좁아지도록 문항을 배열하는 것이 좋다.
④ 응답항목들이 상호배타적이어야 한다.
⑤ 유도성 질문은 피해야 한다.

해설 설문지는 가급적 응답자의 입장에서 누구나 이해하기 쉽게 작성되어야 한다.

정답 ②

설문지를 설계할 때 고려해야 할 사항으로 옳지 않은 것은? 〔2016년〕

① 응답이 곤란한 질문이나 민감한 주제에 대해서도 깊이 있게 질문해야 한다.
② 응답자들이 전문용어를 이해할 것으로 가정해서는 안 된다.
③ 응답항목들 간에 내용상 중복이 있어서는 안 된다.
④ 선택형 질문은 가능한 모든 응답을 제시해 줄 수 있도록 작성해야 한다.
⑤ 조사자가 임의로 가정하고 설문지 내용을 변경하게 해서는 안 된다.

해설 응답이 곤란한 질문의 경우는 우회적으로 물어봐야 한다.

정답 ①

질문지를 작성하는 방법에 관한 옳은 설명을 모두 고른 것은? 〔2016년〕

> ㄱ. 단순·직선적이며 핵심적인 단어를 사용해야 한다.
> ㄴ. 질문의 표현방식이 애매모호하지 않아야 한다.
> ㄷ. 응답에 필요한 배경과 질문의 의도를 알려주기 위해 질문 속에 설명을 첨부한다.
> ㄹ. 복합질문 또는 이중질문을 사용하여야 한다.

① ㄱ, ㄴ
② ㄴ, ㄷ
③ ㄷ, ㄹ
④ ㄱ, ㄴ, ㄹ
⑤ ㄴ, ㄷ, ㄹ

해설 설문에 질문의 의도를 드러내서는 안 되며, 복합질문 또는 이중질문을 피해야 한다.

정답 ①

PART 04 단원핵심문제

제5과목 조사방법론

01 다음은 설문지의 기본원칙에 대한 것이다. 표지에 들어갈 내용으로 옳은 것은?

> ㄱ. 연구목적 및 협조요청
> ㄴ. 응답자의 제품에 대한 인지도, 구매나 사용빈도 등에 관한 질문
> ㄷ. 응답자의 자기 방어적 불안을 사전에 제거할 수 있는 비밀보장의 내용
> ㄹ. 직업, 소득, 나이, 성별 등 응답자의 인구통계특성을 얻기 위한 질문

① ㄱ, ㄴ, ㄷ
② ㄱ, ㄷ
③ ㄴ, ㄹ
④ ㄱ, ㄹ
⑤ ㄱ, ㄴ, ㄷ, ㄹ

해설 설문지 작성 시 표지부분은 인사말, 응답자에 대한 협조요청으로 구성되어야 한다. 조사 취지에 대해 설명하고, 응답자의 익명성을 보장하는 내용을 기재한다.

02 질문유형 중 2가지의 선택지를 제시해주고 그중 하나를 고르게 하는 질문으로 옳은 것은?

① 양자택일형 질문
② 개방형 질문
③ 폐쇄형 질문
④ 강요적 질문
⑤ 다중선택형 질문

03 다음 중 배경질문에 대한 서술로 옳지 않은 것은?

① 직업, 소득, 나이, 성별 등을 물어본다.
② 응답자의 인구통계특성을 얻기 위한 질문이다.
③ 소득이나 학력 등 민감한 질문은 주관식보다 객관식이 좋다.
④ 선별질문이 있는 경우에는 배경질문 중 해당되는 것을 선별질문으로 옮긴다.
⑤ 응답자의 성명, 주소, 전화번호 등을 기재하게 한다.

해설 설문지 구성 시 조사자 또는 조사기관에 대해 소개하고, 조사 취지에 대해 설명하며 응답자의 익명성을 보장하여 조사의 응답률을 높일 수 있도록 한다.

정답 01 ② 02 ① 03 ⑤

04 특정 연구에 대한 사전지식이 부족할 때 예비조사 또는 사전조사에서 사용하기에 적절한 질문의 유형으로 옳은 것은?

① 개방형 질문
② 폐쇄형 질문
③ 가치중립적 질문
④ 유도성 질문
⑤ 양자택일형 질문

해설   개방형 질문은 응답의 형태에 제약을 가하지 않는 형태로 주로 예비조사 및 탐색조사에 사용된다.

05 질문의 순서에 대한 원칙으로 옳지 않은 것은?

① 쉬운 질문은 앞쪽에, 어렵고 민감한 질문은 뒤에 배치한다.
② 질문들은 주제별로 묶어서 한다.
③ 중요한 질문은 가능한 마지막에 배치한다.
④ 일반적인 질문은 구체적인 질문보다 앞에 오도록 한다.
⑤ 질문이 논리적으로 연결되도록 한다.

해설   중요한 질문은 가능한 앞쪽에 배치해야 한다.

06 다음 설문지 길이에 대한 설명으로 옳지 않은 것은?

① 설문지의 길이를 정할 때 조사내용과 상황을 고려할 필요는 없다.
② 전화조사의 경우 대면조사보다 설문지가 짧아야 한다.
③ 노상에서 진행하는 설문조사의 설문지는 짧은 것이 좋다.
④ 설문지의 질문이 많고 내용이 길면 무응답오류가 발생할 수 있다.
⑤ 설문지의 길이는 응답자가 얼마나 집중하여 성실하게 응답할 수 있는지 고려한다.

해설   설문지의 길이는 반드시 조사목적, 내용, 상황(대면/전화/노상 등)에 따라 결정해야 한다.

정답   04 ① 05 ③ 06 ①

07 조사타당성을 높이기 위한 조건으로 옳지 않은 것은?

① 응답자가 질문을 잘 이해할 수 있어야 한다.
② 모든 응답자가 동일하게 해석해야 한다.
③ 응답자가 질문에 응답할 능력이 있어야 한다.
④ 질문에 기꺼이 응답하여야 한다.
⑤ 응답자가 조사의 의도를 명확하게 알고 있어야 한다.

해설 응답자가 조사의 의도를 명확하게 알 경우 응답에 영향을 미칠 수 있으므로 바람직하지 않다.

08 조사타당성을 높이기 위한 구체적인 지침으로 옳지 않은 것은?

① 질문은 가능한 한 길고 자세한 것이 좋다.
② 질문은 명료하게 한다.
③ 중복질문하지 않는 것이 바람직하다.
④ 필요하면 응답자가 응답할 능력이 있는지를 확인한다.
⑤ 유도질문은 피하는 것이 좋다.

해설 질문은 가능한 한 짧고 명확하게 작성하는 것이 좋다.

PART 05 표본설계

제5과목 조사방법론

체크포인트
본 파트에서는 표본추출을 실행하는 것에 대해 배우도록 한다. 전체를 모두 조사하기 힘들 경우에 표본을 추출하여 조사를 실시한다. 예를 들어서 전국민을 대상으로 설문조사를 할 수는 없으며, 이때에는 적절한 표본을 추출하여 조사를 하는 것이 바람직하다. 표본추출을 하여 조사를 실행할 경우 오차가 전체를 조사하는 것보다 작을 수 있다는 점은 꼭 기억해두어야 한다.

표본추출관련 용어
- **모집단** : 연구자가 실제로 관심을 가지고 있는 모든 구성원들의 전체집단을 말한다.
- **모수** : 모집단의 속성 및 특징을 나타내는 통계값을 말한다.
- **표본** : 모집단에서 특정한 추출과정을 통하여 추출된 특정 집단을 말한다.
- **통계량** : 표본의 속성, 특징을 나타내는 통계값을 말한다. 통계량의 예로는 표본의 평균, 표준편차, 상관계수 등이 있다.
- **표본프레임** : '표본수집 틀', 또는 줄여서 '표집틀'이라고도 한다. 표집틀은 표본이 추출될 표본추출 단위에 대한 목록으로 흔히 모집단을 구성하는 요소들의 목록이 된다.

1 표본조사와 전수조사 25 기출

1. 전수조사

(1) 모집단에 속하는 모든 구성원 전체를 대상으로 직접 조사하여 정보를 입수하는 방법이다. 그 예로는 전국민을 대상으로 하는 인구센서스 조사가 있다.

(2) 조사대상에 대한 개별적인 정보가 필요할 때, 통계량으로부터 올바른 모수의 추정이 어려울 때, 모집단의 크기가 비교적 작아 전수조사의 비용이 부담되지 않을 때 사용할 수 있다.

(3) 조사대상자와 자료의 양이 많아 비표본오차가 크고, 조사기간이 오래 걸리기 때문에 조사기간 동안 변화가 발생할 경우 이를 반영하지 못하는 단점이 있다.

(4) 조사과정에서 조사대상이 파괴되는 '파괴조사'에는 실시할 수 없다.
   > **예** 자동차 안전성 검사를 하기 위하여 파괴조사를 할 때, 생산되는 모든 차를 대상으로 조사를 실시할 경우 팔 수 있는 차량이 없어지게 된다. 이는 전수조사도 마찬가지이다. 그렇기 때문에 표본추출을 통하여 조사를 실시한다.

2. 표본조사

전체의 집단에서 표본을 추출하여 실시하는 조사이다. 표본조사는 추출된 표본의 특성을 기반으로 모집단의 특성을 추정해 내는 방식이기 때문에 추출된 표본이 모집단을 대표할 수 있어야 한다.

예 전교생이 300명이며, 10학급으로 구분되는 학교가 있다. 이 학교의 평균키를 측정하고자 하여 30명을 뽑아서 그들만 조사하는 표본추출을 시행하였다. 학급에서 지정해주는 학생의 번호는 '키'가 작은 순서부터 큰 순이라고 할 때, 각 반의 앞 번호에 있는 학생만을 표본으로 추출하여 조사를 할 경우 조사결과는 대표성이 떨어진다고 할 수 있다. 그 이유는 앞 번호의 학생일 경우 키가 작을 것이고 이렇게 추출된 학생의 평균키는 전교생의 평균키를 대표할 수 없기 때문이다.

(1) 장 점

① 시간 및 비용의 절약과 함께 조사인력을 줄일 수 있다.
② 비표본오차의 발생을 줄일 수 있기 때문에 실제로 전수조사보다 오차가 더 적을 수 있다.
③ 전수조사는 조사기간이 상대적으로 길기 때문에 조사과정 중에 조사대상에게 영향을 미치는 사회현상에 변화가 일어날 수 있지만, 표본조사는 그렇지 않다.
④ 전수조사보다 표본조사가 많이 이용된다.

기출문제분석

전수조사와 표본조사에 관한 설명으로 옳지 않은 것은? `2013년`

① 일반적으로 전수조사는 표본조사보다 비용과 시간이 많이 소요된다.
② 표본조사는 전수조사보다 표본오류의 발생가능성이 높다.
③ 전수조사가 표본조사보다 비관찰오류의 발생가능성이 낮다.
④ 비표본오류의 가능성 때문에 전수조사가 표본조사보다 부정확할 때도 있다.
⑤ 실제 사회과학분야에서 수행하는 조사의 대부분은 표본조사이다.

해설 전수조사와 표본조사에서 언급되는 오류는 표본오류와 비표본오류이며, 전수조사에서는 비표본오류의 발생가능성이 더 높다.

정답 ③

표본추출에 관한 설명으로 옳지 않은 것은? `2014년`

① 표본수가 너무 적으면 제1종 오류를 범하게 되며 통계적 검증력이 떨어진다.
② 표본이 적을수록 표집오차는 증가한다.
③ 확률 표본추출방법은 무작위표집 방법의 하나로서 모든 구성요소에게 표본으로 선택될 확률을 동일하게 보장하는 표집방법이다.
④ 모집단을 범주별로 나누고 범주 내에서 확률표집이 이루어지는 방법은 층화 표본추출법(Stratified Sampling)이다.
⑤ 정규분포의 표본을 얻으려면 최소한 30개 이상의 표본수가 필요하다.

해설 제1종 오류는 연구자가 설정한 영가설이 실제로 참임에도 이를 기각할 확률을 말하는 것으로 표본수와 관계가 없다.

정답 ①

2 표본설계의 과정

> **학습포인트**
> 표본설계는 다음의 5가지 과정을 거친다. 시험에는 출제될 가능성이 높은 부분이며, 이해하기 어렵지 않은 부분이기 때문에 꼭 그 과정을 숙지하도록 해야 한다. 암기 시에는 '모프방크실'로 외우도록 한다. 순서는 다음과 같다.
> 모집단 결정 > 표본프레임 결정 > 표본추출방법 결정 > 표본크기 결정 > 실행

1. 모집단 결정

모집단은 조사자가 조사목적을 달성하기 위하여 관심을 갖는 대상을 말한다. 즉, 정보를 얻으려 하는 대상 및 집단을 말한다. 사람, 사물, 조직, 지역 등을 그 대상으로 할 수 있다.

2. 표본프레임 결정(표집틀 결정)

(1) 모집단을 확정한 후에 연구목적과 모집단을 대표할 수 있는 적당한 표본프레임을 선정해야 한다. 표본프레임은 모집단에 대한 '명부'라고 생각하면 이해하기 쉽다. 표본프레임의 결정에 따라서 자료수집 방법이 달라지기 때문에 표본프레임의 결정은 표본설계에서 매우 중요하다.

> **예** 대통령 선거 투표자를 대상으로 전화인터뷰를 한다. 이때 전화번호부를 사용한다면 전화번호부를 표본프레임이라 할 수 있다.

> **예** 인창고등학교 3학년 10반 학생을 대상으로 스마트폰 사용 만족도를 조사한다고 할 경우 그 반의 출석부는 표본프레임이 될 수 있다. 표본프레임은 다양한 분야에서 얻을 수 있으며, 표본프레임을 선정할 때에 가장 중요한 고려사항은 바로 대표성이다. 대표성은 모집단을 얼마나 잘 대표할 수 있는지를 말한다.

(2) 표본프레임 오차(오류)

> **학습포인트**
> 이 오류는 표본오차, 비표본오차와는 다른 오류라는 것을 기억해야 한다. 엄밀하게 말하자면, 표본프레임 오차는 표본추출과 관련이 있기 때문에 표본오차에 속한다고 할 수 있다.

① 표본프레임이 모집단 내에 포함되는 경우 : 모집단임에도 불구하고 표본으로 추출될 기회를 상실하여 국한된 표본추출이 되므로 그 대표성을 잃어버리게 된다.
② 모집단이 표본프레임 내에 포함되는 경우 : 모집단이 아닌 집단에서 표본이 추출될 수 있다.

③ 모집단과 표본프레임 일부만 일치하는 경우 : ①과 ②에 대한 문제점을 모두 갖고 있다. 표본의 대표성이 떨어지고 모집단이 아닌 집단에서 표본추출이 된다. 자료의 검토나 편집 과정도 어려워서 3가지 경우 중에서 가장 심각한 오차가 발생한다고 할 수 있다.

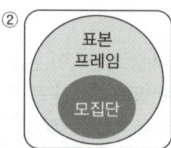
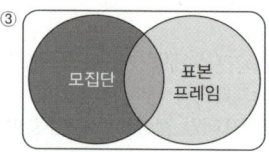

기출문제분석

A지역의 정치성향을 알기 위한 조사연구를 실행하고자 한다. 표본추출 과정 중 (ㄱ) 단계에서 발생하는 의사결정의 예로 적절한 것은? 2019년

모집단 확정 → (ㄱ) → 표본추출방법 결정 → 표본추출 → 실행

① 어떤 연령대를 대상으로 선정할 것인지 결정한다.
② 지역 주민센터의 주민등록명부를 활용하여 표본추출틀을 결정한다.
③ 전수조사가 어려우니 연령별 할당 표본추출법을 사용하기로 결정한다.
④ 신뢰도와 표본의 수를 결정한다.
⑤ 설문지 내용을 결정하고 설문을 시행한다.

[해설] 표본설계의 5가지 과정
- 모집단 결정
- 표본프레임(표본추출틀) 결정
- 표본추출방법 결정
- 표본크기 결정
- 실 행

[정답] ②

3. 표본추출방법의 결정

표본추출방법은 표본프레임의 여부에 따라서 결정된다. 표본프레임이 있다면 확률 표본추출을 하게 된다. 반대로 표본프레임이 없을 경우는 비확률 표본추출방법을 사용한다.

확률 표본추출법	비확률 표본추출법
표본으로 추출될 확률이 알려져 있다.	표본으로 추출될 확률이 알려져 있지 않다.
무작위적 표본추출이다.	인위적 표본추출이다.
시간과 비용이 많이 발생한다.	시간과 비용이 적게 발생한다.
표본오차의 추정이 가능하다.	표본오차의 추정이 불가능하다.
표본분석결과의 일반화가 가능하다.	표본분석결과의 일반화에 제약이 있다.
모수추정에서 조사자의 주관성 개입이 가능하다.	모수추정에서 조사자의 주관성을 배제할 수 있다.

> **더 알아보기**   **무작위적 표본추출과 인위적 표본추출**
>
> 확률 표본추출의 경우 '무작위'라는 말이 사용되어서 수험생들이 혼동하기 쉽다. '무작위'라는 말은 우리가 생각하는 랜덤(Random)의 개념이 아니라 표본프레임을 사용하기 때문에 한 대상이 뽑힐 확률을 알 수 있다는 뜻이다. 이해하기 쉽게 풀자면, 담임선생님이 30명이 있는 출석부에서 내 이름을 부를 경우, 내 이름이 호명될 확률이 30분의 1이라는 것을 이미 알 것이다. 이 경우를 바로 '무작위적 표본추출'이라 하며, 반대로 담임선생님이 출석부를 갖고 있지 않은 상태로 생각나는 대로 이름을 부를 경우 내 이름이 호명될 확률을 알 수 없는 것을 '인위적 표본추출'이라 한다.

(1) 확률 표본추출법의 종류[단층집체] 17 19 20 21 23 24 25 기출

> **학습포인트**
>
> 표본프레임(출석부, 전화번호부)을 갖고 있으며, 표본으로 추출될 확률을 알 수 있는 경우를 확률 표본추출방법이라 한다. 즉, 표본프레임의 여부가 확률/비확률 표본추출을 구분하는 기준이 된다고 할 수 있다.
> 확률 표본추출 = 확률 표본추출법 = 확률 표본추출방법은 모두 같은 말이다.

① **단**순무작위 표본추출 : 입문 조사자들이 흔히 이용하는 방법으로 모집단으로부터 모집단의 모든 표본단위가 선택될 확률이 모두 같도록 표본단위를 선택하는 방법이다.
② **층**화 표본추출 : 모집단을 특정한 기준에 따라 상이한 소집단으로 나누고 이들 각 소집단들로부터 무작위로 표본을 추출하는 방법이다. 그렇기 때문에 층 내에서는 동질성을 갖고 층 간에는 이질성을 갖는다.

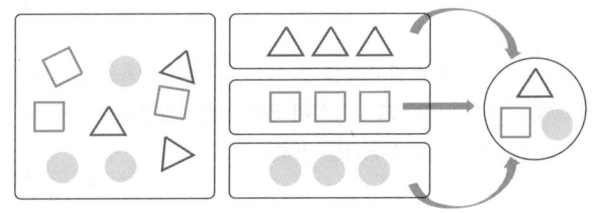

    ㉠ 방식 : 집단에 다양한 성질의 표본이 있는데 이들을 각 동질적인 성질을 갖는 소집단으로 묶어서 이 안에서 각각 표본을 추출한다. 묶인 집단 내에서는 동질적인 성질을 갖게 되며, 각 집단 간에는 성질이 상이하다. 표본추출 시에는 세모집단에서 1개, 네모집단에서 1개, 동그라미 집단에서 1개씩 추출하는 경우라 할 수 있다.
    ㉡ 비례 층화추출법 : 소집단 내에서 추출되는 표본의 수가 소집단의 크기에 비례하는 추출방법이다. 만약 동그라미가 9개이며, 세모 및 네모가 3개씩이라고 할 경우 동그라미가 네모와 비교하여 3배 정도 많기 때문에 이러한 비율을 감안하여 동그라미 집단에서 3개, 네모집단에서 1개, 세모집단에서 1개를 추출하는 방식이다.
    ㉢ 불비례 층화추출법 : 소집단의 크기와 분산을 모두 고려하여 표본을 추출하는 방법이다.

> **학습포인트**
>
> 표본을 배분하는 방법에 따라서 균등배분법, 비례배분법, 최적배분법, 네이만배분법, 데밍배분법 등 그 종류가 많지만 경영지도사 시험에서는 각 배분법에 따른 비율까지 공부할 필요는 없다.

ⓒ 특 징
- 중요한 집단을 누락하지 않고 표본에 포함시킬 수 있으므로 대표성이 높다.
- 동질적 대상은 표본의 수를 줄이더라도 대표성을 높일 수 있다는 장점이 있다.
- 층화 표본추출을 할 경우, 모집단에 대한 지식이 필요하며 근거가 되는 표본프레임이 필요하다. 이것이 없을 경우 많은 시간과 노력이 필요하다.

  예 삼성 갤럭시 사용자에 대한 사용 만족도에 관한 여론조사를 실시하려고 한다. 대상지역은 서울이며, 모집단을 100만명이라고 가정하고 표본오차범위 내에서 100명을 표본추출하였다. 만약 모집단 100만명의 남녀 비율이 6:4라면 표본 역시 6:4의 비율인 60명:40명이 된다.

③ **집**락 표본추출(군집 표본추출, 클로스터 표본추출) 21 24 기출

모집단에서 표본들을 군집화하여, 군집화된 집단 중 하나를 선택하거나 모두를 선택하고, 선택된 집단 안에서 다시 표본을 추출하는 방법이다. 층화 표본추출법은 소집단을 모두 이용하여 표본을 선정하지만, 군집 표본추출법은 소집단을 선택한 후 그 집단 자체를 표본으로 하거나 그중 일부를 표본으로 선정한다는 차이점이 있다. 군집 표본추출은 소집단 자체를 표본대상으로 하기 때문에 각 소집단이 모집단을 대표할 수 있는 소규모의 집단이 되는 것이 가장 이상적이다.

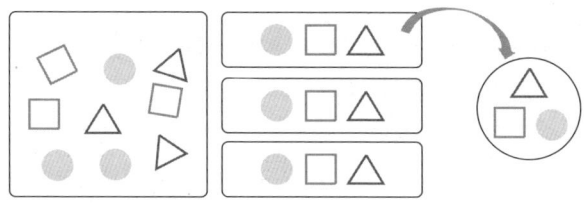

집락 표본추출방법의 변형으로 다단계 표본추출방법이 있는데, 이는 2단계 이상 표본추출방법을 거쳐 최종 조사단위를 선정하는 방법이다.

예 국내 20대 청년을 대상으로 흡연 여부를 조사한다면 먼저 지역을 선정하여 무작위로 선정하고 다시 인문계, 이공계로 학교를 선정한다. 그리고 세부적인 과를 선정하여 표본추출을 실시하고, 마지막으로 출석부를 사용하여 특정한 표본을 무작위로 선정하는 방법이다.

> **학습포인트**
> 시험에는 '층화 표본추출'과 '집락 표본추출'을 비교하는 문제가 출제되며, 이 둘에 대한 구분은 매우 중요하므로 반드시 숙지하여야 한다.

④ **체**계적(계통적) 표본추출 : 체계적 표본추출, 계통적 표본추출이라고 한다. 모집단 목록에서 무작위 출발점을 선택하고 그 지점에서 모집단의 x번째인 모든 구성원을 포함한다. 일단 목록의 끝에 도달하면 원했던 표본 크기를 얻게 된다. 모집단이 클 경우 효과적이고 모집단 전체를 공평하게 표본추출을 할 수 있으므로 단순무작위 표본추출과 비교하여 대표성이 높다.

예 인창고등학교 3학년이 200명일 때, 그중 약 20명을 대상으로 표본추출을 실시한다면 다음과 같다.
1. 200명의 목록을 구성한다. 목록은 이름의 '가나다' 순이다.
2. 200명 목록에서 두 번째 학생을 선정하고 그 학생부터 다섯 번째 학생을 선정하고 거기서 그 다음 다섯 번째 학생을 선정하고 그 다음 다섯 번째 학생을… 반복… 이렇게 순차적으로 선정한다.
3. 결론적으로 학생의 숫자로 표현하자면 2, 7, 12, 17, 22, 27…과 같이 표본이 수집된다. 이것이 바로 계통적 표본추출이다.

(2) 비확률 표본추출방법의 종류[편판할] 23 기출
① 편의 표본추출 22 기출
  ㉠ 조사자가 편리한 장소와 시간을 선정하여, 접근하기 쉬운 조사대상을 표본으로 하는 추출방법이다.
  ㉡ 다른 표본추출방법과 비교하여 비용이 가장 적게 들고 절차가 가장 간단하지만, 추출된 표본이 모집단을 대표하지 못해 일반화하기 어렵다는 단점이 있다. 그 시간에 명동에 지나가는 사람이 조사하고자 하는 집단을 대표한다고 할 수 없기 때문이다.
    예 신제품에 대한 사전조사를 위해 명동역 6번 출구에 조사자를 배치한 뒤, 시간 및 장소를 결정하여 지나가는 사람을 닥치는 대로 표본으로 선정하는 방법이다.

② 판단(유의, 목적) 표본추출 : 편의 표본추출과 그 맥을 같이 한다. 다른 점은 조사자가 조사목적에 적합하다고 판단하는 대상이나 조사원을 미리 정해 놓은 후에 그에 따라서 편의 표본추출을 시행한다는 점이다. 표본의 선택기준을 정해 놓고 선택된 표본에 대한 자료를 검토하여 가장 적합한 대상을 선별하는 방법이다.
    예 신제품에 대한 사전조사를 위해 명동역 6번 출구에 조사자를 배치한 뒤, 시간 및 장소를 결정하여 지나가는 사람을 대상으로 조사를 실시한다. 이때 조사원 A, B, C 중에서 조사원 A가 조사한 표본만을 추출하여 조사하는 방법이다. 그 이유는 조사원 A는 조사자가 조사목적에 적합하다고 정해놓은 조사대상이나 조사원이기 때문이다. 혹은 사전에 20대 여성만을 표본으로 선정하고 그들만을 대상으로 표본을 추출하기 위하여 명동에서 지나가는 여성 중에서도 20대만을 대상으로 표본조사를 실시하는 것도 판단 표본추출이라 할 수 있다.

③ 할당 표본추출 17 18 19 22 25 기출
  ㉠ 미리 정해진 기준에 따라서 전체 표본을 여러 집단으로 구분하고 각 집단별로 필요한 대상을 사전에 정해진 비율로 추출하는 방법이다.
  ㉡ 할당 표본추출법을 실시할 때는 자료를 수집할 연구대상의 범주와 할당량을 사전에 정하고, 표본이 모집단과 같은 특성을 갖도록 표본추출을 실시한다.
    예 신제품에 대한 사전조사를 위해 명동역 6번 출구에 조사자를 배치한 뒤, 시간 및 장소를 결정하여 지나가는 사람을 표본으로 선정하는데, 20대 남녀 각 10명, 30대 남녀 각 20명, 40대 남녀 각 20명씩을 선정하여 총 60명을 표본추출하여 조사를 실시하는 것을 바로 할당 표본추출이라 한다.

④ 지원자 표본추출 : 표본추출에 참여할 대상을 참가 희망자들로 선정하는 방법이다. 연구자는 연구대상자가 연구에 강제로 참여하도록 할 수 없기 때문에 지원자 표본추출이라고 볼 수 있다. 초등학생의 수업시간에 질문에 대한 답변을 하기 위해 학생들이 자발적으로 손을 드는 모습은 지원자 표본추출방법을 설명할 수 있는 가장 쉬운 예가 된다. 지원자 표본추출 역시 편의 표본추출이나 유의 표본추출처럼 표본의 대표성을 보장할 수 없다.

⑤ 눈덩이(스노우볼) 표본추출 17 18 19 24 기출
　㉠ 방법 : 특정한 모집단의 구성원을 모집하기가 어려울 경우 매우 유용하게 사용할 수 있다. 처음에는 1명 또는 소수의 연구 대상자를 선정하고 그들에게 또 다른 연구 대상자를 추천받고, 다시 그 연구 대상자로부터 다른 대상을 소개받는 방식으로 연구 참여자를 모집한다. 누적 표본추출이라고도 하며, 각 대상자들의 인적 네트워크를 통해 연구 참여자들을 모집하므로 네트워크 표본추출이라고도 한다.
　㉡ 장단점 : 조사하기 힘든 대상들(마약, 알코올 중독자 등)도 표본추출방법을 사용하면 비교적 쉽게 조사를 실시할 수 있다. 눈덩이 표본추출도 다른 비확률 표본추출방법처럼 비용이 저렴하지만, 연구 참여자의 주관적인 판단으로 연구 참여자를 소개하기 때문에 다른 비확률 표본추출방법과 마찬가지로 그 대표성을 보장하기 힘들다.

> **학습포인트**
> 확률 표본추출과 비확률 표본추출의 장단점에 대하여 생각해 보아야 하며, 이때 실제 사례를 생각하면 머릿속에 오래 남는다. 확률 표본추출과 비확률 표본추출의 장단점에 대하여 간단하게 비교하면 다음과 같다.
> • 확률 표본추출 : 시간, 비용, 노력이 많이 들지만 표본의 대표성이 보장된다.
> • 비확률 표본추출 : 시간, 비용, 노력이 적게 들지만 표본의 대표성을 보장하기 힘들다.

기출문제분석

이주 노동자들의 생활실태를 확인하기 위해 그들을 대상으로 조사하고, 응답자들에게 동료 이주 노동자들을 소개 받아 조사하는 표본추출방법으로 옳은 것은? 〈2019년〉

① 할당 표본추출법
② 단순무작위 표본추출법
③ 눈덩이 표본추출법
④ 판단 표본추출법
⑤ 층화 표본추출법

해설 처음에는 소수의 연구 대상자를 선정하고, 그들에게 또 다른 한 명 이상의 연구 대상자를 추천받는 방식을 반복하여 이루어지는 표본추출방법이다. 주로 모집단의 구성원을 모집하기 어려운 경우에 유용하게 사용 가능하며, 네트워크 표본추출이라고도 한다. 표본추출 비용이 저렴하지만, 표본의 대표성을 보장받기 어렵다는 한계가 있다.

정답 ③

추출된 표본이 모집단 특성을 어느 정도 정확히 반영하는가를 역으로 추정할 수 있는 표본추출방법으로 옳은 것은? 〈2018년〉

① 군집 표본추출
② 편의 표본추출
③ 할당 표본추출
④ 판단 표본추출
⑤ 눈덩이 표본추출

해설 표본에서 얻은 자료를 근거로 모집단의 특성을 추론하는데 적절한 표본추출방법은 확률 표본추출방법으로 단순무작위 표본추출, 층화 표본추출, 군집(집락) 표본추출, 체계적 표본추출이 있다.

정답 ①

A기업 전체 직원의 40%가 여성이고 60%는 남성이다. 또한 남녀 직원 각각의 30%가 사무직이고 70%가 생산직이다. A기업에서 500명을 할당 표본추출하였을 때 남성 사무직과 여성 생산직 표본의 수는? `2018년`

① 남성 사무직 45명, 여성 생산직 60명
② 남성 사무직 60명, 여성 생산직 90명
③ 남성 사무직 90명, 여성 생산직 140명
④ 남성 사무직 140명, 여성 생산직 150명
⑤ 남성 사무직 210명, 여성 생산직 210명

해설 남성 사무직 표본의 수
- 500 × 0.6 = 300명(남성 직원의 수)
- 300 × 0.3 = 90명(남성 사무직)

여성 생산직 표본의 수
- 500 × 0.4 = 200명(여성 직원의 수)
- 200 × 0.7 = 140명(여성 생산직)

정답 ③

표본에서 얻은 자료를 근거로 모집단의 특성을 추론하는데 적절하지 않은 표본추출방법을 모두 고른 것은? `2017년`

ㄱ. 판단 표본추출	ㄴ. 단순무작위 표본추출
ㄷ. 할당 표본추출	ㄹ. 층화 표본추출
ㅁ. 군집 표본추출	

① ㄱ, ㄴ
② ㄱ, ㄷ
③ ㄱ, ㄷ, ㅁ
④ ㄴ, ㄹ, ㅁ
⑤ ㄷ, ㄹ, ㅁ

해설 표본에서 얻은 자료를 근거로 모집단의 특성을 추론하는데 적절한 표본추출방법은 확률 표본추출방법으로, 단순무작위 표본추출, 층화 표본추출, 군집(집락) 표본추출, 체계적 표본추출이 있다.

정답 ②

층화 표본추출과 할당 표본추출에 관한 설명으로 옳은 것은? `2019년`

① 층화 표본추출과 할당 표본추출 모두 확률 표본추출에 해당한다.
② 층화 표본추출은 연구자가 이미 가지고 있는 모집단에 대한 정보에 따라 소집단의 크기에 비례하여 편의 표본추출한다.
③ 할당 표본추출은 집단별로 골고루 표본을 추출하므로 단순무작위 표본보다 대표성과 일반화 가능성이 크다.
④ 표본크기가 동일할 경우 층화 표본추출이 비층화 표본추출에 비해 정확한 추정량을 얻을 수 있다.
⑤ 대규모 조사연구에서는 층화 표본추출을 사용하면 군집 표본추출을 사용할 때보다 시간과 비용을 줄일 수 있다.

해설 표본의 크기가 동일할 경우, 모집단을 특정 기준에 따라 상이한 소집단으로 나누어 무작위로 추출하는 층화 표본추출이 비층화 표본추출보다 더 정확한 추정량을 얻을 수 있다.

정답 ④

추출된 표본이 인구통계학적 특성에서 어느 한 부분으로 편중되지 않고 모집단의 특성이 잘 반영되도록 모집단의 특성에 비례하여 표본을 추출하는 방법은? 2016년

① 계통 표본추출
② 단순무작위 표본추출
③ 군집 표본추출
④ 할당 표본추출
⑤ 판단 표본추출

해설 할당 표본추출은 미리 정해진 기준에 따라서 표본을 여러 집단으로 구분하고 각 집단별로 필요한 대상을 사전에 정해진 비율로 추출하는 방법이다. 할당 표본추출법을 실시할 때는 자료를 수집할 연구대상의 범주와 할당량을 사전에 정하고 표본이 모집단과 같은 특성을 갖도록 표본추출을 실시한다.

정답 ④

표본오차 추정이 불가능하고 표본분석 결과의 일반화에 제약이 따르는 표본추출방법은? 2019년

① 군집 표본추출법
② 층화 표본추출법
③ 할당 표본추출법
④ 체계적 표본추출법
⑤ 단순무작위 표본추출법

해설 표준오차 추정이 불가능하고, 표본분석 결과의 일반화에 제약이 따르는 표본추출방법은 비확률 표본추출방법을 말한다. 제시된 보기에서는 할당 표본추출법이 비확률 표본추출방법에 해당한다.

정답 ③

대학생의 학교생활 만족도를 조사하기 위해 전국에서 몇 개의 대학을 선정하고, 이 대학들로부터 몇 개의 학과와 학년을 선정한 후 해당되는 대학생들을 모두 조사하려고 한다. 이 경우에 사용되는 표본추출방법은? 2016년

① 단순무작위 표본추출
② 계통 표본추출
③ 층화 표본추출
④ 군집 표본추출
⑤ 할당 표본추출

해설 군집 표본추출은 집단에서 표본들을 군집화하여 군집화된 집단 중 하나를 선택하거나, 모두를 선택하고 선택된 집단 안에서 다시 표본을 추출하는 방법이다. 층화 표본추출법은 소집단을 모두 이용하여 표본을 선정하지만, 군집 표본추출법은 소집단을 선택한 후 그 집단 자체를 표본으로 하거나 그중 일부를 표본으로 선정한다는 차이점이 있다. 따라서 층화 표본추출법은 집단 내부적으로는 동질하지만 외부적으로는 이질적인 특성을 가지고 있고, 군집 표본추출은 집단 내부적으로는 이질적이지만 외부적으로는 동질적인 특성을 가진다.

정답 ④

4. 표본크기의 결정 [17][19][20][21][22][25] 기출

(1) 표본의 대표성
① 표본에서 가장 중요한 것은 바로 대표성이다. 대표성을 확보하기 위하여 적절한 표본의 크기를 형성하는 것은 바람직하다. 대표성은 추출하여 조사하는 표본이 내가 조사하고자 하는 모집단을 대표할 만한 성질을 갖추고 있느냐는 것이다. 조사하고자 하는 것이 '30대 여성의 소비심리'라면, 30대 여성을 표본으로 추출하여야 한다. 만약 20대 여성을 표본으로 추출하였다면 대표성을 보장할 수 없다. 결과적으로 표본의 크기가 커질수록 표본의 대표성이 높아진다.
② 일반적으로 통계조사에서 표본의 크기가 필요 이상으로 크면 예산이 낭비될 뿐 아니라 비표본오차가 개입되어 조사의 정확도가 떨어질 수 있고, 반대로 표본의 크기가 작으면 조사의 정확도가 떨어져 좋지 않다. 그렇기 때문에 조사자는 조사의 중요도에 따라 정해진 목표정도를 만족시킬 수 있는 범위에서 가능하면 표본의 크기를 작게 하는 것이 좋다.
③ 실제로 표본조사를 하는 이유는 그 비용과 시간을 아끼기 위함이다. 조사자는 효율성을 고려하면서 적절한 표본의 수를 결정하여 표본조사를 실시하는 것이 바람직하다.

(2) 표본크기 결정 공식 [18][20] 기출

$$n = Z^2 \frac{\sigma^2}{d^2}$$

① Z = 신뢰수준으로 동일한 조사를 100번 하였을 때 동일한 결과가 나올 확률을 의미하며 보통 90%(1.645), 95%(1.96), 99%(2.57)로 나타난다. 그중 95%가 가장 많이 사용된다.
② σ = 모집단 분산의 추정치로 보통 사전정보가 주어지며 표준편차로 갈음할 수 있다.
③ d = 조사결과 오차가 발생할 수 있는 값의 범위인 허용오차를 의미한다.
④ 따라서 Z값이 클수록, σ이 클수록, d이 작을수록 표본의 크기는 커진다.

5. 표본추출 실행(Fieldwork)

표본추출의 마지막 단계는 바로 실행이다. 설계를 다 했다면 실행을 해야 한다. 이를 실사 혹은 필드워크라고도 하며, 조사원의 선발 및 교육, 응답자를 통한 자료수집, 수집된 자료의 코딩 및 편칭 등 분석이 가능한 형태로 편집하는 전 과정을 의미한다.

기출문제분석

95% 신뢰구간에서 오차 ±5% 이내로 연구를 하고자 한다. 과거 조사결과에 따르면 모집단의 표준편차는 15인 것으로 알려져 있다. 이때 필요한 최소 표본의 수는?(단, 95% 신뢰구간의 Z값은 1.96임)

2019년

① 34
② 35
③ 36
④ 37
⑤ 38

해설 표본크기의 결정공식은 $n = Z^2 \dfrac{\sigma^2}{d^2}$ 이다.

여기서 Z는 1.96, d는 5이고 σ는 분산의 추정치이나 모집단의 표준편차로 갈음할 수 있으므로, n = 34.5744이다. 따라서 최소 표본의 수는 34.5744보다 큰 35이다.

정답 ②

A백화점은 자사 고객들의 월간 평균 카드 사용금액을 알아내기 위하여 B조사회사에 용역을 의뢰하였다. B조사회사는 여러 통계값과 전문가들의 의견을 수렴하여 표준편차를 400,000원으로 추정하고, 95% 신뢰수준에서 추정허용오차를 40,000원으로 결정하였다. 이 마케팅 조사에서 필요한 표본의 크기와 계산식은?

2018년

① 66명, $(2.575)^2 \times (400,000/40,000)$
② 196명, $1.96 \times (400,000/40,000)$
③ 385명, $(1.96)^2 \times (400,000^2/40,000^2)$
④ 664명, $(2.575)^2 \times (400,000^2/40,000^2)$
⑤ 2,000명, $40,000 \times (1 - 0.95)$

해설 표본추출 공식을 적용하여 문제를 풀어보자.

$n = Z^2 \dfrac{\sigma^2}{d^2}$

- Z = 신뢰수준으로 동일한 조사를 100번 하였을 때 동일한 결과가 나올 확률을 의미하며, 문제에서 95%(1.96)으로 제시되었다.
- σ = 모집단 분산의 추정치로 보통 사전정보가 주어지며 표준편차(400,000)로 갈음할 수 있다.
- d = 조사결과 오차가 발생할 수 있는 값의 범위인 허용오차(40,000)를 의미한다.

따라서 정답은 ③ 385명, $(1.96)^2 \times (400,000^2/40,000^2)$이라 할 수 있다.

정답 ③

표본크기와 오류에 관한 설명으로 옳지 않은 것은?

2018년

① 표본의 크기는 비표본오류와 비례한다.
② 표본의 크기는 표본오류와 반비례한다.
③ 분석할 그룹의 수가 많을수록 표본의 크기는 커야 한다.
④ 다변량 통계분석과 같은 정교한 분석을 하기 위해서는 표본의 크기가 커야 한다.
⑤ 탐색적 조사의 경우 인과적 조사에 비해 표본의 크기가 더 커야 한다.

해설 복잡한 통계분석일수록, 연구대상을 더 많은 그룹으로 세분화할수록 표본의 크기는 커야 한다. 따라서 탐색조사보다 기술조사, 인과조사에서 표본의 크기가 훨씬 크다.

정답 ⑤

3 오차

1. 표본오차와 비표본오차 [21] [22] 기출

(1) 표본오차 [20] 기출

표본오차는 표본을 추출하여 조사를 하기 때문에 발생하는 오차를 말하며, 표본오류라고도 한다. 이는 전수조사를 하였다면 발생하지 않을 수 있었던 오차이다. 그렇기 때문에 전수조사에서는 발생하지 않는다. 결론적으로 조사대상을 얼마나 적합하게 선정하였는가와 관련되어 있으며, 추출된 표본이 모집단을 대표하는 표본이 아니라면 표본오차가 발생했다고 할 수 있다.

(2) 비표본오차 [17] 기출

비표본오차는 전수조사나 표본조사 모두에서 나타나는 조사이다. 이는 조사를 실시하면서 발생하는 오차를 말한다. 예를 들어 조사를 하면서 조사자의 기분에 따라서 수집되는 자료가 달라질 수 있으며, 응답자가 조사를 오해하여 응답하거나, 조사자가 수집된 자료를 입력하는 과정인 '편칭' 과정에서도 오차가 발생할 수 있는데 이러한 모든 오차를 바로 비표본오차라 한다. 표본의 수가 많아질수록 비표본오차가 발생할 확률이 증가한다. 실제로 이러한 비표본오차의 특성에 의하여 전수조사가 표본조사보다 오차가 클 수 있다.

기출문제분석

자료수집 과정상의 오류 중 그 성격이 다른 것은? `2018년`

① 표본프레임이 불완전하였다.
② 모집단을 대표하지 못하는 표본을 추출하였다.
③ 사적인 질문에 대해서 응답자가 정확한 답변을 회피하였다.
④ 조사원이 설문면접 과정에서 응답자의 질문에 제대로 응답하지 못하였다.
⑤ 조사 자료를 잘못 입력하였다.

해설 ②는 표본오류에 속하며 나머지는 비표본오류에 속한다.

정답 ②

연구조사의 관리에 관한 설명으로 옳지 않은 것은? `2018년`

① 연구조사에서의 오류는 실제 자료를 수집하고 처리하여 분석 가능한 상태까지 준비하는 실사 과정에서 많이 발생한다.
② 표본의 규모가 비교적 큰 상업적 마케팅조사에서는 비표본오류보다 표본오류가 더 중요한 문제로 대두된다.
③ 조사원을 이용한 실사의 경우, 조사원의 선발 및 교육 활동이 실사의 첫 번째 단계이다.
④ 연구조사에서 설문지의 검증은 조사원들이 성의있게 조사하였는지를 검토하는 과정이다.
⑤ 검증 및 편집 과정을 거친 설문지는 코딩과 편칭 과정까지 완료되면 분석 작업에 들어갈 수 있다.

해설 대규모 표본조사에서는 표본오류는 줄어드는 반면, 오히려 비표본오류(조사원 실수, 응답자 오류 등)가 더 큰 문제가 될 수 있다.

정답 ②

2. 오차의 제거 방법

(1) 표본오차 제거 방법
확률 표본추출을 실시한다. 이를 통하여 주관적 편견을 제거하고, 대표성을 높일 수 있다. 적절한 모집단을 선택하고 표본의 수를 늘려야 한다. 단, 표본의 수가 많으면 비표본오차가 증가한다.

(2) 비표본오차 제거 방법
① 모집단에 맞는 적절한 조사방법을 설계한다(설문지 등).
② 자료수집방법 및 절차를 개선한다(응답자 익명성 보장 및 동기부여 등).
③ 수집된 자료의 검수 및 코딩, 편칭 과정의 신중성을 기한다.

기출문제분석

표본설계에 관한 설명으로 옳지 않은 것은? [2017년]

① 조사대상의 오염 문제가 발생하는 경우는 전수조사를 해서는 안 된다.
② 선별문항(Qualifier Question)을 이용한 연구대상 선별을 통해 표본프레임 오류를 줄일 수 있다.
③ 표본조사가 전수조사보다 비표본오차가 크다.
④ 표본조사의 경우 모집단을 잘 대표할 수 있는 표본을 추출해야 한다.
⑤ 모집단이 표본프레임 안에 포함된 경우 표본프레임 오류가 발생한다.

[해설] 표본조사가 전수조사보다 표본오차 즉, 표본프레임 오차가 크다.

정답 ③

비표본오류에 관한 설명으로 옳지 않은 것은? [2015년]

① 표본추출과는 무관하게 발생하는 오류이다.
② 무응답오류는 비표본오류에 속한다.
③ 관찰오류와 비관찰오류에 속한다.
④ 비표본오류를 줄이면 표본오류도 줄어든다.
⑤ 자료기록 및 처리상에서 발생하는 오류가 이에 속한다.

[해설] 비표본오류는 자료의 측정과 수집과정에서 발생하는 오류를 의미하며 전수조사에서 주로 발생한다. 이러한 비표본오류를 줄인다고 하여 표본오류가 줄어들지는 않는다(표본의 대표성이 확보되지는 않는다).

정답 ④

PART 05 단원핵심문제

제5과목 조사방법론

01 특정 도시의 월평균 수입을 조사하고자 할 때 그 도시 전체가구의 평균 소득으로 옳은 것은?

① 모 수
② 통계치
③ 추정치
④ 확률치
⑤ 검정통계량

해설 모수는 모집단의 속성 및 특징을 나타내는 통계값을 말한다.

02 전수조사가 아닌 표본조사에서 얻은 수치로 모수를 추정함으로써 발생하는 오차로서, 표본이 얼마나 모집단을 반영하는지를 나타내는 개념으로 옳은 것은?

① 표본평균
② 모 수
③ 통계치
④ 표준편차
⑤ 표본오차

해설 표본오차(표본오류)는 모집단으로부터 표본추출을 통하여 조사를 할 때 표본집단이 모집단의 특성을 대표하지 못해서 발생하는 오류를 의미한다. 따라서 표본오류는 표본조사에서 주로 발생한다.

03 다음 표본설계 과정이 바르게 연결된 것은?

① 표본추출방법 결정 → 표집틀 확보 → 모집단 정의 → 표본 크기 결정 → 실행
② 모집단 정의 → 표집틀 확보 → 표본 크기 결정 → 표본추출방법 결정 → 실행
③ 모집단 정의 → 표본 크기 결정 → 표본추출방법 결정 → 표집틀 확보 → 실행
④ 모집단 정의 → 표본추출방법 결정 → 표집틀 확보 → 표본 크기 결정 → 실행
⑤ 모집단 정의 → 표집틀 확보 → 표본추출방법 결정 → 표본 크기 결정 → 실행

해설 '모프방크실'을 기억한다. 단, 출제자에 따라서 그 용어가 조금씩 달라질 수 있다는 것을 기억해야 한다.
예 표본프레임 = 표집틀

정답 01 ① 02 ⑤ 03 ⑤

04 표본프레임에 관한 설명으로 옳지 않은 것은?

① 표본프레임이란 모집단을 수록한 명부를 말한다.
② 표본프레임의 유·무는 표본추출방법에 영향을 미친다.
③ 표본추출이 표본프레임 없이 이루어진 경우를 비확률 표본추출이라 한다.
④ 표본추출에서 무작위 표본추출을 실행할 경우 대표성을 저해할 수 있다.
⑤ 확률 표본추출은 단순무작위 표본추출, 체계적 표본추출을 포함한다.

> 해설 표본추출에서 무작위적 표본추출(확률 표본추출법)은 시간, 비용, 노력이 많이 들지만 표본의 대표성이 보장된다.

05 확률 표본추출방법으로 옳지 않은 것은?

① 편의 표본추출
② 체계적 표본추출
③ 계층적 표본추출
④ 단순무작위 표본추출
⑤ 군집 표본추출

> 해설 확률 [단/층/집/체], 비확률 [편/판/할]을 기억한다.

06 층화 표본추출에 관한 설명으로 옳지 않은 것은?

① 모집단을 세분집단으로 나눈 후 각 집단에서 표본을 단순무작위 표본추출하는 방법이다.
② 층화 표본추출은 여론조사에서 가장 많이 사용되는 방법이다.
③ 각 층의 세분집단별 통계치를 획득할 수 있다.
④ 세분집단 내 요소들은 측정변수에 대해서 동질적이어야 한다.
⑤ 층화 표본추출 사용 시 표본오차가 커지는 단점이 있다.

> 해설 층화 표본추출은 모집단을 특정한 기준에 따라 상이한 소집단으로 나누고, 각 소집단으로부터 무작위로 표본을 추출함으로써 표본오차를 줄일 수 있는 방법이다.

07 모집단 내에 포함된 조사대상자들의 명단이나 목록으로 옳은 것은?

① 표집단위
② 모집단
③ 표본프레임
④ 표 본
⑤ 표본분포

> 해설 표본프레임(표본틀, 표집틀)은 모집단을 확정한 후에 연구대상을 대표하는 모집단의 목록을 말한다.

04 ④ 05 ① 06 ⑤ 07 ③

08 다음 중 모집단에 대한 사전지식이 가장 많이 필요한 표본추출방법으로 옳은 것은?

① 단순무작위 표본추출
② 층화 표본추출
③ 편의 표본추출
④ 판단 표본추출
⑤ 확률 표본추출

> 해설 판단 표본추출은 표본의 선택기준을 정해 놓고 선택된 표본에 대한 자료를 검토하여 가장 적합한 대상을 선별하는 방법으로, 모집단에 대한 사전지식이 가장 많이 필요하다.

09 층화 표본추출법과 할당 표본추출법에 관한 설명으로 옳지 않은 것은?

① 두 표본추출법은 집단 내는 비슷하게, 집단 간은 서로 다르게 표본을 나눈다는 점에서 유사하다.
② 할당 표본추출법은 확률에 의해 표본이 선택되는 방법이 아니라 조사자의 주관적 판단이나 편의에 의해 표본이 선택되는 방법이라는 점에서 층화 표본추출법과 다르다.
③ 층화 표본추출법과 비교했을 때 할당 표본추출법은 적용이 쉽고, 집단에 대한 사전정보가 없어도 적용이 가능하다는 장점을 가지고 있다.
④ 할당 표본추출법은 층화 표본추출법에 비해 표본선택의 편견(Bias)을 야기할 위험이 적다.
⑤ 할당 표본추출법은 층화 표본추출법과 비교했을 때 추측결과에 대한 정확성이 떨어지며 일반화가 어렵다.

> 해설 할당 표본추출법은 조사자의 주관적 판단이나 편의에 의해 표본을 고르므로 표본선택의 편향이 크며, 오히려 층화 표본추출법이 무작위 추출이므로 편향이 적다.

10 표본조사에 관한 설명 중 옳지 않은 것은?

① 조사에서 조사결과가 적용될 집단을 모집단(Population)이라 한다.
② 조사할 모집단의 크기가 작으면 표본조사를 시행하는 것이 좋다.
③ 파괴조사의 경우는 표본조사가 적합하다.
④ 모집단의 구성원 수가 크면 전체구성원을 대상으로 표본조사가 적합하다.
⑤ 표본프레임이 있으면 확률 표본추출이 가능하다.

> 해설 조사할 모집단의 크기가 작을 경우 모집단에 속하는 모든 구성원을 대상으로 직접 조사하는 전수조사가 적합하다.

정답 08 ④ 09 ④ 10 ②

11 표본설계의 용어와 내용이 바르게 연결되지 않은 것은?

① 모집단 - 연구자가 실제로 관심을 가지고 있는 모든 구성원들의 전체집단을 말한다.
② 모수 - 모집단의 속성 및 특징을 나타내는 통계값을 말한다.
③ 표본 - 모집단에서 특정한 추출과정을 통하여 추출된 특정 집단을 말한다.
④ 통계량 - 표본의 속성, 특징을 나타내는 통계값을 말한다.
⑤ 표본프레임 - 표본프레임이 있을 경우 비확률 표본추출을 시행할 수 있다.

해설 표본프레임이 없을 경우 비확률 표본추출을 시행한다.

12 A 대학교(5개 단과대학, 재학생 10,000명)의 학교생활 만족도를 조사하기 위해 다음 절차에 따라 200명을 표본으로 추출하였다. 이때 사용한 표본추출법은?

- 1단계 - 단과대학 학생 수에 기초해서 단과대학별 표본크기 배정
- 2단계 - 단과대학별로 배분된 표본크기는 해당 단과대학의 학년별 학생비율에 따라서 배정
- 3단계 - 학년별로 배정된 표본수만큼 학생을 임의로 추출

① 층화 표본추출
② 판단 표본추출
③ 할당 표본추출
④ 단순무작위 표본추출
⑤ 확률 표본추출

해설 할당 표본추출은 모집단을 일정한 카테고리로 나눈 다음 그 안에서 집단별로 필요한 대상을 사전에 정해진 비율로 추출하는 방법이다. 이를 실시할 때는 자료를 수집할 연구대상의 범주와 할당량을 사전에 정하고, 표본이 모집단과 같은 특성을 갖도록 한다.

13 산업체 시장조사를 할 때 기업들의 자본금 규모를 기준으로 몇 개의 집단으로 나눈 후, 각 집단별로 빈도에 따라 적정수의 표본을 할당해서 조사하는 표본추출방법으로 옳은 것은?

① 군집 표본추출법
② 체계적 표본추출법
③ 할당 표본추출법
④ 층화 표본추출법
⑤ 판단 표본추출법

해설 층화 표본추출은 모집단을 특정한 기준에 따라 상이한 소집단으로 나누고 이들 각 소집단들로부터 무작위로 표본을 추출하는 방법이다. 관심 영역에 대한 사전지식을 사용하여 영역을 몇 개의 계층으로 분리하고 각 계층에서의 임의로 표본을 추출한다는 것이 특징이다.

14 최초에는 작은 표본을 선택한 후 점차 표본의 크기를 확대해 나가는 표본추출방법으로 옳은 것은?

① 계통 표본추출법
② 할당 표본추출법
③ 편의 표본추출법
④ 비례층화 표본추출법
⑤ 눈덩이 표본추출법

해설 **눈덩이 표본추출방법**
- 조사하기 어려운 대상을 조사하고 이들에게 소개를 받아 조사대상을 점차적으로 늘려가며 조사하는 방법이다.
- 약물중독자나 새터민처럼 모집단의 성격이 잘 알려져 있지 않으며, 일상적인 표본추출방법의 적용이 어려운 경우 사용하는 방법이다.

15 표본추출방법에 관한 설명으로 옳지 않은 것은?

① 일반적으로 확률 표본추출방법은 비확률 표본추출방법에 비해 모집단에 대한 대표성이 높다.
② 비확률 표본추출방법은 각 표본추출단위가 표본으로 추출될 확률이 사전에 알려져 있지 않다.
③ 층화 표본추출법은 모집단을 다수의 상호 독립된 동질적 소그룹으로 구분하여 각각의 소그룹에서 무작위로 표본을 추출한다.
④ 군집 표본추출법은 모집단이 여러 개의 소그룹으로 구성되어 있을 때, 각각의 그룹에서 편의적으로 표본을 추출한다.
⑤ 할당 표본추출법은 비확률 표본추출법에 속한다.

해설 군집 표본추출법은 모집단을 이질적인 성격을 지닌 구성원을 포함하는 여러 개의 소집단(집락)으로 나누고 일정 수의 소집단을 무작위로 추출한 후 소집단 내 구성원을 전수조사하는 방법을 의미한다.

정답 14 ⑤ 15 ④

PART 06 시행

제5과목 조사방법론

체크포인트

문제의 정의, 조사설계, 자료수집방법 결정, 표본설계가 끝나면 '시행' 단계에 들어선다. 시행 자체에 대한 중요한 내용은 없다고 볼 수 있다. 단순하게 시행을 하는 것이기 때문이다. 시행을 하기 전에 중요한 사항은 조사를 직접적으로 수행하는 조사원을 관리하고 시행 후 조사보고서를 작성하는 일이다. 이 교재의 조사방법론은 조사를 실시하는 순서대로 교재의 목차를 작성하였기 때문에, 수험생은 이 순서를 잘 기억하고, 자격취득 후 실제 컨설팅에도 활용하기를 바란다.

1 조사관리

조사관리는 조사를 시행하는 부분의 전반적 관리요소를 모두 포함한다. 조사일정을 세우고, 조사원을 교육하는 등의 총체적 관리를 말한다. 이는 코딩이나 펀칭도 포함할 수 있다.

1. 조사일정

> **학습포인트**
> 조사기간을 물어보는 문제는 실제 경영지도사 시험에서 출제되지 않는다. 조사방법 및 사례에 따라서 그 기간이 모두 상이하기 때문이다. 다만, 조사일정을 적절하게 정하는 부분만은 기억하고 넘어가자.

(1) 기초조사 : 1주일~1개월

기초조사를 통해서 연구내용을 확정할 수 있으며, 연구대상에 대한 사전지식을 확보하여 본 조사에서 보다 정확한 조사를 수행할 수 있다. 기초조사는 보통 1주에서 1개월이 소요되며, 전화조사의 경우에는 며칠 정도, 마케팅조사 또는 산업동향조사 등은 수개월이 소요된다.

(2) 설문지 작성 및 사전검사 : 1주일

설문지 작성은 약 1주일 소요되며, 20~30명을 대상으로 사전조사를 실시하여 오류를 수정한다.

(3) 설문지 배포와 회수 : 2일~4주일

전화조사(2~3일), 우편조사(3~4주), 면접조사(1~2주)는 모두 일정이 각기 다르다.

(4) 코딩(Coding) 및 펀칭(Punching) : 1주일

보기가 없는 오픈 문항(주관식)은 번호를 부여해서 코딩(Open Coding)하고, 설문지 내용을 하나하나 컴퓨터에 입력한다[펀치(Punch) 혹은 펀칭(Punching)].

(5) 분석보고서 작성 : 1주일 ~ 2주일

조사 목적에 맞게 보고서 목차 및 분석 내용을 정해서 분석보고서를 작성한다.

2. 조사원 교육 25 기출

(1) 라포(Rapport) 형성 및 유지

라포는 '친근감'이라 할 수 있으며, 조사원은 응답자와 친근감을 유지함으로 더욱 질 좋은 자료를 얻을 수 있다. 단, 너무 친근해지면 조사자 오류가 발생한다는 문제점이 있으니 주의해야 한다. 그렇기 때문에 조사원에게 적절한 관계를 형성하는 방법의 교육이 필요하다.

(2) 조사진행의 기술

조사자는 객관적 조사를 위해서 최대한 오류가 일어날 부분을 방지하는 방법을 강구해야 한다.
① 질문대로만 읽을 것
② 질문 순서를 유지할 것
③ 응답에 필요한 시간을 줄 것
④ 구체적이고 정확한 응답을 유도할 것
⑤ 응답자가 이해하지 못할 때 부가설명은 자제할 것
⑥ 응답자의 질문은 가급적 피할 것
⑦ 응답자의 답을 유도하는 어떠한 질문이나 행위도 금지할 것
⑧ 응답자가 답을 한 것은 그대로 적을 것
⑨ 조사 중에도 그 기록을 유지 관리할 것
⑩ 사후 추가조사를 대비하여 응답자와 끝까지 좋은 라포를 형성할 것

기출문제분석

조사원 교육에 있어서 고려하여야 할 사항이 아닌 것은? 2016년

① 조사원들의 조사일정 배정에 관한 방법
② 조사원들의 성실한 조사 수행 여부 확인방법
③ 설문지에서 문제가 발생하였을 경우 처리방법
④ 설문항목에 대한 조사원의 견해 표출
⑤ 응답자들이 제기한 질문에 대한 답변

해설 설문항목에 대한 조사원의 견해를 표출하게 되면 정확한 조사를 하기 어렵다. 따라서 조사원의 견해를 표출하지 않고 객관적인 상황에서 조사를 실시하여야 한다.

정답 ④

3. 코딩과 편칭

> **학습포인트**
> 코딩과 편칭은 조사의 시행 이전에 실시할 수도 있으며, 조사 이후에 실시할 수도 있다. 객관식 질문의 경우에는 사전에 코딩이 가능하며, 주관식 질문인 개방형 질문에는 '탤리(검수)' 과정을 거친 후에 코딩을 실시해야 한다. 수험생은 코딩과 편칭에 대해서 꼭 이해해야 한다.

(1) 코 딩

항목별로 응답에 해당하는 숫자나 기호를 부여하는 과정을 말한다. 최근에는 조사표에 직접 코딩할 수 있는 칸을 만들어 조사하기도 한다. 단, 개방형 질문인 경우에는 '탤리' 작업을 거쳐서 코딩을 해야 한다. 의미분화척도를 제공하고 응답자가 다음과 같이 체크하였다고 할 경우 코딩작업을 하게 되면 아래와 같이 점수를 부여한다. 만약 응답하는 사람이 '좋음'에 v 체크를 할 경우 조사자는 코딩을 통하여 응답에 대한 점수를 5점으로 부여할 수 있다. 응답자가 응답을 누락할 경우 이를 결측치라 하는데, 결측치가 발생하는 경우 코딩 시 대체로 9, 99, 999 등으로 표현한다.

> **예** 당신은 한국의 입시를 어떻게 생각하십니까?
> 싫음………… 조금 싫음………… 보통………… 조금 좋음………… 좋음………… 모름
> 1………… 2………… 3………… 4………… 5………… 9
> 모름, 대답하기 싫음(결측치가 발생할 경우 조사자는 '모름' 9와 '대답하기 싫음' 99 등의 표현으로 구분할 수 있다.)
> 9 , 99 , 999

(2) 코딩 시 주의사항

① 개방형 질문의 응답에 대한 명확한 분류가 힘들 경우 가급적 많이 세분화할 필요가 있다.
② 모든 항목들은 숫자로만 입력하도록 해야 하며, 결측치는 별도의 숫자로 처리해야 한다.
③ '무응답'과 '모르겠다'는 서로 다른 답변이기 때문에 항목을 따로 만들 필요가 있다.
④ 숫자로 입력된 자료의 경우 가장 큰 수치를 고려하여 칸을 배분해야 한다. 만약 5단계가 아니라 10단계로 구분이 될 경우 결측치를 코딩 시 9라고 하면 중복될 수 있기 때문이다.

(3) 코드의 종류

> **학습포인트**
> 코드의 종류는 시험에 자주 출제되는 편이다. 코드의 정의에 대하여 기술되어 있으며, 이것이 무슨 코드인지 찾아보라는 형식이다. 코드의 유형별 정의를 숙지할 수 있도록 해야 한다.

① **식별코드** : 단순하게 식별하기 위해 부여하는 코드
> **예** 농구선수의 유니폼 등번호는 단순하게 식별하기 위해 부여한 숫자

② **연속코드** : 일정 기준에 따라 순서대로 부여하는 코드
> **예** '가나다' 이름 순으로 숫자를 1부터 부여하는 경우

③ 블록코드 : 몇 개의 그룹으로 분류하고 공통된 특징을 갖는 일련의 항목으로 수치를 부여하는 코드
  예 대학교의 인문학과 계열과 이과 계열을 구분하여 묶는 경우
     인문계(1. 법학과, 2. 경영학과, 3. 철학과), 이공계(21. 화학과, 22. 물리학과, 23. 수학과)
④ 유의수코드 : 코딩할 대상이 갖는 속성에 따라 부호 또는 숫자를 그대로 부호화하는 것
  예 전화번호의 지역번호인 서울 02, 인천 032 등
⑤ 유사숫자부여코드 : 메모닉코드. 기억하기 쉽도록 부여하는 유사한 수치
  예 컴퓨터 램 사양에 따라서 128램, 256램, 2014램

(4) 펀 칭

수치화, 부호화된 자료를 컴퓨터 파일에 입력하는 과정을 말한다. 우리는 주먹으로 무언가를 치는 것을 펀칭이라고 한다. 마찬가지로 손가락으로 타자기를 두드리는 것을 생각하면 머릿속에 쉽게 들어온다.

4. 검 증

시행 후에 조사자는 다음의 사항을 검증해야 한다.

1단계	응답지가 빠짐없이 기재되었는지를 검토해야 한다.
2단계	조사원들이 실제로 조사했는지를 검토한다. 전화 등으로 확인할 수 있다.
3단계	조사가 정확히 이루어졌는가를 확인해야 한다(내적일관성을 통해 검증 가능).

더 알아보기 내적일관성

설문조사를 수행할 경우 설문지에서 1번 문제와 5번 문제가 같은 질문일 경우가 있다. 설문지가 이러한 이유는 응답자가 성의 없게 질문지를 작성할 경우 1번 문제에서 묻는 것과 5번 문제에서 묻는 항목에 대하여 답변을 다르게 할 수 있으며, 이러한 설문지의 경우는 과감하게 버리기 위해서이다. 이를 통하여 조사자는 성의 없게 답변한 응답자를 스크리닝(제거)할 수 있다.

기출문제분석

자료처리에 관한 설명으로 옳지 않은 것은? 2017년

① 자료의 유형은 숫자가 일반적이지만, 날짜나 돈을 나타내는 경우 해당 항목을 선택하여 표시할 수 있다.
② 응답자가 전체 자료에 대해 한 번호로 응답한 경우 분석에서 제외한다.
③ 코딩변경 방법에는 기본변수 자체의 값을 바꾸는 방법과 새로운 변수값을 추가로 만드는 방법이 있다.
④ 복수응답의 경우 각 응답을 변수화하여 처리하는 것이 분석 시 편리하다.
⑤ 단일응답문항에 대해 복수응답한 설문의 경우에는 복수응답으로 변수 생성하여 처리한다.

해설 단일응답문항에 대한 복수응답의 경우는 분석에서 제외한다.

정답 ⑤

2 조사보고서 24 기출

1. 미수집자료의 보완

시계열에 따라서 조사를 하는 경우, 시간 및 상황에 따라서 자료수집을 하지 못하는 경우도 발생한다. 예를 들어서 2016년부터 2020년까지 6년간 ○○대학교 석사 졸업생의 평균 수익 조사에서 어떠한 상황이 발생하여 2019년의 자료가 누락된 경우, 조사자는 다음의 방법을 통해서 2019년의 누락된 자료를 보충할 수 있다.

(1) 평균치법
누락된 항목을 측정의 평균치로 대체하는 방법이다.

(2) 보삽법
시계열자료의 누락에서는 앞뒤 자료의 평균이동을 감안하여 대체하는 방법이다.

(3) 평가치 추정법
미수집자료와 유사하거나 동일한 사례를 분석하여 그 평가치로 대체하는 방법이다.

2. 조사보고서 작성 19 22 기출

> **학습포인트**
> 조사보고서 작성 순서에 포함되는 내용을 숙지할 필요가 있다.
>
> (1) 제 목
> (2) 목 차
> (3) 요약(목적, 결과, 결론, 제언)
>   본문[(4) 서론, (5) 방법론, (6) 연구결과, (7) 한계]
> (8) 결론 및 제언
> (9) 부록(질문지, 본문에 들어가지 않은 자료, 기타자료, 색인)

(1) 제 목
제목에는 조사의 제목, 조사를 의뢰한 기관명, 조사를 수행한 기관명, 보고서 작성일자 등을 기록한다.

(2) 목 차
조사보고서를 읽는 사람의 편의를 도모하기 위하여 일련번호, 제목명, 페이지 수를 기록하고 뒷부분에 부록을 삽입한다.

(3) 요 약

보고서의 전체를 읽어보려면 상당한 시간과 노력이 필요하다. 조사자는 조사의뢰자가 빠르게 전반적인 윤곽을 파악할 수 있도록 요약본을 제공하여야 한다. 이를 통해서 의뢰자는 요약본을 읽고 전체의 흐름을 쉽게 파악할 수 있다. 보통 요약은 조사가 이루어진 배경 및 상황을 설명하고, 조사의 결과를 제시하여 그 결과를 토대로 결론을 도출할 수 있게 한다.

(4) 서 론

보고서의 내용을 이해하는 데 필요한 조사의 목적과 연구가설을 포함시켜야 한다. 보통 연구에 필요한 기본적인 개념정의와 기존 연구들을 간략하게 서술할 수 있다. 따라서 서론을 보고 어떤 연구를 하려고 하는 것인지를 개괄적으로 파악할 수 있다.

(5) 방법론

연구에 대한 가설이나 검증을 하기 위해 조사결과를 어떤 방법으로 분석하였는지를 기술하는 것이다.

(6) 연구결과

조사의 목적에 맞게 분석된 결과를 논리적으로 알기 쉽게 해석해 놓아야 한다.

(7) 한 계

조사결과에 대한 조사자의 평가를 기술하게 된다. 모든 조사에서는 문제점이나 부족한 점이 있기 때문에 조사자는 솔직하게 해당 조사에 대한 한계점을 명시해야 한다. 이를 통하여 의사결정자의 편견을 예방할 수 있다. 주로 논문에서는 한계점을 명시하는 것을 통하여 후속 연구에서 이를 보완하기를 바라고 있다.

(8) 결론 및 제언

결과로부터 논리적으로 도출되는 것으로 결과와 정보요구를 연계시켜 의견을 제시할 수 있다. 제언은 의사결정자의 경험이나 판단에 의해서 조사결과를 검토하여 나올 수 있다.

(9) 부 록

본문에 필요하지는 않지만 참고가 되는 자료를 수록하는 부분으로, 복잡하고 기술적인 면에 관심이 있는 사람을 위해서 수록되어야 한다. 부록에는 설문지, 본문에 수록하지 않은 자료, 표나 그림, 색인 등을 첨부한다. 색인은 단어와 그 내용을 찾기 쉽게 해주는 것으로 사전이라 생각하면 간단하다.

3. 조사의 윤리성 17 19 20 기출

조사를 실시할 경우 윤리성이 모두 보장되는 것은 아니다. 하지만 조사자는 최대한 다음의 윤리성을 보장할 수 있도록 해야 한다. 또한 윤리성을 보장한다는 내용을 조사자료에 넣는 것이 바람직하다.

(1) 응답자에 대한 윤리성

개인, 법인, 단체 등의 비밀에 속하는 내용은 보장한다는 내용과 통계 목적 이외에는 사용하지 않는다는 내용을 통하여 응답자에 대한 윤리성을 보장할 수 있도록 한다.

(2) 의뢰기업에 대한 윤리성

의뢰기업의 익명성을 보장해야 하며, 의뢰기업이 동의하지 않는 한 조사자는 의뢰기업을 통해 수집한 조사결과를 함부로 외부에 노출하지 않아야 한다.

기출문제분석

보고서 작성 윤리에 관한 설명으로 옳지 않은 것은? 2017년

① 회사에 불리하게 나온 결과라도 보고서에 포함시켜야 한다.
② 응답자의 개인적인 응답은 공개하지 않는다.
③ 조사자는 인지동의, 비밀보장을 고려해야 한다.
④ 의뢰자가 동의하지 않는 한, 의뢰자의 이름을 밝혀서는 안 된다.
⑤ 조사자는 원하는 결과가 나올 수 있도록 특정 조사방법을 선택할 수 있다.

해설 보고서는 조사자가 원하는 결과가 나올 수 있도록 특정 조사방법을 선택해서는 안되며 공정하고 객관적으로 진행하여 타당성과 신뢰성을 확보하여야 한다.

정답 ⑤

시장조사 시 발생할 수 있는 윤리적 문제에 관한 설명으로 옳지 않은 것은? 2019년

① 조사내용은 통계법에 의해 지정된 통계 목적 이외에 사용하지 못하도록 규정되어 있다.
② 소비자 실험 시 기업의 실무자들이 면접의 진행과정을 일방거울을 통해 지켜본다면 이 경우 반드시 참가자들에게 해당 사실에 대해 알려주어야 한다.
③ 부작용을 일으킬 수 있는 제품에 대한 제품테스트를 진행하는 경우 응답자들에게 발생가능한 문제점을 반드시 설명해 주어야 한다.
④ 조사회사는 한 업종에서 한 업체의 조사만을 실시하는 것이 원칙이나 두 개의 업체에 대한 조사를 실시한다면 특정 부서가 전담하도록 해야 한다.
⑤ 시장조사를 의뢰하는 경우 계약 이외의 것을 요구하는 행동은 바람직하지 못하다.

해설 조사회사가 한 업종에서 한 업체의 조사만 실시해야 한다는 원칙은 없으며, 시장조사는 마케팅 부서와 같은 특정 부서가 전담하는 역할이 아니다.

정답 ④

PART 06 단원핵심문제

제5과목 조사방법론

01 설문결과를 코딩지에 기록할 때 유의사항으로 옳지 않은 것은?

① 항목을 분석 가능한 숫자로 표현한다.
② 한 칸에는 단지 하나의 숫자가 기록되어야 한다.
③ 취득하지 못한 자료를 처리할 경우에는 A, B와 같은 알파벳을 이용하여 구분을 명확하게 한다.
④ 응답의 세분화된 수를 고려하여 항목별 칸의 수를 결정하여야 한다.
⑤ 숫자로 응답된 자료를 처리할 때 단위가 가장 큰 수치를 고려하여 칸을 배정하여야 한다.

해설 응답자가 응답을 누락할 경우 이를 결측치라 하는데, 결측치가 발생하는 경우 코딩 시 대체로 9, 99, 999 등 숫자로 표현한다.

02 조사보고서 작성 시 유의해야 할 사항으로 옳지 않은 것은?

① 논리적으로 쉽게 이해가 될 수 있도록 구성되어야 한다.
② 전문적인 용어의 사용은 가급적 줄이고, 독자가 이해하는 용어로 작성한다.
③ 문제의 해결방안을 담고 있어야 하며, 기업이 택할 수 있는 의사결정 대안들을 다루는 것이 좋다.
④ 내용은 글을 중심으로 표현하고, 그림이나 표 등은 가급적 사용하지 않는 것이 좋다.
⑤ 연구보고서를 작성할 때 기본적인 조사윤리를 반영해야 한다.

해설 보고서에서는 세부사항은 생략할 수 있으며, 그림이나 표를 통하여 이해를 도와야 한다. 만약 2차 자료를 활용한다면 그 출처를 밝히고 추후 문제가 발생할 경우 근거를 찾아야 하며 전문용어를 많이 사용하는 것은 적절하지 않다.

정답 01 ③ 02 ④

03 설문지 작성순서 중 질문순서의 결정 이후에 실시하는 절차로 옳은 것은?

① 필요한 정보의 결정　　② 자료수집방법의 결정
③ 설문지의 코딩　　　　④ 개별항목의 내용결정
⑤ 개별항목의 완성

해설　설문지 작성순서 중 질문순서 결정 이후 실시하는 절차는 설문지의 코딩이다.

04 조사보고서의 바람직한 작성을 위해 갖추어야 할 요건으로 옳지 않은 것은?

① 본문 내용의 이해를 돕기 위해 표와 그림을 많이 활용한다.
② 공개 또는 비공개 정보는 조사의뢰자와 상의하여 정한다.
③ 조사결과의 전문성을 기하기 위해 전문적인 용어를 많이 사용한다.
④ 조사과정에서 발생된 세부사항들은 가능한 적게 포함시킨다.
⑤ 질문자가 주로 관심을 가지는 문제에 대한 해결방안을 강조한다.

해설　보고서에서 전문용어를 많이 사용하는 것은 적절하지 않다. 세부사항은 생략할 수 있으며, 그림이나 표를 통해 이해를 도와야 한다. 조사보고서는 전문가가 아닌 일반인을 대상으로 브리핑을 해야 하는 경우도 있다는 것을 알고 있다면 쉽게 풀 수 있는 문제이다.

05 보고서 작성에 관한 설명으로 옳지 않은 것은?

① 특정 조사업무 내용 및 결과를 의사결정자에게 보고하기 위한 문서이다.
② 응답자로부터 수집된 자료에 대해 분석과 해석을 통해 문제해결 관련 정보를 제시하여야 한다.
③ 보고서의 신뢰성을 검증하기 위해 가능한 한 조사과정에서 발생된 세부사항들을 모두 포함시켜야 한다.
④ 조사의 전반적 과정과 결과를 명확하게 제시하여야 한다.
⑤ 현황분석을 통하여 연구자의 주장을 직·간접적으로 증명할 수 있어야 한다.

해설　보고서 작성 시 조사과정에서 발생된 세부사항은 생략할 수 있다.

PART 07 분석 및 활용

제5과목 조사방법론

체크포인트

경영지도사 1차 시험의 조사방법론은 사실 '사회조사분석사'라는 시험의 한 부분이라 할 수 있다. 사회조사분석사는 '조사방법론'과 '통계'로 구성되어 있다. 실제로 경영지도사 1차 시험의 조사방법론에서는 통계가 제대로 출제되지 않는다.
그렇기 때문에 7장에서는 각 분석의 정의와 특징만을 다루도록 하겠다. 단, 수험생이 알아두어야 할 것은 변수 및 척도[명/서/등/비]에 따라서 적합한 분석방법이 다르다는 것이며, 이들이 모두 다른 분야의 것이 아니라 모두 융합된다는 것을 기억해야 한다. 물론 경영지도사 시험에서 출제되는 난이도는 각 '○○분석에 관한 설명으로 옳지 않은 것을 고르시오.' 정도가 되기 때문에 충분히 암기로 대응할 수 있다.

1 분석방법

자료의 분석방법에는 교차분석, t-검정, 상관관계분석, 회귀분석, 분산분석 등 다양한 방법들이 있으며, 이 중 어떤 자료분석방법을 선택할 것인지는 연구문제나 연구가설에 속한 변수들의 측정 수준에 의해 주로 결정된다.

1. 모수통계와 비모수통계

(1) 모수통계(정규분포를 따르는 자료)

① 정의
비교하고자 하는 두 집단이 모두 정규분포를 따른다면 두 집단의 평균을 비교하여 그 차이를 알 수 있는데, 이러한 모수적 특성을 이용하는 통계방법을 모수적 통계방법이라고 한다.

② 모수통계의 전제조건
㉠ 표본의 모집단이 정규분포를 이룰 것
㉡ 집단 내 분산이 같을 것
㉢ 변인은 등간척도나 비율척도로 측정되어야 할 것
※ 정규분포를 가정할 수 있는 최소한의 크기
일반적으로 군당 30명 이상으로 구성된 표본의 경우에 정규분포를 따른다고 가정할 수 있다. 군당 10~30명 규모인 경우에는 따로 정규성 검정을 통해 정규분포임이 확인되면 모수적 방법을 사용할 수 있다.

③ 모수통계의 예
㉠ 표본평균 간의 차이 : Z분포, t분포
㉡ 모평균과 표본평균의 차이 : Z분포, t분포
㉢ 모분산과 표본분산과의 차이 : F분포, 카이제곱(χ^2) 분포
㉣ 표본분산 간의 차이 : F분포, 카이제곱(χ^2) 분포

(2) 비모수통계(정규분포를 따르지 않는 자료) 17 기출

① 정 의

정규성 검정에서 정규분포를 따르지 않는다고 증명되거나 군당 10명 미만의 소규모 실험에서는 정규분포임이 가정되지 않아 모수통계가 불가능하다. 이런 경우에는 자료를 크기 순으로 배열하여 순위를 매긴 다음 순위의 합을 통해 차이를 비교하는 순위합검정을 적용할 수 있는데, 이를 비모수통계라고 한다.

② 비모수통계의 예

㉠ 1개의 표본 : 1표본 카이제곱(χ^2) 검정(명목자료), 콜로고로프–스미르노프검정(서열자료)

㉡ 2개의 표본 : 2표본 카이제곱(χ^2) 검정(명목자료), 맨–휘트니검정(서열자료)

㉢ 3개 이상의 표본(K개) : K표본 카이제곱(χ^2) 검정(명목자료), 크루스칼–왈리스검정(서열자료)

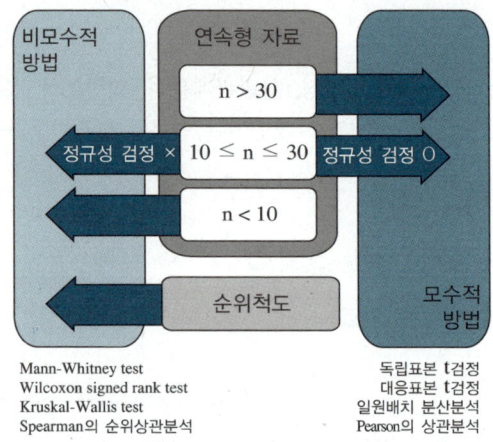

모수가 n>30으로 충분히 크거나 n>10이면서 정규성 검정에서 정규분포로 간주되는 연속형 자료의 경우 모수통계방법을 사용할 수 있고, 그 외는 비모수통계방법을 사용한다.

③ 모수통계와 비모수통계의 비교

㉠ 모수통계방법 : 정규성 가정이 필요하다. 비모수통계보다 검정력이 높으며, 크기의 차이를 제시할 수 있고, 등간척도, 비율척도를 사용한다.

㉡ 비모수통계방법 : 정규성 가정이 필요 없다. 서열척도, 순위척도를 사용한다.

기출문제분석

비모수통계분석에 관한 설명으로 옳은 것은?

① 명목 혹은 서열척도로 측정되는 자료처리에 이용한다.
② 계량적 자료분석에 이용한다.
③ 모집단의 확률분포를 구체적으로 가정할 수 있어야 한다.
④ 표본의 특성치인 통계량을 이용해 모집단의 모수를 추정한다.
⑤ 모수통계분석에 비해 통계적 검정력이 높다.

해설 비모수통계분석은 명목 혹은 서열척도로 측정되는 자료처리에 적합하며 비계량적 자료분석에 이용한다. 모집단의 확률분포를 구체적으로 가정할 수 없으며, 통계량을 통해 모집단의 모수를 추정할 수 없다. 통계적 검정력이 높은 것은 모수통계분석이다.

정답 ①

더 알아보기 중심극한정리 19 기출

표본의 크기가 충분히 크면 모집단의 분포유형에 관계없이 표본평균의 분포가 정규분포를 이룬다는 정리를 의미한다. 중심극한정리에 따르면 모집단의 분포의 형태와 무관하게, 표본의 크기가 커질수록 표본분포가 정규분포에 가까워진다. 즉 중심극한정리에 의하며 정규분포를 따르지 않는 집단의 표본을 추출하여도, 각 표본들의 평균은 정규분포를 따른다.

2. 분석방법의 종류

변수에 따른 분석방법이다. 독립변수와 종속변수에 따라서 각 분석방법이 달라질 수 있다는 것을 기억해야 한다. 이를 이해하기 위해서는 질적변수와 양적변수를 구분해야 한다.

더 알아보기 질적변수와 양적변수

질적변수는 범주형 변수라고도 하며, 양적변수는 연속형 변수라고도 한다.
질적변수 = 범주형 변수 = 범주형 척도(명목, 서열척도를 포함)
- **질적변수** : 2개 또는 3개 이상의 범주로 되어 있어 수량으로 표시할 수 없는 변수를 말한다. 이는 명목척도와 서열척도에 포함되는 변수를 말할 수 있다.
  예 명목척도(성별, 지역), 서열척도(1등, 2등, 3등, 4등 혹은 호감도 등의 높낮이)
- **양적변수** : 고유한 수량을 나타낼 수 있는 변수를 말하며, 등간, 비율척도가 그 예가 될 수 있다.
  예 등간, 비율척도(연령, 소득, 점수, 가족 수)

[독립 및 종속변수에 따른 분석방법의 종류]

구 분	분석방법	분석종류	변수조건
차이검증	카이제곱 검정 [23] 기출	교차분석	• 독립변수 : 범주형 변수 • 종속변수 : 범주형 변수
	t-검정(t-test) [21] [23] 기출		• 독립변수 : 범주형 변수(범주 2개) • 종속변수 : 연속형 변수
	분산분석	일원 분산분석	• 독립변수 : 1개 범주형 변수(범주 3개 이상) • 종속변수 : 1개 연속형 변수
		이원 분산분석	• 독립변수 : 2개 범주형 변수 • 종속변수 : 1개 연속형 변수
		다원 분산분석	• 독립변수 : 3개 이상 범주형 변수 • 종속변수 : 1개 연속형 변수
		혼합 분산분석	• 독립변수 : 집단 간 범주형 변수, 집단 내 범주형 변수 • 종속변수 : 1개 연속형 변수
	공분산분석		• 독립변수 : 2개 이상(1개 이상의 연속 공변수와 범주형 변수 1개 이상) • 종속변수 : 1개 연속형 변수
관계검증	상관분석		• 두 변수 또는 그 이상의 변수 간에 관련성이 존재하는지를 파악하고, 상관관계의 정도를 알아보는 방법 • 변수가 등간・비율척도일 때 : 피어슨 상관계수 사용 • 변수가 서열척도일 때 : 스피어만 상관계수 사용
	회귀분석	단순 회귀분석	• 독립변수 : 연속형 변수 1개 • 종속변수 : 연속형 변수 1개
	회귀분석	중다 회귀분석	• 독립변수 : 연속형 변수 2개 이상 • 종속변수 : 연속형 변수 1개 이상
		더미 회귀분석	• 독립변수 : 범주형 변수 • 종속변수 : 연속형 변수
		비선형 회귀분석	–
	요인분석		양적변수

기출문제분석

A사에서는 다이어트 운동 프로그램을 개발하여 40명의 일반인을 대상으로 적용하였다. 프로그램 적용 이전과 이후의 체중을 측정하여 프로그램의 효과를 분석하고자 할 때, 적합한 통계분석 방법은?

2018년

① 독립표본 t검정(Independent Sample t-test)

② 대응표본 t검정(Paired Sample t-test)

③ 카이제곱 독립성검정(χ^2 Independence Test)

④ 상관관계분석(Correlation Analysis)

⑤ 판별분석(Discriminant Analysis)

해설 독립표본 t검정은 서로 다른 2개 집단의 평균차이를 검정하는 방법이며, 대응표본 t검정은 서로 대응되는 2개 집단의 차이의 평균을 검증하는 방법이다. 따라서 본 지문에서는 다이어트 프로그램 전후의 40명의 집단 차이의 평균을 검증하므로 대응표본 t검정이 알맞다.

정답 ②

명목척도로 측정된 두 변수의 연관성을 분석하는 기법에 관한 옳은 설명을 모두 고른 것은? 2018년

> ㄱ. 피어슨 상관관계분석을 활용한다.
> ㄴ. 교차분석에서 두 변수 간 편차의 표준화된 공분산 값을 활용한다.
> ㄷ. 교차분석에서 서로 독립적인 분포를 갖는 두 변수를 가정한다.
> ㄹ. 교차분석에서 활용되는 검정통계량은 카이제곱 검정통계량이다.
> ㅁ. 각 셀의 관측빈도와 기대빈도의 차이를 이용하여 두 변수 간 독립성을 분석한다.

① ㄱ, ㄴ, ㄷ
② ㄱ, ㄴ, ㅁ
③ ㄱ, ㄷ, ㄹ
④ ㄴ, ㄷ, ㅁ
⑤ ㄷ, ㄹ, ㅁ

해설) 명목척도로 측정된 두 변수의 연관성을 분석하는 기법은 교차분석이다.
ㄱ. 피어슨 상관관계분석을 활용한다(상관분석).
ㄴ. 교차분석에서 두 변수 간 편차의 표준화된 공분산 값을 활용한다(상관분석).

정답 ⑤

분석기법에 관한 설명으로 옳지 않은 것은? 2017년

① 회귀분석에서 결정계수(R^2)는 독립변수가 종속변수의 분산을 설명할 수 있는 정도를 나타낸다.
② 분산분석의 검정 통계량은 F-비율을 이용한다.
③ 요인분석은 변수들 간의 상관관계를 파악하는 데 중점을 둔다.
④ 카이제곱분석은 수집된 자료가 모두 등간척도로 측정된 두 변수 간 독립성 여부를 조사하는데 이용된다.
⑤ 상관관계분석은 추계(Inferential) 통계기법에 해당된다.

해설) 교차분석은 검정하고자 하는 두 변수 간의 독립성과 동질성 여부를 분석하는 데 주로 이용되거나 명목척도 혹은 서열척도와 같은 범주형 변수일 때 주로 이용된다.

정답 ④

3. 분석방법의 정의[교분상회] 18 24 기출

(1) **교**차분석(Cross Tabulation) 20 기출
   ① 명목척도 혹은 서열척도와 같은 범주형 변수(질적변수)의 사회현상을 분석하기 위해 사용되는 분석기법이다. 다른 말로 카이제곱 검정이라고도 한다. 실제빈도와 기대빈도 간의 비교 분석을 통해 두 변수가 가진 각 범주를 교차하여 해당빈도를 표시함으로써 두 변수 간의 독립성과 이질성을 분석하는 데 이용된다.
   ② 교차분석의 기본가정
      ⊙ 척도의 성질을 준수해야 한다(종속변수는 최소한 명목척도에 의한 범주형 변수이어야 함).
      ⓒ 최소의 기대빈도 및 획득빈도를 준수해야 한다. 각 범주에 해당되는 획득빈도와 기대빈도에 5보다 작은 셀이 차지하는 비율이 전체 셀의 20%를 넘어서는 안 된다. 만일 이런 경우가 발생하면 표본의 수를 늘리거나 범주를 합쳐서 기대빈도가 5 이상이 되도록 만들어야 한다.
      ⓒ 각 셀에 포함되어 있는 빈도는 상호 독립적이어야 한다. 즉 각각의 셀에 포함되어 있는 사례는 상관성이 없어야 한다는 것이다. 상관성이 있을 경우 중복되어 분석이 되기 때문이다.

(2) **분**산분석(ANOVA ; ANalysis Of VAriance)

   > **체크포인트**
   > 분산분석을 설명하기에 앞서 t-검정에 대하여 설명할 필요가 있다. t-검정이나, 분산분석은 모두 집단의 평균 차이를 분석할 때 사용하는 방법이다. t-검정은 독립변수의 수가 2개일 경우는 t-검정을 이용하며, 독립변수의 수가 3개 이상일 경우는 분산분석을 이용한다. 즉, t-검정은 두 집단 간의 평균차이를 분석하고자 할 때 사용한다.

   ① 분산분석의 정의 및 특징 17 20 기출
      ⊙ 세 집단 이상의 평균치의 차이를 분석하고자 할 때 사용하는 분석방법이다. 즉, 1개의 독립변수가 3개 이상의 집단을 가지는 경우(예 연령 : 20대, 30대, 40대 이상)와 2개 이상의 독립변수와 3개 집단이상의 집단을 가지는 경우를 말한다. 분산분석은 종속변수가 1개인 경우 독립변수의 수에 따라 이름이 달라진다.
         • 독립변수가 1개인 경우 : 일원분산분석
         • 독립변수가 2개인 경우 : 이원분산분석
         • 독립변수가 3개 이상일 경우 : 다원분산분석
         • 종속변수가 2개 이상의 경우 : 다변량 분산분석
      ⓒ 다변량 분산분석(MANOVA) : 종속변수의 수가 2개 이상일 경우에 이용되는 분산분석방법으로 분산분석을 확장한 개념이라고 할 수 있다. 분산분석이 종속변수의 평균값으로 분석하는 데 비해 다변량 분산분석은 종속변수 평균의 집합인 벡터(Vector)를 이용하여 분석하며 마찬가지로 독립변수의 수에 따라 이름이 달라진다. 독립변수가 1개일 경우 일원다변량 분산분석, 독립변수가 2개 이상일 경우 다원다변량 분산분석이라고 한다.
         예 학력에 따른 봉급과 지출의 차이가 있는가를 조사하고자 한다면, 일원다변량 분산분석을 사용할 수 있다 (독립변수 : 학력/종속변수 : 봉급, 지출).

- ⓒ 공분산분석(ANCOVA) : 분산분석은 처치 수준이 다른 집단 간에 종속변수의 값의 차이가 있는지를 조사하는 방법이다. 이때 처치 수준이 종속변수의 값에 미치는 영향을 보기 위해서 외생변수는 통제되어야 한다. 그러나 연구자가 실험설계에서 이를 직접 통제하는 것이 불가능한 경우 이를 '공변량'으로 처리하여 그 효과를 제거하는 공분산분석을 실시하면 된다. 특히, 그 외생변수가 종속변수와 상관관계가 높을수록 분산분석 대신 공분산분석을 실시하므로 순수한 처치효과를 조사할 수 있다.
- ⓓ 분산분석과 동일하게 독립변수는 범주를 나타내는 명목척도로 나타내고, 종속변수는 등간척도 혹은 비율척도로 측정된 자료가 사용된다. 공변량으로 처리되는 변수 역시 등간척도 혹은 비율척도로 측정되어야 한다.

② 분산분석의 기본가정
- ㉠ 집단 간에 서로 독립적이어야 한다.
- ㉡ 표본평균의 분포가 정규분포를 따라야 한다. 즉, 분산분석의 대상이 되는 모집단은 정규분포를 가정하므로 통계량을 이용한 검증이 가능하게 된다.
- ㉢ 집단들은 모두 같은 분산을 가져야 한다. 각 집단들의 분산이 다를 경우 분산분석을 사용하여 여러 집단의 검증을 실시할 수 없다.

기출문제분석

A기업에서는 신제품을 인구가 비슷한 4개 지역에 판매하고 있다. 4개 지역별 매출액 차이를 분석하고자 할 때, 적합한 분석방법으로 옳은 것은? [2018년]

① 분산분석 ② 판별분석
③ 군집분석 ④ 요인분석
⑤ 다차원척도법

해설 분산분석이란 세 집단 이상의 평균치의 차이를 분석하고자 할 때 사용하는 분석방법이다. 즉, 1개의 독립변수가 3개 이상의 집단을 가지는 경우(연령 : 20대, 30대, 40대 이상)와 2개 이상의 독립변수가 각각 3개 이상의 집단을 가지는 경우를 말한다. 분산분석은 종속변수가 1개인 경우 독립변수의 수에 따라 다음과 같이 이름이 달라진다.
- 독립변수가 1개인 경우 : 일원분산분석
- 독립변수가 2개인 경우 : 이원분산분석
- 독립변수가 3개 이상일 경우 : 다원분산분석
- 종속변수가 2개 이상의 경우 : 다변량 분산분석

정답 ①

서로 다른 3가지 광고 유형에 노출된 집단 간 브랜드 선호도 차이를 분석하는 데 적합한 통계분석방법으로 옳은 것은? [2017년]

① 시계열분석 ② 판별분석
③ 분산분석 ④ 독립표본 t검정
⑤ 상관관계분석

해설 세 집단 이상의 평균치의 차이를 분석하고자 할 때 사용하는 분석방법은 분산분석이다.

정답 ③

> **학습포인트**
>
> 상관분석과 회귀분석을 배우기에 앞서 교차분석과 분산분석은 변수에 따른 차이를 알아보는 분석방법이며, 상관분석과 회귀분석은 변수 간의 관계를 알아보는 분석방법이라는 것을 알아둘 필요가 있다. 일상생활이나 학문연구에서 둘 또는 그 이상의 변수들이 서로 관계를 가지고 변화할 때 그 관련성을 알아보고자 하는 경우가 많다.
> 예를 들어 상품의 수요와 상품의 가격 및 소비자의 소득에 대한 관계가 어떤지를 알아볼 수 있다고 하면, 그에 따른 가격전략이나 소비자 소득에 따른 적합한 상품을 생산할 수 있다. 이와 같이 변수들 간의 관련성을 자료를 통하여 알 수 있다면 한 변수의 변화를 관찰하고 다른 변수의 변화를 예측할 수 있는 것이다.

(3) 상관분석(Correlation Analysis) 19 23 25 기출

① 서로 상관관계가 있는 두 관계를 찾아내어 다른 한쪽 값을 예측하는 통계적 분석이다. 만약 이 둘 간의 상관관계가 성립할 경우 '지능이 높을 경우 성적이 높다'가 성립할 수 있다. 하지만 상관분석에서는 반대로 '성적이 높을 경우 지능이 높다'는 성립한다고 할 수 없다. 이것이 바로 회귀분석과의 차이점이라 할 수 있다. 회귀분석의 경우는 이 둘 간의 관계를 뒤집을 수 있기 때문이다. 다시 돌아가서, 변수의 관계성 정도는 관계성의 강도라 할 수 있다. 보통 상관은 상관계수(Correlation Coefficient, 'r')로 표시되는데, 상관계수 r이 크다는 것은 두 변수가 강한 관계성을 가지고 있다는 의미이다.

② 상관계수의 방향
  ㉠ 상관계수 r은 -1.0에서 +1.0까지의 범위를 갖는다($-1.0 \leq r \leq +1.0$).
  ㉡ 상관계수 r이 +1.0이라는 의미는 완전한 정적 상관관계를 말한다. 즉 지능과 성적이 완전히 1:1로 완전히 일치하며, 지능에 따라서 성적이 동일하게 증가하는 것을 말한다.
  ㉢ r = -1.0이라면 반대로 지능에 따른 성적의 변화가 일치하지만, 지능이 높을수록 점수가 낮게 나오게 된다고 할 수 있다.
  ㉣ 여기서 r값이 0.8일 경우 지능과 성적과의 관계는 0.8 정도의 정적 상관관계를 갖는다고 할 수 있다. 이는 수치로 따지자면 80%이다. 만약, 영어성적과 수학성적이 0.8의 상관관계를 갖는다면, 영어성적이 100점이 나올 경우 수학성적은 80점이 나온다고 할 수 있는 것이다.

③ **상관분석의 구분** : 상관분석은 변수의 성질(연속형, 범주형)에 따라서 스피어만(Spearman)과 피어슨(Pearson) 상관계수로 구분할 수 있다.
  ㉠ 스피어만(Spearman)의 상관계수 : 범주형 변수인 서열을 사용하여 두 변수 사이의 상관성을 측정한다. 반드시 선형적인 관련성이 있을 필요는 없다.
  ㉡ 피어슨(Pearson)의 상관계수 : 연속형 변수 사이의 선형적인 상관성을 분석하는 데 사용된다. 반드시 선형적인 관련성이 있어야 한다.

> **기출문제분석**
>
> 상관관계에 관한 설명으로 옳지 않은 것은?　　　　　　　　　　　　　　　　　　　2018년
>
> ① 상관계수는 두 변수 간 선형적 관계의 방향을 정량적으로 표시하는 지수이다.
> ② 상관계수는 두 변수 간 선형적 관계의 정도를 정량적으로 표시하는 지수이다.
> ③ 상관계수가 0에 가까울수록 두 변수는 무관하다고 볼 수 있다.
> ④ 한 변수의 값을 -1의 값으로 나누어도 두 변수의 상관계수는 변하지 않는다.
> ⑤ 두 변수의 값에 0이 아닌 상수를 더하더라도 상관계수는 변하지 않는다.
>
> **해설** 상관계수의 특징은 단위를 갖지 않으며 측정단위와 독립적으로 정의된다는 것이다. 하나의 변수가 취하는 모든 값에 상수를 더하거나 빼거나, 양의 상수를 곱하거나 나누는 변환을 해도 상관계수는 변하지 않는다는 특징을 갖는다.
>
> **정답** ④
>
> ---
>
> 상관분석에 관한 설명으로 옳지 않은 것은?　　　　　　　　　　　　　　　　　　　2019년
>
> ① 상관계수의 절댓값의 크기는 변수들 간의 선형관계 정도를 나타낸다.
> ② 상관계수는 -1에서 +1 사이의 값을 가진다.
> ③ 상관계수의 값이 0.8 이상이거나 -0.8 이하이면 매우 높은 상관관계를 나타낸다.
> ④ 두 변수의 값에 양의 상수를 곱하면 상관계수가 변한다.
> ⑤ 산포도에서 한 변수가 증가함에 따라 다른 한 변수의 값이 감소하면 상관계수가 음의 상관관계이다.
>
> **해설** 두 변수의 값에 양의 상수를 곱하여도 상관계수는 변하지 않고, 어느 한 변수에만 음의 상수를 곱하면 상관계수의 크기는 유지되지만 방향이 변한다.
>
> **정답** ④

(4) 회귀분석(Regression Analysis) 18 20 21 23 24 25 기출

> **더 알아보기**　**회귀**
>
> 갈튼(F. Galton)이 처음으로 발견하고 제안한 개념이다. 그는 부모의 키와 자녀의 키 사이의 관계를 분석한 결과, 전체적으로 키 큰 아버지가 키 큰 아들을 낳지만 아버지보다 작은 경향이 있고, 키 작은 아버지가 키 작은 아들을 낳지만 아버지보다 큰 경향이 있음을 발견하고, 이것은 곧 자식들의 키는 사람들의 평균 키 쪽으로 회귀하는 경향이 있다는 것을 알아내었다.

① 회귀분석 : 하나 이상의 독립변수가 하나의 종속변수에 대해 갖는 관계를 규명하기 위하여 사용되는 통계분석으로서, 독립변수의 값의 변화에 따라 종속변수의 값의 변화를 예언하기 위한 통계적 분석 기법이다.

② 회귀분석의 용도
　㉠ 최적 선형모형의 발견 및 그 모형에 의한 예측의 정확성을 판단하는 데 사용된다.
　㉡ 한 변수(종속변수)에 대한 다른 여러 변수의 영향을 통제한 후 어떤 특정 변수만의 영향력을 알고자 할 때 회귀분석을 실시한다.
　㉢ 변수 간의 구조적 관계(인과적 관계)를 알고자 할 때 사용된다(경로분석에 사용).

③ 회귀분석의 종류 : 회귀분석의 종류는 직선 회귀분석과 곡선 회귀분석으로 나눌 수 있다. 직선 회귀분석이란 선형 회귀분석이라고도 하는데, 변수들의 값의 분포가 $Y = a + bX$와 같이 직선적 관계를 보일 때 적합한 회귀분석이다. 곡선 회귀분선이란 변수들의 값의 분포가 $Y = a + b_1X + b_2X^2$와 같이 곡선적 관계를 보일 때 적합한 회귀분석이다.

④ 회귀분석의 목적
　㉠ 한 변수 또는 여러 변수의 값을 가지고 다른 한 변수의 값을 예측하는 데 있으며, 회귀선은 변수들의 값의 분포를 바탕으로 하여 오차를 최소화하면서 변수들 간의 관계를 한꺼번에 포괄적으로 설명해 주는 최적의 선이라 할 수 있다.
　㉡ 두 변수의 상관관계가 완벽할 경우 직선을 그리고 직선에 의한 공식에 의하여 두 변수의 값들을 정확하게 예측할 수 있다. 반대로 두 변수의 상관관계가 완벽하지 않을 경우 존재하는 점들을 연결하면 직선이 되지 않을 수 있다. 그러므로 산포도에 나타난 모든 점들을 대표하는 직선을 그려야 하며, 이것을 회귀선이라 한다.

⑤ 상관관계와 회귀분석 : 회귀분석은 변수와 변수와의 관계에 관한 것이다. 상관관계가 변수와 변수 간의 관련성의 정도를 나타내는 것이라면, 회귀분석은 한 변수의 변화가 다른 변수의 변화에 어느 정도의 영향을 가지는가를 말해 준다. 즉, 회귀분석이란 변수들 사이의 통계적 의존성을 나타내는 것이다.

⑥ 단순회귀의 오차항에 관한 3가지 가정
　㉠ 정규성 : 오차는 정규분포를 갖는다.
　㉡ 독립성 : 서로 다른 관찰치 간의 오차항은 상관이 없다.
　㉢ 등분산성 : 오차항은 모든 관찰치에 대해 일정한 분산을 갖는다.

> **더 알아보기**　회귀분석
>
> **회귀분석에서 다중공선성(多重共線性, Multicollinearity)의 해결법** [21] 기출
> 다중공선성은 공선성이라고도 하며 회귀분석에서 독립변수 간에 높은 선형관계가 존재하는 것을 말한다. 입력변수들 간의 강한 상관관계가 존재하여 회귀계수의 분산을 크게 하기 때문에, 회귀계수의 정확한 예측이 어려워진다. 또한 회귀분석에서 독립변수들 간의 독립성이 가정된다는 전제조건을 위배하는 것으로 결과적으로는 독립변수와 종속변수 간의 인과관계 검증에도 어려움으로 작용한다. 이에 대한 해결법은 다음과 같다.
>
> ① 상관관계가 높은 독립변수 중에서 문제를 일으키는 일부 설명변수를 제거한다.
> ② 변수를 변형시키거나 능형회귀분석 등 새로운 관측치를 이용한다.
> ③ 자료를 수집하는 현장의 상황을 보고 상관관계의 이유를 파악하여 해결한다.
> ④ 주성분 분석(PCA ; Principle Component Analysis)을 이용한 대각선행렬(Diagonal Matrix)의 형태로 공선성을 없애준다.

더빈왓슨(Durbin-watson) 테스트 23 기출

- 더빈왓슨(Durbin-watson)은 회귀분석에서 오차의 독립성을 진단하는 통계량이다.
- 회귀분석 후 잔차의 독립성을 확인할 때 사용하는 테스트이며 잔차끼리의 자기상관성 유무를 판단하는 검증 방법이다.

> 더빈왓슨 통계량 = d
> $0 < d < 4$ 사이의 값을 가진다.
> $d \sim 0$: 잔차끼리 양의 상관관계를 가진다.
> $d \sim 2$: 잔차끼리 상관관계를 가지지 않는다.
> $d \sim 4$: 잔차끼리 음의 상관관계를 가진다.

- 2에 가까울수록 자기상관이 없고 0 혹은 4에 가까울수록 자기상관이 크다.
- t-1 시점의 잔차와 t 시점의 잔차의 상관관계를 측정하며 가장 간단하게 과거 데이터로부터 현재 데이터 값이 영향을 받는지 판단한다.
- t-2 시점의 데이터가 현재 값에 영향을 줄 수도 있으며, 분석자가 데이터의 특성을 이해하고 그에 맞는 자기 상관도표를 그려서 검토해야 한다.

기출문제분석

단순회귀분석의 오차항에 관한 3가지 가정으로 옳은 것은? 2018년

① 신뢰성, 정규성, 정확성
② 독립성, 등분산성, 정규성
③ 독립성, 등분산성, 유일성
④ 독립성, 신뢰성, 타당성
⑤ 등분산성, 신뢰성, 정규성

해설 단순회귀분석의 오차항에 관한 가정은 다음과 같다.
- 서로 다른 관찰치 간의 오차항은 상관이 없다(독립성).
- 오차항은 모든 관찰치에 대해 일정한 분산을 갖는다(등분산성).
- 오차는 정규분포를 갖는다(정규성).

정답 ②

회귀분석에서 반드시 더미(Dummy)변수로 분석하여야 하는 변수로 옳은 것은? 2015년

① 명목척도로 측정된 독립변수
② 서열척도로 측정된 독립변수
③ 등간척도로 측정된 독립변수
④ 비율척도로 측정된 독립변수
⑤ 비율척도로 측정된 종속변수

해설 독립변수가 범주형 변수인 경우와 종속변수가 연속형 변수인 경우 더미 회귀분석을 사용하는데, 일반적으로 서열척도는 명목척도보다 많은 정보를 가지고 있으므로 서열척도로 측정된 변수는 더미변수로 바꾸지 않고 분석하기도 하나 명목척도로 측정된 변수는 반드시 더미변수로 바꾸어 회귀분석을 하여야 한다.

정답 ①

> **회귀분석에 관한 설명으로 옳지 않은 것은?** `2013년`
> ① 독립변수와 종속변수 간의 인과관계를 가정한다.
> ② 성별과 같이 두 집단으로 분류된 명목형 자료는 회귀분석에서 독립변수로 사용할 수 없다.
> ③ 독립변수의 회귀계수가 0이라는 것은 귀무가설을 설정한다.
> ④ 여러 개의 독립변수를 사용할 때 독립변수 간의 관계는 상호 독립적이라는 것을 가정한다.
> ⑤ 결정계수는 독립변수가 종속변수의 분산을 설명할 수 있는 정도를 나타낸다.
>
> [해설] 회귀분석에서도 더미를 이용하여 명목형 자료를 사용할 수 있다.
>
> [정답] ②

(5) 요인분석(Factor Analysis)

① 요인분석의 정의 : 요인분석이란 변수들 간의 상호 연관성(공분산, 상관관계)을 분석해서 이들 간에 공통적으로 작용하고 있는 내재된 요인을 추출하여 전체자료를 대변할 수 있는 변수의 수를 줄이는 기법이다.

② 요인분석을 사용하는 목적
   ㉠ 연구나 모형개발에 사용되는 변수의 수를 줄여 몇 개의 핵심적인 요인만으로 모형을 구성하고 설명하기 위해 사용한다.
   ㉡ 정보와 지식을 보다 쉽고 효과적으로 전달하기 위해 사용하기도 한다.

> **학습포인트**
> 요인분석은 변수와 요인으로 구분할 수 있는데, 그 예로 배우 전지현의 특성을 가정하여 나열해 보자. 전지현은 좋은 성품을 가지고 있다, 전지현은 외향적인 성격이다, 전지현은 연기를 잘한다, 전지현은 체지방이 적다, 전지현은 자기 자신에 대해 만족한다 등등 이러한 속성 중 공통적으로 가지고 있는 특성을 종합하여 나타내면 자존감, 건강, 성격 등으로 묶을 수 있는데 이것을 요인이라 한다. 이렇듯 요인분석은 여러 가지 변수에서 요인을 추출해 내는 것이다. 이때 변수는 일정한 기준의 척도로 측정하여 수치로 나타낸 것이다.

③ 요인분석을 위한 자료
   ㉠ 요인분석에서 사용되는 변수들은 모두 등간척도나 비율척도로 측정된 양적변수이다. 명목척도, 서열척도의 질적변수는 입력자료로 사용해서는 안 된다.
   ㉡ 입력변수들은 서로 독립적인 정규분포를 이루어야 하며, 변수별로 분산은 모두 동일하다는 가정을 만족시켜야 한다.
   ㉢ 입력변수들 간에서는 어느 정도 이상의 상관관계가 있어야 한다.

④ 요인분석의 종류
   ㉠ 하나의 변수가 가지고 있는 총분산은 공통분산, 고유분산, 오차분산으로 나눌 수 있다.
   - 공통분산 : 하나의 변수가 다른 입력변수들과 연관되어서 움직이는 공통적인 분산
   - 고유분산 : 다른 입력변수들과 관계없이 그 변수만이 독자적으로 가지고 있는 독특한 변량을 나타내는 분산
   - 오차분산 : 공통분산이나 고유분산에 속하지 않고, 다만 측정과정에서 무작위로 발생할 수 있는 측정오차에 따른 분산

   ⓒ 주성분분석 : n개의 입력변수들이 가지는 총분산을 n개의 주성분으로 다시 나타낸다.
   ⓒ 공통요인분석 : 입력변수들이 가지고 있는 공통분산만을 이용하여 공통요인을 추출하는 방법이다.
  ⑤ 요인분석 결과 해석
   ㉠ 공통성 : 공통(요인)분산 값이 크면 측정변수를 잘 설명한다고 볼 수 있다. 즉, 추출된 요인이 변수의 분산을 어느 정도 설명할 수 있는가를 나타낸 값이다.
   ⓒ 아이겐 값 : 공통성을 변형한 값으로, 클수록 설명력이 큰 공통요인이다.

(6) 판별분석(Discriminant Analysis) [20] 기출

① 의의 : 분석하고자 하는 대상이 두 집단 중 어디에 속하는지 판별하는 분석기법으로 두 집단을 분류할 수 있는 역할을 하는 변수를 구별한다.
  예) 다이어트 : 두 집단 중 어떤 집단의 사람이 다이어트에 성공할 것인가
    금연 : 두 집단 중 어떤 사람들의 집단이 금연에 성공할 것인가

② 종속변수와 독립변수가 존재 : 독립변수는 등간척도 혹은 비율척도이며 종속변수는 명목척도이다.

③ 판별분석의 기본 원리
  ㉠ 분석의 절차
   • 독립변수 : Ω
   • 종속변수 : 1, 2

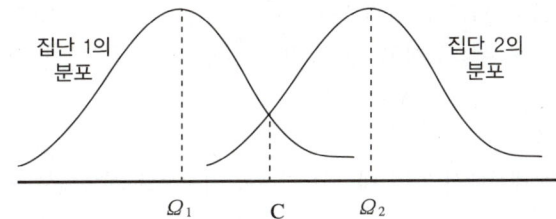

  ⓒ 가정 : 집단 1, 2는 정규분포를 하며 동일한 분산 값을 갖고 있다.

$$분류점 : C = \frac{\overline{\Omega_2} - \overline{\Omega_1}}{2}$$

④ 잘못 판단할 확률

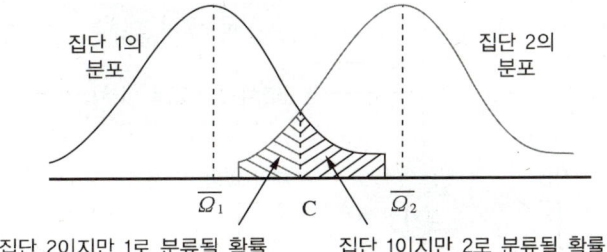

> **기출문제분석**
>
> **판별분석에 관한 설명으로 옳지 않은 것은?** 2016년
> ① 명목척도나 서열척도로 측정된 범주형 변수들 간의 연관성을 분석하는 방법이다.
> ② 독립변수와 종속변수의 선형관계를 가정한다.
> ③ 카드고객의 소비행태나 대출행태 분석을 통해 고객의 신용등급이나 고객이탈 여부 등을 분석하는 데 유용한 도구이다.
> ④ 독립변수들 간에는 다중공선성이 없거나, 있더라도 아주 작아야 한다.
> ⑤ 독립변수는 양적변수이고, 종속변수는 범주형 변수이다.
>
> **해설** 판별분석(Discriminant Analysis)이란 분석하고자 하는 대상이 두 집단 중 어디에 속하는지 판별하는 분석기법으로 두 집단을 분류할 수 있는 역할을 하는 변수를 구별한다. 독립변수는 등간척도 혹은 비율척도이며, 종속변수는 명목척도이다.
>
> **정답** ①

(7) 군집분석(Cluster Analysis)

① 정의 : 군집분석이란 개인이나 여러 개체의 유사한 속성을 파악하여 몇 개의 집단으로 그룹화한 이후 집단의 성격을 파악하고 전체의 구조를 이해하는 분석방법을 말한다.

② 군집화의 기본개념 : 분석대상 간의 유사성을 유클리안 거리로 측정한다. 군집 내 구성원의 동질성은 최대로 이질성은 최소로 하고, 군집 간 동질성은 최소로 이질성은 최대로 하는 방법이다.

③ 종 류

　㉠ 계층적 군집분석
　　• 기준이 되는 대상에서 개별 대상의 거리를 기준으로 계속해서 군집의 크기를 키워가는 방식이다.
　　• 군집 수는 줄어들고 군집의 크기는 커진다.
　　• 단일결합법, 완전결합법, 평균결합법, Ward법 등이 있다.

　㉡ 비계층적 군집분석
　　• 우선 군집의 수를 정하고 설정된 군집의 가까운 개체를 포함해 나가는 방법이다.
　　• K평균법이 있으며 데이터 마이닝의 군집분석방법으로 사용된다.

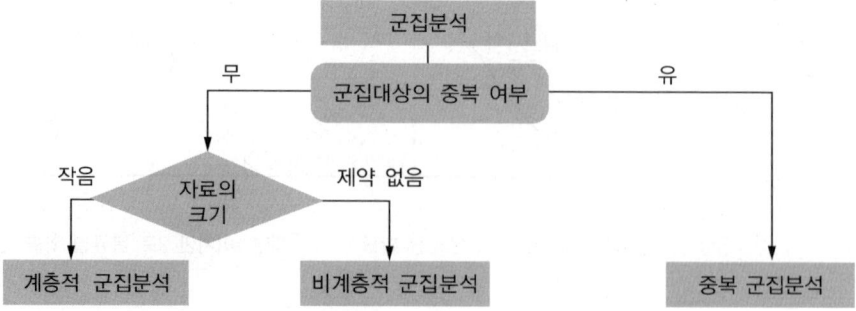

④ 활용 : 시장세분화 결과에 따라 고객군별 대처 방안을 정하고 실행 계획을 수립할 수 있다. 실제 시장에서 구매가능성, 수익성, 성장성 등 마케팅전략과 유연하게 연결되는 변수들을 사용하여 군집분석을 실시한다.

⑤ 군집분석과 요인분석의 비교 21 기출

구 분	요인분석	군집분석
분석대상	변 수	응답자
정 보	변수 간 상관관계	거 리
도출방법	변수에서 요인도출	군집형성
분석방법	통계적 방법	수리적 방법

더 알아보기 | 다차원척도법(Multi-dimensional Scaling) 19 기출

다차원 관측값 또는 개체들 간의 거리 또는 비유사성을 이용하여 개체들을 낮은 차원의 공간에 위치시켜 개체들 사이의 구조관계를 파악하는 기법을 의미하며, 경영학에서 STP 전략 수립 시 활용하는 지각도(포지셔닝맵)를 만드는 방법이라 할 수 있다. 다차원척도법에 의해 추정된 거리가 실제로 얼마나 가까운지를 나타내는 값을 스트레스 값이라고 부르며 가까울수록 적합도가 높다고 표현할 수 있다. 스트레스 값은 0과 1 사이의 값을 가지며, 스트레스 값이 작을수록 적합도는 높다고 할 수 있다.

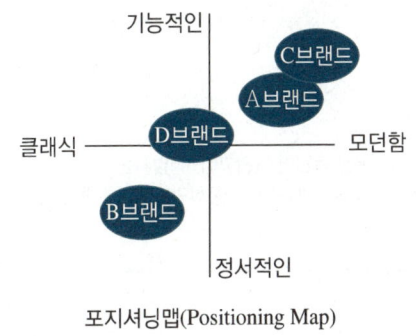

포지셔닝맵(Positioning Map)

기출문제분석

분산분석에 관한 설명으로 옳지 않은 것은? 2013년

① 3개 이상의 집단 간 평균차이를 검정하는 분석방법이다.
② 종속변수의 수에 따라 단일변량분석과 다변량분산분석으로 구분한다.
③ 여러 집단 간의 평균 차이를 집단 간 분산과 집단 내 분산들을 이용하여 비교·평가하기 때문에 분산분석이라 한다.
④ 독립변수는 범주형 변수이어야 하므로 서열척도인 경우에는 사용할 수 없다.
⑤ 집단 내 분산이 클수록 집단별 평균차이가 통계적으로 유의할 가능성은 낮아진다.

해설 분산분석에서 독립변수가 범주형인 것은 맞는 말이다. 하지만 독립변수는 범주형 변수이어야 하기 때문에 서열척도인 경우는 사용할 수 없다는 설명은 틀리다. 범주형 변수는 명목척도와 서열척도를 포함한다.

정답 ④

다음 설명에 해당하는 통계분석 방법으로 옳은 것은? `2019년`

- 여러 경쟁브랜드에 대한 속성이나 소비자 평가를 공간상의 거리로 시각화해주는 기법
- 소비자가 상품을 인지할 때 사용하는 평가차원의 수와 속성의 종류를 파악할 수 있음
- 크루스칼의 스트레스 값을 이용하여 적합성을 검증함

① 컨조인트분석
② 판별분석
③ 요인분석
④ 다차원척도법
⑤ 군집분석

해설 다차원척도법(Multi-dimensional Scaling)은 여러 개체 간의 유사성이나 거리 정보를 기반으로 이들을 2차원 또는 3차원 공간에 시각적으로 배치하여 구조관계를 파악하는 통계분석 방법이다.

정답 ④

㈜한국제과는 광고비, 영업사원 수, 근무시간이 매출액 증가에 미치는 영향을 알아보고자 한다. 이때 유용한 자료분석 기법은? `2015년`

① 교차분석
② 단순상관분석
③ 요인분석
④ 다중회귀분석
⑤ 판별분석

해설 2개의 연속형 변수로 이루어진 독립변수(광고비, 영업사원 수)가 1개의 연속형 변수로 이루어진 종속변수(매출액 증가)에 미치는 영향의 파악을 위해서는 다중회귀분석이 사용된다.

정답 ④

2 통계용어 25 기출

1. 제1종 오류(Type I Error) 19 기출

통계적 가설검정 시 발생할 수 있는 2가지 오류 중의 하나로, 연구자가 설정한 영가설이 실제로 참임에도 이를 기각할 확률을 말한다. 예를 들어 모집단에서 집단 간의 평균을 비교하는 경우에 모평균에는 실제로 차이가 없음에도 표본자료의 분석결과 모집단 간 차이가 있다고 판단하는 오류를 말한다. 제1종 오류는 유의도 수준 α에 따라 크기가 결정되므로 'α-오류'라고도 한다.

2. 제2종 오류(Type II Error) 24 기출

연구자가 설정한 영가설이 실제로는 참이 아님에도 이를 참이라고 할 확률을 말한다. 예를 들어, 모집단에서 집단 간의 평균을 비교하는 경우에 모집단에서 집단 간에 모평균의 차이가 있음에도, 표본자료의 분석 결과 차이가 없다고 판단하는 오류를 말한다. 제2종 오류는 제1종 오류인 α-오류와 대비시켜 'β-오류'라고도 부른다.

3. 가설(Hypothesis)

연구 대상인 현상, 또는 모집단의 특성에 대한 잠정적인 진술문이다. 가설은 아직은 검정되지 않은 상태로서 경험적 증거에 의해 타당하게 지지되면 원리나 이론이라고 불리게 된다. 한 연구의 가설은 연구 문제에 대해 제안된 아직은 검정되지 않은 잠정적인 해답이라고 할 수 있다.

4. 가설검정(Hypothesis Testing)

연구자가 수립한 가설의 진위를 경험적 자료에 기초하여 결정하는 추론과정이다. 과학적 연구에서 가설검정은 주로 통계적 추론절차를 사용하는데, 이론이나 선행연구 결과에 근거하여 형성된 개념적 연구가설은 통계적 가설로 전환되어 수식으로 표현된다. 통계적 가설검정에서는 '효과나 차이가 없다'는 내용을 담은 영가설을 기준으로 제시하고, 그것을 기각하거나 수용하기 위해 표본자료를 수집한다. 이렇게 얻은 표본 통계치를 통해 모집단 가설의 타당성을 확률적으로 추론하여 평가한다.

> **더 알아보기** 유의수준, 통계적 검정력
>
> **유의수준(Significance Level)**
> 새로운 주장을 하는 연구자가 자신이 내린 결론의 오류를 허용하는 최댓값을 의미한다. 이는 원가설(영가설)이 사실임에도 불구하고 이를 잘못 기각하는 제1종 오류의 최대 허용 확률을 나타내며, 사회과학 분야에서는 일반적으로 0.05 또는 0.01의 값을 사용한다.
>
> **통계적 검정력(Statistical Power)**
> 원가설(영가설)이 실제로 거짓일 때 이를 올바르게 기각할 수 있는 확률, 즉 올바른 결정을 내릴 가능성의 정도를 말한다.

기출문제분석

사원(30명), 대리(20명), 과장(15명), 부장(10명), 임원(6명) 등 전체 81명을 직급별로 나열했을 때 중위수에 해당하는 직급으로 옳은 것은? `2018년`

① 사 원 ② 대 리
③ 과 장 ④ 부 장
⑤ 임 원

[해설] 중위수란 자료의 중앙에 나타나는 통계량을 의미하는 것으로, 81명 중 중앙값은 40.5로 40~41번째에 해당하는 직급인 대리가 중위수에 해당한다고 할 수 있다.

정답 ②

제1종 오류와 제2종 오류에 관한 설명으로 옳지 않은 것은? `2018년`

① 제1종 오류의 허용확률을 줄이면 제2종 오류의 확률도 줄어든다.
② 제1종 오류는 귀무가설(영가설)이 진실인데 기각하는 오류이다.
③ 제1종 오류의 허용확률을 α(알파)라고 표기한다.
④ 제1종 오류를 줄이기 위해서는 제1종 오류의 허용확률을 작게 하면 된다.
⑤ 제1종 오류가 제2종 오류보다 더 심각한 오류이다.

[해설] 표본크기가 고정되어 있는 경우, 제1종 오류의 허용확률을 줄이면 제2종 오류의 확률이 늘어나고, 제2종 오류의 확률을 줄이면 제1종 오류의 확률이 늘어난다.

정답 ①

가설에 관한 설명으로 옳지 않은 것은? `2018년`

① 연구문제에 대한 잠정적 해답이라고 할 수 있다.
② 경험적으로 검증이 가능해야 한다.
③ 기존 이론과 논리적 추론에 기초하여 제시된다.
④ 통계적으로 직접 검증대상이 되는 가설은 대립가설(연구가설)이다.
⑤ 가설을 구성하는 모든 변수가 명확히 정의되어야 한다.

[해설] 통계적으로 직접 검증대상이 되는 가설은 귀무가설(영가설)이다. 연구가설이란 연구자가 새로이 주장하여 검정하고자 하는 가설을 말한다. 귀무가설에 대립되는 가설이기 때문에 '대립가설'이라고 부르기도 한다.

정답 ④

단원핵심문제

PART 07 | 제5과목 조사방법론

01 분산분석에 대한 설명으로 옳지 않은 것은?

① 집단을 나누는 독립변수의 개별 수준에 대응하는 모집단들은 정규분포를 따라야 하며, 서로 동일한 분산을 가져야 한다.
② 표본으로 추출된 각 집단에 속한 관측치들은 무작위로 추출된 것이며 서로 독립적이다.
③ 종속변수의 수에 따라 단일변량분산분석과 다변량분산분석으로 나뉜다.
④ 독립변수의 수에 따라 일원분산분석과 이원분산분석으로 나뉜다.
⑤ 집단 간 평균의 분산이 크다는 것은 집단의 평균들이 서로 같다는 것을 의미한다.

해설 분산분석에서는 집단 간 평균의 분산이 크면 집단의 평균들이 서로 다르다는 뜻이고, 집단 간 평균의 분산이 작으면 평균이 비슷하다는 뜻이 된다.

02 분산분석의 종류에 대한 설명으로 옳지 않은 것은?

① 종속변수의 수가 1이면 단일변량분산분석이다.
② 종속변수의 수가 2개 이상이면 다변량분산분석이다.
③ 단일변량분산분석에서 독립변수가 1개이면 일원분산분석이다.
④ 단일변량분산분석에서 독립변수가 2개이면 이원다변량분산분석이다.
⑤ 다변량분산분석에서 독립변수가 2개이면 이원다변량분산분석이다.

해설 단일변량분산분석에서 독립변수가 2개이면 이원분산분석이다.

03 다음 중 분산분석으로 적용할 수 없는 것은?

① 제품사용량과 연령별(10대, 20대, 30대 이상)로 상표선호도에 차이가 있는지를 볼 경우
② 서울의 강남, 강북, 강동, 강서지역민들이 정치의식에 차이가 있는지를 볼 경우
③ 소비자의 제품사용량에 따라 시리얼 상표선호도에 차이가 있는지를 알아볼 경우
④ 광고횟수에 따라 매출액이 어떻게 변하는지를 알아볼 경우
⑤ 초등학생, 중학생, 고등학생의 지능의 차이가 있는지를 볼 경우

해설 하나 이상의 독립변수가 하나의 종속변수에 대해 갖는 관계를 규명할 때는 회귀분석을 이용한다.

정답 01 ⑤ 02 ④ 03 ④

04 독립변수가 종속변수에 미치는 영향력의 크기를 파악하여 독립변수의 특정한 값에 대응하는 종속변수 값을 예측하는 선형모형을 산출하는 방법으로 옳은 것은?

① 분산분석
② 요인분석
③ 다변량분산분석
④ 연관성분석
⑤ 회귀분석

> **해설** 회귀분석은 독립변수가 종속변수에 미치는 영향력의 크기를 파악하여 독립변수의 특정한 값에 대응하는 종속변수 값을 예측하는 선형모형을 산출하는 방법이다.

05 다음 중 회귀분석을 적용할 수 없는 경우로 옳은 것은?

① 제조환경을 개선함에 따라 생산량은 어느 정도 증가할 것인가?
② 담배 판매량과 폐암 환자수의 관계는 어떠한가?
③ 소주의 미래의 판매수요는 어떻게 될 것인가?
④ 소비자 나이대별로 브랜드 인지도에 미치는 영향에 차이가 있는가?
⑤ 광고비 증가는 매출액 증가에 어떤 영향을 주는가?

> **해설** '소비자 나이대별로'는 집단 간의 차이를 분석하는 것을 의미하므로 분산분석을 사용해야 한다.

06 독립변수들 간의 상관관계를 말하며, 하나의 독립변수가 다른 독립변수에 미치는 영향이 클 경우로 옳은 것은?

① 다중공선성
② 음영효과
③ 상호독립성
④ 자동상관
⑤ 산점도

> **해설** 다중회귀분석에서 회귀식에 포함된 독립변수들이 서로 높은 상관관계를 보일 때 이를 다중공선성(Multicolinearity)이 있다고 한다.

07 회귀분석의 목적으로 옳지 않은 것은?

① 독립변수와 종속변수 간의 상호 관련성 여부를 파악한다.
② 회귀식을 이용하여 예측을 할 수 있다.
③ 두 집단 간의 차이를 알 수 있다.
④ 독립변수와 종속변수 간 관계의 성격을 알려준다.
⑤ 독립변수와 종속변수 간의 크기와 유의도를 알 수 있다.

> **해설** 두 집단 간의 차이를 분석하고자할 때 사용하는 분석방법은 t-검정(t-검증)이다.

08 다음에서 설명하는 내용으로 옳은 것은?

> 두 변수 간의 관계를 파악하는 데 가장 효과적인 방법으로 하나의 변수를 가로(X)축으로 놓고, 다른 또 하나의 변수를 세로(Y)축으로 한 다음에 2개의 변수의 값들을 동시에 갖는 개별 관측치들을 이들 X축과 Y축으로 구성된 좌표 위에 점으로 나타낸 그래프를 말한다.

① 다중공선성 ② 음영효과
③ 최소자승법 ④ 산점도
⑤ 잔차제곱법

해설 보기는 산점도에 대한 설명이다.

09 회귀선과 관측치들 간의 차이를 제곱하여 모두 더한 값, 즉 잔차의 제곱합이 최소가 되도록 하는 최적의 직선식을 구하는 방법으로 옳은 것은?

① 다중공선성 ② 산점도
③ 최소자승법 ④ 잔차제곱법
⑤ 설명력

해설 최소자승법은 회귀선과 관측치들 간의 차이를 제곱하여 모두 더한 값, 즉 잔차의 제곱합이 최소가 되도록 하는 최적의 직선식을 구하는 방법이다.

10 추정된 회귀선이 평균 사이의 편차를 얼마나 줄여주는가를 나타내는 지수로 옳은 것은?

① 상관계수 ② 비모수계수
③ 결정계수 ④ 비상관계수
⑤ 비결정계수

해설 결정계수는 독립변수가 종속변수의 분산을 설명할 수 있는 정도를 나타낸다.

정답 08 ④ 09 ③ 10 ③

11 C사에서는 3가지 판매원 교육프로그램을 개발하여 판매원을 무작위로 세 그룹으로 나누어 교육을 실시하였다. 교육 이후 그룹별 판매원 실적을 분석하여 각 프로그램의 효과 차이를 알고자 할 때 적합한 통계분석방법으로 옳은 것은?

① 독립표본 t검정
② 카이제곱 독립성검정
③ 분산분석
④ 판별분석
⑤ 상관관계분석

해설 세 집단 이상의 평균치의 차이를 분석하고자 할 때 사용하는 분석방법은 분산분석으로, 3개 이상의 범주형 변수로 이루어진 독립변수(3가지 판매원 교육프로그램)와 1개의 연속형 변수로 이루어진 종속변수(판매원 실적) 사이의 효과 차이를 측정하고자 하는 경우 다원분산분석에 속한다.

12 특정한 관심대상이 어느 집단에 속하는지를 예측하는 모형을 개발하는 데 사용되는 분석방법으로 옳은 것은?

① 분산분석
② 회귀분석
③ 판별분석
④ 컨조인트분석
⑤ 다차원척도법

해설 판별분석이란 분석하고자 하는 대상이 두 집단 중 어디에 속하는지 판별하는 분석기법을 말한다.

필수암기 | 조사방법론 구조도

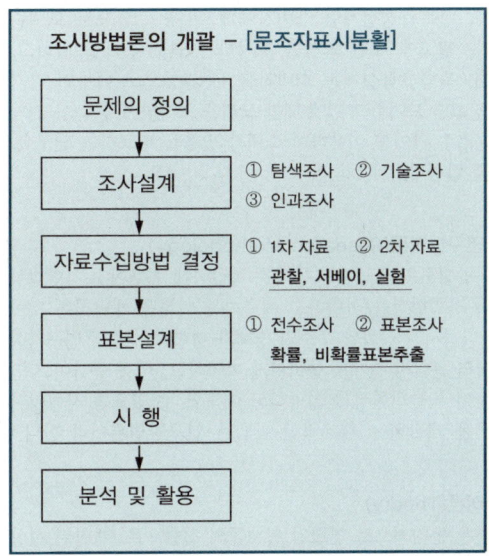

1. 문제정의
1) 과학적 연구방법
2) 변수, 오류, 가설(귀무가설, 연구가설)

2. 조사설계

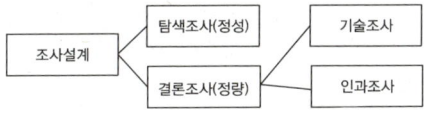

1) 탐색조사(정성)
① 사전조사
② 정교한 사전조사
③ 문제 이해
④ 명확한 개념
  • 문제를 찾아내고 정의하는 목적으로 행하는 조사
  • **문전표심사**
  • 방향설정이 더 어려움
2) 기술조사(정량)
① 조사대상에 대해 느끼고 생각하는 것 기술(Describe)
② 조사 가설을 위해 수행, 엄격한 조사
  • 횡단조사 : 서베이, 현지조사
  • 종단조사 : 신디케이트, 추세조사, 패널조사
  • 코호트조사 : 동년배조사

3) 인과조사(정량)
① 변수 간 인과관계를 밝히는 것이 목적
② 학문적 목적 : 실험법[실험디자인], 면접법, 설문법
③ **JS Mill 인과조사 조건**
  • 시간적 선행성 : 원인변수가 결과변수보다 선행
  • 동시발생 : 언제나 함께 발생하고 변화
  • 대체설명의 부재, 비허위상관 : 다른 설명이 불가능

3. 자료수집방법 결정
1) 1차 자료 : 당면문제의 해결을 위한 목적으로 직접 수집 관찰, 서베이, 실험

관 찰	① 직접관찰 ② 제공할 수 없거나 제공을 꺼리는 정보 수집 용이 ③ 느낌, 동기, 장기적 행동 관찰 X
서베이	① 기술조사(횡단조사) ② 설문지 ③ 편지, 전화, 면접 등 ④ 인구통계 특성, 태도, 의견, 동기 광범위 정보 수집
실 험	① 인과관계조사　② 독립변수 조작 ③ 종속변수 측정　④ 외생변수 통제가 중요

2) 2차 자료 : 이미 수집된 자료
① 다른 목적으로 수집되었기 때문에 적절한 정보 제공 X
② 조사시점 적절치 X
3) 순서 : **2차 자료 수집 후 1차 자료 수집**
4) 자료는 수집된 사실을 모으는 것이고, 정보는 분석·가공하여 의사결정에 도움이 되도록 정리

4. 표본설계

- 누구로부터 자료를 수집하는가?
- 조사대상을 어떻게 선정하는가?

1) 전수조사 : 조사대상 모두 조사(인구센서스), 비표본오차
2) 표본조사 : 조사대상 일부만 대상으로 조사하며 대표성 높은 표본선정이 관건, 표본오차
  • 확률 표본추출 : **단층집체**(표본추출 확률이 일정)
  • 비확률 표본추출 : **편판할**(조사목적에 맞게 임의 추출)
※ 표본설계과정 : **모프방크실**

5. 시행, 자료수집 분석, 활용
1) 수집된 자료 정리
2) 적절한 통계분석 : **교분상회요판군**
3) 보고서 작성
※ 코딩 : 통계분석을 위해 수치부여 / 편칭 : 자료입력

필수암기 | 조사방법론 핵심 키워드 정리

1. 문헌연구(Literature Review)
문헌연구란 연구문제를 해결하기 위해 기존의 발표된 책, 논문, 기사, 일기, 통계자료 등 문헌적 자료를 검토하는 연구방법이다.

문헌연구는 과거로부터 현재까지의 사실이나 지식을 정리해서 해석을 내리는 데는 적합하지만, 새로운 이론이나 그에 대한 가설 등을 검증하는 데 제한점을 가지고 있다. 또한 연구과정에서 객관적인 분석보다는 연구자의 주관적인 견해가 포함될 가능성이 실증적 연구에 비해 높다. 왜냐하면 실증연구와 달리 문헌연구는 대체로 질적 분석을 통해 주어진 문제에 대한 해답을 얻게 되기 때문이다.

양적 분석과 달리 질적 분석은 그 결과를 일반화하기에 적합하지 않다. 따라서 일반적인 경우 질적 분석법을 사용한 문헌연구를 통해 문제점들을 찾아내고, 이를 실증연구로 검증하여 결과를 일반화하는 연구방법이 자주 사용된다.

2. 연구(Research)
연구는 문제를 파악하고, 문제에 관련된 기존문헌을 조사하고, 문제를 구체화시킨 가설을 설정하고, 가설을 입증하기 위한 자료를 수집하여 분석하고, 결과를 해석하는 일련의 체계적인 과정을 의미한다.

3. 경험적 연구(Empirical Research)
경험적 연구는 연구문제와 관련된 현상을 연구자가 직접 조사하여 어떠한 결과가 나오는지를 직접 관찰하는 연구를 말한다. 모든 연구가 경험적 연구의 형태를 취하는 것은 아니지만, 자연과학과 사회과학을 포함한 많은 연구들이 이러한 경험적 연구로부터 발견된 이론과 지식을 기반으로 발전하고 있다. 이와 같이 연구자가 직접 주관하고 관찰하는 경험적 연구는 어떠한 주장에 대한 타당한 근거를 제시하는 방법으로 유용하게 사용된다.

4. 반복측정설계(Repeated Measure Design) / 독립그룹설계(Independent Group Design)
연구를 진행하는 과정에서 연구 설계과정은 연구문제의 목적, 자료수집방법, 자료 분석 및 해석 모든 단계에 연관되어 있기 때문에 중요한 결정사항이다. 예를 들어, 어느 광고회사에서 '지나친 흡연은 당신의 건강을 해칠 수 있습니다.'라는 문구를 삽입하였을 경우와 삽입하지 않았을 경우의 제품에 대한 소비자의 반응을 보고 싶어 한다고 가정하였다.

이 경우 반복측정설계와 독립그룹설계의 2가지 연구설계가 가능하다.

첫째, 반복측정설계란 소비자에게 두 광고를 모두 보여준 후 두 광고에 대한 느낌을 조사하는 연구 설계를 말하고, 둘째, 독립그룹설계는 소비자를 두 그룹으로 나누어 각각 한 광고만 보여주고 이에 대한 느낌을 조사하여 두 그룹 간의 평균점수 차이를 이용하여 소비자 반응을 비교하는 연구 설계를 말한다.

5. 연구방법론(Research Methodology)
연구방법론의 궁극적인 목적은 복잡하게 이루어진 자연현상이나 사회현상을 설명하고 예측하는 이론을 개발하는 것이다. 따라서 추상화된 수준의 명제와 경험적 수준의 연구가설 사이의 논리적 관계를 올바르게 파악하고, 이를 통하여 자연현상이나 사회현상을 설명하고 예측할 수 있도록 지식이나 이론을 개발하는 체계적인 방법을 연구방법론이라 한다.

6. 이론(Theory)
이론은 논리적으로 연결된 명제들의 집합으로, 관찰된 현상에 대한 관계를 설명하는 원리로 사용되며, 현상에 대한 예측과 이해를 주요 목적으로 한다.

예측은 현상의 모습이나 특성을 관찰함으로서 앞으로 나타날 다른 현상에 대한 모습이나 특성을 추측하는 것인데 이러한 이론을 통한 미래의 예측은 연구에서 중요한 부분을 차지하는 것이 사실이지만, 예측능력만으로 부족한 연구가 있다. 따라서 연구문제에서는 현상에 대한 이해가 필요하다. 대부분의 경우, 예측과 이해는 서로 밀접한 관계를 가지고 연결되어 있다. 즉, 어떠한 현상을 예측하기 위해서는 현상이 어떠한 이유 때문에 나타나는지를 설명할 수 있어야 한다. 이론은 이러한 설명을 제시하여 준다. 또한 이론은 가장 높은 단계의 추상화된 수준으로 명제들의 관계를 나타내는 네트워크라고 할 수 있다.

7. 이론적인 개념(Theoretical Concept)
이론에서 가장 중요한 의미를 갖는 요소는 명제인데 이러한 명제가 표현되기 전에 반드시 정립되어야 하는 개념이 이론적인 개념이다. 이론의 구축이란 높은 수준의 추상적인 개념을 가지고 현상을 기술하는 과정을 의미한다.

8. 구성개념(Construct)
구성개념은 어떠한 사물에 대한 분류나 특성, 속성, 발생되는 과정 등에 이름을 붙여 일반화한 아이디어를 말한다. 구성개념은 복잡한 조작과정을 거치는 경우 사용되는 용어로, 관측이 불가능한 요소들로 구성된 복잡한 현상을 설명하기 위하여 사용된다.

9. 개념(Concept)
개념은 실제현상을 추상화시킨 것(추상화된 수준의 처음 단계)으로서, 다양한 사건이나 현상, 사물을 표현하기 위해 사용되는 것이다. 이러한 개념은 이론구축의 기본이 되는 가장 중요한 요소이다.

10. 추상화된 수준(Abstract Level)
추상화된 수준이란 명제와 관련된 개념이 갈수록 높은 수준의 추상성을 가지고 있다는 의미로서, 넓은 의미를 가지고 있고, 측정하기에 어려움이 있다.

11. 경험적 수준(Empirical Level)
경험적 수준이란 연구가설과 관련된 변수의 경험적 수준을 의미하는 것으로서, 경험적 수준에서는 현상이나 사물의 관찰이나 조작이 가능하여 현실세계를 경험할 수 있다.

12. 명제(Proposition)
명제는 개념들 사이의 관계를 설명하는 문장으로서 실제현상과 관련된 개념이 다른 개념과 어떠한 특징을 가지고 연결되어 있는지를 나타낸다. 명제는 현실세계로부터 높은 수준의 추상적 논리로 끌어올려진 형태의 문장을 의미한다. 이는 개념보다 좀 더 높은 수준의 추상화된 단계이다.

13. 연역적 추론(Deductive Reasoning)
이론구축단계는 크게 추상화된 수준과 경험적 수준으로 구분될 수 있는데, 이러한 두 수준을 기준으로 접근되는 논리적인 이론구축의 전개방법에는 연역적 추론방법과 귀납적 추론방법이 있다. 연역적 추론방법은 추상화된 수준에서의 이론전개로서 일반적인 사실에서 특정한 사실을 도출하는 것을 말한다.

14. 귀납적 추론(Inductive Reasoning)
귀납적 추론방법은 경험적 수준에서의 이론전개로서 특정한 사실의 관찰로부터 일반적인 명제를 만들어가는 것을 말한다. 귀납적 추론은 과거의 경험이나 관찰된 특정한 현상을 기초로 보다 일반적인 명제를 도출하려는 논리적인 전개방법이라고 할 수 있다.
이론을 구축하는 과정에서 연역적 추론과 귀납적 추론은 모두 유용하게 사용되며, 한 연구에서 2가지 방법 모두가 사용될 수 있는 상호보완적인 관계에 있다.

15. 과학적 방법(Scientific Method)
과학적 방법이란 경험적 증거를 가지고 현상에 대한 이론적인 주장을 설명하거나, 불확실한 미래의 예측을 위하여 진행되는 체계적인 절차방법을 의미한다. 대체적으로 과학적 방법을 진행하는 절차는 문헌연구나 관련된 사전지식을 정리하고, 개념을 정의하여 명제를 구성하고, 연구가설을 설정한 다음, 연구가설을 검정하기 위한 연구를 설계하고, 경험적 자료를 수집하고, 자료를 분석하고 평가하여 연구결과를 설명하고, 이 연구를 통하여 나타난 새로운 문제점을 제시한다.

16. 경험적 증거(Empirical Evidence)
경험적 증거란 과학적인 방법으로 연구를 할 때, 연구결과를 도출하는 과정에서 현상에 대한 이론적인 주장을 과학적으로 입증하기 위해 경험적 자료를 수집하여 분석 및 평가한 증거를 말한다.

17. 통계적 추측(Statistical Inference)
통계적 추측은 경험적 증거로부터 시작하여 연구가설의 기각 여부를 판단하는 결정을 내리기까지의 단계를 확률을 이용하여 논리적으로 연결시켜 주는 역할을 한다.
모든 연구가 과학적 방법에 따른 검정을 통하여 명확하게 나타나는 것은 아니다. 대부분의 경우는 연구가설에 대한 검정이 복잡하고, 검정을 통한 결과가 명확하게 나타나지 않으므로, 이러한 경우에는 확률을 이용하여 어떠한 결론에 대한 가능성을 파악하게 된다.
이처럼 통계적 추측은 경험적인 자료를 가지고 확률을 이용하여 객관적으로 의사결정을 내리는 과정을 말한다.

18. 연구질문(Research Question)
연구질문은 연구자가 직접 개입하여 어떠한 결과가 나타나는지를 직접 관찰하는 경험적 연구 진행의 시작이라 할 수 있다. 즉, 연구질문은 어떠한 사실에 대하여 '왜 그럴까?'라고 의문 갖는 것을 의미한다. 이러한 연구질문은 연구주제가 명확하게 정의되어 있어야 도출될 수 있으므로, 연구질문과 연구주제는 밀접한 관계에 있다고 할 수 있다.

19. 연구가설(Research Hypothesis)
경험적 연구를 할 때, 연구주제와 연구질문이 만들어지면 막연한 연구질문으로부터 보다 구체적인 연구가설이 만들어지게 된다. 연구가설이란, 연구과정에서 해결하여야 할 문제를 보다 구체적이고 논리적으로 표현된 검정이 가능하도록 만들어진 기대형의 문장을 말한다. 즉, 연구자가 기대하고 있는 사실을 보다 논리적으로 검증할 수 있도록 만들어진 문장이다.

20. 변수(Variable)
변수란 연구자가 관찰하고자 하는 특성을 대표하는 것으로서, 동질의 개념을 포함하면서 두 개 이상의 서로 다른 값으로 서로 다른 특성을 표현할 수 있는 상징을 의미한다. 경험적 연구는 항상 변수의 움직임을 관찰하면서 이루어지므로, 적절한 변수의 선택은 경험적 연구의 뼈대를 만드는 것과 같은 중요한 과정이다. 경험적 연구를 진행할 경우 중요하게 고려되어야 할 문제는 어떠한 변수를 사용할 것인지를 판단하는 문제와 연구에 사용할 변수에 대한 의미를 정확하게 이해하는 것이다. 이러한 변수에는 독립변수 또는 원인변수와 종속변수 또는 결과변수가 있다.

21. 모집단(Population)
모집단은 연구자가 관심을 가지고 있는 모든 연구대상을 의미한다. 즉, 연구자가 직접적인 방법이나 통계적 방법에 의한 분석에서 일부분을 뽑아 조사를 할 경우 자료나 정보는 얻으려고 하는 대상 집단 전체를 의미한다.

22. 표본(Sample)
표본은 모집단의 일부분으로 일정한 확률적인 규칙에 의하여 뽑힌 형태이다.
즉, 모집단으로부터 일부분을 뽑아 모집단을 대표할 수 있도록 추출된 모집단의 일부분으로서 모집단에 대한 대표성을 가지는 군집을 말한다.

23. 연구설계(Research Design)
연구설계란 연구자가 경험적 연구를 통하여 해답을 찾기 위해, 먼저 연구질문을 만들고, 이에 따른 적절한 연구가설을 설정하고, 독립변수와 종속변수를 제대로 구분하여 연구설계를 만드는 것이다. 이러한 과정은 어렵고도 중요한 경험적 연구 진행의 핵심이라 볼 수 있다.

24. 설문조사(Survey)
설문조사는 자료를 수집하는 방법의 한 형태이다. 어떠한 조사를 할 경우에, 관찰하려는 사항에 관해서 이미 일정한 지식·정보를 가진 것으로 생각되는 소수의 전문가·정보통에게 질문을 하고, 그 결과를 통합하여 조사목적을 달성하려는 방법을 말한다.

25. 질적 연구(Qualitative Research)
수집된 자료형태에 따라 연구의 형태를 질적 연구와 양적 연구로 구분할 수 있는데, 질적 연구는 연구자가 연구대상이나 현상을 이해하거나, 사물에 대하여 어떻게 인식하고 있는지를 조사하여 주관적인 느낌을 글로 기술하거나 묘사하는 방법을 의미한다.

26. 양적 연구(Quantitative Research)
양적 연구는 어떠한 현상을 측정하여 나타난 수치화된 자료를 분석하여 통계적 추측과정을 통해 결과를 얻는 연구방법을 의미한다.

27. 실험실연구(Laboratory Research)
자료수집의 환경에 따라 연구의 형태는 실험실연구와 현장연구로 구분된다. 실험실연구는 연구에 관심 있는 변수 이외에 결과에 영향을 미칠 수 있는 모든 가능한 다른 변수들의 영향이 최소화되도록 연구자가 실험환경을 철저하게 통제한 후 진행되는 연구를 말한다.

28. 현장연구(Field Research)
현장연구는 연구자가 임의로 실험환경을 설계하는 실험실연구와 달리, 실제 환경 또는 실제 환경과 가장 가까운 상태에서 진행되는 연구로서, 상황이 허락하는 한도 내에서 한두 개 혹은 최소의 변수들을 변화시켜 이에 대한 결과를 분석하는 연구이다.

29. 물리적 흔적(Physical Traces) 관찰
물리적 흔적 관찰에는 마모측정과 퇴적측정이 있다. 마모측정은 마모 정도에 따라 데이터의 특성을 수집한다. 반면에 퇴적측정은 연구 대상자의 특정 행동이나 태도를 나타내는 데이터가 남은 양의 증착 정도를 통해 그 의미를 분석하는 방법이다.

30. 탐색적 연구(Exploratory Research)
연구의 목적을 고려하는 연구형태 중 하나인 탐색적 연구는 연구주제에 대한 선행연구나 사전지식이 거의 없는 상태에서 연구문제에 대한 방향을 잡아보고, 주제에 대한 보다 넓은 시야를 얻고자 하는 목적으로 진행되는 연구이다. 따라서 대부분의 경우 탐색적 연구 이후에 보다 체계적인 연구가 따르게 된다.

31. 사례연구(Case Study)
탐색적 연구의 전형적인 예로서 사례연구, 관측연구, 역사연구는 질적 연구방법의 형태를 취할 수도 있으며, 양적 연구방법의 형태를 취할 수도 있다.
사례연구는 한 개인 혹은 집단이나 기관에 관한 각종 자료를 다양한 방법으로 수집하여 어떤 문제나 특성을 종합적으로 분석하는 연구이다. 사례연구의 목적은 일반적 원리나 보편적 사실의 규명보다는 특정 사례나 인물에 대한 구체적인 사실을 밝히는 데 있다.

32. 관측연구(Observational Study)
관측연구는 비교실험을 통하여 실험대상에 대한 연구를 하여 변수들 사이의 인과성을 탐지할 수 있도록 하는 통계적 실험 방법이다.

33. 역사연구(Historical Study)
역사연구는 현재 상황에서 이루어지는 현장연구와 유사하나 과거 상황에 대한 연구이고, 실험연구보다는 내용연구로 경험에 대한 이해와 연구과정에서의 해석을 강조한다.

34. 기술적 연구(Descriptive Research)
연구의 목적을 고려하는 연구형태 중 하나인 기술적 연구는 연구대상의 환경이나 특성을 묘사하는 연구를 의미하며, 특정한 주제나 이슈에 대한 특성을 확인하거나 정보를 얻는 목적으로 진행된다. 기술적 연구를 통하여 얻는 대부분의 자료는 양적자료이므로 통계적 기법으로 정보들이 요약될 수 있으며, 탐색적 연구보다 심층적인 분석이 가능하다는 특징을 가지고 있다.

35. 인과관계연구(Causal Research) / 분석연구(Analytical Study) / 설명연구(Explanatory Study)
연구의 목적을 고려하는 연구형태 중 하나인 인과관계연구는 어떠한 현상을 묘사하거나 기술하는 분석보다 깊게 분석하는 연구로서, 특정한 현상이 왜 나타났으며, 어떻게 나타났는지를 파악하는 연구를 의미한다. 인과관계연구를 분석연구 또는 설명연구라고 부르기도 한다. 결국 인과관계연구는 원인과 결과의 관계에 대하여 증거를 파악하고자 하는 것이 주요 목적이라고 볼 수 있다.

36. 예측연구(Predictive Study)
예측연구는 인과관계를 보다 심층적으로 분석하는 연구형태이다. 즉, 현재의 상황에 대한 원인을 파악하고, 이를 미래에 적용시켜 앞으로 어떻게 될 것인지에 대한 가능성을 예측하는 것이 연구의 주요 목적이 된다.

37. 결론적 연구(Conclusive Research)
기술적 연구와 인과관계연구는 결론적 연구로부터 구분된다. 결론적 연구는 어떤 현상에 대하여 이미 설정된 가설을 확인하거나 의사결정에 도움을 줄 수 있다는 의미에서 탐색적 연구와 구분된다.

38. 연역적 연구(Deductive Research)
연구방법은 논리를 전개하는 방법에 따라 연역적 연구와 귀납적 연구로 구분된다. 연역적 연구란 보다 포괄적인 이론에 대한 체계로부터 특정한 관측결과가 어떻게 나타나는지를 경험적으로 관찰하는 연구방법을 말한다. 즉, 일반적인 이론으로부터 특정한 사례를 추론하는 연구를 연역적 연구라고 한다.

39. 귀납적 연구(Inductive Research)
귀납적 연구란 경험적으로 관찰된 사실로부터 일반적인 이론을 도출하는 연구방법을 말한다. 즉, 경험적인 사례들로부터 일반적인 사실을 추론하는 연구를 귀납적 연구라고 한다.

40. 일반화문제(Generalization Problem)
연구자가 귀납적 연구를 진행하여 몇 개의 사례들로부터 일반적인 사실을 추론하는 경우, 연구자는 몇 개의 사례들에서 나타난 특성을 일반적인 상황에 적용시켜도 문제가 발생되지는 않는지 주의 깊게 살펴보아야 한다. 여기서 특수한 사례가 일반적인 상황에서는 적용될 수 없는 경우에 발생되는 문제를 일반화문제라고 한다.

41. 순수연구(Basic Research)
연구결과의 형태에 따라 연구방법은 순수연구와 응용연구로 구분된다. 순수연구는 연구주제가 개념적이고 이론적인 경우의 응용연구와 반대되는 의미로서 이론에 대한 타당성이나 경험적 증거를 찾는 것이 주요 목적이다.

42. 응용연구(Applied Research)
응용연구는 어떠한 이론에 근거하지 않고 실생활의 문제점 해결에 초점을 맞추어 이에 대한 지식습득을 목적으로 수행되는 연구를 말한다.

43. 일반화(Generalization)
순수연구와 응용연구의 공통된 특징은 경험적으로 얻은 결과를 바탕으로 일반화 과정을 거치면서 일반적인 결론으로 유도된다는 것이다. 즉, 일반화란 가상의 모집단을 설정하고, 이를 대표할 수 있는 표본을 선정한 다음, 표본으로부터 얻은 결과를 바탕으로 모집단의 특성을 파악하는 과정을 말한다.

44. 실행연구(Action Research)
일반화 과정을 거치는 두 연구형태와는 대조적으로, 연구의 주요 목적이 일반화된 사실을 발견하는 것과는 관련이 없는 연구를 실행연구라고 한다. 즉, 실행연구란 특별한 집단을 대상으로 특별한 상황에서 어떠한 결과가 나타나는지를 조사하는 연구로서 앞에서 언급한 일반화 과정을 거치지 않는 연구이다. 실행연구에서는 특별한 현상을 관찰하고 분석하는 것이 연구의 주요 목적이 된다.

45. 통계적 실험설계(Statistical Design)
분석방법에 따라 통계적 실험설계를 다양한 형태로 분류할 수 있다. 먼저 관심 있는 변수의 효과를 정확하게 측정하고, 그 이외의 변수들을 통계적으로 통제하고, 최소의 실험비용으로 최대의 효과를 얻기 위한 목적으로 최적의 실험을 설계하는 방법이다.

참고문헌

● 기업진단론
- 김종오·이우백·김종선, 활용중심의 경영분석, 한국방송통신대
- 김철중, 기업가치 중심의 경영분석, 명경사
- 남명수·김대호, 신 경영분석, 삼영사
- 우춘식·이의택·강형규, 새로운 경영분석, 탑북스
- 장영광, 경영분석, 무역경영사
- 허성호, 기업진단론, 나눔A&T

● 조사방법론
- 김은정, 사회조사분석사, 삼성북스

부록 | 최종모의고사

PART 01 최종모의고사
PART 02 정답 및 해설

우리는 삶의 모든 측면에서 항상 '내가 가치있는 사람일까?' '내가 무슨 가치가 있을까?'라는 질문을 끊임없이 던지곤 합니다. 하지만 저는 우리가 날 때부터 가치있다 생각합니다.

– 오프라 윈프리 –

끝까지 책임진다! 시대에듀!

QR코드를 통해 도서 출간 이후 발견된 오류나 개정법령, 변경된 시험 정보, 최신기출문제, 도서 업데이트 자료 등이 있는지 확인해 보세요! **시대에듀 합격 스마트 앱**을 통해서도 알려 드리고 있으니 구글 플레이나 앱 스토어에서 다운받아 사용하세요. 또한, 파본 도서인 경우에는 구입하신 곳에서 교환해 드립니다.

PART 01 최종모의고사

125문항

1 중소기업관계법령

01 중소기업기본법상 용어의 정의로 옳지 않은 것은?

① 법인인 기업의 '창업일'은 사업자등록을 한 날이다.
② '관계기업'이란 외부감사의 대상이 기업이 다른 국내기업을 지배함으로써 지배 또는 종속의 관계에 있는 기업의 집단을 말한다.
③ '주식 등'이란 주식회사의 경우 발행주식의 총수를 말한다.
④ '친족'이란 배우자, 6촌 이내의 혈족 및 4촌 이내의 인척을 말한다.
⑤ 법인인 기업의 '합병일'은 합병으로 설립된 법인의 설립등기일이다.

02 중소기업기본법의 목적으로 옳지 않은 것은?

① 중소기업이 나아갈 방향을 규정
② 중소기업을 육성하기 위한 시책의 기본적인 사항을 규정
③ 창의적이고 자주적인 중소기업의 성장을 지원
④ 인력 구조 고도화
⑤ 국민경제를 균형 있게 발전시키는 것

03 중소기업기본법의 내용에 관한 설명으로 옳지 않은 것은?

① 중소벤처기업부장관은 중소기업빅데이터플랫폼의 구축·운영을 위하여 필요한 경우에 종합신용정보집중기관의 장에게 「신용정보의 이용 및 보호에 관한 법률」에 따른 신용정보의 제공을 요청할 수 있다.
② 정부는 중소기업 육성에 관한 종합계획을 3년마다 수립·시행하여야 한다.
③ 둘 이상의 중앙행정기관이 관련된 주요 중소기업 보호·육성 정책에 관한 사항은 중소기업정책심의회에서 심의·조정할 사항에 해당한다.
④ 중소벤처기업부장관은 중소기업자에 해당하는지를 확인하기 위하여 필요하다고 인정하는 경우에는 금융위원회에 대하여 그 확인에 필요한 자료의 제출을 요청할 수 있다.
⑤ 연구원이 아닌 자가 중소벤처기업연구원의 명칭을 사용한 경우 중소기업시책실시기관의 장이 과태료를 부과·징수한다.

04 중소기업기본법상 전문연구평가기관의 지정기준 요건으로 옳지 않은 것은?

① 사업자일 것
② 주된 설립 목적이 중소기업 관련 연구 및 평가를 하는 것으로 정관에 명시되어 있을 것
③ 중소기업 연구 전문인력을 15명 이상 보유할 것
④ 전문인력은 박사학위자이면서 상근직으로 5년 이상 중소기업 연구업무에 종사경력이 있는 사람일 것
⑤ 중소기업 지원사업 평가 업무를 수행할 수 있는 전담 조직과 인력을 보유할 것

05 소상공인기본법상 소상공인이 규모의 확대 등으로 소상공인에 해당하지 아니하게 되었더라도 그 사유가 발생한 연도의 다음 연도부터 3년간은 소상공인으로 보는 경우(소상공인 지위 유지)가 아닌 것을 모두 고른 것은?

> ㄱ. 소기업 외의 기업과 합병하는 경우
> ㄴ. 소상공인이 「중소기업기본법」에 따른 중소기업에 해당하지 않게 된 경우
> ㄷ. 소상공인의 상시 근로자 수가 15명이 된 경우

① ㄱ
② ㄷ
③ ㄱ, ㄴ
④ ㄴ, ㄷ
⑤ ㄱ, ㄴ, ㄷ

06 소상공인기본법상 소상공인 지원 기본계획에 포함되어야 하는 사항이 아닌 것은?

① 소상공인 지원정책의 기본방향
② 소상공인 현황 및 여건, 전망에 관한 사항
③ 소상공인 보호를 위한 시책에 관한 사항
④ 소상공인 창업, 혁신 및 육성을 위한 시책에 관한 사항
⑤ 소상공인과 관련된 제도 및 법령에 관한 사항

07 소상공인 보호 및 지원에 관한 법률상 소상공인의 경영안정과 성장을 지원하기 위한 사업으로 옳지 않은 것은?

① 소상공인에 대한 경영상담·자문 및 교육
② 우수한 아이디어 등을 보유한 소상공인 창업 희망자의 발굴
③ 소상공인 온라인 공동 판매 플랫폼 구축 지원
④ 소상공인에 대한 자금·인력·판매·수출 등의 지원
⑤ 소상공인 전용 모바일 상품권의 발행 및 유통 활성화 지원 사업

08 소상공인 보호 및 지원에 관한 법률상 소상공인시장진흥공단(이하 '공단'이라 함)의 설립 등에 대한 설명으로 옳지 않은 것은?

① 공단은 법인으로 하며, 주된 사무소의 소재지에서 설립등기를 함으로써 성립한다.
② 공단은 지역별 소상공인지원센터를 설치·운영하며, 정관으로 정하는 바에 따라 지부, 연수원 또는 부설기관을 설치할 수 있다.
③ 소상공인의 업종별 창업지침 개발·보급 및 점포 개선은 공단의 사업 중 하나이다.
④ 전통시장 등의 상인 협업조직 육성은 공단의 사업 중 하나이다.
⑤ 이 법에 따라 설립된 공단이 아닌 자는 소상공인시장진흥공단 또는 이와 유사한 명칭을 사용하여서는 아니 된다.

09 중소기업 기술혁신 촉진법상 중소기업기술정보진흥원(이하 '기술정보진흥원'이라 함)에 대한 설명으로 옳지 않은 것은?

① 기술정보진흥원은 중소기업자·개인 또는 단체가 출연하여 설립한다.
② 기술정보진흥원은 법인으로 하며, 주된 사무소의 소재지에서 설립등기를 함으로써 성립한다.
③ 정부는 기술정보진흥원의 설립·운영에 필요한 경비를 예산의 범위에서 출연할 수 있다.
④ 공공기관·중소기업자·개인 또는 단체는 기술정보진흥원의 사업 수행에 필요한 경비를 지원할 수 있다.
⑤ 중소벤처기업부장관은 기술정보진흥원의 사업 수행에 드는 비용의 전부 또는 일부를 출연 또는 보조할 수 있다.

10 중소기업 기술혁신 촉진법상 기술료의 징수에 관한 내용이다. 빈칸에 들어갈 숫자는?

> 중소벤처기업부장관이 출연한 산학협력 지원사업이 완료된 경우 사업자로부터 징수할 수 있는 기술료의 범위는 출연한 금액의 100분의 (ㄱ) 이내이다. 이 경우 기술료는 협약으로 정하는 바에 따라 (ㄴ)년 이내의 기간 동안 분할하여 납부할 수 있다.

	ㄱ	ㄴ
①	30	3
②	30	5
③	50	5
④	50	10
⑤	70	10

11 중소기업 기술혁신 촉진법상 기관별 중소기업 기술혁신 지원계획(이하 '기술혁신 지원계획'이라 함)의 수립과 시행에 대한 설명으로 옳지 않은 것은?

① 중앙행정기관과 공공기관의 장은 매년 기술혁신 지원계획을 수립・시행하여야 한다.
② 중소벤처기업부장관은 기술혁신 지원계획에 따라 기술혁신사업을 수행하는 중소기업을 선정하여 해당 기술혁신사업에 소요되는 비용의 일부를 출연하거나 보조할 수 있다.
③ 기술혁신 지원계획에는 지원대상 분야 및 지원예산 규모가 포함된다.
④ 중소벤처기업부장관은 시행기관의 장에게 매년 해당 기관 연구개발예산의 일정비율 이상을 중소기업의 기술혁신을 위하여 지원하도록 권고할 수 있다.
⑤ 시행기관의 장은 매년 2월 말일까지 해당 연도의 기술혁신 지원계획과 전년도의 지원실적을 중소벤처기업부장관에게 통보하여야 한다.

12 중소기업 인력지원 특별법상 중소기업 인식개선사업에 해당하는 우수 중소기업으로 옳지 않은 것은?

① 우수한 혁신기술을 보유한 중소기업
② 수출을 통한 외화획득에 노력하는 중소기업
③ 근로환경・직업능력개발 및 복리후생 등을 모범적으로 개선한 중소기업
④ 산・학・연 협동을 성공적으로 수행한 중소기업
⑤ 그 밖에 중소벤처기업부장관이 중소기업 인식개선에 기여한다고 인정하는 중소기업

13 중소기업 인력지원 특별법상 인력채용 연계사업의 대상자를 모두 바르게 고른 것은?

> ㄱ. 15세 이상 34세 이하인 미취업자
> ㄴ. 장기복무제대군인(전역예정자를 포함)
> ㄷ. 고령자인 미취업자
> ㄹ. 장애인

① ㄱ, ㄴ, ㄷ
② ㄱ, ㄴ, ㄹ
③ ㄱ, ㄷ, ㄹ
④ ㄴ, ㄷ, ㄹ
⑤ ㄱ, ㄴ, ㄷ, ㄹ

14 중소기업 인력지원 특별법상 고용창출사업의 지원에 관한 내용으로 옳지 않은 것은?

① 근로시간을 단축하여 근로자를 채용하는 경우
② 새로운 업종에 진출하여 근로자를 채용하는 경우
③ 경쟁력 향상 등을 위하여 고용노동부장관이 고시로 정하는 전문인력을 채용하는 경우
④ 고용환경 개선을 위한 시설·설비에 투자하여 근로자를 채용하는 경우
⑤ 고학력 실업자 해소를 위해 대졸 신입사원을 신규채용하는 경우

15 중소기업 사업전환 촉진에 관한 특별법상 중소기업 사업전환 촉진계획의 수립·시행에 포함되는 사항으로 옳지 않은 것은?

① 중소기업 사업전환정책의 추진방향에 관한 사항
② 사업전환 지원체계의 구축과 운영에 관한 사항
③ 사업전환을 지원하기 위한 방안에 관한 사항
④ 사업전환을 위한 정보의 제공과 컨설팅 지원에 관한 사항
⑤ 사업전환을 촉진하기 위한 제도개선에 관한 사항

16 중소기업 사업전환 촉진에 관한 특별법상 사업전환촉진체계의 구축에 대한 설명이다. 빈칸에 들어갈 숫자를 차례로 바르게 나열한 것은?

- 중소벤처기업부장관은 중소기업자의 원활한 사업전환을 지원하기 위하여 중소기업사업전환촉진계획을 (   )년마다 수립·시행하여야 한다.
- 중소벤처기업부장관은 사업전환촉진계획의 수립과 성과관리 등을 위하여 (   )년마다 중소기업자의 사업전환에 관한 실태조사를 하여야 하며, 필요하다고 인정하면 수시로 할 수 있다.

① 1, 1   ② 2, 1
③ 1, 2   ④ 2, 2
⑤ 3, 3

17 중소기업 사업전환 촉진에 관한 특별법상 유휴설비 유통지원을 위한 사업으로 옳지 않은 것은?

① 국내외 유휴설비 유통정보의 제공과 거래 주선
② 유휴설비 매매관련 기관 사이의 연계체제 구축
③ 유휴설비 유통을 원활하게 하기 위한 판매장의 건립
④ 유휴설비의 집적과 판매를 위한 입지 지원
⑤ 유휴설비의 신뢰성을 높이기 위한 가치평가체계의 구축

18 중소기업진흥에 관한 법률상 협동화실천계획에 포함된 사항으로 옳지 않은 것은?

① 사후관리
② 참가업체
③ 사업내용
④ 추진주체
⑤ 재원조달계획

19 중소기업진흥에 관한 법률상 중소벤처기업진흥채권(이하 '채권'이라 함)에 관한 설명으로 옳지 않은 것은?

① 중소벤처기업진흥공단은 이사회의 의결을 거쳐 중소벤처기업부장관의 승인을 받아 중소벤처기업창업 및 진흥기금의 부담으로 채권을 발행할 수 있다.
② 채권의 발행액은 적립된 중소벤처기업창업 및 진흥기금의 20배를 초과할 수 없다.
③ 채권은 기명식으로 하되, 응모자나 소지인이 청구하는 경우에는 무기명식으로 할 수 있다.
④ 채권의 소멸시효는 상환일부터 기산하여 원금은 5년, 이자는 2년으로 완성된다.
⑤ 중소벤처기업진흥공단은 채권을 발행할 때 실제로 응모된 총액이 채권청약서에 적힌 채권발행 총액에 미치지 못하는 경우에도 채권을 발행한다는 뜻을 채권청약서에 표시할 수 있다.

20 중소기업진흥에 관한 법률상 중소벤처기업진흥공단의 운영위원회에 관한 사항으로 옳지 않은 것은?

① 운영위원회는 위원장 1인과 20명 이하의 위원으로 구성한다.
② 위원장은 중소벤처기업진흥공단의 이사장이 되고, 위원은 관계 행정기관의 공무원 및 중소기업에 관하여 지식과 경험이 풍부한 자 중에서 중소벤처기업부장관이 위촉한다.
③ 운영위원회의 위원은 상근으로 한다.
④ 위촉된 위원의 임기는 2년으로 한다.
⑤ 운영위원회는 재적위원 과반수 출석과 출석위원의 과반수의 찬성으로 의결한다.

21 벤처기업육성에 관한 특별법상 신기술창업전문회사(이하 '전문회사')에 대한 설명으로 옳지 않은 것은?

① 전문회사란 대학이나 연구기관이 보유하고 있는 기술의 사업화와 이를 통한 창업 촉진을 주된 업무로 하는 회사이다.
② 대학·국공립연구기관·정부출연연구기관 중 어느 하나에 해당하면 전문회사를 설립할 수 있다.
③ 전문회사를 설립하는 경우 대학이나 연구기관은 중소벤처기업부장관에게 등록하여야 한다. 이를 변경하는 경우에도 또한 같다.
④ 대학이나 연구기관은 해당 기관이 설립한 전문회사의 발행주식 총수의 100분의 30 이상을 보유하여야 한다.
⑤ 기술보증기금은 벤처기업과 전문회사에 우선적으로 신용보증을 하여야 한다.

22 벤처기업육성에 관한 특별법령상 신기술창업집적지역의 지정 요건에 관한 설명이다. ( )에 들어갈 숫자는?

> • 해당 기관이 보유한 교지나 부지의 연면적에 대한 지정 면적의 비율이 100분의 (ㄱ)을 초과하지 아니할 것
> • 지정 면적이 (ㄴ) 제곱미터 이상일 것
> • 신기술창업집적지역개발계획이 실현 가능할 것

① ㄱ - 10, ㄴ - 1,000
② ㄱ - 10, ㄴ - 3,000
③ ㄱ - 20, ㄴ - 2,000
④ ㄱ - 30, ㄴ - 2,000
⑤ ㄱ - 30, ㄴ - 3,000

23 벤처투자 촉진에 관한 법령상 개인투자조합으로 등록하여야 하는 자가 아닌 것은?

① 개 인
② 창업기획자
③ 신기술창업전문회사
④ 산학연협력기술지주회사
⑤ 조합원이 60명인 조합

24 벤처투자 촉진에 관한 법률상 벤처투자회사의 사업으로 옳지 않은 것은?

① 벤처투자조합의 결성과 업무의 집행
② 「중소기업 기술혁신 촉진법」에 따른 기술혁신형·경영혁신형 중소기업에 대한 투자
③ 중소기업이 개발하거나 제작하며 다른 사업과 회계의 독립성을 유지하는 방식으로 운영되는 사업에 대한 투자
④ 창업자, 중소기업 및 벤처기업 등의 해외진출 지원
⑤ 해외 기업의 주식 또는 지분 인수 등 중소벤처기업부장관이 정하여 고시하는 방법에 따른 해외투자

25 중소기업제품 구매촉진 및 판로지원에 관한 법률상 중소기업제품의 성능인증에 관한 설명으로 옳은 것은?

① 성능인증을 받은 중소기업은 상호가 변경된 경우 인증서의 재교부를 신청하여야 하나 대표자만 변경된 경우에는 인증서의 재교부를 신청하지 않아도 된다.
② 성능인증의 유효기간은 성능인증을 받은 날부터 2년으로 한다.
③ 성능인증의 유효기간은 연장할 수 없다.
④ 중소벤처기업부장관은 성능인증을 받은 중소기업이 성능인증기준에 맞지 아니하게 된 경우 인증을 취소할 수 있다.
⑤ 거짓으로 성능인증을 받았다는 사유로 성능인증이 취소된 자는 취소된 날부터 3년간 성능인증을 신청할 수 없다.

2 회계학개론

26 ㈜서울은 20x2년 1월 1일에 다음 조건의 유형자산을 취득하였다. ㈜서울은 20x2년말에 동유형자산의 회수가능액을 ₩7,000,000으로 확인하고 손상차손을 인식하였다. 20x3년말에 회수가능액이 ₩12,000,000으로 상승한 경우, 20x3년도에 인식될 손익항목의 금액은?(단, 잔존가치는 불변이며, ㈜서울의 보고기간말은 12월 31일이다)

- 취득원가 : ₩14,000,000
- 잔존가치 : ₩2,000,000
- 내용연수 : 6년
- 감가상각방법 : 정액법

	감가상각비	손상차손환입액
①	₩1,000,000	₩4,000,000
②	₩1,000,000	₩6,000,000
③	₩2,000,000	₩5,000,000
④	₩2,000,000	₩7,000,000
⑤	₩0	₩3,000,000

27 ㈜대한에서는 기계장치를 장기할부판매한다. 20x3년 10월 1일 거래처에 제품을 판매하면서 ₩1,000,000은 현금으로 받고, 잔금은 2년간에 걸쳐 매년 10월 1일에 회수하기로 하였다. 명목가치와 현재가치의 차이가 중요하다고 할 경우 ㈜대한이 20x3년 10월 1일에 계상할 관련 매출채권의 장부금액은 얼마인가?

(1) 20x4년 및 20x5년 10월 1일에 회수할 잔금은 각각 ₩5,000,000과 ₩14,500,000이고, 위 금액의 회수가능성은 매우 높은 것으로 예상된다.
(2) 매출채권에 대한 할인율은 연 10%로, 10%에 대한 1년, 2년, 3년의 현가계수는 각각 0.9091, 0.8264, 0.7513이다.

① ₩17,528,300
② ₩2,971,700
③ ₩22,471,700
④ ₩19,000,800
⑤ ₩16,528,300

28. ㈜고려는 20x2년 1월 1일에 매년말 이자지급 조건으로 다음의 전환사채를 액면발행하였다.

액면금액	₩1,000,000	상환할증금	₩66,216
액면이자율	8%	시장이자율	12%

※ ㈜고려는 상환할증금의 지급으로 인하여 10%의 수익률을 보장한다.

위 전환사채의 발행일 현재 전환권 대가는 얼마인가?(단, 법인세 효과는 없으며, 아래의 현가계수를 사용하고 소수점 첫째 자리에서 반올림한다)

3년 기준	8%	10%	12%
단일금액(₩1)의 현가계수	0.7938	0.7513	0.7118
정상연금(₩1)의 현가계수	2.5771	2.4869	2.4018

① ₩0
② ₩48,923
③ ₩49,748
④ ₩95,231
⑤ ₩96,056

29. 다음은 ㈜가감의 20x2년도 매입과 매출에 관한 자료이다. 재고자산의 평가방법을 평균법을 적용한다면 실지재고조사법 및 계속기록법에 의한 매출원가는 얼마인가?(단, 장부상 재고와 실지재고는 일치한다)

일자	적요	수량	단가	금액
1월 1일	기초재고	100개	₩50	₩5,000
4월 1일	매 입	200개	₩65	₩13,000
6월 1일	매 출	(200개)		
7월 1일	매 입	200개	₩75	₩15,000
10월 1일	매 출	(100개)		
12월 1일	매 입	50개	₩77	₩3,850

	실지재고조사법	계속기록법
①	₩16,750	₩17,850
②	₩16,750	₩19,000
③	₩19,000	₩20,100
④	₩20,100	₩17,850
⑤	₩20,100	₩19,000

30 자본거래에 대한 설명 중 옳지 않은 것은?

① 유상증자 시 미상계된 주식할인발행차금은 주식발행연도부터 또는 증자연도부터 3년 이내의 기간에 매기균등액을 이익잉여금의 처분으로 상각한다.
② 무상증자와 무상감자 시 자본의 구성내역만 변동할 뿐 자본총계는 변동하지 않는다.
③ 유상감자와 무상감자 시에 감자차익과 감자차손이 발생할 수 있다.
④ 자기주식을 소각하는 경우 소각손익은 액면금액과 취득원가의 차액으로 계산한다.
⑤ 주식을 소각하는 경우 발생하는 감자차손은 감자차익과 우선상계하고 그 잔액은 자본항목으로 계상한 후 결손금처리순서에 준하여 처리한다.

31 대한회사의 20x2년도 당기순이익과 자본금 변동상황은 다음과 같다. 유상신주의 배당기산일은 납입한 때이며, 무상신주의 배당기산일은 원구주에 따른다. 20x2년도 중 자본금 변동상황을 참고하여, 주당순이익을 산출할 때 사용되는 가중평균유통보통주식수를 계산하면 얼마인가?(단, 가중평균 계산 시 가중치는 월수를 기준으로 한다)

자본금변동사항(액면 : ₩5,000)		
기 초	9,000주	₩450,000,000
기 중		
7. 1 유상증자(납입)	20,000주	100,000,000
8. 31 무상증자 10%	11,000주	55,000,000
10. 1 자기주식(구주) 구입	(3,000주)	(15,000,000)
유상증자 권리행사일 전의 공정가치 : ₩20,000		
유상증자 시 발행가액 : ₩10,000		

① 114,200주 ② 115,700주
③ 114,900주 ④ 132,029주
⑤ 131,238주

32 의류업을 영위하는 ㈜한국상사의 유동자산이 ₩8,000,000, 유동비율이 400%, 당좌비율이 150%, 재고자산회전율(기말재고자산기준)이 8회전, 그리고 매출총이익률(= 매출총이익 ÷ 매출액 × 100)은 60%이며, 유동자산은 당좌자산과 재고자산만으로 구성되어 있다. ㈜한국상사의 매출원가는 얼마인가?

① ₩40,000,000
② ₩90,000,000
③ ₩100,000,000
④ ₩110,000,000
⑤ ₩120,000,000

33 ㈜백두는 20x2년 12월 31일 재고자산을 ₩2,000,000에 판매하였다. 이러한 매출에 대하여 ㈜백두는 1개월 내에 반품을 인정하고 있으며 이 중 5%가 반품될 것으로 예상하고 있다. ㈜백두의 매출원가율은 80%이며 반품이 될 경우 추가적인 비용이 ₩5,000 발생되고 반품된 재고자산은 50%만큼 손상이 발생할 것으로 예상된다. 이 경우 ㈜백두가 20x2년 12월 31일에 인식해야 하는 반품충당부채 금액은 얼마인가?(단, 위 반품가능판매는 수익인식기준을 충족한다)

① ₩20,000
② ₩25,000
③ ₩45,000
④ ₩60,000
⑤ ₩65,000

34 다음은 ㈜가감이 20x2년 현재 보유하고 있는 항목들이다. 당좌개설보증금을 제외하고 이하의 항목들에 대한 사용제한이 없다면, 이 자료에 근거한 현금 및 현금성자산은 얼마인가?

현 금	₩450,000	수입인지	₩20,000
당좌예금	720,000	당좌개설보증금	30,000
타인발행수표	250,000	보통예금	730,000
우편환증서	50,000	종업원가불금	70,000
양도성예금증서(최초 취득일로부터 60일 만기)	300,000		
만기 미도래 타인발행약속어음	320,000		

① ₩2,200,000
② ₩2,500,000
③ ₩2,520,000
④ ₩2,590,000
⑤ ₩2,940,000

35 용역의 제공으로 인한 수익은 용역제공거래의 결과를 신뢰성 있게 추정할 수 있을 때 진행기준에 따라 인식한다. 다음의 조건 중 어떠한 조건이 충족되면 용역제공거래의 결과를 신뢰성 있게 추정할 수 있는가?

> ㄱ. 수익금액을 신뢰성 있게 측정할 수 있다.
> ㄴ. 거래와 관련된 경제적 효익의 유입가능성이 높다.
> ㄷ. 보고기간 말에 그 거래의 진행률을 신뢰성 있게 측정할 수 있다.
> ㄹ. 이미 발생한 원가 및 거래의 완료를 위한 원가를 신뢰성 있게 측정할 수 있다.

① ㄱ, ㄴ, ㄷ
② ㄱ, ㄴ
③ ㄱ, ㄴ, ㄹ
④ ㄴ, ㄷ, ㄹ
⑤ ㄱ, ㄴ, ㄷ, ㄹ

36 ㈜안양은 12월말 결산법인으로, 평균법에 의한 저가기준 소매재고법을 이용하여 기말재고자산의 원가를 결정한다. 20x2년 재고자산에 관한 자료가 다음과 같을 때, ㈜안양의 20x2년말 재고자산가액(원가)은 얼마인가?

구 분	원 가	판매가
기초재고	₩10,740	₩16,500
당기매입	178,800	250,500
순인상액	–	24,600
순인하액	–	20,400
매출액	–	228,000
종업원할인	–	20,000
비정상적감모손실	4,550	7,000

① ₩10,530
② ₩15,080
③ ₩15,312
④ ₩12,700
⑤ ₩38,460

37 다음은 ㈜국세의 20x2년도 연구 및 개발활동 지출내역이다. ㈜국세가 20x2년에 개발활동으로 분류해야 하는 금액은 얼마인가?

• 새로운 지식을 얻고자 하는 활동	₩100,000
• 생산이나 사용 전의 시제품과 모형을 제작하는 활동	₩150,000
• 상업적 생산목적으로 실현가능한 경제규모가 아닌 시험공장을 건설하는 활동	₩200,000
• 연구결과나 기타 지식을 응용하는 활동	₩300,000

① ₩250,000　　② ₩350,000
③ ₩400,000　　④ ₩450,000
⑤ ₩750,000

38 ㈜스카이는 12월 말 결산법인이다. ㈜스카이의 20x2년 중 자기주식과 관련한 거래는 다음과 같으며, 자기주식을 선입선출법으로 회계처리한다. 20x3년 1월 1일 현재 ㈜스카이가 보유하고 있는 자기주식은 없다. ㈜스카이가 기업회계기준에 따라 회계처리할 경우 20x2년말 현재 재무상태표상 자기주식처분손익은 얼마인가?(단, 법인세효과는 무시하며 자기주식은 원가법으로 처리한다)

- 1월 20일 : 자기주식 40주를 주당 ₩10,000에 취득하였다.
- 5월 18일 : 자기주식 30주를 주당 ₩8,000에 재발행하였다.
- 9월 11일 : 자기주식 20주를 주당 ₩12,000에 취득하였다.
- 12월 12일 : 자기주식 20주를 주당 ₩15,000에 재발행하였다.

① 자기주식처분이익 ₩20,000
② 자기주식처분손실 ₩5,000
③ 자기주식처분손실 ₩15,000
④ 자기주식처분이익 ₩10,000
⑤ 자기주식처분이익 ₩40,000

39 ㈜설악의 20x2년도 당기순이익은 ₩150,000이다. 다음 자료만을 이용하여 20x2년도 현금흐름표에 공시될 영업에서 창출된 현금을 계산하면 얼마인가?(단, 법인세효과는 무시한다)

계정과목	1월 1일	12월 31일
매출채권(순액)	₩80,000	₩85,500
매입채무	21,400	20,000
단기대여금	34,100	32,000
미지급비용	15,000	16,800

① ₩141,300 ② ₩144,900
③ ₩145,600 ④ ₩147,000
⑤ ₩155,100

40 회사는 20x2년 초에 취득원가 ₩500,000의 유형자산을 구입하여 사용하여 오다가 20x3년 말에 손상차손을 계상하였다. 20x3년 말 현재 당해 자산에 대한 회수가능액은 ₩320,000이었다. 20x3년 말에 당해 자산의 회수가능액이 ₩350,000으로 회복된 경우 회사가 계상하여야 할 손상차손환입액은 얼마인가?(단, 내용연수는 10년이고 잔존가치는 없으며, 감가상각방법은 정액법이다)

① ₩110,000 ② ₩90,000
③ ₩60,000   ④ ₩40,000
⑤ 손상차손환입 없음

41 ㈜대양은 20x2년 1월 1일에 발행한 액면금액 ₩1,000,000, 표시이자율 연 8%, 만기상환일이 20x3년 12월 31일인 사채를 20x2년 초에 ₩950,244에 취득하였다. 사채발행일의 유효이자율은 10%이며, 20x2년 말 공정가치는 ₩960,000이다. 해당 사채가 만기보유금융자산 또는 매도가능금융자산으로 분류될 경우 각각의 평가손실은 얼마인가?

	만기보유금융자산	매도가능금융자산
①	₩0	₩0
②	₩0	₩5,268
③	₩0	₩8,268
④	₩5,268	₩5,268
⑤	₩5,268	₩8,268

42 자본거래에 대한 설명으로 옳은 것은?
① 누적적 우선주에 대해 전기에 배당하지 못한 연체배당금은 배당할 의무가 있으므로 부채로 계상하여야 한다.
② 주식분할과 주식배당은 총자본에 영향을 주지 않는다.
③ 증자와 회사설립 시에 발행한 주식발행비는 주식발행초과금에서 차감한다.
④ 당기순이익을 초과하여 배당을 하는 경우 이를 청산배당이라 한다.
⑤ 주식할인발행차금을 상각하는 것은 액면금액에 미달한 자본을 불입하는 것이다.

43 다음 자료는 ㈜경영의 20x2년도 자본금 변동사항과 당기순이익이다. 기본주당순이익은 얼마인가?

(1) 자본금 변동사항(액면금액 : ₩1,000)

	보통주자본금		우선주자본금	
• 기 초	5,000주	₩5,000,000	2,000주	₩2,000,000
• 기 중				
6. 1 무상증자 20%	1,000주	₩1,000,000	400주	₩400,000
11. 1 자기주식 취득	600주	(₩400,000)		
• 기 말	5,400주	₩5,600,000	2,400주	₩2,400,000

(2) 당기순이익 : ₩16,465,000
(3) 20x3년도의 우선주배당은 현금배당으로 10%이며, 동 우선주는 비누적적・비참가적 우선주이다.
(4) 무상신주의 배당기산일은 원구주에 따르며, 가중평균유통보통주식수는 월할로 계산한다.

① ₩3,840
② ₩3,160
③ ₩2,750
④ ₩2,260
⑤ ₩1,970

44 대박회사는 4월 중 ₩43,000의 직접재료를 구입하였다. 4월 중 제조간접원가의 합은 ₩27,000이었고 총제조원가는 ₩106,000이었다. 직접재료의 4월 초 재고가 ₩8,000이었고 4월 말 재고가 ₩6,000이었다면 4월 중 기초원가(직접재료원가 + 직접노무원가)는 얼마인가?

① ₩77,000
② ₩79,000
③ ₩83,000
④ ₩81,000
⑤ ₩80,000

45 ㈜가감은 단일제품을 생산하고 있으며, 종합원가계산제도를 채택하고 있다. 직접재료는 공정이 시작되는 시점에서 100% 투입되며, 가공원가는 공정 전체에 걸쳐 균등하게 발생한다. 평균법과 선입선출법에 의한 가공원가의 완성품환산량은 각각 56,000단위와 44,000단위이다. 기초재공품의 수량이 40,000단위인 경우 기초재공품의 가공원가 완성도는 몇 %인가?

① 10% ② 20%
③ 30% ④ 60%
⑤ 70%

46 총 100실 규모의 강남호텔의 연간 고정비용은 ₩150,000,000이고, 객실의 하루 임대료는 ₩80,000, 임대객실 1실당 평균변동비용은 ₩30,000이다. 강남호텔이 손익분기에 도달하기 위한 객실임대율(점유율)은 얼마인가?(단, 객실임대는 1일 단위로 하며, 1년 365일 무휴이다)

① 8.22% ② 2.50%
③ 12.16% ④ 67.75%
⑤ 10.21%

47 상남회사는 월간 30,000개까지의 단일제품을 생산할 수 있는 설비를 가지고 있다. 거래처와의 계약체결 내용에 따라 상남회사는 다음 달에 25,000개의 제품을 제조하여 판매할 예정이며, 이 경우 제품 1개당 원가는 ₩2,500으로 예상된다. 그런데 다음 달에 5,000개의 제품을 1개당 ₩1,600에 납품해 달라는 거래처의 추가주문이 접수되었다. 이 추가주문을 접수하여 생산량을 증가시킬 경우 제품 1개당 원가는 ₩2,300으로 감소할 것으로 예상되며, 이 주문을 수락하더라도 기존의 예상판매량을 달성하는 데는 아무런 문제가 없을 것으로 예상된다. 상남회사가 이 추가주문을 수락한다면 영업이익에 어떤 영향을 줄 것인가?(단, 재고는 없다)

① ₩2,000,000 감소
② ₩4,000,000 증가
③ ₩1,000,000 증가
④ ₩1,000,000 감소
⑤ ₩1,500,000 증가

48 다음은 장백회사의 20x2년도 제조활동과 관련된 자료이다.

- 단위당 표준 직접노동시간 : 2시간
- 실제 직접노동시간 : 10,500시간
- 생산된 제품단위 : 5,000개
- 변동제조간접원가 표준 : 직접노동시간당 표준배부율 ₩3
- 실제변동제조간접원가 : ₩28,000

장백회사의 20x2년도 변동제조간접원가 능률차이는 얼마인가?

① ₩2,000 유리
② ₩1,500 불리
③ ₩2,000 불리
④ ₩3,500 유리
⑤ ₩1,500 유리

49 다음 자료를 근거로 ㈜안양의 경제적부가가치(EVA)를 계산하면 얼마인가?

세전영업이익	₩1,500,000	총자산	₩8,800,000
법인세율	20%	유동부채	₩800,000
자본비용	12%	자기자본 시장가치	₩10,000,000
이자비용	10%	장기부채 시장가치	₩10,000,000

① ₩200,000
② ₩250,000
③ ₩300,000
④ ₩350,000
⑤ ₩400,000

50 ㈜대한은 무선비행기생산부문과 엔진생산부문으로 구성되어 있다. 엔진생산부문에서는 무선비행기 생산에 사용하는 엔진을 자체생산하며, 엔진 1개당 ₩100의 변동원가가 발생한다. 외부업체가 ㈜대한의 무선비행기생산부문에 연간 사용할 20,000개의 엔진을 1개당 ₩90에 납품하겠다고 제의했다. 이 외부납품 엔진을 사용하면 무선비행기생산부문에서는 연간 ₩100,000의 고정원가가 추가로 발생한다. 엔진생산부문은 자체생산 엔진을 외부에 판매하지 못한다. 각 부문이 부문이익을 최대화하기 위하여 자율적으로 의사결정을 한다면 사내대체가격의 범위에 대한 설명으로 옳은 것은?

① 사내대체가격이 ₩85에서 ₩100 사이에 존재한다.
② 사내대체가격이 ₩90에서 ₩100 사이에 존재한다.
③ 사내대체가격이 ₩95에서 ₩100 사이에 존재한다.
④ 사내대체가격의 범위는 존재하지 않는다.
⑤ 엔진생산부문 사내대체가격의 하한은 ₩95이다.

3 경영학

51 경영자 본연의 사명은 주주에 대한 이익극대화이며 사회적 책임에 대한 강조는 기업의 사회적 비용을 증가시켜 기업의 경쟁력 상실을 초래할 수 있다고 주장한 사람으로 옳은 것은?

① 스미스(A. Smith)
② 드러커(P. F. Drucker)
③ 페이욜(H. Fayol)
④ 프리드먼(M. Friedman)
⑤ 로렌스(P. R. Lawrence)

52 허즈버그(F. Herzberg)의 위생요인으로 옳은 것은?

① 직무의 안정감
② 직무수행을 통한 자기발전
③ 직무수행의 성취감
④ 직무수행의 책임감
⑤ 직무수행의 작업조건

53 노동생산성을 측정하기 위한 계산식으로 옳은 것은?

① $\dfrac{매출액}{인건비지급액}$
② $\dfrac{부가가치}{종업원수}$
③ $\dfrac{당기순이익}{종업원수}$
④ $\dfrac{부가가치}{인건비지급액}$
⑤ $\dfrac{당기순이익}{인건비지급액}$

54 총고정비, 판매단가, 단위당 변동비가 일정하다고 할 때 목표이익을 달성할 수 있는 매출량의 계산식으로 옳은 것은?

① (총고정비 + 목표이익) / (판매단가 − 단위당 변동비)
② (목표이익 + 판매단가 − 단위당 변동비) / 총고정비
③ (총고정비 − 목표이익) / (판매단가 + 단위당 변동비)
④ (총고정비 + 목표이익) / (판매단가 + 단위당 변동비)
⑤ 총고정비 / (목표이익 + 판매단가 − 단위당 변동비)

55 투자안의 경제성분석기법에 대한 설명으로 옳지 않은 것은?

① 순현가법은 현금유입의 현가에서 현금유출의 현가를 뺀 순현가가 0보다 클 때 경제성이 인정된다.
② 내부수익률법은 현금유입의 현가와 현금유출의 현가를 일치시키는 할인율이 내부수익률보다 클 때 경제성이 인정된다.
③ 위험조정할인율법의 위험조정할인율은 무위험수익률에 투자안의 미래 현금흐름의 위험정도에 따른 프리미엄을 고려하여 결정한다.
④ 내부수익률법과 순현가법에 의한 분석결과가 서로 상충될 경우 순현가법의 분석결과가 보다 합리적이다.
⑤ 수익성지수법은 현금유입의 현가를 현금유출의 현가로 나눈 지수가 1보다 클 때 경제성이 인정된다.

56 무위험수익률이 5%, 시장포트폴리오의 수익률이 9%일 때, 체계적 위험이 1.2인 보통주의 자본비용을 증권시장선(SML)의 식을 이용한 값으로 옳은 것은?

① 15%
② 13.8%
③ 4.8%
④ 9.8%
⑤ 15.8%

57 기업의 형태 가운데 기업결합(또는 집중)이 결합방법에 따라 분류된 형태로 볼 수 없는 것은?

① 벤처캐피탈
② 카르텔
③ 트러스트
④ 콘체른
⑤ 콩글로메리트

58 행동과학적 관점에서 연구된 경영으로 옳지 않은 것은?

① 호손실험
② 매슬로우 욕구 5단계설
③ 맥그리거 XY이론
④ 아지리스 성숙·미성숙이론
⑤ 버나드 협동시스템이론

59 최고경영자가 고려하여야 하는 경영환경의 수준과 내용으로 옳지 않은 것은?

① 글로벌 차원 – 경쟁환경의 변화
② 국가 차원 – 국제경쟁력
③ 산업 차원 – 산업구조
④ 기업 차원 – 경쟁기업 분석
⑤ 가족 차원 – 경영권의 유지

60 기업의 차별적 성과를 나타내는 최근의 관점에서 기업을 유형자원과 무형자원의 집합체로 파악하는 관점으로 옳은 것은?

① 자원준거관점
② 인력준거관점
③ 생산준거관점
④ 마케팅준거관점
⑤ 재무준거관점

61 조직구조 설계에 영향을 미치는 요인으로 옳지 않은 것은?

① 전 략
② 유 행
③ 규 모
④ 조직연수
⑤ 기 술

62 전략사업단위(SBU)가 갖추어야 하는 요건으로 옳지 않은 것은?

① 다른 SBU와 구별될 수 있는 독자적인 사업을 가져야 한다.
② 다른 SBU와 구별되는 분명한 경쟁자를 가져야 한다.
③ 독자적인 능력을 가진 경쟁자로서의 자격이 있어야 한다.
④ 독자적이고 종합적인 전략계획을 수립할 수 있어야 한다.
⑤ 독자적인 예산권과 인사권이 있어야 한다.

63 재무통제 기법으로서 ROI기법의 유용성에 대한 설명으로 옳지 않은 것은?

① ROI기법은 시장점유율을 확대시킬 수 있는 자료를 제공한다.
② 기업의 목표를 총투자수익률로 표시하여 문제가 발생되는 재무요인을 찾아낸다.
③ ROI기법은 총자본회전율과 매출액순이익률을 결합한 것이다.
④ 기업의 경영자나 종업원의 업적평가를 기반으로 통제할 목적일 때 더 타당성이 있다.
⑤ 각 부서의 목표와 기업의 목표를 명확하게 인식시킴으로써 기업활동이 기업목표와 직결되도록 한다.

64 기업경영을 하는 데 있어서 환경변화 추세는 기업에게 위기인 동시에 사업의 기회를 제공하기에 매우 중요시해야 하는 요인이다. 이 중에서 최근의 환경변화 추세와 거리가 가장 먼 것은?

① 니즈의 획일화　　　　　　　　② 스피드화
③ 편의화　　　　　　　　　　　　④ PLC 수명 단축
⑤ 고령화 사회

65 마케팅의 최고권위자로 알려진 필립 코틀러 교수는 미래형 마케팅에서 개선되어야 할 마케팅의 성격을 제시하였다. 이 중에서 거리가 먼 것은?

① 마케팅과 판매를 동일시하는 행위
② 판매보다는 고객의 실질적인 욕구를 이해하고 만족시키는 행위
③ 고객관리보다 고객유치에 중점을 두는 행위
④ 고객의 평생가치보다 거래이익을 우선하는 행위
⑤ 목표가격 전략보다 비용・마진에 근거한 가격 결정

66 자본예산 중 회수기간법에 대한 내용으로 옳지 않은 것은?

① 진부화가 우려되는 시설에 적용할 수 있는 장점이 있다.
② 회수기간이 짧은 투자안이 우수한 투자안이 된다.
③ 간편하고 사용하기가 편리하다.
④ 현금의 시간적 가치를 고려하고 있다.
⑤ 투자에 소요된 모든 비용을 회수하는 데 걸리는 기간을 평가의 기준으로 이용한다.

67 다음 생산관리의 목표 중 옳지 않은 것은?

① 제품 – 최고의 설계
② 원가 – 최소의 원가
③ 품질 – 최고의 품질
④ 납기 – 최단의 시간
⑤ 유연성 – 최대의 유연성

68 종업원지주제에 대한 설명으로 옳지 않은 것은?

① 기업이 종업원으로 하여금 자사 주식을 취득하도록 하는 제도이다.
② 근로자주식제도, 종업원주식부여제도라고도 한다.
③ 1930년대 이후 일본을 중심으로 발달한 제도이다.
④ 경영참가 의식을 높여 기업에 대한 충성심 내지 귀속의식을 높이려는 목적이 있다.
⑤ 근로자에게 노동소득과 아울러 자본소득을 획득할 수 있는 기회를 제공한다.

69 다음 중 조직개발(OD)과 가장 관련이 많은 학자는?

① 플레이슈너
② 프렌치
③ 쿤 츠
④ 스톡딜
⑤ 매슬로우

70 기업집중에 관한 내용으로 옳지 않은 것은?

① 카르텔이란 동종산업 분야 간 횡적결합 형태의 시장지배를 목적으로 한다.
② 공판카르텔은 신디케이트라고도 한다.
③ 카르텔은 기업합동이라고도 한다.
④ 카르텔의 종류는 조건카르텔, 가격카르텔, 지역카르텔 등이 있다.
⑤ 신디케이트는 가장 강력한 카르텔이라고 할 수 있다.

71 직무분석, 직무평가, 인사고과의 선후관계의 순서가 옳은 것은?

① 인사고과 – 직무분석 – 직무평가
② 인사고과 – 직무평가 – 직무분석
③ 직무분석 – 직무평가 – 인사고과
④ 직무분석 – 인사고과 – 직무평가
⑤ 직무평가 – 인사고과 – 직무분석

72 어떤 투자자가 주식 100주를 주당 1,000원에 매수하고 1년 후 1,300원에 처분했다고 가정하자. 이 투자자가 주식보유기간 중에 주당 100원의 배당금을 받았다면 이 투자자의 주식수익률로 옳은 것은?

① 10%
② 20%
③ 30%
④ 40%
⑤ 50%

73 A상품의 단위당 판매가격이 500원, 단위당 변동비가 250원, 고정비가 100만원일 때 손익분기점으로 옳은 것은?

① 2,000단위
② 4,000단위
③ 1,333단위
④ 2,500단위
⑤ 5,000단위

74 다음 중 성과급제를 채택해야 하는 경우로 보기 어려운 것은?

① 제품의 품질이 중시될 때
② 노력의 투입과 산출량과의 관계가 분명할 때
③ 생산량의 측정이 용이할 때
④ 직무가 표준화되고 작업의 흐름이 규칙적일 때
⑤ 각 작업자에 대한 감독이 용이할 때

75 JIT 시스템을 운영하기 위하여 생산공정상에 필요한 부품을 필요한 시기에 조달하려고 토요타 자동차에서 개발한 기법으로 옳은 것은?

① MRP
② ABC 분석
③ EOQ
④ 칸반(Kanban) 방식
⑤ PERT

4 기업진단론

76 재무비율에서 지표의 숫자가 높아질수록 좋지 않은 것은?

① 유동비율
② 영업이익률
③ 매출액순이익률
④ 이자보상비율
⑤ 재고자산회전일수

77 경영분석에 관한 설명으로 옳지 않은 것은?

① 경영분석은 회계자료와 비회계자료를 모두 포함하고, 가능한 한 모든 자료를 사용한다.
② 경영분석은 회사의 임원 및 경영자뿐만 아니라 다양한 기업의 이해관계자에게 의사결정에 필요한 정보를 제공한다.
③ 전통적 경영분석은 재무제표를 기초로 하여 기업의 경영성과와 재무상태를 파악하는 것이다.
④ 경영자는 경영전략을 수립하고 기업의 인수합병 등 주요 의사결정에 경영분석을 이용할 수 있다.
⑤ 정부기관은 외부분석을 실시하는 이해관계자에 포함되지 않는다.

78 다음 중 유동성비율에 관한 설명으로 옳지 않은 것은?

① 기업의 단기채무상환능력을 평가할 수 있는 비율이다.
② 기업에 자금을 대출한 은행, 신용평가기관 등 금융기관이 관심을 갖는 비율이다.
③ 높은 유동비율을 가지고 있는 기업은 현금이나 단기자산을 효율적으로 운용하고 있다는 것을 의미한다.
④ 가장 보수적으로 유동성을 판단하는 비율은 현금비율이다.
⑤ 당좌비율은 유동비율보다 더 엄격히 유동성을 측정하는 방법이다.

79 기업에서 외상매출을 누락한 경우, 영향을 받는 재무비율에 해당하지 않는 것은?

① 총자산이익률
② 매출채권회전기간
③ 유동비율
④ 현금비율
⑤ 매출총이익률

80 다음 중 기업부실의 징후로 볼 수 없는 것은?

① 타인자본 의존이 심화
② 영업활동을 통한 현금흐름 지속적 감소
③ 매출채권회전율 증가
④ 3개년 연속 매출 감소
⑤ 대규모 영업손실 지속

81 초기 연도의 기말 배당이 5,000원, 자기자본비용이 10%, 미래에 연간 5%씩 지속적으로 성장할 것으로 기대되는 보통주의 가치는?

① 50,000원
② 75,000원
③ 100,000원
④ 150,000원
⑤ 250,000원

82 손익분기점분석에 관한 설명으로 옳지 않은 것은?

① 손익분기점은 총고정비를 단위당 공헌이익으로 나눈 것이다.
② 손익분기점이 낮을수록 경영위험이 높다는 것을 의미한다.
③ 손익분기점분석은 매출액 또는 매출량이 어느 정도 되어야 영업비용을 보상하고 영업이익이 발생하기 시작하는가를 파악하는 것이다.
④ 손익분기점 수준이 낮다는 것은 영업성과의 마진이 상대적으로 크다는 것을 의미한다.
⑤ 손익분기점은 총수익과 총영업비용이 같아 영업이익이 영(0)이 되는 판매량이나 판매액을 의미한다.

83 레버리지효과에 관한 설명으로 옳지 않은 것은?

① 영업레버리지효과는 고정비가 없으면 발생하지 않는다.
② 변동비가 동일한 경우, 영업레버리지효과는 고정비가 클수록 커진다.
③ 영업레버리지효과는 제조업체가 필요한 부품을 하청업체에 맡기는 경우보다 직접 생산하는 경우에 더 작다.
④ 재무레버리지효과는 고정금융비용의 존재로 인하여 발생한다.
⑤ 경기불황에 직면하게 되면 재무레버리지도(DFL)가 큰 기업일수록 주당이익이 더 크게 감소한다.

84 심각한 인플레이션하에서 재무제표분석의 문제점에 해당하지 않는 것은?

① 한 기업 내에서의 시점 간 추세분석 결과가 왜곡될 수 있다.
② 수익성 비율이 정상적인 물가 수준하에서보다 낮게 나타날 가능성이 있다.
③ 자본구조가 상이한 기업 간의 비교분석을 어렵게 한다.
④ 역사적 원가에 의한 재무제표는 기업의 경제적 실질을 정확하게 반영하지 못한다.
⑤ 상호비교분석에서 재고자산이나 감가상각비의 회계처리 방법에 따라 분석결과가 왜곡될 수 있다.

85 다음 중 기업에서 높을수록(기간이 길수록) 좋지 않은 것은?

① 재고자산회전기간   ② 매입채무회전기간
③ 이자보상비율   ④ 총자산회전율
⑤ 노동생산성

86 기업의 장기채무지급능력을 측정하는 비율은?

① 부채비율   ② 유동비율
③ 총자산회전율   ④ 자본생산성
⑤ 매출액순이익률

87 유동성비율에 대한 옳은 설명을 모두 고른 것은?

> ㄱ. 유동비율은 양호하지만 상대적으로 당좌비율이 불량한 경우 재고자산의 과다로 추정할 수 있다.
> ㄴ. 당좌비율이 100% 이하라는 것은 당좌자산이 유동부채보다 더 많다는 의미이다.
> ㄷ. 유동비율이 지나치게 높게 나타난다면, 현금이나 단기금융자산을 비효율적으로 운영하고 있다는 의미도 된다.
> ㄹ. 유동비율이 높을수록 단기채무지급능력이 부족하다.
> ㅁ. 유동성은 장기가 아닌 단기에 현금화될 수 있는 정도를 나타낸다.

① ㄱ, ㄴ, ㄹ ② ㄱ, ㄷ, ㅁ
③ ㄴ, ㄷ, ㅁ ④ ㄴ, ㄹ, ㅁ
⑤ ㄷ, ㄹ, ㅁ

88 채권에 관한 설명으로 옳은 것은?

① 물가가 상승할 것으로 예상되면 채권가격의 하락확률은 낮아진다.
② 채권의 현금흐름의 현재가치와 시장가치를 동일하게 만들어주는 수익률을 무위험수익률이라고 한다.
③ 만기수익률이 액면이자율보다 높은 경우, 채권은 액면가보다 낮은 가격으로 거래가 이루어진다.
④ 채권평가기관은 채권자와 주주를 보호하려는 측면에서 등급을 평정한다.
⑤ 채권수익률의 기간구조는 채권의 듀레이션과 채권수익률 사이의 관계를 보여주는 그래프이다.

89 BCG 매트릭스에서 시장성장률과 시장점유율이 높지만 성장을 위해 순운전자본과 자본적 지출의 대폭적인 증가를 필요로 하는 제품군은?

① 의문부호(Question Marks) ② 개(Dogs)
③ 양(Sheeps) ④ 스타(Stars)
⑤ 현금젖소(Cash Cows)

90 균형성과표(BSC)의 관점과 핵심성과지표를 연결한 것으로 옳지 않은 것은?

① 고객 관점 – 시장점유율
② 재무적 관점 – 투하자본수익률
③ 재무적 관점 – 경제적 부가가치
④ 내부프로세스 관점 – 종업원 만족도
⑤ 혁신과 학습 관점 – 종업원 생산성

91 자본구조비율에 관한 설명으로 옳지 않은 것은?

① 자본구조비율은 기업의 장기부채상환능력을 평가하는 데 유용하다.
② 주주 입장에서 보면 부채의존도가 높을수록 적은 자본으로 기업을 지배할 수 있다.
③ 채권자 입장에서는 기업의 부채비율이 높을수록 많은 이자수익이 발생하기 때문에 부채비율이 높은 기업일수록 안전하다고 평가한다.
④ 투자수익률이 타인자본비용을 초과할 때에는 주주들의 몫이 확대되는 레버리지효과를 기대할 수 있다.
⑤ 타인자본의 비중이 증가할수록 채권자가 부담하는 기업경영에 따르는 위험은 증가한다.

92 기업의 재무레버리지도가 2일 때, 그 의미로 옳은 것은?

① 영업이익이 10% 증가할 때 주당순이익은 20% 감소한다.
② 영업이익이 10% 감소할 때 주당순이익은 20% 감소한다.
③ 매출액이 10% 증가할 때 주당순이익은 20% 증가한다.
④ 매출액이 10% 증가할 때 영업이익은 20% 증가한다.
⑤ 매출액이 10% 증가할 때 주당순이익은 20% 감소한다.

93 영업이익 100,000원, 이자비용 10,000원, 당기순이익 60,000원, 자기자본이 120,000원일 때 ROE를 구하면?

① 83%   ② 50%
③ 28%   ④ 10%
⑤ 8%

94 서로 다른 재무제표에 있는 항목을 대응시켜 산출하는 비율을 혼합비율이라고 하는데, 다음 중 이에 해당하는 재무비율은?

① 유동비율
② 매출액증가율
③ 자기자본비율
④ 매출액순이익률
⑤ 총자산회전율

95 유동자산 50,000원, 비유동자산 70,000원, 총부채 30,000원일 때 자기자본비율은?

① 알 수 없음
② 25%
③ 50%
④ 75%
⑤ 100%

96 기업 신용평가에서 비재무적 평가내용에 해당하는 것은?

① 물적 자원의 성과
② 시장점유율 유지능력
③ 경영의 총괄적 효율성
④ 장단기 채무지급능력
⑤ 자산의 효율적 이용도

97 다음 중 CVP분석의 가정이 아닌 것은?

① 모든 원가는 고정원가와 변동원가로 구분된다.
② 조업도만이 원가에 영향을 미치는 유일한 요인이다.
③ 기업이 다수의 제품을 판매하는 경우 매출배합은 일정하지 않다.
④ 고정원가는 관련 범위 내에서 일정하다.
⑤ 단위당 판매가격, 단위당 변동원가, 고정원가는 이미 알려져 있다.

98 기업(경영)진단에 관한 설명으로 옳지 않은 것은?

① 기업(경영)진단은 기업의 이상 징후를 발견하고 이에 대한 해결 방안을 제시하는 것이다.
② 기업(경영)진단의 목표는 경영관리층에 대하여 경영기술과 경영계획 및 관리방법을 지도하는 것이다.
③ 기업(경영)진단의 범위는 종합진단과 부문진단으로 구분할 수 있다.
④ 기업은 경영과 관리가 정상적으로 또는 합리적으로 이루어지고 있는가를 어떤 일정한 표준에 따라 진단하여야 한다.
⑤ 기업(경영)진단은 제조업과 서비스업을 하는 중소기업을 대상으로 하고 비영리조직은 기업진단의 대상이 아니다.

99 BEP분석에서 안전율(Margin of Safety)에 관한 설명으로 옳은 것은?

① 예상판매량이 손익분기점에서 판매량을 상회하면 상회할수록 미래수익성에 대한 안전도는 높다고 할 수 있다.
② 실제판매량이 손익분기점에서의 판매량을 미달하면 미달할수록 미래수익성의 안전도는 증가한다고 할 수 있다.
③ 예상판매량이 실제판매량을 크게 하회하면 하회할수록 미래수익성의 안전도는 높다고 할 수 있다.
④ 손익분기점에서의 판매량이 실제판매량을 크게 상회하면 할수록 미래수익성의 안전도는 높다고 할 수 있다.
⑤ 실제판매량이 이상적 판매량을 크게 하회하면 할수록 미래수익성의 안전도는 높다고 할 수 있다.

100 신용분석의 5C에 관한 설명으로 옳지 않은 것은?

① 경영자의 인격(Character)은 대출에 따른 원리금 상환에 대한 기업의 의지를 평가하는 요소로서 경영자의 과거 신용기록, 경영자의 인격에 대한 사회적 평판 등을 평가한다.
② 상환능력(Capacity)은 기업이 유동부채에 비해 유동자산을 얼마나 많이 보유하고 있는가를 평가하여 단기부채상환능력을 평가하는 데 이용되는 중요한 요소이다.
③ 자본력(Capital)은 기업의 총자산에서 총부채를 차감한 순자산을 통하여 측정하며, 이를 통해서 원리금을 상환할 수 있는 충분한 자본력을 확보하고 있는가를 평가한다.
④ 담보력(Collateral)은 차입자가 대출에 대하여 담보로 제공하는 자산의 규모와 질에 의해 평가할 수 있다.
⑤ 경제상황(Condition)은 불황, 금융긴축, 금리변동 등이 차입자의 채무상환능력에 미치는 영향을 평가하기 위한 것이다.

5 조사방법론

101 가설에 관한 설명으로 옳지 않은 것은?

① 자신이 주장하는 가설과 반대되는 가설로 'A와 B는 차이가 없다'라는 것은 귀무가설이다.
② 가설은 과학적 방법에 의해 사실 혹은 거짓 중의 하나로 판명될 수 있다.
③ 하나의 변수에 대한 탐구와 기술을 목적으로 하는 가설은 설명적 가설이다.
④ 연구자가 새로이 주장하여 검정하고자 하는 가설을 영가설이라 한다.
⑤ 가설이란 연구문제에 관한 구체적이고 검증가능한 기대이다.

102 다음에서 설명하는 조사기법으로 옳은 것은?

> 익명성을 보장하여 집단 토론에서 발생하는 주요 영향자의 영향을 제거하기 위하여 개발된 기법이다. 참가자의 익명성을 보장하면서 각자 종이에 의견을 써서 제출하면, 회의진행자는 이를 모아서 건의된 의견을 참가자에게 알려준다. 이 중에서 좋은 의견을 다시 적어서 제출하게끔 하며 이를 반복한다. 결국 참가자 전원의 좋은 의견을 한 가지 의견으로 수렴하게 만들 수 있다.

① 브레인스토밍　　　② 패널조사
③ 추세조사　　　　　④ 코호트조사
⑤ 델파이기법

103 다음에서 설명하는 실험디자인으로 옳은 것은?

> 사전사후 무작위 집단비교 디자인은 통제집단과 실험집단이 구분되어 있고, 무작위로 샘플링을 한다. 또 실험 전후 측정을 통해 결과의 비교가 가능하다. 역사적 오염, 성숙효과 등 거의 모든 외생변수를 통제할 수 있다는 장점이 있으나, 상호작용 시험효과는 제거하지 못한다는 단점을 가지고 있다.

① 통제집단 사전사후실험설계
② 솔로몬 4집단 실험설계
③ 두 집단 사전사후실험설계
④ 시계열 실험설계
⑤ 단일집단 사후측정실험설계

104 신뢰성과 타당성의 관계에 관한 설명으로 옳지 않은 것은?

① 신뢰성이 낮으면 타당성은 낮다.
② 타당성이 높으면 신뢰성은 높다.
③ 타당성이 낮으면 신뢰성은 높을 수도 있고 낮을 수도 있다.
④ 신뢰성이 높으면 타당성은 낮다.
⑤ 신뢰성이 높으면 타당성은 높을 수도 있고 낮을 수도 있다.

105 가설검증에 관한 설명으로 옳지 않은 것은?

① 대립가설이란 연구문제에 대한 잠정적인 대답으로 연구자가 제시한 가설이다.
② 연구자가 새로이 입증하고자 하는 내용이 대립가설로 설정된다.
③ 가설검증은 귀무가설이 옳다는 전제하에 이루어진다.
④ 대립가설은 귀무가설과 반대되는 진술로서 연구자가 부정하고 싶은 가설이다.
⑤ 귀무가설을 기각시키고 대립가설을 채택할 확률을 유의수준이라고 한다.

106 다음에서 설명하는 타당성의 종류로 옳은 것은?

> 회사에서 영어시험을 만들어 테스트를 실시할 경우 새로 만든 영어시험의 타당도를 측정하기 위해 현재의 영어시험과 비교하여 상관관계가 높게 나타난다면 (　　)이 높게 나타난 것으로 볼 수 있다.

① 내용타당성　　　　　　　　　② 수렴타당성
③ 이해타당성　　　　　　　　　④ 동시타당성
⑤ 판별타당성

107 개념적 정의와 조작적 정의에 대한 설명으로 옳지 않은 것은?

① 개념적 정의를 사전적 정의라고도 표현한다.
② 지능을 추상적 사고능력 혹은 문제해결능력으로 개념적 정의를 내릴 수 있다.
③ 개념적 정의에 의해 구체화된 추상적 개념을 실제 경험적 세계에서 측정가능한 형태로 정의하는 것을 재개념화라 한다.
④ 개념적 정의란 하나의 개념을 정의내리기 위해 다른 개념을 이용해 묘사하여 내용을 한정짓는 것을 말한다.
⑤ 개념적 정의를 통해 용어의 의미가 보다 더 분명해지고, 조작적 정의를 통하여 경험적 세계에서 보다 구체화되어 직접 측정이 가능하게 된다.

108 다음에서 설명하는 척도의 종류로 옳은 것은?

'사회적 거리 척도'라 부르기도 하며 응답자가 속하지 않은 다른 사회집단에 속한 대상에 대해 친밀함이나 혐오감 등의 느낌을 측정한다.

예 미국인, 중국인, 인도인, 일본인이 주변에 온다고 가정할 때 허용할 수 있는 단계를 고르시오.

문 항	미국인	중국인	인도인	일본인
결혼하여 가족으로 받아들인다.	1	1	1	1
친구로서 같은 클럽에 가입한다.	2	2	2	2
이웃으로 받아들인다.	3	3	3	3
같은 직장에 다닌다.	4	4	4	4
우리나라 국민으로 받아들인다.	5	5	5	5
우리나라 방문객으로 받아들인다.	6	6	6	6
우리나라에 오는 것 자체가 싫다.	7	7	7	7

① 거트만척도
② 스타펠척도
③ 리커트척도
④ 서스톤척도
⑤ 보가더스척도

109 내적타당성의 위협요인 중 표본의 대표성 관련요인으로만 이루어진 것은?

① 검사(Testing), 회귀(Regression), 역사(History)
② 선발(Selection), 검사(Testing), 성숙(Maturation)
③ 성숙(Maturation), 역사(History), 검사(Testing)
④ 성숙(Maturation), 회귀(Regression), 상실(Mortality)
⑤ 선발(Selection), 상실(Mortality), 회귀(Regression)

110 확률 표본추출법에 대한 설명으로 옳지 않은 것은?

① 표본으로 추출될 확률이 알려져 있다.
② 무작위적 표본추출이다.
③ 시간과 비용이 많이 발생한다.
④ 표본오차의 추정이 불가능하다.
⑤ 표본분석결과의 일반화가 가능하다.

111 층화 표본추출과 집락 표본추출방법에 관한 설명으로 옳지 않은 것은?

① 층화 표본추출법은 모집단을 어떤 기준에 따라 하위의 소집단으로 나누고 이로부터 무작위로 표본을 추출하는 방법을 말한다.
② 집락 표본추출법은 모집단을 이질적인 성격을 지닌 구성원을 포함하는 여러 개의 소집단(집락)으로 나누고 일정 수의 소집단을 무작위로 추출한 후 소집단 내 구성원을 전수조사하는 방법을 의미한다.
③ 집락 표본추출법을 군집 표본추출법이라고도 부른다.
④ 층화 표본추출법과 집락 표본추출법은 모집단을 몇 개의 소집단으로 나눈다는 점에서 공통점을 가지고 있다.
⑤ 층화 표본추출법은 집단 내에서는 이질적, 집단 간에서는 동질적이라는 특징을 가지고 있다.

112 표본추출의 과정을 나열한 것으로 순서가 옳은 것은?

① 모집단의 설정 – 표본추출방법의 결정 – 표본프레임 작성 – 표본크기 결정 – 실행
② 표본크기 결정 – 모집단의 설정 – 표본프레임 작성 – 표본추출방법의 결정 – 실행
③ 모집단의 설정 – 표본프레임 작성 – 표본추출방법의 결정 – 표본크기 결정 – 실행
④ 표본프레임 작성 – 표본크기 결정 – 표본추출방법의 결정 – 모집단의 설정 – 실행
⑤ 표본추출방법의 결정 – 모집단의 설정 – 표본크기 결정 – 표본프레임 작성 – 실행

113 특정 자극에 대해 유사한 태도를 가진 사람들을 분류하는 데 이용되는 척도법으로 옳은 것은?

① 어의차이척도(Semantic Differential Scale)
② 서스톤척도(Thurstone Scale)
③ 리커트척도(Likert Scale)
④ Q방법론(Q-methodology)
⑤ 거트만척도(Guttman Scale)

114 다음에서 설명하는 표본추출방법으로 옳은 것은?

> 제한된 표본에 해당하는 사람들로부터 추천을 받아 마치 눈덩이를 굴리듯 표본추출을 하는 방법을 말하는 것으로 주로 희귀사건이나 현상을 조사할 때 사용된다. 예를 들어 희귀병을 앓고 있는 사람들을 조사할 경우 사용되는 방법이다.

① 층화 표본추출법
② 스노우볼 표본추출법
③ 할당 표본추출법
④ 편의 표본추출법
⑤ 체계적 표본추출법

115 전수조사와 표본조사에 관한 설명으로 옳지 않은 것은?

① 일반적으로 전수조사는 표본조사보다 비용과 시간이 많이 소요된다.
② 전수조사는 표본조사보다 표본오류의 발생가능성이 높다.
③ 전수조사가 표본조사보다 비관찰오류의 발생가능성이 높다.
④ 비표본오류의 가능성 때문에 전수조사가 표본조사보다 부정확할 때도 있다.
⑤ 실제 사회과학분야에서 수행하는 조사의 대부분은 표본조사이다.

116 표본에서 얻은 자료를 근거로 모집단의 특성을 추론하는데 적절한 표본추출방법을 모두 고른 것은?

ㄱ. 판단 표본추출	ㄴ. 할당 표본추출
ㄷ. 군집 표본추출	ㄹ. 단순무작위 표본추출
ㅁ. 층화 표본추출	

① ㄱ, ㄴ
② ㄱ, ㄷ
③ ㄱ, ㄷ, ㅁ
④ ㄴ, ㄹ, ㅁ
⑤ ㄷ, ㄹ, ㅁ

117 전수조사가 아닌 표본조사에서 얻은 수치로 모수를 추정함으로써 발생하는 오차로 표본이 얼마나 모집단을 반영하는지를 나타내는 개념으로 옳은 것은?

① 표준편차
② 표본프레임
③ 표본오차
④ 표본평균
⑤ 유의수준

118 표본추출에 관한 설명으로 옳지 않은 것은?

① 표본의 대표성은 표본오차와 반비례한다.
② 양적연구에서 표본의 크기가 작을수록 유의미한 결과를 얻는 데 유리하다.
③ 개인과 집단은 물론 조직도 표본추출의 요소가 될 수 있다.
④ 표본추출단위와 분석단위가 일치하지 않을 수 있다.
⑤ 전수조사에서는 모수와 통계치 구분이 불필요하다.

119 표본크기 결정 시 고려요소가 아닌 것은?

① 요구되는 신뢰수준
② 조사하고자 하는 변수의 분산
③ 허용오차
④ 표본추출방법의 유형
⑤ 외생변수

120 제2종 오류에 대한 설명으로 옳지 않은 것은?

① 연구자가 설정한 영가설이 실제로는 참이 아님에도 이를 참이라고 할 확률을 말한다.
② 제2종 오류를 'β-오류'라고도 부른다.
③ 모집단에서 집단 간의 평균을 비교하는 경우에 모평균에는 실제로 차이가 없음에도 표본자료의 분석결과 모집단 간 차이가 있다고 판단하는 오류를 말한다.
④ 모집단에서 집단 간의 평균을 비교하는 경우에 모집단에서 모평균은 집단 간에 차이가 있음에도, 표본자료의 분석결과 집단 간에 차이가 없다고 판단하는 오류를 말한다.
⑤ 기존에 판매되고 있는 A사의 Apollo 심장약보다 더 좋은 효과가 있다는 B사의 Zeus 심장약이 출시되었음에도 불구하고 기각되는 오류를 말한다.

121 다음에서 설명하는 통계분석 방법으로 옳은 것은?

> 개인이나 여러 개체의 유사한 속성을 파악하여 몇 개의 집단으로 그룹화한 이후 집단의 성격을 파악하고 전체의 구조를 이해하는 분석방법이다. 분석대상 간의 유사성을 유클리안 거리로 측정하여 군집 내 구성원의 동질성은 최대로 이질성은 최소로 하고, 군집 간 동질성은 최소로 이질성은 최대로 하는 방법을 말한다.

① 컨조인트분석　　　　　　　　② 요인분석
③ 분산분석　　　　　　　　　　④ 군집분석
⑤ 교차분석

122 분석기법에 관한 설명으로 옳지 않은 것은?

① 회귀분석에서 결정계수(R^2)는 독립변수가 종속변수의 분산을 설명할 수 있는 정도를 나타낸다.
② 요인분석은 변수들 간의 상관관계를 파악하는 데 중점을 둔다.
③ 분산분석의 검정 통계량은 F-비율을 이용한다.
④ 상관관계분석은 추계(Inferential) 통계기법에 해당된다.
⑤ 카이제곱분석은 수집된 자료가 모두 비율척도로 측정된 두 변수 간 독립성 여부를 조사하는데 이용된다.

123 수집된 자료가 모두 명목척도로 측정된 경우 두 변수 간의 관계를 조사하는 통계기법으로 옳은 것은?

① 판별분석   ② 요인분석
③ 카이제곱분석   ④ 컨조인트분석
⑤ 회귀분석

124 3개 이상의 집단의 평균 차이를 분석하는데 사용하는 통계기법으로 옳은 것은?

① 판별분석   ② t 검정
③ 군집분석   ④ 카이제곱(x^2) 검정
⑤ 분산분석

125 ㈜한국제과는 광고비, 영업사원수, 근무시간이 매출액 증가에 미치는 영향을 알아보고자 한다. 이 때 유용한 자료분석 기법으로 옳은 것은?

① 다중회귀분석   ② 판별분석
③ 요인분석   ④ 교차분석
⑤ 단순상관분석

PART 02 정답 및 해설

125문항

제1과목 중소기업관계법령

01	02	03	04	05	06	07	08	09	10	11	12	13	14	15
①	④	⑤	①	③	⑤	②	④	⑤	③	②	②	①	⑤	④
16	17	18	19	20	21	22	23	24	25					
④	③	①	③	③	④	⑤	⑤	④	④					

제2과목 회계학개론

26	27	28	29	30	31	32	33	34	35	36	37	38	39	40
①	⑤	②	⑤	③	①	①	⑤	②	⑤	①	②	①	②	③
41	42	43	44	45	46	47	48	49	50					
②	②	③	②	③	①	⑤	②	⑤	④					

제3과목 경영학

51	52	53	54	55	56	57	58	59	60	61	62	63	64	65
④	⑤	②	①	②	④	①	⑤	⑤	①	②	⑤	①	①	②
66	67	68	69	70	71	72	73	74	75					
④	①	③	②	③	③	④	②	①	④					

제4과목 기업진단론

76	77	78	79	80	81	82	83	84	85	86	87	88	89	90
⑤	⑤	③	④	③	③	②	③	②	①	①	②	③	④	④
91	92	93	94	95	96	97	98	99	100					
③	②	②	⑤	④	②	③	⑤	①	②					

제5과목 조사방법론

101	102	103	104	105	106	107	108	109	110	111	112	113	114	115
④	⑤	①	④	④	④	③	⑤	⑤	④	⑤	③	④	②	②
116	117	118	119	120	121	122	123	124	125					
⑤	③	②	⑤	③	④	⑤	③	⑤	①					

제1과목 중소기업관계법령

01 관련법에 따라 사업자등록을 한 사업자이면서 법인이 아닌 기업의 경우에는 사업자등록을 한 날을 창업일로 보지만, 법인인 기업의 창업일은 법인설립등기일이다(중소기업기본법 시행령 제2조 참조).

02 이 법은 중소기업이 나아갈 방향과 중소기업을 육성하기 위한 시책의 기본적인 사항을 규정하여 창의적이고 자주적인 중소기업의 성장을 지원하고 나아가 산업 구조를 고도화하고 국민경제를 균형 있게 발전시키는 것을 목적으로 한다(중소기업기본법 제1조).

03 중소벤처기업연구원이 아닌 자가 중소벤처기업연구원 또는 이와 유사한 명칭을 사용한 경우 중소벤처기업부장관이 100만원 이하의 과태료를 부과·징수한다(중소기업기본법 제28조 제3항 제2호 참조).

04 전문연구평가기관으로 지정받으려는 자는 법인이어야 한다(중소기업기본법 시행령 제16조 제1항 참조).

05 ㄱ. 소상공인이 그 규모의 확대 등으로 소상공인에 해당하지 아니하게 된 경우 그 사유가 발생한 연도의 다음 연도부터 3년간은 소상공인으로 본다. 다만, 소기업 외의 기업과 합병하거나 그 밖에 대통령령으로 정하는 사유로 소상공인에 해당하지 아니하게 된 경우에는 그러하지 아니하다(소상공인기본법 제2조 제2항).
ㄴ·ㄷ. 소상공인 지위 유지가 제외되는 경우로「소상공인기본법」제2조 제2항 단서에서 '대통령령으로 정하는 사유로 소상공인에 해당하지 아니하게 된 경우'란 다음의 어느 하나에 해당하는 경우를 말한다(동법 시행령 제4조).
- 소상공인이 소상공인으로 보는 기간 중에 있는 자를 흡수합병한 경우로서 흡수합병된 기업이 당초 소상공인에 해당하지 않게 된 사유가 발생한 연도의 다음 연도부터 3년이 지난 경우
- 소상공인이「중소기업기본법」에 따른 중소기업에 해당하지 않게 된 경우
- 소상공인으로 보았던 기업이 소상공인이 되었다가 다시 소상공인에 해당하지 않게 된 경우
- 소상공인의 상시 근로자 수가 20명 이상이 된 경우
- 소상공인이「독점규제 및 공정거래에 관한 법률」에 따른 공시대상기업집단에 속하는 회사 또는 같은 법에 따라 공시대상기업집단의 소속회사로 편입·통지된 것으로 보는 회사에 해당하게 된 경우

06 '소상공인과 관련된 제도 및 법령에 관한 사항'은 소상공인 지원 기본계획에 포함되어야 하는 사항이 아니라 소상공인정책심의회의 심의·조정 사항 중에 하나이다(소상공인기본법 제10조 제2항 제5호 참조).

07 '우수한 아이디어 등을 보유한 소상공인 창업 희망자의 발굴'은 중소벤처기업부장관이 소상공인 창업을 지원하기 위해 실시하는 사업이다(소상공인 보호 및 지원에 관한 법률 제8조 제1호 참조).

08 전통시장 등의 상인 자조(自助)조직 육성은 공단의 사업 중 하나이다(소상공인 보호 및 지원에 관한 법률 제17조 제5항 제11호 참조).

09 중앙행정기관의 장 및 지방자치단체의 장은 기술정보진흥원의 사업을 기술정보진흥원으로 하여금 수행하게 할 수 있고 그에 드는 비용의 전부 또는 일부를 출연 또는 보조할 수 있다(중소기업 기술혁신 촉진법 제20조 제5항).

10 중소벤처기업부장관은 산학협력 지원사업이 완료된 경우에는 출연한 금액의 100분의 50 이내의 범위에서 사업자로부터 기술료를 징수할 수 있다(중소기업 기술혁신 촉진법 제28조 제1항 참조). 중소벤처기업부장관은 사업자로부터 기술료를 징수하는 경우에는 협약으로 정하는 바에 따라 5년 이내의 기간 동안 분할하여 납부하게 할 수 있다(동법 시행령 제18조 제1항).

11 시행기관의 장은 기술혁신 지원계획에 따라 기술혁신사업을 수행하는 중소기업을 선정하여 해당 기술혁신사업에 드는 비용의 전부 또는 일부에 대하여 출연, 보조 또는 계약 등의 방식으로 지원할 수 있다(중소기업 기술혁신 촉진법 제13조 제2항).

12 중소기업 인식개선사업에 해당하는 우수 중소기업(중소기업 인력지원 특별법 제26조 제2항 참조)
   • 우수한 혁신기술을 보유한 중소기업
   • 근로환경·직업능력개발 및 복리후생, 인력의 효율적인 활용 등 인력관리체제를 모범적으로 개선한 중소기업
   • 산(産)·학(學)·연(硏) 협동을 성공적으로 수행한 중소기업
   • 그 밖에 중소벤처기업부장관이 중소기업 인식개선에 이바지한다고 인정하는 중소기업

13 인력채용 연계사업의 대상은 '15세 이상 34세 이하인 미취업자', '장기복무제대군인', '고령자인 미취업자'이다(중소기업 인력지원 특별법 시행령 제9조의2 제1항 참조).

14 고용창출사업의 지원대상(중소기업 인력지원 특별법 제21조 제1항 참조)
   고용노동부장관은 중소기업이 다음에 해당하는 조치를 하여 고용 기회의 확대를 도모하는 경우에는 「고용보험법」 제19조에 따른 고용안정·직업능력개발 사업으로 보아 지원할 수 있다.
   • 고용환경 개선을 위한 시설·설비에 투자하여 근로자를 채용하는 경우
   • 경쟁력 향상 등을 위하여 고용노동부장관이 고시로 정하는 전문인력을 채용하는 경우
   • 새로운 업종에 진출하여 근로자를 채용하는 경우
   • 근로시간을 단축하여 근로자를 채용하는 경우

15 '사업전환을 위한 정보의 제공과 컨설팅 지원에 관한 사항'은 중소기업사업전환지원센터의 업무이다(동법 제6조 제2항 제2호 참조).

   중소기업 사업전환 촉진계획 수립·시행(중소기업 사업전환 촉진에 관한 특별법 제4조 제1항)
   • 중소기업 사업전환정책의 추진방향에 관한 사항
   • 사업전환 지원체계의 구축과 운영에 관한 사항
   • 사업전환을 지원하기 위한 방안에 관한 사항
   • 사업전환을 촉진하기 위한 제도개선에 관한 사항
   • 이 법의 적용대상이 되는 중소기업자의 업종·규모 등에 관한 사항
   • 그 밖에 사업전환을 촉진하기 위하여 중소벤처기업부장관이 필요하다고 인정하는 사항

16 중소벤처기업부장관은 중소기업자의 원활한 사업전환을 지원하기 위하여 중소기업 사업전환 촉진계획을 2년마다 수립·시행하여야 한다. 또한 사업전환 촉진계획의 수립과 성과관리 등을 위하여 2년마다 중소기업자의 사업전환에 관한 실태조사를 하여야 하며, 필요하다고 인정하면 수시로 할 수 있다(중소기업 사업전환 촉진에 관한 특별법 제4조 제1항, 동법 제7조 제1항 참조).

17 사업전환과정 등에서 생기는 유휴설비의 유통지원 사업(중소기업 사업전환 촉진에 관한 특별법 제26조 참조)
   • 국내외 유휴설비 유통정보의 제공 및 거래 주선
   • 유휴설비의 매매 관련 기관 사이의 연계체제 구축
   • 유휴설비의 집적(集積)과 판매를 위한 입지 지원
   • 유휴설비의 신뢰성을 높이기 위한 가치평가체제의 구축
   • 그 밖에 유휴설비 유통 활성화에 필요한 사업

18 '사후관리'는 협동화실천계획에 포함되는 사항이 아니다. 협동화실천계획에는 협동화실천계획의 목표, 참가업체, 사업내용, 추진주체, 재원조달계획, 실시기간 등이 포함된다(중소기업진흥에 관한 법률 시행령 제29조 참조).

19 채권은 무기명식으로 한다. 다만, 응모자나 소지인이 청구하는 경우에는 기명식으로 할 수 있다(중소기업진흥에 관한 법률 시행령 제56조).

20 중소벤처기업진흥공단에 운영위원회를 두며 위원은 비상근(非常勤)으로 한다(중소기업진흥에 관한 법률 제71조 제4항 참조).

21 대학이나 연구기관은 해당 기관이 설립한 전문회사의 발행주식 총수의 100분의 10 이상을 보유하여야 한다(벤처기업육성에 관한 특별법 제11조의3 제1항).

22 **집적지역의 지정 요건(벤처기업육성에 관한 특별법 제17조의3 참조)**
- 해당 기관이 보유한 교지나 부지의 연면적에 대한 지정 면적의 비율이 100분의 30을 초과하지 아니할 것
- 지정 면적이 3,000 제곱미터 이상일 것
- 집적지역개발계획이 실현 가능할 것

23 **개인투자조합의 등록(벤처투자 촉진에 관한 법률 제12조 제1항 및 하위체계 참조)**
다음의 어느 하나에 해당하는 자가 중소벤처기업부령으로 정하는 자와 상호출자하여 결성하는 조합으로서 벤처투자 촉진에 관한 법률의 적용을 받으려는 조합은 중소벤처기업부장관에게 개인투자조합으로 등록하여야 한다.

법
제12조 제1항
	• 개 인
	• 다음의 어느 하나에 해당하는 자로서 투자 목적과 출자 규모 등 대통령령으로 정하는 기준을 갖춘 자
	  – 창업기획자
	  –「벤처기업육성에 관한 특별법」에 따른 신기술창업전문회사
	  – 그 밖에 중소기업 창업지원 또는 벤처투자를 하는 자로서 중소벤처기업부장관이 정하여 고시하는 자
	※ 법 제12조 제1항에서 '대통령령으로 정하는 기준을 갖춘 자'는 영 제6조 제1항을 말하며, '중소벤처기업부장관이 정하여 고시하는 자'는 개인투자조합 등록 및 투자확인서 발급규정 제3조 제1항을 말한다.

영 제6조 제1항	사업내용에 창업자나 벤처기업에 대한 투자 또는 이에 투자하는 조합에 대한 출자를 포함하고 있는 자
개인투자조합 등록 및 투자확인서 발급규정 제3조 제1항	•「산업교육진흥 및 산학연협력촉진에 관한 법률」에 따른 산학연협력기술지주회사 •「기술의 이전 및 사업화 촉진에 관한 법률」에 따른 공공연구기관첨단기술지주회사 •「중소기업창업 지원법 시행령」에 따라 지정된 창조경제혁신센터

24 '창업자, 중소기업 및 벤처기업 등의 해외진출 지원'은 한국벤처투자의 사업에 속한다(동법 제67조 제1항 제5호 참조).

벤처투자회사의 사업(벤처투자 촉진에 관한 법률 제37조 제1항 참조)
- 창업기업에 대한 투자
- 「중소기업 기술혁신 촉진법」에 따른 기술혁신형·경영혁신형 중소기업에 대한 투자
- 벤처기업에 대한 투자
- 벤처투자조합의 결성과 업무의 집행
- 해외 기업의 주식 또는 지분 인수 등 중소벤처기업부 장관이 정하여 고시하는 방법에 따른 해외투자
- 중소기업이 개발하거나 제작하며 다른 사업과 회계의 독립성을 유지하는 방식으로 운영되는 사업에 대한 투자
- 상기 규정에 준하는 것으로서 중소벤처기업부장관이 정하여 고시하는 자에 대한 투자
- 상기의 사업에 딸린 사업으로서 중소벤처기업부장관이 정하는 사업

25. ④ 「중소기업제품 구매촉진 및 판로지원에 관한 법률」 제17조 제1항 제2호 참조
   ① 성능인증을 받은 중소기업은 상호나 대표자가 변경된 경우 인증서의 재교부를 신청하여야 한다(동법 제17조 제4항 제1호 참조).
   ② 성능인증의 유효기간은 성능인증을 받은 날부터 4년으로 한다(동법 제16조 참조).
   ③ 중소벤처기업부 장관은 제품 상용화 등을 위하여 필요하면 성능인증의 유효기간을 4년 내에서 연장할 수 있다(동법 제16조 참조).
   ⑤ 거짓으로 성능인증을 받았다는 사유로 성능인증이 취소된 자는 취소된 날부터 1년간 성능인증을 신청할 수 없다(동법 제15조 제2항 참조).

제2과목 회계학개론

26. (1) 20x2년 손상차손액 = ₩12,000,000 − ₩7,000,000 = ₩5,000,000
    (2) 20x3년 감가상각비 = (₩7,000,000 − ₩2,000,000) × 1/5 = ₩1,000,000
    (3) 손상차손환입
        ① 20x3년말 장부금액 = ₩7,000,000 − ₩1,000,000 = ₩6,000,000
        ② 손상차손인식을 하지 않은 경우 20x3년말 장부금액 = ₩14,000,000 − ₩2,000,000 − ₩2,000,000 = ₩10,000,000
    (4) 손상차손환입액 = Min[₩12,000,000, ₩10,000,000] − ₩6,000,000 = ₩4,000,000

27. 매출채권 장부금액 = ₩5,000,000 × 0.9091 + ₩14,500,000 × 0.8264 = ₩16,528,300

28. (1) 현재가치 = (₩1,000,000 + ₩66,216) × 0.7118 + ₩1,000,000 × 8% × 2.4018 = ₩951,077
    (2) 전환권대가 = 발행금액 − 현재가치 = ₩1,000,000 − ₩951,077 = ₩48,923

29. **실지재고조사법**
    (1) 평균단가 = (₩5,000 + ₩13,000 + ₩15,000 + ₩3,850) ÷ (100개 + 200개 + 200개 + 50개) = ₩67/개
    (2) 매출원가 = (200개 + 100개) × ₩67 = ₩20,100

    계속기록법
    (1) 6월 1일 매출 시 매출원가
        ① 6월 1일 평균단가 = (₩5,000 + ₩13,000) ÷ (100개 + 200개) = ₩60/개
        ② 6월 1일 매출원가 = 200개 × ₩60 = ₩12,000
    (2) 10월 1일 매출 시 매출원가
        ① 10월 1일 평균단가 = (₩60 × 100개 + ₩15,000) ÷ (100개 + 200개) = ₩70/개
        ② 10월 1일 매출원가 = 100개 × ₩70 = ₩7,000
    (3) 매출원가 = ₩12,000 + ₩7,000 = ₩19,000

30. 무상감자 시에는 감자대가가 없으므로 감자차익만 발생한다.

31 (1) 공정가치 미만 유상증자 시 무상증자비율
　　① 무상증자 주식수

　　　유상증자 주식수　　　　　　　　　　　　　　　　　　　　　　　20,000주
　　　공정가치 유상증자 시 발행가능 주식수(20,000주×₩10,000) ÷ ₩20,000 = (10,000주)
　　　무상증자 주식수　　　　　　　　　　　　　　　　　　　　　　　10,000주

　　② 무상증자비율 = 10,000주 ÷ (90,000주 + 10,000주) = 10%
　(2) 가중평균유통보통주식수

　　　기초주식 = 90,000주 × (1 + 10%) × (1 + 10%)　　　=　108,900주
　　　유상증자 = 10,000주 × (1 + 10%) × (1 + 10%) × 6/12 =　6,050주
　　　자기주식 = 3,000주 × 3/12　　　　　　　　　　　=　(750주)
　　　가중평균유통보통주식수　　　　　　　　　　　　　　114,200주

32 (1) 유동부채의 계산

$$유동비율(400\%) = \frac{유동자산(₩8,000,000)}{유동부채}$$

　　∴ 유동부채 = ₩2,000,000
　(2) 재고자산의 계산

$$당좌비율(150\%) = \frac{유동자산(₩8,000,000) - 재고자산}{유동부채(₩2,000,000)}$$

　　∴ 재고자산 = ₩5,000,000
　(3) 매출원가의 계산

$$재고자산회전율(8) = \frac{매출원가}{재고자산(₩5,000,000)}$$

　　∴ 매출원가 = ₩40,000,000

33
반품예상액에 대한 매출총이익	₩2,000,000 × 5% × (1 − 80%) =	₩20,000
반품 시 추가비용		5,000
반품되는 경우의 재고자산 손상예상액	₩2,000,000 × 5% × 80% × 50% =	40,000
처분이익(손실)		₩65,000

34 현금 및 현금성자산 : 현금, 당좌예금, 타인발행수표, 보통예금, 우편환증서, 양도성예금증서

35 용역제공거래의 결과는 다음 조건이 충족되는 경우 신뢰성 있게 추정할 수 있다.
　• 수익금액을 신뢰성 있게 측정할 수 있다.
　• 거래와 관련된 경제적 효익의 유입가능성이 높다.
　• 보고기간 말에 그 거래의 진행률을 신뢰성 있게 측정할 수 있다.
　• 이미 발생한 원가 및 거래의 완료를 위한 원가를 신뢰성 있게 측정할 수 있다.

36 (1) 원가율 = (₩10,740 + ₩178,800 − ₩4,550) ÷ (₩16,500 + ₩250,500 + ₩24,600 − ₩7,000) = 65%
(2) 기말재고자산(매가) = ₩16,500 + ₩250,500 + ₩24,600 − ₩20,400 − ₩228,000 − ₩20,000 − ₩7,000
= ₩16,200
(3) 기말재고자산(원가) = ₩16,200 × 65% = ₩10,530

37 (1) '생산이나 사용 전의 시제품과 모형을 제작하는 활동'과 '상업적 생산목적으로 실현가능한 경제규모가 아닌 시험공장을 건설하는 활동'은 개발활동에 해당한다.
(2) 개발활동으로 분류할 금액 = ₩150,000 + ₩200,000 = ₩350,000

38 (1) 5월 18일 재발행 시 자기주식처분손익 = (₩8,000 − ₩10,000) × 30주 = (−)₩60,000
(2) 12월 12일 재발행 시 자기주식처분손익 = 20주 × ₩15,000 − (10주 × ₩10,000 + 10주 × ₩12,000)
= ₩80,000
(3) 20x2년말 재무상태표상 자기주식처분손익 = (−)₩60,000 + ₩80,000 = ₩20,000(이익)

39
당기순이익	₩150,000
매출채권 증가	(5,500)
매입채무 감소	(1,400)
미지급비용 증가	1,800
영업에서 창출된 현금	₩144,900

40 (1) 20x2년 손상차손액 = ₩500,000 − ₩500,000 × 1/10 − ₩320,000 = ₩130,000
(2) 20x3년 감가상각비 및 2013년말 장부금액
① 감가상각비 = ₩320,000 × 1/8 = ₩40,000
② 2013년말 장부금액 = ₩320,000 − ₩40,000 − ₩40,000 = ₩240,000
(3) 손상차손을 인식하지 않았을 경우 20x3년말 장부금액 = ₩500,000 − ₩500,000 × 4/10 = ₩300,000
(4) 손상차손환입액 = Min[₩350,000, ₩300,000] − ₩240,000 = ₩60,000

41 (1) 만기보유금융자산은 공정가치로 평가하지 않으므로 평가손익이 없다.
(2) 매도가능금융자산의 평가손익
① 20x2년말 공정가치 = ₩960,000
② 20x2년말 상각후원가

취득원가	₩950,244
20x2년도 상각액 ₩950,244 × 10% − ₩1,000,000 × 8% =	15,024
	₩965,268

③ 매도가능금융자산평가손실 = ₩960,000 − ₩965,268 = ₩5,268

42 ① 누적적 우선주라고 하더라도 배당금은 부채로 계상할 수 없다.
③ 회사설립 시에 발행한 주식발행비는 회사설립비용이므로 당기비용 처리한다.
④ 청산배당은 주식취득일 이후 증가한 이익잉여금을 초과하여 배당하는 경우를 말한다.
⑤ 주식할인발행차금의 상각은 자본의 불입과는 무관하다.

43 (1) 보통주당기순이익 = ₩16,465,000 − ₩2,400,000 × 10% = ₩16,225,000
(2) 가중평균유통보통주식수 = 5,000주 + 1,000주 − 600주 × 2/12 = 5,900주
(3) 기본주당순이익 = ₩16,225,000 ÷ 5,900주 = ₩2,750/주

44 (1) 직접재료원가 = ₩8,000 + ₩43,000 − ₩6,000 = ₩45,000
(2) 직접노무원가 = ₩106,000 − ₩45,000 − ₩27,000 = ₩34,000
(3) 기초원가 = ₩45,000 + ₩34,000 = ₩79,000

45 (1) 평균법과 선입선출법의 가공원가의 완성품환산량 차이는 기초재공품의 완성품환산량의 차이이다.
(2) 기초재공품의 가공원가 완성도 = (56,000단위 − 44,000단위) ÷ 40,000단위 = 30%

46 (1) 1실당 1일 공헌이익 = ₩80,000 − ₩30,000 = ₩50,000
(2) 손익분기도달 임대객실 = ₩150,000,000 ÷ ₩50,000 = 3,000실
(3) 손익분기도달 객실임대율 = 3,000실 ÷ (100실 × 365) ≒ 8.22%

47 (1) 증분수익 = ① + ② = ₩13,000,000
① 특별주문매출액 = ₩1,600 × 5,000개 = ₩8,000,000
② 원가감소분 = (₩2,500 − ₩2,300) × 25,000개 = ₩5,000,000
(2) 증분비용 = ₩2,300 × 5,000개 = ₩11,500,000
(3) 증분이익 = ₩13,000,000 − ₩11,500,000 = ₩1,500,000(증가)

48

AQ × SP	SQ × SP
10,500시간 × ₩3	5,000개 × 2시간 × ₩3
= ₩31,500	= ₩30,000

능률차이 ₩1,500(불리)

49 (1) 가중평균자본비용
$= 12\% \times \dfrac{₩10,000,000}{(₩10,000,000 + ₩10,000,000)} + 10\% \times (1 - 20\%) \times \dfrac{₩10,000,000}{(₩10,000,000 + ₩10,000,000)} = 10\%$
(2) 경제적부가가치 = ₩1,500,000 × (1 − 20%) − (₩8,800,000 − ₩800,000) × 10% = ₩400,000

50 (1) 최소대체가격 = ₩100 + ₩0 = ₩100
(2) 최대대체가격 = ₩90 + $\dfrac{₩100,000}{20,000개}$ = ₩95
(3) 최소대체가격 > 최대대체가격이므로 대체가격의 범위는 존재하지 않는다.

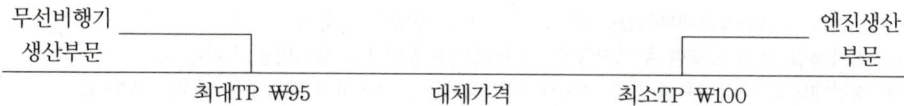

제3과목 경영학

51 프리드먼(M. Friedman)은 기업에게 이윤 추구 이외의 다른 사회적 책임을 강요해서는 안 된다고 주장했다.

52 직무수행의 작업조건은 위생요인에 해당한다.

위생요인과 동기요인
인간의 욕구가 충족되지 않을 경우 조직구성원에게 불만족을 초래하지만, 그러한 욕구를 충족시켜준다 하더라도 직무수행 동기를 적극적으로 유발하지 않는 요인을 허즈버그(F.Herzberg)는 위생요인(Hygiene Factor) 또는 불만요인(Dissatisfier)이라고 하였다. 위생요인은 일 그 자체보다는 직무의 맥락(Job Context)과 관계되는 것으로서, 조직의 방침(정책)과 행정, 관리감독, 상사와의 관계, 근무환경, 보수, 동료와의 관계, 개인생활, 부하직원과의 관계, 지위, 안전 등을 말한다. 반면 동기요인(Motivator)은 인간의 욕구 가운데 조직구성원에게 만족을 주고 동기를 유발하는 작용을 하는 요인을 말하며, 만족요인(Satisfier)이라고도 한다.

53 노동생산성을 측정하는 계산식은 부가가치/종업원수이다.

54 목표이익을 달성할 수 있는 매출량의 계산식은 (총고정비 + 목표이익) / (판매단가 − 단위당 변동비)이다.

55 현금유입의 현가와 현금유출의 현가를 일치시키는 할인율이 내부수익률이다. 즉 ②는 '내부수익률이 내부수익률보다 크면 경제성이 있다'로 같은 말이 반복되므로 틀린 답이다.

56 $5\% + (9\% - 5\%) \times 1.2 = 9.8\%$

증권시장선(SML ; Security Market Line)
완전시장하에서 자본시장이 균형을 이루고 투자자들이 평균·분산기준에 의해 행동한다고 가정하면 어떤 주식 또는 포트폴리오의 기대수익과 체계적 위험 사이에는 다음과 같은 선형관계가 성립한다.
- $E(R_i) = R_f + [E(R_m) - R_f]\beta_i$
- $E(R_i)$: 주식 또는 포트폴리오 i의 기대수익률
- $E(R_m)$: 시장포트폴리오 m의 기대수익률
- R_f : 무위험이자율
- β_i : 주식 또는 포트폴리오 i의 체계적 위험

57 벤처캐피탈(Venture Capital)은 위험성은 크지만 높은 기대수익이 예상되는 사업에 투자하는 자금으로, 기업결합과 무관하다.

58 버나드의 협동시스템이론은 근대적 조직론 관점으로 연구된 경영이론이다.

59 가족 차원에서 경영권 유지를 위해 노력하는 것은 고려하여야 하는 경영환경으로 볼 수 없다.

60 자원준거관점에 대한 설명이다. 자원준거관점의 이론적 핵심은 기업을 유형자원과 무형자원의 독특한 집합체(Unique Bundle)로 파악하는 것이다. 즉, 기업은 장기간에 걸쳐 나름대로 독특한 자원과 역량을 결합하고 구축해 가는데, 바로 이들 자원과 능력의 차별적 역량에 근거하여 경쟁우위를 얻을 수 있다는 것이다.

61 유행은 조직구조 설계와 관련이 없다.

62 전략사업단위(SBU)는 독자적 사업영역을 가져야 하는 것이지 독자적 예산권과 인사권과는 관련이 없다.

63 ROI기법을 사용한다고 하여 시장점유율을 확대시킬 수 있는 자료가 제공되는 것은 아니다.

64 고객의 니즈는 획일화되는 것이 아니라 다양화되고 있다.

65 고객 만족은 개선되어야 하기보다는 지향하여야 할 마케팅이다.

66 자본예산 중 현금의 시간적 가치를 고려하는 방법은 순현재가치, 내부수익률법, 수익성 지수법이 있다.

67 생산관리의 4대 목표는 원가(비용), 품질, 납품, 유연성이다.

68 종업원지주제는 미국에서 시작되었다.

69 조직개발에 대하여 정의하고 연구한 학자는 프렌치(W. French), 베니스(W. G. Bennis), 베크하드(R. Beckhard) 등이 있다.

70 카르텔은 기업연합이라고 하며, 기업 상호 간의 경쟁의 제한이나 완화를 목적으로 동종 또는 유사산업 분야의 기업 간에 결성되는 기업담합형태를 뜻한다.

71 직무에 대한 분석 후 이를 바탕으로 직무의 각 분야가 기업 내에서 차지하는 상대적 가치의 결정인 직무평가를 하게 되고 직무평가 결과에 따라 인사고과를 한다.

72 100주 × ₩1,000 = ₩100,000(매수가격)
100주 × ₩1,300 = ₩130,000(처분가격)
100주 × ₩100 = ₩10,000(배당금)
∴ ₩130,000 + ₩10,000 = ₩140,000
₩140,000 − ₩100,000 = ₩40,000(매수가격의 40%)

73 $$손익분기점(판매량) = \frac{고정비}{단위당 판매가격 - 단위당 변동비(공헌이익)}$$

$$= \frac{₩1,000,000}{₩500 - ₩250} = 4,000단위$$

74 제품의 품질이 중시될 때는 성과급보다는 시간급이 알맞다.

75 칸반(Kanban) 방식은 토요타식 생산시스템의 하나인 서브시스템이다. 토요타 생산 방식의 기본사상은 철저한 낭비의 배제, 즉 낭비, 무리, 불균형을 배제하려는 것이다. 이를 위하여 필요한 때에 필요한 물건을 필요한 양만큼만 만들어 결국 보다 좋게, 보다 빨리, 짧은 리드타임으로 소로트생산을 하는 정체되지 않는 흐름 방식을 취하는 것이다.

제4과목 기업진단론

76 재고자산회전일수는 재고자산을 매출로 소진하는 데 걸리는 평균시간을 말하는 것으로, 높아질수록 회전율이 낮다는 의미가 된다.

77 정부 및 감독기관도 경영분석을 필요로 하는 이해관계자이다.

78 유동비율은 유동자산에 대한 유동부채 비율로 계산한다. 이 비율은 기업의 지급능력, 신용능력을 판단하기 위하여 쓰인다. 높은 유동비율은 지급능력이 높다는 것을 의미하지만 기업의 자본수익성을 저하시키지 않는 한도 내에서 유동비율이 커지지 않도록 해야 한다.

79 외상매출의 누락은 매출이나 매출채권에 영향을 미친다. 현금비율은 유동부채에 대한 현금이 차지하는 비율로 외상매출에 영향을 받지 않는다.

80 매출채권회전율은 매출채권이 한 번 회전하는데 소요된 기간을 나타낸다. 이 수치가 증가한다는 것은 매출채권이 순조롭게 회수되고 있음을 나타낸다.

81 현금할인법에 따라 배당의 현재 가격을 구할 수 있다.
주당가격 = 배당/(자기자본비용 − 성장률) = ₩5,000/(10% − 5%) = ₩100,000

82 손익분기점이 낮은 기업은 손익분기점이 큰 기업에 비해 매출의 크기가 작은 경우에도 이익이 날 수 있으므로, 일반적으로는 경영위험이 낮다.

83 영업레버리지는 고정비의 금액이 커질수록 더 증가하므로 직접 생산하는 경우 영업레버리지효과가 증가한다.

84 심각한 인플레이션하에서는 일반적으로 수익성 비율이 높게 나타날 가능성이 있다.

85 재고자산회전기간은 기업의 재고자산이 매출액으로 실현되기까지 걸리는 기간을 의미한다. 따라서 이 기간이 길수록 좋지 않다.

86 부채비율은 총부채를 자기자본과 비교한 비율로, 기업의 장기채무지급능력을 평가하는 대표적인 지표이다. 부채비율이 높을수록 장기채무 상환 부담이 크다는 의미다.

87 유동비율 = $\frac{유동자산}{유동부채} \times 100$, 당좌비율 = $\frac{당좌자산}{유동부채} \times 100$

유동자산 = 당좌자산 + 재고자산

88 ① 물가가 상승할 것으로 예상되면 화폐가치가 하락해 일반적으로 채권가격이 하락한다.
② 무위험수익률은 화폐의 시간적 가치를 고려한 이자율로 투자 위험이 없는 순수한 기대수익률을 말한다. 반면, 채권의 현금흐름의 현재가치와 시장가치를 동일하게 만들어주는 수익률을 채권수익률이라고 한다.
④ 채권평가기관은 채권의 원금과 이자가 약속대로 상환될 수 있는 정도를 심사하여 채권자를 보호하고자 한다.
⑤ 채권수익률의 기간구조는 만기까지 기간과 채권수익률 사이의 관계를 보여주는 그래프이다.

89 스타(Stars)는 시장성장률과 시장점유율이 모두 높은 제품군으로, 지속적인 성장을 위해 순운전자본과 자본적 지출의 대폭적인 증가가 요구된다.

90 종업원 만족도는 혁신과 학습 관점에 포함되며, 내부프로세스 관점은 주로 운영 효율성, 품질, 배송 시간, 비용 관리 등 조직의 업무 프로세스 개선과 관련된 지표를 의미한다.

91 채권자는 기업의 부채비율이 높으면 이자회수 및 채권에 대한 회수가능성이 점차 낮아지게 된다.

92 재무레버리지도(DFL)는 영업이익변화율에 대한 주당 이익변화율의 비율로 계산된다. 따라서 영업이익이 10% 감소할 때 주당순이익은 20% 감소한다.

93 $\text{ROE} = \dfrac{\text{순이익}}{\text{자기자본}} = \dfrac{₩60,000}{₩120,000} = 50\%$

94 재무상태표, 손익계산서 모두에서 항목을 추출해 재무비율을 계산하는 것을 혼합비율이라 한다. 혼합비율로는 재고자산회전율, 총자산회전율 등이 있다.

95 $\text{자기자본비율} = \dfrac{\text{자기자본}}{\text{총자본}} = \dfrac{\text{자산} - \text{부채}}{\text{자산}}$

$= \dfrac{₩120,000 - ₩30,000}{₩120,000} = 75\%$

96 신용평가에서 재무적 평가는 재무제표 등 정량적 데이터를 기반으로 하지만, 비재무적 평가는 경영능력, 시장점유율 유지능력 등 정성적 요소를 포함한다. 여기서 '시장점유율 유지능력'은 비재무적 평가에 해당한다.

97 기업이 다수의 제품을 판매하는 경우 매출배합은 일정하다.

98 기업진단의 대상은 비영리조직도 포함한다.

99 안전율은 매출액이 손익분기점 매출액을 어느 정도 초과하는지를 나타내는 비율로서 높을수록 긍정적인 신호이다.

100 상환능력(Capacity)은 기업의 현금유입에서 현금유출을 차감한 순현금유입의 크기로 평가한다.

제5과목 조사방법론

101 연구자가 새로이 주장하여 검정하고자 하는 가설을 연구가설이라 한다. 연구가설은 대안가설, 대립가설이라고도 표현한다.

102 의견을 수렴하는 델파이기법에 관한 설명이다.

103 통제집단 사전사후실험설계에 관한 설명으로 이를 그림으로 표현하면 다음과 같다.

| EG [R] : O_1 $\times$ O_2 |
| CG [R] : O_3 $\quad\quad$ O_4 |

104 신뢰성과 타당성의 관계를 정리하면 다음과 같다.

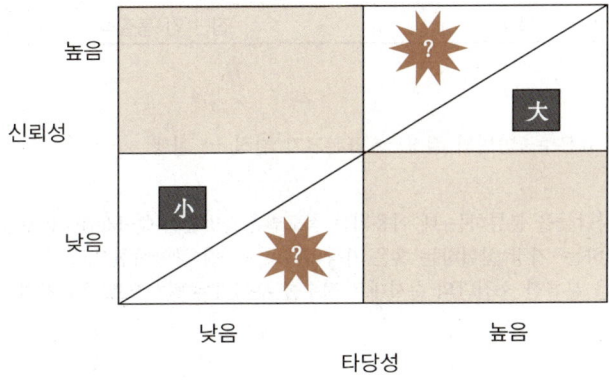

- 타당성이 높으면 항상 신뢰성이 높게 나타난다.
- 신뢰성이 낮으면 항상 타당성이 낮게 나타난다.
- 신뢰성이 높으면 타당성이 높을 수도 낮을 수도 있다.
- 타당성이 낮으면 신뢰성은 높을 수도 낮을 수도 있다.

105 귀무가설은 대립가설과 반대되는 진술로서 연구자가 부정하고 싶은 가설이다.

106 동시타당성이란 측정기준이 되는 측정이 현재 상황을 얼마나 잘 반영하는지를 알아보기 위해 기존의 입증된 기준과 비교하여 그 정도를 파악하는 방법을 말한다.

107 조작적 정의란 개념적 정의에 의해 구체화된 추상적 개념을 실제 경험적 세계에서 측정가능한 형태로 정의하는 것을 의미한다.

108 보가더스척도(사회적 거리 척도)에 대한 설명이다.

109 내적타당성 저해요인 중에 대표성과 관련된 요인은 선발(표본선택의 편향), 상실(소멸), 회귀(통계적 회귀)이다.

110 확률 표본추출법은 표본오차의 추정이 가능하다.

확률 표본추출법	비확률 표본추출법
표본으로 추출될 확률이 알려져 있음	표본으로 추출될 확률이 알려져 있지 않음
무작위적 표본추출	인위적 표본추출
시간과 비용이 많이 발생	시간과 비용이 적게 발생
표본오차의 추정이 가능	표본오차의 추정이 불가능
표본분석결과의 일반화가 가능	표본분석결과의 일반화에 제약
모수추정에서 조사자의 주관성 개입이 가능	모수추정에서 조사자의 주관성을 배제

111 층화 표본추출법과 집락 표본추출법

구 분	층화 표본추출법	집락 표본추출법
공통점	모집단을 몇 개의 소집단으로 나눔	
차이점	집단 내 동질적	집단 내 이질적
	집단 간 이질적	집단 간 동질적

112 **표본추출 과정**
모집단의 설정 → 표본프레임 작성 → 표본추출방법의 결정 → 표본크기 결정 → 실행

113 특정 자극에 대해 유사한 태도를 가진 사람들을 분류하는 데 이용되는 척도법은 Q방법론(Q-Methodology)이라고 한다. 이 방법은 문항들을 가장 좋아하는-가장 싫어하는 혹은 가장 만족한-가장 불만족한으로 나누고 60에서 120개의 문항을 분류하여 각 문항들을 분류한 소집단의 순서대로 점수를 부여하는 방식으로 응답자의 태도를 알아보는 방법이다.

114 스노우볼 표본추출법에 대한 설명이며 눈덩이표집법이라고도 한다.

115 전수조사와 표본조사에서 언급되는 오류는 표본오류와 비표본오류이며, 표본조사는 전수조사보다 표본오류의 발생가능성이 높다.

116 표본에서 얻은 자료를 근거로 모집단의 특성을 추론하는 데 적절한 표본추출방법은 확률 표본추출방법으로 단순무작위 표본추출, 층화 표본추출, 군집(집락) 표본추출, 체계적 표본추출이 있다.

117 표본오차란 표본오류라고도 하며, 모집단으로부터 표본추출을 통하여 조사를 할 때 표본집단이 모집단의 특성을 대표하지 못해서 발생하는 오류를 의미한다. 따라서 표본오류는 표본조사에서 주로 발생한다.

118 양적연구에서 표본의 크기가 클수록 유의미한 결과를 얻는 데 유리하다.

119 표본크기 결정 시 모집단의 이질성 여부, 모집단의 크기, 통계분석의 최저표본수, 동시에 분석해야 할 변수 및 범주의 수, 허용오차 및 신뢰도, 유의도, 모집단의 분산, 표본추출방법, 조사설계의 유형, 시간과 비용 등을 고려하여야 한다. 외생변수는 표본의 크기와 무관하다.

120 제1종 오류에 관한 설명이다.

121 집단으로 그룹화하는 것은 군집분석에 관한 설명이다.

122 카이제곱분석은 검정하고자 하는 두 변수 간의 독립성과 동질성 여부를 분석하는 데 주로 이용되며, 명목척도 혹은 서열척도와 같은 범주형 변수일 때 주로 이용된다.

123 독립변수와 종속변수의 속성(범주형인지 연속형인지)에 따른 분석방법을 고르는 문제다. 명목척도의 경우 범주형 변수이며, 비율척도의 경우는 연속형 척도다. 위 문제의 경우 수집된 자료가 모두 명목척도라고 하였는데 이는 독립변수 및 종속변수 둘 다 범주형 변수로, 카이제곱분석을 사용할 수 있다.

124 3개 이상의 집단의 평균차이를 분석하는 방법은 분산분석이다.

125 2개의 연속형 변수로 이루어진 독립변수(광고비, 영업사원 수)가 1개의 연속형 변수로 이루어진 종속변수(매출액 증가)에 미치는 영향을 파악하기 위해서는 다중회귀분석이 사용된다.

작은 기회로부터 종종 위대한 업적이 시작된다.

– 데모스테네스 –

부 록 | 최신기출문제

PART 01 2025년 기출문제
PART 02 정답 및 해설

무언가를 위해 목숨을 버릴 각오가 되어 있지 않는 한
그것이 삶의 목표라는 어떤 확신도 가질 수 없다.

– 체 게바라 –

끝까지 책임진다! 시대에듀!

QR코드를 통해 도서 출간 이후 발견된 오류나 개정법령, 변경된 시험 정보, 최신기출문제, 도서 업데이트 자료 등이 있는지 확인해 보세요! **시대에듀 합격 스마트 앱**을 통해서도 알려 드리고 있으니 구글 플레이나 앱 스토어에서 다운받아 사용하세요. 또한, 파본 도서인 경우에는 구입하신 곳에서 교환해 드립니다.

PART 01 2025년 기출문제

125문항

1 중소기업관계법령

01 중소기업기본법령상 중소기업 옴부즈만에 관한 설명으로 옳지 않은 것은?

① 임기는 3년으로 하되, 한 번만 연임할 수 있다.
② 국회의원 또는 지방의회의원의 직을 겸할 수 없다.
③ 중소기업에 영향을 미치는 규제의 발굴 및 개선은 중소기업 옴부즈만이 독립하여 수행하는 업무에 해당한다.
④ 업무에 관한 활동 결과보고서를 작성하여 매년 1월 말까지 규제개혁위원회와 국무회의 및 국회에 보고하여야 한다.
⑤ 업무 수행의 처리결과를 공표할 경우「공공기관의 정보공개에 관한 법률」제9조에 따른 비공개 대상에 해당하는 사항을 포함하여 공표할 수 있다.

02 중소기업기본법령상 중소기업의 요건에 관한 규정의 일부이다. ( )에 들어갈 숫자는?

> 「중소기업기본법」시행령 제3조(중소기업의 범위)
> ①「중소기업기본법」제2조 제1항 제1호에 따른 중소기업은 다음 각 호의 요건을 모두 갖춘 기업으로 한다.
>   2. 소유와 경영의 실질적인 독립성이 다음 각 목의 어느 하나에 해당하지 아니하는 기업일 것
>   나. 자산총액이 (ㄱ)천억원 이상인 법인(외국법인을 포함하되, 비영리법인 및 제3조의2 제3항 각 호의 어느 하나에 해당하는 자는 제외한다)이 주식등의 100분의 (ㄴ) 이상을 직접적 또는 간접적으로 소유한 경우로서 최다출자자인 기업

① ㄱ : 3, ㄴ : 30
② ㄱ : 3, ㄴ : 50
③ ㄱ : 5, ㄴ : 20
④ ㄱ : 5, ㄴ : 30
⑤ ㄱ : 5, ㄴ : 50

03 중소기업 사업전환 촉진에 관한 특별법령상 사업전환에 해당하는 하나의 경우이다. ( )에 들어갈 숫자는?

> 중소기업자가 운영하고 있는 사업을 유지하면서 신사업 분야에서 기존의 제품·서비스와 차별화되는 새로운 제품·서비스를 추가하거나 새로운 제공방식을 도입하는 경우로서 해당 사업비중이 해당 사업을 시작한 후 (ㄱ)년 이내에 해당 사업의 매출액이 총매출액의 100분의 (ㄴ) 이상이 되거나 해당 사업에 종사하는 상시 근로자 수가 총 근로자 수의 100분의 (ㄷ) 이상이 되는 경우

① ㄱ : 2, ㄴ : 20, ㄷ : 20
② ㄱ : 2, ㄴ : 30, ㄷ : 20
③ ㄱ : 3, ㄴ : 20, ㄷ : 30
④ ㄱ : 3, ㄴ : 30, ㄷ : 30
⑤ ㄱ : 3, ㄴ : 30, ㄷ : 50

04 중소기업 사업전환 촉진에 관한 특별법령에 관한 설명으로 옳은 것은?

① 사업전환심의위원회의 위원장은 중소벤처기업부장관이 된다.
② 중소벤처기업부장관은 중소기업사업전환촉진계획을 매년 수립·시행하여야 한다.
③ 승인기업이 사업전환계획의 주요 내용을 변경하려면 중소벤처기업부장관의 승인을 받아야 하고, 사업전환계획을 중단하려면 중소벤처기업부장관에게 통지하여야 한다.
④ 중소벤처기업부장관은 승인기업의 사업전환계획의 이행 여부와 실적 등을 2년에 한 번 이상 조사하여야 한다.
⑤ 중소벤처기업부장관은 사업전환계획의 이행실적조사 결과 승인기업의 사업전환계획의 이행이 어렵다고 판단하면 해당 승인기업에 그 계획의 변경이나 중단을 명해야 한다.

05 중소기업 사업전환 촉진에 관한 특별법령상 중소벤처기업부장관이 중소기업사업전환지원센터를 설치·운영하는 중소기업지원기관이나 단체(지원센터설치·운영법인)의 장에게 위탁하는 업무가 아닌 것은?

① 사업전환 실태조사
② 사업전환계획의 승인
③ 공동사업전환계획의 변경승인
④ 공동사업전환계획의 이행실적조사
⑤ 사업전환계획 또는 공동사업전환계획의 승인을 받은 중소기업자에 대한 성과평가

06 중소기업 인력지원 특별법령상 중소기업의 인력지원을 받을 수 있는 업종은?(단, 업종의 분류는 한국표준산업분류를 기준으로 함)

① 기타 주점업
② 무도장 운영업
③ 일반유흥 주점업
④ 무도유흥 주점업
⑤ 골프연습장 운영업

07 중소기업 인력지원 특별법령상 정부가 인력구조 고도화사업계획(이하 '인력고도화계획'이라 한다)의 시행에 드는 경비의 일부를 지원할 수 있는 요건에 해당하지 않는 것은?

① 인력고도화계획의 시행을 해당 연도의 다음 해까지 시작할 수 있을 것
② 인력고도화계획의 목표 및 내용이 중소기업의 인력구조의 고도화에 기여할 수 있을 것
③ 지원대상인 중소기업이 20개 이상일 것
④ 인력고도화계획의 목표 및 내용이 중소기업의 원활한 인력확보에 기여할 수 있을 것
⑤ 사업계획의 원활한 추진을 위하여 중소벤처기업부장관이 정하여 공고하는 요건을 갖출 것

08 소상공인기본법령상 소상공인이 규모의 확대 등으로 소상공인에 해당하지 아니하게 되었더라도 그 사유가 발생한 연도의 다음 연도부터 3년간은 소상공인으로 보는 경우가 아닌 것(소상공인 지위 유지의 제외)으로 규정된 것을 모두 고른 것은?

> ㄱ. 소상공인의 상시 근로자 수가 20명 이상이 된 경우
> ㄴ. 「소상공인기본법」 제2조 제2항 본문에 따라 소상공인으로 보았던 기업이 같은 조 제1항에 따른 소상공인이 되었다가 다시 소상공인에 해당하지 않게 된 경우
> ㄷ. 소상공인이 「소상공인기본법」 제2조 제2항 본문에 따라 소상공인으로 보는 기간 중에 있는 자를 흡수합병한 경우로서 흡수합병된 기업이 당초 소상공인에 해당하지 않게 된 사유가 발생한 연도의 다음 연도부터 2년이 지난 경우
> ㄹ. 소상공인이 「중소기업기본법」 제2조 제1항에 따른 중소기업에 해당하지 않게 된 경우

① ㄱ
② ㄴ, ㄷ
③ ㄷ, ㄹ
④ ㄱ, ㄴ, ㄹ
⑤ ㄱ, ㄴ, ㄷ, ㄹ

09 소상공인기본법령상 소상공인정책심의회(이하 '심의회'라 한다)에 관한 설명으로 옳은 것은?

① 둘 이상의 중앙행정기관이 관련된 주요 소상공인 보호·육성 정책의 조정은 심의회가 심의·조정하는 사항에 해당한다.
② 전년도 소상공인 지원 시행계획의 실적 및 성과의 평가는 심의회가 심의·조정하는 사항이 아니다.
③ 위원장이 부득이한 사유로 직무를 수행할 수 없을 때에는 위원 중에서 호선(互選)된 위원이 그 직무를 대행한다.
④ 소상공인, 경제·산업 등의 분야에 관한 경험과 전문지식이 풍부한 사람 중에서 지원센터설치·운영법인의 장이 위촉하는 사람은 심의회의 위원이 된다.
⑤ 위원장이 심의회의 회의를 소집하려는 경우에는 회의 개최일 10일 전까지 회의의 일시·장소 및 심의 안건을 각 위원에게 통지해야 하지만, 긴급한 사정이나 그 밖의 부득이한 사유가 있는 경우에는 그렇지 않다.

10 중소기업제품 구매촉진 및 판로지원에 관한 법령상 기술개발제품 시범구매제도에 관한 설명으로 옳지 않은 것은?

① 기술개발제품 시범구매제도란 우선구매 대상 기술개발제품의 구매를 활성화하고 「중소기업창업 지원법」에 따른 창업기업의 원활한 판로개척을 지원하기 위하여 별도의 평가 절차를 통하여 구매 대상을 선정하는 방식으로 공공기관의 기술개발제품 구매의사결정을 대행하는 제도를 말한다.
② 조합인 중소기업자는 기술개발제품 시범구매제도에 참여할 수 있다.
③ 기술개발제품 시범구매제도에 참여하려는 기업은 신청서를 제출할 때에 신청하려는 제품에 대한 설명서 및 규격서를 첨부하여야 한다.
④ 기술개발제품 시범구매제도에 참여하려는 공공기관은 신청서에 해당 공공기관의 현황 자료를 첨부하여 구매정보망을 통해 중소벤처기업부장관에게 제출해야 한다.
⑤ 중소벤처기업부장관은 기술개발제품 시범구매제도의 활성화를 위하여 공공기관 및 대통령령으로 정하는 기술개발제품 인증 기관에 기술개발제품의 구매 및 인증에 대한 세부 현황 자료의 제출을 요구할 수 있다.

11 중소기업제품 구매촉진 및 판로지원에 관한 법률상 중소기업제품의 성능인증에 관한 설명으로 옳지 않은 것은?

① 중소벤처기업부장관은 중소벤처기업부령으로 정한 중소기업 기술개발제품에 대하여 성능인증을 할 수 있다.
② 중소벤처기업부령으로 정하는 성능인증 기준에 맞지 않아 성능인증이 취소된 경우에는 취소된 날부터 1년간 성능인증을 신청할 수 없다.
③ 성능인증의 유효기간은 성능인증을 받은 날부터 4년이고, 중소벤처기업부장관은 제품 상용화 등을 위하여 필요하면 그 유효기간을 4년 내에서 연장할 수 있다.
④ 성능인증을 받은 중소기업은 상호나 대표자가 변경된 경우에는 인증서의 재교부를 신청하여야 한다.
⑤ 중소벤처기업부장관은 시험연구원이 업무정지 기간에 성능인증 업무를 한 경우에는 그 지정을 취소하여야 한다.

12 중소기업진흥에 관한 법률상 중소기업자의 원활한 협업 수행을 위하여 정부가 할 수 있는 지원사업을 모두 고른 것은?

| ㄱ. 인력 양성 | ㄴ. 협업자금 지원 |
| ㄷ. 수출 및 판로개척 지원 | ㄹ. 공동 법인 설립 등에 관한 자문 |

① ㄹ
② ㄱ, ㄷ
③ ㄱ, ㄴ, ㄷ
④ ㄴ, ㄷ, ㄹ
⑤ ㄱ, ㄴ, ㄷ, ㄹ

13 중소기업진흥에 관한 법령상 중소기업가업승계지원센터(이하 '지원센터'라 한다)에 관한 설명으로 옳지 않은 것은?

① 지원센터의 지정을 받으려는 기관은 법인이어야 한다.
② 「경영지도사 및 기술지도사에 관한 법률」에 따른 경영지도사로서 그 자격과 관련된 업무에 3년 이상 종사한 경력이 있는 자는 중소기업의 가업승계 지원 전문인력이 될 수 있다.
③ 중소벤처기업부장관은 지원센터를 지정한 경우에 관보 또는 중소벤처기업부 인터넷 홈페이지에 공고하여야 한다.
④ 지원센터로 지정받은 자는 해당 연도의 사업계획과 전년도의 사업추진 실적을 매년 3월 31일까지 중소벤처기업부장관에게 보고하여야 한다.
⑤ 우수 승계기업 인증 및 포상에 관한 사항은 지원센터의 업무이다.

14 중소기업진흥에 관한 법률상 정의 규정의 일부이다. (   )에 들어갈 용어는?

"중소기업의 (   )"(이)란 중소기업자가 컴퓨터 또는 각종 제어장치를 이용하여 경영관리와 유통관리를 전산화하는 등 중소기업의 전산망을 구축하는 것을 말한다.

① 자동화
② 정보화
③ 고도화
④ 기술개발
⑤ 사업전환

15 벤처기업육성에 관한 특별법령상 국토의 계획 및 이용에 관한 법률 시행령 제30조에 따른 지역 중 벤처기업집적시설을 건축할 수 없는 지역끼리 묶은 것은?

① 전용주거지역, 제2종일반주거지역
② 제1종일반주거지역, 제2종일반주거지역
③ 전용주거지역, 제1종일반주거지역, 녹지지역
④ 전용주거지역, 제2종일반주거지역, 녹지지역
⑤ 제1종일반주거지역, 제2종일반주거지역, 녹지지역

16 벤처기업육성에 관한 특별법령상 벤처기업확인에 관한 설명이다. (   )에 들어갈 내용은?

- 벤처기업으로서 「벤처기업육성에 관한 특별법」에 따른 지원을 받으려는 기업은 벤처기업 해당 여부에 관하여 (ㄱ)에게 확인을 요청할 수 있다.
- 벤처기업확인서를 발급한 경우, 벤처기업확인서의 유효기간은 확인일부터 (ㄴ)년이다.

① ㄱ : 중소벤처기업부장관, ㄴ : 1
② ㄱ : 중소벤처기업부장관, ㄴ : 3
③ ㄱ : 중소벤처기업부장관, ㄴ : 5
④ ㄱ : 벤처기업확인기관의 장, ㄴ : 3
⑤ ㄱ : 벤처기업확인기관의 장, ㄴ : 5

17 벤처기업육성에 관한 특별법의 내용으로 옳지 않은 것은?

① 소셜벤처기업은 사회적 가치와 경제적 가치를 통합적으로 추구하는 기업으로서 사회성, 혁신성 성장성 등 대통령령으로 정하는 요건을 갖춘 기업이다.
② 일반 유흥 주점업은 「벤처기업육성에 관한 특별법」 제2조 제1항의 요건을 갖추었더라도 벤처기업에 포함하지 않는다.
③ 국립연구기관의 경우에는 공정한 경쟁을 위하여 신기술창업전문회사를 설립할 수 없다.
④ 대한민국에 6개월 이상 주소나 거소를 두지 않은 외국인에 의한 벤처기업의 주식 취득은 그 벤처기업의 정관으로 정하는 바에 따라 제한할 수 있다.
⑤ 벤처기업집적시설에 입주하였던 벤처기업이 벤처기업에 해당하지 아니하게 된 경우에도 계속하여 벤처기업집적시설에 입주할 수 있다.

18 중소기업 기술혁신 촉진법상 중소기업기술정보진흥원의 사업에 해당하지 않는 것은?

① 중소기업 기술혁신 기반조성
② 중소기업 기술혁신사업의 수요 발굴 및 조사·분석
③ 중소기업 정보화 기반조성 및 수준평가
④ 중소기업 정보화경영에 관한 전문인력의 양성
⑤ 중소기업 기술혁신에 필요한 자금지원

19 중소기업 기술혁신 촉진법령상 기술연구회를 구성하고자 하는 자가 미리 중소벤처기업부장관에게 제출하여야 할 기술연구회구성계획서에 기재되는 사항이 아닌 것은?

① 공동연구개발계획
② 자산 및 연구성과의 배분계획
③ 출자금 총액
④ 출자의 시기 및 방법
⑤ 기술연구회의 규약

20 중소기업 기술혁신 촉진법령상 중소벤처기업부장관이 추진할 수 있는 중소기업의 국제기술협력 지원 사업에 해당하지 않는 것은?

① 중소기업의 국제기술협력을 위한 조사
② 중소기업 경영혁신 관련 금융지원
③ 중소기업의 국제기술협력을 위한 기술상담 및 연수
④ 기술도입 및 기술교류
⑤ 국제 전시회 또는 학술회의의 개최

21 벤처투자 촉진에 관한 법령상 중소벤처기업부장관에게 개인투자조합으로 등록하려는 조합이 갖추어야 하는 요건을 모두 고른 것은?

> ㄱ. 출자금 총액이 2억원 이상일 것
> ㄴ. 출자 1좌(座)의 금액이 100만원 이상일 것
> ㄷ. 조합원의 수가 49인 이상일 것
> ㄹ. 존속기간이 5년 이상일 것

① ㄱ, ㄷ   ② ㄱ, ㄹ
③ ㄴ, ㄹ   ④ ㄱ, ㄴ, ㄷ
⑤ ㄴ, ㄷ, ㄹ

22 벤처투자 촉진에 관한 법령상 한국벤처투자에 관한 설명으로 옳은 것은?

① 한국벤처투자는 주된 사무소의 소재지에서 신고함으로써 성립한다.
② 한국벤처투자에 관하여 「벤처투자 촉진에 관한 법률」에 규정된 것 외에는 「민법」 중 법인에 관한 규정을 준용한다.
③ 한국벤처투자는 창업기업과 벤처기업에 대하여 해외진출 지원 사업을 하나, 중소기업에 대해서는 그러하지 아니하다.
④ 한국벤처투자는 벤처투자의 사업을 위하여 필요하면 중소벤처기업부장관의 승인을 받아 국내외 금융기관으로부터 자금을 차입할 수 있다.
⑤ 한국벤처투자는 「정부조직법」에 따른 중앙행정기관의 장과 상호출자하여 개인투자조합에 대하여 출자하는 벤처투자모태조합을 결성할 수 없다.

23 소상공인 보호 및 지원에 관한 법률상 소상공인 불공정거래 피해상담센터의 업무에 해당하지 않는 것은?

① 소상공인 불공정거래에 대한 시정명령
② 소상공인 불공정거래에 관한 실태조사
③ 소상공인 불공정거래 피해예방 교육
④ 소상공인 불공정거래 피해상담
⑤ 소상공인 불공정거래 피해상담에 대한 사후관리

24 소상공인 보호 및 지원에 관한 법령상 소상공인시장진흥공단이 설치·운영하는 지역별 소상공인 지원센터의 업무에 해당하지 않는 것은?

① 소상공인 창업과 경영개선을 위한 정보 제공, 교육 및 상담
② 지역상권의 조사·분석
③ 소상공인 실태조사 및 관련 정보의 수집
④ 전통시장등의 시설 및 경영 현대화를 위한 정보 제공, 교육 및 상담
⑤ 소상공인의 입지 및 업종 선정을 지원하기 위한 상권정보시스템의 구축

25 소상공인 보호 및 지원에 관한 법령상 백년소상공인에 관한 설명으로 옳지 않은 것은?

① 백년소상공인으로 지정되고자 하는 소상공인은 백년소상공인의 지정을 중소벤처기업부장관에게 신청하여야 한다.
② 중소벤처기업부장관은 지정된 백년소상공인이 거짓이나 그 밖의 부정한 방법으로 지정을 받은 경우 그 지정을 취소할 수 있다.
③ 중소벤처기업부장관은 백년소상공인의 지정을 취소하려면 청문을 실시하여야 한다.
④ 중소벤처기업부장관은 백년소상공인의 지정을 취소하려면 해당 중소기업자에게 취소사유, 취소일 등을 분명하게 밝힌 문서(전자문서 포함)를 보내야 한다.
⑤ 백년소상공인 지정의 유효기간은 백년소상공인 지정을 받은 날부터 5년으로 한다.

2 회계학개론

※ 아래 문제들에서 특별한 언급이 없는 한 기업의 보고기간(회계기간)은 매년 1월 1일부터 12월 31일까지이다. 또한 기업은 주권상장법인으로서 계속해서 한국채택국제회계기준(K-IFRS)을 적용해오고 있다고 가정한다. 단, 문제에서 주어진 이자율은 특별한 언급이 없는 경우 연(年)이자율이며, 자료에서 제시한 모든 항목과 금액은 중요하다. 자료에서 제시한 것 외의 사항은 고려하지 않고 답한다. 예를 들어 법인세에 대한 언급이 없으면 법인세효과는 고려하지 않는다.

26 일반목적 재무보고서가 제공하는 정보로 볼 수 없는 것은?

① 경제적 자원 및 청구권
② 재무성과에 기인하지 않은 경제적 자원 및 청구권 변동
③ 발생기준 회계가 적용된 재무성과
④ 과거현금흐름이 반영된 재무성과
⑤ 보고기업의 발생기준 미래 추정재무성과

27 ㈜한국의 재고자산에 관한 자료는 다음과 같다.

구 분	선입선출법	총평균법
기초재고	₩30,000	₩20,000
기말재고	40,000	25,000

선입선출법에 의한 매출총이익이 ₩80,000일 경우, 총평균법에 의한 매출총이익은?

① ₩70,000 ② ₩75,000
③ ₩80,000 ④ ₩85,000
⑤ ₩90,000

28 ㈜한국의 20x2년 매출채권 내역은 다음과 같다.

구 분	기 초	기 말
매출채권	₩5,000	₩2,000
대손충당금	(500)	(300)
	₩4,500	₩1,700

20x2년에 매출채권 ₩600을 회수불가능으로 장부에서 제거하였다. 20x2년 매출액이 ₩15,000일 경우, 매출채권 현금회수액은?(단, 모든 매출은 신용거래이다)

① ₩15,000 ② ₩17,400
③ ₩17,500 ④ ₩17,800
⑤ ₩18,000

29 회계감사에 관한 설명으로 옳지 않은 것은?

① 주식회사 등의 외부감사에 관한 법률에 따라 일정 규모 이상의 주식회사는 외부감사를 받도록 하고 있다.
② 재무제표에 대한 감사인의 의견은 회사의 재무상태 또는 경영성과의 양호 여부를 평가하거나 장래 전망을 보장하는 것은 아니다.
③ 회계감사를 수행하더라도 재무제표 작성에 대한 책임은 경영자에게 있다.
④ 충분하고 적합한 감사증거를 입수한 결과 왜곡표시가 재무제표에 개별적으로 또는 집합적으로 중요하며 동시에 전반적이라고 결론을 내리는 경우에 한정의견을 표명한다.
⑤ 감사범위의 어떤 제한도 없으며, 회계감사기준을 준수하여 감사를 실시한 결과 재무제표가 중요하게 왜곡표시 되지 않은 경우에 적정의견을 표명한다.

30 다음 설명에 해당하는 재무정보의 질적특성은?

> 재무정보에 예측가치, 확인가치 또는 이 둘 모두가 있다면 그 재무정보는 의사결정에 차이가 나도록 할 수 있다.

① 목적적합성 ② 표현의 충실성
③ 이해가능성 ④ 비교가능성
⑤ 중립성

31 현금흐름표 작성에 필요한 자료가 다음과 같을 때, 영업에서 창출된 현금은?(단, 간접법을 적용한다)

당기순이익	₩8,000	이자수익	₩1,000
감가상각비	1,500	재고자산의 증가	500
이자비용	2,000	매입채무의 감소	1,500
법인세비용	2,200	매출채권의 감소	1,800

① ₩11,500 ② ₩12,100
③ ₩12,500 ④ ₩12,900
⑤ ₩13,100

32 ㈜한국은 20x1년 4월 1일 향후 12개월 분 임대료 ₩120,000을 전액 현금으로 수취하고 선수수익으로 기록하였다. 20x1년 말 수행할 수정분개는?

① (차) 임대수익 ₩30,000 (대) 선수수익 ₩30,000
② (차) 임대수익 ₩90,000 (대) 선수수익 ₩90,000
③ (차) 선수수익 ₩30,000 (대) 임대수익 ₩30,000
④ (차) 선수수익 ₩90,000 (대) 임대수익 ₩90,000
⑤ (차) 미수수익 ₩90,000 (대) 임대수익 ₩90,000

33 회계변경에 관한 설명으로 옳은 것은?

① 유형자산 추정 내용연수 변경은 회계추정치의 변경, 감가상각방법 변경은 회계정책의 변경으로 회계처리한다.
② 합리적 추정을 사용하는 것은 재무제표의 신뢰성을 손상시키지 않으며, 성격상 회계추정치의 변경은 과거기간과 연관되지 않으며 오류수정으로 보지 아니한다.
③ 과거에 발생한 거래와 실질이 다른 거래, 기타 사건 또는 상황에 대하여 다른 회계정책을 적용하는 경우는 회계정책의 변경에 해당한다.
④ 예외규정이 적용되는 경우를 제외하고 자발적인 회계정책의 변경은 전진적으로 변경효과를 인식한다.
⑤ 회계정책의 변경과 회계추정치의 변경을 구분하는 것이 어려운 경우에는 이를 회계정책의 변경으로 본다.

34 다음 자료를 이용할 때, 자기자본이익률(ROE)은?

- 총자산(평균) 회전율 : 1.2
- 매출액순이익률 : 10%
- 평균자기자본/평균총자산 : 0.5

① 6% ② 10%
③ 12% ④ 20%
⑤ 24%

35 재무제표 표시의 일반사항에 관한 설명으로 옳지 않은 것은?

① 재무제표는 기업의 재무상태, 재무성과 및 현금흐름을 공정하게 표시해야 한다.
② 경영진은 재무제표를 작성할 때 계속기업으로서의 존속가능성을 평가해야 한다.
③ 기업은 현금흐름 정보를 제외하고는 발생기준 회계를 사용하여 재무제표를 작성한다.
④ 유사한 항목은 중요성 분류에 따라 재무제표에 구분하여 표시한다.
⑤ 당기 재무제표를 이해하는 데 목적적합하다면 서술형 정보를 제외한 모든 비교정보를 포함한다.

36 ㈜한국의 재무상태표에 표시된 내용이 다음과 같을 때, 기타포괄손익누계액의 합계는?

주식발행초과금	₩100	재평가잉여금	₩90
감자차익	200	자기주식처분손실	50
해외사업장외화환산이익	210		250

① ₩190 ② ₩300
③ ₩340 ④ ₩390
⑤ ₩440

37 ㈜한국은 20x1년 1월 1일 사채(액면금액 ₩10,000, 만기 3년)를 발행하고, 다음과 같이 회계처리 하였다.

20x1년 1월 1일				
(차) 현 금	₩9,475	(대) 사 채	₩10,000
사채할인발행차금	525		
20x1년 12월 31일				
(차) 이자비용	₩663	(대) 현 금	₩500
		사채할인발행차금	163

㈜한국이 20x2년 1월 1일 동 사채를 ₩9,900에 조기 상환하였을 경우, 인식할 사채상환손익은? (단, 단수차이로 인한 오차가 있다면 가장 근사치를 선택한다)

① 사채상환손실 ₩163 ② 사채상환이익 ₩163
③ 사채상환손실 ₩262 ④ 사채상환이익 ₩262
⑤ 사채상환이익 ₩362

38 포괄손익계산서에 표시되는 비용의 분류방법에 관한 설명으로 옳은 것은?

① 성격별 분류법에서는 당기손익에 포함된 비용은 그 성격별로 통합하며, 기능별로 재배분하지 않는다.
② 성격별 분류법은 적어도 매출원가를 다른 비용과 분리하여 공시하므로 매출원가법이라고도 한다.
③ 성격별 분류법은 기능별 분류법보다 재무제표 이용자에게 더욱 목적적합한 정보를 제공한다.
④ 비용을 기능별로 분류하는 기업은 비용의 성격에 대한 추가 정보를 공시할 필요가 없다.
⑤ 비용을 기능별로 분류하게 되면 자의적인 배분과 상당한 정도의 판단이 개입될 여지가 없다.

39 리스이용자가 리스개시일에 사용권자산을 측정할 때, 원가에 가산될 구성항목이 아닌 것은?

① 리스부채의 최초 측정금액
② 리스개시일 이전에 지급한 리스료
③ 리스개시일에 지급한 리스료
④ 리스 인센티브
⑤ 리스이용자가 부담하는 리스개설직접원가

40 ㈜한국은 보통주 10주(주당 액면금액 ₩1,000, 주당 발행가액 ₩1,200)를 ₩9,000에 재취득하고, 이를 소각하였다. ㈜한국이 보통주 소각과 관련하여 포괄손익계산서에 인식할 손익은?(단, 자기주식의 소각은 자본금의 감소로 가정한다)

① ₩0
② 손실 ₩1,000
③ 손실 ₩3,000
④ 이익 ₩1,000
⑤ 이익 ₩3,000

41. ㈜한국은 20x1년 1월 1일 토지를 ₩10,000에 구입하고, 매년 재평가모형을 적용하고 있다. 이 토지의 공정가치는 다음과 같다.

20x1년 말	20x2년 말
₩9,000	₩12,000

동 토지의 재평가와 관련하여 20x2년에 인식할 당기손익과 기타포괄손익으로 옳은 것은?(단, 토지의 사용기간 동안 재평가잉여금은 이익잉여금으로 대체하지 않는다)

① 당기이익 ₩0 기타포괄이익 ₩3,000
② 당기이익 ₩1,000 기타포괄이익 ₩0
③ 당기이익 ₩1,000 기타포괄이익 ₩2,000
④ 당기이익 ₩2,000 기타포괄이익 ₩1,000
⑤ 당기이익 ₩3,000 기타포괄이익 ₩0

42. ㈜한국의 재무상태표 자료의 일부가 다음과 같을 때, 비유동부채의 합계는?

미지급임차료	₩100	사채	₩400
선수수익	200	복구충당부채	100
장기차입금	300	미수금	100

① ₩700
② ₩800
③ ₩900
④ ₩1,000
⑤ ₩1,100

43. ㈜한국은 ㈜민국의 지분 100%에 대해 현금 ₩700을 지급하고 인수합병하였다. 합병일 현재 ㈜민국의 식별가능한 자산과 부채의 장부금액과 공정가치가 다음과 같을 때, ㈜한국이 인식할 영업권 혹은 염가매수차익은?

자 산		부 채	
장부금액	₩1,000	장부금액	₩500
공정가치	1,200	공정가치	900

① 염가매수차익 ₩100
② 영업권 ₩100
③ 염가매수차익 ₩200
④ 염가매수차익 ₩400
⑤ 영업권 ₩400

44 ㈜한국은 20x1년 1월 1일 신축건물 도급계약을 ₩5,000에 수주하였고, 20x2년 12월 31일 동 건물을 완공하고 즉시 인도하였다. 건물 공사 계약시 계약원가가 ₩4,000이 될 것으로 예상하였고, 실제 계약원가의 지출과 대금회수는 다음과 같다.

	계약원가의 지출	계약대금의 회수
20x1년	₩1,200	₩1,800
20x2년	2,800	3,200
합 계	4,000	5,000

㈜한국이 공사진행기준에 의하여 수익을 인식할 경우, 20x2년 12월 31일에 산출되는 계약이익은?(단, 공사진행률은 누적발생계약원가를 추정총계약원가로 나눈 비율로 한다)

① ₩300 ② ₩400
③ ₩700 ④ ₩1,000
⑤ ₩1,300

45 ㈜한국은 20x1년 1월 1일 임대목적으로 신축건물(취득원가 ₩5,000, 잔존가치 ₩0, 내용연수 20년, 정액법 감가상각)을 취득하였으며, 20x1년 12월 31일 공정가치는 ₩4,900이다. 동 건물에 공정가치모형을 적용할 경우, 회계처리와 관련된 당기손익은?

① ₩100 손실 ② ₩100 이익
③ ₩150 손실 ④ ₩150 이익
⑤ ₩250 손실

46 ㈜한국은 선입선출법에 의한 종합원가계산제도를 채택하고 있다. 직접재료는 공정 초에 전량 투입되고 전환원가는 공정전반에 걸쳐 균등하게 발생한다. ㈜한국의 생산 자료는 다음과 같다.

구 분	물량흐름(개)	전환원가 완성도(%)
기초재공품수량	2,000	75
당기착수량	18,000	
완성품	15,000	
기말재공품수량	2,000	70

생산공정에서 발생하는 품질검사는 공정의 80% 시점에서 이루어지며, 당기 검사를 통과한 합격품의 5%를 정상공손으로 간주할 경우, 비정상공손수량은?

① 750개 ② 1,500개
③ 2,250개 ④ 3,000개
⑤ 3,750개

47 ㈜한국의 당기 제품판매수량 4,500개, 제품의 단위당 판매가격 ₩100, 단위당 변동제조원가 ₩40, 단위당 변동판매관리비 ₩10이며, 당기 총고정제조간접원가는 ₩100,000이다. 전부원가계산상의 영업이익이 변동원가계산상의 영업이익보다 ₩10,000 많다면, 당기의 제품생산수량은?(단, 기초재공품, 기말재공품 및 기초제품은 없다)

① 3,000개
② 3,500개
③ 4,000개
④ 4,500개
⑤ 5,000개

48 ㈜한국은 사업부 A와 B로 구성되어 있다. 사업부 A는 생산한 부품을 외부시장에 판매하거나 사업부 B에 내부대체할 수 있다. 사업부 B도 사업부 A의 부품을 내부대체 받거나 외부에서 구입할 수 있다. 사업부 A에서 생산되는 부품과 관련된 자료는 다음과 같다.

연간 생산능력	1,000단위
단위당 외부판매가격	₩500
단위당 변동원가	330
단위당 고정원가(연간 1,000단위 기준)	50

사업부 A는 현재 외부에 단위당 ₩500의 판매가격으로 950단위를 판매하고 있다. 사업부 A가 생산한 부품을 사업부 B에 공급할 경우, 외부고객에게 판매 시 발생하는 단위당 변동운반비 ₩30을 절감할 수 있다. 사업부 B가 사업부 A에게 부품 100단위의 공급을 요청할 경우, 사업부 A가 사업부 B에 요구할 수 있는 최소대체가격은?

① ₩170
② ₩200
③ ₩300
④ ₩385
⑤ ₩500

49 ㈜한국은 결합공정을 통해 3가지 제품을 생산·판매하고 있으며, 균등매출총이익률법을 적용하여 결합원가를 배부한다. ㈜한국은 20x1년에 결합제품 3가지를 모두 추가가공하여 전량 판매하였으며, 추가가공원가는 각 제품별로 추적가능하고 모두 변동원가이다. ㈜한국의 생산·판매 관련 자료는 다음과 같다.

제 품	생산량	추가가공원가	최종 판매단가
제품 A	3,000개	₩10,000	₩12
제품 B	2,000개	6,000	20
제품 C	1,000개	4,000	24

20x1년 중 발생한 결합원가가 ₩55,000일 경우, ㈜한국이 제품 B에 배부할 결합원가는?

① ₩14,000
② ₩17,000
③ ₩18,000
④ ₩20,000
⑤ ₩24,000

50 ㈜한국은 제품 A와 B를 생산·판매한다. 두 제품의 월간 예상판매 및 원가자료는 다음과 같다.

	제품 A	제품 B
4월 예상 수요량	1,000단위	1,000단위
단위당 공헌이익	₩40	₩60
단위당 노무시간	1시간	1.6시간

20x1년 4월 최대 사용가능한 노무시간이 2,000시간일 경우, ㈜한국이 달성할 수 있는 최대공헌이익은?

① ₩40,000
② ₩60,000
③ ₩77,500
④ ₩80,000
⑤ ₩100,000

3 경영학

51 경영자 및 경영층에 관한 설명으로 옳지 않은 것은?

① 전문경영자는 소유경영자에 비해 단기적 기업이익을 추구하는 성향을 보인다.
② 수탁경영층은 최고경영층으로부터 경영기능을 위임 받은 중간경영층을 말한다.
③ 카츠(R. Katz)에 의하면 개념적 기술은 최고경영층에게 가장 많이 요구된다.
④ 민쯔버그(H. Mintzberg)는 경영자의 역할로 대인적, 정보전달적, 의사결정적 역할을 제시하였다.
⑤ 전문경영자와 주주 사이에는 이해관계가 상충될 수 있다.

52 카르텔에 관한 설명으로 옳지 않은 것은?

① 기업들은 완전한 독립성을 유지한다.
② 아웃사이더가 많을수록 협정의 영향력이 작아진다.
③ 자본적 결합체이다.
④ 동종 또는 유사업종의 기업들이 수평적으로 결합한다.
⑤ 생산, 구매, 판매 카르텔로 구분할 수 있다.

53 경영학의 현대적 접근법으로서 상황이론에 관한 설명으로 옳지 않은 것은?

① 조직을 분석단위로 한다.
② 조직의 환경적응을 중시한다.
③ 상황변수로 환경, 기술, 규모 등을 고려한다.
④ 모든 상황에서 높은 경영성과를 달성하는 조직구조는 존재하지 않는다.
⑤ 계량적 분석을 중시한다.

54 제품전략에 관한 설명으로 옳은 것을 모두 고른 것은?

> ㄱ. 신제품을 가장 빠르게 수용하는 계층은 조기수용자(Early Adopter)이다.
> ㄴ. 제품수명주기는 도입기, 성장기, 성숙기, 쇠퇴기로 나누어 볼 수 있다.
> ㄷ. 성장기에는 제품인지도를 높이기 위해 정보제공광고가 선호된다.
> ㄹ. 신제품을 통해 신시장에 진출하는 성장전략은 제품개발전략이다.
> ㅁ. 쇠퇴기에는 유지전략, 수확전략, 철수전략 등을 고려할 수 있다.

① ㄱ, ㄷ ② ㄱ, ㄹ
③ ㄴ, ㄹ ④ ㄴ, ㅁ
⑤ ㄷ, ㅁ

55 PERT/CPM에서 주경로(Critical Path)에 관한 설명으로 옳은 것은?

① 주경로의 소요시간이 프로젝트의 최단완료시간이 된다.
② 주경로가 복수일 때, 한 개의 소요시간만 단축하여도 프로젝트 완료시간은 단축된다.
③ 여유시간이 0보다 큰 활동들을 연결한 경로이다.
④ 주경로상의 일부분이 지연되더라도 프로젝트 일정에는 영향을 미치지 않는다.
⑤ 프로젝트 완료시간이 가장 짧은 경로이다.

56 재고관리에 관한 설명으로 옳지 않은 것은?

① 불확실한 예상수요에 대비하기 위한 재고를 안전재고라고 한다.
② EOQ모형에서는 재고 수준이 재주문점에 도달하면 일정량만큼 주문한다.
③ ABC재고관리에서는 재고 품목을 연간 사용량에 따라 구분한다.
④ 투빈(Two-bin)시스템은 수량이 많고 부피가 작은 저가품 관리에 많이 활용된다.
⑤ 고정주문기간모형에서는 주문시점마다 주문량이 달라진다.

57 기업의 자재, 회계, 구매, 생산, 판매, 인사 등 모든 업무의 흐름을 효율적으로 지원하기 위한 통합정보시스템은?

① ERP ② CRM
③ SCM ④ KMS
⑤ DSS

58 기업이 사회적 가치를 창출하면서 동시에 경제적 수익을 추구하는 개념은?

① CSR
② CSV
③ CRM
④ SCM
⑤ SIS

59 신제품에 대한 스키밍 가격전략(Skimming Pricing)이 효과적인 경우가 아닌 것은?

① 표적소비자의 가격민감도가 낮은 경우
② 경쟁자의 시장진입이 어려운 경우
③ 표적소비자의 가격탄력성이 작은 경우
④ 대량판매에 의한 규모의 경제 효과가 큰 경우
⑤ 표적소비자의 가격–품질 연상효과가 강한 경우

60 직무에 관한 설명으로 옳은 것은?

① 직무충실화란 과업을 수평적으로 늘리는 것을 말한다.
② 직무공유란 복수의 종업원이 한 가지 직무를 수행하는 것을 말한다.
③ 직무평가 방법 중에서 갑, 을, 병 등의 등급으로 직무를 분류하는 것을 서열법이라고 한다.
④ 직무 수행자가 갖추어야 할 지식, 경험, 신체조건 등을 기술한 것을 직무기술서라고 한다.
⑤ 중요사건기록법이란 194개의 항목으로 구성된 설문으로써 직무 정보를 수집하는 것을 말한다.

61 조직구조에 관한 설명으로 옳지 않은 것은?

① 유기적 조직은 과업공유와 분권화된 의사결정을 특징으로 한다.
② 매트릭스 조직에서는 한 명의 부하가 두 명의 상사에게 보고한다.
③ 사업부 조직은 고객에 대한 빠른 대응보다는 통제와 집권화를 중시한다.
④ 기능식 조직은 기능별 전문화, 규모의 경제 등을 추구하는 기업에 적합하다.
⑤ 가상 네트워크 조직은 조정과 협력을 강조한다.

62 동기부여에 관한 설명으로 옳지 않은 것은?

① 매슬로(A. Maslow)의 욕구단계이론에 의하면, 존경욕구, 자아실현욕구 등은 내적요인에 의해 충족된다.
② 앨더퍼(C. Alderfer)의 ERG이론에 의하면, 존재욕구와 관계욕구가 동시에 존재할 수 있다.
③ 허츠버그(F. Herzberg)의 2요인이론에 의하면, 임금은 위생요인이다.
④ 맥클랜드(D. McClelland)의 성취욕구이론에 의하면, 성취욕구는 사회생활을 통해서 학습된다.
⑤ 데시(E. Deci)의 인지평가이론에 의하면, 내재적으로 보상받은 행동에 대해 외재적 보상을 할 경우 내재적 동기가 높아진다.

63 리더-구성원의 관계, 과업구조, 리더 지위권력 등의 변수로써 리더십 유형을 설명한 이론은?

① 블레이크(R. Blake)와 모튼(J. Mouton)의 관리격자이론
② 피들러(F. Fiedler)의 상황적합이론
③ 그렌(G. Graen)의 리더-부하 교환이론
④ 허시(P. Hersey)와 블랜차드(K. Blanchard)의 성숙이론
⑤ 하우스(R. House)의 기대이론

64 다음 각각의 통제 방법을 순서대로 나열한 것은?

- 재무상태표를 작성하여 최고경영자의 활동성과를 확인한다.
- 회수기간법을 활용하여 회수기간이 짧은 대안을 선택한다.
- 데이터사이언스 기법을 활용하여 광고 효과를 주단위로 분석하고 광고 내용을 조정한다.

① 사전통제 - 동시통제 - 사후통제
② 사전통제 - 사후통제 - 동시통제
③ 사후통제 - 사전통제 - 동시통제
④ 사후통제 - 동시통제 - 사전통제
⑤ 동시통제 - 사전통제 - 사후통제

65 의사결정에 관한 설명으로 옳지 않은 것은?

① 합리적 의사결정 모델에서는 만족화(Satisficing)가 대안 선택의 기준이다.
② 과거의 선택과 부합하는 정보만 선택하고 과거의 판단에 반하는 정보를 낮게 평가하는 것을 확증편향(Confirmation Bias)이라고 한다.
③ 브레인스토밍(Brainstorming) 기법은 비판을 자제하고 많은 아이디어를 내는 것을 권장한다.
④ 집단사고(Groupthinking)를 막기 위해서는 개방된 토론을 권장해야 한다.
⑤ 몰입의 심화(Escalation of Commitment)란 초기 결정이 잘못된 것을 알고도 그 결정을 고수하는 것을 말한다.

66 포터(M. Porter)가 제시한 산업매력도 분석 요소로 옳은 것을 모두 고른 것은?

ㄱ. 공격자 위협	ㄴ. 신규 진입자 위협
ㄷ. 보완자 위협	ㄹ. 구매자 위협
ㅁ. 공급자 위협	

① ㄱ, ㄴ, ㄷ   ② ㄱ, ㄷ, ㅁ
③ ㄱ, ㄹ, ㅁ   ④ ㄴ, ㄷ, ㄹ
⑤ ㄴ, ㄹ, ㅁ

67 경영전략 등에 관한 설명으로 옳지 않은 것은?

① 철광석 광산 보유 회사가 용광로 설비 보유 회사를 통합하는 것을 후방통합이라고 한다.
② 원가우위 전략, 차별화 전략 등은 사업부 수준의 경쟁전략이다.
③ 기존 기업이 갖는 학습곡선은 새로운 경쟁자의 진입 비용을 높이는 역할을 한다.
④ 자원기반관점에 의하면 보유자원의 특이성이 클수록 경쟁우위를 획득할 가능성이 크다.
⑤ 조직문화, 고객과의 신뢰 등과 같이 인과관계의 모호성이 큰 자원일수록 모방이 어렵다.

68 경영학에 관한 설명으로 옳지 않은 것은?

① 테일러(F. Taylor)는 고임금과 저노무비를 지향하는 차별적 성과급제도를 주장하였다.
② 메이요(F. Mayo)는 호손실험을 통하여 사회적 요소의 중요성을 강조하였다.
③ 경영자의 기능 중에서 계획대로 일이 진행되고 있는지를 확인하고 편차를 수정하는 것을 통제라고 한다.
④ 경영자가 목표 달성보다 투입자원의 비용 최소화에 치중할 때, '효과성보다는 효율성을 추구한다'라고 한다.
⑤ 개방시스템은 폐쇄시스템과 달리 외부투입이 없더라도 엔트로피(Entrophy)가 없다.

69 기업의 외부환경을 일반환경과 과업환경으로 구분할 때 과업환경에 해당하지 않는 것은?

① 소비자 환경
② 공급자 환경
③ 경쟁자 환경
④ 글로벌 환경
⑤ 대체재 환경

70 유동자산 10억원, 고정자산 20억원, 재고자산 5억원, 유동부채 5억원일 때, 당좌비율은?

① 100%
② 150%
③ 200%
④ 250%
⑤ 300%

71 주식회사에 관한 설명으로 옳지 않은 것은?

① 자본의 증권화를 통하여 출자자본의 매매 및 양도가 가능하다.
② 대규모 자금을 일반 대중으로부터 쉽게 조달할 수 있다.
③ 주주의 책임은 출자액의 한도 내이며, 그 이상으로 회사의 채무를 부담하지 않는다.
④ 이사회는 회사의 최고 의사결정기구이다.
⑤ 전문경영자의 등장은 소유와 경영의 분리를 가속화하고 있다.

72 캐롤(A. Carroll)의 피라미드식 모형에서 기업의 사회적 책임을 하위단계부터 순서대로 나열한 것은?

① 법적 책임 – 경제적 책임 – 자선적 책임 – 윤리적 책임
② 법적 책임 – 경제적 책임 – 윤리적 책임 – 자선적 책임
③ 경제적 책임 – 법적 책임 – 자선적 책임 – 윤리적 책임
④ 경제적 책임 – 법적 책임 – 윤리적 책임 – 자선적 책임
⑤ 윤리적 책임 – 자선적 책임 – 경제적 책임 – 법적 책임

73 리스트럭처링의 방법으로 옳지 않은 것은?

① 조직개편을 통해 조직을 단순화하고 군살을 뺀다.
② 경쟁우위를 갖지 못하는 사업부문을 매각한다.
③ 기존 업무처리 과정을 혁신적으로 다시 설계한다.
④ 불필요한 인원을 감축함으로써 경영효율성을 높인다.
⑤ 유휴생산시설을 줄임으로써 비용절감을 꾀한다.

74 통계지식을 활용하여 제품의 품질개선뿐만 아니라 제품설계에서부터 출하까지 경영전반을 대상으로 혁신을 추구하는 전략은?

① 리엔지니어링　　② 6시그마
③ 블루오션　　　　④ 지식경영
⑤ 벤치마킹

75 e-비즈니스 유형에 관한 설명으로 옳지 않은 것은?

① B2B : 기업 간 공개된 네트워크를 이용하여 수행하는 거래방식
② B2C : 기업이 전자적 매체를 통해 소비자에게 재화나 서비스를 판매하는 방식
③ B2E : 기업이 운영하는 인터넷 쇼핑몰을 통해 소속 사원들이 필요 물품을 구매하는 방식
④ C2B : 소비자가 인터넷을 통해 기업에게 원하는 상품의 가격과 조건을 제시하는 거래방식
⑤ G2B : 정부가 조달예정 상품을 인터넷에 공시하고 기업들이 입찰하여 거래하는 방식

4 기업진단론

76 재무비율에 관한 설명으로 옳지 않은 것은?

① 부채비율은 기업의 안정성을 측정하는 대표적인 재무비율이다.
② 유동비율은 기업의 장기채무지급능력을 측정하는 재무비율이다.
③ 활동성비율은 기업이 소유하고 있는 자산 등이 얼마나 효율적으로 이용되고 있는가를 평가하는데 이용되는 재무비율이다.
④ 레버리지비율은 기업이 타인자본에 의존하고 있는 정도를 나타내는 재무비율이다.
⑤ 매출액영업이익률과 매출액순이익률은 수익성을 측정하는데 이용되는 재무비율이다.

77 재무상태표 항목으로만 구성된 정태비율에 해당하는 것은?

① 유동비율
② 총자본순이익률
③ 매출채권회전율
④ 매출액증가율
⑤ 이자보상비율

78 재무상태표의 총자산 또는 손익계산서의 매출액을 100%로 하여 각 항목의 구성비를 백분율로 표시한 재무제표에 해당하는 것은?

① 증감형 재무제표
② 공통형 재무제표
③ 지수형 재무제표
④ 추세형 재무제표
⑤ 표준형 재무제표

79 경영분석에서 활용되는 자료 중 회계자료에 해당하는 것은?

① 경제관련자료
② 현금흐름표
③ 증권시장자료
④ 경영분석 통계자료
⑤ 인터넷자료

80 한국채택국제회계기준(K-IFRS)에서 제시하고 있는 재무제표에 해당하지 않는 것은?

① 포괄손익계산서　　② 자본변동표
③ 현금흐름표　　④ 제조원가명세서
⑤ 재무상태표

81 재무상태표의 자본잉여금에 해당하는 항목을 모두 고른 것은?

> ㄱ. 주식발행초과금
> ㄴ. 이익준비금
> ㄷ. 주식할인발행차금
> ㄹ. 자기주식처분이익
> ㅁ. 감자차익

① ㄱ, ㄴ　　② ㄴ, ㄷ
③ ㄷ, ㄹ　　④ ㄱ, ㄹ, ㅁ
⑤ ㄴ, ㄷ, ㄹ

82 현금흐름표에서 영업활동으로 인한 현금흐름에 해당하는 것은?

① 투자자산 처분　　② 사채 발행
③ 매출 수익　　④ 배당금 지급
⑤ 자기주식 처분

83 가산법에 의한 부가가치의 구성요소가 아닌 것은?

① 영업잉여　　② 인건비
③ 금융비용　　④ 세금과공과
⑤ 외부구입 직접재료비

84 기업의 생산성 평가를 위한 재무비율에 해당하는 것을 모두 고른 것은?

> ㄱ. 당좌비율
> ㄴ. 매출액영업이익률
> ㄷ. 노동소득분배율
> ㄹ. 부가가치율
> ㅁ. 매출채권회전율

① ㄱ, ㄴ
② ㄴ, ㄷ
③ ㄷ, ㄹ
④ ㄱ, ㄹ, ㅁ
⑤ ㄴ, ㄷ, ㄹ

85 포터(M. Porter)의 산업구조분석 특징에 관한 설명으로 옳은 것은?

① 동일 산업 내 존재하는 기업의 수가 많으면 기업 간 경쟁강도가 낮다.
② 제품차별화 정도가 적으면 기업 간 경쟁강도가 높다.
③ 신규로 산업에 진입하는 투자비가 적으면 진입장벽이 높다.
④ 구매자가 제품의 비용구조를 잘 알면 구매자의 협상력은 약하다.
⑤ 원재료 공급이 독점인 경우 공급자의 협상력은 약하다.

86 레버리지에 관한 설명으로 옳지 않은 것은?

① 영업레버리지는 기업이 영업비용 중에서 고정비를 부담하는 정도를 의미한다.
② 영업레버리지도는 고정영업비용의 규모가 클수록 커진다.
③ 재무레버리지는 기업이 자본조달의 결과로 이자비용을 부담하는 정도를 의미한다.
④ 재무레버리지도가 높은 기업일수록 주주들은 높은 기대수익률을 요구한다.
⑤ 결합레버리지도는 총비용 중에서 고정영업비용과 변동영업비용이 차지하는 비중으로 측정할 수 있다.

87 경영진단 원칙에 관한 설명으로 옳지 않은 것은?

① 문제점을 명확하게 파악하고, 그 해결에 초점을 맞추어야 한다.
② 여러 조직, 기능, 활동의 균형을 중요시해야 한다.
③ 계속기업 가정하에 계속실체로서 진단되어야 한다.
④ 일반적인 추상론을 바탕으로 보편적인 특성에 맞게 수행되어야 한다.
⑤ 전체를 대상으로 진단하는 태도가 필요하다.

88 기업이 성장하기 위한 조건으로 옳지 않은 것은?

① 다양한 신제품을 출시하기 위하여 획일적인 제도를 운영하여야 한다.
② 고객의 수요를 늘리기 위하여 제품의 사용가치를 높여야 한다.
③ 외부환경 변화에 대처하기 위하여 지속적으로 변신해야 한다.
④ 투입자원 양에 비해 생산제품 양을 늘려 기업의 생산성을 향상시켜야 한다.
⑤ 제조원가를 낮추어 제품의 가격경쟁력을 키워야 한다.

89 경영부문별 기업진단분야의 연결이 옳지 않은 것은?

① 인사노무 – 경영계획, 경영전략, 내부통제 등
② 재무 – 원가관리, 자금계획, 회계제도 등
③ 구매 – 재료공급계획, 외주관리, 재고통제방법 등
④ 생산 – 생산계획, 공정관리, 품질관리 등
⑤ 판매 – 판매계획, 시장조사, 광고선전방법 등

90 제품수명주기별 특징으로 옳은 것을 모두 고른 것은?

> ㄱ. 도입기 : 설비가동률이 낮고 상대적으로 수익성이 취약하다.
> ㄴ. 성장기 : 신제품이 성공적으로 시장에 진입하여 설비투자가 확대된다.
> ㄷ. 성숙기 : 시장이 포화상태가 되며, 외형성장이 둔화되는 모습을 보인다.
> ㄹ. 쇠퇴기 : 시장규모가 축소되는 시기로 소속기업들의 구조조정이 이루어진다.

① ㄱ, ㄷ
② ㄴ, ㄷ
③ ㄱ, ㄴ, ㄹ
④ ㄴ, ㄷ, ㄹ
⑤ ㄱ, ㄴ, ㄷ, ㄹ

91 경영분석 방법에 관한 설명으로 옳지 않은 것은?

① 비율분석은 산출된 재무비율을 표준비율과 비교하는 방법이다.
② 실수분석은 재무제표상에 표시된 각 항목의 실제 값을 사용하여 분석하는 방법이다.
③ 지수분석은 재무제표 항목의 증감액을 분석하여 각 항목이 어떤 원인에 의해서 변동하는가를 평가하는 방법이다.
④ 산업분석은 산업의 특성이나 동향을 파악하는 데 이용하는 방법이다.
⑤ 경제분석은 전체 경제활동의 동향이나 방향을 파악하는 데 이용하는 방법이다.

92 기업의 이해관계자별 경영분석의 목적으로 옳지 않은 것은?

① 주주는 투자정보를 획득하여 투자여부를 판단하기 위함이다.
② 금융기관은 자금차입자의 원리금 지급능력을 파악하기 위함이다.
③ 종업원은 과세 적정성과 탈세 여부를 판단하기 위함이다.
④ 경영자는 경영계획수립 및 경영 의사결정을 위한 기초자료를 획득하기 위함이다.
⑤ 고객은 제품의 품질과 사후서비스의 가능성을 평가하기 위함이다.

93 BCG매트릭스에 관한 설명으로 옳지 않은 것은?

① 기업의 현금흐름과 자원배분을 분석하는 제품포트폴리오관리이다.
② 수평축에 시장점유율, 수직축에 시장성장률을 나타낸다.
③ 의문부호(Question Marks) 제품은 시장점유율이 높고 현금흐름이 양(+)으로 나타난다.
④ 현금젖소(Cash Cows) 제품은 성장률이 낮으나 많은 현금흐름을 제공한다.
⑤ 개(Dogs) 제품은 수익성이 낮고 현금흐름이 적기 때문에 철수하는 것이 바람직하다.

94 자기자본과 비유동부채가 비유동자산에 투입되어 있는 정도를 측정하는 비율은?

① 유동비율
② 비유동비율
③ 당좌비율
④ 이자보상비율
⑤ 비유동장기적합률

95 월(A. Wall)의 지수법에서 가중치가 가장 높은 두 비율은?

① 유동비율, 재고자산회전율
② 유동비율, 부채비율
③ 부채비율, 비유동비율
④ 비유동비율, 매출채권회전율
⑤ 재고자산회전율, 매출채권회전율

96 ㈜산단의 20x4년 매출액순이익률 10%, 총자본순이익률 20%일 때, 총자산회전기간은?

① 0.5년
② 1년
③ 1.5년
④ 2년
⑤ 2.5년

97 투자소요자금의 조달방법에 관계없이 동일한 주당순이익을 얻을 수 있는 영업이익 수준은?

① 공헌이익
② 영업레버리지도
③ 재무레버리지도
④ 결합레버리지도
⑤ 자본조달분기점

98 현금흐름할인(DCF)모형으로 기업가치를 평가할 때 옳지 않은 것은?

① 현금흐름은 현금유입액에서 현금유출액을 차감하여 구한다.
② 현금흐름은 이자비용과 배당을 차감하지 않은 상태의 영업이익을 기준으로 한다.
③ 감가상각비는 현금흐름을 구할 때 가산해 주어야 한다.
④ 운전자본 증가분은 현금유입으로 처리한다.
⑤ 할인율은 가중평균자본비용을 사용한다.

99 ㈜산단의 20x4년 1년간 매출관련 자료이다. 손익분기점(BEP)매출액과 안전율(MS비율)은?

- 총 판매량 : 1,000개
- 단위당 판매가 : 400원
- 단위당 변동비 : 300원
- 고정비 : 80,000원

① 240,000원, 10%
② 240,000원, 20%
③ 320,000원, 10%
④ 320,000원, 20%
⑤ 400,000원, 0%

100 기업부실예측방법 중 단일변량기준 모형은?

① Z-score모형
② Zeta모형
③ 이원분류법
④ 한국은행의 K-score모형
⑤ 로짓분석

5 조사방법론

101 과학적 연구방법이 갖추어야 할 요건으로 옳지 않은 것은?

① 체계적(Systematic)이어야 한다.
② 상호주관적(Intersubjective)이어야 한다.
③ 급진적(Radical)이어야 한다.
④ 검증가능(Verifiable)하여야 한다.
⑤ 재생가능(Replicable)하여야 한다.

102 영화 속 등장인물들의 연령에 대한 분석을 진행할 때 분석단위(Unit of Analysis)는?

① 영 화
② 등장인물
③ 연 령
④ 성 별
⑤ 관 객

103 다음에 나타난 논리적 추론과정은?

- 편의점 점주 A는 계산대 옆 상품의 판매량이 높다는 사실에 주목했다.
- 이후 몇 년간 유사한 현상을 계속 발견하였다.
- 이러한 관찰에 근거하여 상품의 공간적 배치가 판매량에 영향을 미친다는 결론을 내렸다.

① 연역적 추론
② 귀납적 추론
③ 현상학적 추론
④ 통계적 추론
⑤ 임의적 추론

104 가설 설정 시 기본 조건으로 옳지 않은 것은?

① 가설은 논리적으로 복잡해야 한다.
② 가설은 추상적인 의미 대신 구체적인 의미를 담고 있어야 한다.
③ 가설은 관계의 유무뿐만 아니라 관계의 방향까지 설정할 수 있다.
④ 가설은 경험적으로 검증할 수 있어야 한다.
⑤ 가설에 포함되는 모든 변수들은 조작적으로 명확하게 정의되어야 한다.

105 마케팅 부서에서 자사 제품의 만족도가 고객충성도에 미치는 영향이 브랜드 인지도에 따라 달라지는지 조사하려고 한다. 이 때 브랜드 인지도의 변수 유형은?

① 매개변수
② 조절변수
③ 외생변수
④ 종속변수
⑤ 통제변수

106 종단연구 중 코호트조사에 해당하는 것은?

① A대학은 올해 신입생 전원을 대상으로 내신과 입학성적을 분석하여 변수 간의 상관관계를 확인하였다.
② B대학은 작년 재학생 전원을 대상으로 라이프스타일을 조사하여 발표하였다.
③ C대학은 올해 학과별 수석 입학생을 대상으로 희망 진로를 조사한 후 매년 그들을 대상으로 같은 내용의 조사를 진행할 예정이다.
④ D대학은 고교 학점제를 경험한 특정년도 입학생을 대상으로 매년 100명을 선정하여 그들의 의식 변화를 조사할 예정이다.
⑤ E대학은 올해 전체 교직원을 대상으로 만족도를 조사하여 분석하였다.

107 인과관계 연구 설계 시 혼란변수(Confounding Variable)를 통제하는 방법으로 옳지 않은 것은?

① 랜덤화
② 매 칭
③ 변수 변환
④ 실험설계에 의한 통제
⑤ 통계분석에 의한 보정

108 설문지 작성의 일반적 방법으로 옳은 것은?

① 유도성 질문을 사용해야 한다.
② 전문용어를 사용하여 질문해야 한다.
③ 한 번에 두 개 이상의 질문 내용을 포함해야 한다.
④ 대답하기 곤란한 질문도 직접적으로 물어봐야 한다.
⑤ 선택형 질문의 응답항목들은 내용상 중복이 없어야 한다.

109 다음이 설명하고 있는 척도는?

> - 측정개념의 속성들에 대한 형용사적 표현을 중심으로 양측에 양(+)의 부호와 음(-)의 부호의 숫자로 느낌의 정도를 표시하도록 한다.
> - 척도 양극점에 상반되는 두 개의 표현 대신 한 개의 표현만을 사용하며 중간점인 0점이 없다.
> - 일반적으로 -5에서 +5까지 10개의 응답 범주를 제시한다.

① 리커트척도(Likert Scale)
② 스타펠척도(Stapel Scale)
③ 어의차이척도(Semantic Differential Scale)
④ 고정총합척도(Constant Sum Scale)
⑤ 순위척도(Ranking Scale)

110 측정을 위한 척도유형 4가지 중, ( )에 들어갈 용어를 순서대로 옳게 연결한 것은?

> 기업의 종업원 수를 '명' 단위로 측정하는 경우 ( )척도에 해당되고, 온도를 '℃' 단위로 측정하는 경우 ( )척도에 해당된다.

① 명목, 서열
② 서열, 등간
③ 등간, 비율
④ 비율, 등간
⑤ 비율, 서열

111 설문지의 질문 순서를 결정하는 일반적인 원칙으로 옳지 않은 것은?

① 쉽고 흥미로운 질문부터 시작한다.
② 인구통계학적인 질문은 앞에 배치한다.
③ 응답하기 어려운 질문은 뒤에 위치시킨다.
④ 포괄적인 질문을 한 뒤에 구체적인 질문을 한다.
⑤ 논리적이고 자연스런 흐름에 따라 질문을 위치시킨다.

112 모집단의 구성원이 표본으로 추출될 확률을 사전에 알 수 있는 상태에서 표본을 추출하는 방법으로 옳지 않은 것은?

① 층화표본추출
② 판단표본추출
③ 군집표본추출
④ 체계적표본추출
⑤ 단순무작위표본추출

113 A백화점의 전체 멤버십 회원은 여성 70%, 남성 30%로 구성되어 있다. 한편, 남·여 회원 각각은 수도권 거주 40%, 비수도권 거주 60%로 구성되어 있다. A백화점에서 멤버십 회원 대상의 만족도 조사를 위해 모집단의 성별과 거주지 비율을 반영한 할당표본추출방식으로 500명의 표본을 추출하였을 때, 표본에 포함되어 있는 여성 수도권 고객의 수(a)와 남성 비수도권 고객의 수(b)는?

① a : 60, b : 45
② a : 60, b : 60
③ a : 60, b : 90
④ a : 140, b : 90
⑤ a : 140, b : 210

114 모집단의 평균 추정을 위한 표본의 크기에 관한 설명으로 옳지 않은 것은?

① 확률표본추출의 경우 허용오차가 작을수록 표본의 크기는 커야한다.
② 확률표본추출의 경우 요구되는 신뢰수준이 높을수록 표본의 크기는 커야한다.
③ 확률표본추출의 경우 조사하고자 하는 변수의 분산값이 클수록 표본의 크기는 커야한다.
④ 비확률표본추출의 경우 사용가능한 예산과 시간을 고려한 조사자의 판단으로 표본의 크기를 결정할 수 있다.
⑤ 확률표본추출의 경우 모집단의 분산을 알 수 없다면 표본의 크기를 계산할 수 없다.

115 전수조사와 표본조사에 관한 설명으로 옳지 않은 것은?

① 실제 사회과학 분야에서 수행하는 조사의 대부분은 표본조사이다.
② 전수조사의 예로 전 국민을 대상으로 하는 인구주택총조사가 있다.
③ 일반적으로 전수조사는 많은 시간과 비용을 필요로 하기 때문에 표본조사를 실시한다.
④ 경우에 따라서 전수조사가 불가능한 경우도 있어 표본조사를 실시한다.
⑤ 전수조사는 표본추출오류 때문에 표본조사에 비해 오류가 크게 나타날 수도 있다.

116 다음 사례에 나타난 설명으로 옳지 않은 것은?

연구자 갑은 AI 교육이 근로자들의 업무능력을 실제로 향상시키는지 알아보고자 전체 직원 100명을 두 집단으로 무작위 배치한 후 업무능력 사전측정을 한 결과 유의한 차이는 나타나지 않았다. 한 집단에는 일주일간의 AI 교육을 실시하였고, 다른 집단에는 아무런 조치도 취하지 않았다. 일주일 후 동일 측정 도구를 활용하여 실험 참가자 모두의 업무능력을 확인한 결과, AI 교육을 받은 집단의 업무능력 평균값이 다른 집단에 비해 통계적으로 유의하게 높은 것으로 나타났다.

① 순수실험설계에 해당한다.
② 통제집단과 실험집단이 존재한다.
③ 사전조사와 사후조사가 진행되었다.
④ 외생변수의 영향은 통제된 것으로 간주한다.
⑤ 내적타당도 위협요인은 성숙이다.

117 순수실험설계에 관한 설명으로 옳은 것을 모두 고른 것은?

ㄱ. 실험단위를 그룹으로 나눌 때 랜덤화 과정을 거친다.
ㄴ. 외생변수의 통제를 통해 높은 내적타당도를 가진다.
ㄷ. 특정 주제에 대한 탐색적 연구에 용이하다.
ㄹ. 솔로몬 4집단 설계는 통제집단 사전사후 측정 실험설계와 통제집단 사후 측정 실험설계의 결합 형태이다.

① ㄱ, ㄴ
② ㄱ, ㄴ, ㄷ
③ ㄱ, ㄴ, ㄹ
④ ㄱ, ㄷ, ㄹ
⑤ ㄴ, ㄷ, ㄹ

118 자료수집방법들의 일반적 특성에 관한 설명으로 옳지 않은 것은?

① 인터넷조사에서는 대인면접조사에 비해 자료수집 비용이 적게 든다.
② 대인면접조사에서는 우편조사에 비해 응답자료의 정확성이 높게 나타난다.
③ 우편조사에서는 대인면접조사에 비해 응답의 유연성이 높게 나타난다.
④ 인터넷조사에서는 대인면접조사에 비해 응답률이 낮게 나타난다.
⑤ 전화조사에서는 대인면접조사에 비해 응답자가 공개를 꺼려하는 정보를 얻기가 어렵다.

119 다음 중 유사실험설계에 해당하는 것은?

① 통제집단 사후 측정 실험설계
② 통제집단 사전사후 측정 실험설계
③ 솔로몬 4 집단 설계
④ 단일집단 반복 실험설계
⑤ 단일집단 사전사후 측정 실험설계

120 패널조사에 관한 설명으로 옳은 것은?

① 동일한 조사대상에 대해 시기별로 다른 특성을 조사한다.
② 출생 시기를 공유한 모집단에서 매 시기 다른 표본을 추출한다.
③ 반복적인 조사 과정에서 성숙효과와 시험효과가 나타날 수 있다.
④ 자연 탈락된 패널구성원은 조사결과에 크게 영향을 미치지 않는다.
⑤ 횡단조사와 시계열 조사를 포함한다.

121 연구자 A는 근로자의 근무기간과 직무만족과의 관계를 알아보고자 한다. 사내 근로자 1,000명을 대상으로 근무기간은 입사 후 조사시점까지의 개월 수로, 직무만족은 5점 리커트형 척도를 활용하여 조사하였다. 원자료를 활용할 경우 분석방법은?

① 카이제곱 검정   ② 요인분석
③ 빈도분석   ④ 일원분산분석
⑤ 상관분석

122 신뢰도와 타당도에 관한 설명으로 옳지 않은 것은?

① 기준타당도는 해당 내용의 전문가가 측정도구의 타당함 정도를 주관적으로 판단하는 것이다.
② 체계적 오차는 타당도와 관련된 개념이고, 비체계적 오차는 신뢰도와 관련된 개념이다.
③ 크론바흐 알파(Cronbach's Alpha) 값을 통해 신뢰도를 구한다.
④ 타당도는 측정도구가 측정하고자 하는 개념을 실제로 반영하는 정도를 말한다.
⑤ 신뢰도는 같은 대상에 대해 반복적으로 적용된 측정방법이 일관된 결과를 가져오는가에 대한 평가이다.

123 단순선형회귀분석에 관한 설명으로 옳은 것은?

① 독립변수가 명목척도로 측정된 경우 활용할 수 없다.
② 회귀식의 기울기는 독립변수가 한 단위 증가할 때마다 예상되는 종속변수의 변화량이다.
③ 두 변수 간 상관계수가 1이면 기울기는 반드시 0이다.
④ 잔차(Residual)의 제곱합이 최대가 되는 직선식을 구하는 방법이다.
⑤ 두 변수 간의 상관계수가 0.5이면 결정계수는 0.5이다.

124 통계적 가설검증에 관한 설명으로 옳지 않은 것은?

① 1종 오류를 범할 확률은 유의수준(α)과 같다.
② 통계치에 해당하는 유의확률(p)이 유의수준(α)보다 낮으면 귀무가설이 기각된다.
③ 통계적 검증의 대상은 귀무가설이 아닌 대립가설이다.
④ 귀무가설이 옳음에도 불구하고 기각함으로써 발생하는 오류는 1종 오류이다.
⑤ 1종 오류가 2종 오류보다 더 심각한 오류이다.

125 조사원 교육에 관한 설명으로 옳은 것은?

① 다양한 상황에 대처하기 위해 상황별 역할 연습을 실시한다.
② 조사원이 자율적으로 조사할 수 있도록 재량권을 극대화한다.
③ 조사원은 응답자에게 신분을 밝히지 않고 조사를 진행한다.
④ 조사원은 조사목적과 조사내용을 사전에 알지 못해야 한다.
⑤ 조사원은 응답자가 원할 경우 특정 항목에 대한 자신의 견해를 알려줄 수 있도록 한다.

PART 02 정답 및 해설

125문항

제1과목 중소기업관계법령

01	02	03	04	05	06	07	08	09	10	11	12	13	14	15
⑤	④	④	③	①	⑤	①	④	①	②	②	⑤	④	②	③
16	17	18	19	20	21	22	23	24	25					
④	③	⑤	⑤	②	③	④	①	⑤	②					

제2과목 회계학개론

26	27	28	29	30	31	32	33	34	35	36	37	38	39	40
⑤	②	②	④	①	③	④	②	⑤	⑤	②	③	①	④	①
41	42	43	44	45	46	47	48	49	50					
③	②	⑤	③	①	③	⑤	④	⑤	③					

제3과목 경영학

51	52	53	54	55	56	57	58	59	60	61	62	63	64	65
②	③	⑤	④	①	③	①	②	④	②	③	⑤	②	③	①
66	67	68	69	70	71	72	73	74	75					
⑤	①	⑤	④	①	④	④	③	②	⑤					

제4과목 기업진단론

76	77	78	79	80	81	82	83	84	85	86	87	88	89	90
②	①	②	②	④	④	③	⑤	③	②	⑤	④	①	①	⑤
91	92	93	94	95	96	97	98	99	100					
③	③	③	⑤	②	①	⑤	④	④	③					

제5과목 조사방법론

101	102	103	104	105	106	107	108	109	110	111	112	113	114	115
③	②	②	①	②	③,④	③	⑤	②	④	②	②	④	⑤	⑤
116	117	118	119	120	121	122	123	124	125					
⑤	③	③	④	③	⑤	①	②	③	①					

제1과목 중소기업관계법령

01 중소기업 옴부즈만은 업무 수행의 내용과 그 처리결과를 공표할 수 있다. 다만, 「공공기관의 정보공개에 관한 법률」 제9조에 따른 비공개 대상에 해당하는 경우에는 그러하지 아니하다(중소기업기본법 시행령 제14조 제2항).

02 자산총액이 5천억원 이상인 법인(외국법인을 포함하되, 비영리법인 및 제3조의2 제3항 각 호의 어느 하나에 해당하는 자는 제외한다)이 주식등의 100분의 30 이상을 직접적 또는 간접적으로 소유한 경우로서 최다출자자인 기업(중소기업기본법 시행령 제3조 제1항 제2호 나목)

03 중소기업자가 운영하고 있는 사업을 유지하면서 신사업 분야에서 기존의 제품·서비스와 차별화되는 새로운 제품·서비스를 추가하거나 새로운 제공방식을 도입하는 경우로서 해당 사업비중이 해당 사업을 시작한 후 3년 이내에 해당 사업의 매출액이 총매출액의 100분의 30 이상이 되거나 해당 사업에 종사하는 상시 근로자 수가 총 근로자 수의 100분의 30 이상이 되는 경우를 말한다(중소기업 사업전환 촉진에 관한 특별법 제2조 제2호 다목 참조).

04 ③ 「중소기업 사업전환 촉진에 관한 특별법」 제11조 제1항
① 사업전환심의위원회의 위원장은 중소벤처기업부차관이 된다(동법 제5조 제3항).
② 중소벤처기업부장관은 중소기업자의 원활한 사업전환을 지원하기 위하여 중소기업사업전환촉진계획을 2년마다 수립·시행하여야 한다(동법 제4조 제1항).
④ 중소벤처기업부장관은 사업전환계획 또는 공동사업전환계획의 승인을 받은 중소기업자(이하 "승인기업"이라 한다)의 사업전환계획 또는 공동사업전환계획의 이행 여부와 실적 등을 일년에 한 번 이상 하여야 한다(동법 제10조 제1항, 시행령 제11조 제2항).
⑤ 중소벤처기업부장관은 조사 결과 사업전환계획 또는 공동사업전환계획의 이행이 어렵다고 판단하면 해당 승인기업에 그 계획의 변경이나 중단을 권고할 수 있다(동법 제11조 제2항).

05 중소벤처기업부장관은 법 제7조 제1항에 따른 사업전환에 관한 실태조사를 한 때에는 그 결과를 공표하여야 하고, 사업전환촉진계획에 이를 반영하여야 한다(동법 시행령 제7조).
업무의 위탁(중소기업 사업전환 촉진에 관한 특별법 시행령 제17조)
중소벤처기업부장관은 다음의 업무를 지원센터설치·운영법인의 장에게 위탁한다.
• 사업전환계획 또는 공동사업전환계획의 승인
• 사업전환계획 또는 공동사업전환계획의 이행실적조사
• 사업전환계획 또는 공동사업전환계획의 변경승인
• 승인기업에 대한 성과평가
• 사업전환계획 또는 공동사업전환계획 승인의 취소
• 검사에 관한 업무

06 적용범위(중소기업 인력지원 특별법 제3조 및 시행령 제2조 참조)
일반유흥 주점업 등 다음 업종의 중소기업에 대하여는 인력지원을 적용하지 아니한다.
• 일반유흥 주점업
• 무도유흥 주점업
• 기타 주점업
• 기타 사행시설 관리 및 운영업
• 무도장 운영업

07 정부는 인력고도화계획이 다음의 요건을 충족하는 경우에는 인력고도화계획의 시행에 드는 경비의 일부를 지원할 수 있다(중소기업 인력지원 특별법 제19조 제2항 및 시행령 제18조 참조).
- 인력고도화계획의 목표 및 내용이 중소기업의 원활한 인력확보 및 인력구조의 고도화에 기여할 수 있을 것
- 지원대상인 중소기업이 20개 이상일 것
- <u>인력고도화계획의 시행을 해당 연도에 시작할 수 있을 것</u>
- 그 밖에 사업계획의 원활한 추진을 위하여 중소벤처기업부장관이 정하여 공고하는 요건을 갖출 것

08 소상공인 지위 유지의 제외(소상공인기본법 시행령 제4조)
- 소상공인이 법 제2조 제2항 본문에 따라 소상공인으로 보는 기간 중에 있는 자를 흡수합병한 경우로서 흡수합병된 기업이 당초 소상공인에 해당하지 않게 된 사유가 발생한 연도의 다음 연도부터 3년이 지난 경우
- <u>소상공인이 「중소기업기본법」 제2조 제1항에 따른 중소기업에 해당하지 않게 된 경우</u>
- 법 제2조 제2항 본문에 따라 소상공인으로 보았던 기업이 같은 조 제1항에 따른 소상공인이 되었다가 다시 소상공인에 해당하지 않게 된 경우
- <u>소상공인의 상시 근로자 수가 20명 이상이 된 경우</u>
- 소상공인이 「독점규제 및 공정거래에 관한 법률」 제31조 제1항에 따른 공시대상기업집단에 속하는 회사 또는 같은 법 제33조에 따라 공시대상기업집단의 소속회사로 편입·통지된 것으로 보는 회사에 해당하게 된 경우

09 ① 「소상공인기본법」 제10조 제2항 제4호
② 해당 연도 시행계획의 수립 및 전년도 시행계획의 실적 및 성과의 평가는 심의회가 <u>심의·조정하는 사항이다</u> (동법 제10조 제2항 제3호).
③ 위원장이 부득이한 사유로 직무를 수행할 수 없을 때에는 <u>위원장이 미리 지명한 위원</u>이 그 직무를 대행한다 (동법 시행령 제11조 제2항).
④ 소상공인, 경제·산업 등의 분야에 관한 경험과 전문지식이 풍부한 사람 중에서 <u>중소벤처기업부장관</u>이 위촉하는 사람은 위원이 된다(동법 제10조 제4항 제2호).
⑤ 위원장이 심의회의 회의를 소집하려는 경우에는 회의 개최일 <u>7일</u> 전까지 회의의 일시·장소 및 심의 안건을 각 위원에게 통지해야 한다. 다만, 긴급한 사정이나 그 밖의 부득이한 사유가 있는 경우에는 그렇지 않다(동법 시행령 제11조 제3항).

10 중소기업자는 기술개발제품 시범구매제도에 참여할 수 있지만, 조합인 중소기업자는 제외된다(중소기업제품 구매촉진 및 판로지원에 관한 법률 시행령 제13조의2 제1항 참조).

11 성능인증 기준에 맞지 않아 성능인증이 취소된 경우에는 성능인증을 신청할 수 있다. 취소된 날부터 1년간 성능인증을 신청할 수 없는 경우는 <u>거짓이나 그 밖의 부정한 방법으로 성능인증을 받은 경우</u>이다(중소기업제품 구매촉진 및 판로지원에 관한 법률 제15조 제2항 및 제17조 제1항 참조).

12 협업지원사업(중소기업진흥에 관한 법률 제39조)
정부는 중소기업자의 원활한 협업 수행을 위하여 다음의 사항에 관한 지원사업을 할 수 있다.
- <u>협업자금 지원</u>
- <u>인력 양성</u>
- 기술개발자금 출연
- <u>수출 및 판로개척 지원</u>
- <u>공동 법인 설립 등에 관한 자문</u>
- 그 밖에 중소기업자의 협업 지원을 위하여 중소벤처기업부장관이 필요하다고 인정하는 사항

13 지원센터로 지정받은 자는 해당 연도의 사업계획과 전년도의 사업추진 실적을 <u>매년 1월 31일까지</u> 중소벤처기업부장관에게 보고하여야 한다(중소기업진흥에 관한 법률 시행령 제54조의2 제4항).

14 **정의(중소기업진흥에 관한 법률 제2조 참조)**
- "<u>중소기업의 자동화</u>"란 중소기업자가 생산성과 품질의 향상을 위하여 각종 자동화설비를 통하여 생산공정을 합리적으로 개선하는 것을 말한다.
- "<u>중소기업의 정보화</u>"란 중소기업자가 컴퓨터 또는 각종 제어장치를 이용하여 경영관리와 유통관리를 전산화하는 등 중소기업의 전산망을 구축하는 것을 말한다.
- "기술개발"이란 중소기업자가 생산·판매 또는 서비스를 제공하는 기술에 관한 연구개발을 하는 것 또는 이에 따른 연구개발의 성과를 이용하는 것을 말한다.
- "사업전환"이란 「중소기업 사업전환 촉진에 관한 특별법」 제2조 제2호에 따른 사업전환을 말한다.

15 벤처기업집적시설은 녹지지역 등 대통령령으로 정하는 지역에 건축할 수 없다. "녹지지역 등 대통령령으로 정하는 지역"이란 「국토의 계획 및 이용에 관한 법률 시행령」 제30조에 따른 지역 중 <u>전용주거지역, 제1종일반주거지역 및 녹지지역</u>을 말한다(벤처기업육성에 관한 특별법 제21조 제2항 및 시행령 제14조 제1항 참조).

16
- 벤처기업으로서 이 법에 따른 지원을 받으려는 기업은 벤처기업 해당 여부에 관하여 <u>벤처기업확인기관의 장</u>에게 확인을 요청할 수 있다(벤처기업육성에 관한 특별법 제25조 제1항).
- 벤처기업확인서의 유효기간은 확인일부터 <u>3년</u>으로 한다(동법 시행령 제18조의4).

17 국공립연구기관은 신기술창업전문회사를 <u>설립할 수 있다</u>(벤처기업육성에 관한 특별법 제11조의2 제1항 제2호).
전문회사의 설립(벤처기업육성에 관한 특별법 제11조의2 제1항)
다음 어느 하나에 해당하는 대학이나 연구기관은 신기술창업전문회사를 설립할 수 있다.
- 대학(산학협력단을 포함)
- <u>국공립연구기관</u>
- 정부출연연구기관
- 전문생산기술연구소
- 「민법」에 따라 설립된 비영리법인으로서 과학 또는 산업기술 분야 연구기관

18 중소기업 기술혁신에 필요한 자금지원은 <u>중소기업의 기술혁신 촉진 지원사업</u>에 해당한다(동법 제9조 제1항 참조).
중소기업기술정보진흥원(중소기업 기술혁신 촉진법 제20조 제4항)
중소기업기술정보진흥원은 다음 사업을 한다.
- <u>중소기업 기술혁신 기반조성</u>
  - 중소기업 기술혁신을 위한 정책연구 및 중장기 기획
- <u>중소기업 기술혁신사업의 수요 발굴 및 조사·분석</u>
- 중소기업 정보화 촉진 관련 정보기술의 보급 및 평가
- 정보화경영 표준모델의 개발·보급·확산 및 표준모델과의 부합화 지원
- <u>중소기업 정보화 기반조성 및 수준평가</u>
- 중소기업 기술혁신 및 정보화경영에 관한 교육 및 전문인력의 양성
- 그 밖에 관계중앙행정기관의 장이 위탁하는 사업

19 **기술연구회의 등록절차(중소기업 기술혁신 촉진법 시행규칙 제4조)**
- 기술연구회를 구성하고자 하는 자는 다음의 사항이 기재된 기술연구회구성계획서를 미리 중소벤처기업부장관에게 제출하여야 한다.
  - 공동연구개발계획
  - 출자금 총액, 출자 1좌의 금액, 출자의 시기 및 방법
  - 자산 및 연구성과의 배분계획
- 구성계획에 따라 구성을 완료한 기술연구회의 대표회원은 등록신청서에 다음의 서류를 첨부하여 중소벤처기업부장관에게 제출하여야 한다.
  - 공동연구개발계획서
  - 기술연구회의 규약
  - 회원 명부
  - 회원의 출자금액 및 출자이행을 증명하는 서류

20 중소기업 경영혁신 관련 금융지원은 중소기업의 경영혁신 촉진 지원사업에 해당한다(동법 제15조의3).

중소기업의 국제기술협력 지원(중소기업 기술혁신 촉진법 제11조의3)
- 중소기업의 국제기술협력을 위한 조사
- 기술도입 및 기술교류
- 국제 전시회 또는 학술회의의 개최
- 중소기업과 외국의 대학·연구기관 및 단체 등 간의 공동기술개발
- 중소기업의 국제기술협력을 위한 기술상담 및 연수

21 **개인투자조합의 등록요건(벤처투자 촉진에 관한 법률 시행령 제6조 제2항)**
개인투자조합으로 등록을 하려는 조합은 출자금 총액, 조합원의 수 및 존속기간 등 대통령령으로 정하는 다음의 요건을 갖추어야 한다.
- 출자금 총액이 1억원 이상일 것
- 출자 1좌(座)의 금액이 100만원 이상일 것
- 조합원의 수가 49인 이하일 것
- 존속기간이 5년 이상일 것

22 ④ 「벤처투자 촉진에 관한 법률」 제67조 제2항
① 한국벤처투자는 주된 사무소의 소재지에서 설립등기를 함으로써 성립한다(동법 제66조 제3항).
② 한국벤처투자에 관하여 이 법에 규정된 것 외에는 「상법」 중 주식회사에 관한 규정을 준용한다(동법 제66조 제6항).
③ 한국벤처투자는 창업기업, 중소기업 및 벤처기업 등의 해외진출 지원 사업을 한다(동법 제67조 제1항 제5호).
⑤ 한국벤처투자는 「정부조직법」에 따른 중앙행정기관의 장 또는 「국가재정법」에 따라 설치된 기금을 관리하는 자와 상호출자하여 개인투자조합에 대하여 출자하는 벤처투자모태조합을 결성할 수 있다(동법 제70조 제1항 및 시행령 제44조 제1항 참조).

23 **상담센터의 업무(소상공인 보호 및 지원에 관한 법률 제15조 제2항)**
- 소상공인 불공정거래 피해상담
- 소상공인 불공정거래에 관한 실태조사
- 소상공인 불공정거래 피해예방 교육
- 소상공인 불공정거래 피해 관련 법령·제도 개선 건의
- 소상공인 불공정거래 피해상담에 대한 사후관리
- 그 밖에 불공정거래로 인하여 피해를 입은 소상공인의 보호 및 지원을 위하여 필요한 사항

24 중소벤처기업부장관은 소상공인의 입지 및 업종 선정을 지원하기 위하여 상권 관련 정보를 종합적으로 제공하는 정보시스템(이하 "상권정보시스템")을 구축·운영할 수 있다(동법 제13조 제1항).

소상공인지원센터의 업무(소상공인 보호 및 지원에 관한 법률 시행령 제6조 제2항)
- 소상공인 창업과 경영개선을 위한 정보 제공, 교육 및 상담
- 지역상권의 조사·분석
- 소상공인 실태조사 및 관련 정보의 수집
- 전통시장등의 시설 및 경영 현대화를 위한 정보 제공, 교육 및 상담
- 「전통시장 및 상점가 육성을 위한 특별법」 제8조에 따른 지원효과 평가를 위한 관련 정보의 수집
- 그 밖에 소상공인의 경영안정과 성장 및 전통시장등의 활성화에 대한 지원사업으로서 공단 이사장이 필요하다고 인정하는 사업

25 중소벤처기업부장관은 지정된 백년소상공인이 거짓이나 그 밖의 부정한 방법으로 지정을 받은 경우 그 지정을 취소하여야 한다(소상공인 보호 및 지원에 관한 법률 제16조의3 제1항).

제2과목 회계학개론

26 미래의 발생기준 추정재무성과는 추정치 및 예측 정보로, 일반목적 재무보고서보다는 경영진 보고서나 별도의 예측보고서에서 제공된다.

27 매출원가의 차이 = (총평균법 기초재고 − 선입선출법 기초재고) + (선입선출법 기말재고 − 총평균법 기말재고)
 = (₩20,000 − ₩30,000) + (₩40,000 − ₩25,000) = ₩5,000
∴ 총평균법에 의한 매출총이익 = ₩80,000 − ₩5,000 = ₩75,000

28 기초 매출채권(₩5,000) + 당기 매출액(₩15,000) − 현금회수액 − 대손처리액(₩600) = 기말 매출채권(₩2,000)
∴ 현금회수액 = ₩17,400

29 한정의견은 왜곡표시가 중요하지만 전반적이지 않은 경우에 표명한다. 전반적이라고 판단되면 부적정의견을 표명한다.

30 재무정보가 의사결정에 유용하려면 예측가치와 확인가치를 가져야 한다.

31
당기순이익	₩8,000
+ 감가상각비	1,500
+ 이자비용	2,000
− 이자수익	1,000
+ 법인세비용	2,200
− 재고자산 증가	500
+ 매출채권 감소	1,800
− 매입채무 감소	1,500
= 영업활동 현금흐름	₩12,500

32 월 임대료 = ₩120,000 ÷ 12개월 = ₩10,000
경과된 9개월 동안 인식해야 할 임대수익 = ₩10,000 × 9개월 = ₩90,000
수익인식 : 경과된 기간에 해당하는 임대수익은 선수수익 계정에서 차감되어 임대수익으로 대체한다.

33 ① 감가상각방법 변경은 회계추정치의 변경으로 회계처리한다.
③ 과거에 발생한 거래와 실질이 다른 거래, 기타 사건 또는 상황에 대하여 다른 회계정책을 적용하는 경우는 회계정책의 변경에 해당하지 아니한다.
④ 예외규정이 적용되는 경우를 제외하고 자발적인 회계정책의 변경은 소급적용한다.
⑤ 회계정책의 변경과 회계추정치 변경을 구분하는 것이 어려운 경우에는 이를 회계추정치 변경으로 본다.

34 총자산이익률(ROA) = 매출액순이익률(10%) × 총자산회전율(1.2) = 12%
$$ROE = ROA(12\%) \times \frac{평균총자산(1)}{평균자기자본(0.5)} = 24\%$$

35 당기 재무제표를 이해하는 데 목적적합하다면 서술형 정보의 경우에도 비교정보를 포함한다.

36 기타포괄손익누계액 합계 = 재평가잉여금(₩90) + 해외사업장외화환산이익(₩210) = ₩300

37 사채할인발행차금 : 액면금액(₩10,000) − 발행가액(₩9,475) = ₩525
20x1년 12월 31일 사채할인발행차금 상각 후 잔액 : ₩525 − ₩163 = ₩362
20x1년 12월 31일 현금 지급 이자 : ₩500
20x2년 1월 1일 사채 조기 상환가액 : ₩9,900
장부금액 = 액면금액(₩10,000) − 잔여사채할인발행차금(₩362) = ₩9,638
∴ 사채상환손익 = 장부금액(₩9,638) − 상환가액(₩9,900) = (−)₩262

38 ② 기능별 분류법은 적어도 매출원가를 다른 비용과 분리하여 공시하므로 매출원가법이라고도 한다.
③ 기능별 분류법은 성격별 분류보다 재무제표 이용자에게 더욱 목적적합한 정보를 제공할 수 있다.
④ 비용을 기능별로 분류하는 기업은 감가상각비, 기타 상각비와 종업원급여비용을 포함하여 비용의 성격에 대한 추가 정보를 공시한다.
⑤ 비용을 기능별로 분류하게 되면 자의적인 배분과 상당한 정도의 판단이 개입될 수 있다.

39 리스제공자가 리스이용자에게 제공한 인센티브 금액은 사용권자산 원가에서 차감된다.

40 자기주식 소각은 자본항목에서 처리되며, 포괄손익계산서에는 반영되지 않는다.

41 **재평가모형과 공정가치 변동**
(1) 20x1년 말 공정가치 : ₩9,000
(원가 ₩10,000 대비 ₩1,000 손상 : 재평가손실은 당기손익에 인식)
(2) 20x2년 말 공정가치 : ₩12,000
(₩9,000 대비 ₩3,000 증가 : 재평가이익 발생)

20x2년 재평가이익의 회계처리
재평가이익 = 20x2년 공정가치 − 20x1년 공정가치 = ₩12,000 − ₩9,000 = ₩3,000
(1) 20x1년에 인식한 재평가손실(₩1,000)의 복구 : 20x1년 손실(₩1,000)은 당기손익으로 복구된다.
∴ 20x2년 인식할 당기손익 : 당기이익 ₩1,000
(2) 초과 증가분(₩2,000)의 처리 : ₩9,000 초과분은 기타포괄이익으로 처리된다.
∴ 20x2년 인식할 기타포괄손익 : 기타포괄이익 ₩2,000

42 비유동부채 합계 = 사채(₩400) + 복구충당부채(₩100) + 장기차입금(₩300) = ₩800

43 영업권(또는 염가매수차익) = 취득대가 − 피인수회사의 식별가능한 순자산의 공정가치
    식별가능한 순자산의 공정가치 = 자산의 공정가치(₩1,200) − 부채의 공정가치(₩900) = ₩300
    ∴ 영업권 = ₩700 − ₩300 = ₩400

44 (1) 누적 공사진행률 계산

    20x1년 : 공사진행률(20x1년) = $\frac{₩1,200}{₩4,000} \times 100 = 30\%$

    20x2년 : 공사진행률(20x2년) = $\frac{₩4,000}{₩4,000} \times 100 = 100\%$

    (2) 누적 인식수익 계산
        20x1년 누적인식수익 = ₩5,000 × 30% = ₩1,500
        20x2년 누적인식수익 = ₩5,000 × 100% = ₩5,000
    (3) 당기 인식수익 계산
        당기 인식수익(20x2년) = 누적 인식수익(20x2년) − 누적 인식수익(20x1년) = ₩5,000 − ₩1,500 = ₩3,500
    (4) 당기 인식계약원가 계산
        당기 인식계약원가(20x2년) = 누적발생계약원가(20x2년) − 누적발생계약원가(20x1년) = ₩4,000 − ₩1,200
                              = ₩2,800
    (5) 당기 계약이익 계산
        당기 계약이익(20x2년) = 당기 인식수익 − 당기 인식계약원가 = ₩3,500 − ₩2,800 = ₩700

45 공정가치 모형을 적용하는 경우, 감가상각은 하지 않고 장부금액(취득원가 ₩5,000)과 공정가치(₩4,900)의 차액을 당기손익으로 인식한다.
    ∴ 손익인식액 = ₩4,900 − ₩5,000 = (−) ₩100

46 투입량 = 기초재공품수량(2,000개) + 당기착수량(18,000개) = 20,000개
    투입량(20,000개) = 완성품(15,000개) + 기말재공품수량(2,000개) + 공손수량
    따라서, 공손수량 = 3,000개
    검사를 통과한 제품(합격품) = 15,000개
    정상공손수량 = 15,000개 × 5% = 750개
    ∴ 비정상공손수량 = 총공손수량(3,000개) − 정상공손수량(750개) = 2,250개

47 단위당 고정제조간접원가 = $\frac{₩100,000}{생산수량}$

    기말재고량 = 생산수량 − 4,500개

    영업이익 차이 공식 대입 : ₩10,000 = (생산수량 − 4,500개) × $\frac{₩100,000}{생산수량}$

    ∴ 생산수량 = 5,000개

48 (1) 현재 외부 판매상황 분석
        • 사업부 A의 연간 생산능력 : 1,000단위
        • 외부 판매량 : 950단위
        • 사업부 B가 요청한 공급량 : 100단위
        따라서, 사업부 B에 100단위를 공급하기 위해 50단위는 외부판매를 대체해야 한다.

(2) 대체가격 계산
- 대체하지 않는 50단위의 비용
  대체하지 않는 단위의 최소대체가격 = 변동원가 = ₩330
- 외부 판매를 대체해야 하는 50단위의 비용
  외부 판매 대체의 기회비용 = ₩500 - ₩30 = ₩470

∴ 최소대체가격 = $\dfrac{(₩330 \times 50단위) + (₩470 \times 50단위)}{100단위}$ = ₩385

49 제품별 총매출액 = 생산량 × 최종판매단가
제품 A : 3,000개 × ₩12 = ₩36,000
제품 B : 2,000개 × ₩20 = ₩40,000
제품 C : 1,000개 × ₩24 = ₩24,000
총매출액 합계 = 제품 A(₩36,000) + 제품 B(₩40,000) + 제품 C(₩24,000) = ₩100,000
추가가공원가 합계 = 제품 A(₩10,000) + 제품 B(₩6,000) + 제품 C(₩4,000) = ₩20,000

매출총이익률 = $\dfrac{총매출액(₩100,000) - [결합원가(₩55,000) + 추가가공원가(₩20,000)]}{총매출액(₩100,000)}$ = 25%

제품별 매출총이익 = 총매출액 × 25%
제품 A : ₩36,000 × 0.25 = ₩9,000
제품 B : ₩40,000 × 0.25 = ₩10,000
제품 C : ₩24,000 × 0.25 = ₩6,000

제품별 매출원가 = 총매출액 - 매출총이익
제품 A : ₩36,000 - 9,000 = ₩27,000
제품 B : ₩40,000 - 10,000 = ₩30,000
제품 C : ₩24,000 - 6,000 = ₩18,000

제품별 결합원가 배부 = 매출원가 - 추가가공원가
제품 A : ₩27,000 - ₩10,000 = ₩17,000
제품 B : ₩30,000 - ₩6,000 = ₩24,000
제품 C : ₩18,000 - ₩4,000 = ₩14,000

50 (1) 단위당 노무시간당 공헌이익 계산

노무시간당 공헌이익 = $\dfrac{단위당 공헌이익}{단위당 노무시간}$

- 제품 A : ₩40
- 제품 B : ₩37.5

따라서 제품 A의 노무시간당 공헌이익이 더 높으므로 제품 A를 우선적으로 생산한다.

(2) 제약자원의 활용 계획
최대 사용 가능한 노무시간은 2,000시간
- 제품 A 생산
  - 예상수요 : 1,000단위
  - 소요시간 : 1,000단위 × 1시간 = 1,000시간

  따라서 제품 A를 1,000단위 생산하는데 1,000시간이 소요된다.
- 제품 B 생산

  남은 1,000시간을 활용해 생산 가능한 제품 B의 수량 : $\dfrac{1,000}{1.6}$ = 625단위

(3) 공헌이익 계산
- 제품 A : 1,000단위 × ₩40 = ₩40,000
- 제품 B : 625단위 × ₩60 = ₩37,500
- ∴ 최대공헌이익 = ₩40,000 + ₩37,500 = ₩77,500

제3과목 경영학

51 수탁경영층(Trusteeship Management)은 소유와 경영이 분리된 현대 주식회사 형태의 기업에서 나타나는 개념으로, 주주로부터 경영기능을 위임받아 주주의 이익을 대표하고 보호하는 것을 가장 큰 기능으로 하는 최고경영층에 있는 사람들을 의미한다.

52 경영학에서 카르텔(Cartel)은 자본적 결합보다는 수평적, 협정적 결합의 형태에 가깝다. 즉, 카르텔은 기업들이 경쟁을 제한하기 위해 협약을 맺는 형태이지, 자본을 결합하여 하나의 통합된 조직을 만드는 것은 아니다.

53 조직문화, 구성원의 태도, 리더의 비전 등은 계량화하기 어려운 질적인 요소들이 많다. 따라서 상황이론 연구에서는 설문조사, 인터뷰, 사례연구 등 질적 연구방법을 중요하게 활용하고 있다.

54 ㄱ. 신제품을 가장 빠르게 수용하는 계층은 이노베이터(혁신수용자)이다.
ㄷ. 정보제공형 광고에서 설득형 광고로의 전환이 바람직하다. 즉, 제품의 존재를 알리는 것을 넘어, 왜 우리의 제품을 선택해야 하는지 설득하는 광고로 변화해야 한다.
ㄹ. 신제품을 통해 신시장에 진출하는 성장전략은 다각화전략(Diversification Strategy)이다.

55 주경로가 복수일 때, 한 개의 주경로에 있는 활동의 소요시간만 단축한다고 해서 프로젝트 완료시간이 반드시 단축되는 것은 아니다. 주경로(Critical Path)는 프로젝트 네트워크상에서 가장 긴 경로이며, 이 경로상에 있는 활동들이 지연되면 프로젝트의 전체 완료시간이 지연된다. 즉, 주경로의 길이가 곧 프로젝트의 최소 완료시간인 것이다. 주경로상의 활동들의 여유시간(Slack/Float)은 0으로 볼 수 있다.

56 ABC재고관리(ABC Inventory Management)는 재고 품목을 연간 사용 가치(Annual Usage Value)에 따라 A, B, C 등급으로 구분한다. 여기서 연간 사용 가치는 단순히 사용량(수량)만을 의미하는 것이 아니라, 단가(Unit Cost)에 연간 사용량(Annual Usage/Demand)을 곱한 값을 의미한다.

57 ERP(Enterprise Resource Planning)는 전사적 자원 관리로서, 기업의 모든 업무 프로세스와 자원을 하나의 시스템에서 통합적으로 관리하고 계획할 수 있도록 돕는 소프트웨어 시스템이다.

58

구 분	CSR(기업의 사회적 책임)	CSV(공유 가치 창출)
목 표	기업의 의무 이행, 명성 제고, 사회공헌	사회문제 해결을 통한 기업의 경제적 가치 및 경쟁력 강화
접근 방식	외부에서 기대되는 사회적 책임에 초점, 분리된 활동	기업의 핵심 비즈니스와 사회적 문제의 통합, 전략적 접근
가치 창출	주로 사회적 가치(기업에는 비용 발생)	사회적 가치와 경제적 가치를 동시에 창출
활동 범위	자선, 기부, 봉사 등 부가적인 사회공헌 활동	제품·서비스 개발, 생산방식 혁신, 가치사슬 재편 등 본업과 연계된 활동
인 식	책임, 의무, 시혜적 관점	기회, 혁신, 비즈니스 전략적 관점
결 과	기업이미지 개선, 리스크 관리	새로운 시장 및 수익 창출, 장기적 경쟁우위 확보

59 신제품에 대한 스키밍 가격전략(Skimming Pricing)은 표적소비자의 가격민감도가 낮은 경우에 많이 사용되는데, 대량판매에 의한 규모의 경제 효과가 큰 경우에는 표적소비자의 가격민감도가 높아 저가의 제품을 선호하게 된다.

60
- 직무충실화(Job Enrichment)는 과업을 수평적으로 늘리는 것이 아니라, 수직적으로 확장하여 직무의 내용과 책임, 자율성을 증대시키는 것을 의미한다.
- 서열법(Ranking Method)은 가장 기본적인 직무평가 방법 중 하나로, 기업 내 여러 직무들의 상대적인 가치나 중요도를 비교하여 순위를 매기는 방식이며 단순히 갑, 을, 병의 등급으로 구분하지 않는다.

61 사업부 조직(Divisional Structure)은 일반적으로 고객에 대한 빠른 대응과 분권화를 중시한다.

62 내재적으로 보상받는 행동(예 활동 자체에서 즐거움과 성취감을 느끼는 것)에 대해 외재적 보상(예 돈, 보너스, 칭찬, 트로피 등)을 할 경우, 내재적 동기가 반드시 높아지는 것은 아니며 오히려 감소하거나 변화할 수 있다는 것이 일반적인 견해이다.

63 리더-구성원의 관계, 과업구조, 리더의 지위권력 등의 변수들을 사용하여 리더십 유형의 효과성을 설명하는 이론은 피들러(F. Fiedler)의 상황적합이론(Contingency Theory)이다. 피들러는 리더십 유형을 과업지향적(Task-oriented) 리더십과 관계지향적(Relationship-oriented) 리더십으로 구분했다.

64
- 사전통제 : 활동이 시작되기 전 또는 문제가 발생하기 전에 실시되는 통제 활동으로, 주로 투입되는 자원(인력, 자재, 자금, 정보)의 적절성이나 계획 자체의 타당성을 점검하여 잠재적인 문제를 예방하는 데 초점을 둔다.
- 동시통제 : 활동이 진행되고 있는 동안 실시되는 통제 활동으로, 계획대로 업무가 올바르게 수행되고 있는지 실시간으로 모니터링하고 문제가 발생하면 즉시 수정 조치를 취하여 목표에서 벗어나지 않도록 한다.
- 사후통제 : 활동이 완료된 후에 그 결과를 측정하고 평가하여 계획과의 차이점을 분석하고, 이를 바탕으로 미래의 유사한 활동에 대한 수정 조치나 개선 방안을 마련하는 통제 활동이며 '피드백 통제'라고도 불린다.

65 합리적 의사결정 모델(Rational Decision-making Model)에서는 '최적화(Optimizing)'가 대안 선택의 기준이다.

66 포터(M. Porter)의 산업구조 분석 모델(5-forces Model)은 산업환경을 분석하는 5가지 요인으로서 신규 진입자의 위협(Threat of New Entrants), 공급자의 교섭력(Bargaining Power of Suppliers), 구매자의 교섭력(Bargaining Power of Buyers), 대체재의 위협(Threat of Substitute Products or Services), 기존 경쟁자 간의 경쟁(Rivalry among Existing Competitors)을 제시한다.

67 제품의 전체적인 공급 과정(원재료-생산-유통-고객)에서 원료사가 제조사를 통합하거나 제조사가 유통사를 통합하는 등 소비자쪽 분야의 기업을 통합하는 것을 전방통합(Forward Integration), 유통사가 제조사를 통합하거나 제조사가 원료사를 통합하는 것을 후방통합(Backward Integration)이라고 한다.

68 개방시스템은 외부투입을 통해 내부의 엔트로피 증가를 상쇄시키거나 심지어는 국소적으로 엔트로피를 감소시킬 수 있다는 특징을 가진다.

69 과업환경은 기업의 특정 산업 또는 조직과 직접적이고 즉각적인 상호작용을 하는 외부 이해관계자 및 요소들을 의미한다. 이들은 기업의 일상적인 운영과 의사결정에 직접적인 영향을 미치며, 기업의 성과에 즉각적인 피드백을 제공한다. 따라서 기업은 과업환경의 변화에 더욱 민감하게 반응해야 하고, 이들과의 관계 관리가 매우 중요하다.

70 (1) 당좌자산 계산

당좌자산은 유동자산에서 재고자산을 제외한 값이다. 재고자산은 현금화하는 데 시간이 걸릴 수 있기 때문에 당좌비율 계산 시 제외한다.

당좌자산 = 유동자산 − 재고자산

∴ 당좌자산 = 10억원 − 5억원 = 5억원

(2) 당좌비율 계산

당좌비율은 기업이 단기 부채를 즉시 갚을 수 있는 능력을 나타내는 지표로, 다음과 같이 계산한다.

$$당좌비율 = \left(\frac{당좌자산}{유동부채}\right) \times 100$$

$$\therefore 당좌비율 = \left(\frac{5억\ 원}{5억\ 원}\right) \times 100 = 100\%$$

71 주식회사의 최고 의사결정기구는 주주총회(株主總會)이다.

72 캐롤(Archie B. Carroll)의 피라미드식 기업의 사회적 책임(CSR) 모형(Pyramid of Corporate Social Responsibility)은 기업이 사회에 대해 가지는 다양한 책임들을 중요도에 따라 4단계로 계층화하여 제시한 이론이다. 캐롤은 기업의 책임이 피라미드처럼 쌓여 있으며, 하위단계의 책임이 충족되어야 상위단계의 책임을 수행할 수 있는 기반이 마련된다고 설명한다. 이 모형은 기업이 단순히 이윤을 추구하는 것을 넘어, 사회구성원으로서 어떤 책임을 다해야 하는지 명확하게 보여준다.

73 기존 업무처리 과정을 혁신적으로 다시 설계하는 것은 '리엔지니어링(Reengineering)' 또는 'BPR(Business Process Reengineering)'이라고 부른다. 리스트럭처링(Restructuring)은 구조조정의 의미가 강하며, 주로 기업의 사업구조나 조직구조를 재편하는 것을 의미한다. 이는 사업 부문의 매각, 통합, 축소, 인원 감축 등을 포함할 수 있다.

74 6시그마(Six Sigma)는 제품이나 서비스의 품질개선과 비용절감을 통해 궁극적으로 고객 만족과 수익 극대화를 달성하려는 경영혁신전략이며, 통계학적 개념인 '시그마(σ)'를 활용하여 모든 업무 프로세스에서 발생하는 결함(Defect)을 사전에 제거하고 변동성을 최소화하는 것을 목표로 한다.

75 G2B(Government to Business)는 정부(공공기관)와 기업 간의 전자상거래 또는 정보 교환으로, 정부가 기업에 서비스를 제공하거나 기업으로부터 물품이나 서비스를 조달하는 등 정부와 기업 사이에 발생하는 모든 형태의 상호작용을 포괄하는 개념이다. 주로 전자 정부(e-Government) 시스템의 한 유형으로 사용되며, 정부 업무의 효율성 증대와 투명성 강화를 목표로 한다.

제4과목 기업진단론

76 유동비율은 기업의 단기채무상환능력을 평가하는 대표적인 안정성 지표이다.

$$유동비율 = \frac{유동자산}{유동부채}$$

77 재무상태표는 자산, 부채, 자본이며 재무상태표 항목으로 구성된 비율은 유동비율이다.

78 공통형 재무제표는 총자산(또는 매출액)을 100%로 하여 각 항목의 구성비를 백분율로 표시하며, 이를 통해 기업 간 규모 차이를 보정하여 비교할 수 있다.

79 회계자료는 재무제표와 관련된 자료이며, 현금흐름표가 이에 해당한다.

80 K-IFRS에 따라 기업은 재무상태표, 포괄손익계산서, 자본변동표, 현금흐름표 등을 필수 재무제표로 작성하며, 제조원가명세서는 재무제표가 아닌 보조명세서이다.

81 자본잉여금은 주식 관련 거래에서 발생한 초과금으로, 배당 재원이 되지 않는다. 자본잉여금 항목에는 주식발행 초과금, 자기주식처분이익, 감자차익 등이 있다.

82 영업활동으로 인한 현금흐름에는 상품・서비스의 판매 수익, 이자 수익, 매출채권 회수 등이 포함된다. 투자자산 처분은 투자활동, 사채 발행은 재무활동이다.

83 가산법에 의한 부가가치는 내부에서 창출된 가치만 포함하므로 금융비용, 인건비, 세금과공과 등은 포함되지만 외부구입 직접재료비는 제외된다.

84 노동소득분배율은 부가가치 중 종업원 보수의 비중을 나타내며, 부가가치율은 매출액 대비 부가가치의 비중이다. 두 지표 모두 생산성 평가에 활용된다.

85 제품차별화 정도가 적으면 소비자 입장에서 대체가 용이해져 가격경쟁이 심화되고 기업 간 경쟁강도도 높아진다.

86 결합레버리지도(DCL)는 고정비 비중을 나타내는 것이 아니라 영업이익 변동이 주당순이익(EPS)에 미치는 민감도를 측정하는 지표이다.

87 경영진단을 추상적으로 진행해서는 안 되고, 구체적이고 실천 가능한 분석을 통해 조직의 문제를 해결해야 한다.

88 획일적인 제도는 다양한 신제품 개발과 출시를 저해하는 요인이다.

89 인사노무부문의 기업진단분야에는 채용 및 승진제도, 직무분석과 인사고과제도, 급여제도, 복리후생제도 등이 있다.

90 제품수명주기의 단계마다 다른 특징을 가지므로 각각 다른 전략이 필요하다. 도입기, 성장기, 성숙기, 쇠퇴기가 각 단계에 해당하며 보기는 모두 옳은 설명이다.

91 지수분석은 주로 재무제표 항목의 증감 추세를 파악하는 데 중점을 두며, 구체적인 원인 분석은 포함하지 않는다.

92 과세 적정성과 탈세 여부 판단은 주로 정부의 경영분석 목적이며, 종업원의 경영분석 목적과는 거리가 있다.

93 의문부호는 신규사업으로, 상대적으로 시장점유율이 낮고 현금흐름이 음(-)일 가능성이 높다.

94

$$\text{비유동장기적합률} = \frac{\text{비유동자산}}{\text{자기자본} + \text{비유동부채}}$$

비유동장기적합률은 1에 가까울수록 안정성이 높다.

95 월(A. Wall)의 지수법은 단기 유동성과 장기 재무안정성을 중시하는 재무안정성 중심의 분석법으로, 정태비율(유동비율, 부채비율, 비유동비율)에 높은 가중치를 부여하는 특징이 있으며 유동비율과 부채비율의 가중치가 가장 높다. 유동비율은 기업의 단기채무지급능력을 나타내는 지표로 실무에서 매우 중요하게 평가되며, 부채비율 역시 기업의 전반적인 재무안정성을 보여주는 핵심 지표이다. 반면, 비유동비율은 비유동자산이 자본에 차지하는 비중을 나타내는 지표로서 그 중요도는 유동비율이나 부채비율에 비해 상대적으로 낮은 편이다.

96

$$\text{총자산회전기간} = \frac{1}{\text{총자산회전율}} = \frac{\text{총자산}}{\text{매출액}}$$

$$\text{매출액순이익률} = \frac{\text{당기순이익}}{\text{매출액}} = 0.1$$

$$\text{총자본순이익률} = \frac{\text{당기순이익}}{\text{총자산}} = 0.2$$

총자본순이익률 = 매출액순이익률 × 총자산회전율
따라서,
0.2 = 0.1 × 총자산회전율

$$\text{총자산회전율} = \frac{0.2}{0.1} = 2$$

$$\therefore \text{총자산회전기간} = \frac{1}{\text{총자산회전율}} = \frac{1}{2} = 0.5\text{년}$$

97 자본조달분기점(Financial BEP)은 자금의 조달방법(자기자본, 부채 등)에 관계없이 동일한 주당순이익을 얻을 수 있는 최소 영업이익 수준을 의미한다.

98 운전자본이 증가하면 현금이 투입된 것으로 간주되어, 현금흐름에서는 유출로 처리한다.

99 단위당 공헌이익 = 판매가 − 변동비 = ₩400 − ₩300 = ₩100

$$\text{BEP판매량} = \frac{\text{고정비}}{\text{단위당 공헌이익}} = \frac{₩80,000}{₩100} = 800개$$

∴ 손익분기점(BEP)매출액 = 800개 × ₩400 = ₩320,000

$$\therefore \text{안전율(MS비율)} = \frac{\text{실제매출액} - \text{BEP매출액}}{\text{실제매출액}} \times 100 = \frac{₩400,000 - ₩320,000}{₩400,000} \times 100 = 20\%$$

100 단일변량기준은 부실예측모형에 한 개의 변수만을 포함시켜 예측하는 것을 말한다. 이원분류법은 하나의 재무비율(단일변수)을 기준으로 부실기업과 정상기업을 이분법적으로 구분하는 기초적인 부실예측모형이다.

제5과목 조사방법론

101 모든 과학 연구가 급진적일 필요는 없으며, 대부분의 과학 발전은 점진적이고 축적적인 연구를 통해 이루어진다. 기존 지식을 정교화하고, 작은 퍼즐 조각을 맞추는 꾸준한 노력 역시 과학 발전에 매우 중요하다.

102 조사방법론에서 영화 속 등장인물들의 연령에 대한 분석을 진행할 때, 분석단위(Unit of Analysis)는 개별 영화 등장인물(Individual Movie Characters)을 말한다. 분석단위는 연구에서 정보를 수집하고 분석하는 가장 기본적인 대상을 의미하며, 분석자는 영화 자체를 분석하는 것이 아니라 영화 안에 있는 수많은 등장인물 각각의 연령 정보를 추출하고 그 정보를 바탕으로 분석을 진행한다.

103 **귀납적 추론 방식**
(1) 관찰(Observation) : 특정한 현상이나 사실들을 여러 번 관찰한다.
(2) 패턴 인식(Pattern Recognition) : 관찰된 현상들 사이에서 반복되는 패턴이나 공통점을 찾아낸다.
(3) 가설 설정(Hypothesis Formation) 또는 일반화(Generalization) : 인식된 패턴을 바탕으로 일반적인 규칙, 가설 또는 결론을 만들어낸다.

104 가설 설정 시 기본 조건으로는 명확성(Clarity), 검증가능성(Testability) 및 반증가능성(Falsifiability), 구체성(Specificity), 간결성(Parsimony) 및 경제성, 윤리성(Ethical Neutrality) 등이 있다.

105 조사의 목적에 따른 각 변수의 역할은 다음과 같다.
- 독립변수(Independent Variable) : 제품만족도(만족도가 원인이라고 가정)
- 종속변수(Dependent Variable) : 고객충성도(만족도의 결과라고 가정)
- 조절변수(Moderating Variable) : 브랜드 인지도

조사의 목적은 "제품만족도가 고객충성도에 미치는 영향이 브랜드 인지도에 따라 달라지는지"를 알아보는 것이다. 즉, 브랜드 인지도의 수준(예 높음, 낮음)에 따라 제품만족도가 고객충성도에 미치는 영향의 강도나 방향이 달라질 수 있다고 가정하고 있는 것이다.
예를 들어, 다음과 같은 가설을 세울 수 있다.
"브랜드 인지도가 높은 경우, 제품만족도가 고객충성도에 미치는 긍정적인 영향이 더욱 강할 것이다."
"브랜드 인지도가 낮은 경우, 제품만족도가 고객충성도에 미치는 영향은 상대적으로 약하거나 없을 수도 있다."
이처럼 두 변수(제품만족도와 고객충성도) 사이의 관계를 조절하는 역할을 하는 변수가 조절변수이다.

106 ③ "올해 학과별 수석 입학생"이라는 특정 시점에 특정 조건을 만족하는 집단을 정의했으므로, 이들이 바로 연구의 코호트가 된다. 또한 "매년 그들을 대상으로 같은 내용의 조사를 진행할 예정"이라고 한 점에서 이 코호트를 지속적으로 추적 관찰하며 진로희망의 변화를 반복 측정하려는 의도를 알 수 있다. 이 조사를 통해 C대학은 대학생활을 거치면서 수석 입학생들의 희망진로가 어떻게 변화하는지, 혹은 어떤 요인들이 진로 선택에 영향을 미치는지 등을 장기적으로 파악할 수 있을 것이다.
④ "고교 학점제를 경험한 특정년도 입학생 100명"이라는 특정 시점에 특정 조건을 만족하는 집단을 정의했으므로, 이들이 바로 연구의 코호트가 된다. 또한 "매년 그들의 의식 변화를 조사할 예정"이라고 한 점에서 이 코호트를 지속적으로 추적 관찰하며 의식의 변화를 반복 측정하려는 의도를 알 수 있다. 이 조사를 통해 D대학은 고교 학점제를 경험한 입학생들이 대학생활 동안 어떤 의식 변화를 경험하는지를 장기적으로 파악할 수 있을 것이다.

107 변수 변환(Variable Transformation)은 인과관계 연구 설계 시 혼란변수(Confounding Variable)를 통제하는 직접적인 방법이라기보다는, 통계분석의 전제조건을 맞추거나 변수 간의 관계를 명확하게 드러내어 간접적으로 혼란변수 통제에 기여할 수 있는 데이터 전처리 기법이라고 보는 것이 더 정확하다.

108 선택형 질문(Closed-ended Questions)의 응답항목들을 작성할 때 가장 중요한 원칙 중 하나는 내용상 중복이 없어야 한다는 것이며, 이는 상호배타성(Mutually Exclusive)의 원칙이라고도 불린다.

109 스타펠척도(Stapel Scale)는 설문조사에서 특정 대상, 제품, 서비스, 개념 등에 대한 양극성(Bipolar) 평가를 측정하는 데 사용되는 비비교(Non-comparative) 척도 중 하나이다. 이 척도는 주로 수직적인 형태로 제시되며, 한 가지 속성이나 특성을 중심으로 양(+)의 숫자와 음(−)의 숫자가 함께 나열되어 응답자가 자신의 의견을 표현하도록 한다.

110

특 성	등간척도(Interval Scale)	비율척도(Ratio Scale)
분 류	양적 척도	양적 척도
정보량	서열성, 등간성	서열성, 등간성, 절대0점, 비율
0의 의미	임의의 기준점(속성이 없다는 의미 아님)	절대적인 0(속성이 전혀 없다는 의미)
사칙연산	덧셈, 뺄셈만 가능	덧셈, 뺄셈, 곱셈, 나눗셈 모두 가능
예 시	온도(섭씨, 화씨), 지능지수, 연도, 리커트 척도	길이, 무게, 시간, 나이, 수입, 자녀 수, 판매량

111 일반적으로 설문지 작성 시 인구통계학적 질문(Demographic Questions)은 앞이 아닌 설문의 마지막에 배치하도록 권장된다.

112 판단표본추출(Judgemental Sampling)은 비확률 표본추출(Non-probability Sampling) 방법의 한 종류로서 연구자가 자신의 전문적인 지식, 경험, 또는 특정 연구목적에 따라 모집단의 특성을 가장 잘 대표하거나 연구에 필요한 정보를 제공할 수 있다고 판단되는 대상을 의도적으로 선정하는 방식이며, '유의추출법(Purposive Sampling)'이라고도 한다.

113 할당표본추출은 모집단의 특정 특성(여기서는 성별과 거주지) 비율을 표본에 그대로 반영하여 추출하는 방식이며, 총 표본 수는 500명이다.
A백화점의 멤버십 회원 만족도 조사를 위한 할당표본추출 결과를 계산하면 다음과 같다.
(1) 여성 수도권 고객의 수(a) 계산
   전체 회원 중 여성 비율 : 70%
   여성 회원 중 수도권 거주 비율 : 40%
   따라서 전체 표본 500명 중 여성 수도권 고객의 수(a)는 다음과 같다.
   a = 500명 × 전체 회원 중 여성 비율 × 여성 회원 중 수도권 거주 비율
   ∴ a = 500명 × 0.7 × 0.4 = 500명 × 0.28 = 140명
(2) 남성 비수도권 고객의 수(b) 계산
   전체 회원 중 남성 비율 : 30%
   남성 회원 중 비수도권 거주 비율 : 60%
   따라서 전체 표본 500명 중 남성 비수도권 고객의 수(b)는 다음과 같다.
   b = 500명 × 전체 회원 중 남성 비율 × 남성 회원 중 비수도권 거주 비율
   ∴ b = 500명 × 0.3 × 0.6 = 500명 × 0.18 = 90명
결론적으로, 표본에 포함된 여성 수도권 고객의 수(a)는 140명이고, 남성 비수도권 고객의 수(b)는 90명이다.

114 모집단의 분산(또는 표준편차)을 알지 못하더라도 확률표본추출에서 표본의 크기를 계산할 수 있다. 실제로 모집단의 분산을 알 수 없는 경우가 대부분이므로, 통계학에서는 이러한 상황을 다루는 방법들을 제공하고 있다.

115 전수조사가 표본추출오류 때문에 표본조사에 비해 오류가 더 크게 나타날 수는 없으며, 오히려 그 반대이다. 전수조사는 표본추출오류가 없지만 비표본추출오류가 표본조사보다 더 크게 발생할 가능성이 있다. 반면 표본조사는 표본추출오류가 있지만, 비표본추출오류를 더 효과적으로 통제할 수 있어 전체 오류 측면에서 전수조사보다 정확할 수도 있다. 이 때문에 많은 조사에서 시간과 비용, 그리고 오류 통제의 효율성을 고려하여 전수조사보다 표본조사를 더 선호하는 경향이 있다.

116 성숙은 연구 기간 동안 발생하는 연구 대상자의 자연스러운 변화를 의미한다. 이러한 변화는 연구자가 적용한 독립변수(처치)와는 무관하게 발생하며, 주로 시간의 경과에 따라 나타난다.

117 순수실험설계는 주로 변수들 간의 원인-결과 관계를 확립하는 것이 목적인 설명적 또는 인과적 연구에 사용되며, 명확한 가설과 정밀한 측정을 필요로 한다. 잠재적인 관계를 파악하고 초기 이해를 얻는 것을 목표로 하는 탐색적 연구는 일반적으로 질적 방법이나 단순한 기술적 설계를 사용하며, 순수실험설계는 거의 사용되지 않는다.

118 우편조사는 대인면접조사에 비해 응답의 유연성이 낮게 나타난다. 대인면접조사는 면접원과 응답자 간의 상호작용을 통해 높은 응답 유연성을 확보하여 보다 풍부하고 정확한 데이터를 얻을 수 있는 반면, 우편조사는 이러한 상호작용이 불가능하므로 유연성이 낮을 수밖에 없다.

119 단일집단 반복 실험설계는 하나의 집단에 대해 독립변수(처치)를 적용하기 전과 후에 종속변수를 반복적으로 측정하여 독립변수의 효과를 파악하려는 실험설계 방식으로, 별도의 통제집단 없이 오직 한 집단만을 대상으로 시간에 따른 변화를 관찰한다. 단일집단 반복 실험설계는 특정 처치의 효과를 신속하게 탐색하거나, 통제집단 구성이 현실적으로 불가능할 때 제한적으로 사용될 수 있다. 그러나 심각한 내적타당도 위협요인들 때문에, 이 설계만으로는 독립변수와 종속변수 간의 강력한 인과관계를 주장하기 매우 어렵다.
단일집단 반복 실험설계를 엄밀히 말하면 전실험설계로 분류하거나 제한적인 형태의 유사실험설계로 볼 수 있지만, 강한 인과관계 추론은 어려울 수도 있다.

120 패널조사는 동일한 대상을 장기간에 걸쳐 여러 번 측정하므로 응답자들은 나이가 들거나, 경험이 쌓이거나, 지식이 증가하는 등의 변화를 겪게 된다. 만약 이러한 변화가 측정하려는 종속변수에 영향을 미친다면 연구결과가 왜곡될 수 있다.
예 청소년 패널을 대상으로 가치관 변화를 조사할 때, 특정 교육 프로그램이 가치관 변화에 미치는 영향을 보려 하지만 시간이 지나면서 단순히 연령이 증가하여 나타나는 자연스러운 가치관의 성숙이 결과에 혼재될 수 있다.

121 연구자 A가 근무기간과 직무만족 간의 관계를 알아보고자 하는 경우, 원자료(Raw Data)의 특성(변수의 척도)을 고려할 때 가장 적절한 분석 방법은 상관분석(Correlation Analysis)이다.

상관분석(Correlation Analysis)
- 목적 : 두 변수(근무기간과 직무만족)가 어떤 방향으로, 얼마나 강하게 함께 움직이는지를 파악하는 것이다. 즉, 근무기간이 길어질수록 직무만족이 높아지는지, 낮아지는지, 아니면 관련이 없는지, 그리고 그 관계의 강도가 어느 정도인지를 알아본다.
- 사용될 통계량 : 피어슨 상관계수(Pearson's r)가 가장 적합하다. 두 변수 모두 등간·비율 척도이며, 선형적인 관계를 가정할 때 사용된다.
- 해 석
  - 상관계수 값은 −1과 +1 사이이며, 0에 가까울수록 관계가 약하고 +1 또는 −1에 가까울수록 관계가 강하다.
  - 양(+)의 값은 한 변수가 증가할 때 다른 변수도 증가하는 정(+)의 상관관계(**예** 근무기간이 길수록 직무만족도 높아짐)를 의미한다.
  - 음(−)의 값은 한 변수가 증가할 때 다른 변수는 감소하는 부(−)의 상관관계(**예** 근무기간이 길수록 직무만족도 낮아짐)를 의미한다.

122 기준타당도(Criterion Validity)는 해당 내용의 전문가가 측정도구의 타당함 정도를 주관적으로 판단하는 것을 의미하지 않는다. 전문가의 주관적인 판단을 통해 측정도구의 타당성을 평가하는 것은 내용타당도(Content Validity)에 더 가깝다고 할 수 있다.

123 "회귀식의 기울기는 독립변수가 한 단위 증가할 때마다 예상되는 종속변수의 변화량이다"라는 설명은 단순선형회귀분석에서는 독립변수 자체가 유일한 예측 변수이므로 그 의미 그대로 적용되며, 다중선형회귀분석에서는 '다른 변수들이 통제된 상태에서'라는 추가적인 조건하에 각 독립변수의 기울기에 적용되는 설명이다. 따라서 위 설명은 단순선형회귀분석(Simple Linear Regression Analysis)에 해당하는 동시에 다중선형회귀분석(Multiple Linear Regression Analysis)에도 해당한다.

124 통계적 검증의 직접적인 대상은 귀무가설이며, 귀무가설을 기각함으로써 대립가설을 지지하는 방식으로 검증이 진행된다.

125 상황별 역할 연습(Role-playing)을 통해 조사원들은 어떤 상황에서도 전문적이고 일관된 태도를 유지하며 조사의 품질과 신뢰도를 높일 수 있다.

상황별 역할 연습(Role-playing)의 이점
- 실전감각 향상 : 실제와 유사한 상황을 미리 경험하며 조사원들이 긴장감을 줄이고 자신감을 가질 수 있도록 도울 수 있다.
- 대처능력 증진 : 특정 상황에서 어떻게 말하고 행동해야 할지 구체적인 가이드라인과 팁을 체득할 수 있다.
- 문제해결 능력 강화 : 예상치 못한 문제에 직면했을 때 논리적으로 생각하고 해결책을 찾아내는 능력을 확대시킬 수 있다.
- 팀워크 향상 및 피드백 교환 : 동료들과 함께 연습하고 피드백을 주고받으며 서로의 강점과 약점을 파악하고 개선점을 찾을 수 있다.

인생이란 결코 공평하지 않다. 이 사실에 익숙해져라.

– 빌 게이츠 –

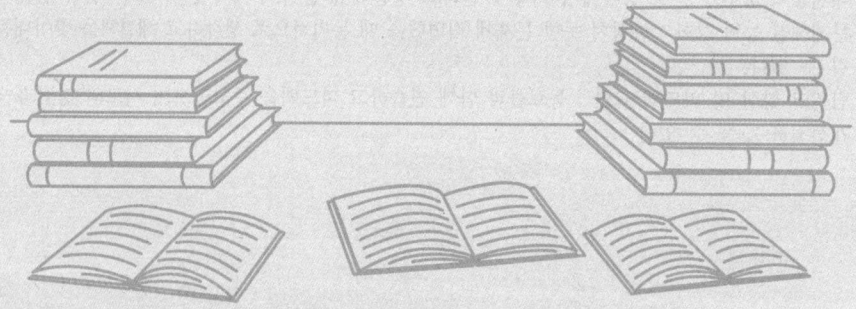

( )년도 ( ) 제( )차 국가전문자격시험 답안카드

( )년도 ( ) 제( )차 국가전문자격시험 답안카드

2026 시대에듀 경영지도사 1차 한권으로 끝내기

개정12판1쇄 발행	2025년 09월 15일 (인쇄 2025년 07월 18일)
초 판 발 행	2014년 03월 05일 (인쇄 2014년 01월 17일)
발 행 인	박영일
책 임 편 집	이해욱
편 저	송홍민 · 배수암 · 김창헌
편 집 진 행	박종옥 · 강한결
표지디자인	조혜령
편집디자인	장성복 · 김기화
발 행 처	(주)시대고시기획
출 판 등 록	제10-1521호
주 소	서울시 마포구 큰우물로 75 [도화동 538 성지 B/D] 9F
전 화	1600-3600
팩 스	02-701-8823
홈 페 이 지	www.sdedu.co.kr
I S B N	979-11-383-9571-7 (13320)
정 가	50,000원

※ 이 책은 저작권법의 보호를 받는 저작물이므로 동영상 제작 및 무단전재와 배포를 금합니다.
※ 잘못된 책은 구입하신 서점에서 바꾸어 드립니다.

다년간 누적된 합격의 DATA!

시대에듀
빅데이터분석기사 시리즈

빅데이터분석기사 필기
한권으로 끝내기

❶ 핵심이론 + 확인문제 구성으로 이론 완벽 복습 가능
❷ 단원별 적중예상문제로 실전감각 UP
❸ 2021~2024년 총 8회분의 최신 기출복원문제 수록

빅데이터분석기사 실기(R)
한권으로 끝내기

빅데이터분석기사 실기(파이썬)
한권으로 끝내기

❶ 2021~2024년 총 8회분의 최신 기출복원문제 수록
❷ 유형별 단원종합문제 + 합격모의고사 2회분
❸ 시대에듀 홈페이지를 통해 예제 데이터 파일 제공
❹ 저자가 운영하는 카페(cafe.naver.com/profdream)를 통해 소스 코드 제공

※ 도서의 이미지 및 구성은 변경될 수 있습니다.

데이터분석전문가(ADP) + 빅데이터분석기사 동시 대비

파이썬
한권으로 끝내기

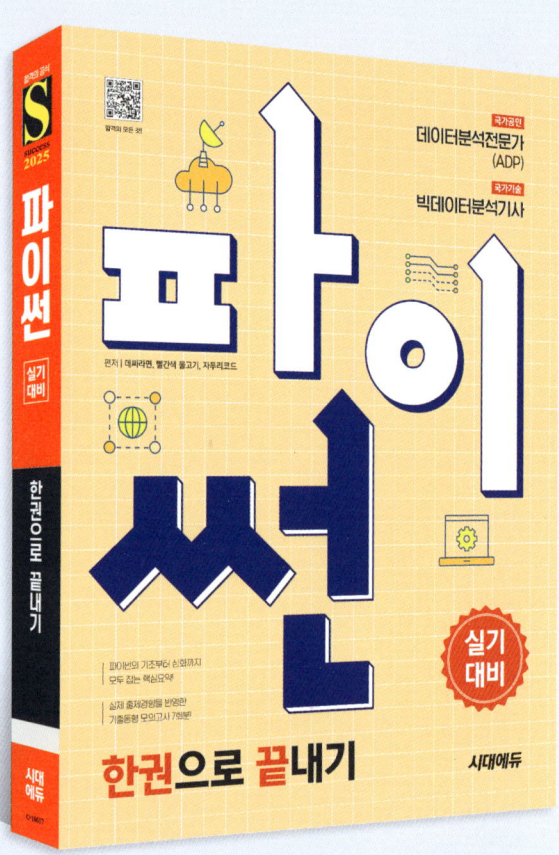

❶ 기초부터 심화까지 아우르는 종합기본서
❷ 핵심이론 + 예제로 단계별 학습 가능
❸ 최신 기출동형 모의고사 7회분 수록
❹ 깃허브를 통해 예제 파일 및 코드 제공

※ 도서의 이미지 및 구성은 변경될 수 있습니다.

실무에 쓰이는 고급 데이터 분석

빅데이터분석기사
실기 R 심화

① 실기 대비 및 실무용 심화 도서
② 챕터별 연습문제 및 단원종합문제
③ 효과적인 학습을 위한 전면 컬러 구성
④ [부록] R 데이터세트 수록

※ 도서의 이미지 및 구성은 변경될 수 있습니다.